KURSBUCH
FRAUEN

ANDREA ERNST VERA HERBST

KURSBUCH FRAUEN

LIEBE, PARTNERSCHAFT UND SEXUALITÄT

AUSBILDUNG UND BERUF

POLITIK, ALLTAG UND FAMILIE

SEELE UND KÖRPER

KIEPENHEUER & WITSCH

Lizenzausgabe für den Verlag Kiepenheuer & Witsch, Köln

Cartoons: Franziska Becker, Köln
Illustrationen: Silvia Gudehus, Düsseldorf
Gestaltung: Beryl Janssen und Silke Niehaus, Düsseldorf
Umschlaggestaltung: Rudolf Linn, Köln
Umschlagmotiv: Franziska Becker, Köln
Satz und Lithoherstellung: Trend Verlag, Wien
Druck und Bindearbeiten: Mohndruck, Gütersloh
ISBN 3 462 02624 0

AUTORINNEN

Andrea Ernst und Vera Herbst

REDAKTION

Annette Bopp, Dr. Katja Doubek, Annette Elbe,
Ruth Großmaß, Katharina Herzig,
Margit Höh, Sabine Keller, Dr. Maria Anna Kreienbaum,
Dr. Ingeborg Lackinger Karger, Andrea Reischies,
Dr. Ursula Rütten, Sabine Stadtmueller, Sina A. Vogt

CARTOONS

Franziska Becker

ILLUSTRATIONEN

Silvia Gudehus

GESTALTUNG

Beryl Janssen und Silke Niehaus

LEKTORAT

Erika Stegmann und Nikolaus Wolters

FACHBERATUNG

Die im folgenden genannten Wissenschaftlerinnen und Expertinnen haben in den angeführten Fachgebieten ihr Wissen eingebracht und damit wesentliche Grundlagen für die Aussagen im Buch geschaffen. Für die Aussagen selbst sind jedoch ausschließlich die Autorinnen verantwortlich.

Dette Alfert
Supervisorin, Organisationsberaterin, Erwachsenenbildung: Frau und Arbeit e.V., Hamburg
FÜR ARBEITSKONFLIKTE

Margret Boedeker-Kellein
Rechtsanwältin, Schwerpunkte: Familienrecht, Arbeits- und Sozialrecht, Köln
FÜR PARTNERSCHAFT UND SCHEIDUNG

Dr. Eva Breitenbach
Erziehungswissenschaftlerin, Universität Osnabrück
FÜR SOZIALISATION, GEWALT

Dr. Agnes Büchele
Klinische Psychologin, Psychotherapeutin, Supervisorin, Köln
FÜR BERATUNG UND PSYCHOTHERAPIE

Annelore Chaberny
Verwaltungswirtin, Leiterin des Referats für Frauenbelange der Bundesanstalt für Arbeit, Nürnberg
FÜR BERUFLICHE BILDUNG

Dr. Barbara Degen
Rechtsanwältin, Bonn
FÜR ARBEITSRECHT

Dr. Karin Derichs-Kunstmann
Erziehungs- und Sozialwissenschaftlerin, Forschungsinstitut für Arbeiterbildung e.V. – Ruhr-Universität Bochum
FÜR WEITERBILDUNG

Ursula Enders
Pädagogin, »Zartbitter«: Kontakt- und Informationsstelle gegen sexuellen Mißbrauch an Mädchen und Jungen, Köln
FÜR SEXUELLEN MISSBRAUCH

Heidrun Gerwens-Henke
Rechtsanwältin, Mediatorin, freie Praxis, Bonn
FÜR TRENNUNG UND MEDIATION

Dr. Iris Grützmacher
Frauenärztin, Bielefeld
FÜR GESUNDHEIT

Helga Kalmár
Psychotherapeutin, Psychotherapie-Zentrum, Wien
FÜR ALTERN

Heide Kollatz
Finanz- und Versicherungsfachfrau, Berlin
FÜR GELD, VERSICHERUNGEN

Katja Leyrer
Sozialwissenschaftlerin und Autorin, Hamburg
FÜR SOZIALISATION, MUTTERSEIN UND FAMILIE

Christa Merfert-Diete
Sozialpädagogin, Deutsche Hauptstelle gegen die Suchtgefahren (e.V.), DHS, Hamm
FÜR SÜCHTE

Univ.-Prof. Dr. Sigrid Metz-Göckel
Soziologin, Leiterin des Hochschuldidaktischen Zentrums der Universität Dortmund
FÜR STUDIUM

Dr. Petra Platen
Sportmedizinerin, Institut für Kreislaufforschung und Sportmedizin, Köln
FÜR BEWEGUNG UND SPORT

Dr. Hans Rudolph
Chirurg, Dtsch. Gesellschaft für Plastische und Wiederherstellungschirurgie, Diakoniekrankenhaus, Rotenburg/Wümme
FÜR SCHÖNHEITSOPERATIONEN

Lie Selter
Sozialpädagogin, Leiterin des Frauenamtes Köln
FÜR INITIATIVEN

Dr. Marie Sichtermann
Juristin, Projekt- und Unternehmensberatung für Frauen, »Geld & Rosen«, Mechernich bei Köln
FÜR UNTERNEHMENSGRÜNDUNG

ZUSAMMEN-LEBEN 20

KINDER 294

KÖRPER UND SEELE 466

ZUSAMMEN-
LEBEN

№ 1
ICH FIND MICH GUT
1
2
3
F.B.

Selbst-Bewußt

Selbstbewußtsein lernen Frauen vorwiegend als Eigenschaft kennen, die ihnen fehlt: »Du bist einfach nicht selbstbewußt genug!« Ein Satz, dem Mädchen bereits auf dem Spielplatz und in der Schule begegnen und der immer dann wieder auftaucht, wenn es im Beruf oder in der Partnerschaft zu Auseinandersetzungen und Konflikten kommt. Beim Selbstbewußtsein scheint es sich um eine Art Zaubermittel zu handeln. Selbstbewußte zeigen, was sie können, kommen leicht durchs Leben und werden kaum angegriffen.

Wer selbstbewußt ist – so das Alltagsverständnis – kennt und schätzt seine Fähigkeiten und kann über diese »starken Seiten« Bindungen und Beziehungen zu anderen Menschen aufbauen. Die Selbstbewußten strahlen durch innere Stärke, selbst soziale Abgründe überbrücken sie anscheinend problemlos. Das garantiert ihnen häufig persönlichen Erfolg, im Beruf und in der Politik.

Die meisten Frauen befinden sich mit all diesen Aspekten des Selbstbewußtseins jedoch in einer merkwürdigen Ambivalenz: sie verfügen über eine Vielzahl sozialer, sprachlicher und kommunikativer Fähigkeiten, die sie auch praktisch im Kontakt mit anderen Menschen, vor allem zur Lösung von Konflikten einsetzen. Gleichzeitig jedoch sind sie sich des Werts dieser »starken« Seiten kaum bewußt. Es scheint so, als ob sie das, was sie gerade besonders gut können, auch noch abwerten.

Deutlich wird dies zum Beispiel in der Analyse von Fernsehdiskussionen, die zeigen, in welcher Weise sich Frauen in der Öffentlichkeit zurückhalten: sie beziehen seltener als Männer unabhängige Standpunkte und knüpfen immer wieder an die Positionen anderer an, auch wenn sie diese nicht teilen. Wenn man ihre Meinung in Frage stellt, sind sie leicht zu irritieren.

Sich selbst wahrnehmen

Selbstbewußt zu sein oder zu werden war eines der wichtigsten Themen in der Neuen Frauenbewegung der 70er Jahre. Mit den offensiv gelebten Botschaften »Wir sind stark« und »Wir sind fähig« stellte sie sich den Vorurteilen entgegen, die Frauen als »geistig unterlegen« und »gering belastbar« definierten. Heute ist das Spektrum der Eigenschaften, die Frauen mit dem Begriff Selbstbewußtsein verbinden, offener, breiter und vielfältiger geworden. Kaum eine strebt noch ein Lebenskonzept an, das sich allein aufs Starksein bezieht.

Auch starke Frauen haben schwache Seiten, und es ist wichtig, mit diesen Seiten achtsam und schützend umzugehen. Die meisten wünschen sich die Möglichkeit, in nahen und liebevollen Beziehungen »schwach-sein-zu-dürfen«, und gleichzeitig die Gewißheit, aufgehoben zu sein; und fast alle Frauen kennen Lebensphasen, in denen es schlicht unmöglich ist, ausschließlich das »Starksein« zu betonen. So relativieren zum Beispiel Kinder oft für mehrere Jahre die Vorrangigkeit beruflicher Stärke.

Selbstbewußtsein hat also weniger mit »Stärke« als vielmehr mit der Fähigkeit zu tun, die eigene Person in ihrer Entwicklung, in ihren Möglichkeiten und in ihren verschiedenen Facetten umfassend wahrzunehmen. Die Humanistische Psychologie nennt dies »awareness« – ein englischer Begriff, der am ehesten mit »Gewahrsein« übersetzt werden kann. Dieses Gewahr-Sein seiner selbst und vor allem der eigenen Bedürfnisse kennzeichnet das eigentliche Selbstbewußtsein. Es umfaßt die bewußte Wahrnehmung der eigenen Gefühle, das Erkennen der eigenen Bedürfnisse und Fähigkeiten und der eigenen Geschichte.

Selbstbewußtsein in der Psychologie

Die Alltagsbedeutung des Begriffs »Selbstbewußtsein« ist heute fast gleichbedeutend mit: stabiles Selbstwertgefühl, sicherer Umgang mit anderen Menschen und Vertrauen auf die eigenen Fähigkeiten und Stärken.

In der psychologischen Wissenschaft bedeutet »Selbstbewußtsein« jedoch die Wahrnehmung der eigenen inneren (= seelischen) Kräfte. Dabei geht es immer um Vorgänge, die dem Bewußtsein direkt zugänglich sind: zum Beispiel um Bilder, Gedanken, Fantasien und Vorstellungen, die »bewußt« registriert werden können. Dieses direkt zugängliche Selbstbewußtsein wird häufig dem Unbewußten gegenübergestellt. Damit sind all die Regungen gemeint, die unsere Einsicht nicht mehr unmittelbar erkennen kann, zum Beispiel Träume, Affekte und Triebimpulse.

In der »Psychobewegung« der 70er Jahre schließlich begann man, den Begriff »Selbstbewußtsein« einzuschränken und fast ausschließlich auf den »richtigen« Umgang mit Emotionen und die Entwicklung eines Selbstwertgefühls anzuwenden.

Frauengefühle – Männergefühle

Hin- und hergerissen im Bann der Gefühle – angeblich sind Frauen ihren Gefühlen weitgehend ausgeliefert. Manche fühlen sich tatsächlich in ihre Emotionen verstrickt und abhängig, wie ein Gegenpol zu den anscheinend rationalen und nüchternen Männern. Doch auch Männer werden von heftigen Empfindungen bewegt, zum Beispiel wenn bei beruflichen Konflikten Wut oder Aggression eruptiv hervorbrechen. Offensichtlich aber unterscheiden sich die Geschlechter in der Art, wie sie ihren Gefühlen Ausdruck verleihen und wie sie auf Emotionen reagieren.

Frauen sprechen häufiger als Männer darüber, was sie bewegt, sie reagieren schneller auf die emotionalen Äußerungen anderer Menschen, und sie wünschen sich – vor allem von ihren Liebespartnern –, daß auch diese den eigenen Gefühlen Ausdruck verleihen mögen (▷ Freundinnen, Seite 127).

Gefühle verstehen

Daß Frauen der Welt der Emotionen meist näher stehen als Männer, bedeutet nicht automatisch, daß jede einzelne problemlos Kontakt zu ihren Gefühlen hätte. Die Fähigkeit, sich eines Gefühls »bewußt« zu sein, ist sehr unterschiedlich ausgeprägt. Sie ist darüber hinaus situationsabhängig, ist zum Beispiel manchmal blockiert, wenn es zu viele Eindrücke auf einmal zu verarbeiten gilt.

Der selbst-bewußte Umgang mit Gefühlen gelingt Frauen vor allem in den »weichen« Bereichen: beim Mitgefühl und bei der Zuneigung, bei Freude, Angst und Trauer. Diese Gefühle erkennen sie bei sich und anderen sehr schnell, und sie drücken sie auch höchst differenziert aus: sie lachen und weinen, gebrauchen eindeutige Mimik und Körpersprache.

Ganz anders verhält es sich bei Gefühlen wie Mut und Stolz oder bei Ärger, Trotz und Zorn: diese Gefühle nehmen Frauen bei sich nur ungenau und schemenhaft wahr, viele bevorzugen eine indirekte, manchmal auch unklare Art, um sie auszudrücken, und sie reagieren schüchtern oder verlegen, wenn sie bei anderen Menschen auf diese Gefühle stoßen.

Unterschiede im Ausdruck

Obwohl jeder Mensch auf eine bedrohliche und gefährliche Situation mit dem Gefühl der Angst antwortet, werden Jungen und Mädchen sehr früh auf unterschiedliche Angstreaktionen festgelegt, die sich inzwischen zu Stereotypen verfestigt haben. Während es für Männer heißt: Reagiere mit Mut und/oder Angriff, heißt es für Frauen: Zieh dich zurück und/oder verhalte dich ruhig (▷ Jungenzeit, Seite 325, ▷ Mädchenzeit, Seite 315).

Bei manchen Männern geht die verinnerlichte Aufforderung, sich bei Angst aggressiv und durchsetzungsstark zu verhalten, so weit, daß sie nicht mehr in der Lage sind, das ursprüngliche Gefühl überhaupt noch wahrzunehmen und zu spüren. Sie erscheinen angstfrei, todesmutig und gerade dadurch besonders »männlich«. »Weiblich« hingegen ist, die eigenen Positionen und Interessen in Situationen der Bedrohung zurückzunehmen. So ist Nachgeben »typisch weiblich«. Genau das aber verhindert, daß Frauen Gefühlsreaktionen in ihr Verhaltensrepertoire aufnehmen, die ihre Durchsetzungskraft stärken.

Der kulturelle Hintergrund in unserer Gesellschaft verstärkt dies: Männer werden immer wieder aufgefordert, mit ihren Gefühlen »hart« umzugehen.

Was sind Gefühle?

Gefühle äußern sich als körperliche und seelische Vorgänge. In einem fein abgestimmten Netzwerk, in dem Botenstoffe die Nachrichten übermitteln, kommunizieren Psyche und Körper miteinander. Für jede Emotion und jede Körperwahrnehmung gibt es die passende Nervenbahn und den passenden Botenstoff, über die sie sich austauschen. So werden Stimmungen und Empfindungen bis in die letzte Körperzelle transportiert (▷ Das Körper-Seele-Band, Seite 606).

Körperliche Reaktionen, die über das vegetative Nervensystem ablaufen, helfen zusätzlich, die Gefühlswelt zu verstehen: Scham bringt Menschen zum Erröten, wer verliebt ist, fühlt Schmetterlinge im Bauch tanzen, und Ärger läßt den Puls hochschnellen. Weil all die unterschiedlichen Gefühle körperlich und psychisch gleichzeitig wahrgenommen werden, erlebt man sie meist als »die ganze Person erfassend«. Je heftiger eine Emotion, um so deutlicher drückt sie sich auch körperlich aus.

Doch auch in Ruhe läßt sich bei genauer Selbstbeobachtung feststellen: Irgendwelche Gefühle sind immer vorhanden. Sie begleiten die tägliche Arbeit, alle Fantasien und Gedanken, Wahrnehmungen und Empfindungen. Wie wichtig sie sind, damit das Alltagsleben halbwegs erträglich ist, wird oft erst dann spürbar, wenn sie fehlen. So sind zum Beispiel Depressionen (▷ Seite 614) deshalb so quälend, weil der Gefühlskontakt zu dem, was man sieht, hört und denkt, verlorengegangen ist. Alles versinkt in grauer Gleichgültigkeit, sogar das, was man selber tut.

TIP

Achtung: Trugschluß

Angst

Viele Frauen haben zwei ständige Gefühlsbegleiter an ihrer Seite: die Angst und die Ängstlichkeit. Dominieren sie die Grundstimmung, schränken sie die eigenen Lebensmöglichkeiten empfindlich ein, lähmen und machen passiv. Versuchen Sie zu erkennen:

- Ist das Angstgefühl der gegenwärtigen Situation angemessen, oder reagieren Sie deshalb ängstlich, weil Sie an eine andere Situation erinnert werden, in der Sie diese Angst erstmals verspürten?
- Worin liegt die eigentliche Gefahr oder Bedrohung, mit der Sie nicht fertigwerden?
- Welche Reaktionsmöglichkeiten haben Sie bereits ausprobiert? Können Sie Hilfe von anderen holen? Mit wem können Sie darüber sprechen?
- Was könnte passieren, wenn Sie Ihre Ängstlichkeit ablegen und statt dessen Mut zeigen? Was würde sich verändern, wenn Sie keine Angst mehr hätten?

Verständnis

Hinter mitfühlendem Verständnis verbergen viele Frauen ihren verhinderten Zorn, vor allem gegenüber ihren Lebenspartnern, aber auch gegenüber Vorgesetzten oder KollegInnen. Versuchen Sie herauszufinden:

- Warum empfinden Sie Verständnis für einen Menschen, der Sie verletzt, kränkt oder mißachtet?
- Wie konstruieren Sie die Entschuldigungen im Verständnis? Verzeihen Sie, indem Sie die »Schuld« an einem besonders störenden oder gewaltsamen Verhalten »übergeordneten Kräften« anlasten?
- Ist die Verletzung, die Ihnen zugefügt wurde, wirklich unbedeutend, oder sind Sie nicht vielmehr empört und verdecken Ihren Zorn, indem Sie sich in den anderen »einfühlen«? Was passiert, wenn Sie das zukünftig nicht mehr tun? (▷ Die Verständnisfalle, Seite 77).

Dabei scheuen sie auch nicht die Nähe zu Gewalt und Zerstörung – während Frauen dazu angehalten werden, sich in andere einzufühlen und Gefühle wie Stolz, Wut oder Widerstand, die auf das eigene Ich bezogen sind, zurückzudrängen.

Gefühle wahrnehmen

Jede Frau, die versucht, sich ihrer Emotionen bewußt zu werden, spürt zunächst einmal, daß Gefühle nichts Beständiges sind. Sie setzen Menschen in Bewegung, sie wühlen auf oder provozieren. Das Wort Emotion (= Herausbewegen) bezeichnet dies besonders deutlich: Man wird angestoßen, auch in einem körperlich spürbaren Sinn. So läßt sich bei allen Gefühlsbewegungen auch eine Richtung wahrnehmen: Angst und Furcht sind von dem Wunsch begleitet zurückzuweichen; Trauer fordert das Loslassen, Freude setzt sich sehr oft in lustvolle körperliche Bewegung um, zum Beispiel in Springen und Hüpfen. Liebe öffnet den Körper für einen anderen Menschen, Haß verschließt ihn. Ärger und Zorn schließlich steuern aggressiv auf den Auslöser, das »Ärgernis« zu, beim Ärger eher unentschlossen, beim Zorn zielstrebig.

Die eigenen Gefühle im Alltag bewußt wahrzunehmen, kann außerordentlich spannend sein. Plötzlich wird verständlich, warum sich Glücksempfindungen mit dem körperlichen Gefühl der Leichtigkeit verbinden und warum Abwehr und Angst auch im körperlichen Sinn »klein machen«.

Reflektieren, kontrollieren

Nicht immer ist es sinnvoll und richtig, dem Bewegungsimpuls eines Gefühls zu folgen. Schon Kinder müssen lernen, Gefühlsreaktionen zu reflektieren und zu modulieren, sie zu kontrollieren und zu steuern. Wer zornig ist, muß nicht zuschlagen; man kann seinen Gefühlen auch mit Worten Ausdruck verleihen. Wer sich ängstlich fühlt, kann die Fluchtimpulse dahingehend nutzen, zu lernen, auf andere

Weise mit der Angst umzugehen. So ist es auch für sehr zurückhaltende und harmoniebestrebte Frauen möglich, aus den Unklarheiten im Umgang mit der Angst und dem Zorn herauszutreten (▷ Achtung: Trugschluß, Seite 26). Dabei ist es immer hilfreich, sich nicht nur der eigenen Bedürfnisse zu entsinnen, sondern tatsächlich eine größere Bandbreite von Verhaltensweisen zu wagen: zwischen Nachgeben und Beharren, Zurückweichen und Angreifen, Verweigern und sich innerlich Öffnen.

Ein guter Signalgeber für den bewußten Umgang mit den eigenen Empfindungen ist die körperlich-seelische Reaktion: Wenn der Magen eigentümlich krampft, der Kopf nur noch dumpf dröhnt und seltsam mulmige Gefühle das Wohlbefinden beeinträchtigen, drückt sich Unbehagen aus. Wer es ernst nimmt und seinem Ursprung nachgeht, erleichtert sich das Bewußt-Werden der eigenen Emotionen.

Bedürfnisse

Die »typischen« Aufgaben und Zuweisungen, die Frauen bis heute erfüllen, haben immer wieder – privat und beruflich – mit der Befriedigung menschlicher Bedürfnisse zu tun. Frauen versorgen, helfen und pflegen, sie kümmern sich um Nahrung, Wäsche und Kleidung, sie machen Mut, wenn andere schwach werden und sie trösten bei Mißerfolg und Kummer (▷ Beziehungsarbeit, Seite 71). Die meisten Frauen kennen sich mit den Wünschen und Bedürfnissen anderer Menschen sehr gut aus und wissen, wie wichtig es für das allgemeine Wohlbefinden ist, sie zu befriedigen.

Was Frauen jedoch an anderen erkennen und fördern, gelingt ihnen bei sich selbst oft sehr schlecht. Viele tun sich schwer, den eigenen Bedürfnissen Geltung zu verschaffen. Oft wissen sie über ihr Inneres auch gar nicht recht Bescheid. Nicht wenige vernachlässigen ihre eigenen Bedürfnisse bis zur völligen Selbstaufgabe »für andere« (▷ Liebe, Seite 43).

Dieser Widerspruch, die Bedürfnisse anderer nahezu perfekt zu erfassen und gegenüber den eigenen fast blind zu sein, formt sich in Mädchen bereits sehr früh (▷ Mädchenzeit, Seite 315). Untersuchungen über die frühe Kindheit zeigen, daß die meisten Familien es begünstigen, daß sich bei Frauen und Männern entgegengesetzte psychische Grunddispositionen bilden. Männer sind stärker auf Abgrenzung und Autonomie bedacht. Frauen hingegen werden darauf orientiert, ihre Erfüllung und Selbstbestätigung darin zu finden, daß sie für andere wichtig sind, also für andere sorgen. Dies erklärt auch, warum so viele Frauen sozial-helfende und assistierende Berufe ergreifen (▷ Top-Ten der Ausbildungsberufe, Seite 138).

Grundbedürfnisse

Alle Menschen, Frauen und Männer gleichermaßen, haben eine Reihe von Grundbedürfnissen. Elementar sind die Bedürfnisse, deren Nicht-Befriedigung lebensbedrohliche Folgen hat. Am dringlichsten sind daher die sogenannten Primärbedürfnisse: Atmen, Trinken, Essen, Schlafen und körperliche Nähe bzw. Körperkontakt. In genau dieser Reihenfolge gilt ihre Befriedigung als unaufschiebbar.

Emotional und sozial

Wenn die wichtigsten Grundlagen zur Lebenserhaltung geschaffen sind, treten die emotionalen und sozialen Bedürfnisse in den Vordergrund: Der Wunsch nach Zugehörigkeit und Wertschätzung, nach persönlicher Sicherheit und Freiheit, nach Lieben und Geliebtwerden. Fehlt die Befriedigung dieser Aspekte auf Dauer, so machen sich Krankheiten, emotionale und soziale Probleme bemerkbar. Die Immunabwehr sinkt, die individuellen Leistungen und die Fähigkeit, das Leben zu steuern, lassen nach. Nichts reduziert die eigene Lebensperspektive so sehr wie Lieblosigkeit oder Mißachtung (▷ Depressive Verstimmungen, Seite 539; ▷ Altern, Seite 525).

Trotz der sprichwörtlichen Nähe vieler Frauen zur Welt der Gefühle sind sie sich ihrer eigenen emotionalen Bedürfnisse oft unsicher. Vor allem die Verbindung zwischen den eigenen Wünschen und denen der anderen – Familie und/oder PartnerIn – gelingt ihnen oft nicht. Kollidieren beide Bereiche, so sind Frauen deutlich häufiger als Männer bereit, ihre emotionalen Bedürfnisse »im Interesse anderer« zurückzunehmen. Der Preis dafür ist sehr hoch – und kann im Extremfall die völlige Selbstverleugnung und Selbstaufgabe bedeuten (▷ Liebe, Seite 43; ▷ Mutter sein, Seite 305).

Denken und verstehen

Fast genauso dringlich wie die emotionalen und sozialen Grundbedürfnisse sind die geistigen (= kognitiven): Wahrnehmen und Verstehen, Lernen und Wissen, die Sehnsucht nach Anregung und Neuem. Monotone Lebenszusammenhänge ohne Anreiz und Impulse beeinträchtigen die geistige Entfaltung und führen daher immer zu schweren sozialen Problemen. Wer zu wenig Anregung für Kopf und Sinne bekommt, verliert die Orientierung und versteht irgendwann – im wahrsten Sinne des Wortes – die Welt nicht mehr.

Im Bereich der kognitiven Bedürfnisbefriedigung haben die Frauen seit den 60er Jahren eine rasante Entwicklung vollzogen. Sie haben sich mit hohen Bildungsabschlüssen, Studien und Weiterbildung völlig neue Welten erobert. Dennoch sind bei weitem noch nicht alle geistigen Möglichkeiten entfaltet. So ist das, was an Universitäten und Forschungsinstituten offiziell an Wissen produziert wird, noch immer eine Domäne der Männer (▷ Frauenforschung, Seite 193).

Schönheit und Kultur

Die vierte Gruppe von Bedürfnissen umfaßt den Bereich der individuellen und gesellschaftlichen Kultur: Schönheit und Ordnung, die Verwirklichung individueller Kreativität, sowie der Zugang zu Sinnzusammenhängen, in die das eigene Leben eingebettet werden kann. Menschen, die sich kulturell, politisch, sozial oder spirituell engagieren (▷ Initiativen, Seite 373), befriedigen diesen Bedürfnisbereich.

Die meisten Frauen erleben sich auch in diesem Bereich in einem Widerspruch. Einerseits gelten Schönheit, Ordnung und Kunst als »weibliche« Ressorts. Und tatsächlich sorgen die Hände vieler Frauen dafür, daß private Räume kreativ und mit einem hohen Anspruch an Ästhetik und Geschmack ausgestaltet werden: mit Textil- und Handarbeiten, Bildern, Dekorationen und Schmuck (▷ Hausarbeit, Seite 205). Dieselben Fähigkeiten sind im öffentlich-kulturellen Raum gefragt – doch dort dominieren die Männer.

Wie Museen oder Kunstgalerien ausgestattet werden, wie Straßen oder Städte aussehen, welche Produkte und Güter produziert werden – darauf haben Frauen bisher kaum gestaltenden Einfluß.

LITERATUR

Jessica Benjamin
Die Fesseln der Liebe.
Psychoanalyse, Feminismus und das Problem der Macht
Stroemfeld, Frankfurt, 1990. DM 39,90

Elisabeth Camenzind, Ulfa von den Steinen
Frauen definieren sich selbst.
Auf der Suche nach weiblicher Identität
Kreuz, Zürich, 1991. DM 29,80

Irmgard Hülsemann, Wilfried Wieck
Die geheimen Verbote.
Moralische Konflikte in der Therapie
Fischer, Frankfurt, 1992. DM 14,90

Ute Ehrhard
Gute Mädchen kommen in den Himmel, böse überall hin.
Warum Bravsein uns nicht weiterbringt
Krüger, Frankfurt, 1994. DM 29,80

Eigene Bedürfnisse erkennen

Jede Frau hat ihre eigene Gewichtung von Interessen und Wünschen, die sich im Laufe des Lebens mehrmals ändert. Während es einmal zu den großen Glücksmomenten gehören kann, in Küche, Kinderzimmer und Garten zu arbeiten, ist man ein andermal von der Enge des privaten Raums gequält und sucht nach Anregendem außerhalb des Hauses.

Unterschiedlich ist jeweils die Art und Weise der Bedürfnisbefriedigung – einheitlich ist jedoch, daß alle Bereiche möglichst gleichmäßig zur Geltung kommen sollten.

• Gestehen Sie sich das grundsätzliche Recht auf eigene Bedürfnisse zu – ihre Befriedigung ist eine Grundlage allen menschlichen Lebens. Dafür brauchen Sie persönlichen Raum und Zeit sowie den Willen zur Abgrenzung (▷ Eigenes, Seite 75).

• Achten Sie vor allem auf die emotionalen und sozialen Bereiche, die besonders häufig vernachlässigt werden; zum Beispiel das Bedürfnis nach Wertschätzung und Anerkennung.

• Versuchen Sie herauszufinden, welche Aktivitäten und Angebote Ihre Bedürfnisse zur Geltung bringen können. Oft sind die ersten Schritte zur Behebung des Mangels sehr klein.

• Nehmen Sie die Größe und Bedeutung Ihrer Bedürfnisse ernst, und lassen Sie sich nicht von Fehlschlägen abschrecken. Wer tatsächlich Neues erfahren will, muß die eigenen Kräfte möglichst umfassend einsetzen. Gehen Sie also nicht unentschlossen und mit halber Energie an die Erfüllung Ihrer Wünsche, sonst holen die Forderungen der anderen Sie sehr schnell wieder ein.

• Achten Sie immer auf die Bereiche, in denen Sie besonders verletzbar sind. Schützen Sie sich nicht unbedingt durch Stärke, sondern immer auch durch Aufmerksamkeit und Achtsamkeit (▷ Krisen, Seite 35).

• Klären Sie, welche Chancen Sie überhaupt haben, Ihre Bedürfnisse zu befriedigen: Wo müssen Kom-

TIP

Orientierungsschema der Bedürfnisse

Um sich über die eigenen Bedürfnisse Klarheit zu verschaffen, ist es sinnvoll, die einzelnen Punkte von Zeit zu Zeit zu überprüfen, um festzustellen, welche Bereiche mangelhaft abgedeckt sind, was Sie verändern wollen und wie Sie es erreichen könnten:

Primärbedürfnisse

- Atmen, Trinken, Essen (▷ Gewicht, Seite 513)
- Schlafen (▷ Entspannung, Seite 569)
- Bewegung (▷ Sport, Seite 555)
- Körperliche Nähe, Körperkontakt und intime Nähe (▷ Sexualität, Seite 47)

Emotionale und soziale Grundbedürfnisse

- Sicherheit, beziehungsweise: Leben ohne Bedrohung (▷ Gewalt; Befreiung, Seite 447)
- Zugehörigkeit und Anerkennung (▷ Familie, Seite 333; ▷ Arbeitswelt, Seite 211)
- Lieben und geliebt werden (▷ Liebe, Seite 43; ▷ Partnerschaft, Seite 69)
- Die Freiheit, Gefühle auszudrücken (▷ Das Körper-Seele-Band, Seite 606)
- Die Bestätigung des eigenen Wertes; daraus entsteht das oft zitierte Selbstwertgefühl

Kognitive Bedürfnisse

- Wahrnehmen und Verstehen (▷ Weiterbildung, Seite 175)
- Wissen und Lernen (▷ Schule und Ausbildung, Seite 137, ▷ Studium, Seite 189)
- Anregung durch Neues (▷ Urlaub, Seite 387)
- Geistige Betätigung (▷ Initiativen, Seite 373)

Ästhetisch-kulturelle Bedürfnisse

- Das Erleben von Ordnung
- Schönheit (▷ Seite 469)
- Die Entfaltung der eigenen Potentiale
- Die Herstellung eines Sinns: Das grundsätzliche Verstehen der Welt und Spiritualität

promisse mit anderen Menschen – KollegInnen, Vorgesetzten, PartnerIn oder Kindern – gemacht werden, und wie können sie gefunden werden? (▷ Fair streiten, Seite 79; ▷ Kompromisse finden, Seite 78)

• Gestehen Sie sich ein, daß es traurig und kränkend ist, wenn wesentliche Bedürfnisbereiche nicht befriedigt werden. Dieses Eingeständnis der Trauer ist oft der erste Weg zur Veränderung.

Gibt es besondere Frauenbedürfnisse?

Das Spektrum der Bedürfnisse ist bei Frauen und Männern gleich. Ihre Gewichtung unterscheidet sich bei beiden Geschlechtern je nach Lebensphase und persönlichen Bedingungen. Auch die Möglichkeiten, die eigene Bedürftigkeit wahrzunehmen und Abhilfe zu schaffen, ist von Person zu Person verschieden. Und dennoch drückt die geschlechtsspezifische Differenz den individuellen Empfindungen und Handlungen ihren Stempel auf.

Sich seiner eigenen Bedürfnisse bewußt zu werden, kann erst dann in Selbstbewußtsein münden, wenn der Mensch auch Möglichkeiten hat, erfolgreich verändernd einzugreifen. Wer die Verbesserung seiner Bedingungen für aussichtslos hält, tendiert dazu, Belastungen und Entbehrungen gar nicht erst zu empfinden, um nicht ausweglos darunter leiden zu müssen.

So sind beispielsweise Armut oder Gewalt massive Hindernisse, die eigenen Verhältnisse umzugestalten. Bekanntermaßen leben weitaus mehr Frauen als Männer unter derartigen Bedingungen (▷ Altersvorsorge, Seite 436; ▷ Gewalt, Seite 443). Ihre – im Vergleich zu Männern – grundsätzlich größere Gefährdung und ihre geringere soziale Sicherheit in Kombination mit geringeren beruflichen, finanziellen und materiellen Entfaltungsmöglichkeiten bilden eine Kette von Beschränkungen. Sie hemmen Frauen darin, Zugang zu ihren Bedürfnissen zu finden, in der Folge behindern sie sie darin, für ihre Befriedigung zu sorgen.

Hinzu kommt, daß das gesamte soziale und gesellschaftliche Leben von männlichen Ausdrucksformen geprägt ist. Mancher Bedürfnisse sind sich Frauen einfach deshalb nicht bewußt, weil es absolut unmöglich war, sie zu befriedigen. So waren sie zum Beispiel jahrhundertelang von der aktiven und wirkungsvollen Gestaltung politischer Macht ausgeschlossen.

Vor diesem Hintergrund ist Selbstbewußtsein auch eine zutiefst politische Frage. Denn erst, wenn die politischen, gesellschaftlichen und sozialen Rahmenbedingungen widerspiegeln, daß es ein selbstverständliches Recht von Frauen ist, alle menschlichen Bedürfnisse zu befriedigen, können sie ihr Selbstbewußtsein auch mit mehr Aussicht auf Erfolg entwickeln.

Fähigkeiten

Die Frage, über welche Fähigkeiten Frauen »eigentlich« verfügen und über welche »eigentlich« nicht, entzündet bis heute die Emotionen, obwohl Frauen offensichtlich nicht nur Kinder kriegen und Kuchen backen, sondern auch Börsengeschäfte abwickeln, Krimis schreiben, Flugzeuge steuern oder Biochemie studieren.

Dennoch: Indirekt bleibt die Botschaft »weiblicher Unterlegenheit« spürbar; zum Beispiel wenn prominente Frauen in der Öffentlichkeit kritischer beurteilt werden als Männer oder wenn auf ihre Kleidung und Figur eher Bezug genommen wird als auf ihre intellektuellen Anliegen.

Frauen müssen ihr Können immer wieder »neu beweisen«, oft auch rechtfertigen oder gegen Entwertungen verteidigen. Deutlich zeigt sich das, wenn zum Beispiel gesellschaftspolitischen Aussagen von Wissenschaftlerinnen in der Öffentlichkeit nur Bedeutung für den privaten Bereich zugebilligt wird – obwohl es sich um Statements von Expertinnen handelt.

Weibliche Körpersprache

In der Soziologie ist das, was man die weibliche Körpersprache nennt, genauer untersucht worden. Dabei hat sich herausgestellt, daß viele Ausdrucksformen, die ein bestimmtes Verhalten als eindeutig weiblich kennzeichnen, zugleich Machtlosigkeit und Zweitrangigkeit signalisieren:

- **Platz beanspruchen:** Wieviel Raum jemand einnimmt, sagt etwas über die soziale Bedeutung, die er sich in der Situation zumißt. Frauen bestimmen nur im gesicherten privaten Bereich souverän, wie nah oder fern sie andere halten möchten. In der Öffentlichkeit billigen sie den meisten Raum anderen zu, halten Distanz. Im Straßenverkehr, auf Plätzen und Wegen bewegen sich Frauen so, daß andere möglichst nicht behindert oder eingeschränkt werden. Sie machen Platz, sie weichen aus und lassen andere vor. Im Restaurant unterhalten sie sich leise, im Hotel oder Hausflur bewegen sie sich so geräuscharm, daß andere unbehelligt bleiben. Dieses Verhalten gilt als weiblich und bestätigt damit die eigene Geschlechtsidentität. Zugleich aber gilt es als angemesser Ausdruck sozialer Unterlegenheit gegenüber mächtigeren und bedeutenderen Personen.

- **Zeit lassen:** Jemandes Zeit in Anspruch zu nehmen, ist besonders außerhalb des privaten Raumes nicht selbstverständlich. In unserer Kultur gilt Zeit als knappes Gut. Jemandem Zeit einzuräumen heißt folglich, ihm oder ihr Bedeutung zu geben. Frauen verhalten sich dabei so, als stünden sie auf einer niedrigen Rangstufe: sie sind geduldiger als Männer, wenn sie warten müssen, und sie hören anderen generell länger zu. Umgekehrt werden Frauen in ihrer Rede häufig unterbrochen, von Männern, aber auch von anderen Frauen oder Kindern. Die Zeit von Frauen gilt als verfügbar.
- **Groß sein:** Statistisch gesehen sind Frauen im Durchschnitt kleiner als Männer. Dieses Verhältnis »Mann ist größer als Frau« bemühen sich beide Geschlechter auch dann herzustellen, wenn in der tatsächlichen Situation die Frau körperlich größer ist als der Mann. Sie sucht dann eine räumliche Position, die die Relation zu seinen Gunsten verändert, oder sie nimmt eine Körperhaltung ein, in der sie zu ihm aufblickt, zum Beispiel indem sie den Kopf neigt. Er richtet sich dafür besonders auf oder läßt sie Platz nehmen.
- **Körperhaltung:** Bei der typisch weiblichen Körperhaltung werden die Arme eng am Körper geführt, die Beine werden möglichst parallel gehalten. Ausladende Armbewegungen oder Schritte gelten immer noch als unschicklich. Im Sitzen werden die Beine oft dicht nebeneinandergestellt oder übereinandergeschlagen. Gespreizte Beine mit auseinanderfallenden Knien wirken selbst bei hosentragenden Frauen noch als »unpassend«. Männer machen ausladende Bewegungen, setzen und stellen sich breit hin und nehmen dadurch mehr Raum ein.
- **Blickkontakt:** Innerhalb eines Gespräches gilt der Blickkontakt des Zuhörenden als unterstützend. Frauen signalisieren auf diese Weise weitaus häufiger als Männer für ihr Gegenüber Aufmerksamkeit. Außerhalb der Gesprächssituation wirkt das direkte Hinsehen jedoch aggressiv. Es gilt als voyeuristisches Anstarren oder, wenn der Blickkontakt gesucht wird, als nonverbale Anmache. Bei dieser Art zu blicken halten sich Frauen deutlich zurück. Den unterstützenden Blickkontakt gewähren sie großzügig; den herausfordernden Blickkontakt erlauben sie sich nur selten.

Die Sprache

Die Sprache ist eine weibliche Domäne: Über alle Entwicklungsphasen und Altersstufen hinweg sind Frauen in ihren sprachlichen Fähigkeiten, in Lerntempo, Ausdrucksvielfalt und -differenzierung den Männern überlegen. Dennoch sind sie selten als Sprecherinnen anzutreffen und kommen in der Öffentlichkeit schwer zu Wort.

Männer verhalten sich im Umgang mit Sprache durchsetzungsorientierter. Sie unterbrechen Frauen häufig, nehmen bewertend auf die Beiträge von Frauen Bezug und bevorzugen für ihre eigene Rede Behauptungen und Imperative.

Frauen leisten diesem Verhalten Vorschub. Bevor sie sich äußern, warten sie eine Pause im Redefluß des anderen ab; sie knüpfen an das an, was der Gesprächspartner gesagt hat, bewerten selbst dann nicht, wenn sie anderer Meinung sind, und sie bevorzugen umschreibende, fragende oder mit »vielleicht« und »möglich« gemilderte Ausdrucksformen. Manche gehen in der Entwertung ihrer eigenen Redebeiträge so weit, daß sie sich vornehmlich in Konjunktiven ausdrücken: »Ich würde sagen, daß es vielleicht ja auch sein könnte ...« Frauen, die dieses defensive Sprachverhalten verändern wollen, können dies in entsprechenden Seminaren trainieren (▷ Allgemeine Weiterbildung, Seite 184).

Nicht nur das Sprechverhalten, auch die Sprache selbst enthält viele Strukturen, die Frauen in den Hintergrund verbannen. So gilt als geschlechtsneutrale Form von Berufsbezeichnungen oder Personengruppen normalerweise die männliche: man geht zum Arzt, schreibt eine Doktorarbeit oder steigt in den Professorenstand auf. Ob es sich um Experten, Zuschauer oder Teilnehmer handelt: *der* Mensch im allgemeinen ist männlich, und diese Sprachregel versteht *jeder.* Frauen, die bewußt auf die heimlichen Botschaften der Sprache achten, können im Sprechen an Kontur gewinnen. Dadurch nimmt die Fähigkeit zu, sich sprachlich durchzusetzen.

Erfahrungen prägen Fähigkeiten

Geringere Fähigkeiten im Vergleich zu Männern wurden und werden Frauen immer in den Bereichen nachgesagt, die für beruflichen Erfolg besonders wichtig sind: Leistungsmotivation, visuelle Fähigkeiten, analytisches Denken, mathematische Begabung, sprachliches Durchsetzungsvermögen und Wettbewerbsorientierung. Vergleicht man die Geschlechter bezüglich dieser Fähigkeiten und achtet bei wissenschaftlichen Untersuchungen strikt darauf, daß immer dieselben Voraussetzungen und vergleichbare

Trainierter Selbstverlust

In keiner Lebensphase trainieren Frauen den Verlust des »Selbst« so perfekt wie in der Pubertät (▷ Der große Wandel, Seite 321). Die 12- bis 16jährigen Mädchen nehmen alles Schroffe, Eigensinnige und Individuelle zurück. Ihre schulischen Interessen gehen zurück, die mathematischen Leistungen lassen nach, und die Freundschaften zu anderen Mädchen werden brüchig (▷ Zwischen den Stühlen, Seite 131).

Möglichst viele Beziehungen zu haben, vor allem auch zu Jungen, und beliebt zu sein wird zu einem Wert, für den sie nun (fast) alles aufzugeben bereit sind. Die Mädchen halten sich in ihren Äußerungen zurück, und sie verzichten immer häufiger darauf, sich aufrichtig mitzuteilen und auszutauschen.

In den Jahren nach diesem Umbruch, im Alter zwischen 16 und 20, integrieren die meisten jungen Frauen dann wieder viel von ihrer Individualität aus der Mädchenzeit. Dennoch hat das absolvierte Training im Selbstwertgefühl seine Spuren hinterlassen. Viele haben kein klares Gefühl mehr für ihre Fähigkeiten. Leistungen, für die intensives Interesse und Engagement erforderlich sind, treten zurück. Vielen jungen Frauen geraten die individuellen Lebensziele völlig aus dem Blick, und sie verlieren sich in anerkannt »weiblichen« Betätigungen (▷ Top-Ten der Ausbildungsberufe, Seite 138; ▷ Mädchenzeit, Seite 315).

Bedingungen gegeben sind, dann kommen alle Forschungen zu fast demselben Ergebnis: Nur in drei geistigen Bereichen werden überhaupt Unterschiede zwischen den Geschlechtern festgestellt.

- Beim Sprechvermögen schneiden Mädchen bzw. Frauen im Tempo, in der Ausdrucksvielfalt und in der Differenzierung besser ab als Jungen bzw. Männer (▷ Die Sprache, Seite 32).
- Beim räumlichen Vorstellungsvermögen und ab der Pubertät auch bei mathematischen Testergebnissen schneiden Jungen bzw. Männer besser ab als Mädchen bzw. Frauen.

LITERATUR

Cheryl Benard, Edit Schlaffer
Rückwärts und auf Stöckelschuhen... können Frauen so viel wie Männer
Kiepenheuer & Witsch, Köln, 1989. DM 24,80

Carol Gilligan
Die andere Stimme. Lebenskonflikte und Moral der Frau
dtv, München, 1996. DM 16,20

Lyn M. Brown, Carol Gilligan
Die verlorene Stimme. Wendepunkte in der Entwicklung von Mädchen und Frauen
Campus, Frankfurt, 1994. DM 39,80

Margarete Mitscherlich
Über die Mühsal der Emanzipation
Fischer, Frankfurt, 1990. DM 29,80

Deborah Tannen
Du kannst mich einfach nicht verstehen. Warum Männer und Frauen aneinander vorbeireden
Kabel, Hamburg, 1991. DM 39,90

Velma Wallis
Zwei alte Frauen. Eine Legende von Verrat und Tapferkeit
Klein, Hamburg, 1994. DM 24,80

- Insgesamt sind die Differenzen zwischen den Geschlechtern jedoch kleiner als die Unterschiede innerhalb der gleichen Gruppe. Das heißt, Jungen unterscheiden sich untereinander in ihren mathematischen Leistungen stärker, bzw. die Mädchen unterscheiden sich untereinander im Sprechvermögen mehr, als wenn man die ganze Gruppe der Mädchen mit der ganzen Gruppe der Jungen vergleicht (▷ Interesse und Begabungen, Seite 139).
- Vergleichsuntersuchungen zu Beginn der 90er Jahre bestätigen im Prinzip die genannten Ergebnisse aus den 70er Jahren. Heute jedoch sind die Differenzen zwischen den Geschlechtern nicht mehr so deutlich. Offensichtlich wirkt ein neuer Erziehungsstil, der das Korsett geschlechtsspezifischer Erziehung nicht mehr so eng schnürt wie noch in der Generation der Mütter.

Das Gehirn

Die moderne Hirnforschung bestätigt, daß sich der Abstand in den unterschiedlichen Fähigkeiten der Geschlechter verringert. Sie geht vom Prinzip der Erziehung und des Lernens aus: Erst nach der Geburt »verdrahten« sich die feinen Verästelungen der Nervenzellen des Gehirns miteinander. Dieser Prozeß wird dadurch geprägt, daß ein Kind Eindrücke und Erfahrungen sammelt, Stimulationen sucht, Sprache, Denken und Gewohnheiten ausbildet.

Jede Erfahrung, jedes Lernen hinterläßt im Gehirn eine »Spur«, bis die grauen Zellen im Laufe eines Lebens zum organischen Substrat einer Persönlichkeit werden. Was Frau (▷ Mädchenzeit, Seite 315) und Mann (▷ Jungenzeit, Seite 325) erleben und lernen, bildet sich im Gehirn ab. Dort verbinden sich Gedächtnis und Gefühle, tauschen sich Fertigkeiten und Kreativität, Fantasien und Empfindungen aus (▷ Mädchen lernen anders, Seite 140).

Mit jeweils neuen Anforderungen lassen sich die Fähigkeiten immer weiterentwickeln, verändern und differenzieren. Dafür muß man sich allerdings der individuellen Leistungen »bewußt« werden.

Erkennen und benennen

Frauen, denen die weitere Entdeckung eigener Fähigkeiten nach der Pubertät dauerhaft verwehrt wird, müssen unter Umständen das ganze Leben lang um ihr Selbstbewußtsein ringen. Wer sich seiner Fähigkeiten nicht sicher ist, kann versuchen, sich diese Unsicherheit einmal mit einem kleinen Test zu verdeutlichen:

• Vereinbaren Sie mit einer guten Freundin, daß Sie einander während eines Treffens jeweils fünf Minuten lang ausschließlich Positives über sich selbst berichten.

• Nehmen Sie in Ihre »Ich-Erzählung« alles auf, was Sie können bzw. konnten. Bedenken Sie: Sie dürfen nur positiv über sich sprechen, über Ihre Ausdauer, Zielstrebigkeit oder Geduld; über Ihre Redegewandtheit oder Sprachkompetenz, über Ihre guten Zensuren in der Schule oder sportlichen Leistungen in der Jugend, über Ihr gutes Erinnerungsvermögen oder Ihren beruflichen Erfolg, über Ihre analytischen, erzieherischen oder intuitiven Fähigkeiten, über Ihre handwerkliche oder hauswirtschaftliche Kompetenz. Ihre Freundin hört zu, ohne zu unterbrechen. Sie achtet auf Unsicherheiten.

• Deutliches Zeichen innerer Unsicherheit ist, wenn es Ihnen schwerfällt, sich mit positiven Eigenschaften und Fähigkeiten zu schildern, ohne gleichzeitig das eigene Können zu entwerten. Hinweise darauf bekommen Sie, wenn Sie Gelungenes jemand anderem, aber nicht sich selbst zuschreiben; zum Beispiel: Beim Examen war ich deswegen so gut, weil mir zufällig die »richtigen« Fragen gestellt wurden. Oder: Das Projekt habe ich nur bekommen, weil der Auftraggeber gute Laune hatte.

• Unter Freundinnen ist es möglich, diese Entwertungen des Selbst zu erkennen – wenn sich eine von beiden immer darauf konzentriert, aufmerksam zuzuhören und nach der Fünf-Minuten-Erzählung berichtet, was sie genau gehört hat (▷ Selbstbild-Fremdbild, Seite 35).

Neue-Alte Fähigkeiten kennenlernen

Wer selbstbewußt eigene Wege gehen will, muß von liebgewordenen Gewohnheiten Abschied nehmen. Dazu gehört auch Mut. Der Mut, vielleicht ungewöhnliche Dinge selbständig und allein in Angriff zu nehmen und der Mut, anders zu sein bzw. zu werden – anders als die beste Freundin, oder auch anders als es der Partner oder die Partnerin vielleicht wünschen. Auseinandersetzungen bleiben oft nicht aus. Zuviel Rücksichtnahme auf andere und die Angst vor Konflikten hindert viele Frauen daran, sich neu zu erproben.

• Bemühen Sie sich gezielt darum, Ihre persönlichen, vielleicht im Laufe der Zeit verschütteten Begabungen herauszufinden. Hilfreich kann es sein, sich an seine Vorlieben aus der Kindheit zu erinnern, Lehrerinnen oder Eltern zu befragen. Gemeinsam mit Freundinnen können Sie »größenwahnsinnige« Fantasien pflegen, oder auch allein etwas »Verrücktes« tun: Sie können lernen, Saxophon zu spielen oder Tango zu tanzen, eine neue Ausbildung beginnen oder einen Schulabschluß nachholen (▷ Weiterbildung, Seite 175).

• Was Frauen tun und können, wird häufig verniedlicht, »klein« gemacht oder ausgegrenzt. Daher braucht die Entfaltung Ihrer Fähigkeiten oft doppelte Kraft. Lassen Sie sich in Ihren Ideen und Projekten wenn möglich von Frauenförderplänen und -programmen unterstützen (▷ Frauenförderung, Seite 250).

• Wehren Sie sich, wenn andere Ihre Fähigkeiten oder Leistungen entwerten: Beharren Sie darauf, Ihren Gedanken zu Ende zu bringen, auch wenn man immer wieder versucht, Sie zu unterbrechen. Formulieren Sie die eigenen Standpunkte klar und deutlich, und grenzen Sie sich immer ab, wenn die Position des anderen keine Berührungspunkte zum eigenen Denken enthält. Nur dadurch zeigen Sie, daß Sie sich selbst ernst nehmen und dieses auch von anderen verlangen.

Krisen

Jede Biografie enthält Veränderungen, Einschnitte, Brüche und Unvorhergesehenes. Viele dieser Veränderungen werden von persönlichen Krisen und schmerzhaften Gefühlen begleitet: Irritation und Verunsicherung, Abschied und Trauer. Fast immer rühren Brüche und Veränderungen an empfindliche Stellen der eigenen Person, selbst dann, wenn die Einschnitte als durchaus wünschenswert gelten – zum Beispiel der Studienabschluß oder Berufseinstieg. Das letzte Examen beendet nicht nur die Zeit anstrengender Prüfungen, sondern zugleich eine Lebensphase relativer Ungebundenheit; der erste Verdienst füllt zwar endlich das Portemonnaie, aber der Berufsbeginn kann auch eine tiefe Sinnkrise auslösen.

Ganz besonders schwer zu verarbeiten sind ungewollte Veränderungen: Trennungen gegen den eigenen Willen (▷ Seite 102), Unglücksfälle oder der Tod nahestehender Menschen (▷ Trennung durch Tod, Seite 366; ▷ Traumatisierende Krisen, Seite 38).

Was in Krisen passiert

Krisen sind Erschütterungen der Identität und damit auch des Selbstbewußtseins. Sie stellen immer in Frage, was bisher als sicherer Bestandteil der eigenen Person erlebt wurde: die individuelle, ganz persönliche Art und Weise, mit Dingen und Erlebnissen umzugehen, Erfahrungen zu verarbeiten und Herausforderungen anzugehen – kurz: sich selbständig und autonom zu fühlen. All diesem scheint mehr oder weniger plötzlich der Boden entzogen. Das bisher Gültige bekommt eine völlig neue Bedeutung. Besonders intensiv wird dies spürbar, wenn man auf einmal mit einer chronischen oder unheilbaren Krankheit leben lernen muß oder wenn plötzliche Veränderungen, zum Beispiel ein Unfall, den Alltag von Grund auf verändern.

Krisen erinnern auf unangenehme und sehr schmerzhafte Weise daran, daß das menschliche

Selbstbild – Fremdbild

Das Bild, das man von sich selber hat, und das, das andere von einem wahrnehmen, sind nicht deckungsgleich. Deutlich wird dies meist nur indirekt, im Gespräch mit anderen Menschen, nach der Aufklärung eines Mißverständnisses. Plötzlich merken Sie, wie gründlich eine Ihrer Ideen oder Handlungen mißdeutet wurde. Sie sind erstaunt, daß man Ihnen etwas Bestimmtes »unterstellt« oder einfach nicht »zutraut«. Umgekehrt unterscheidet sich auch das Bild, das Sie sich von Ihrer Partnerin oder Ihrem Partner machen, von deren eigenem Selbstbild.

Die Art und Weise, wie Sie jemanden wahrnehmen, setzt sich aus einer Vielfalt von Eindrücken zusammen, die zusätzlich immer durch das Interesse gefiltert werden, das Sie an der anderen Person haben. Zum Beispiel: Die meisten Beschäftigten nehmen das energische Auftreten eines Vorgesetzten durch den Filter »Autorität / Auftrag oder Weisung« wahr, während sich der Betreffende selbst unter Umständen ganz anders sieht. Er empfindet sich eher als Unterstützer der MitarbeiterInnen, als einer, der Vorschläge macht, aber keinesfalls Befehle austeilt.

Im Alltag fügen sich Fremdbild und Selbstbild so, daß beide Seiten damit ganz gut zurechtkommen. Allerdings ist es für den Konfliktfall wichtig, sich der Differenz bewußt zu sein – auch im Geschlechterverhältnis, in dem das Selbst- und Fremdbild durch den Filter »männlich« bzw. »weiblich« wahrgenommen wird.

Solange jemand in seinem kulturellen Rahmen bleibt, ist er vor allzu großen Mißverständnissen geschützt. In der Wahrnehmung von Personen gibt es so etwas wie eine kulturelle Grammatik, die den Spielraum für Deutungen und Interpretationen festlegt. Dadurch ist sichergestellt, daß Menschen, die derselben Kultur angehören, nicht völlig aneinander vorbei agieren.

Zu dieser kulturellen Grammatik gehört allerdings auch ein bestimmtes Verständnis dessen, was »männlich« und »weiblich« bedeutet. Im alltäglichen Umgang miteinander wird dieses Verständnis immer wieder und in feinsten Nuancen bestätigt.

Zeichen seelischer Krisen

Es gibt Anzeichen dafür, daß eine seelische Krise bevorsteht oder begonnen hat, auch wenn Sie selbst die Ereignisse, die in die Krise führen, noch gar nicht als so gravierend bewerten:

• Meist ist ein Gefühl großer Irritation spürbar. Viele äußere Gegebenheiten des Lebens scheinen unverändert, dennoch stimmt irgendetwas nicht (mehr). Der Alltag scheint erschüttert.

• Gefühle von Unwirklichkeit wechseln mit Phasen fast überdeutlicher Klarheit der Wahrnehmung. Bei alltäglichen Verrichtungen ist meist alles wie immer. Doch in Zeiten der Ruhe und des Alleinseins geht das Zeitgefühl verloren; ein unspezifisches, unruhiges Nachsinnen über alles Mögliche füllt die Zeit, ohne daß das Nachdenken zu einem Ergebnis führt.

• Manche Menschen reagieren auf Krisen mit einem besonders aktiven Traumleben, in dem sich Alpträume aus Kindertagen mit Tagesresten mischen und insgesamt Bilder des Abstürzens und des Orientierungsverlustes bestimmend sind.

• Fast immer sind Krisen mit tiefen Einsamkeitsgefühlen verbunden. Man glaubt, sich mit sich selbst nicht mehr auszukennen, und hat Mühe, sich anderen wirklich mitzuteilen.

• Hält eine krisenhafte Stimmung länger an, dann können auch körperliche Empfindlichkeiten, Schlafstörungen (▷ Seite 611), Kopfschmerzen (▷ Seite 617), Rückenbeschwerden (▷ Seite 619) oder eine generell erhöhte Krankheitsanfälligkeit (▷ Das Körper-Seele-Band, Seite 606) hinzutreten.

• Das Gefühl des »Sich-selbst-entrückt-Seins« zeigt sich nicht nur in Wachstumskrisen, sondern bei allen Lebensveränderungen, die im Inneren »gären«, während nach außen (noch) alles ruhig erscheint – zum Beispiel, wenn der Gedanke an eine Scheidung oder einen Berufswechsel diffus zu arbeiten beginnt, ohne daß es möglich wäre, vorherzusagen, was aus dem diffusen Nachsinnen entsteht.

Selbst-Bewußtsein von vielem abhängig ist, was sich dem direkten Einfluß entzieht. Dazu gehören die Gewißheit einer stabilen, sicheren Beziehung, der klare Rahmen für den Alltag, körperliche Unversehrtheit und erreichbare Lebensziele.

Zwischen Wollen und Können

Wer in eine Krise gerät, hat oft das Gefühl, von den Ereignissen oder der Entwicklung der Dinge überrollt zu werden. Dieses Gefühl des Ausgeliefertseins entsteht durch das existentiell erlebte Mißverhältnis zwischen den neuen Anforderungen und den Möglichkeiten, diese zu verarbeiten. Die passenden »Instrumente«, um mit den Neuerungen umzugehen, sind noch nicht entwickelt; man spürt, daß die bisherigen Fähigkeiten nicht ausreichen, um den »neuen« Anforderungen gerecht zu werden. Krisen provozieren also immer ein Gefühl der Überforderung.

Wachstumskrisen

Wachstumskrisen begleiten das Leben jeder Frau in besonders intensiver Weise, denn jede körperliche Veränderung hat ihre gesellschaftliche Bedeutung und Wirkung – zum Beispiel bei der Frage, ob eine Frau Mutter werden will oder nicht (▷ Die Entscheidung, Seite 297). Das kulturelle und soziale Umfeld wirkt mit auf die Identität und das Selbst-Bewußtsein. Deutlich zeigt sich das bei der ersten Regel, der ersten Schwangerschaft und beim Übergang in die Wechseljahre (▷ Ein Kind bekommen, Seite 644; ▷ Wechseljahre, Seite 538). Sie sind die »großen« Wachstumsstationen mit Abschied und Neuanfang. Wenn sich der kindlich-schlanke Körper in der Pubertät zu einem weiblich-runden wandelt, wird das Ende der Kindheit sichtbar – das positive Bild der Erwachsenen ist aber noch nicht ausgefüllt. Deshalb sind die ersten Schritte eines Mädchens in dieser Phase so oft unsicher und von verzweifelten Anpassungsversuchen begleitet (▷ Trainierter Selbstverlust, Seite 32).

In Wachstumskrisen ist es wichtig, die Erfahrung anderer Frauen und anderer Generationen nutzen zu können (▷ Wie die Mutter, Seite 307). Die Verunsicherungen, die den Lebenszyklus begleiten, werden dadurch klarer. Zusätzlich verbindet die persönliche Auseinandersetzung mit den körperlichen Veränderungen jede einzelne Frau mit den Erfahrungen ihres Geschlechts (▷ Rhythmen des Lebens, Seite 625; ▷ Herkunft kennen, Seite 39).

Soziale Belastungskrisen

Die Gefährdung durch soziale Krisen, Armut und Arbeitslosigkeit ist für Frauen besonders hoch, wenn ihre materielle Sicherheit ausschließlich an eine funktionierende Beziehung gebunden ist: an eine Familie oder an eine Ehe, an FreundInnen, Lebensgemeinschaften oder PartnerInnen. Solange der jeweilige Lebenskontext trägt, kann sich eine Frau als »Tochter von ...«, »Ehefrau von ...« oder »Lebensgefährtin von ...« relativ abgesichert fühlen. Das ändert sich jedoch, wenn das Beziehungsnetz reißt oder aufgekündigt wird (▷ Geld, Seite 413; ▷ Versicherungen, Seite 427).

Trennungen und Todesfälle brechen deshalb häufig nicht nur als emotionale, sondern auch als ökonomische Katastrophe über die Frauen herein (▷ Trennung und Scheidung, Seite 99). Sie müssen sich zurücknehmen, in eine kleinere Wohnung wechseln, und sie müssen die Ausgaben für Geselligkeit und für kulturelle Bedürfnisse kürzen.

Sehr schnell wächst dadurch die soziale Belastung: Der Freundeskreis wird kleiner, das gesellschaftliche Ansehen sinkt (▷ Sozialhilfe, Seite 364; ▷ Mit dem Kind allein, Seite 357). Doch durch gesellschaftlichen Rückzug, Gefühle der Scham und das Bedürfnis, sich am liebsten zu verstecken, sinken die Chancen, die Situation zu verändern. Wer sich sozial nichts mehr zutraut, wird nicht nur privat, sondern auch beruflich sehr rasch eingeschränkt (▷ Arbeitslos, Seite 269; ▷ Arbeitswelt, Seite 211).

TIP

Soziale Krise: Was hilft?

- Soziale Not ist keine Schande, auch wenn viele Betroffene meinen, sie müßten die Zeichen von Armut und/oder Arbeitslosigkeit verstecken. Es gibt ein garantiertes Recht auf Grundversorgung (▷ Sozialhilfe, Seite 364).
- Versuchen Sie in sozialen Krisen nicht so zu tun, als ob alles beim alten wäre. Oft verstärken sich dadurch die Notlagen, zum Beispiel wenn man versucht, einen aufwendigen Lebensstil beizubehalten.
- Je bewußter Sie die finanzielle Krise wahrnehmen und benennen, um so selbstbewußter können Sie nach Lösungen suchen. Lassen Sie sich bei allen finanziellen Fragen beraten. Dem Telefonbuch sind die Anlaufstellen der Wohlfahrtsverbände, der Schuldnerberatung (▷ Seite 424), von Mietervereinigungen und Frauenberatungsstellen (▷ Seite 577) zu entnehmen.
- Kümmern Sie sich immer um das Nächstliegende. Was im Moment existenziell wichtig ist, muß zuerst getan werden! Das schafft unmittelbare Erleichterung und hebt das Selbstbewußtsein. Versuchen Sie »handelnd« zu bleiben. Schon kleine Schritte stützen und festigen dabei innerlich: das erste Gespräch mit einer Tagesmutter zur Versorgung der Kinder oder der erste Informationstermin zur Frage: Umschulung ja oder nein (▷ Mit dem Kind allein, Seite 357; ▷ Umschulung, Seite 276)?
- Suchen Sie aktiv Freundinnen und Freunde auf, die mit der aktuellen Lebensveränderung umgehen können beziehungsweise dazu passen - tauschen Sie sich so offen wie möglich aus. Das gibt Selbstvertrauen und stärkt den Realitätssinn.
- Wer durch soziale Belastungen den Boden unter den Füßen verliert, braucht manchmal auch professionelle, emotionale Unterstützung (▷ Beratung und Psychotherapie, Seite 575).

Muster der Krisenbewältigung

Für das eigene Krisenmanagement ist es nützlich zu wissen, daß jede Frau und jeder Mann mit einem bestimmten Grundmuster auf Schwierigkeiten reagiert. Dieses Muster wurde schon in der Kindheit erlernt und verfestigt sich im Laufe des Lebens:

- Manche Frauen, aber auch Männer reagieren auf Belastungen mit ausgesprochener Hilflosigkeit; ganz so, als warteten sie auf einen Retter oder eine Retterin. Bis die helfende oder unterstützende Hand eintrifft, bleiben die Betroffenen passiv. Wer »wie gelähmt« reagiert, zieht sich oft auch völlig zurück.
- Andere entwickeln einen hektischen Aktionismus und sind kaum zu bremsen. Sie unternehmen so schnell wie möglich irgendetwas, zum Teil bevor sie genau verstanden haben, was überhaupt passiert ist und worin wirkliche Hilfe bestehen könnte.
- Wiederum andere Menschen verändern sich in einer Krise völlig und wachsen über sich hinaus. So ist manche Frau selbst davon überrascht, was in ihr steckt, wenn ihr die Ereignisse (= Krise) Höchstleistungen an Mut, Kraft, innerer Ruhe, kühler Analyse oder Unverfrorenheit abfordern. Diese Art der positiven Krisenbewältigung zeichnet meist sehr stabile Persönlichkeiten aus.
- Alle Verhaltensweisen, mit denen wir auf Krisen reagieren, wurden in belastenden Situationen unter Not und Angst erlernt. Die meisten von ihnen bleiben über Jahre hinweg angemessene Mittel, um Schwierigkeiten zu bewältigen; manche jedoch erweisen sich zunehmend als untauglich.
- Es lohnt sich daher immer wieder, die eigenen Bearbeitungsmuster daraufhin zu überprüfen, für welche Sorte von Schwierigkeiten sie noch passen beziehungsweise welches Verhalten die produktive Verarbeitung einer Krise eher fördert und welches es behindert. Wer weiß, welche Ressourcen notfalls zu aktivieren sind, kann neue Umgangsformen einüben und das eigene Verhaltensrepertoire erweitern.

Traumatisierende Krisen

Ereignisse, die tiefe innere Wunden hinterlassen, sogenannte Traumen (Trauma = Verletzung), sind am schwierigsten zu verkraften. Sie brechen unerwartet in das Leben des betroffenen Menschen ein und werden als lebensbedrohlich oder überwältigend erlebt. Zu den Traumen zählen Unfälle, der unerwartete Tod geliebter Menschen, plötzliches Verlassenwerden, Eingriffe in die körperliche Unversehrtheit durch Krankheit oder Verletzungen, Gewalterfahrungen durch Vergewaltigung, Raub oder Folter (▷ Seite 451), aber auch Gewalterfahrungen aus der Kindheit (▷ Sexueller Mißbrauch, Seite 457).

Unter Schock ver-rückt das Selbst

Die erste Reaktion ist zunächst ein Schockzustand, in dem der Organismus die emotionale Verbindung zu dem, was geschieht, unterbricht. Dadurch wird es möglich, die bedrohliche Situation – Schmerzen, Todesnähe, Panik oder Angstüberflutung – überhaupt zu überstehen. Zugleich produziert dieser lebensnotwendige Selbstschutz aber auch ein wichtiges Element der Krise, in die die Person schließlich stürzt. Oft ist es nämlich nicht mehr so einfach, die verlorene Verbindung zu den eigenen Gefühlen wiederherzustellen.

Nach einer Vergewaltigung ist es den meisten Opfern zum Beispiel fast unmöglich, zu erfassen, was geschehen ist. Die betroffenen Frauen fühlen oft keine Verbindung mehr zu der Person, die sie vor der Katastrophe waren; sie werden in ihrem Lebenswillen massiv beeinträchtigt (▷ Gewalt, Seite 443). Von dieser Erfahrung berichten auch Folteropfer und Kriegsflüchtlinge.

Nach einem schweren Trauma vergehen bis zu einer Heilung fast immer viele Jahre. Meistens gelingt es nur in einer sehr geschützten Situation, allmählich zu genesen – und meist ist dazu professionelle Hilfe notwendig (▷ Beratung und Psychotherapie, Seite 575).

Herkunft kennen

Lange Zeit galten Frauen als geschichtslose und also bedeutungslose Wesen für den »großen Gang der Dinge«. Zwar fanden sie als Mütter oder Gattinnen berühmter Feldherren und Politiker Eingang in die Historie, von ihrem Tun und Denken war jedoch kaum jemals etwas zu lesen (▷ Die Welt der Schulbücher, Seite 141).

Eine Vielzahl von Arbeiten zur Frauengeschichte hat dieses Bild seit den 70er Jahren radikal verändert. Hexen, Hebammen und Kräuterfrauen, Gelehrte, Schriftstellerinnen, Vagabundinnen, Revolutionärinnen und Künstlerinnen wurden aus dem Schatten der Männergeschichte herausgelöst. Plötzlich erhielten Frauen ein eigenes Gesicht, einen eigenen Charakter und ein eigenes Denken.

Die Geschichte eines Volkes, eines Geschlechtes, einer Berufsgruppe usw. ist immer auch ein Bestandteil der eigenen Herkunftsgeschichte. Sie schafft eine Tradition, auf die sich jede einzelne Frau beziehen kann, wenn sie will. So entsteht das Gefühl, einer eigenen Kultur anzugehören. Das Wissen um die eigene Herkunft und den eigenen Ort vermittelt Sicherheit. Das Gefühl von Bedeutungslosigkeit und Unsi-

HISTORIE

Zum Ursprung der Frauenbewegung

Die erste Frauenbewegung im ausgehenden 19. Jahrhundert hatte Vorläuferinnen. Schon in der ersten Hälfte des 19. Jahrhunderts forderten liberale DenkerInnen die Gleichstellung von Männern und Frauen. Manche von ihnen gingen für die zivilen und politischen Rechte bereits auf die Straße.
Noch früher, nämlich im ausgehenden 18. Jahrhundert, erschien Mary Wollstonecrafts berühmte Schrift zur »Verteidigung der Rechte der Frauen«; Mary Astells vieldiskutierte Abhandlungen zur Verteidigung des weiblichen Geschlechts wurde bereits gegen Ende des 17. Jahrhunderts verfaßt. Das wohl berühmteste Buch aus der Vergangenheit »Die Stadt der Frauen« von Christine de Pizan erschien 1405 in Paris. Darin entwirft de Pizan die Utopie einer von Frauen bestimmten Gesellschaft.
Wie weit Utopie und Realität voneinander entfernt waren, zeigte sich eine Generation später. 1487 erschien der berühmte »Hexenhammer« von Jakob Sprenger und Heinrich Institoris. Das Buch wurde zur wichtigsten Grundlage für die Inquisition, die in den darauffolgenden dreihundert Jahren in Europa etwa eine Million Frauen als Hexen auf den Scheiterhaufen brachte.

LITERATUR

Ute Gerhard
Unerhört. Die Geschichte der Frauenbewegung
Rowohlt, Hamburg, 1990. DM 16,80

Gerda Lerner
Frauen finden ihre Vergangenheit
Campus, Frankfurt, 1995. DM 39,80

Georges Duby, Michelle Perrot
Geschichte der Frauen. Bd.1: Antike, Bd. 2: Mittelalter, Bd. 3: Frühe Neuzeit, Bd.4: 19. Jh., Bd. 5: 20. Jh.
Campus, Frankfurt, 1993-1995. Jeder Band DM 88

Marit Rullmann
Philosophinnen. Bd. 1: Von der Antike bis zur Aufklärung Bd. 2: Von der Romantik bis zur Moderne
eFeF, Dortmund, 1993 und 1995, DM 44 und DM 58

Virginia Woolf
Ein Zimmer für sich allein
Fischer, Frankfurt, 1980. DM 12,90

Simone de Beauvoir
Das andere Geschlecht. Sitte und Sexus der Frau
Rowohlt, Reinbek, 1992. DM 19,90

cherheit, das so viele Frauen begleitet, wenn es um Fragen der Bildung, Ökonomie und Politik geht, verändert sich dadurch. An die Stelle des Gefühls von Fremdheit tritt das Bewußtsein von Differenz: Das Wissen um die unterschiedliche und ungleichgewichtige Art, in der Frauen und Männer an der Gesellschaft teilnehmen.

Die Familiengeschichte

Jede Frau stammt aus einer Familie mit eigenen Traditionen und Erzählungen. Manche dieser Erzählungen haben sich zu Mythen verdichtet, die von Generation zu Generation Bewertungen darüber weitergeben, was im Leben wichtig ist, was »eigentlich« zählt beziehungsweise was zählen soll. Auch über das Verhältnis der Geschlechter zueinander berichten die Familientraditionen. So gibt es in vielen Familien die durchsetzungsstarken, alten Frauen, Urgroßmütter und Großmütter, in deren Händen die Geschicke der Familie lagen. Häufig gibt es auch über mehrere Generationen hinweg geschlechtsspezifische Muster des Erfolgs beziehungsweise des Mißerfolgs. Wie von unsichtbarer Hand scheint sich das Eheunglück oder aber Mißgeschicke und Fehlschläge der älteren Frauen auf die jüngeren zu vererben. Es lohnt sich, die Orientierungsmuster zu kennen, die die eigene Familie für ihre weiblichen Mitglieder bereithält. Die Erwartungen und Versagungen, die Mädchen und junge Frauen in ihrer Familie erfahren, haben eben nicht nur mit ihrem Geschlecht und der Geschwisterposition zu tun; oft erwächst der familiäre Auftrag auch aus körperlichen Ähnlichkeiten mit Verwandten. Dann gibt es eher zufällige Hinweise, wie »Du hast ja dieselbe Figur wie...«; »kein Wunder, daß Du so unsportlich bist« oder »Du hast dieselben Hände wie..., deshalb solltest Du unbedingt Klavier spielen lernen«.

Fast alle Menschen erleben es als große Last, wenn ihre Biographie von unsichtbaren Familienaufträgen durchwoben ist (▷ Anpassen oder verändern? Seite 492). Die meisten Frauen arbeiten lange daran, diese subtilen Botschaften zu entschlüsseln und sind erleichtert, wenn sie endlich die »Aufträge« ihrer Mütter von den persönlichen Interessen und Wünschen unterscheiden können (▷ Wie die Mutter, Seite 307). Diese Bewußtwerdung ist entscheidend für die Lebensgestaltung, denn nur so gewinnen auch die eigenen Entscheidungen an Klarheit, im Sinne eines »Sich seiner selbst bewußt werden«.

Die individuelle Geschichte

Die eigene Geschichte ist all das, was im Laufe des Lebens mit Erfahrungen verknüpft, durch Gefühle lebendig gehalten wird und die eigene Persönlichkeit geprägt hat.

Bewußt erinnern kann man sich meist nur bis zum Alter von etwa vier Jahren. Was vor dieser Zeit lag, wird nicht als Ereignis, Situation oder Geschichte erinnert, sondern als Gefühle, die zu bestimmten Berührungen, Geräuschen, Gerüchen oder Lichtverhältnissen gehören.

Eine solche Erinnerung kommt deshalb im Erwachsenenleben auch nicht als »Wissen« in den Sinn, sondern sie wird dadurch wach, daß man durch einen bestimmten Geruch, eine bestimmte Berührung oder eine bestimmte Stimmung in die dazugehörenden Gefühle versetzt wird. So bleiben frühe Landschaften und Glücksmomente in Erinnerung, die nicht tatsächlich »bewußt« sind, aber ein Gefühl von Vertrautheit vermitteln. Auch unangenehme, beängstigende Eindrücke kehren auf diese Weise in bestimmten Stimmungen wieder.

Frühe Kindheit

Je mehr eine Frau über ihre individuelle Geschichte weiß, desto besser werden unbestimmte, merkwürdige oder beängstigende Stimmungsmomente erklärbar: Die tiefe Abneigung gegen bestimmte Gerüche, die immer wiederkehrende Unruhe bei Kerzenlicht oder auch die große Panik beim Quietschen einer

Bremse haben eine Bedeutung. Wer von solchen Gefühlen immer wieder völlig überwältigt wird, sollte professionelle Hilfe suchen. Mit ihr fällt es leichter als im »Alleinversuch«, extrem belastende Erfahrungen aus der Kindheit aufzuarbeiten (▷ Beratung und Psychotherapie, Seite 575).

Die eigenen Empfindungen zu verstehen, ist aber auch bei ganz harmlosen oder banalen persönlichen Eigenarten hilfreich und spannend. Woher kommt die Vorliebe für eine spezielle Abendstimmung, das Faible für sanfte Hügellandschaften oder die Liebe zu einem bestimmten Typus von Freundin? Wer weiß, in welchem Kontext die Dinge ihre Bedeutung erhalten haben, schafft sich selbst einen Ordnungszusammenhang und innere Sicherheit (▷ Die eigenen Bedürfnisse erkennen, Seite 29).

Jugend und Erwachsen-Werden

Schulzeit, Ferienerfahrungen, die erste Liebe, der erste Kuß, die beste Freundin, die Ausbildungszeit, Lehrerinnen und Lehrer, Parties und Proteste modifizieren die Erlebniswelt der Kindheit und fügen neue Erfahrungen hinzu. Diese Teile der eigenen Lebensgeschichte sind dem Gedächtnis fast immer unmittelbar verfügbar. Durch Fotoalben, Tagebücher, Briefe und Postkarten gelingt es meist, sich der jeweiligen Situationen sehr rasch zu entsinnen. Kommt zusätzlich die Rede auf einen bestimmten Lebensabschnitt, werden die Erinnerungen wach. Manchmal sind es auch innere Prozesse, die den Anstoß zur Erinnerung geben: ein bestimmtes Verhalten oder eine emotionale Reaktion, die zum eigenen Selbstbild eigentlich gar nicht passen und nun eine Neuorientierung erfordern. Ist ein solcher Prozeß des Besinnens erst einmal in Gang gebracht, dann entdecken manche Frauen an sich Züge, die lange aus dem Blick geraten waren: kreative oder verträumte Seiten, energievolle oder kraftvolle Momente. Es lohnt sich dann, zu überlegen, wie weit man an diese Seiten wieder anknüpfen möchte (▷ Neue-Alte Fähigkeiten wiederentdecken, Seite 34).

TIP

Genogramm

Ein Genogramm veranschaulicht relativ einfach, welche Position jemand in der Geschichte seiner Herkunftsfamilie einnimmt: Wie bei einem Stammbaum wird die eigene Familie auf einem großen Blatt Papier rekonstruiert. Mit dem Verfahren, das für die Familientherapie erdacht wurde, lassen sich Familienmuster erkennen.

- Beginnen Sie unten auf dem Blatt mit der Geschwisterreihe, der Sie selbst angehören. In der Reihe darüber wird die Elterngeneration mit Geschwistern und Halbgeschwistern eingetragen. Es folgt die Generation der Großeltern, dann die der Urgroßeltern, immer möglichst komplett mit allen Personen, die dazugehören.
- Ist die Personenanordnung so weit wie möglich abgeschlossen, geht es im zweiten Schritt darum, die Themen, die für Sie wichtig sind, in der Familiengeschichte aufzuspüren und entsprechend in das Genogramm einzutragen. Zum Beispiel: Beruflicher Erfolg bzw. Mißerfolg, unerwartete Todesfälle, Fehlgeburten oder Krankheiten, politisches Engagement, Religiosität, musische Begabungen oder Scheidungen.
- Wenn die Informationen dünn werden, können Sie andere Familienmitglieder befragen. Doch auch Lücken im Wissen sind aufschlußreich: Worüber wird in Ihrer Familie beharrlich geschwiegen?
- Am anschaulichsten entwickelt sich das Bild, wenn Sie für jedes Thema eine andere Farbe benutzen und die zur Verfügung stehenden Informationen jeweils bei der Person eintragen, zu der sie gehören.
- In der Regel veranschaulicht ein Genogramm sehr gut, in welcher Weise die Traditionen der mütterlichen Linie mit der väterlichen im Konflikt liegen. Fast immer ist die Verteilung von Informationen, Bedeutsamkeit und Macht in einer Familie geschlechtsspezifisch. Und am Ende ergibt sich meist ein ziemlich klares Bild darüber, in welchen Traditionslinien Sie sich selbst befinden.

F.B.

Liebe

Kaum ein anderes Gefühl bewegt das Innerste so sehr wie die »Himmelsmacht der Liebe«. Frauen wie Männer leben von ihrer knisternden Spannung, die Kunst und die Literatur von ihrer Inspiration. Liebe bricht Normen und soziale Schranken, sie setzt sich mühelos über Bestehendes hinweg und stürzt jene, die sich ihr ergeben, auch oft genug ins Unglück. Leidenschaft und Verzweiflung können gefährlich nahe beieinander liegen.

Die alten Mythen beschreiben Glück und Tragik der Liebe als Sehnsucht und ewige Suche nach der anderen, der »besseren« Hälfte. So läßt Platon erzählen, daß die Menschen von ihrer eigentlichen Natur her rund geschaffen waren. Rund, in einer Zylinderform, mit vier Armen, vier Beinen und mit zwei Gesichtern. Sie waren vollkommene Wesen, mächtig und stark. Doch sie wurden übermütig und unverschämt. Das mißfiel den Göttern, und sie wollten dem Treiben ein Ende setzen. Um dem Menschen die Kraft und Vollkommenheit zu nehmen, beschlossen sie, ihn zweizuteilen. Der Zylinder wurde durchtrennt, und es entstanden zwei Hälften.

Seit dieser Zeit irren die Menschen in unseliger Sehnsucht auf der Erde umher, um ihre andere Hälfte zu suchen. Finden sie einander, können sie für kurze Zeit wieder zu einem Ganzen verschmelzen und für einen kleinen Moment ihre alte Vollkommenheit spüren.

Vieles von dem, was die Geschichte überliefert, bestätigt sich noch Jahrtausende später: Der Wunsch, einen passenden Partner oder eine passende Partnerin zu finden, bewegt und treibt jugendliche ebenso wie ältere Frauen und Männer. Bleibt die Sehnsucht nach Liebe und Geliebtwerden unerfüllt, entsteht ein intensives Gefühl des Mangels und der Einsamkeit, das auf eine immer größer werdende leere Stelle im Inneren verweist.

Kraft der Liebe

Liebe brauchen Menschen vom ersten Atemzug an, ohne sie gibt es keine seelische und geistige Entwicklung. Wer als Kind ungeliebt bleibt, verkümmert emotional und sozial. Diesen direkten Zusammenhang zwischen der Liebe, die man in den ersten Kindheitsjahren erfährt, und der Liebesfähigkeit im Erwachsenenalter haben PsychologInnen in zahlreichen Studien erforscht: Nur wer beides – Lieben *und* Geliebtwerden – kennenlernt, kann im späteren Leben alle vitalen Energien entfalten (▷Mädchenzeit, Seite 315; ▷Jungenzeit, Seite 325).

Beflügelt vom Gefühl der Liebe vollbringen Menschen Erstaunliches: Sie sind bereit, sich in Unbekanntes zu stürzen und ihr Leben zu verändern. Oft gibt eine neue Liebe den entscheidenden Anstoß, den Wohnort, den Arbeitsplatz oder gar den Beruf zu wechseln, alte Sicherheiten aufzugeben, sich neu zu orientieren und von überholten Verhaltensmustern Abschied zu nehmen. Die Kraft dieses Gefühls ist eine der wichtigsten Antriebsquellen für Kreativität, Fantasie und Leistungen.

Verliebtsein

Es gibt ihn – den Urknall der Gefühle, der wie ein Blitz einschlägt und von einem Moment zum anderen alles verändert. Dabei werden Energien frei, die im wahrsten Sinn des Wortes »umwerfend« sein können. Man schwebt auf Wolken, kichert wie ein Teenager und schämt sich nicht, in den Armen der geliebten Person zu gurren und zu schnurren – wie »von Sinnen«, heiter und unverletzbar.

Man fühlt sich nicht nur intensiv voneinander angezogen, sondern auch seltsam vertraut, so, als ob man sich seit Jahren kennen würde. Manchmal entsteht dieses Urvertrauen schon am ersten Abend, bei der »Liebe auf den ersten Blick«. Man öffnet sich dem anderen rückhaltlos, erzählt von Stärken und Schwächen, alltäglichen Freuden, Schwierigkeiten und intimen Neigungen. Getragen von einem geheimnisvollen »Wir«-Gefühl, werden unendlich viele Gemeinsamkeiten entdeckt: die Vorliebe für die gleiche Musik oder bestimmte Bücher, das Interesse für dieselben Urlaubsziele oder das Engagement für politische und kulturelle Ereignisse. Ein Gefühl von Seelenverwandtschaft entsteht. Doch dieses ist nicht unbedingt von Dauer.

Ob aus der Verliebtheit tatsächlich Liebe entsteht, entscheidet sich erst im Laufe der nächsten Wochen. Manche Traumpaare ziehen schon bald in eine gemeinsame Wohnung und bereuen diese Entscheidung ihr Leben lang nicht. Bei anderen folgt die Ernüchterung: sie entdecken, daß die innige Gemeinsamkeit doch nicht in allen Bereichen trägt, und daß Verliebtsein und Liebe zweierlei sind. Aus der von Euphorie beflügelten Einheit werden wieder zwei Individuen. Dabei gilt: Nicht jede Liebe setzt stürmisches Verliebtsein voraus. Viele glückliche Partnerschaften (▷Seite 70) entwickeln sich aus einer ruhigen, langsam wachsenden Zuneigung.

Einander finden

Wenn die Muster einer Partnerwahl untersucht werden, zeigt sich meist, daß der Grundsatz »Gegensätze ziehen sich an« nicht stimmt. Zwar sucht man sich tatsächlich oft jemanden, der etwas hat, was einem selbst zu fehlen scheint. Zu dauerhaftem Glück führt die »komplementäre Partnerwahl« allerdings selten. Zwar können die quirlige Abenteurerin und der eher bodenständige Mann einander eine Weile Geborgenheit und Abwechslung geben. Zu starke Gegenpole können das Liebesglück jedoch bald zerreißen.

Kindheitsbilder sind hingegen weit eher mitverantwortlich dafür, warum es plötzlich funkt. Der Auserwählte weist Züge des Bruders auf, oder die Geliebte lächelt wie die Cousine in Kinderjahren. Immer wieder speichern sich die Erinnerungen an

Männer und Frauen, die man mochte, und oft genügt dann eine kleine Geste oder ein bestimmter Augenaufschlag, um an früher geliebte Menschen erinnert und dadurch aufmerksam zu werden.

Abschied vom Ideal

Hartnäckig hält sich die Idee, in der »wahren« Liebe nur für »einen« oder »eine« bestimmt zu sein. Inzwischen betonen auch PsychologInnen, daß es die Idealperson nicht gibt, sondern daß viele unterschiedliche PartnerInnen sehr gut zur eigenen Persönlichkeit passen können.

Begehren

Finden sich zwei, ist Eros mit dabei: Sehr rasch spüren beide Verliebte den großen Drang, einander zu berühren und sich zu streicheln. Sie wollen die geliebte Person ertasten, erfühlen, sie schmecken, riechen, mit ihr schmusen, sie küssen – und mit ihr schlafen (▷ Sexualität, Seite 47).

Die Haut ist dabei eines der wichtigsten Kommunikationsmittel: Im körperlichen Miteinander, in der gegenseitigen Berührung wachsen Vertrauen, Offenheit und Zuwendung. Ohne einander anzusehen, können sich Verliebte durch Streicheln erkennen, unverwechselbar sind Gestalt und Geruch des begehrten Gegenüber. Sensibel reagiert die Haut auf die geringste Berührung und verwandelt den ganzen Körper in eine erogene Landschaft.

Im biologischen Programm des Menschen ist angelegt, daß Wohlbefinden und die Wahrnehmung seiner selbst davon abhängen, daß die Haut immer wieder gereizt und stimuliert wird. Ohne Berührung lernt kein Kind laufen – es braucht immer wieder Außenreize, um die Spannung der Muskulatur aufrechtzuerhalten. Im Alltag reichen Kleidung, Bewegung und Eigenberührung aus, um der Haut die lebensnotwendigen Grundreize zu vermitteln. Das schwerelose Wohlbefinden im Stadium der glücklichen Verliebtheit könnte sich aus der Vielfalt zusätzlicher Berührungen erklären.

Typisch Frau?

Frauen wissen sehr rasch, wann sie »Feuer gefangen« haben und ab welchem Zeitpunkt sich alle Sinne auf »ihn« zu konzentrieren beginnen. Sie können schon geringe Veränderungen in der Mimik, der Stimme und im Verhalten des Geliebten interpretieren – und sie versuchen meist, sich intensiv in seine Gedanken und Stimmungen einzufühlen. Sie sprechen gern darüber, was sie bewegt, und sie wünschen sich von ihrem Liebespartner, daß auch er seinen Gefühlen Ausdruck verleihen möge (▷ Gefühle verstehen, Seite 25).

In der Euphorie des Verliebtseins (▷ Seite 44) gelingt der offene, zärtliche Austausch miteinander recht gut. Doch schon relativ kurz nach dem gegenseitigen Bekenntnis »Ich liebe dich« wächst bei vielen Frauen der Eindruck, daß sie sich intensiver als der Geliebte um das Gedeihen der Beziehung kümmern.

Frauen, die diese Diskrepanz als Rückzug des Mannes empfinden oder als Zurückweisung ihrer selbst, steigern daraufhin oft ihre Aufmerksamkeit und ihr Bemühen immer weiter und weiter – manche gehen bis zur völligen Selbstaufgabe (▷ Zerstörerische Liebe, Seite 47).

Frauen, für die »lieben« bedeutet, vollkommen im anderen aufzugehen, verlieren die Möglichkeit einer eigenen Entwicklung und damit auch die Liebe selbst (▷ Sich selbst wahrnehmen, Seite 24; ▷ Frauengefühle – Männergefühle, Seite 24).

Typisch Mann?

Im Liebesrausch entdecken die meisten Männer die »weichen« Anteile ihres Selbst. Sie werden aufmerksam, zärtlich, einfühlend, sie hören zu, helfen und unterstützen. Der Reichtum dieser ungeahnten Fähigkeiten bezaubert nicht nur die Geliebte, sondern oft auch den Mann selbst. Ist er sich seiner Identität sicher, kann er diesen Gefühlen ohne Angst Raum gewähren und sie als Bereicherung auskosten.

Schwierig ist das Liebesleben mit jenen Männern, die durch ihre Emotionen verunsichert werden. Ihr

Selbstbild orientiert sich an den »harten« Gefühlen und Eigenschaften eines fiktiven Männerideals: an Abgrenzung und autonomer Stärke. Verwirrt von dem, was die Liebe an Ungewöhnlichem aufwühlt, versuchen sie sich emotional »wieder in den Griff zu kriegen«. So wirken viele Geliebte seltsam schwankend und unbeständig: Mal offen und im Gleichklang der Gefühle, mal abwehrend und abweisend (▷ Jungenzeit, Seite 325; ▷ Das Schweigen der Männer, Seite 47).

Nähe und Distanz

Jede beginnende Beziehung lebt von intensiver Gemeinsamkeit, die ausgekostet wird. Man will nicht voneinander lassen, will jede freie Minute miteinander verbringen. Die Liebenden teilen das Bett, essen vom selben Teller, tauschen die Hemden und benutzen dieselbe Zahnbürste. Gerne verzichtet sie auf den wöchentlichen Treff mit Kolleginnen, er schraubt seine Überstunden zurück und läßt die Saunarunde ausfallen.

Zu Beginn braucht jede Bindung symbiotische Nähe, um stabil zu werden. Die Liebenden erleben sich in vollkommener Harmonie und spüren keinen Verzicht. Sie genießen einander und können sich auch reibungslos aufeinander einstellen. Auf diese Weise werden Morgenmuffel-Frauen zu früh aufstehenden Joggerinnen – »weil er gerne morgens raus möchte« –, und er wechselt vom verwaschenen Sweat-shirt zum Jackett, »weil sie mich gerne attraktiver hätte«.

Je intensiver allerdings das Harmoniestreben und der Wunsch, dem Geliebten alle Bedürfnisse zu erfüllen, um so gefährlicher für die Zukunft. TherapeutInnen meinen, daß in dieser ersten Liebesphase die wichtigsten Weichen für die weitere Zukunft als Paar gestellt werden. Wer allzu freizügig auf Eigenes verzichtet und über Störendes hinwegsieht, bekommt später oft große Probleme (▷ Zerstörerische Liebe, Seite 47).

Eigenes wiederfinden

Liebe braucht den Wechsel zwischen Nähe und Distanz, sie braucht Eigenes (▷ Seite 75) und Gemeinsames (▷ Seite 74). Obwohl dies fast alle Paare wissen, entsteht bei den ersten Distanzierungsversuchen oft eine tiefe Irritation, die Angst vor dem Verlust. Man hat das Gefühl, die Liebe gerät in Gefahr, wenn die alten beruflichen Aktivitäten und FreundInnen wieder an Bedeutung gewinnen. Doch Wege, die auseinander- und immer wieder zusammenführen, sind einer glücklichen Liebe nur zuträglich. Sie lebt von der Spannung des Sowohl-als-auch. Und dazu gehört immer, Eigenes deutlich zu machen und sich gegenseitig Grenzen zu setzen.

Vorausgedacht

- Was will ich von meiner neuen Liebe? Gefällt mir an der neuen Situation vor allem das intensive Werben und Begehren? Liebe ich meine neue Freundin vor allem wegen der Leidenschaft, die sie mir entgegenbringt? Bin ich also eher der Situation als der Person verfallen? Frauen, die hier mit ja antworten, sollten den geordneten Rückzug antreten, wenn sie eigentlich mehr als eine kurze Affäre wollen.
- Erkenne ich in dem, was ich tue, ein Muster? Wiederhole ich eine Art von Beziehung, von der ich weiß, daß sie mir auf die Dauer nicht gut tut? Wähle ich zum Beispiel wiederholt einen bestimmten Typus von Mann oder Frau, der stets nur flüchtige Kontakte sucht, während ich mir Dauer wünsche? Wer sich durch das Wiederholen der immer gleichen Beziehungsmuster immer wieder verletzt, findet in einer Beratung und Psychotherapie Hilfe (▷ Seite 575).
- Halte ich diese neue Beziehung aufrecht, weil ich mich ohne Liebe sehr schnell einsam fühle? Früher oder später wird die Qualität der Liebe unter diesem Motiv zu leiden beginnen. Aus der Angst vor Verlust können Abhängigkeiten bis zur völligen Aufgabe des Selbst entstehen (▷ Selbst-Bewußt, Seite 23).

Die Frage, wieviel Distanz empfinde ich als richtig und wieviel als falsch, läßt sich von den eigenen Erfahrungen nicht trennen – denen, die man in der Kindheit gemacht hat, und denen, die frühere Partnerschaften bewirkt haben. Meist dauert es einige Jahre, bis man weiß, welches Maß an Distanz gut tut (▷ Zerstörerische Liebe, Seite 47).

Lob der Vernunft

Die wichtigsten Ratgeber nach der Zeit der ersten großen Verliebtheit sind Vernunft und Erfahrung. Bei der Frage: Fortsetzen oder nicht? ist es hilfreich, trotz vielleicht symbiotischer Leidenschaft immer wieder innerlich zurückzutreten und sich zu fragen:

- Was schätze ich am Wesen meines Partners oder meiner Partnerin? Was empfinde ich als unangenehm? Lösen Sie sich von der Illusion, daß Sie störende Eigenschaften oder Charakterzüge ändern könnten! Wichtig ist vielmehr, sich zu überlegen, wie weit diese Eigenschaften mit Ihren Ansprüchen an ein gemeinsames Leben vereinbar wären.
- Mit dem, was Sie an der geliebten Person an Unangenehmem entdecken, müssen Sie unter Umständen lange Zeit zurechtkommen. Sie sollten sich genau überlegen, ob Sie das tatsächlich wollen.
- Vermeiden Sie, schon zu Beginn eine Haltung einzunehmen, die als »gute Miene zum bösen Spiel« bezeichnet werden kann. Viele Frauen sehen aus Liebe über Verletzungen hinweg, die der Mann ihnen zufügt. Sie akzeptieren seinen Mangel an Mitarbeit im gemeinsamen Haushalt und nehmen – in der Hoffnung auf Harmonie – ihre eigenen Bedürfnisse zurück. Die meisten wünschen, daß sich dieses Ungleichgewicht später ändern wird. Doch das Prinzip der Gleichwertigkeit muß von Anfang an bestehen. Später läßt es sich nur mit großer Mühe herstellen (▷ Eigene Bedürfnisse erkennen, Seite 29).
- Vertrauen Sie Ihrer Empfindung: Wenn Sie sehr oft der Gedanke irritiert, dies sei wohl doch kein passender Partner, keine passende Partnerin, beenden Sie die Beziehung lieber früher als später.

Qual der Liebe

Unglück in der Liebe gehört zu den schrecklichsten seelischen Qualen, die das Leben für die Menschen bereithält: Ängste, Hoffnungslosigkeit und Panik wechseln mit Allmachtsfantasien und Haß, tiefe Trauer mit Verzweiflung. Wer unglücklich verliebt ist oder verlassen wird, fühlt sich klein und im Innersten wertlos, vernichtet davon, daß sich die geliebte Person abgewendet hat.

Von diesem Alpdruck zerstörerischer Empfindungen gibt es keine schnelle Befreiung, nur den langsamen Weg zurück zu sich selbst.

Unbeantwortete Liebe

Aufregende Abende, leidenschaftliche Nächte durchlebt – und nun keine Verabredung mehr? Jeden Tag gemeinsames Frühstück im Bett – und jetzt Stille am Telefon? Die Gefühle bleiben plötzlich ohne Echo. Im Gegenteil: Je mehr man versucht, auf eine Fortsetzung des Bisherigen zu drängen, um so flüchtiger wird die begehrte Person. Man will sie mit Blumen, Briefen und Telefonaten bekehren, umstimmen – und leidet gleichzeitig, fühlt sich gedemütigt. Alles Werben, Bitten und Betteln ist aussichtslos, denn die Liebe läßt sich nicht zwingen. Wer dies verzweifelt versucht, verliert sie.

- Setzen Sie sich einen Zeitpunkt, bis zu dem Sie um Ihren Prinzen oder Ihre Herzensdame werben wollen.
- Halten Sie sich strikt an diesen Tag, und versuchen Sie – wenn Ihre Liebe bis dahin unbeantwortet bleibt – Abstand zu gewinnen: Am besten gelingt das mit viel Arbeit, beruflichem Engagement und eventuell räumlicher Entfernung.
- Zwingen Sie sich, von weiteren Werbeversuchen abzulassen: kein Telefonat, kein »zufälliger« Besuch, keine »dringende« Auskunft. Sie geraten sonst unweigerlich in demütigende Situationen. Offene

Das Schweigen der Männer

Eine der größten Qualen in der Liebe ist es für Frauen, wenn der Partner seine Gefühle nicht zeigt, sie sogar abwehrt. Er zeigt sich emotional unzugänglich und verbirgt seine Unsicherheiten, Ängste oder Zweifel hinter einer Mauer des Schweigens. Seine Seelenlandschaft gleicht einer Festung mit beschränktem Zutritt (▷ Jungenzeit, Seite 325; ▷ Typisch Mann? Seite 45).

Die meisten Frauen verstehen ihren Partner trotzdem: Sie haben gelernt, selbst geringe Nuancen in seinem Verhalten zu interpretieren, sie glauben zu wissen, wie er sich fühlt, wann ein guter Zeitpunkt für ein Gespräch ist und wann nicht. Sie kennen seine Art des Ausweichens bei persönlichen Fragen – zum Beispiel: »Ich weiß nicht, was Du meinst« – und halten sich an die indirekte Botschaft, zu schweigen. Irgendwann allerdings teilen die Frauen dann selbst nicht mehr mit, was sie beschäftigt, worüber sie nachdenken oder grübeln. Das Gemeinsame (▷ Seite 74) dünnt aus. Ihr Bedauern, daß es mit dem Partner kaum noch möglich ist, ein ernsthaftes, tiefer gehendes Gespräch zu führen, äußern sie dann nur noch gegenüber FreundInnen.

Frauen, die mit einem Partner zusammenleben, der eine solche Abwehrhaltung einnimmt, spüren irgendwann, daß eine zerstörerische Ungleichheit im gegenseitigen Verständnis entsteht. Soll sich die Liebe weiterentwickeln, gibt es nur wenige Gegenmittel (▷ Das Zwiegespräch, Seite 80).

- Hören Sie auf, ihn zu analysieren und seine Stimmungslagen zu »verstehen«. Machen Sie sich von seinen Launen so weit wie möglich unabhängig, und horchen Sie eher auf Ihre eigenen Bedürfnisse (▷ Seite 29).
- Seien Sie sich bewußt, daß Sie nicht für Dinge verantwortlich sind, die in seinem Job, mit seinen Eltern und Geschwistern, mit seinen Vorgesetzten oder seinen KollegInnen schieflaufen. Es gibt keinen Grund, die Funktion einer emotionalen und seelischen Reparaturwerkstätte zu erfüllen: Üben Sie sich in der Abgrenzung (▷ Selbst-Bewußt, Seite 23).

Zurückweisung oder das Gefühl, lächerlich gemacht zu werden, kränken ungemein.

- Lassen Sie sich Zeit, bis die seelischen Wunden verheilt sind. Konstruieren Sie sich jedoch keine lebenslange Leidensgeschichte. Es gibt andere, die zu Ihnen passen! (▷ Abschied vom Ideal, Seite 45).
- Achten Sie darauf, ob sich das Muster der unbeantworteten Liebe wiederholt: Geraten Sie immer wieder an Männer, die eigentlich kein Interesse an einer kontinuierlichen Beziehung haben? Verlieben Sie sich immer wieder in unerreichbare Frauen? Manche Menschen wählen unbewußt LiebespartnerInnen, von denen sie im Innersten wissen, daß sich diese nicht wirklich engagieren werden. So ist es möglich, durch die »Unbeantwortete Liebe« die eigene Angst vor Nähe und Beziehung verdeckt zu halten (▷ Beratung und Psychotherapie, Seite 575).

Zerstörerische Liebe

Die zerstörerische Liebe ähnelt einer Suchterkrankung (▷ Seite 591). Gefährdet sind vor allem jene Frauen, die dem Liebesideal des Verzichtens, der Selbstlosigkeit und des Erduldens folgen. Wahre Liebe, so lautet ihr Credo, fordert nicht, sondern gibt sich hin; sie findet ihre Erfüllung darin, sich für den anderen zu opfern, ihm alles zu geben. Alle Fürsorglichkeit, alles Denken, Planen und Handeln richtet sich auf »ihn«: Was fühlt er, was wünscht er, und wie kann ich ihn glücklich machen?

Die Frauen scheuen weder Kosten noch Mühe, um ihm Freude zu bereiten, und keine Schwierigkeit ist zu groß, um nicht »für ihn« überwunden zu werden. Manche lasten sich Berge von Krediten auf, um ihm seinen Traum von der eigenen Firma zu verwirklichen, andere sind bereit, ihren gut bezahlten Job aufzugeben, um ausschließlich dem Partner zur Seite zu stehen »weil er mich jetzt so dringend braucht«.

Viele PsychologInnen sprechen bei Frauen, die ihre persönliche Integrität auf diese Weise immer weiter untergraben, von der Sucht, gebraucht zu werden. Sie schöpfen ihre eigene Befriedigung daraus, den Partner zufrieden zu machen, unabhängig davon, wie verantwortungslos, egoistisch oder gewalttätig er sich verhält. Sie wollen ihm »helfen«: aus dem Hang zum Alkohol (▷ Co-Abhängigkeit, Seite 597), aus der Depression, aus einer unbefriedigenden Ehe, einer unglücklichen Kindheit – alles durch das höchst mögliche Maß an Zuneigung.

Auffallend ist, daß in der selbstzerstörerischen Liebe immer emotional unzugängliche, schwierige oder innerlich unsichere Partner erwählt werden. Oft zeichnen sie sich durch besondere Lieblosigkeit oder kalte Gleichgültigkeit aus. Freundliche, stabile, verläßliche und in ihrer Identität sichere Männer sind für Frauen, die das selbstzerstörerische Liebesideal verinnerlicht haben, weitgehend uninteressant.

Wer aus diesem Muster ausbrechen will, weil die Liebe nur mit Schmerz und Leid verbunden ist, kann in einer professionellen Beratung Hilfe finden (▷ Beratung und Psychotherapie, Seite 575).

LITERATUR

Cheryl Benard, Edit Schlaffer
Laßt endlich die Männer in Ruhe. Oder: Wie man sie weniger und sich selbst mehr liebt
Rowohlt, Reinbek, 1992. DM 12,90

Robin Norwood
Wenn Frauen zu sehr lieben. Die heimliche Sucht, gebraucht zu werden
Rowohlt, Reinbek, 1990. DM 14,90

Wolfgang Schmidbauer
Du verstehst mich nicht. Die Semantik der Geschlechter
Rowohlt, Reinbek, 1993. DM 14,90

Wilfried Wieck
Männer lassen lieben. Die Sucht nach der Frau
Fischer, Frankfurt, 1990. DM 14,90

Liebe zu Frauen

Wenn eine Frau zum ersten Mal entdeckt, daß ihre Gefühle der Hinwendung, Zärtlichkeit und Liebe nicht einem Prinzen, sondern einer Prinzessin gelten, gerät das eigene Weltgefüge meist in Unordnung. Selbst »aufgeklärte« Frauen sind dann verunsichert und brauchen eine Weile, bis sie den bewußten Gedanken zulassen, daß neben der freundschaftlichen Zuneigung zu einer Freundin auch erotische und sexuelle Wünsche bestehen.

Die Möglichkeit, Frauen zu lieben, entdecken manche Frauen erst nach Heirat und Familiengründung, andere bereits in ihrer Jugend. Nicht jede entscheidet sich ausschließlich für Frauenbeziehungen.

Frauen können lange Phasen eines glücklichen Liebeslebens mit Männern erfahren, das Gleiche aber auch mit Frauen kennenlernen.

Leben mit Frauen

Viele Frauen leben sinnliche und leidenschaftliche Beziehungen zu Frauen, ohne sich als »lesbisch« zu definieren. Anderen ist es sehr wichtig, ihrer sexuellen Neigung und Lebensorientierung einen Namen zu geben und den Begriff Lesbe als einen Teil der eigenen Identität deutlich zu machen. Damit ist auch der Stolz verbunden, sich auf die Arbeit anderer Lesben berufen zu können, die dafür kämpften, daß es heute eigene Netzwerke und Verbände gibt, in denen die eigene Lebensorientierung offen gelebt werden kann. Seit vielen Jahren schon hat sich eine eigene Lesbenkultur entwickelt, mit einer eigenständigen Literatur und Kunst, Film- und Theaterschaffen, Lesbencafés, Bars und Kneipen (▷ Lesbentreffen, Seite 50).

Angst vor Diskriminierung

Die offene Diskriminierung der Frauenliebe hat seit den 70er Jahren kontinuierlich abgenommen. Meist

Was heißt hier normal?

Junge Frauen, die bereits in der Jugend ihre Liebe zu Frauen ohne familiäre Mißbilligung leben können, ersparen sich den quälenden Fragenkatalog der ersten Zeit: Bin ich krank? Bin ich abnormal? Was ist an mir, daß mich Jungs und Männer so wenig interessieren?

Bis weit in die 70er Jahre hinein galt die Liebe unter Frauen als eine »Verirrung der Natur«, gesellschaftlich mißachtet, oft auch belächelt und verurteilt: schließlich sollte eine Frau ihre »wahre« Bestimmung doch nur in einem Mann finden. Eine Position, die die katholische Kirche bis heute für gültig hält.

SexualforscherInnen betonen hingegen, daß im Menschen grundsätzlich alle Liebesmöglichkeiten angelegt sind. Welcher erotischen Seite der hetero-, homo- oder bisexuellen Möglichkeiten Frauen und Männer eher nachgeben, bestimmt die jeweilige Kultur und Gesellschaft, zusammen mit der individuellen Erziehung und Geschichte.

Die autonome Frauenbewegung der 70er Jahre holte die lesbische Liebe aus dem Ghetto und zeigte, daß mit der Liebe zu Frauen auch bestimmte Lebensweisen, Wünsche und politische Forderungen verbunden sind. Frau liebt nicht nur Frauen, sondern lebt auch mit ihnen. Lesbische Paare wollen die gleiche Anerkennung wie andere Paare auch – frei von Diskriminierung.

KONTAKT

Lesbentreffen

Frauenbuchläden und Frauenberatungsstellen vermitteln Kontakte und Adressen zu Lesbengruppen, Lesbencafés und -kneipen in der näheren Umgebung.

Lesbenring e.V.
Bonner Talweg 55, 53113 Bonn, Tel.: 0228/24 13 57

SAFIA e.V. – Lesben organisieren ihr Alter
Wüstenbirkach, 96126 Marodsweisach, Tel.: 09532/15 45

beeinträchtigt die persönliche Angst vor Diskriminierung – zum Beispiel am Arbeitsplatz – das Leben stärker als die Ausgrenzung selbst.

Dennoch gibt es weite Lebensbereiche, in denen sich eine Frau, die Frauen liebt, auf Probleme einstellen muß: zum Beispiel, wenn sie einen Arbeitsplatz im Bereich der Kirchen oder kirchlichen Wohlfahrtsverbände sucht, oder auch, wenn sie ein Kind adoptieren will – ihr als Einzelperson ist das zwar möglich, die lesbische Lebensweise kann sich aber negativ auf die amtliche Beurteilung auswirken, ob sie als Adoptivmutter geeignet ist.

Konflikte in der Symbiose

Grundsätzliche Probleme in der Partnerschaft, wie Konflikte beim Zusammenleben (▷ Seite 81), Fragen der Treue, der Nähe (▷Gemeinsames, Seite 74) und Distanz (▷Eigenes, Seite 75), müssen lesbische Paare ebenso lösen wie andere Paare auch. Kompliziert kann dies durch die innige, symbiotische Nähe und Intensität werden, die Frauenbeziehungen häufig kennzeichnet.

Das Gefühl, eigenständig zu sein, kann sehr schnell verlorengehen, weil der Körper, das Fühlen und Denken bei der anderen so gleich zu sein scheinen. Doch der Wunsch, alles zu teilen und sich in allen Gefühlen zu begleiten, überfordert. Negative Gefühle werden oft verdrängt, damit die zwillingshaft erlebte Harmonie erhalten bleibt. Um so heftiger können sie später explodieren. Eine Hauptschwierigkeit der Liebe unter Frauen ist daher, die offene Auseinandersetzung zu lernen und die Abgrenzung der anderen zu akzeptieren (▷ Fair streiten, Seite 79).

Zu dritt

Treue steht als besonderer Wert in der Partnerschaft bei etwa 70 Prozent der BundesbürgerInnen an erster Stelle. Obwohl weit über zwei Drittel aller Paare sexuelle Treue wichtig finden, gehen knapp über 70

Coming-out

Jede Frau, die Frauen liebt, steht irgendwann vor der Frage, wie weit und in welcher Form sie ihre Lebensweise deutlich macht (= Coming-out) und ihr Sich-Verstecken beendet: am Arbeitsplatz, gegenüber NachbarInnen, in der Familie und gegenüber Verwandten.
Dem eigenen Seelenleben bringt die Offenheit eine unendliche Befreiung. Sie löst den Druck, auf Kommentare oder Fragen, die sich an der heterosexuellen Norm orientieren, immer ausweichend oder unvollständig antworten zu müssen. Was sagt man der Mutter, die moniert, daß man noch immer mit der »Studienkollegin« zusammenwohnt, und die sich langsam Enkelkinder wünscht? Was tun, wenn man die Einladung zum Betriebsausflug »mit Partner« so gerne annehmen würde? Wer offen reagieren kann, empfindet solche Situationen nicht mehr als peinigend.

Ohne Ghetto leben

Offenheit ist auch für die Liebesbeziehung wichtig. Jedes Paar, das sich dauerhaft zusammentut, will sich nach außen als Paar zu erkennen geben und nicht an Heimlichkeiten ersticken: Man will mit der Partnerin ins Kino, Urlaube buchen und bei der Familienfeier Arm in Arm erscheinen.
Eigene Ängste vor dem »Anderssein« können dabei die Beziehung belasten, denn die Partnerin ist ja der lebende Beweis für die eigene »Abweichung«. Der Austausch mit anderen Lesben und Freundinnen hilft, die Beziehung zu entlasten und stärkt die eigene Identität gegenüber der heterosexuellen Norm (▷ Lesbentreff, Seite 50).

- Sie sollten immer im Einzelfall abwägen, wie weit Sie im Coming-out gehen wollen. In Bereichen, in denen Sie Nachteile erwarten, müssen Sie besonders gründlich überlegen, welcher Schritt wann richtig ist. Dies gilt vor allem bei Vorstellungsgesprächen und beim Abschluß von Verträgen.
- Kein Arbeitgeber und kein Vermieter werden offen zugeben, daß sie eine Bewerberin auf Grund ihrer lesbischen Lebensweise ablehnen. Sie brauchen bei der Unterzeichnung des Arbeits- oder Mietvertrags davon aber auch nichts zu wissen.

Wie sag' ich's meinen Eltern?

Das Coming-out gegenüber den Eltern empfinden viele Lesben als besonders große Hürde. Sie wollen als Tochter geliebt, zumindest aber akzeptiert werden. Die meisten Eltern reagieren mit einer Mischung aus Ungläubigkeit und Distanz, und vielleicht mit dem Satz: »Wir haben so etwas geahnt...« Meist zeigt sich nach dem ersten Schreck, in dessen Folge sich die Eltern auch von ihrem Wunsch nach einem Schwiegersohn und Enkelkindern verabschieden müssen, daß die Akzeptanz größer ist, als zuerst angenommen. Dennoch sollten Sie das Gespräch mit den Eltern gut vorbereiten.

- Überlegen Sie sich genau, wann, wo und mit wem die Aussprache am günstigsten stattfinden kann. Es muß genügend Zeit zur Verfügung stehen.
- Versuchen Sie sich über Ihre eigenen Wünsche an die Eltern klar zu werden: Wollen Sie, daß sie Ihr Leben einfach »stillschweigend« akzeptieren, oder wollen Sie die Anerkennung als Paar, zusammen mit Ihrer Freundin?
- Rollenspiele mit Freundinnen helfen, sich auf verletzende Reaktionen vorzubereiten. Lassen Sie sich von anderen Lesben erzählen, in welcher Weise sie von ihrer Lebensweise, Liebe und Sexualität in der Familie berichteten.

Prozent aller Verheirateten in Deutschland mindestens einmal während der Ehe fremd.

Dabei stehen die Frauen den Männern kaum nach. Allerdings verhalten sich Frauen bei ihren Seitensprüngen meist diskreter, sie berichten anderen Menschen selten davon. Sie tragen noch immer ein relativ hohes Risiko, mit einer »Rufschädigung« für ihre Affäre büßen zu müssen.

Nach alter Tradition sieht man polygames Verhalten Männern eher nach. Ganze Wände füllt die Literatur, die von der Selbstverständlichkeit männlicher Doppelmoral lebt: Männer predigen dort Sitte, Moral und Anstand, bestrafen Abweichlerinnen mit harter Hand und leben gleichzeitig mit Ehefrauen und Mätressen, Geliebten oder Prostituierten.

Seitensprung

Die heutige Psychologie geht meist davon aus, daß eine Affäre das äußere Zeichen einer tiefen Beziehungskrise ist. Doch das muß nicht so sein. Befragungen zeigen, daß Seitensprünge auch in durchweg zufriedenen Partnerschaften vorkommen.

Frauen können sich aus purer Lust am Flirt und erotischem Vergnügen in eine Affäre begeben. Voller Lust genießen sie eine prickelnde Begegnung mit anschließender gemeinsamer Nacht oder mehrere Tage mit einem leidenschaftlichen Fremden. Oft ist Neugier im Spiel, der Reiz, einmal wieder verliebt zu sein, sich auf ungewöhnliche Art anregen zu lassen und aktiv zu werden (▷ Sexualität, Seite 57).

Auf viele Frauen wirkt der Seitensprung wie eine Belebung der Sinne, der Empfindungen und des Körpers. Ein Genuß ohne Reue, nicht *gegen* den (Ehe-)Partner oder die Partnerin, sondern *für* das eigene Ich. Manche Frauen erkennen im Seitensprung auch, daß der eigene (Ehe-) Mann oder die Freundin noch immer mehr Reize bereithält als ein Fremder. Nicht jede Affäre vermittelt unbedingt berauschende Erfahrungen, manche entwickelt sich auch zum Flop (▷ Bekennen – oder nicht?, Seite 53).

Liebe für zwei

Manche Frauen leben neben ihrer Ehe oder Partnerschaft lockere, erotische Freundschaften, die als selbstverständlicher Teil des eigenen Lebens über Jahre Bestand haben können. Oft handelt es sich um vertraute Bekannte, (Jugend-)Freunde oder Freundinnen, mit denen der Kick prickelnder Erotik und Intimität immer wieder ausgekostet werden kann – ohne weitergehende Ansprüche aneinander oder Verpflichtungen.

Arrangements dieser Art können sehr lange aufrechterhalten bleiben und beglückend wirken. Meist wird auf diese Weise dem Gefühl Rechnung getragen, daß *ein* Mensch nicht vollkommen und umfassend alle inneren Wünsche, Träume und Bedürfnisse erfüllen kann – selbst dann nicht, wenn man diesen Menschen sehr liebt.

Auf unkomplizierte Weise ist ein solches Leben jedoch über längere Zeit meist nur möglich, wenn auch die andere Seite in einer festen Partnerschaft verankert ist und das Geschehen ebenso erlebt.

Aus Enttäuschung und Mangel

Die Erwartung auf eine vertrauensvolle und bereichernde Partnerschaft erschöpft sich bei vielen Frauen nach Jahren des Hoffens und Kämpfens um gemeinsames Glück. Meist geschieht dies, wenn sich der (Ehe-)Partner kaum an Gemeinsamem beteiligt und seine Aufmerksamkeit ausschließlich Beruf, Hobby oder Schützenverein zuwendet. Die Nebenbeziehung kann für die Frau dann zum Überlebensmittel in der erkalteten Beziehung werden. Je nach Dauer und Intensität entwickelt sich die Affäre neben einer mageren, unbefriedigenden Partnerschaft zum Sprengstoff für das Bestehende.

Zu neuen Ufern

Viele Frauen können durch die Kraft, die der Liebhaber oder die Geliebte ihnen gibt, in ihrer festen

Partnerschaft entschlossener auftreten. Sie beginnen klare Forderungen zu stellen, dringen auf Veränderungen und wollen Verbesserungen. Auf diese Weise kann eine Nebenbeziehung einen heilenden Effekt haben: Nach längeren Auseinandersetzungen findet sich das alte Paar wieder neu.

Oft gelingt dies aber nicht. Manche Frauen arrangieren sich dann mit zwei Beziehungen, oder sie lösen nach einer Weile beide Verbindungen. Welcher Weg der richtige ist, kann nur aus der individuellen Geschichte heraus entschieden werden (▷ Selbst-Bewußt, Seite 23; ▷ Trennung und Scheidung, Seite 99; ▷ Allein leben, Seite 117).

Eifersucht

Kaum ein Mensch ist völlig immun gegen das nagende Gefühl der Eifersucht – überwältigend können Zweifel und Mißtrauen, Wut, Schmerz und Verlustangst sein. In gesteigerter Form entwickeln sich

LITERATUR

Dalma Heyn
Die heimliche Lust.
Der Mythos von der weiblichen Treue
Knaur, München, 1995. DM 14,90

Ingrid Füller
Eine Affäre in Ehren.
Oder warum Frauen Verhältnisse haben
Rowohlt, Reinbek, 1994. DM 12,90

Barbara Feyerabend
Schattenmänner.
Lust und Frust der heimlichen Geliebten
Morgenbuch, Berlin, 1995. DM 29,80

Elisabeth Flitner, Renate Valtin (Hrg.)
Dritte im Bund. Die Geliebte
Rowohlt, Reinbek, 1987. DM 14,80

Bekennen – oder nicht?

Fast immer steht das Versprechen der Treue am Anfang einer Partnerschaft, und dennoch bricht die überwiegende Mehrheit der Frauen und Männer irgendwann diesen Vorsatz.

Je nach persönlicher Einstellung, individueller und/oder religiöser Bindung wird dieser Akt der Untreue bewertet: Einige Frauen schämen sich und erzählen dem Partner, was sie selbst als tiefgehenden Vertrauensbruch empfinden. Ihr Wunsch, er solle unbedingt wissen, was passiert ist, wird getragen von der Hoffnung, er möge ihr vergeben. Bei anderen Frauen versteckt sich in der »Beichte« ihres Seitensprungs die unterschwellige Botschaft: »Da siehst du, wie weit mich deine Interesselosigkeit getrieben hat«, verknüpft mit der unausgesprochenen Aufforderung, er möge sich ändern.

Meist entsteht aus dem Bekenntnis ein wilder Konflikt, gefolgt von einer tiefen Krise. Manchen Paaren gelingt es in dieser Situation, als Gemeinschaft wieder neu zu wachsen.

Wieder andere Frauen entscheiden von Situation zu Situation und erzählen erst dann von ihrer Affäre, wenn sie die Bedeutung der Dauer-Partnerschaft zu verändern beginnt. Viele Paare leben also nach der Devise: »Was ich, er oder sie nicht weiß, macht mich (ihn oder sie) vorerst nicht heiß.«

Für wieviel Offenheit sich ein Paar letzlich entscheidet, hängt von seinen persönlichen Einstellungen, aber auch von den eigenen, inneren Kräften ab. Denn klar ist: Auch wenn man einander stillschweigend sexuelle Außenbeziehungen zubilligt – im Moment des »Geständnisses« werden selbst jene Menschen, die sich frei von Eifersucht glauben, von tiefer Unsicherheit und Verlustängsten überfallen.

Wer sich also Ehrlichkeit verspricht, sollte diese tatsächlich zur Grundlage des Miteinanders machen – das bedeutet aber nicht, daß man einander mit bedingungsloser und schonungsloser Offenheit quält. Zu einer vertrauensvollen Beziehung gehört auch Rücksichtnahme.

daraus auch höchst unangenehme Verhaltensweisen: Man verfolgt den Brief- und Telefonverkehr des anderen, leert Hemden- und Handtaschen, kontrolliert jede Bewegung des Partners oder der Partnerin.

Wer so gebeutelt wird, will die andere Person halten und sie zur Treue zwingen. Dazu wird der Partner oder die Partnerin mit wilden Vorwürfen und bösen Anspielungen konfrontiert, manche Menschen drohen und liefern »Szenen«, andere bitten und betteln. Und es gibt auch die Stillen, die sich stumm und mit zusammengebissenen Zähnen ihrem Groll und ihren Rachefantasien hingeben.

Verletzung des Ich

Er hat eine Geliebte: Was anfangs als Seitensprung schmerzhaft, aber irgendwie erträglich erschien, kann sich zur Hölle steigern, wenn es Kontinuität gewinnt (▷ Heimliche Geliebte, Seite 55).

Dort, wo eine Dritte tief und dauerhaft in die eigene Partnerschaft hineinwirkt und das Gemeinsame verändert, wird die Basis der eigenen Beziehung untergraben. Manche Frauen versuchen sich im Dreieck einzurichten und beginnen ihr eigenes »zweites« Leben; für andere bleibt die Geliebte ein ewiger Stachel. Sie verlieren ihr Selbst-Vertrauen, fühlen sich gedemütigt und bloßgestellt.

Ein Ultimatum an den Partner kann aus dem Gefühl der Lähmung herausführen: Aus der Krise entwickelt sich vielleicht eine neue Qualität der Beziehung, wenn auch der Partner dazu bereit ist (▷ Paartherapie, Seite 586, ▷ Sich verständigen, Seite 76, ▷ Verlassen werden, Seite 102).

Ein Gefühl verstehen

Psychologische Untersuchungen zeigen, daß jene, die besonders intensiv von Eifersuchtsgefühlen heimgesucht werden, dafür eher selten einen realen Anlaß haben. Wer dauerhaft unter diesem Gefühl leidet, läßt sich daher auch kaum durch Vertrauensbeweise des Partners oder der Partnerin, von Wohlverhalten oder Beteuerungen vom Gegenteil überzeugen. Man quält sich weiter und bedrängt den Mann oder die Freundin immer intensiver. Oft geht dies bis zu dem Punkt, an dem sich die große Angst, den anderen zu verlieren, tatsächlich erfüllt: Partnerschaften, in denen das Gefühl der Eifersucht eine große und wichtige Rolle spielt, sind in hohem Maße bruchgefährdet. Meist sind an der Eifersucht vier Faktoren beteiligt:

- *Verlustangst:* Sie hat reale Ursachen, wenn deutlich wird, daß eine Affäre immer stärker an Bedeutung gewinnt und zerstörend in die eigene Partnerschaft hineinwirkt. Das Übel liegt jedoch dann meist nicht in dem »Verhältnis«, das die andere Person führt, sondern in der eigenen Beziehung selbst. Wenn es gelingt, die Qualität der Partnerschaft auf eine neue Basis zu stellen, lösen sich meist auch die Verlustängste auf. Dazu braucht es allerdings das Engagement und die Beteiligung des Partners (▷ Paartherapie, Seite 586). Große Verlustängste ohne realen Anlaß sind immer von Minderwertigkeitsgefühlen begleitet.
- *Minderwertigkeitsgefühle:* Sie sind mit dem Gedanken verbunden, aus eigener Kraft und Persönlichkeit gar nicht in der Lage zu sein, den Partner zu binden. Man fühlt sich unfähig, unsicher und hilflos, manchmal auch häßlich und unattraktiv, weil das gesamte Selbst auf unsicherer Basis steht. Frauen, die ihr Ich stärken, wappen sich damit auch gegen Eifersucht (▷ Selbst-Bewußt, Seite 23).
- *Projektion eigener Untreuetendenzen:* Oft fürchtet man am anderen genau das, was man selbst insgeheim ersehnt. Frauen, die ihren Partner oder ihre Partnerin mit Eifersucht quälen, zeigen damit unter Umständen, daß sie selbst vom Gedanken an einen eigenen Seitensprung nicht weit entfernt sind.
- *Eifersucht als Muster:* Wer immer wieder – egal, in welcher Konstellation – von Eifersucht gequält wird, verleidet sich damit jede Partnerschaft. Professionelle Hilfe ist nötig, um die tiefen Minderwertigkeits- und Mißtrauensgefühle überwinden zu lernen (▷ Beratung und Psychotherapie, Seite 575).

Heimliche Geliebte

Heimliche Geliebte zu sein, kann beglücken. Der Reiz des Abenteuers ist kostbar und die »gewissen« Stunden, in denen der Begehrte – meist ein Ehemann und Familienvater – erwartet wird, werden sorgfältig vorbereitet. Es ist sicher, daß nichts Alltägliches das Beisammensein trüben wird. Gibt es daneben einen erfüllenden Beruf, eigenes Einkommen und gute FreundInnen, stehen die Chancen auf eine unbeschwerte Phase des Glücks sehr gut.

Doch relativ rasch können sich in dieses Arrangement – untreuer (Ehe-)Mann und heimliche Geliebte – Wermutstropfen mischen: Wenn aus der lockeren Zuneigung Liebe und aus dem eher unverbindlichen Zusammensein Geborgenheit erwächst.

Wer liebt, will mit der geliebten Person alle Aspekte des »Wir« leben, will eine gemeinsame Zukunft entwerfen. Die klassische Geliebte, die selbst keine andere Beziehung hat, muß diese Sehnsucht immer beschränken. Die Entwicklung des Gemeinsamen (▷ Seite 74) kann nur verkürzt oder seltsam deformiert in »gestohlenen« Stunden, Wochenenden oder in kurzen Urlauben erlebt werden.

Das Dreieck als Falle

Frauen, die über längere Zeit in der Rolle der Geliebten leben, erfahren dies als ständiges Wechselbad zwischen Freude und Ernüchterung, Glück und Unglück. Die Momente, in denen der Geliebte seine Zeit mit ihnen teilt, sind makellos. Die Stunden, in denen sie ihn zu Hause bei seiner Familie wissen, legen sich bleiern auf die Seele, weil in diesen Momenten dort genau jene Normalität stattfindet, die sie sich selber wünschen: das gemeinsame Abendessen, ein Gespräch, ein Fernsehabend.

Meist wird das fragile Dreieck mit Schimmern der Hoffnung ausgestattet. Er sendet Signale aus, die zeigen, daß auch er mehr will, aber (derzeit) nicht »kann«. Sei es, weil er sich (noch) an familiäre Verpflichtungen gebunden fühlt, sei es, daß er gesellschaftliche und berufliche Rücksichten nehmen »muß«. Irgendwann einmal wird alles anders – dieses Versprechen nährt die Kraft der Frau, im Dreieck zu verharren. Für sie, die darauf wartet, den Status der heimlichen Affäre zu verlassen, können Jahre des Sich-Arrangierens folgen. Sie weiß, daß Weihnachten »seiner« Familie gehört und verbringt daher ein x-beliebiges Wochenende mit ihm, sie haben sich auf zwei gemeinsame Abende in der Woche und einen Zehn-Tage-Urlaub im Sommer geeinigt.

Sich lösen

Wenn in der Beziehung Schmerz und Leid zu überwiegen beginnen, wenn der Zeit- und Lebensplan von unsichtbarer Hand durch »ihn« bestimmt ist, sollte die Dreiecksformation verlassen werden. Deutliche Zeichen dafür sind:

- Sie spüren, daß wichtige Lebenswünsche unerfüllt bleiben, zum Beispiel die Sehnsucht nach Kindern, Familie und einem »normalen« Leben mit Freundeskreis und Öffentlichkeit.
- Sie nehmen sich in Ihrer Entwicklung zurück, weil Sie auf das Arrangement achten: Sie verzichten zum Beispiel auf Arbeitsaufträge, weil dabei Reisen an Tagen anfallen, die ihm »gehören«.
- Sie schieben wichtige Entscheidungen immer wieder auf, weil Sie sich in einer andauernden Wartehaltung befinden: Sie suchen sich zum Beispiel keine attraktivere Arbeitsstelle, weil ohnehin »alles bald anders wird«; Sie machen keinen Urlaub, weil Sie auf seine Freizeit warten.
- Sie fühlen sich in immer stärkerem Maße von ihm abhängig, manchmal auch einsam, weil Sie Ihre gesamte Zeiteinteilung auf ihn zugeschnitten haben.

Wer sich noch nicht vollkommen lösen kann, sollte vorerst innerhalb der Beziehung versuchen, autonomer zu werden (▷ Selbst-Bewußt, Seite 23). Tatsächlich ist die Trennung aus der Situation der Geliebten sehr schwer. Schließlich liebt man und muß sich – eine pure Entscheidung des Verstandes – dennoch trennen.

F·B.

Sexualität

Gemeinsamer Höhenflug der Leidenschaft, Lust und Sinnlichkeit ohne irgendein Tabu – so wünschen sich die meisten Paare sexuelle Erfüllung. Und so erleben sie sie vielleicht in der innigen Phase der Verliebtheit. Sie berauschen sich an dem Wechselspiel von Hingabe und Genommen-werden, Sich-fallenlassen und Gehalten-werden. Sie genießen ohne Angst, in vollkommener Offenheit und grenzenlosem Vertrauen.

Doch eher als ihnen lieb ist, müssen sie sich der erheblich weniger aufregenden Realität stellen, daß die Schwierigkeiten der Geschlechterbeziehungen nicht an der Bettkante haltmachen. Die Frage, wer seine Bedürfnisse rasch und wirkungsvoll durchsetzt, wer in der Liebe »das Sagen« hat und wer sich bescheidet und zurücknimmt, durchzieht auch das Intimleben. Im Ergebnis erleben viele Frauen trotz sexueller Revolution, Pille und Aufklärung, trotz der Möglichkeit, ihre PartnerInnen frei zu wählen und zu wechseln, auf Dauer gesehen mehr Frust als Lust.

Wenn das Ringen um spürbare Zuneigung, um das Gefühl des Einsseins vergeblich bleibt, können Beziehungskonflikte entstehen, in denen die Sexualität zum strategischen Mittel wird: »Wenn ich von dir nicht bekomme, was ich will, verweigere ich dir meinen Körper.« Oder: »Wenn du nicht tust, was ich will, hole ich es mir, ohne dich zu fragen.«

Im Leben jedes Menschen gibt es Zeiten drängender und kraftvoller Leidenschaft ebenso wie Phasen, in denen die Sexualität wie ein ruhiger Strom dahinfließt; Zeiten des Begehrens und solche der Zurückhaltung oder Enthaltsamkeit, weil weder Kopf noch Gefühle oder Körper frei sind, um sich auf einen anderen Menschen einzulassen. In einer tragfähigen Partnerschaft gleichen beide durch ein vertrauensvolles Wechselspiel zwischen Dominanz und Verzicht diese unterschiedlichen Phasen aus.

Gute Voraussetzungen

Gute Voraussetzungen für ein befriedigendes Liebesleben haben Frauen, die ihre Entwicklungszeit in einer zärtlichen, sinnenfrohen Atmosphäre genießen durften und die eine sichere sexuelle Identität aufbauen konnten in der Freude darüber, eine Frau zu werden (▷ Mädchenzeit, Seite 315).

So ideale Bedingungen haben jedoch nicht alle. Meist beginnt der weibliche Weg zur sexuellen Lust mit der zwar aufregenden, aber mühevollen Suche nach sich selbst. Frau muß sich trauen, vorgegebene Verhaltensmuster zu verlassen, muß sich von Schönheitsidealen und Stereotypen abwenden und statt dessen den eigenen Körper kennen- und akzeptieren lernen, seine Falten, Rundungen, Formen und Gerüche. Denn wer andere lieben will, muß sich selbst lieben können. Dann ist es möglich, selbstentworfene Mann-Frau-Bilder auszuprobieren und zwischen den Polen stark-schwach, aktiv-passiv, anständig-vulgär, gewaltsam-ohnmächtig zu pendeln.

Voller Vertrauen

In keiner anderen Situation ist die körperliche und seelische Nacktheit so spürbar wie in der Sexualität. Sie öffnet Grenzen, liefert aus. Anders als im Alltagsleben kann es hier den Wunsch geben zu tun, was der andere will, sich ihm zu unterwerfen und »genommen« zu werden. Zugleich ist das eigene heftige Begehren oft mit dem aggressiven Wunsch verbunden, sich den anderen einzuverleiben, besitzergreifend, dominant und egoistisch zu sein (▷ Fantasien, Seite 61).

Bei vielen Menschen entfaltet sich das explosive Lustpotential der Sexualität jedoch nicht, bleiben ihre »wilden« Seiten unentdeckt, weil die Angst sie behindert. Angst, der Partner oder die Partnerin könnte ihre Macht mißbrauchen; Angst, der andere könnte ihre Hingabe benutzen, um sie zu demütigen oder zu verletzen. Sowohl für das Sich-fallenlassen als auch für das Befriedigen eigener Bedürfnisse braucht es die tiefe innere Gewißheit, daß vom anderen keine Gefahr droht, daß er oder sie die Situation nicht ausnutzt, sondern den Partner respektiert und achtet.

Sich verständigen

Im sexuellen Austausch sprechen die Körper. Ein einzigartiges Vergnügen, wenn das wortlose Verstehen gelingt. Doch gerade am Beginn einer Beziehung, wenn das gegenseitige Vertrauen noch nicht gefestigt ist, ist wortloses Verstehen nicht unbedingt zu erwarten. Zur Kunst der Liebe gehört das Bemühen, sich wechselseitig ineinander einzufühlen, zu hören und zu spüren, was dem oder der anderen besondere Freude bereitet. Dazu gehört auch die Fähigkeit, die Hände des anderen zu führen und dessen Führen zu verstehen, Gestik und Mimik selbst einzusetzen und die Äußerungen des anderen richtig zu interpretieren, den Körper sprechen zu lassen und die Bewegungen des anderen Körpers zu begreifen.

Auf die Kunst, sich einzufühlen, verstehen sich Männer offenbar schlechter als Frauen – was zu erheblichen Mißverständnissen und Enttäuschungen führt. Einer Untersuchung aus dem Jahre 1994 zufolge waren 88 Prozent der befragten Männer überzeugt, eine Frau sexuell beglücken zu können; doch nur sieben Prozent der befragten Frauen bestätigten, regelmäßig einen Orgasmus zu bekommen. Die WissenschaftlerInnen leiteten daraus die Aufforderung an die Frauen ab: Hören Sie auf, ihm mit Worten, Geräuschen oder anderen Äußerungen Lust vorzuspielen, wenn seine Art, Sie zu stimulieren, Sie in Wirklichkeit nur wenig freut.

Zärtliche Gespräche über das, was man mag oder ablehnt, können erotisierend wirken und die sexuelle Beziehung erweitern und vertiefen. Wenn es gelingt, vertrauensvoll miteinander zu reden, schafft das Nähe und Intimität.

Allerdings sind sich manche Frauen dessen, was sie wollen, nicht sicher genug, um es in Worte zu fassen. Andere wagen sich noch nicht so weit vor. Dann können die sanft geführte Hand, die aufmunternde Bewegung oder das bestätigende Geflüster dem anderen helfen, den Weg zu finden. So ist es auch möglich, Nichtgewolltes klar abzugrenzen. Je eher es gelingt, die eigenen Bedürfnisse – verbal oder in Gesten – auszudrücken, desto weniger Mißverständnisse können sich einschleifen.

Mit dem ganzen Körper

Jede Frau hat ihre individuellen besonders erogenen Zonen: Vulva, Brüste oder Brustwarzen, Achselhöhlen, Po, Ohrläppchen. Auch anscheinend »neutrale« Orte können den erotischen Kick vermitteln: Hals oder Nacken, die zarte Haut rund um den Venushügel, die Beuge der Oberschenkel, das Innere der Handflächen oder das Zentrum der Fußsohlen. Jeder Quadratzentimeter Haut kann zur erogenen Zone werden, wenn die Berührung ersehnt und intensiv begehrt wird.

Besonders in der Anfangsphase der Liebe reagieren alle Sinne hochsensibel. Dann kann schon die Stimme, der Geruch oder eine ganz leichte Berührung des Partners oder der Partnerin Schauer der Erregung durch den Körper jagen. Wer frisch verliebt ist, ist besonders empfänglich für alle Reize des Riechens, Schmeckens oder Hörens. Man genießt Farben, Musik, Düfte und gutes Essen wie selten zuvor. Der ganze Reichtum körperlicher Empfindungen wird spürbar, die Möglichkeit, »mit Haut und Haaren«, mit dem ganzen Körper zu lieben: Hände, Lippen, Zunge und Zähne erkunden den anderen. Die Erregung läßt sich in jeder Falte, auf jedem Quadratzentimeter Haut schmecken, riechen und spüren.

Orgasmus

Orgasmen sind unterschiedlich – mal überschäumend und gewaltig, mal eine kleine Welle der Entspannung. Die Empfindungen, die sich dabei einstellen, sind immer wieder anders. Sie lassen sich nicht vorhersagen oder gezielt herbeiführen.

Am Spannungsbogen der Lust sind alle Nerven und Muskeln im Beckenbereich beteiligt. Direkter Druck durch Streicheln, Reiben, Saugen oder Penetration wirkt indirekt auch auf andere sensible Bereiche. Besonders empfindliche Regionen wie die Klitoris sind Nervenzentralen, die Impulse empfangen und weiterleiten. Darum ist es für das eigene Empfinden sinnlos, zwischen »vaginalem« und »klitoralem« Orgasmus zu unterscheiden, denn an einem Orgasmus sind alle stimulierten Bereiche beteiligt. Rein physiologisch betrachtet, geht die Initialzündung allerdings immer von der Klitoris aus, auch wenn sie nicht direkt stimuliert wird. Die Vagina bleibt von solchen Differenzierungen ohnehin unbeeindruckt: sie feiert jeden Orgasmus mit Kontraktionen, ebenso wie die Gebärmutter.

Mit Lust zum Höhepunkt

Sexuelle Erregung bringt das Blut in Wallung. Es strömt in den Beckenbereich, läßt Venuslippen und Klitoris anschwellen. Die Vagina dehnt sich aus und wird feucht. Auf dem Höhepunkt zieht sich die gesamte Beckenmuskulatur rhythmisch zusammen.

Einige Frauen verströmen dabei einen ganz besonderen Saft: eine klare Flüssigkeit, die weder Urin noch Scheidensekret ist und vom drüsenreichen Gewebe rund um die Harnröhre produziert wird. Dieses »weibliche Ejakulat« kann Signal besonderer Lust sein – über die Intensität des Orgasmus sagt es jedoch nichts aus.

Viele Frauen können in relativ kurzer Zeit mehrere Orgasmen hintereinander erleben. Das heißt jedoch nicht, daß sie das auch jedes Mal wollen. Wenn ein wunderbarer Orgasmus tiefe Befriedigung hinterlassen hat, kann ein »Mehr« manchmal sogar stören. Viele Frauen bekommen nur einen Orgasmus, wenn ihre Klitoris direkt stimuliert wird, andere brauchen das nicht. Der Grund dafür kann in der Anatomie liegen, denn Größe und Lage der Geschlechtsorgane sind von Frau zu Frau unterschiedlich.

HISTORIE

Zwischen Engel und Hure

Die Bilder, die die Gesellschaft von Männern und Frauen als Geschlechtswesen hat, haben sich im Laufe der Geschichte des Abendlandes immer wieder gewandelt.

Bis ins späte Mittelalter galt die Frau als triebhaftes, gefährliches Wesen, ausgestattet mit einer mächtigen, fruchtbaren Sexualität, von den Männern kaum zu kontrollieren und sie bedrohend. Das Gegenbild, die passive, empfangende, sexuell zahme Frau, ist erst ein paar Jahrhunderte alt und entwickelte sich aus dem christlichen Madonnenkult. Bis heute blieb die Vorstellung von der Sexualität der Frau zwischen diesen beiden Extremen gefangen. Immer noch sollen Frauen zwischen den Polen der Tugendhaften und der Lüsternen alle Rollen spielen: Mutter, Geliebte und Hure.

Etwa seit den sechziger Jahren machen sich Frauen selbst auf die Spuren ihrer Sexualität, abseits vorgegebener Muster. Die Entdeckung der Pille und die Frauenbewegung der 70er Jahre machten es möglich, Lust und Liebe unabhängig von Ehe und Fortpflanzung zu leben. Eine »sexuelle Revolution« – vor allem für Frauen, die heute selbstverständlich sexuell erfahren und genußfähig sein können, auch wenn Möglichkeit und Wirklichkeit manchmal weit auseinanderklaffen.

LITERATUR

Herrad Schenk
Die Befreiung des weiblichen Begehrens
Kiepenheuer & Witsch, Köln, 1991. DM 34

Das Gefühl der Befriedigung

Für fast alle Frauen ist das Gefühl der Befriedigung das wichtigste am Sex. Der Orgasmus selbst kann dabei sogar zurückstehen. Und völlig unerheblich ist, an welcher Stelle, zu welchem Zeitpunkt oder durch welche Technik er ausgelöst wurde. Deshalb ist auch die Suche nach dem »G-Punkt« in der Vagina, dessen Existenz immer wieder behauptet und ebenso oft bestritten wird, müßig.

Wenn das Verlangen stark und mächtig ist, kann sich der Höhepunkt ohne viel äußeres Zutun einstellen oder auch zur Nebensache werden. Nach »scharfem« Sex kann frau sich ebenso gut oder leer und schal fühlen wie nach sanftem Kuschelsex. Sexualität ist immer Spiegel der Beziehung; entsprechend anfällig ist das Gefühl der Befriedigung: Will man Liebe und bekommt nur Sex, wächst das Gefühl ungestillten Hungers – ein Mangel, unter dem vor allem Frauen leiden, wenn in der Partnerschaft Zuwendung, gemeinsame Zeit oder Aufmerksamkeit fehlen (▷ Partnerschaft, Seite 69).

Mit sich allein

Selbstbefriedigung ist für viele Frauen Ausdruck ihres Begehrens und ihrer Freude an Sexualität. In der Kindheit ist sie ebenso Quelle der Lust wie im Alter, in Zeiten ohne wie mit SexualpartnerIn.

Fast alle kleinen Mädchen onanieren: sie reiben sich an Gegenständen und streicheln ihre Klitoris. Für manche Frauen ist Selbstbefriedigung der sicherste Weg, um zum Orgasmus zu gelangen, für andere ist sie einfach entspannendes Vergnügen. Sie nutzen sie auch gezielt als schlafförderndes Mittel oder gegen Beschwerden während der Menstruation.

Selbstbefriedigung galt lange als unanständig, als krankmachendes Laster im Verborgenen. Die Nachwirkungen dieses Tabus spüren manche noch heute: sie schämen sich oder trauen sich an die »Liebe mit sich selbst« nicht heran.

• Dabei kann sie der Lust auf die Sprünge helfen (▷ Ohne Lust, Seite 67). Niemand sieht, wie Sie Ihren Körper verwöhnen oder einzelne Bereiche stimulieren, wenn Sie allein sind. Niemand wird Ihnen anmerken, daß Sie mit sich allein noch nie gewagte Stellungen erproben oder mit Gegenständen experimentieren.

• Ihr Kopf kann sich amouröse Abenteuer ausdenken; Sie können sich mit erotischer Literatur oder Musik anregen, Ihre Fantasie spielerisch, ohne festgelegtes Ziel schweifen lassen oder sich auf das Erreichen eines Orgasmus konzentrieren. Die Lust läßt sich ausdehnen, indem Sie den Höhepunkt hinauszögern und dadurch intensivieren.

• All das können Sie für sich behalten. Doch wenn Sie wollen, können Sie Ihre Erlebnisse auch in die Sexualität mit dem Partner oder der Partnerin einbringen: als erotisierende Erzählung oder als realen Versuch.

Fantasien

Das Gehirn ist das größte Sexualorgan des Menschen. In ihm entstehen die Fantasien, ausgedachte Erlebnisse – manchmal probeweise vorweggenommen, weil die Scheu vor der Realisierung (noch) zu groß ist, manchmal als erregende Träume, die in Wirklichkeit als Alpträume empfunden würden. Fantasien können Lust beflügeln und vertiefen, sie können erschrecken, verunsichern und ein schlechtes Gewissen provozieren. Manche Frauen erleben diese ambivalenten Gefühle, wenn sie Erotika lesen, Pornografie betrachten oder sich von Filmen anturnen lassen.

Fantasien können die eigene Lust anregen oder die Partnerschaft bereichern. Sie können aber auch eine unbefriedigende Realität verschleiern, indem sie zum Ersatz werden für echte Befriedigung. Fantasien gestatten die Flucht aus einer Wirklichkeit, von der man glaubt, sie aus eigener Kraft nicht verändern zu können. Doch nur die Auseinandersetzung mit der Realität kann wirkliche Befriedigung schenken.

Gar nicht lieb

»Bilder im Kopf« können als schmutzig, ordinär oder moralisch verwerflich empfunden werden. Etwas, dessen man sich eigentlich schämen will, das aber dennoch anzieht und anregt. Aggressive oder gewalttätige Fantasien können als Rahmen von Selbstbefriedigung dienen. In Gedanken darf es Szenen geben, die Frauen in der Realität entschieden ablehnen: Geschehnisse wie Schläge oder Vergewaltigungen, die tief demütigen und verletzen. Solche Fantasien brechen Tabus. Der Unterschied zur Realität: Im Reich der Gedanken bleibt die Frau die Bestimmende: Jede läßt nur das zu, was sie erregt, erfindet eine Situation, in der alles möglich ist, ohne ihr wirklich ausgeliefert zu sein. Es ist die eigene Lust, die wehrlos macht, nicht die reale Gewalt eines Angreifers.

Perversion?

Was als »abweichend« gilt, bestimmen die geltenden Verbote der jeweiligen Kultur, und es gilt: je mehr Tabus, desto mehr Überschreitungen. Sexualpraktiken wie oraler Sex oder Analverkehr galten vor wenigen Jahrzehnten noch als Perversion. In einigen Staaten der USA sind sie noch immer gesetzeswidrig. Hierzulande werden inzwischen auch Sado-Maso-Praktiken als luststeigernde Variante für experimentierfreudige Paare akzeptiert. Erlaubt scheint alles, was gefällt. Das ist jedoch dann nicht mehr der Fall, wenn einer der Beteiligten unter der Art leidet, wie der oder die andere Sexualität ausleben möchte.

Über lange Zeit glücklicher Sex ist nur den Paaren beschieden, die in ihren sexuellen Wünschen weitgehenden Gleichklang erreicht haben. Unterschiedliche, stark polarisierende sexuelle Vorlieben können hingegen sehr schnell zum Ende einer Beziehung führen. Tiefes Befremden, Abwehr oder Ekel gegenüber den sexuellen Wünschen des anderen lassen sich auf Dauer nicht verstecken oder ertragen. Die Achtung vor sich selbst gebietet, sich diesen Gefühlen entsprechend zu verhalten. Außerdem ist Sex viel zu schön, um ihn zu erdulden.

Sex mit Männern

Das Fundament der Beziehung von Frauen zu Männern und ihrer Sexualität mit ihnen wird in Kindheit und Jugend gelegt. Die ersten Objekte der Begierde kleiner Mädchen sind der Vater, den alle als ersten Mann begehren, der große Bruder, der zur ersten Liebe wird, oder der Junge von nebenan, mit dem sie »Heiraten« und »Doktor« spielen.

Weibliches Begehren ist immer auch von dem bestimmt, was Frauen tagtäglich erleben: Das Geschlecht des Mannes symbolisiert gesellschaftliche Macht, Durchsetzungsfähigkeit und Kraft.

Lust an der Macht

Jeder Mann verkörpert auf seine Weise die Dominanz der »stärkeren Hälfte der Menschheit«. Daß das einen nicht unerheblichen Teil der sexuellen Wirkung von Männern ausmacht, ist für viele Frauen ein überaus zweischneidiges Gefühl.

Es steckt darin die diffuse Angst, daß sich ein Mann tatsächlich über ihre Grenze hinwegsetzt (▷ Gewalt, Seite 443). Gleichzeitig liegt in dem konkurrierenden Wechselspiel des »Wer ist stärker?« oder »Wer gewinnt heute?« ein erotisierender Kick. Berauschend kann das Gefühl sein, wenn sie spürt, wie er für Momente davon abhängig ist, was sie mit ihm tut oder nicht tut. Wenn ihre Hände, ihr Körper ihn zu etwas bringen, was er nicht aktiv gewollt hat; wenn er, der Dominierende, Kontrollierende, nun ausgeliefert ist und seine innere Kontrolle verliert. Mit der gleichen Macht in umgekehrter Manier operieren Frauen, wenn sie sich verweigern.

LITERATUR

Ruth Kuntz-Brunner, Ingrid Nordhoff
Heute bitte nicht.
Keine Lust auf Sex – Ein alltägliches Gefühl
Rowohlt, Reinbek, 1992. DM 12,90

Elizabeth Davis
Muster der Sinnlichkeit.
Die Zyklen weiblicher Sexualität
Fischer, Frankfurt, 1994. DM 29,80

Michael, Gagnon, Laumann, Kolata
Sexwende. Liebe in den 90ern
Knaur, München, 1994. DM 14,90

Unterschiedliche Einschätzungen

Die Zeugnisse, die Männer als Liebhaber ausgestellt bekommen, sind lausig. Studien zu ihren sexuellen Erfahrungen decken enorme Schwachstellen im männlichen Einfühlungsvermögen auf. So zeigte eine Untersuchung von 1994, daß sich zwar 63 Prozent der Befragten für tolle Liebhaber hielten, aber von weiblicher Anatomie keine Ahnung hatten. Auf ihre Liste der wünschenswerten Eigenschaften von Frauen setzten sie Schönheit, gefolgt von Treue und Fürsorge.

Auf das Bild der verführenden, sexuell aktiven und starken Frau reagierten sie panisch abwehrend. Die Angst, ihrer Potenz und Macht durch eine sexuell fordernde Frau beraubt zu werden, besetzt auch die Fantasie aufgeklärter Männer. 74 Prozent der Befragten glaubten, daß sexuelle Befriedigung für Frauen nicht so wichtig sei wie für Männer. Doch gleichzeitig war die Mehrheit davon überzeugt, eine Frau sexuell glücklich machen zu können.

An dieser groben Fehleinschätzung männlicher Liebeskunst sind die Frauen nicht ganz unbeteiligt (▷ Sich verständigen, Seite 58). Immer noch spielen viele von ihnen den Männern Leidenschaft und Ekstase vor, wo sie bestenfalls lauwarme Anregung erleben – oder sie inszenieren einen Orgasmus.

Mit solchen Verhaltensweisen helfen sich manche Frauen, im Bett-Alltag zurechtzukommen. Als glück-

Liebestechnik

Sexualität ist vor allem ein Abenteuer im Kopf. Fantasien beflügeln, lösen Empfindungen aus oder blockieren sie. Unterstützt von ein bißchen »Gewußt wie« wachsen der Spaß und die Lust auf mehr.

Beckenbodenmuskeln: Lassen Sie Ihre Kraft spielen. Das kann für Sie und Ihren Partner zum Genuß werden. Diese Muskeln, die die Gebärmutter an ihrem Ort halten und den dichten Verschluß der Blase bewirken, lassen sich trainieren (▷ Inkontinenz, Seite 694).

Empfindungen erweitern: Eine einfache Methode, Lustgefühle zu intensivieren, ist das tiefe und bewußte Ein- und Ausatmen während der Liebe. Wichtig ist, sich ganz bewußt auf das zu konzentrieren, was Sie jetzt gerade erleben wollen. So können Sie auch Ihren Höhepunkt steuern und die besonders erregende Phase kurz davor möglichst lange hinauszögern.

Asiatische Liebeskunst: Die Lehren des indischen Tantra oder des altchinesischen Tao zeigen Möglichkeiten, die körperliche Liebe auf ganz neue Weise zu erleben und die eigene Sinnlichkeit zu erweitern.

Analverkehr: Dabei sollten Sie sehr behutsam vorgehen: Zuerst den Anus vorsichtig mit dem Finger dehnen, bis die Muskeln völlig entspannt sind. Viel Gleitcreme benutzen. Weder Finger noch Penis sollten nach einem Analverkehr ungewaschen in die Vagina gleiten; das Risiko einer Scheideninfektion durch Darmbakterien ist zu groß.

Cunnilingus: Für viele Frauen eine besonders aufregende Variante, zum Höhepunkt zu kommen: Ihr Partner oder Ihre Partnerin stimulieren Vulva und Klitoris mit Mund und Zunge, durch Saugen und Lecken – während Sie passiv genießen.

Französisch (Fellatio): Sie stimulieren den Penis Ihres Partners oder seine Hoden mit Mund, Zunge oder Zähnen, vielleicht auch, indem Sie sein Glied zwischen Ihren Brüsten reiben. Die Erregung entsteht dabei vor allem aus dem Gefühl, daß Sie seine Lust aktiv steuern, während er Ihnen passiv ergeben ist.

Mit einem neuen Partner, einer neuen Partnerin: Denken Sie nicht an ausgefallene Spezialitäten, wenn Sie das erste Mal mit jemand »neuem« ins Bett gehen; alles fällt leichter, wenn Sie sich ohne Leistungs- und Erwartungsdruck ausschließlich Ihren Gefühlen überlassen. Sämtliche »Erfahrungen« gleich an den Mann oder die Frau bringen zu wollen, zeichnet eher die Selbstdarstellerin aus, als jemanden mit Gefühl und Offenheit für den oder die neue PartnerIn.

LITERATUR

Lonnie Barbach
Mehr Lust. Gemeinsame Freude an der Liebe
Rowohlt, Reinbek, 1988. DM 16,90

Shere Hite
Hite-Report. Das sexuelle Erleben der Frau
Goldmann, München, 1977. DM 17,90

liches »Liebesleben« empfindet das keine. Tief im Innern ist jede immer wieder enttäuscht, daß er nicht merkt, was sie will, daß er nicht spürt, wann sie wirklich befriedigt ist. Auch der eigene Körper läßt sich nicht ständig betrügen: Die ungestillte Sehnsucht nach echter Befriedigung sucht sich immer wieder einen Ausdruck (▷ Liebestöter, Seite 66).

Stellungsfreuden

Eigentlich begrenzt nur die Anatomie die Möglichkeiten von Liebesstellungen. Doch selbst experimentierfreudige Paare kommen immer wieder auf die für sie bequemsten »Grundformen« zurück. Sie verzichten auf häufigen Lagewechsel und exotische Positionen, wenn dabei die Erregung abflacht oder es Schwierigkeiten gibt, einen Orgasmus zu erreichen.

Viele Frauen favorisieren Positionen, bei denen sie selbst steuern können, wie intensiv ihre Klitoris stimuliert wird.

- Sie übernehmen den aktiven Part, indem Sie rittlings auf Ihrem Partner sitzen. So können Sie Tempo, Rhythmus und Erregung selbst steuern.
- Sie liegen auf dem Bauch oder auf der Seite, knien oder stehen, und Ihr Partner dringt von hinten ein. Dann können Sie oder Ihr Partner mit der Hand ihre Klitoris zusätzlich stimulieren.
- Die »Missionarsstellung« ist zu Recht ein Klassiker: Beide können entspannt und sehr nahe beieinander liegen; die Klitoris wird durch direkten Druck stimuliert.

LITERATUR

Konrad Sprai
Liebe, Lust, Frust. Über die Unfähigkeit der Männer, Frauen glücklich zu machen
Max Siemen, 1995. DM 28

Sex mit Frauen

Jede sexuelle Begegnung einer Frau mit einer Frau ist eine Entdeckungsreise zu einem anderen Körper. Obwohl beider Körper ähnlich sind, können sich ihre Bedürfnisse sehr voneinander unterscheiden. Keine Frau weiß intuitiv, was einer anderen Spaß macht. Auch zwischen Frauen ist erotische Kommunikation notwendig (▷ Sich verständigen, Seite 58).

Zur lesbischen Liebeslust gehört all das, was Liebende überall auf der Welt miteinander tun, sich berühren, massieren, beißen, küssen, lecken, kratzen, kneten oder streicheln. Sie reiben die Vulva an Hüfte, Pobacken oder Oberschenkel der Geliebten (Tribadie) und stimulieren dabei die Klitoris. Manche Lesben mögen die Penetration mit Fingern oder Dildos/Sextoys, kombiniert mit manueller Stimulation der Klitoris. Über den Sex unter Frauen gibt es viele Mythen und Vorurteile. Einige davon sind:

- *Lesben »kuscheln« nur:* Sie kuscheln gerne, ausgiebig und hingebungsvoll, ebenso wie sie heftig begehren und leidenschaftlichen Sex haben können.
- *Lesbensex ist kein »richtiger« Sex, weil die Penetration »fehlt«:* Frauen erleben lustvollen Sex mit und ohne Penetration: einen Penis braucht es dazu nicht.
- *Lesben haben feste »männliche« und »weibliche« Rollen:* Zwei Frauen können in ihrer Sexualität mit diesen Rollen spielen, sie wechseln oder brechen; sie sind nur selten auf Aktivität oder Passivität festgelegt.
- *Lesben ist Sex nicht so wichtig:* Sex ist Lesben genauso wichtig wie heterosexuellen Frauen: also manchen mehr, manchen weniger.

Bisexualität

Eine Frau, die Lust auf beide Geschlechter hat, hat sexuell die größtmögliche Wahl und Vielfalt der Erlebnisse. Das macht sie für Männer und Frauen verführerisch und provozierend und ruft Eifersucht auf beiden Seiten hervor.

Wird eine lesbische Frau wegen eines Mannes verlassen, fühlt sie sich »verraten« – doch in anderer Weise, als wäre sie wegen einer Frau verlassen worden. Der empfundene Verrat bezieht sich auf die Geschlechtsidentität, auf die Identität als Lesbe. Männer sind ähnlich erschüttert, wenn sie plötzlich weibliche Sexualkonkurrenz bekommen.

Bisexuelle Frauen sind frei, ihre Liebe allen Menschen zuzuwenden – ein reizvolles, aber verunsicherndes Abenteuer.

AIDS

Frauen können sich beim Geschlechtsverkehr ungleich leichter anstecken als Männer; dementsprechend sind sie mehr gefährdet als Männer. Bei wechselnden Beziehungen ist darum Schutz durch Kondome unbedingt nötig. Aber auch in einer festen Partnerschaft müssen Sie sich darauf verlassen können, daß Ihr Partner, wenn er mit anderen Frauen zusammen ist, sich an die Regeln des »Safer Sex« hält. Sind Sie sich seiner in diesem Punkt nicht sicher, sollten Sie ihn zu einem offenen Gespräch auffordern. Wenn Sie seinen Angaben nicht vertrauen, sollten Sie zu Ihrer eigenen Sicherheit nur mit Kondom mit ihm schlafen.
Hat es bei einer Affäre Unsicherheiten gegeben, müssen Sie warten, bis ein HIV-Test hoffentlich Entwarnung bringt.

Lesben und AIDS

Beim Sex unter Frauen besteht keine Sicherheit vor AIDS: Auch Lesben können AIDS haben, durch Blutübertragung, heterosexuelle Kontakte, unsaubere Spritzen. Die Übertragung von Frau zu Frau beim Sex kann während der Menstruation, aber auch durch Verletzungen geschehen.
Geschützter Sex zwischen Frauen bedeutet die Verwendung von Fingerlingen und Dental glam, das ist ein Stück Plastik als Mundschutz. Dildos und Sextoys müssen mit Kondomen benutzt oder bei wechselseitiger Benutzung jedesmal gründlich gewaschen werden.

Lust und Unlust

Über Sex wird so viel geredet wie nie zuvor, »aufregende Sinnlichkeit« scheint zum Maßstab geworden. Manches Paar stellt sich insgeheim die Frage, ob das eigene Liebesleben wohl langweilig sei, wenn im Bett zwar Zufriedenheit, aber durchschnittliche Praktiken und alltagsabhängige Lust vorherrschen. Doch der Anspruch, möglichst viel und möglichst »guten« Sex zu bringen, läßt die Libido unter Druck geraten.

Viele fühlen sich überfordert von einer »übersexualisierten« Gesellschaft, nach dem Motto: alles ist erlaubt – nur nicht, einfach keine Lust zu haben. Dabei ist Lustlosigkeit kein Drama, sondern eine ganz normale Erscheinung. Je gelassener damit umgegangen wird, im Wissen, daß es auch wieder lustvolle Phasen geben wird, um so besser.

In großen repräsentativen Untersuchungen wird deutlich, daß das Geschlechtsleben insgesamt weit weniger aufregend ist, als es die Darstellung in den Medien vermuten läßt. So zeigte eine amerikanische Studie aus dem Jahre 1994, daß sich nur ein Drittel der Befragten zwischen 18 und 59 Jahren zweimal pro Woche im Bett zusammenfinden; ein kleiner Prozentsatz hat häufiger Geschlechtsverkehr, der große Rest, fast zwei Drittel, dagegen weniger. Trotzdem gibt die Mehrheit der Befragten an, mit ihrem Sexualleben zufrieden zu sein.

Unterschiede im Begehren

Das sexuelle Verlangen, die Libido, ändert sich mit Stimmungen, Alltagsbelastungen und persönlicher Erfahrung. Problematisch wird dieser Wechsel erst, wenn sich in einer Beziehung sehr unterschiedliche Bedürfnisse entwickeln und verfestigen. Wenn er mehrmals pro Woche will, und sie vor allem sonntags in Stimmung ist; oder wenn sie mehr möchte, während er sich Sorgen um seine mangelnde Lust macht. Wären beide zufriedene »Sonntags-Liebhaber«, gäbe es kein Problem. Das gilt auch für Frauenbeziehungen, in denen die Partnerinnen völlig unterschiedliche Bedürfnisse haben können.

Einfühlungsvermögen und Kompromißbereitschaft sind in solchen Situationen gefragt. Denn die sicherste Methode, den Unterschied im Begehren zu vergrößern, ist, den anderen unter Druck zu setzen. Dann will irgendwann der eine »immer« und der andere »nie«. Schließlich gibt es keinen Spielraum mehr, unbelastet aufeinander zuzugehen: Die spontane Lust ist tot.

Üben sich die Partner hingegen in Gelassenheit und Liebe und pflegen auch andere Seiten der Beziehung, kann die Lust wieder wachsen. Hilfreich ist es, eine Phase der Enthaltsamkeit zu vereinbaren, an die sich beide Partner strikt halten, während sie versuchen, sich insgesamt mehr gemeinsame Zeit zu gönnen und nicht-sexuelle Berührungen und Schmusen zu kultivieren.

Liebestöter

Dauerhafte Unlust, die sich über Monate hinwegzieht, weist immer auf ernstzunehmende Beziehungskrisen hin. Gärende Paar- oder Familienkonflikte sind die augenfälligsten Ursachen sexueller Probleme: Auf sie reagieren Frauen stärker als Männer mit Frust statt Lust. Manchmal kann die Aussöhnung nach einem heftigen Streit zwar im Bett stattfinden, doch die Ursachen der Probleme sind mit Sex dauerhaft nicht zu lösen (▷ Streiten, Seite 77; ▷ Partnerschaft, Seite 69).

Daneben wird die sexuelle Freude aber auch erheblich von der Banalität des Alltags getrübt: von Leistungsdruck, Zeitnot und Arbeitshektik und von der Macht der Gewohnheit, die das Liebesleben oft zur Routine werden läßt.

Gewohnheit und Routine

Um sie aufzubrechen, müssen beide aktiv werden. Es kann schon helfen, den gewohnten Ablauf des Liebesspiels bewußt zu verändern: Mit den Rollen von »Aktivität« und »Hingabe« läßt sich zum Beispiel experimentieren, indem man sich zu »ihrer« oder »seiner« Nacht trifft. In »ihrer« Nacht geschieht nur das, was die Frau will: sie kann sich passiv verwöhnen lassen oder alles in die eigene Hand nehmen. In »seiner« Nacht ist es genau umgekehrt. Ein Paar kann sich bewußt zu anderen Zeiten lieben oder an fremden Orten, sich zum Beispiel an einem beliebigen Tag in einem Hotel zum Sex verabreden.

Zeitzwänge

Hektik und Streß sind Gift für den Sex. Entspannung findet allzuoft nur noch vor dem Fernseher statt und endet in der großen Müdigkeit. Für chronisch Streßgeplagte kann es hilfreich sein, eine bestimmte Zeit, zum Beispiel einen Abend pro Woche, für den Partner oder die Partnerin zu reservieren: ohne Kinder, ohne Ablenkungen, nur zu zweit – aber auch ohne Druck, miteinander schlafen zu müssen. Ein Abend, der nur dazu da ist, dem Interesse am anderen Raum zu geben.

Zuviel Harmonie und Symbiose

Wer in reibungslosem Frieden lebt, Auseinandersetzungen meidet oder durch Anpassung löst, dämpft die Lust auf den anderen. Wer alles mit dem anderen teilt und gemeinsam unternimmt, findet sich am Ende in einem zahmen Bruder-Schwester-Verhältnis wieder. Symbiosen mögen kuschelig sein, haben aber wenig Spannung: Funkenflug entsteht durch Reibung. Die Lust zu verschmelzen setzt eigenständige Individuen voraus (▷ Liebe, Seite 43).

Gleichgültigkeit und Gefühlskälte

Beides macht körperliche Nähe unmöglich. Gleichzeitig sind sie deutliches Zeichen dafür, daß die Liebe erloschen ist und daß sich der Partner oder die Partnerin woanders hinwenden. Eine dauerhaft gleichgültige und lieblose Beziehung sollte immer beendet werden.

Enthaltsamkeit

Auch in einer glücklichen Liebesbeziehung gibt es Phasen sexueller Ruhe. Manchmal sind sie sogar nötig, um alte Muster zu verändern, oder auch, um außergewöhnliche Belastungen zu bewältigen. Dies gilt für alle Zeiten der Veränderung, zum Beispiel bei Arbeitsplatzwechsel oder Umzug. Die Lebenskräfte können dann so gebunden sein, daß sie für Sex nicht mehr ausreichen. Der Partner, der weniger belastet ist, sollte dann sein Mehr an Energie in stützende Fürsorge fließen lassen. Den anderen statt dessen mit einer latenten Anspruchshaltung unter Druck zu setzen, führt in den Teufelskreis unterschiedlichen Begehrens (▷ Seite 65).

Ohne Lust

Nachhaltig luststörend wirkt eine sinnesfeindliche Erziehung, die von tiefen, inneren Widerständen gegen die körperliche Liebe geprägt ist. Das kann Mädchen noch immer leichter treffen als Jungen, denen schon im Kleinkindalter größere sexuelle Spielräume zugestanden werden (▷ Jungenzeit, Seite 325). Zudem fehlen den meisten Mädchen Möglichkeiten, sich mit ihrem Geschlecht positiv zu identifizieren (▷ Mädchenzeit, Seite 315).

Auch frühe Verbote, Tabus und religiöse Vorschriften beeinträchtigen das sexuelle Empfinden. Gleiches gilt für seelische Verletzungen, Demütigungen, Gewalt oder Mißbrauch.

Anorgasmie und Vaginismus

Beides sind die medizinischen Begriffe für eine sexuelle Hemmung, die durch tiefe innere Konflikte, schwere Traumen oder übermächtige Partnerschaftsprobleme verursacht wird.

Anorgasmie bedeutet, daß eine Frau nicht zum Orgasmus kommt, obwohl sie begehrt. Alle ihre Gefühle signalisieren Bereitschaft, sie ist erregt, doch an einem bestimmten Punkt verläßt sie die Lust.

Ein Vaginismus (= Scheidenkrampf) macht den Geschlechtsverkehr unmöglich. Dabei ziehen sich die Muskeln im vorderen Bereich der Vagina unwillkürlich so fest zusammen, daß der Penis kaum oder gar nicht mehr eindringen kann. Die Scheide ist trocken, jede sexuelle Annäherung ist mit Schmerzen verbunden.

Selbsthilfe und Therapie

Komplizierte innere Konflikte, Ambivalenzen und Traumen werden mit professioneller therapeutischer Hilfe am besten überwunden. Doch schon ein verständnis- und liebevoller Partner oder eine ebensolche Partnerin können helfen, Ängste abzubauen.

Es kann auch helfen, sich bewußt mit sich selbst zu beschäftigen: bisher »heimliche« Fantasien zu entdecken, zu masturbieren und sich dem Körper so mit mehr Lust anzunähern (▷ Mädchenzeit, Seite 315). Sich Zeit zu nehmen ist wichtig, und so genau wie möglich auf die eigenen Gefühle und Wünsche zu achten.

Frauenzentren, Familienberatungsstellen, Ärztin oder Arzt können unterstützen und weiterhelfen (▷ Beratung und Psychotherapie, Seite 575).

Unlust und Krankheit

- Viele chronische Krankheiten können das Lustempfinden beeinträchtigen, oder sie erschweren Sex überhaupt.
- Schmerzen beim Geschlechtsverkehr können die Lust empfindlich stören. Manchmal sind dafür Krankheiten verantwortlich, wie Entzündungen oder Geschwülste (▷ Vulva und Scheide, Seite 673; ▷ Gebärmutter, Seite 679). Schmerzen beim Sex sollten immer ärztlich abgeklärt werden.
- Diffuse Unterbauchbeschwerden können auch psychisch bedingt sein. Mit ihnen schützt sich der Körper vor der Sexualität des Partners.
- Medikamente, auch hormonelle Mittel, und Drogen können lustdämpfend wirken.

Du, mir gings wie dir sonst: Mein Bedürfnis war halt nicht nach Aufräumen und Blumengießen...
F. B.

Partnerschaft

Verliebt, verlobt, verheiratet. Dieses klassische Muster löst sich seit den 60er Jahren kontinuierlich auf. Fast jeder Lebenslauf wird heute von mehreren Lieben begleitet, der Wechsel von Beziehung zu Beziehung gilt – zumindest in jungen Jahren – als selbstverständlich. Auch den Frauen ist es inzwischen möglich, in mehreren Anläufen Partnerschaften zu erproben, Affären zu genießen.

Die meisten Menschen träumen aber auch vom dauerhaften Glück: von einem gemeinsamen Leben, im Vertrauen darauf, in »guten wie in schlechten Zeiten« zusammenzustehen, von einer Geborgenheit, die schützt, und einer Gemeinsamkeit, die stützt. Die Hoffnung, daß sich diese Sehnsucht erfüllt, keimt immer dann auf, wenn die ersten gemeinsamen Zukunftspläne geschmiedet werden, wenn man die erste gemeinsame Wohnung bezieht. Diese Hoffnung läßt sich auch dadurch nicht kleinkriegen, daß beide, Frau und Mann, wissen, daß hinter dem Höhenflug des Honeymoons die Mühen der Ebene und die Gewöhnung an das Glück des Alltags warten.

Anders als früher ergibt sich das, was Paare zusammenhält, nicht mehr aus vorgegebenen Regeln. Kein Gesetz stellt Ehebruch mehr unter Strafe; keines schreibt mehr vor, was Frauen im Haushalt zu tun oder im Beruf zu lassen haben. Daraus resultieren Freiräume, die gestaltet werden müssen. Jedes Paar ist gezwungen, miteinander auszuhandeln, nach welchen Prinzipien die Beziehung funktionieren und wie sie sich weiterentwickeln soll.

Für die Stabilität der Bindung sind heute beide Partner gleichberechtigt verantwortlich. Trotzdem setzen fast alle Frauen für das gemeinsame Glück mehr ein als ihre Männer. Sie fühlen sich für das Gelingen einer Verbindung verantwortlicher als ihre Partner und sind eher bereit, eigene Wünsche und Bedürfnisse zurückzustellen.

Bausteine zum Gelingen

Viele Bedingungen müssen erfüllt sein, damit eine Partnerschaft für lange Zeit als gelungen empfunden wird. Dabei gibt es einige unverzichtbare Aspekte, wie die Erfahrung aus Paarberatungen zeigt.

• Zufriedene, langandauernde Bindungen bauen darauf, daß sich beide Partner grundsätzlich positiv gegenüberstehen, einander respektieren und achten.

• Beide müssen eine grundsätzliche Bereitschaft zum Gespräch mitbringen – auch zum kontroversen (▷ Fair streiten, Seite 79).

• Beide sollten immer wieder bereit sein, miteinander, voneinander und aneinander zu lernen (▷ Kompromisse schließen, Seite 78).

• Intimität ist ebenso unverzichtbar wie Zufriedenheit in der Sexualität. Beide Partner müssen fähig sein, sich einander zu öffnen und den vertrauten Austausch von Körper und Seele zuzulassen (▷ Sexualität, Seite 57).

Mit guten Vorsätzen allein sind diese Bedingungen nicht herzustellen. Die unverzichtbare Basis, auf die eine dauerhafte Beziehung gebaut werden sollte – selbst dann, wenn es phasenweise knallt und kracht –, sind Zuneigung und Respekt voreinander. Fehlen diese Qualitäten auf lange Zeit gesehen, ist das in den meisten Fällen der Trennungsgrund (▷ Auseinandergelebt, Seite 100).

Glückliche Paare

Paare, die sich als glücklich einschätzen, beschreiben ihre Beziehung mit folgenden Merkmalen:

• Ihnen ist die Zweisamkeit wichtig. Sie wird auch gegen Kinder und Karriere verteidigt. Beide Partner schaffen sich immer wieder Freiräume, in denen sie ihre Gemeinsamkeit leben können, sie lassen sich aber auch gegenseitig genügend Luft (▷ Gemeinsames, Seite 74; ▷ Eigenes, Seite 75).

• Es gelingt ihnen immer wieder, sich Glücksmomente zu bescheren. Das können auch leidenschaftliche Versöhnungen nach einem Streit sein, bei dem die Fetzen flogen (▷ Streiten, Seite 77).

• Manche Paare sind konfliktscheu, tragen wenig Spannungen miteinander aus und verdrängen relativ viel. Weil sie aber freundlich miteinander umgehen, verletzen sie einander selten. Wenn beide das Gefühl haben, daß das »Binnenverhältnis« stimmt, können auch solche Partnerschaften glücklich sein.

• Am stabilsten und glücklichsten sind Beziehungen, in denen beide Partner um die Kanten, Macken und Marotten des anderen wissen und in denen beide gelernt haben, mit diesen Eigenheiten des anderen zu leben. Zusätzlich hilft das Wissen, daß es keine Partnerschaft gibt, die »nur« glücklich ist.

Von gleich zu gleich

Die Außenwelt reicht bis in die intimsten Winkel jeder Beziehung hinein. Daß Männer in den meisten Fällen auf mehr finanzielle Ressourcen bauen können als Frauen und daß sie mehr gesellschaftliche Entscheidungsgewalt haben, schafft eine Struktur, die sich in den »privaten« Beziehungen widerspiegelt. Für eine tragfähige Bindung ist es wichtig, daß beide Partner versuchen, diesen strukturellen Unterschied auszugleichen und ein Verhältnis von »gleich zu gleich« zu entwickeln (▷ Sich verständigen, Seite 76).

Ob sich wirklich zwei Ebenbürtige gegenüberstehen, entscheidet sich an einigen wenigen Grundfragen. Wichtig ist, ob Sie mit den Antworten, die Sie sich selbst geben, zufrieden sind:

• Wer setzt sich bei Auseinandersetzungen auf welche Weise durch?

• Wie fallen große Entscheidungen: Wer hat das »letzte Wort« bei großen Anschaffungen, bei der Frage nach einem Wohnortswechsel, beim nächsten

Karriereschritt, bei häuslichen Aufgaben? Gibt es einen Interessenausgleich?

• Wer investiert wieviel Zeit und Arbeit in das gemeinsame Wohl? Gelingt es, daß beide Partner auch voneinander abweichende Bedürfnisse und Wünsche befriedigen können?

Beziehungsarbeit

Fast jede Frau kennt die unsichtbare Arbeit am »inneren Gleichgewicht« ihrer Partnerschaft: In kaum wahrnehmbaren Gesten versucht sie, dem anderen emotional nahe zu sein, ihm den Rücken zu stärken. Die meisten hören aufmerksam zu, fühlen sich in seine Sorgen ein, schenken ihm kontinuierliche Aufmerksamkeit und verteidigen ihn gegen Angriffe von außen. WissenschaftlerInnen nennen das »Beziehungsarbeit leisten«.

Frauen sind Spezialistinnen für diese spürbare, aber weitgehend unsichtbare Arbeit. Männer tun sich darin schwerer. Noch sind die Partner rar, die ihre Verantwortung für die Balance des Innenlebens einer Beziehung ebenso tragen wie ihre Frau, die ihrer Frau ebenso den Rücken freihalten wie sie ihm, die ihr selbstverständlich zur Seite stehen, die fähig sind, Kompromisse zu schließen und die die Gestaltung des gemeinsamen Alltags nicht den weiblichen Händen überlassen. Meist leisten Frauen den Löwinnenanteil der Beziehungsarbeit, und es stellt sich ein Ungleichgewicht ein. Für die meisten wird dadurch die Liebe zu einem Wechselbad zwischen Fordern und Nachgeben, zwischen Wut und Freude, zwischen Zuneigung und Abwehr.

Frauen sind in Beziehungen oft mutiger und anspruchsvoller als Männer. Sie sind näher an ihren Gefühlen (▷ Seite 25), verdrängen weniger und sind eher zu offenen Gesprächen über Konflikte bereit. Paartherapeuten erleben immer wieder, daß Männer ihre Ehen noch für gut halten, wenn ihre Frauen längst resigniert haben. Wenn diese dann schließlich Konsequenzen ziehen, fallen die Männer oft aus allen Wolken.

Phasen der Partnerschaft

Vom ersten Blick, vom ersten Kuß und von der ersten gemeinsamen Nacht bis zur vertrauten Stabilität einer Beziehung ist es ein weiter, jahrelanger Weg. Jedes Paar durchläuft diese Entwicklung auf anderen, mehr oder weniger verschlungenen Pfaden, und jede Frau macht von Schritt zu Schritt andere Erfahrungen – mit sich und dem anderen. Dabei gibt es für das schon Erreichte kaum eine Stabilitätsgarantie, denn jede größere Veränderung, zum Beispiel eine Schwangerschaft, Kinder oder die Rückkehr an den Arbeitsplatz, fordern die Beziehung aufs neue heraus.

Trotz individueller Unterschiede lassen sich fünf Phasen erkennen, die alle Paare durchleben und manchmal auch durchleiden – in unterschiedlicher Länge und Intensität. Teilweise können diese Phasen in Zeiten großer Belastung in neuer Qualität wiederkehren; zum Beispiel beim Zusammenziehen in eine gemeinsame Wohnung (▷ Seite 81) oder nach der Geburt des ersten Kindes (▷ Seite 300). Ob ein Paar Krisen gemeinsam überwinden kann, hängt zum großen Teil von der Fähigkeit ab, sich zu verständigen (▷ Seite 76).

Verliebtheit

Im beglückenden Gefühl der Ganzheit idealisiert man den Geliebten. Er erfüllt alle Sehnsüchte und erscheint als fast vollkommen. Die symbiotische Verschmelzung mit ihm wird als absolutes Glück erlebt. Und er gibt diese Gefühle zurück: liebevoll, aufmerksam, fürsorglich. Fast jede Frau fühlt sich in diesen Momenten »auf Händen getragen«. Die Außenwelt, die Realität werden weitgehend ausgeschlossen und unwichtig. Was zählt, ist das Zusammensein und die Nähe mit ihm.

Kennenlernen

Wenn der erste Liebesrausch vorbei ist und sich der Alltag wieder in den Vordergrund drängt, setzt die Entzauberung ein. Langsam wird es möglich, den anderen als reale und differenzierte Person mit vielen Schattierungen zu sehen. Pötzlich wird neben dem Schönen und Begehrenswerten auch Unangenehmes und Störendes sichtbar. Unterschiede fallen auf, es gibt die ersten Konflikte und Enttäuschungen.

Die Entzauberungsphase kann außerordentlich schmerzen, wenn die Wirklichkeit mit den eigenen Wunschvorstellungen unvereinbar ist. Sie kann aber auch beglücken, wenn erkennbar wird: Dieser Mann ist zwar nicht makellos, er hat Ecken und Kanten, aber ich habe dennoch große Lust, mich auf diese Liebe einzulassen.

Viele Beziehungen werden in dieser Phase jedoch beendet, wenn deutlich wird, daß das Störende überwiegt. In folgenden Situationen ist es besser, sich rechtzeitig zu trennen:

- Wenn der Partner Eigenschaften oder Verhaltensweisen zeigt, die Ihnen absolut zuwiderlaufen, und von denen Sie wissen, daß Sie damit auf lange Sicht gesehen auf keinen Fall leben wollen.
- Wenn bereits in dieser Phase deutlich wird, daß Sie mit seinen Alkoholproblemen unglücklich werden (▷ Co-Abhängigkeit, Seite 597) oder daß Sie keinesfalls dauerhaft mit seinen spürbaren Aggressionen leben wollen (▷ Gewalt, Seite 443).

Eine Trennung ist in der Phase des »Kennenlernens« meist noch relativ leicht zu vollziehen und allemal besser, als sich von dem Gedanken verführen zu lassen, den Partner durch Liebe ändern zu können: Eine Partnerschaft ist keine Therapieeinrichtung – und alle Änderungsbemühungen sind vergeblich, wenn der andere nicht selbst tief davon überzeugt ist, an sich etwas verändern zu müssen.

Starre Beziehungsmuster

Kaum eine junge Frau in Europa bindet sich heute noch lebenslang an die »erste große Liebe«, an den ersten Mann oder die erste Frau im Leben. Die meisten gehen im Laufe der Jahre mehrere längere Beziehungen ein, manche davon führen in eine Lebensgemeinschaft, einige in die Ehe. Quälend kann der stete Wechsel von Beziehungen für Frauen werden, die sich eine kontinuierliche Partnerschaft wünschen, aber merken, daß sie keine dauerhafte Bindung aufbauen können – weder zu einem Mann noch zu einer Frau. Bei folgenden Erfahrungen können eine Beratung oder eine Psychotherapie hilfreich sein (▷ Seite 575):

- Sie ziehen sich immer wieder nach dem gleichen Muster aus einer Beziehung zurück – obwohl Sie sie eigentlich fortsetzen wollen.
- Sie verfangen sich immer wieder nach dem gleichen Muster mit verschiedenen Partnern oder Partnerinnen in Machtkämpfen.
- Sie geraten immer wieder ausweglos in die Situation, daß Ihnen Ihr Partner oder Ihre Partnerin die Luft zum Atmen zu rauben scheint; oder Sie quält dauerhaft das Gefühl, sie könnten einander nicht nahekommen.

Machtkampf

In dieser Phase geht es um die Behauptung der eigenen Identität, um die Bestimmung von Nähe und Distanz (▷ Selbst-Bewußt, Seite 23). Die intensivsten Auseinandersetzungen werden darum geführt, wer »nach innen« die Beziehung kontrolliert, wie sich die Macht verteilt und wie sie – immer wieder – zwischen den Partnern ausbalanciert wird. Die grundsätzlichen Standpunkte werden geklärt, an denen sich entscheidet, ob es gelingt, eine Partnerschaft von »gleich zu gleich« zu entwickeln. Um nicht auf Nebenschauplätzen Kraft zu verschleißen oder sich an dem Wunsch zu verausgaben, den Partner ändern zu wollen, sollten zwei Eckpunkte festgelegt werden, die im Laufe der Zeit immer wieder neu definiert werden können:

• Was ist jedem von Ihnen für das eigene und für das gemeinsame Leben so wichtig, daß Sie keinesfalls darauf verzichten wollen? Klären Sie Ihre Standpunkte so genau und so eindeutig wie möglich (▷ Gemeinsames, Seite 74; ▷ Eigenes, Seite 75).

• Was ist jedem von Ihnen weniger wichtig? Welche eigenen Besonderheiten und Wünsche können Sie »lassen«, ohne das Gefühl zu haben, sich zu »opfern«? Was »läßt« Ihr Partner, ohne sich zu »opfern«? (▷ Das Zwiegespräch, Seite 80).

Akzeptanz

Allmählich werden die individuellen Grenzen deutlich, Kompromisse werden geschlossen, Freiräume geschaffen, Unterschiede akzeptiert. Wenn es jetzt gelingt, Probleme konstruktiv zu bewältigen, verstärkt sich die Bindung. In einer geglückten Beziehung wird spürbar:

• Das Binnenverhältnis stimmt, keiner dominiert den anderen. Die Partner vertrauen einander, fühlen sich beieinander geborgen.

• Die Verantwortlichkeiten sind so verteilt, daß beide damit weitgehend zufrieden sind. Es gelingt, die unterschiedlichen Lebenszusammenhänge von Frauen und Männern auszugleichen.

• Es haben sich gemeinsame Ziele herauskristallisiert, die der Beziehung eine Zukunftsperspektive geben.

LITERATUR

Christel Dormagen
Geld – Macht – Liebe.
Frauen: Neue Unabhängigkeit, Alte Gefühle
Rowohlt, Reinbek, 1992. DM 12,80

Shere Hite
Keinen Mann um jeden Preis
Piper, München, 1992. DM 14,80

Regeln für ein gemeinsames Leben

• Beide sind füreinander da und begegnen sich mit gegenseitiger Achtung, beziehen sich immer wieder aufeinander und engagieren sich aktiv für das Gemeinsame. Auf lange Sicht betrachtet sollten diese Qualitäten Ihr Zusammenleben bestimmen – auch wenn es immer wieder Phasen gibt, in denen man nur sehr wenig Zeit füreinander hat.

• Beide lassen den Partner in seinen wesentlichen Zügen, in seinen Schwächen und Eigenheiten so, wie er ist. Auf diese Weise entsteht eine im Grundtenor freundliche Atmosphäre. Akzeptanz hilft, im Alltag versöhnlich zu sein. Wenn das mal nicht gelingt, hilft es, sich der Wesenszüge zu erinnern, die man sehr liebt.

• Beide erhalten sich das positive »Ur«-Bild, das sie vom anderen in der Zeit der ersten Liebe gewonnen haben, und bestätigen es sich immer wieder.

• Ohne Kommunikation läuft auch in der Liebe vieles schief. Die Meinung, der geliebte Andere müsse doch wissen, was man wünscht, glaubt und denkt, führt in die Irre. Sie müssen sagen, was Sie brauchen, was Sie wollen und was Ihnen nicht gefällt. Wenn Sie mit Ihrem Partner keine Lösung finden, können Sie sich auch über die Differenzen einigen (▷ Sich verständigen, Seite 76; ▷ Fair streiten, Seite 79).

• Auch in einer Partnerschaft sind beide, Frau und Mann, für ihr Handeln selbst verantwortlich. Niemand sollte vom Partner erwarten, daß er die Lebensprobleme des anderen löst.

• In jeder länger währenden Beziehung bleibt auf lange Sicht nichts beim alten: Sie, Ihr Partner, Ihrer beider Leben und Ihre Beziehung, alles verändert sich. Alle Versuche, einen einmal erreichten »Stand der Dinge« festhalten zu wollen, sind vergebliche Liebesmüh. Das gemeinsame Liebesglück ist keine Selbstverständlichkeit. Sie müssen es immer wieder miteinander neu gestalten.

• Ihre Grundhaltung sollte sein, Geduld mit sich und dem anderen zu haben, dem anderen zu vertrauen, ihn zu schätzen und Gelassenheit zu entwickeln.

Engagement

Die Gemeinsamkeit ruht auf einer stabilen Basis. Das was vorher noch unsicher war, steht weitgehend fest, die Zukunftsträume werden realisiert: Dies kann der Wunsch nach einer großen Familie mit Kindern sein, der Bau eines Bootes, um die Welt zu umsegeln – oder auch der aufwendige Ausbau einer Scheune, um am Wochenende gemeinsam Landluft atmen zu können. Paare, die ihre Beziehung immer wieder kreativ ausgestalten, verhindern, daß die gemeinsame Entwicklung stagniert.
(▷ Im Beruf, Seite 361; ▷ Familienleben, Seite 333, ▷ Initiativen, Seite 373)

Gemeinsames

Beziehungen bauen auf Gemeinsamkeiten auf. Je mehr gemeinsame Einstellungen, Denkrichtungen, Interessen, Wünsche und Ziele ein Paar hat, desto einfacher gelingt das Zusammensein. Große Differenzen bergen ein großes Konfliktpotential.

Die gemeinsame Zeit ist ein zusätzliches Bindemittel. Gemeinsame Erfahrungen, gemeinsame Freuden und gemeinsam durchgestandene Schwierigkeiten schmieden aneinander.

Jedes Paar, das lange zusammenlebt, hat dadurch eine eigene Geschichte, auf die es sich bezieht und die zu einem Teil der Persönlichkeit jedes einzelnen wird. Das macht es so schwierig, sich nach vielen Jahren von einem Partner zu trennen: Man läßt auf diese Weise einen Teil der eigenen Geschichte hinter sich (▷ Neue Bindung?, Seite 532).

Gemeinsame Zeit

Bewußt miteinander verbrachte Zeit ist die Grundlage jeder Beziehung, die auf Dauer bestehen will. Wenn jedoch Alltag und Beruf alle Energien binden und man die gemeinsam verbrachte Zeit immer mehr verknappt, dünnen die Fäden des Kontakts aus, die Entfremdung voneinander beginnt.

Meist sind es die Frauen, die versuchen, diesen langsamen Erosionsprozeß in der Partnerschaft abzuwehren. Sogar wenn sie selbst an einer Karriere arbeiten, nehmen sie ihre Interessen – zu Gunsten der Gemeinsamkeit – zurück, um dem Miteinander wieder Raum zu geben.

Eine Forderung, die auch für den Partner gilt: Ob vielbeschäftigter Manager oder erfolgreicher Freiberufler, ob Angestellter, Arbeiter oder Beamter mit festem Stundenplan – sie alle können von einem Tennismatch, einer Vereinssitzung oder einem Saunabesuch absehen oder Abendtermine, Wochenendkongresse und Nachtarbeiten einschränken.

- Reservieren Sie sich als Paar – auch in arbeitsintensiven Phasen – mindestens einen Abend pro Woche füreinander, ohne Kinder und ohne andere Personen.
- Verabreden Sie sich bewußt, auch wenn Sie zusammen wohnen. Fahren Sie ein Wochenende gemeinsam weg, wenn Sie einander – verstrickt in Arbeit – langsam aus den Augen verlieren.

Wer diese Pflege der Zweisamkeit über Monate und Jahre vernachlässigt, steuert unweigerlich auf die Entfremdung zu. Deutliches Warnsignal ist, daß Sie einander nichts mehr zu sagen haben – obwohl manche Paare viel und lange reden – und keine gemeinsamen Zukunftsideen mehr pflegen.

Viele Paare, die über Jahre glücklich miteinander leben, betonen ihr gemeinsames Hobby als »Garanten des Glücks«: Sie treiben gemeinsam Sport, engagieren sich in einem Projekt oder arbeiten zusammen. Wer gemeinsame Interessen pflegt, schmiedet auch gemeinsame Pläne. Miteinander erträumte Ziele verwirklicht zu sehen, kann ein ganz besonderes Moment in einer Beziehung werden.

Ein Lob der Gewohnheit

Ohne Gewohnheiten kann niemand auf Dauer überleben. Sie schaffen einen Orientierungsrahmen, den jeder Mensch braucht, um sich einigermaßen sicher und geborgen zu fühlen. Die verläßlichen, immer wiederkehrenden Momente des Alltags strukturieren das Leben. Müßten Frau und Mann jeden Tag von früh bis spät immer wieder alles aufs neue definieren und festlegen, wäre die vollkommene Erschöpfung unausweichlich.

So braucht jede Zweisamkeit ihre Gewohnheiten, eine stabile Form des Alltäglichen, die Sicherheit und Zusammengehörigkeit gewährt: sei es die gemeinsame Kuschelviertelstunde bei der Tagesschau oder das gemeinsame Frühstück am Morgen. Die stete Wiederkehr des Bekannten vermittelt Vertrautheit und gibt Kraft für Aktivitäten, die nach außen gerichtet sind.

Manche Gewohnheiten lassen sich zu Ritualen verfeinern, wie der kurze, gemeinsame Spaziergang um den Block am Abend, das ausgedehnte Sonntagsfrühstück im Bett oder das Hinterlegen zärtlicher Zettel-Botschaften. Sie können die Bindung kräftigen und schwierige Zeiten überbrücken helfen. Mit kleinen Ritualen schafft sich jedes Paar etwas Besonderes, das die Einzigartigkeit der Bindung bestätigt.

Eigenes

Viele Menschen versuchen verzweifelt, das berauschende Gefühl des Eins-Seins mit dem anderen aus der ersten Zeit der Verliebtheit dauerhaft zu retten. Alle Dinge des Alltags sollen im Gleichklang gefühlt, empfunden, gedacht, besprochen und entschieden werden. Ein Wunsch, in den sich Frauen weitaus intensiver verlieren als Männer. Doch irgendwann müssen sie erkennen, daß sich die eigene Identität auflöst, wenn es keine eigenen Interessen und Freiräume gibt. Das »Selbst«, die eigene Persönlichkeit geht verloren, unweigerlich entstehen tiefe, angstauslösende Abhängigkeiten. Nur die Frau, der es gelingt, trotz aller Sehnsucht nach Symbiose, das Getrennt-Sein vom anderen zu akzeptieren, kann auch den Partner in seinem Anders-Sein anerkennen. Und nur eine solche Partnerin kann auch der andere als eigene, unabhängige Person erleben.

Abgrenzungen schmerzen. Dies gilt für Frauen um so mehr, da ihr weibliches Selbstverständnis von klein auf darauf angelegt wird, für andere da zu sein, als selbst-lose Mutter, Ehefrau oder Geliebte. Diese Haltung kann im Alltag zum Fallstrick werden: Frauen, die ihr Leben nur in bezug auf den Partner oder die Kinder definieren, merken meist erst am wachsenden Gefühl der Enge, der Angst und der Überanstrengung, daß das Gleichgewicht gestört ist (▷ Befindlichkeitsstörungen, Seite 608). Es fehlt die wohltuende Balance zwischen Nähe und Distanz, Gemeinsamem und Eigenem.

TIP

Freundesnetz

Ein Netz freundschaftlicher Beziehungen kann heute das bedeuten, was früher die Großfamilie war. Freundinnen und Freunde geben Impulse von außen, vielfältige Kontakte verhindern ein Um-sich-selbst-Kreisen im Binnenraum der Zweierbeziehung.

- In der Gruppe, zusammen mit anderen Menschen, können Sie sich selbst und den Partner manchmal neu erleben; Sie sehen ihn und sich selbst »von außen« und bekommen dadurch Distanz.
- Eigene langjährige Freundschaften sind Teil der persönlichen Geschichte und oft dauerhafter als die Beziehung zu einem Mann. Wer Freundschaften pflegt, hat lebenslange BegleiterInnen (▷ Freundinnen, Seite 127).
- Die FreundInnen Ihres Partners müssen nicht die Ihren sein. Sie brauchen seinen Freundeskreis nicht zu mögen, es genügt, ihn zu respektieren. Ebenso gilt: Es gibt keinen Grund, die eigenen FreundInnen zu vernachlässigen, nur weil Ihr Partner Ihren alten Kreis unsympathisch findet. Frauen, die meinen, aus Rücksicht auf ihn ihre FreundInnen-Kontakte verringern zu müssen, schränken dadurch die eigene Persönlichkeit empfindlich ein: Der Partnerschaft ist damit nicht gedient.

Grenze ziehen

Dort, wo es die Gefühle und Bedürfnisse des anderen zu respektieren gilt, wo aber auch die eigenen Gefühle und Bedürfnisse spürbar sind, verläuft die Grenzlinie zwischen zwei Personen (▷ Sich selbst wahrnehmen, Seite 24).

- Nehmen Sie Ihre eigenen Interessen und Aktivitäten ernst, und respektieren Sie die Ihres Partners. Sport, kulturelle Vorlieben, die Liebe zur Arbeit und die Kontakte zu Ihren FreundInnen sind Teil Ihrer Identität. Sie müssen nicht jederzeit mit dem Partner geteilt werden.
- Lassen Sie einander Träume und Geheimnisse, selbst dann, wenn es angst macht, nicht alles »unter Kontrolle« zu haben.
- Entscheidend ist das Vertrauen zueinander: es schafft die Basis für persönlichen Freiraum in einer Beziehung. Je deutlicher Sie für sich selbst verantwortlich bleiben – und dies gilt umgekehrt auch für den Partner – um so besser für die Beziehung.
- Versuchen Sie nicht, die Probleme Ihres Partners zu lösen. Nur selbstverantwortliche, unabhängige Menschen können einander auf Dauer von gleich zu gleich begegnen.
- Bestehen Sie auf einem eigenen Zimmer, einem eigenen Bereich. Selbst in der kleinsten Wohnung sollte es einen Platz geben, der ausschließlich mit Ihren persönlichen Dingen ausgestattet ist, an dem Sie Eigenes erledigen können oder sich zurückziehen, wenn Ihnen danach zumute ist.
- Nehmen Sie sich Raum und Zeit für sich. Frauen sind in hohem Maße bereit, an eigener Zeit zu sparen, wenn sie glauben, damit die Partnerschaft zu stützen. Ohne »Eigenzeit« kann der Ausgleich zwischen Gemeinsamem und Eigenem jedoch nicht gelingen. Verteidigen Sie die eigene Zeit gegenüber den Wünschen und Interessen aller anderen wie ein eigenes Territorium: eine festgelegte Stunde am Tag, eine bestimmte Zeit am Wochenende oder ab und zu einen Teil des jährlichen Urlaubs ohne den Partner.

Sich verständigen

Frauen fällt es generell leichter als Männern, sich mitzuteilen. Bei Untersuchungen antworten Frauen auf die Frage »Was gibt Geborgenheit?« an sechster Stelle: »Sich unterhalten«. Bei Männern rangiert das gemeinsame Gespräch erst auf dem zehnten Platz. Für Frauen ist das »über alles reden können« immer eine grundlegende Qualität in der Partnerschaft. Männer sehen das meist anders.

Nun muß man natürlich nicht immer alles ausdiskutieren, um einander zu verstehen. Und nicht immer braucht es Worte, um sich einander zu versichern. Viele im »stillen« Gleichklang erlebte Situationen verbinden glückhaft miteinander. Dennoch ist die Sprache unentbehrlich, wenn es um unterschiedliche Meinungen und Bedürfnisse, um Konflikte oder Lebenspositionen geht. Außerdem hilft es immer, die eigenen Gefühle zu benennen. Empfindungen auszusprechen schafft Klarheit – bei sich selbst und für den Partner.

Die Botschaft wirkt aber nicht nur durch Worte. Amerikanischen Studien zufolge läuft die zwischenmenschliche Verständigung zu 55 Prozent über Körpersprache und Mimik, zu 38 Prozent über den Ton der Stimme und die Art des Sprechens, und nur zu sieben Prozent bestimmt der konkrete Inhalt des Gesprochenen die Botschaft (▷ Weibliche Körpersprache, Seite 31).

- Versuchen Sie, sich möglichst klar auszudrücken – auch dann, wenn Sie sich unsicher fühlen. Auch widersprüchliche Empfindungen lassen sich mitteilen, zum Beispiel: Eigentlich wünsche ich mir mehr Zeit mit dir, gleichzeitig fühle ich mich aber völlig überfordert und will nur meine Ruhe haben (▷ Grenze ziehen, Seite 76).
- Die Aufforderung von Frauen: »Ich möchte mit dir reden« ruft bei vielen Männern blankes Entsetzen hervor. Sie werden von einem geheimnisvollen Fluchttrieb erfaßt, wenn sie im Gespräch laut über

sich nachdenken sollen. Diese männliche Verweigerungstendenz ist oft kaum zu durchbrechen. Ihr ist nur auf eine Weise sinnvoll zu begegnen: Hören Sie auf, ihn zu »verstehen«! Teilen Sie ihm mit, wann Sie sein Schweigen nicht mehr akzeptieren können – und ziehen Sie sich dann selbst zurück, ohne auf die Forderung nach einem Gespräch zu verzichten.

- Wer sich einer wichtigen Auseinandersetzung dauerhaft entzieht, signalisiert damit entweder Desinteresse (▷ Auseinandergelebt, Seite 100) oder Abwehr. Dann kann das »kontrollierte« Zwiegespräch hilfreich sein (▷ Seite 80).

Streiten

Auch im Streit stellt ein Paar Verbindung her, meist mit viel Leidenschaft und heftigen Gefühlsausbrüchen. Wichtig ist, daß dabei weder die gegenseitige Wertschätzung und Zuneigung noch der Humor auf der Strecke bleiben.

Beim Übergang von der Verliebtheitsphase zur dauerhafteren Bindung sind Auseinandersetzungen unvermeidlich (▷ Machtkampf, Seite 72); desgleichen in allen Umbruchzeiten: rund um die Geburt des ersten Kindes oder während der unterschiedlichen Etappen des beruflichen Werdegangs. Hier geht es darum, Grundsätzliches auszufechten, das Unvereinbare zu erkennen und die Unterschiede zu akzeptieren (▷ Akzeptanz, Seite 73). Wer auch die Differenzen klargestellt hat, vermeidet die Verständnisfalle. Die Chance, gelassener zu werden, wächst.

Destruktive Kräfte sind am Werk, wenn Auseinandersetzungen aus einer feindselig-mißtrauischen Grundhaltung heraus geführt werden. Das kann sich in verächtlicher Kritik äußern oder in einer abwehrend-blockierenden Haltung, dem felsenfesten »Mauern« – eine Domäne der Männer. Solche Verweigerungen lassen die Beziehung auf den Nullpunkt sinken, vor allem dann, wenn sich die Frau stetig darum bemüht, die hochgezogenen Barrieren wieder kleinzumeißeln. Davon abzulassen, die Arbeit an ihm sein zu lassen und das eigene Engagement zu begrenzen, ist eine der schwierigsten Übungen in einer Partnerschaft.

Schließlich müssen dann auch die eigenen Sticheleien enden, Gezänk und Nörgeleien müssen verstummen. Andauernde kleine boshafte Streitereien führen unweigerlich dazu, daß man sich unzufrieden und unglücklich fühlt.

Handgreiflichkeiten

Beziehungsstreit kann in fataler Weise eskalieren, wenn die Nerven bloßliegen und man einander nur

TIP

Achtung: Verständnisfalle

Keine Partnerschaft funktioniert ohne Verständnis – entscheidend ist jedoch, *wie* man einander versteht. Frauen »verstehen« – im Sinne von entschuldigen – das Verhalten ihres Partners oft auch dann noch, wenn sie es eigentlich bereits als verletzend, kränkend oder mißachtend empfinden. Mögliche Situationen sind: Er hält sich zum x-ten Mal nicht an Vereinbarungen; er entzieht sich Gesprächen; er kommentiert sie, ihr Verhalten oder ihr Aussehen abfällig.

- Signalisieren Sie keine Toleranz gegenüber einem Verhalten, das Sie zutiefst kritikwürdig finden.
- Aus Ihrem Verständnis wird Ihre eigene Lebensfalle, wenn Sie Verhaltenweisen »verstehen«, die gegen Sie selbst gerichtet sind: Bloßstellen vor Dritten, Mißachtung Ihrer Person, Gewalt, Alkoholexzesse (▷ Selbst-Bewußt, Seite 23).
- Fragen Sie sich: »Was an ihm verstehe ich wirklich? Wie weit stimme ich seinem Verhalten tatsächlich zu, von dem ich behaupte, daß ich es verstehe?« Ist Wut vielleicht die angemessenere Reaktion? (▷ Fair streiten, Seite 79).

noch Beleidigungen entgegenwirft. Rasend, ohnmächtig und sprachlos vor Wut fallen dann Ohrfeigen, Schläge, Fäuste trommeln ins Gesicht des anderen. Schon in der Sekunde, in der es passiert, setzen Panik und Scham ein. Beiden Partnern ist bewußt, daß nun eine entscheidende Grenze überschritten wurde. Dieser erste, meist große und gemeinsame Schreck kann heilsam sein; er kann genutzt werden, um zu einer neuen Streitkultur zu finden. Meist versichert und verspricht man einander – noch gebannt von der Situation – dann auch: »Das soll uns nie wieder passieren«.

Verfestigt sich der gewalttätige Charakter des gemeinsamen Streitmusters, können die Handgreiflichkeiten immer weiter eskalieren. Der Übergang zur Gewalt, mit der sich der Stärkere durchsetzen will, kann auf diese Weise gefährlich nahe rücken (▷ Gewalt, Seite 443).

Kompromisse schließen

Einen Kompromiß zu schließen bedeutet, verschiedene, auch einander widersprechende Interessen aufeinander abzustimmen und zu akzeptieren. Tragfähig ist der Kompromiß, wenn er die Bedürfnisse und Wünsche beider Seiten berücksichtigt und beide mit der Lösung zufrieden sind.

Ein Kompromiß kommt nur zustande, wenn die Parteien bereit sind, miteinander zu verhandeln und ihre Positionen miteinander abzustimmen. Dazu müssen beide offen sein, ihr »Eigenes« im Interesse des »Gemeinsamen« ein wenig zurückzunehmen.

TherapeutInnen halten die Fähigkeit, unterschiedliche Bedürfnisse auszugleichen, für die wichtigste Voraussetzung, damit ein Paar eine Beziehung von »gleich zu gleich« aufbauen kann. Tatsächlich entscheidet sich für fast alle Frauen an dieser Frage die Qualität ihrer Partnerschaft: Lebe ich vor allem mit Kompromissen, die mich immer wieder deutlich unzufrieden machen? Oder gelingt es uns, unsere unterschiedlichen Bedürfnisse sinnvoll auszugleichen?

Gute Kompromisse finden

Kompromisse müssen ausgehandelt werden, und zum Verhandeln muß man manchmal sehr lange miteinander reden, sich verständlich machen, den anderen verstehen (▷ Fair streiten, Seite 79). Das gelingt jedoch nicht allen gleich gut. Besonders vertrackt wird es, wenn sehr emotionsbeladene Probleme anstehen.

Ein Paar, das gar nicht weiterkommt, sollte bei neutralen Dritten Hilfe suchen. Allerdings müssen beide Partner diese »ModeratorInnen« akzeptieren (▷ Beratung, Seite 576).

Frauen reagieren oft mit einer diffusen Abwehrhaltung, wenn ihnen ein Mann einen Kompromiß vorschlägt. Sie fürchten, »über den Tisch gezogen zu

TIP

Faule Kompromisse

- Während einer Auseinandersetzung bewertet der andere Ihre Position als »kleinlich«, findet Ihr Verhalten »zickig«. Diese im Raum schwebenden Vorwürfe setzen Sie unter Druck, das Gegenteil zu beweisen. Sie können Ihre wirklichen Bedürfnisse nicht mehr erkennen und schon gar nicht mehr benennen. Sie geben großzügig nach. In Wirklichkeit aber geben Sie auf.
Solche Entscheidungen, die Sie nicht aus voller Überzeugung akzeptieren, bohren noch lange im Innersten. Besser wäre es gewesen, Sie hätten sie auf den nächsten Tag verschoben, an dem Sie sich wahrscheinlich wieder stärker, frischer und durchsetzungsfähiger fühlen.
- Sie gehen einen Kompromiß ein, beschließen aber für sich selbst, daß der nächste Konflikt zum Ausgleich zu Ihren Gunsten ausgehen wird, ohne dies Ihrem Partner mitzuteilen. Wenn Sie sich dann beim nächsten Mal entsprechend kompromißlos zeigen, wird er erstaunt bis ablehnend reagieren. Besser wäre es, einen solchen »Interessenausgleich« gleich mit zu verhandeln.

Fair streiten

• Voraussetzung ist, daß Sie ernsthaft miteinander ins Gespräch kommen wollen. Beide Seiten müssen sich bewußt sein, daß sie ein gemeinsames Problem lösen und besprechen wollen. Wenn die Beziehung bereits durch endlose Grabenkämpfe oder wochenlanges Schweigen gestört ist, helfen meist nur noch unabhängige Dritte oder eine professionelle Beratung (▷ Seite 576).

• Wer vor Streit zurückweicht und versucht, sich durch Entzug unangreifbar zu machen, läßt den anderen mit seinen Gefühlen und Nöten im Stich. Ein Partner mit diesem anscheinend »neutralen« Verhalten übt psychische Gewalt aus (▷ Seite 443). In den meisten Frauen wächst dadurch fast zwangsläufig das Gefühl, ihre eigenen Nöte beruhten auf einer Fehleinschätzung. Das entwertet die eigenen Empfindungen und blockiert innerlich.

• Einen bedeutsamen Konflikt sollten Sie nicht austragen, wenn sich einer von Ihnen in schlechter Verfassung befindet, z.B. nach einem langen Arbeitstag. Eine Zeit, zu der beide offen, bereit, zugänglich und ausgeruht sind, eignet sich dafür besser.

• Begrenzen Sie die Dauer des Streitgesprächs von vornherein, zum Beispiel auf eine halbe Stunde. Sie zwingen sich damit zur Konzentration auf das Wesentliche. Wenn Sie sich nach Ablauf der Zeit nicht einigen konnten, können Sie sich auf eine Verlängerung oder auf einen anderen Zeitpunkt einigen.

• Vermeiden Sie endlosen Streit, den Sie völlig erschöpft abbrechen, weil sich die Uhr gegen Mitternacht neigt und Sie nur noch durch Scherben waten, in die Sie beim nächsten Mal mit Sicherheit wieder hineintreten.

• Legen Sie fest, was Ihnen wirklich wichtig ist, und bleiben Sie in der Auseinandersetzung dabei. Sagen Sie deutlich, was Sie möchten, statt aufzuzählen, was Ihnen nicht gefällt. Lassen Sie den Streit nicht ausufern und versuchen Sie immer wieder, auch »neben sich zu treten« und sich zu fragen, ob Sie noch in angemessener Form miteinander reden.

• Vermeiden Sie sogenannte »Du-Botschaften«. Das sind Sätze, in denen Sie das Verhalten des Partners beurteilen und abwerten. Beschreiben Sie statt dessen möglichst anschaulich die Folgen seines Verhaltens für Sie, und wie Sie sich dabei fühlen.

• Versuchen Sie, gewohnte Streitmuster aufzubrechen, zum Beispiel indem Sie »einseitig abrüsten«. Wenn Sie offen und zugänglich sind statt zurückzuschießen, wird Ihr Partner durch dieses Streitmuster entwaffnet. Bleiben Sie immer bei dem Punkt, um den es aktuell geht. Ein Beschwerdeknäuel aus angesammelten Enttäuschungen ruft nur Abwehr und Groll hervor.

• Vermeiden Sie abschwächende, übertreibende oder verallgemeinernde Formulierungen, zum Beispiel nach dem Muster: »Irgendwie hätte ich gerne mehr Unterstützung im Haushalt, obwohl ich auch alleine gut zurechtkomme« – Statt: »Ich brauche mehr Hilfe im Haushalt«. Wer sich unklar und defensiv ausdrückt, produziert Irrtümer und Mißverständnisse, und wird oft nicht ernst genommen.

• Vermeiden Sie es, Salz in alte Wunden zu streuen, nach dem Prinzip »Ich vergebe nie«. Faires Streiten gelingt nur, wenn beide Seiten bereit sind, die alte Tugend des Versöhnens zu üben – auch wenn es Kränkungen und Verletzungen gab, die erst nach sehr langer Zeit vernarben.

werden«. Zu oft haben sie schon erlebt, daß Auseinandersetzungen im allgemeinen Umgang nach dem Prinzip »Der Stärkere setzt sich durch« entschieden werden, weniger nach dem Grundsatz »Die Argumente beider Seiten sind gleichgewichtig«. Letzteres umzusetzen, braucht Geduld und kann ein langes Ringen mit dem Partner bedeuten; eine Arbeit, die sich lohnt, wenn große Entscheidungen, wie die Familiengründung, die Kindererziehung, die Karriereplanung oder der Wiedereinstieg ins Berufsleben, nicht von dem Standpunkt einer Person dominiert werden sollen (▷ Fair streiten, Seite 79).

TIP

Regeln für das Zwiegespräch

- Regelmäßigkeit ist wichtig. Wenn Sie wieder konstruktiv miteinander reden lernen wollen, sollten Sie sich einmal wöchentlich zusammenfinden.
- Die Dauer des Gesprächs sollte feststehen und eingehalten werden: mindestens eineinhalb, höchstens zwei Stunden.
- Der Gesprächsort sollte Störungen ausschließen.
- Berichten Sie von sich selbst. Beschreiben Sie, was Sie momentan bewegt: Wie fühle ich mich im Moment? Wie erlebe ich dich? Wie sehe ich mein Leben derzeit? Wie empfinde ich unsere Beziehung?
- Konzentrieren Sie sich auf Ihre Gefühle, auf spontane Bilder, die in Ihnen auftauchen. Es geht nicht um Diskussionen über ein Thema, sondern darum, sich wechselseitig zu beschreiben, was man momentan erlebt.
- Beide Partner sollten gleich viel Zeit für Reden und Zuhören aufwenden.
- Es gibt keine Fragen, keine Ratschläge. Selbst die Frage, ob man den anderen richtig verstanden hat, unterbricht und stört den Gedankenfluß.
- Auch Schweigen und Schweigenlassen gehören zum Zwiegespräch.

- Wie kompromißfähig Ihr Partner ist, lernen Sie im kleinen kennen: Wie entscheiden Sie als Paar über Anschaffungen in der Wohnung, das Urlaubsziel, die Freizeitgestaltung oder die Haushaltsführung? Wer gibt den Ton an? Herrscht bei Ihnen das Gefühl vor, oft in weitaus größerem Maß als der Partner zurückzustehen? Verzichten Sie auf die Befriedigung von Bedürfnissen, die Sie eigentlich als unverzichtbar empfinden (▷ Selbst-Bewußt, Seite 23)? Oder spüren Sie, daß Sie – auf lange Sicht gesehen – weitgehend in einem harmonischen gegenseitigen Interessenausgleich leben?
- Handeln Sie Differenzen tatsächlich aus, oder laufen Gespräche nach dem K.-o.-Prinzip: Im Zustand völliger Erschöpfung gibt eine Seite nach? Den anderen mürbe zu reden, ist eine weit verbreitete Taktik, die allerdings kaum dazu führt, daß dabei ein zufriedenstellender Kompromiß herauskommt.
- Heute ich, morgen du: Dieses Abgleichen von Bedürfnissen funktioniert nicht! Beziehungen lassen sich nicht nach einer Kontoaufrechnung gestalten. Wenn Sie merken, daß Sie immer wieder zu kurz kommen, kann eine professionelle Beratung hilfreich sein, bei der Sie Ihre eigenen Bedürfnisse besser kennen- und durchsetzen lernen (▷ Beratung, Seite 576).

Das Zwiegespräch

Viele Paare erschöpfen sich in endlosen Auseinandersetzungen, in denen einer dem anderen klarzumachen versucht, wie und was er »eigentlich« denkt und fühlt, weswegen er »eigentlich« wie handelt und wie er »eigentlich« sein müßte, damit alles besser wäre. Jeder spricht vom anderen und über den anderen, keiner spricht von sich selbst.

Menschen, die so mit anderen sprechen, vermeiden, auf sich selbst zu schauen, ihre eigenen Gefühle und Verhaltensweisen wahrzunehmen. Sie brauchen den anderen, um vor sich selbst fliehen zu können. Indem sie sich unablässig um den anderen sorgen, ihm helfen, ihn aufbauen, ihn eines Besseren belehren, ihn angreifen, binden sie alle Energie an den anderen. Damit verkümmert ihre Fähigkeit, ihre eigenen Bedürfnisse und Wünsche zu erkunden.

Der andere wiederum wehrt sich dagegen, Deutungen übergestülpt zu bekommen, die ihm vielleicht gar nicht passen. Er empfindet es als überheblich, wenn sein Gesprächspartner meint, ihn besser zu kennen, als er sich selbst kennt.

Um hier zu einer fruchtbringenden Gesprächsführung zu kommen, ist das »Zwiegespräch« der beste Weg. Dessen Grundprinzip ist, daß jeder nur von sich selbst spricht, von seinen Gefühlen, seinen Gedanken, seinem Verhalten. Der andere wird nicht analysiert, nicht interpretiert, nicht angeschuldigt. Keiner von beiden stellt Fragen oder erteilt Ratschläge (▷ Regeln für das Zwiegespräch, Seite 80).

LITERATUR

Michael Lukas Moeller
Die Wahrheit beginnt zu zweit. Das Paar im Gespräch
Rowohlt, Reinbek, 1992. DM 12,90

Wolfgang Schmidbauer
Du verstehst mich nicht. Die Semantik der Geschlechter
Rowohlt, Reinbek, 1990. DM 14,90

Karin Mager
Faires Streiten – lebendige Partnerschaft. Wie Sie Konflikte besser lösen
Gräfe und Unzer, München, 1994. DM 19,80

Jürg Willi
Was hält Paare zusammen? Der Prozeß des Zusammenlebens in psycho-ökologischer Sicht
Rowohlt, Reinbek, 1991. DM 14,90

Miteinander leben

Menschen, die eng miteinander verbunden sind, beeinflussen sich gegenseitig sehr. Obwohl beide eigenständige Menschen sind und bleiben, wirkt jeder am Fühlen und Handeln des anderen mit. Damit räumt jeder, der sich intensiv auf einen anderen einläßt, dem anderen auch ein wenig Macht über sich ein. In jeder Bindung ist dieses Stückchen Macht über den anderen ein Prüfstein für gegenseitiges Vertrauen oder die Möglichkeit des Mißbrauchs. Das gilt für jede Bindung, intensiviert sich aber, wenn ein Paar zusammenzieht – unabhängig davon, ob dies ohne oder mit Trauschein geschieht.

Wer miteinander wohnen und leben will, macht einen riesigen Schritt aufeinander zu. Der richtige

TIP

Vorab-Check

Folgende Fragen sollten beide Partner, jeder für sich allein, überdenken und die Antworten anschließend gemeinsam besprechen. So können Sie Ihre jeweiligen Vorstellungen einander gegenüberstellen. Sind die Gegensätzlichkeiten bei Themen, die Ihnen sehr am Herzen liegen, unüberbrückbar, sollten Sie die Frage des Zusammenlebens noch einmal neu überdenken.

- Welche Hoffnungen verbinden Sie mit dem Zusammenleben? Welche Bereiche Ihrer Partnerschaft wollen Sie dadurch glücklicher oder befriedigender gestalten?
- Bei welchen Veränderungen, von denen Sie meinen, daß sie im Zusammenleben auf Sie zukommen, empfinden Sie Unsicherheit? Welche machen Ihnen besonders angst? Womit verbinden Sie besondere Freude?
- Was erwarten Sie vom Partner, wenn Sie zusammenleben? Wie stellt er sich zu Ihren Erwartungen, und wie empfinden Sie seine Antworten?

Zeitpunkt dafür ist gekommen, wenn sich beide Seiten diese Nähe ernsthaft wünschen und wenn sich beide sicher sind, daß sie das für sie richtige Gleichgewicht zwischen Nähe und Distanz halten können. Selbst Paare, die sich schon sehr lange kennen, aber in getrennten Wohnungen lebten, stehen dabei vor einer weitgehend neuen Situation (▷ Getrennt zusammenleben, Seite 85). Das Muster, nach dem die Beziehung bisher gestrickt war, muß neu verhandelt werden. Jeder verhält sich ein wenig anders, wenn der andere nun, ohne fragen zu müssen, selbstverständlich über Bett, Bad und Küche verfügen kann, weil sie auch seine sind. Es ändert sich etwas Atmosphärisches, wenn sich im Regal die eigenen Bücher mit denen des Partners mischen und man einander nicht mehr so einfach aus dem Weg gehen kann (▷ Vorab-Check, Seite 81).

TIP

Probewohnen

Wenn Sie sich bei dem Gedanken, daß Sie Ihre Wohnung kündigen und in die Räume Ihres Partners oder Ihrer Partnerin einziehen, sehr unsicher und ängstlich fühlen, können Sie den Wechsel zunächst langsam angehen lassen. Die eigenen vier Wände sind schließlich nicht nur Dach über dem Kopf, sondern auch Symbol individueller Freiheit. Sie können vorerst befristet ausziehen. Die Mitwohnzentralen vermitteln Kurzzeit-BewohnerInnen. So können Sie für eine Übergangszeit probieren, wie sich das Zusammenleben in seiner oder ihrer Wohnung anfühlt. Das gleiche Verfahren empfiehlt sich umgekehrt, wenn Ihr Partner oder Ihre Partnerin die eigene Wohnung verläßt, um in Ihre zu ziehen. Wenn sich herausstellt, daß die Entscheidung zum Zusammenziehen verfrüht war – wenn die Gegensätze unvereinbar scheinen und es nicht gelingt, sich im Alltag »zusammenzuraufen«, muß keiner von Ihnen fürchten, auf der Straße zu stehen.

Veränderungen

Auch wenn man sich bereits seit Jahren kennt und während langer Wochenenden oder im Urlaub die jeweiligen Charakterzüge, kleinen Eigenarten und ausgefallenen Launen des anderen kennengelernt hat: Im alltäglichen Zusammenleben erfährt man sich selbst und den Partner noch einmal neu und anders. Viele Paare durchwandern dann noch einmal alle Partnerschaftsphasen vom Einander-Kennenlernen (▷ Seite 72) bis zur Akzeptanz (▷ Seite 73).

Die andauernde Nähe zum anderen schafft eine sehr intensive Vertrautheit – ein Gefühl, das Sicherheit vermitteln, aber auch Ängste wecken kann. Die Angst, daß nun jemand »Fremder« das eigene Leben kontrolliert, die Angst, vielleicht eben erst gewonnene Freiheiten wieder zu verlieren oder auch die Angst, sich von nun an immer erklären zu müssen: »Was denkst Du? Warum machst Du das?«

Glück des Alltags

Neben der Freude, gemeinsam eine Wohnung einzurichten, Möbel oder Bilder auszusuchen, steht die langsame Gewöhnung an die alltägliche, andauernde Nähe. Dabei sind oft die unspektakulären Momente die glücklichsten: der Sonntagskrimi vor dem Fernseher, der Frühstücksplausch vor dem Weg zur Arbeit oder das Wiedersehen zum Abendessen. Stabilisierend wirken die Selbstverständlichkeit und die Kontinuität des Miteinanders, die Vertrautheit des regelmäßig Wiederkehrenden und die Sicherheit, sich aufeinander verlassen zu können. Der tröstende Arm muß nicht mehr telefonisch herbeigerufen werden, Hilfe und gegenseitige Unterstützung ergeben sich aus dem Alltag; die Mühen des Organisierens und Planens werden geringer. Fast alle Paare, die ihr Zusammenwohnen als Bereicherung empfinden, stellen irgendwann auch fest, daß das Leben zu zweit in ruhigeren Bahnen verläuft als zu Zeiten, in denen man sich immerfort auswärts verabredete (▷ Ein Lob der Gewohnheit, Seite 74).

Tücken des Alltags

Meist sind es Banalitäten, die großen Streit und große Enttäuschung provozieren: die Haare in der Badewanne, der schräg angeschnittene Käse, die nicht wieder zusammengelegte Zeitung, die in der Reinigung vergessene Kleidung.

Der Alltag steckt voller Reizthemen, hinter denen meist ungelöste Machtfragen warten, gut getarnt als sogenannte »Kleinigkeiten«. So wird die offene Zahnpastatube zum Symbol für »deine Rücksichtslosigkeit« und ihr Sammeln von Fahrscheinen zum Sinnbild für »deine Kleinkariertheit«. Wer sich immer wieder an Alltäglichem reibt, zerstört allerdings – auf lange Sicht betrachtet – die Basis des Zusammenlebens (▷ Machtkampf, Seite 72; ▷ Fair streiten, Seite 79).

Regeln gemeinsam festlegen

Bereits im Moment des Zusammenziehens bilden sich automatisch Regeln für das gemeinsame Leben heraus. Wie eng oder wie weit ein Paar diese Regeln festschreibt, ist so unterschiedlich wie die Persönlichkeit jedes einzelnen. Die einen entwerfen detaillierte Speisepläne nach vegetarischen Rezepten und verpflichten sich, die Wohnung als rauchfreie Zone gegen alle FreundInnen zu verteidigen. Die anderen legen im voraus fest, daß sie das Thema Treue großzügig behandeln wollen, jedoch Seitensprünge (▷ Seite 52) niemals in den gemeinsamen vier Wänden stattfinden sollen; die dritten versprechen einander per Partnerschaftsvertrag (▷ Seite 89), »ewig« füreinander zu sorgen.

Nicht alles ist vorab zu regeln; aus sich langsam einschleifenden Gewohnheiten werden im Laufe der Zeit Standards: Wieviel Ordnung wollen beide in der Wohnung? Wieviel Chaos braucht jeder einzelne? Wie groß ist das Hygienebedürfnis beider? Wie aufwendig soll eingekauft und gekocht werden? Wer übernimmt wann welche Aufgaben und Pflichten in welchem Umfang (▷ Sich verständigen, Seite 76)?

TIP

Modelle der Arbeitsteilung

Kein Rezept gibt an, wie Arbeitsteilung im Haushalt am besten gelingt. Ob man mit der jeweiligen Lösung »gut leben« kann, entscheidet allein das Gefühl der Zufriedenheit. Es stellt sich ein, wenn niemand den Eindruck hat, der eine lebe auf Kosten der Arbeit des anderen. Hier einige Aufteilungsmodelle:

- Der größte Teil der Zuständigkeiten wird so geteilt, daß jeder für seine persönlichen Dinge selbst verantwortlich ist: jeder für das eigene Zimmer, den eigenen Schreibtisch, die eigenen Bücher, die Ordnung der eigenen Sachen im Kleiderschrank, das Putzen der eigenen Schuhe. Nur die Arbeiten für die gemeinsam genutzten Bereiche werden geteilt, wie Aufräumen, Wäschewaschen, Einkaufen oder Kochen.
- Man einigt sich darauf, weitgehend alle Räume so zu verlassen, wie man sie anzutreffen wünscht – jeder ist für seinen eigenen Schmutz selbst verantwortlich.
- Die Arbeit wird nach individuellen Vorlieben und Abneigungen aufgeteilt. Er übernimmt zum Beispiel die Küchenarbeit inklusive Einkaufen, Kochen und Saubermachen; während sie für das Staubsaugen, Waschen und Bügeln zuständig ist.
- Auch hinsichtlich der Zeitaufteilung gibt es Unterschiede: Sie arbeitet sich vielleicht lieber jeden Tag eine Stunde durch die Wohnung; er erklärt den Samstag zu seinem regelmäßigen Haushaltstag, an dem er Küche und Bad putzt, Kleidung in die Reinigung bringt und den Großeinkauf erledigt.
- Nicht vergessen: Jeder Plan kann verändert werden, wenn sich Vorlieben und Abneigungen ändern.
- Wenn andere Personen, Kinder oder pflegebedürftige ältere Menschen mitversorgt werden müssen, muß die Arbeitsteilung neu ausgehandelt werden.

(▷ Familienorganisation, Seite 335 ▷ Hausarbeit, Seite 205; ▷ Kinderbetreuung, Seite 343)

Hausarbeit teilen

Alle Umfragen bestätigen, daß Männer vor der Arbeit mit Fensterleder, Klobürste und Bügeleisen noch immer zurückweichen, als ob der Kontakt mit diesen Geräten eine unheilbare Krankheit auslöste. Die tiefe Abneigung, in die Niederungen der Wäschepflege und Wohnungsreinigung hinabzusteigen, zahlt sich in konkret gewonnener Freizeit aus. So zeigten 1994 in Deutschland durchgeführte Zeitstudien, daß selbst dann, wenn beide Partner erwerbstätig sind und ohne Kinder zusammenleben, Frauen jeden Tag zweieinhalb Stunden länger im Haushalt arbeiten als Männer. Frauen, die diese pausenlose Hatz nicht akzeptieren, müssen ihrem Partner klare Absprachen abringen:

- Legen Sie für sich fest, auf welche Ansprüche in Haus und Küche Sie keinesfalls verzichten wollen, und was weniger strikt behandelt werden kann. Konflikte können sich vor allem auch bei den Wünschen hinsichtlich Ordnung und Hygiene auftun: Wie oft müssen, sollen oder wollen wir Bad und Toilette reinigen? Wie oft wollen wir aufräumen, gründlich saubermachen, den Herd oder die Waschmaschine anwerfen?
- Gleichen Sie Ihre unabdingbaren Vorstellungen mit denen Ihres Partners ab. Wie könnte ein Kompromiß aussehen (▷ Seite 78)?
- Entscheiden Sie gemeinsam, wer sich für welchen Bereich für zuständig erklärt, und wählen Sie das für Sie günstigste Modell der Arbeitsteilung.
- Jeder einzelne arbeitet in der ihm eigenen Art und Weise, nicht jeder macht alles gerne, nicht jeder muß alles können. Vorlieben sollten also in der Teilung berücksichtigt werden, ungeliebte Tätigkeiten auf beide verteilt werden.

Eine entspannte Atmosphäre breitet sich aus, wenn sich beide Partner darauf verlassen können, daß der andere tut, wozu er sich verpflichtet hat. Das Gefühl, den Partner immer wieder an seine Verantwortung erinnern zu müssen, verleidet das Zusammenleben.

Ansprüche prüfen

Kaum ein Mann registriert, wieviel weniger er im Haushalt tut als seine Partnerin. Da bleiben die Frauen allein auf den Aufgaben sitzen, die im stillen auf seine Hilfe und Unterstützung hoffen. Nutzbringender ist es, das grundsätzliche Recht auf eine partnerschaftliche Arbeitsteilung zu formulieren und praktisch durchzusetzen.

- Überprüfen Sie Ihre eigenen Vorstellungen. Was erwarten Sie von Ihrem Partner: eigenverantwortliches Arbeiten oder »Hilfe«? Wenn Ihr Partner eigenverantwortlich handeln soll, müssen Sie bereit sein, Ihre Kontrolle über seine Tätigkeit und über die Gestaltung des Haushalts aufzugeben.
- Wenn Sie Hausarbeit wirklich teilen wollen, müssen Sie akzeptieren, daß der Partner manches anders tut, als Sie sich das wünschen. Dann liegen die Handtücher vielleicht nicht Kante auf Kante im Schrank, die T-Shirts bleiben ungebügelt, und er kauft nicht beim Biobauern ein.
- Erledigen Sie konsequent nur den Anteil an Haushaltspflichten, den Sie in der Übereinkunft übernommen haben. Auch wenn es lange dauert und Ihre Geduld auf eine harte Probe stellt, bis Ihren Partner das stört, was noch unerledigt ist – wenn Sie seine Aufgaben übernehmen, wird sich ihm die Basis einer gleichgewichtigen Arbeitsteilung niemals erschließen. Wenn Sie mit Unbehagen merken, daß sehr vieles nicht klappt, ist ein Gespräch dringend notwendig.
- Viele beruflich sehr belastete Paare stützen sich auch auf angekaufte Dienstleistungen. Hemden, Blusen, Tisch- und Bettwäsche werden auswärts gewaschen und gebügelt, eine Putzhilfe sorgt für Sauberkeit, die Fensterreinigung übernimmt der Student von nebenan.
- Minimieren Sie die Hausarbeit insgesamt, wo immer es möglich ist. Organisieren und bündeln Sie Einkäufe oder anstehende Erledigungen so, daß sie wenig Zeit rauben. Die Wohnung muß nicht vor Sauberkeit blitzen.

Getrennt zusammenleben

Schon immer gab es Paare, die aus beruflichen Gründen gezwungenermaßen getrennt zusammenlebten: Wenn der Mann beim Heer, bei der See- und Luftfahrt arbeitete oder sie als Handelreisende auswärts lebte. Neu ist hingegen die freiwillig gewählte, getrennt zusammenlebende Partnerschaftsvariante – auf Dauer angelegt oder auch befristet.

Getrennt zusammenzuleben kann bedeuten, daß jeder seine eigene Wohnung hat, Tisch und Bett des Partners aber nur einen Katzensprung entfernt sind; oder es kann ein Leben auf große räumliche Distanz sein. Manche Paare treffen sich so oft, wie Lust und Laune es bestimmen, andere fixieren einen bestimmten Tag in der Woche, wieder andere begeben sich jedes Wochenende auf Achse. In letzter Konsequenz kann das heißen, daß auch die Kinder zwischen den Elternwohnungen pendeln.

Untersuchungen über Paare, die diese Lebensform freiwillig praktizieren, zeigen, daß der Impuls zur räumlichen Trennung vornehmlich von den Frauen ausgeht. Sie wollen vor allem dem oft mühsamen Ringen um Partnerschaftlichkeit im Alltag entgehen. Beide Partner erhoffen sich vom getrennten Zusammenleben, daß sie die gemeinsame Zeit kreativ füreinander nutzen können.

Unter ökonomischen Gesichtspunkten ist diese Lebensform höchst unvorteilhaft: zwei Wohnungen, zwei Haushalte, Fahrt- und Telefonkosten. Diese Doppelbelastung muß ein Paar erst einmal tragen können. Doch auch in emotionaler Hinsicht hat diese Lebensform Ecken und Kanten.

Verpflichtung zur Harmonie

Nach längeren Trennungen herrscht nicht nur eitel Freude, den anderen wiederzusehen. In den wenigen Stunden oder Tagen des Beisammenseins will alles erzählt, ausgetauscht und geklärt sein, was Herz und Verstand bewegen und was bis dahin liegenbleiben mußte. Auch wenn Sehnsucht die Lust beflügeln kann: Zärtlichkeit und Sexualität brauchen oft Zeit, bis sie wieder auf derselben Wellenlänge schwingen. Nicht einmal stundenlange Telefongespräche ersetzen die ersehnte emotionale Nähe. Selbst wenn die Worte noch so verständnisvoll und warm durch den Äther kommen, fühlt es sich doch anders an, wenn man in den Arm genommen und gestreichelt wird.

So steht das sporadische Zusammensein meist unter gehörigem Erfolgsdruck: bloß nicht streiten, nur keine schlechte Laune, keinesfalls müde sein. Was von der Definition her darauf angelegt ist, alles Negative einer alltäglichen Beziehung zu vermeiden, darf Schwächen nicht zulassen.

Doch es ist eine Illusion zu glauben, daß sich zwei Menschen dauerhaft und gleichermaßen auf Sonntagsstimmung programmieren lassen. Zu jeder Beziehung gehören die Alltagserschöpfung sowie der Mut und die Fantasie, Konflikte fruchtbringend auszutragen. Dazu sind jedoch Zeit und Raum notwendig. Sie erlauben Kontinuität und geben die Chance, etwas Angefangenes wieder aufzunehmen und schließlich auch zu Ende zu führen. Fehlen diese Phasen der ungestörten Annäherung, wie es beim langen Getrenntsein unvermeidlich ist, wächst die Gefahr, daß sich die Partner einander entfremden.

Getrennt zusammenzuleben läßt auch eher die Möglichkeit zu, daß der Partner oder die Partnerin fremd geht. Selbst wenn sich beide Seitensprünge zugestehen, können die verbale Absprache und die erlebte Realität sehr auseinanderklaffen (▷ Seitensprung, Seite 52).

Diese Lebensform verlangt von beiden Seiten viel Selbständigkeit und Souveränität. Auch Vertrauen, Selbstkontrolle und Toleranz müssen sehr ausgeprägt sein, damit auf Dauer nicht Leid, Mißtrauen und Eifersucht die Oberhand gewinnen.

Zusammenleben ohne Trauschein

Vor vier Jahrzehnten noch war es so gut wie unmöglich, unbehelligt in »wilder Ehe« zusammenzuleben. Bis 1970 gab es in Deutschland noch den Kuppeleiparagraphen, der praktisch alle Menschen kriminalisierte, die einem außerehelichen Zusammenleben von Mann und Frau Vorschub leisteten. Vor allem Frauen gerieten durch »schlampige Verhältnisse« ins Zwielicht und riskierten ihren »guten Ruf«. Inzwischen hat sich die Zahl der Paare, die in Deutschland unverheiratet zusammenleben, von einer Million in den achtziger Jahren auf zwei Millionen in den neunziger Jahren verdoppelt.

Für die einen ist es ein Übergangsstadium, das sie zur Ehe verwandeln, wenn das erste Kind geboren wird. Andere wählen das gemeinsame Leben ohne Trauschein als Gegenentwurf zur traditionellen Ehe. Viele tendieren auch nach einer enttäuschenden ersten Eheerfahrung zu einem »freien Bündnis«. Vor allem Frauen, die sich durch einen langwierigen Emanzipations-, Trennungs- und Scheidungsprozeß gearbeitet haben, sind vorsichtig. Wenn sie sich beruflich sicher und finanziell unabhängig fühlen, ziehen sie oft eine Bindung vor, die nur der gegenseitigen Zuneigung verpflichtet ist und auf staatliche oder kirchliche »Hüter« verzichtet.

Das Glück der Unverheirateten

Sozialwissenschaftliche Untersuchungen bestätigen immer wieder, daß sich das Zusammenleben Unverheirateter deutlich von dem Verheirateter unterscheidet: In einer »freien Bindung« bleiben die Frauen unabhängiger.

- Meist sind beide Partner erwerbstätig. Die Frauen legen besonderen Wert darauf, finanziell unabhängig zu bleiben und unterbrechen ihre Berufstätigkeit höchstens für kurze Zeit, wenn Kinder kommen.
- Beide bemühen sich um eine gleichberechtigte Partnerschaft. Das zieht sich durch alle Bereiche: Berufstätigkeit, Arbeitsteilung, Kinderbetreuung, Freizeit, finanzielle Fragen, Entscheidungsfindung.
- Beide legen viel Wert auf persönliche Autonomie und individuelle Entwicklungsmöglichkeiten.
- Beide haben das Bedürfnis, Nähe und Individualität zu vereinen. Das zeigt sich auch in der Aufteilung der Wohnung: Sehr oft hat jeder ein Zimmer für sich.
- Die partnerschaftliche Aufteilung der Hausarbeit gelingt Unverheirateten besser als Eheleuten, wenn auch noch nicht immer zu gleichen Teilen.
- Nicht verheiratete Partner haben FreundInnen und Bekannte unabhängig vom anderen. Sie sind offener nach außen, nehmen mehr Impulse von außen auf und sind nicht ausschließlich aufeinander bezogen.

Werteverfall oder Emanzipation?

Während konservative PolitikerInnen die Zunahme nichtehelicher Lebensgemeinschaften als Werteverfall interpretieren, deuten SozialhistorikerInnen die Veränderungen als einen historischen Wandel der Lebensformen. Seitdem Frauen mit guter Ausbildung im Berufsleben eigene Wege gehen können, will sich kaum noch eine ausschließlich mit dem Status der treusorgenden Gattin und Mutter begnügen, denn heute ist es möglich, den eigenen Lebensunterhalt und den der Kinder selbst zu verdienen und – unabhängig von einem Ehemann – für die soziale Sicherheit bei Krankheit und im Alter vorzusorgen. All dies war früher durch gesellschaftliche Konventionen, Berufs- und Bildungserschwernisse praktisch unmöglich. Das eigene Überleben war tatsächlich an einen Ehemann geknüpft. Von diesem indirekten Zwang zur Ehe sind die Frauen zwar noch immer nicht vollkommen frei, doch die meisten achten inzwischen mehr auf die Qualität der Bindung als auf den rechtlichen Rahmen (▷ Versorgungsansprüche, Seite 94). Auffallend ist:

• Vor allem Frauen mit höherer Bildung und entsprechendem sozialem Status bevorzugen nichteheliche Lebensgemeinschaften. Sie können es am ehesten wagen, ohne den sozialrechtlichen Schutz einer Ehe mit jemandem zusammenzuleben.
• Alle Untersuchungen zeigen, daß in nichtehelichen Lebensgemeinschaften das Pflichtbewußtsein große Bedeutung hat. Das Paar fühlt sich durch das Streben nach Glück, für dessen Erfüllung sie sich gemeinsam verantwortlich fühlen, aneinander gebunden.
• Die Entscheidung, ob Heirat oder unverheiratetes Zusammenleben, beeinflußt der Gesetzgeber maßgeblich. Daß in den noch stark patriarchal geprägten Ländern Europas, so auch in Deutschland, mehr geheiratet wird als in Skandinavien, hat gewichtige Gründe in der Sozial- und Steuergesetzgebung:
• In den nördlichen Ländern gibt es eine breite Palette von Kinderbetreuungseinrichtungen (▷ Seite 351) und Sozialversicherungssysteme, die den BürgerInnen eine Grundsicherung und/oder den Frauen bessere Arbeitsbedingungen (▷ Teilzeit, Seite 231) gewähren. Der Druck zu heiraten, um die Stabilität der Versorgung zu erhöhen, wird dadurch geringer.

Rechtliches ohne Trauschein

Für den Gesetzgeber ist eine nichteheliche Gemeinschaft durch die gemeinsame Wohnung und das gemeinsame Wirtschaften gekennzeichnet. Zieht einer der Partner aus der gemeinsamen Wohnung aus, endet aus rechtlicher Sicht die Beziehung der beiden. Die beiden PartnerInnen sind und bleiben unabhängige Individuen, die aus ihrem Zusammenleben keinerlei materielle Ansprüche aneinander ableiten und geltend machen können. Für nicht verheiratete Lebenspartner gibt es keine gesetzlichen Absicherungen für den Fall, daß sich ein Partner vom anderen finanziell abhängig macht.

Dies ist bei einer Ehe (▷ Seite 92) grundsätzlich anders; wer heiratet, geht damit einen Vertrag ein, der Rechte, Pflichten und Ansprüche festschreibt (Rechtliches in der Ehe, Seite 92). Der Staat regelt einen Teil der ehelichen Beziehung und bietet insbesondere dann Sicherheiten und finanzielle Vergünstigungen, wenn nur einer der Partner ein nennenswertes Einkommen hat, während der – meistens die – andere unbezahlt die Familienarbeit übernimmt.

Nicht verheiratete Paare bezahlen ihre Unabhängigkeit in manchen Bereichen mit finanzieller Benachteiligung gegenüber Verheirateten. Doch wenn es darum geht, Leistungen einzusparen, werden nichteheliche Lebensgemeinschaften vom Staat durchaus wie Ehen eingestuft: So muß eine Frau, die Sozialhilfe oder Arbeitslosenhilfe beantragt, das Einkommen ihres Lebenspartners angeben. Dieses wird auf den Anspruch der Frau angerechnet, weil der Gesetzgeber in diesem Fall davon ausgeht, daß auch Lebenspartner ohne Trauschein füreinander sorgen.

Unterhalt

In einer nichtehelichen Lebensgemeinschaft gibt es grundsätzlich keinen Anspruch auf Unterhalt. Frauen, die aus ihrem Beruf aussteigen, um sich gemeinsamen Kindern zu widmen, tun dies also mit dem Risiko, nach einer Trennung ohne finanzielle Unterstützung und ohne Alterssicherung dazustehen. Vor diesem Desaster schützt zwar auch die Ehe nicht, doch der Gesetzgeber schreibt zumindest vor, daß der Unterhalt und der Versorgungsausgleich bei einer Ehescheidung von einem Familiengericht geregelt werden müssen (▷ Scheidung, Seite 111).
• Geben Sie keinesfalls Ihren Arbeitsplatz auf, wenn Sie unverheiratet zusammenleben – weder um einen gemeinsamen Haushalt zu führen, noch um Kinder großzuziehen. Nach einer Trennung haben Sie keinen Anspruch auf einen finanziellen Ausgleich für Ihre Arbeit. Je länger Sie dem Berufsleben fernbleiben, desto größer ist Ihr Risiko, in die typische Frauenfalle zu geraten: Weil der berufliche Wiedereinstieg schwierig werden kann, kann es geschehen, daß

Sie auf Sozialhilfe angewiesen sein werden. Einen gewissen Schutz vor der finanziellen Katastrophe gewähren Ausgleichs- und/oder Unterhaltsregelungen, die in einem notariellen Partnervertrag verankert sind (▷ Seite 89).

• Ob verheiratet oder nicht, der Aufbau einer eigenen Alterssicherung ist heute dringend zu empfehlen. Voraussetzung dafür ist ein kontinuierliches Berufsleben. Unverheiratet Zusammenlebende haben zudem keinerlei Anspruch auf die gesetzliche Rente oder Pension des Partners.

Kein Unterhalt für niemand

Die Ungleichbehandlung nicht verheirateter gegenüber verheirateten Paaren durch den Staat trifft homosexuelle Lebenspartner in vielen Bereichen besonders stark (▷ Diskriminiert, Seite 90). Manche lesbischen oder schwulen Paare möchten deshalb heiraten können oder kämpfen zumindest um eine rechtliche Gleichstellung.

Dagegen lehnen Organisationen wie zum Beispiel der »Lesbenring« in Deutschland die Ehe und alle mit ihr einhergehenden Abhängigkeitsverhältnisse, zu denen auch Unterhaltsansprüche zählen, prinzipiell ab.

Sie setzen sich für die Gleichberechtigung aller Lebensformen ein: niemand soll wegen seines Familienstandes oder seiner sexuellen Orientierung bevorzugt oder benachteiligt werden dürfen.

Sie streben eine politische Lösung der existentziellen Probleme an, die sich besonders für Frauen ergeben, die ihre Berufstätigkeit für Familienarbeit unterbrechen. Sie fordern für jedefrau – und jedermann:

- die individuelle existentielle Absicherung durch eigenständige Erwerbsarbeit
- für Zeiten der Familienarbeit – Kinderbetreuung, Pflege von Kranken oder Alten – existenzsichernde staatliche Leistungen
- die individuelle Besteuerung nach dem Einkommen, jedoch unabhängig vom Familienstand
- eine eigenständige Kranken- und Rentenversicherung.

• Auch wenn Sie das halbe Leben miteinander verbracht haben, den Partner jahrelang gepflegt und die gemeinsamen Kinder großgezogen haben: Eine Witwenrente steht Ihnen als Unverheiratete nicht zu. Darum sollten im Partnervertrag Erbschaftsfragen und die Altersversorgung für die Partnerin oder den Partner, zum Beispiel über eine Lebensversicherung (▷ Seite 437), geregelt werden.

Sorgerecht

Für das gemeinsame Kind eines nicht verheirateten Paares hat allein die Mutter das Sorgerecht. Der Vater kann das Kind adoptieren oder es für ehelich erklären lassen – allerdings verliert dann automatisch die Mutter das Sorgerecht. Ein gemeinsames Sorgerecht, wie es bei verheirateten Eltern üblich ist, gibt es bei unverheirateten Eltern nicht. Diese mittlerweile in krassem Gegensatz zur Lebensrealität vieler »unverheirateter Familien« stehende Rechtslage soll sich in absehbarer Zeit ändern. Die Reform des Kindschaftsrechts steht seit Mitte der neunziger Jahre zur Diskussion. Die vorgelegten Gesetzesentwürfe laufen darauf hinaus, eheliche und nichteheliche Kinder generell gleichzustellen. Viele fordern in diesem Zusammenhang auch, unverheirateten Eltern

Verlust des Unterhaltsanspruchs

Wenn Sie einen Unterhaltsanspruch aus einer früheren Ehe haben, kann Ihnen dieser aberkannt werden, wenn Sie dauerhaft mit einem neuen Partner zusammenleben und aus rechtlicher Sicht eine »Unterhaltsgemeinschaft« bilden. Unter bestimmten Umständen, die mit der Art der Haushaltsführung zusammenhängen, geht der Gesetzgeber davon aus, daß Ihr zahlungspflichtiger Ex-Ehemann aus seiner Zahlungspflicht zum Teil oder auch vollkommen entlassen werden kann. Erkundigen Sie sich daher, bevor Sie mit einem neuen Partner zusammenziehen, inwieweit das Ihre Unterhaltsansprüche berührt.

ein gemeinsames Sorgerecht zu ermöglichen. Für eine Trennung müßten dann allerdings wieder eindeutige Regelungen gefunden werden, sonst kann das Kind leicht zwischen die widerstreitenden Sorgerechtsansprüche der Eltern geraten (▷ Mit dem Kind allein, Seite 357; ▷ Sorgerecht bei nichtehelichen Kindern, Seite 367).

Erbschaftssteuern

Bei den Erbschaftssteuern haben unverheiratete Paare das Nachsehen. Erbt eine Person von jemandem, mit dem sie nicht verwandt ist, mehr als 3.000 DM, muß der Betrag, der darüber hinausgeht, versteuert werden. Erbenden Ehepartnern billigt der Staat hingegen einen Steuerfreibetrag von 250.000 DM zu. Wie hoch die Steuersätze für darüber hinausgehende Summen sind, ist ebenfalls höchst unterschiedlich: Für Beträge bis 50.000 DM bezahlen Ehepartner und Kinder drei Prozent Steuer, nichteheliche Partner jedoch zwanzig Prozent. Je größer das Erbe, desto krasser die Ungerechtigkeit.

1996 stand eine Reform der Erbschafts- und Schenkungssteuer zur Debatte, nach der die Freibeträge für Verheiratete noch weiter erhöht werden sollen.

Der Partnervertrag

Um der Rechtsunsicherheit bei Krankheit, Invalidität oder Tod, sowie den Risiken nach einer Trennung zu begegnen, ist ein Partnervertrag fast immer sinnvoll. Er wird um so wichtiger, je länger ein Paar zusammenlebt. Ein solcher Vertrag kann lediglich gemeinsam verfaßt, aufgeschrieben und von beiden Seiten unterzeichnet werden. Wer sich allerdings auf eine sichere rechtliche Basis stellen will, sollte diesen Vertrag notariell beglaubigen lassen. Eine kompetente Rechtsberatung wird um so notwendiger, je komplizierter die Ausgangssituation ist; wenn zum Beispiel Kinder aus einer ersten Ehe zu betreuen sind, oder wenn einer der Partner noch mit jemand anderem verheiratet ist.

In welchen Situationen ist ein Partnervertrag sehr wichtig?

- Wenn es darum geht, Regelungen für gemeinsam angeschaffte Vermögenswerte zu formulieren;
- wenn man gemeinsam eine Wohnung oder ein Haus kauft,
- wenn Erbschaftsfragen für größere Vermögen geregelt werden müssen;
- wenn es um den Unterhalt und das Sorgerecht von Kindern geht;
- wenn es um den Unterhalt Pflegebedürftiger oder Kranker – zum Beispiel aus dem Familienkreis – geht; oder
- wenn es um Ihren Unterhalt geht, weil Sie Ihren Beruf aufgegeben haben, um andere Familienangehörige zu pflegen oder Kinder zu versorgen (▷ Unterhalt, Seite 87).

Was sollte im Partnervertrag geregelt werden?

Prinzipiell sollte die Vereinbarung so abgefaßt werden, daß die Rechte und Pflichten der Partner präzise, aber nicht zu eng und zum beiderseitigen Vorteil bzw. Ausgleich formuliert werden. Ein zu eng gefaßter Vertrag kann den Wechselfällen des Lebens kaum Spielraum geben und ist mit zu vielen Details mehr Hindernis als Hilfe. Folgende Lebensbereiche sollten vertraglich geregelt werden:

- Wem gehört die Wohnung, das Haus, zu welchem Anteil?
- Welcher Ausgleich wird für finanzielle Beiträge und Arbeitsleistungen zum Hausbau oder Hauskauf im Falle der Trennung gezahlt?
- Wem gehören welche Einrichtungsgegenstände?
- Wie wird das gemeinsame Geld- und Sachvermögen nach der Trennung geteilt?
- Wer bekommt nach dem Auszug die Ablösesumme für welche Gegenstände?
- Wer bekommt eine eventuell gezahlte Kaution?
- Wer kommt für Nachforderungen des Vermieters und für Schönheitsreparaturen auf?

• Welches Arbeitsentgelt erhält derjenige, der den Haushalt führt, für seine Tätigkeit? (▷ Hausarbeit, Seite 205)
• Welchen Ausgleich und welchen Anteil für die Altersversorgung erhält derjenige, der den gemeinsamen Haushalt geführt hat, nach der Trennung? (▷ Unterhalt, Seite 87)
• Wer trägt in welcher Höhe die Kosten für die gemeinsame Lebensführung? Besteht eine gemeinsame Kasse mit gegenseitigen Vollmachten, um daraus Geschäfte zur Deckung des Lebensbedarfs zu tätigen?
• Wer bezahlt welche Versicherungsbeiträge: private Krankenkasse, Lebensversicherung, Hausratsversicherung? (▷ Versicherungen, Seite 427)
• Welches Arbeitsentgelt erhält der im Betrieb oder Geschäft des anderen mitarbeitende Partner? (▷ Im Betrieb des Ehemannes, Seite 222)
• Welchen Ausgleich erhält der im Betrieb oder Geschäft des anderen mitarbeitende Partner im Fall der Trennung?
• Was geschieht mit dem gemeinsamen Geschäft?

Diskriminiert

Für lesbische und schwule Paare sind vertragliche Regelungen für den Trennungs-, Krankheits- und Todesfall besonders wichtig, da sie nach deutschem Recht 1995 nicht einmal den Status einer »nichtehelichen Lebensgemeinschaft« beanspruchen können.
Diese Diskriminierung wirkt bis in Wohnungsfragen hinein. Wenn eine Partnerin zur anderen in die Wohnung zieht, muß auf jeden Fall die Zustimmung des Vermieters eingeholt werden. Lehnt dieser ab, kann es sein, daß die neue Mitbewohnerin in der gemeinsamen Wohnung bestenfalls geduldet wird – und im Konfliktfall, zum Beispiel mit der Hausgemeinschaft – sehr rasch auf der Straße steht. So ist es bei Lesben und Schwulen doppelt wichtig, daß immer beide PartnerInnen den Mietvertrag unterschreiben. Auch ein Untermietvertrag bedarf der Zustimmung des Vermieters.

• In welchem Verhältnis werden Kreditrückzahlungen aufgeteilt? Wer trägt welche Schulden im Falle einer Trennung, falls es über bestimmte Schuldenbereiche keine eindeutigen Verträge gibt?
• Erhält ein Partner Unterhalt im Fall der Trennung? Auf welche Weise, wie lange und in welcher Höhe?
• Welche Versorgung wird bei Schwangerschaft und Krankheit gewährt?
• Was soll für den Fall des Todes eines Partners gelten? (▷ Testament und Erbvertrag, Seite 91)

Alltag

Wer sich nicht zu einem Partnervertrag entschließen kann, sollte dennoch einige Punkte des Zusammenlebens klären, um miteinander einigermaßen sicher zusammenleben zu können.

Vollmachten

Vollmachten sind wichtig, wenn bei einer längeren Abwesenheit eines Partners Rechnungen bezahlt werden müssen oder mit Arbeitgeber oder Behörden verhandelt werden muß. Im Krankheitsfall entbindet nur eine Vollmacht ÄrztInnen von ihrer Schweigepflicht, so daß sie dem Partner oder der Partnerin Auskunft über den Zustand des anderen geben dürfen. Anders als Eheleute dürfen Lebensgefährten nur dann über eine Therapie oder eine Operation an dem entscheidungsunfähigen Partner mitbestimmen, wenn sie eine Vollmacht vorweisen können. Wichtig sind Vollmachten auch für die »Totenfürsorge«: Nur dann darf die Beerdigung durch den Lebensgefährten ausgerichtet werden.

Wohnung

Wenn ein unverheiratetes Paar gemeinsam eine Wohnung anmietet, sollten grundsätzlich beide Partner den Vertrag unterschreiben. Das sichert beiden das Mietrecht zu und bedeutet unter anderem, daß keiner den anderen ohne weiteres auf die Straße setzen darf. Gleichzeitig bedeutet die Unterschrift beider unter dem Vertrag aber auch, daß beide zu gleichen Teilen für die Miete haften.

Wenn ein Partner bei dem anderen einzieht, sollte auf jeden Fall der Vermieter informiert werden. Der Vermieter kann den Einzug der Partnerin oder des Partners nicht verbieten, denn vom Gesetz her sind nichteheliche Lebenspartner berechtigt, in einen bestehenden Mietvertrag einzusteigen. Der zugezogene Partner hat nun die gleichen Rechte wie ein Ehepartner oder ein Familienangehöriger des Hauptmieters. Er kann vom Vermieter nicht einfach auf die Straße gesetzt werden.

Wahrscheinlich wird der Vermieter beim Zuzug eines zweiten die Mietnebenkosten erhöhen; er kann aber auch einen neuen Vertrag vorlegen, den beide MieterInnen unterschreiben sollten.

Geld und Anschaffungen

Für alle Gelddinge sollten entweder klare Vereinbarungen (▷ Partnervertrag, Seite 89) getroffen oder nach der Devise verfahren werden: »Leihe ihm oder ihr nichts, was du nicht auch schenken würdest.« Dasselbe gilt für die Aufwendungen und Anschaffungen in der gemeinsamen Wohnung. Entweder man regelt für den Trennungsfall strittige Punkte vorher schriftlich, oder man entscheidet sich gegen gemeinsames Eigentum. Bei größeren Anschaffungen könnte das so aussehen, daß abwechselnd mal der eine, mal die andere ein Stück auf seine bzw. ihre Rechnung kauft. So sind die Eigentumsverhältnisse bei einer Trennung von vornherein klar.

Ohne notariellen Partnervertrag sollten Sie auch keine gemeinsamen finanziellen Verpflichtungen eingehen, also zum Beispiel kein gemeinsames Konto betreiben und keinen Kreditvertrag gemeinsam unterschreiben. Bei Krediten – und dazu zählt auch das überzogene Girokonto – besteht die »gesamtschuldnerische Haftung« auch nach einer Trennung weiter. Je besser Sie Ihre finanziellen Bereiche getrennt halten, um so geringer ist das Konfliktpotential nach einer Trennung.

Testament und Erbvertrag

Für den Todesfall sollten sich die Partner gegenseitig über ein Testament oder einen notariellen Erbvertrag absichern. Andernfalls gilt die gesetzliche Erbfolge: zuerst die Kinder, dann der Ehepartner, dann die Verwandten und schließlich der Staat: Der Lebensgefährte oder die Lebensgefährtin gehen leer aus.

Ein Testament aufzusetzen ist einfach und kostet nichts. Es muß lediglich handschriftlich abgefaßt, mit Datum versehen und unterzeichnet sein. Es kann jedoch jederzeit geändert werden, ohne daß der oder die andere davon informiert werden müßte.

Böse Erbschaftsstreitigkeiten können aus dieser einfachen Variante des Testaments – ohne notarielle Beglaubigung – entstehen, wenn sich Angehörige gerichtlich gegen das Testament wehren. Oft haben sie damit auch Erfolg, wenn man zum Beispiel als Laie den Pflichtteil der gesetzlichen Erben nicht richtig berücksichtigt hat. Das Erbschaftsrecht hat so viele Fallstricke, daß Sie unbedingt rechtlichen und steuerlichen Rat einholen sollten, wenn Sie ein Testament abfassen wollen.

Eindeutiger und sicherer für beide Partner ist der Abschluß eines Erbvertrags. Er wird vom Notar rechtlich sauber abgefaßt und ist daher von Dritten kaum anfechtbar. Änderungen können nur mit Wissen des jeweils anderen und in gegenseitigem Einvernehmen vorgenommen werden. Ein solcher Vertrag kann auch nur notariell wieder aufgehoben werden.

LITERATUR

Volker Thieler
Lebensgemeinschaft ohne Trauschein
Fischer, Frankfurt, 1995. DM 16,90

Sybille v. Carnap, Barbara Henrich, Marie-Luise Rudolph
Rechtsratgeber für Frauen in nichtehelichen Lebensgemeinschaften
Konkret, Hamburg, 1994. DM 18

HISTORIE

Eheliche Pflichten

Bis 1957 stand dem Ehemann das Recht zu, über alle Fragen des gemeinschaftlichen ehelichen Lebens allein zu bestimmen; der Mann konnte den gemeinsamen Wohnort festlegen, er konnte das Zusammenleben erzwingen, und er konnte den Arbeitsvertrag seiner Ehefrau beim Arbeitgeber kündigen. So konnten Frauen nur mit Erlaubnis ihres Ehemannes einem Beruf nachgehen. Erwerbstätig durften sie nur sein, wenn dies »mit ihren Pflichten in Ehe und Familie vereinbar« war.

Festgeschrieben war die Arbeitsteilung. Die Ehefrau war zur Hausarbeit, also zur alltäglichen Sorge für Mann und Kind verpflichtet. Der Ehemann konnte seine Frau in dieser Funktion kontrollieren. Nach der Reform des Bürgerlichen Gesetzbuches im Jahre 1957 wurden die Ehefrauen zwar weiterhin zur Führung des Haushalts verpflichtet, allerdings nun in eigener Verantwortung.

Erst mit der Reform des Ehe- und Familienrechts im Jahre 1977 wurden Frau und Mann sowohl in bezug auf ihre Rechte als auch in bezug auf ihre Pflichten gleichgestellt. Im Bürgerlichen Gesetzbuch (§ 1356) heißt es heute: »Die Ehegatten regeln die Haushaltsführung im gegenseitigen Einvernehmen«; beide sind berechtigt, erwerbstätig zu sein. Das Recht des Vaters auf das »letzte Wort« bei strittigen Elternrechts- und Erziehungsfragen verschwand allerdings erst 1980 aus den Gesetzestexten.

Ausdrücklich ist heute im Gesetz festgehalten, daß der Ehepartner, der den gemeinsamen Haushalt führt, dadurch ebenso seinen Beitrag zum Familienunterhalt leistet wie derjenige, der einem Erwerb nachgeht. Damit wurde der Wert der Familienarbeit erstmals gesetzlich anerkannt und dem Wert der Berufstätigkeit gleichgestellt – allerdings nur ideell. Denn für Frauen hat diese Anerkennung keine Konsequenzen. Aus ihrer Arbeit im Haushalt können sie keine unabhängigen, eigenen Rechte ableiten, weder gegenüber den Sozialversicherungsträgern noch gegenüber anderen Institutionen.

In der Ehe

Für mehr als die Hälfte aller Frauen – so zeigen Befragungen – ist das Zusammenleben ohne Trauschein eine Art Prüfstadium vor der Ehe, das sie nach etwa drei Jahren vor dem Standesamt »legalisieren«. Meist steht dahinter der Wunsch, unmißverständlich zu zeigen, daß man ein gemeinsames Leben als Familie aufbauen will: Kinder sind das Hauptmotiv für den Weg zum Standesamt geworden.

Fast 90 Prozent aller Bundesdeutschen heiraten wenigstens einmal im Leben. Bundesweit gibt es die meisten Verheirateten zwischen dem 30. und 40. Lebensjahr.

Der Wunsch zu heiraten

Feste und Feiern, die in den religiösen und/oder kulturellen Traditionen einer Familie wurzeln, verstärken die Botschaft der Kontinuität einer Verbindung. Dahinter steht der Grundsatz der gegenseitigen Verpflichtung: Wir verlassen einander auch in schwierigen und schlechten Zeiten nicht. So gilt vielen Paaren die Eheschließung auch als Damm gegen Anfechtungen von »außen«. Wer verheiratet ist – so die Annahme – trennt sich nicht so leicht und gibt bei Schwierigkeiten nicht so rasch auf. Genau dieses Signal des auf Lebenszeit geschlossenen Bündnisses fördert der Staat und segnet die Kirche. Obwohl inzwischen die meisten wissen, daß es diesen »Sicherheitsdamm« in der Realität nicht gibt, vermittelt die offizielle Besiegelung der Gemeinschaft vielen Paaren das Gefühl, zumindest für eine Weile auf festem und sicherem Boden zu stehen.

Rechtliches in der Ehe

Wer heiratet, geht einen Vertrag mit Rechten und Pflichten ein, wobei nur wenige den »Vertragsinhalt« kennen. Nach den Buchstaben des Gesetzes ist eine

Ehe »die gesetzlich anerkannte dauernde Lebensgemeinschaft zwischen Mann und Frau«. Sie wird auf Lebenszeit geschlossen und kann nur im Rahmen gesetzlicher Regelungen wieder aufgelöst werden (▷ Scheidung, Seite 111). Das heißt:

- Die Ehe wird auf Lebenszeit geschlossen. Die Ehepartner sind einander verpflichtet, diese Lebensgemeinschaft zu erhalten. Dies umfaßt auch die Sorge füreinander.
- Aufgrund dieser Verpflichtung müssen sie Entscheidungen, die sich auf ihre Gemeinschaft beziehen, in gegenseitigem Einvernehmen treffen. Keiner darf dem anderen etwas aufzwingen, niemand hat die alleinige oder die letzte Entscheidungsgewalt.
- Verständnis und Rücksichtnahme auf den anderen sind ebenso gefordert wie der Verzicht auf Interessen oder Ansprüche, die ein gedeihliches Zusammenleben gefährden.
- Daneben hat jeder Ehepartner das Recht, über seine persönlichen Angelegenheiten allein zu entscheiden, zum Beispiel über seine Religionszugehörigkeit und -ausübung; niemand darf in persönlichen Angelegenheiten bevormundet werden.

Namensrecht

Seit 1991 haben Heiratswillige verschiedene Möglichkeiten, ihren Ehenamen zu wählen. Die vier gebräuchlichsten sind:

- Der Geburtsname des Mannes wird zum gemeinsamen Ehenamen.
- Einer von beiden behält seinen Namen, der andere wählt einen Doppelnamen, indem er seinen Geburtsnamen vor den Ehenamen setzt.
- Der Geburtsname der Frau wird zum gemeinsamen Ehenamen.
- Jeder der beiden Partner trägt seinen bisherigen Namen weiter. Für die Kinder können die Eltern zwischen dem Namen des Vaters, der Mutter oder einem aus beiden gebildeten Doppelnamen wählen.
- Nach einer Scheidung können beide wieder ihren Geburtsnamen annehmen.

Zugewinngemeinschaft

Wenn nichts anderes vereinbart wird (▷ Ehegüterrecht, lebt ein Ehepaar vom Tag der Heirat an in einer sogenannten »Zugewinngemeinschaft«. Dieser Status bedeutet eine Gütertrennung mit Anspruch auf Zugewinn, was heißt: Jeder Ehepartner behält das Vermögen, das er in die Ehe eingebracht hat, als sein Eigentum; ebenso behält jeder das Vermögen,

Ehegüterrecht

Gütertrennung und Gütergemeinschaft sind weitere Varianten der Güterregelung. Sie können sofort bei der Heirat oder später durch notariellen Vertrag vereinbart werden. Die Zustimmung beider vorausgesetzt, können alle Formen von Güterrecht in der Ehe jederzeit wieder geändert werden.

- Gütertrennung bedeutet, daß jeder Ehepartner sein während der Ehe erworbenes Vermögen und dessen Vermögenswertzuwachs behält. Wenn die Ehe endet, findet kein Ausgleich statt. Eine solche Regelung ist nur selten sinnvoll, zum Beispiel wenn beide sehr wohlhabend sind und/oder wenn ein Vermögensausgleich für die Zeit, in der eine Partnerin oder ein Partner sich um die Kinder, den Haushalt oder die Pflege von Angehörigen gekümmert hat, mit Sicherheit nicht gewünscht wird. Abzulehnen ist die Gütertrennung, wenn beide arbeiten, aber einer sein Geld sparen und vermehren kann, während der andere sein ganzes Geld für den Haushalt und die Lebensführung hergibt. Bei einer Scheidung erhält der Ehepartner, der sein Vermögen für die Lebensführung verwendete, praktisch nichts.
- In der Gütergemeinschaft wird das Vermögen beider zum Gemeinschaftseigentum gemacht. Dann haftet auch jeder für die Schulden des anderen. Gütergemeinschaften werden sehr selten vereinbart, denn sie sind eigentlich nur bei Ehepaaren sinnvoll, die sich zu gleichen Teilen in einem gemeinsamen Betrieb engagieren, zum Beispiel in der Landwirtschaft.

das er in der Ehe erwirbt, erbt oder geschenkt bekommt. Kommt es zur Scheidung, wird der jeweils andere Partner am Zuwachs (= Zugewinn) des Vermögens beteiligt, das in der Ehe entstanden ist (▷ Scheidung, Seite 111). Bei der Eheschließung sollten die Partner eine Aufstellung über ihre jeweiligen Vermögenswerte machen und sie gegenseitig abzeichnen.

Für das Leben innerhalb der Ehe bedeutet die Zugewinngemeinschaft, daß zwar jeder Partner sein Vermögen als Eigentum behält, gleichzeitig aber über die Verwaltung dieses Vermögens nicht vollkommen frei entscheiden darf – vor allem dann nicht, wenn es um den Verkauf eines »wesentlichen Anteils« des Vermögens geht. So ist es zum Beispiel nicht möglich, daß ein Mann ohne Einwilligung seiner Ehefrau Haus oder Wohnung verkauft, selbst dann nicht, wenn Haus, Wohnung oder Geschäft sein Eigentum sind. Dies gilt auch für die Wohnungseinrichtung. Über Möbel oder andere Gegenstände im Haushalt kann ein einzelner nicht einfach verfügen. Grundsatz ist immer: Entscheidungen, die sich auf die eheliche Gemeinschaft beziehen, müssen im gegenseitigen Einvernehmen getroffen werden. Keiner darf dem anderen etwas aufzwingen. Die meisten JuristInnen sehen im Prinzip der Zugewinngemeinschaft den Grundsatz der Gleichheit für Frauen in einer Partnerschaft am besten geschützt.

Versorgungsansprüche

Wenn die Ehe geschieden wird, kommen Versorgungsansprüche, wie der Anspruch auf Unterhalt (▷ Seite 112) und der Versorgungsausgleich (▷ Seite 115) zum Tragen. Nach dem Tod eines Ehepartners muß die Versorgung der Hinterbliebenen geregelt werden.

• War Ihr Ehemann rentenversichert, erhalten Sie nach seinem Tod eine Witwenrente. Außerdem steht Ihnen – falls das Testament oder der Erbvertrag nicht etwas anderes vorsehen – die Hälfte des Erbes zu. Die andere Hälfte teilen sich die Kinder.

• Selbst wenn Ihr Mann testamentarisch jemand anderen zum Erben eingesetzt hat, steht Ihnen ein Achtel des Erbes als sogenannter Pflichtteil zu, den Kindern zusammen ein Viertel. Der Pflichtteil ist die Hälfte des gesetzlichen Erbanspruches, den Sie haben, wenn Ihr Ehemann *keine* letztwillige Verfügung getroffen hat.

• Wenn Sie im Güterstand der Zugewinngemeinschaft gelebt haben, steht Ihnen darüber hinaus vorab ein Viertel des Erbes als Zugewinnausgleich zu.

Lohnsteuer

Verheiratete LohnsteuerzahlerInnen können zwischen verschiedenen Steuerklassen wählen. Entweder gehen beide Partner in die Steuerklasse IV, oder das Paar entscheidet sich, daß der Besserverdienende in die »günstige« Steuerklasse III geht und relativ wenig Steuern zahlt, während der Schlechterverdienende in die »ungünstige« Steuerklasse V geht und relativ viel Steuern zahlt. Viele Paare glauben, dadurch Steuern zu sparen. Doch der Effekt ist geringer als gemeinhin angenommen, denn beim Jahresausgleich ebnen sich die Unterschiede wieder ein; dafür sind die Nachteile für denjenigen, der in Klasse V eingestuft ist – und das sind in aller Regel die Frauen –, erheblich. Bei der Wahl zwischen beiden Modellen sollten Sie bedenken:

• Ein Paar, das sich für V (= Schlechterverdienender) und III (= Besserverdienender) entscheidet, hat zwar monatlich mehr in der gemeinsamen Kasse, doch der Preis dafür ist, daß die Frau, die fast immer die Weniger-Verdienende ist, hohe Steuern von einem relativ niedrigen Einkommen bezahlen muß. Anders ausgedrückt: Wer ohnehin wenig verdient, bekommt netto nun noch weniger in die eigene Hand. Der geringere Nettoverdienst wird zum gravierenden Nachteil, wenn Sie arbeitslos oder krank werden: Die Unterstützungsgelder und das Krankengeld werden nach dem Nettoeinkommen berechnet, und das ist geringer als es in einer »besseren« Steuerklasse sein könnte.

Auswirkung unterschiedlicher Steuerklassen bei Frauen und Männern

	Ehefrau	Ehefrau	Ehemann	Ehemann
Verdienst	**DM 3.000,00 Steuerklasse 5**	**DM 3.000,00 Steuerklasse 4**	**DM 5.000,00 Steuerklasse 4**	**DM 5.000,00 Steuerklasse 3**
Lohnsteuer	– 760,33	– 441,50	– 1.032, 83	– 658,00
Solidaritätszuschlag	– 57,02	– 33,11	– 77,46	– 49,35
Kirchensteuer	– 68,42	– 39,73	– 92,95	– 59,22
Krankenversicherung	– 207,00	– 207,00	– 345,00	– 345,00
Pflegeversicherung	– 15,00	– 15,00	– 25,00	– 25,00
Rentenversicherung	– 279,00	– 279,00	– 465,00	– 465,00
Arbeitslosenversicherung	– 97,50	– 97,50	– 162,50	– 162,50
Zwischensumme der Abzüge	1.484,27	1.112,84	2.200,74	1.764,07
Nettoverdienst = Auszahlungsbetrag	**DM 1.515,73**	**DM 1.887,16**	**DM 2.799, 26**	**DM 3.235, 93**

Auswirkungen

bei unterschiedlicher Kombination der Steuerklassen	Frau in Steuerklasse 5 hat monatlich 371, 43 DM weniger auf dem Konto als Frau in Steuerklasse 4.	Mann in Steuerklasse 3 hat monatlich 436,67 DM mehr auf dem Konto als Mann in Steuerklasse 4.
auf das gemeinsame Einkommen des Ehepaares bei unterschiedlicher Kombination der Steuerklassen	Gemeinsames monatliches Einkommen: Steuerklasse 5 (Frau) + 3 (Mann) = **4.751,66 DM/Monat**	Gemeinsames monatliches Einkommen: Steuerklasse 4 (Frau) + 4 (Mann) = **4.686,42 DM/Monat** **Differenz = 65,24 DM** zur Kombination der Steuerklassen 5+3. Sie wird im Jahresausgleich wieder ausgeglichen.

• Paare, die sich dafür entscheiden, daß beide – unabhängig vom Einkommen – in die Steuerklasse IV gehen, zahlen zwar zusammen *monatlich* mehr Steuern als Paare, die sich für V und III entscheiden; doch bezogen auf das *Jahr* gibt es keine Unterschiede. Hinzu kommt ein weiterer Vorteil beim partnerschaftlichen IV und IV: Die Frauen behalten monatlich mehr auf dem eigenen Konto als in Steuerklasse V.

• Aus frauenpolitischer Sicht ist es nicht wünschenswert, Ehepartnern verschiedene Steuerklassen zu ermöglichen. Die Kombination III und V ist für ein Paar nur dann wirklich günstig, wenn die Frau so gut wie gar kein eigenes Geld verdient. Mit diesem Steuergesetz fördert der Gesetzgeber, daß die Frau zur »Hausfrau« wird. Dann wird der Besserverdienende, meist der Mann, großzügig steuerlich entlastet. So schränkt sich manche Frau in ihrer beruflichen Entwicklung ein, weil sie der Meinung ihres besser verdienenden Mannes folgt: »Für *uns* ist es besser, wenn *du* wenig verdienst.«

Einkommensteuer

Bei der Einkommensteuer gibt es – wie bei der Lohnsteuer – ebenfalls zwei Möglichkeiten:

• Wenn Sie als Paar einkommensteuerpflichtig sind, können Sie eine gemeinsame Steuererklärung abgeben, in der das Einkommen beider zusammengerechnet wird. Ausgehend von dieser Gesamtsumme wird Ihre gemeinsame Steuer mittels einer »Splittingtabelle« errechnet. Vorteil dieser Variante: Sie zahlen *gemeinsam* weniger, als sich durch eine getrennte Veranlagung ergäbe.

• Bei der Einzelveranlagung – ohne Splitting – ist die Steuerlast immer höher, so daß es für weit über neunzig Prozent der Paare günstiger ist, auf das »Splitting« zu setzen. Dennoch sollten Sie sich gut überlegen, wie Sie die Einkommensteuern, die Sie *gemeinsam* an das Finanzamt zahlen, untereinander aufteilen. Der Besserverdienende sollte sich daran in größerem Umfang beteiligen als der Weniger-Verdienende. Jedes Steuerberatungsbüro kann Ihnen ausrechnen, wie eine gerechte Steuerbelastung zwischen Ihnen und Ihrem Mann aussehen könnte, wenn Sie unterschiedliche Einkommen haben.

• Entscheiden Sie jedes Jahr aufs neue, ob Sie eine gemeinsame Steuererklärung abgeben wollen. Dabei sollte Sie eine Steuerberaterin oder ein -berater unterstützen. Wenn Sie sich trennen wollen, sollten Sie auf jeden Fall Ihre eigene Steuererklärung abgeben. Sonst könnte es sein, daß Sie die Last seiner Einkommensteuer mit abtragen müssen.

• Gründe für eine getrennte Veranlagung können sein: die gesamtschuldnerische Haftung für die Steuerschuld sowie der Verlust staatlicher Vergünstigungen, wenn bestimmte Einkommensgrenzen überschritten werden.

Schlüsselgewalt

Die »Schlüsselgewalt« gestattet es jedem Ehepartner, im Rahmen des Familieneinkommens für die Familie und im Namen des anderen Geschäfte zu tätigen. Er kann zum Beispiel Haushaltsgegenstände, Lebensmittel und Hausrat kaufen; er darf ohne Absprache die Rechnungen für die Heizung oder auch Arztkosten bezahlen. Ohne Zustimmung darf er jedoch keine Luxusgüter anschaffen, langfristige Verträge abschließen oder kostspielige Geschäfte tätigen, die mit dem angemessenen Bedarf der Familie nichts zu tun haben beziehungsweise darüber hinausgehen. Die im Rahmen der Schlüsselgewalt erworbenen Dinge sind immer gemeinsames Eigentum der Eheleute, für das sie auch beide haften (▷ Scheidung, Seite 111).

Der Ehevertrag

Das Bürgerliche Gesetzbuch enthält rund 240 Paragraphen zu Ehe und Familie. Das Eherecht räumt Eheleuten aber auch Vertragsfreiheit ein: Sie dürfen also Vereinbarungen treffen, die das Eherecht teilweise außer Kraft setzen. Diese Möglichkeit nutzen immer mehr Ehepaare, um bestimmte Aspekte ihres Zusammenlebens – zum Beispiel die Haushaltsführung – zu regeln, aber auch, um für eine eventuelle Scheidung vorzusorgen. Mittlerweile regeln etwa zehn Prozent aller Eheschließenden die rechtlichen Folgen ihrer Partnerschaft über einen vorsorglichen notariellen Vertrag.

Meist lassen sich die Männer einen Ehevertrag ausarbeiten, mit dem sie den bei einer Trennung eventuell auf sie zukommenden Unterhaltszahlungen für ihre Frau vorbeugen wollen. Für die Frauen ist ein solcher Ehevertrag in der Regel höchst gefährlich: Im Normalfall bleiben sie ohne Arbeit und ohne Unterhaltsleistungen ihres Ex-Mannes zurück, tragen aber die Last der Verantwortung für das Großwerden der Kinder. Deshalb sollte jede Frau hellhörig werden, wenn ihr zukünftiger oder schon angetrauter Ehemann vorschlägt, einen Ehevertrag aufzusetzen.

Eine Frau, die ihren Beruf zugunsten von Mann und Kindern aufgibt, handelt leichtsinnig, wenn sie auf ihren Unterhaltsanspruch verzichtet. Dasselbe gilt für den eventuellen Verzicht auf den Versorgungsausgleich (▷ Seite 115).

LITERATUR

Thomas Münster
Eheverträge
Falken, Niedernhausen, 1995, DM 19,90

Gerrit Langenfeld
Der Ehevertrag
dtv, München, 1994, DM 9,90

Lydia Al-Sultan, Jürgen Rieck
Ehen über Grenzen
Liebe allein reicht nicht – Tips für den Ehevertrag
Piper, München, 1994. DM 12,90

Binationale Ehen

Ein Fünftel aller Eheschließungen in Deutschland sind heute binational.

- Das Eherecht und die Auffassungen der Rechte und Pflichten von Mann und Frau in Ehe und Familie sind weltweit so verschieden und bergen im Konfliktfall so viele Fallstricke, daß Sie sich vor der Heirat unbedingt mit der entsprechenden Rechtsauffassung des Heimatlandes Ihres Partners auseinandersetzen sollten. Sie müssen wissen, auf welchen Vertrag Sie sich mit der Eheschließung einlassen.
- Bei einer binationalen Ehe kann der Abschluß eines zusätzlichen Ehevertrags (▷ Seite 96) ratsam sein. In ihm können Sie mögliche Konfliktpunkte regeln, die aus den unterschiedlichen Rechtsauffassungen der Staaten erwachsen: die Regelung von Eigentums- und Unterhaltsfragen, die Frage des Sorge- und Aufenthaltsrechts der Kinder bei Trennung oder Tod des Partners, die Erbregelung.
- Im Ehevertrag können Sie festlegen, welches nationale Recht Sie im Streitfall angewendet wissen wollen, unabhängig davon, in welchem Staat Sie sich aufhalten oder in welchem Teil der Welt Sie leben. Sie können sich zum Beispiel darauf einigen, daß Sie nach deutschem Ehegüter- und Erbrecht leben wollen und daß Sorgerechtsfragen vor einem deutschen Gericht geklärt werden sollen.
- Bei allen schwierigen Fragen finden Sie kompetenten Rat und konkrete Unterstützung bei Beratungsstellen wie der IAF.

KONTAKT

Verband binationaler
Familien und Partnerschaften (IAF)
Bundesgeschäftsstelle
Kasseler Str. 1a, 60486 Frankfurt
Tel.: 069/7 07 50 87, -88, -89

Wir Können doch Freunde bleiben!..
F.B.

Trennung und Scheidung

Keine Bindung, ob mit oder ohne Trauschein, läßt sich »einfach« lösen, selbst dann nicht, wenn sich beide Seiten diese Trennung wünschen. Jedes Paar, das lange zusammenlebt, hat seine Geschichte und gemeinsame Erfahrungen, die aneinander geschmiedet haben. Dieses Ineinander-Verwobensein schafft Nähe und Gewohnheiten, die zu einem eigenen Lebensstil und zu einem Teil der eigenen Persönlichkeit werden. Bei einer Trennung verläßt jeder Partner auch einen Teil der eigenen Geschichte.

Niemand vollzieht einen solchen Schritt leichtfertig, obwohl manche Kommentatoren die steigenden Scheidungszahlen als Zeichen besonders sorglosen Umgangs mit Verbindungen deuten. Das Gegenteil ist der Fall, meinen erfahrene PaartherapeutInnen: Die Ansprüche an die Qualität einer Partnerschaft sind gestiegen. Vor allem die Frauen sind nicht mehr bereit, in einer erkalteten oder beengenden Beziehung »um jeden Preis« auszuharren (▷ Scheidungsgründe vor Gericht, Seite 101).

Mehrheitlich sind es die Frauen, die deutliche Kritik an festgefahrenen Formen des Liebes- und Beziehungslebens üben und – wenn sie bei ihrem Partner keine Bereitschaft zur Veränderung erwirken können – die Scheidung einreichen.

Doch bis zu dem Tag, an dem sie sich entschließen zu gehen, haben sie meist außerordentlich viel Energie in die Reparaturversuche ihrer angeschlagenen Beziehung investiert. Viele tun dies auch dann noch, wenn bereits deutlich ist, daß eigentlich nichts mehr zu »retten« ist. Sie empfinden das Scheitern der Bemühungen sehr intensiv, interpretieren es oft als Versagen und sind von Schuldgefühlen (▷ Seite 103) gequält.

Aus der Traum

Jede Trennung hat eine lange Vorgeschichte. Einzelne ungeklärte Vorfälle türmen sich zu einer Halde von Mißstimmigkeiten auf. Bestimmte Charaktereigenschaften und Verhaltensweisen des anderen oder der anderen werden als immer unerträglicher empfunden. Gegenseitige Vorwürfe häufen sich. Worüber man früher hinwegsehen konnte, quält nun. Risse durchziehen das Vertrauen zueinander und zerstören es schließlich ganz.

Die Gefühle schwanken zwischen Zuneigung und Abwehr, manchmal entwickeln sich sogar Abscheu und Haß. Kränkungen und gegenseitige Verletzungen vergiften die Atmosphäre, Gleichgültigkeit und Kälte nehmen zu. Gleichzeitig ist man jedoch versucht, das Bestehende festzuhalten.

Wo ehemals Zärtlichkeiten ausgetauscht wurden, bleibt man schließlich auf Distanz. Körperliche Nähe wird als unangenehm, machmal auch als bedrohlich empfunden. Am Ende steht die Erosion der Liebe, von der man hoffte, sie würde »ewig« dauern.

Trennungsschmerz durchleidet jeder Mensch beim Abschied vom Gewohnten, ganz besonders peinigt er aber die, denen die Trennung aufgezwungen wurde (▷ Verlassen werden, Seite 102).

Auseinandergelebt

Manchen Menschen passiert es, daß sie vom alltäglichen Frühstückstisch aufschauen und plötzlich meinen, vor einer fremden, ihnen unbekannten Person zu sitzen. Das Gegenüber scheint äußerlich vertraut, und doch wird ein tiefer Graben der Entfremdung zwischen den Partnern sichtbar. Überdeutlich zeigen sich Veränderungen, die von der Basis des Gemeinsamen (▷ Seite 74) weggeführt haben.

Jede Frau und jeder Mann durchlebt Veränderungen. Ist ein Paar lange Jahre zusammen, wird der jeweils andere mehrmals mit solchen Neuerungen konfrontiert. Dabei müssen beide immer bereit sein, Ablösungen zu akzeptieren und sich gleichzeitig in der gegenseitigen Wiederannäherung zu üben.

Wie machtvoll Veränderungen wirken, ist meist erst rückblickend zu erkennen. Dann erinnern sich Frauen, in der ersten Phase der Partnerschaft oder Ehe eine »andere Frau« gewesen zu sein: Eine, die anderes gewünscht und begehrt, anders gedacht und anders empfunden hat als drei, fünf oder zehn Jahre später. Nur wenn es gelingt, diese Phasen und »Häutungen« dem Partner oder der Partnerin verständlich zu machen und der andere sie akzeptiert, hat die Beziehung Bestand. Laufen die Interessen in unterschiedliche Richtungen am Gemeinsamen vorbei, entstehen Fremdheit und das Gefühl, sich auseinandergelebt zu haben (▷ Machtkampf, Seite 72; ▷ Akzeptanz, Seite 73).

Am Aufbruch hindern

PsychologInnen weisen immer wieder darauf hin, daß nicht die individuellen Veränderungen an sich die Gefahr der Trennung bergen, sondern der verzweifelte Versuch des jeweils anderen, am Bestehenden festzuhalten – eine Erfahrung, die Frauen häufig machen.

Wenn Frauen nach der Einschulung der Kinder, an einem neuen Arbeitsplatz oder in einem neuen Berufsfeld eigene Bereiche für sich entdecken (▷ Eigenes, Seite 75) und an Selbstbewußtsein gewinnen, versuchen viele Männer, ihre »frühere« Frau festzuhalten, sie zu binden. Doch je intensiver sie darauf drängen, daß »alles so bleibt wie es ist«, um so mehr grenzt sich die Partnerin ab. Im umgekehrten Fall sucht der Mann nach neuen Herausforderungen und sie bemüht sich, ihren »früheren« Mann zu behalten.

Es entsteht ein verhängnisvoller Kreislauf aus Festhalten, Verweigern und Drohen (▷ Gewalt, Seite 443), der mit jeder Drehung auswegloser wird. Je starrer der eine am Alten festklammert, um so heftiger, klarer und eindeutiger wird das Bedürfnis des anderen, sich davon zu lösen (▷ Selbst-Bewußt, Seite 23). Der Graben aus unterschiedlichen Interessen und Anliegen wird unüberbrückbar. Man hat einander nichts mehr zu sagen. Alles, was früher das »Gemeinsame« ausmachte, zerfällt. Eine solche Polarisierung und Entfremdung endet fast zwangsläufig in Trennung (▷ Verlassen werden, Seite 102).

Späte Ablösung

Oft geraten Partner in eine trennende Krise, weil es ihnen nicht gelingt, sich deutlich genug voneinander abzugrenzen. PsychologInnen erklären dieses Streben nach symbiotischer Nähe (▷ Nähe und Distanz, Seite 46) damit, daß sich einer der Partner noch nicht wirklich von seinen Eltern abgelöst hat. Er strebt das Zusammenwohnen oder die Ehe an, um sich endlich aus der Verklammerung mit dem eigenen Elternhaus zu lösen. Damit wird der andere Partner zum »Ersatzvater« oder zur »Ersatzmutter«. Gemeinsam strickt sich das Paar ein Eltern-Kind-Verhältnis nach den Regeln von Versorgen und Versorgtwerden, Führen und Geführtwerden.

Doch in einem solchen Lebensmodell bestehen Bindung und Intimität nicht von »gleich zu gleich« (▷ Seite 70). Meist kündigt irgendwann die »Tochter« die Beziehung zum »Ersatzvater« auf und vollzieht die Ablösung, die notwendig ist, um wirklich erwachsen zu werden. So berichten viele Frauen von ihrer ersten Ehe in jungen Jahren als einer Art Zwischenstation auf dem Weg zum Erwachsenwerden mit dem Satz: »Eigentlich wollte ich nur weg von zu Hause – deswegen habe ich geheiratet.«

Im gegenseitigen Einverständnis

Froh können diejenigen sein, denen es gelingt, sich in Freundschaft zu trennen. Voraussetzung dafür ist, ähnlich wie in der Beziehung selbst, daß auch die Sich-Trennenden einander »von gleich zu gleich« begegnen. Damit das möglich ist, dürfen Achtung und Respekt füreinander nicht durch endlose Streitereien zerrieben werden.

Eine friedliche Lösung voneinander gelingt meist dann gut, wenn beide Seiten bereits in der Beziehung zu neuen Ufern aufbrechen: Man entfernt sich innerlich langsam durch eine neue Beziehung, neue berufliche Interessen oder einen neuen Arbeitsplatz, ohne dies mit gegenseitigen Vorwürfen zu begleiten. Der inneren Distanz folgt schließlich auch die äußere: Man trennt sich räumlich, ohne einen Scherbenhaufen zu hinterlassen.

Die Chance einer einvernehmlichen Trennung liegt darin, bis zuletzt über die eigenen Probleme und Sichtweisen miteinander sprechen zu können. Hilfreich ist dies besonders, wenn es in der Partner-

Scheidungsgründe vor Gericht

Die vor Gericht vorgebrachten und schließlich von der Statistik erfaßten Scheidungsgründe sind die äußeren Zeichen eines langjährigen Zerrüttungsprozesses. Auffallend ist, daß Frauen offenbar sehr lange warten – so lange, bis sie Lieblosigkeit, innere Vereinsamung, Kränkungen oder gar gewaltsame Übergriffe tatsächlich nicht mehr ertragen können. Anfang der 90er Jahre standen in Deutschland folgende Trennungsaspekte bei Gericht in vorderster Reihe:

- Untreue und Unehrlichkeit
- Abwendung von der ehelichen Gemeinschaft
- Gewalttätigkeit

▷ Gewalt, Seite 443

- Alkoholismus
- Beschimpfungen, Beleidigungen, Verleumdungen

▷ Psychische Gewalt, Seite 443

- Drohungen
- Eigenmächtiges Verfügen über gemeinsames oder persönliches Eigentum

▷ Zugewinngemeinschaft, Seite 93

- Nötigung

▷ Vergewaltigung in der Ehe, Seite 454

- Mangelnde Unterstützung
- Eigene Krankheit oder Krankheit des Partners

schaft Kinder gibt. Sie brauchen das Gefühl, daß sich zwar Mutter und Vater trennen, ihnen aber die Eltern erhalten bleiben (▷ Mit dem Kind allein, Seite 357).

Verlassen werden

Kaum etwas trifft das Innerste eines Menschen mit solch großer Wucht und Härte wie die Erfahrung, verlassen zu werden. Obwohl das Ereignis aus Romanen und Filmen vertraut erscheint, wirkt es, am eigenen Leib erlebt, traumatisch. Allem bisherigen scheint der Boden entzogen, das Vertrauen zu sich selbst und zu den bisherigen Handlungsmöglichkeiten verliert sich in Verzweiflung und Panik. Es ist ein Moment des Stillstands, in dem man sich machtlos, ausgesetzt und entwertet fühlt. Besonders dramatisch ist dieses Gefühl des Verlassen-Werdens, wenn der Partner plötzlich stirbt (▷ Traumatisierende Krisen, Seite 38; ▷ Trennung durch Tod, Seite 366).

Niemand kann wirklich souverän mit einer Trennung umgehen, die gegen den eigenen Willen erzwungen wurde. Jeder Mensch ist auf Gegenseitigkeit angelegt und darauf angewiesen, daß die Zuwendung des geliebten Anderen verläßlich bleibt. Kündigt ein langjähriger Partner oder eine Partnerin diese gemeinsame Grundlage auf, entsteht eine tiefe Verunsicherung. Existentiell und lebensbedrohend erfahren das Frauen, die nach zwanzig oder dreißig Ehejahren »wegen einer Jüngeren« verlassen werden und das Gefühl haben, vor den Trümmern ihres ganzen Lebens zu stehen (▷ Altern, Seite 525).

KONTAKT

Trialog e.V.
Von Vincke-Straße 6, 48143 Münster
Tel.: 0251/51 14 14

Hiatus e.V.
Hilfen und Angebote bei Trennung und Scheidung.
Psychologisches Institut der Universität Heidelberg
Hauptstraße 47-51, 69117 Heidelberg
Tel.: 06221/54 73 50

Zusammenwirken im Familienkonflikt e.V.
Wilhelmsaue 133, 10715 Berlin, Tel.: 030/8 61 01 95

Arbeitskreis Partnerschaftskrise, Trennung und Scheidung, e.V.
Eschersheimer Landstraße 531, 60431 Frankfurt
Tel.: 069/51 95 73

Deutsches Familienrechtsforum
Villastraße 1, 70190 Stuttgart, Tel.: 0711/2 62 35 56

Familien-Notruf
Pestalozzistraße 46, 80469 München, Tel.: 089/26 91 94

Depression und Wut

Unweigerlich wachsen neben der Verzweiflung auch neue, unbekannte Gefühle gegenüber dem Partner: grenzenlose Wut neben depressiven Gefühlen und Ängsten. Manche Frauen werden zusätzlich von körperlichen Symptomen gequält: Ihr Schlaf ist massiv gestört, sie mögen nicht richtig und nicht mehr mit Appetit essen (▷ Das Körper-Seele-Band, Seite 606). Viele Frauen fühlen sich plötzlich häßlich und verbraucht. Nie mehr – so meinen sie – werden sie das Begehren eines anderen spüren. Ihr Körper scheint die individuelle Verzweiflung zu spiegeln.

Die Verwundungen können lange nachwirken, und bei manchen dauert der Heilungsprozeß länger als die Liebesbindung selbst. Fast immer wird im Prozeß der eigenen – erzwungenen – Ablösung die gesamte Energie der Gefühle regelrecht umgepolt. Mit der gleichen Intensität, wie sie geliebt haben, beginnen manche Frauen zu hassen und den Partner zu entwerten. Rasende Rache und Zerstörungswut können die Folge sein. Manchmal ziehen die wütend Enttäuschten sogar die Kinder in den Trennungskrieg hinein und benutzen sie als »Geiseln«.

Rachefantasien und Wutausbrüche können befreiend wirken und die Ablösung vorübergehend erleichtern. Eine zerstörerische Verstrickung sollte aber rasch beendet werden. Wer sich über viele Monate, vielleicht sogar über Jahre in Haß und Racheattacken verstrickt, bindet weiterhin alle Energie an den ehemaligen Partner. Eine solche »negative« Bindung macht jedoch blind für einen möglichen Neuanfang und lähmt die eigene Weiterentwicklung.

Schuldgefühle

Jede Trennung, vor allem aber die erzwungene, provoziert Schuldgefühle. Kaum eine Frau kann sich gänzlich von dem Gedanken befreien, für das Scheitern der Beziehung verantwortlich zu sein (▷ Beziehungsarbeit, Seite 71). Und so versuchen die meisten selbst dann noch Engagement und Energie in die Partnerschaft oder Ehe zu stecken, wenn der Partner durch andauernde Gleichgültigkeit und Kälte zeigt, daß er kein Interesse mehr an einem gemeinsamen Leben hat. In der Folge zweifeln viele Frauen jedoch nicht an der Beziehung, sondern an sich selbst, manchmal bis zur Selbstaufgabe. Sie fragen sich: Hast Du genug geliebt? Wäre mit mehr Liebe, mehr Opferbereitschaft, mehr Hingabe, mehr Verständnis und Nachsicht nicht mehr zu erreichen gewesen?

Das Ende der Beziehung hinterläßt schließlich ein tiefes Gefühl des Versagens. Manche Frauen rechtfertigen damit sogar, daß sie verlassen wurden: »Ich habe es nicht anders verdient. Ich habe mich nicht genug bemüht.« Diese Selbstentwertung spiegelt ihnen schließlich auch ihr soziales Umfeld zurück. Frauen, die verlassen werden, müssen meist mit dem Vorurteil zurechtkommen, irgendwie »selbst schuld zu sein«.

Heilen lassen

Das Leben nach einer ungewollten Trennung braucht alle Sinne und einen klaren Verstand. Die Gefahr, sich in Schuldgefühlen, Wut und Selbstvorwürfen zu verlieren, ist außerordentlich groß. Außerdem provoziert die Trennung nicht nur eine seelische Krise (▷ Seite 36), sondern führt oft genug in eine soziale und finanzielle Krise (▷ Soziale Krise – was hilft?, Seite 37).

Die unausweichliche Trauerarbeit sollte einmünden in ein Nachdenken darüber, wie das Leben neu geordnet werden kann. Der Blick nach vorn ist heilsam, nötige Veränderungen am Ende der Beziehung wie zum Beispiel eine berufliche Umschulung und neue Bekanntschaften können dabei helfen.

TIP

Neue Akzente

- Stecken Sie Ihre Energien nach einer Trennung oder Scheidung ins Berufsleben oder in die eigene Bildung. Kaum etwas stärkt das Selbstbewußtsein so sehr wie beruflicher Erfolg oder die Anerkennung persönlicher Leistungen.

▷ Weiterbildung, Seite 175

▷ Arbeitswelt, Seite 211

- Das Äußere verändert sich: Fast alle größeren Brüche im Leben von Frauen werden von einer neuen Frisur, einem neuen Kleidungs- und Einrichtungsstil begleitet. Dadurch wird die »Häutung«, das Neue auch äußerlich sichtbar.
- Die Wohnung zu erneuern, muß nicht viel kosten. Es hilft, sich von Dingen und Gewohnheiten zu trennen, die fest mit dem Partner oder der Partnerin verbunden waren, und gleichzeitig Gewohnheiten zu entwickeln, die nichts mit ihm oder ihr zu tun haben (▷ Neue-alte Fähigkeiten kennenlernen, Seite 34).
- Viele Frauen sind in ihren Partnerschaften bzw. Ehen regelrecht verstummt. Sie müssen wieder sprechen und kommunizieren lernen. Im Kontakt mit anderen Menschen können Sie das Vertrauen in Ihre eigene Sprachkompetenz wiedergewinnen.

▷ Allgemeine Weiterbildung, Seite 184

Entlastend und befreiend sind Gespräche mit FreundInnen, der Kontakt mit KollegInnen und Bekannten. Zur wahren Wohltat kann die Erwerbstätigkeit außer Haus werden. Sie gibt Struktur, bietet Halt und stärkt das Selbst. Alles, was zusätzlich hilft, sich zu verwöhnen und sich selbst »etwas Gutes« zu tun, kann das Selbstbewußtsein stabilisieren. So beginnen die ersten Schritte zur Heilung mit der langsam wiederkehrenden Freude an sich selbst. (▷ Die eigenen Bedürfnisse erkennen, Seite 29; ▷ Was ist Attraktivität? Seite 472; ▷Entspannung, Seite 569; ▷ Bewegung und Sport, Seite 555).

Selber gehen

Auch Frauen, die sich selbst zum Gehen entschieden haben, müssen die anstehende Trennung innerlich bewältigen. Sie fühlen ihre Flügel wachsen und erleben dennoch Phasen des Zweifels, der Trauer und Scham, ja selbst der Reue. Oft dominiert am Anfang noch die Unentschlossenheit, die tastende, manchmal ängstliche Suche nach dem »Neuen« und gleichzeitig die Sehnsucht, das Altvertraute nicht zu verlieren.

Einigungsversuche

Fast allen Trennungen gehen Einigungsversuche voran, mit langwierigen Auseinandersetzungen und Streitereien, mit Kompromissen und der Hoffnung auf Versöhnung (▷ Beziehungsarbeit, Seite 71; ▷ Fair streiten, Seite 79). Viele Frauen wirken in ihren Versuchen, sich zu lösen, anfangs seltsam zögerlich und widersprüchlich. Sie trennen sich »endgültig« und liegen ihrem Partner wenige Wochen später doch wieder in den Armen. Man schwört einander, daß nun »alles anders« wird und endet doch wieder bei alten Gewohnheiten und festgefahrenen Ritualen.

Nur sehr wenigen Paaren gelingt es, aus einer solch tiefen Krise in gestärkter Zweisamkeit hervorzugehen. Meist sind die Versuche des Immer-wieder-Neuanfangens die Zeichen einer tiefgehenden Zerrüttung (▷ Regeln für ein gemeinsames Leben, Seite 73).

Wann gehen?

Allgemeine Grundsätze, ab wann eine Frau eine Partnerschaft auflösen sollte, gibt es nicht. Darüber entscheiden die individuellen, meist widersprüchlichen Gefühle und der Verstand. Dennoch gibt es Grenzen des Versuchs, in einer konfliktreichen oder unbefriedigenden Partnerschaft auszuharren. Sie liegen dort, wo die eigene Entwicklung behindert und das Selbst verletzt wird. Ernsthafte Trennungskonsequenzen sollten Sie erwägen, wenn Sie spüren:

- Ein Gefühl von Gleichgültigkeit oder Entfremdung bestimmt Ihr Zusammenleben. Sie sind einander nicht »böse«, doch es gibt nichts mehr, was Sie beide innerlich als »Gemeinsames« (▷ Seite 74) verbindet.
- Lieblosigkeit, Kälte, Abwehr und Desinteresse sind die dominierenden Merkmale Ihrer Beziehung.
- Sie fühlen sich in der Entfaltung Ihrer Bedürfnisse kontinuierlich behindert und eingeschränkt, bzw. Sie leiden unter einem zehrenden Mangel emotionaler und sozialer Aufmerksamkeit und Zuwendung.
- Sie spüren deutlich, daß ihre Persönlichkeit dadurch zerstört wird, daß Ihr Partner ausschließlich auf Ihre Kosten lebt. Ihre Fähigkeiten kommen nicht zur Entfaltung, Sie werden einschränkt, verletzt oder begrenzt; Ihr Selbstvertrauen sinkt, Ängste und Hilflosigkeit wachsen.
- Es kommt zu verbalen Rücksichtslosigkeiten, oder gar zu psychischer und physischer Gewalt (▷ Gewalt, Seite 443; ▷ Vergewaltigung, Seite 451; ▷ Alkohol, Seite 594).
- Es kommt zu Gewalt gegenüber den Kindern und/oder zu sexuellem Mißbrauch (▷ Seite 457).

Begleitende emotionale Hilfe bei der Ablösung vom Partner ist in Frauenberatungszentren und bei Ehe- und Familienberatungsstellen zu finden (▷ Beratung und Psychotherapie, Seite 575).

Gewissensbisse

Frauen, die sicher sind, daß sie sich von ihrem Partner trennen wollen, kämpfen dennoch oft mit Selbstzweifeln und gehen hart mit sich ins Gericht. Wichtig ist zu erkennen:

• Eine gelöste Partnerschaft ist kein Grund, an der eigenen Bindungsfähigkeit prinzipiell zu zweifeln. Diese Zweifel wären nur berechtigt, wenn Sie in Ihrer Biographie immer wieder das gleiche Muster erkennen, mit dem Sie in schneller Abfolge von einer Partnerschaft zur anderen eilen, obwohl Sie sich Dauer und Kontinuität wünschen.

• Oft legt der Entschluß, sich zu trennen, den Weg für einen unbelasteten Umgang mit anderen Menschen wieder frei. Das kann das Verhältnis zum Ex-Partner oder zur Ex-Partnerin durchaus einschließen. Je besser Partnerschaftskrisen auf ihre Ursachen und ihren Verlauf hin durchleuchtet werden, um so leichter fällt auch das Los-Lassen, wenn es wirklich keine Perspektive mehr für die Beziehung gibt (▷ Hilfen bei der Trennung, Seite 106).

• Selbstvorwürfe, den »falschen« Partner gewählt oder eine »falsche« Eheentscheidung getroffen zu haben, führen in die Irre. Rückblickend erscheinen zahlreiche Lebensentscheidungen als »falsch«. Entscheidend ist, ob Sie daraus etwas Neues, eine neue Perspektive entwickeln können.

• Frauen, die sich selbst aus einer Partnerschaft oder Ehe lösen, wird kaum eine Trauerphase zugestanden. Das soziale Umfeld reagiert nach dem Motto: »Selber schuld, Du hättest ja nicht gehen müssen« oder »Sei froh, daß du den Kerl los bist.« Beide Reaktionen fordern eine Selbstsicherheit ab, die nach einer Trennung oder Scheidung kaum aufzubringen ist. Versuchen Sie dennoch, Ihre Trauer nicht zu verstecken, sondern auch darüber zu sprechen.

Meilenstein der Entwicklung

Der Verlust von Vertrautem, die Angst vor dem Alleinsein und die Sorge um einen sicheren finanziellen Rahmen können das Lebensgefühl nach einer Trennung noch lange begleiten. Doch meist werden schon nach wenigen Wochen der Selbstbesinnung die ersten positiven Momente des »neuen« Lebens erkennbar (▷ Allein leben, Seite 117).

Die beglückende Erfahrung, das Leben nun selbst in die Hand zu nehmen, kann ungeahnte Energien freisetzen. Viele Frauen entdecken nach den ersten Monaten neue-alte Fähigkeiten (▷ Seite 34) an sich, die nach einer langjährigen Verbindung wie unter einem erstarrten Lavastrom begraben schienen. Obwohl fast alle Frauen eine Trennung bzw. Scheidung mit sozialen und finanziellen Einbußen bezahlen müssen, wünscht sich kaum eine nach einer überwundenen Trennung den alten Zustand mit ihrem früheren Partner zurück.

Als Positivposten der Bilanz nennen Frauen nach einer Trennung in Befragungen sehr häufig die folgenden Aspekte:

• Sie sind erheblich selbständiger geworden; die Kinder sind nicht mehr den ehelichen Spannungen ausgesetzt (▷ Mit dem Kind allein, Seite 357).

• Ein eigener Freundes-und Bekanntenkreis ist in den Mittelpunkt des Lebens gerückt.

• Das nachhaltige Gefühl der Befreiung hat Depression und Trauer abgelöst.

• Fast immer ist eine berufliche Weiterbildung oder Rückkehr ins Berufsleben gelungen.

• Je länger die Trennung währt, um so deutlicher breitet sich im Lebensgefühl Zufriedenheit aus.

So belegen auch wissenschaftliche Studien, daß Frauen trotz aller Blessuren langfristig gesehen eher gestärkt aus einer Trennung bzw. Scheidung hervorgehen (▷ Alltag ohne Partner, Seite 361). Auch gelingt es ihnen leichter als Männern, eine Trennung emotional zu verarbeiten. Sie setzen sich länger und intensiver als ihre ehemaligen Partner mit den neuen und alten Problemen auseinander. Geschiedene Männer vermeiden die intensive Auseinandersetzung mit der Trennung sehr oft, indem sie rasch eine neue Beziehung eingehen und/oder sich schnell wieder verheiraten.

Zeichen der gelungenen Lösung

• Ihre Gedanken haben sich weitgehend von ihm oder ihr gelöst. Sie beschäftigen sich innerlich mit Neuem, Sie können konzentriert arbeiten, und Sie können sich wieder anderen Menschen öffnen.

• Sie denken nur noch hin und wieder an den ehemaligen Partner oder die Partnerin. Ihr Alltag hat eine eigene, selbstverständliche Form bekommen. Sie empfinden die Abwesenheit des anderen als normal und nicht mehr nur als schmerzhaft.

• Sie können auch Schönes und Erfreuliches in der Vergangenheit sehen. Ihre Betrachtung der vergangenen Zeit hat an Bitterkeit verloren. Sie sind gelassener geworden.

Gesundheitliche Wirkung von Scheidungen

Eine Schweizer Studie zu Beginn der 90er Jahre untersuchte die Scheidungsfolgen für Frauen und Männer bezogen auf deren Krankheitshäufigkeit. Sichtbar wurde dabei:

• Frauen ringen unmittelbar nach der Trennung und Scheidung sehr viel stärker als Männer mit Identitätsverlust, mit Depressionen und Existenzängsten. Ihre Anfälligkeit für Krankheiten ist im ersten Jahr nach der Trennung wesentlich höher als bei Männern.

• Männer erleben erst vor der eigentlichen Scheidung die Panik vor dem Verlust ihrer Frau.

• Sie stabilisieren sich – vermutlich durch die Kontinuität im Berufsleben und die oft rasche Wiederverheiratung – zuerst besser als die Frauen.

• Langfristig zeigt sich jedoch eine drastische Umkehr: Frauen scheinen sich insgesamt besser zu regenerieren, was an ihrer geringeren Krankheitsanfälligkeit einige Jahre nach der Trennung bzw. Scheidung abgelesen werden kann. Die geschiedenen Männer haben eine steigende Krankheitsanfälligkeit und – im Vergleich zu den nicht-geschiedenen Männern – ein erhöhtes Risiko, früher zu sterben.

Hilfen bei der Trennung

In einer Scheidungs- und Trennungsberatung (▷ Paar- und Familientherapie, Seite 585) unterstützen geschulte PsychologInnen ein Paar dabei, wieder neue Umgangsformen zu finden. Statt sich nach dem Motto »Auge um Auge, Zahn um Zahn« weiter zu befehden, können die auseinandergelebten Partner lernen, einander wieder zu respektieren, und eigenverantwortliche Entscheidungen zu treffen. Ziel ist, für beide eine Zukunftsperspektive zu entwickeln, die über die aktuellen Streitpunkte hinausgeht.

Trennungs-und Scheidungsberatung

• Eine Beratung (▷ Seite 576) ist nur sinnvoll, wenn beide Seiten bereit sind, sich auf eine solche Situation einzulassen (▷ Paartherapie, Seite 586).

• Die Therapeutin oder der Therapeut muß beiden das sichere Gefühl vermitteln, daß sie oder er sich als »neutrale« Person verhalten wird und sich nicht von den Anklagen oder Vorwürfen eines Beteiligten vereinnahmen läßt.

• Wenn Sie es schaffen, wieder respektvoll miteinander umzugehen, hilft das auch den Kindern, die durch andauernde Streitereien zwischen den Eltern häufig zermürbt sind. Die Verantwortung für die Loslösung von Ihrem Partner oder Ihrer Partnerin wird Ihnen in der Trennungsberatung allerdings nicht abgenommen.

Mediation

Die Mediation, zu deutsch »Vermittlung«, ist ein vor rund zwanzig Jahren in den USA entwickeltes Verfahren zur Konfliktbearbeitung. Das erklärte Ziel dieses Verfahrens ist, daß sich beide Partner aus dem »Gewinner-Verlierer-Denken« lösen und eine faire (Kompromiß-)Lösung für die Folgen ihrer Trennung entwickeln. Am Ende sollen beide Seiten mit der Lösung zufrieden sein und das Ergebnis für ausgewogen halten. Als äußeres Zeichen dafür wird am Ende der Mediation immer ein Vertrag unterzeichnet. Er kann alle Regelungen zum Unterhalt, Sorgerecht, Verbleib in der Wohnung, Fragen der Hausratsteilung oder zum Sorgerecht enthalten.

Auf die Arbeit als MediatorInnen haben sich in den letzten Jahren AnwältInnen und rechtskundige PsychologInnen bzw. SozialpädagogInnen spezialisiert. Öffentliche und kirchlich unterstützte Beratungsstellen bieten Mediation inzwischen kostenlos oder auf der Basis freiwilliger Spenden an (▷ Beratung und Psychotherapie, Seite 575). Bei niedergelassenen AnwältInnen in der freien Praxis kostet die Stunde zwischen 100 und 400 DM. Bis zum Abschluß der gemeinsam unterzeichneten Mediationsvereinbarung sind etwa 5 bis 15 Stunden nötig.

Vorteile der Mediation

- Das Verfahren fördert eine »friedliche« Konfliktlösung mit Hilfe einer neutralen Person. Eine Mediation ist deutlich kostengünstiger als die Auseinandersetzung zwischen zwei AnwältInnen, die jeweils die Interessen einer Seite durchzusetzen versuchen.
- Das auseinandergehende Paar delegiert die Entscheidungen über seine materielle Absicherung und die Fürsorge der Kinder nicht an AnwältInnen oder ein Gericht: Der Kompromiß wird gemeinsam erarbeitet und festgehalten.
- Bei einer einvernehmlichen Scheidung sieht das Gesetz vor, daß dem Gericht eine Scheidungsvereinbarung vorgelegt wird. Der unterzeichnete Vertrag aus der Mediation kann deckungsgleich mit der Scheidungsvereinbarung sein.

Mediationsverlauf

Beide Seiten müssen von Beginn an davon überzeugt sein, daß sie strittige Fragen fair aushandeln und die Einzelheiten in einer Mediationsvereinbarung festlegen wollen. Dann kann mit Hilfe der Mediatorin oder des Mediators die Bestandsaufnahme der strittigen Punkte erfolgen. Beide Seiten nennen ihre jeweiligen Prioritäten, und es wird deutlich, wo beim jeweils anderen die Angst steckt, zu kurz zu kommen oder Schaden zu nehmen.

Festgehalten werden aber auch die unproblematischen oder einvernehmlichen Punkte und solche, mit denen die Verhandlung beginnen kann. Die Mediatorin oder der Mediator versucht, beide Standpunkte zu begreifen und strittige Punkte in kleine überschaubare Schritte zu gliedern. Schließlich werden für jeden kleinen Schritt die Lösungsvorschläge beider Seiten gesammelt, zum Beispiel auch in

KONTAKT

Verein Humane Trennung und Scheidung e.V.
Postfach 152103, 80052 München, Tel.: 089/5 30 95 39
Schneppenhorstweg 5, 13627 Berlin, Tel.: 030/3 82 70 52

Bundesarbeitsgemeinschaft für Familienmediation, BAMF
c/o Rechtsanwalt und Notar Ingolf Schulz
Rathausplatz 25, 22926 Ahrensburg, Tel.: 04102/5 45 41

LITERATUR

Heiner Krabbe (Hrg.)
Scheidung ohne Richter. Neue Lösungen für Trennungskonflikte
Rowohlt, Reinbek, 1993. DM 14,90

Prisca Gloor Maung
Mediation – Wie wir uns einigen, wenn wir uns trennen
Herder, Freiburg, 1996. DM 28

Gary J. Friedman
Die Scheidungs-Mediation. Anleitungen zu einer fairen Trennung
Rowohlt, Reinbek, 1996. DM 16,90

Gabriele Bechler-Minack u.a.
Scheidungsratgeber von Frauen für Frauen
Rowohlt, Reinbek, 1994. DM 12,90

Rücksprache mit den Steuer- oder Vermögensberater-Innen. Die MediatorInnen fixieren die Ideen beider Seiten in Protokollen.

Wenn beide Partner danach an dem im Mediationsprozeß gefundenen Ergebnis festhalten wollen, wird der Mediationsvertrag unterschrieben und meist auch notariell beurkundet. Wenn darin die Scheidungsfolgen geregelt sind, kann der Vertrag zur Grundlage für das Gerichtsverfahren werden.

Rechtliches zur Trennung

Wer sich aus einer langjährigen Beziehung mit gemeinsamer Wohnung trennt, steht meist vor materiellen und finanziellen Problemen. Glücklich sind in einem solchen Moment jene, die ohne größere Auseinandersetzungen »friedlich« klären können, was wem gehört oder wieviel einer dem anderen schuldet (▷ Rechtliches ohne Trauschein, Seite 87).

Ohne Trauschein

Im Partnervertrag sollten die »großen« Vermögens- bzw. Unterhalts- und Sorgerechtsfragen geklärt sein (▷ Der Partnervertrag, Seite 89). Wer keinen Partnervertrag abgeschlossen hat und bei wichtigen finanziellen Fragen – was passiert mit der gemeinsamen Wohnung, der Mietkaution, dem Auto, den Möbeln oder gemeinsamen Investitionen? – keine Einigung erzielt, kann in einer Mediation (▷ Seite 106) strittige Fragen lösen. Berücksichtigt werden sollte nicht nur die Teilung des Hausrats, sondern auch Schwierigeres, wie zum Beispiel die Schätzung der Arbeitsstunden, die vor Zeiten in die Renovierung des gemeinsamen Hauses gesteckt wurden, sowie das Entgelt dafür (▷ Zusammenleben ohne Trauschein, Seite 86). Die Einigung über solche Fragen kann für Frauen wichtig sein, die viel Arbeit in ein gemeinsames Projekt oder einen Betrieb gesteckt haben, während der Partner der alleinige Eigentümer und Besitzer der Güter geblieben ist.

Streit vor Gericht

Hält sich der Partner oder die Partnerin nicht an die gemeinsamen Vereinbarungen, müssen in letzter Konsequenz – wie bei jeder materiellen Auseinandersetzung unter »Fremden« – die Gerichte zur Klärung beitragen.

Die Lösung der Frage, wem gehört was, wird vor Zivilgerichten verhandelt, die sich bei unverheirateten Paaren recht stur an den Grundsatz halten: Wer den Hausrat, die Wohnung oder das Auto gekauft hat, dem gehören diese Güter auch. Einen gegenseitigen Ausgleich unter den Partnern gibt es nicht, es sei denn, ein solcher wurde vertraglich vereinbart (▷ Der Partnervertrag, Seite 89).

Das Trennungsjahr in der Ehe

Verheiratete Paare, die sich in Deutschland scheiden lassen wollen, müssen eine gesetzlich definierte Mindestfrist von einem Jahr als Trennungszeit einhalten. Erst dann geht das Gesetz von einer »unwiderlegbaren Vermutung des Scheiterns der Ehe« aus. Frauen, die vor Ablauf dieser Trennungsfrist die Scheidung beantragen wollen, müssen nachweisen, daß die Ehe gescheitert ist und die Fortsetzung für sie eine unzumutbare Härte bedeutet. Das ist der Fall, wenn der Partner zum Beispiel gewalttätig ist (▷ Gewalt, Seite 443) oder suchtkrank.

Getrennt in der gemeinsamen Wohnung?

Wenn Sie sich trennen wollen, aber der Partner eine Scheidung ablehnt, sollte keine persönliche, positive Beziehung und Anteilnahme mehr gegenüber dem Partner gezeigt werden – man darf also nicht »schwach« werden. Wenn Versöhnungs- oder Verführungsversuche, zum Beispiel auch im Bett, über längere Zeit wieder klappen, beginnt auch die Uhr

In Trennung

Bevor sie eine Trennung durchsetzt, sollte jede Frau versuchen, einen Überblick über die Familieneinnahmen und monatlichen Familienausgaben zu erhalten, zum Beispiel über Kreditrückzahlungen. Wichtig ist eine möglichst genaue Aufstellung des gemeinsamen Vermögens. Um einen sicheren Überblick zu bekommen, sollte man über den Stand aller Konten und Sparbücher, der Anlagen und Festgelder genau informiert sein. Wichtige Papiere und Urkunden sind:

- Die eigene Scheckkarte.
- Einkommensbelege, auch die des Ehepartners. Prinzipiell sind Sie beide gegenseitig zur Auskunft über Ihre Einkommen mit entsprechenden Nachweisen verpflichtet.
- Nachweise über Ersparnisse und Vermögen, zum Beispiel über Bausparverträge, Lebensversicherungen, Wertpapiere, aber auch über Schulden, wie Raten- oder Leasingverträge und laufende Kredite.
- Krankenversicherungsnachweis.
- Rentenversicherungsbelege.
- Mietvertrag.
- Eigene Schulabschlußzeugnisse- und Ausbildungsdiplome, Arbeitszeugnisse und -bestätigungen.
- Pässe und Impfpässe der Kinder.

Von diesen Unterlagen sollten Sie auf jeden Fall vor Ihrem Auszug Kopien für sich anfertigen.

Wenn Sie ein gemeinsames Konto haben, sollten Sie so schnell wie möglich Ihre eigene Bankverbindung aufbauen und Ihre Konten getrennt führen.

Wer dem Partner oder der Partnerin in finanziellen Dingen mißtraut, sollte möglichst rasch sicherstellen, daß fortan jede Kontobewegung auf dem gemeinsamen Konto der Unterschrift beider bedarf (▷ Girokonto, Seite 415).

Fristen und Formalien

Die Frist von einem Jahr »Trennung« gilt nur, wenn beide Partner die Scheidung wollen. Wenn nur eine der beiden Seiten die Scheidung anstrebt und sich die andere weigert und wenn die Zerrüttung der Ehe nicht nachgewiesen werden kann, geht das Gericht erst nach einer dreijährigen Trennung vom Scheitern der Ehe aus. Die Familiengerichte entscheiden dabei nach dem »Zerrüttungsprinzip« und richten sich nach dem äußerlich Wahrnehmbaren, zum Beispiel nach der klaren Trennung von Tisch und Bett.

Für Paare, die sich einvernehmlich voneinander lösen wollen, ist der Nachweis dieser Tisch-und-Bett-Trennung kein Problem. Anders ist dies jedoch, wenn sich eine Seite gegen die Trennung wehrt: Damit die Trennungszeit dann tatsächlich vor Gericht anerkannt werden kann, müssen alle bisherigen Gemeinsamkeiten eindeutig aufgegeben werden.

Dies gilt auch für die Distanz in der eigenen Wohnung, in der man sich etwa so wie Untermieterin und Untermieter zueinander verhalten sollte.

Zusätzlich sollten Frauen, um innerhalb der ehelichen Wohnung als getrennt im rechtlichen Sinne zu gelten, vor ZeugInnen oder schriftlich unmißverständlich zu erkennen geben,

- daß sie die eheliche Gemeinschaft aufgeben wollen,
- daß die Schlafbereiche ganz klar getrennt sind,
- daß keiner mehr für den anderen kocht, wäscht, bügelt oder saubermacht,
- daß beide also einen eigenständigen Haushalt führen, auch wenn man sich in derselben Wohnung in Küche und Bad die Klinke und den Putzeimer in die Hand gibt.

des Trennungsjahres wieder bei der Stunde Null. Der Gesetzgeber orientiert sich am Prinzip der Aufgabe von Gemeinsamkeiten, also daran, daß sie tatsächlich weitgehend getrennt leben.

Dies ist in einer gemeinsamen Wohnung gegen den Widerstand des Partners äußerst schwierig und nur unter extremen Anstrengungen mit Selbstdisziplin und Selbstverleugnung durchzuhalten. Es sollte daher – trotz Wohnungsnot – so schnell wie möglich versucht werden, sich räumlich zu trennen. Als Übergangslösung bieten sich Wohngemeinschaften oder das vorübergehende Wohnen bei FreundInnen oder Verwandten an; möglich ist auch das Anmieten von vorübergehend unbewohnten Wohnungen über die Vermittlung einer Mitwohnzentrale (▷ Neue Wohnung suchen, Seite 360; ▷ Die Sozialwohnung, Seite 360).

TIP

Keinen Unterhaltsverzicht

Viele Frauen fühlen sich im Trennungsjahr so beflügelt und euphorisch, daß sie von sich aus auf Unterhalt verzichten; schließlich wollen sie jetzt »auf eigenen Füßen stehen« und »selbständig sein«.

• Tatsächlich sollten Sie sich so ernsthaft wie möglich auf dem Arbeitsmarkt orientieren: Es geht darum, ein kontinuierliches Berufsleben mit einer sicheren Altersversorgung (▷ Seite 436) aufzubauen. Vorschnelle Entscheidungen können dabei schaden.

• Halten Sie sich in Ihrem Impuls, auf eigenen Unterhalt zu verzichten, zurück – vor allem dann, wenn Sie Kinder haben oder wenn Sie bereits älter sind. Wenn Sie nicht erwerbstätig waren oder sind und/oder nur über ein sehr geringes Einkommen verfügen, ist Großmut fehl am Platz!

• Sprechen Sie gegenüber Ihrem Partner keinen generellen Unterhaltsverzicht aus – auch dann nicht, wenn Sie sich »eigentlich« sicher sind, daß Sie die Zahlungen nicht in Anspruch nehmen wollen.

• Lassen Sie beispielsweise von Ihrer Anwältin oder Ihrem Anwalt im Trennungsjahr erklären: »Die Ehefrau macht keinen Unterhalt geltend, solange sie ihre Arbeitsstelle hat und monatlich XX DM verdient.« Damit halten Sie sich klar ersichtlich offen, daß Sie bei einer eventuellen existentiellen Schlechterstellung, bei Arbeitslosigkeit oder Einkommensverlusten – ein typisches Risiko nach der Scheidung – nachträglich Unterhalt (▷ Seite 112) einfordern können.

Rechtsansprüche im Trennungsjahr

Auch im Trennungsjahr gibt es Rechtsansprüche und -verpflichtungen. Am besten ist es, diese Rechte *vor* der Trennung zu überprüfen. Am wichtigsten sind Unterhalts- und Sorgerechtsfragen, aber auch die Auflösung gemeinsamer Vermögen bzw. gemeinsamer Versicherungen.

• Wenn es nicht gelingt, den Hausrat einvernehmlich zu teilen, kann eine vorläufige Verteilung beim Familiengericht beantragt werden.

• Auch Unterhaltszahlungen können ab dem Zeitpunkt der Trennung – also auch dann, wenn das Getrenntleben zunächst in der ehelichen Wohnung organisiert werden muß – beantragt werden (▷ Berechnung des Unterhalts, Seite 113).

• Wenn die Kinder bei Ihnen wohnen, ist Ihr Partner zur Unterhaltszahlung für diese verpflichtet. Zahlt er nicht freiwillig, können Sie die Unterhaltszahlung beim Familiengericht einklagen.

• Für den Fall, daß es zu Auseinandersetzungen um die Kinder kommt, können Sie für die Zeit der Trennung eine vorläufige Regelung über das Sorgerecht erwirken.

• Sollte sich das Scheidungsverfahren hinziehen, etwa weil Sie sich mit Ihrem Partner nicht über die Folgen einigen können, können Sie einen vorzeitigen Zugewinnausgleich (▷ Seite 114) beantragen. Voraussetzung dafür ist, daß Sie mindestens drei Jahre lang getrennt von Ihrem Mann gelebt haben.

Die Scheidung

Das Scheidungsverfahren wird immer vor dem Familiengericht mit einem sogenannten Scheidungsantrag in Gang gesetzt. Auch wenn sich beide Seiten im großen und ganzen einig sind, muß der Scheidungsantrag von einer Rechtsanwältin oder einem -anwalt unterschrieben eingereicht werden.

Paare, die sich im Vorfeld des Gerichtsverfahrens einigen, werden nach Ablauf des Trennungsjahres meist sehr rasch geschieden. Je weiter jedoch die Vorstellungen etwa über die Höhe von Unterhaltszahlungen oder über das Sorge- und Umgangsrecht voneinander entfernt sind, desto langwieriger, nervenzermürbender und teurer wird das Verfahren vor Gericht.

Frauen, die sich gegen den Willen ihres Ehemannes von ihm lösen wollen, haben eine »streitige« Scheidung vor sich, die meist mehrere Gerichtstermine beansprucht, um alle Sorgerechts-, Zugewinn- und Unterhaltsfragen zu klären. Geschieden wird allerdings nach drei Trennungsjahren immer – auch dann, wenn sich der Ehepartner widersetzt.

Scheidungskosten

Für Frauen ist es generell wichtig, eine eigene Interessenvertretung zur Seite zu haben. Sparsamkeit bei der Rechtsvertretung nach dem partnerschaftlichen Motto »Laß uns einen gemeinsamen – meinen – Anwalt nehmen« kann teuer werden, wenn eine Frau dem Anwalt des Mannes vertraut, der unter Umständen die Interessen seines Klienten deutlich besser durchsetzt als die der Klientin.

Keine Frau sollte vor einer Scheidung zurückschrecken, weil das Geld für eine Anwältin oder einen Anwalt fehlt. Wer kein Einkommen hat oder nur wenig Geld verdient, kann sich beim zuständigen Amtsgericht einen Berechtigungsschein für eine fast kostenlose Rechtsberatung holen. Für das Scheidungsverfahren selbst gilt, daß jeder Ehegatte die Kosten dafür selbst zu tragen hat. Wer aber nachweislich geringe Einkünfte und kein Vermögen hat, kann beim Familiengericht Prozeßkostenhilfe beantragen. Gute AnwältInnen geben ihren KlientInnen über alle zu erwartenden Kosten genau Auskunft.

Vor der Scheidung klären

In der einvernehmlichen Scheidung, die beide Seiten wünschen, können im Trennungsjahr alle Absprachen mit dem Partner schriftlich festgehalten werden. *Vor* der gemeinsamen Unterzeichnung der sogannten »Scheidungsvereinbarung« sollten die AnwältInnen das Dokument darauf prüfen, ob es rechtlich richtig abgefaßt ist. Wichtig sind nicht nur die Prüfung der Sorgerechts-, Güter- und Finanzangelegenheiten, sondern auch die Wahrung der Fristen – zum Beispiel bei der Krankenversicherung – und die Berechnung des Zugewinnausgleichs und der Altersversorgung. Zu beachten ist:

• Durch die Scheidung endet Ihre gesetzliche Krankenversicherung, wenn Sie als Familienmitglied mitversichert sind. Die Weiterversicherung als freiwilliges Mitglied in derselben Krankenkasse ist jedoch ohne Probleme möglich, wenn Sie Ihren Beitritt innerhalb eines Monats nach der rechtskräftigen Scheidung beantragen (▷ Gesetzliche Krankenversicherung, Seite 430).

• In privaten Krankenversicherungen ist der Versicherungsschutz unabhängig vom Familienstand. Sie sind also auch nach der Scheidung versichert. Dennoch sollten Sie prüfen, ob ein Wechsel in die für Frauen meist vorteilhaftere, gesetzliche Krankenversicherung besser ist. Ein solcher Wechsel ist möglich, wenn Sie als Angestellte mit einem Gehalt unterhalb der Bemessungsgrenze arbeiten und auf diesem Wege pflichtversichert werden können (▷ Risiken der privaten Krankenversicherung, Seite 431).

• Klären Sie, ob Sie der gesetzlichen Rentenversicherung freiwillig beitreten sollten, wenn Sie nicht pflichtversichert sind (▷ Gesetzliche Altersversorgung, Seite 436). Durch die Scheidung endet Ihr Anspruch auf Witwenrente, es steht Ihnen jedoch wahrscheinlich ein Versorgungsausgleich zu.

Streit um Wohnung und Hausrat?

Paare, die sich im Falle einer Trennung bzw. Scheidung nicht einigen können, wer in der Wohnung bleibt und in welcher Weise der Hausrat geteilt wird, müssen in Kauf nehmen, daß das Gericht entscheidet. Dadurch entstehen zusätzliche Kosten, und deshalb ist es (fast) immer empfehlenswert, sich außergerichtlich zu einigen. Das Gericht entscheidet meist nach folgenden Aspekten:

- Sind Kinder da, so behält im Regelfall derjenige Elternteil die Mietwohnung, bei dem die Kinder wohnen werden.
- Das Gericht berücksichtigt auch, ob eine Seite erhebliche Mittel, einschließlich eigener Arbeitsleistung, in die Wohnung investiert hat. Wer die Wohnung räumen muß, hat dann das Recht auf eine Ausgleichszahlung.
- Geld an die oder den Ausziehenden wird auch fällig, wenn beide Ehegatten Wohnungseigentümer sind und nur eine Seite die Wohnung übernimmt.

Wann müssen Frauen zahlen?

Der Anspruch auf Unterhalt ist nicht geschlechtsspezifisch formuliert. Das heißt, für Frau und Mann gelten aus der Sicht des Gesetzgebers die gleichen Regeln: Wer zu alt oder zu krank ist, um einen Beruf auszuüben, wer nicht auf eine Arbeitsstelle vermittelt werden kann oder kleine Kinder betreut, hat (meist) Anspruch auf finanzielle Zuwendungen nach einer Scheidung.

Bleibt also der Mann zu Hause und versorgt ausschließlich Haushalt und Kinder, hat auch er Anspruch auf Versorgungs- und Zugewinnausgleich (▷ Seite 115; ▷ Zugewinn, Seite 114); betreut er die kleinen Kinder, hat er Anspruch auf Unterhalt.

Die Zahlungen werden dann an den marktüblichen Preisen bemessen.

- Beim Hausrat gilt als Faustregel: Das, was jeder selbst in die Ehe eingebracht hat, sowie die Dinge des persönlichen Bedarfs können mitgenommen werden – der Rest wird geteilt.

Unterhalt

Unterhaltszahlungen sind kein Gnadenakt. Die Leistungen sollen helfen, Nachteile auszugleichen und Lücken zu überbrücken, die durch die Ehe und die Scheidung entstanden sind. Die meisten Frauen haben über längere Zeit zur Kinderbetreuung oder für Pflegearbeiten ihren Beruf ganz oder teilweise aufgegeben und damit die Möglichkeit verloren, ihre Existenz unabhängig vom Partner zu sichern.

Da es bis heute keine gesetzliche Grundsicherung gibt, ist die Mehrzahl der Frauen nach einer Scheidung mit dem Risiko einer materiellen Notlage konfrontiert. Spätestens im Alter werden die fehlenden Rentenbeitragszahlungen schmerzlich spürbar. Unterhaltsleistungen können vor diesen Nachteilen nicht wirklich schützen, denn sie sind fast immer befristet und können nur unter speziellen Bedingungen in Anspruch genommen werden.

Anspruchsgründe

Nach einer Scheidung ist grundsätzlich jeder Ehegatte verpflichtet, für sich selbst zu sorgen. Berechtigte Gründe, zumindest vorläufig Unterhalt zu beanspruchen, können jedoch sein:

- Die Betreuung gemeinsamer minderjähriger Kinder unter 14 Jahren bzw. eines Kindes unter acht Jahren.
- Fortgeschrittenes Alter. Als solches gelten etwa 55 Jahre. Allerdings gibt es keine festgelegte Altersgrenze. Manche RichterInnen entscheiden, daß auch noch 56- oder 58jährige Familienfrauen erwerbstätig werden sollen – obwohl deren Chancen auf dem Arbeitsmarkt gegen Null tendieren.

• Eine chronische Krankheit. Frauen, die aus gesundheitlichen Gründen keinen Lebensunterhalt verdienen können, haben Anspruch auf Unterhaltsleistungen. Wenn der Ehepartner dies allerdings nicht akzeptiert, muß die Erwerbsunfähigkeit im Klageverfahren durch Gutachten bewiesen werden.

• Keine angemessene Arbeit bzw. Erwerbslosigkeit. Frauen, die sich bei ihren Unterhaltsforderungen darauf berufen, arbeitslos zu sein, müssen harte Kriterien erfüllen. Sie müssen nachweisen, sich regelmäßig und umfassend – aber erfolglos – um Arbeit zu bemühen. Außerdem besteht die Verpflichtung, sich ausbilden, fortbilden oder umschulen zu lassen, wenn nur so eine angemessene Arbeit zu bekommen ist.

• Ein niedriger Verdienst, der zu einem sogenannten »Aufstockungsunterhalt« berechtigt. Diese Form des Unterhalts kann für Frauen, deren Einkommen weit unter dem des ehemaligen Partners liegt, sehr wichtig sein. Allerdings führt nicht jedes Einkommensgefälle automatisch zu einem Anspruch auf Aufstockungsunterhalt. Es wird immer der Einzelfall geprüft.

• Ausbildung, Fortbildung, Umschulung oder der Aufbau einer eigenen beruflichen Existenz. Auch hier gelten sehr harte Kriterien, denn es besteht kein allgemeiner Ausbildungsanspruch nach einer Scheidung. Chancen auf befristeten Unterhalt haben unter Umständen jene Frauen, die ehebedingt ihre Ausbildung abgebrochen haben.

• Sonstige schwerwiegende Gründe, zum Beispiel die Betreuung eines schwerbehinderten Kindes oder die Pflege eines Angehörigen.

Generell besteht nur dann Anspruch auf Unterhaltszahlungen, wenn man selbst bedürftig und der ehemalige Partner leistungsfähig ist.

Jede Frau sollte bedenken: Auch wenn sie von ihrem ehemaligen Partner großzügige, vielleicht auch freiwillige Unterhaltsleistungen erhält, sollte der Aufbau einer eigenen Berufslaufbahn und einer eigenen Altersversorgung nicht verzögert werden.

Unterhaltshöhe

Grundsätzlich entscheidet das Gericht immer nach dem Einzelfall – zum Beispiel nach der Dauer der Ehe – wenn feststeht, daß grundsätzlich Unterhalt verlangt werden kann.

Maßstab für die Unterhaltshöhe sind die ehelichen Einkommens- und Vermögensverhältnisse, die den Lebensstandard in der Ehe prägten. Zur Ehezeit zählt auch das Trennungsjahr. Meist bemessen die Gerichte den Unterhalt nach einer Quote, die zwischen 40 und 50 Prozent (= etwa 3/7) des verfügbaren Nettoeinkommens des Mannes liegt, wenn die Frau selbst kein Einkommen hat.

Haben beide – Mann und Frau – ein eigenes Einkommen, bezieht sich die Unterhaltssumme meist auf die Differenz zwischen den beiden Einkommen (= Aufstockungsunterhalt).

Berechnungsmethode

Es gibt zwei Berechnungsmöglichkeiten, die »Anrechnungsmethode« und die »Differenzmethode«, die zu höchst unterschiedlichen Unterhaltssummen führen. Entscheidend ist jeweils, ob, wann und warum eine Frau ihre Erwerbstätigkeit aufgenommen hat:

• Wenn Sie kein Einkommen haben und derzeit zum Beispiel noch ein kleines Kind betreuen (▷ Anspruchsgründe, Seite 112), haben Sie Anrecht auf 3/7 des bereinigten monatlichen Nettoeinkommens des Mannes (Fall A).

• Wenn Ihr Kind bereits älter ist und Sie während der Scheidungsphase wieder ins Berufsleben einsteigen, wird Ihr Einkommen nicht als Bestandteil des »gemeinsamen ehelichen Topfes« angesehen. Dadurch bleibt die Unterhaltszahlung äußerst gering. Sehr oft ergibt sich gar kein Unterhaltsanspruch (Fall B).

• Wenn Sie kontinuierlich – auch mit Kind – erwerbstätig waren und damit in der Ehe zum gemeinsamen Lebensunterhalt beigetragen haben, geht das Gericht von einer »trennungsunabhängigen Erwerbstätigkeit« aus und wendet die »Differenzmethode« an. Die bereinigten Nettoeinkommen von Mann und Frau werden dann als »gemeinsamer Topf« angesehen. Für die weniger verdienende Seite besteht die Möglichkeit, einen Aufstockungsunterhalt zu erhalten (Fall C).

Säumige Zahler

Ein Unterhaltsanspruch ist keine Garantie dafür, daß der Mann auch tatsächlich zahlt. Aus der Rechtspraxis ist bekannt, daß nur knapp 50 Prozent der unterhaltspflichtigen Männer freiwillig ihren Zahlungen an ihre ehemalige Frau und Kinder nachkommen.

Frauen, die ihre Ansprüche geltend machen wollen, müssen sie vor Gericht einklagen. Im Notfall kann dann auf dem Rechtsweg eine einstweilige Verfügung oder Anordnung erwirkt werden. Werden die Zahlungen weiter verweigert, kann eine Zwangsvollstreckung veranlaßt werden.

Der Zugewinnausgleich

Die meisten Ehepaare leben als Zugewinngemeinschaft (▷ Seite 93). Unter dem Zugewinn versteht der Gesetzgeber die Differenz zwischen dem Anfangs- und dem Endvermögen eines jeden Ehegatten. Bei einer Scheidung wird nun geprüft, wer welchen Zugewinn in der Ehe erwirtschaftet hat und ob sich aus der Differenz der beiden Zugewinnteile eine Zahlungsverpflichtung des einen an den anderen Partner ergibt.

Der Stichtag für die Errechnung des Zugewinns ist der Tag der Zustellung des Scheidungsantrages. Die Trennungszeit gilt also juristisch immer als Ehezeit. Dieser Aspekt kann entscheidend wichtig werden, wenn die früheren Ehepartner bereits längere Zeit, vielleicht schon über Jahre getrennt leben und währenddessen unterschiedliche Vermögenswerte ansparen oder ausgeben.

Nachteil für Familienfrauen beim Unterhalt

Fall A	Fall B	Fall C
Mann: Bereinigtes Nettoeinkommen von: DM 3.000 **Frau:** Ist ausschließlich im Haushalt und in der Kinderbetreuung tätig: Kein Einkommen Kind 8 Jahre alt	**Mann:** Bereinigtes Nettoeinkommen von: DM 3.000 **Frau:** Beginnt während des Scheidungsverfahrens mit Erwerbsarbeit und verdient ein bereinigtes Nettoeinkommen von: DM 1.500 Kind 9 Jahre alt	**Mann:** Bereinigtes Nettoeinkommen von: DM 3.000 **Frau:** War während der Ehe durchgehend erwerbstätig und verdient ein bereinigtes Nettoeinkommen von: DM 1.500 Kind 9 Jahre alt
Berechnung des Unterhalts	**Berechnung des Unterhalts**	**Berechnung des Unterhalts**
3/7 des bereinigten Nettoeinkommens des Mannes **DM 1.285,71**	3/7 des bereinigten Nettoeinkommens des Mannes **DM 1.285,71** minus eigenes Einkommen der Frau **– DM 1.500** **(– DM 214,29)**	Die Differenz zwischen dem Einkommen des Mannes und dem der Frau beträgt DM 1.500, davon 3/7 **DM 642,85**
Unterhaltsanspruch für die Frau: DM 1.285,71 **Monatliches Einkommen DM 1.285,71**	**kein Unterhaltsanspruch für die Frau** **Monatliches Einkommen DM 1.500,00**	**Aufstockungsunterhalt für die Frau: DM 642,85** **Monatliches Einkommen DM 2.142,85**

Berechnung des Zugewinns

Wer sich einvernehmlich scheiden läßt, kann die Berechnung des Zugewinns gemeinsam mit den AnwältInnen oder MediatorInnen klären. Nur bei strittigen Fällen entscheidet das Gericht auf Antrag. Dafür wird jeweils das Anfangsvermögen beider Ehepartner und deren Endvermögen ermittelt. Prinzipiell geht es nicht nur um Sparbücher, sondern auch um Wertpapiere, Bausparverträge, Lebensversicherungen oder Grundeigentum. Zum Beispiel:

• Ihr Mann hat vor der Ehe 10.000 DM angespart und ein kleines Appartement für 80.000 DM gekauft. Während der Ehe kommen Zinsen im Umfang von 1.500 DM auf das Sparbuch. Noch während der Ehe verkauft Ihr Mann sein Appartement und erhält dafür 120.000 DM. Unter Berücksichtigung der Geldentwertung macht er mit dem Appartementverkauf einen Gewinn von etwa 20.000 DM. Ingesamt beträgt »sein« Zugewinn in der Ehe also etwa 21.500 DM.

• Ihre Rücklagen vor der Ehe stammen aus einer Erbschaft von Ihrem Vater. Er hat Ihnen Wertpapiere im Umfang von 20.000 DM hinterlassen, die im Laufe der Ehe einen Ertrag von 4.500 DM gebracht haben. Ingesamt macht »Ihr« Zugewinn in der Ehe also 4.500 DM aus.

• Der »Zugewinnausgleich« besteht in dessen Teilung: Aus dem Zugewinn des Mannes stehen Ihnen 50 Prozent, also 10.750 DM zu, während der Partner ebenfalls Anspruch auf die Hälfte Ihres Zugewinns, also auf 2.250 DM, hat. Das heißt, der Ausgleich liegt bei 8.500 DM, die Ihnen Ihr Mann nach der Scheidung zahlen muß.

Der Versorgungsausgleich

Der Versorgungsausgleich wurde in Deutschland 1977 eingeführt, um geschiedene Frauen, die während der Ehe keine sichere Altersversorgung aufbauen konnten, nach der Scheidung besser abzusichern. Den Ausgleich der Versorgung muß das Gericht von sich aus prüfen, wobei es immer nur um solche »Anwartschaften« geht, die während der Ehezeit erworben wurden; zum Beispiel in der gesetzlichen Rentenversicherung, aber auch in einer betrieblichen, berufsständischen, beamtenrechtlichen oder anderen Altersversorgung. Es wird alles erfaßt, auch die Lebensversicherungen, die sich auf Rentenbasis angesammelt haben. Ausgeglichen werden nur die Unterschiede:

• Ihr Ehemann hat während der Ehe in der gesetzlichen Rentenversicherung Anwartschaften in Höhe von 1.200 DM monatlich erworben.

• Sie haben durch weniger Beitragszeiten in der Ehe nur eine Anwartschaft in Höhe von 500 DM erworben. Die Differenz zwischen Ihrer und der Anwartschaft Ihres Mannes beträgt 700 DM.

• Das Gericht überträgt danach die Hälfte der Differenz auf Ihr Rentenkonto. Der Versorgungsausgleich zu Ihren Gunsten beträgt 350 DM.

Achtung: Schuldenfalle

In der Zugewinngemeinschaft (▷ Seite 93) bleibt ein geerbtes oder mit in die Ehe gebrachtes Haus oder Grundstück Eigentum desjenigen, der es mitgebracht hat. Darlehen für dieses Objekt müssen jedoch all jene bezahlen, die die Kredit-Verpflichtung unterschrieben haben – auch wenn ihnen das Objekt nicht gehört. In diese Falle laufen noch immer viele Frauen, wenn sie nach der Scheidung für Wohnungs-, Haus- oder Autokredite aufkommen müssen, obwohl sie keines dieser Objekte besitzen.

Einen wirksamen Schutz vor dieser Art von Geldforderungen nach einer Scheidung gibt es nur, wenn Sie den Grundsatz beachten:

• Unterschreiben Sie Kreditverträge in der Ehe nur, wenn Sie in gleichem Maße wie Ihr Mann von dem geliehenen Geld auch *nach* einer Trennung oder Scheidung profitieren! (▷ Unterschrift »aus Liebe«, Seite 425) So sollten Sie zum Beispiel bei Kreditaufnahmen für Immobilien Ihren Miteigentumsanteil in das Grundbuch eintragen lassen.

F.B.

Allein leben

Alle Frauen leben einen Teil ihres Lebens allein: nach dem Auszug aus dem Elternhaus, während der Ausbildung und ersten Berufsjahre, zwischen den Versuchen, mit einem Partner oder einer Partnerin zu leben, und häufig im Alter. Bei den einen ist dieses Alleinleben als Übergangsstadium gedacht, bei anderen dauerhafte Lebensform. Endgültig ist die Entscheidung nie, denn meist stellt sich die Frage in verschiedenen Lebensabschnitten wieder neu.

Wie Umfragen zeigen, kommen Frauen mit dem Alleinleben relativ gut zurecht – und deutlich besser als solo lebende Männer. Bei der Überlegung, ob sie sich binden wollen, sind sie um so wählerischer, je zufriedener sie mit ihrer beruflichen Situation sind. Geschiedene Frauen mit einem anspruchsvollen Beruf heiraten längst nicht so bald wieder wie geschiedene Männer oder wie Frauen, die einem ungeliebten Beruf nachgehen.

Die Medien zeichnen vom Alleinleben gern das schillernde Bild des »Swinging Single«: Jugendliche oder sich jung fühlende »Überzeugungs-Singles«, die ihre Lebenslust bis weit in die Nacht mit wechselnden PartnerInnen ausleben. Sie heben ab auf die jungen Menschen, die ihre erste eigene Wohnung haben, oder diejenigen, die nach einer Trennung das tun, was sie sich in der Zeit des Gebundenseins versagt haben. Neugierig und experimentierfreudig stürzen sie sich in ein Leben, das sich vor allem um die eigene Person dreht. Den Wunsch nach einer festen Beziehung und nach Kindern muß das nicht ausschließen – er kann allerdings auf später verschoben werden.

Dieser verlockende Traum erfüllt sich für viele Menschen, die sich bewußt für das Alleinleben entschieden haben, bestenfalls für einige Zeit. Gänzlich unerreichbar erscheint er denen, die unfreiwillig in das Alleinleben geworfen wurden.

Bewußt entschieden

Nicht gerade als Swinging Single, aber zufrieden leben Frauen, die nach aufreibenden Partnerschaften das Alleinleben als die für sie beste Variante akzeptiert haben. Selbst wenn sich ihr Wunsch eigentlich auf eine Beziehung richtet, so sind sie doch nicht mehr bereit, dafür mühsam erarbeitete Freiräume aufzugeben oder ihre Kraft aufs neue in fruchtloser Beziehungsarbeit zu verschleißen. Wer sich bewußt und voll Überzeugung für das Alleinleben entscheidet, kann es fast immer genießen.

Unfreiwillig

Zum Problem kann das Alleinleben für jene Frauen werden, die es als persönliche Notlage oder Schicksalsschlag empfinden. Frauen, die ihren Partner oder die Partnerin durch Tod verloren haben, werden erst nach der Trauerphase fähig, dem Alleinleben schöne Seiten abzugewinnen. Diese Umstellung wird allerdings schwieriger, je älter die Zurückbleibenden sind.

Ebenfalls dramatisch erleben jene ihre Situation, die von ihrem Partner wegen einer anderen Frau verlassen werden. Ihnen scheint es so, als dokumentiere ihr Alleinleben nun für alle Außenstehenden sichtbar ihr persönliches Scheitern. Kaum ein Frau ist so selbstbewußt, daß sie das abschüttelt. Diese Frauen können die schönen Seiten des Alleinlebens kaum wahrnehmen; ihnen fehlt es lange an der Kraft, ihr Leben umzugestalten.

Das Leben gestalten

Allein zu leben bedeutet, sein Leben selbst zu organisieren und zu strukturieren. Für die ganz Jungen eine Aufgabe unter vielen, für die, die aus einer längeren Partnerschaft kommen, eine Herausforderung. Es gilt, die eigenen Interessen, Wünsche und Fähigkeiten wieder zu entdecken.

Versuchen Sie, möglichst klar zu definieren, was Alleinleben derzeit für Sie bedeutet und was es in der Zukunft bedeuten kann:

- Ist es die bewußte Entscheidung für ein Leben ohne größere Kompromisse?
- Betrachten Sie es als Phase, in der Sie sich selbst und Ihre Identität finden wollen?
- Ist es das akzeptierte Resumée mehrerer vergeblicher Partnerschaftsversuche?
- Ist es eine aufgezwungene Art zu leben, gegen die Sie innerlich aufbegehren?
- Ist es Schicksal, das Sie ertragen?
- Ist es die Lebensform, in der Sie sich wohlfühlen, mit der Sie gut zurechtkommen?

Wer sein Alleinleben bejaht, genießt die Möglichkeiten und läßt sich durch besserwisserische Kommentare nicht verunsichern. Dann ist der Urlaub mit der Freundin eine bewußte Entscheidung und keine Notlösung. Dann besteht die Ernährung aus gern Gegessenem und wohl Ausgewähltem und nicht aus Dosengerichten und Tütensuppen. Dann beenden Einladungen die Serie deprimierender Abende vor dem Fernseher.

Voraussetzung dafür ist, sich von der Idee zu lösen, nur zu zweit komplett zu sein – eine Botschaft, mit der wir alle aufwachsen und die das innere Bild weitgehend bestimmt. Allein fühlen sich Frauen irgendwie unvollständig, nur »halb« und schutzlos; weil die Welt anscheinend nur aus Paaren besteht, meiden sie gesellschaftliche Ereignisse oder Restaurantbesuche. Erst wenn es gelingt, sich von diesem Bild zu lösen und sich als neues »Ganzes« zu definieren, erweitern sich die Möglichkeiten, zufrieden zu leben.

Frei sein

Nach einer längeren Zeit der Bindung genießen es viele Alleinlebende, sich nicht mehr nach den Bedingungen des Partners richten zu müssen. Sie können die Wohnung möblieren, ohne über Stilfragen

Ehelosigkeit im Mittelalter

Allein zu leben war im Mittelalter durchaus nicht ungewöhnlich. Meist war es das Ergebnis von Armut. Viele Frauen mußten aber auch unverheiratet bleiben, weil die Männer aus den vielen, langen Kriegen nicht zurückgekommen waren.

Kaum jemand konnte sich den Luxus leisten, um der Liebe und des Glückes willen zu heiraten. Die meisten Ehen wurden geschlossen, um Hab und Gut zu mehren bzw. seinen Stand zu verbessern. So schützten die Handwerker ihre Zunft zum Beispiel durch strenge Heiratsregeln vor unliebsamer Konkurrenz: Meist konnten nur Meister und Meisterinnen heiraten bzw. nur die Frauen, die durch Mitgift in Form von Geld oder Grund attraktiv waren.

Adelige Frauen wurden grundsätzlich aus der Vormundschaft ihrer Väter in die einer Ehe entlassen. Unverheiratet konnten sie nur bei ihrer Familie bleiben.

Für zahlreiche Frauen, die absehen konnten, daß sie allein bleiben würden, war die Entscheidung, ins Kloster zu gehen, eine Lebensstrategie und weniger Ausdruck ihrer Gottgläubigkeit. Dort hatten sie eine Chance, der Verzweiflung aufgrund ihrer sozialen Entwurzelung oder gar dem Tod infolge Armut zu entkommen. Frauen von höherem Stand fanden im Kloster den einzigen gesellschaftlich akzeptierten Ort, an dem sie relativ frei waren von der Vormundschaft der Männer.

Ende des 12. Jahrhunderts formierte sich, vom belgischen Lüttich ausgehend, eine Religionsgemeinschaft, in der vorwiegend Frauen eine Antwort auf ihre soziale Lage suchten: die Beginen. Der Zusammenschluß bot ihnen zum einen materielle Versorgung, zum anderen suchten sie eine Lebensform, in der sie nicht die Kontrolle durch Vater oder Ehemann gegen die durch die Kirche eintauschten. Leitgedanken dieser rund 300 Jahre wirksamen »Frauenbewegung« waren vor allem Unabhängigkeit und eigenverantwortliches Handeln.

Zwei Gruppen von Beginen kristallisierten sich mit der Zeit heraus: Die, die aus dem Kreis der Adeligen und der wohlhabenden Bürgerfrauen kamen, waren fast ausnahmslos seßhaft. Sie lebten in klosterähnlichen Einrichtungen, den Konventen, und sicherten ihren Lebensunterhalt durch Arbeit. Sie widmeten sich der Krankenpflege oder Bestattung, dem Textilhandwerk oder waren als Erzieherinnen tätig. Der zweiten Gruppe, den sogenannten häretischen Beginen, schlossen sich die mittellosen Frauen aus dem Bauern- oder Handwerkerstand an. Diese Beginen zogen meist mit den »Brüdern und Schwestern vom Freien Geiste« sowie wandernden Predigern umher und lebten vorwiegend vom Betteln, gelegentlich auch von Diebstahl und Prostitution. Wegen dieser von der Not diktierten »freizügigen« Lebensweise und ihrer vom allgemeinen Frömmigkeitsgedanken abweichenden Religiosität wurden sie schon kurz nach ihrem Entstehen von der Kirche gemaßregelt. 100 Jahre später, mit dem Beginn des 14. Jahrhunderts, verfolgte die Geistlichkeit seßhafte wie umherschweifende Beginen unterschiedslos als Ketzerinnen oder Hexen.

Im Zuge der Reformation wurden in Deutschland die Beginenhäuser aufgelöst. Allein in Belgien und den Niederlanden konnten sie sich bis in unser Jahrhundert erhalten.

diskutieren zu müssen. Sie reisen in die Länder, deren Klima ihr Partner nicht vertrug. Ihre Zeiteinteilung folgt nur noch dem eigenen Bedürfnis. Sie hören die Musik, die ihnen gefällt, und leben in der Ordnung, die ihnen paßt.

Ohne Anforderungen durch jemand anderen, aber auch ohne fremde Anregungen wird die Verantwortlichkeit für das eigene Leben spürbar. Gerade dieses aber kann auch abschrecken, denn nun gilt es, alles alleine zu entscheiden (▷ Allein auf sich gestellt, Seite 121).

Unabhängig sein

Allein zu leben bedeutet vorerst nur, mit niemand anderem zusammenzuleben – weder Familie, noch PartnerIn oder FreundInnen. Bei manchen wächst dabei die Sorge, im Laufe des Alleinlebens die Bereitschaft und Fähigkeit zu verlieren, einen anderen Menschen noch wirklich nahe an sich heranzulassen. Tatsächlich kann dies geschehen, wenn man sich für ein langes Alleinleben in Zurückgezogenheit entscheidet oder sich im Kontakt mit anderen gleich wieder in sein Schneckenhaus zurückzieht, wenn Nähe spürbar wird oder Konflikte ausgetragen werden müssen. Wer sich jedoch weiterhin mit anderen austauscht und mit ihnen streitet, verliert die Fähigkeit zur Bindung kaum. Dafür brauchen Alleinlebende allerdings viel Eigeninitiative. Freundschaften wollen geknüpft, gepflegt und erhalten werden (▷ Freundinnen, Seite 127). Besonders nach einer längeren Partnerschaft müssen viele Frauen neu lernen, wie sie mit fremden Männern in Kontakt kommen; das Flirten haben viele inzwischen verlernt (▷ Seite 123).

Hilfreich kann für sie sein, sich bewußt zu machen, daß sie niemandem Rechenschaft darüber ablegen müssen, was sie tun oder lassen. Ob das extravagante Kleid finanzierbar oder der Discobesuch angemessen war, entscheiden sie selbst. Sie können Neues ausprobieren – vielleicht in fremder Umgebung –, und sie müssen niemandem erklären, ob sie in der vergangenen Nacht mit einer Frau, einem Mann oder allein geschlafen haben.

Zahlenspiegel

Von den 22,6 Millionen Frauen über 25 in Deutschland lebte Anfang der Neunziger Jahre knapp ein Drittel ohne festen Partner. Mehr als fünf Millionen – überwiegend Witwen – lebten allein für sich. Gut zwei Millionen alleinstehende Frauen wohnten mit Verwandten oder in der Gemeinschaft mit anderen. Auch von ihnen waren die meisten verwitwet. Über 700.000 sind alleinerziehende Mütter mit Kindern. Die meisten dieser Frauen sind geschieden.

Finanzielle Hilfen

Neben inneren Voraussetzungen bestimmen vor allem finanzielle Spielräume die Zufriedenheit. Eine gesicherte berufliche Existenz hilft entscheidend, sich auf eigene Füße zu stellen. Ansonsten gilt es, alle Rechtsansprüche, etwa auf Unterhaltsleistungen für sich und die Kinder, oder die Möglichkeit eines Versorgungsausgleichs voll auszuschöpfen. Bescheidenheit oder übertriebene Zurückhaltung sind dabei unangebracht. Frauen, die unsicher sind, ob sie tatsächlich das Geld bekommen, das ihnen zusteht, sollten sich bei den Beratungsstellen der Wohlfahrtsverbände erkundigen.

Viele Alleinlebende scheuen sich, an öffentliche Stellen heranzutreten, wenn sie mit dem Geld nicht auskommen. Für Frauen mit geringem Einkommen ist Ebbe im Portemonnaie jedoch eine alltägliche Erfahrung. Alleinleben ist die teuerste Lebensform – und sie ist wahrhaftig nicht immer frei gewählt. Die Sozialämter sind verpflichtet, diejenigen zu unterstützen, deren Lebensunterhalt nicht gesichert ist. Dies kann sich in monatlichen Zahlungen oder in Einzelleistungen ausdrücken.

Allein auf sich gestellt

So reizvoll der Gedanke ist, allein bestimmen zu können, so mühsam kann die Existenz sein, wenn alles allein getan werden muß. Der Kühlschrank gibt nur her, was vorher eingekauft wurde; den Wadenwickel muß sich die fiebernde Single-Frau selbst machen. Wenn Alleinlebende auch nicht jeden Schaden an der Waschmaschine selbst beheben oder die Steuererklärung selbst abfassen müssen, so bedeutet es doch, daß nur das geschieht, was man selbst veranlaßt hat. Jemand muß beauftragt oder gebeten werden.

Manche Frau stürzt sich am Beginn ihres Singledaseins voller Tatendrang auf all die Angelegenheiten, die bis dahin der Mann an ihrer Seite erledigt hat: Wohnung tapezieren, Steckdosen reparieren, Steuer- und Banksachen. Andere verzweifeln schier an dem Wust ungewohnter Aufgaben. Wichtig ist, den Weg dazwischen zu finden, auf dem sich unbeschwert wandern läßt. Für die Ehrgeizigen bedeutet das, sich zu bezähmen, für die Furchtsamen, sich zu trauen.

Hilfe von anderen

Fast alles Notwendige können Frauen selbst machen – sie können es aber auch delegieren: an HandwerkerInnen, Haushaltsdienste oder an kompetente Leute aus dem Freundeskreis. Damit die Kosten für die Hilfsleistungen keine riesigen Löcher in das meist ohnehin schmale Budget reißen, lohnt es sich, alle anstehenden Arbeiten einmal nach den eigenen Fähigkeiten, Interessen und den Notwendigkeiten aufzulisten:

- Was mache ich gerne? Worin habe ich schon Übung? Renovierungs- oder Gartenarbeiten? Papierkram, Installations- oder Elektroarbeiten?
- Was kann ich nicht, kann mir aber vorstellen, es zu lernen?
- Was ist mir so zuwider, daß ich es auch nicht üben will?
- Was ist so teuer, daß ich es lernen will, um die Kosten zu sparen?
- Was sollte ich lernen, weil es so häufig getan werden muß, daß sich auch geringe Beträge zu stattlichen Summen addieren?

Wer Neues lernen will, findet in Volkshochschulen und bei privaten Initiativen Kurse zur Anleitung.

Schon allein das Gefühl, sich Geschicklichkeit und Durchhaltevermögen in einem fremden Arbeitsbereich bewiesen zu haben, gibt enormen Auftrieb und Befriedigung. Nachdem das eigene Können erprobt wurde, haben Sie die Wahl: Will ich es tatsächlich fortan selbst tun, oder will ich die eher ungeliebten Arbeiten delegieren?

Entbehrungen

Sehnsucht nistet sich bei jenen ein, die eine Beziehung, ein Leben zu zweit suchen, aber nicht finden. Zu fast jedem Solo-Alltag gehört, mit bedrückender Einsamkeit und mit der Sehnsucht nach einem

TIP

Vorgesorgt

- Hinterlegen Sie einen Reserveschlüssel für Wohnung und Auto bei FreundInnen.
- Tun Sie das gleiche mit Kopien von Versicherungspapieren, Reisepaß und Geburtsurkunde, damit Sie nach einem Einbruch oder Brand leicht Ersatz beschaffen können.
- Vereinbaren Sie mit einer vertrauten Person, was getan werden soll, wenn Sie aus unerklärlichen Gründen eine ungewöhnlich lange Zeit nicht erreichbar sind. Legen Sie die Zeitspanne fest.
- Legen Sie in Ihre Ausweispapiere eine Nachricht ein, wer im Notfall verständigt werden soll.
- Besprechen Sie mit dieser vertrauten Person, was sie bei Krankheit oder Tod veranlassen soll.

»Du«, auch nach körperlicher Nähe umgehen zu lernen. Schließlich müssen Alleinlebende auf vieles verzichten, was für Zusammenlebende selbstverständlich ist: die Kontinuität des Austauschs, die Selbstverständlichkeit, daß ein Ansprechpartner da ist, das brennende Licht, wenn man nach Hause kommt, die Wärme und Zärtlichkeit eines anderen – ohne Absprache, ohne organisiertes Treffen.

Single-Fest

Das Kleid ist schick, der Anzug flott. Ein dezenter Ton macht die Musik. Keine »Fisch-sucht-Fahrrad-« oder »Lonely-Heart-Party«, sondern ein Single-Ball in einer deutschen Großstadt. Ein bißchen Etikette soll schon sein; das macht es den Alleinstehenden älteren Jahrgangs leichter, obwohl sie viel weniger berührungsscheu sind als die SkeptikerInnen der jüngeren Single-Generation. Die Graumelierten betreten denn auch als erste die Tanzfläche. »Darf ich bitten?« Die Floskel von früher erleichtert die heikle Prozedur des Kennenlernens.
Der Saal ist voll; mehr als 400 Eintrittskarten wurden verkauft. Das erzwingt Nähe ohne Absicht. Es ist schwer, nicht in Kontakt zu kommen. Das Alter der Gäste bewegt sich zwischen Mitte Zwanzig und 50; das Gros stellen Mittdreißiger bis Mittvierziger. Wie immer, sind auch an diesem Abend die Männer in der Überzahl.
Ein solches Abendvergnügen bietet Singles hochgeschätzte Vorteile. Ein »Fehlgriff« nach jemandem, der oder die bereits liiert ist, ist unwahrscheinlich. So kommt man denn auch rasch zum Persönlichen: Sternzeichen und Aszendent, Morgenmuffel oder Nachteule, RaucherIn oder nicht. Die Fragen sind Auswahlkriterien für die Überlegung, ob man sich noch weiter füreinander interessiert. Der Gesprächsstil ist offen, man offenbart sich ungeniert: »Ich bin schon drei Jahre allein« oder »Ich habe mich nach der Scheidung lange zu Hause verkrochen«. Die meisten Singles vertreten hier ihre Wünsche sehr selbstbewußt. Für Zurückhaltende vermitteln Angestellte Botschaften. Man tauscht Telefonnummern und Adressen aus.

Um sich aus grauen Tagen wieder ans Licht zu retten, entwickelt jede ihre eigenen Strategien. Manche Frauen schütten ihr Herz bei Freundin oder Freund aus. Andere tun sich etwas Gutes, indem sie sich etwas Schönes kaufen, ins Theater oder Kino gehen oder Sport treiben. Wieder andere gehen zum Friseur, zur Kosmetikerin oder zur Massage.

Eine Analyse der Lebenssituation empfiehlt sich für alle, die immer wieder und über lange Phasen in ein Tief fallen, in dem das ganze Leben trübe und aussichtslos erscheint. Wer sich über längere Zeit, mehrere Wochen oder sogar Monate daraus nicht befreien kann, sollte professionelle Hilfe suchen.

- Stimmen die äußeren Bedingungen der Lebensform Alleinleben noch? Bin ich mit meiner Wohnsituation, mit meiner Umgebung zufrieden? Braucht das berufliche Leben einen Kick?
- Fehlen mir Anregungen, Austausch, Kontakte mit anderen Menschen? Läßt sich das Arbeitsleben mit mehr Kontakten anreichern? Könnte mich ein Ortswechsel vertrauten Menschen näherbringen?
- Wo treffe ich Gleichgesinnte? Muß ich meine Außenaktivitäten ankurbeln: Kino, Theater, Einladungen, politische Veranstaltungen, Sport?

Krisentage – Krisenzeiten

Feste, wie Weihnachten, Silvester oder Geburtstag, sind für viele Alleinlebende Krisentage. Üblicherweise treffen sich an solchen Tagen alle, die zusammengehören, in einer freundlichen Atmosphäre. Bei fast allen Menschen reicht die Sehnsucht, sich in einer Familie geborgen zu fühlen, von den Kindertagen bis ins Alter (▷ Familie, Seite 333). Selbst wenn die Erfahrung sie gelehrt hat, daß sich dieses wohlige Gefühl nicht immer einstellt, fühlen sich viele Singles an solchen Tagen besonders einsam. Ihr Bedürfnis, Geborgenheit zu spüren und zu geben, bleibt unbefriedigt.

Zu Weihnachten greifen selbst die sonst üblichen Hilfsmittel nicht: FreundInnen und Bekannte sind in ihren eigenen Familien eingebunden, viele kulturelle Einrichtungen, Sportcenter oder ähnliches sind geschlossen. Ohne Ablenkung, nur sich selbst zur Gesellschaft, fällt vielen die Decke auf den Kopf.

Am besten können sich Alleinlebende vor dieser Krisenzeit schützen, wenn sie sich möglichst frühzeitig darauf vorbereiten. So begeben sich beispielsweise viele Singles zum Jahreswechsel auf Reisen, obwohl die Zeit zwischen Weihnachten und Neujahr die teuerste Reisezeit des Jahres ist. Andere suchen schon frühzeitig nach ihresgleichen und organisieren ein Fest, oder lassen sich zu einem solchen einladen.

Alleinlebende brauchen sich jedoch nicht unbedingt in Aktivitäten zu stürzen. Wichtig ist, daß sie sich bewußt entscheiden und frei wählen, wie sie die Tage gestalten wollen. Vielleicht sitzen sie zu Hause und stöbern in alten Fotos und Briefen. Vielleicht laden sie FreundInnen ein, vielleicht gehen sie allein unterm Sternenhimmel spazieren. Vielleicht erledigen sie all das Liegengebliebene, vielleicht erkunden sie aber auch, welche Lokale den Trend zu »anders Weihnachten feiern« erkannt haben.

Kontakte knüpfen

Einen anderen Menschen kennenzulernen, erfordert Energie. Man will ihn auf sich aufmerksam machen, Sympathie wecken, attraktiv wirken. Doch gerade, wenn man einen liebenden Menschen schmerzlich vermißt, wenn man sich verlassen und ausgebrannt fühlt, hapert es mit der positiven Ausstrahlung. Erst auf dem Weg aus dem Stimmungstal heraus, wenn man sich selbst wieder mag, werden positive Signale wieder sichtbar. Diese sind nicht an Urlaubsbräune, extravagantes Outfit, Geld oder besondere Klugheit gebunden. Man vermittelt sie mit Blicken, Gesten, Mimik und der Sprache des Körpers.

Um einen Menschen für sich zu gewinnen, ist es unumgänglich, »unter Menschen« zu gehen. Nur im Märchen klopfen Prinzen und Prinzessinnen unerwartet an die Tür.

Wagnisse eingehen

Wer sich vornimmt, nur die Menschen anzusprechen, die den eigenen Wunschvorstellungen weitgehend entsprechen, steckt sich sehr hohe Ziele. Denn je anziehender man jemanden findet, desto gehemmter ist man meist. Doch der »Ernstfall« läßt sich üben. Mit etwas Aufmerksamkeit kann man die Gefahr, sich einen Korb zu holen, verringern.

- Für Experimente eignet sich am ehesten ein Ort, an dem Sie sich wohl und sicher fühlen. Fremdes Terrain, das Sie nur aufsuchen, um »ihm« zu begegnen, etwa eine Bar, macht unsicher. Unter dem Zwang, eine fremde Rolle zu spielen, leidet immer die Attraktivität.
- Sportveranstaltungen oder Live-Konzerte bieten reichlich Anknüpfungspunkte: »Haben Sie die Band schon einmal gehört?...die Mannschaft schon einmal so spielen sehen?« Zu dem Glas Bier oder Wein, bei dem eine solche »Abschlußbesprechung« stattfindet, kann auch die Frau den Mann auffordern. Nur trauen muß sie sich.
- Mit der Frage »Ist bei Ihnen noch ein Platz frei? Darf ich mich dazusetzen?« können Sie einen Anfang machen. Wünschen Sie wirklich Kontakt, sollten Sie dann aber auch einen Anschlußsatz nachschieben, der zum Sprechen einlädt. Nach einer Frage, die das Gegenüber nur mit »Ja« oder »Nein« beantworten kann, erstirbt das Gespräch bald.

Nähe, Wärme, Sex

Von Zeit zu Zeit entbehren alle Alleinlebenden, gleich welchen Alters, die selbstverständliche Nähe eines anderen Menschen. Jemand, der zuhört, der in den Arm nimmt, an den man sich kuscheln kann. Wie schön wäre es, auch wieder das Prickeln erotischer Spielereien zu spüren! Die Lust, mit jemandem durch die Kissen zu tollen. Solches Begehren wird auch durch das Wissen nicht geringer, daß Erotik und Lust in vielen altgedienten Beziehungen ein Schattendasein fristen.

Selbst attraktive, junge Frauen können nicht immer selbstverständlich dann auf einen Bettgespielen zurückgreifen, wenn ihnen danach ist. Und noch einmal schwerer haben es Frauen ab der Lebensmitte, deren hervorstechendste Eigenschaft nicht mehr ihre Jugendlichkeit ist.

Viele Frauen sind in ihren Möglichkeiten, Sexualität zu leben, eingeschränkt. Sie sind gefangen in der Botschaft aus Kindertagen, daß Erotik, Sexualität und Liebe zusammengehören und auf eine Dauerbeziehung hinauslaufen sollten. Daraus haben sie oft eine abwertende Haltung gegenüber bindungslosem Sex entwickelt, die Fantasie und Neugier blockiert. Nur wenn es gelingt, alte Tabus zu brechen, können Frauen durch Versuch und Irrtum auch in ihrem Sexualleben herausfinden, welche Lebensform am besten zu ihnen paßt.

Alleinlebende haben viele Freiheiten: Sie können ihre Attraktivität bis zum »One-night-stand« ausreizen, können einen Mann so lange vernaschen, bis der Sex mit ihm schal wird, sie können sogar testen, wie ihnen die käufliche Liebe schmeckt. Manche Frauen entdecken vielleicht, wie reizvoll es ist, erheblich jüngere oder erheblich ältere Männer für sich zu begeistern. Wer für dieses Ausprobieren den Schutz der Anonymität braucht, kann dazu auch in eine fremde Stadt fahren oder das Experiment in die Urlaubszeit legen.

Intimes

Manchen Frauen gelingt es leicht, Lust und Liebe als zwei getrennte Paar Schuhe zu tragen. Andere »garnieren« sich das Alleinleben mit einem oder mehreren Liebhabern. Mit solchen Männern verbindet sie zwar mehr als mit dem »Mann für eine Nacht«, doch in aller Regel sind auch diese Beziehungen nicht auf eine Bindung hin angelegt.

Zwischen zwanglosen Flirts und der Suche nach dem Märchenprinzen ist alles möglich. Es kann sich fortsetzen, wenn es gut tut, und wieder beendet werden, wenn die Frau sich eingesteht, daß das lockere Leben auf Dauer doch nichts für sie ist. Wichtig ist, die eigenen Grenzen wahrzunehmen, die Haltesignale von Seele und Körper zu spüren. Schließlich ist das Sich-Ausprobieren ähnlich anstrengend wie das Schwimmen in fremden Gewässern. Die Gefahr liegt darin, die Kraft zu erschöpfen und am Ende unterzugehen. Wer sich vom ständigen Reiz des Neuen überfordert fühlt, für den sind wohl Kontinuität und Verbindlichkeit die zuträglichere Lebensform.

Frauenwohnprojekte

Wohnprojekte, in denen Frauen aus verschiedenen Generationen, mit oder ohne Kinder, unter einem Dach leben, sind noch selten. Ein Beispiel aus Deutschland ist der Münchner Verein ERGO mit seinem Projekt »Frauen schaffen Wohnraum in München«. In der Schweiz ist das wohl bekannteste Wohnmodell für Frauen der Züricher »Brahmshof« des Evangelischen Frauenbundes. In Österreich ist der Frauenwohnkomplex an der Carminenstraße, ein Projekt im Rahmen der Stadterweiterung Wiens, als Modell anvisiert.

Wer auf ein solches Projekt nicht warten will, ergreift am besten selbst die Initiative und setzt die Idee in die Tat um, zum Beispiel, indem sie mit gleichgesinnten FreundInnen eine Wohnung oder ein Haus mietet.

KONTAKT

Verband alleinstehener Frauen e.V.
Postfach 6703, 97017 Würzburg, Tel.: 0931/7 52 90

Feministische Organisation von Planerinnen und Architektinnen (FOPA) e.V.
Adlerstraße 81, 44137 Dortmund

LITERATUR

Dorothee Schmitz-Köster
Frauensolo. Eine selbstbewußte Lebensform
Rowohlt, Reinbek; 1993. DM 12,90

Kontakt per Anzeige

Die Partnersuche über ein Inserat ist längst nicht mehr der letzte Schritt aus Verzweiflung. Oft ist sie die Reaktion auf unsere mobilen Lebensbedingungen: zu häufiger Ortswechsel, um einen stabilen Bekanntenkreis aufzubauen, zu ausgefüllter Terminplan, um sich spielerisch umschauen zu können. 100.000 Kontaktanzeigen werden Woche für Woche allein in den Printmedien der alten Bundesländer aufgegeben.

- Selbst inserieren oder reagieren? Wenn Sie selbst eine Anzeige mit Chiffre aufgeben, bestimmen Sie die Dauer Ihrer Anonymität, und Sie entscheiden, wen Sie aus den schriftlichen Reaktionen auswählen wollen. Wer hingegen selbst antwortet, muß mehr von sich preisgeben und trägt das größere Risiko.
- Kontaktbörsen im Radio und Fernsehen erfreuen sich großer Beliebtheit. Allerdings sind sie auf ein Publikum zwischen Kuschelrock, Pop-Musik und Unterhaltungsshow zugeschnitten.
- In Zeitungen und Zeitschriften wird am meisten inseriert. In welcher Sie dies tun wollen, sollten Sie länger überlegen: Hat das Blatt eine geringe oder hohe Auflage? Erscheint es regional oder überregional? Ist es ein Blatt für jedermann oder eher für »kluge Köpfe«? Spricht es eine bestimmte Szene an?
- Ihr Anzeigentext ist Ihre Visitenkarte. Nicht nur wegen des Preises gilt: In der Kürze liegt die Würze – dennoch sollten Sie Abkürzungen vermeiden. Sie machen eine Annonce oft unleserlich.
- Wen wollen Sie mit dem Text ansprechen? Eine sorgfältige und unmißverständliche Formulierung vermeidet Enttäuschungen. Entspricht Ihre Selbstbeschreibung hingegen eher Ihrem Wunschbild von sich als Ihrer realen Person, oder nähren Sie Hoffnungen, die Sie nicht erfüllen wollen, ist Enttäuschung vorprogrammiert.
- Sie können sich in einem Inserat vornehmlich selbst beschreiben. Sie können aber auch den Schwerpunkt mehr auf die Beschreibung Ihres Wunschkandidaten legen.
- Der Brief, mit dem Sie auf eine Anzeige reagieren, sollte handgeschrieben sein. Teilen Sie mit, was Ihnen an dem Inserat gefallen hat. Gehen Sie auf die Punkte ein, die dem Verfasser offenbar wichtig sind, fassen Sie sich aber kurz. Geben Sie schließlich eine Telefonnummer an (eventuell die einer Freundin), unter der Sie angerufen werden wollen.
- Dem Brief folgt in aller Regel ein Telefonat, bei Interesse eine Verabredung. Dazu eignen sich am ehesten öffentliche Orte, an denen man sich dennoch in Ruhe unterhalten kann. Die eigene Wohnung gibt sehr früh viel Intimes preis und könnte als Einladung zum Schäferstündchen mißverstanden werden. Orte, die Sie oft und gerne aufsuchen, sollten Sie lieber nicht mit einer möglicherweise negativen Erinnerung belasten.

LITERATUR

Constanze Elsner
Mann mit Tränensäcken sucht Frau mit Lachfalten. Ein Ratgeber für alle, die mit Kontaktanzeigen den Partner fürs Leben finden wollen
Bastei-Lübbe, Bergisch-Gladbach, 1994. DM 9,90

Achim Schwarze
Alles über Kontaktanzeigen. Fisch sucht Fahrrad
Eichborn, Frankfurt. DM 16,80

Born to be wild...
F.B.

Freundinnen

»Wenn ich keine Freundin hätte – ich weiß nicht, wo ich da wäre!« Nicht jede Frau sagt so klar, welchen Wert die Freundschaft zu Frauen für sie hat. Manche werden sich der Bedeutung erst dann bewußt, wenn sie als Teil im Beziehungsgeflecht fehlt.

Oft spiegelt die Freundin Stücke der eigenen Lebensgeschichte wider, das Auf und Ab der eigenen Entwicklung. Wie weit Freundinnen das Leben beeinflussen, gestaltet sich zwischen Kindergarten und Ruhestand in vielen Facetten. Dasselbe gilt für die Zeit und Intimität, die Freundinnen einander widmen. Meist weniger, wenn Partner oder Kinder im Mittelpunkt stehen, und mehr während der Jugend und in Phasen des Umbruchs.

Nichts ändert sich während all der Jahre an dem Bedürfnis, eine Vertraute in der Nähe zu wissen, die ein offenes Ohr für die Sorgen der anderen hat. Und fast jede wünscht sich diese Vertraute so stark, daß sie sie auffängt, wenn sie stürzt.

Nicht minder dringend ist eine Freundin, um Freude zu teilen. Freundinnen sind einander Gesprächstherapeutinnen, Klagemauern, Solidarpartnerinnen. Sie können Schutz bieten, wenn männliche Gewalt tobt: Sie sind aber auch der Spiegel des Verhaltens der anderen, Kritikerinnen und Mahnerinnen. Freundinnen pflegen einander, indem sie sich Gutes tun und Schweres zumuten.

Aufmerksamkeit und Zärtlichkeit ohne sexuellen Anspruch, Loyalität und Solidarität – diese Eigenschaften gehören zu einer »idealen« Frauenfreundschaft. Eine der Voraussetzungen, daß die Zuneigung zwischen zwei Frauen zur Freundschaft heranwachsen kann, ist, daß die beiden ihren Kontakt zueinander nicht ständig beschränken. Die Zeit füreinander muß ernst genommen werden und gegebenenfalls auch gegen den Widerstand eines Partners verteidigt werden.

Der Bund der Frauen

Freundinnen teilen ein Stück Lebensgeschichte miteinander, sie sind sich gegenseitig soziale und seelische Erdung. Jede lebt ihr Leben, vielleicht weit von der anderen entfernt, liebt andere Menschen. Ihre Bindung zueinander ist nicht verbrieft und versiegelt, kennt weder Haltbarkeitsgarantie noch Verfallsdatum. Von tiefer Solidarität bis zu schweren Vertrauenskrisen ist alles möglich. Keine kann sich sicher sein, daß die andere ihr nicht eines Tages verlorengeht oder daß sie mit dem Ehemann der anderen ins Bett geht.

Wie intensiv, aber auch ambivalent in einer Freundschaft Nähe, Distanz und Abgrenzung erlebt werden, hängt von Typ, Alter und Temperament ab. Während die eine frei und unverstellt über alles sprechen, auch mal schimpfen und schreien kann, tut sich die andere damit schwer. Die eine akzeptiert leicht, was die Freundin ihr rät, und weiß es praktisch umzusetzen, die andere läßt sich davon nur für einen Moment lang mitreißen. Sie schöpft neue Lebenskraft, indem sie Dampf abläßt, läßt aber alles beim alten (▷ Freundinnen-Konflikte, Seite 131).

Freundinnen suchen und finden beieinander sowohl gleichartige als auch abweichende Eigenschaften, Denkweisen und Gefühlslagen. Sie können einander nichts vormachen – die andere ist meist in der Lage, sie zu durchschauen. Selbst nach Jahren, in denen sie sich aus den Augen verloren haben, braucht es nur einen kurzen Moment des Wiedererkennens, und die alte Vertrautheit, die aus der gemeinsamen Geschichte resultiert, ist wieder da.

Frauenfreundschaften bestehen oft über lange Zeit. Große Unterschiede hindern sie nicht. Oft lassen sich verschiedene Bedürfnisse mit verschiedenen Frauen besonders gut befriedigen: Mit der einen läßt sich trefflich analytisch denken, mit der anderen wunderbar reisen, die dritte teilt das Faible für verrückte Unternehmungen und die vierte das politische Engagement. Unter ihresgleichen erscheint es Frauen viel selbstverständlicher als gegenüber einem Mann, unterschiedlichen Interessen nachzugehen und in verschiedenen Lebensphasen jeweils andere Bedürfnisse auszuleben.

Freundschaft zwischen Frau und Mann

Selbst nach Jahren des Zusammenlebens bleiben viele Männer für Frauen ein »fremder Kontinent«. Sie leben in anderen Zusammenhängen, mit einem anderen Körpergefühl und schaffen sich ihre seelische Balance anders als Frauen. In vielem erscheinen sie den Frauen unverständlich. Es scheint einfach nicht ihrer Art zu entsprechen, Gedanken und Empfindungen transparent zu machen. Dabei wüßten Frauen so gern, welche Gedanken sich hinter den Worten der Männer verbergen, und was sie empfinden. Nur so können Frauen verstehen, wie die Männer die Welt sehen, die sie mit ihnen teilen.

Im Denken und Verhalten von Männern erleben Frauen oft Trennendes, nicht Nachvollziehbares. In den Freundschaften zwischen Frauen und Männern kann dieses Anderssein durchsichtiger, verständlicher werden.

Fast immer führt der Weg zur Freundschaft mit einem Mann durch ein Spannungsfeld von Erotik und Sexualität, selbst wenn daraus keine intime Beziehung resultiert. Dementsprechend eifersüchtig kann der Partner auf den Freund reagieren. Viele Männer können sich nicht vorstellen, daß Freundin und Freund einander auch ohne Austausch von Sexualität vieles geben können. Denn wenn der Geschlechterkampf ausgesetzt ist, fällt es unter Umständen leichter, sich in Gesprächen oder in gemeinsamen Unternehmungen in das jeweils unbekannte Andere vorzutasten. So können beide voneinander lernen.

Freud und Leid teilen

Oft ist es ein Lebenstief, in dem Freundinnen zeigen, was in ihnen steckt. Mit Einfühlungsvermögen und Fingerspitzengefühl geben sie das, was die andere gerade braucht: »Laß dich doch nicht so hängen!« »Ist er den Kummer wirklich wert?« Ihre Gegenwart beruhigt bei einer heiklen medizinischen Untersuchung, mit ihr kann man das Vorstellungsgespräch proben.

Fast immer findet sich im Freundeskreis jemand, der eine schwierige Zeit durch seine Anteilnahme erleichtert. Doch große Freude und Stolz lassen sich nur mit wirklich Vertrauten teilen. Wer sonst kann sich von Herzen mitfreuen und die eigene Bedürftigkeit, Neid und Eifersucht hintanstellen, wenn die andere zum Beispiel ein kleines Vermögen erbt?

Die beste Freundin

Reichweite und Tiefgang von Freundschaften unterscheiden sich. Doch eine besonders innige Beziehung wird meist nur mit wenigen ausgewählten, mit »besten« Freundinnen erlebt, ähnlich der »großen Liebe«, die zu verschiedenen Zeiten ebenfalls unterschiedlichen Personen gelten kann. Die Beziehung zu einer »besten« Freundin hebt sich dadurch von anderen ab, daß beide viel Zeit und Mühe in das gegenseitige Verständnis investieren – selbst wenn das nicht immer gleichgewichtig aufgeht. »Beste« Freundinnen begegnen einander liebevoll, aber auch kritisch und offen wertend. Sie lassen es zu, daß sich die jeweils andere in ihr Leben einmischt und eventuell auch den entscheidenden Kick zu einer notwendigen Veränderung gibt.

Mit der »besten« Freundin ist es möglich, die Seele baumeln zu lassen und sich auf gleicher Wellenlänge »auszuquatschen«. Stehen bei diesen Gesprächen die Männer im Mittelpunkt, kann eine heiter-ironische Atmosphäre entstehen, wenn die Frauen den Mann genau dort bloßstellen, wo er am stärksten sein will. Doch die Gespräche unter Freundinnen rufen auch die Wut über den selbstverständlichen Karriereweg des männlichen Kollegen ins Bewußtsein und den Frust an der heimischen Haushaltsfront. Freundinnen verknüpfen in ihren Gesprächen große Zusammenhänge mit Privatem: das eigene Älterwerden mit den sozialen Problemen älterer Frauen, die Behandlung ihrer Gesundheitsstörung mit der Gesundheitsreform.

Zwischen Freundin und Partner

Zwischen Gleichgültigkeit, Zustimmung, Angst und eifersüchtiger Ablehnung changiert das Verhalten von Männern, wenn es um die Freundinnen ihrer

Die mütterliche Freundin

Manchmal sind zwei Frauen miteinander befreundet, von denen die eine aufgrund ihres Altersvorsprungs die Mutter der anderen sein könnte. Vielleicht haben sich die beiden gefunden, weil sie für die jeweils andere annähernd die ideale Mutter beziehungsweise ideale Tochter darstellen. Eine solche Freundschaft kann sogar dann funktionieren, wenn die Wahlverwandtschaft nur einseitig ist.

Möglich, daß die jüngere ihre in ihrer Herkunftsfamilie unbefriedigt gebliebene Sehnsucht nach mütterlichem Verhalten oder Wärme bei der Freundin sucht. Möglich auch, daß sie ihr »Kinderdasein« verlängert, indem sie sich durch gute Kost und das familiäre Ambiente verwöhnen läßt. Auf dem Boden dieser pfleglichen Zuwendung kann die ältere Frau der jüngeren Freundin helfen, ihre konfliktreiche Beziehung zur Mutter zu überdenken und zu bewältigen. Im Gegenzug bringt die Jüngere frischen Wind ins Haus und zieht die Ältere aus Erschöpfung, Trägheit oder Mutlosigkeit heraus. Vielleicht entlastet sie sie auch ganz konkret bei ihrer Arbeit.

Das Flair von Mütterlichkeit ist weniger an Alter oder gar Kinderzahl gebunden als an die Fähigkeit, Wärme und Geborgenheit in zwischenmenschliche Beziehungen hineinzutragen.

Problematisch wird eine solche Beziehung, wenn die beiden Frauen abhängig aneinander kleben. Meist erfüllen sie einander dann unbewußt Sehnsüchte, die in der Kindheit unbefriedigt geblieben sind. Doch nur, wenn beide klar erkennen, was sie wechselseitig füreinander sind, können sie ihre Freundschaft als etwas Eigenes, Neues gestalten.

Partnerinnen geht. Während der eine froh ist, daß seine Frau Unzufriedenheiten und Eheprobleme mit der Freundin bespricht, statt an ihm »rumzumachen«, ist der andere verunsichert: Was geschieht, wenn ich nicht dabei bin? Was passiert, wenn sie eigene Wege geht? Angst und Abwehr treten offen zutage, wenn Männer die Treffen der Frauen als »Weiberkram« und »Kaffeekränzchen« diffamieren oder wenn sie die Freundin zum Ziel verbaler Attacken machen (▷ Freundesnetz, Seite 75). Unwillkürlich beginnt fast jede Frau, sich in einer solchen Situation zu rechtfertigen, manche geben unter diesem Druck sogar ihre Freundinnen auf.

Doch keine Frau muß begründen, warum sie gerne mit ihrer Freundin redet, warum sie sich zu ihr hingezogen fühlt, noch warum sie mit ihr einen gemeinsamen Abend verbringen will. Freundschaften sind selbstverständlicher Teil des Lebens – sie brauchen keine Rechtfertigung. Sie können von Ihren Freundinnen erzählen, sie dem Partner oder der Familie vorstellen. In der Regel sollten Sie sich allerdings für die ungeteilte Zweisamkeit mit »ihr« entscheiden: ganz bewußt, mit Zeit und Muße, ohne Kinder und ohne Partner.

Die Schulfreundin

Mit der Freundin aus Kindergarten- und Schultagen fand bereits alles statt, was Frauenfreundschaften später ausmacht. Sie war die erste Verbündete in einer Welt voller Fantasien, Träume und Geheimnisse. Mit ihr wagte man die ersten Schritte in die unbekannten Weiten der Welt. In ihrem Bett, in der Nähe ihres Körpers spürte jede zum ersten Mal, daß außer den Eltern auch ein anderer Mensch Nähe, Wärme und Geborgenheit geben kann. Mit ihr konnte man die Sexualität entdecken, die eigene, die der anderen und die noch viel fremdere der Jungen. Mit ihr erlebte das Mädchen die Seligkeit der symbiotischen Zweisamkeit, wenn sie einander alles erzählten, alles miteinander teilten.

Mindestens ewig sollte das Bündnis dauern, doch genau diese Freundin konnte auch zeigen, wie große Versprechen gebrochen werden, indem sie untreu wurde und mit derjenigen spielte, die sonst immer mit gemeinsamer Verachtung gestraft wurde. Welch eine Kränkung, wenn man plötzlich nicht mehr die erste und einzige war! Die darauf folgende Wut, Trauer und tiefste Verletzung spüren manche Frauen noch heute.

Gleichzeitig lernte man, sich mit dieser ersten Vertrauten auseinanderzusetzen, mit Zank und Streit, bis die Fetzen flogen. Und wenn gar nichts mehr half, trennte man sich kompromißlos: »Mit dir spiele ich nie wieder. Du bist nicht mehr meine Freundin.« Doch sie war nicht so leicht auszutauschen, sie war nicht ersetzbar. Weder Trotz noch Hochmut brachten sie zurück, sondern Verständnis und Versöhnung. Und so gingen beide einige Tage nach der tränenreichen »Scheidung« wieder zusammen zur Schule, als sei nichts gewesen.

Die Pubertätsfreundin

In der Pubertät wird eine Gefährtin gesucht, die »gleich drauf« ist. Aus dieser Perspektive wird die zwei Jahre jüngere Schwester zum Baby, die dreißigjährige Cousine zum Gruftie. Das Herz bindet sich an diejenige, die Gleiches fühlt, Gleiches will und Gleiches verweigert. Ihr muß nicht langatmig erklärt werden, warum der Mathelehrer doof ist oder warum es Zoff mit den Alten gibt. Sie ist mit den gleichen Herausforderungen des Körpers, der Gefühlswelt und des sozialen Umfelds konfrontiert. Begierig versuchen beide, alles zu wissen, zu können und zu erleben, wovon sie bestenfalls eine schummrige Ahnung haben.

In der Pubertät nimmt die Freundin spürbar Anteil an allem und regt an, ohne Vorschriften zu machen. Sie ist »auf dem neuesten Stand«, wenn es um so existentielle Fragen wie Kleidung, Kosmetik oder Monatshygiene geht. Jetzt zählt der Vorsprung an

Erfahrung, der Vorsprung im Sortieren von Gedanken und Gefühlen, auch an körperlicher Entwicklung. Manch einer wird jetzt zum ersten Mal bewußt, daß die etwas ältere Schwester mehr sein könnte als eine hochnäsige, besserwisserische Ziege.

Zärtliche Liebe

In diesem emotionalen »Wärmebett« sind die Grenzen zwischen zärtlicher und erotisch gefärbter Zuneigung fließend. Die Mädchen genießen es, mit der Freundin in einem Bett zu schlafen, sich zu streicheln, zu umarmen, auch zu küssen. Miteinander und aneinander haben sich die meisten Frauen auf die ersten sexuellen Erlebnisse vorbereitet. Betritt dann das erste männliche Wesen die Gefühlsarena, hört die körperliche Intimität mit der Freundin meist schlagartig auf. Manche entdecken allerdings schon in dieser Zeit ihre Liebe zu Frauen (▷ Seite 49).

Zwischen den Stühlen

Viele Frauenfreundschaften geraten in eine bisher ungekannte Belastungsprobe, wenn sich eine der beiden verliebt. Plötzlich hat sie nur noch für »ihn« Zeit, Gefühle, Nähe und Aufmerksamkeit. Die Freundin wird vernachlässigt, vertröstet, in die zweite Reihe geschoben, bis sie sich schließlich irgendwann selbst zurückzieht, oft genug, weil sie sich für die Rolle der Lückenbüßerin zu wertvoll ist.

Wer die Freundschaft zu einer Frau nur als Ersatz sieht, als eine Zwischenlösung, bis sich die »richtige« Liebe einstellt, schreibt die andere, aber auch sich selbst in einer Nebenrolle fest und mißachtet dabei die eigenen Gefühle ebenso wie die der anderen Frau.

Freundinnen-Konflikte

Viele erwarten von einer Frauenfreundschaft dauernde Harmonie und entspannenden Ausgleich. Sie setzen voraus, daß die Freundin ständig gesprächsbereit ist, achtsam und warmherzig. Sie soll Ergänzung sein, Auftrieb geben, Selbstbestätigung, positive Energie. Dies vor allem dann, wenn ihnen selbst die Luft ausgegangen ist. Von der Freundin wünschen sie sich emotionale Hilfe im Alltag und selbst dann noch Verständnis, wenn sie schon zum x-ten Mal das immer gleiche, unerträgliche Verhalten ihres Partners beklagt, aber noch keine Konsequenzen aus dem Leid gezogen hat.

Die Schwester als Freundin

Schwestern sind einander zeitlebens Spiegel und Filter ihrer Geschichte. Sie teilen am Anfang alles miteinander: Eltern, Wohnung, meist das Zimmer, Spielzeug, manchmal auch die Kleidung. Sie kennen einander in- und auswendig, jede Regung des Körpers und jeden Winkel der Seele. Selbst wenn sie sich spinnefeind sind, eint sie doch die Gegnerschaft gegen die übermächtigen Erwachsenen. Und wenn sich die Eltern scheiden lassen, stellen die Geschwister füreinander eine unzertrennliche Kontinuität dar. Eine so gewachsene schwesterliche Liebe und Loyalität dauert meist ein Leben lang.

Doch jede Frau mit einer Schwester erinnert sich auch an Situationen, in denen sie die andere am liebsten auf den Mond gewünscht hätte. Geradezu naturgegeben ist jedes Geschwisterdasein immer auch eine Kampfbeziehung. Meist war das ältere Mädchen die Dominierende und eine Zeitlang die körperlich Stärkere. Die Jüngere profitierte davon, daß die Eltern an der Älteren bereits ihren erzieherischen Ehrgeiz und eigene Konflikte »abgearbeitet« hatten. Auf dieser schiefen Ebene entstanden immer wieder Streit, Eifersüchteleien und Rivalität.

Schwestern müssen eine Balance finden zwischen der Fülle an Gemeinsamkeit und ihrem Bedürfnis, etwas für sich ganz allein zu haben. Dazu gehört ihr Werben um die elterliche Liebe ebenso wie der Kampf um die tolle Lederjacke. Ebenso nötig ist es, eigene Wege zu gehen und Eifersucht oder Argwohn zu bewältigen, wenn die andere einen Freund hat oder sich für ein anderes Leben entscheidet als man selbst.

Offenbar soll eine Freundin all das sein und all das tun, was der jeweilige Partner nicht ist oder tut. Verblüfft, enttäuscht und verletzt reagieren manche Frauen, wenn sie erleben müssen, daß die Freundin diese Rolle nicht dauerhaft einnehmen will: Kaum eine will ständig nur »Mülleimer« für Beziehungsklagen sein, sondern will aus den gemeinsamen Überlegungen auch Veränderungen erwachsen sehen.

Freundinnen brauchen füreinander ein gerüttelt Maß an Geduld. Bis jemand Veränderungen einleitet, kann es lange dauern, dieses allemal, wenn sie Beziehungen betreffen. Wozu also die nächtelangen Sitzungen? Die gemeinsamen Gespräche dienen nicht nur der Analyse, sondern auch der befreienden Entlastung. Fühlt sich eine Frau innerhalb der Freundschaft jedoch dauerhaft als Klagemauer mißbraucht, sollte sie dies der Freundin mitteilen.

Harmonie nicht garantiert

Nähe und intime Vertrautheit sowie wortloses Verstehen sind unter Freundinnen oft selbstverständlich. Doch genau aus dieser Innigkeit, bei der die Identitäten verwischt sind und es keine ausreichende Abgrenzung gibt, erwächst die große Gefahr, einander in die Haare zu geraten. In einer solchen Freundschaft erleben sich die beiden Frauen weniger als zwei eigenständige Individuen, die sich miteinander austauschen, sondern sie laborieren an einem undefinierten »Schmelzprodukt« von Interessen, Bedürfnissen und Träumen. Oft können dann schon winzige Mißverständnisse Konflikte heraufbeschwören. Gleichzeitig umgibt eine solche Verbindung oft die Atmosphäre spürbar gefährdeter Harmonie. Ängstlich fassen die beiden einander mit Samthandschuhen an, weil sie meinen, die andere vor Unangenehmem abschirmen zu müssen, ihr Belastungen ersparen zu sollen.

Übergroße Harmoniewünsche entspringen meist der Angst, von der anderen zurückgewiesen zu werden, ihre Zuneigung und Loyalität zu verlieren. Wer der anderen nichts zumutet, hofft, »zur Belohnung« selbst von solchen Zumutungen verschont zu bleiben. Doch einfühlend zu sein heißt nicht, alles zu billigen, was andere tun. Enttäuschungen sind vorprogrammiert, wenn jemand annimmt, daß die Freundin genauso denkt und handelt und das gleiche will wie sie.

Konkurrenz und Neid

Konkurrenz und Neid unter Frauen berühren ein großes Tabu. Die übergroße Sehnsucht nach Harmonie deckt alle »unerlaubten« Gefühle zu. Doch was zwar existiert, aber nicht angesprochen werden darf, belastet irgendwann enorm.

Freundinnen hüten sich meist, das Unerlaubte voreinander auszusprechen, zum Beispiel daß man miteinander konkurriert oder gequält auf die Erfolge der anderen blickt. Wer füreinander nur das Beste will, dem fällt es schwer, zuzugeben, daß der Neid an einem nagt, wenn die Freundin die »große Liebe« gefunden hat, während man sich selbst in der Sehnsucht danach verzehrt. Man freut sich über das Glück der anderen und spürt doch gleichzeitig diesen stechenden Schmerz. Ebenso muß sich die ungewollt Kinderlose den Gefühlen der Zurücksetzung und des Neides stellen, wenn ihre Freundin schwanger wird. Wenn die eine beruflich aufsteigt, zeigen die Betretenheit und das unterkühlte Zurückweichen der anderen, wie sehr es sie trifft, die Freundin so an sich vorbeiziehen zu sehen.

Die Abwehr dieser negativen Gefühle treibt dann manchmal seltsame Blüten. Da setzt die eine die Leistung der anderen herab, indem sie den Erfolg der anderen zum puren Zufall erklärt: »So ein Glück, daß du diesen Job bekommen hast! Wie machst du das nur, daß die Sterne für dich so günstig stehen?« Oder sie argumentiert wie der Fuchs, der die Trauben für sauer erklärt, die zu hoch hängen: »Dieser Arbeitsplatz ist wahrscheinlich auf Dauer eintönig.« Die schmerzende Sehnsucht nach Kindern wird mit beruflichen Ambitionen zugedeckt: »Ein Kind würde mir all meine Zukunftspläne vermasseln.« Und die große Liebe wird zu einer unglücklichen erklärt: »In Beziehungen verliert man seine Freiheit und muß sich verbiegen, um ein gutes Klima zu erhalten.«

Frauen, die sich die gemischten Gefühle gegenüber der Freundin eingestehen, haben es leichter, den eigenen, unerfüllten Ansprüchen und Sehnsüchten auf die Spur zu kommen. Dann wird auch die Ambivalenz erträglich, die zwischen Zuneigung und Abwehr, Freude und Mißgunst schwankt, mit der man manchmal auf die Freundin blickt. Sich die widersprüchlichen Gefühle einzugestehen, heißt nicht, die freundschaftliche Loyalität aufzukündigen. Im Gegenteil, wer sagen kann: »Ich beneide dich um deinen Job, du bist sehr gut«, hat Chancen, sich der Konkurrenz zu stellen.

Konflikte austragen

Freundschaft ist Partnerschaft, und in beidem müssen die Beteiligten eine Balance finden zwischen »Sich-Fallenlassen« und »Sich-Markieren«. Je deutlicher sich Freundinnen mit eigener Persönlichkeit zeigen, desto produktiver und reicher wird die Beziehung. Um sie zu festigen, sollte auch die Auseinandersetzung geübt werden. Sich und den anderen zu mögen, drückt sich auch darin aus, zu streiten und zu kämpfen.

Streit ist gemeinsames Erleben, selbst wenn es dabei Verletzungen, manchmal auch Kränkungen geben kann. Wut zu äußern, kann einen Teil der Persönlichkeit und des Befindens nach außen geltend machen. Damit zeigen sie, wer sie sind, beziehungsweise sie verteidigen ihre Identität. Wie sich das äußert, unterscheidet sich von Frau zu Frau nach Temperament und Situation. Bei jeder Auseinandersetzung ist allerdings wichtig, daß man einander aufmerksam zuhört und die andere nicht abwertet (▷ Streiten, Seite 77).

Fruchtbare Auseinandersetzungen kosten Kraft und Zeit. Beides sollte reichlich vorhanden sein, wenn sie um eines lohnenswerten Zieles willen eingesetzt werden: um die Verbindung zur Freundin, deren Wert unabhängig von allen anderen Beziehungen bis ins hohe Alter bestehen bleibt.

Gescheiterte Freundschaft beenden

Manche Frau ist derart von ihrer Freundin enttäuscht oder von der Freundschaft überfordert, daß sie sich selbst schützen und wehren muß. Dazu müßte sie das Verhalten der anderen zum Thema machen. Doch statt das zu tun und die unterschiedlichen Bedürfnisse mit der Freundin zu diskutieren, ziehen sich die meisten Frauen zurück. Ihr abweisendes Schweigen stellt die bisherige Nähe und das Vertrauen von einem Tag auf den anderen in Frage.

Es verlangt von der Zurückbleibenden dann eine außerordentliche Kraftanstrengung, diese Kluft zwischen Verlustschmerz, Leere und Hilflosigkeit zu überbrücken. Gelingt es jedoch keiner von beiden, den Dialog wieder aufzunehmen, bleibt ein unbearbeitetes Feld offener Fragen und Vorwürfe zurück. Eine solche Freundschaft mag zwar zu Ende sein, zur Ruhe kommt jedoch keine der Beteiligten. Dazu braucht es ein klärendes Abschiedsgespräch oder zumindest einen entsprechenden Brief.

LITERATUR

Verena Kast
Die beste Freundin. Was Frauen aneinander haben
Kreuz-Verlag, Stuttgart, 1994. DM 36

Michaela Huber, Inge Rehling
**Dein ist mein halbes Herz.
Was Freundinnen einander bedeuten**
Fischer, Stuttgart, 1994. DM 14,90

Luise Eichenbaum, Susie Orbach
Bitter und süß. Frauenfeindschaft-Frauenfreundschaft
Econ, Düsseldorf, 1991, DM 12,80

AUSBILDUNG

CHEMIE - SAAL
AATTACKEEE!!
F.B.

Schule und Ausbildung

Noch nie besuchten so viele junge Frauen weiterführende, allgemeinbildende Schulen wie heute, und noch niemals zuvor starteten so viele Frauen eine berufliche Ausbildung. Mehr als die Hälfte der Realschul- und GymnasiumschülerInnen sind weiblich. Damit haben die Mädchen seit den 60er Jahren in punkto Bildung stetig aufgeholt, in vielen Bereichen haben sie mit den Jungen gleichgezogen und sie in einigen auch überholt. Dies gilt vor allem für das Abitur: Seit 1991 erreichen mehr Mädchen als Jungen den höchsten allgemeinen Bildungsabschluß. Von den mehr als 210.000 AbiturientInnen im Jahr 1993 waren mehr als 52 Prozent Frauen.

Vorbei sind also die Zeiten, in denen Mädchen das Recht auf einen qualifizierenden Bildungsabschluß verweigert wurde, weil sie »ja doch heiraten«. Vergangen auch die Zeiten, in denen Eltern die Berufspläne ihrer Tochter bewußt behinderten oder vereitelten, weil sie Kinder bekommen und als Mutter Erfüllung finden sollte.

Zu einem Teil verdanken die Frauen diese Veränderungen den BildungsreformerInnen der 70er Jahre, die mit einer für Mädchen und Jungen gleichen schulischen Ausbildung gleiche Bildungschancen für beide Geschlechter bereitstellten. Bildung sollte kein Privileg der Jungen bleiben. Die damit verbundene Hoffnung, daß sich dadurch auch gleiche Chancen im Berufsleben ergeben könnten, hat sich allerdings nicht erfüllt.

Die meisten Mädchen können ihre guten schulischen Erfolge nur unter enormer Anstrengung in eine akzeptable Berufslaufbahn umsetzen (▷ Berufswege, Seite 153). Die Mehrheit bleibt trotz der inzwischen fast unbegrenzten beruflichen Wahlmöglichkeiten weitgehend in den »typisch weiblichen« Berufssparten. Mehr als die Hälfte der weiblichen Azubis in Westdeutschland beschränken sich bei der Berufswahl auf zehn unterschiedliche Ausbildungen. Viele wählen auch Sackgassenberufe, wie zum Beispiel Arzthelferin, in denen sie wenig verdienen und keine Aufstiegsmöglichkeiten haben. Diesem Verhalten haben sich die Frauen im östlichen Teil der Republik inzwischen weitgehend angeglichen.

Der heimliche Lehrplan

Die Erfahrungen der PädagogInnen zeigen, daß sich in einer Schule, in der Mädchen und Jungen gemeinsam in einer Klasse und mit den gleichen Büchern unterrichtet werden (= Koedukation), ein »heimlicher Lehrplan« durchsetzt, der die Trennung in männliche und weibliche Sphären mit allen Klischees festigt und verschärft. Das Prinzip »Gemeinsamkeit« verhindert, daß sich die Interessen der SchülerInnen so weit entfalten und differenzieren können, wie es ihrer Neugier und ihren individuellen Fähigkeiten entspricht. Beide, Mädchen und Jungen, halten sich in der Schule an ein eng geschnürtes Korsett geschlechtsspezifischen Verhaltens, um die eigene Identität zu festigen. Die LehrerInnen unterstützen dies indirekt, indem sie – ohne es sich bewußt zu machen – die Jungen dadurch fördern, daß sie ihnen mehr Aufmerksamkeit widmen als den Mädchen.

Aufmerksamkeit für Störungen

Wissenschaftliche Beobachtungen zeigen, daß Jungen das Unterrichtsgeschehen weitaus stärker dominieren als Mädchen. Nur etwa ein Drittel ihrer Aufmerksamkeit widmen die LehrerInnen den Mädchen, mehr als zwei Drittel gehen an die Jungen. Sie werden öfter angesprochen, doppelt so häufig aufgerufen, und sie dürfen länger reden. Ein Großteil der allgemeinen Konzentration absorbieren die Störungen, die von Jungen ausgehen. So fordern sie zum Beispiel Lehrerin oder Lehrer durch Dazwischenreden indirekt auf, sich endlich wieder vom Mädchentisch ab- und ihnen zuzuwenden. Gleichzeitig unterbrechen sie die Mädchen immer wieder. Diese Schulerfahrung mündet bei den Mädchen in der Pubertät in die Klage, daß ihnen niemand »so richtig« zuhört und daß niemand »so richtig« auf sie eingeht.

Top ten der Ausbildungsberufe

Die zehn von Mädchen am häufigsten gewählten Ausbildungsberufe	% aller Mädchen im 1. Ausbildungsjahr	Die zehn von Jungen am häufigsten gewählten Ausbildungsberufe	% aller Jungen im 1. Ausbildungsjahr
Arzthelferin	7,9	Kraftfahrzeugmechaniker	8,4
Kauffrau im Einzelhandel	7,2	Elektroinstallateur	5,3
Zahnarzthelferin	6,3	Tischler/Schreiner	3,6
Friseurin	6,1	Industriemechaniker-Betriebstechnik	3,4
Bürokauffrau	5,8	Gas- und Wasserinstallateur	3,3
Bankkauffrau	5,3	Maurer	3,2
Industriekauffrau	5,2	Maler und Lackierer	3,0
Steuer- und Wirtschaftsberatungsgehilfin	3,2	Kaufmann im Groß- und Außenhandel	3,0
Hotelfachfrau	3,1	Bankkaufmann	3,0
Fachverkäuferin im Nahrungsmittelhandwerk	3,0	Maschinen- und Systemtechniker	2,8
zusammen	**53,1% aller Mädchen**	**zusammen**	**39% aller Jungen**

In den meisten Klassen hat sich ein Kreislauf »hausgemachter« Diskriminierungen etabliert:

- Jungen stören, sobald sich der Unterricht mehr an den Mädchen ausrichtet oder diese im Mittelpunkt stehen. Als »Belohnung« dafür orientieren sich die LehrerInnen vermehrt an den Jungen, ihren Auffälligkeiten, Fähigkeiten und Bedürfnissen.
- Jungen lernen auf diese Weise, daß Stören ein erfolgreiches Mittel ist, mit dem sich das Unterrichtsgeschehen kontrollieren und steuern läßt. Diese Erfahrung wirkt bis ins späte Berufsleben und schlägt sich in einem stabilen Selbstvertrauen nieder.
- Mädchen erhalten gleichzeitig eine völlig andere Botschaft. An sie ergeht der Appell, die Unterrichtsatmosphäre nicht noch selbst aufzuheizen, sondern zur Befriedung der Jungen beizutragen. So werden vorzugsweise besonders »nette« und »brave« Mädchen neben rüpelhafte Jungen gesetzt, um diese zu einem zivileren Verhalten zu bringen. Ohne »ausgleichende« Mädchen bräche der Unterricht in vielen Klassen bald zusammen.
- Mädchen lernen auf diese Weise, daß sie vor allem für ihr Wohlverhalten anerkannt werden. Ihre Leistungen und ihr Können scheinen zweitrangig (▷ Mädchenzeit, Seite 315).

Anerkennung für Können oder Verhalten?

Wenn sich LehrerInnen bemühen, SchülerInnen zum Mitmachen zu motivieren, wenden sie bei Jungen und Mädchen unterschiedliche Strategien an. Erstere werden für gute Leistungen intensiv gelobt und durch Themen und Diskussionen belohnt, von denen man vermutet, daß sie ihren Interessen und Bedürfnissen nahekommen. Gleichzeitig werden die Jungen für Verstöße gegen die Disziplin heftig getadelt. Da sie aber weit mehr als Mädchen für gute Leistungen Anerkennung erhalten, schätzen sie ihre eigene Leistungsfähigkeit hoch ein und führen gute Noten auf ihre Intelligenz zurück, Leistungseinbrüche schreiben sie hingegen ungünstigen Umständen und Zufällen zu.

Mädchen werden für gefälliges Verhalten gelobt und denken häufig, daß sie ihre guten Leistungen eher dem Zufall, dem Wohlwollen der LehrerInnen oder einer leichten Aufgabe zu verdanken haben, während sie schlechte Noten eher ihrer mangelnden Intelligenz zuschreiben.

Verstärkt wird diese Situation durch paradoxe Rückmeldungen. Eine gute Note – zum Beispiel in Mathematik – bescheinigt ihnen zwar einen klugen Kopf, doch gleichzeitig bekommen sie vermittelt, daß sie diese Leistung vornehmlich ihrer Strebsamkeit und ihrem Fleiß zu verdanken haben. Dechiffriert wird die Botschaft zur Abwertung: »Wer fleißig ist, hat's offenbar nötig. Folglich kann ich nicht besonders intelligent sein.«

Das Lob für Fleiß und Strebsamkeit trägt einen weiteren Pferdefuß: Die Mädchen werden für eine besonders gelungene Anpassung gelobt. Aus Verhaltensweisen der Anpassung läßt sich jedoch kaum Selbstbewußtsein und Ich-Stärke beziehen. So bildet sich selbst bei sehr erfolgreichen Schülerinnen ein weit geringeres Selbstwertgefühl aus als bei Jungen.

Interesse und Begabungen

Das geringere Selbstbewußtsein wirkt vor allem dort, wo Mädchen widerständig, also quer zum traditionellen Weiblichkeitsbild handeln müßten – in den Naturwissenschaften und in der Technik. Während sich in Klassen, die nicht vom dauernden Vergleich mit Jungen geprägt sind, die Neigungen und Leistungen der Schülerinnen zwischen Natur- und Geisteswissenschaften ebenso verteilen wie bei den Jungen, ziehen sich die Mädchen in koedukativ geführten Klassen aus den Naturwissenschaften fast vollkommen zurück.

Sie bevorzugen Sprachen und die musischen Fächer, wählen mit der Biologie eine als »weich« geltende Naturwissenschaft und verlassen Computerkurse meist schon nach einem halben Jahr. Das polternde Auftreten der Mitschüler vor den PCs läßt die Mädchen lieber zu französischen Vokabeln zurückkehren als im Internet surfen.

Ebenso wirken die subtilen Botschaften männlicher Dominanz in Physik und Mathematik. Während sich in der Grundschule noch genauso viele Mädchen wie Jungen, nämlich etwa 80 Prozent, für die Welt der Zahlen und Rechenoperationen interessieren, sind es nach der Pubertät bei den Mädchen nur noch 60 Prozent, bei den Jungen immerhin noch 75 Prozent. Die Bereitschaft, sich in Mathematik zurückzunehmen, geht bei den Mädchen so weit, daß sie am Ende das Fach nur noch »doof« finden. Die Konsequenzen zeigen sich schließlich bei der Ausbildungs- und Studienwahl (▷ Studium, Seite 189). In die zukunftsträchtigen Bereiche der Computerindustrie, in das Ingenieurwesen und in die Naturwissenschaften streben nur wenige Frauen.

Mädchen lernen anders

Von Mädchen wird kaum je eine naturwissenschaftliche Begabung erwartet, und wenn sie sich zeigt, wird sie noch lange nicht gesehen, begrüßt oder gefördert. Ihre Distanz zu Chemie, Physik, Mathematik und Technik gilt als »natürlich«. Dabei wehren Mädchen technische Problemstellungen schon deshalb häufig ab, weil die Phänomene, wie sie in den Lehrbüchern dargestellt werden, der von Kindesbeinen an geschulten Lernmotivation von Mädchen widersprechen. Sie wollen immer den Nutzen und Zweck einer Vorrichtung »für den Menschen« verstehen. Vorher sind sie kaum bereit, sich an einem Experiment oder einem Gerät zu erproben. In der Schule aber werden physikalische Gesetze und mechanische Abläufe häufig ohne Bezug zum täglichen Leben dargestellt. Sinn, Entwicklung oder Anwendungsbereiche bleiben unbekannt.

So zögern die Mädchen und warten auf die Erklärungsansätze. In gleicher Weise zögern sie oft auch am Computer und wagen es nicht, ähnlich unbekümmert wie Jungen, spielerisch nach dem Prinzip von Versuch und Irrtum einfach zu probieren. Oft steckt dahinter auch die Angst, »etwas kaputt zu machen«. Schon dieses innerliche Zurücktreten wird ihnen als technisches Unvermögen ausgelegt.

PädagogInnen, die sich darum bemühen, Physik und Technik für Jungen *und* Mädchen interessant zu präsentieren, machen überraschende Erfahrungen. Von der vorgeblichen Mädchendistanz ist nämlich kaum noch etwas zu merken, wenn beispielsweise das wenig aufregende Thema »hydrostatischer Druck« nicht anhand hydraulischer Hebebühnen, sondern am Beispiel des menschlichen Blutkreislaufs erklärt wird.

Als Gleiche unter Gleichen

Spezielle Computerkurse »nur für Mädchen« zeigen, daß das Erleben »als Gleiche unter Gleichen« Sicherheit gibt. In der Mädchengruppe gelingt der Zugang zum PC ungleich rascher als in der gemischten Gruppe. Unter ihresgleichen zeigen die Schülerinnen ein weitaus differenzierteres Verhaltensspektrum als in der gemischten Gruppe: Sie konkurrieren untereinander, manche dominieren, andere bleiben unauffällig,

LITERATUR

Charlotte Kerner
Nicht nur Marie Curie.
Frauen, die den Nobelpreis bekamen
Beltz, Weinheim, 1990. DM 24,80

Margret Alic
Hypathias Töchter. Der verleugnete Anteil der Frauen an der Naturwissenschaft
Unionsverlag, Zürich, 1987. DM 28

Ulla Fölsing
Nobel-Preisträgerinnen.
Naturwissenschaftlerinnen im Portrait
C. H. Beck, München, 1990. DM 19,80

sie streiten um Positionen, und manch eine zeigt offensiv, wie weit sie Expertin ist – oder auch nicht.

Entscheidend ist das methodische Konzept. Mädchen sind weniger daran interessiert, den Computer »an sich« zu beherrschen. Sie wollen zunächst ganz praxisbezogen den Nutzen verstehen; zum Beispiel, ob und in welcher Form das Gerät ihnen in Zukunft die Arbeit erleichtern könnte (▷ Gefördert durch LehrerInnen, Seite 141).

Reformwege

In der Diskussion um eine Mädchenförderung, die den Schülerinnen mit unkonventionellen Interessen und einer breiten beruflichen Orientierung Mut machen soll, gibt es heute unterschiedliche Richtungen. Dabei will kaum eine Bildungsexpertin wieder flächendeckend reine Mädchen- und Jungenschulen einführen. Eher geht die Tendenz dahin, in einzelnen Fächern, zum Beispiel in der Informatik, zeitweise getrennten Unterricht stattfinden zu lassen – so wie es im Sport häufig üblich ist (▷ Die neue koedukative Schule, Seite 144).

Doch auch in der heute bestehenden koedukativen Schule können LehrerInnen, SchulleiterInnen und Eltern die Mädchen stärker als bisher fördern.

Gefördert durch LehrerInnen

Um gegen die Dominanz der Jungen im Unterricht Selbstbewußtsein zu entwickeln, brauchen die Mädchen eigene Räume, Aufmerksamkeit und Ermutigung. Bei der Suche nach Strategien für einen solchen mädchengerechten Unterricht haben einige Schulen beziehungsweise LehrerInnen inzwischen erfolgreiche Konzepte entwickelt.

Im Unterricht

• Ruhe und Aufmerksamkeit werden zum Standard der Interaktionen gemacht, laute Unterbrechungen werden nicht mehr belohnt.
• Die LehrerInnen lernen zuerst die Mädchen-, dann die Jungennamen. Heute ist es meist umgekehrt. Durch die häufigen Störungen sind die Jungennamen den LehrerInnen viel schneller vertraut.
• Der Unterricht wird mit den Mädchen begonnen. Sie werden als erste angesprochen.
• Wenn die LehrerInnen mit den Mädchen sprechen, wenden sie ihnen den ganzen Körper zu.
• Sexistische Ausdrücke sind verboten, es wird ein

Die Welt der Schulbücher

Bis heute transportieren Schulbücher »zwischen den Zeilen« ihre eigene, heimliche Botschaft:
• In den meisten Sprachbüchern wird vermittelt, daß Frauen eigentlich keinen Beruf brauchen, denn als Berufstätige kommen sie dort so gut wie nicht vor.
• Geschichtsbücher präsentieren die Entwicklung der Menschheit an Hand von Staatsoberhäuptern, Kaisern und Feldherren; die kulturelle und soziale Arbeit von Frauen bleibt unsichtbar.
• Kaum ein Chemie- oder Physikbuch benennt die Leistungen von Frauen. Während Gauß, Newton, Bohr oder Einstein gerne zitiert und porträtiert werden, bleiben Naturwissenschaftlerinnen, wie Marie Curie, Lise Meitner, Sonja Kowalewska oder Barbara McClintock unerwähnt.
In Schleswig-Holstein, Bremen, Hessen, Hamburg und Nordrhein-Westfalen wurde die Gleichstellung der Geschlechter als Ziel in den Schulgesetzen festgeschrieben. In diesen Ländern haben auch die Schulbuchverlage inzwischen dazugelernt. In den aktuelleren Ausgaben ihrer Lehrwerke kommen Frauen öfter und mit vielfältigeren Aufgaben vor als noch in den 80er Jahren.
Informationen geben die Kultusministerien der Länder und die pädagogischen Landesinstitute. Speziell entwickelte Unterrichtsreihen und Materialien, in denen die SchülerInnen weibliche Vorbilder und Frauenperspektiven wiederfinden, gibt es inzwischen für jedes Fach – auch in den Naturwissenschaften.

HISTORIE

Koedukation

Bis in die 60er Jahre hinein waren in den meisten Ländern der Bundesrepublik die Schulen nach dem Geschlecht getrennt. Insgesamt gab es etwa doppelt so viele Realschulen und Gymnasien für Jungen wie für Mädchen. Nur in Berlin, Bremen und Hamburg, in Hessen und in der ehemaligen DDR war bereits nach dem 2. Weltkrieg der gemeinsame Unterricht eingeführt worden.

Mehr als hundert Jahre lang haben sich die PädagogInnen gestritten, ob das gemeinsame Lernen von Mädchen und Jungen den Schülerinnen Vorteile oder eher Nachteile bringt. Auf der einen Seite stand das Argument, es müsse verhindert werden, daß das andere Geschlecht idealisiert wird. Dies gelänge – so die Annahme – am besten im gemeinsamen Schulalltag. Nirgendwo sonst lernen Mädchen und Jungen einander so »ungeschminkt« mit allen Stärken und Schwächen, Vorlieben und Ängsten kennen. Gleichzeitig gab es aber bereits zur Jahrhundertwende ernsthafte Zweifel an der emanzipatorischen Wirkung der Koeduktion (▷ Reformwege, Seite 141).

Ausschlaggebend für die flächendeckende Einführung der gemeinsamen Schule waren schließlich meist pragmatische Gründe: Ein nach dem Geschlecht getrenntes Schulwesen ist teuer. Viele Jungenschulen hatten schon in den 50er und 60er Jahren den Mädchen die Türen geöffnet. Kleinere Städte, die sich keine zwei Gymnasien und zwei Realschulen nebeneinander leisten konnten, entschieden sich aus ökonomischen Gründen für die Koedukation. Und schließlich bekamen die Gymnasien und Realschulen in den 60er Jahren Konkurrenz von der Gesamtschule – einem Schultyp, der sich dem Slogan »Eine Schule für alle Kinder« verschrieben hatte. Die Gesamtschule wollte nicht nur Kinder aus allen sozialen Schichten gemeinsam unterrichten, sondern selbstverständlich auch Mädchen und Jungen gemeinsam. Ab Mitte der 70er Jahre gab es praktisch keine »reinen« Mädchen- und Jungenschulen mehr.

verbindlicher Schimpfwörterkatalog vereinbart.

- Die Mädchen werden durch die Wortwahl sichtbar gemacht, indem man von Schülerinnen, Kolleginnen und jungen Frauen spricht.
- Es wird vereinbart, daß die LehrerInnen zum Beispiel abwechselnd Mädchen und Jungen aufrufen.
- Mädchen werden ebenso wie Jungen für gute Leistungen gelobt und nicht für Wohlverhalten.
- Die kommunikativen Leistungen der Mädchen werden deutlich anerkannt.

Um die Mädchen anspruchsvoll zu fordern und zu fördern, müssen die LehrerInnen lernen, das Verhalten der Schülerinnen realistisch einzuschätzen, ohne in Klischeefallen zu tappen. Solche Fallen schließen sich zum Beispiel, wenn LehrerInnen immer wieder auf die Zuverlässigkeit der Mädchen bauen und ihre Sozialkompetenz in Anspruch nehmen.

Außerhalb des Unterrichts

- Es werden Arbeitsgemeinschaften für Mädchen angeboten, zum Beispiel Theater, Zeitungsredaktion und -produktion, Selbstverteidigung, Sexualität u.a.
- Es gibt Arbeitskreise mit den Müttern der Mädchen und der Jungen, zum Beispiel in bezug auf die Berufserkundung und Berufsfindung.
- Fachfrauen kommen als Expertinnen aus dem Berufsleben in die Schule, damit Mädchen und Jungen realistische Schilderungen von den Anforderungen in einem Beruf bekommen und von den Schwierigkeiten, Beruf und Familie zu vereinbaren.

Mädchenräume

Um Widerständigkeit zu erproben und eigene Interessen zu erkennen, brauchen Mädchen Räume, in denen sie unter sich sein können. Einige Schulen haben bereits einen solchen Mädchenraum oder ein Mädchencafé eingerichtet, manche behalten bestimmte Räume an festgelegten Tagen ausschließlich den Mädchen vor, zum Beispiel die Werkstatt, den Billard- oder Kickerraum, das Fotolabor und den Kraftraum.

Gefördert durch Elterninitiativen

Die heutigen Schulverfassungen ermöglichen die engagierte Mitarbeit von Vätern und Müttern, zum Beispiel in den Klassenpflegschaftssitzungen, zu denen man die FachlehrerInnen einladen und bitten kann, sich als Person mit Lehrprogramm und Unterrichtskonzept vorzustellen. Die methodischen Ansätze eines mädchenfreundlicheren Unterrichts lassen sich im überschaubaren Rahmen einer Klasse relativ gut diskutieren (▷ Initiativen, Seite 373).

Fachkonferenzen

In die Fachkonferenzen, die es für jedes Fach in jedem Schuljahr gibt, werden von Seiten der Schulpflegschaft interessierte Eltern delegiert. In den Konferenzen beraten alle FachlehrerInnen eines Fachs die Einführung neuer Schulbücher, sie koordinieren ihre Lehrpläne und diskutieren ihr didaktisches und methodisches Vorgehen. Hier können die Vorschläge für neue Schulbücher mit einer klaren Orientierung an weiblichen Vorbildern und Lebenszusammenhängen eingebracht werden (▷ Die Welt der Schulbücher, Seite 141), und hier kann durch die Eltern das pädagogische Konzept eines mädchenfreundlichen Unterrichts (▷ Gefördert durch LehrerInnen, Seite 141) gestärkt werden; in den naturwissenschaftlich-technischen Fächern, aber auch in den »mädchennahen« Bereichen, zum Beispiel den Sprachen.

Schulkonferenz

Das wichtigste Organ der Schulverfassung ist die Schulkonferenz. Neben der Schulleitung gehören ihr VertreterInnen aller beteiligten Gruppen in einem festgelegten Verhältnis an, zum Beispiel zwölf LehrerInnen, sechs SchülerInnen und sechs ElternvertreterInnen. Die Schulkonferenz faßt die Beschlüsse, die für das Schulleben wichtig sind: Sie entscheidet über Unterrichtsbeginn und Pausenzeiten, über das konkrete Schulprogramm und seine Schwerpunkte.

Frauen im Bildungswesen

Anteil der Frauen im Bildungswesen am Beispiel Nordrhein-Westfalens:

4 %	C4-Professorinnen
7,8 %	C3-Professorinnen
10 %	Frauen im universitären Mittelbau und in der Schulaufsicht
11 %	Schulleiterinnen an Gymnasien
36%	Lehrerinnen in der Sekundarstufe II mit deutlich geringerem Anteil in den Naturwissenschaften, z.B. 12 % in Physik
50 %	Lehrerinnen in der Sekundarstufe I

Als Schulleiterinnen:

10 %	Realschule,
8,6 %	Hauptschule,
7 %	Gesamtschule
80 %	Grundschullehrerinnen und
95 %	Erzieherinnen in Kindergärten.

Quelle: Kreienbaum, Maria Anna: Erfahrungsfeld Schule als Kristallisationspunkt, Weinheim 1995

Die Zahlen enthalten eine deutliche Botschaft: Frauen sind vor allem für kleine Kinder zuständig. Und: Je wissenschaftlicher und anspruchsvoller die Unterrichtsinhalte sind, um so größer wird der Männeranteil. Den Schülerinnen und Studentinnen fehlen weibliche Vorbilder in wirklich herausragenden Positionen, an deren Modell sie ihren eigenen Lebensentwurf orientieren könnten.

Das nordrhein-westfälische Beispiel wurde 1995 von vielen Ländern noch unterboten. So hält zum Beispiel Bayern mit nur 1,8 Prozent Schulleiterinnen an den Gymnasien einen besonders traurigen Rekord, Hessen liegt mit 3,5 Prozent Gymnasialleiterinnen auch noch deutlich unter dem NRW-Mittelwert.

Im Gegensatz dazu ist in den fünf neuen Ländern ein anderes Konzept zu erkennen. Dort werden etwa die Realschulen zu 28 bis 44 Prozent von Frauen geleitet, die Gymnasien zu 24,8 Prozent in Mecklenburg-Vorpommern und zu 22,7 Prozent in Brandenburg. Damit liegen sie deutlich über dem Durchschnitt der Westländer.

Die Eltern können sich auf allen Ebenen im Interesse ihrer Töchter einmischen. Sie können darauf hinweisen, daß die Mädchen eigene Räume brauchen. Sie können vorschlagen, daß mädchengerechtere Materialsammlungen für Mathematik oder Informatik angeschafft werden. Sie können die Gründung von Arbeitsgemeinschaften anregen oder Konzepte für Projektwochen entwickeln, in denen sich Mädchen in technisch-gewerblichen Berufen orientieren können (▷ Metallberufe, Seite 166; ▷ Elektroberufe, Seite 164).

Außerdem können die Eltern dazu beitragen, daß sich das Kollegium in pädagogischen Konferenzen oder in einer schulinternen Lehrerfortbildung (SchILF) mit den Problemen der Koedukation auseinandersetzt und Lösungen entwickelt.

Die neue koedukative Schule

Den meisten PädagogInnen und Eltern gilt der gemeinsame Unterricht von Mädchen und Jungen als so wichtige Errungenschaft, daß die Probleme der Schülerinnen mit diesem Konzept noch relativ selten diskutiert werden (▷ Aufmerksamkeit für Störungen, Seite 138; ▷ Mädchen lernen anders, Seite 140).

Hinter der Weigerung steht häufig die Befürchtung, daß, wenn die Koedukation in Frage gestellt würde, wieder unterschiedliche »Standards« eingeführt werden könnten: eine weniger anspruchsvolle Mädchenbildung und eine hochwertige Jungenbildung. Doch niemand will, daß für Mädchen und Jungen unterschiedliche Lehrpläne, Schulabschlüsse oder Schulformen gültig sind. Die Überlegungen richten sich vielmehr auf eine zeitweilige räumliche Trennung von Jungen und Mädchen in bestimmten Fächern.

Schleswig-Holstein hat bereits 1990 im Schulgesetz verankert: »Aus pädagogischen Gründen kann in einzelnen Fächern zeitweise getrennter Unterricht stattfinden.« Berlin und Hessen haben sich dieser Idee angeschlossen. Trotzdem arbeiteten 1996 nur wenige Schulen nach diesem Konzept. Deren Versuche bewiesen allerdings sehr rasch Erfolge. So belegt zum Beispiel eine Studie mit knapp 600 SchülerInnen des Kieler Instituts für Pädagogik der Naturwissenschaften: Bei getrenntem Chemie- und Physikunterricht nimmt das Interesse der Mädchen an diesen Fächern spürbar zu.

Modell: Prinzip der zufälligen Trennung

Bei diesem Modell erhalten Mädchen und Jungen in der Sekundarstufe I, also von der 5. bis zur 10. Klasse, gemeinsamen Unterricht. In einem Fach jedoch wird getrennt unterrichtet, und zwar jeweils nur für ein Schulhalbjahr. Welches Unterrichtsfach zu welchem Zeitpunkt getrennt unterrichtet wird, ist nicht festgelegt und kann zufällig erfolgen. So kann zum Beispiel folgendes Muster entstehen: Im ersten Halbjahr der 5. Klasse wird Deutsch getrennt unterrichtet, im 2. Halbjahr dann Biologie, im 6. Schuljahr Politik und Englisch, dann Physik und Religion.

Der Vorteil einer solchen zufälligen Trennung ist, daß Jungen und Mädchen sehr bewußt erfahren, in welcher Weise das jeweils andere Geschlecht die eigenen Leistungen beeinflußt. Zum Beispiel merken Jungen, wieviel schwieriger für sie der Sprachunterricht wird, wenn die Mädchen ihn nicht mit ihrer kommunikativen Kompetenz stützen; die Mädchen entdecken neue Interessen, wenn sie plötzlich im Englisch-Leistungskurs unter sich sind. Die Verhaltensbreite und die Verhaltensmöglichkeiten der Geschlechter werden auf diese Weise unter Umständen deutlicher als bei einer zeitweisen Trennung nur in den Naturwissenschaften.

Mädchenschulen

Aus den Erfahrungen der wenigen noch existierenden öffentlichen Mädchengymnasien in Deutschland und in anderen europäischen Staaten lassen sich für junge Frauen vielfältige Vorteile ablesen.

Eine wesentliche Erfahrung in einer Mädchenschule ist, daß alle Aufgaben im Schulleben von

Frauen wahrgenommen werden: Die Mädchen vertreten in den politischen Gremien der Schule ihre eigenen Interessen, sie repräsentieren die Schule sportlich, musisch und künstlerisch, und sie stellen aus ihren Reihen in jedem Fach ihre beste Schülerin. Die LehrerInnen erwarten von ihnen in jedem Fach das gleiche Maß an Leistungsfähigkeit, Aufmerksamkeit und Interesse, unabhängig davon, ob es sich um Mathematik, Physik, Englisch oder Kunsterziehung handelt. Gleichzeitig stellen sich die LehrerInnen auf den Erfahrungshintergrund ihrer Schülerinnen ein, sie wissen, wie sie den Mädchen bestimmte Themen nahebringen können, und sie entwickeln ein Gespür dafür, wie Mädchen zu motivieren sind.

Da es in der Schule keine Jungen gibt, drängt auch niemand dazu, sich »als Mädchen« zu verhalten. Die Normen der Geschlechterrolle sind weitgehend außer Kraft gesetzt. Dadurch können die Schülerinnen eine größere Bandbreite von Verhaltensweisen erproben und nutzen.

Alle aktuellen Untersuchungen zeigen, daß die Absolventinnen von Mädchenschulen stärker berufs- und erfolgsorientiert sind als Schülerinnen aus der Koedukation. Abiturientinnen aus Mädchenschulen trauen sich natur- und ingenieurwissenschaftliche Studien eher zu, und sie können später leichter Familie und Beruf vereinbaren, weil ihr weibliches Umfeld in ihnen die Botschaft verankert hat: Alles ist möglich! Du schaffst es!

Daß Mädchenschulen das Selbstbewußtsein von Frauen in besonderer Weise stärken, bestätigen Prominente, wie die Ministerpräsidentin von Schleswig-Holstein, Heide Simonis, oder Hillary Clinton, die US-amerikanische First Lady. In den USA verzeichnen vor allem die renommierten Frauen-Colleges Zulauf. Die wissenschaftlichen und politischen Karrieren der Absolventinnen von Frauenhochschulen sprechen Bände: Rund ein Viertel der weiblichen Kongreßabgeordneten in Washington studierte ausschließlich unter Frauen, jede dritte Managerin der erfolgreichsten tausend Unternehmen in den USA

Die »Frauen und Schule«-Bewegung

Seit 1982 gibt es die »Frauen und Schule«-Bewegung mit regelmäßigen großen Fachtagungen und Foren für engagierte Wissenschaftlerinnen, Lehrerinnen, Studentinnen, Mütter und Schülerinnen. Im Zentrum steht die Frage der Mädchen- bzw. Frauenbildung und -fortbildung – zum Beispiel im Lehrberuf –, die Diskussion neuer pädagogischer Forschungsergebnisse und die Entwicklung neuer Strategien, zum Beispiel zur Veränderung des Schulalltags.

LITERATUR

Renate Luca u.a. (Hrg.)
Frauen Bilden – Zukunft planen
Kleine, Bielefeld, 1992. DM 33,90

GEW-Baden-Württemberg (Hrg.)
Durchbruch zu einer feministischen Bildung
Kleine, Bielefeld, 1995. DM 32

Astrid Kaiser
Frauen stärken – ändern Schule
Kleine, Bielefeld, 1996. DM 36

KONTAKT

Die »Frauen und Schule«-Bewegung ist regional in Vereinen organisiert. Zum Beispiel:

Frauen und Schule Ruhrgebiet e.V.
c/o Gertrud Teworte, Mozartstr. 1, 58636 Iserlohn

Frauen und Schule e.V. (Niedersachsen)
c/o Prof. Dr. Astrid Kaiser, Carl von Ossietzky Universität, Postfach 2503, 26111 Oldenburg

Frauen und Schule Hamburg e.V.
c/o Dr. Renate Luca, Universität Hamburg
Von Melle Park 8, 20146 Hamburg

Frauen und Schule Hessen e.V.
c/o Mechthild von Lutzau, Heckerstr. 24, 34121 Kassel

ebenfalls – obwohl die Zahl der Studierenden an den Spitzen-Frauen-Hochschulen weitaus geringer ist als die an den koedukativen Universitäten.

Inzwischen gibt es für die öffentlichen (und privaten) Mädchenrealschulen und -gymnasien in Deutschland klaren Rückenwind. Sie haben sich von einem »Auslaufmodell« in der Bildungslandschaft zu einem neuen Angebot für junge Frauen entwickelt.

Schulabschlüsse

Berufliche Ausbildung und Schule sind in Deutschland eng verwoben. Dies liegt vor allem an der Schulpflicht, die festlegt, daß alle Kinder und Jugendlichen zwischen sechs und achtzehn Jahren zur Schule gehen müssen. Das gilt auch dann, wenn sie eine Berufsausbildung durchlaufen. Die Türen zu einer anspruchsvollen Ausbildung mit entsprechenden Zukunftsperspektiven öffnen sich durch den passenden Schulabschluß, der, wenn möglich, viele weitere Anknüpfungspunkte bereitstellen sollte.

Nach der Grundschule

Die erste große Entscheidung über die zukünftigen Berufsperspektiven fällt in den meisten Bundesländern, wenn es nach der vierten Klasse heißt: Haupt- oder Realschule, Gesamtschule oder Gymnasium? Für viele SchülerInnen und Eltern ist diese frühe Entscheidung um den zehnten Geburtstag höchst schwierig, denn oft wird frühestens im 13. oder 14. Lebensjahr deutlich, was in Sohn oder Tochter steckt. Da kann sich das zögerliche Mauerblümchen mit schlechten Zensuren noch in eine gewandte Rednerin mit guten Deutschnoten verwandeln, während die verträumte Zehnjährige zum Biologiefreak wird, die nichts anderes im Kopf hat, als das Überleben heimischer Singvögel zu sichern. Was Kinder tatsächlich an Begabungen, Interessen und Ausdauer mitbrachten, zeigt sich oft erst im Rückblick.

Welche Schulform?

Folgende Überlegungen sollten nach der Grundschule die Entscheidung über den weiteren Weg der Tochter begleiten:

• Wenn es in Ihrem Bundesland in der fünften und sechsten Klasse die sogenannte Orientierungsstufe gibt, so kann das für die Tochter hilfreich sein. Sie gewinnt zwei Jahre entscheidungsfreier Entwicklung und muß sich erst ab dem zwölften Lebensjahr definitiv für eine weitere Schulform entscheiden. Den großzügigsten »Entscheidungsaufschub« erhalten die SchülerInnen integrierter Gesamtschulen: Bei ihnen fällt die Entscheidung über die weitere Schulform erst mit dem 16. Lebensjahr.

• Entscheiden Sie sich – unabhängig davon, in welchem Land Sie leben – immer für eine Schulform, die es der Jugendlichen ermöglicht, nach der zehnten Klasse unter mehreren Anknüpfungspunkten zu wählen. Die vielfältigsten Möglichkeiten zum »Weiterklettern« bieten die Realschule, die integrierte Gesamtschule oder das Gymnasium. Alle drei Schulformen führen mit dem gelungenen Abschluß der zehnten Klasse zur mittleren Reife. Der mittlere Bildungsabschluß erleichtert die Suche nach einem attraktiven Ausbildungsplatz.

• Einige Länder bieten an ihren Hauptschulen eine zehnte Klasse an (im Unterschied zu den traditionellen neun Jahren). Hauptschülerinnen sollten dieses Angebot auf jeden Fall nutzen: Mit guten Noten und/oder speziellen Prüfungen können sie in dieser besonderen Form der Hauptschule auch die mittlere Reife erwerben.

Nach dem mittleren Abschluß (Mittlere Reife)

Alle Schulformen, die bis zur 10. Klasse führen, vermitteln bei guten Leistungen und entsprechender Ausdauer einen qualifizierten Abschluß, der berechtigt, eine gymnasiale Oberstufe, ein berufliches

Geschichte der Mädchenbildung

Die Anfänge der Unterrichts- bzw. Schulpflicht liegen in Mitteleuropa im 17. Jahrhundert. In Preußen legte Friedrich Wilhelm I. 1763 die Schulzeit vom fünften bis zum 13./14. Lebensjahr verpflichtend für alle Jungen fest. Bildung für Mädchen erschien ihm und seinen Zeitgenossen als reine Verschwendung.

Dies galt bis in die Mitte des 19. Jahrhunderts. Erst dann wurde die Schulpflicht auch auf die Mädchen ausgedehnt. Frauen galten lange als »unbildbares« Geschlecht, der Natur verhaftet, den Gefühlen ausgeliefert und nicht zum logischen Denken befähigt. Nur beim Adel und im wohlhabenden Bürgertum investierte man in die Mädchenbildung. Doch gefördert wurde ausschließlich die künstlerische und musische Erziehung. Die jungen Frauen sollten schließlich nicht beruflich tätig werden, sondern mit Hilfe der »schönen Künste« ihrem Ehemann ein kurzweiliges, anregendes Leben bieten.

Die ersten höheren Töchterschulen wurden schließlich nach dem Vorbild der Knabenrealschulen als Schulen mit zehn Klassen eingerichtet. Den Absolventinnen war es gestattet, danach ein Lehrerinnenseminar zu besuchen. Gymnasien und Universitäten waren den Frauen versperrt. Noch um 1900 waren zwei Drittel der Mädchenschulen Privatinstitute, die sich selbst finanzieren mußten. Der Staat sah die Bildung der Mädchen nicht als seine Aufgabe an.

So kämpften die Frauen der ersten Frauenbewegung nicht nur für das Wahlrecht (▷ Initiativen, Seite 373) und das Recht auf einen Beruf, sondern vor allem für das Recht auf gleiche Bildung.

Die Pionierinnen in der Wissenschaft hatten ihr Wissen über PrivatlehrerInnen und im Selbststudium erworben, oder sie hatten an Knabenschulen als »Externe« das Abitur abgelegt. Manche nahmen es auf sich, in Zürich oder Italien zu studieren, denn dort waren Frauen schon in den 80er Jahren des 19. Jahrhunderts an den Universitäten zugelassen.

Erst als 1908 alle Länder in Deutschland den Frauen die Universitäten (▷ Studium, Seite 189) öffneten, war der Weg zum Mädchengymnasium frei. Davor erließ man allerdings noch zahlreiche Sonderregelungen und Hürden für die Mädchenbildung. Zum Beispiel: Neben dem wissenschaftlichen Unterricht mußten die Schülerinnen ab dem 8. Jahrgang verpflichtend einen zweijährigen Frauenoberschulkurs besuchen und eine praktische Hauswirtschaftsprüfung ablegen; erst dann wurden sie zur Oberstufe zugelassen – Pflichten, von denen die Jungen unberührt blieben.

Ausläufer dieser Regelung waren bis in die 60er Jahre spürbar: Viele Mädchengymnasien, vor allem in Nordrhein-Westfalen, verfügten über eine »Frauenoberstufe« und nur einen neusprachlichen Zweig. Nur wenige Mädchengymnasien boten naturwissenschaftliche oder humanistische Zweige an. Noch 1968 gab es doppelt so viele Jungen- wie Mädchengymnasien.

LITERATUR

Maria Anna Kreienbaum (Hrg.)
Frauen Bilden Macht
Barbara Weißbach, Dortmund, 1989. DM 24

Gymnasium oder eine Fachoberschule zu besuchen und auf diesem Weg zum (Fach-)Abitur zu kommen (▷ Fachhochschule, Seite 194).

Mit dem Abschluß der zehnten Klasse sind auch der Besuch einer Berufsfachschule (▷ Seite 151), einer Fachoberschule (▷ Seite 151) oder die weitere Ausbildung im dualen System (▷ Seite 151) möglich.

Berufsorientierung

Alle Untersuchungen über die Berufsorientierung weiblicher Jugendlicher zeigen, daß die Mädchen nach der mittleren Reife, beim Übergang von der Schule in die Arbeitswelt, in eine höchst widersprüchliche Situation geraten. Nachdem sich die traditionellen Frauenbilder aufgelöst haben, formulieren die Schülerinnen klare berufliche Interessen: »Ich will einen Beruf und mein eigenes Geld verdienen.« Andererseits planen sie die möglichen Einschränkungen ihrer Berufsbiografie bereits im voraus mit, zum Beispiel mit dem Hinweis, daß es als Verkäuferin oder Zahnarzthelferin besonders einfach sei, in Teilzeit oder aushilfsweise zu arbeiten und gleichzeitig Kinder zu betreuen (▷ Top ten der Ausbildungsberufe, Seite 138).

Männliche Jugendliche sehen sich hingegen fast immer uneingeschränkt im Erwerbsleben stehen und orientieren ihre Berufswahl eindeutig an den Verdienst- und Aufstiegsmöglichkeiten der jeweiligen Jobs.

Entscheidungshilfen

Keine Schülerin kann mit sechzehn Jahren abschätzen, wie ihr Leben als Erwachsene in zehn oder fünfzehn Jahren aussehen wird. Abzuwägen sind:

• Der Verdienst sollte im Einkommensdurchschnitt der Bevölkerung liegen, um das eigene Auskommen und das von Kindern sichern zu können (▷ Mit dem Kind allein, Seite 357). Von bestimmten Berufen muß daher abgeraten werden. Dies gilt zum Beispiel für die Ausbildungsberufe zur Einzelhandelskauffrau, Rechtsanwalts- und Notargehilfin, Arzthelferin oder Friseurin.

• Der Beruf muß auch in der zweiten Hälfte der Erwerbsbiografie, zwischen dem 40. und 60. Lebensjahr, attraktiv bleiben. Dies spricht gegen Berufe, in denen jüngere – weil billigere – Arbeitskräfte immer bevorzugt eingestellt werden und in denen eine langjährige Berufserfahrung wenig gilt, zum Beispiel als Arzthelferin oder Verkäuferin (▷ Arbeitslos, Seite 269). Es spricht auch immer gegen einen Beruf, wenn dieser keine Aufstiegs- oder Weiterbildungschancen eröffnet und dadurch direkt in eine berufliche Sackgasse führt.

• Mädchen, die später teilzeitbeschäftigt arbeiten wollen, sollten sich auf keinen Fall bei der Berufswahl einschränken. Teilzeitarbeitsplätze sind oft Verhandlungssache, die es zum Beispiel auch in besser bezahlten Berufen, wie Bankkauffrau oder Werbekauffrau, gibt (▷ Berufswege, Seite 153).

• Generell haben Berufe mit einer längeren Ausbildung und einem besserem Status, wie beispielsweise im Bank- oder Versicherungsgewerbe, die besseren Zukunftsaussichten, weil sie zahlreiche Anknüpfungspunkte, Spezialisierungen und Entwicklungsmöglichkeiten bieten (▷ Zukunft der Dienstleistungsberufe, Seite 154). Dies gilt auch für die meisten Berufe im gewerblich-technischen Bereich, die neben einem guten Verdienst vielfältige Weiterbildungsmöglichkeiten bis zum Fachabitur eröffnen (▷ Elektroberufe, Seite 164; ▷ Metallberufe, Seite 166).

• Berufschancen sind immer auch eine Frage des Betriebs. Es lohnt sich also, über das anvisierte Unternehmen möglichst genaue Auskünfte einzuholen (▷ Auf den Betrieb kommt es an! Seite 149).

Diskriminierungen

Die Berufswahl junger Frauen wird nicht nur individuell entschieden. Bis heute haben Mädchen weitaus geringere Chancen als Jungen, einen attraktiven Ausbildungsplatz zu finden. Unter den abgelehnten Lehrstellenbewerbern sind zwei Drittel Frauen. Da die meisten Betriebe im kaufmännischen oder gewerblich-technischen Bereich Jungen bevorzugen, gehen die meisten Mädchen nach der erfolglosen Lehrstellensuche weiter zur (beruflichen) Schule und erhalten dadurch erst spät Kontakt zum Arbeitsmarkt und berufliche Praxis.

Der frühe Kontakt zu den Unternehmen und in die Firmen hinein hat klare Vorteile: Wer sich in einem Betrieb ausbilden läßt, hat schon einen Fuß »drinnen«, und damit nach der Ausbildung größere Chancen, (weiter-)beschäftigt zu werden (▷ Ausbildung im dualen System, Seite 151) oder woanders Arbeit zu finden.

Mischberufe

Von einem Mischberuf spricht man, wenn mehr als zwanzig Prozent der Auszubildenden in einem vormals traditionellen »Männerberuf« Frauen sind. Dies gilt zum Beispiel für BäckerIn, KonditorIn, GärtnerIn, OptikerIn oder SchriftsetzerIn. Ähnliche, teilweise steigende Tendenzen sind im Hotel- und Restaurantbereich oder bei den Ver- und EntsorgerInnen zu erkennen.

Mischberufe bieten meist gute berufliche Perspektiven. In ihnen sind Frauen keine Exotinnen mehr, weil die Pionierarbeit bereits getan ist und alle Beteiligten sich daran gewöhnt haben, Kolleginnen bei der Arbeit, und auch als Vorgesetzte oder Meisterin zu sehen.

Männerberufe

Qualifizierte »Männerberufe« sind meist Jobs im gewerblich-technischen und im naturwissenschaftlichen Bereich. Fast immer sind es die – im Vergleich zu den typischen Frauenberufen – angeseheneren Tätigkeiten mit der besseren Bezahlung und dem geringeren Risiko, arbeitslos zu werden. Es sind die Berufe mit größerer Eigenverantwortung und besseren Aufstiegs- und Weiterbildungsmöglichkeiten (▷Technisch-gewerblicher Bereich Seite 155; ▷ Berufe der Zukunft, Seite 156).

Auf den Betrieb kommt es an!

Informationen über die Betriebe geben die BerufsberaterInnen bei den Arbeitsämtern, die Handwerkskammern, die Industrie- und Handelskammern; oft auch die Frauenbeauftragten der Gemeinde. Wichtig ist es zu erfahren: Wie bildet das Unternehmen aus? Bietet es eine fundierte Ausbildung an neuen Geräten und nach neuen Konzepten an, oder gilt der Betrieb eher als altertümlich, verzopft und innovationsscheu? Einen schlecht qualifizierenden Ausbildungsplatz sollten Sie nicht annehmen!
Hilfreich ist außerdem:

- Das genaue Studium des Wirtschaftsteils Ihrer Lokalzeitung. Vor allem in den Maitagen gibt es viele Presseberichte mit zahlreichen Hinweisen auf die Ausbildungssituation in den Betrieben der näheren Umgebung.
- Rufen Sie in den anvisierten Betrieben an, um weitere Informationen zu erhalten. Eine gute Anlaufstelle kann der Betriebsrat oder auch die Personalverwaltung sein (▷ Betriebs- und Personalrat, Seite 261).
- Bei kleinen Betrieben sollten Sie versuchen, direkt mit einem Meister oder einer Meisterin zu sprechen.

Versuchen Sie in Erfahrung zu bringen:

- Übernimmt das Unternehmen seine Auszubildenden? Wieviele Azubis können durchschnittlich bleiben, wieviele müssen gehen? Große Betriebe bieten meist längerfristige Perspektiven, kleine Betriebe, zum Beispiel im Handwerk, können sich ausgebildete Beschäftigte oft nicht leisten.
- Wie verhält sich das Unternehmen gegenüber Frauen nach der Ausbildung? Stellt sich auf Nachfragen heraus, daß meist den Frauen gekündigt wird, sollten Sie lieber weiter suchen, um das Risiko einer späteren Arbeitslosigkeit zu mindern.
- Wie sehen die Weiterbildungs- und Aufstiegschancen in dem Betrieb aus? Profitieren auch die beschäftigten Frauen davon?
- Greifen Sie nicht nach der erstbesten Gelegenheit, sondern nehmen Sie sich Zeit und Muße für mehrere Bewerbungen und Vorstellungsgespräche (▷ Seite 216).

Technische Berufe

Wie gut Mädchen technische Berufe ergreifen können, zeigten bisher nur Modellversuche. Deutlich wurde dabei:

- »Mädchen im Blaumann« erzielen hervorragende Prüfungsergebnisse und
- 60 Prozent der weiblichen Auszubildenden würden ihren Beruf jederzeit wieder ergreifen. In den sogenannten Frauenberufen würden das nur rund 50 Prozent tun.

Die bisherigen Modellversuche und Erfahrungen der Pionierinnen zeigen allerdings auch, wie zäh und ausdauernd die jungen Frauen gegen Vorurteile ankämpfen müssen – und warum sie aus gutem Grund den »zukunftsträchtigen« technischen Berufen skeptisch und zurückhaltend gegenüberstehen:

- Technisch interessierte Frauen finden ungleich schwerer einen Ausbildungsplatz als männliche Lehrlinge (▷ Diskriminierungen, Seite 148).
- Als einzige Frau in einer Gruppe von zehn bis zwölf Auszubildenden braucht das Mädchen ein sehr dickes Fell. Bis sie in der Gruppe anerkannt ist und von den Jungen als Gleichberechtigte integriert wird, vergehen viele Wochen, unter Umständen auch Monate. Manche junge Frau empfindet in dieser Zeit die Exotinnenrolle als extrem belastend.
- Auch im privaten Umfeld geraten die Mädchen unter Druck und in eine Außenseiterrolle. Gegenüber Eltern, FreundInnen und Bekannten müssen sie immer wieder begründen, warum sie »so einen Beruf« gewählt haben oder wählen wollen. Manchen stärkt diese Auseinandersetzung das Selbstbewußtsein, anderen bereitet der dauernde Zwang zur Rechtfertigung Streß und Anspannung und führt sie in Identitätskrisen.
- Wie es den Mädchen in der Ausbildung ergeht, bestimmen letztlich die Ausbilder, die Meister. Deren Verhalten prägt das betriebliche Klima. Unterstützen die Ausbilder die Mädchen, zieht die Belegschaft mit. Weibliche Ausbilderinnen als Vorbilder fehlen in den »Männerberufen« noch fast vollkommen.
- Nach der erfolgreichen technischen Ausbildung ist der Arbeitsplatz keineswegs sicher. Das Risiko, arbeitslos zu werden, ist für junge Frauen ungleich höher als für Männer. Die Ausbildungsbetriebe übernehmen lieber die Jungen – obwohl die Mädchen häufig die besseren Abschlußnoten haben.
- Dennoch: Für die meisten Frauen, die sich in einen technischen Beruf wagten, hat sich der Aufwand gelohnt: Einerseits durch das vernünftige Einkommen, andererseits auch durch das gewachsene Selbstbewußtsein (▷ Elektroberufe, Seite 164; ▷ Metallberufe, Seite 166).
- Dauerhaften Erfolg im gewerblich-technischen Bereich haben nur jene Frauen, die auch nach der Ausbildung darauf achten, nicht an isolierten Arbeitsplätzen eingesetzt zu werden. Einzelarbeitsplätze sind selten attraktiv und grenzen allzusehr von der Teamarbeit der Männer ab.
- Wie bei allen Berufen ist es auch im gewerblich-technischen Bereich entscheidend, sich kontinuierlich an Qualifizierungsmaßnahmen zu beteiligen. Viele Betriebe schicken allerdings bevorzugt Männer zur Fortbildung. Dagegen muß sich jede Frau selbst wehren und den Kontakt zur innerbetrieblichen Fort- und Weiterbildung so weit wie möglich absichern (▷ Berufliche Weiterbildung, Seite 176; ▷ Die betriebliche Weiterbildung, Seite 181).

Berufliche Schulen

Knapp 60 Prozent der 17- bis 18jährigen sind SchülerInnen an einer beruflichen Schule. Dieser Oberbegriff umfaßt unter anderem die Berufsschule, also die Ausbildung im dualen System, die Berufsfachschule und die Fachoberschule.

Die Ausbildung im dualen System

Der größte Teil der Jugendlichen, die eine Berufsschule besuchen, macht eine kaufmännische oder eine gewerblich-technische Ausbildung (▷ Berufswege, Seite 153). Der Unterricht ist auf ein bis zwei Tage begrenzt, den Hauptteil der Zeit verbringen die Jugendlichen im Betrieb. Obwohl die Mädchen ein höheres Bildungsniveau als die Jungen haben, schneiden sie in der Konkurrenz um die begehrten Ausbildungsplätze schlechter ab und stellen insgesamt nur 40 Prozent der Auszubildenden.

Berufsfachschule

Für den Besuch einer Berufsfachschule benötigen InteressentInnen entweder das Abschlußzeugnis der Hauptschule oder die mittlere Reife, je nachdem, welcher Beruf gewählt wird. Zur Auswahl stehen handwerkliche, kaufmännische, hauswirtschaftliche, sozialpflegerische und gesundheitsbezogene Berufe oder das Erlernen von Fremdsprachen. Die Ausbildungen dauern mindestens ein Jahr, meist jedoch länger.

In den Berufsfachschulen stellen die Mädchen mit 80 Prozent der SchülerInnen die große Mehrheit. Viele Einrichtungen werden privat geführt und erheben Schulgeld. Doch nicht immer halten die sogenannten Sekretärinnen- oder Sprachschulen, was die Schulprospekte indirekt versprechen und ihre Besucherinnen erhoffen: eine formal anerkannte Ausbildung.

So kritisieren die meisten BildungsexpertInnen, daß ein Großteil der jungen Frauen die Zeit, die sie eigentlich für eine qualifizierte Berufsausbildung aufbringen sollten, in einer formal nicht qualifizierenden Maßnahme verbringen. Viele »warten« in diesen Schulen nur, bis ein betrieblicher Ausbildungsplatz frei wird.

Mädchen, die die Wahl haben, sollten eine kaufmännische Ausbildung im dualen System (▷ Seite 151) auf jeden Fall dem Besuch einer Berufsfachschule vorziehen. Fällt die Entscheidung doch zugunsten der Berufsfachschule, ist es wichtig, bei der zuständigen Industrie- und Handelskammer (IHK) nachzufragen, ob mit dem Schulbesuch tatsächlich eine qualifizierte Ausbildung erworben wird.

Fachoberschulen (FOS)

Die Fachoberschule baut auf einem erfolgreichen Realschulabschluß oder der mittleren Reife auf und umfaßt zwei eigenständige, formal qualifizierende Bildungsgänge: einjährig für BewerberInnen mit abgeschlossener Berufsausbildung und zweijährig für BewerberInnen ohne abgeschlossene Berufsausbildung. Beide Bildungsgänge führen zum Fachabitur und damit zur Fachhochschulreife.

Jede FOS bietet neben allgemeinbildenden Fächern berufsbezogene Ausrichtungen an: zum Beispiel für Technik, Wirtschaft und Verwaltung, Ernährung und Hauswirtschaft, Sozial- und Gesundheitswesen, Gestaltung oder Agrarwirtschaft.

LITERATUR

Ursula Rabe-Kleberg (Hrg.)
Besser gebildet und doch nicht gleich!
Frauen und Bildung in der Arbeitsgesellschaft
Kleine, Bielefeld, 1990. DM 28

Bitte zurücktreten, Kollegen! Hiermuß jemand mit Sach-verstand ran!
F. BECKER.

Berufswege

Den »sicheren« Beruf der Zukunft, der Erfolg und guten Verdienst garantiert, gibt es nicht. Was für die eine Frau eine klare Perspektive darstellt, kann für eine andere der Marsch in die berufliche Sackgasse sein. Weiterbildung und Zusatzqualifikationen gehören langfristig immer ins Begleitgepäck, kombiniert mit Durchsetzungskraft, Zielstrebigkeit und Ausdauer. Neben den individuellen Fähigkeiten beeinflußt das Auf und Ab der Konjunktur die Berufslaufbahn, regionale Umstrukturierungen wirken sich aus. Ein Beruf, der bisher als krisenfest galt, muß neu bewertet werden, wenn Konkurrenz und Veränderungen im Wirtschaftsgefüge zu Einbrüchen bei den Preisen, der Nachfrage und dem Ertrag führen.

Die meisten Unternehmen reagieren auf eine wirtschaftliche Flaute mit dem Abbau von Arbeitsplätzen: Zuerst werden die weniger Qualifizierten entlassen, schließlich auch die gut Ausgebildeten. Frauen geraten in solchen Situationen unter doppelten Druck. Sie müssen um die knapper werdenden Arbeitsplätze konkurrieren und sich gleichzeitig gegen das Vorurteil wehren, trotz guter Ausbildung weniger einsatzbereit zu sein als Männer. BerufsberaterInnen empfehlen Frauen daher eine Doppelstrategie. Einerseits gilt es, eine berufliche Laufbahn einzuschlagen, die den eigenen Interessen und Fähigkeiten entgegenkommt. Nur dann kann man den Aufstieg mit einem klaren Ziel vor Augen und mit Freude an der Sache verfolgen. Gleichzeitig ist es notwendig, sich an den langfristigen Strukturveränderungen in der Wirtschaft zu orientieren.

So ist anzunehmen, daß der Trend zur Dienstleistungsgesellschaft anhält, während der Produktionsbereich Arbeitsplätze verlieren wird. Langfristige Trends zeigen, daß innerhalb dieser beiden Sektoren einige Branchen eindeutig Beschäftigungsgewinner, andere Verlierer sein werden.

Dienstleistungsbereich

Der Dienstleistungssektor ist seit langem Wachstumsbereich Nummer eins, und die Dienstleister gelten als Beschäftigungsgewinner der Zukunft. Nach Schätzungen werden im Jahre 2010 mehr als 70 Prozent aller Beschäftigten in diesem Bereich arbeiten: zum Beispiel als Putzfrauen, ComputerspezialistInnen, KrankenpflegerInnen, VerkäuferInnen, ImmobilienmaklerInnen, Verwaltungsangestellte, KosmetikerInnen, AktienhändlerInnen oder UnternehmensberaterInnen.

Neue Arbeitsplätze sind aber längst nicht in allen Branchen des Dienstleistungsgewerbes zu erwarten. Die Nachfrage wird sich nach Berechnungen der Bundesanstalt für Arbeit besonders in den Bereichen Rechts- und Wirtschaftsberatung, Werbung, Grundstücks- und Wohnungswesen erhöhen. Einen großen Zuwachs sehen die ArbeitsmarktforscherInnen auch im Bereich Wissenschaft, Bildung und Erziehung. Gleichzeitig wird der Bedarf an Arbeitskräften vor allem im Einzelhandel deutlich zurückgehen.

Drei Viertel aller beschäftigten Frauen arbeiten bereits heute im Dienstleistungssektor. Betrachtet man die einzelnen Bereiche jedoch genauer, wird deutlich, daß die beruflichen Perspektiven von Frauen keineswegs rosig sind.

Schlechte Aussichten: Hilfstätigkeiten

Sehr viele Frauen arbeiten im Dienstleistungssektor in einfachen, schlecht bezahlten Bürobereichen. Dort werden die Routinetätigkeiten allerdings immer häufiger durch neue Technologien ersetzt, zum Beispiel durch neue Kommunikationstechniken. Wo früher ganze Schreib- oder Setzbüros damit beschäftigt waren, Briefe, Vermerke oder Projektbe-

Zukunft der Dienstleistungsberufe

Dienstleistungsberufe	**Nachfrage** +++ = sehr stark steigend ++ = stark steigend + = steigend	**Frauenanteil** ooo = sehr hoch oo = durchschnittlich o = gering
Rechts- und Wirtschaftsberatung	+++	o
Werbung	+++	oo
Grundstücks- und Wohnungswesen	+++	o
Wissenschaft und Bildung	++	oo
Erziehung, Sport	++	ooo
Medien, Kunst und Unterhaltung	+	oo
Hotel- und Gaststättengewerbe	+	ooo
Sozialversicherungen	+	ooo
Wäscherei, Reinigung	+	ooo
Dienstleistungsberufe	**Nachfrage** --- = sehr stark sinkend -- = stark sinkend - = sinkend	**Frauenanteil** ooo = sehr hoch oo = durchschnittlich o = gering
Einzelhandel	---	ooo
Gesundheits- und Veterinärwesen	-	oo
Versicherungs- und Kreditgewerbe	-	oo

richte von Diktierbändern abzuhören und abzutippen, regiert heute der PC: wer ihn braucht, bedient ihn selbst. Postwege und Kopierarbeiten haben PraktikantInnen übernommen. Auf diese Weise wurden in den letzten Jahren viele einfache Hilfstätigkeiten überflüssig.

Die Devise heißt daher: Qualifikation ist alles. Es reicht nicht, einen Job ergattert zu haben, wenn er schon morgen überflüssig sein kann. Wichtig ist, sich im Bereich der höherwertigen Dienstleistungen zu orientieren. Dazu gehören Beratung, Koordination, Organisation, Forschung, Entwicklung, Planung, Betreuung, Pflege, Heilbehandlung, Erziehung, Lehre und Publikation (▷ Studium, Seite 189). Unternehmen und Verbände werden zukünftig mehr MitarbeiterInnen aus der großen Gruppe der Wirtschafts- und RechtsberaterInnen brauchen, zudem EDV-ExpertInnen, NaturwissenschaftlerInnen und LehrerInnen.

Mut zur Selbständigkeit

Im Bereich der höherwertigen Dienstleistungen kann sich der Mut zur Selbständigkeit lohnen; sei es als »freie« Wirtschaftsprüferin, Unternehmensberaterin oder Lektorin, als Werbefachfrau, Psycho- oder Physiotherapeutin, als Journalistin, Designerin oder Übersetzerin (▷ Freie Berufe, Seite 288). Ob man dabei auch gleichzeitig ein eigenes Unternehmen gründet, zum Beispiel eine GbR oder GmbH, sollte erst nach intensiven Beratungen mit der Industrie- und Handelskammer entschieden werden (▷ Der eigene Betrieb, Seite 279).

Produktionsbereich

Die größten Arbeitsplatzverluste hat der Produktionsbereich zu verzeichnen. Die Bundesanstalt für Arbeit geht davon aus, daß im Jahr 2010 nur noch etwa 30 Prozent der Beschäftigten in Deutschland im produzierenden Gewerbe arbeiten werden. Teilweise ersetzen Maschinen die menschliche Arbeitskraft, zum Teil lagern die Unternehmen aber ihre Produktionen auch in Billiglohnländer aus, nach Osteuropa, Asien oder Lateinamerika. Die Zahl der Arbeitsplätze innerhalb der Europäischen Union wird also weiter sinken.

An- und ungelernte Frauen trifft dies besonders hart. Sie führen in der Textil-, Nahrungs- und Genußmittelindustrie, aber auch in der Metall- und Elektrotechnik einfache Hilfs- und Montagetätigkeiten aus, die nun wegrationalisiert werden. Künftig geht es nicht mehr darum, Produkte zusammenzusetzen, sondern es müssen vielmehr Maschinen überwacht, Prozesse gesteuert und komplexe Anlagen installiert werden. Die Maschinen müssen gewartet und instandgehalten werden. All dies verlangt gut ausgebildetes Fachpersonal.

So gilt auch im Produktionsbereich die Devise: Die Qualifizierung entscheidet über die berufliche Laufbahn. FacharbeiterInnen, TechnikerInnen, MeisterInnen und IngenieurInnen wird eine relativ gute Zukunft vorausgesagt.

Neue Arbeitsplätze

Neue Arbeitsplätze werden voraussichtlich nur im High-Tech-Bereich entstehen. Die WirtschaftsforscherInnen sehen dort ein großes Potential, wo es um den Einsatz neuer Werkstoffe und Verfahren geht, und dort, wo Produkte speziell auf Kundenwünsche zugeschnitten werden. Das gleiche gilt für den Umweltschutz und die Telekommunikationsindustrie. Eine Anstellung in diesen Bereichen setzt voraus, daß man über Spezialkenntnisse und -fähigkeiten verfügt. Den massenhaften Verlust alter Arbeitsplätze können aber wohl auch diese »Gewinne« nicht ausgleichen.

Technisch-gewerblicher Bereich

Eine Ausbildung im technisch-gewerblichen Bereich gilt nach wie vor als gute Zukunftsinvestition, obwohl die Prognosen in der Produktion unsicher sind.

Als vorteilhaft gilt, daß diese Ausbildungen – von der Energieelektronikerin bis zur Chemikantin – so breit angelegt sind, daß man mit ihnen in unterschiedlichen Branchen und Berufen Fuß fassen kann. Berufliche Sackgassen werden damit vermieden. Hinzu kommt, daß sich die traditionellen Unterschiede zwischen Produktions- und Dienstleistungsunternehmen immer stärker verwischen.

Der Anteil der Dienstleistungen in den Industrieunternehmen steigt beständig. Diese Chance können Frauen nutzen. Tätigkeiten wie Planen, Entwickeln, Überwachen, Kontrollieren und Abrechnen sind gut bezahlte Aufgaben, die schon heute per Datenverarbeitung in den Büros erledigt werden. Voraussetzung dafür ist aber noch oft die Ausbildung an der Maschine oder Werkbank.

Bereits heute produzieren Computerhersteller nicht nur Geräte, sondern entwickeln auch Programme und bieten Dienstleistungen an: Sie zeigen, wie man Computer installiert und wartet, und schulen die künftigen BenutzerInnen. Frauen, die sich weiterqualifizieren, können den »Blaumann« gegen das Kostüm tauschen. Eine ausgebildete Nachrichtentechnikerin kann in der Kundenberatung, im Verkauf oder im Service ihres Unternehmens beschäftigt sein, weil sie die Sache versteht und daher besonders kompetent informieren kann.

Berufe der Zukunft

Exklusiv für dieses Buch wurden aus einer Vielzahl von Hinweisen zum Thema »Berufe der Zukunft« nach Vorschlägen der Bundesanstalt für Arbeit Berufe und Tätigkeiten aus verschiedenen Branchen zusammengestellt. Die Auswahl erfolgte aus etwa 25.000 Berufsbezeichnungen. Aufgenommen wurden jene Berufe aus dem Dienstleistungs- und Produktionsbereich, die eine relativ günstige Zukunftsprognose haben.

Zukunft des Produktionsbereichs		
Produktionsbereich	**Nachfrage** +++ = sehr stark steigend ++ = stark steigend + = steigend	**Frauenanteil** ooo = sehr hoch oo = durchschnittlich o = gering
Kommunikationsindustrie	++	o
Gen- und Biotechnik in der chemischen Industrie	+	o
Baugewerbe	+	o
Produktionsbereich	**Nachfrage** --- = sehr stark sinkend -- = stark sinkend - = sinkend	**Frauenanteil** ooo = sehr hoch oo = durchschnittlich o = gering
Bergbau	---	o
Eisen- und Stahlindustrie	---	o
Maschinen- und Fahrzeugbau	---	o
Textilindustrie	---	ooo
Nahrungs- und Genußmittel	--	ooo
Elektrotechnik	-	oo
Papier- und Druckindustrie	-	oo

Für weitere Informationen sind die Berufsinformationszentren (BIZ) in den örtlichen Arbeitsämtern die erste Anlaufstelle.

Bei der Einschätzung der beruflichen Bedingungen und Aussichten handelt es sich um Tendenzen. Abweichungen bzw. Ausnahmen davon sind selbstverständlich möglich.

Auswahlkriterien

- Ein Schwerpunkt liegt auf »neuen« Berufen und Tätigkeiten, wobei besonders ausgefallene Berufe, die nur für einzelne, wenige Frauen eine gute Lösung darstellen, beiseite gelassen wurden.
- Die Berufe sind aus Frauensicht beschrieben und bewertet. Das heißt, es wurden nicht nur die Verdienst- und Aufstiegsmöglichkeiten erfaßt, sondern auch der Anteil der weiblichen Beschäftigten im jeweiligen Bereich sowie die Möglichkeiten, in dem Beruf Teilzeit zu arbeiten. Zusätzlich wird auf eventuell anfallende Schichtarbeit und variable Arbeitszeiten hingewiesen.
- Die Auswahl bedeutet nicht, daß Berufe, die hier nicht genannt sind, *keine* Zukunft haben. Ganz bewußt wurde auf die Darstellung von Berufsbildern verzichtet, die den LeserInnen ohnehin vertraut sind, wie zum Beispiel KonditorIn, KöchIn, KrankenpflegerIn oder SozialarbeiterIn.

Erläuterungen zur Kurzbewertung

Vollzeit

Keine Frau sollte einen Beruf deshalb ausschließen, weil in ihm bisher ausschließlich Vollzeit gearbeitet wird. Wer seine Arbeitszeit reduzieren will – zum Beispiel nach der Geburt eines Kindes – kann dies individuell mit dem Unternehmen aushandeln.

Teilzeit

»Teilzeit möglich« weist darauf hin, daß reduzierte Arbeitszeiten in diesem Beruf weitgehend anerkannt sind. Trotzdem kann es von Unternehmen zu Unternehmen unterschiedlich sein, wie gut solche Modelle umgesetzt werden (▷ Teilzeit, Seite 231).

Aufstieg

sehr gut	=	mit Weiterqualifikation bis ins obere Management
gut	=	bis ins mittlere Management
schlecht	=	Sackgasse

Verdienst (brutto)

gut bis sehr gut	=	über 5.000 DM
durchschnittlich	=	3.500 bis 5.000 DM
unterdurchschnittlich	=	weniger als 3.500 DM

Die Bewertung »durchschnittlich« orientiert sich an den Löhnen für männliche Facharbeiter mittleren Alters.

Frauenanteil

hoch	=	mehr als 60 Prozent
durchschnittlich	=	30 bis 60 Prozent
gering	=	von 0 bis 30 Prozent

In einem Beruf mit geringem Frauenanteil sind die Verdienstmöglichkeiten meist besser als in einem mit hohem Frauenanteil. Wer jedoch als Frau nicht als »Minderheit« unter Männern arbeiten möchte, fühlt sich in einem Beruf mit mindestens durchschnittlichem Frauenanteil wahrscheinlich wohler.

Kaufmännische Berufe

Eine solide kaufmännische Ausbildung bietet gute Auf- und Umstiegsmöglichkeiten. Kaufleute werden in fast allen Branchen gebraucht, auch in Industrie und Gewerbe. Schwerpunkte sind Handel, Banken und Versicherungen.

Attraktive Tätigkeiten sind fast immer an Zusatzqualifikation und Weiterbildung gebunden. Gerade bei Großunternehmen lohnt sich die Spezialisierung auf ein Fachgebiet, beispielsweise Marketing, Vertrieb, Rechnungswesen oder Controlling (▷ Wirtschaftswissenschaften, Seite 159).

In der Regel führen zwei Wege, oft auch kombiniert, in einen kaufmännischen Beruf: die Ausbildung im Betrieb oder ein wirtschaftswissenschaftliches Studium an Fachhochschule oder Universität.

Bankkauffrau

Vollzeit:	ja
Teilzeit:	möglich
Aufstieg:	gut bis sehr gut
Verdienst:	durchschnittlich bis sehr gut
Frauenanteil:	durchschnittlich

Erläuterungen zur Kurzbewertung ▷ Seite 157

Bankkaufleute bedienen und beraten KundInnen in allen Geldgeschäften. Sie wickeln den Zahlungsverkehr ab, helfen bei Geld- und Kapitalanlagen, Devisengeschäften und Wertpapierhandel, sie prüfen und gewähren Kredite und betreuen Import- und Exportgeschäfte. Die elektronische Datenverarbeitung ist für Bankkaufleute inzwischen alltägliches Handwerk. Sie nimmt ihnen eine Vielzahl von einfachen Routinetätigkeiten ab, die Schalterdienste werden immer weiter reduziert. Dadurch brauchen die Banken weniger Personal als früher, dieses muß aber kompetenter sein. Geldinstitute bieten fast immer attraktive, verantwortungsvolle und gut bezahlte Jobs. Die dreijährige betriebliche Ausbildung ist zunächst nur die solide Basis. Wichtig ist es, die Weiterbildung frühzeitig und konsequent voranzutreiben, Trainee-Programme mitzumachen und sich immer wieder auf Stellen zu bewerben, die eine höhere Qualifikation erfordern.

Werbekauffrau

Vollzeit:	ja
Teilzeit:	möglich
Aufstieg:	gut
Verdienst:	durchschnittlich
Frauenanteil:	durchschnittlich

Erläuterungen zur Kurzbewertung ▷ Seite 157

Werbekauffrauen arbeiten bei Werbeagenturen, in Büros, die sich mit Öffentlichkeitsarbeit beschäftigen, in Verlagen oder in der PR-Abteilung eines Unternehmens. Im Mittelpunkt der Arbeit stehen kaufmännische Aufgaben, wie Rechnungen kontrollieren, Aufträge schreiben oder Angebote einholen. Das ist in der Werbebranche nicht anders als bei einer Bank oder Spedition. Darüber hinaus braucht jede Werbekauffrau Spezialwissen: wie man eine Öffentlichkeitskampagne aufbaut, die Kosten für ein Plakat, Inserat oder einen Werbespot im Fernsehen kalkuliert und wie man Medienanalysen nutzt. Wer ins Management einer Produktionsfirma oder Agentur will, sollte ein Fachhochschulstudium der Betriebswirtschaft mit dem Schwerpunkt Werbewirtschaft an die Ausbildung anschließen.

Hotelfachfrau

Vollzeit:	ja
Teilzeit:	möglich
Aufstieg:	gut bis sehr gut
Verdienst:	durchschnittlich bis gut
Frauenanteil:	hoch

Erläuterungen zur Kurzbewertung ▷ Seite 157

Im Hotelfach sind Organisationstalent und große Belastbarkeit gefragt. Fremdsprachenkenntnisse sind von großem Vorteil. Vor allem AbiturientInnen sind in Hotels willkommen und können sich für einen Allround-Einsatz ausbilden lassen, inklusive Hotelverwaltung und -buchhaltung. Dies ist zwar ein gutes Sprungbrett ins Management, doch um dort zu landen, müssen sich auch AbiturientInnen fortbilden, zum Beispiel an einer staatlichen Hotelfachschule zur Betriebswirtin. Die Aussichten, im Ausland einen Arbeitsplatz zu finden oder Karriere zu machen, sind vor allem für diejenigen gut, die bei einer internationalen Hotelkette angestellt sind.

Generell sind die Beschäftigungsaussichten in den Hotel- und Gastronomieberufen sehr gut. Je nach Ausbildung, zum Beispiel auch als Restaurantfachfrau, ist es möglich, in die Touristikbranche zu wechseln und/oder im Sekretariatsbereich zu arbeiten.

Bereich: Wirtschaftswissenschaften

Diplomkaufleute und DiplombetriebswirtInnen übernehmen je nach Aufgabengebiet die Rechnungsprüfung, zum Beispiel in einem Verband, sind für den Bereich der Investitions- oder Finanzierungsfragen zuständig oder leiten den Einkauf oder Vertrieb in einem mittelständischen Unternehmen (▷ Wirtschaftswissenschaften, Seite 193).

Neben den Fachkenntnissen der Betriebswirtschaft sind analytisches Denken und Kreativität gefragt. Zahlen und Statistiken begleiten die Arbeit; sie sind das Material, aus dem die Diplomkaufleute ihre Ideen entwickeln. Sprachkenntnisse und Auslandserfahrungen sind von großem Vorteil. Die Europäische Gemeinschaft und der internationale Handel suchen nach qualifizierten ÖkonomInnen, die sich im grenzüberschreitenden Geschäft – auch sprachlich – behaupten können.

Kaum eine andere Berufsgruppe beeinflußt das Leben rund um den Globus so sehr wie die Betriebs- und VolkswirtInnen. Noch fehlen Frauen, die hier verantwortlich mitgestalten: Die Entscheidungen in den Chefetagen der Unternehmen werden bis heute fast nur von Männern getroffen.

ControllerIn

Vollzeit:	ja
Teilzeit:	noch nicht eingeführt
Aufstieg:	sehr gut
Verdienst:	gut bis sehr gut
Frauenanteil:	gering

Erläuterungen zur Kurzbewertung ▷ Seite 157

Das Wort »Controlling« kommt aus dem Amerikanischen und meint »steuern«. ControllerInnen werden häufig als Lotsen eines Unternehmens bezeichnet, die den Betrieb auf sicherem, erfolgreichem Kurs steuern sollen. Eine der wichtigsten Aufgaben dieser Berufsgruppe ist es, Informationen und Daten über den eigenen Betrieb, teilweise auch im Vergleich mit anderen Unternehmen, so aufzubereiten, daß die Firmenleitung auf dieser Grundlage ihre Entscheidungen treffen kann. Zu diesen Daten gehören die Umsatz- und Kostenentwicklung, die Marketingstrategie oder die Position und die Strategien der Mitbewerber am Markt.

Dieser Beruf gewährt also ein hohes Maß an Einfluß und Verantwortung. Es werden fast immer WirtschaftsakademikerInnen mit den Schwerpunkten Rechnungswesen und Finanzen eingesetzt. An manchen Hochschulen gibt es eigene Studienschwerpunkte Controlling.

Ein neuer Bereich im Controlling ist der Umweltschutz. Sogenannte Öko-ControllerInnen sind darauf spezialisiert, innerbetriebliche Öko-Bilanzen zu erstellen. Sie berechnen, welche Umweltbelastungen das Unternehmen verursacht, wenn es seine Produkte wie bisher herstellt bzw. wenn es Dienstleistungen anbietet.

Öko-ControllerInnen entwickeln alternative Konzepte, die sich am wirtschaftlich Finanzierbaren orientieren und dennoch Verbesserungen bringen. Die Unternehmensleitung entscheidet dann, ob und wie neue Wege eingeschlagen werden. Öko-ControllerInnen sind häufig NaturwissenschaftlerInnen, zum Beispiel BiologInnen oder ChemikerInnen, mit einer betriebswirtschaftlichen Zusatzqualifikation.

WirtschaftsprüferIn

Vollzeit:	ja
Teilzeit:	noch nicht eingeführt
Aufstieg:	sehr gut
Verdienst:	sehr gut
Frauenanteil:	gering

Erläuterungen zur Kurzbewertung ▷ Seite 157

Die Hauptaufgabe in diesem Beruf ist es, große Unternehmen betriebswirtschaftlich zu überprüfen, das heißt zu kontrollieren, ob der Jahres- oder Konzernabschluß korrekt abgefaßt wurde, ob Einnahmen, Ausgaben, Abschreibungen, Verluste oder Steuervergünstigungen richtig ausgewiesen wurden. Wenn nach dem Ermessen der PrüferInnen alles korrekt ist, testieren sie die Ordnungsmäßigkeit des Abschlusses.

In der Regel sollten die InteressentInnen Betriebswirtschaft, Jura oder Wirtschaftsmathematik studiert haben und sich anschließend um eine Stelle als AssistentIn in einer Wirtschaftsprüfungs- oder Unternehmensberatungsgesellschaft bemühen. Viele gehen ihren Weg auch über den Beruf der Steuerberatung. Zur Ausbildung gehören »training on the job« und intensive Ausbildungsprogramme. Nach frühestens drei Jahren Berufstätigkeit kann das Examen zum Wirtschaftsprüfer oder zur Wirtschaftsprüferin nach der bundesweit einheitlichen Prüfungsordnung abgelegt werden.

WirtschaftsprüferInnen nehmen auch beratende Funktionen wahr. So können sie Unternehmen nahelegen, Planung und Organisation der Entwicklung anzupassen, die sie der Bilanz entnehmen (▷ UnternehmensberaterIn). Sie beraten, wenn es um Kauf oder Verkauf einer Firma geht, oder wenn veränderte steuerrechtliche Bedingungen es günstig erscheinen lassen, die Gesellschaftsform eines Konzerns umzustrukturieren. Viele WirtschaftsprüferInnen haben sich in großen, auch international tätigen Wirtschaftsberatungsgesellschaften zusammengeschlossen. Die teilweise weltweit agierenden GmbHs sind auf diese Weise selbst zu Großunternehmen mit zahlreichen Beschäftigten geworden.

UnternehmensberaterIn

Vollzeit:	ja
Teilzeit:	noch nicht eingeführt
Aufstieg:	sehr gut
Verdienst:	sehr gut
Frauenanteil:	gering

Erläuterungen zur Kurzbewertung ▷ Seite 157

Beratung heißt in der Wirtschaftsfachsprache »Consulting«. UnternehmensberaterInnen analysieren die wirtschaftliche Situation eines Betriebs oder einer Behörde, filtern die Schwachpunkte im betrieblichen Ablauf heraus, schlagen Lösungen vor und/oder empfehlen Veränderungen. Diese Vorschläge haben einen enormen Einfluß auf die Entscheidungen der Unternehmensleitung, zum Beispiel dann, wenn sich die Aufsichtsräte eines Betriebes die Empfehlungen der Beratergesellschaft zu eigen machen. Damit tragen BeraterInnen ein hohes Maß an Verantwortung – unter Umständen sogar für die Arbeitsplätze anderer Menschen.

Als UnternehmensberaterInnen kommen vor allem WirtschaftswissenschaftlerInnen und JuristInnen in Frage. Die Ansprüche der renommierten Berater- und Consultinggesellschaften an BerufseinsteigerInnen sind allerdings sehr hoch. Sie verlangen Prädikatsexamen, ein kurzes Studium, Zusatzqualifikationen, Fremdsprachen und Auslandserfahrung. Sehr hilfreich ist es, wenn InteressentInnen bereits während des Studiums ein Praktikum bei ihrem künftigen Arbeitgeber absolvieren.

Die Hierarchien im Arbeitsleben selbst sind in der Regel flach angelegt: Wer heute ProjektmanagerIn ist, kann morgen -mitarbeiterIn sein; die Positionen werden nur für die Zeit des jeweiligen Auftrags vergeben.

Häufig wechseln UnternehmensberaterInnen nach erfolgreicher Arbeit zu ihrem Kunden und steigen als beratende ManagerInnen in die oberen Hierarchiestufen auf.

Ein zweiter wichtiger Bereich der Unternehmensberatung ist das sogenannte »Consulting-Engineering«. Für technische Projekte, zum Beispiel Großbauten, wird meist ein Beraterunternehmen engagiert, dessen MitarbeiterInnen das Konzept von der Planung über die Umsetzung bis zur Auswahl der ProjektpartnerInnen ausarbeiten. Für diesen Bereich des Consulting werden vor allem IngenieurInnen und NaturwissenschaftlerInnen (▷ Ingenieurwesen und Naturwissenschaften, Seite 167) gebraucht. Sie müssen ähnlich hohe Anforderungshürden überwinden wie ihre KollegInnen, die sich auf betriebswirtschaftliche Fragen spezialisiert haben.

Touristik-ManagerIn

Vollzeit:	ja
Teilzeit:	möglich
Aufstieg:	gut bis sehr gut
Verdienst:	durchschnittlich bis sehr gut
Frauenanteil:	durchschnittlich

Erläuterungen zur Kurzbewertung ▷ Seite 157

Diplom-BetriebswirtInnen mit der Fachrichtung Touristik haben eine weitgefächerte Wachstums-Branche vor sich. Sie reicht vom kleinen Hotel- und Gaststättenbetrieb bis zur großen internationalen Hotelkette, von der Kur- und Bäderverwaltung einer Stadt bis hin zu Reiseveranstaltern und -vermittlern.

Die Hauptaufgabe der Touristik-ManagerInnen ist, den Markt in Spezialbereichen zu erforschen, Bedarfsprognosen abzugeben, neue Angebote zu entwickeln und die Umsetzung dieser Angebote zu kalkulieren. Häufig werden Touristik-ManagerInnen auch im Bereich Marketing eingesetzt. So gehören zur Arbeit zum Beispiel Zielgruppenkampagnen, Hotelsonderangebote für Familien oder Reisen für Senioren.

Fremdsprachen, wie Englisch, Französisch und Spanisch, werden als selbstverständlich vorausgesetzt, ebenso der kompetente Umgang mit dem PC.

Touristik-ManagerInnen wechseln häufig in eine andere Branche. So arbeiten sie zum Beispiel bei den Banken im Devisen-Bereich oder in einem Software-Unternehmen, das EDV-Programme für Transportunternehmen und Reisebüros erstellt. Dafür sind Zusatzqualifikationen wichtig. Außerdem rückt die Konkurrenz immer näher, da die Zahl der StudienabgängerInnen in der Fachrichtung Touristik steigt. Sie konkurrieren mit den Hotelfachleuten um die gleichen Jobs in der Tourismus-Branche.

Bereich: Jura

Im Bereich des Umwelt- und Wirtschaftsrechts steigt die Zahl der Strafverfahren ständig. Hier werden SpezialistInnen gesucht. JuristInnen mit umwelttechnischem und wirtschaftlichem Sachverstand haben daher gute Beschäftigungschancen, sei es als spezialisierte AnwältInnen, als selbständige UnternehmensberaterInnen (▷ Seite 160), als WirtschaftsprüferInnen (▷ Seite 159) oder als JuristInnen in der Industrie (▷ Jura, Seite 193).

Neben den großen Wirtschaftsunternehmen sind die Banken die Hochburgen der Juristerei. Für Geldgeschäfte sind Verträge erforderlich, und Verträge sind das ureigene Gebiet von RechtsexpertInnen. Gleiches gilt für die Versicherungswirtschaft. Ähnlich wie im Bankgeschäft wird das »Produkt« fast ausschließlich durch rechtliche Regelungen bestimmt.

ArbeitsmarktforscherInnen beobachten allerdings die Tendenz, daß JuristInnen häufig auch für Sachbearbeitertätigkeiten eingesetzt werden, die früher Versicherungskaufleute erledigt haben. Dadurch erweitert sich die Konkurrenz mit anderen akademischen Berufen, wie den Diplom-BetriebswirtInnen oder den Diplom-Kaufleuten.

EU-JuristIn

Vollzeit:	ja
Teilzeit:	noch nicht eingeführt
Aufstieg:	gut bis sehr gut
Verdienst:	durchschnittlich bis sehr gut
Frauenanteil:	durchschnittlich

Erläuterungen zur Kurzbewertung ▷ Seite 157

Rund 80 Prozent der Rechtsvorschriften, die die Wirtschaft betreffen, werden durch das EU-Gemeinschaftsrecht geprägt. Die daraus entstandenen abertausend Verordnungen und Details durchschauen nur noch absolute ExpertInnen. Europarechtliche Beratung und Vertretung gilt daher als eine Dienstleistung der Zukunft. Schon heute haben viele renommierte Anwaltskanzleien Dependancen in Brüssel.

Aber auch die Behörden benötigen entsprechende ExpertInnen. Gefragt sind EU-JuristInnen, beispielsweise in Sachen EU-Wettbewerbsrecht, bei Importen aus Nicht-EU-Staaten oder beim Kampf gegen Dumping-Preise.

Der Weg zur EU-JuristIn führt über ein Hochschulstudium mit Zusatzqualifikationen in die praktische Arbeit. ExpertInnen raten vor allem zum Studium im europäischen Ausland, beispielsweise in den Niederlanden, in Frankreich oder in Großbritannien.

Datenverarbeitungsberufe

Die Pionierzeit der elektronischen Datenverarbeitung ist vorbei, die Technologie ist etabliert. Wer einen guten Job in diesem Bereich haben will, muß gute Qualifikationen vorweisen. Oft haben die InteressentInnen bereits eine Ausbildung im kaufmännischen oder technischen Bereich abgeschlossen, bevor sie mit der zweijährigen Ausbildung an einer Berufsfachschule beginnen. Sehr oft qualifizieren die Unternehmen ihre Beschäftigten aber auch selbst.

Wer Informatik oder Mathematik an einer Hochschule studiert, kann als hochqualifizierte Kraft direkt in die EDV-Branche einsteigen. Aus der Berufsvielfalt dieses Bereichs wurden drei Berufe ausgewählt. Weitere Informationen geben die Berufsinformationszentren (BIZ) der Arbeitsämter.

Kaufmännische AssistentIn Informationverarbeitung

Vollzeit:	ja
Teilzeit:	möglich
Aufstieg:	schlecht
Verdienst:	durchschnittlich
Frauenanteil:	durchschnittlich

Erläuterungen zur Kurzbewertung ▷ Seite 157

Je nach Bundesland und Ausbildung unterschiedlich heißen diese Kräfte manchmal Kaufmännische AssistentIn Datenverarbeitung oder InformatikassistentIn Wirtschaft oder WirtschaftsassistentIn Informatik. Sie werden zum Teil direkt im Betrieb ausgebildet oder absolvieren eine zweijährige Ausbildung an einer Berufsfachschule.

Gemeinsam ist den Datenverarbeitungs-AssistentInnen, daß sie sowohl im Bereich der Betriebswirtschaft, also kaufmännisch, als auch im EDV-Bereich ausgebildet werden. Sie beherrschen die verschiedenen Datenverarbeitungsprogramme, die im jeweiligen Unternehmen angewendet, umgeschrieben oder erneuert werden müssen. Sehr oft arbeiten sie auch im Bereich des Rechnungswesens, sind für den Ein- und Verkauf oder den Vertrieb zuständig. Die Vorgesetzten sind meist Diplom-WirtschaftsinformatikerInnen.

WirtschaftsinformatikerIn

Vollzeit:	ja
Teilzeit:	noch nicht eingeführt
Aufstieg:	gut bis sehr gut
Verdienst:	sehr gut
Frauenanteil:	gering

Erläuterungen zur Kurzbewertung ▷ Seite 157

In der Computertechnologie geht der Trend zu maßgeschneiderten Programmen und Anwendersystemen, die speziell für die Probleme und Wünsche eines Kunden ausgetüftelt werden. WirtschaftsinformatikerInnen sind bei dieser Arbeit das Bindeglied zwischen Computerhersteller und AnwenderInnen.
Nach dem Hochschulstudium gehen die WirtschaftsinformatikerInnen meist in die Datenverarbeitungsabteilungen großer Unternehmen, Behörden oder Verbände; manche zieht es auch direkt zu den Computerfirmen. Dort entwickeln sie Lösungen für die betriebswirtschaftlichen Probleme anderer Unternehmen und setzen sie dann mit Hilfe moderner In-

formationssysteme um. Zusammen mit den FachspezialistInnen des ratsuchenden Unternehmens planen und entwickeln sie die maßgeschneiderten Anwendungssysteme: Zum Beispiel für das computergestützte, zeitsparende Einchecken von Flugzeugpassagieren oder die möglichst rasche Abfertigung von Frachtgütern.

SoftwareentwicklerIn/ SystemprogrammiererIn

Vollzeit:	ja
Teilzeit:	noch nicht eingeführt
Aufstieg:	gut bis sehr gut
Verdienst:	sehr gut
Frauenanteil:	gering

Erläuterungen zur Kurzbewertung ▷ Seite 157

Wer Software-EntwicklerIn werden will, kann sich an einer privaten Schule (▷ Die Wahl des Anbieters, Seite 179) oder an einer Berufsfachschule ausbilden lassen; wer direkt hochqualifiziert einsteigen will, muß einen Hochschulabschluß im Bereich Informatik oder Mathematik vorweisen.

Software-EntwicklerInnen erarbeiten spezielle Computer-Programme, die bestimmte Probleme lösen. Dabei kann es beispielsweise darum gehen, die Buchhaltung in einem Wohlfahrtsverband zu automatisieren, die Bilanz eines Unternehmens zu erstellen oder die Waren in einem Kaufhaus zu verteilen.

Mitunter arbeiten Software-EntwicklerInnen auch am »Herz« des Computers, am Betriebssystem. Auch dessen Programm kann so verändert werden, daß es den Bedürfnissen der AnwenderInnen angepaßt und auf die KundInnen zugeschnitten ist.

Der Übergang zu den SystemprogrammiererInnen ist fließend. Deren Hauptaufgabe ist es, den Computer so zu programmieren, daß die gewünschten Anwendungen optimal laufen. Das bedeutet beispielsweise auch, daß sie eingeben, wer in einem Unternehmen auf welche Daten und Anwendungen Zugriff hat. Ihr Aufgabenfeld sind ebenso die Großrechner in den Unternehmens- und Rechenzentralen wie die globalen Kommunikationsnetze mit intensivem Datenaustausch. Das tägliche Börsengeschäft ist dafür ein Beispiel, oder die Datentransfers zwischen Banken oder Industrieunternehmen.

Die meisten SystemprogrammiererInnen haben sich an privaten Instituten oder als Diplom-InformatikerInnen an einer Universität oder Fachhochschule ausbilden lassen. Bevorzugt eingestellt werden Diplom-InformatikerInnen mit einer kaufmännischen oder naturwissenschaftlich-technischen Ausrichtung.

InformationswissenschaftlerIn

Vollzeit:	ja
Teilzeit:	möglich
Aufstieg:	gut
Verdienst:	durchschnittlich bis sehr gut
Frauenanteil:	gering

Erläuterungen zur Kurzbewertung ▷ Seite 157

Informationen sind bares Geld. Wer über das Auf und Ab auf dem Markt, über neue Patente oder neue Forschungsergebnisse schnell Bescheid weiß, kann dieses unter Umständen in einen wirtschaftlichen Vorteil verwandeln. Die meisten Unternehmen haben daher ihre eigene Informationslogistik aufgebaut. Der neueste Trend geht jedoch dahin, sich Informationen zu kaufen. Das ist die Stunde der Informations-BrokerInnen: Fachleute, die mit Informationen handeln, die sie aus den Datenbanken und Online-Diensten rund um den Globus schöpfen.

InformationshändlerInnen recherchieren in den USA, in Japan und Europa und verknüpfen das elektronisch gewonnene Wissen für ihre Kunden.
Die Arbeit besteht jedoch nicht nur im einfachen Abfragen von Datenbanken. Entscheidend ist, daß die Informationen unter speziellen Gesichtspunkten recherchiert und zusammengestellt werden. Die Auswahl, der »Filter«, erfolgt durch die Spezialkenntnis-

se der Informations-BrokerInnen. Diese brauchen daher in der Regel ein fundiertes Wissen in dem Fachgebiet, in dem sie für ihre KundInnen recherchieren. Wer zum Beispiel für ein Chemie-Unternehmen nach Literatur- und Patentzitaten sucht, muß auch etwas von Chemie verstehen. Wer den Auftrag hat, im Rahmen des EU-Rechts bestimmte Euro-Paragraphen zusammenzustellen, dem dürfen Rechtsfragen nicht fremd sein.

Der Zugang zu dieser Form von Arbeit ist nicht geregelt. Manche InformationsbrokerInnen haben Informationswissenschaften studiert, andere haben einen anderen Hochschulabschluß, zum Beispiel in den Geistes- oder Naturwissenschaften, erworben und anschließend eine Zusatzausbildung absolviert.

Technische Berufe

Frauen, die ein Faible für Technik haben, können unter vielen Berufen wählen. Wer sich als gefragte Arbeitskraft etablieren will, muß allerdings neugierig bleiben. Stetige Weiterbildung ist notwendig, ganz gleich, ob man als Facharbeiterin, Assistentin, Wissenschaftlerin oder Ingenieurin tätig werden will.

Technische AssistentIn

Vollzeit:	ja
Teilzeit:	möglich
Aufstieg:	schlecht
Verdienst:	unterdurchschnittlich
Frauenanteil:	hoch

Erläuterungen zur Kurzbewertung ▷ Seite 157

Ohne technische AssistentInnen kommen PhysikerInnen und ChemikerInnen, MedizinerInnen und BiologInnen nicht voran. Technische AssistentInnen werden überall dort gebraucht, wo in Wissenschaft oder Wirtschaft Labor- und Versuchsarbeiten anfallen. Sie führen die wissenschaftlichen Tests und Untersuchungsreihen durch, fassen die jeweiligen Ergebnisse in Protokollen zusammen und erstellen die Übersichtstabellen über die Testresultate. Sie arbeiten in der Forschung und in der Anwendung. Entsprechend dem jeweiligen Fachgebiet gibt es physikalisch-technische, chemisch-technische, bio-chemische, umweltschutztechnische, elektrotechnische, fertigungstechnische usw. Ausrichtungen in insgesamt mehr als dreißig technischen Assistenz-Berufen. Sie sind in den letzten Jahren zu einer Frauendomäne geworden.

Ausgebildet werden technische AssistentInnen an Berufsfachschulen. In der Regel wird der Realschulabschluß, manchmal auch das Abitur verlangt. Die Ausbildung dauert zwischen ein und vier Jahren. Je nach Qualifikationsdauer erwerben die AbsolventInnen gleichzeitig die Fachhochschulreife. Mit ihr steht ihnen nach einigen Berufsjahren der Weg zur Hochschule auf ihrem Fachgebiet offen.

Elektroberufe

Elektroberufe gewinnen immer mehr an Attraktivität, weil in fast allen Bereichen das computergestützte Arbeiten zum Alltag gehört. Für Frauen ist das von Vorteil, weil es bedeutet, daß Tätigkeiten, die schweren körperlichen Einsatz erfordern, immer häufiger entfallen. Nun ist der Kopf mit Interesse an Mathematik und Physik weitaus mehr gefordert als die Muskelkraft.

Die Ausbildung in einem der neuen Elektroberufe dauert insgesamt dreieinhalb Jahre. Die ersten beiden Jahre dienen der Grund- und Fachausbildung, im dritten Jahr findet die entscheidende Spezialisierung statt, zum Beispiel als KommunikationselektronikerIn. Die Ausbildung in den Elektroberufen läßt sich relativ rasch bis zur Fachhochschulreife (▷ Seite 151) ausbauen, indem man eine Fachschule besucht. Möglich ist auch ein Wechsel zu den Dienstleistungen, zum Beispiel zur Kundenberatung (▷ Technisch-gewerblicher Bereich, Seite 155; ▷ LehrerIn, Seite 170.

EnergieelektronikerIn

Vollzeit:	ja
Teilzeit:	noch nicht eingeführt
Aufstieg:	gut
Verdienst:	durchschnittlich
Frauenanteil:	gering

Erläuterungen zur Kurzbewertung ▷ Seite 157

Im Handwerk sind es die ElektroinstallateurInnen, in der Industrie die EnergieelektronikerInnen, die für das Verlegen der elektrischen Leitungen und das Verdrahten der Kabel nach detaillierten Vorgaben und Schaltplänen verantwortlich sind. Nur mit einer korrekt geschalteten Stromversorgung können Maschinen und Fertigungsanlagen fehlerfrei funktionieren. Ist die automatische Steuerungs- und Meldetechnik einer Maschine defekt oder ist die Stromversorgung gestört, müssen die EnergieelektronikerInnen den Fehler suchen und den Schaden möglichst schnell beheben. Kein Produktionsbetrieb, egal in welcher Branche, kann auf die Arbeit dieser Fachkräfte verzichten, denn jeder Produktionsausfall bedeutet Geldverlust.

KommunikationselektronikerIn

Vollzeit:	ja
Teilzeit:	noch nicht eingeführt
Aufstieg:	gut
Verdienst:	durchschnittlich
Frauenanteil:	gering

Erläuterungen zur Kurzbewertung ▷ Seite 157

Je nach Einsatzbereich müssen sich die Beschäftigten auch auf Nacht- und Bereitschaftsdienst einstellen. Es gibt mehrere Spezialisierungen, zum Beispiel:

- Im Bereich der *Informationstechnik* sind KommunikationselektronikerInnen für das reibungslose Funktionieren von Datenverarbeitungsanlagen und -geräten zuständig. Sie versuchen, Fehler und Störungen in den elektronischen Systemen von Computern und Datenverarbeitungsanlagen zu finden und zu beheben. Wer bei einem Computerhersteller arbeitet, ist häufig für die Überprüfung der Geräte in der Fertigung verantwortlich. Darüber hinaus werden die spezialisierten Fachkräfte im Kundendienst und in der Installation gebraucht.
- Im Bereich *Funktechnik* geht es um die drahtlose Kommunikation. Das Arbeitsfeld reicht hier von Richtfunk über digitale Funknetze für mobile Telefone bis zum Satellitenfunk für Datenübertragungen und Fernsehprogramme. Die KommunikationselektronikerInnen bauen die entsprechenden Anlagen zusammen und installieren sie, wenn nötig auch auf Häusern oder Türmen.
- Im Bereich *Telekommunikationstechnik* geht es um die drahtgebundene Kommunikation. Hier kümmern sich die ElektronikerInnen beispielsweise um die Kommunikationsnetze in einem Unternehmen, sie installieren die Geräte, zum Beispiel Telefon, Fax und Computer, sie warten diese Netze und sind für die Fehlersuche zuständig, wenn es zu Problemen kommt. Außerdem legen sie die Telefonanschlüsse und/oder verkabeln die Haushalte für den Fernsehempfang.
- Im Bereich *Verkehr* installieren und betreuen die ElektronikerInnen die Ampelsysteme und/oder die elektronischen Parkleitsysteme.

ElektrotechnikerIn

Vollzeit:	ja
Teilzeit:	noch nicht eingeführt
Aufstieg:	gut
Verdienst:	durchschnittlich
Frauenanteil:	gering

Erläuterungen zur Kurzbewertung ▷ Seite 157

Nach der Ausbildung zum Elektroniker bzw. zur Elektronikerin und einigen Jahren Berufstätigkeit ist es möglich, sich an einer Berufsfachschule (▷ Seite

151) zum Techniker bzw. zur Technikerin weiterbilden zu lassen. Dabei gibt es – wie bei den Ausbildungsberufen – mehrere Fachrichtungen.

ElektrotechnikerInnen arbeiten hauptsächlich in der Industrie, sie werden aber auch in Rundfunkanstalten gebraucht, bei Post, Bahn oder Polizei. Wer sich zum Techniker bzw. zur Technikerin weitergebildet hat, kann zum Beispiel auch in den mittleren technischen Dienst einer Kommunalverwaltung gehen; dort braucht man Fachkräfte in der kommunalen Energieversorgung (▷ Öffentlicher Dienst, Seite 213).

ElektrotechnikerInnen übernehmen häufig die Routinetätigkeiten von IngenieurInnen, sehr oft auch überwachende Aufgaben in der Fertigung und bei der Montage von Geräten. Das kann bedeuten, daß Nacht- und Schichtarbeit anfällt.

Metallberufe

Für alle MetallerInnen gilt: Sie stehen im Produktionsgeschehen an den Maschinen, und sie sollten zupacken können. In vielen Metallbereichen gehören ölverschmierte Hände und der Blaumann zum Alltag. Jedoch erobern moderne Technologien die Produktionshallen und neben Schraubenschlüssel und Feile wird auch der Computer zum Handwerkszeug. Diese Entwicklung ist vor allem für Frauen günstig, denn der Einsatz des Computers reduziert die Belastung durch schwere körperliche Arbeit. Wer im Laufe des Berufslebens vom Produktionsbereich Abstand gewinnen will, hat als Facharbeiterin oder Technikerin gute Chancen, in die Dienstleistung zu wechseln: zum Beispiel in den Servicebereich, in die Kundenbetreuung oder in die MitarbeiterInnen-Schulung (▷ Technisch-gewerblicher Bereich, Seite 155). Wie bei den Elektroberufen gilt auch für die MetallerInnen: Die Ausbildung läßt sich mit dem Besuch einer Fachschule relativ rasch bis zur Fachhochschulreife ausbauen (▷ MaschinenbautechnikerIn, Seite 166; ▷ LehrerIn, Seite 170).

WerkzeugmechanikerIn

Vollzeit:	ja
Teilzeit:	noch nicht eingeführt
Aufstieg:	gut
Verdienst:	durchschnittlich
Frauenanteil:	gering

Erläuterungen zur Kurzbewertung ▷ Seite 157

WerkzeugmacherInnen stellen Instrumente oder Werkzeuge her, die im Handwerk und in der Industrie benötigt werden, um Metalle, Kunststoffe oder Holz zu bearbeiten und zu formen. Eine ganze Reihe von WerkzeugmechanikerInnen ist aber auch auf die Produktion feinster Instrumente spezialisiert, zum Beispiel medizinische Geräte und Apparate. Hier wird absolute Präzision vorausgesetzt, zum Beispiel wenn es darum geht, aus besonderem Stahl spezielle chirugische Geräte oder mechanische Teile für eine Herz-Lungenmaschine oder ein Dialysegerät zu bauen.

Fast alle WerkzeugmechanikerInnen arbeiten mit computergestützten Dreh-, Bohr- und Fräsmaschinen; doch handwerkliches Können mit traditionellem Werkzeug gehört ebenfalls dazu. Je nach Bedarf werden Einzelstücke hergestellt, oder aber es wird in Serie gearbeitet. Unter Umständen ist es nötig, im Schichtdienst zu arbeiten. Diese Arbeitszeitform kann meist beendet werden, indem man aus der Produktion zur Dienstleistung wechselt (▷ Technisch-gewerblicher Bereich, Seite 155).

MaschinenbautechnikerIn

Vollzeit:	ja
Teilzeit:	noch nicht eingeführt
Aufstieg:	gut
Verdienst:	durchschnittlich
Frauenanteil:	gering

Erläuterungen zur Kurzbewertung ▷ Seite 157

Jede Frau, die eine abgeschlossene Ausbildung in einem Metallberuf hat und sich zwei Jahre an einer Technikerschule weiterbildet, kann Maschinenbautechnikerin werden. Das bedeutet in der Regel, daß sie selten in der Werkhalle steht und dafür mehr Zeit am Schreibtisch und am Computer verbringt, zum Beispiel um Maschinen weiterzuentwickeln oder deren Funktion zu verbessern. Da in den Produktionshallen fast überall computergesteuerte Maschinen stehen, sollten sich MaschinenbautechnikerInnen nicht nur für die Konstruktion klassischer Maschinenteile und Baugruppen interessieren, sondern das gleiche Interesse auch für die Datenverarbeitung aufbringen. Wer nach der Ausbildung die Fachhochschulreife (▷ Seite 151) erwirbt, kann ein Studium in seinem Fachbereich anschließen.

Bereich: Ingenieurwesen und Naturwissenschaften

Seit Jahren verheißt der Arbeitsmarkt für PhysikerInnen, ChemikerInnen und BiologInnen nichts besonders Gutes, denn viele hochqualifizierte Kräfte finden keinen adäquaten Arbeitsplatz. Dennoch meinen die ExpertInnen, daß es fahrlässig wäre, von einem naturwissenschaftlichen Beruf prinzipiell abzuraten, denn die Arbeitsmarktlage kann sich relativ rasch wieder ändern. Schon heute gibt es Bereiche, in denen Fachkräfte gesucht werden. So ist zum Beispiel eine Spezialisierung im Bereich Bio- oder Gentechnik vielversprechend.

Auch die Zeiten, in denen der Ingenieur-Beruf als absolut zukunftssicher galt und viele junge AbsolventInnen direkt nach dem Examen von den Unternehmen engagiert wurden, sind vorbei. Heute müssen sich auch IngenieurInnen auf länger dauernde Bewerbungszeiten einstellen.

Dennoch gilt die Ingenieur-Ausbildung nach wie vor als sehr gute berufliche Basis. Die BildungsexpertInnen weisen darauf hin, daß eine Wirtschaft, die sich immer stärker auf High-Tech-Produkte und -Prozesse spezialisiert, wahrscheinlich niemals auf qualifizierte Ingenieurleistungen verzichten kann.

Die Aufgaben von IngenieurInnen sind vielfältig und haben sich erweitert. So gehört es zum Beispiel zu einer ihrer Verantwortungsbereiche, Arbeitsabläufe neu zu gestalten und die Arbeitsorganisation zu überprüfen. Ihre Kommunikationsfähigkeit und ihr soziales Verhalten werden zunehmend wichtiger, da immer mehr Projekte in Gruppen bewältigt werden. Angesichts globaler Handelsbeziehungen bevorzugen die Unternehmen BewerberInnen mit guten Fremdsprachenkenntnissen.

IngenieurInnen gestalten in großem Umfang die technische Umwelt. Sie beeinflussen die Ästhetik, sie bestimmen unsere Handgriffe und Arbeitsweisen, indem sie vorgeben, wie Maschinen oder Geräte zu handhaben sind, und sie entscheiden in allen Umwelt-, Verkehrs- und Energiefragen über die Zukunft der Menschheit mit. Dabei aus Frauenperspektive mitzubestimmen, ist für die Weiterentwicklung dieser Welt entscheidend.

IngenieurInnen finden nicht nur Jobs in der Industrie. Der öffentliche Dienst ist einer der größten Arbeitgeber für FachhochschulabsolventInnen, beispielsweise in Baubehörden und Verwaltungen. Außerdem können sich IngenieurInnen selbständig machen, als BeraterInnen ein eigenes Ingenieurbüro betreiben oder bei einer großen Consultingfirma einsteigen (▷ UnternehmensberaterIn, Seite 160). Drei Berufsbeispiele aus dem technisch-naturwissenschaftlichen Bereich sollen hier vorgestellt werden:

BauingenieurIn

Vollzeit:	ja
Teilzeit:	noch nicht eingeführt
Aufstieg:	gut bis sehr gut
Verdienst:	sehr gut
Frauenanteil:	gering

Erläuterungen zur Kurzbewertung ▷ Seite 157

IngenieurInnen im Bauwesen übernehmen die Konstruktion, Berechnung und Planung von Wohn- und Bürohäusern, Fabriken, Werkhallen und Wohnsiedlungen, Schulen, Krankenhäusern, Brücken, Tunnel und Straßen. Sie arbeiten für Behörden und öffentliche Einrichtungen (▷ Öffentlicher Dienst, Seite 213), für die Industrie oder kleinere Auftraggeber. Sie können sich als freie ArchitektInnen niederlassen oder in großen Konstruktionsbüros als Angestellte tätig werden. Zum Beruf gehört neben einer gewissen Liebe zu Mathematik und Physik das Interesse am Rechts- und Wirtschaftsleben: Bauvorschriften, -normen und -verordnungen begleiten die tägliche Arbeit.

UmweltschutzingenieurIn

Vollzeit:	ja
Teilzeit:	möglich
Aufstieg:	gut bis sehr gut
Verdienst:	sehr gut
Frauenanteil:	gering

Erläuterungen zur Kurzbewertung ▷ Seite 157

Dieser Beruf ist relativ neu und wird stark nachgefragt. UmweltschutzingenieurInnen arbeiten vor allem im öffentlichen Dienst bei Gewerbeaufsichtsämtern, Wasserwirtschaftsämtern oder Behörden der Landespflege. Sie können auf kommunaler Ebene bei den Stadt- oder Kreisverwaltungen tätig sein oder auch auf der Landesebene, zum Beispiel im Umweltministerium.

Personen in diesem Beruf brauchen Interesse für Umwelt und Naturwissenschaften, müssen sich aber auch der Verwaltungsarbeit und der Arbeit mit Gesetzestexten stellen. UmweltingenieurInnen entwickeln nicht nur eigene Konzepte, sie überprüfen auch die Einhaltung bestehender Vorschriften, sie kontrollieren in den Betrieben, ob diese die Umweltauflagen einhalten, prüfen Luft, Wasser, Boden und Lärmbelastungen und untersuchen, welche Auswirkungen Sondermülldeponien oder Verbrennungsanlagen haben. All dies geschieht im Team, in Zusammenarbeit mit FachkollegInnen oder anderen ExpertInnen.

ToxikologIn

Vollzeit:	ja
Teilzeit:	möglich
Aufstieg:	gut bis sehr gut
Verdienst:	gut bis sehr gut
Frauenanteil:	gering

Erläuterungen zur Kurzbewertung ▷ Seite 157

ToxikologInnen sind in der Regel ChemikerInnen, MedizinerInnen oder PharmazeutInnen, die sich spezialisiert haben. Sie arbeiten entweder im Bereich der Medikamentensicherheit oder der Lebensmittelzusatzstoffe, sie prüfen die Wirkung industrieller oder landwirtschaftlicher Giftstoffe auf den Menschen, oder sie untersuchen als ÖkotoxikologInnen die Belastungen der Umwelt, zum Beispiel indem sie die Wasser- und Luftqualität ermitteln und bewerten. Meist sind ToxikologInnen in der Industrie, an Forschungsinstituten, im öffentlichen Dienst oder bei Verbänden beschäftigt.

Ein immer wichtiger werdendes Arbeitsgebiet ist die Festlegung von Grenzwerten für die Umweltgesetzgebung. Sehr oft arbeiten ToxikologInnen daher an Chemikaliengesetzen, Gefahrstoff- und Arbeitsschutzverordnungen mit.

EU-QualitätsmanagerIn

Vollzeit:	ja
Teilzeit:	noch nicht eingeführt
Aufstieg:	gut bis sehr gut
Verdienst:	durchschnittlich bis sehr gut
Frauenanteil:	gering

Erläuterungen zur Kurzbewertung ▷ Seite 157

Unternehmen, die ihre Produkte europaweit vermarkten wollen, müssen europäische Normen und Standards einhalten. Dafür gibt es inzwischen ein europäisches Normenwerk, welches der deutschen DIN vergleichbar ist. Die EU-QualitätsmanagerInnen achten darauf, ob und wie diese Europa-Normen in den einzelnen Ländern umgesetzt werden – und das nicht erst beim Endprodukt, sondern bereits beim Herstellungsprozeß.

EU-QualitätsmanagerIn ist ein Weiterbildungsberuf, der sich an FachingenieurInnen richtet. MaschinenbauerInnen, ElektrotechnikerInnen oder ChemikerInnen sind beispielsweise besonders gefragt. Die Zusatzausbildung kann bei der European Organization for Quality (EOQ) absolviert werden. Wer danach als EU-QualitätsmanagerIn anerkannt wird, ist auch berechtigt, für Produkte und Herstellungsprozesse, die den europäischen Normen entsprechen, Zertifikate zu erteilen.

Bereich: Geisteswissenschaften

Die Arbeitsmarktprognosen für GeisteswissenschaftlerInnen sehen seit vielen Jahren düster aus (▷ Geistes- und Sozialwissenschaften, Seite 192). Wer sich zum Beispiel für Philosophie, Soziologie, Kultur- oder Sprachwissenschaften entscheidet, hat ein relativ großes Beschäftigungsrisiko. Allerdings gibt es Nischen mit Zukunftsaussichten; sie liegen in den Zusatzqualifikationen. Wer sich zum Beispiel im Bereich Technik oder Wirtschaftswissenschaften weiterqualifiziert, steigert seine Chancen. Das Gleiche gelingt mit Auslandserfahrungen. Viele GeisteswissenschaftlerInnen sind inzwischen auch in Unternehmen in den Bereichen Personal, Marketing und Organisation beschäftigt. Überall gilt: Die berufliche Laufbahn braucht sehr viel Eigenengagement, ausgeprägte Weiterbildungsinteressen und wenn nötig auch den Willen, sich selbständig zu machen (▷ Der eigene Betrieb, Seite 279; ▷ Freie Berufe, Seite 288).

SprachwissenschaftlerIn

Vollzeit:	ja
Teilzeit:	möglich
Aufstieg:	gut
Verdienst:	gut bis sehr gut
Frauenanteil:	durchschnittlich

Erläuterungen zur Kurzbewertung ▷ Seite 157

Die klassischen Arbeitsbereiche für GermanistInnen oder AnglistInnen sind die Schule, die Hochschule, der Journalismus und die Verlagsbranche. Der Einstieg in Lektorate, Redaktionen oder ins Lehramt wird aufgrund der zahlreichen BewerberInnen allerdings immer schwieriger. Zusatzqualifikationen helfen bei der Arbeitsplatzsuche (▷ Weiterbildung, Seite 175). Damit lohnt es sich, auch in der Wirtschaft und bei privaten Unternehmen nach Arbeit zu suchen.

Interessante Arbeitsfelder abseits der eigentlichen Laufbahn finden SprachwissenschaftlerInnen bei großen internationalen Konzernen, in PR-Agenturen oder bei Unternehmensberatungen. Das Pfund, mit dem sie wuchern können, ist die soziale Kompetenz.

Personalchefs setzen SprachwissenschaftlerInnen gerne als GeneralistInnen ein. Wo sich andere Fachleute im Detail verstricken, wo oft das »große Ganze« verlorengeht, erhofft man sich Korrekturen von den »KopfarbeiterInnen« – zum Beispiel im Service- und Kundenbereich. Geschätzt wird die Fähigkeit, klare und verständliche Texte zu schreiben, schnell und kritisch fremde Texte und Arbeiten zu analysieren sowie eine klare und logische Struktur in Gespräche und Verhandlungen zu bringen.

Häufig werden SprachwissenschaftlerInnen in großen Unternehmen gebraucht, um die interne Kommunikation zu verbessern oder um MitarbeiterInnen-Schulungen durchzuführen. Zum Teil müssen dafür eigene Konzepte und Materialien entwickelt, Unterlagen gestaltet und publiziert werden – der selbstverständliche Umgang mit neuen Medien wird vorausgesetzt.

Diplom-ÜbersetzerIn/Diplom-DolmetscherIn

Vollzeit:	ja
Teilzeit:	möglich
Aufstieg:	schlecht bis gut
Verdienst:	durchschnittlich
Frauenanteil:	hoch

Erläuterungen zur Kurzbewertung ▷ Seite 157

Die besten Aussichten auf eine Anstellung haben jene DolmetscherInnen, die außereuropäische Sprachen, wie Arabisch, Japanisch oder Chinesisch, beherrschen. Bei Englisch, Französisch, Italienisch oder Spanisch gibt es inzwischen unzählige KonkurrentInnen. Erschwerend kommt hinzu, daß sich alle Unternehmen, die international agieren, von vornherein darauf geeinigt haben, miteinander in Englisch zu kommunizieren. Sie würden keine JurstInnen, BetriebswirtInnen oder IngenieurInnen einstellen, die nicht auch fließend Englisch sprechen. Internationale Verträge werden ohnehin meist in Englisch abgefaßt. Die großen Konzerne reduzieren ihre Übersetzungsabteilungen und kaufen Übersetzertätigkeiten auf dem freien Markt ein, Die meisten ÜbersetzerInnen arbeiten daher freiberuflich, haben ihr eigenes Übersetzungsbüro gegründet oder arbeiten für ein solches.

Gute Chancen haben jene, die sich sehr präzise auf ein Fachgebiet spezialisiert haben, zum Beispiel auf technisch-naturwissenschaftliches Wissen mit guten Kenntnissen in einer speziellen Produktsparte. Dann ist es zum Beispiel möglich, für ein Software-Haus die Funktionsbeschreibung des Online-Dienstes oder die Beschreibung eines Modules zu übernehmen. Das gilt auch für die Bedienungsanleitungen technischer Geräte, die trotz intenationaler Märkte für KonsumentInnen, die nicht englisch sprechen, oft unverständlich sind.

In manchen Unternehmen gibt es inzwischen auch eine Kombination aus übersetzerischen und kaufmännischen Tätigkeiten. Diese Beschäftigten arbeiten als SachbearbeiterInnen und übersetzen gelegentlich bei Bedarf. Ihre Bezahlung orientiert sich dann an dieser Tätigkeit und nicht an der akademischen Ausbildung.

LehrerIn

Vollzeit:	ja
Teilzeit:	möglich
Aufstieg:	gut
Verdienst:	durchschnittlich bis sehr gut
Frauenanteil:	hoch

Erläuterungen zur Kurzbewertung ▷ Seite 157

Die lange Zeit große Arbeitslosigkeit für LehrerInnen ist fast überall abgeebbt. Voraussichtlich wird es sogar Ende der 90er Jahre noch einmal deutlich mehr LehrerInnenstellen geben, weil dann eine große Pensionierungswelle durch die deutschen Schulen rollt.

Gute Aussichten haben bereits heute LehrerInnen für Grund-, Haupt- und Sonderschulen. Weniger gut sieht es an den Gymnasien aus, vor allem für KandidatInnen mit »schlechten« Fächerkombinationen, wie Deutsch, Geschichte und Gemeinschaftskunde. Gefragt sind hingegen PädagogInnen mit technischen Fächern. BerufsschullehrerInnen, die Elektrotechnik (▷ Elektroberufe, Seite 164), Maschinenbau (▷ Metallberufe, Seite 166) oder Bau- und Holztechnik (▷ Ingenieurwesen, Seite 167) unterrichten, werden gesucht.

Wer nur die langen Ferien und »freien« Nachmittage vor Augen hat, wird vom Lehrberuf rasch enttäuscht sein. Die Schule muß immer stärker auch soziale Aufgaben übernehmen und dort ausgleichen, wo die helfenden Strukturen des Staates wegbrechen. LehrerIn zu sein bedeutet inzwischen, auch ein wenig JugendberaterIn, SozialarbeiterIn, FamilientherapeutIn und Beauftragte für Ausländerfragen zu sein. Eine Beschränkung auf die reine Vermittlung von Fachwissen ist kaum noch möglich.

»Neue« Berufe und Trendberufe

Mit der Mode?

Trendberufe können Mankos haben: Zum Teil gibt es keine festen Ausbildungswege, und es gibt keine Berufsbilder, das heißt, daß der »klassische« Rahmen eines anerkannten Berufs meist fehlt. Frauen, die dennoch einen Trendberuf ergreifen wollen, sollten sich vorher beim Arbeitsamt und bei der Industrie- und Handelskammer (IHK) informieren. Ein klareres Berufsbild haben GesundheitsplanerInnen und SozialmanagerInnen.

City-ManagerIn:

Interesse an der Tätigkeit als City-ManagerIn könnten BetriebswirtInnen oder Kaufleute haben. Ihre Aufgabe heißt: Umsatz steigern, und dieses nicht für ein Unternehmen, sondern für alle Betriebe eines Einkaufs- oder Stadtzentrums. Die jeweiligen Läden und Firmen sind der gemeinsame Auftraggeber. City-ManagerInnen sollen mit neuen Marketing-Konzepten neue Käuferschichten ins Zentrum holen, alte KundInnen zurückbringen, Einkaufsstraßen in »Erlebnisparadiese« verwandeln oder auch ganze Städte vermarkten.

Umwelt-SportberaterIn:

Wer Sport studiert oder eine naturwissenschaftliche oder kaufmännische Ausbildung hat, kann in die Umweltberatung für Sportverbände, Sportveranstalter oder auch Fremdenverkehrsvereine einsteigen. Der Zugang zu diesem Beruf ist nicht geregelt. Hauptaufgabe ist es, die Auftraggeber kompetent zu beraten, wo und wie sie ihren Sport am umweltverträglichsten ausüben können. Die Bandbreite reicht vom Radsport über Skifahren, Golfen oder Reiten bis zum Paddeln und Bergsteigen.

MediendesignerIn/ComputerkünstlerIn:

Aus welcher Fachrichtung die InteressentInnen kommen, ist zweitrangig. Gefragt sind sowohl grafische Kenntnisse und Fertigkeiten als auch die Beherrschung des Computers. Bei der Arbeit geht es um bewegte Computergrafiken für Werbung, Film und Fernsehen. Bilder werden digitalisiert, in die Computersprache zerlegt und verfremdet, verformt und mit anderen kombiniert. Auf diese Weise werden neue Welten erschaffen. Ausbildungsangebote gibt es bei privaten Instituten; einige Kunsthochschulen bieten unter der Fachrichtung »Audiovisuelle Medien« auch Mediendesign an.

SozialmanagerIn:

In der Freien Wohlfahrtspflege werden immer mehr Leistungen professionalisiert. Gleichzeitig gibt es ein wachsendes Angebot privater sozialer Dienste. All dieses muß in seiner Unterschiedlichkeit koordiniert werden. Dafür gibt es an einigen Hochschulen bereits Studiengänge für Sozialmanagement oder »Non-profit-Management«. Sinnvoll ist eine solche Weiterbildung für SozialarbeiterInnen, ErzieherInnen, SozialpädagogInnen, aber auch für JuristInnen oder BetriebswirtInnen. Sie erwerben sich zusätzliche Kenntnisse über den Aufbau und die Funktion von Verwaltungen, über finanzielle und rechtliche Abläufe und spezielle Management-Konzepte. Arbeitsmöglichkeiten gibt es bei Trägern der Freien Wohlfahrtspflege, wie der Arbeiterwohlfahrt, dem Deutschen Paritätischen Wohlfahrtsverband, der Caritas und der Diakonie oder bei entsprechenden Fortbildungsinstituten.

Gesundheitsplanerin:

Diesen Beruf kann man in einem Aufbaustudium an verschiedenen Hochschulen erlernen, zum Beispiel in Hannover, Bielefeld, Berlin, Düsseldorf oder München. Je nach Zugangsvoraussetzung werden AbsolventInnen der Medizin, der Soziologie oder der Ökonomie speziell für Managementfragen im Gesundheitswesen ausgebildet. Sie sollen effektivere und kostengünstigere Strukturen für das Gesundheitswesen erarbeiten und deren Umsetzung begleiten. GesundheitsplanerInnen haben gute Berufsaussichten bei Behörden und Verbänden, in Krankenkassen und Kommunen, in Krankenhäusern oder Reha-Einrichtungen.

Kreativ- und Medienberufe

Obwohl die Medienbranche boomt, entstehen in diesem Bereich keineswegs massenhaft neue Arbeitsplätze. Neue Technologien – zum Beispiel im Bereich der Videotechniken – »sparen« Arbeitskräfte und machen viel Programm mit wenig Personal möglich. Neue Jobs gibt es bei den Fernsehanstalten im Bereich Journalismus, Unterhaltung und Produktion. Eine gewisse Nachfrage nach JournalistInnen und TechnikerInnen entstand auch durch die Gründung der Privatradios. Die Nachfrage bei den Printmedien ist trotz einiger Neugründungen jedoch kaum gestiegen.

JournalistIn

Vollzeit:	ja
Teilzeit:	möglich
Aufstieg:	gut
Verdienst:	durchschnittlich bis sehr gut
Frauenanteil:	durchschnittlich

Erläuterungen zur Kurzbewertung ▷ Seite 157

Bis in die 80er Jahre war es noch möglich, ohne abgeschlossenes Studium einen Weg in den Journalismus zu finden. Das gibt es praktisch nicht mehr. Die BerufseinsteigerInnen von heute sind meist Geistes- oder NaturwissenschaftlerInnen, viele haben sich auch schon Zusatzqualifikationen erworben, zum Beispiel durch Praktika und Volontariate.

Zur »klassischen« journalistischen Arbeit gehört es, unter Zeitdruck Fakten für Berichte und Reportagen zu recherchieren, Meinungen einzuholen und Sachverhalte zu überprüfen. Agenturmaterial muß ausgewählt und überarbeitet werden.

Geschrieben und zum Teil auch recherchiert wird am Computer. Die EDV-gestützte Verarbeitung von Texten und der Umgang mit Datenbanken gehören zum täglichen Handwerkszeug. Wer beim Fernsehen oder Hörfunk arbeitet, hat fast ausschließlich mit elektronischen Medien zu tun, und sollte Freude daran haben, die rasante Entwicklung neuer Technologien hautnah zu erleben (▷ CutterIn).

Arbeit gibt es bei den großen Nachrichtenagenturen, bei privaten und öffentlichen Sendern, bei Zeitungen, Zeitschriften und Verlagen. Viele JournalistInnen arbeiten freiberuflich, gründen eigene Büros oder werden UnternehmerInnen mit Film- und Fernsehproduktionen. Relativ sichere Arbeitsplätze gibt es in den Pressestellen der großen Unternehmen, Vereine, Behörden oder Verbände. Auf eine wirkungsvolle Öffentlichkeitsarbeit will kaum eine Organisation verzichten, die von der Gunst ihrer KonsumentInnen, WählerInnen oder von Mitgliedern abhängig ist.

> **LITERATUR**
>
> Zu allen anerkannten Berufen gibt es ausführliches Informationsmaterial beim Arbeitsamt. Basis sind die »Blätter zur Berufskunde«. Diese können auch über die Bundesanstalt für Arbeit per Post bezogen werden.

CutterIn

Vollzeit:	ja
Teilzeit:	möglich
Aufstieg:	schlecht
Verdienst:	durchschnittlich
Frauenanteil:	hoch

Erläuterungen zur Kurzbewertung ▷ Seite 157

Den traditionellen Arbeitsplatz der Cutterin mit Filmspulen, Schere und Klebestreifen gibt es kaum noch. In der aktuellen Berichterstattung hat sich die Elektronik mit Videobändern durchgesetzt. Gearbeitet wird an Computern und der »Schnitt« ist eigentlich eine Kopie, die per elektronischem Mischpult erstellt, bearbeitet und verändert wird.

Der Cutter bzw. die Cutterin müssen das Bild- bzw. Videomaterial – zusammen mit dem verantwortlichen Redakteur oder der Redakteurin – ordnen, sie müssen Bildausschnitte und -abfolgen auswählen, kürzen, neu zusammensetzen und mit den Ton-, Geräusch- und Musikspuren zu einem Gesamtfilm zusammenfügen. Computer-Trick-Techniken werden dabei immer wichtiger. Die mehrjährige Ausbildung erfolgt in den Unternehmen, bei den Film- und Fernsehanstalten, selbst.

CutterInnen arbeiten bei öffentlich-rechtlichen oder privaten Rundfunkanstalten, bei freien Produktionsfirmen oder auch für große Filmproduktionsfirmen. Oft sind sie auch freiberuflich tätig und werden von Produktion zu Produktion neu unter Vertrag genommen.

AufnahmeleiterIn

Vollzeit:	ja
Teilzeit:	möglich
Aufstieg:	gut
Verdienst:	durchschnittlich bis sehr gut
Frauenanteil:	durchschnittlich

Erläuterungen zur Kurzbewertung ▷ Seite 157

AufnahmeleiterInnen arbeiten bei Fernsehsendungen und Filmarbeiten als Bindeglied zwischen Redaktion und Produktionsleitung. Als KoordinatorInnen für die Gesamtproduktion organisieren und disponieren sie alles, was gebraucht wird: Leitungen, Übertragungswagen, Kamerateams, Ausstattungen und Personal. Das reicht von der Regie über das Szenenbild bis zur Beleuchtung und Übertragungstechnik. Gleichzeitig müssen die AufnahmeleiterInnen auch den technischen und finanziellen Aufwand für eine Sendung oder Filmproduktion prüfen und durchkalkulieren.

Unregelmäßige Arbeitszeiten, Spät- und Wochenenddienste gehören – je nach redaktioneller Zugehörigkeit – zur Arbeit dazu. Ausbildung und Arbeitsplätze gibt es bei den öffentlich-rechtlichen Fernsehanstalten, bei den privaten Sendern, in privaten Produktionsfirmen oder als FreiberuflerIn.

Diplom-DesignerIn

Vollzeit:	ja
Teilzeit:	möglich
Aufstieg:	gut bis sehr gut
Verdienst:	durchschnittlich bis sehr gut
Frauenanteil:	durchschnittlich

Erläuterungen zur Kurzbewertung ▷ Seite 157

Für DesignerInnen gibt es ganz unterschiedliche Arbeitsbereiche. Im Industrie-Design wird das »Outfit« von Konsumartikeln, Produkten und Maschinen entworfen. Das reicht von der Klobrille über das Auto bis zum Kugelschreiber oder Hochgeschwindigkeitszug. Im Grafik-Bereich geht es um das Äußere von Zeitungen, Illustrierten oder Fernsehprogrammen, um die Entwicklung von Plakatreihen, das Illustrieren von Texten oder das Entwerfen von Grafiken für Fernsehberichte. Im Bereich des Art-Design sind die DesignerInnen für die Gestaltung von Kunst, Mode und Schmuck verantwortlich.

Der Computerarbeitsplatz hat dem Zeichentisch inzwischen den Rang abgelaufen. Wer eine erfolgreiche Berufslaufbahn einschlagen will, muß mit Grafik- und Desk-Top-Publishing-Programmen selbstverständlich vertraut sein.

Die Arbeitsplatzsituation ist schwierig, denn DesignerIn ist ein Modeberuf mit vielen (Kunst-)HochschulabsolventInnen. Die Nachfrage der Industrie hingegen ist mäßig. Oft müssen sich freiberufliche DesignerInnen daher auch auf »magere« Auftragslagen einstellen.

Junge, du bist jetzt aus dem Gröbsten raus! Zeit, daß ich mich endlich mal 'n bißchen weiterbilde..
VHS KURSE
FiBr

Weiterbildung

Mit dem Zauberwort »Weiterbildung« verbinden viele Frauen große Hoffnungen: Die Langzeitarbeitslose, die einen höheren Schulabschluß nachholt, die Bürokauffrau, die ihren Aufstieg mit Qualifizierungslehrgängen vorbereitet – und die Familienfrau, die Betriebswirtschaft paukt, um sich den Wiedereinstieg ins Erwerbsleben zu erleichtern.

Immer wieder betonen die ZukunftsforscherInnen, daß mit einem »Mehr« an Bildung und einer besseren Qualifikation ein Mehr an beruflichen Chancen zu erreichen ist. Doch die Gleichung »Bildung plus Qualifikation = Erfolg« geht nicht automatisch auf. Voraussetzung ist neben einer genauen Planung die entsprechende Ausdauer, um das Ziel zu erreichen, zum Beispiel den Meisterinnenabschluß oder den Einstieg in einen neuen Beruf.

Doch das, was an individueller Bereicherung und persönlicher Entwicklung durch Weiterbildung möglich ist, läßt sich nicht immer in beruflichen Erfolg umsetzen: Politik und Wirtschaft spielen im Poker um die Karriere mit. Sie sind die mächtigsten Einflußgrößen, wenn es um Arbeitsplätze und Aufstiegschancen für Frauen geht. Dabei steuert der Kurs oft genug gegen die weiblichen Interessen.

Die Hoffnungen der Frauen, durch weitere Qualifikationen einen besseren Arbeitsplatz zu bekommen, werden immer dann bitter enttäuscht, wenn der Arbeitsmarkt nicht hergibt, was die BildungsforscherInnen vorhersagten, oder die PolitikerInnen versprachen (▷ Arbeitslos, Seite 269).

Dennoch scheinen die grundsätzlichen Prognosen recht zu behalten: Wer bereit ist, die eigenen Kenntnisse und Fähigkeiten ständig zu erweitern, wer neugierig bleibt und am eigenen Wissensdurst Freude hat, hält sich Optionen und damit Chancen offen. Nur mit lebenslangem Lernen läßt sich das eigene Qualifikationsniveau halten.

Das Ziel abstecken

Der Weiterbildungs-Markt boomt. Seine Angebote sind von unterschiedlicher Qualität, haben unterschiedliche Standards und verschiedene Preise. Um aus der Vielfalt das Geeignete herauszufinden, hilft ein Brainstorming:

• Wollen Sie sich weiterbilden, um Ihren Wissensstand allgemein zu erweitern und den Alltag zu beleben? Dann bestimmen Sie selbst den Umfang Ihrer Lernziele: Wollen Sie ein anerkanntes Zertifikat erwerben oder nicht? Wieviel Zeit wollen Sie investieren?

▷ Allgemeine Weiterbildung, Seite 184
▷ Angebote der Weiterbildung, Seite 185

• Wollen Sie sich beruflich weiterqualifizieren? Dann sollten Sie sich an die Berufsinformation eines Arbeitsamts wenden und/oder sich im Betrieb weiter informieren.

▷ Betriebliche Weiterbildung, Seite 181

• Planen Sie zielgerichtet. Was wollen Sie mit einer zusätzlichen Qualifizierung erreichen? Beschreiben Sie Ihr Ziel ganz konkret.

▷ Welche Qualifikation?, Seite 177

• In welcher Zeit wollen Sie dieses Ziel erreichen? Wie viele Etappen müssen Sie zurücklegen? Mit welchen Hindernissen müssen Sie rechnen? Wer kann Sie unterstützen?

▷ Finanzierung, Seite 179

• Wird die vorgesehene Qualifikationsmaßnahme tatsächlich Ihre Kenntnisse vertiefen? Können Sie damit Ihre berufliche Position verbessern?

▷ Aufstiegsqualifikationen, Seite 178

• Richtet sich die Weiterbildung nur auf fachliche Themen, oder beschäftigt sie sich auch mit fachübergreifenden Fragen?

▷ Schlüsselqualifikationen, Seite 178

• Können Sie das Gelernte auch in anderen Betrieben gebrauchen?

• Gibt es Zeugnisse oder Zertifikate, die von staatlicher Seite und/oder den Kammern anerkannt sind?

• Regelt Ihr Tarifvertrag die betriebliche Weiterbildung? Können Sie einen gesetzlichen Bildungsurlaub nutzen? Welche Finanzierungsmöglichkeiten gibt es?

Berufliche Weiterbildung

Das in der Schule und während der Ausbildung erworbene Wissen veraltet immer schneller. Beispiele aus den Büros und Verwaltungen dokumentieren diese Entwicklung besonders deutlich: Wo früher Sekretärinnen mit dem Stenoblock an der Schreibmaschine saßen, arbeiten heute Textverarbeiterinnen an Computern. Wer den beruflichen Wandel nicht mitmachte (oder mitmachen konnte), wurde dequalifiziert, das heißt: Ältere Frauen fanden sich plötzlich nur noch bei sehr einfachen, schlecht bezahlten Büroarbeiten wieder, andere verloren ihren Arbeitsplatz.

Mit der Einführung neuer Technologien bemühen sich auch die Betriebe, ihre MitarbeiterInnen auf dem neuesten Stand zu halten. Rund 40 Milliarden Mark geben deutsche Unternehmen für die Weiterbildung ihrer Belegschaft aus. Auf den Seminarbänken sitzen jedes Jahr etwa 17,5 Millionen Wissensdurstige – bis in die 80er Jahre hinein mehrheitlich Männer. Wenn sich die berufliche Weiterbildung mit einer Aufstiegschance verknüpft, haben sie gegenüber Frauen noch immer die besseren Karten.

Hürden für Frauen

Sich beruflich zu qualifizieren kann zum Hindernislauf werden, wenn der Vorgesetzte die entscheidenden Unterlagen nur an den männlichen Assistenten weitergibt, wenn sich die Aufstiegsqualifikation nur an die Mitarbeiter des oberen Managements richtet, wenn der Betriebsrat nur seine eigenen Kollegen informiert – oder wenn Frauen an Arbeitsplätzen sitzen, für die ohnehin keine oder nur eine geringe (Anpassungs-)Qualifikation vorgesehen ist.

▷ Arbeitswelt, Seite 211
▷ Arbeitsrecht, Seite 247

Familienarbeit wirkt auch bei der Weiterbildung als Hemmschuh. Die meisten Seminare und Kurse finden außerhalb der Arbeitszeit, am Abend oder an Wochenenden statt, Zeiten, in denen sich erwerbstätige Mütter intensiv ihren Kindern und dem Haushalt widmen. So haben eigentlich nur die Frauen eine Chance, ohne schlechtes Gewissen für die berufliche Zukunft zu lernen, die mit ihrem Partner eine klare und solidarische Absprache zur Teilung der Familienarbeit getroffen haben.

▷ Hausarbeit teilen, Seite 84
▷ Kinderbetreuung teilen, Seite 309

Inzwischen versuchen auch einige Kammern und Verbände, den Alltag berufstätiger Mütter in der Weiterbildung zu berücksichtigen: Sie machen flexible Angebote und sorgen für die Kinderbetreuung (▷ Hausarbeit, Seite 205).

TIP

KURS

KURS ist die wichtigste Datenbank für die Aus- und Weiterbildung in Deutschland. Mit ihr haben alle Berufsinformationszentren Zugriff auf die Informationen von weit über 150.000 Bildungseinrichtungen mit über einer halben Million Einzelangeboten. Die BeraterInnen in den Arbeitsämtern und Informationszentren helfen bei der Suche nach dem Passenden: Aufbaustudiengang oder Qualifizierungskurs, Meisterschule oder Anpassungslehrgang. Zu erfahren sind dort auch die Veranstaltungsorte, Zugangsvoraussetzungen, Dauer, Inhalte, Kosten und die möglichen Abschlüsse.

Welche Qualifikation?

Die Zeiten, in denen Menschen ihren erlernten Beruf ein Leben lang ausübten, sind passé. Die Forderung an den »neuen« Menschen heißt, sich lebenslang als lernend, reflektierend und bildend zu begreifen. Zukünftig wird man im Laufe des Lebens

Wer bildet beruflich weiter?

Im Gegensatz zur allgemeinen untersteht die berufliche Weiterbildung dem Bund. Sie wird – soweit es sich um anerkannte Qualifikationen handelt – durch das Berufsbildungsgesetz bzw. durch das Arbeitsförderungsgesetz geregelt und von unterschiedlichen Trägern angeboten. Große Bedeutung und die besten Angebote haben:

- die Handwerkskammern
- die Industrie- und Handelskammern
- die Berufsverbände und Kammern der freien Berufe, wie die Apotheker-, Ärzte- oder Anwaltskammern
- das Berufsfortbildungswerk des Deutschen Gewerkschaftsbundes (bfw) und die Deutsche Angestellten Akademie (DAA)
- die Volkshochschulen (▷ Seite 187)
- private Träger. Viele bieten Umschulungsmaßnahmen in Kooperation mit den Arbeitsämtern an (▷ Umschulung, Seite 276)
- die Weiterbildung innerhalb des eigenen Betriebes oder der eigenen Verwaltung (▷ Betriebliche Weiterbildung, Seite 181)

KONTAKT

Berufsfortbildungswerk (bfw)
Gemeinnützige Bildungseinrichtung des DGB
Schimmelbuschstr. 55, 40699 Erkrath

Bildungswerk der DAG
Deutsche Angestellten Akademie e.V.
Holstenwall 5, 20355 Hamburg

in etwa fünf verschiedenen Tätigkeitsfeldern arbeiten und dafür jeweils andere Qualifikationen brauchen. Für die meisten Frauen bedeutet das, doppelt und dreifach gefordert zu sein, denn ihre beruflichen Lebensläufe sind ohnehin meist gebrochen: Berufsunterbrechungen wegen Familien- und Kinderarbeit sind die Regel. Gleichzeitig verändern die Informations- und Kommunikationstechnologien (= IuK-Technologien) die klassischen Frauenarbeitsbereiche besonders rasant. So werden schon zur Jahrtausendwende 80 Prozent der 1995 eingesetzten Bürotechnologien wieder überholt sein.

Anpassungsqualifikationen

Anpassungsqualifikationen sollen die Lernenden in ihrem Beruf auf den aktuellen Stand bringen: Wenn die Bürokauffrau ein Seminar für EDV-gestützte Ablagesysteme besucht oder die Notargehilfin einen Fachkurs für Datenbankrecherchen absolviert, sichern beide ihren beruflichen Standard – vorerst ohne höhere Qualifizierung. Seit Einführung der IuK-Technologien sind diese sogenannten »Anpassungen« besonders bedeutsam geworden. Für sie gibt es auch Geld vom Arbeitsamt.

▷ Finanzierung der Weiterbildung, Seite 179
▷ KURS, Seite 177
▷ Umschulung, Seite 276

Zusatzqualifikationen

Wenn die Hotelrezeptionistin Fachkurse für »Französisch im Tourismus« belegt und die Diplombetriebswirtin Lehrgänge zur Arbeitssicherheit besucht, erwerben sie Zusatzqualifikationen. Auch Schulungen in Gesprächsführung oder Rhetorik für die Gruppenleiterin oder Betriebsrätin gehören dazu. Spezialisierungen dieser Art ermöglichen es, das eigene Tätigkeitsfeld zu erweitern oder einen anspruchsvolleren Arbeitsplatz zu suchen.

Oft sind gerade in den Berufsbereichen, in denen vornehmlich Frauen arbeiten, also im Einzelhandel, Sozial- oder Gesundheitswesen, die Angebote zur Zusatzqualifikation eher bescheiden. Dennoch lohnt es sich, bei den Arbeitsämtern nach den entsprechenden Möglichkeiten zu fragen: So kann man sich zum Beispiel mit einem Abschluß als Einzelhändlerin zur Fotofachberaterin oder als Friseurin zur Fachkosmetikerin im Friseurhandwerk spezialisieren (▷ KURS, Seite 177; ▷ Berufswege, Seite 153).

Aufstiegsqualifikationen

Meist ist es nur mit einer Aufstiegsqualifikation möglich, innerhalb eines Betriebes in eine höhere Position zu gelangen. So kann zum Beispiel die Assistentin im Kaufhaus zur Substitutin werden, oder die Beamtin im mittleren Dienst kann in den höheren Dienst einer öffentlichen Verwaltung wechseln. Dafür sind fast immer Zusatzqualifikationen, Lehrgänge, manchmal auch ein weiterer Schulbesuch nötig.

Die Angebote zur Aufstiegsqualifikation nehmen Männer deutlich öfter in Anspruch als Frauen. Oft handelt es sich dabei um betriebliche Weiterbildungen, die sich gezielt an die mittleren und höheren Ebenen der Hierarchie wenden. Und in diesen befinden sich generell mehr Männer als Frauen (▷ Betriebliche Weiterbildung, Seite 181).

Schlüsselqualifikationen

Wer gelernt hat, strukturell zu denken, kann große Abläufe und Systeme organisieren; für Führungsaufgaben sind soziales Verhalten und Flexibilität unerläßlich. Diese Inhalte sind Teil sogenannter »Schlüsselqualifikationen«. Sie überschreiten die Grenze des fachspezifischen Wissens und sind heute Voraussetzung für fast jeden Beruf.

Die fachübergreifenden Kompetenzen, wie die Fähigkeit im Team zu arbeiten, Kooperationsbereitschaft und Konfliktmanagement, sind bei Frauen oft besonders gut ausgeprägt. Mit intensiver Schulung können sie diese Fähigkeiten weiter vertiefen und für den Aufstieg einsetzen (▷ Zusatzqualifikationen, Seite 178).

Dort wo »Schlüsselfähigkeiten« am häufigsten gefragt sind, nämlich in den Führungsetagen, sind allerdings bis heute kaum Frauen zu finden. Nur fünf Prozent der Betriebe adressieren Weiterbildungsangebote mit frauenspezifischen Inhalten an weibliche Führungskräfte. Dort werden dann zum Beispiel Führungsstile diskutiert, Selbstbehauptungsstrategien erarbeitet, der Umgang mit Status und Macht bewußt gemacht, Durchsetzungskraft sowie Risiko- und Konfliktbereitschaft trainiert (▷ Selbst-Bewußt, Seite 23).

Die Wahl des Anbieters

In Deutschland darf jede und jeder Kurse oder Seminare anbieten und Institute gründen. So finden sich unter den Bildungseinrichtungen auch viele schwarze Schafe, die unter Umständen viel Geld ohne entsprechende Gegenleistung verlangen. Besonders dramatisch kann dies werden, wenn man einen beruflichen Abschluß anstrebt, der in letzter Konsequenz »offiziell« nicht anerkannt wird. Die Industrie- und Handelskammern, Arbeitsämter und Handwerkskammern sind die wichtigsten Anlaufstellen, um genau diese Frage zu klären: Sie helfen kompetent, die geeignete berufliche Weiterbildung zu finden (▷ Wer bildet beruflich weiter? Seite 177).

Folgende Aspekte entscheiden über den Wert des Weiterbildungsangebots:

- Welchen Wert hat das Zeugnis, das ich am Ende bekomme? Erkennen es alle ArbeitgeberInnen an?
- Wie lange ist der Anbieter oder Träger schon tätig? Können langjährige gute Erfahrungen im angebotenen Fachbereich vorgewiesen werden?
- Weist der Vertrag die Kosten klar aufgeschlüsselt aus? Was ist im Lehrgangspreis enthalten: Lehrmaterial, Bearbeitungsgebühren?
- Legt der Vertrag Dauer, Ziel, Inhalte und Teilnehmerzahl des Kurses klar fest? Bei pauschalen Aussagen: Finger weg!
- Nach welchen Unterrichtsmethoden, nach welchem Lehrplan wird gearbeitet? Alle Anbieter sollten Einblick in ihre Unterrichtsmaterialien und -formen gewähren und auch die Qualifikation der Lehrkräfte offenlegen.
- Gibt es Kinderbetreuung und flexible Teilnahmezeiten?
- Ist eine Förderung durch das Arbeitsamt möglich?

Die Finanzierung

Eine berufliche Weiterbildung ist meist teuer. Frauen, die die Weiterbildung für einige Zeit zu ihrem Vollzeitjob machen wollen, müssen mit erheblichen Kosten rechnen. Auf der einen Seite stehen die unmittelbaren Aufwendungen, wie zum Beispiel Kursgebühren und -materialien, auf der anderen die Kosten für den Lebensunterhalt während der Weiterbildungszeit (= Unterhaltsgeld).

Die Bedingungen, wann ein Land für die Maßnahme Zuschüsse zahlt oder sie sogar komplett finanziert, sind sehr unterschiedlich. Es gibt länderspezifische (Frauen-)Förderprogramme, die beim Sozial- oder Frauenministerium erfragt werden können.

Ost-Erfahrungen

Im Westen Deutschlands lag der Frauenanteil in der beruflichen Weiterbildung 1993 bei 30 Prozent, in den fünf neuen Ländern bei 59 Prozent. Während im Westen beklagt wurde, daß sich zu wenig Frauen beruflich weiterqualifzieren, mußten die Frauen im Osten erkennen, daß Weiterbildungsmaßnahmen ihre Arbeitsplatzchancen keineswegs steigerten. Viele wurden – trotz hervorragender Berufserfahrungen als Technikerinnen oder Ingenieurinnen – in der Arbeitslosigkeit von Kurs zu Kurs geschoben: Arbeitsplätze gab es danach nicht. Vor allem in der Anfangszeit der Einheit wurde so aus dem »Recht auf Weiterbildung« eine Art »Beschäftigungstherapie«, um die Frauen ruhig zu halten (▷ Arbeitsförderungsgesetz, Seite 275; ▷ Sinnlose Maßnahmen, Seite 276).

Andere Möglichkeiten sind:
• Bei Arbeitslosen kann das Arbeitsförderungsgesetz (AfG) in Frage kommen (▷ Seite 275).
• In den meisten Ländern haben Erwerbstätige Anspruch auf Bildungsurlaub (▷ Seite 180).
• SchülerInnen an Fach(ober)schulen, Kollegs und Abendschulen können BaföG beantragen (▷ BaföG, Seite 198).
• Manche Betriebe gewähren Zuschüsse, wenn die Weiterbildung in ihrem Interesse liegt. Informationen darüber gibt es beim Betriebs- oder Personalrat oder in der Personalabteilung.

Für Frauen, die von Arbeitslosigkeit bedroht sind, können Förderprogramme der Europäischen Union (EU) wirksam werden.

Bildungsurlaub

Die gesetzlichen Regelungen zum bezahlten Bildungsurlaub sind von Land zu Land unterschiedlich, die Durchführungsbestimmungen ändern sich häufig. In einigen Ländern fehlen die gesetzlichen Regelungen sogar noch ganz; ähnliches gilt für den kollektivvertraglichen Bereich, in dem es bisher nur für über 200 Tarifbereiche Garantien zur Arbeitsfreistellung für Bildungszwecke gibt – aber noch nicht für alle. Die Personalvertretungen, Gewerkschaften und Arbeitsämter wissen über die landesspezifischen und kollektivvertraglichen Regelungen am besten Bescheid.
• Der gesetzliche Bildungsurlaub in den Ländern beläuft sich meist auf fünf Tage im Jahr. Für diese Zeit hat jeder Arbeitnehmer das Recht, sich vom Dienst freistellen zu lassen. Lohn oder Gehalt werden weiter gezahlt. Die Kosten der Veranstaltung müssen die TeilnehmerInnen immer selbst tragen.
• Voraussetzung ist, daß die Seminare oder Kurse als »Bildungsurlaubsmaßnahme« behördlich anerkannt sind und von einem gesetzlich anerkannten Weiterbildungsträger durchgeführt werden. Bei dem, was als anerkennungswürdig eingestuft wird, haben die Länder unterschiedliche Regelungen. So erhalten in Niedersachsen und Bremen die meisten politischen und allgemein-beruflichen Weiterbildungen den behördlichen Segen, in Nordrhein-Westfalen auch noch freizeitorientierte Veranstaltungen und solche, die die Kreativität fördern. Darüber, welcher Kurs tatsächlich anerkannt ist, informiert die Weiterbildungseinrichtung. Sie muß auch eine entsprechende Bescheinigung ausstellen.
• Ein gesetzlich verankertes »Benachteiligungsverbot« soll außerdem garantieren, daß niemand einen Nachteil erleidet, der das Bildungsrecht wahrnimmt und der Arbeit fernbleibt. Trotzdem ist es vor allem in kleinen Betrieben schwierig, Bildungsurlaub durchzusetzen. Wer nur wenige KollegInnen hat, sollte sich mit ihnen und dem Arbeitgeber langfristig abstimmen; ansonsten sind der Personal- oder Betriebsrat geeignete Ansprechadressen. Immer gilt: Den Bildungsurlaub mit einem mehrwöchigen Vorlauf anmelden.

▷ Frauenbeauftragte, Seite 252
▷ Arbeitsrecht, Seite 247

KONTAKT

Europäische Gemeinschaft
Informationsbüro
Zitelmannstr. 22, 53113 Bonn

Arbeitsförderungsgesetz

Das Arbeitsförderungsgesetz (AfG) (▷ Seite 275) fördert die berufliche Fortbildung, Umschulung und betriebliche Einarbeitung. Seit 1993 müssen Frauen entsprechend ihrem Anteil an den Arbeitslosen gefördert werden.
• Für Berufsrückkehrerinnen gibt es eigene Wiedereinstiegsförderungen, allerdings nur, wenn sie über einen bestimmten Zeitraum arbeitslos gemeldet sind. Das heißt: Auch Familienfrauen sollten sich regelmäßig beim Arbeitsamt als arbeitslos melden,

auch dann, wenn sie keine Unterstützung erhalten (▷ Auf jeden Fall melden, Seite 274).

- Üblicherweise fördert das AfG die sogenannten Maßnahmekosten. Dazu zählen neben den Lehrgangsgebühren die Lernmittel, die Fahrtkosten, die Arbeitskleidung und die Krankenversicherung; wenn nötig auch die Kosten der Unterkunft und zum Teil auch die der Kinderbetreuung. Unterhaltsgeld für die Dauer der Fortbildung kann ebenfalls beantragt werden.
- Da das AfG eines der beliebtesten Instrumente der Arbeitsmarktpolitik ist, wird es oft geändert: nicht unbedingt zum Vorteil der Frauen, die oft genug in Weiterbildungsmaßnahmen nur »geparkt« werden, aber wenig Ausssicht auf einen Arbeitsplatz haben.
- Bei den Arbeitsämtern können die jeweils aktuellen AfG-Regelungen erfragt und die individuellen Förderungsvoraussetzungen abgeklärt werden.

Aufbau-und Zusatzstudien

Die zunehmenden Berufsspezialisierungen machen auch vor den akademischen Berufen nicht Halt. Dementsprechend wächst das Angebot an Zusatz- oder Aufbaustudien. Das kann entweder ein Zweitstudium sein, das auf dem ersten aufbaut und für einen Spezialzweig des Berufes qualifiziert, oder ein Studium, das vor dem Einstieg in den eigentlichen Beruf mehr Praxisnähe vermittelt, also ein »Zusatz« ist.

Ergänzungsstudien richten sich meist an berufstätige AkademikerInnen, die sich berufsbegleitend weiterbilden wollen.

In diesen neuen Studiengängen mischen sich oft Aus- und Weiterbildung. Sie sind vor allem dann angebracht, wenn das übliche Examen nicht ausreicht, um Arbeit zu finden oder zu behalten. So kann sich eine Diplompsychologin zum Beispiel zur Geronto-Psychologin weiterqualifizieren oder sich die Diplompädagogin auf kulturelle Stadtteilarbeit spezialisieren. Die Arbeitsämter informieren über alle aufbauenden Studiengänge (▷ KURS, Seite 177).

Die Betriebliche Weiterbildung

Etwa die Hälfte der gesamten beruflichen Weiterbildung führen die Betriebe und Unternehmen selbst durch. Schließlich können sie nur mit MitarbeiterInnen, die ihre Qualifikationen weiterentwickeln, konkurrenzfähig bleiben.

Immer wieder zeigen Untersuchungen, daß im öffentlichen Dienst und in Großunternehmen die Chancen der Frauen auf eine betriebliche Zusatzqualifizierung am besten sind. Die großen Betriebe und Konzerne tragen inzwischen den Löwenanteil der beruflichen Weiterbildung und engagieren sich auch für ihre weiblichen Beschäftigten. Für Frauen gibt es dort die besten Aufstiegsperspektiven – wenn auch keine Garantien.

Deutlich stockt auch in den Großbetrieben die Förderungsbereitschaft, wenn es um die Weiterbildung zur Top-Führungskraft geht. Dann werden die TeilnehmerInnen handverlesen, oft ist die Auswahl sogar Chefsache. In den Reihen dieser Auserwählten sind Frauen eine Rarität.

▷ Aufstiegsqualifikationen, Seite 178
▷ Schlüsselqualifikationen, Seite 178
▷ Frauenförderpläne, Seite 250

Klein- und Mittelbetrieben fehlt häufig die Möglichkeit, eine innerbetriebliche Weiterbildung anzubieten. Deren ArbeitnehmerInnen müssen sich ihre Qualifikationen meist extern, zum Beispiel in einer Industrie- und Handelskammer erwerben (▷ Wer bildet beruflich weiter?).

Chancen im Betrieb nutzen

Immer häufiger wird Weiterbildung als Teil der Arbeit in den Tarifverträgen abgesichert (▷ Bildungsurlaub, Seite 180). Diese »Regelungen über Freistellung von Arbeitsleistungen für Bildungszwecke und über die Fortbildung der ArbeitnehmerInnen« gehen manchmal über die länderspezifischen Gesetze hinaus und erlauben eine längerfristige Weiterbildung. Doch diejenigen, die von Weiterbildungsangeboten besonders profitieren könnten – ältere ArbeitnehmerInnen, Frauen mit Kindern, An- und Ungelernte – kommen nur selten zu ihrem Bildungsrecht (▷ Qualifizierungshürden für Frauen, Seite 176).

Für Frauen, die die Hürden der geschlechtsspezifischen Benachteiligung überwinden wollen, gibt es einige Strategien.

• Sprechen Sie Ihre Betriebs- und PersonalrätInnen direkt auf spezifische Weiterbildungsangebote für die untere und mittlere Ebene an. Nur so können Sie sicher sein, daß sie die entsprechenden Informationen wirklich erhalten.

• Vorgesetzte haben das Recht, MitarbeiterInnen für Weiterbildungsmaßnahmen vorzuschlagen. Hier kann sich Lobbyarbeit von Frauen auswirken (▷ Seite 385), wenn weibliche Vorgesetzte konsequent Frauen zur weiteren Qualifizierung vorschlagen.

Wiedereingliederung

• Erste Orientierung bieten speziell eingerichtete »Beratungsstellen für Berufsrückkehrerinnen«. Die Adressen können Sie beim Arbeitsamt erfragen.

• Bei den BeraterInnen der Arbeitsämter erfahren Sie, wer welche Weiterbildung anbietet und welche Maßnahmen sinnvoll sind.

• Beim Arbeitsamt erfahren Sie auch, ob es einen Einarbeitungszuschuß für das Unternehmen geben könnte, in dem Sie möglicherweise beschäftigt werden (▷ Zuschüsse für ArbeitgeberInnen, Seite 275).

• Bei den kommunalen Gleichstellungsbeauftragten können Sie sich über die laufenden Wiedereingliederungsprogramme informieren.

• Die Sozial-, Arbeits- oder Frauenministerien informieren Sie über spezielle Länderprogramme.

• Auch im Betriebs- oder Personalrat Ihres alten Betriebes oder in der für die Branche zuständigen Gewerkschaft (DGB) können Sie kompetente AnsprechpartnerInnen finden.

Unterschiedliche Forderungen an den Gesetzgeber und die Arbeitgeber können die strukturellen Bedingungen der Weiterbildung für Frauen verbessern. Zum Beispiel:

• In den Frauenförderplänen muß die Heranbildung weiblicher Führungskräfte verankert werden (▷ Frauenförderpläne, Seite 250).

• Eine Quotierung der beruflichen Weiterbildung entsprechend ihrem Beschäftigtenanteil könnte Frauen ebenfalls fördern.

• Die Betriebe müssen verpflichtet werden, bei der zeitlichen Gestaltung der Weiterbildung die Lebenssituation erwerbstätiger Mütter zu berücksichtigen: das Recht auf Weiterbildung wahrzunehmen, darf nicht als individuelle Beschäftigung in der erwerbsfreien Zeit angesehen werden.

• Das gleiche gilt für Teilzeitbeschäftigte.

Wiedereinstieg in den Beruf

Jährlich kehren weit mehr als 300.000 Frauen in ihren Beruf zurück. Durchschnittlich haben sie eine Familienpause von sieben bis acht Jahren hinter sich; jüngere Frauen oft weniger, ältere mehr. Diese Berufsunterbrechungen können zu einem erheblichen Berufshindernis werden.

Besonders skeptisch sind die Unternehmen, wenn Mitarbeiterinnen aus qualifizierten Bereichen mehrere Jahre »draußen« waren. 53 Prozent der Betriebe im kaufmännischen und verwaltenden Bereich meinen, Frauen, die qualifizierte Aufgaben bekleiden, sollten nach ein bis zwei Jahren zurückkehren. Bei einfachen Tätigkeiten läßt sich eine Abwesenheit bis zu fünf Jahren auffangen. Als Grundregel gilt: Je länger die Familienphase, um so komplizierter die Rückkehr und um so größer das Risiko, den beruflichen Anschluß zu verlieren. So gibt im gewerblich-technischen Bereich etwa jeder siebte Betrieb an, daß Berufsrückkehrerinnen ein veraltetes Wissen und damit Schwierigkeiten haben, sich im Beruf zurechtzufinden.

Gesetzliche Grundlagen

Eine Frau, die am Ende des gesetzlich garantierten Elternurlaubs von drei Jahren ins Erwerbsleben zurückkehrt, muß von ihrem bisherigen Arbeitgeber einen gleichwertigen Arbeitsplatz zur Verfügung gestellt bekommen. Alle, die sich erst später zur Rückkehr entschließen, müssen sich völlig neu auf dem Arbeitsmarkt orientieren.

Nur in einigen wenigen, großen Unternehmen gibt es Betriebsvereinbarungen über einen längeren »Elternurlaub mit Rückkehrgarantie« oder Frauenförderpläne, die die Beurlaubung während einer längeren Familienphase vorsehen (▷ Arbeitszeitregelungen, Seite 256).

Rückkehr vorbereiten

Am besten beginnt die Vorbereitung für die Rückkehr in den Beruf schon beim Ausscheiden. Das bedeutet: Man versucht kontinuierlich den Kontakt zu den KollegInnen zu erhalten, man steht für Urlaubsvertretungen oder Aushilfen bereit, vielleicht gibt es sogar die Möglichkeit der Teilzeitregelung (▷ Erziehungsurlaub, Seite 338).

In den Beruf zurückzukehren ist aber zugleich auch immer ein Neubeginn: Nicht nur der Zeitrhythmus, die Einteilung der Hausarbeit (▷ Seite 205), die Organisation der Kinderbetreuung müssen geregelt werden – auch die Psyche braucht Zeit für die Umstellung. Alles ist »neu«, am Arbeitsplatz ist vieles fremd; das reibungsarme Zusammenspiel von Beruf und Familie muß sich erst einstellen. In den meisten Seminaren für Wiedereinsteigerinnen werden genau diese Probleme erörtert (▷ Informationen zur Wiedereingliederung, Seite 182; ▷ Kinderbetreuung, Seite 343).

Auffrischen und neu orientieren

Eine vorgeschaltete Orientierungsphase erleichtert denjenigen den Wiedereinstieg, die ihre Berufstätigkeit länger als drei Jahre unterbrochen haben. Viele Weiterbildungseinrichtungen und Frauenberatungsstellen bieten spezielle Kurse für Wiedereinsteigerinnen an, die die Umbruchphase helfend begleiten. Frauen, die unsicher sind, was sie sich (noch) zutrauen können oder dürfen, werden in ihrem Entscheidungsprozeß unterstützt.

Ziel festlegen

Manche Seminare bereiten gezielt auf die Erwerbstätigkeit vor. Je weiter und länger eine Frau von ihrem Beruf entfernt ist, um so wichtiger ist es für sie, das Selbstbewußtsein, die Durchsetzungsfähigkeit, die Rhetorik und Gesprächsführung zu schulen. Ohne entsprechendes Auftreten gibt es kaum einen Job. Nun sind auch die ArbeitsberaterInnen gefragt: Sie

LITERATUR

Gerd Gidion
Handbuch Weiterbildungsberatung für berufstätige Frauen sowie kleine und mittlere Unternehmen
Kleine, Bielefeld, 1995. DM 45

Marion Bloemertz
Wiedereinstieg in den Beruf – ein Ratgeber für Frauen
Englisch, Wiesbaden, 1990. DM 19,80

Elke und Detlef Pohl
Wiedereinstieg in den Beruf. Möglichkeiten und Chancen für Frauen
Heyne, München,1993. DM 9,90

Julia Scharnhorst
Zurück in den Beruf – ein Ratgeber für Mütter
Rowohlt, Reinbek, 1991. DM 9,80

wissen, ob die (noch) vorhandenen Kenntnisse ausreichen und welche Anpassungs- und Qualifizierungslehrgänge sinnvoll wären.

Familienerfahrung nutzen

Während der »Familienphase« sind alle Frauen in ihren organisatorischen und erzieherischen Fähigkeiten gefordert. Unter bestimmen Voraussetzungen können bei der Weiterbildung im sozialen und pädagogischen Bereich diese als Familienfrau erworbenen Fähigkeiten »offiziell« anerkannt werden. Das heißt, die Erfahrungen aus der Familienarbeit werden wie eine berufliche Praxis behandelt. Das wird dann besonders wichtig, wenn für die Teilnahme an einem bestimmten Lehrgang eine berufliche Praxis Voraussetzung ist, die viele Frauen aber durch eine Familiengründung in sehr jungen Jahren nicht haben. So wird beispielsweise auch bei den Frauenstudien an der Universität Dortmund die dreijährige Führung eines Familienhaushaltes mit einer dreijährigen beruflichen Praxis gleichgesetzt.

Checkliste zum Wiedereinstieg

Um von einer Wiedereinstiegsberatung im Arbeitsamt oder in der kommunalen Gleichstellungsstelle möglichst viele Informationen mitzunehmen, sollten Sie sich vorher überlegen, welche Ziele Sie haben und auf welchen Voraussetzungen Sie aufbauen können:

- Wollen Sie in Ihren alten Beruf zurückkehren? Gibt es noch tragfähige Kontakte in Ihrem alten Bereich? Wie hat Ihr früherer Arbeitgeber reagiert, als Sie nach einer Beschäftigungsmöglichkeit fragten?
- Welche Abschlüsse, Kenntnisse und Fertigkeiten haben Sie in Ihrem alten Beruf? Sind diese heute noch gefragt?
- Wenn Ihre Kenntnisse nicht mehr ausreichen: Welche Anpassungs- oder Qualifizierungslehrgänge sind sinnvoll? Welche Weiterbildung – aufbauend auf dem erlernten Beruf – ist möglich und ratsam: Zum Beispiel die Weiterbildung zur Meisterin oder Fachwirtin?
- Wieviele Chancen bestehen für den gewünschten Beruf auf dem Arbeitsmarkt?
- Kommt auch ein ganz anderer Beruf in Frage (▷ Umschulung, Seite 276)?
- Wie läßt sich die berufliche Bildungsmaßnahme finanzieren? Gibt es Möglichkeiten, nach dem AfG gefördert zu werden (▷ Seite 275)? Sieht die Landesregierung Wiedereingliederungs-Programme vor? Gibt es EU-Programme, die Ihre Weiterbildung fördern könnten?
- Welche Möglichkeiten der Kinderbetreuung gibt es? (▷ Kinderbetreuung, Seite 343)
- Melden Sie sich auf jeden Fall arbeitslos oder arbeitssuchend (▷ Arbeitslos, Seite 269).

Allgemeine Weiterbildung

Wer für die lebenslange Bildung plädiert, hat meist nicht nur die fachlichen Aspekte aus dem Berufsleben vor Augen, sondern auch die »allgemeine« Bildung. Die meisten Frauen verbinden mit den allgemeinen Aspekten ihrer Bildung auch die Möglichkeit persönlicher Entfaltung und individueller Weiterentwicklung (▷ Initiativen, Seite 373).

Die allgemeine Weiterbildung ordnet sich in Fachbereiche wie Deutsch, Fremdsprachen und Literatur, Gesellschaft und Politik, kulturelle Bildung und Kreativität, Erziehungsfragen, Psychologie und Gesundheitsbildung. Die großen Einrichtungen bieten auch Abschlüsse der Gymnasialen Oberstufe, der Haupt- oder Realschule an sowie kaufmännische, naturwissenschaftliche oder Kurse der Umweltbildung (▷ Volkshochschulen, Seite 187).

Zur allgemeinen Weiterbildung entscheidet sich jede Frau freiwillig. Diese Motivation beflügelt; außerdem wird das eigene Engagement oft von Freude am Zusammensein mit Gleichinteressierten begleitet. Da es außerdem keinen Lernzwang im üblichen Sinn gibt, unterbleibt auch der traditionelle Schulfrust.

Angebote der Weiterbildung

Ich will	Kurse und Schulungen bieten an
• einen Schulabschluß nachholen	Volkshochschulen Institutionen des zweiten Bildungswegs (▷ Berufliche Schulen, Seite 151)
• in meinem Beruf fit bleiben und dazulernen • in den Beruf wieder einsteigen • beruflich aufsteigen • Auftreten und Redefähigkeit schulen und verbessern	Volkshochschulen Einrichtungen der beruflichen Weiterbildung Betriebliche Weiterbildung
• mich in der Welt orientieren: kulturell-künstlerisch, politisch-rechtlich, geistig-sozial	Volkshochschulen Akademien der Parteien und Gewerkschaften Konfessionelle Bildungseinrichtungen
• meine Rechte als Arbeitnehmerin kennenlernen und ausbauen • mich für die Durchsetzung meiner Rechte schulen und ausbilden lassen	Gewerkschaftliche Bildungseinrichtungen Bildungseinrichtung »Arbeit und Leben« Schulungen bei Einzelgewerkschaften
• fremde Länder und Kulturen kennenlernen • eine Fremdsprache lernen, ins Ausland reisen und mich dort verständigen	Volkshochschulen Spezielle Sprachschulen
• mit anderen Frauen zusammentreffen • Partnerschaftsprobleme diskutieren • über die Geschichte der Frauen mehr erfahren • über politische, soziale und gesundheitliche Frauenfragen mehr erfahren • mich besser durchsetzen können	Frauengesprächsgruppen/ -runden bei fast allen Trägern der allgemeinen Weiterbildung, z.B.Volkshochschulen Frauenbildungsprojekte/ -einrichtungen Einrichtungen der politischen Bildung Frauenstudien Frauenzentren
• meinen Haushalt verändern, in den Haushaltstechniken, wie Kochen oder Nähen, dazulernen	Volkshochschulen Familienbildungsstätten
• Familienprobleme besser erkennen und lösen, wissen, wie meine Kinder künftig leben werden	Fast alle Träger der allgemeinen Weiterbildung, vor allem Familienbildungsstätten

Wer bildet »allgemein« weiter?

Konfessionelle Träger

• In den kirchlichen Heimvolkshochschulen, kirchlichen Akademien, Erwachsenenbildungswerken und Familienbildungsstätten haben sich seit den 70er Jahren die Bildungsinhalte erheblich verändert. Vor allem die kirchlichen Akademien machen es sich zur Aufgabe, gesellschaftliche Entwicklungen kritisch zu begleiten und auch frauenspezifische Themen zu diskutieren.

Politische und gewerkschaftliche Bildungsarbeit

• Politische (Weiter-)Bildung »pur« bieten die Akademien und Einrichtungen der Gewerkschaften sowie einige Heimvolkshochschulen an. Träger sind die Bildungsabteilungen und -werke des Deutschen Gewerkschaftsbundes (DGB) und seine Mitgliedsgewerkschaften. Ebenso gibt es Bildungswerke fast aller großen politischen Parteien. Informationen geben die Parteizentralen (▷ Seite 376).

• Die Gewerkschaften wollen die Handlungsfähigkeit ihrer Mitglieder innerhalb und außerhalb der Betriebe stärken. Darum machen die speziellen Angebote für Betriebs- oder PersonalrätInnen, aber auch für Arbeitnehmerinnen, die sich aus Frauensicht mit Arbeitsfragen auseinandersetzen wollen, einen großen Teil der Veranstaltungen aus. Zu den Themen gehören Tarifpolitik ebenso wie Arbeitsrecht oder Rhetorik. Informationen gibt das regionale Büro des DGB oder der eigene Betriebs- oder Personalrat.

• »Arbeit und Leben« ist eine Kooperation zwischen DGB und VHS und ist in allen Bundesländern Träger der politischen, in manchen auch der beruflichen Bildung.

Frauenbildungsprojekte

Die autonomen Frauenzentren der 70er Jahre kreierten einen völlig neuen Typ politischer Bildung: die Selbsterfahrungsgruppen auf der Basis gemeinsamer Erfahrungen und Probleme. Inzwischen haben sich die Themen gewandelt, und vielerorts sind Frauenschulen, -bildungsinitiativen und Frauenferienhäuser entstanden.

Viele Frauen reizt an der allgemeinen Weiterbildung, daß sie die Termine entsprechend ihren individuellen und familiären Bedingungen flexibel einteilen können: ob Sprachkurs am Vormittag, wöchentlicher Gesprächskreis am Abend, Wochenendseminare, mehrtägige Kompaktseminare oder mehrwöchige Kurse – die Zeiten sind festgelegt, die Organisation des Familienlebens kann im voraus damit abgestimmt werden.

Gesetzliche Grundlagen

Für die Allgemeine Weiterbildung sind die Länder zuständig. Sie wird von unterschiedlichen Trägern organisiert: Von kleinen, autonomen Vereinen ebenso wie von großen Verbänden und Interessenorganisationen (▷ Wer bildet »allgemein« weiter?, Seite 186).

Alle Weiterbildungsgesetze garantieren die »Freiheit der Lehre«. Das heißt, jeder Träger kann seine Inhalte und Lernformen weitgehend selbst festlegen; damit wissen die TeilnehmerInnen in etwa, welche parteipolitische oder konfessionelle Prägung sie erwartet.

Die öffentliche Finanzierung regeln ebenfalls die Länder. Grundsatz ist, daß keine der Weiterbildungseinrichtungen besonders bevorzugt oder benachteiligt werden soll. Der Volkshochschulbereich ist davon jedoch ausgenommen. Hessen zum Beispiel behandelt ihn finanziell bevorzugt. Die Förderung der Volkshochschulen mit öffentlichen Mitteln macht ihr Angebot in manchen Fachbereichen besonders kostengünstig. Ansonsten schwanken die Preise für die Weiterbildungsangebote je nach Bundesland und Träger.

Daß die allgemeine Weiterbildung besonders wichtig, aber auch besonders schwierig ist für Frauen mit Kindern, reflektieren die Ländergesetze noch nicht. Die Kinderbetreuung bleibt unberücksichtigt. Damit ist es vor allem Alleinerziehenden fast unmöglich, ihr Recht auf Weiterbildung auch praktisch wahrzunehmen.

Volkshochschulen

Die mehr als 1.000 Volkshochschulen (VHS) in Deutschland mit weit über 4.000 Außenstellen haben den Auftrag, flächendeckend allen BürgerInnen Weiterbildung anzubieten. In vielen Gemeinden ist die Volkshochschule der (fast) einzige örtliche Kultur- und Bildungsveranstalter.

Frauen stellen 70 Prozent der TeilnehmerInnen von VHS-Veranstaltungen. Bei »frauentypischen« Themen, wie Gesundheit, Sprachen und Kreativität, sind sie besonders stark vertreten. Den Bedürfnissen dieser Klientel entsprechend, haben sich einige Volkshochschulen auf die Frauenbildungsarbeit spezialisiert.

Einmalig ist nicht nur das breit gefächerte VHS-Angebot, sondern auch die Anerkennung bestimmter Abschlüsse durch das Zertifikatsystem der VHS. Es gilt vor allem für Fremdsprachen und bestimmte Zusatzqualifikationen in der beruflichen Bildung. Die Zertifikate sind europaweit anerkannt. Information darüber geben die Volkshochschulen und die Berufsinformationen der Arbeitsämter.

LITERATUR

Konzertierte Aktion Weiterbildung (Hrg.)
Einmischung erwünscht – Politische Weiterbildung von Frauen
Bundesministerium für Bildung, Wissenschaft, Forschung und Technologie, Bonn, Juni 1995.

Karin Derichs-Kunstmann, Anette Rehbock (Hrg.)
Jenseits patriarchaler Lei(d)tbilder. Zur Theorie und Praxis gewerkschaftlicher Frauenbildungsarbeit
Kleine, Bielefeld, 1995. DM 28

Arbeitsgruppe Frauen und Politik (Hrg.)
Von Frauen für Frauen. Ein Handbuch zur politischen Frauenbildungsarbeit
efef, Zürich/Dortmund, 1992. DM 32

Zweiter Bildungsweg

Den zweiten Bildungsweg nutzen vor allem Frauen. Sie stellen die Mehrheit an den Abendrealschulen, Abendgymnasien und Kollegs. Dort holen sie, meist hoch motiviert und mit großer Ausdauer, versäumte oder erträumte Schulabschlüsse nach: den Haupt- oder Realschulabschluß, oft auch das Abitur. Unter Umständen finden sie dann den Übergang zur Fachschule, Fachoberschule, (Fach-)Hochschule oder an die Universität und starten so in eine neue berufliche Zukunft. Allerdings brauchen sie für diesen »zweiten Weg« sehr viel Kraft, zweifellos mehr als für den ersten (▷ Schule und Ausbildung, Seite 137). Dabei verhalten sich die Länder unterschiedlich kooperativ. Eher dünn gesät sind die Angebote im südlichen Teil Deutschlands. In Berlin, Nordrhein-Westfalen, Hessen und Hamburg hingegen ist das Netz der schulischen Aus- und Weiterbildung für Erwachsene besonders dicht geknüpft.

▷ Berufliche Schulen, Seite 151

Telekolleg, Funkkolleg

Telekollegs sind eine Art Fernunterricht, die über die Landesrundfunkanstalten angekündigt werden. Mit Fernsehbeiträgen, individuellen Lernmaterialien und Begleitseminaren können sie über eine spezielle Prüfung bis zu einem Schulabschluß führen. Funkkollegs sind ähnlich: Eine Kombination von Radiosendungen und schriftlichem Material.

Für manche Frauen ist es leichter, diese Formen der Bildung über Fernsehen und Rundfunk mit ihrer Lebenssituation zu vereinbaren. Sie können die Zeit selbst bestimmen, zu der sie den Stoff aus der (Steck-)Dose pauken. Allerdings erfordert es eine enorme Willensstärke und Disziplin, ohne Kontakt zu anderen Interessierten über längere Zeit am Ball zu bleiben und den ersehnten Abschluß tatsächlich zu schaffen. Informationen über diese Kollegs geben der Deutsche Volkshochschulverband und die Rundfunkanstalten des Landes.

FRAUEN FORSCHUNG
F.B.

Studium

Biochemie, Jura, Medizin oder Betriebswirtschaft, Psychologie, Soziologie, Elektrotechnik oder Architektur? Aufregend sind die Wahlmöglichkeiten für ein Studium und die Chance, Neigung und Können im »Lieblingsfach« verschmelzen zu lassen. Wer an die Uni geht, darf die Strenge des Berufslebens noch eine Weile hinauszögern, kann neue Lebens- und Lernformen ausprobieren, kann sich mit neuen Themen und Inhalten auseinandersetzen.

Diesen Reichtum an Bildungsmöglichkeiten haben Mädchen erst seit etwa hundert Jahren. Denn den freien Zugang zur Hochschule, die freie Wahl der Studiengänge und Fächer eroberten sich die Frauen erst nach heftigen Auseinandersetzungen (▷ Geschichte der Mädchenbildung, Seite 147).

So ganz »frei« für ein Studium entscheiden sie sich aber auch heute noch nicht. Zwar verwehrt ihnen kein Gesetz mehr den Zutritt zu bestimmten Studiengängen, doch die Erziehung und der Einfluß des Schulsystems (▷ Der heimliche Lehrplan, Seite 138) wirken bis in die Studienwahl hinein.

Immer noch ist der Lehrbetrieb deutlich in typisch »männliche« Studien, wie Technik und Naturwissenschaften, und typisch »weibliche«, wie Pädagogik, Psychologie und Sprachen, polarisiert. In den Studienfächern der Geistes-, Kunst- und Sozialwissenschaften finden sich um die 70 Prozent Frauen (▷ Grafik Seite 190).

Gleichzeitig wird die Studienwahl der Frauen von einer Frage beeinflußt, die junge Männer kaum in ihre Planung einbeziehen: wie sie zukünftig Beruf und Kinder vereinbaren können. Viele junge Frauen läßt dies eine Lehramtsausbildung wählen, weil dieser Beruf meist eine flexible Zeiteinteilung ermöglicht. Ob dies den tatsächlichen Interessen der Frauen entspricht, wagt nach Jahren der Ausbildung kaum noch jemand zu fragen.

Vor der Entscheidung

Kein Studium bietet eine »Karrieregarantie«, und es schützt auch nicht vor Arbeitslosigkeit oder sozialem Abstieg. Dennoch: Seit sich die Frauen Zugang zu allen akademischen Berufen verschafft haben, ist es für sie zumindest theoretisch möglich geworden, in hochqualifizierte Tätigkeiten und leitende Positionen aufzusteigen (▷ Berufswege, Seite 153; ▷Arbeitslos, Seite 269).

1995 waren bereits 47 Prozent der StudienanfängerInnen Frauen. Trotz dieser hohen Zahl Studentinnen, die sich jedes Jahr an den Universitäten und Fachhochschulen einschreiben, machen noch immer weit weniger Frauen als Männer das Abschlußexamen, oft auch deshalb, weil das individuelle Berufsziel nicht deutlich zu erkennen ist, oder widersprüchlich bleibt (▷ Zeitphasen, Seite 203; ▷ Mutter sein, Seite 305). Diejenigen Frauen jedoch, die das Examen ablegen, erzielen im Durchschnitt bessere Noten als Männer.

Geschlechtsspezifische Studienwahl

Anzahl der Studierenden im Sommersemester 1993		Frauen (%)	Männer (%)
Elektrotechnik	75.686	3,7	96,3
Maschinenbau	78.943	4,6	95,4
Physik	36.602	10,5	89,5
Bauingenieurwesen	41.006	18,3	81,7
Informatik	49.271	23,0	77,0
Chemie	34.896	28,5	71,5
Bertriebswirtschaft	122.803	34,8	65,2
Biologie	38.637	56,0	44,0
Psychologie	24.883	65,9	34,1
Erziehungswissenschaften	37.794	67,9	32,1
Sozialwesen	17.628	70,5	29,5
Germanistik	65.104	71,9	28,1
Anglistik	29.852	71,5	28,5

Gründe für ein Studium

Die Zukunftsprognosen für AkademikerInnen sind widersprüchlich. Manche BildungsskeptikerInnen meinen, daß es nach 2010 etwa eine halbe Million AkademikerInnen mehr geben wird als gebraucht werden. Andere Untersuchungen, wie die des Instituts für Arbeitsmarkt und Berufsforschung (IAB), gehen davon aus, daß planende und leitende Arbeiten, wie Führungs- und Managementaufgaben, in einigen Jahrzehnten nur noch von AkademikerInnen durchgeführt werden, die dafür andere Qualifikationsniveaus verdrängen. Dieser Trend ist bereits jetzt zu beobachten. Anspruchsvolle Tätigkeiten werden mehr und mehr in die Hände von HochschulabsolventInnen gelegt. Der Bedarf an studierten Fachkräften wird also steigen. So sagt das IAB für das Jahr 2010 sogar ein Defizit an AkademikerInnen voraus.

Ein gelungener Studienabschluß ist also ein Schlüssel für die Zukunft. Er bietet die Chance, Einfluß zu nehmen und in den vorderen Rängen der Gesellschaft mitzusteuern, sei es als leitende Biologin in der Umweltplanung, als Informatikerin in der Nachrichtentechnik oder als Medizinsoziologin im Gesundheitswesen. Die besten Aussichten haben dabei jene, die eine berufliche Ausbildung und die Universität oder Fachhochschule kombinieren. Praktische Berufserfahrungen können sowohl die Orientierung im Studium als auch den Berufsstart erheblich erleichtern und bieten Möglichkeiten, auch in andere Berufsfelder auszuweichen, wenn es mit dem erträumten akademischen Job nicht (gleich) klappt.

Interessen und Fähigkeiten

Die eigenen Interessen und Fähigkeiten sind die Basis für die Entscheidung: Studium ja oder nein? Und wenn ja, welcher Studiengang?

Zu den Grundvoraussetzungen für ein Studium zählen eine starke Motivation, Ausdauer und Durchhaltevermögen. Nur damit gelingt es, trotz überfüllter Seminare und anstrengender Paukerei bis zur Abschlußprüfung durchzuhalten.

Die eigenen Fähigkeiten müssen nicht nach den Schulfächern und deren Noten beurteilt werden. Wichtiger sind folgende Überlegungen:

- Welche Aufgaben oder Inhalte fanden Sie in der Schule, in Praktika oder in der Ausbildung besonders spannend und fesselnd?
- Welche Themen binden Ihre Aufmerksamkeit und Freude langfristig? An welchen Inhalten arbeiten Sie gerne, lange und konzentriert?
- Was geht Ihnen besonders leicht von der Hand oder leicht in den Kopf? Wofür müssen Sie sich besonders anstrengen? Was kostet Sie besondere Überwindung?

Vor der Studienentscheidung

Viele junge Frauen machen sich den Wert eines Studiums in bezug auf ihren beruflichen Aufstieg wenig bewußt und denken zunächst kaum daran, daß sie später mit ihrem Einkommen sich und vielleicht auch ihre Kinder ernähren müssen. Daher gilt es genau zu überlegen (▷ Frauenlöhne – Männerlöhne, Seite 214)

- Welche beruflichen Wege eröffnet der angestrebte Studienabschluß? Ergeben sich aus ihm viele Berufe, wie im Falle der Wirtschaftswissenschaften, oder sind die Entfaltungsmöglichkeiten auf ein relativ enges Berufsfeld beschränkt, wie beispielsweise beim Lehramtsstudium für die Grundschule? (▷ Berufe der Zukunft, Seite 156)
- Welche Bedeutung hat das gewünschte Studium für die zukünftige Erwerbstätigkeit? Planen Sie es eher als Sprungbrett für den Erfolg im Beruf, soll es Ihre Bildung und Ihr Wissen bereichern, oder wollen Sie beides miteinander verbinden?
- Was soll Ihnen der Beruf in zehn oder fünfzehn Jahren bedeuten? In welcher beruflichen Position und Funktion, mit welchem Einkommen sehen Sie sich mit 30 oder 40 Jahren?
- Inwieweit beeinflußt die »Beruf-oder-Kinder-Frage« Ihre Studienentscheidung? Beschränken Sie sich nicht bereits bei Ihrer Studienwahl wegen einer eventuellen Entscheidung für Kinder (▷ Die Entscheidung, Seite 297).
- Welche Konsequenzen sind Sie bereit, für Ihr Studium zu tragen? Gibt es Zulassungsbeschränkungen: Müssen Sie die Stadt oder das Bundesland wechseln? Wird es finanzielle Engpässe geben? Wie lange werden diese anhalten? (▷ BAFöG, Seite 198; ▷ Jobben, Seite 198; ▷ Studieren mit Kind, Seite 199).

Studien- und Berufsberatung

Die Berufsberatung der Arbeitsämter informiert darüber, welche Berufe nach einem Fachhochschulstudium und welche nach einem Universitätsabschluß zur Wahl stehen. Sie informieren über den Frauenanteil in den jeweiligen Bereichen, über Verdienst- und Zukunftschancen. Meist wird erst nach einem

Beratung an den Hochschulen

- Die zentralen Studienberatungsstellen der Universitäten und Fachhochschulen helfen bei der Entscheidungsfindung und dabei, einen Überblick über die Struktur und die Inhalte eines Studienfachs zu bekommen. Auch über die Bewerbungsverfahren, mögliche Fachkombinationen und die Eigenheiten des Hochschulalltags gibt es hier Informationen.
- In den Fachstudienberatungen geben die Lehrenden eines Fachs selbst Auskunft, zum Beispiel darüber, welche Vorlesungen oder Seminare sich zum »Probebesuch« eignen. Fachspezifische Studienführer ergänzen diese Informationen.
- Ältere Studierende vermitteln in den Orientierungsveranstaltungen vor oder zu Beginn des Semesters Tips und Tricks.
- Manche Unis bieten »Forschungstage« oder die »Schnupperuni für Mädchen« an und ermöglichen so das gezielte Kennenlernen von technischen und naturwissenschaftlichen Studienfächern.

Frauenstudien

Um an »Frauenstudien«, »Frauenstudiengängen« oder »Frauenseminaren« teilzunehmen, wird kein Abitur vorausgesetzt. Für diese Studien oder Ringvorlesungen sind Vorkenntnisse und Praxiserfahrungen gefragt, wie Frauen sie zum Beispiel in der Familienarbeit oder in einem Ehrenamt (▷ Seite 375) erwerben.

Zielgruppe sind Frauen aus pädagogischen, sozialen und politischen Berufen und Praktikerinnen der Frauenarbeit, die ihre spezifischen Kenntnisse erweitern wollen. Die strukturelle Einbindung der Frauenstudien an den Hochschulen ist unterschiedlich, teilweise werden sie ehrenamtlich, eher lose und frei organisiert.

Beispiel Dortmund

Der erste Modellversuch der Frauenstudien fand 1982 bis 1985 an der Dortmunder Universität statt. Dort sind Frauenstudien als weiterbildendes Studium inzwischen fest etabliert. Ziel ist, die Studentinnen für eine emanzipatorische Frauenarbeit auf sozialem, kulturellem und gesellschaftspolitischem Gebiet vorzubereiten, zum Beispiel in der Erwachsenenbildung, der Wohlfahrtspflege, in der Beratung, in Kirchen, Verbänden, Gewerkschaften und Unternehmen, in den Verwaltungen sowie im politischen Bereich. Frauenbenachteiligende Strukturen sollen erkannt und Möglichkeiten der Veränderung aufgezeigt werden.

Das Lehrangebot umfaßt sozial- und kulturwissenschaftliche Inhalte; Schwerpunkte sind Familie und Haushalt, Arbeit und Beruf, Öffentlichkeit und Politik. Das Studium ist auf eine Regelstudienzeit von fünf Semestern angelegt und schließt mit einer wissenschaftlichen Hausarbeit und einem Fachgespräch ab.

KONTAKT

Frauenstudien, Fachbereich 14
Universität Dortmund
Emil-Figge-Straße 50, 44221 Dortmund
Tel.: 0231/755-2853

solchen Beratungsgespräch klar, welche Möglichkeiten die unterschiedlichen Abschlüsse eröffnen.

Die Berufsinformationszentren (BIZ) in den großen Städten verfügen über das bundesweite Verzeichnis aller Hochschulen, Studienangebote und Zugangsvoraussetzungen.

Studien mit Zukunft

Die ArbeitsmarktforscherInnen gehen davon aus, daß die Berufe der Zukunft (▷ Seite 156) im Bereich der höherwertigen Dienstleistungen sein werden. Für die berufliche Laufbahn ist es dabei entscheidend, daß der Studienabschluß weiterentwickelt und durch Zusatzqualifikationen ausgebaut werden kann, zum Beispiel in den Bereichen Beratung, Koordination, Organisation, Betreuung, Pflege, Heilbehandlung, Erziehung, Forschung, Lehre und Publizistik (▷ Dienstleistungsbereich, Seite 154).

Geistes- und Sozialwissenschaften

Sprachen, Geschichte, Germanistik und Philosophie, Psychologie, Pädagogik, Soziologie und Kunsterziehung – Fächer für Menschen, die sich intensiv für soziale Fragen interessieren und neugierig sind auf alles, was mit »dem Menschen« zu tun hat.

Das Studium dieser Fächer ist noch immer weniger »verschult« als das der Naturwissenschaften. Die Stundenpläne können relativ frei gestaltet und die Schwerpunkte nach eigenem Profil gesetzt werden. Darin steckt auch die Chance, noch während der Universitätszeit die berufliche Orientierung auszurichten. Die individuelle Studiengestaltung erlaubt es, während der Semesterferien Betriebspraktika zu machen oder bei Zeitungen, Buchhandlungen, Verlagen, Rundfunkanstalten, Bildungsinstitutionen, bei der Wohlfahrt oder in anderen öffentlichen Einrichtungen mitzuarbeiten.

Ohne Aufbau-, Zusatz- und Ergänzungsstudiengänge kann der Weg in einen akademischen Spitzenberuf allerdings schwierig werden. Zusatzqualifikationen sind in den Bereichen Betreuen, Beraten, Lehren und Publizieren immer notwendig, um auf eine halbwegs gesicherte Berufslaufbahn zusteuern zu können (▷ Bereich: Geisteswissenschaften, Seite 169, Kreativ- und Medienberufe, Seite 172).

Wirtschaftswissenschaften

Rund 35 Prozent weibliche Wirtschaftsstudierende im Jahr 1993 – damit haben sich die Frauen einen Studienbereich erschlossen, der ihnen Berufe im mittleren Management und in Spitzenpositionen öffnen kann, sei es in der Industrie, bei Banken und Versicherungen, im Handel oder im öffentlichen Dienst, bei den Kammern oder in Verbänden.

Eine gewisse Neigung zur Mathematik und Statistik sollte mitgebracht werden, beide Fächer spielen vor allem im Grundstudium eine wichtige Rolle. Später können, je nach Hochschule und individueller Schwerpunktsetzung, Volkswirtschaftslehre, Soziologie und Politikwissenschaft im Vordergrund stehen. Möglich sind auch Zusatz- und Ergänzungsstudiengänge, zum Beispiel Fremdsprachen, Tourismus, internationale Wirtschaftsbeziehungen oder Umweltschutz (▷ ControllerIn, Seite 159, ▷ WirtschaftsprüferIn, Seite 159, ▷ UnternehmensberaterIn, Seite 160, ▷ TouristikmanagerIn, Seite 161).

Jura

1993 waren gut 42 Prozent der Jurastudierenden weiblich. Juristinnen eröffnen sich sehr lebensnahe und praktische Tätigkeitsfelder: Richterin, Rechts- oder Staatsanwältin, Juristin im öffentlichen Dienst, im Handel, bei Banken oder in Versicherungen. Besondere Vorteile haben jene, die im Wirtschaftsrecht fit sind und Zusatzqualifikationen im Bereich Betriebswirtschaft vorweisen können. Ihnen kann der Weg in die Industrie und in Wirtschafts- und Betriebsprüfungsgesellschaften offenstehen.

Das Studium selbst besteht darin, sich mit dem geltenden Recht vertraut zu machen, es zu verstehen und auszulegen, sowie sich mit der Rechtsgeschichte und dem Verhältnis zu anderen Lebensbereichen auseinanderzusetzen: Politik, Sozialstruktur, Philosophie; rechtsprechende, verwaltende und rechtsberatende Praxis. Hinzu kommen europarechtliche Bezüge (▷ Frauenrechte in Europa, Seite 255).

Was ist Frauenforschung?

Mit der Frauenbewegung der 70er Jahre entwickelte sich eine völlig neue Sicht auf die vermeintlich geschlechtsneutrale universitäre Forschung und Lehre. Studentinnen und Wissenschaftlerinnen kritisierten vor allem den Anspruch der »Objektivität«: Forschung ist bis heute nicht »neutral«, egal, ob es sich um Geschichte, Linguistik, Philosophie oder Architektur, Informatik oder Medizin handelt. Denn die Art und Weise, wie an der Universität Inhalte, Fragestellungen und Ziele entwickelt werden, ist noch immer – fast ausschließlich – männlich bestimmt. Mehrheitlich entscheiden Männer darüber, von wem Lehrstühle besetzt werden, wer zu welchen Themen wo publizieren darf, welche Bücher angeschafft werden, wer Forschungsgelder oder Stipendien erhält, welche Themen wissenschaftlich diskutiert und welche als »Randphänomen« betrachtet werden – sie besetzen 95 Prozent der Lehrstühle. Männlich ist der wissenschaftliche Blick auf die Welt. Die traditionelle Forschung ist bis heute blind gegenüber der spezifischen Lebensweise von Frauen, ihren Interessen, Kompetenzen und Erfahrungen.
Mittlerweile ist es den Frauen gelungen, an fast jeder Universität in bestimmten Fachbereichen frauenspezifische Denk- und Forschungsansätze zu etablieren. In der Informatik untersuchen Diplomingenieurinnen, wie sich die Technik verändert, wenn Frauen an der Software-Entwicklung teilnehmen; Stadtplanerinnen untersuchen, inwieweit sich der Abbau des öffentlichen Nahverkehrs auf das Alltagsleben von Frauen auswirkt. Jedes Fach kann seinen spezifischen »Frauenblick« entwickeln. Wie weit dies an der jeweiligen Hochschule gelungen ist, wissen die StudentInnen vor Ort. Informationen gibt es auch bei der Frauenbeauftragten.

Ingenieur- und Naturwissenschaften

In den technischen Wissenschaften lag der Anteil der weiblichen Erstsemester 1993 bei knapp 15 Prozent, in der Mathematik und in den Naturwissenschaften bei 33 Prozent. Dieser relativ hohe Anteil an Frauen macht deutlich, daß sie sich durchaus für »männliche« Fächer interessieren – allerdings nur, wenn sie sich mit einem Lehramt verbinden lassen: die meisten Studentinnen der Naturwissenschaften werden Lehrerinnen. In die Studienbereiche, die später in die Industrie, in Forschung und Entwicklung münden, gehen weitaus weniger Frauen, obwohl es dort in den Labors und Konstruktionsbüros der Industrie für Naturwissenschaftlerinnen und IngenieurInnen attraktive Arbeitsplätze gibt (▷ BauingenieurIn, Seite 167, ▷ UmweltschutzingenieurIn, Seite 168, ▷ ToxikologIn, Seite 168).

Das »männliche« Image der Ingenieurberufe wirkt auf Frauen noch immer abweisend, vor allem dann, wenn sie als »Einzelkämpferinnen« bestehen müssen, wie in der Elektrotechnik mit einem Frauenanteil von drei Prozent. Viele Studentinnen gestehen sich – allein unter Männern – dann nicht mehr zu, »nur« normale Leistungen zu erbringen. Sie stehen unter dem Druck, in einem Männerfach brillieren zu müssen. Zugleich kann belasten, daß die Kommilitonen technisch interessierte Frauen als Exotinnen betrachten. All das verhindert, daß sich die Studentinnen einfach normal und durchschnittlich fühlen »dürfen«.

In Fächern, in denen es möglich ist, individuelle Schwerpunkte zu setzen, finden sich mittlerweile etwas mehr Frauen, so zum Beispiel bei der Spezialisierung in Richtung Biologie, Umweltschutz, Biotechnologie oder Nahrungsmitteltechnologie (▷ Bereich: Ingenieurwesen und Naturwissenschaften, Seite 167).

Um der Vereinzelung entgegenzuwirken, haben sich die zukünftigen Diplomingenieurinnen an den meisten Universitäten und Fachhochschulen in Arbeitskreisen zusammengeschlossen. Informationen darüber gibt es bei den Studentenvertretungen oder bei der Frauenbeauftragten der Universität (▷ Frauenpolitik, Seite 197).

LITERATUR

Die Bund-Länder-Kommission für Bildungsplanung und Forschungsförderung (Hrg.)
In Buchform: Studien- und Berufswahl
In Magazinform: »abi« und »Uni«
Kostenlos erhältlich bei allen Arbeitsämtern

AStA der Universität Dortmund (Hrg.)
Broschüre: Frauen für Technik
Erhältlich im Frauenbüro der Universität Dortmund
Emil-Figge-Straße 50, 44221 Dortmund

Frauenbeauftragte der Universität Köln (Hrg.)
»Genia – Nur für Frauen«.
Lese- und Handbuch für Studentinnen
m&t, Köln, 1995. DM 5

Studium an der Fachhochschule

Die Fachhochschulen bieten eine stärker praxisorientierte Alternative zum wissenschaftlichen Universitätsstudium. Die Ausbildung ist in der Regel kürzer, der Studienverlauf ist strenger durchgeplant als an den Universitäten. Die Studiengänge sind inklusive aller Prüfungen meist auf vier Jahre angelegt.

Voraussetzung für eine Fachhochschulprofessur ist neben der Promotion eine fünfjährige berufliche Praxis, davon mindestens drei Jahre außerhalb der Hochschule.

Studienmöglichkeiten

Neben den traditionellen Studienbereichen Maschinenbau, Elektrotechnik, Bauingenieurswesen, Sozialwesen, Betriebswirtschaft und Bibliothekswesen lassen sich an Fachhochschulen zunehmend neue

Frauenförderung an Hochschulen

Historische Minderheit

1909 öffnete Preußen als letztes Land den Frauen die Tore zum generellen Universitätsstudium. Damit war zwar der formale Weg an die Hochschulen frei, doch die Vorurteile wirkten ungehemmt weiter: Weiblichkeit und logisches Denken galten als unvereinbar, und die Studentinnen mußten ausdauernd gegen das Image kämpfen, »vergeistigt« und damit keine »richtige Frau« zu sein. Trotz formaler Möglichkeit blieben Studentinnen und Wissenschaftlerinnen an den Universitäten die Ausnahme. Eine Situation, die sich im Nationalsozialismus weiter verschärfte: Die Frauen wurden auf die Mutterschaft festgelegt und aus den Hochschulen verdrängt. Die geistige Elite, darunter viele jüdische und politisch aktive Wissenschaftlerinnen, wurde in die Emigration getrieben oder in KZs ermordet. Nach dem zweiten Weltkrieg stellte man die Frauen zwar akademisch gleich, doch neun Jahre später gab es in der BRD noch immer keine einzige Lehrstuhlinhaberin.

Frauenförderung

Schon der Einstieg in die wissenschaftliche Karriere ist hürdenreich, und je höher es hinaufgeht, desto dünner wird die Luft: 1994 waren in Deutschland 28 Prozent der Promovierenden weiblich, bei den Habilitationen schrumpfte ihr Anteil schon auf zehn Prozent, und nur etwa jeder 16. Lehrstuhl ist in Frauenhand.

Seit 1990 stellt das »Hochschulsonderprogramm II« des Bundes finanzielle Mittel bereit, die den Frauenanteil in Lehre und Forschung auf Dauer erhöhen soll. Das Hochschulrahmengesetz von 1989 verpflichtet die Hochschulen, die für Wissenschaftlerinnen bestehenden Nachteile zu beseitigen. Um die gesetzlich festgeschriebene Frauenförderung voranzutreiben, wurde an den Universitäten und Fachhochschulen das Amt der Frauenbeauftragten eingerichtet. Diese haben nun das Recht, an den Berufungskommissionen teilzunehmen und die Stellenbesetzungen zu beeinflussen. Doch diesem Ziel steht die deutsche Familienpolitik entgegen: Die notwendige Qualifikation für die Bewerbung um eine Professur findet immer etwa bis zum 35. Lebensjahr statt – einem Lebensabschnitt, in dem die Frauen ihre ersten Kinder bekommen. Wenn sie dann den Schreibtisch zum Wickeltisch umfunktionieren, verlieren sie Zeit, wissenschaftliche Beziehungen und den aktuellen Wissensstand. 1996 wurde die Fortsetzung der Frauenförderung für die Zeit nach der 2000 im Hochschul-Sonderprogramm III verankert.

Zum Beispiel: Nordrhein-Westfalen

Netzwerk Frauenforschung: Ein spezielles NRW-Programm, das die Forschung über frauenrelevante Themen fördert. Dafür wurden 38 Professuren für Frauenforschung (▷ Seite 193) eingerichtet. Das Spektrum dieser Netzwerkprofessuren reicht von der Medizin über die Geisteswissenschaften und die Naturwissenschaften zur Betriebswirtschaftslehre und zur Rechtswissenschaft.

Lise-Meitner-Stipendium: Ein 1991 eingerichtetes Programm für Frauen, aus dem pro Jahr rund 20 Habilitationsstipendien an qualifizierte Wissenschaftlerinnen vergeben werden.

Wiedereinstiegsstipendien: Das Angebot richtet sich, zusammen mit Werkverträgen, an Frauen, die nach der Familienpause ihre wissenschaftliche Arbeit wieder aufnehmen wollen. Voraussetzung ist die Promotion.

Studiengänge studieren, die das Wissen verschiedener Gebiete miteinander verbinden, wie zum Beispiel chemische Prozeß- und Umwelttechnologie oder Lebensmitteltechnik.

Einzelne Fachhochschulen in Berlin, Niedersachsen und Nordrhein-Westfalen bieten ein »Studium im Praxisverbund« an. Bei der kooperativen Ingenieursausbildung läßt sich eine betriebliche Ausbildung mit einem Studium verbinden, was meist zu zwei selbständigen Berufsabschlüssen führt: der Industrie- und Handelskammerprüfung sowie dem Fachhochschuldiplom.

An der Fachhochschule für Wirtschaft in Berlin können Frauen einen praxisorientierten Studienschwerpunkt »Frauen und Wirtschaft« wählen.

Berufschancen

Die Verdienstchancen von FachhochschulabsolventInnen hängen – genau wie beim Universitätsstudium – sehr vom gewählten Studienfach ab. Sie werden für den gleichen Job oft schlechter bezahlt als UniversitätsabgängerInnen, aber manchmal gerade deshalb bevorzugt eingestellt.

TIP

Schnupperuni

An manchen Hochschulen können Mädchen technische Fächer probeweise kennenlernen. Zum Beispiel bietet die Universität Bochum eine Woche Elektrotechnik an, die Gesamthochschule Duisburg hat eine Sommeruniversität, die Frauen in technischen Studiengängen fördern möchte, und die »Schnupperuni Dortmund« ermöglicht es Schülerinnen, in den Sommerferien die Studiengänge Chemie, Statistik, Physik und Maschinenbau kennenzulernen.

Informationen sind bei den Frauenbeauftragten der Universität oder Fachhochschule zu erfragen.

FachhochschulabsolventInnen, die promovieren wollen, müssen zusätzlich meist vorher ein Universitätsdiplom erwerben. Dabei wird die an einer Fachhochschule verbrachte Studienzeit teilweise angerechnet.

Voraussetzung für eine Fachhochschulprofessur ist neben der Promotion eine fünfjährige berufliche Praxis, davon mindestens drei Jahre außerhalb der Hochschule.

Zugangsvoraussetzungen

Voraussetzung für den Zugang zur Fachhochschule ist das Abitur oder die Fachhochschulreife, die mit dem Abschluß einer Fachoberschule nach zwölf Schuljahren erworben werden kann. Vor Studienbeginn muß häufig ein berufsorientiertes Vorpraktikum von sechs Wochen bis zu 12 Monaten Dauer absolviert werden. Bei der Suche nach Praktikumsstellen sind die Fachhochschulen und die Arbeitsämter behilflich.

Für Berufstätige ohne Fachhochschulzugangsberechtigung sind unter bestimmten Voraussetzungen Berufsaufbaustudien möglich, wie zum Beispiel für Krankenpflegekräfte mit Weiterbildung ein Studium im noch jungen Fach »Pflegewissenschaft«. Für Studiengänge im Sozialbereich ist manchmal die Anrechnung von Familienarbeitszeiten möglich. Eine abgeschlossene Berufsausbildung ersetzt meist das Vorpraktikum.

Informationen zum Bewerbungs- und Zulassungsverfahren gibt es bei den Studienberatungsstellen der Fachhochschulen und der Zentralen Vergabestelle für Studienplätze.

KONTAKT

Zentrale Vergabestelle für Studienplätze (ZVS)
Sonnenstraße 171, 44137 Dortmund
Tel.: 0231/10 81-0, Fax 0231/1 08 12 27

Hochschulalltag

Aus der Sicherheit der gymnasialen Oberstufe und/oder der Berufsschule hinein in die Massenuniversität: Ein großer Sprung, denn selbständig zu lernen, wissenschaftlich zu arbeiten und das Studium zielgerichtet zu organisieren, müssen die Neulinge erst lernen. Orientierungslosigkeit und überhöhte Erwartungen wechseln sich ab mit Erfolgen und der Freude am Neuen. Wohl der jungen Studentin, die Vereinzelung, Prüfungsangst, Unsicherheiten und finanzielle Not nicht als individuelles Schicksal betrachtet, sondern weiß, daß sie in der Struktur der Hochschule wurzeln. Mit diesen Problemen plagen sich alle Studierenden ab. Ohne die Unterstützung von KommilitonInnen und FreundInnen ist die Zielgerade des Examens kaum zu erreichen. Doch im Arbeitskreis mit KollegInnen wird selbst die anstrengendste Paukerei erträglich. Bei gravierenden Schwierigkeiten kann auch die jeweilige Beratungsstelle weiterhelfen.

Solidarität

Wie in jeder Institution wird auch in der Universität und Fachhochschule spürbar, was offene und versteckte Diskriminierung heißen kann: Männliche Kollegen werden bevorzugt gefördert und besser informiert; sie bekommen schneller eine Stelle als Hilfskraft; sie werden als gern gesehene Mitarbeiter an Studien beteiligt und ergattern nach dem Examen eine der raren Assistenzstellen. Diese unzähligen kleinen und größeren Hilfsjobs im wissenschaftlichen Betrieb sind das erste Sprungbrett zur wissenschaftlichen Karriere, in dem sich die männlichen Studenten meist relativ erfolgreich ihren Platz sichern können. Zusätzlich kostet es die Frauen Nerven zu merken, wieviel Aufmerksamkeit den Diskussionsinhalten männlicher Kollegen zuteil wird und wie sich der Redestil an ihnen orientiert.

In dieser Konkurrenzsituation hilft oft nur die Solidarität der Studentinnen untereinander, im Kontakt mit der Frauenbeauftragten und den Frauengruppen an der jeweiligen Hochschule. Mit gleichgesinnten Kommilitoninnen Alternativen in die Diskussion zu bringen, zum Beispiel den frauenspezifischen Aspekt eines Themas, stärkt die innere Kraft. Diese Kraft kann auch später noch ermutigen, sich durchzusetzen. Im gegenseitigen Austausch lassen sich zudem engagierte BetreuerInnen von Abschlußarbeiten und Promotionen finden und vielleicht auch PrüferInnen, die sich selbst für Frauenforschung interessieren (▷ Frauenforschung, Seite 193; ▷ Frauenförderung, Seite 195).

Engagement lohnt sich

Überfüllte Hörsäle, schlecht vorbereitete ProfessorInnen, steigende Leistungsanforderungen bei gleichzeitiger Kürzung der »Regelstudienzeiten«, die Androhung von Studiengebühren, und zu knapp bemessenes BAföG: Gegen schlechte Studienbedingungen läßt sich nur gemeinsam mit anderen Studierenden etwas erreichen. Wichtig ist die Arbeit in den Gremi-

Frauenpolitik an der Uni

Die Formen, in denen sich Frauen an den Hochschulen politisch organisieren, sind sehr unterschiedlich: Studentische Selbstverwaltung, eigene Frauenorganisationen, Frauenrat, Frauen- und Lesbengruppe. Viele Unis haben einen Frauenraum oder ein Frauenbüro. Die Anliegen sind immer ähnlich: Die Frauenforschung soll vorangetrieben werden, zum Beispiel indem die Studentinnen versuchen, die Bestellung von Gastprofessorinnen zu beeinflussen. Gleichzeitig soll die eigene Position gestärkt werden: Je nach finanziellen und personellen Möglichkeiten und nach politischem Willen werden Frauenseminare angeboten, zum Beispiel Rhetorik-, Selbstbehauptungs- oder Selbstverteidigungskurse, aber auch Ringvorlesungen zu speziellen Frauenthemen oder Frauenhochschultage.

en bzw. Ausschüssen, wo Studierende zusammen mit VertreterInnen aus der Professorenschaft, mit wissenschaftlichen und nichtwissenschaftlichen MitarbeiterInnen an einem Tisch zusammenkommen.

Außerdem gibt es überall die studentische Selbstverwaltung, den Allgemeinen Studierenden-Ausschuß (= AStA), diverse Listen und Parteien, autonome Gruppen und Fachschaftsräte. Das politische Engagement kostet zwar Zeit, kann aber auch Verdienst ermöglichen und ist eine gute Übung für das spätere Berufsleben.

- Sie erkennen, artikulieren und vertreten die eigenen Interessen und üben freies Reden ebenso wie die Auseinandersetzung in Diskussionen.
- Sie durchschauen politische Zusammenhänge besser und üben, wie Sie in der Politik Einfluß gewinnen können. Sie erfahren, was Netzwerkarbeit und Seilschaften möglich machen.
- Sie beschäftigen sich mit Themen, Gedanken und Ideen, die über die Studieninhalte hinausgehen.
- Sie verbessern die eigene Situation konkret, zum Beispiel indem Sie eine Arbeitsgruppe mit anderen Studentinnen in einem »frauenuntypischen« Studiengang gründen.
- Sie erfahren, wie man mit engagierten Leuten, die ähnliche Interessen vertreten, gemeinsam etwas durchsetzt.
- Das BAföG-Amt akzeptiert Gremientätigkeit als Grund für ein verlängertes Studium, so daß die Zahlungen entsprechend länger gewährt werden.

Kosten

Zwei Drittel aller Studierenden müssen regelmäßig neben ihrem Studium Geld verdienen, vor allem jene, die mit BAföG über die Runden zu kommen versuchen. Mitte der 90er Jahre lag der – selten gewährte – BAföG-Höchstsatz bei etwas über 900 DM, eine Finanzdecke, mit der die Lebenshaltungskosten und das Studienmaterial, Bücher oder Geräte kaum zu finanzieren sind.

BAföG

Das Bundesausbildungsförderungsgesetz (= BAföG) soll Studierende, deren Eltern oder Ehepartner das Studium nicht bezahlen können, und deren eigene Einkünfte nicht ausreichen, regelmäßig finanziell unterstützen. Wer in welcher Höhe darauf Anspruch hat, klärt das BAföG-Amt jeweils individuell, denn die Förderung berechnet sich nach dem Einkommen der Eltern beziehungsweise nach dem des Lebenspartners. Außerdem gibt es Sonderregelungen zum Beispiel für ein Zweit- oder Zusatzstudium, beim Studienwechsel oder beim Studienzugang über den Zweiten Bildungsweg.

Der Bund gewährt das BAföG-Geld als zinsloses Halbdarlehen, das heißt, die Studierenden müssen die Hälfte des erhaltenen Geldes nach dem Ende des Studiums zurückzahlen. Unter bestimmten Voraussetzungen kann es dann sinnvoll sein, das Geld sofort und auf einen Schlag zurückzuzahlen, weil mit einer Soforttilgung ein Teil der Schuld erlassen wird. Die Stiftung Warentest hat dafür einen Tilgungskompaß für BAföG-RückzahlerInnen erstellt.

Über die BAföG-Voraussetzungen und Rechte informiert meist auch der AStA. Auskunft gibt außerdem das StudentInnenwerk in den einzelnen Hochschulen und das BAföG-Amt.

Jobben

BAföG-EmpfängerInnen dürfen bis zu 19 Stunden pro Woche bezahlte Arbeit leisten. Übersteigt die wöchentliche Arbeitszeit diese Grenze, geht man davon aus, daß ein ordnungsgemäßes Studium nicht mehr möglich ist: Die Förderungsberechtigung geht verloren. Zusätzlich müssen BAföG-EmpfängerInnen darauf achten, daß sie eine bestimmte Verdienstgrenze nicht überschreiten, weil sonst die Förderung eingeschränkt werden kann.

Ideal ist es, wenn die Nebentätigkeit das Studium inhaltlich sinnvoll ergänzt. Doch leider findet sich die Mehrheit der Studentinnen beim Kellnern, Putzen oder in der Altenhilfe wieder (▷ Solidarität,

Seite 197). Trotzdem sollte jede Studentin, die jobben möchte, versuchen, entweder in ihrem zukünftigen Arbeitsbereich eine Stelle zu bekommen oder an der Uni zu bleiben. Da kommen Hilfstätigkeiten wie Literaturrecherche ebenso in Frage wie Tutorentätigkeit, also die Anleitung anderer Studierender. Aber auch die Gremientätigkeiten werden an einigen Universitäten vergütet.

Die meisten Arbeitsämter bieten im Rahmen der Job-Zeitarbeitsvermittlungen einen Studierendenservice an. Hier können die Interessierten mit ihren Fähigkeiten, Wünschen und Fachkenntnissen in eine Vermittlungsdatei aufgenommen werden.

Stipendien

Stipendien werden von Studienwerken vergeben und durch private oder öffentliche Stiftungen finanziert. Mitte der 90er Jahre bekamen rund 1,6 Prozent der Studierenden ein Stipendium – meist allerdings erst nach dem Examen im Rahmen der Begabtenförderung.

StudentInnen oder junge WissenschaftlerInnen, die besondere Leistungen und ein ebensolches Engagement erbringen, sollten ihren klugen Kopf nicht verstecken. An den Hochschulen gibt es VertrauensdozentInnen der einzelnen Stiftungen, an die man sich wenden kann.

Die Adressen der Studienstiftungen sind in Studienberatungsstellen oder aus dem Vorlesungsverzeichnis zu erfahren.

TIP

Studieren mit Kind

- Studierende Eltern bekommen keine höheren BAföG-Zahlungen als Kinderlose. Aber die Erziehung eines Kindes ist für das BAföG ein Grund, die Förderungshöchstdauer zu verlängern.
- Für studierende Eltern gibt es in der Regel keine Sozialhilfe. Aber die Kinder haben Anspruch auf Sozialhilfe.
- In Einzelfällen ist es Alleinerziehenden gelungen, trotz ihres StudentInnenstatus vom Sozialamt den »Mehrbedarf für Alleinerziehende« zu bekommen: Schließlich fallen auch für alleinerziehende Studierende durch ein Kind zusätzliche Kosten an, zum Beispiel für einen Babysitter.
- Schwangeren Studentinnen steht – sofern sie bedürftig sind – als »Hilfe in besonderen Lebenslagen« eine einmalige Unterstützung für Schwangerschaftsbekleidung und Baby-Erstausstattung vom Sozialamt und vom StudentInnenwerk zu.
- Alleinerziehende werden bei der Vergabe von Wohnheimplätzen bevorzugt. Einige Studentenwohnheime sind für ein Wohnen mit Kind ausgestattet.
- Studierende mit Kindern haben Anspruch auf Wohngeld; dies gilt auch, wenn sie BAföG-Zahlungen bekommen.
- Das Kindergeld können Sie bei der Kindergeldkasse des Arbeitsamtes beantragen. Außerdem steht der sogenannte Kindergeldzuschlag denjenigen zu, die die Steuervorteile, die Eltern gewährt werden, nicht nutzen können, weil sie kein eigenes zu versteuerndes Einkommen haben.
- Es besteht Anspruch auf Erziehungsgeld, das vom Zeitpunkt der Geburt an 24 Monate lang gezahlt wird, wenn Eltern oder ein Elternteil das Kind überwiegend selbst betreuen und nicht mehr als 19 Stunden in der Woche arbeiten.
- Beratungen werden häufig an den Hochschulen, aber auch bei Wohlfahrtsverbänden und Kirchen angeboten.

ARBEIT UND BERUF

F.B.

Zeitphasen

Die eigene Biografie nach individuellen Vorstellungen planen und gestalten zu können, war lange Zeit den Männern vorbehalten. Sie konnten durch die bewußte Wahl eines Berufes, durch die Entscheidung für einen bestimmten Arbeitsplatz und Wohnort ihr Leben selbst steuern. Die Frauen bezogen ihre Lebenspläne aus der Bindung an die Pläne ihrer Männer. Wenn der Mann gesellschaftlich aufstieg, partizipierte sie daran; wenn er in eine neue Stadt ziehen wollte, um sich »zu verbessern«, zog sie mit. Diese Situation hat sich inzwischen geändert: Die männlichen Lebensläufe bestimmen nicht mehr so selbstverständlich über die der Frauen. Zumindest phasenweise entwickeln Frauen individuelle biografische Vorstellungen, die sich von denen ihrer Partner durchaus unterscheiden können.

Voraussetzung dafür ist der Zugang der Frauen zum Erwerbsleben und zu qualifizierenden Ausbildungen. Diese ermöglichen es, darüber zu entscheiden, welche Interessen, Fähigkeiten und Wünsche im eigenen Leben Platz finden sollen. Die beruflichen und privaten Perspektiven können abgesteckt werden: Will ich noch in jungen Jahren oder erst später heiraten, Kinder bekommen oder auch nicht, will ich ins Ausland oder im Inland bleiben, will ich viel oder wenig im Beruf arbeiten?

Die Freiheit, das Leben selbst in die Hand zu nehmen, macht aber auch unsicher. Wo keine feste Orientierung vorgegeben ist, wird vieles ausprobiert. Die Biografien verlaufen nicht geradlinig, mit einem klar definierten Ziel, sondern setzen sich aus unterschiedlich akzentuierten Lebensabschnitten zusammen. Die Vorstellungen vom eigenen Leben können sich je nach Alter und biografischer Phase wieder ändern. Wer mit einer Partnerin oder einem Partner zusammenleben will, muß außerdem zwei unterschiedliche »biografische Projekte« in Gleichklang bringen.

HISTORIE

Leere Zeiten

Gefühle quälender Langeweile und Sinnlosigkeit prägten das Lebensgefühl vieler Frauen der gehobenen bürgerlichen Schicht im 19. Jahrhundert. Die gesellschaftlichen Regeln verlangten Zurückhaltung im Haushalt und bei der Kindererziehung. Dafür waren Köchinnen, Näherinnen, Wäscherinnen und Kindermädchen zuständig. Zum Gestalten der eigenen Zeit gab es nur drei Tätigkeitsbereiche: Musizieren, Handarbeiten und Zeichnen.

».... ich besah und durchstöberte alle Papiere in meinem Schreibtisch, ich las weinend die Breslauer Stammbuchblätter durch, brachte meine Kommode, den Kleiderschrank, den Nähtisch in Ordnung – nun war ich fertig und was nun? (...) Müßiges Leben habe ich nie ertragen können, (...) ich wollte nicht still für mich erleiden, was ich nicht ändern konnte und tun, was mir oblag.

Aber das war das Schlimme, es lag mir eben gar nichts ob! Nicht einmal die Wirtschaft hatte ich zu führen (...) Das war eine schlimme Freiheit für mich, und fast hätte ich mich nach meinem alten Stundenplan mit seinem strengen Reglement zurückgesehnt. Ich fing natürlich bald wieder an, zwei Klavierstunden die Woche zu nehmen und eine Stunde täglich zu üben. Ich hatte auch wöchentlich zwei Zeichenstunden, machte gelegentlich verschiedene Versuche, nach der Natur zu zeichnen, aber der Unterricht war schlecht.

Somit begann nun für mich jenes Leben, das die Mädchen in unseren bürgerlichen Familien fast überall führen: Ich konnte tun was ich wünschte, aber ich wußte nicht, was ich mit mir und mit meiner Zeit beginnen sollte. Ich war im Vaterhause, hatte keine Nahrungssorge und keine notwendige Tätigkeit außer den Näharbeiten für die Familie (...) Aber den ganzen Tag nur nähen und stricken und ausbessern, das konnte, sollte und wollte ich nicht.«

aus: Fanny Lewald, Leere Zeiten (1833),
in: Zwischen Abwasch und Verlangen, Zeiterfahrungen von Frauen im 19. und 20. Jahrhundert, München 1995.

Neue Biografien

Das Leben der meisten Frauen verläuft heute nicht linear, sondern gleicht eher einem Fluß, der sich sein eigenes Bett gräbt, mit Schleifen, Seitenarmen, Stromschnellen und Abschnitten, in denen alles stillzustehen scheint. Viele der heute 50jährigen Frauen blicken auf ein buntes Leben zurück, mit Familienzeiten, Zeiten der Erwerbstätigkeit und solchen der Selbstfindung: Reisen, neuen Beziehungen und Liebschaften.

Untersuchungen vom Beginn der 90er Jahre zeigen, daß sich in der Generation der jungen Frauen unterschiedliche Zukunftsmodelle herauskristallisiert haben. Die meisten dieser Modelle sind den heute 50jährigen bestens vertraut: Sie haben sie in ganz verschiedenen Phasen ihrer Biografie selbst erprobt und gelebt.

Doppelte Lebensplanung

Der Versuch einer doppelten Lebensplanung mit Beruf und Familie ist das häufigste Zukunftsmodell junger Frauen. Ausbildung und Erwerbstätigkeit spielen im Selbstverständnis der Befragten, die nach diesem Modell leben wollen, eine große Rolle. Sie sehen den Beruf als einen sehr wichtigen Bereich ihrer Persönlichkeitsentwicklung. Gleichzeitig wünschen sie sich eine Familie und suchen nach Wegen, Erwerbsarbeit und Kindererziehung vereinbaren zu können.

Diese Lebensplanung überläßt nichts dem Zufall: Kinder sind erwünscht, aber erst dann, wenn die eigene berufliche Position oder Qualifikation abgesichert ist. Nach der Familienphase, die bis zum Kindergartenalter des jüngsten von zwei Kindern dauert, planen die Frauen ihren Wiedereinstieg ins Erwerbsleben – allerdings nur in einem Teilzeitmodell. Sie sehen sich selbst als zuständig für die Familienarbeit, ihren Mann als Helfer. Er ernährt die Familie, sie verdient dazu.

Der Beruf im Zentrum

Im zweiten Lebensplanungs-Typus stellen die Frauen den Wunsch nach materieller und sozialer Unabhängigkeit in den Mittelpunkt ihrer Zukunftsvorstellungen. Sie sehen sich lebenslang und kontinuierlich im Arbeitsleben stehend, mit dem Ziel des beruflichen Aufstiegs und einem Einkommen, das ihre Unabhängigkeit sichert. Auffallend ist, daß die jungen Frauen mit einem solchen Zukunfsmodell im privaten Bereich Festlegungen vermeiden. Sie betonen, daß sie keine Kinder haben wollen, oder sie versuchen sich Optionen offenzulassen. Partnerschaften sind zwar wichtig, aber sie werden eher auf Distanz gehalten, zum Beispiel, indem man in getrennten Wohnungen lebt. Die Beziehungen bleiben lose, um sich flexibel den Anforderungen des Arbeitsplatzes und der Erwerbsarbeit anpassen zu können. In keinem anderen Typus von Lebensplanung gibt es bei Frauen eine so klare und eindeutige Karrierevorstellung.

Individualisierte Lebensplanung

Bei diesem Typus steht die Individualität im Mittelpunkt. Junge Frauen mit diesem Zukunftsmodell wollen sich vor allem selbst entwickeln und selbstbestimmt handeln. Eine einseitige Festlegung auf Erwerbsarbeit empfinden sie ebenso als Selbstbeschränkung wie die Festlegung auf eine Familie. Die Rolle der Hausfrau und Mutter sehen sie auf Dauer als Hemmschuh für die eigene Entwicklung.

In diesem Modell sind Kinder keine Selbstverständlichkeit, sondern eine Möglichkeit, die sehr bewußt gewählt werden sollte. Wer Kinder haben will, sollte sich gründlich mit den Motiven auseinandersetzen, die jeweiligen Lebensumstände berücksichtigen und sich mit dem Partner einigen. Es gibt keine Vorbilder, jeder Abschnitt wird selbst gestaltet. Die einzige »Norm« des individualisierten Lebensentwurfs besteht darin, daß jede für die eigene Entwicklung in vollem Umfang selbst verantwortlich ist.

Die Familie im Zentrum

Schließlich gibt es noch das biografische Modell, *ausschließlich* als Mutter und Hausfrau leben und arbeiten zu wollen. Die meisten jungen Frauen, die sich dies wünschen, haben die Vorstellung, daß Berufstätigkeit Männersache und Familienarbeit den Frauen vorbehalten ist. Diese Arbeitsteilung empfinden sie als »natürlich« vorgegeben, sie sehen die beiden Geschlechter als komplementäre – sich ergänzende – Wesen. Die Trennung der Verantwortungsbereiche von Frauen und Männern bewerten sie als sinnvoll und notwendig.

Der Mann scheint ihnen auf Grund seiner Biologie für das Leben »draußen« geschaffen, die Identität der Frau dagegen im »inneren«, privaten Raum ruhend. Nach diesem traditionellen Denkmodell gilt weibliche Erwerbstätigkeit als »unnatürlich« und widerspricht der Lebensaufgabe der Frauen, die sie *nur* in der Familie erfüllen können.

Hausarbeit

Hausarbeit bedeutet: Verwaltung des Familieneinkommens, Kindererziehung und Kinderförderung, Krankenpflege, Gartenarbeit, Wäschepflege, Kochen und Putzen, Pflege von Haustieren und Zimmerpflanzen, Betreuen von Gästen, Einkaufen und Vorratshaltung, Gestalten der Wohnung und Handarbeiten.

Die Vielfalt der Aufgaben einer Hausfrau empfinden Frauen, die gerne *ausschließlich* im Haushalt ar-

LITERATUR

Ulrich Beck und Elisabeth Beck-Gernsheim
Riskante Freiheiten.
Individualisierung in modernen Gesellschaften
Suhrkamp, Frankfurt, 1994. DM 29,80

beiten, als größten Vorzug ihrer Arbeit. Sie schätzen folgende Aspekte der Hausarbeit:

• Haus- und Familienarbeit erlaubt Kreativität und Individualität. In keinem anderen Lebensbereich sind Frauen so bestimmend wie im eigenen Haus: Sie prägen durch die Wahl der Möbel, Stoffe und Farben, der Ausstattung und Dekoration die Atmosphäre innerhalb der Familie. Sie beeinflussen die ästhetische Wahrnehmung ihres Partners und die der Kinder durch die Wahl der Bilder und bestimmter Kleidung – und Frauen prägen den Geschmack der Generationen durch die Art ihres Kochens.

• Hausfrauen können weitgehend selbst bestimmen, welche Arbeiten sie wann erledigen. Sie können je nach Wetter oder Stimmung das Wäschewaschen und Bügeln von Montag auf Dienstag verschieben und stattdessen – weil am Montag die Sonne scheint – die Gartenarbeit machen. Bleibt das Wetter schön, wird am Nachmittag, gemeinsam mit den Kindern, der Wochenmarkt besucht.

• Die hohe Zeitsouveränität im Haushalt verlangt Organisationstalent. Neben der Freiheit, bestimmte Stunden selbst einzuteilen, gibt es starre Strukturen, die von außen in das Familienleben hineinwirken: die Arbeitszeiten des Partners, die Stundenpläne der Kinder, die Öffnungszeiten von Geschäften und öffentlichen Einrichtungen. Taktgeber sind auch die gemeinsamen Mahlzeiten.

• Haus- und Familienarbeit erlaubt die Mischung von Tätigkeiten, die unterschiedliche Anforderungen an Intellekt und Körperkraft stellen. Es ist möglich, zwischen körperlich leichter und körperlich schwerer, zwischen kreativer und anspruchsloser Arbeit zu wechseln. Durch eine geschickte Organisation können einseitige Belastungen weitgehend vermieden werden.

KONTAKT

Deutscher Hausfrauen-Bund e.V.
Coburger Straße 19, 53113 Bonn
Tel.: 0228/23 77 99, Fax.: 0228/23 88 58

Deutsche Hausfrauengewerkschaft e.V.
Querbrakenring 26, 38442 Wolfsburg
Tel.: 05361/7 42 55, Fax.: 05361/77 19 58

Berufsverband Hauswirtschaftlicher Fach- und Führungskräfte e.V
Römmelesweg 8, 71394 Kernen
Tel.: 07151/4 37 70, Fax.: 07151/4 76 25

Risiken der Hausfrauenarbeit

• Für das familienzentrierte Modell ist eine geglückte Partnerschaft von existentieller Bedeutung. Nur über die Anerkennung und Aufmerksamkeit des Partners kann die Identität als Hausfrau und Mutter emotional und sozial abgesichert werden. Fehlt die Bestätigung durch den Partner, wird der Lebensentwurf sehr rasch als gescheitert empfunden (▷ Depression, Seite 614, ▷ Befindlichkeitsstörungen, Seite 608).

• Die Möglichkeit, die Arbeitszeit im Haushalt frei einzuteilen, nimmt mit der Anzahl der Kinder und der versorgungsbedürftigen Personen im Haus kontinuierlich ab. Für Mütter, die mehr als zwei Kinder betreuen, wird die Familienarbeit samt aller dazugehörigen Organisation zum Rund-um-die-Uhr-Job. Sie haben meist jahrelang keine »eigene« Zeit (▷ Mutter Sein, Seite 305).

• Wer die eigene Identität ausschließlich mit dem Gedeihen der Kinder verbindet, empfindet Mißerfolge des Nachwuchses sehr schnell als persönliches Versagen. Dann glaubt die Mutter, ihr Sohn habe nicht deswegen schlechte Zensuren, weil er zuwenig gelernt hat, sondern weil sie nicht aufmerksam genug war. Dieses Gefühl, für alles und jeden verantwortlich zu sein, kann an der eigenen Substanz zehren (▷ Wohlbefinden, Seite 603).

• Mütter und Hausfrauen, die sich ausschließlich am familienzentrierten Modell orientieren, sind sozial gefährdet. Wenn die Partnerschaft scheitert und es zur Scheidung (▷ Seite 99) kommt, fehlt es den Frauen an Berufserfahrung wie an Sozialversicherungszeiten (▷ Gesetzliche Altersversorgung, Seite 436), und sie finden nur schwer einen geeigneten Arbeitsplatz (▷ Wiedereinstieg in den Beruf, Seite 182).

Haus- und Erwerbsarbeit

Unabhängig davon, welches Lebensmodell eine Frau anstrebt, wird sie mit hoher Wahrscheinlichkeit immer auch im Haushalt arbeiten. Daran zeigt sich deutlich, daß der Begriff Hausfrau höchst irreführend ist, denn fast jede Erwerbstätige ist auch Hausfrau und Mutter.

Lange Zeit schien es so, als ob die Technik im Haushalt zu mehr Freizeit für die Frauen führen könnte. Tatsächlich entlasten Waschmaschinen, Trockner, komfortable Heizungen, moderne Reinigungsmittel und Staubsauger von schwerer körperlicher Arbeit. Dennoch ist die aufgewendete Zeit im Haushalt nicht wesentlich gesunken, weil die modernen Lebensumstände eine Vielzahl an Organisationsarbeiten erfordern, die heute einen großen Teil der Hausarbeit ausmachen (▷ Zusammenfügen, was auseinanderstrebt).

Zeitverwendung

Untersuchungen des Statistischen Bundesamtes kamen 1994 zu dem Schluß, daß Frauen und Männer in Deutschland während einer normalen Woche durchschnittlich etwa 50 Stunden arbeiten. Davon werden knapp 28 Stunden unbezahlt, und gut 22 Stunden bezahlt gearbeitet.

Frauen leisten mit 35 Stunden pro Woche deutlich mehr unbezahlte Arbeit als die Männer mit knapp 20 Stunden. Bei der Erwerbsarbeit, zu der auch die Arbeitssuche und Wegezeiten gerechnet werden, kehrt sich das Verhältnis nahezu um. Frauen sind durchschnittlich etwa 15 Stunden im Beruf tätig, Männer etwa 30 Stunden.

Von den unbezahlten Arbeiten nehmen die hauswirtschaftlichen Aktivitäten mit 76 Prozent die meiste Zeit in Anspruch. Kochen, Spülen und Putzen zählen zu den aufwendigsten Arbeiten. Handwerkliche Aktivitäten wie Wohnungsrenovierung oder Autoreparatur machen nur einen geringen Anteil aus.

Zu Lasten der Frauen

Berufstätige Ehefrauen wenden für die Betreuung kleiner Kinder fast doppelt so viel Zeit auf als die berufstätigen Väter, nämlich über zwei Stunden täglich. Insgesamt arbeiten Frauen je nach Zahl der Kinder und der Einbindung ins Erwerbsleben etwa 1,5 bis 5,5 Stunden mehr im Haushalt als Männer. Auffallend ist, daß die Männer ihre Mitarbeit im Haushalt keineswegs steigern, wenn Kinder zu betreuen sind – drei Stunden scheint das Maß aller Dinge, unabhängig davon, wie die Familienstruktur aussieht.

Zusammenfügen, was auseinanderstrebt

Moderne Familienarbeit unterscheidet sich grundsätzlich von der vergangener Generationen. Jedes einzelne Familienmitglied hat heute einen eigenen, von dem der anderen verschiedenen Tages- und Wochenplan. Die gemeinsame Lebensführung als Familie ergibt sich nicht mehr von alleine.

Um regelmäßig als Gemeinschaft zusammentreffen zu können, müssen die verschiedenen Termine

Bezahlt und unbezahlt

	Frauen	Männer
Bezahlte Arbeit in einer Woche	15,1 Std.	30,7 Std.
Unbezahlte Arbeit in einer Woche	35,0 Std.	19,5 Std.

Statistisches Bundesamt, Wiesbaden 1994

und Rhythmen aufeinander abgestimmt und der Alltag entsprechend organisiert werden. Gemeinsames (▷ Seite 74) und auch Eigenes (▷ Seite 75) soll in eine Balance kommen.

An dem Kunststück, tagtäglich neu gemeinsames Leben zu ermöglichen, arbeiten vor allem Frauen, unabhängig davon, ob sie erwerbstätig sind oder nicht. Schon für die Hausfrau ist die Zusammenführung der verschiedenen Zeiten der Familienmitglieder ein Balanceakt, der nur wenig Luft zum Atmen läßt. Zum Beispiel: Das kleinste Kind soll kurz nach elf von der Tagesmutter abgeholt werden, die größere Tochter wartet um zwölf vor der Schule, der Sohn kommt mit dem Fahrrad um eins vom Sportunterricht. Spätestens jetzt wird das Mittagessen zum zweiten Mal erwärmt – es köchelt seit halb elf auf dem Herd. Die Kleinere wird gegen zwei Uhr müde und möchte schlafen, zur gleichen Zeit ist der Termin zur Zahnspangenkontrolle für die beiden Größeren angesetzt. Alle drei wollen vorher noch Mutters offenes Ohr, um über den eigenen Tag zu berichten. Zwischen kurz nach zehn und fünfzehn Uhr gibt es für sie keine einzige Pause zum Luftholen.

Atemlos organisieren

Erwerbstätige Frauen stehen Woche für Woche vor der Frage, wie sie die eigene Berufsarbeit und die des Partners, die Hausarbeit und die nötigen Behördenwege, die Sport- und Nachhilfestunden der Kinder sowie die eigenen Hobbys unter einen Hut bringen.

Arbeitsteilung in Haushalt und Familie

Im Haushalt und in der Familienarbeit	Frauen Std./Tag	Männer Std./Tag
Ohne Kind, beide erwerbstätig	4:54	2:49
Mit Kindern, Mann erwerbstätig, Frau im Haushalt	8:27	2:55
Mit Kindern, beide erwerbstätig	5:33	2:55

Statistisches Bundesamt, Wiesbaden 1994

Wie wichtig und zeitaufwendig die Koordination der unterschiedlichen Aktivitäten der Familienmitglieder ist, zeigt die Untersuchung der Fahrdienste, die für den Nachwuchs organisiert werden: Bei jüngeren Kindern investieren die Mütter bis zu elf Prozent der gesamten Betreuungszeit nur für das Hinbringen und Abholen vom Kindergarten, der Schule und den FreundInnen. Väter beteiligen sich an diesen Aufgaben gar nicht oder nur selten.

Am Wochenende arbeiten

Die Logistik der gemeinsamen Lebensführung wird immer komplizierter – zum Beispiel auch durch die Zunahme von Wochenend- und Schichtarbeit, von Überstunden, Arbeit auf Abruf und flexiblen Arbeitszeiten. Der Rhythmus, nach dem in der Familie gearbeitet wird, ist weitgehend durch die Erwerbstätigkeit vorgegeben und gewährt nur wenig eigene Gestaltungsmöglichkeiten.

Erwerbstätige Frauen puffern unter dem Einsatz aller Energien das ab, was an Reibungsverlusten durch den asynchronen Alltag der einzelnen Familienmitglieder entsteht. Nach Angaben des Statistischen Bundesamtes verschieben erwerbstätige Mütter schließlich den Haushalt auf das Wochenende – obwohl dieses der Entspannung und dem Ausgleich dienen sollte. Über sieben Stunden arbeiten vollerwerbstätige Mütter im Durchschnitt am Samstag und nochmal weit über fünf Stunden am Sonntag: Alles für die Familie – Zeit für »Eigenes« (▷ Seite 75) bleibt dabei nicht.

Alles gleichzeitig

Während der Woche prägt das Prinzip der Gleichzeitigkeit das Leben erwerbstätiger Mütter. Die Kunst ihrer Koordination liegt darin, Berufs- und Haushaltsdinge »parallel« zu erledigen und immer dafür zu sorgen, daß ein Rad ins nächste greift. Kein Weg wird mit leeren Händen gemacht und jede Tätigkeit wird von einer zweiten begleitet – alles, bis in den letzten Handgriff, ist überlegt und organisiert:

• Auf der Fahrt zur Arbeit wird kurz angehalten, um Jacken in die Reinigung zu bringen, im Gemüseladen gegenüber wird schnell fürs Abendessen eingekauft;
• während der Mittagspause soll die Klassenlehrerin des Ältesten angerufen werden; auch die Reinigungsfrau wird informiert, daß morgen ein Berg Bügelwäsche auf sie wartet;
• auf dem Nachhauseweg werden die längst reparierten Schuhe vom Schuhmacher geholt und die Rezepte des Kinderarztes eingelöst;
• um fünf Uhr wartet die Kleinste vor der Schwimmhalle darauf, von der Mutter abgeholt zu werden;
• zu Hause wird die Waschmaschine gefüllt, während bereits das Abendessen auf dem Herd steht; beim Salatabwaschen fragt die Mutter Vokabeln ab;
• um sieben Uhr treffen sich alle Familienmitglieder zum Abendessen.

Das, was Frauen durch ihr »gleichzeitiges Arbeiten« leisten, läßt sich kaum in Zeitverwendungstabellen aufschlüsseln. Wegezeiten, Haus- und Kinderbetreuungsarbeit sind zu eng miteinander verwoben.

Hausarbeit reduzieren

Erwerbstätige Frauen entwickeln unterschiedlichste Techniken, um die Haushaltsarbeit zu reduzieren. Oft wird eine Reinigungskraft zur Unterstützung ins Haus geholt, Handarbeiten werden in Änderungsschneidereien verlagert, der Aufwand für das tägliche Abendessen durch eine »kalte« Küche reduziert.

Erfahrungsgemäß wird Hausarbeit einfacher, wenn die unterschiedlichen Arbeiten nicht über die Woche verteilt, sondern paketweise gebündelt werden – zum Beispiel an einem bis zwei fest eingeplanten Einkaufs- und Putztagen pro Woche, an einem festen Besorgungstag im Monat, für Behördengänge, Arzt- und Bankbesuche oder ähnliches.

Als Prinzip gilt den meisten: Nicht so viel Sauberkeit wie möglich, sondern so viel Hygiene wie nötig. Erwerbstätige Mütter bitten auch ihre größeren Kinder um Mithilfe, die kleine, klar umschriebene Aufgaben eigenverantwortlich übernehmen können.

HISTORIE

Schneller und rentabler?

In den 20er Jahren entstand die Idee, Hausarbeit nach industriellen Grundsätzen und Maßstäben zu organisieren. Aus der Industrie wußte man, daß sich die Produktivität steigern läßt, wenn man jede Arbeit in Detailschritte zerlegt und dann möglichst planvoll wieder zusammensetzt. Nach diesem Prinzip funktioniert die Fließbandarbeit, und nun sollte es auch für den Haushalt gelten: Besser, einfacher, schneller und rentabler.
Die AmerikanerInnen machten den Anfang. Sie entwickelten ein genaues Programm, an das sich »wissenschaftlich arbeitende Hausfrauen« halten sollten. Darin wurde der Tag an Hand von Zeitstudien streng und bis in die kleinsten Details durchgeplant. Obwohl auch genügend Zeit für unvorhergesehene Unterbrechungen, Besuche und ähnliches berücksichtigt wurde, mutet die peinlich genau aufgestellte Zeittabelle wie die Akkordtafel in einer Fabrik an. Einige Rechenbeispiele:

Kind baden	15 Minuten
Badezimmer reinigen	20 Minuten
5 kleine Zimmer abstauben	30 Minuten
Silber polieren	10 Minuten

Frauen, die für ihren eigenen Haushalt unter Umständen ein ähnlich starres Korsett entwerfen, bringen sich um einen der wichtigsten Vorteile von Hausarbeit: Die Chance, wenigstens in einem gewissen Maß nach dem eigenen Rhythmus und den eigenen Bedürfnissen arbeiten zu können.

LITERATUR

Martina Kessel
Zwischen Abwasch und Verlangen. Zeiterfahrungen von Frauen im 19. und 20. Jahrhundert
Beck'sche Reihe, München 1995, 19,80 DM

Als Mensch mögen Sie ja ganz in Ordnung sein! Aber als mein zukünftiger Chef erscheinen Sie mir gänzlich ungeeignet…
F.B.

Arbeitswelt

Noch nie waren in Deutschland so viele Frauen berufstätig wie heute: 41 Prozent der weiblichen Bevölkerung im erwerbsfähigen Alter stehen im Berufsleben, das sind etwa 15 Millionen Frauen. Nach Schätzungen der Internationalen Arbeitsorganisation (IAO) in Genf wird dieser Anteil kontinuierlich weiterwachsen, auf etwa 50 Prozent aller Frauen. Dann hätten sie in etwa mit den Männern gleichgezogen, die in Deutschland auf eine Erwerbstätigenquote von rund 58 Prozent kommen.

Diese Entwicklung hat jedoch keine entsprechenden Fortschritte beim Einkommen oder bei den beruflichen Aufstiegsmöglichkeiten gebracht. Wie in den 70er Jahren arbeitet die Mehrheit der Frauen noch immer in den schlecht entlohnten Branchen und unteren betrieblichen Bereichen. Die Lohndifferenzen haben sich – der EU-Gesetzgebung zum Trotz – praktisch nicht verringert.

Dennoch werden Veränderungen spürbar, die sich auf die Lebenspläne der kommenden Generationen auswirken. Bis zum Beginn der 80er Jahre galt für Frauen ein Drei-Phasen-Modell, das zum emanzipatorischen Leitbild der Nachkriegsgeneration erhoben worden war: In der ersten Phase sollten sich die Frauen beruflich orientieren, in der zweiten sollten sie ihrer Familie zur Verfügung stehen und in der dritten wieder ins Berufsleben zurückkehren.

Heute verkürzen die Arbeitnehmerinnen die Phase der Familienarbeit deutlich. Kaum eine beruflich gut qualifizierte Frau will zehn oder fünfzehn Jahre »aussteigen«, wohl wissend, daß sie danach kaum noch einen angemessenen Arbeitsplatz finden wird. So wachsen der Druck und die Forderung nach kinderfreundlichen Arbeitszeiten für *beide* Elternteile. Diese wären – zusammen mit Kindertageseinrichtungen – die wesentlichste Voraussetzung für den endgültigen beruflichen Durchbruch der Frauen.

Arbeit suchen

Den richtigen Beruf zu ergreifen und den passenden Arbeitsplatz zu finden ist für die Lebensgestaltung von elementarer Bedeutung, denn Arbeit und Beruf sind weit mehr als »nur Broterwerb«. Sie sind fester Bestandteil der Identität und der persönlichen Entfaltung, sie knüpfen einen Teil des sozialen Netzes, und sie sind entscheidende Kriterien für soziale Anerkennung.

Frauen, die eine kontinuierliche Berufslaufbahn aufbauen wollen, sollten versuchen, in regelmäßigen Abständen einen Blick in die Zukunft zu werfen (▷ Berufswege, Seite 153):

• Wohin will ich in meinem Berufsfeld: In einen interessanteren Aufgabenbereich, in eine verantwortungsvollere Position, zu einer besseren Bezahlung, in die Selbständigkeit oder in einen neuen Berufszweig (▷ Berufswege, Seite 153; ▷ Der eigene Betrieb, Seite 279)?

• Wie weit bin ich mit der Zukunftsplanung seit meiner letzten Bilanz gekommen? Brauche ich zusätzliche Qualifikationen und Kenntnisse (▷ Weiterbildung, Seite 175)?

• Wieviel Engagement will ich für meine weitere berufliche Laufbahn aufbringen, was ist mir dieses Engagement wert, und wie lange will und kann ich es aufrechterhalten? Will ich zum Beispiel eine Abendschule besuchen, Überstunden absolvieren, den Arbeitsplatz, die Abteilung oder die Firma wechseln (▷ Arbeitskonflikte, Seite 235; ▷ Aufstieg planen, Seite 223)?

• Korrigieren Sie das berufliche Konzept, wenn Sie merken, daß es nicht mehr paßt: Vielleicht sind Ihre Pläne an dem Platz, an dem Sie derzeit arbeiten, gar nicht zu realisieren? Es gehört zu jeder langfristigen Berufsplanung, auch innehalten zu können und zu kontrollieren, ob der eingeschlagene Weg noch den eigenen Ideen entspricht. Vielleicht ist es nötig, Ihre Pläne zu modifizieren?

Ziele festlegen

Der Erfolg einer Berufslaufbahn beginnt bei der Wahl des »richtigen« Arbeitsplatzes (▷ Auf den Betrieb kommt es an, Seite 149). Im Betrieb wird über die Möglichkeiten entschieden, sich weiter zu spezialisieren oder sich höher zu qualifizieren. Wer das Gefühl hat, am »falschen« Platz zu sein, weil dieser keine weiteren Perspektiven eröffnet, sollte sich möglichst rasch neu orientieren.

Am Arbeitsmarkt orientieren

Frauen verhalten sich gegenüber ihren Arbeitgebern und Vorgesetzten meist loyaler als Männer. Weitaus seltener als diese richten Arbeitnehmerinnen den begehrlichen Blick auf ein Unternehmen der Konkurrenz oder auf eine andere Institution (▷ Konkurrenz, Seite 238).

Doch das »Schnuppern« nach interessanteren beruflichen und/oder finanziellen Bedingungen ist eine wesentliche Voraussetzung, um sich beruflich weiterzuentwickeln.

Die Suche nach einem neuen Arbeitsplatz beginnt damit, daß man Informationen über die für den Beruf wichtigen Unternehmen, Institutionen oder Behörden sammelt – regional und überregional. Die Wirtschaftsteile der Tageszeitungen und Wochenmagazine, Fachliteratur und Fachzeitschriften können dabei ebenso hilfreich sein wie die Beratungsangebote der Kammern von Industrie, Handel und Handwerk oder auch private Arbeitsvermittlungsinstitute.

Es gilt, das Gespür für den Arbeitsmarkt in der eigenen Branche zu verfeinern: Wo entstehen neue Projekte oder Ideen? Wo lassen sich große Firmen nieder oder bauen einzelne Abteilungen aus? Welches Unternehmen befindet sich gerade in einem wirtschaftlichen Höhenflug? Welche Behörde strukturiert ihre Abteilungen um und richtet neue Referate ein? Welche Institution verändert ihr Image und gibt sich durch neue Aufgaben ein neues Profil?

Ideen sammeln

Die besten Informationsmöglichkeiten über die berufliche Weiterentwicklung gibt es im eigenen Betrieb – bei den KollegInnen, Vorgesetzten und in der Personalabteilung.

• Interessieren Sie sich für das, was an Neuem im eigenen Unternehmen passiert: Neue Strukturen oder neue Vorgesetzte können das berufliche Umfeld erweitern und unkonventionelle Perspektiven eröffnen.

• Bleiben Sie neugierig auf das, was »draußen« passiert: Was macht die Konkurrenz, was geschieht in anderen Regionen? Was wird in den verwandten Bereichen Ihrer Branche geplant, wo werden Leute gesucht? Die besten Informationen darüber gibt es beim informellen Miteinander auf Kongressen, Messen, bei Weiterbildungsveranstaltungen und auf Tagungen.

• Lesen Sie die Materialien, die Ihnen auf den Schreibtisch flattern, auch im Interesse der eigenen beruflichen Laufbahn. Was gibt es an Ausschreibungen, und wie sind sie formuliert? Welche Qualifikationen werden besonders nachgefragt?

• Wichtig sind die beruflichen und die privaten Kontakte. Auch aus den Hinweisen von Bekannten und FreundInnen ergeben sich wertvolle Tips für die Suche nach einem neuen Arbeitsplatz.

• Vermeiden Sie unter allen Umständen, daß es zu Gerüchten über Ihre berufliche Neuorientierung kommt. Es kann außerordentlich belastend für das Arbeitsklima werden, wenn Vorgesetzte oder Arbeitgeber den Eindruck haben, Sie hätten bereits innerlich gekündigt und warteten nur noch auf den Absprung.

• Kündigen Sie nicht, bevor Sie nicht einen neuen Arbeitsvertrag in der Tasche haben (▷ Kündigung, Seite 263; ▷ Arbeitslos, Seite 269).

Die besseren Chancen

Wo es für Frauen die besten Chancen gibt, ist im Einzelfall schwer vorherzusagen. Während die eine Frau im chemischen Großbetrieb erfolgreich und geschätzt ist, findet die andere in einem mittelgroßen Handwerksbetrieb optimale Arbeitsbedingungen und Perspektiven (▷ Mittelständische Unternehmen, Seite 216). Dennoch verteilen sich die Schwierigkeiten, denen die Arbeitnehmerinnen in ihrer beruflichen Orientierung begegnen, nicht gleichmäßig über alle Betriebe und Institutionen. Arbeitsmarktuntersuchungen zeigen, daß in einigen Branchen und Unternehmen die Arbeitsbedingungen grundsätzlich frauenfreundlicher sind als in anderen.

Im öffentlichen Dienst

Der öffentliche Dienst gilt als Arbeitgeber mit den besten beruflichen Bedingungen für Frauen. In der Personalpolitik der öffentlichen Hand wurde in den letzten Jahren der Wille deutlich, mehr Frauen als früher in den mittleren und höheren Dienst zu berufen. Obwohl in den Ministerien, Ämtern und Behörden die Spitzenpositionen weiterhin von Männern besetzt sind, zeigt sich auf der Ebene der Referats- und Abteilungsleitung, daß Frauen inzwischen auch mit verantwortungs- und anspruchsvollen Arbeiten betraut werden.

Im öffentlichen Dienst ist die Übernahmequote für auszubildende Frauen traditionell hoch, zusätzlich gelten auf fast allen Ebenen Frauenförderpläne und -gesetze (▷ Arbeitsrecht, Seite 247).

Allerdings: Unter dem Druck der knappen Haushalte werden diese Berufsperspektiven für Frauen wieder rar. Fast alle Ministerien, Kommunen und die meisten Anstalten öffentlichen Rechts haben einen Einstellungsstop verfügt bzw. bauen deutlich Arbeitsplätze ab. Zusätzlich schwinden durch die teilweise Privatisierung von Post, Telekom und Bahn die gesetzlichen Einflußmöglichkeiten auf deren Personalpolitik. Je »privater« aber ein Unternehmen in Deutschland ist, um so weniger Anreize hat es, höhere und gut bezahlte Positionen mit qualifizierten Frauen zu besetzen (▷ Wirtschaftspolitik für Frauen, Seite 250; ▷ Entwicklungsland: Deutschland, Seite 251).

Im Handwerk

Das Handwerk gilt als traditionell schwieriges Arbeitsfeld für Frauen, obwohl immerhin bis zu zwanzig Prozent der Frauen dort ihre Lehre absolvieren. Das Risiko jedoch, nach der Ausbildung *nicht* übernommen zu werden, ist im Handwerk deutlich höher, die Aufstiegsmöglichkeiten sind deutlich geringer als im öffentlichen Dienst oder in der Industrie.

Handwerksbetriebe sind meist kleine, traditionelle Unternehmen, die im Schnitt acht Angestellte pro Betrieb beschäftigen. Frauen, die im technisch-gewerblichen Bereich ausgebildet wurden, erfahren dort noch sehr viel Zurückhaltung – und haben als Facharbeiterinnen kaum Beschäftigungschancen. Ausnahmen gibt es dort, wo die Tochter den Betrieb des Vaters übernimmt und zur selbständigen Handwerksmeisterin wird. So leiten Frauen inzwischen eine ganze Reihe von Zimmereien, Schreinereien, Installations- und Sanitärbetrieben.

Frauen, die sich im Handwerk beruflich orientieren wollen, haben in größeren Betrieben deutlich bessere Chancen. Wo es zwanzig und mehr Beschäftigte gibt, eröffnen sich auch attraktivere Jobperspektiven (▷ Mittelständische Unternehmen, Seite 216).

Frauenlöhne – Männerlöhne

Männer verdienen mehr als Frauen, und Angestellte mehr als ArbeiterInnen. Mit jeder neuen Verdiensterhebung bestätigt das Statistische Bundesamt diese Einkommensunterschiede – hier für die alte Bundesrepublik:

- *ArbeiterInnen:* Im Januar 1994 verdiente ein Arbeiter – mit allen Zulagen für Überstunden, Nachtarbeit, Feiertagsarbeit, Gefahren- und Erschwerniszulage, Akkord- und Prämienarbeit – durchschnittlich 3.808 DM brutto im Monat. Seine Kollegin, die Arbeiterin, kam hingegen im Durchschnitt nur auf 2.783 DM – über 1.000 DM weniger.
- *Angestellte:* Männliche Angestellte verdienten im Januar 1994 im Durchschnitt 5.891 DM. Die Kollegin brachte es mit 3.954 DM nur auf knapp zwei Drittel seines Bruttoverdienstes. Dabei sind die Verdienste der Führungskräfte in diesen Durchschnittswerten nicht berücksichtigt.
- *Überall gilt:* Frauen werden durchgängig niedriger eingruppiert als Männer.

Branchenunterschiede 1994

- *Chemische Industrie:* Angestellte Männer erhielten im Durchschnitt 6.592 DM Gehalt, die Kolleginnen verdienten 4.813 DM – etwa ein Drittel weniger.
- *Einzelhandel:* Männliche Angestellte gingen 1994 im Durchschnitt mit 4.574 DM monatlich nach Hause, die Kolleginnen mit 3.215 DM.
- *Hard-Ware-Hersteller:* Männer verdienten als Angestellte im Durchschnitt 7.126 DM, Frauen in der gleichen Branche fast zweitausend DM weniger: Sie erhielten 5.186 DM.
- *Textilindustrie:* Arbeiter verdienten im Durchschnitt 3.292 DM, Arbeiterinnen hatten 2.548 DM in der Lohntüte.

In der Industrie

Die Chance, nach der Ausbildung vom eigenen Betrieb übernommen zu werden, gilt in industriellen Großunternehmen als besonders günstig. Dennoch ist die Zahl der qualifizierten Frauen, die als Facharbeiterinnen im industriellen Kernbereich arbeiten, sehr gering.

Frauen, die dort mit einer technischen Ausbildung vorankommen wollen, brauchen besonders viel Kraft, um sich gegen die Konkurrenz der männlichen Mitbewerber durchsetzen zu können. Wer sich also auf den Weg zur Meisterin machen möchte, ist unter Umständen bei einem mittelständischen Industrieunternehmen besser aufgehoben. Die Hierarchien sind in kleineren Unternehmen übersichtlicher und flacher, das berufliche Weiterkommen daher mit weniger Reibungsverlusten möglich. Zementierte Strukturen, wie sie in den traditionellen Industriekonzernen der Metall- und Chemiebranche häufig zu finden sind, geben Frauen kaum eine Chance.

Erwerbsarbeit mit Hindernissen

Mittelalter

Im frühen Mittelalter waren Frauen, die einen Beruf ausübten, nichts Besonderes. Zwischen dem 13. und 15. Jahrhundert arbeiteten Frauen in so gut wie jedem Bereich, gleich, ob im Handwerk, im Gewerbe oder im Handel, ob als Bäckerin, Schreiberin, Post- oder Zinsmeisterin, als Garn- oder Seidenspinnerin, Wollweberin, Fleischerin oder Schmiedin.

Die Frauen waren selbständig und konnten ihr Geld frei verwalten, investieren und vermehren. Sie waren Mitglieder in den Handwerkszünften, zum Teil gab es auch reine Frauenzünfte, zum Beispiel die der Goldspinnerinnen und der Seidenmacherinnen.

Deutlich schlechter wurde die Situation in Folge von Wirtschaftskrisen im 16. Jahrhundert, als sich der Konkurrenzdruck in den Städten, im Handel und Handwerk verschärfte. Die Frauen wurden mehr und mehr aus den Betrieben und Zünften verdrängt, die Zulassungsbedingungen und Vorschriften zu ihren Ungunsten verschärft. Bald gab es keine Meisterinnen mehr und noch etwas später auch keine Frauen mehr, die im Handwerk oder Handel lernten. Die Verdrängung der Frauen aus dem Erwerbsleben hatte begonnen.

Neuzeit

In den Manufakturen und ersten Fabriken des 18./19. Jahrhunderts entstand eine neue Gruppe erwerbstätiger Menschen: »Freie« LohnarbeiterInnen, die völlig verarmt vom Land in die Industriezonen der Städte zogen und dort für den Erhalt ihrer puren Existenz arbeiteten. Frauen und Kinder wurden mit Hilfstätigkeiten als Billigstarbeitskräfte beschäftigt. Eine qualifizierende Ausbildung gab es für sie grundsätzlich nicht.

Indessen wurden die Frauen der besitzenden Bürgerschichten auf die Bereiche Haushaltsführung und Kindererziehung festgelegt. Auch ihnen wurde eine qualifizierende Berufsausbildung verwehrt, das »wahre« Frauenideal auf Gattin, Mutter und Hausfrau festgelegt. Die eigene Existenz konnte nur noch über einen (Ehe-)Mann gesichert werden.

Es dauerte über hundert Jahre, bis sich die Frauen aus dieser Abhängigkeit zumindest so weit befreiten, daß sie den Zugang zu einigen auserwählten Berufen, zum Beispiel Lehrerin, erhielten.

Erst in den zwanziger Jahren dieses Jahrhunderts wurde auch eine geregelte berufliche Ausbildung für Frauen eingeführt, allerdings gespickt mit »Schutzvorschriften«. Sie dienten dazu, den Zugang zu lukrativen Männerberufen zu versperren. Die Aufteilung des Arbeitsmarktes in den Bereich der schlecht bezahlten Frauenarbeit und in den der besser bezahlten für Männer hat hier seine Wurzeln.

Noch 1950 konnten Beamtinnen, die heirateten, entlassen werden. Was dem Staat recht war, erschien vielen privaten Unternehmern nur billig: Die meisten Frauen mußten, wenn sie arbeiten wollten, einen Arbeitsvertrag unterschreiben, in dem festgelegt war, daß »das Beschäftigungsverhältnis mit dem Tag der Eheschließung endet«. Innerhalb der Ehe durften die Frauen nur arbeiten, wenn »dies mit ihren Pflichten in Ehe und Familie vereinbar« war. 1977 endlich wurde dieser Gesetzespassus im Bürgerlichen Gesetzbuch gestrichen.

Mittelständische Unternehmen

Betriebe mit zwischen 50 und 200 MitarbeiterInnen gelten seit einigen Jahren als eine gute berufliche Orientierungsbasis für Frauen. Der Vorteil liegt darin, daß das Unternehmen überschaubar und die Atmosphäre oft familiär ist – mit allen Vor- und Nachteilen. Die MitarbeiterInnen kennen einander, die innerbetrieblichen Abläufe sind transparent. Fehler werden ebenso schnell deutlich wie Erfolge der einzelnen Beschäftigten, und man weiß bald, wer wofür verantwortlich ist.

Das ist von Vorteil für Frauen, deren Leistungen, Einsatz, Ehrgeiz und Engagement dadurch besser sichtbar werden. Vor allem in strukturschwachen, ländlichen Regionen, wo es an Fachkräften mangelt, honorieren die Arbeitgeber den Einsatz von Facharbeiterinnen und Jungakademikerinnen eher mit guten Positionen, spannenden Arbeiten und entsprechender Bezahlung. Um ihre Mitarbeiterinnen zu halten, sind manche mittelständischen Unternehmen sogar bereit, sich in der Arbeitszeitgestaltung auf Frauen mit Kindern einzustellen (▷ Flexible Arbeitszeiten, Seite 232).

Die Wahl der Branche

Je »weiblicher« ein Beruf, desto geringer das Einkommen. Diese Faustregel gilt seit mehr als 200 Jahren. Dennoch können sich Frauen mit typisch weiblichen Berufen auch im Verdienst verbessern, wenn sie auf die Durchschnittseinkommen in der jeweiligen Branche achten: Die Werbekauffrau in der PR-Abteilung eines Autoherstellers (= Metallbranche) verdient deutlich mehr als die Kollegin in der PR-Abteilung einer Großweberei (= Textilbranche). In der Chemieindustrie verdient man mehr als im Baugewerbe und in der Kommunikationsindustrie mehr als im Bereich Nahrungs- und Genußmittel. Wer also auf der Suche nach einer neuen Arbeit ist, kann durch eine geschickte Wahl der Branche die Höhe des Einkommens beeinflussen (▷ Berufswege, Seite 153).

Arbeit finden

Für jede Arbeitnehmerin ist es wichtig, im eigenen Betrieb zu signalisieren, daß sie ihre berufliche Entwicklung vorantreiben möchte. Zusätzlich sollte sie sich nach außen orientieren, wenn der eigene Betrieb keine Perspektiven bietet.

Sich bewerben

Ein neuer Arbeitsplatz kann über Stellenangebote in der Zeitung oder eine eigene Bewerbung gefunden werden. Auch wenn die angeschriebenen Betriebe aktuell keine Stelle anzubieten haben, gibt es in jeder Personalabteilung eine Kartei mit der Rubrik »Interessante Bewerbungen«. Auf diesen Fundus greift die Firmenleitung unter Umständen zurück, wenn es zu innerbetrieblichen Veränderungen kommt und Stellen neu besetzt werden müssen.

Der Lebenslauf

Keine Bewerbung ohne Lebenslauf. Er kann chronologisch gegliedert oder nach Oberbegriffen aufgebaut sein, zum Beispiel nach »Ausbildung«, »Berufliche Praxis«, »Weiterbildung« und »Familienphase«. Eine solche Gliederung nach Oberbegriffen ist empfehlenswert, wenn die Berufslaufbahn – wie bei vielen Frauen – öfter unterbrochen wurde oder in Schleifen verläuft (▷ Zeitphasen, Seite 203).

Zeugnisse

Zu den Bewerbungsunterlagen gehören diverse Arbeitszeugnisse und -bestätigungen, die durch ihre verschlüsselten Botschaften Unwägbarkeiten enthalten können. Obwohl die Arbeitgeber verpflichtet sind, Arbeitszeugnisse wahrheitsgemäß und wohlwollend auszustellen, ist Vorsicht geboten, wenn Nebensächlichkeiten mit wohltönenden Worten gelobt, aber die geleistete Arbeit kaum erwähnt wird. Dies gilt auch, wenn Zusätze wie »im wesentlichen«, »im großen und ganzen« und »teilweise« auftauchen: In diesen Fällen handelt es sich um negative Signale an zukünftige Arbeitgeber. Entspricht das Zeugnis nicht den eigenen Vorstellungen und läßt sich der Arbeitgeber trotz eines Gespräch nicht zur Korrektur bewegen, ist es möglich, innerhalb von sechs Wochen nach Zeugniserteilung vor dem Arbeitsgericht eine Berichtigungsklage einzureichen (▷ Arbeitsrecht, Seite 247). Der Arbeitgeber muß dann Beweise für seine negativen Behauptungen erbringen.

Die Sprache der Zeugnisse

Die Umschreibungen in den Zeugnissen können – ähnlich wie die Zensuren in der Schule – als Noten entschlüsselt werden:

- **Sehr gut:**
»Sie hat die ihr übertragenen Aufgaben stets zu unserer vollsten Zufriedenheit erledigt.« – »Wir waren mit ihren Leistungen in jeder Hinsicht außerordentlich zufrieden.« – »Ihre Leistungen haben in jeder Hinsicht unsere volle Anerkennung gefunden.«
- **Gut:**
»Sie hat die ihr übertragenen Aufgaben stets zu unserer vollen Zufriedenheit erledigt.« – »Ihre Leistungen haben unsere volle Anerkennung gefunden.« – »Wir waren mit ihren Leistungen voll und ganz zufrieden.«
- **Befriedigend:**
»Sie hat die ihr übertragenen Arbeiten zu unserer vollen Zufriedenheit erledigt.« – »Wir waren mit ihren Leistungen jederzeit zufrieden.« – »Sie hat unseren Erwartungen in jeder Hinsicht entsprochen.«
- **Ausreichende Leistungen:**
»Sie hat die ihr übertragenen Arbeiten zu unserer Zufriedenheit erledigt.« – »Wir waren mit ihren Leistungen zufrieden.«
- **Mangelhafte Leistungen:**
»Sie hat die ihr übertragenen Arbeiten im großen und ganzen zu unserer Zufriedenheit erledigt.« – »Ihre Leistungen haben weitestgehend unseren Erwartungen entsprochen.«
- **Ungenügende Leistungen:**
»Sie hat sich bemüht, die ihr übertragenen Aufgaben zu unserer Zufriedenheit zu erledigen.« – »Sie hat sich bemüht, unseren Erwartungen zu entsprechen.«

Lebenslauf-Stoffsammlung

Fassen Sie Ihre Qualitäten, Erfahrungen und Kenntnisse – ohne Bescheidenheit – möglichst prägnant zusammen:

- Besuchte Schulen und (Fach-)Hochschulen mit den letzten Abschlüssen und den Abschlußnoten.
- Auslandsstudium und/oder (beruflich bedingte) Auslandsaufenthalte.
- Berufsausbildung, mit Berufsbild, eventuell mit Ausbildungsstätten.
- Praktika, Volontariate, Auslandsaufenthalte zwischen den einzelnen Ausbildungsabschnitten, Tätigkeit als Tutorin und/oder wissenschaftliche Hilfskraft.
- Mitarbeit im Betrieb der Eltern.
- Berufspraxis und -erfahrung, mit Angaben zum derzeitigen Arbeitgeber, zur derzeitigen Position und den Aufgabengebieten.
- Die Familienphase erhält als Arbeitsphase einen eigenen Platz; zum Beispiel: 1992 Geburt von Tochter Anna, bis 1996 Kindererziehung und Familienorganisation.
- Besondere Kenntnisse, zum Beispiel EDV, Lehr- und Vortragserfahrung, Textgestaltung, Layout-Gestaltung, Sprachkenntnisse/-kurse mit Abschluß, Führerschein(e)
- Ehrenamtliche Tätigkeiten in sozialen, kirchlichen und/oder karitativen Einrichtungen und Institutionen, falls diese einen Bezug zu der Stelle haben, die Sie anstreben.
- Die Kirchen-, Partei- und Gewerkschaftszugehörigkeit sollte lediglich dann erwähnt werden, wenn die Bewerbung einer dieser Institutionen oder einer ihnen nahestehenden Einrichtung gilt.
- Lebensläufe werden üblicherweise mit Schreibmaschine oder PC erstellt, jeder einzelne wird mit Ort und Datum versehen und unterschrieben.

Jede Arbeitnehmerin oder jeder Arbeitnehmer hat das Recht, sich am derzeitigen Arbeitsplatz ein Zwischenzeugnis ausstellen zu lassen, wenn die oder der Vorgesetzte wechselt. Diese Möglichkeit sollten man nutzen, vor allem dann, wenn vom derzeitigen Chef ein gutes Zeugnis erwartet werden kann, während unklar ist, wie man sich mit einem neuen Vorgesetzten versteht.

Sich vorstellen

In dem Moment, in dem sich ein Unternehmen für eine Bewerberin interessiert und dies durch die Einladung zu einem Vorstellungsgespräch zeigt, wird die Lektüre der führenden Fachpresse zur Pflicht. Nach Möglichkeit sollte man wissen bzw. kennen:

• Bei Behörden, Verbänden oder ähnlichen Institutionen: Die Struktur und Aufgaben des Hauses, das Image, landesspezifische und historische Besonderheiten, den gesetzlichen Auftrag der Institution, die wichtigsten Projekte der letzten Jahre sowie die Aufgaben anderer Behörden oder Institutionen, die ebenfalls zum »Haupthaus« gehören.

• Bei Unternehmen in der Privatwirtschaft: Konzernzugehörigkeit, Umsatzgröße, Produktpalette, Firmenkultur, Firmenimage, Unternehmensziele und wirtschaftliche Situation.

Informationen sind durch Geschäftsberichte und Broschüren bei den Unternehmen selbst, in (Fach-) Bibliotheken und bei den Industrie- und Handelskammern zu erhalten. Nähere Auskünfte gibt es auch bei den VertreterInnen des Betriebs- oder Personalrats. Sie wissen über die Aufstiegs-, Weiterbildungs- und Verdienstchancen der Frauen im Unternehmen Bescheid und geben dadurch Hinweise auf eigene Verhandlungsmöglichkeiten (▷ Verhandeln, Seite 220).

Was gefragt wird

Nach geltender Rechtsprechung sind bei Vorstellungsgesprächen nur solche Fragen zulässig, an deren Beantwortung im Hinblick auf die zu besetzende Stelle ein berechtigtes Interesse besteht. Fragen, die das Persönlichkeitsrecht verletzen, zum Beispiel nach den Vermögensverhältnissen oder nach einem Kinderwunsch, darf der Arbeitgeber nicht stellen; wenn er es doch tut, ist die Bewerberin berechtigt, die Unwahrheit zu sagen, ohne daß ihr dadurch Nachteile entstehen dürfen.

Zu den zulässigen Fragen gehören immer alle Fragen nach dem beruflichen Werdegang, nach der Ausbildung, den Zeugnis- und Prüfungsnoten, nach besonderen Kenntnissen und Fähigkeiten.

Die Vorbereitung

Wer sich nicht nur inhaltlich und formal, sondern auch körperlich-seelisch vorbereitet, unterstützt den Erfolg des Auftritts am Vorstellungstag. Alles, was dem eigenen Befinden gut tut, stärkt die Ausstrahlung: Ein Besuch auf der Massagebank und in der Sauna oder ein besonders entspannendes Wochenende vor dem entscheidenden Termin stabilisieren das Selbstbewußtsein (▷ Schönsein, Seite 469; ▷ Entspannung, Seite 569).

• Zu den Gründen und Motiven für Ihre Bewerbung sollten Sie ein längeres Statement vorbereiten, ebenso zur Frage, warum Sie sich gerade für dieses Unternehmen oder für diese Institution interessieren.

• Geben Sie der Schilderung Ihrer beruflichen Entwicklung eine engagierte Richtung. Betonen Sie jene Aspekte in der Ausbildung, die für den Betrieb von besonderer Bedeutung sind. Berufliche Umwege können mit »vielfältigen Interessen« oder »längeren Phasen der Selbstfindung« positiv begründet werden; je offener und ungezwungener Sie auch »Irrwege« ansprechen, um so entspannender wirkt dies auf die Gesamtsituation.

• Stellen Sie sich und Ihre beruflichen Fähigkeiten kompetent, klar und schnörkellos dar. Gelegenheit dazu gibt es beim Gespräch über den derzeitigen Arbeitsplatz und die Schwerpunkte der bisherigen Arbeit. Heben Sie jene Kenntnisse und Eigenschaften besonders hervor, die dazu geführt haben, daß Sie in bestimmten Projekten mitgearbeitet haben.

• Überlegen Sie sich, welche Eigenschaften und Fähigkeiten für die ausgeschriebene Stelle oder das Unternehmen von besonderer Bedeutung sind, zum Beispiel Ihre EDV- und Sprachkenntnisse. Schildern Sie exemplarisch, wie Sie diese Kenntnisse bisher in bestimmten Arbeitsfeldern eingesetzt haben.

• Betonen Sie Ihr Interesse an der beruflichen Weiterentwicklung, zum Beispiel durch den Hinweis auf absolvierte Fort- und Weiterbildungen oder auf die Eigeninitiative in bestimmten Projekten.

• Man wird Sie nicht nur nach Ihren Stärken, sondern auch nach Ihren Schwächen fragen. Überlegen Sie sich für ein bis zwei »Schwächen« eine gute Antwort.

• Stellen Sie im Gespräch die positiven Merkmale anderer Menschen heraus, auch bei dem, was Sie an ArbeitskollegInnen schätzen. Niemals dürfen Sie jemanden in Mißkredit bringen oder abfällig über ehemalige Vorgesetzte oder KollegInnen reden.

• Fragen nach der Kinderbetreuung und Familienorganisation werden positiv beantwortet: Zu Hause ist alles gut organisiert, es gibt eine Tagesmutter und Haushaltshilfen, die Kinder entwickeln sich problemlos, die Familie unterstützt das berufliche Engagement, und Ihr Lebenspartner ist eine stabile Stütze im Alltag! Entscheidend ist, daß Sie das Ehe- und Familienleben als sicher, ruhig und konfliktfrei darstellen (▷ Was nicht gefragt werden darf).

• Sie sollten sich vor dem Gespräch überlegen, welche Familienaspekte, Freizeitaktivitäten und privaten Interessen Sie überhaupt preisgeben wollen. Prinzipiell gilt: Bei derartigen Fragen ist es besser, sich kurz zu halten und möglichst rasch wieder bei beruflichen Aspekten anzuknüpfen.

• Über Bewerbungen und Vorstellungsgespräche bei anderen Unternehmen sollten Sie nicht sprechen. Es ist entscheidend zu zeigen, daß Ihr Interesse ausschließlich *diesem* Unternehmen und/oder dieser ausgeschriebenen Stelle gehört.

TIP

Was nicht gefragt werden darf

Die folgende Liste der »unerlaubten Fragen« bedeutet: Hier dürfen Sie so antworten, daß Sie in einem günstigen Licht stehen, auch wenn es nicht unbedingt der (ganzen) Wahrheit entspricht.

Der Arbeitgeber ist nicht berechtigt zu fragen,

• ob Sie heiraten wollen, ob und wann Sie sich Kinder wünschen, ob Sie Verhütungsmittel verwenden,

• ob Sie schwanger sind. Ausnahme: Eine eventuell vorliegende Schwangerschaft macht die Ausübung Ihrer Tätigkeit unmöglich.

• wie Ihre Vermögensverhältnisse aussehen; auf die Frage nach Lohn- oder Gehaltspfändungen müssen Sie allerdings wahrheitsgemäß antworten.

• welcher Religion, Partei oder Gewerkschaft Sie angehören. Ausnahme: Die Bewerbung gilt einer dieser Institutionen oder ihnen nahestehender Einrichtungen.

• welche Krankheiten Sie durchgemacht haben, bzw. unter welchen Krankheiten Sie aktuell leiden. Ausnahme: Der Arbeitgeber muß über solche Krankheiten informiert werden, die Einfluß auf die auszuübende Tätigkeit haben könnten; dazu zählt zum Beispiel die chronische Sehnenscheidenentzündung einer Sekretärin.

• ob Sie HIV-infiziert sind. Die Frage nach einer bestehenden Aids-Erkrankung ist jedoch zulässig.

• wie hoch Ihr bisheriges Gehalt war. Wenn Sie das bisherige Gehalt als Mindestvergütung verlangen, sollten Sie sich allerdings korrekt äußern.

• ob Sie vorbestraft sind. Ausnahme: Wenn ein berechtigtes Interesse an der »weißen Weste« der Bewerberin besteht, zum Beispiel bei einer Anstellung als Buchhalterin oder Kassiererin.

• welche privaten Vorlieben, Reiseziele oder Hobbys Sie pflegen. Im Gespräch kommen solche Aspekte fast immer zur Sprache; rein juristisch betrachtet muß darauf allerdings nicht geantwortet werden.

Das Gespräch

Beim Gespräch selbst ist die Arbeitgeberseite mit VertreterInnen der Personalabteilung und den fachlich Verantwortlichen bzw. Vorgesetzten vertreten. Bei Bewerbungen im öffentlichen Dienst ist meist auch die Frauenbeauftragte (▷ Seite 252) anwesend.

Die höchste Überzeugungskraft haben Menschen, die sich so geben, wie sie sind. Versuche, in eine andere Rolle als die eigene zu schlüpfen, scheitern meist: Man wirkt unbeholfen und unnatürlich. Das gilt auch für die Kleidung (▷ Mode, Seite 397). Die Situation entspannt sich, wenn man sich im eigenen Outfit wohlfühlt – und dennoch weiß, daß man mit dem gewählten Äußeren ins Unternehmen paßt.

- Versuchen Sie, sich während des Gesprächs durch Blickkontakt immer wieder allen Beteiligten zuzuwenden.
- Verstärken Sie das, was Sie sagen, durch die Haltung Ihres Körpers, die Gestik Ihrer Hände und den Ausdruck Ihres Gesichts. Es ist wichtig, daß Sie bequem und aufrecht sitzen und sich weder durch Kleidung noch durch Tischbeine beengt fühlen: Dadurch wird auch die Stimme kräftiger und klarer.
- Nehmen Sie während des Gesprächs keine alkoholischen Getränke an.

Vorstellungsgespräche dienen der eigenen Orientierung und Prüfung, ob die ausgeschriebene Stelle den beruflichen Wünschen entspricht. Der erste Eindruck zählt. Spürbar wird, ob Ambiente und Betriebsatmosphäre eher distanziert-kühl oder freundlich-offen, streng-hierarchisch oder eher leger-flexibel sind. Auch scheinbar bedeutungslose Aspekte, wie die Gestaltung des Besprechungszimmers, der Flure und Vorzimmer geben Aufschluß darüber, ob man sich hier wohlfühlen könnte oder nicht. Zu den wichtigsten eigenen Fragen, die im Vorstellungsgespräch beantwortet werden sollten, zählen:

- Welche konkreten Aufgaben werden mit meiner Tätigkeit verbunden sein? In welchem Rahmen wird an eine Erweiterung der Aufgaben gedacht? Gibt es Aufstiegsmöglichkeiten?
- Welche Verantwortung und welche Kompetenzen werde ich übertragen bekommen?
- Welche Berechtigungen erhalte ich im Zusammenhang mit meiner Tätigkeit: zum Beispiel Zugang zu bestimmten Abteilungen, Archiven oder Datenbanken?
- Welche Ausstattung wird mir zur Verfügung gestellt: PC, Laborplätze, Personal?
- Auf welcher Stufe innerhalb der Hierarchie ist die Stelle eingegliedert, wem bin ich zugeteilt, wer sind die direkten, wer die nächsten Vorgesetzten? Welche MitarbeiterInnen arbeiten direkt mit mir zusammen?
- Wie sehen das Arbeitszimmer und das nähere Arbeitsumfeld aus?
- Welche Weiterbildungsmöglichkeiten gibt es innerhalb des Betriebs, wie weit kann bzw. könnte ich diese Angebote nutzen?
- Wie sehen das Beurteilungs- und das Führungssystem aus?
- Welche Regelungen zu einer flexiblen Arbeitszeit gibt es?
- Was ist als Gehalt, Urlaubsanspruch und an sozialen Leistungen vorgesehen?

Verhandeln

Die Verhandlung der näheren Konditionen rund um die neue Arbeit werden meist erst in einer zweiten oder dritten Gesprächsrunde aufgenommen. Zu diesem Zeitpunkt steht bereits fest, daß man »miteinander kann« und miteinander arbeiten will. Nun gilt es, die besten Bedingungen für die eigene berufliche Weiterentwicklung und die Höhe des Gehalts auszuhandeln.

Das Gehalt

Werden Frauen nach ihrem beruflichen Wertesystem befragt, zeigt sich, daß ihr Interesse an einer spannenden Aufgabe meist größer ist als das Interesse an einem guten Verdienst. Doch das eine muß das andere nicht ausschließen.

Bisher profitieren nur die Arbeitgeber von der Zurückhaltung der Frauen: Im Durchschnitt zahlen sie den Arbeitnehmerinnen um 30 Prozent weniger Gehalt und Lohn als erwerbstätigen Männern.

Selbst dort, wo Gehälter Verhandlungssache sind, ziehen Managerinnen und weibliche Führungskräfte den kürzeren – sie gehen mit 20 bis 30 Prozent weniger Gehalt nach Hause als ihre männlichen Kollegen in vergleichbaren Jobs.

Wer diese unsichtbaren Gesetze durchbrechen will, muß sich auf die Gehaltsverhandlungen besonders gut vorbereiten:

- Erkundigen Sie sich für Ihren Beruf bei den regionalen Kammern, den berufsständischen Organisationen und/oder den Gewerkschaften, wie die Tarifverträge derzeit gestaltet sind und wie hoch die durchschnittlichen Löhne – bezogen auf Ihr Alter, Ihre Erfahrung und die Art und Größe des Betriebes sind.
- Ist ein Stellenwechsel geplant, werden meist 10 bis 20 Prozent mehr als das derzeitige Gehalt verlangt. Wichtig ist, immer das Jahresgehalt einschließlich der Neben- und Sonderleistungen zu verhandeln. Nur so gibt es Vergleichsmöglichkeiten zur jetzigen Entlohnung.
- Setzen Sie sich in Gedanken vor der Verhandlung eine obere und eine untere Grenze. Steigen Sie »Oben« ein, und lassen Sie sich bis zur »Mitte« herunterhandeln. Damit können Sie und Ihr zukünftiger Arbeitgeber zufrieden sein.
- Überlegen Sie bereits vor der Verhandlung, was Sie als »Gegenwert« für Ihre Forderungen in die Argumentation einbringen wollen. Es müssen Aspekte sein, die Ihrem Arbeitgeber möglichst viel wert sind: Ihre Bereitschaft, ein besonders heikles Projekt zu übernehmen? Ihre Fähigkeit, ungewöhnliche Aufgaben zu lösen? Ihre Bereitschaft, sich auf flexible Arbeitszeiten einzustellen?
- Nicht alles muß sich im Monatsgehalt ausdrücken. Vielleicht bietet die Firma besondere soziale Leistungen und ist dadurch interessant? Vielleicht werden Ihnen außergewöhnliche Möglichkeiten der Weiter-

TIP

Der Arbeitsvertrag

Der Arbeitsvertrag sollte folgende Punkte umfassen:

- Die genaue Beschreibung der künftigen Tätigkeit und den Beginn des Arbeitsverhältnisses.
- Die Arbeitszeit und gegebenenfalls die Überstundenregelung.
- Die Höhe des Entgelts und die Sonderleistungen, zum Beispiel Weihnachts- und Urlaubsgeld, Vermögensbildung, betriebliche Altersversorgung, die Zahlungsweise.
- Den Urlaubsanspruch, eventuell mit Hinweis auf Betriebsferien.
- Die Regelung der Probezeit.
- Eventuell die Erstattung der Umzugskosten.
- Die Kündigungsfristen und die Anwendung der für die Branche geltenden Tarifverträge. In den jeweiligen Tarifverträgen sind die branchenspezifischen Arbeitsbedingungen geregelt.

LITERATUR

Jürgen Hesse und Hans Christian Schrader
Erfolgreiche Bewerbungsstrategien für Frauen
Fischer, Frankfurt, 1995. DM 12,90

Reihe JOB FIT
Erfolgreich bewerben.
Bewerber-Training für Absolventen
Forum, St. Gallen, 1996. DM 24,80

Dorothee Echter
Lust auf Erfolg. Karrierestrategien für Frauen
Econ, Düsseldorf, 1994. DM 15,90

Pat Heim und Susan K. Golant
Frauen lernen fighten.
Ein Sparringskurs für Aufsteigerinnen
Knaur, München, 1993. DM 17,90

bildung geboten? Vielleicht können Sie über Sonderregelungen bei der Arbeitszeit freie Gestaltungsmöglichkeiten für sich gewinnen?

• Die sozialen Leistungen eines Unternehmens sind zum größten Teil im Tarifvertrag und in den Betriebsvereinbarungen festgelegt. In besonderen Fällen können noch bessere Konditionen, zum Beispiel Fahrgeldzuschüsse oder die Übernahme der Umzugskosten, vereinbart werden.

• Wenn Sie unsicher sind, ob Ihnen die Angebote des Arbeitgebers tatsächlich entgegenkommen, sollten Sie sich Zeit für die Entscheidung nehmen. Es ist durchaus üblich, sich eine Bedenkzeit von ein bis zwei Tagen zu erbitten.

Im Betrieb des Ehemannes

Etwa jede dritte Unternehmerfrau ist derzeit als mithelfende Familienangehörige im Unternehmen ihres Mannes beschäftigt. Frauen, die auf diese Weise im Betrieb des Partners arbeiten, sollten einen sogenannten Ehegattenarbeitsvertrag abschließen. Dieser sichert mithelfenden Eheleuten formal dieselben arbeitsrechtlichen Ansprüche auf geregelte Arbeitszeiten, angemessenes Entgelt und Urlaub zu wie anderen ArbeitnehmerInnen auch. Muster für Ehegattenarbeitsverträge sind bei den Handwerkskammern erhältlich.

• Schriftlich festzulegen sind: Arbeitszeiten und -entgelt, Urlaub, Nebenleistungen und freiwillige soziale Leistungen, Hinweise auf tarifliche Bestimmungen sowie Kündigungsfristen.

• Das Arbeitsentgelt muß angemessen sein, also dem entsprechen, was auch andere ArbeitnehmerInnen für eine vergleichbare Tätigkeit erhalten würden.

• Für das Konto, auf das der Lohn überwiesen wird, darf nur die mitarbeitende Ehefrau verfügungsberechtigt sein.

• Der Arbeitgeberehegatte muß – wie bei anderen MitarbeiterInnen auch – Sozialversicherungsbeiträge und Steuern abführen.

• Achtung: Die Arbeit muß tatsächlich geleistet werden. Ein Scheinvertrag kann zu empfindlichen rechtlichen Schwierigkeiten führen.

Die Einflußmöglichkeiten

Der Reiz eines neuen Jobs kann sowohl im Entgelt als auch in den Gestaltungsmöglichkeiten liegen. Interessant werden Tätigkeiten durch die Entwicklungschancen, die sie bieten – entweder durch die Vielfalt der Aufgaben, durch die Weiterbildungsmöglichkeiten und/oder durch die Möglichkeit, im eigenen Arbeitsfeld selbständig zu entscheiden. All dies kann auch Teil der Verhandlung sein, zum Beispiel die Vereinbarung, daß ein bestimmtes Projekt – mit entsprechender Ausstattung – eigenverantwortlich geplant und abgewickelt wird. Dazu gehören dann auch die entsprechenden Mittel, zum Beispiel die technische Ausstattung des Büros, ein MitarbeiterInnenteam oder ein eigenes Budget. Diese Möglichkeiten, den eigenen Arbeitsplatz zu gestalten, entscheiden in hohem Maße über die Arbeitszufriedenheit (▷ Aufstieg planen, Seite 223).

Befristete Arbeitsverträge (Zeitarbeitsvertrag)

Neben unbefristeten Arbeitsverträgen gibt es eine steigende Zahl von Verträgen, die nur für einen bestimmten Zeitraum, zum Beispiel für ein bestimmtes wissenschaftliches Projekt, ein besonderes Bauvorhaben oder die Dauer einer Krankenvertretung abgeschlossen werden. Das Arbeitsverhältnis endet dann zu dem im Vertrag angegebenen Zeitpunkt, ohne daß es einer besonderen Kündigung des Arbeitgebers bedarf.

Führt der Arbeitgeber nach Ablauf der Befristung das Arbeitsverhältnis fort, entsteht automatisch ein unbefristetes Arbeitsverhältnis, für das der allgemeine Kündigungsschutz gilt (▷ Kündigung, Seite 263).

Befristete Arbeitsverträge sind für viele ArbeitnehmerInnen zum Alltag geworden. Vor allem im Wissenschaftsbetrieb, im Gesundheits- und Sozialbereich arbeiten viele Frauen mit projektgebundenen Arbeitsverträgen. Der Vorteil: Die Zeit kann genutzt werden, um sich zu qualifizieren und um sich am Arbeitsmarkt zu orientieren. Der Nachteil: Wer immer wieder nur in Zeitarbeitsverträgen tätig ist, kann kaum eine kontinuierliche Berufslaufbahn aufbauen. Es entstehen brüchige Erwerbsbiografien, von Projekt zu Projekt, die immer wieder von Phasen der Arbeitslosigkeit unterbrochen werden.

Aufstieg planen

Unzählige Frauen arbeiten heute noch auf der gleichen beruflichen Ebene, auf der sie eingestiegen sind. Die große Mehrheit fängt als mittelqualifizierte Angestellte oder als un- und angelernte Arbeiterin an und hört dort auch auf. Nur 16 Prozent der Frauen klettern in der betrieblichen Hierarchie weiter. Bei den Männern gehen diesen Schritt hingegen 57 Prozent. Besonders schlecht sieht die Situation der Facharbeiterinnen aus. Nur vier Prozent von ihnen steigen weiter auf, während immerhin 38 Prozent der männlichen Kollegen vorankommen.

Der verheerende Mangel an Aufstiegschancen für Frauen steht in einem eigenartigen Widerspruch zu dem, was Medien und politische Kommentare vermitteln. Sie sprechen häufig vom Siegeszug der »Karrierefrauen« und meinen damit die simple Tatsache, daß heute mehr Frauen als noch vor 40 Jahren erwerbstätig sind. Betrachtet man aber deren Positionen genauer, so zeigt sich, daß »richtige« Karrieren außerordentlich selten sind.

Männer unter sich

Mitte der 90er Jahre waren im Durchschnitt etwa sieben Prozent aller deutschen Fach- und Führungskräfte weiblich: In den Industrieunternehmen hielten die Frauen etwa fünf Prozent der Stellen mit Führungsaufgaben, im Dienstleistungsbereich etwa 15 Prozent. In umgekehrter Lesart bedeutet dies: Bis heute entscheiden in neun von zehn Fällen Männer, wenn es um wirtschaftliche Macht, Einfluß und betriebliche Entwicklungen geht. Damit liegen auch die großen volkswirtschaftlichen Entscheidungen in den Händen von Männern. Die Internationale Arbeitsorganisation (IAO) in Genf schätzt, daß es bei gleichbleibendem Tempo noch etwa 475 Jahre dauern wird, bis die Gleichstellung zwischen Männern und Frauen auch in den oberen Etagen der beruflichen Macht hergestellt sein wird.

Die Vormachtstellung der Männer gilt selbst in jenen Bereichen, in denen die Mehrheit der Beschäftigten Frauen sind, wie zum Beispiel im Verkauf. Dort stellen die Arbeitnehmerinnen über zwei Drittel aller Beschäftigten – und dennoch sind 90 Prozent der Führungskräfte Männer.

Dabei verbergen sich hinter dem Begriff »Führungsposition« keineswegs nur die lukrativen Vorstands- und Geschäftsführerpositionen der Banken und der Großindustrie. Auch AbteilungsleiterInnen, GebietsleiterInnen und GruppenleiterInnen gehören zur Führungsriege eines Betriebs, sobald sie die Verantwortung für ein Team von MitarbeiterInnen übertragen bekommen und für einen eigenen Aufgabenbereich verantwortlich zeichnen.

Abhängig von der Wirtschaft

Die Chance, in einer Spitzenposition mitzuarbeiten, steht und fällt für Frauen mit der gesamtwirtschaftlichen Situation. So sieht es eine Studie der Deutschen Forschungsgemeinschaft, die Mitte der 90er Jahre feststellte: Wenn es der Wirtschaft gut geht und das Geschäft boomt, dann schaffen Frauen leichter den Sprung in die Führungsmannschaft – auch ohne konkrete Frauenförderung (▷ Seite 250). Herrscht wirtschaftliche Flaute oder Krise, dann werden die verbleibenden Arbeitsplätze unter den Männern aufgeteilt, und der Frauenanteil an der Spitze sinkt.

Die Macht der Familie

Zu den wichtigsten Gründen, warum Frauen auch auf den niedrigen Sprossen der Führungspyramide kaum Leitungsfunktionen innehaben, zählt die Doppelbelastung durch die Familienarbeit. Viele Arbeitnehmerinnen verhalten sich defensiv, wenn sie – eingespannt zwischen Kinderzimmer, Küche, Büro und Ladentheke – nach ihren Aufstiegswünschen gefragt werden. Überstunden, großes Engagement und deutliches Interesse an der Berufsarbeit können sich meist nur jene »leisten«, die einen verantwortungsvollen Partner und ebensolchen Vater für die Kinder an der Seite haben. Solche idealen Bedingungen sind jedoch selten.

So reagieren die meisten Frauen abwartend, zögernd und ambivalent auf Aufstiegsangebote. Sie weichen zurück, wenn eine entsprechende Anfrage kommt – oft auch mit gutem Grund: Um tatsächlich die Leiter hoch zu klettern, müssen Arbeitnehmerinnen mehr Leistung und Ausdauer beweisen als Männer – und gleichzeitig Familienarbeit leisten.

Stigma Familie

Für viele Arbeitgeber sind Frauen Arbeitskräfte zweiter Klasse. Der »Makel«, den alle Frauen tragen, bezieht sich auf die Möglichkeit ihrer Mutterschaft. Wegen der Fähigkeit, Kinder zu bekommen, wird den Frauen automatisch eine geringere Leistungsbereitschaft im Beruf, eine geringere Flexibilität und geringere Verläßlichkeit als den Männern unterstellt. Diese Einschätzung hat entscheidende Folgen für alle Arbeitnehmerinnen: Alle Frauen, auch diejenigen, die keine Familie und keine Kinder haben oder haben wollen, werden als potentielle Mütter betrachtet. Und jene Frauen, die tatsächlich einen kooperativen und unterstützenden Partner in der Familie haben, werden ebenfalls mit dem Stigma der »halben Kraft« gezeichnet.

Die Konsequenz vieler Untersuchungen ist naheliegend: Egal, in welcher Weise Frauen die Frage der Kindererziehung und -betreuung lösen, sie werden nie mit der gleichen Selbstverständlichkeit gefördert wie ihre männlichen Kollegen. Nur selten sind die Arbeitgeber bereit, in die Weiterbildung und Förderung von Frauen ebenso viel Geld und Zeit zu investieren wie in die der Männer (▷ Mittelständische Unternehmen, Seite 216).

Sich weiterentwickeln

Frauen, die sich beruflich weiterentwickeln wollen, müssen – gegen alle Widerstände – bewußt darauf hinarbeiten. Das verlangt, die bleiernen Hemmschuhe der Kindheit – das Streben nach Ausgleich und Harmonie – gegen stabile Laufschuhe einzutauschen und sich damit der Konkurrenz zu stellen: Auch dann, wenn damit das Risiko verbunden ist, nicht mehr von allen KollegInnen als »nett« geschätzt zu werden:

• Machen Sie gegenüber Ihren Vorgesetzten deutlich, daß Sie an Ihrer beruflichen Entwicklung interessiert sind. Zeigen Sie, daß es Ihnen nicht egal ist, wo Sie in fünf oder zehn Jahren stehen.

• Stellen Sie Ihre eigenen Erfolge und Leistungen heraus, und warten Sie nicht darauf, daß irgend jemand merkt, wie fleißig, zuverlässig und gewissenhaft Sie Ihre Aufgaben erledigen. Reden Sie darüber, welche Herausforderungen Sie wie gemeistert haben, und suchen Sie das Gespräch mit den Chefs und Vorgesetzten.

• Lernen Sie zwischen Arbeitskonflikten (▷ Seite 235) und persönlichen Differenzen zu unterscheiden. Frauen beobachten oft mit Erstaunen, wie sich Männer in Konferenzen bekämpfen und anschließend zusammen weiterarbeiten, als sei nichts gewesen. Stellen Sie sich vor, Sie spielen bei einem Match mit und wollen gewinnen. Sehr viel anders ist es auch im Arbeitsleben nicht.

• Nicht jeder muß Sie mögen. Konflikte und das Aufzeigen von Grenzen gehören zum normalen Arbeitsalltag.

• Suchen Sie sich Verbündete im Betrieb. Bauen Sie sich ein kleines privates Informationsnetzwerk auf. Es ist wichtig, daß Sie KollegInnen finden, denen Sie vertrauen können, mit denen Sie Krisen besprechen und Informationen austauschen können. Knüpfen Sie Kontakte nicht nur zu KollegInnen auf der gleichen Hierarchieebene. Leute, die über Ihnen stehen und Einfluß haben, sind genauso wichtig wie MitarbeiterInnen, die Zugang zu anderen Abteilungen und Informationen haben.

• Vermeiden Sie eine innere Grundhaltung nach dem Motto: »Es wird sich schon alles irgendwie ergeben.« Sie überlassen Ihren beruflichen Werdegang damit der Entscheidung anderer.

An der Spitze

Frauen, die ihr Recht auf eine berufliche Entwicklung geltend machen und nach Top-Jobs greifen, müssen sich auf einsame Zeiten einstellen. In der dünnen Luft der oberen Etagen regieren Männerbünde. Frauen bleiben in diesem Bereich »Fremdkörper«, die den Zugang zu den informellen Machtzentren nur ausnahmsweise und unter erschwerten Bedingungen erhalten. Die Ausgrenzungsmechanismen reichen von der Verweigerung von Hilfe, dem Vorenthalten von Informationen bis zur Nichtbeachtung und Belästigung (▷ Mobbing, Seite 239).

So betonen alle Frauen in einer Spitzenposition, daß sie sich in luftiger Höhe ein »dickes Fell« zulegen mußten. Sie waren nicht nur gefordert, die eigene Arbeit brillant zu leisten, sondern mußten die Autorität der Position bewußt und gegen Widerstände einsetzen lernen. Noch immer stehen weibliche Führungskräfte ungleich häufiger auf dem Prüfstand der Kritik, man wartet auf Fehler und beurteilt ihre Arbeit aufmerksamer als die der Kollegen.

Trotz dieses Drucks zeigt sich, daß Frauen anders und besser führen als Männer. Obwohl sie ebenso Machtbewußtsein und Durchsetzungsvermögen demonstrieren müssen, gelingt ihnen eher ein kollegialer, team-orientierter Stil. Sie suchen den Dialog mit den MitarbeiterInnen, und sie sind seltener als Männer in vergleichbaren Positionen an den Insignien der Macht, am demonstrativen Zurschaustellen der Position interessiert.

TIP

Karriere-Chancen – wie und wo?

• Die besten Chancen haben Sie, wenn Sie in ein expandierendes Unternehmen einsteigen. Wenn ein Betrieb zum wirtschaftlichen Höhenflug ansetzt und in weitere Betriebszweige, Produktpaletten und Niederlassungen investiert, wird auch die Führungsriege vergrößert: Das ist der beste Moment für Frauen, einen qualifizierten Posten zu bekommen.

• Wechseln Sie Ihren Arbeitgeber, wenn es beruflich absolut nicht mehr weitergeht. Das ist eine bewährte Karrierestrategie, die Männer schon immer genutzt haben (▷ Sich bewerben, Seite 216).

• Denken Sie über einen Job im Ausland nach. Zwei Jahre Ausland sind in manchen Branchen besser als zehn Jahre Inland. Die Auslandserfahrung wirkt oft wie ein Karrierekatalysator. Das gilt auch für Frauen.

KONTAKT

Informationen und Vermittlung von Arbeitsstellen:

Zentralstelle für Arbeitsvermittlung (ZAV), Auslandsabteilung
Feuerbachstraße 42-46, 60325 Frankfurt
Tel.: 069/7 11 10

Allgemeine Auskünfte über Europa:

Bundesverwaltungsamt, Informationsstelle für Auslandstätige, Köln
Tel.: 0221/75 80

EG-Vertretung in Deutschland
Zitelmannstraße 22, 53113 Bonn, Tel.: 0228/53 00 90

Euro-Telefon des Bundeswirtschaftsministeriums
Tel.: 030/2 34 19 92

Damit wurden die Frauen in den 90er Jahren zu Trendsetterinnen. In den Wirtschaftsbereichen der Zukunft – zum Beispiel in der Medien- und Computerindustrie – läßt der Einfluß des streng autoritären Führungsstils deutlich nach. Man setzt auf junge ManagerInnen, die ihre MitarbeiterInnen kooperativ und kommunikativ führen.

Netzwerke

Wer sich in den Führungsetagen bewegt, schätzt den Kontakt mit Gleichgesinnten und Kolleginnen. Auf diese Weise entwickelten sich während der letzten zwanzig Jahre eine große Zahl von Netzwerken und Verbänden für Frauen in vergleichbaren beruflichen Situationen. Diese Organisationen bieten regelmäßige Treffen zum Erfahrungsaustausch. Manche geben eigene Informationsschriften heraus, andere bieten spezielle Seminare und Fortbildungsmöglichkeiten an. Bei einigen Zusammenschlüssen haben Männer keinen Zugang, bei anderen sind sie ausdrücklich erwünscht und integriert (▷ Seilschaften, Seite 383; ▷ Lobbyarbeit, Seite 385; ▷ Frauen helfen Frauen, Seite 227).

Zukunft der Arbeit

Seit Anfang der 90er Jahre bewegt sich die Arbeitslosigkeit in Europa auf einem unverändert hohen Niveau – und es gibt keine Anzeichen dafür, daß sich diese Situation wieder ändern könnte. Die Automatisierung der Werkshallen und die Computerisierung der Büroetagen steigern die Pro-Kopf-Leistung der ArbeitnehmerInnen. Die Produktion schießt nach oben, die Beschäftigung sackt in den Keller. Selbst optimistische ZukunftsforscherInnen gehen daher davon aus, daß sich die Gesellschaft an eine hohe Arbeitslosenquote gewöhnen muß.

Hinzu kommt, daß die Unternehmen durch die Globalisierung der Wirtschaft weltweit produzieren und Dienstleistungen anbieten können. Was früher nur in einem Land möglich war, kann nun über Staatsgrenzen hinweg stattfinden: Herstellen und Fertigen einer Maschine in Portugal, Buchhaltung dafür in Indien, Marketing und Verkauf in Spanien, Finanzierung in Tokio, Firmensitz in Deutschland.

Bei den einfachen Dienstleistungen gibt es rund um den Erdball »billige« KonkurrentInnen: EDV-kundige Schreibkräfte in Sri Lanka, BildschirmarbeiterInnen auf den schottischen Inseln und DatentypistInnen in Indien. Wer in der Arbeitswelt bessere Chancen haben will, muß sich daher höher qualifizieren. Zukunftsträchtig sind vor allem die Bereiche Beraten und Informieren, Entwickeln und Forschen, Organisieren und Managen (▷ Berufe der Zukunft, Seite 156).

Wechselnde Anforderungen

Permanenter Wandel wird künftig das einzig Beständige sein. Alle ArbeitnehmerInnen müssen sich darauf einstellen, daß es normal sein wird, die berufliche Rolle und Funktion sowie den Arbeitgeber mehrfach im Leben zu wechseln und im Laufe des Erwerbslebens in vier bis fünf verschiedenen Berufsfeldern zu arbeiten. Die Arbeitszeiten werden von Phasen der Arbeitslosigkeit unterbrochen sein. Was bereits heute zählt und in Zukunft unabdingbar sein wird, ist neben einer soliden Ausbildung die eigene Vielseitigkeit, die Fähigkeit, flexibel zu reagieren, und die persönliche Bereitschaft, sich immer wieder auf neue Arbeitsfelder einzulassen (▷ Weiterbildung, Seite 175).

Risiken

Für Menschen, die diese Forderung nach Vielseitigkeit und andauernder Flexibilität nicht erfüllen können, bleibt wenig Platz.

Frauen sind besonders gefährdet, wenn sie wegen zusätzlicher Familienarbeit darauf angewiesen sind, daß die beruflichen Strukturen verläßlich und dauerhaft bleiben (▷ Stigma Familie, Seite 224).

Frauen helfen Frauen

• EWMD – European Women's Management Development Network. Dies ist das einzige europäische Netzwerk für Frauen in Führungspositionen, mit rund 1400 Mitgliedern. Frauen aus verantwortlichen Positionen in Wirtschaft, Verwaltung und Wissenschaft sind willkommen – Männer ebenso.
EWMD, Geschäftsstelle Berlin, Friedbergstraße 21, 14057 Berlin, Tel.: 030/3 24 70 70, Fax: 030/3 23 15 54

• FIV – Frauen in Verantwortung. Dieser Zusammenschluß von Frauen und Unternehmen in Baden-Württemberg will die Chancen von Frauen in der Wirtschaft insgesamt verbessern. Die Beratung von Frauenbeauftragten und Projektleiterinnen ist eine der wichtigsten Aufgaben.
FIV, Förderkreis der baden-württembergischen Wirtschaft, Reinsburgstraße 35 b, 70178 Stuttgart, Tel.: 0711/62 17 86

• FIM – Vereinigung für Frauen im Management e.V. Der Schwerpunkt der Organisation liegt in Hamburg mit regionalen Gliederungen in Düsseldorf, Hannover, Berlin, Frankfurt/M. und München. Die Business-Frauen treffen sich in der Regel einmal im Monat zum Erfahrungsaustausch.
FIM, c/o Claudia Ludwig, Erikastr. 47, 20251 Hamburg, Tel.: 040/84 23 12

Zusätzlich gibt es eine Reihe weiterer regionaler Zusammenschlüsse von Frauen im Management:

• fif – Frauen in Führung e.V., c/o AWW, Hagenstr. 48, 14193 Berlin 33, Tel.: 030/8 26 20 86, Fax: 030/8 26 53 73

• Münchner Wirtschaftsforum e.V., c/o Sekretariat Office-Team, Sonnental 21, 83677 Greiling/Bad Tölz, Tel.: 08041/94 54

• FF – Frankfurter Forum e.V., c/o SSK Kommunikation, Hainer Weg 50, 60599 Frankfurt/M.

• Frauen in Naturwissenschaft und Technik e.V., Postfach 50 04 22, 22704 Hamburg

• dib – deutscher ingenieurinnen bund e.V., Postfach 11 03 05, 64218 Darmstadt

• VDI – Verein Deutscher Ingenieure – Frauen im Ingenieurberuf (FIB), Postfach 10 11 39, 40002 Düsseldorf

Weitere Anlaufstellen können sein:

• DVBF – Deutscher Verband Berufstätiger Frauen, Schornstr. 8, 81669 München

• DGB – Bundesvorstand, Abteilung Frauen, Hans-Böckler-Str. 39, 40476 Düsseldorf

• DAB – Deutscher Akademikerinnenbund, c/o Luise Joppe, Weiltinger Straße 8, 90449 Nürnberg

Inzwischen gibt es auch spezielle elektronische Informationssysteme, die via Telefon oder Mailbox angezapft werden können. Zum Beispiel:

• P.E.S. Personal Economic Service, Elke Schumacher, Reinhardswaldstr. 6, 33332 Gütersloh, 05241/4 61 88. Hier werden per Telefon Frauen vermittelt, die Job- und Karrieretips von anderen Frauen suchen. Die Info-Börse gibt's für alle Branchen und Berufe.

• Women's DataBase, c/o country data, Anita Haug, Weinfelder Str. 12, CH-9517 Mettlen, Tel.: 0041/72/44 18 37.
Die Schweizerinnen haben eine Frauendatenbank aufgebaut mit Namen und Daten von Fach- und Geschäftsfrauen aus Wirtschaft, Wissenschaft und Politik. Sie können als kompetente Gesprächs- und Diskussionspartnerinnen zu ihrem Fachgebiet eingeladen werden.

Gesprächs- und Teamfähigkeit

Sowohl für den Dienstleistungssektor als auch für das produzierende Gewerbe gilt, daß vermehrt sogenannte »Problem- und AufgabenlöserInnen« gesucht werden. Darunter versteht man MitarbeiterInnen, die technische, rechtliche und wirtschaftliche Neuerungen möglichst produktiv umsetzen können. Neben ihrer fachlichen Kompetenz und Erfahrung brauchen diese ArbeitnehmerInnen Qualifikationen wie zum Beispiel gute Kommunikations-, Kooperations- und Motivationsfähigkeiten. Hier könnten sich – so die ZukunftsforscherInnen – die Stärken der Frauen entfalten: im Vermitteln und Darstellen von Neuerungen, im Managen von Konflikten (▷ An der Spitze, Seite 225).

Kleine, flexible Teams werden in allen Bereichen – von der Produktion bis zum Management – den Arbeitsalltag in den Unternehmen bestimmen. Die soziale Kompetenz, die Fähigkeit zum Miteinander, wird auf diese Weise zu einem entscheidenden betriebswirtschaftlichen Faktor. Auch da können für Frauen berufliche Vorteile entstehen, denn den meisten Arbeitnehmerinnen fällt es aufgrund ihres »weiblichen« Hintergrunds relativ leicht, in kooperativen Arbeitsstrukturen zu denken, zu planen und zu handeln (▷ Mädchenzeit, Seite 315).

Wertewandel?

Die Prognose, daß es in den industrialisierten Ländern immer weniger bezahlte Arbeit geben wird, kann in eine positive Vision – mit einer Neubewertung der Arbeit und der Lebensgestaltung – umgedeutet werden. Dazu müßte es gelingen, die stetig sinkende Gesamtarbeitszeit möglichst gerecht auf alle zu verteilen. Dann entstünden für jede einzelne Person kürzere Erwerbsphasen, kürzere Arbeitszeiten und längere Phasen der Muße – allerdings auch ein insgesamt geringeres Erwerbseinkommen. Dieses müßte – nach dem Umbau der Sozialversicherung – durch neue Modelle der Grundsicherung ergänzt und stabilisiert werden. Zum Beispiel mit Mitteln, die aus einer Steuerreform kommen.

In der Folge könnte sich innerhalb der Gesellschaft der hohe Wert der bezahlten Arbeit verändern. Der Wille und die Bereitschaft zum »Weniger-Tun« könnten dann ebenso hoch prämiert werden wie die Bereitschaft zur Vollzeit-Arbeit.

Es entstünden Lebensläufe, in denen sich Perioden der Beschäftigung mit Zeiten der Muße und des unbezahlten Tätigseins abwechseln, zum Beispiel mit Kindern, in der Nachbarschaftshilfe oder in Ehrenämtern. Die meisten Frauen leben bereits nach diesen »Visionen«, allerdings werden TeilzeitarbeiterInnen und Familienfrauen nach den (noch) geltenden Prinzipien für ihre kurzen Erwerbszeiten konsequent »bestraft« – durch niedrige Einkommen und mangelnde soziale Sicherheit. Eine Änderung dieses Systems ist nur in Sicht, wenn das Prinzip des »Weniger-Bezahlt-Arbeitens« alle erreicht: Frauen *und* Männer – und man sich gleichzeitig einig darüber ist, daß die verbleibende Erwerbsarbeit auf alle verteilt wird.

Risiken

Studien über Gruppen- und Teamarbeit zeigen, daß diese nicht nur positive Effekte auf das soziale Miteinander hat. Oft herrscht in den Gruppen ein rigider Anpassungs- und Leistungsdruck, die Konkurrenz kann unbeherrschter und brutaler sein als an anderen Arbeitsplätzen. Im Team wagt kaum noch jemand, krank zu werden oder Schwäche zu zeigen. Ohne klare Regeln zur Konfliktbewältigung kann sich das Prinzip der Gruppenarbeit zum Höllentrip wandeln (▷ Konflikte mit KollegInnen, Seite 236; ▷ Abgrenzung, Seite 237; ▷ Klare Arbeitsbeziehungen aufbauen, Seite 242).

Eigenverantwortung

Die Forderung nach Teamfähigkeit verändert den inneren Aufbau der Betriebe: Die Hierarchien werden flacher, durchgängiger und transparenter. Leitungsfunktionen werden nicht mehr auf Dauer vergeben, sondern können wechseln, von Projekt zu Projekt, von Arbeitsgruppe zu Arbeitsgruppe.

Flache Hierarchien verlangen, daß immer mehr Verantwortung und Eigenständigkeit an die unteren Organisationsebenen abgegeben wird. Der Arbeitsprozeß selbst wird dadurch abwechslungsreicher und vielfältiger, die Verantwortung der einzelnen Person wächst und damit auch ihre Qualifikation. Für Frauen, die bislang in den unteren und mittleren Hierarchieebenen steckenblieben, bieten sich damit Aufstiegschancen (▷ Aufstieg planen, Seite 223).

Risiken

Selbständigkeit und Kreativität, Planungs- und Leitungskompetenz sind Fähigkeiten, die früher nur von TopmanagerInnen gefordert wurden. Nun sollen auch einfache Angestellte das können, wofür andere ausgebildet und hoch bezahlt werden. Frauen, die sich diesen Anforderungen stellen, müssen unter Umständen die neue Devise der Arbeitgeber akzeptieren, die heißt: Wir wollen nicht nur die Arbeit, sondern auch Geist und Herz der Menschen.

Veränderte Arbeitsverhältnisse

Herkömmliche Arbeitsverhältnisse werden immer seltener, während die Notwendigkeit, unterschiedliche Arbeitsformen miteinander zu kombinieren, steigt – eine Kunst, in der sehr viele Frauen geübt sind. Oft haben sie Erfahrung mit Arbeitsbeschaffungsmaßnahmen (▷ Zweiter Arbeitsmarkt, Seite 277), sie arbeiten häufig mit befristeten Arbeitsverträgen, und sie wissen, wie man unterschiedliche Teilzeitangebote miteinander kombiniert (▷ Ungeschützte Beschäftigungsverhältnisse, Seite 232).

All diese Möglichkeiten sind mit hohen sozialen Risiken belastet und erzwingen eine Beschränkung der beruflichen Perspektiven. Daß dies bei entsprechender Qualifikation nicht so sein muß, zeigt die wachsende Zahl freiberuflich tätiger Frauen wie auch der Unternehmen, die von Frauen gegründet werden (▷ Der eigene Betrieb, Seite 279).

Risiken

Es gibt immer mehr Selbständige, zum Beispiel Heimarbeiterinnen oder Werkvertragsnehmerinnen, die in großer Abhängigkeit von einem einzigen Auftraggeber leben. Sie arbeiten im eigentlichen Sinne nicht selbstbestimmt, sondern »abhängig« von einem Unternehmen – ohne soziale Sicherheit (▷ Risiko Scheinselbständigkeit, Seite 284).

Telearbeit

TeleworkerInnen kommen nur noch an einigen wenigen Tagen des Monats oder Jahres in »ihren« Betrieb und erledigen an den anderen Tagen ihre Arbeit vom häuslichen Schreibtisch aus. Die Verbindung zum Arbeitgeber wird via PC mit normalem Telefon- oder neuem ISDN-Anschluß hergestellt. Etwa um die Jahrtausendwende wird es – so glaubt die zuständige EU-Kommission – etwa zehn Millionen Telearbeitsplätze in Europa geben. Mittelfristig könnte in Deutschland etwa jeder zehnte Job in die eigenen vier Wände ausgelagert werden.

Meist sind es Versicherungen, Kreditinstitute und Computer-Unternehmen, die ihren Beschäftigten bereits heute Teleworking anbieten, wobei bislang beide Seiten die Vorteile schätzen:

• Die ArbeitnehmerInnen loben die zeitliche Flexibilität. An keinem anderen Arbeitsplatz ist es sonst möglich, die Zeit so individuell und frei einzuteilen.
• Die Arbeitgeber schätzen die Ersparnis bei den Büroräumen und bei der Infrastruktur. Als Unternehmen profitieren sie davon, daß TelearbeiterInnen zu Hause meist produktiver sind als im Büro.

Die Firmen mit Teleworking arbeiten nach unterschiedlichen Systemen. Manchmal behalten die Angestellten einen »halben« Schreibtisch in der Firma und teilen diesen an ein paar Tagen im Monat abwechselnd mit anderen telearbeitenden KollegInnen.

TIP

Achtung: Telearbeitsplatz

Arbeitsorganisation

Bevor Sie auf einen Telearbeitsplatz umsteigen, sollten Sie gedanklich prüfen, wie weit sich dadurch Ihr soziales Leben verändern wird. Für einen Telearbeitsplatz sollten Sie sich nur entscheiden:

- Wenn Sie mit Ihrem Partner eine gleichberechtigte Lösung für Berufs- und Familienarbeit finden oder eine andere Kinderbetreuung organisieren können.
- Wenn Sie eine Arbeitsorganisation finden, in der Sie »privat« und »beruflich« trennen können, zum Beispiel durch ein eigenes Arbeitszimmer.
- Wenn Sie einen entsprechenden Arbeitsvertrag bekommen, in dem die künftige Tätigkeit genau beschrieben und festgelegt ist (▷ Der Arbeitsvertrag, Seite 221). Wichtig ist, daß Ihre Arbeitsleistung zu Hause genauso bezahlt wird wie die Ihrer KollegInnen im Betrieb.
- Wenn Sie jederzeit wieder an einen »festen« Arbeitsplatz im Betrieb zurückkehren können bzw. wenn sichergestellt ist, daß es einen regelmäßigen persönlichen Kontakt zu den KollegInnen im Unternehmen gibt.
- Wenn Ihr beruflicher Aufstieg gesichert ist. Bei einer Beförderung muß Ihre Telearbeit genauso viel zählen wie die Arbeit Ihrer KollegInnen im Betrieb. Das setzt auch voraus, daß Sie die gleichen Möglichkeiten haben, an innerbetrieblichen Fort- und Weiterbildungen teilzunehmen.
- Wenn Ihr Arbeitgeber sicherstellt, daß Sie in alle wichtigen Informationsabläufe eingebunden bleiben.

Ergonomie

- Die Software sollte benutzerfreundlich sein. Das heißt: sie ist einfach und klar im Aufbau, leicht erfaßbar, und läßt sich speziellen Arbeitsaufgaben gut anpassen.
- Über detaillierte Anforderungen für die optimale Gestaltung eines Bildschirmarbeitsplatzes informieren die Technologieberatungsstellen des DGB.

In anderen Unternehmen gibt es gar keine individuellen Arbeitsplätze mehr. Die Beschäftigten treffen sich nur noch sporadisch zu Besprechungen und kommunizieren die restliche Zeit von zu Hause aus via e-mail oder Videokonferenz.

Für alle Qualifikationen

Telearbeit wird sich – so die Prognose – in einer Vielzahl von Branchen und auf allen Ebenen der Qualifikation durchsetzen. Angefangen bei Software-EntwicklerInnen über ManagerInnen bis zu SachbearbeiterInnen und VerwaltungsmitarbeiterInnen: So lassen britische Krankenkassen die EDV-Erfassung ihrer Rezepte inzwischen von TelearbeiterInnen auf den schottischen Inseln erledigen, und IBM Deutschland beschäftigt bereits 350 MitarbeiterInnen in sogenannten »außerbetrieblichen Arbeitsstätten«. Die TelearbeiterInnen betreuen Rechenzentren, schreiben Software und entwickeln Komponenten. Die Befürchtungen der 80er Jahre, diese Form der Arbeit könnte sich nur in den gering qualifizierten Bereichen durchsetzen und daher vor allem Frauen »zurück ins Haus« drängen, hat sich in dieser Form bis jetzt nicht bewahrheitet.

Risiken

Die Devise »My home is my office« hat dennoch empfindliche Schattenseiten. Der Kontakt zu den KollegInnen im Betrieb kann ausdünnen; wer nur

LITERATUR

TBS des DGB (Hrg.)
Ergonomie-Prüfer. Handlungshilfe zur ergonomischen Arbeits- und Technikgestaltung
zu beziehen bei:
Technologieberatungsstelle/Hauptstelle
Lothringer Straße 62, 46045 Oberhausen
Tel.: 0208/2 50 46.

noch in den eigenen vier Wänden arbeitet, beschränkt sich meist in den weiteren beruflichen Perspektiven. Der Wunsch vieler Frauen, durch Teleworking den Beruf und die Familie besser vereinbaren zu können, schlägt häufig ins Gegenteil um. Die Mütter reduzieren ihren Schlaf, werden zu Nachtarbeiterinnen, sitzen auch während der Mittagsruhe am PC und investieren die restliche Zeit des Tages in Haushalt, Familie und Partnerschaft. Nach wenigen Monaten sind sie ausgebrannt (▷ Grundbedürfnisse, Seite 27).

Neue Arbeitszeiten

Bis in die 70er Jahre hinein galt in den meisten Dienstleistungsunternehmen der Grundsatz: Alle Beschäftigten beginnen zur gleichen Zeit am Vormittag mit der Arbeit und beenden diese – wiederum gemeinsam – am späteren Nachmittag. Gearbeitet wird von Montag bis Freitag, bei freiem Wochenende und festgelegter Urlaubszeit. Flexible Arbeitszeiten, Arbeit an Wochenenden, am Abend oder Teilzeitarbeit waren die Ausnahme. Inzwischen gehört die Ausweitung von flexiblen Arbeitszeiten und Teilzeitmodellen zu den wichtigsten Trends auf dem Arbeitsmarkt.

Die am weitesten verbreitete Form ist die Gleitzeitarbeit. Sie hat sich im Verwaltungsbereich fast überall durchgesetzt. Ihr Kennzeichen ist, daß die ArbeitnehmerInnen den Beginn und das Ende ihrer Arbeitszeit flexibel gestaltet können und nur während einer Kernzeit anwesend sein müssen. Die meisten Frauen schätzen diese Regelung, weil sie damit – außerhalb der Arbeitszeit – auf familiäre Anforderungen reagieren können. Den Unternehmen und Behörden kommt dies entgegen. Untersuchungen zeigen, daß Gleitzeitarbeitsmodelle zu weniger Ausfallzeiten führen: Die ArbeitnehmerInnen sind produktiver und erledigen Arztbesuche oder Besorgungen außerhalb der Arbeitszeit.

Teilzeitarbeit

In der Bundesrepublik ist etwa ein Drittel der erwerbstätigen Frauen teilzeitbeschäftigt, bei den Männern beträgt der Anteil nur drei Prozent. Das heißt, an Teilzeitarbeitsplätzen sind vor allem Frauen beschäftigt.

In der Regel gelten für Teilzeitbeschäftigte die gleichen arbeits- und sozialrechtlichen Vorschriften wie bei einem Vollzeitarbeitsverhältnis (▷ Arbeitsrecht, Seite 247). Damit haben Teilzeitarbeitende gesetzlichen Anspruch auf anteilig gleiches Entgelt (Lohn oder Gehalt) und auf die gleiche Eingruppierung. Wenn das Unternehmen Weihnachts- und Urlaubsgeld, Zuschüsse zum Fahrgeld oder zur betrieblichen Altersversorgung bezahlt, so haben auch Teilzeitbeschäftigte anteiligen Anspruch auf diese Leistungen. In der Realität kommt es jedoch – trotz Gleichbehandlungsgrundsatz – zu massiven Benachteiligungen, vor allem bei Jahressonderzahlungen, bei vermögenswirksamen Leistungen und bei der betrieblichen Altersversorgung (▷ Betriebs- und Personalrat, Seite 261).

Soziale Sicherung

- Der gesetzliche Kranken- und Rentenversicherungsschutz wird wirksam, wenn Sie mehr als 15 Stunden pro Woche arbeiten. Derselbe Grundsatz gilt, wenn Sie weniger als 15 Stunden pro Woche arbeiten, aber *mehr* als 590 DM (1996) im Monat verdienen.
- Ab einer Arbeitszeit von 18 Stunden pro Woche besteht voller Sozialversicherungsschutz in der Renten-, Kranken-, Pflege- und Arbeitslosenversicherung. Wer Teilzeit arbeiten will, sollte daher auf jeden Fall einen Arbeitsvertrag von mehr als 18 Arbeitsstunden pro Woche abschließen.

Für Partner, Kinder und Haushalt

Die meisten Frauen wählen einen Teilzeitjob, um Berufs- und Familienarbeit zu vereinbaren. Untersuchungen zeigen, daß der Wunsch nach Teilzeit nicht

Flexible Arbeitszeitmodelle

Die höchste Attraktivität haben Arbeitszeitmodelle, die die ArbeitnehmerInnen selbst mitbestimmen können.

Beispiel 1:

Beim Tochterunternehmen eines deutschen Kaufhauskonzerns übernehmen die Verkäuferinnen selbst die Einteilung, wer wann arbeitet. Die Geschäftsleitung gibt dabei vor, wieviele Mitarbeiterinnen zu bestimmten Tageszeiten in den jeweiligen Abteilungen präsent sein müssen. Individuelle Wünsche können so berücksichtigt werden. 70 Prozent der 100 MitarbeiterInnen arbeiten in Teilzeit. Insgesamt teilen sie sich 72 Stellen.

Beispiel 2:

Ein deutscher Waagenhersteller bietet folgendes Modell an: Innerhalb der Betriebsöffnungszeiten von 6.30 bis 19 Uhr sind mindestens vier Stunden täglich zu arbeiten. Die maximale Arbeitszeit pro Tag beträgt zehn Stunden, pro Woche 46 Stunden. Jede/r ArbeitnehmerIn kann Zeitguthaben und Zeitschulden ansammeln. Es dürfen maximal 72 Stunden – plus oder minus der Regelarbeitszeit – auflaufen. Das Zeitkonto muß innerhalb eines halben Jahres ausgeglichen werden. Wenn Engpässe in der Produktion entstehen und Lieferfristen eingehalten werden müssen, wird die Zeitsouveränität der Beschäftigten allerdings begrenzt. Sie können dann auch auf die Höchstarbeitszeit verpflichtet werden.

Beispiel 3:

Das Modell eines Unternehmens im Gaststättengewerbe sieht vor, daß die Jahresarbeitszeit individuell festgelegt werden kann. Dieser Zeitrahmen wird auf die tägliche Arbeitszeit umgelegt und im Arbeitsvertrag festgelegt. Beispielsweise gibt es Vier-, Sechs- oder Acht-Stunden-Verträge. In den Spitzenzeiten der Gastronomie herrscht Anwesenheitspflicht. Das monatliche Entgelt bleibt trotz zeitlicher Schwankungen immer gleich, Zeitkonten gleichen die Arbeitszeitschwankungen im Jahresverlauf wieder aus.

nur mit der Betreuung von kleinen Kindern, sondern auch mit der Größe der zu versorgenden Familie zusammenhängt: Je mehr Menschen im Haushalt leben, zum Beispiel (Ehe-)Partner, Pflegebedürftige oder erwachsene Kinder, um so eher reduzieren die Frauen ihre berufliche Arbeit (▷ Hausarbeit, Seite 205). Teilzeitarbeit ist überwiegend die Erwerbsarbeit von verheirateten Frauen. Sie »müssen« eine Reihe von Nachteilen in Kauf nehmen:

- Ein selbständiges Leben ist mit Teilzeitarbeit in den Lohngruppen, in denen sie vor allem angeboten wird, kaum zu finanzieren. Die Einkommen sind zu gering, es läßt sich kaum eine eigene, ausreichende Altersrente aufbauen.
- Bisher gelten Teilzeitangebote vor allem für Arbeitsplätze mit relativ geringen Qualifikationsanforderungen und wenig Qualifizierungs- und Aufstiegschancen.
- Im privaten Bereich führt Teilzeitarbeit dazu, daß sich die Zuweisung der Familienarbeit an die Frauen eher verfestigt: Sie sind dann allein zuständig für die Hausarbeit und Kinderbetreuung, *weil* sie »nur« Teilzeit arbeiten.

Ungeschützte Beschäftigungsverhältnisse

»Ungeschützte Beschäftigungsverhältnisse« zeichnen sich dadurch aus, daß weder Arbeitgeber noch ArbeitnehmerIn gesetzlich verpflichtet sind, die sonst üblichen Beiträge zur Sozialversicherung zu zahlen. Dies gilt für jene Beschäftigungsverhältnisse, die unter 15 Stunden wöchentlich und unter einem Pauschallohn von DM 590 (1996) im Monat liegen. Die Arbeitgeber müssen 20 Prozent Lohnsteuer an das Finanzamt abführen, sind aber von der Sozialversicherungspflicht befreit.

Ohne Beiträge zur Sozialversicherung gibt es jedoch für die ArbeitnehmerInnen keine finanziellen Hilfen bei Arbeitslosigkeit oder längerer Krankheit (▷ Gesetzliche Krankenversicherung, Seite 430). Die fehlenden Beitragszahlungen an die Rentenversicherung haben außerdem zur Folge, daß keine Rentenanwartschaft erworben werden kann (▷ Gesetzliche Altersversorgung, Seite 436).

Bisher arbeiten fast ausschließlich Frauen in ungeschützten Arbeitsverhältnissen, hauptsächlich im Handel, im Reinigungsgewerbe, im Gaststättengewerbe und in privaten Haushalten. Allein im Einzelhandel gibt es über 500.000 ungeschützte Beschäftigungsverhältnisse.

Frauen, die als »geringfügig beschäftigte« Arbeitnehmerinnen Arbeit finden, sollten wissen:

- Sie haben Anspruch auf einen tarifvertraglichen Stundenlohn. Der bloße Hinweis, »pauschal beschäftigt« genügt nicht, sonst kommt es sehr schnell zu einer untertariflichen Vergütung. Die Arbeitgeber sind tariflich verpflichtet, auch geringfügig Beschäftigte einzugruppieren.
- Es gibt Anspruch auf Feiertagsbezahlung, wenn Feiertage auf die regelmäßig gearbeiteten Wochentage fallen.
- Auch geringfügig Beschäftigte haben jedes Jahr Anspruch auf bezahlten Erholungsurlaub – *mindestens* auf drei Wochen nach dem Bundesurlaubsgesetz.
- Sie haben Anspruch auf Lohnfortzahlung im Krankheitsfall für die Dauer von sechs Wochen. Danach gibt es keine finanziellen Unterstützungen mehr, weil es – ohne Sozialversicherung – keine Ansprüche auf Leistungen aus der gesetzlichen Krankenversicherung gibt. Das heißt: Kein Krankengeld bei Erkrankungen, die länger als sechs Wochen dauern, und keinen Anspruch auf bezahlte Freistellung zur Pflege kranker Kinder.
- Bestehen mehrere »geringfügige« Beschäftigungen, kann es dazu kommen, daß eine Versicherungspflicht in der Renten- und Krankenversicherung eintritt. Die Beiträge sind dann anteilig von den jeweiligen Arbeitgebern abzuführen.

Job-Sharing

Bei dieser besonderen Form des Teilzeitarbeitsverhältnisses teilen sich zwei oder mehr ArbeitnehmerInnen einen Arbeitsplatz und regeln ihre Arbeitszeiten in gemeinsamer Absprache. Die Besonderheit besteht darin, daß die ArbeitsplatzinhaberInnen dafür verantwortlich sind, daß der Arbeitsplatz ständig besetzt ist. Dies kann bei Krankheit oder Urlaub einer Job-Sharing-ArbeitnehmerIn problematisch werden. Dann ist die andere Kollegin verpflichtet, Vollzeit zu arbeiten – oft auch, ohne darauf vorbereitet zu sein.

Arbeit auf Abruf

Arbeit auf Abruf ist auch unter den Begriffen »Bavaz« (Bedarfsorientierte variable Arbeitszeit) und »Kapovaz« (Kapazitätsorientierte variable Arbeitszeit) bekannt. Dabei handelt es sich jeweils um Arbeitsverhältnisse, bei denen der Betrieb die ArbeitnehmerInnen – entsprechend seinem Bedarf – zur Arbeitsleistung »bestellen« kann. Diese Teilzeitarbeitsform wird vor allem in Kaufhäusern, im Gastgewerbe und im Medienbereich praktiziert.

- Gesetzlich vorgeschrieben ist, daß die Zahl der monatlichen Arbeitsstunden genau festgelegt werden muß.
- Zusätzlich muß der Arbeitgeber die Beschäftigten mindestens vier Tage vorher über ihren Arbeitseinsatz informieren. Es ist also nicht möglich, von einer Stunde auf die andere »bestellt« zu werden.
- Sofern nichts anderes festgelegt wurde, muß der Arbeitgeber die »abgerufene« Arbeitsleistung für mindestens drei aufeinanderfolgende Stunden in Anspruch nehmen.

Probleme können dadurch auftreten, daß meist die feste Einteilung der Arbeitszeit fehlt.

- Die Arbeitgeber können dadurch zum Beispiel die Bezahlung von Feiertagen umgehen, indem sie die Arbeitszeit, die an einem Feiertag hätte geleistet werden sollen, auf einen anderen Tag verlegen.
- Ähnliche Probleme können bei der Vergütungsfortzahlung im Krankheitsfall auftauchen, wenn bei Beginn der Krankheit noch nicht feststand, wann und wie lange die Arbeitnehmerin während ihrer Krankheitszeit hätte arbeiten sollen.

Fast so schön wie Busengrapschen, nicht wahr, Herr Kollege!...
F.B.

Arbeits-konflikte

Streit, Gerüchte, Konkurrenz, Neid. Die Möglichkeiten, das Berufsleben zur Tortur werden zu lassen, sind vielfältig. Sie reichen von nörgelnden KollegInnen über mißlaunige MitarbeiterInnen bis zu cholerischen Chefs, von kleinen Auseinandersetzungen um die Ordnung auf dem Schreibtisch bis zu großen um Bezahlung, Aufstieg oder innerbetriebliche Anerkennung. Am Arbeitsplatz finden sich alle großen Lebensthemen und Gefühle wieder, die auch in der Familie oder in der Partnerschaft immer wieder auf der Tagesordnung stehen: Liebe, Sympathie, Vertrauen und Anerkennung neben Haß, Wut, Ohnmacht, Rivalität, Neid und Intrigen.

Zufriedenes Arbeiten ist kaum möglich, wenn eine Kollegin gezielt Gerüchte aus dem Privatleben anderer verbreitet, wenn eine Sekretärin auf »Dienst nach Vorschrift« umstellt oder sich ein Kollege darauf spezialisiert, die Ideen anderer als die eigenen auszugeben. Unerträglich wird die Belastung, wenn zusätzlich Streß und Hektik herrschen, wenn unklar verteilte Arbeitsaufgaben und undurchsichtige Hierarchien dafür sorgen, daß man ständig auf der Hut sein muß.

Rund ein Drittel der ArbeitnehmerInnen in Deutschland empfinden das Betriebsklima an ihrem Arbeitsplatz als eher schlecht. Etwa die Hälfte von ihnen fühlt sich auch körperlich durch das schlechte Betriebsklima belastet.

Doch die Arbeitsatmosphäre ist nicht nur »hausgemacht«. Zurückgehende Aufträge und Umsatzeinbrüche sind für alle ArbeitnehmerInnen bedrohlich. Manche versuchen dann einer befürchteten Entlassung zu entgehen, indem sie die Ellenbogen gegen eigene KollegInnen einsetzen.

Konflikte mit KollegInnen

Wer berufstätig ist, verbringt mit den KollegInnen mehr Zeit als mit dem eigenen Partner, mit der Familie oder mit FreundInnen. Man kennt und erkennt sich im Betrieb. Besonderheiten, Launen, Macken, Vorlieben und Abneigungen bleiben nicht verborgen. Man weiß um die Stärken und Schwächen der anderen, ihr Diskussions- und Arbeitsstil ist bekannt.

Am Arbeitsplatz sind Menschen oft gezwungen, auf engstem Raum eine Intimität zu teilen, die sie einander freiwillig nie gewähren würden. Manchmal führen dann bereits Verhaltensweisen, an denen man sich sonst nicht stoßen würde, zu Irritationen, die die Arbeitszufriedenheit heftig mindern. Dann nervt es unendlich, daß jemand zu spät kommt; scheint es unerträglich, wie oft der andere hustet und wie laut er telefoniert. Aggressionen kochen hoch über die Art, wie ein Kollege sein Brot ißt oder eine Kollegin ihre Beine übereinanderschlägt.

• Sagen Sie Ihrem Gegenüber, was Sie stört, damit sich Abneigung oder Abwehr nicht immer weiter

Schlechtes Betriebsklima

Repräsentativumfrage des Instituts für angewandte Sozialforschung (Infas) in den alten und neuen Bundesländern Deutschlands zu den Ursachen und gesundheitlichen Auswirkungen von schlechtem Betriebsklima

	Alte Bundesländer		Neue Bundesländer	
Ursachen	Frauen	Männer	Frauen	Männer
Intrigen	75%	68%	64%	57%
Anschwärzen bei Vorgesetzten	52%	52%	53%	58%
Kollegenneid	43%	52%	46%	46%
Mißgelaunte Vorgesetzte	41%	42%	34%	38%
Fehlende Anerkennung	39%	41%	35%	38%
Faule KollegInnen	35%	40%	42%	51%
Hektik	30%	38%	44%	48%
Angst um den Arbeitsplatz	35%	31%	72%	65%
Konkurrenzkampf	42%	26%	30%	31%
Karrierestreben von KollegInnen	21%	25%	31%	30%
Gesundheitliche Auswirkungen				
Streßgefühl	59%	48%	71%	54%
Nervosität	53%	50%	44%	37%
Erschöpfungsgefühl	39%	22%	38%	21%
Kopfschmerzen	38%	33%	11%	12%
Schlafstörungen	29%	59%	27%	41%
Magenschmerzen	20%	7%	30%	9%
Appetitlosigkeit	8%	2%	0%	10%

Quelle: Infas, Bad Godesberg 1992

aufbauen. Wenn Sie das Problem konkret und direkt formulieren, ist es für den anderen relativ einfach, die Kritik zu akzeptieren. Voraussetzung ist, daß Sie sich direkt auf die *Sache* beziehen und nicht die *Person* oder ihr *Verhalten* kritisieren (▷ Fair streiten, Seite 79).

• Versuchen Sie zugleich mit dem Problem auch Lösungsvorschläge zu präsentieren. Es ist sehr deprimierend, kritisiert zu werden, ohne einen Ausweg aufgezeigt zu bekommen. Wenn beide Seiten nach Lösungen suchen, gelingt es meist, sich ohne Angst vor einem Gesichtsverlust zu einigen.

• Wenn Sie mit einer Kollegin oder einem Kollegen nicht kooperieren können: Grenzen Sie Ihre jeweiligen Arbeitsbereiche möglichst genau voneinander ab.

• Auch Vorgesetzte wissen, daß nur diejenigen gut zusammenarbeiten können, die miteinander harmonieren. Wenn sich persönliche Antipathien und Disharmonien nicht beheben lassen, werden sich die meisten Vorgesetzten damit einverstanden erklären, daß Sie räumlich auf Distanz gehen wollen. In einem anderen Zimmer oder in einem neuen Schichtrhythmus kann die Arbeitsfreude wieder steigen.

Abgrenzung

Harmonische Beziehungen sind vielen Menschen sehr wichtig. Besonders Frauen empfinden Konflikte und Auseinandersetzungen oft nicht nur als Last, sondern auch als eigenes Versagen. Sie versuchen daher für ein möglichst großes Maß an ausgleichender Harmonie zu sorgen – im Privat- wie im Berufsleben. Dieses Verhalten verhilft ganzen Abteilungen zu einem freundlichen Arbeitsklima.

Bei der immer gut gelaunten Sekretärin können die MitarbeiterInnen »auftanken«, bei der sanften Referentin finden die KollegInnen Trost, und bei einem Schwätzchen mit der jungen Sachbearbeiterin kann man sich kurz entspannen. Aus einem guten Betriebsklima dieser Art schöpfen Frauen das Gefühl besonderer persönlicher Anerkennung. Nicht ohne Grund werden manche Sekretärinnen zum »Herz« eines Unternehmens. Sie kümmern sich um die Sorgen der Azubis und die Launen des Chefs, um das neue Textverarbeitungsprogramm, die Geburtstage der MitarbeiterInnen und die Blumen in den Büros. Dieses Verhalten macht sie jedoch höchst verletzlich für Kritik, denn sie schöpfen ihre Anerkennung nicht primär aus der eigenen Leistung, sondern sie definieren ihren Wert immer wieder vornehmlich über solche »weiblichen Zusatzleistungen«. So entsteht in ihnen das Gefühl, daß sich jede Kritik gegen ihre Person richtet, selbst dann, wenn »nur« ihre berufliche Leistung gemeint ist (▷ Beziehungsarbeit, Seite 71).

TIP

Konflikte mit KollegInnen lösen

• Worum geht es konkret? Grenzen Sie den Konflikt ein und versuchen Sie, den Ursachen auf die Spur zu kommen. Überschneiden sich Arbeitsaufgaben im Gesamtablauf? Ist unklar, wer für was verantwortlich oder zuständig ist? Brodeln mühsam verdeckte Konkurrenzen? Fehlen dem Vorgesetzten oder der Chefin Entscheidungskraft? (▷ Konflikte mit Vorgesetzten, Seite 240)

• Wer ist der richtige Ansprechpartner oder die richtige Ansprechpartnerin? Wenden Sie sich direkt an die Person, mit der Sie die konkreten Schwierigkeiten haben. Wenn dies nicht hilft: Rufen Sie einen KollegInnenkreis zur gemeinsamen Besprechung zusammen. Gibt es auch dann keine Lösung: Scheuen Sie sich nicht, Vorgesetzte einzuschalten.

• Wichtig ist es auch, sich immer den besten Zeitpunkt für die Konfliktklärung zu überlegen. Oft ist es besser, wenigstens noch einmal »darüber zu schlafen«. Allerdings sollte die Klärung von Konflikten auch nicht unnötig auf die lange Bank geschoben werden (▷ Fair streiten, Seite 79).

Kritik akzeptieren

• Das Gefühl, als Mensch versagt zu haben, macht es schwer, Kritik auszuhalten. Hilfreich ist es zu erkennen, daß es nur um eine Sache, eben eine bestimmte Arbeit geht – nicht um den ganzen Menschen.

• Versuchen Sie darum immer auch selbst, Kritik und Einwände nicht allgemein und persönlich, sondern immer konkret auf die Sache gerichtet zu formulieren. Diese klare Eingrenzung erleichtert es dem anderen, Veränderungswünsche zu akzeptieren – sei es bei der Arbeit oder im eigenen Verhalten.

Konkurrenz

Frauen verbinden mit dem Wort »Konkurrenz« meist höchst unangenehme Gefühle. Wettstreit gilt allenfalls in »weiblichen« Bereichen als akzeptabel, bei der Schönheit, um Partner, bei der Leistung der Kinder oder um die perfekte Führung des Haushalts. Den offenen Wettbewerb mit anderen um das fundiertere Wissen, das bessere berufliche Können oder die kreativere Leistung scheuen Frauen. Im fachlich-beruflichen Können gibt es nur selten eine offene Auseinandersetzung, ein offenes Kräftemessen.

Mit anderen zu konkurrieren widerspricht immer noch der weiblichen Erziehung. So üben sich schon die Mädchen im Sich-Kleinmachen, wenn sie ihre guten Schulnoten abwerten, indem sie diese dem Zufall oder einer Glückssträhne zuschreiben. Persönliche Fähigkeiten, wie unkonventionelle Ideen oder einen wachen Verstand, akzeptieren sie nur zögernd als Teil ihres Selbst (▷ Selbst-Bewußt, Seite 23).

Dieses »Prinzip Bescheidenheit« taugt jedoch nicht für den beruflichen Konkurrenzkampf. Wer im Job weiterkommen oder als Selbständige Aufträge akquirieren will, muß zumindest für eine gewisse Phase die eigenen Interessen deutlich vor die der anderen stellen. Je offener dies gelingt, um so besser. Es schwächt die unausbleiblichen Konflikte mit den KollegInnen ab.

• Definieren Sie Ihre Interessen möglichst genau: Sie möchten zum Beispiel Ihren Zuständigkeitsbereich erweitern oder die Hauptverantwortung für ein neues Projekt übernehmen.

• Seien Sie sich bewußt, daß jede Erweiterung oder Spezialisierung Ihres Arbeitsbereichs den Einfluß oder sogar die Arbeit anderer in Frage stellt. Dieser Konfliktsituation müssen Sie sich stellen.

• Vor allem die KollegInnen, die zu Ihnen in direkter Konkurrenz stehen, werden sich wehren. Sie müssen damit rechnen, unfreundlich, kalt oder ablehnend behandelt zu werden. Dieses Verhalten müssen Sie aushalten, ohne selbst unfair zu werden.

• Suchen Sie sich Verbündete und sprechen Sie mit den Menschen, denen Sie vertrauen, die Ihre Leistungen schätzen und Ihre Bestrebungen fördern. Als Einzelkämpferin ist ein Konkurrenzkonflikt nur schwer durchzustehen.

• In der Konkurrenzsituation müssen Sie sich nicht nur als bessere Projektleiterin oder schnellere Denkerin bewähren, Sie stehen auch »als Frau« auf dem

TIP

Konkurrenz annehmen

Konkurrenz kann begeistern, wenn sich zwei etwa gleich starke Menschen auf demselben Gebiet messen. Voraussetzung ist, daß sie Lust an beruflicher Leistung haben und daß sie sich voneinander abgrenzen können, ohne dies als bedrohlich zu empfinden (▷ Abgrenzen lernen, Seite 237).

Je weiter Sie aufsteigen, desto öfter werden Sie mit Männern konkurrieren. Eine Frau, die nicht für ihre Weiblichkeit, sondern für ihre Leistung Anerkennung fordert, provoziert und stößt unweigerlich auf Widerstand bei den männlichen Kollegen (▷ Belästigung durch Kollegen, Seite 244). Stärken Sie sich darum immer durch Verbündete. Bei gravierenden Konflikten hilft gegen Querschüsse oft nur der Betriebs- bzw. Personalrat (▷ Seite 261).

Mobbing

Der extremste und brutalste Konflikt unter KollegInnen ist das Mobbing. Das Wort leitet sich vom englischen »to mob« = anpöbeln, übereinander herfallen, ab. Mobbing bezeichnet einen über Monate andauernden Psychoterror gegen eine Kollegin oder einen Kollegen.

In wirtschaftlichen Krisenzeiten und in schlechtem Betriebsklima haben persönliche Vernichtungskriege dieser Art Hochkonjunktur. Meist trifft es KollegInnen mit einem besonderen Merkmal: die »Neue«, den »Ausländer« oder die junge Hochschulabsolventin, der die »alten« PraktikerInnen zeigen, wer »das Sagen« hat.

Die Betroffenen merken den Unterschied zwischen Mobbing und normalem Ärger im Job sehr rasch: Sie müssen nicht vereinzelte Auseinandersetzungen durchstehen, sondern werden systematisch als Opfer gehetzt.

Schätzungen gehen davon aus, daß Frauen häufiger als Männer Mobbingopfer sind – möglicherweise deshalb, weil sie sich rascher als Männer in eine Opfer- und Sündenbockrolle drängen lassen (▷ Selbst-Bewußt, Seite 23).

Das systematische Fertigmachen einer Kollegin kann sich unterschiedlich äußern: Es werden gezielt Gerüchte gestreut, sie wird sexuell belästigt (▷ Seite 244), fortgesetzt abqualifiziert und bloßgestellt. Jede Zusammenarbeit mit ihr wird konsequent abgeblockt, man enthält ihr Informationen vor. Wichtige Briefe werden unterschlagen, Arbeitsunterlagen gefälscht oder beschädigt.

Am Beginn des Kampfes steht immer ein banaler Konflikt. Damit aus einer Auseinandersetzung kein Mobbing wird, ist eindeutige und entschiedene Gegenwehr nötig, denn ist der Psychoterror erst einmal richtig ins Rollen gekommen, wird es immer schwieriger, ihn zu stoppen.

- Wenn Sie das Gefühl haben, Mobbingopfer zu sein, sprechen Sie die KollegInnen möglichst direkt und so früh wie möglich auf den Konflikt an. Wenn nötig, nehmen Sie eine dritte Person mit, und wenden Sie sich – falls sich die Situation nicht bessert – ohne zu zögern an den Betriebsrat oder an Vorgesetzte.
- §75 des Betriebsverfassungsgesetzes erfaßt den rechtlichen Schutz vor Mobbing, zu dem die Vorgesetzten und ArbeitnehmerInnenvertreter verpflichtet sind: »Arbeitgeber und Betriebsrat haben darüber zu wachen, daß alle im Betrieb tätigen Personen nach den Grundsätzen von Recht und Billigung behandelt werden, insbesondere, daß jede unterschiedliche Behandlung (...) unterbleibt.(...)«.
- In Mobbing-Selbsthilfegruppen unterstützen die Betroffenen einander. Auskunft über solche Gruppen geben die Gewerkschaften (▷ Seite 262). Sie sind auch die richtigen Ansprechpartner, wenn Sie eine Kündigung erwägen (▷ Kündigung, Seite 263).
- Machen Sie sich nicht zur Mittäterin, wenn Sie in Ihrem Arbeitsumfeld bemerken, daß eine Kollegin oder ein Kollege systematisch schikaniert wird. Brechen Sie das Schweigen, decken Sie die Heimlichkeiten auf, und sprechen Sie mit dem Opfer und den KollegInnen. Wer wegschaut, ist mitverantwortlich.

LITERATUR

Brigitte Huber
Mobbing. Psychoterror am Arbeitsplatz
Falken, Niedernhausen, 1993/94. DM 19,90

Prüfstand (▷ Belästigung durch Kollegen, Seite 244). Besonders bitter ist es, wenn Sie dabei erfahren müssen, daß das Aussehen unter Umständen mehr gilt als das Können.

Aussehen oder Leistung?

Es ist äußerst schmerzhaft, sich bewußt zu machen, wie sehr es das eigene Leben beeinflußt, als Frau immer mit anderen Frauen verglichen zu werden. Das Aussehen und das gelungene Werben um die Gunst anderer haben wesentlichen Anteil am beruflichen Erfolg. Attraktive Menschen sind dem Erfolg immer ein Stückchen näher als jene, die von der Natur nicht so bevorzugt wurden (▷ Schön sein, Seite 469).

Bei diesem Wettstreit geraten Frauen unweigerlich in ein Dilemma. Wo eigentlich nur Schulabschlüsse, Zeugnisse, Qualifikationen, Können, Fähigkeiten und Erfahrungen zählen sollten, spielen schöne Beine, eine gute Figur oder ein jugendliches Aussehen eine fast ebenso große Rolle. Allerdings kann die Wirkung des »Schönheits-Bonus« sehr unterschiedlich sein.

Das kann zu üblen Gerüchten führen: Dann hat die innenpolitische Redakteurin nicht deswegen gute Chancen auf eine Führungsposition, weil sie ihr Team hervorragend leitet, sondern weil der Hauptabteilungsleiter angeblich ihre strahlend blauen Augen liebt.

Oder das wissenschaftliche Engagement und die brillanten Forschungsarbeiten der renommierten Biologin im mittleren Alter werden darauf zurückgeführt, daß ihr angeblich kein anderes Betätigungsfeld übrig bleibt: »Die hat doch keinen abgekriegt« (▷ Sexuelle Belästigung, Seite 244).

Was als dummes Klischee daherkommt, blüht auf dem Boden jahrhundertealter Traditionen: Frauen konkurrieren untereinander im Bereich der Schönheit, der Weiblichkeit und der Sexualität – aber keinesfalls im Bereich des Geistes oder mit Männern (▷ Mädchenzeit, Seite 315).

Konflikte mit Vorgesetzten

Bestimmte Verhaltensweisen von Chefs lösen bei denen, die unter ihrer Verantwortung arbeiten, häufig Verwirrung, Angst und Unsicherheit aus. Bei einer Infas-Befragung gaben 39 Prozent der ArbeitnehmerInnen an, das Betriebsklima leide unter Vorgesetzten, die mit zahlreichen Eigenarten ihre MitarbeiterInnen drangsalieren. Zu diesen »Macken« gehören andauernde offensichtliche Unsicherheit, Mißtrauen und Entscheidungsschwäche, Rechthaberei und Perfektionsstreben, tyrannisch-autoritäres Auftreten, Arroganz, Gefühlskälte und die Unfähigkeit, andere zu loben. Solche Verhaltensweisen zeugen von einer ausgeprägten Persönlichkeits- und Führungsschwäche.

Vorgesetzte dieser Art sind für MitarbeiterInnen eine extreme Belastung. Besonders unerträglich ist das Gefühl, völliger Willkür ausgeliefert zu sein oder einem Menschen, der keinerlei innere Regung zeigt. Wer unter einem solchen Chef oder einer solchen Chefin überleben will, muß die Kunst der Abgrenzung optimal beherrschen.

- Fühlen Sie sich auf keinen Fall für das Wohl oder die gute Laune Ihrer Vorgesetzten verantwortlich. Als Arbeitnehmerin sind Sie ausschließlich Ihrer Arbeit verpflichtet. Identifizieren Sie sich über diese Arbeit. Holen Sie sich für Ihre Erfolge auch immer wieder die Anerkennung von KollegInnen.
- Melden Sie sich bei Vorgesetzten an, wenn Sie Probleme klären wollen. Vereinbaren Sie mit dem Termin auch die Dauer des Gesprächs. Sie wissen dann, wie lange Sie Zeit haben und können darauf bauen, daß die Aufmerksamkeit des oder der Vorgesetzten weitgehend Ihnen gehört. So läßt sich das Risiko willkürlicher Entscheidungen reduzieren.
- Weisen Sie ausfälliges Verhalten sofort zurück. Kein Vorgesetzter hat das Recht, haltlos zu brüllen, Mitar-

beiterInnen flegelhaft zu behandeln, bloßzustellen, zu beschimpfen oder einzuschüchtern – ganz gleich, welchen Fehler sie gemacht haben (▷ Rechte und Pflichten im Arbeitsverhältnis, Seite 254).

• Nimmt das Verhalten der Vorgesetzten Züge grober Beleidigung, Kränkung oder Unterstellung an, sollten Sie den Personal- bzw. Betriebsrat informieren. Lassen Sie sich beraten und unterstützen. Ist das Verhältnis zu Vorgesetzten nachhaltig gestört, ist es im Interesse der eigenen Gesundheit fast immer ratsam, den Arbeitsplatz zu wechseln. Prüfen Sie auch die Möglichkeit einer Versetzung, bevor Sie kündigen (▷ Kündigung, Seite 263).

Das Betriebsklima verbessern

Jede Geschäftsführung baut auf ein gutes Betriebsklima, um die Zahl der Krankmeldungen zu senken, die Effizienz innerhalb des Unternehmens zu steigern und den Gewinn zu erhöhen. Aus diesem ökonomischen Interesse heraus sind Chef und Chefin auch für innerbetriebliche Verbesserungen ansprechbar. Meist kommen die Vorschläge jedoch von externen UnternehmensberaterInnen (▷ Seite 160), die erst dann zu Hilfe gerufen werden, wenn es im Betrieb bereits hoffnungslos knirscht und kracht. Manchmal gelingt es jedoch auch kleinen Gruppen engagierter KollegInnen, den entscheidenden Anstoß zur Verbesserung des Betriebsklimas zu geben. Als besonders effektiv erweist sich dabei Teamarbeit, mit VertreterInnen aus dem Personal- bzw. Betriebsrat, mit MitarbeiterInnen aus der Personalabteilung, mit Betriebsärztin oder -arzt, mit übergeordneten Vorgesetzten und/oder externen SupervisorInnen.

Der erste Schritt zur Verbesserung des Betriebsklimas ist, gemeinsam mit anderen KollegInnen die Ursachen für das Negativgefühl zu ergründen. Die häufigsten Ursachen sind:

• Unüberschaubare Hierarchien, Unsicherheit darüber, wer wofür zuständig ist, Unklarheit darüber, wer wieviel Macht und (in-)direkten Einfluß hat.

• Scharfe Trennung von »männlichen« (oben) und »weiblichen« (unten) Arbeitsbereichen, in denen es für die »unteren« nur wenig eigene Entscheidungs- und Gestaltungsmöglichkeiten gibt.

• Unklare, ungenaue oder unvollständige Arbeitsanweisungen, Unsicherheit darüber, ob, wann und auf welche Weise etwas falsch oder richtig gemacht wird.

• Unvollständige und/oder verspätete Information der MitarbeiterInnen über Veränderungen im Betrieb; die Vorgänge in der Firma erscheinen insgesamt undurchschaubar.

• Keine Klarheit, welchen Sinn die einzelne Arbeit und welche Bedeutung sie für das Gesamtgefüge hat.

• Kaum Anerkennung für die Arbeit, fehlendes Lob, geringe Aufstiegschancen, schlechte Bezahlung, hoher Arbeitsdruck und Vereinzelung (▷ Gleiche Rechte – gleiche Chancen?, Seite 248).

Grundsätzliche Veränderungen wirken bis tief in die innerbetrieblichen Strukturen. Für Frauen ist das

TIP

Interessen gegenüber Vorgesetzten vertreten

• Bereiten Sie sich hinsichtlich Ihrer Ziele und Argumente gut vor. Formulieren Sie vorerst für sich selbst, was Sie konkret erreichen wollen: Freistellung für eine Weiterbildung, bessere Entlohnung, mehr Verantwortung?

• Stellen Sie Ihre fachlichen Leistungen, Stärken und Erfolge der letzten Monate bewußt in den Vordergrund. Beziehen Sie sich auch immer auf die gute Arbeit mit KundInnen und/oder KollegInnen, und zeigen Sie daran auf, weshalb ein höherer Lohn bzw. eine höhere Position gerechtfertigt wäre.

• Üben Sie sich in Rhetorik und Körpersprache. Dies ist im Rahmen eines Bildungsurlaubes oder einer Fortbildung möglich. Erkundigen Sie sich nach den Angeboten Ihrer Gewerkschaft, auch nach speziellen Kursen für Frauen.

TIP

Klare Arbeitsbeziehungen aufbauen

• Unterscheiden Sie zwischen KollegInnen und FreundInnen. Verlegen Sie Privatgespräche selbst dann in den Feierabend, wenn Sie mit einer Kollegin wirklich befreundet sind.

• Wecken Sie bei sich und im Team Verständnis dafür, daß Menschen unterschiedliche Stärken haben, und zeigen Sie Ihre Freude darüber, daß sich die verschiedenen Qualitäten ergänzen. So finden alle den Platz, der ihren individuellen Fähigkeiten am ehesten entspricht. Lob ist eine hervorragende Arbeitsmotivation.

• Zeigen Sie Ihre Stärke, indem Sie Ihre Erwartungen in bezug auf alle Arbeitsabläufe klar und direkt formulieren.

• Formulieren Sie immer das Ziel und den Sinn von Arbeiten, wenn Sie etwas delegieren. Je transparenter die Aufgaben, desto besser die Arbeitsmotivation.

• Wer merkt, daß man ihm oder ihr zutraut, eine Aufgabe eigenständig zu erfüllen, identifiziert sich stärker mit dem Gesamtziel der Abteilung oder der Firma. Teamgeist entsteht nur, wenn alle das Gefühl haben, für eine gemeinsame Sache zu arbeiten.

• Unterstützen Sie andere Frauen aktiv beim Aufstieg. Sagen Sie aber auch klar, wann Sie zu einer Kollegin in direkte Konkurrenz, zum Beispiel im Kampf um eine Beförderung, treten.

• Mit einigem Geschick können Sie gemeinsam mit einer Kollegin nach dem Prinzip des Steigbügelhaltens Konkurrenzsituationen nutzen: Eine unterstützt die andere beim Aufstieg; sobald dieser gelungen ist, wird die ehemalige Unterstützerin nachgezogen (▷ Lobbyarbeit, Seite 385).

LITERATUR

Jill Barber, Rita Watson
Frau gegen Frau. Rivalinnen im Beruf
Rowohlt, Reinbek, 1993. DM 12,90

eine Chance. Wenn Althergebrachtes zur Diskussion steht, sind Kooperationsfähigkeit, Teamgeist und soziale Kompetenz gefragte Alternativen. Die Verantwortungsbereiche der weiblichen Mitarbeiter können auf diese Weise erweitert werden. Je »durchmischter« die Strukturen, um so besser für das Gesamtklima (▷ Frauenförderung, Seite 250; ▷ Lobbyarbeit, Seite 385).

Führungskonflikte

Egal ob eine Frau als Abteilungsleiterin, Schuldirektorin, Geschäftsführerin oder als Vorarbeiterin in einer Fabrik Leitungsaufgaben übernimmt – sie muß Anordnungen geben, Zielvorgaben festlegen, Arbeiten delegieren und Leistungen kritisieren. Sie muß zugleich ertragen lernen, daß die so Geforderten darauf eventuell abweisend oder feindlich reagieren. Es gehört zur hohen Kunst des »Leitens«, sich in Situationen mit einander widersprechenden Interessen durchzusetzen, ohne die Motivation der MitarbeiterInnen zu zerstören.

Eine solche Führungsfunktion verlangt Distanz zu den MitarbeiterInnen. Jede Vorgesetzte muß Statusunterschiede akzeptieren und sich vorerst von den persönlichen Wünschen derjenigen abgrenzen, die unter ihr arbeiten (▷ Abgrenzung, Seite 237).

Frauen geraten dabei jedoch unweigerlich in Konflikt mit den Prinzipien »weiblicher« Erziehung. Sie wollen als Gleiche unter Gleichen gemocht werden, eng kooperieren und persönliche Beziehungen eingehen – sie wollen personenbezogen handeln (▷ Beziehungsarbeit, Seite 71). Das ist jedoch erst dann erfolgreich möglich, wenn man die eigene Position als Vorgesetzte unzweifelhaft klargemacht hat.

Voraussetzung dafür ist eine klare Linie und der Wille, diese Linie zu behaupten. Erst dann kann eine Vorgesetzte gegebenenfalls auch die Bedürfnisse der ihr Unterstellten berücksichtigen, ohne sich etwas zu vergeben. Je größer die Durchsetzungskraft, um so stärker die eigene Position. Klare Differenzierungen schaffen klare Arbeitsstrukturen, in denen sich schließlich alle Beteiligten wohlfühlen können (▷ Das Betriebsklima verbessern, Seite 241).

Der Versuch, den eigenen Führungsstil im Gegensatz zum »männlichen« zu gestalten und als »Chefin« viel Verständnis für die Lebenssituation der MitarbeiterInnen zu zeigen, kann in eine Sackgasse führen. Wer zum Beispiel regelmäßig mit Verständnis reagiert, wenn die Sekretärin zu spät kommt, benachteiligt diejenigen, die pünktlich sind. Wer ständig bemüht ist, selbst die Schwächen von MitarbeiterInnen aufzufangen, untergräbt die eigene leitende Position. So weiß jede langjährig tätige Vorgesetzte aus Erfahrung: »Weibliche« Qualitäten, wie personenbezogenes Handeln, Empathie und vernetztes Denken und Handeln, gelten erst dann etwas, wenn man zuvor die eigene Position mit Klarheit und Stärke durchgesetzt hat.

Wer sich unsicher fühlt, kann sich darin in Weiterbildungskursen oder in Führungsseminaren schulen (▷ Berufliche Weiterbildung, Seite 176).

Delegieren

Anderen Arbeit zuzuweisen ist ein wesentlicher Teil der Arbeit einer Vorgesetzten – und ein häufiges Problem für Frauen. Fast wie in der Familie denkt manche: Es geht schneller, wenn ich es selbst erledige! Da aber nicht jeder jede anfallende Arbeit in einem Betrieb, einer Behörde oder in einem Dienstleistungsunternehmen selbst erledigen kann, muß die Arbeit aufgeteilt werden. Jemand, der eingearbeitet ist, kann wiederkehrende Arbeiten übernehmen. Nur so bleibt Vorgesetzten Zeit für andere Arbeiten.

Damit die Delegation von Arbeit klappt, müssen Vorgesetzte ihre MitarbeiterInnen umfassend über alle relevanten Abläufe informieren. Das setzt voraus, daß sie bereit sind, von ihrem Wissen, ihrer Kompetenz und ihrer Verantwortung abzugeben. Wer das scheut, Informationen verweigert und sich an seiner »Macht« festkrallt, wird erfahren, wie schnell er sie aus genau diesem Grunde verlieren kann.

Wer Arbeit delegiert, muß auch kompetent entscheiden können, wer was tun soll – mit Rücksicht auf die Bedürfnisse und das Können der MitarbeiterInnen, aber auch im Interesse des Unternehmens. Dabei bleibt es nicht aus, daß einige MitarbeiterInnen unangenehme oder monotone Arbeiten erhalten und deswegen ihre Chefin nicht gerade in ihr Herz schließen. Doch auch wenn diese ihnen zuviel zumuten würde in der Hoffnung, sie dadurch anzu-

Tips für Leitungsanfängerinnen

- Werden Sie offensiv, und lernen Sie, sich und Ihre Arbeit zu präsentieren. Suchen Sie sich Menschen, mit denen Sie die neuen Herausforderungen auf »fremdem Terrain« besprechen und reflektieren können, zum Beispiel in einer Supervisionsgruppe für Leiterinnen.
- Beachten Sie, daß Sie als Leiterin eine »Rolle« haben, die Sie im Sinne der Institution spielen. So können Sie sich auch davor schützen, sich bei Anfeindungen und beruflichen Niederlagen als ganze Person in Frage gestellt zu fühlen.
- Sie brauchen unbedingt Menschen, die Sie außerhalb Ihres Arbeitsplatzes emotional unterstützen: FreundInnen, PartnerInnen.
- Seien Sie stolz auf das, was Sie können, und zeigen Sie es auch in Ihrem Auftreten (▷ Mode, Seite 397). Um die eigenen Schwächen zu wissen, ist nützlich, um sich zu verbessern. Eigenes Unvermögen ungefragt von vornherein einzugestehen ist dagegen wenig sinnvoll.
- Eine berufsbegleitende Fortbildung zum Erwerb von Leitungskompetenzen in Projekten und Institutionen bietet »Frau und Arbeit e.V.« an.

KONTAKT

Frau und Arbeit e.V.
Grindelallee 43, 20146 Hamburg

TIP

Was tun gegen sexuelle Belästigung?

- Wenn der Täter nicht von seinen Attacken abläßt, nachdem er zur Rede gestellt wurde, sollten Sie die Vorfälle mit Zeit und Ort dokumentieren, um für spätere Auseinandersetzungen gewappnet zu sein.
- Fühlen Sie sich dem direkten Gespräch nicht gewachsen, wehren Sie sich schriftlich. Drohen Sie ab einem bestimmten Termin mit öffentlicher Bloßstellung, mit Vorgesetzten, Anwalt, Klage und/oder Beschwerde. Behalten Sie eine Kopie des Schreibens als Beweis, und senden Sie den Brief als Einschreiben.
- Wenden Sie sich an Kolleginnen, an die Frauenbeauftragte, eine Betriebs- bzw. Personalrätin. Manchmal ist der Belästiger bekannt, weil auch andere Frauen von ihm attackiert werden. Gespräche erleichtern. Die Gewerkschaften helfen mit Informationen und Rechtsberatungen weiter.
- Grundsätzlich ist der Arbeitgeber verpflichtet, das sexuelle Selbstbestimmungsrecht der Arbeitnehmerinnen zu schützen. Ebenso sind Betriebs- bzw. Personalräte verpflichtet, Geschlechtsdiskriminierungen zu verhindern. Die Bandbreite der innerbetrieblichen Maßnahmen gegen einen Belästiger kann von der Abmahnung über die Versetzung bis hin zur Kündigung reichen.
- Auch das Strafrecht bietet Möglichkeiten: So kann das Betatschen oder das Erzählen schweinischer Witze den Tatbestand der sexuellen Beleidigung erfüllen (§§185 ff. StGB), massive Angriffe können auch als Körperverletzung oder sexuelle Nötigung gewertet werden (▷ Vergewaltigung, Seite 451).
- Bevor Sie zum Vorgesetzten oder zum Gericht gehen, sollten Sie sich auf jeden Fall gründlich von erfahrenen GewerkschafterInnen oder AnwältInnen beraten lassen, denn die Täter leugnen fast immer. Die Frage, wem eher geglaubt wird, entscheidet im Konfliktfall letztlich auch über den eigenen Arbeitsplatz.

spornen, kann der Dank ausbleiben. Eine gesunde Basis der Zusammenarbeit ist erst dann gegeben, wenn alle entsprechend ihren Fähigkeiten arbeiten können, die Vorgesetzte aber nicht darauf angewiesen ist, von ihren MitabeiterInnen im weitesten Sinne »geliebt« zu werden.

Sexuelle Belästigung am Arbeitsplatz

Über 90 Prozent aller berufstätigen Frauen haben es schon einmal erlebt: Das »zufällige« Berühren der Brust im Aufzug, den »kollegialen« Klaps auf den Po, den zotigen Witz, um eine neue Mitarbeiterin zum Erröten zu bringen, oder den anzüglichen Kommentar, mit dem das Aussehen einer älteren Kollegin abgeurteilt wird. Sexuelle Anspielungen, unangenehme körperliche Berührungen und verbale Annäherungsversuche – all das sind bereits Formen sexueller Belästigung, wenn die betroffene Frau es als solche empfindet. Unzweifelhaft liegt sexuelle Gewalt vor, wenn eine Frau zu sexuellen Handlungen aufgefordert wird, wenn sie tätlich bedroht oder gar vergewaltigt wird.

Belästigung durch Kollegen

Fast jede dritte feste Beziehung hat sich zwischen Menschen angebahnt, die zusammen arbeiteten. Flirts und sexuelle Abenteuer sind häufig Teil des Berufslebens. Mit sexueller Belästigung hat dieses absolut nichts gemein. Während es im gegenseitigen Liebeswerben um die gleichberechtigte Anerkennung und Zuneigung geht, zielt eine Belästigung auf Demütigung und Verunsicherung. Auf diese Weise soll Überlegenheit demonstriert werden.

Als Mittel setzen Männer dabei Verhaltensweisen ein, die Frauen abwerten und erniedrigen und/oder mit denen sie die von den Frauen gezogenen Grenzen überschreiten. Besonders häufig betroffen sind jüngere Frauen in noch nicht gefestigter Position, Frauen auf mittleren Hierarchiestufen, die mit männlichen Kollegen konkurrieren, und Frauen, die in Männerdomänen tätig sind.

Jede Frau und jeder Mann wissen im Alltag und am Arbeitsplatz zwischen dem freundlichen »Das Kostüm steht Ihnen aber gut!« und dem anzüglichen »Ob sie darunter auch so lecker aussieht?« zu unterscheiden. Viele Frauen sind im ersten Moment nach einer solchen Zote sprachlos, fühlen sich peinlich berührt und extrem verunsichert. Untersuchungen haben ergeben, daß etwa die Hälfte aller Betroffenen versucht, anzügliche Bemerkungen zu ignorieren oder dem Belästiger möglichst auszuweichen. Doch diese »klassische«, defensive Abwehrstrategie schreckt kaum ab. Etwa zwei Drittel der Täter machen unverdrossen weiter.

Das Erlebte verunsichert. Kaum eine Frau will als »Sensibelchen« gelten oder »zickig« sein. Doch sexistische Witze, Grapschereien und Anspielungen auf das Aussehen oder das Sexualleben der Frau können quälen. Viele Frauen fragen sich in einer solchen Situation hilflos, was sie denn falsch gemacht haben: Waren die Gespräche zu offen, war das Lächeln zu freundlich – oder das T-Shirt zu eng? Wie bei allen Gewalterfahrungen suchen viele Frauen zunächst die Schuld bei sich, bevor es ihnen gelingt, die Verantwortung dort zu sehen, wo sie liegt: beim Täter (▷ Gewalt, Seite 443).

Sich wehren

Defensive Strategien, also der Rückzug, die Vermeidung und das »Aus-dem-Weg-gehen«, haben nur selten Erfolg. Wirksamer ist die Offensive: Der Kollege wird offen zur Rede gestellt und unmißverständlich darauf aufmerksam gemacht, daß sein Verhalten unerwünscht ist. Die Angst, anschließend unter dem Image der »prüden Tussi« oder Spielverderberin leiden zu müssen, ist unbegründet. Studien zeigen, daß zwei Drittel aller Frauen mit der Methode »Klartext reden« Erfolg haben. Besonders hilfreich kann es sein, gleichzeitig zu drohen, zum Beispiel mit einer Beschwerde beim Betriebsrat, bei Vorgesetzten oder mit dem Einschreiten eines Anwalts und nachfolgendem Gerichtsverfahren. Allerdings: Frauen, die eine »offizielle« Bestrafung vorantreiben, müssen sich darauf einstellen, im Betrieb für eine Weile »geschnitten« zu werden. Die Stimmung ist zunächst oft auf Seiten der Täter.

Sexuelle Belästigung durch Vorgesetzte

Frauen, die in einer beruflich unsicheren Position sind, als Auszubildende, in der Probezeit oder neu in der Abteilung, haben es besonders schwer, wenn sich Vorgesetzte mit anzüglichen Bemerkungen oder eindeutigen Angeboten nähern. Häufig wird mit beruflichen Nachteilen gedroht, sofern sich die Frauen nicht sexuell auf den Belästiger einlassen. Die Täter lassen kein Druckmittel der Erpressung ungenutzt; mal agieren sie scheinbar sanft, mit dem Hinweis, daß der innerbetriebliche Aufstieg leichter funktioniert, wenn man »einander näherkommt«, manchmal auch mit dem drohenden Hinweis auf das berufliche Abstellgleis: »Wenn Sie sich nicht anders überzeugen lassen...«.

Jeder Vorgesetzte verletzt seine Schutzpflichten und macht sich strafbar, wenn er ein Abhängigkeitsverhältnis ausnutzt. Besonders deutlich ist dies beim sexuellen Mißbrauch von Schutzbefohlenen sowie von Jugendlichen im Rahmen des Ausbildungs- und Arbeitsverhältnisses. Rechtliche Schritte gegen sexuell belästigende Vorgesetzte sind dennoch schwierig, weil es nur selten ZeugInnen für den Vorfall gibt (▷ Vergewaltigung, Seite 451). Ob es sinnvoll ist, sich direkt an die zuständige Geschäftsführung oder Aufsichtsbehörde zu wenden, kann nur nach einer ausführlichen Rechtsberatung entschieden werden (▷ Gewerkschaften, Seite262).

So Mädels, der Typ drangsaliert uns nicht mehr!
F.B.

Arbeitsrecht

Für die meisten Frauen ist es heute selbstverständlich, daß sie als Arbeitnehmerinnen über die gleichen Rechte verfügen wie ihre männlichen Kollegen. Dabei ist die rechtliche Grundlage für diese »Selbstverständlichkeit« noch sehr jung, denn erst auf massiven Druck der Europäischen Gemeinschaft verabschiedeten die Abgeordneten des deutschen Bundestages 1980 das »Gleichbehandlungsgesetz« (§ 611a BGB). Demnach dürfen Frauen gegenüber Männern im Beruf nicht benachteiligt werden, weder bei der Einstellung noch bei der Beförderung oder bei der Kündigung. Das gilt auch für die Verteilung der attraktiven und spannenden bzw. der unangenehmen und belastenden Aufgaben an einem Arbeitsplatz. Dieses Gesetz ist heute für den öffentlichen Dienst und die Privatwirtschaft bindend. Die Arbeitgeber sind schadensersatzpflichtig, wenn sie das Diskriminierungsverbot verletzen.

Wie zäh und ausdauernd die Frauen um den Grundsatz der Gleichbehandlung ringen mußten, zeigen die Auseinandersetzungen um die Forderung »Gleicher Lohn für gleiche Arbeit«. Erst 1955 wurde die sogenannte Lohnabschlagsklausel, nach der Frauen automatisch weniger Lohn bekamen als ihre männlichen Kollegen, vom Bundesarbeitsgericht für rechtswidrig erklärt. Und erst auf Druck der EG-Lohngleichheits-Richtlinie von 1975 wurde gesetzlich verfügt, daß Arbeitgeber für gleiche oder gleichwertige Arbeit auch die gleiche Vergütung zahlen müssen und niemanden aufgrund des Geschlechts benachteiligen dürfen. Doch das »geschriebene« Recht findet sich noch nicht tatsächlich im Alltag, in den Büros und an der Werkbank wieder. Die meisten Arbeitgeber finden immer wieder Gründe, Männer zu bevorzugen; sei es, indem sie ihnen die Türen zum Aufstieg weiter öffnen als den Frauen, oder auch, indem sie ihnen attraktivere Aufgaben zuteilen.

Gleiche Rechte – gleiche Chancen?

Gesetze und Rechtsprechung orientieren sich in hohem Maße an der Lebenswelt der Männer. Für Frauen hat dies fast immer negative Konsequenzen, weil ihre Erwerbsbiografie nach anderen Regeln verläuft als die der Kollegen. Dadurch wirken die Diskriminierungen im Erwerbsleben meist mittelbar und nur selten in der direkten Konfrontation Mann gegen Frau. Fachleute bezeichnen dies als »mittelbare Diskriminierung«, die dann vorliegt, wenn von einer bestimmten Regelung prozentual mehr Frauen als Männer negativ betroffen sind.

In der Teilzeitarbeit

Klassisches Beispiel einer mittelbaren Diskriminierung ist die Praxis der Teilzeitarbeit. Jahrzehntelang erhielten Teilzeitbeschäftigte einen schlechteren Stundenlohn als Vollzeitkräfte, in vielen Fällen wurden sie von der betrieblichen Altersversorgung ausgeschlossen, an Weiterbildung und Aufstieg war überhaupt nicht zu denken. Wer auf eine halbe Stelle ging, wurde automatisch ArbeitnehmerIn zweiter Klasse. Da bis heute fast nur Frauen in Teilzeit arbeiten, traf diese Ungleichbehandlung jahrzehntelang vor allem sie.

Inzwischen ist im Beschäftigungsförderungsgesetz (§ 2) das Verbot der Benachteiligung von Teilzeitbeschäftigten ausdrücklich festgeschrieben. Damit haben Teilzeitkräfte die gleichen Rechte wie Vollzeitbeschäftigte, zum Beispiel auf den gleichen Stundenlohn. Die Chancen des Aufstiegs haben sich dadurch allerdings nicht wesentlich verbessert. Nur im Bundesdienst ist gesetzlich festgeschrieben, daß auch ChefInnen die Möglichkeit haben, in Teilzeit zu arbeiten (▷ Beim Bund, Seite 251) – in der privaten Wirtschaft gilt hingegen noch immer der Grundsatz: Nur wer von früh bis spät am Schreibtisch sitzt, darf Führungsaufgaben übernehmen. Auf diese Weise werden Männer bevorzugt befördert, obwohl sich viele Leitungspositionen problemlos teilen ließen (▷ Arbeitszeitmodelle, Seite 232).

Beim Lohn

Eindeutig bevorzugt werden Männer auch bei den Löhnen. Die Unterschiede in den Vergütungsgruppen der Tarifverträge richten sich inzwischen zwar nicht mehr offen nach dem Geschlecht, sondern nach scheinbar sachlichen Kriterien wie »schwere bzw. leichte Arbeit« oder »Verantwortung«. Welche Auswirkung diese Bewertungen in der Praxis haben, zeigt sich am Beispiel der Metallindustrie.

Obwohl das Bundesarbeitsgericht bereits 1988 festgestellt hat, daß auch Zeitdruck, Lärm, monotone Arbeitsabläufe und einseitige Körperhaltungen Merkmale »schwerer Arbeit« sind, arbeiten die Akkordarbeiterinnen in der Metallindustrie fast ausschließlich unter dem Bewertungskriterium »einfache, körperlich leichte Arbeit« in der niedrigsten Lohngruppe. Männer sind in dieser schlechten Lohngruppe gar nicht zu finden. Sie steigen – deutlich bevorzugt – erst zwei Gruppen höher ein, dort, wo man tarifvertraglich von »schwieriger und körperlich schwerer Arbeit« unter dem Aspekt der Muskelbeanspruchung spricht.

Die höhere Eingruppierung und die damit verbundenen höheren Löhne der Männer haben zusätzliche Vergünstigungen zur Folge, zum Beispiel bei den Lärm-, Nachtarbeits-, Leistungs- und Erschwerniszulagen, bei den betrieblichen Zusatzrenten oder sonstigen freiwilligen Leistungen. Sie fallen bei Männern fast immer höher aus als bei Frauen.

Diskriminierung des Berufs

Wie Arbeit finanziell bewertet wird, orientiert sich nicht nur an konkreten Tätigkeiten und Inhalten. Arbeit, die mehrheitlich von Männern ausgeführt

So kommen Sie zu Ihrem Recht

Wenn Sie meinen, gegenüber Ihren männlichen Kollegen benachteiligt zu werden, weil Sie eine Frau sind, sollten Sie sich zunächst an Gewerkschaftsfrauen, den Betriebsrat oder die Frauenbeauftragte des Unternehmens wenden. Wenn es in Ihrem Unternehmen derartiges nicht gibt, können Sie auch direkt die Gewerkschaften oder die Frauenbeauftragte der Kommune ansprechen (▷ Mitbestimmung, Seite 260).

Suchen Sie sich Mitstreiterinnen, gründen Sie Frauenarbeitskreise und machen Sie Ihre Arbeit bekannt. Allein schon die Tatsache, daß sich Frauen zu bestimmten Themen treffen, kann Druck erzeugen.

Bringt die Auseinandersetzung auf Betriebsebene keine Verbesserung, besteht immer die Möglichkeit, vor dem zuständigen Arbeitsgericht zu klagen (▷ Klage vor dem Arbeitsgericht, Seite 264).

Wenn Sie wegen Diskriminierung klagen wollen, müssen Sie – am besten unterstützt von einer Rechtanwältin oder einem Rechtsanwalt – genügend plausible Anhaltspunkte sammeln, die den Verdacht stützen, daß Sie aufgrund Ihres Geschlechts beachteiligt wurden. Solche Anhaltspunkte können sein:

- Sie erhalten bei der Bewerbung um einen neuen Job in Ihrem Betrieb eine Ablehnung mit der Begründung, die künftige Arbeit würde Sie physisch überlasten, Männern sei diese Arbeit eher zuzumuten.
- Sie werden abgelehnt, weil in dem neuen Job längere Außendienstzeiten und Auslandsaufenthalte gefordert sind und weil Ihr Arbeitgeber meint, daß er Ihnen diese Anstrengung als Mutter zweier Kinder keinesfalls aufbürden möchte.
- Sie werden in eine niedrigere Lohngruppe eingestuft als Ihr männlicher Kollege, der die gleiche Arbeit verrichtet wie Sie.
- Sie bekommen bei Ihrer Kündigung eine geringere Abfindung als Ihr Kollege, der ebensolange wie Sie an gleicher Stelle im Betrieb gearbeitet hat.

Auch Diskriminierungen in Form mündlicher Ablehnungen haben vor Gericht Bestand, die Benachteiligung muß also nicht unbedingt schriftlich dokumentiert sein.

Die Beweislast liegt beim Arbeitgeber. Er muß dem Gericht glaubhaft machen, daß er bei konkreten Personalentscheidungen Frauen nicht benachteiligt hat.

Bisher muß in Deutschland jede Frau einzeln vor Gericht ziehen, auch wenn es um einen Konflikt geht, der viele andere Frauen – oder eine ganze Gruppe – gleichermaßen betrifft. Anders als beispielsweise in den USA ist es hierzulande noch nicht möglich, daß eine Frauenorganisation oder die Gewerkschaft stellvertretend eine sogenannte Kollektivklage einreicht.

Weiteres Manko im deutschen Rechtsleben: War die Einzelklage gegen den Arbeitgeber erfolgreich, ist dieser nicht automatisch verpflichtet, die diskriminierende Regelung gegenüber allen anderen, potentiell Betroffenen aufzuheben.

Generell ist es wichtig, als Betroffene nicht in der Vereinzelung zu bleiben. Die Rückendeckung der Gewerkschaft und des Betriebsrats sind außerordentlich wichtig. Dann ist auch die psychische und finanzielle Belastung des Rechtsstreits besser zu bewältigen, vor allem, wenn der lange Weg durch die Instanzen über das Landesarbeitsgericht bis zum Bundesarbeitsgericht in Kassel droht.

wird, hat generell einen höheren Stellenwert als Frauenarbeit und wird besser entlohnt. So bekommen beispielsweise Techniker, die einen Bildungsweg durchlaufen, der formal dem der Erzieherinnen gleichwertig ist, deutlich mehr Gehalt als diese. Die Ausbildungsdauer der Erzieherinnen mit Fachschule, Praktika, Fortbildung und Supervision schlägt sich nicht in gleichem Maße bei der Entlohnung nieder wie bei einem vergleichbar qualifizierten Männerberuf.

Kämpfen lohnt sich

Mit Erfolg kämpfen Frauen und Gewerkschaften immer wieder gegen Lohndiskriminierungen. Beispielhaft dafür waren die »Höhergruppierungsaktionen« der IG Metall in den achtziger Jahren, in deren Rahmen Verdienstanalysen gemacht, Arbeitsbeschreibungen überprüft und Arbeitsbelastungen dokumentiert wurden. Die Diskriminierung der Frauen bzw. Bevorzugung der Männer wurde auf diese Weise systematisch analysiert und in Betriebsversammlungen diskutiert. Die betrieblichen Aktionen erreichten eine solche Stärke, daß schließlich Tausende von Frauen höhergruppiert wurden – ohne Streit vor Gericht. Ähnliches versuchte die sogenannte »Aufwertungskampagne« der ÖTV Anfang der 90er Jahre. In Warnstreiks kämpften Krankenschwestern und Erzieherinnen für die tarifliche Aufwertung ihrer Tätigkeit und bessere Arbeitsbedingungen – teilweise mit Erfolg. Aus der ÖTV-Aufwertungskampagne entstand ein Netzwerk von Frauengruppen aus unterschiedlichen Berufen, in denen sich schließlich auch Reinigungsfrauen, Hauswirtschafterinnen, Arbeiterinnen und Frauen aus den Schreibdiensten zur Durchsetzung ihrer Interessen engagierten. Mittlerweile überprüfen immer mehr Gewerkschaften die Tarifverträge auf mittelbare Diskriminierung.

KONTAKT

Gewerkschaft Öffentliche Dienste, Transport und Verkehr (ÖTV)
Theodor-Heuss-Straße 2, 70174 Stuttgart
Tel.: 0711/2 09 70

Frauenförderung im Erwerbsleben

Länder wie die USA, Schweden, Norwegen, Dänemark und auch Frankreich setzten bereits Ende der 70er Jahre in der Frauenpolitik neue Maßstäbe. Einer der wichtigsten hieß: Wer Frauen einstellte und fortbildete, und wer frauenfreundliche Projekte umsetzte, kam in den Genuß staatlicher Gelder – allerdings nur, wenn die gesetzlichen Vorgaben präzise erfüllt wurden. Für private Unternehmen und öffentliche Arbeitgeber gab es somit einen finanziellen Anreiz, Frauenförderpläne aufzustellen.

Wirtschaftspolitik für Frauen

Jedes Jahr vergeben Bund, Länder und Kommunen öffentliche Aufträge im Umfang von vielen Milliarden Mark an das Bauwesen und an Produktionsbetriebe, an das Gesundheits- und Sozialwesen, an das Handwerk und an Dienstleistungsunternehmen. Gleichzeitig werden Unternehmen subventioniert, die sich in strukturschwachen Regionen niederlassen, in neue Technologien investieren oder Arbeitsplätze schaffen. So ist die öffentliche Hand ein wichtiger Motor des Wirtschaftslebens.

Frauenorganisationen und Politikerinnen fordern seit langem, daß der Staat seine Mittel gezielter für die Interessen von Frauen einsetzt. Wichtig wären zum Beispiel Auflagen bei der Vergabe von Aufträgen und Subventionen: Zu bevorzugen wären solche Unternehmen, die bereits eine effektive Frauenförderung betreiben oder entsprechende Maßnahmen für die Zukunft planen (▷ Entwicklungsland: Deutschland, Seite 251).

Beispiel: USA

Wie solche Regelungen funktionieren könnten, machen die USA seit mehr als 20 Jahren vor. Dort unterliegen Unternehmen, die einen öffentlichen Auftrag im Umfang von mindestens 10.000 US-Dollar erhalten und mehr als 50 MitarbeiterInnen beschäftigen, einem besonderen Diskriminierungsverbot. 1978 wurde sogar eine Kontrollbehörde eingerichtet, die die Vergabe öffentlicher Aufträge überwacht. Ihr wichtigster Erfolg: der weltweit größte Arbeitgeber, AT&T (American Telephone and Telegraph Company), wurde gezwungen, Frauenförderprogramme in seine Personalpolitik aufzunehmen sowie die Hälfte aller Stellen für Frauen und Minderheiten zu reservieren.

Entwicklungsland: Deutschland

Deutschland ist in puncto Frauenförderung bis heute ein Entwicklungsland. Staatliche Gelder gibt es selbst dann, wenn attraktive Arbeitsplätze für Frauen vernichtet werden.

Jahrzehntelang stritt man sich hierzulande sogar darüber, ob Frauenförderung überhaupt zulässig sei. Die Mehrheit der deutschen Parlamentarier ignorierte hartnäckig, daß die EG in ihrer Gleichbehandlungs-Richtlinie von 1976 bereits eindeutig positive Aussagen zur Frauenförderung gemacht hatte (▷ Frauenrechte in Europa, Seite 255). Hinhaltenden Widerstand leisteten die konservativen Abgeordneten schließlich auch bei der Grundgesetzänderung im Jahre 1994, als es ihnen darum ging zu verhindern, daß die Frauenförderung in der Verfassung eigens erwähnt wurde. Dennoch stritten die Frauen ausdauernd um eine entsprechende Ergänzung und hatten schließlich auch zum Teil Erfolg. Heute heißt es im Gleichheitsgrundsatz, Artikel 3, Absatz 2 GG: »Männer und Frauen sind gleichberechtigt. Der Staat fördert die tatsächliche Durchsetzung der Gleichberechtigung von Frauen und Männern und wirkt auf die Beseitigung bestehender Nachteile hin.«
(▷ Der Gleichheitsgrundsatz, Seite 380)

Landesprogramme nutzen

Obwohl es keine verbindlichen bundesweiten Gesetze gibt, haben einige Länder, wie zum Beispiel Nordrhein-Westfalen oder Brandenburg, Programme zur gezielten Förderung von Frauen im Beruf und in der freien Wirtschaft eingerichtet.

Die Angebote reichen von speziellen Darlehen und Fördermitteln für Existenzgründerinnen (▷ Der eigene Betrieb, Seite 279) über Zuschüsse bei der Schaffung von Frauenarbeitsplätzen bis zu Wiedereinstiegsangeboten in den Beruf (▷ Seite 182).

Auskunft geben die Arbeitsämter, die Gleichstellungsbeaufragten, die jeweiligen Fachministerien oder das Frauenministerium des jeweiligen Landes.

Beim Bund

Seit 1994 gilt für die Beschäftigten beim Bund ein Frauenförderungsgesetz, das sogenannte »Zweite Gleichberechtigungsgesetz«, das durch seine zahlreichen »Kann«- und »Soll«-Bestimmungen jedoch wenig Wirkung zeigt.

Es will mehr Frauen in die Bundesverwaltung und in höhere Positionen bringen, sowie die Vereinbarkeit von Beruf und Familie verbessern. So besteht ein grundsätzlicher Rechtsanspruch auf familienbedingte Teilzeit. Alle Dienststellen sind verpflichtet, Frauenförderpläne aufzustellen, und ab 200 Beschäftigten muß eine Frauenbeauftragte bestimmt werden.

In den Ländern und Kommunen

Frauenförderpläne und -gesetze sollen Frauen jene Perspektiven öffnen, die Männer im Berufsleben seit Jahrhunderten unbeschwert nutzen: gut dotierte Stellen, Aufstiegsmöglichkeiten und verbesserte Einkommen. Teilweise versucht man dies auf Länderebene mit Quotenregelungen (▷ Seite 252) zu erreichen, oder indem man die Weiterbildung von Frauen beziehungsweise Lebens- und Arbeitsmodelle fördert, die es erleichtern, Kinder und Beruf zu vereinbaren.

Auf hartnäckigen Druck der Frauenbewegung und der Frauen in Parteien und Gewerkschaften gibt es inzwischen Fördermaßnahmen für erwerbstätige Frauen auf unterschiedlichen Ebenen. So haben fast alle Bundesländer eigene Frauenfördergesetze verabschiedet (▷ Frauen messen Politik, Seite 384).

Die modernsten Gleichstellungsgesetze haben Niedersachsen, Hessen und Berlin. Sie gelten jedoch nur für den öffentlichen Dienst, also für die Beschäftigten in den großen Landesverwaltungen und -behörden und auf Gemeindeebene bzw. in den Anstalten des öffentlichen Rechts. Die Tarifverträge und Betriebsvereinbarungen der Privatwirtschaft bleiben hinter diesen Gesetzen weit zurück, auch wenn die Förderung der weiblichen Mitarbeiter zumindest auf dem Papier inzwischen zum guten Ton moderner Unternehmenspolitik gehört (▷ In der Privatwirtschaft, Seite 253).

Die Quote

Ziel von Quotenregelungen ist es, den Anteil von Frauen in jenen Positionen und Bereichen zu erhöhen, in denen Männer deutlich überrepräsentiert sind. Dies gilt für fast alle Felder der Verwaltung, Wirtschaft und Politik, in denen gesellschaftlich wichtige Entscheidungen getroffen werden (▷ Quotenmacht?, Seite 377).

Nur in sehr wenigen Frauenfördergesetzen und -plänen wurden verbindliche Quoten, also eindeutige Zahlen festgeschrieben, die das Ziel der Frauenförderung präzise definieren. Eines davon ist das nordrhein-westfälische. Dort werden Frauen im öffentlichen Dienst bei gleicher Qualifikation bevorzugt eingestellt und befördert, solange ihr Anteil nicht bei 50 Prozent der Besoldungsgruppe liegt. Diese Quotierung hat bei den Landesbehörden und beim öffentlich-rechtlichen Rundfunk dazu geführt, daß die Überrepräsentanz der Männer – zumindest in den mittleren Positionen – etwas gemildert wurde.

Der Europäische Gerichtshof erklärte im Oktober 1995 die bis dahin im Land Bremen praktizierte Quotenregelung als unvereinbar mit europäischem Recht, weil sie Frauen »automatisch« und ohne »Härtefall-Regelung« bevorzugte. Um die Quote im Arbeitsleben besser abzusichern, müßte auch in der europäischen Gleichbehandlungsrichtlinie (▷ Frauenrechte in Europa, Seite 255) klargestellt werden, daß es eine Realisierung des Gleichheitsgedankens nur geben kann, wenn die Überrepräsentanz der Männer auf etwa 50 Prozent abgesenkt wird. Dies ist jedoch nur zu erreichen, wenn Frauen – bei gleicher Qualifikation – über einige Jahre bevorzugt eingestellt und befördert werden.

Quotenfrau – ja bitte!

Unter den Frauenförderungsmaßnahmen ist die Quote »per Gesetz« heiß umstritten. Sie wird auch von vielen Frauen abgelehnt: Keine will etwas geschenkt; schließlich will man die eigene Karriere aus eigener Kraft schaffen und nicht »per Landesgesetz« zugeteilt bekommen. Diese Argumentation übersieht, daß Frauen ohnehin nur dann bevorzugt eingestellt werden, wenn sie zahlenmäßig unterrepräsentiert und in gleicher Weise qualifiziert sind wie ihre männlichen Mitbewerber. Eine sogenannte »Quotenfrau« hat selbstverständlich genau die Ausbildung und Qualifikation, die für den Arbeitsplatz vorgesehen ist. Als »Quotenfrau« unterläuft sie lediglich bewußt und »per Gesetz« die herrschenden Mehrheitsverhältnisse zu Gunsten der Männer, also die ungeschriebene »Männerquote«.

Frauenbeauftragte

Viele Städte und Gemeinden, Behörden, Verbände und einige privatwirtschaftliche Unternehmen haben in den vergangenen Jahren Frauen- oder Gleichstellungsbeauftragte berufen. Am besten etabliert sind die kommunalen Frauenbeauftragten. Sie sind nach *innen* die direkten Ansprechpartnerinnen für die beschäftigten Frauen in der Kommune, sie sind für die Umsetzung der Landes-Frauenförderpläne zuständig und sie beteiligen sich an der städtischen Personalpolitik. Generell haben die Frauenbeauftragten jedoch wenig Möglichkeiten, ihre Position durchzusetzen. In den meisten Fällen können sie die Interessen der Frauen nur beratend vertreten (▷ Initiativen, Seite 373).

In vielen Städten ist die Frauenbeauftragte dennoch zur treibenden Kraft für eine effektvolle Frauenförderung auch nach *außen* geworden, wenn es zum Beispiel um Modellprojekte zur Berufswahl von Mädchen oder um die Berufsrückkehr (▷ Seite 182) von Müttern geht.

In der Privatwirtschaft

Einige große Unternehmen und Konzerne haben bereits Ende der 80er Jahre Betriebsvereinbarungen beschlossen, die auf eine bessere Vereinbarkeit von Beruf und Familie abzielen. Vor allem in der chemischen Industrie, der Computer- und Telekommunikationsindustrie sowie im Bereich Handel, Banken und Versicherungen wurden die Frauen als wichtiges, gut qualifiziertes Arbeitskräftepotential und als Imagefaktor »entdeckt«.

Ohne Gewähr

Frauenförderung in Privatunternehmen geschieht meist »freiwillig«, also ohne verbindliche Garantie. Das zeigt sich besonders, wenn es um bessere Positionen und bessere Entlohnung geht. Wenn sich die wirtschaftliche Situation verschlechtert, fallen die entsprechenden Maßnahmen oft sehr schnell wieder weg. Interessant und lukrativ erscheint die Frauenförderung meist nur, wenn es an männlichen Fachkräften mangelt und/oder wenn Fachkräfte dem Betrieb erhalten werden sollen, deren Ausbildungskosten hoch sind. Dies geschieht zum Beispiel, wenn die top-qualifizierte Bankkauffrau von ihrer Firma das Angebot erhält, mit kinderfreundlichen und flexiblen Arbeitszeiten wenige Wochen nach der Geburt ihres Kindes wieder mit der Arbeit zu beginnen.

INTERNATIONALES

Frauenförderung – Grenzenlos

In der Schweiz

In der Schweiz ist seit 1981 ein Gleichstellungsartikel in der Verfassung verankert. Seit Juni 1996 gibt es auch ein Gleichstellungsgesetz. Fast alle Kantone haben inzwischen Fachstellen für Gleichstellungsfragen eingerichtet, in den meisten größeren Städten gibt es Frauen- oder Gleichstellungsbüros, die Frauenförderpläne entwickeln und Projekte zur beruflichen Wiedereingliederung und Weiterbildung von Frauen initiieren.

In Österreich

In der österreichischen Verfassung gibt es das Gleichbehandlungsgebot seit 1979. 1985 wurde das Gesetz zur Gleichbehandlung im Arbeitsleben verabschiedet. Seit 1993 gibt es ein Frauenfördergesetz, das für die Beschäftigten im Bundesdienst gilt. Danach sollen Frauen bei gleicher Qualifikation bevorzugt eingestellt und befördert werden, solange sie unterrepräsentiert sind. Als Zielvorgabe wurde eine Mindestquote von 40 Prozent Frauen festgelegt. Zusätzlich gibt es die »Anwaltschaft für Gleichbehandlungsfragen«. In ihr sitzen Anwältinnen, die Frauen kostenlos beraten und ihre Interessen auch vor der Gleichbehandlungskommission vertreten. Diese Kommission kann von einem Arbeitgeber verlangen, daß er eine diskriminierende Handlung oder Regelung unterläßt. Tut er dies nicht, kann er vor Gericht verklagt werden.

KONTAKT

Eidgenössisches Büro für die Gleichstellung von Frau und Mann
Eigerplatz 5/Postfach, 3003 Bern, Tel.: 031/3 22 68 40

Anwältin für Gleichbehandlungsfragen
Judenplatz 6, 1010 Wien, Tel.: 0222/5 30 24-40 oder -50

Maßstab für eine gute Betriebsvereinbarung ist die Rückkehrgarantie: die Zusage, daß Eltern nach dem Erziehungsurlaub auf ihren alten oder einen vergleichbaren Arbeitsplatz im Betrieb zurückkehren können. Solche Zusagen machen beispielsweise die Deutsche Bank, IBM Deutschland, Mercedes Benz oder Bayer. Darüberhinaus garantieren manche Unternehmen auch die bisherige tarifliche Lohn- und Gehaltsgruppe.

Kleine und mittlere Betriebe haben – bis auf wenige kreative Ausnahmen – meist gar keine spezielle Frauenförderung.

Wie ernst es den Unternehmen mit der Frauenförderung ist, läßt sich auch daran ablesen, ob sie eine Frauenbeauftragte eingesetzt haben oder zumindest eine feste Ansprechpartnerin aus der Personalabteilung für diese Aufgabe zuständig ist.

Frauen sollten aber nicht darauf warten, von der Geschäftsleitung »entdeckt« zu werden. Schließlich sind die Arbeitnehmervertretungen laut Betriebsverfassungsgesetz verpflichtet, für die Gleichbehandlung von Männern und Frauen im Betrieb Sorge zu tragen. Wer sich also dafür einsetzen möchte, sollte sich an die Betriebs- und Personalräte wenden und gemeinsame Aktionen entwickeln (▷ Mitbestimmung, Seite 260).

Rechte und Pflichten im Arbeitsverhältnis

Angestellte und ArbeiterInnen sind von ihrem Arbeitgeber stärker abhängig als umgekehrt, ganz gleich, ob sie für einen weltweiten Konzern oder in einer kleinen Firma arbeiten: Werden Arbeitsplätze frei, so sichern allein in Deutschland über vier Millionen wartende Arbeitslose den Unternehmen mühelosen Nachschub.

Diese einseitige Abhängigkeit der ArbeitnehmerInnen wird immer wieder ausgenutzt, obwohl es eine Fülle von Gesetzen und Verordnungen gibt, die die Macht der Unternehmensleitung zu begrenzen und die Beschäftigten vor Willkür zu schützen versuchen. Verstöße gegen diese Gesetze häufen sich jedoch gerade dort, wo viele Frauen arbeiten. Der Hauptgrund liegt darin, daß Frauen allgemein als eher geduldige ArbeitnehmerInnen gelten, weil bei ihnen mit weniger Gegenwehr als bei Männern zu rechnen ist – ein Umstand, der geändert werden kann (▷ Kämpfen lohnt sich, Seite 250).

Die Seite der Arbeitgeber

In der Vielzahl der Regeln, die eine Unternehmensleitung zu erfüllen hat, nimmt die im Bürgerlichen Gesetzbuch verankerte »Fürsorgepflicht« eine besonders wichtige Rolle ein. Die Fürsorgepflicht besagt, daß die Arbeitgeber bei allen unternehmerischen Entscheidungen und betrieblichen Maßnahmen immer das Interesse der ArbeitnehmerInnen berücksichtigen müssen. An oberster Stelle steht dabei der Schutz von Leben und Gesundheit.

Weisungsbefugnis

Im Rahmen des Arbeitsverhältnisses haben die Arbeitgeber das Recht, Weisungen zu erteilen – zum Beispiel darüber, welche Aufgaben eine Beschäftigte konkret erledigen muß. Gleichzeitig müssen bei einer Weisung immer die jeweils geltenden Tarifverträge, Betriebsvereinbarungen und der Arbeitsvertrag berücksichtigt werden. Zu welchen Weisungen das Unternehmen tatsächlich berechtigt ist, wissen am genauesten der Betriebs- bzw. Personalrat.

Wenn die Unternehmensleitung die Grenzen ihrer Weisungsbefugnis überschreitet oder die ArbeiterInnen und Angestellten durch eine Anweisung in einen Gewissenskonflikt gebracht werden, dann können sie ihre Arbeit verweigern – zumindest nach der Rechtsprechung.

In der Praxis gilt eine solche Arbeitsverweigerung zunächst meist als Kündigungsgrund. Deshalb sollte

Frauenrechte in Europa

• Bereits 1957 wurde im Gründungsvertrag der EG, im Artikel 119, die grundsätzliche Lohngleichheit für Frauen und Männer festgeschrieben. Ergänzt wurde dieser Grundsatz später durch die sogenannte »Lohngleichheits-Richtlinie« von 1975 (75/177/EWG). Diese schreibt vor, daß für gleiche und gleichwertige Arbeit stets der gleiche Lohn zu zahlen ist.

• 1976 verabschiedete das europäische Parlament die sogenannte »Gleichbehandlungsrichtlinie« (75/207/EWG), nach der niemand aufgrund seines Geschlechts, seines Ehe- oder Familienstandes benachteiligt werden darf. Frauenförderung (▷ Seite 250) wurde grundsätzlich für zulässig erklärt, um die Gleichbehandlung zwischen den Geschlechtern herzustellen und Diskriminierung abzubauen.

• Die ergänzende Richtlinie zur Gleichbehandlung von Frauen und Männern in der gesetzlichen Sozialversicherung (79/7/EWG) von 1979 soll sicherstellen, daß Frauen weder beim Zugang zu den Sozialleistungen noch bei der Berechnung der Beiträge und der Leistungen aus Renten-, Arbeitslosen- oder Krankenkassen benachteiligt werden dürfen. Festgelegt wurde auch, daß die Kindererziehungszeiten für die Berechnung der Sozialleistungen anzuerkennen sind.

• Die Richtlinie zu den »betrieblichen Systemen sozialer Sicherheit« (86/378/EWG) von 1986 schließlich schreibt die Gleichbehandlung von Frauen bei allen betrieblichen Vereinbarungen und Leistungen wie zum Beispiel Beihilfe zur Krankenversicherung, betriebliche Altersrente, Zahlungen bei Arbeitsunfällen, Berufskrankheiten oder Invalidität vor.

• Diese Regelungen der EG sind bindendes Recht für alle Mitgliedsstaaten. Wird eine Richtlinie verletzt, können die Betroffenen kostenfrei klagen. Allerdings kann eine Einzelperson nicht direkt vor den Europäischen Gerichtshof (EuGH) ziehen. KlägerInnen, die ihre Sache vom EuGH behandelt haben wollen, sollten während ihres Verfahrens vor dem nationalen Gericht beantragen, daß der Rechtsstreit dem EuGH vorgelegt wird. Nur die nationalen Gerichte können den EuGH anrufen und um eine Entscheidung bitten. Der EuGH entscheidet den Fall aber auch nicht direkt, sondern gibt nur eine rechtliche Stellungnahme ab, die dann wiederum von einem nationalen Gericht in ein konkretes Urteil umgesetzt werden muß.

• Die Rechtsprechung des EuGH hatte in den vergangenen Jahren in mehreren Fällen direkte Auswirkungen auf bundesdeutsches Recht, zum Beispiel: 1989 entschied der EuGH, daß der Ausschluß von geringfügig Beschäftigten von der Lohnfortzahlung im Krankheitsfall gegen EG-Recht verstößt und die Frauen mittelbar diskriminiert. Darauf mußte das deutsche Lohnfortzahlungsgesetz geändert werden.

• 1994 entschied der EuGH, daß das Nachtarbeitsverbot für Arbeiterinnen EG-Rechte verletzt und verfassungswidrig ist, was eine Änderung der Arbeitszeitordnung zugunsten der Frauen erforderlich machte.

die Entscheidung zur Arbeitsverweigerung immer erst nach eingehender Beratung mit einer Rechtsanwältin oder einem -anwalt unternommen werden (▷ Die Kündigung, Seite 263).

Beschwerderecht der ArbeitnehmerInnen

Im Betriebsverfassungsgesetz ist festgelegt, daß die Beschäftigten in allen betrieblichen Angelegenheiten, die ihre Person betreffen, angehört werden müssen. Gleichzeitig haben die ArbeitnehmerInnen ein Recht darauf, mit Würde behandelt und als Persönlichkeit respektiert zu werden.

Wer sich benachteiligt oder ungerecht behandelt fühlt, kann (und sollte) vorerst immer informell bei den zuständigen Stellen auf das Problem hinweisen, also mit den Vorgesetzten ein Gespräch suchen. Wenn alle Versuche scheitern, einen Konflikt auf diese Weise gütlich zu lösen, kann die Betroffene – vorausgesetzt, es gibt dafür gute Gründe – von ihrem Beschwerderecht Gebrauch machen (▷ Arbeitskonflikte, Seite 235). Es ist in jedem Fall sinnvoll, vor der Beschwerde Rat einzuholen und die konkreten Vorwürfe zu diskutieren. Anlaufstellen können die Frauenbeauftragte, Frauenarbeitskreise und der Betriebsrat sein.

Die Beschwerde

Eine Beschwerde muß bei der zuständigen Stelle – je nach Sachlage – vorgetragen werden. Die Vorgesetzten sind verpflichtet, die Argumente der Beschwerdeführerin anzuhören und sich mit ihnen auseinanderzusetzen. Der Arbeitgeber muß auf eine offizielle Beschwerde immer reagieren und mitteilen, wie er sich in der Sache verhalten wird. Nachteile dürfen aus der Beschwerde nicht entstehen.

Eine Beschwerde kann nach dem Betriebsverfassungsgesetz auch an den Betriebs- oder Personalrat gehen. Eine Betriebsratsbeschwerde hat weitaus mehr Gewicht als eine individuelle Beschwerde und hebt den Konflikt aus der persönlichen Ebene heraus (▷ Betriebs- und Personalrat, Seite 261).

Wichtige Regelungen

Die meisten Regelungen und Gesetze im Arbeitsleben haben eine lange Tradition. Sie entstanden nach Auseinandersetzungen, Streiks und Kompromissen der Gewerkschaften mit den Arbeitgebern und orientieren sich am scheinbar Naheliegenden: an der Festlegung von Schutz- und Mitbestimmungsrechten, an der Festlegung von Arbeitszeiten und Löhnen.

Über viele Jahrzehnte hinweg gab es in diesem Gesetzesbereich unterschiedliche Standards für Frauen und Männer: zum Beispiel ein Nachtarbeitsverbot für Arbeiterinnen, komplizierte Pausenbestimmungen oder Beschäftigungsverbote für Frauen in bestimmten Branchen. Ein großer Teil dieser Sonderregelungen, die den Frauen als Schutz dienen sollten, ist inzwischen aufgehoben.

Mit Recht, meinen jene, die diesen Sonderrechten immer zwiespältig gegenüberstanden. Denn viele der sogenannten Schutzregeln dienten vor allem dazu, Arbeitnehmerinnen von lukrativen Einkommen fernzuhalten und stärker an Heim und Haus zu binden. Frauen wurden durch die beruflichen Ausgrenzungsstrategien zu Arbeitskräften »zweiter Klasse« – und konnten so auch geringer entlohnt werden.

Inzwischen hat sich die Sichtweise etwas gewandelt. Anspruch auf Schutz und bessere Arbeitsbedingungen bei anstrengender, schwerer oder gefährlicher Arbeit sollten alle Beschäftigten, Frauen *und* Männer, haben.

Arbeitszeitregelungen

Nach dem Arbeitszeitgesetz von 1994 gilt für alle Beschäftigten eine Normalarbeitszeit von acht Stunden am Tag. Sie kann zeitweise auf bis zu zehn

Stunden verlängert werden, wenn es innerhalb eines halben Jahres zu einem Ausgleich für die geleistete »Mehrarbeit« kommt. In diesem gesetzlichen Rahmen können die Arbeitszeiten der Beschäftigten, für die keine Tarifverträge gelten und für die es keine Betriebsvereinbarungen gibt, von der Unternehmensleitung frei bestimmt werden. Daher gilt:

• Je weniger im Tarifvertrag oder durch eine Betriebsvereinbarung geregelt ist, um so detaillierter müssen Sie als Arbeitnehmerin in Ihrem Arbeitsvertrag die Arbeitszeiten aushandeln und festschreiben lassen. Ansonsten kann es passieren, daß Sie relativ willkürlich eingesetzt werden (▷ Der Arbeitsvertrag, Seite 221).

• Grenzen für die Arbeitszeit setzt auch die *Arbeitszeitordnung*, deren Einhaltung vom Gewerbeaufsichtsamt überwacht wird. Das örtliche Gewerbeaufsichtsamt ist die wichtigste Informationsquelle für alle gesetzlichen Regelungen zur Überstunden- und Nachtarbeit, Sonn- und Feiertagsarbeit.

Neue Arbeitszeiten?

Viele Branchen haben inzwischen kürzere Arbeitszeiten tarifvertraglich festgelegt und viele Unternehmen bieten zusätzlich Betriebsvereinbarungen an, die den Beschäftigten mehr Selbstbestimmung ermöglichen; zum Beispiel in Form von Gleitzeitregelungen oder »Zeitkonten«. (▷ Arbeitswelt, Flexible Arbeitszeiten, Seite 232).

Vorsicht ist immer bei der Teilzeitbeschäftigung geboten. Je nach Firmeninteresse kann festlegt werden, ob eine Beschäftigte vormittags oder nachmittags arbeitet, an welchen Tagen und ob sie Überstunden machen soll. In all diesen Fällen ist der Arbeitsvertrag die einzige Möglichkeit, den Arbeitgeber an konkrete Regelungen zu binden (▷ Der Arbeitsvertrag, Seite 221).

Überstunden

Von Überstunden spricht man, wenn die betriebsübliche Arbeitszeit auf Anweisung des Arbeitgebers

TIP

Gesetze und Verträge

Wer sich in einer konkreten Situation wehren will, muß sich kundig machen und verschiedene Regelungen und Vereinbarungen beachten:

• Wichtige Gesetze für alle Beschäftigten sind das Kündigungsschutzgesetz, das Mutterschutzgesetz, das Arbeitsförderungsgesetz, das Beschäftigungsförderungsgesetz sowie die arbeitsbezogenen Regelungen des Bürgerlichen Gesetzbuches (BGB) und des Sozialgesetzbuches (SGB).

• Die Tarifverträge werden zwischen den Arbeitgeberverbänden und den Gewerkschaften je nach Branche und Region ausgehandelt. Mit einzelnen Arbeitgebern schließen die Gewerkschaften auch sogenannte »Haustarifverträge« ab, zum Beispiel mit VW oder IBM.

• Tarifverträge gelten nur für ArbeitnehmerInnen, deren Arbeitgeber in einem Arbeitgeberverband organisiert sind.

• Der Tarifvertrag legt u.a. die Höhe von Lohn und Gehalt, die Arbeitszeit und die Arbeitsbedingungen, die Zahl der Urlaubstage und den Kündigungsschutz fest. Die Tarifregelungen sind allgemein verbindlich, Änderungen sind nur zugunsten der ArbeitnehmerInnen möglich. Für die Beschäftigten ist es immer günstiger, wenn sie sich auf tarifvertragliche Regelungen berufen können, da diese meist weit über die vom Gesetzgeber vorgeschriebenen Mindeststandards hinausgehen.

• Betriebsvereinbarungen gelten für alle Beschäftigten in einem Betrieb, unabhängig davon, ob sie gewerkschaftlich organisiert sind oder nicht. Betriebsvereinbarungen werden zwischen der Firmenleitung und dem Betriebs- oder Personalrat abgeschlossen. In ihnen sind zum Beispiel die Arbeitszeitregelungen – Gleitzeit, Schichtarbeit, Überstunden, Kurzarbeit –, Regelungen zur betrieblichen Altersversorgung, Arbeitnehmerzulagen, Eltern-Kind-Pläne oder Sozialpläne festgelegt. Firmen, die auf ein modernes Image bedacht sind, haben in den Betriebsvereinbarungen auch die Frauenförderung verankert.

überschritten wird, zum Beispiel, weil eine unerwartete Warenlieferung noch abgewickelt werden muß.

Überstunden können verlangt werden, wenn ein unvorhergesehener, vorübergehender Arbeitsanfall vorliegt. Überstundenarbeit kann auch im Tarifvertrag oder ausdrücklich im Arbeitsvertrag vereinbart sein.

Überstunden brauchen immer auch die Zustimmung des Betriebs- oder Personalrats. Generell muß geregelt sein, ob und wie die Mehrarbeit vergütet oder mit Freizeit ausgeglichen wird.

Ruhepausen

Seit 1994 gibt es für Frauen und Männer keine unterschiedlichen Höchstarbeitszeiten und Mindestruhepausen mehr. ArbeitnehmerInnen steht bei einer Arbeitszeit von mehr als sechs bis neun Stunden eine im voraus festgelegte Ruhepause von mindestens 30 Minuten zu. Wer länger arbeitet, hat Anspruch auf 45 Minuten. Mehr als sechs Stunden darf niemand pausenlos arbeiten.

Unterschiede zwischen den Geschlechtern werden nach wie vor bei den Räumlichkeiten gemacht. Frauen sollen ihre Pause in Räumen verbringen, in denen keine Maschinen laufen. Für Männer gilt diese Vorschrift nicht. Ihnen wird als »pflegeleichtere« Arbeitskräfte zugemutet, neben laufendenden Maschinen zu essen. Sonderregelungen dieser Art sind Unsinn: Sie stempeln Frauen zu »schwierigen« Arbeitskräften und leugnen gleichzeitig, daß Männer in ihrer Pause ebenfalls Ruhe brauchen.

Sonn- und Feiertagsarbeit

Das generelle Arbeitsverbot am Sonntag lebt mit vielen Ausnahmen, vor allem in Bereichen, in denen Frauen arbeiten: in Krankenhäusern und Pflegeeinrichtungen, Gaststätten, Hotels und Verkehrsbetrieben, Rundfunk und Fernsehen, Theater- und Kinobetrieben.

Daneben kann Sonntagsarbeit einem Unternehmen nur in Sonderfällen vom zuständigen Landesministerium bewilligt werden. Mindestens 15 Sonntage im Jahr müssen jedoch für jeden Beschäftigten arbeitsfrei bleiben. Bei Zweifeln an der Zulässigkeit der Sonntagsarbeit gibt das Gewerbeaufsichtsamt Auskunft.

Generell stehen den betroffenen ArbeitnehmerInnen freie Ausgleichtage für ihre Arbeit an den Sonn- und Feiertagen zu; außerdem sind kräftige Lohnzuschläge vorgesehen. Auch dabei gilt: Wer in einem Unternehmen arbeitet, in dem der Tarifvertrag keine Anwendung findet, muß darauf achten, daß die entsprechenden Vereinbarungen zur Sonn- und Feiertagsarbeit im Arbeitsvertrag festgehalten werden (▷ Gesetze und Verträge, Seite 257).

Nachtarbeit

Während der Nacht wird in der Regel in drei Schichten gearbeitet, sowohl in der Produktion, als auch in Krankenhäusern oder bei den Verkehrsbetrieben. Nachtschichten müssen vom Gewerbeaufsichtsamt genehmigt und mit dem Betriebsrat vereinbart sein. Beschäftigte, die in der Nachtschicht arbeiten, bekommen Lohnzuschläge von bis zu 240 Prozent und Freizeitausgleich. Deshalb ist Nachtarbeit auch für viele Frauen attraktiv, obwohl sie wissen, daß diese Form der Arbeit auf Dauer gesundheitsschädlich ist (▷ Befindlichkeitsstörungen, Seite 608; ▷ Schlafstörungen, Seite 611).

ArbeitnehmerInnen, die Kinder unter zwölf Jahren haben oder pflegebedürftige Angehörige betreuen, haben Anspruch auf Versetzung in den Tagesdienst, allerdings nur, soweit es die betrieblichen Möglichkeiten zulassen. Das kann Auseinandersetzungen mit dem Arbeitgeber bedeuten, bei denen am besten der Betriebs- oder Personalrat eingeschaltet wird.

Arbeitsschutzbestimmungen

Viele Beschäftigte sind an ihrem Arbeitsplatz gefährlichen Stoffen, giftigen oder radioaktiven Substanzen, Strahlen oder Agrarchemikalien ausgesetzt – sei es, weil sie mit giftigen Stoffen oder Dämpfen hantieren müssen, zum Beispiel mit Pestiziden, Lacken, Kleb- oder Reinigungsmitteln, oder auch, weil sie damit eher unbeabsichtigt in Berührung kommen: durch die Atemluft, im Hautkontakt oder über Nahrungsmittel.

In der für Deutschland geltenden Gefahrstoff-Verordnung sind »maximale Arbeitsplatz-Konzentrationen«, sogenannte MAK-Werte, festgelegt. Sie geben die Höchstgrenze giftiger Stoffe an, die in der Umgebungsluft an einem Arbeitsplatz vorkommen dürfen, ohne als gesundheitsschädlich zu gelten. Ausgangspunkt der Überlegung ist, daß es bei giftigen Stoffen eine Wirkungsschwelle gibt. Unter dieser Schwelle (= MAK-Wert) können im Tierversuch keine schädlichen Wirkungen mehr festgestellt werden. Üblicherweise wird die Einhaltung der MAK-Normen in den Werks- und Fabrikhallen meßtechnisch gut überwacht. Entsprechende Schutzvorrichtungen, zum Beispiel Filter oder Belüftungsanlagen, sorgen in der Produktion und in den Labors für halbwegs saubere Luft.

Dennoch: Die MAK-Werte berücksichtigen nicht, wie unterschiedliche Schadstoffe auf verschiedene Menschen – Junge und Alte, Gesunde und Kranke – wirken bzw. in welcher Weise sich die Gefahren für den Menschen durch das Zusammenwirken unterschiedlicher Substanzen verstärken. Für krebserregende und erbgutverändernde Stoffe gibt es außerdem keine Wirkungsschwelle! Auch die kleinste Konzentration erhöht das Krankheitsrisiko. Oft ist für die Arbeitenden auch gar nicht zu erkennen, welche Stoffe sich hinter den Handelsnamen der Chemikalien verbergen. Hier ist die Unternehmensleitung zur Aufklärung verpflichtet.

Informationspflicht des Arbeitgebers

Jedes Unternehmen ist gesetzlich verpflichtet, über die Risiken genau zu informieren, die durch die im Betrieb anfallenden Arbeiten mit Gefahrstoffen entstehen. Zur Informationspflicht gehören:

- Sonderveranstaltungen und Lehrgänge, in denen die Beschäftigten im Umgang mit gefährlichen Stoffen geschult werden.
- Einzelunterweisungen bei Neueinstellungen.
- Eine mündliche Belehrung mindestens einmal im Jahr.
- Die Existenz einer Betriebsanweisung laut Gefahrstoffverordnung, anhand derer Sie sich über den angemessenen Umgang mit gefährlichen Stoffen informieren können.
- Je nach Unternehmen eine Sicherheitsfachkraft, ein Umweltschutzbeauftragter oder eine Betriebsärztin bzw. ein Betriebsarzt, mit der oder dem Sie die Situation an Ihrem Arbeitsplatz besprechen können.

Bei der Bildschirmarbeit

Für die Länder der Europäischen Gemeinschaft gibt es seit 1990 eine Richtlinie zur Gestaltung von Bildschirm-Arbeitsplätzen, die bis 1997 in nationales Recht umgesetzt werden muß. In ihr sind Mindeststandards für Sicherheit und Gesundheitsvorsorge bei der Arbeit an Bildschirmgeräten festgelegt (▷ Rückenschmerzen, Seite 619).

Die Tarifverträge des öffentlichen Dienstes enthalten mittlerweile ebenfalls Schutzvorschriften, die sich an der EU-Richtlinie orientieren. Danach darf die Arbeit am Bildschirm nicht länger als 20 Stunden wöchentlich betragen. Nach 50 Minuten vor dem Computer müssen zehn Minuten Pause folgen. Auch in der Privatwirtschaft gibt es ähnliche Betriebsvereinbarungen.

Überwachung der Arbeit

Moderne Technologien haben nicht nur die Arbeitsbedingungen stark verändert, sondern auch zahlreiche Möglichkeiten eröffnet, Arbeitende per Chipkarte, Computer, Kamera oder Abhörgerät zu kontrollieren. Systeme zur Überwachung automatischer Maschinen kontrollieren nicht nur die Produktion, sondern auch die Menschen, die an diesen Maschinen stehen. Die in Kaufhäusern installierten Kameras beobachten nicht nur Langfinger, sondern auch die beschäftigten Angestellten und ArbeiterInnen. In Betrieben, die ihre Türen mit einem Chipkartensystem sichern, kann lückenlos dokumentiert werden, wer sich wo, wann und wie lange aufgehalten hat. Im Zeitalter der Computer ist es außerdem ein leichtes, auch die Kommunikation der Beschäftigten zu verfolgen: Telefongespräche, e-mail-Boxen und Datenspeicher sind kontrollierbar.

Datenschutz

Das Bundesarbeitsgericht stellte 1987 klar, daß Persönlichkeitsrechte verletzt werden können, wenn ArbeitnehmerInnen einer ständigen Kontrolle unterworfen werden oder der Arbeitgeber sich vorbehält, jederzeit ohne konkreten Hinweis Überwachungsmaßnahmen einzusetzen. Laut Betriebsverfassungsgesetz muß der Betriebsrat mitentscheiden, wenn es um technische Einrichtungen geht, mit denen auch die Leistung und das Verhalten der Beschäftigten kontrolliert werden kann (▷ Betriebs- und Personalrat, Seite 261).

Die meisten Betriebsvereinbarungen enthalten heute Regelungen, die festschreiben, daß Daten nur zu dem Zweck verwendet werden dürfen, für den sie ursprünglich erhoben wurden. So dürfen beispielsweise Daten, die der Betriebsarzt speichert, nicht an die Geschäftsleitung weitergegeben werden, oder es dürfen keine Daten aus der Telefon- oder Kantinenabrechnung zur Personalbeurteilung herangezogen werden.

Die Personalakte

Jede Arbeitnehmerin und jeder Arbeitnehmer hat ein Recht auf Einblick in die eigene Personalakte. Dieses Recht gilt auch dann, wenn der Arbeitgeber ein elektronisches Personalinformationssystem nutzt und keine Akte im eigentlichen Sinn existiert.

Generell dürfen nur Daten gespeichert werden, die einen Bezug zum Arbeitsverhältnis haben. Informationen aus dem Privatleben haben in der Personalakte nichts zu suchen.

- Entdecken Sie falsche oder unzulässige, zum Beispiel private Eintragungen, können Sie darauf bestehen, daß diese gelöscht werden.
- Gibt es unterschiedliche Auffassungen zu bestimmten Vorkommnissen, die in der Personalakte vermerkt sind, so haben Sie das Recht auf eine ebenfalls in der Personalakte gespeicherte Gegendarstellung (▷ Abmahnung, Seite 266).
- Personenbezogene Daten sind vertrauliche Informationen, die besonders geschützt sind. Ihre Weitergabe an Dritte ist verboten. Der Arbeitgeber muß daher auch dafür Sorge tragen, daß so wenig MitarbeiterInnen wie möglich Zugriff auf Ihre Personaldaten haben.

Mitbestimmung

Die Idee der Mitbestimmung im Betrieb entwickelte sich aus Forderungen aus den Anfängen der Arbeiterbewegung im späten 19. Jahrhundert und dem Engagement der Gewerkschaften im 20. Jahrhundert. Heute läuft in großen Unternehmen kaum noch eine Entscheidung ohne Betriebsratsbeteiligung. Die Vertreter der Arbeitnehmerorganisationen sitzen in den Aufsichtsräten von Konzernen und den Beiräten von Verbänden, und sie bestimmen mit über das Geschehen in Krankenkassen und Rentenversicherungen.

Für die erwerbstätigen Frauen, Arbeiterinnen und Angestellten haben diese durchschlagenden Erfolge der GewerkschafterInnen jedoch wenig Erfreuliches bewirkt: Der Hauptteil der Arbeitnehmerpolitik orientiert sich bis heute am Lebenskonzept des männlichen Facharbeiters, der zu Hause von einer Frau versorgt wird. Die Interessen der Arbeitnehmerinnen werden aus diesem Blickwinkel meist nicht oder nur verzerrt wahrgenommen (▷ Gewerkschaften, Seite 262).

Betriebs- und Personalrat

Ein Betriebsrat kann grundsätzlich in Unternehmen ab fünf Angestellten oder ArbeiterInnen gegründet werden. Die Zahl der Betriebsratsmitglieder richtet sich nach der Unternehmensgröße, ebenso wie die Frage der Freistellung. »Freigestellte« Betriebsratsmitglieder sind von ihren Aufgaben am Arbeitsplatz entbunden und kümmern sich ausschließlich um die Aufgaben der Arbeitnehmervertretung. Im öffentlichen Dienst und in Anstalten des öffentlichen Rechts gibt es keine Betriebs-, sondern Personalräte. Ihre Aufgaben und Rechte sind denen des Betriebsrats in etwa gleich. Sie sind in den jeweiligen Personalvertretungsgesetzen geregelt.

Vertretung der ArbeitnehmerInnen

Der Betriebsrat vertritt die Interessen der ArbeitnehmerInnen gegenüber der Unternehmensleitung und achtet darauf, daß die Rechte der einzelnen Person nicht verletzt werden. Er ist Anlaufstelle bei allen Problemen zwischen den Hierarchien und hat zum Durchsetzen der Arbeitnehmerinteressen festgelegte Mitbestimmungs-, Mitwirkungs-, Informations- und Beratungsrechte, die er auch einklagen kann.

Betriebs- und Personalräte wachen darüber, daß die Tarifabschlüsse und die Betriebsvereinbarung eingehalten werden und der Arbeitgeber die freiwilligen Leistungen erbringt. Sie haben außerdem ein Mitbestimmungsrecht bei der Regelung der Arbeitszeit sowie bei der Einführung neuer Technologien und der konkreten Ausgestaltung der Arbeitsplätze (▷ Überwachung der Arbeit, Seite 259).

Chancen für Frauen

Der Betriebsrat könnte ein entscheidendes Instrument sein, mit der innerbetrieblich die Chancengleichheit von Frauen und Männern durchgesetzt wird, denn der Arbeitgeber muß bei allen Einstellungen, Umgruppierungen, Versetzungen und Beförderungen den Betriebsrat informieren. So könnte der Betriebsrat beispielsweise durch sein Vetorecht verhindern, daß immer wieder männliche Mitarbeiter mit Leitungsfunktionen betraut werden, während sich gleich qualifizierte Frauen vergeblich um den Job bemühen. Der Betriebsrat kann zwar die Beförderung einer bestimmten Frau nicht erzwingen, doch kann er gegenüber dem Arbeitgeber den Gleichbehandlungsgrundsatz des Bürgerlichen Gesetzbuches geltend machen. Im Bereich des öffentlichen Dienstes können sich die Personalräte meist auf Frauenfördergesetze berufen (▷ Frauenförderung im Erwerbsleben, Seite 250).

Auch wenn es um Kündigungen geht, kann der Betriebsrat verhindern, daß Kriterien, die Frauen diskriminieren, zum Maßstab der Auswahl werden.

LITERATUR

Uwe Christoph
Der Bildschirmarbeitsplatz. Ein Handbuch zur Planung, Realisierung und Beurteilung ergonomisch eingerichteter Bildschirmarbeitsplätze
Haefner, Heidelberg, 1992. DM 44

Wolfgang Däubler
Gläserne Belegschaften? Datenschutz für Arbeiter, Angestellte und Beamte
Bund, Köln, 1993. DM 39,90

Joachim Weyand, Bettina Behning
Arbeitsrecht für Frauen
Fischer, Frankfurt am Main, 1993. DM 16,90

Presse- und Informationsamt der Bundesregierung
Informationen für Frauen. Rechte, Leistungen und Chancen
Bonn 1995, kostenlos

Rainer Fuchs, Hans-Joachim Kühner
Arbeitsrecht für jeden
Bund, Köln, 1996. DM 20

Will der Arbeitgeber beispielsweise bei Massenentlassungen Teilzeitkräfte als erste auf die Straße setzen, kann sich der Betriebsrat auf das Gleichbehandlungsgebot berufen und Widerspruch einlegen. Der Betriebsrat kann jedoch nie die Rechte einzelner Frauen einklagen.

Interessenvertretung für Frauen

Die meisten Betriebsräte schöpfen ihre rechtlichen Gestaltungsmöglichkeiten viel zu wenig aus. Zum Teil wohl auch, weil viel zu wenig Frauen in den Betriebsräten sitzen. Dabei könnten die Interessen der Arbeitnehmerinnen wirkungsvoll vertreten werden. Einige Beispiele:

• Der Betriebsrat kann überprüfen, ob innerhalb des Unternehmens Frauen und Männer gleich bezahlt werden. Das heißt: er hat das Recht, die Lohn- und Gehaltslisten einzusehen.

• Die Betriebsratsmitglieder können die betrieblichen Weiterbildungsmaßnahmen (▷ Seite 181) daraufhin überprüfen, ob die Weiterqualifizierung von Frauen in gleicher Weise gefördert wird wie die der Männer.

KONTAKT

Deutscher Gewerkschaftsbund (DGB)
Bundesvorstand, Abteilung Frauen
Hans-Böckler-Straße 39, 40476 Düsseldorf
Tel.: 0211/4 30 10-0

Deutsche Angestellten Gewerkschaft (DAG)
Karl-Muck-Platz 1, 20355 Hamburg, Tel.: 040/3 49 15-1

Österreichischer Gewerkschaftsbund (ÖGB)
Zentrale Frauenstelle
Hohenstaufengasse 10, 1011 Wien, Tel.: 01/5 33 43 55

Schweizerischer Gewerkschaftsbund (SGB)
Postfach 64, 3000 Bern 23, Tel.: 031/3 71 56 66

• Der Betriebsrat kann Frauenthemen auf die Tagesordnung der Personalversammlung setzen, und eigene Sprechstunden und Arbeitskreise für Frauen einrichten.

• Da der Betriebsrat ebenso wie der Arbeitgeber an den Gleichbehandlungsgrundsatz (BGB) gebunden ist, also beide Seiten dafür Sorge tragen müssen, daß Männer und Frauen die gleichen Chancen im Betrieb haben, empfiehlt es sich für beide Seiten, die Frauenförderung in die Betriebsvereinbarung aufzunehmen (▷ Frauenförderung im Erwerbsleben, Seite 250).

Gewerkschaften

Die größten Gewerkschaften in Deutschland sind der Deutsche Gewerkschaftsbund (DGB), unter dessen Dach sich verschiedene Einzelgewerkschaften nach Branchen mit insgesamt rund zehn Millionen Mitgliedern zusammengeschlossen haben, die Deutsche Angestellten-Gewerkschaft (DAG) und der Deutsche Beamtenbund.

Aus den Beiträgen ihrer Mitglieder finanzieren die jeweiligen Organisationen ihre politische Arbeit und ihre Bildungsprogramme, sie füllen die Streikkassen, und sie finanzieren den Rechtsschutz (▷ So kommen Sie zu Ihrem Recht, Seite 249).

Oft sind die Mitglieder des Betriebsrats in den Unternehmen gewerkschaftlich organisiert. Doch das muß nicht so sein. Häufig gibt es auch unabhängige Listen von KollegInnen ohne direkten gewerkschaftlichen Bezug. Wer an seinem Arbeitsplatz Kontakt zu »seiner« Gewerkschaft aufnehmen möchte, wendet sich daher am besten an die sogenannten gewerkschaftlichen Vertrauensleute. Sie fungieren als Bindeglied zwischen Betrieb und Gewerkschaft.

Fast alle Einzelgewerkschaften und der DGB-Dachverband haben inzwischen Frauenförderpläne verabschiedet und setzen sich auch deutlich kenntnisreicher als in den 70er Jahren gegen die Diskriminierung von Frauen ein. Ihre eigene Praxis ist jedoch deutlich männerdominiert geblieben.

Kündigung

Mit einer Kündigung wird ein Arbeitsverhältnis aufgelöst, wobei beide Seiten – Arbeitgeber und ArbeitnehmerInnen – immer bestimmte Spielregeln einhalten müssen. So muß zwischen einer Kündigung und dem Ausscheiden aus dem Betrieb eine bestimmte Frist bestehen.

ArbeiterInnen und Angestellte haben nach dem Willen des Gesetzgebers eine Kündigungsfrist von vier Wochen zum 15. oder zum Ende eines Monats. Die Kündigungsfristen erhöhen sich kontinuierlich mit der Dauer der Betriebszugehörigkeit. Nach 20 Jahren liegt die Frist laut Gesetz bei sieben Monaten. Abweichend davon ist jedoch entscheidend, was im Tarif- oder Arbeitsvertrag (▷ Seite 221) steht. Meist sind die dort vereinbarten Regelungen nämlich wesentlich günstiger für die ArbeitnehmerInnen.

Neben dem »allgemeinen« gibt es noch den »besonderen Kündigungsschutz«. Er gilt für schwangere Frauen und Mütter von Neugeborenen (▷ Mutterschutz, Seite 266), für BetriebsrätInnen und Schwerbehinderte, sowie für Frauen im Erziehungsurlaub.

Selbst kündigen

In der Regel kündigen ArbeiterInnen und Angestellte mit einem festen Arbeitsplatz nur, wenn sie bereits einen besseren Job in der Tasche haben. Dabei müssen sie sich aber auf jeden Fall auch an die Kündigungsfristen (▷ Seite 263) halten. Wer dies nicht tut, begeht einen Vertragsbruch. Im Extremfall kann der Arbeitgeber sogar Schadenersatz verlangen.

Dennoch können sich im Arbeitsleben Situationen manchmal derart zuspitzen, daß es unmöglich wird, weiter im Job zu bleiben: Man möchte »fristlos« kündigen. Um sicher zu gehen, daß Sie in Ihrer Situation tatsächlich fristlos kündigen können, sollten Sie, *bevor* Sie zur Tat schreiten, mit Ihrem Betriebsrat oder der Gewerkschaft sprechen.

Ohne Nachteile befürchten zu müssen, können Sie aus folgenden Gründen fristlos kündigen:
- Sie haben Ihren Lohn wiederholt nicht in voller Höhe oder mit großer Verspätung bekommen.
- Ihr Arbeitgeber hält die Arbeitsschutzbestimmungen nicht ein,
- er greift Sie körperlich an, belästigt Sie sexuell oder beleidigt Sie grob (▷ Arbeitskonflikte, Seite 235).

Ordentliche Kündigung durch den Arbeitgeber

Wer länger als sechs Monate in einem Betrieb mit mindestens zehn Beschäftigten gearbeitet hat, kommt in den Genuß des »allgemeinen Kündigungsschutzes«. Das Gesetz unterscheidet ordentliche und außerordentliche (= fristlose) Kündigungen. Arbeitgeber dürfen – unter Einhaltung der Kündigungsfristen – nur bei folgenden Gründen ordentliche Kündigungen aussprechen:
- Betriebsbedingte Gründe; zum Beispiel weil der Betrieb oder einzelne Abteilungen stillgelegt werden, auf Grund von Rationalisierungen oder Auftragsmangel.

Achtung geringfügig Beschäftigte

Kleinstbetriebe mit weniger als zehn Beschäftigten sind vom allgemeinen Kündigungsschutz ausgenommen. In Kleinstbetrieben zählt nur als MitarbeiterIn, wer mehr als 45 Stunden monatlich arbeitet. Geringfügig beschäftigte Arbeitskräfte werden vom Gesetzgeber also nicht mitgerechnet.

Das kann in der Praxis bedeuten, daß ein Betrieb mehr als 200 Frauen in 580-Mark-Jobs beschäftigt und dennoch als Kleinstbetrieb ohne Kündigungsschutz gilt – wie es bei manchen Reinigungs- oder Servicefirmen der Fall ist. Da es kaum Männer in solchen ungesicherten Arbeitsverhältnissen gibt, trifft der mangelnde Kündigungsschutz vor allem Frauen.

• Verhaltensbedingte Gründe; zum Beispiel Arbeitsverweigerung der ArbeitnehmerInnen, wiederholtes Zuspätkommen, schlechte Leistungen; unfreundliches Verhalten gegenüber KundInnen oder strafbare Handlungen. Voraussetzung für eine verhaltensbedingte Kündigung ist, daß der Arbeitgeber bereits vorher eine Abmahnung ausgesprochen hat, in der er für den Wiederholungsfall die Kündigung androht (▷ Abmahnung, Seite 266).

• Personenbedingte Gründe; der häufigste Grund in diesem Fall sind Krankheiten.

Betriebsbedingte Kündigung

In schlechter wirtschaftlicher Lage sind oft die weiblichen Beschäftigten die ersten, die ihr Kündigungsschreiben erhalten. Sehr häufig trifft dies auch teilzeitarbeitende Frauen. Dabei ist die Firmenleitung verpflichtet, die zu Entlassenden nach sozialen Gesichtspunkten auszuwählen. Entscheidend sind folgende Kriterien: die Dauer der Betriebszugehörigkeit, die Berufsaussichten auf dem Arbeitsmarkt, das Lebensalter, die Zahl der Unterhaltsberechtigten und die Einkünfte der Familienmitglieder.

• Für Arbeitnehmerinnen ist das Kriterium »Berufsaussichten auf dem Arbeitsmarkt« sehr wichtig, weil die Chancen arbeitsloser Frauen schlechter sind als die der Männer. Eine ledige, kinderlose Frau kann daher nicht ohne weiteres mit dem Hinweis, sie hätte keine Unterhaltsverpflichtungen, vor einem kinderlosen Mann mit Ehefrau zu Hause gekündigt werden.

• Wenn sich herausstellt, daß im Betrieb hauptsächlich Frauenarbeitsplätze abgebaut werden, die Auswahl also diskriminierend ist, kann der Betriebs- oder Personalrat Widerspruch gegen die Kündigung einlegen.

• Baut das Unternehmen bestimmte Arbeitsplätze ab und stellt Ersatzarbeitsplätze zur Verfügung, müssen Frauen und Männer gleich behandelt werden. Profitieren nur Männer von diesem Angebot, sind die Chancen gut, daß das Arbeitsgericht die ausgesprochenen Kündigungen für unwirksam erklärt.

• Wenn der Betrieb in Konkurs geht oder stillgelegt wird, wird in der Regel ein Sozialplan mit Abfindungen für die Beschäftigten gezahlt. Der Betriebs- oder Personalrat muß diesem Sozialplan zustimmen und darauf achten, daß Frauen und Männer auch bei den Abfindungen gleich behandelt und Teilzeitbeschäftigte nicht übergangen werden.

• Falls der Betrieb nur teilstillgelegt wird, ist besondere Wachsamkeit geboten. Viel zu häufig lassen sich Frauen mit einer Abfindung abspeisen und stehen dann ohne Job da, während ihre männlichen Kollegen ihren Arbeitsplatz behalten haben.

Kündigung wegen Krankheit

Im Krankheitsfall besteht in der Regel Anspruch auf sechs Wochen Lohnfortzahlung. Manche Arbeitgeber zahlen länger, je nach Tarifvertrag oder Betriebs-

Klage vor dem Arbeitsgericht

ArbeitnehmerInnen, die gegen eine Kündigung gerichtlich vorgehen wollen, müssen ihre Klage beim Arbeitsgericht innerhalb von drei Wochen schriftlich oder mündlich einreichen. War die Kündigung nicht rechtens, gibt es meist Anspruch auf Lohnfortzahlung.
Wird das Arbeitsverhältnis nach einem Kündigungsschutzprozeß vom Gericht aufgelöst, ist meist auch eine Abfindung fällig. Ihre Höhe richtet sich nach der Betriebszugehörigkeit (▷ Schikanen, Seite 265).
Es empfiehlt sich, eine Rechtsanwältin oder einen Rechtsanwalt zu suchen, die oder der die Vertretung im Prozeß übernimmt. Die Gewerkschaften beraten bei der Suche nach dem Rechtsbeistand und tragen auch die anfallenden Kosten, wenn Sie Gewerkschaftsmitglied sind. Die Rechtsschutzberatung der Gewerkschaften ist generell eine gute Anlaufstelle für alle strittigen Fragen im Arbeitsleben (▷ Die Gewerkschaften, Seite 262). Wer weniger als 850 Mark monatlich verdient, kann bei Gericht Prozeßkostenhilfe beantragen.

vereinbarung. Danach zahlt die Krankenkasse rund 80 Prozent des letzten Nettogehaltes für maximal eineinhalb Jahre.

Wer sehr lange oder sehr häufig krank ist, kann entlassen werden. Als hohe Fehlzeit gilt eine Krankenzeit von mehr als sechs Wochen pro Jahr. Ein Kündigungsgrund wird daraus aber erst, wenn dies mehrfach innerhalb von drei Jahren passiert und auch für die Zukunft keine Besserung abzusehen ist.

Außerordentliche Kündigung durch Arbeitgeber

Eine fristlose Kündigung ist nur möglich, wenn es für den Arbeitgeber *unzumutbar* ist, das Arbeitsverhältnis bis zum nächsten ordentlichen Kündigungstermin aufrechtzuerhalten. Die wichtigsten Gründe können sein: beharrliche Arbeitsverweigerung, Beleidigungen des Arbeitgebers, Diebstahl und Betrug – zum Beispiel falsche Spesenabrechnungen –, Vortäuschen einer Krankheit und unentschuldigtes Fernbleiben vom Arbeitsplatz.

Um die fristlose Kündigung auszusprechen, darf der Arbeitgeber nicht mehr als zwei Wochen verstreichen lassen, nachdem er von dem Kündigungsgrund erfahren hat. In der Regel muß allerdings zuerst eine Abmahnung ausgesprochen werden. Andernfalls kann die fristlose Kündigung ungültig sein, was die Erfolgschancen für einen eventuellen Prozeß vor dem Arbeitsgericht erhöht.

Schikanen

Manche Arbeitgeber, die das Risiko einer Klage vor dem Arbeitsgericht vermeiden wollen, weil sie wissen, daß ihre Kündigungsgründe auf sehr wackeligen Füßen stehen, greifen auch zu unlauteren Mitteln. Gerade bei Frauen wird damit kalkuliert, daß sie sich einschüchtern lassen. Eine beliebte Strategie ist, diejenige, die man loswerden möchte, mit falschen Beschuldigungen – sie hätten falsch gebucht, Geld unterschlagen oder ähnliches – unter Druck zu setzen und zur Kündigung zu treiben (▷ Mobbing, Seite 239). In einem solchen Fall ist es besser, die Nerven zu bewahren und sich nicht zu einer Eigenkündigung hinreißen zu lassen, sonst gehen Ansprüche an den Betrieb und/oder die Unterstützungsgelder des Arbeitsamtes verloren.

- Setzen Sie alles daran, daß der Arbeitgeber Ihnen kündigt. Er muß seine Vorwürfe dann vor Gericht beweisen.
- Dafür müssen Sie einen Kündigungsschutzprozeß führen und auf Einstellung klagen, auch dann, wenn Sie gar nicht wieder in Ihren Job zurück wollen. Löst das Gericht Ihr Arbeitsverhältnis auf, haben Sie gute Chancen, eine vernünftige Abfindung von Ihrem Arbeitgeber zu erhalten.
- Bietet Ihr Arbeitgeber von sich aus einen Aufhebungsvertrag mit einer Abfindung an, ist höchste Vorsicht geboten. Denn damit unterschreiben Sie meist, daß Sie keinerlei Ansprüche mehr gegenüber Ihrem Arbeitgeber erheben und auf Restlohn, Urlaubsgeld

TIP

Vorsicht Auflösungsvertrag

Wenn Sie als ältere Arbeitnehmerin häufiger oder länger krank waren und Ihr Arbeitgeber Sie zu einem Personalgespräch bittet, zieht er möglicherweise einen Auflösungsvertrag aus der Schublade. Viele Arbeitgeber versuchen gerade ältere ArbeitnehmerInnen dazu zu bringen, früh in Rente zu gehen oder die Erwerbsunfähigkeitsrente zu beantragen. Doch Vorsicht: Bevor Ihre Berentung nicht akzeptiert ist, sollten Sie nichts unterschreiben, schon gar keinen Auflösungsvertrag. Sonst besteht die Gefahr, daß Sie am Ende sowohl ohne Job als auch ohne Rente dastehen und Ihnen das Arbeitsamt auch noch das Arbeitslosengeld verweigert mit der Begründung, Sie hätten sich »mutwillig« in die Arbeitslosigkeit begeben.

und vor allem auch auf die Möglichkeit der Klage verzichten. Außerdem tritt in diesem Fall die Sperrfrist auf Arbeitslosengeld in Kraft (▷ Sperrzeiten, Seite 272), und die Abfindung wird angerechnet.

Abmahnung

Abmahnungen sind Verweise des Arbeitgebers, die schriftlich oder mündlich erfolgen und meist eine Kündigung vorbereiten. In keinem Fall sollte daher eine Abmahnung auf die leichte Schulter genommen werden: Es handelt sich um eine Rüge, die bedeutet, daß aus Sicht des Arbeitgebers die vertraglichen Verpflichtungen nicht eingehalten wurden. Die Abmahnung wird auch in der Personalakte vermerkt.

Wenn die Kritik nicht berechtigt ist, oder auch, wenn sie in wesentlichen Punkten nicht ganz zutrifft, ist es wichtig, Widerspruch einzulegen. Dies sollte am besten schriftlich geschehen, und zwar in sachlicher, emotionsfreier Darstellung. Diese schriftliche Stellungnahme muß ebenfalls in die Personalakte aufgenommen werden. Um die Sache aus der Welt zu schaffen, ist das Gespräch mit den Vorgesetzten wichtig.

Beruf und Kinder

Die Arbeitswelt ist vom Prinzip her so organisiert, daß sie die ganze Frau oder den ganzen Mann fordert. Wer eine Familie haben *und* arbeiten will, ist deshalb immer auf eine andere Person angewiesen, die für die Familienarbeit sorgt (▷ Mutter sein, Seite 305; ▷ Kinderbetreuung, Seite 343).

Alle Regelungen zur Vereinbarkeit von Beruf und Kindern bleiben daher Flickwerk, solange die Anforderungen der Berufswelt die der Kindererziehung ausschließen. Frauen, die Kinder haben und eine kontinuierliche Berufslaufbahn aufbauen wollen, sind immer zu einer Gratwanderung gezwungen, und es hängt von ihren individuellen Ressourcen ab, wie hoch der Preis ist, den sie dafür zahlen.

Besondere Rechte, die Frauen als potentiellen Müttern in der Arbeitswelt zugestanden werden, ändern nichts an diesem grundsätzlichen Dilemma: Sie schaffen keine familienfreundlichen Arbeitsbedingungen. Die Rechte der Mütter können daher nur punktuell Erleichterung und Schutz bieten.

Mutterschutz

Das Mutterschutzgesetz gilt nur für Frauen, die in einem Arbeitsverhältnis stehen, gleich ob mit unbefristetem oder befristetem Vertrag oder als Heimarbeiterin. Keinen gesetzlichen Schutz haben schwangere Frauen, die selbständig arbeiten, ob als Gewerbetreibende, Freiberuflerin oder als Honorarkraft auf Basis eines Werkvertrages.

Schwangere Frauen sind verpflichtet, ihren Arbeitgeber von ihrer Schwangerschaft – am besten schriftlich – in Kenntnis zu setzen, sobald sie selbst davon wissen. Tun sie dies nicht, haben sie keinen Anspruch auf ihre Schutzrechte.
Wichtig ist:

- Als Schwangere müssen Sie nicht (mehr) im Akkord oder am Fließband arbeiten; verboten sind generell Jobs, bei denen Sie mit höherem Arbeitstempo einen höheren Lohn erzielen könnten.
- Sie dürfen nicht (mehr) mit schweren körperlichen Arbeiten beschäftigt werden.
- Sie dürfen nicht (mehr) mit Arbeiten beschäftigt werden, bei denen Sie besonderen Gesundheitsgefahren, zum Beispiel Strahlen, Hitze, Nässe oder Erschütterungen, ausgesetzt sind.
- Sie dürfen nicht (mehr) in der Nacht oder an Sonn- und Feiertagen beschäftigt werden.
- Aus den entsprechenden Schutzbestimmungen dürfen Ihnen keine finanziellen Nachteile entstehen. So muß der Arbeitgeber zum Beispiel Einbußen wegen des Verbots der Nachtarbeit entsprechend dem Durchschnittsverdienst ausgleichen.
- Sie haben Anspruch darauf, sich an Ihrem Arbeitsplatz genügend bewegen und ausruhen zu können.

Wer in seinem Job vor allem gehen und stehen muß, braucht eine Sitzgelegenheit. Wer den ganzen Tag sitzt – zum Beispiel am Bildschirmarbeitsplatz –, muß Gelegenheit zur Bewegung haben.

- In den letzten sechs Wochen vor der Entbindung gilt ein absolutes Beschäftigungsverbot (= Mutterschutzzeit). In den ersten acht Wochen danach gilt dieses Verbot ebenso, es darf aber auf Wunsch der Frau aufgehoben werden. Bei Früh- und Mehrlingsgeburten verlängert sich die Mutterschutzzeit.
- In der Mutterschutzzeit haben krankenversicherte Arbeitnehmerinnen Anspruch auf ein Mutterschaftsgeld in etwa der Höhe ihres bisherigen Nettogehalts. Es wird zum Teil von der Krankenkasse, zum Teil vom Arbeitgeber gezahlt.
- Auch geringfügig Beschäftigte haben diesen Anspruch auf Mutterschaftsgeld. Selbständige, die gesetzlich krankenversichert sind, bekommen während der Schutzfristen ein Mutterschaftsgeld, das der Höhe des Krankengeldes entspricht.

Kündigungsschutz

Schwangeren Arbeitnehmerinnen darf nach dem Mutterschutzgesetz nicht gekündigt werden. Das gilt auch, wenn sie zum Zeitpunkt der Kündigung noch gar nicht wußten, daß sie schwanger sind, und diese Tatsache erst später bemerkten. Nach einer Kündigung hat die Frau noch zwei Wochen Zeit, um dem Arbeitgeber mitzuteilen, daß sie zum Zeitpunkt der Kündigung bereits schwanger war. Der Kündigungsschutz gilt bis vier Monate nach der Geburt des Kindes. Nimmt die Frau dann den Erziehungsurlaub (▷ Seite 338) in Anspruch, darf ihr ebenfalls nicht gekündigt werden.

Stillzeit

Berufstätige Mütter haben das Recht, ihr Kind für etwa ein Jahr während der Arbeitszeit zu stillen. Zum Stillen sieht das Mutterschutzgesetz mindestens zweimal täglich eine halbe Stunde vor. Die Stillzeit darf weder vom Lohn abgezogen, noch auf die Arbeitszeit und Ruhepausen angerechnet oder vor- beziehungsweise nachgearbeitet werden.

Stillende Mütter, die erwerbstätig sind, haben in der Regel eine Betreuungsperson, die ihnen das Kind bringt. Ansonsten ist Stillen während der Arbeitszeit schon rein organisatorisch so gut wie unmöglich.

Arbeitsfrei für kranke Kinder

Wenn Kinder berufstätiger Eltern krank werden, übernehmen meist die Mütter die Betreuung und fallen im Job aus. Sie haben Anspruch auf Lohnfortzahlung von bis zu fünf Tagen pro Jahr, wenn das Kind unter acht Jahre alt ist.

Pflegekrankengeld

Sowohl Müttern als auch Vätern steht jeweils für zehn Tage pro Jahr – Alleinerziehenden für 20 Tage - ein Pflegekrankengeld von den Krankenkassen zu. Bei mehreren Kindern können bis zu 25 beziehungsweise 50 Tage beantragt werden. Bei der Antragstellung muß ein ärztliches Attest vorgelegt werden. Das kranke Kind darf nicht älter als zwölf Jahre sein, und es darf sonst niemand im Haushalt leben, der die Pflege des Kindes übernehmen könnte.

Die Krankenkassen zahlen nur, wenn die Mutter selbst krankenversichert ist und einen eigenen Anspruch auf Krankengeld hat.

LITERATUR

Bundesministerium für Familie, Senioren, Frauen und Jugend (Hrg.)
»Mutterschutzgesetz«. Ein Leitfaden zum Mutterschutz.
Erziehungsgeld und Erziehungsurlaub, Einzelheiten zum Bundeserziehungsgeldgesetz
Beide Broschüren werden ständig aktualisiert und sind kostenlos beim Ministerium in 53107 Bonn (Postfach) zu beziehen.

Ach, Frauen sind doch eigentlich nie richtig arbeitslos. Die finden wenigstens Selbstbestätigung in ihrem Haushalt!
F.B.

Arbeitslos

In der Bundesrepublik waren 1996 etwa vier Millionen Menschen arbeitslos. Rund 1,8 Millionen davon sind Frauen. Das wahre Ausmaß der Frauenarbeitslosigkeit spiegelt diese Zahl allerdings nicht wider: Viele sogenannte »Hausfrauen«, die nur deshalb zu Hause sind, weil sie keinen Job finden, melden sich nicht mehr beim Arbeitsamt – obwohl sie gerne arbeiten würden. Dadurch aber werden sie für die Statistik unsichtbar. ExpertInnen schätzen, daß durch die amtliche Zählweise mindestens eine Million Frauen, die eigentlich erwerbstätig sein wollen, nicht erfaßt werden.

Arbeitslose Frauen haben in der Regel schlechtere Chancen auf einen neuen Arbeitsplatz als Männer. Dies liegt einerseits daran, daß sie häufig in Berufen ausgebildet wurden, in denen es sehr viele junge und daher auch »billige« Konkurrentinnen gibt (▷ Berufswege, Seite 153). Gleichzeitig suchen viele Frauen Teilzeitarbeitsplätze, um noch Zeit für die Arbeit mit Kindern und im Haushalt zu haben. Familienfreundliche Teilzeitarbeitsplätze jedoch sind absolute Mangelware. So sind Frauen meist länger arbeitslos als Männer, vor allem dann, wenn sie alleinerziehende Mütter oder über 50 Jahre alt sind.

Für die Frauen in den neuen Bundesländern, von denen in der ehemaligen DDR mehr als 90 Prozent erwerbstätig waren, ist die Situation besonders dramatisch. Ende 1994 waren 64 Prozent der Arbeitslosen im Osten Deutschlands Frauen, bei den Langzeitarbeitslosen lag ihr Anteil sogar bei 77 Prozent, also bei mehr als drei Viertel. Dabei sinken die Chancen auf einen Job kontinuierlich mit der Dauer der Arbeitslosigkeit: Die ArbeitgeberInnen reagieren skeptisch auf Brüche oder Lücken in der Erwerbslaufbahn und halten Langzeitarbeitslose generell für weniger einsatzbereit als Menschen mit einer kurzen Arbeitslosenphase.

Hilfen

Vor dem Verlust des Arbeitsplatzes sind heute nur noch die BeamtInnen des öffentlichen Dienstes geschützt. Alle anderen, auch FacharbeiterInnen und HochschulabsolventInnen, müssen inzwischen lernen, mit dem Risiko der Arbeitslosigkeit zu leben und sich darauf einrichten, unter Umständen längere Zeit auf der Suche nach einem neuen Job zu sein. Die Arbeitsmarktstatistiken zeigen allerdings deutlich, daß das Risiko für gering Qualifizierte nach wie vor deutlich größer ist als für die Beschäftigten mit einem hohen Bildungsabschluß.

Wer von der Arbeitslosigkeit bedroht ist, sollte sich rechtzeitig mit den Leistungen und Angeboten des Arbeitsamtes vertraut machen und sie aktiv nutzen (▷ Arbeitsvermittlung; ▷ Arbeitsförderung, Seite 275). Genauso wichtig ist es, persönliche Gegenstrategien zu entwickeln (▷ Aktiv bleiben, Seite 273; Weiterbildung, Seite 175).

Das Arbeitsamt

Das Arbeitsamt hilft bei der individuellen Arbeitssuche durch Arbeitsvermittlung und ist für die finanzielle Unterstützung von Arbeitslosen zuständig. Gleichzeitig ist es die wichtigste Börse für Angebote im Weiterbildungs- und Umschulungsbereich.

ArbeiterInnen und Angestellte, die Beiträge zur Arbeitslosenversicherung bezahlt haben, sollten ihren ersten Schritt ins Amt bereits dann tun, wenn sie die Kündigung auf den Tisch bekommen. Die ArbeitsvermittlerInnen können dann noch während der Kündigungsfrist nach einem neuen Job suchen. Im günstigsten Fall bleibt der Frau auf diese Weise die Arbeitslosigkeit erspart.

Prinzipiell gilt: Wer zu lange mit dem Gang zum Arbeitsamt wartet, läuft Gefahr, sich um einen Teil des Arbeitslosengeldes zu bringen, denn dieses wird nicht rückwirkend gezahlt.

Arbeitsvermittlung

Je nach Beruf wird eine Arbeitssuchende einer/m bestimmten ArbeitsvermittlerIn zugeteilt, die oder der wichtigste/r AnsprechpartnerIn bleibt. Jede Suchende wird zunächst aufgrund von Ausbildung und Berufserfahrung eingestuft und über die aktuellen Arbeitsmarktchancen in ihrem Beruf informiert. Gemeinsam wird überlegt, ob eine Umschulung (▷ Seite 276) oder Weiterbildung in Frage kommt und welche Möglichkeiten der weiteren Arbeitssuche, zum Beispiel auch in anderen Regionen möglich wären. Eigene Bewerbungen (▷ Seite 216) – zum Beispiel mit Hilfe von Zeitungsinseraten – unterstützt das Arbeitsamt ebenfalls. So ist es unter Umständen möglich, die Kosten für Bewerbungskopien, Post und Fahrtwege ersetzt zu bekommen.

Im Stellen-Informations-Service (SIS) des Arbeitsamtes können Arbeitssuchende direkt am Computer Stellenangebote durchsehen, die nach Berufsgruppen geordnet sind und per Datenbank täglich aktualisiert werden. Ist ein Angebot interessant, kann man das Unternehmen sofort anrufen. Die ArbeitsvermittlerInnen müssen erst informiert werden, wenn tatsächlich ein Arbeitsverhältnis zustande gekommen ist.

Das Arbeitslosengeld

Geld aus der Arbeitslosenversicherung können nur jene bekommen, die während der letzten drei Jahre insgesamt zwölf Monate lang in die Arbeitslosenversicherung einbezahlt haben. Dieser Anspruch auf finanzielle Unterstützung gilt zunächst für ein halbes Jahr. Er verlängert sich automatisch auf zwölf Monate, wenn innerhalb der letzten sieben Jahre mindestens zwei Jahre lang Beiträge in die Arbeitslosenversicherung gezahlt wurden.

Lücken und Brüche im Erwerbsleben von Frauen verschlechtern die Chance, einen Anspruch auf solche Lohnersatzleistungen zu erwerben. Das gilt auch für schlecht Qualifizierte, die immer wieder mal kurzzeitig beschäftigt sind. Auch wenn sie dabei ihre Arbeitslosenversicherung bezahlen, erfüllen sie aufgrund der immer wiederkehrenden Unterbrechungszeiten nur selten die Voraussetzungen, um eine längere Zeit Arbeitslosengeld zu bekommen.

Ältere Arbeitslose können teilweise länger als ein Jahr Arbeitslosengeld beanspruchen, je nachdem wie lange sie zuvor versicherungspflichtig gearbeitet haben. Auch von dieser Regelung profitieren Männer eher als Frauen, deren Erwerbsbiografien und somit Beitragszeiten aufgrund von Kindererziehungsphasen meist lückenhaft sind.

Dann wird gezahlt

Um den Anspruch auf Arbeitslosengeld geltend zu machen, müssen die AntragstellerInnen das Kündigungsschreiben, den Personal- und Sozialversicherungsausweis sowie die Lohnsteuerkarte zum Arbeitsamt mitbringen. Dort werden die Einzahlungszeiten in die Arbeitslosenversicherung geprüft.

Die Zahlung des Arbeitslosengeldes ist noch an weitere Bedingungen geknüpft. Die wichtigste ist die »Verfügbarkeit« für den Arbeitsmarkt; das heißt, ArbeitslosengeldbezieherInnen müssen jederzeit bereit sein, eine neue Stelle anzutreten.

• »Verfügbarkeit« bedeutet, daß Sie für das Arbeitsamt per Post jederzeit erreichbar sein und jederzeit – auch kurzfristig – Bewerbungsgespräche wahrnehmen müssen.

• Sie dürfen im Jahr nicht länger als drei Wochen verreisen, wobei die Zeit der Abwesenheit vorher beantragt und genehmigt werden muß.

Achtung:

• Sie gelten als »nicht verfügbar« und verlieren Ihre Anspruchsberechtigung, wenn Sie mehr als 18 Stunden pro Woche am Aufbau eines eigenen Betriebs arbeiten (▷ Überbrückungsgeld, Seite 291).

• Sie gelten als »nicht verfügbar« und verlieren Ihre Anspruchsberechtigung, wenn Sie nicht nachweisen können, daß Ihre Kinder versorgt sind, falls Sie eine neue Stelle finden.

Die Pflicht zu arbeiten

Jede vom Arbeitsamt vermittelte »zumutbare« Stelle muß angenommen werden. Als zumutbar gelten bisher solche Jobs, die der letzten Qualifikation entsprechen. Wer beispielsweise als Meisterin im Handwerk gearbeitet hat, muß keine Anlerntätigkeit übernehmen. Nach vier bzw. sechs Monaten, je nach Dauer der Berufstätigkeit, muß die Betroffene auch

Auf Kosten der Mütter

Trotz jahrelanger Kritik verlangen die Arbeitsämter von Müttern noch immer eine Erklärung, wie sie die Betreuung der Kinder sicherstellen werden, wenn sie wieder arbeiten – eine Frage, die kein Vater beantworten muß.
Manche Ämter verlangen von den Müttern sogar, daß sie eine Bestätigung des Kindergartens oder der betreuenden Person vorlegen. Sind die Kinder nicht versorgt, geht das Arbeitsamt davon aus, daß die Frau dem Arbeitsmarkt nicht zur Verfügung steht. Damit verliert sie automatisch ihren Anspruch auf Arbeitslosengeld.
Diese Regelung sichert den Ausschluß der Mütter vom Arbeitsmarkt geradezu perfekt. Man entledigt sich ihrer Forderungen, indem man das Angebot an Kindertagesstätten (▷ Seite 351) und Ganztagsschulen nur für eine winzige Minderheit sicherstellt und verweigert der Mehrheit auf Grund der fehlenden Einrichtungen das Arbeitslosengeld. Um diesem Mechanismus auszuweichen, melden sich kaum noch Mütter arbeitslos, sie werden statistisch »unsichtbar« (▷ Auf jeden Fall melden, Seite 274).
Gegen diese Diskriminierung gibt es eine schlichte Gegenstrategie:

• Legen Sie dem Arbeitsamt eine Bestätigung einer Verwandten oder Freundin vor, daß diese die Betreuung Ihres Kindes übernimmt, wenn Sie wieder arbeiten gehen.

• Wie die Kinderbetreuung nach der erfolgreichen Arbeitsvermittlung konkret aussieht, müssen ohnehin Sie entscheiden, wenn Sie den Job haben (▷ Tagesmutter, Seite 346). Lassen Sie sich Ihre berufliche Perspektive aber nicht von Amts wegen verbauen.

weniger qualifizierte Arbeiten annehmen, beispielsweise an einem Platz arbeiten, an dem üblicherweise nur Gesellinnen beschäftigt sind.

Die Tendenz geht dahin, allein den Verdienst zum Kriterium der »Zumutbarkeit« zu machen. Je nach Dauer der Arbeitslosigkeit gelten dann immer höhere Abstriche vom bisherigen Verdienst als zumutbar. Für die Berufsbiografie hat dies entscheidende Konsequenzen. Es sinkt das Einkommen und gleichzeitig die Chance, jemals wieder das vorangegangene Qualifikationsniveau zu erreichen.

- Wenn Sie vor Ihrer Arbeitslosigkeit voll gearbeitet haben, ist es wichtig, sich auch wieder um eine Vollzeitstelle zu bemühen. Erklären Sie dem Arbeitsamt, daß Sie sich künftig auch mit einer Halbtagsstelle begnügen würden, kann es passieren, daß Ihnen das Arbeitslosengeld um die Hälfte gekürzt wird.
- Sie dürfen eine Vollzeitstelle als »unzumutbar« ablehnen, wenn Sie nur eine Teilzeitstelle ausüben können. Dies gilt, wenn Sie Kinder unter 16 Jahren oder pflegebedürftige Menschen betreuen.

Was gezahlt wird

Arbeitslose ohne Kinder bekommen 60 Prozent, Arbeitslose mit mindestens einem Kind 67 Prozent des letzten Nettogehalts ausgezahlt. Nicht angerechnet werden Überstundenzuschläge, Urlaubsgeld, Weihnachtsgeld oder ähnliches.

> **Besonderer Schutz**
>
> Eine Frau, die ihren Arbeitsplatz gekündigt hat, um sexueller Belästigung zu entgehen, ist von Sperrfristen ausgenommen. Sie muß ihren Kündigungsgrund aber gegenüber dem Arbeitsvermittler glaubhaft machen können. Wenn sie diese Situation als unangenehm empfindet, weil er ein Mann ist, kann sich die Frau an die Frauenbeauftragte des Arbeitsamtes wenden, um ihren Anspruch durchzusetzen (▷ Sexuelle Belästigung am Arbeitsplatz, Seite 244).

Da die Frauenlöhne und -gehälter (▷ Seite 214) etwa um ein Drittel unter denen der Männer liegen, erhalten Frauen deutlich niedrigere Lohnersatzleistungen (▷ Sozialamt, Seite 274). Außerdem fällt das Arbeitslosengeld für Frauen dadurch besonders schmal aus, daß es auf der Basis des Nettogehalts berechnet wird. Das Gehalt verheirateter Frauen wird aber meist nach der Steuerklasse V abgerechnet, die hohe Abzüge vorsieht (▷ Partnerschaft – Lohnsteuer, Seite 94).

Sperrzeiten

Wer von sich aus kündigt, ohne dafür einen zwingenden Grund zu haben, oder seine Kündigung durch grobes Fehlverhalten provoziert, wird »gesperrt« und bekommt erst nach drei Monaten Arbeitslosengeld. Auch wer eine zumutbare Stelle, die vom Arbeitsamt angeboten wird, nicht annimmt oder zu einem vereinbarten Vorstellungsgespräch nicht erscheint, muß mit einer Sperrzeit rechnen. Wiederholt sich eine solche Ablehnung, erlischt der Anspruch auf Arbeitslosengeld völlig.

Gesperrt werden können außerdem auch Beschäftigte, die mit einer Abfindung aus dem Arbeitsverhältnis ausscheiden. Die Abfindung wird unter Umständen auf das Arbeitslosengeld angerechnet (▷ Kündigung, Seite 263).

Nebenjobs erwünscht

Während des Bezugs von Arbeitslosenunterstützung ist es erlaubt, bis zu 18 Stunden in der Woche zu arbeiten, ohne wesentliche Ansprüche zu verlieren. Arbeitet jemand jedoch mehr als 18 Stunden, gilt die Tätigkeit für das Arbeitsamt nicht mehr als Nebenjob, und sowohl der Arbeitslosenstatus als auch die Ansprüche nach dem Arbeitsförderungsgesetz (▷ Seite 275) gehen verloren.

Nebenjobs müssen dem Arbeitsamt gemeldet werden. Jeder Verdienst, der 30 DM in der Woche übersteigt, wird dann zur Hälfte auf das Arbeitslosengeld angerechnet. Allerdings: Die Hälfte der Nebenein-

Aktiv bleiben

Wer den Arbeitsplatz verliert, gerät meist in eine Art von Schockzustand. Finanzielle Schwierigkeiten und Zukunftsängste lähmen, der plötzliche Verlust der gewohnten KollegInnengemeinschaft und des gewohnten Arbeitsrhythmus stellen das Leben auf den Kopf.
Nichts ist mehr, wie es vorher war. Man kreidet sich die Kündigung als persönliches Versagen an, fühlt sich entwertet und leidet doppelt: Der Berufsweg hat einen Knick, das Selbstbewußtsein (▷ Seite 23) ist verletzt.
Besonders verheerend sind die psychischen Folgen von Langzeitarbeitslosigkeit. Sie nagt mit unerbittlicher Härte am Selbstwertgefühl, die Betroffenen fühlen sich nutzlos, ausgestoßen und gebrandmarkt.
Unter diesem seelischen Druck steigt meist auch die Anfälligkeit für psychosomatische Beschwerden, psychische Störungen und Infektionskrankheiten (▷ Das Körper-Seele-Band, Seite 606).

Um die Zeit der Arbeitslosigkeit nicht zu einer schweren Lebenskrise werden zu lassen, müssen Sie persönliche Gegenstrategien entwickeln und versuchen, beruflich am Ball zu bleiben.
• Halten Sie Ihr berufliches Wissen auf dem laufenden. Wer mehrere Jahre »raus« ist, verliert die Qualifikation. Nehmen Sie kontinuierlich Fort- und Weiterbildungsangebote wahr (▷ Berufliche Weiterbildung, Seite 176).
• Halten Sie Kontakt zur Arbeitswelt, sei es über Urlaubsvertretungen, einen Nebenjob (▷ Seite 272) oder ein Ehrenamt (▷ Seite 375).
Auch wenn diese Form der »Aushilfsarbeit« nicht im ganzen Umfang Ihrer Qualifikation entspricht – die Tätigkeit als solche hilft, das Vertrauen in die eigene Leistung zu behalten. Manchmal eröffnen sich auf diese Weise auch neue Betätigungsfelder, zum Beispiel wenn Sie auf Honorarbasis an einem Projekt mitarbeiten. Vielleicht entdecken Sie ganz neue Seiten an sich (▷ Neue – alte Fähigkeiten kennenlernen, Seite 34), die Ihrer Arbeitsorientierung eine andere Richtung geben.
• Der Austausch mit anderen von Arbeitslosigkeit Betroffenen, zum Beispiel in einer Selbsthilfegruppe, kann aus der Isolation heraushelfen. Dort erhalten Sie auch praktische Hilfe im Umgang mit den Ämtern.
Manchmal entstehen aus einer solchen Selbsthilfe-Initiative heraus auch neue Beschäftigungsideen, oder es gelingt mit gegenseitiger Unterstützung sogar der Sprung in die Selbständigkeit (▷ Der eigene Betrieb, Seite 279; ▷ Sprungbrett Selbsthilfe, Seite 276). Arbeitslosen-Selbsthilfegruppen gibt es in fast allen größeren Städten und Gemeinden. Auskunft erteilt der Info-Service des Arbeitsamtes.
• Bleiben Sie aktiv, indem Sie sich nach »außen« richten: Treffen Sie FreundInnen, besuchen Sie Bekannte, nutzen Sie Bibliotheken, Ausstellungen und kommunale Veranstaltungen, um im kulturellen Leben »am Ball« zu bleiben (▷ Bewegung und Sport, Seite 555; ▷ Allgemeine Weiterbildung, Seite 184).
• Schränken Sie sich nicht mehr ein als unbedingt nötig, und gönnen Sie sich weiterhin ab und zu einen »kleinen Luxus«, der den Alltag verschönt: Ein Sauna-, Kino- oder Theaterbesuch kann entscheidende Pluspunkte auf dem Wohlfühl-Konto bringen, auch wenn sich dadurch auf dem Bankkonto Lücken auftun sollten (▷ Wohlbefinden, Seite 603).

künfte und das Arbeitslosengeld dürfen zusammengerechnet nicht mehr als 80 Prozent des letzten Nettoeinkommens ergeben – was darüberhinaus geht, wird angerechnet. Trotzdem:

- Einen Nebenjob anzunehmen lohnt sich, denn Sie halten weiter Kontakt zum Arbeitsmarkt und haben gleichzeitig mehr Geld auf dem Konto.
- Dies gilt auch dann, wenn Sie einmal einen besonders gut bezahlten Nebenjob in Aussicht haben, zum Beispiel einen Honorarauftrag. Vielleicht erhalten Sie dadurch einmal eine Weile kein Geld vom Arbeitsamt – gleichzeitig verlängert sich aber Ihre Anspruchsdauer um den Zeitraum, in dem Sie an dem Honorarauftrag arbeiten.

Die Arbeitslosenhilfe

Die Arbeitslosenhilfe ist *keine* Versicherungsleistung, sondern sie wird ähnlich wie die Sozialhilfe aus Steuermitteln finanziert (▷ Sozialhilfe, Seite 364). Die Arbeitslosenhilfe kann nach dem Ablauf des Arbeitslosengeldes beantragt werden und beträgt im ersten Jahr für Arbeitslose mit Kindern 57 Prozent, für Arbeitslose ohne Kinder 53 Prozent des letzten Nettoeinkommens. Sie wird jedes Jahr um drei Prozent gekürzt.

Da die Arbeitslosenhilfe keine Versicherungsleistung ist, steht vor der Genehmigung eine Bedürftigkeitsprüfung. So werden zum Beispiel Einkünfte aus Mieteinnahmen, Sparbücher und Vermögen von über 8.000 Mark auf die Arbeitslosenhilfe angerechnet.

Sozialamt

Wenn Sie keinen Anspruch auf Lohnersatzleistungen haben oder die Ihnen zugesprochene Unterstützung durch Arbeitslosengeld oder Arbeitslosenhilfe unter dem Existenzminimum liegt, können Sie zusätzlich Hilfe zum Lebensunterhalt beim Sozialamt beantragen (▷ Sozialhilfe, Seite 364; ▷ Auf Kosten der Mütter, Seite 271).

Arbeitslosenhilfe bekommen außerdem nur diejenigen, die keine Unterhaltsansprüche an jemanden haben. Dies kann für Frauen zum Stolperstein werden: Bei verheirateten Frauen oder Frauen, die unverheiratet mit einem Partner zusammenleben, wird in jedem Fall das Einkommen des Ehemannes oder Lebenspartners überprüft. Ist sein Gehalt entsprechend hoch, muß er für den Unterhalt seiner Partnerin aufkommen. Dies gilt auch umgekehrt: Verdient die Frau ausreichend, muß sie für den arbeitslosen Partner aufkommen. Eine Ausnahme wird gemacht, wenn beide glaubhaft machen können, daß sie in einem reinen Untermietverhältnis leben und nicht zusammen wirtschaften (▷ Rechtliches ohne Trauschein, Seite 87).

Auf jeden Fall melden

Um offiziell als arbeitslos und arbeitssuchend zu gelten, muß man sich regelmäßig alle drei Monate beim Arbeitsamt melden. Viele Frauen im westlichen Teil der Republik, die sich weder Chancen auf einen Job noch auf Arbeitslosenhilfe ausrechnen, verzichten jedoch im Laufe der Zeit auf diese Meldung. Die Frauen in den fünf neuen Ländern verhalten sich dabei weitaus konsequenter. Auch als Mütter beanspruchen sie ihr Recht auf Arbeit ganz selbstverständlich und zeigen dies durch ihre Meldung beim Arbeitsamt, obwohl sich auch im Osten der Republik die Möglichkeiten der Kinderbetreuung (▷ Seite 343) drastisch verschlechtert haben.

Sich nicht mehr arbeitslos zu melden, verschleiert das Ausmaß der Frauenarbeitslosigkeit und kann enorme persönliche Nachteile bringen:

- Ohne Meldung verlieren Sie Ansprüche in der gesetzlichen Rentenversicherung! Arbeitslosigkeit gilt nämlich als »Ausfallzeit«, das bedeutet: es entsteht *keine* Lücke im Versicherungsschutz, solange Sie *offiziell* gemeldet sind. Dieser Versicherungsschutz schließt auch Ihren Anspruch auf eine Frührente ein, wenn Sie zum Beispiel während Ihrer Arbeitslosigkeit berufs- oder erwerbsunfähig werden.

• Ähnliches gilt für die Altersrente. Wer in einem bestimmten Zeitraum vor dem Ruhestand arbeitslos gemeldet war, aber insgesamt 15 Jahre lang Beiträge gezahlt hat, hat Anspruch auf eine vorgezogene Rente. Bei der Anrechnung der Ausfallzeiten spielt es keine Rolle, ob Sie Arbeitslosengeld oder Arbeitslosenhilfe bezogen haben oder nicht. Die regelmäßige Meldung beim Arbeitsamt ist also auch ein Stück Alterssicherung.

Gesetz zur Arbeitsförderung

Das Arbeitsförderungsgesetz (AFG) ist nicht nur die gesetzliche Grundlage der Arbeitslosenunterstützung, sondern dient auch als Instrument der Arbeitsmarktpolitik. Im AFG sind verschiedene Maßnahmen geregelt, die Arbeitslosen den Weg zurück in den Arbeitsmarkt erleichtern sollen (▷ Zweiter Arbeitsmarkt, Seite 277; ▷ Hilfen vom Arbeits- und Sozialamt, Seite 290).

Bislang profitieren Frauen von diesen Regelungen weit weniger als Männer, weil sie die Mindestvoraussetzungen in punkto Beschäftigungsdauer, -zeitraum oder Arbeitszeiten sehr oft nicht erfüllen können.

Zuschüsse für ArbeitgeberInnen

Hilfen, die sich nicht direkt an Arbeitslose richten, sondern potentiellen ArbeitgeberInnen zugute kommen, sind der sogenannte Einarbeitungszuschuß (EZ) und die Eingliederungsbeihilfe (EB). Da nicht alle ArbeitgeberInnen diese Fördermöglichkeiten kennen, kann es sinnvoll sein, im Vorstellungsgespräch darauf hinzuweisen. Das Arbeitsamt übernimmt dabei einen Teil der Lohnkosten für solche Frauen und Männer, die ihre volle Leistung an einem neuen Arbeitsplatz erst nach einer gewissen Einarbeitungszeit erbringen können.

• Der Einarbeitungszuschuß (EZ) fördert vor allem die Einstellung von Frauen, die nach Zeiten der Kindererziehung oder der Pflege von Angehörigen wieder ins Erwerbsleben einsteigen wollen. Der bewilligte Zuschuß beträgt höchstens 30 Prozent des Arbeitsentgelts und wird in der Regel für ein halbes Jahr gewährt, in Ausnahmefällen bis zu 50 Prozent für maximal ein Jahr (▷ Wiedereinstieg in den Beruf, Seite 182).

• Die Eingliederungsbeihilfe (EB) zielt mehr auf die Einstellung von Älteren, von Langzeitarbeitslosen und Schwerbehinderten. Die Beihilfe beträgt bis zu 50 Prozent des Tariflohns und wird bis zu einem halben Jahr gewährt – allerdings nur, wenn der Arbeitgeber mit dem zukünftigen Arbeitnehmer einen unbefristeten Arbeitsvertrag abschließt.

Lohnkostenzuschüsse

Für Arbeiten im Bereich Umweltschutz, soziale Dienste und Jugendhilfe können Lohnkostenzuschüsse gezahlt werden. Die Förderung betrug 1995 etwa 2.000 DM pro Monat, gezahlt wird im Westen Deutschlands maximal zwei Jahre lang, in den fünf neuen Bundesländern bis zu drei, in Ausnahmefäl-

LITERATUR

Birgitt Rupprecht-Stroll
Plötzlich ohne Job
mvg, München, 1993. DM 29,80

Rudolf Kuhn
Arbeitslosengeld – Arbeitslosenhilfe. Der Ratgeber für Arbeitslose und von Arbeitslosigkeit bedrohte Arbeitnehmer
Bund, Köln, 1995. DM 19,90

Arbeitslosenprojekt Tu Was (Hrg.)
Leitfaden für Arbeitslose
Fachhochschulverlag, Frankfurt a.M., DM 13

len auch bis zu vier Jahren. Der volle Zuschuß wird allerdings nur gewährt, wenn die ArbeitnehmerInnen nicht mehr als 90 Prozent des Tariflohns bekommen.

Auch Arbeitsplätze für ArbeitnehmerInnen, die älter als 50 Jahre sind und seit mindestens 18 Monaten arbeitslos, werden gefördert. Einen neuen Job in der Privatwirtschaft bezuschußt das Arbeitsamt mit 50 bis 70 Prozent, im öffentlichen Dienst mit 40 bis 60 Prozent des Lohns. Die Höchstförderdauer beträgt 5 Jahre.

Sprungbrett Selbsthilfe

In der Frankfurter Gesamtschule »Paul Hindemith« bleibt seit Anfang 1995 die Schulküche nicht mehr kalt. Ehemals arbeitslose Frauen haben das Kommando übernommen und kochen nun täglich für rund 700 SchülerInnen Vollwert-Mahlzeiten. Für die Köchinnen ist das kein Ehrenamt, sondern ein neuer Job, zu dem auch eine Weiterbildung in Einkauf, Planung, Kalkulation und Nahrungsmittelkunde gehörten.

Auf diese Weise haben die Frauen nach langer Zeit der Arbeitslosigkeit einen Arbeitsplatz bei der »Gemeinnützigen Frankfurter Frauen-Beschäftigungsgesellschaft (GFFB)« gefunden. Das Projekt läuft unter der Regie des Frankfurter Frauendezernats und wird mit Geldern der Stadt, des Arbeitsamtes und des Europäischen Sozialfonds finanziert. Einen Teil der Kosten muß das Projekt selbst erwirtschaften.

Insgesamt bietet die GFFB rund 100 Frauen einen Neueinstieg ins Berufsleben mit Orientierungsangeboten in verschiedenen Projekten, wie einem mobilen Spieldienst für Krankenhäuser, Tagesmütter-, Alten- und Krankenpflegediensten oder einer Nähstube.

Die Frauen verdienen in dieser Beschäftigungsgesellschaft weniger als auf dem »ersten« Arbeitsmarkt, aber ihre Arbeit ist ein wichtiger Schritt aus der Arbeitslosigkeit heraus: Mit neuem Selbstbewußtsein fällt es leichter, sich zu bewerben.

Umschulung

Arbeitslose, die in ihrem Beruf keine Stelle mehr finden, zum Beispiel wegen gesundheitlicher Probleme oder mangels Nachfrage auf dem Arbeitsmarkt, können beim Arbeitsamt eine Umschulung beantragen. Dabei handelt es sich nicht um eine Weiterbildung im üblichen Sinn, sondern um eine ganz neue Berufsausbildung (▷ Berufswege, Seite 153).

Die Finanzierung muß mit dem Arbeitsamt vorab geklärt werden. Neben den Ausbildungskosten wird, wenn der Unterricht ganztägig stattfindet, in der Regel auch ein Unterhaltsgeld in Höhe des Arbeitslosengeldes gezahlt. Wird die Umschulung allerdings als nicht notwendig beurteilt, um einen neuen Job zu finden, kann das Unterhaltsgeld auch nur 58 Prozent vom letzten Nettolohn betragen.

Die meisten Umschulungsträger sind private Institutionen, die in ihren Qualitätsstandards erhebliche Unterschiede aufweisen können. Die besten Informationen über anerkannt gute Umschulungsträger geben die Industrie- und Handelskammern (▷ Wer bildet beruflich weiter? Seite 177).

Sinnlose Maßnahmen

Eine Umschulung darf laut Gesetz nur finanziert werden, wenn sie zur Wiedereingliederung der Arbeitslosen »notwendig« oder zumindest »zweckmäßig« ist. Die Praxis sieht häufig allerdings anders aus – vor allem für Frauen: Nicht selten werden Arbeitslose mit schlechten Vermittlungschancen auf freien Umschulungsplätzen »geparkt«, obwohl diese Umschulung ihre Chancen, einen Job zu finden, kaum verbessert. Das schönt die Statistiken – jede Umschülerin ist nach offizieller Zählweise keine Arbeitslose.

Frauen, die eine Umschulung in Erwägung ziehen, sollten sich daher unbedingt über die Zukunftschancen ihres neuen Berufs und den regionalen Bedarf an Arbeitskräften in diesem Bereich bei der Industrie- und Handelskammer (IHK) informieren.

Zweiter Arbeitsmarkt

Durch die Maßnahmen nach dem Arbeitsförderungsgesetz (AFG) hat sich ein »Zweiter Arbeitsmarkt« herausgebildet. Dieser Wirtschaftsbereich ist auf öffentliche Fördermittel angewiesen und funktioniert tariflich nach anderen Gesetzen als der »erste« Arbeitsmarkt.

Freie, kirchliche und kommunale Träger als Projekt- oder Beschäftigungsgesellschaft nutzen heute diesen Bereich und bieten Arbeitsplätze unterschiedlicher Bandbreite an. Häufig sind es Arbeiten auf sozialem und kulturellem Gebiet, aber auch im Bereich Umwelt und Recycling. AFG-Unterstützung gibt es oft auch im Hinblick auf die strukturelle Verbesserung einer Region.

Weil das AFG Zuschüsse für Projektgründungen gewährt hat, konnten sich Arbeitslose oft selbst Arbeitsplätze schaffen. Sie gründeten erfolgreiche Frauenprojekte, vom Buchladen bis zum Stadtteil-Café, vom Mädchenhaus bis zum Frauenberatungszentrum (▷ Sprungbrett Selbsthilfe, Seite 276; ▷ Der eigene Betrieb, Seite 279).

Risiken

Das Hauptrisiko auf dem zweiten Arbeitsmarkt liegt in der Versuchung, alle weiteren Anstrengungen, auf dem ersten Arbeitsmarkt Fuß zu fassen, fahrenzulassen. Das ist gefährlich und kann zu erneuter Arbeitslosigkeit führen, denn die Finanzierung der Projekte und Beschäftigungsgesellschaften ist oft zeitlich begrenzt. Nicht selten gehen die Träger der Maßnahmen auch pleite oder müssen Stellen streichen, weil ein Finanzierungsbaustein wegbricht.

Zusätzlich wirkt sich negativ aus, daß auf dem zweiten Arbeitsmarkt kaum Aufstiegs- und Karrierechancen bestehen, so daß nur selten konkrete Berufsperspektiven verwirklicht werden können. Ziel aller dort beschäftigten Frauen sollte es immer bleiben, den Sprung in den ersten Arbeitsmarkt zu schaffen. Außerdem gibt es meist eine gesetzlich gestützte Ungleichbehandlung gegenüber den Arbeitskräften auf dem ersten Arbeitsmarkt – zum Beispiel:

- ArbeitnehmerInnen in Beschäftigungsgesellschaften werden in der Regel zehn Prozent unter Tarif bezahlt.
- Sie können keine zusätzlichen Ansprüche erwerben, wie Weihnachtsgeld oder Zahlungen aus der betrieblichen Altersversorgung.

Die Ungleichbehandlung soll den Betroffenen als Anreiz dienen, wieder in den ersten Arbeitsmarkt einzusteigen.

Arbeitsbeschaffungsmaßnahmen

Ein klassisches Element des zweiten Arbeitmarkts sind die sogenannten Arbeitsbeschaffungsmaßnahmen (ABM-Stellen). Sie sollen Dauerarbeitslosen den Wiedereinstieg in ihren erlernten Beruf ermöglichen und zusätzliche Arbeitsplätze schaffen.

Einen Anspruch auf einen ABM-Job gibt es allerdings nicht. Seit 1996 sollen im wesentlichen nur noch Arbeitslose eine ABM-Stelle bekommen, die seit mindestens 12 Monaten arbeitslos sind und Arbeitslosenunterstützung beziehen.

ABM-Kräfte arbeiten wie in einem normalen Arbeitsverhältnis, ihr Gehalt wird jedoch zum überwiegenden Teil vom Arbeitsamt bezuschußt. Normalerweise läuft eine solche Förderung für ein Jahr. Wenn gegenüber dem Arbeitsamt belegt werden kann, daß die Maßnahme sozial- oder arbeitsmarktpolitisch sinnvoll ist und dadurch möglicherweise sogar weitere Arbeitsplätze geschaffen werden, kann sie auf zwei Jahre, in Ausnahmefällen sogar auf drei Jahre verlängert werden.

Dennoch bleibt die Förderung immer befristet. So ist es das Kennzeichen vieler »ABM-Karrieren«, daß die Beschäftigten immer wieder zeitweise arbeitslos werden, gleichzeitig ist es praktisch unmöglich, eine individuelle Karriere zu planen.

Haben Sie heute Abend schon was vor?...
F.B.

Der eigene Betrieb

Frauen träumen nicht nur von ihrer beruflichen Selbständigkeit – immer häufiger setzen sie diese Idee auch in die Tat um. Jeder dritte neue Betrieb wird heute von einer Frau gegründet, 1975 war es nur jeder zehnte. Derzeit werden in Deutschland etwa 790.000 der insgesamt drei Millionen Unternehmen von Frauen geführt.

Selbständig machen sich die Frauen meist im mittleren Alter, nach einigen Jahren Berufserfahrung – als Einzelunternehmerin mit einem Kleinbetrieb, vorwiegend im Bereich Handel und Dienstleistung. Sie sind erfolgreich: Die offiziellen Wirtschaftsdaten zeigen, daß sich Frauen als Unternehmerinnen in den letzten Jahren immer besser durchsetzen und seltener Pleite machen als männliche Chefs.

Die meisten Frauen wagen den Schritt in die Selbständigkeit, weil sie beruflich unzufrieden sind, wie Befragungen zur Motivation von selbständigen Frauen zeigen. Sie möchten selbstbestimmter und unter besseren Bedingungen arbeiten, eigene Ideen verwirklichen und ihre Arbeitszeiten freier gestalten, Arbeit und Familienleben leichter verbinden können und besser verdienen.

Auch die persönliche Lebenssituation spielt bei allen Neugründungen eine wichtige Rolle. Oft verbindet sich der Schritt ins freie Unternehmertum mit anderen Neuorientierungen: mit dem Wiedereinstieg ins Berufsleben oder mit einer privaten Trennung. Auch eine längere Arbeitslosigkeit kann den Wunsch wachsen lassen, etwas Eigenes aufzubauen.

Eine ganz wichtige Voraussetzung, um klare Ziele setzen und realistische Schritte planen zu können, ist, sich das Motiv klarzumachen, das hinter dem Wunsch nach beruflicher Selbständigkeit steckt.

Die Idee

Am Anfang eines jeden Projekts, eines Ladens oder eines anderen Dienstleistungsunternehmens steht die Idee, fantasievoll und farbig ausgemalt: die eigene Firma, das eigene Büro, die eigene Praxis! Begeisterung und Elan brauchen Existenzgründerinnen unbedingt – sie helfen später, die Härten des Anfangs zu überstehen.

Es empfiehlt sich, die Motive für die Gründung und die mit ihr verknüpften Hoffnungen aufzuschreiben, von den allerwichtigsten bis hin zu »es wäre schön, wenn«.

In dieser ersten, von Begeisterung getragenen Phase melden sich auch Zweifel: »Das kostet zuviel.« »Das kann ich ja doch nicht.« »Das würde mein Mann nicht verstehen.« Es sind Sätze der Angst, die die Bereiche beleuchten, in denen sich die Frau am verletzlichsten fühlt. Diese Ängste können den Blick verstellen und lähmen – aber sie zeigen auch, welche Themen und Lebensbereiche vor der Betriebsgründung besonders sorgfältig geklärt werden müssen (▷ Nichts geht ohne Netz, Seite 285).

Wunsch und Wirklichkeit

Im zweiten Schritt muß die Idee mit der Realität konfrontiert werden. Das beginnt damit, daß man die eigene Qualifikation überprüft und sich entscheidenden Fragen zur eigenen Persönlichkeit stellt, zum Beispiel:

- Reicht die Motivation, um an der Arbeit auch dann noch Freude zu haben, wenn aus kreativem Tun ein Geschäft mit einem Zehn-Stunden-Tag wird?
- Haben Sie gerne mit KundInnen, AuftraggeberInnen, LieferantInnen und MitarbeiterInnen zu tun, oder fühlen Sie sich eher unsicher und belastet, wenn Sie mit anderen Menschen verhandeln, wenn Sie Forderungen an andere richten sollen oder um das Erfüllen von Bedingungen ringen müssen?
- Verbinden Sie mit der Idee, Chefin zu werden, das Gefühl von Kraft und Handlungsfreiheit, oder packt Sie bei diesem Gedanken eher das Gefühl von Druck und lastender Verantwortung?
- Sind Sie darauf eingestellt, daß Sie sich in der Gründungsphase bedingungslos einsetzen müssen, oder erhoffen Sie sich schon recht früh freie Zeit und finanziellen Spielraum? Wer ein Geschäft zum Laufen bringen will, muß in den ersten Jahren sehr viel Zeit investieren, denn gute, sichere Umsätze müssen erst erarbeitet werden. Unerfahrenheit wird meist durch Mehrarbeit kompensiert. Die Arbeitszeit wird von der Auftragslage und den KundInnen bestimmt. Das gilt für die Floristin mit eigenem Blumenladen ebenso wie für die Anwältin mit eigener Kanzlei oder für die Ärztin.
- Um den eigenen Laden am Laufen zu halten, müssen die Anforderungen des Berufs und die der Familie unter einen Hut passen. Ihre Einsatzfähigkeit im eigenen Betrieb setzt eine verläßliche Kinderbetreuung und Arbeitsteilung mit dem Partner zu Hause voraus – sind Sie darauf vorbereitet (▷ Nichts geht ohne Netz, Seite 285)?

Risiken voraussehen

Fast die Hälfte aller Neugründungen scheitert innerhalb der ersten fünf Jahre. Fast 70 Prozent der Pleiten werden auf Finanzierungsmängel zurückgeführt, Informationsdefizite kommen meist hinzu. Jede Existenzgründerin sollte sich daher *vor* dem ersten Schritt in die Selbständigkeit bei Berufsverbänden, Kammern oder UnternehmensberaterInnen sachkundig machen (▷ Weiterbildung, Seite 175; Gründungsberatung, Seite 289). Für die Beratungskosten gibt es Zuschüsse.

Auch die kleine Pension, die Praxis der Krankengymnastin, die Goldschmiedewerkstatt oder das Café-Bistro bedürfen einer Marktanalyse, einer fundierten Finanzplanung (▷ Vorbereitung, Seite 282) und einer zuverlässigen Buchhaltung (▷ Berechnung der Kosten, Seite 288).

Wer sich aus der Arbeitslosigkeit heraus selbständig machen will, sollte besonders gründliche Vorüberlegungen anstellen. Gerade aus der Not geborene Unternehmungen bergen die Gefahr der Fehlplanung. Oft fehlt es an branchenspezifischen Erfahrungen, an beruflichen Qualifikationen und am nötigen Startkapital (▷ Hilfen vom Arbeits- und Sozialamt, Seite 290).

Verdienstaussichten

Jede Unternehmensgründung, ob Schuhboutique, Restaurant oder Fotoagentur, ist mit der Hoffnung auf ein angemessenes Einkommen verbunden. Doch zunächst einmal geht es schlicht um den Lebensunterhalt und die Sicherung der eigenen Existenz. Zumindest eine zwei- bis dreiköpfige Familie sollte von dem Erwirtschafteten leben können. Nur so ist die finanzielle Unabhängigkeit gewährleistet. Eine realitätsnahe Vorausschau ist unabdingbar, denn ohne ausreichenden Gewinn wächst der Berg aus Abhängigkeiten und Verpflichtungen (▷ Schulden, Seite 422).

Immer noch liegt der Verdienst selbständiger Frauen weit unter dem der Männer. Nur acht Prozent der selbständigen Frauen, aber immerhin ein Viertel der selbständigen Männer verdienten Mitte der 90er Jahre mehr als 5.000 DM netto. Gleichzeitig mußten etwa 40 Prozent der selbständigen Frauen, aber nur 20 Prozent der Männer mit maximal 1.800 DM netto auskommen.

Dennoch leben vier Fünftel der Unternehmerinnen von ihrem Verdienst. Das gelingt nur, weil sich die Frauen persönlich einschränken, bei der Krankenversicherung sparen und die Zahlungen für die Altersversorgung verschieben. Vor diesen Gefahren falschen Sparens warnen UnternehmensberaterInnen eindringlich: *Bevor* immer wieder Geld in den Betrieb gesteckt wird, sollten die eigene Existenz und die Altersversorgung abgesichert sein (▷ Versicherungen, Seite 291). Außerdem müssen Rücklagen gebildet werden, denn wenn der Betrieb in Konkurs geht, gibt es kein Arbeitslosengeld.

Erfolgshindernisse

Viele Frauen bringen günstige Voraussetzungen und Eigenschaften für den geschäftlichen Erfolg mit: Sie sind verantwortungsbewußt, ausdauernd, belastbar, haben viel Organisationstalent und können gut mit Menschen umgehen. Es fällt ihnen leicht, sich in die Bedürfnisse ihrer KundInnen, KlientInnen oder PatientInnen hineinzuversetzen.

Doch viele Frauen haben Schwierigkeiten im Bereich der Eigenschaften, die der klassischen – männlichen – »Unternehmerpersönlichkeit« zugeschrieben werden: Sicherheit im Auftreten, Selbstbewußtsein, Stärke, manchmal Härte, Durchsetzungsvermögen und Unabhängigkeit (▷ Selbst-Bewußt, Seite 23).

In jedem Betrieb sind diese Eigenschaften immer wieder erforderlich, zum Beispiel gegenüber säumigen LieferantInnen oder zahlungsunwilligen KundInnen.

Unzufriedenheit am Arbeitsplatz?

Wenn Sie sich vor allem deshalb selbständig machen wollen, weil Sie an Ihrem Arbeitsplatz unzufrieden sind und sich in Ihrer beruflichen Entwicklung behindert fühlen, sollten Sie folgendes selbstkritisch prüfen:

- Sind wirklich Ihr Chef oder andere Vorgesetzte dafür verantwortlich, daß Sie nicht vorwärtskommen, oder stellen Sie vielleicht selbst Ihr Licht unter den Scheffel und halten sich bescheiden zurück? Als Selbständige müssen Sie sich durchsetzen können. Zurückhaltung ist fehl am Platz!
- Bringen Sie Ihr Talent am derzeitigen Arbeitsplatz tatsächlich an den richtigen Stellen ein, oder haben Sie das Gefühl, sich öfter zu verzetteln? Im eigenen Betrieb müssen Sie rationell und effektiv arbeiten.
- Können Sie Konflikte mit KollegInnen ansprechen und austragen? Als Unternehmerin mit PartnerInnen und MitarbeiterInnen sollten Sie diese Kunst beherrschen (▷ Arbeitskonflikte, Seite 235; ▷ Personalführung, Seite 242; ▷ Führungskonflikte, Seite 293).

Frauen, die bei der Durchsetzung ihrer Interessen als Unternehmerin allzu zurückhaltend oder nachgiebig sind, geraten leicht in wirtschaftliche Notlagen, die den Betrieb dann ins Trudeln bringen können.

Nicht zu zaghaft

Frauen neigen dazu, kleine Brötchen zu backen. Sie planen vorsichtig, in kleinen Schritten und setzen mehr auf Sicherheit als auf den Erfolg des »großen Wurfs«.

Vor hohen Krediten schrecken sie selbst dann zurück, wenn sie für eine vernünftige Finanzierung des Projekts eigentlich nötig wären und sich der Kredit bei realistischer Planung bald auszahlen könnte. So kann es zum Beispiel sinnvoller sein, mehr Geld in die Software-Ausstattung des Büroservice zu stecken und dadurch KundInnen zu gewinnen, als an neuen Computerprogrammen zu sparen. Jede Geschäftsfrau muß auch das Schulden-machen lernen (▷ Geld, Seite 413; ▷ Finanzierung, Seite 179).

> **WeiberWirtschaft**
>
> Im September 1994 wurde in Berlin das größte Frauenprojekt Europas, das Frauengewerbezentrum »WeiberWirtschaft« eröffnet.
>
> 50 Unternehmerinnen haben sich in der ersten reinen Frauengenossenschaft in Deutschland seit der Weimarer Republik zusammengetan. Sie wollen 200 Arbeitsplätze schaffen, u.a. in einer Frauencomputerschule, einer internationalen Mitwohnzentrale und einem Fitneßstudio, bei Versicherungsmaklerinnen, Organisationsberaterinnen und Rechtsanwältinnen. Die Betriebsgründerinnen erwarben von der Treuhandgesellschaft für 12,3 Millionen DM eine alte Fabrik, in der zu DDR-Zeiten der VEB Kosmetik Lippenstifte und Wimperntusche herstellte. Die Finanzierung wird durch einen langfristigen Bankkredit und die finanzielle Unterstützung durch den Berliner Senat ermöglicht.
>
> KONTAKT
>
> **WeiberWirtschaft**
> Anklamerstraße 38, 10115 Berlin

Eigene Ansprüche eingestehen

Manchen Frauen kommt es gar nicht in den Sinn, sich ein wesentlich höheres Einkommen vorzustellen als das gewohnte. Ihrem Erfolg stehen sie selbst im Weg, weil sie es nicht wagen, sich ihre geheimen Wünsche einzugestehen. Den Gedanken an ein gut gepolstertes Konto und an gesellschaftlichen Einfluß verdrängen sie in die entferntesten Winkel ihrer Seele. Doch gerade die maßlosen und machtvollen Sehnsüchte sind wichtig, um zielstrebig am Aufbau eines Unternehmens zu arbeiten.

Vorbereitung

Am Anfang steht die Auseinandersetzung mit den allgemeinen Problemen einer Existenzgründung. Die Unternehmerin in spé ackert Bücher (▷ Literatur, Seite 293) und Infobroschüren durch, zum Beispiel von Banken, Sparkassen und Versicherungen. Eine wichtige Anlaufstelle für Gründerinnen sind die Frauenbeauftragten der Bundesländer und in vielen größeren Städten die Kommunalstellen für Frau & Wirtschaft.

Wichtig ist, die wirtschaftliche Entwicklung des angepeilten Geschäftsbereichs in den kommenden zehn Jahren einschätzen zu können. Fachzeitschriften, Kammern und Berufsverbände geben aktuelle Informationen und Trendeinschätzungen. Einen sehr guten Einblick in die wirtschaftliche Zukunft einer Branche haben auch WirtschaftsprüferInnen und größere Steuerberatungsbüros.

Marktchancen erkunden

Wer seine Motivation erkundet und seine Ideen präzisiert hat, muß als nächstes die Marktlage analysieren.

• Welche vergleichbaren Unternehmen gibt es im Umkreis? Sind sie erfolgreich? Trägt der Markt ein weiteres Unternehmen der gleichen Branche?
• Gibt es in dieser Branche Tendenzen zum Zusammenschluß oder zur Spezialisierung von Firmen?
• Wie setzt sich Ihre Zielgruppe zusammen? Welche Bedürfnisse und Wertvorstellungen haben Ihre KundInnen oder KlientInnen? Sind diese Vorstellungen auch die Ihren, und wenn nicht, können Sie die der KäuferInnen respektieren und erfüllen? Wie ist die Einkommensstruktur Ihrer erwarteten Klientel, wofür gibt sie Geld aus?
• Wenn Sie Spezielles anbieten möchten, müssen Sie die entsprechenden Kosten bei der Kalkulation mit einbeziehen: Erschwingliche Preise für jeden kann nicht bieten, wer eine Boutique mit individuell angefertigter Ware betreibt.

Marktstudien sind einsehbar bei den örtlichen Industrie- und Handelskammern, den Handwerkskammern, Verbänden und zum Beispiel im Kölner Institut für Handelsforschung. Darüber hinaus sollte jede zukünftige Unternehmerin selbst die Gegend erforschen, in der sie sich niederlassen möchte, die Telefonbranchenbücher durchblättern und die Angebote der Konkurrenz studieren. Dazu gehört auch, die Infrastruktur des Standorts – auch hinsichtlich zukünftiger Veränderungen – zu erforschen.

Image gestalten

Jedes Unternehmen braucht ein Image, durch das ein ganz bestimmter KundInnenkreis angesprochen wird. Der Umfang dieses Kreises bestimmt mit, ob der Betrieb am Leben bleibt.

Bei der Imagegestaltung ist Flexibilität gefragt. Wenn eine wirtschaftlich prekäre Situation eintritt, muß unter Umständen das Image und damit auch das Angebot verändert werden. Wenn sich zum Beispiel zeigt, daß der Partyservice mit Vollwert-Angeboten zu wenig Anklang findet, liegt die Zukunft vielleicht in der Ausrichtung von Betriebsjubiläen mit deftigen Gerichten und Tombola.

Arbeitsvolumen planen

Das Arbeitsvolumen ist eine entscheidende Größe bei allen Fragen der Finanzierung und des wirtschaftlichen Erfolgs:
• Wie sehen die Tätigkeiten in Ihrem geplanten Projekt konkret aus, und wieviel Zeit müssen Sie für die einzelnen Bereiche aufwenden? Bedenken Sie, daß es auch Entspannungsphasen und Freizeit für Sie und Ihre MitarbeiterInnen geben muß.
• Wieviele Personen sind nötig, um das Projekt zu bestreiten? Wenn die Arbeit nicht alleine zu schaffen ist: Wieviele MitarbeiterInnen mit welcher Qualifikation werden gebraucht?
• Gibt es Stoßzeiten, in denen Hilfskräfte beschäftigt werden müssen?
• Sind saisonbedingt flaue Zeiten zu erwarten, in denen das Personal dennoch finanziert werden muß?

Standort suchen

Für die Bereiche Handel und Dienstleistungen spielt der Standort eine entscheidende Rolle. Das Papiergeschäft und der Blumenladen leben von der Laufkundschaft in belebten Einkaufszentren. Die Praxis der Logopädin und Psychotherapeutin profitiert von der räumlichen Nähe zu einer Klinik. Das exklusive Bekleidungsgeschäft braucht den Ortskern, um zahlungskräftige KundInnen in den Laden zu locken. Je spezialisierter ein Angebot ist, desto größer ist auch die Bereitschaft der KundInnen, längere Wege in Kauf zu nehmen – vorausgesetzt, es gibt öffentliche Verkehrsmittel in der Nähe und es sind Parkplätze vorhanden. Forschen Sie nach:
• Sind in der Gegend Bauprojekte zu erwarten, die die derzeitige Einwohnerstruktur ändern, oder größere Bauvorhaben, die die Laufkundschaft fernhalten? So etwas kann eine Neugründung sehr rasch in die Knie zwingen.
• Planen Sie eine Geschäftserweiterung bereits ein, wenn Sie die Räume anmieten. Das heißt, nehmen Sie lieber einige Quadratmeter mehr als im Moment

nötig. Ein Betriebsumzug nach kurzer Zeit ist teuer und kann Sie Ihren KundInnenstamm kosten.

• Die Ausstattung der Räume ist Ihre Visitenkarte. Sie sollte sich an Ihren KundInnen bzw. KäuferInnen orientieren. Bescheidenheit in der Austattung kann teuer werden, wenn sie dem Geschmack Ihrer Zielgruppe widerspricht, so daß die KundInnen fernbleiben.

Übernahme

Manche Unternehmerinnen können in ein eingeführtes Unternehmen einsteigen, zum Beispiel eine Apotheke, eine Praxis oder ein Geschäft. Das bedeutet meist, die gesamte Einrichtung und unter Umständen auch das Personal zu übernehmen.

Der Marktwert des Objekts setzt sich zusammen aus dem Wert des noch verwendbaren Inventars und des Lagerbestandes, der Kaufkraft des Kundenstammes, dem Standort, dem Umfang der Verträge mit LieferantInnen und Versicherungen.

Um den Wert eines Geschäftes richtig beurteilen zu können, ist es unbedingt notwendig, sich die Bilanzen der letzten drei bis fünf Jahre vorlegen zu lassen. Zusätzlich müssen die laufenden Verträge geprüft werden. Am besten wird in die Übernahmeverhandlungen die Steuerberaterin bzw. der Steuerberater miteinbezogen, die bzw. der auch später das Unternehmen betreuen wird. Handfeste Belege, die die Rentabilität des Betriebes belegen, fordern auch die Banken, wenn sie für die Übernahme einen Kredit bereitstellen sollen.

KONTAKT

Deutsches Franchise Institut
Schwanthalerstr. 51, 80336 München
Tel.: 089/53 50 27, Fax: 53 13 23

Deutscher Franchise Verband e.V.
Paul-Heyse-Str. 33-35, 80336 München

Franchisesysteme

Franchisesysteme funktionieren so: Ein Großhändler oder Warenproduzent, der Franchise-Geber, schließt einen Vertrag mit der Franchise-Nehmerin, sei sie Dienstleisterin oder Einzelhändlerin. Der Franchise-Geber besorgt das Konzept oder die Ware, kümmert sich um Standort und Standortanalyse, auf jeden Fall um die Werbung. Je nach Vereinbarung übernimmt er auch die Buchführung, schult das Personal und hilft bei der Organisation des Geschäftes. Dafür zahlt die Franchise-Nehmerin eine einmalige Gebühr sowie monatliche, umsatzabhängige Beträge an den Franchise-Geber. Im übrigen trägt sie allein das Risiko als Unternehmerin.

Wer sich auf ein solches System einlassen will, muß wie alle anderen Existenzgründerinnen die Marktchancen, die wirtschaftliche Gewinnspanne und die anfallenden Kosten ermitteln, *bevor* sie einen Vertrag unterschreibt. Beispiele für erfolgreiche Franchisesysteme sind einige große Hamburger-Ketten, Pflegeprodukte-Shops oder Sonnenstudios.

Risiko Scheinselbständigkeit

Trotz zahlreicher Erfolge können Franchisesysteme hohe Risiken bergen: Die Franchise-Nehmerin ist extrem abhängig von der Produktpalette und der Geschäftsidee des Franchise-Gebers. Sie kann keine anderen Waren zusätzlich anbieten, und die Werbung liegt ganz in der Hand des Franchise-Gebers. In der Krise ist die Existenzgründerin nicht nur durch die Pleite bedroht, sondern auch durch eine mögliche Vertragskündigung, die ihre Investitionen zunichte machen kann. Je nach Geschäftsbereich empfiehlt es sich daher, genau zu prüfen, ob es sich bei dem Vertrag nicht eigentlich um ein verdecktes Arbeitsverhältnis handelt, bei dem der Franchise-Geber nur die Sozialabgaben und Urlaubs- und Weihnachtsgeld sparen will. Auf jeden Fall sollte bei Vertragsabschluß eine Rechtsanwältin bzw. ein Anwalt hinzugezogen werden.

Wissen erweitern

Jede Gründerin muß sich neben guten Fach- und Branchenkenntnissen auch kaufmännisches und betriebswirtschaftliches Know-how aneignen – am besten durch wirtschaftlich ausgerichtete Grund- und Weiterbildungskurse. Buchführung ist nicht nur eine Pflichtübung für das Finanzamt, sie gewährt auch jederzeit eine Übersicht über den gesamten Geschäftsverlauf, über die Gewinne und Verluste. Auf dieser Basis kann realistisch geplant und mit LieferantInnen und Banken über Kredite verhandelt werden. Deshalb sollte jede Existenzgründerin die Grundzüge der Buchhaltung kennen, auch wenn sie die Durchführung an eine Mitarbeiterin oder an ein Steuerberatungsbüro delegiert.

Wichtig ist die korrekte Buchführung auch bei allen Marketingfragen, wenn es um Absatzstrategien, um die Entdeckung von Marktnischen, um Werbemaßnahmen oder besondere Angebote geht. Jede dieser Marketing-Aktivitäten setzt stimmige Kalkulationen voraus: die Unternehmerin muß wissen, wie sich ihre Aktionen »rechnen«, um Fehlplanungen zu vermeiden.

Nichts geht ohne Netz

Der Sprung in die Selbständigkeit wirkt tief in das Privatleben hinein. Sich eine eigene Existenz aufzubauen, hält besonders zu Anfang so in Atem, daß nur noch wenig Zeit für FreundInnen, Familie, Partner oder Partnerin übrig bleibt. Doch keine Gründerin kann auf die emotionale und tatkräftige Unterstützung ihres sozialen Umfelds und ihrer Familie verzichten. Die Hausarbeit muß partnerschaftlich geteilt und die Kinderbetreuung verläßlich organisiert werden.

- Beziehen Sie Partner, Partnerin und Familie von vornherein in Ihre Planung ein, und machen Sie frühzeitig und unmißverständlich in Gesprächen und »Familienkonferenzen« deutlich, wie sich der Familienalltag durch Ihre beruflichen Pläne verändern wird und daß häusliche Teamarbeit nötig ist.
- Wenn abzusehen ist, daß dies nicht klappt, kann eine Haushaltshilfe nötig werden. Die Kosten dafür müssen in die Haushalts- und Betriebskalkulation einfließen.
- Kleinere Kinder müssen frühzeitig auf andere BetreuerInnen eingestimmt und auf Tagesmutter, Krippe, Kindergarten oder Hort vorbereitet werden.

TIP

Weiterbildung für Unternehmerinnen

In allen größeren Städten bieten die Kammern sowie private Schulen für Betriebswirtschaft und Steuerwesen neben Beratung auch Kurse und Seminare in Sachen Buchhaltung, Marketing und Finanzierung an. Darüber hinaus gibt es auch alternative Bildungsträger mit guten Angeboten. Kurse in Personalführung und Management bieten fast alle UnternehmensberaterInnen an.

KONTAKT

G.I.B. Gesellschaft für Information und Beratung
Blankenstr. 4, 46238 Bottrop, Tel.: 02041/7670

Industrie- und Handelstag
Adenauerallee 148, 53113 Bonn, Tel.: 0228/1040

Zentralverband des Deutschen Handwerks
Johanniterstr. 1, 53113 Bonn, Tel.: 0228/322091

Bundesverband Deutscher Unternehmensberater BDU e.V.
Friedrich-Wilhelm-Str. 2, 53113 Bonn, Tel.: 0228/238055

Netzwerk Selbsthilfe e.V
Netzwerk-Geschäftsstellen gibt es in mehreren Bundesländern, zum Beispiel:
Gneisenaustraße 2a, 10961 Berlin, Tel.: 030/6913072

• Die Unternehmerin selbst – also die Mutter – muß lernen, ihre Kinder »loszulassen«. Als Geschäftsfrau braucht sie ihren Kopf während der Arbeitszeit uneingeschränkt für die Firma oder die Praxis. Daher sollte jede Unternehmerin auch frühzeitig ein verläßliches Netz mit Verwandten, NachbarInnen oder anderen Geschäftsfrauen knüpfen, die bereit sind, im Notfall bei der Kinderbetreuung einzuspringen (▷ Kinderbetreuung, Seite 343).

• Auch die Kreditgeber werden Sie fragen, ob Sie Kinder haben und wie Sie diese betreuen wollen. Obwohl diese Frage diskriminierend ist – keinem männlichen Unternehmer wird bei Kreditverhandlungen jemals eine solche Frage gestellt –, einer Existenzgründerin bleibt sie kaum erspart. Überzeugend können Sie nur dann wirken, wenn Sie alle Eventualitäten der Kinderbetreuung durchgespielt haben und sicher sind, gute Lösungen gefunden zu haben.

KONTAKT

Frauennetzwerke und Verbände

Verband Deutscher Unternehmerinnen e.V.
Gustav-Heinemann-Ufer 94, 50968 Köln
Tel.: 0221/37 50 74

Bundesverband Unternehmerfrauen im Handwerk c/o Landesgewerbeamt Baden-Württemberg
Postfach 4169, 76026 Karlsruhe
Tel.: 0721/9264010 oder 9 37 17 30

Expertinnen-Beratungsnetz
Johannisstr. 66-80,50668 Köln, Tel.: 0221/1 30 05 46

Expertinnen-Beratungsnetz
Brucknerstr.1, 22083 Hamburg, Tel.: 040/29 10 26

Schöne Aussichten – Verband freiberuflich tätiger Frauen e.V.
Gereonshof 36, 50670 Köln, Tel.: 0221/91 28 07 80

Zulassungsfragen

Jede Unternehmerin, die einen Gewerbebetrieb gründen will, muß dies beim Gewerbeamt anzeigen, um einen Gewerbeschein zu bekommen. Das Gewerbeamt benachrichtigt dann von sich ausdas Finanzamt, die Berufsgenossenschaft, die Kammern und die Gewerbeaufsicht. Alle Gewerbetreibenden sind Pflichtmitglieder in der Industrie- und Handelskammer.

Zum Gewerbe zählen die meisten gewinnorientierten Betriebe im Handel und im Handwerk. Sie unterliegen der Gewerbeordnung und der Gewerbesteuer. Zusätzlich brauchen die meisten Unternehmen, zum Beispiel im Bereich des Handwerks und der Gaststättenbetriebe, eine besondere Erlaubnis zum Betrieb des Unternehmens. So ist es *vor* der Eröffnung eines Restaurants, eines Cafés oder einer Pension nötig, sich mit dem geltenden Gaststättengesetz vertraut zu machen und zu prüfen, welche Auflagen zu erfüllen sind, um eine Konzession zu erhalten.

Im Handwerk

Wer einen Handwerksbetrieb eröffnen will, muß die Meisterprüfung abgelegt haben. Mit bestandener Prüfung erfolgt der Eintrag in die Handwerksrolle. Ohne Eintrag in die Handwerksrolle können Handwerksunternehmen nur mit Ausnahmegenehmigungen gegründet werden, zum Beispiel, wenn Aussicht besteht, daß die Meisterprüfung nachgeholt wird oder wenn eine von der Handwerkskammer als gleichgestellt anerkannte Ausbildung und Berufstätigkeit nachgewiesen werden kann.

Eine andere Möglichkeit ist, ein handwerksähnliches Gewerbe zu eröffnen, für das die Kammer Ausnahmeregelungen zuläßt. Um zum Beispiel einen Schuh-Schnelldienst zu betreiben, in dem mit vorgefertigten Teilen gearbeitet wird, ist es nicht nötig, Schuhmachermeisterin zu sein.

Rechtsformen

Gesellschaft bürgerlichen Rechts (GbR)
Diese Rechtsform ist geeignet für FreiberuflerInnen, Kleingewerbe und Betriebe mit geringem Risiko. Alle GesellschafterInnen der GbR haften in vollem Umfang auch mit ihrem Privatvermögen. Die Geschäftsführungsbefugnis steht allen Mitgliedern gemeinschaftlich zu. Die GbR ist keine »juristische Person«, sondern der Zusammenschluß von mindestens zwei »natürlichen Personen«. Das heißt: Im Namen der GbR ist es nicht möglich, Verträge zu schließen und gerichtlich aufzutreten, das müssen die einzelnen Gründerinnen in eigenem Namen tun.

Partnerschaftsgesellschaft
Im Unterschied zur GbR können sich FreiberuflerInnen unter dieser Rechtsform in das Partnerschaftsregister eintragen lassen, Geschäftsvermögen besitzen und in einem Prozeß als Partei auftreten. Die Haftung kann auf die Partnerin oder den Partner beschränkt werden, der im konkreten Einzelfall für eine/n KlientIn, MandantIn oder PatientIn tätig war.

Die offene Handelsgesellschaft (OHG)
Die OHG ist die GbR für Kaufleute nach dem Handelsrecht. Sie ist wie die GbR eine reine Personengesellschaft, kann aber unter eigenem Namen Verträge abschließen. In der OHG besteht Gleichberechtigung: Jede/r GesellschafterIn haftet mit dem persönlichen Vermögen. Jede/r hat eine Stimme, unabhängig von der Höhe der Kapitaleinlage.

Kommanditgesellschaft (KG)
Die Kommanditgesellschaft unterscheidet sich von der OHG vor allem durch die Möglichkeit einer Haftungsbeschränkung. Sie empfiehlt sich daher, wenn die Vermögensverhältnisse der GesellschafterInnen sehr unterschiedlich sind. Eine/r der GesellschafterInnen muß jedoch unbeschränkt haften.

Gesellschaft mit beschränkter Haftung (GmbH)
Die GmbH ist eine Kapitalgesellschaft, die als juristische Person im eigenen Namen handelt und für das eigene Vermögen haftet. Der Gesellschaftsvertrag muß notariell beurkundet und ins Handelsregister eingetragen werden. Die Haftung der GesellschafterInnen beschränkt sich auf ihre Kapitaleinlage, sie haften also nicht mit dem Privatvermögen. Deshalb ist die GmbH die wichtigste Rechtsform für kapitalschwache Gründungen.
Eine Gesellschafterin kann in der GmbH als angestellte Geschäftsführerin arbeiten und sozialversichert werden. Der laufende Verwaltungsaufwand ist allerdings hoch, und um Bankkredite zu bekommen, müssen die GesellschafterInnen in der Regel doch persönlich bürgen.

Eingetragene Genossenschaft (e.G.)
Viele selbstverwaltete Betriebe organisieren sich in einer e.G., weil sie dem sozialreformerischen Genossenschaftsgedanken nahestehen. Dabei geht es nicht in erster Linie darum, Gewinne zu erwirtschaften, sondern um die wirtschaftliche, soziale und kulturelle Förderung der einzelnen Mitglieder. Alle GenossInnen haben gleiche Rechte und Pflichten und jeweils eine Stimme, unabhängig von der Höhe des eingebrachten Kapitals. Genossenschaften sind juristische Personen; es gibt sie mit beschränkter und unbeschränkter Haftpflicht.

In den freien Berufen

Für FreiberuflerInnen ist die Zulassung je nach Berufsbereich unterschiedlich geregelt. Auskunft erteilt der entsprechende Berufsverband.

Zu den freien Berufen zählen wissenschaftliche, künstlerische, schriftstellerische oder erzieherische Tätigkeiten, die eine höhere Ausbildung oder ein Studium voraussetzen und in eigenem Namen und auf eigene Rechnung ausgeübt werden. Wer zum Beispiel als Künstlerin, Journalistin, Übersetzerin, Therapeutin, Ärztin, Krankengymnastin, Architektin, Anwältin, Steuerberaterin oder Ingenieurin ein eigenes Büro oder eine eigene Praxis aufmachen will, zählt zu den typischen Freiberuflerinnen.

Die Wahl der Rechtsform

Welche Rechtsform für ein Unternehmen gewählt wird, hängt in erster Linie davon ab, ob eine Gründerin mit ihrem Privatvermögen für Geschäftsschulden haften will und kann oder nicht. Die Rechtsform genau abzuklären ist immer notwendig, wenn es mehrere Gründerinnen gibt. Entscheidend ist auch, welchen Zweck das Unternehmen verfolgt: einen rein wirtschaftlichen oder eher ideellen.

Wie wichtig die Rechtsform ist, zeigt das »Einzelunternehmen«, die einfachste und häufigste Rechtsform. Dabei entscheidet die Unternehmerin allein und haftet mit ihrem gesamten Privatvermögen. Wenn der Betrieb in Konkurs geht, muß sie unter Umständen auch ihre Eigentumswohnung verkaufen, um die Forderungen der Gläubiger zu bezahlen. Im Gegensatz dazu werden die Geschäfte einer GmbH von der Geschäftsführung getätigt, und alle GesellschafterInnen müssen nur mit ihrem Einlagevermögen haften (▷ Rechtsformen, Seite 281).

Immer gilt: Lassen Sie sich vor der Entscheidung juristisch und steuerlich beraten, auch darüber, welche Steuervergünstigungen die jeweilige Rechtsform bietet und welchen Verwaltungsaufwand sie erfordert.

Der eingetragene Verein (e.V.)

Der Verein eignet sich nur für einen Zusammenschluß mehrerer Personen, die in erster Linie ideelle Ziele verfolgen, zum Beispiel für Projekte im sozialen, kulturellen, wissenschaftlichen oder politischen Bereich. Die Haftung des e.V. als juristische Person ist auf das Vereinsvermögen beschränkt. Die Entscheidungen treffen die Mitgliederversammlung und der Vorstand. Ein als gemeinnützig anerkannter Verein ist von der Körperschaftssteuer befreit, er kann Stellen im Rahmen von Arbeitsbeschaffungsmaßnahmen (ABM) (▷ Seite 277) beantragen und sogar mit öffentlichen Mitteln gefördert werden.

Berechnung der Kosten

Bevor die Frage der Finanzierung in Angriff genommen werden kann, muß berechnet werden, wie hoch der Finanzbedarf überhaupt ist, welche Investitionen die Gründung erfordert und welche laufenden Betriebskosten monatlich zu erwarten sind. Dazu gehört auch der Unternehmerinnenlohn, der als feste monatliche Größe eingeplant werden muß.

Ausreichend Kapital einzukalkulieren ist wichtig, um Spielraum für Unvorhergesehenes zu haben und um starke Gewinnschwankungen in der Anlaufphase ausgleichen zu können. Bei Banken, Sparkassen und Versicherungen sind Formblätter mit Rechnungsbeispielen für die Finanzkalkulation erhältlich.

Erfolgsrechnung

Jede Gründerin muß wissen, ob sich ihre Unternehmensidee finanziell lohnen wird, ob der Kapitalaufwand bei der Gründung also gerechtfertigt ist. Erfahrungswerte und Branchenzahlen für den zu erwartenden Umsatz lassen sich bei den zuständigen Kammern und Verbänden erfragen. Für den Einzelhandel veröffentlicht das Institut für Handelsforschung, Universität Köln, jährliche Vergleichsdaten.

Die Oberfinanzdirektionen ermitteln immer die Gewinnspannen für das sogenannte Kleingewerbe. Den voraussichtlichen eigenen Gewinn kann man in etwa abschätzen, indem man die jährlichen Betriebskosten vom Jahresumsatz abzieht und auch die Steuerzahlungen berücksichtigt. Die Rechnung sollte die ersten drei Jahre umfassen, da zu Anfang die Ausgaben immer größer sind als die Einnahmen.

Finanzierung

Existentiell wichtig ist die Frage, wieviel Eigenkapital die Gründerin in den Betrieb einbringen kann. Die Kreditinstitute verlangen in der Regel einen Eigenanteil von mindestens einem Drittel des gesamten Finanzbedarfs.

Als Eigenkapital gelten nicht nur Ersparnisse und Festgelder, sondern auch das (Liefer-)Auto, Einrichtungsgegenstände und Eigenleistungen, wie die Renovierung der Büro- oder Ladenräume, die in Geld bewertet werden können. Zum Eigenkapital zählen auch Überbrückungsgelder vom Arbeitsamt oder eine Beihilfe vom Sozialamt.

Ebenso wichtig sind die Sicherheiten, die die Bank von der Gründerin fordert und ohne die sie kein Geld herausrückt. Das können Immobilien oder festangelegte Vermögenswerte sein, eine Lebensversicherung oder auch eine Bürgschaft. Wenn die eigenen Sicherheiten nicht ausreichen, können Ausfallbürgschaften beantragt werden. FreiberuflerInnen können sich an die Deutsche Ausgleichsbank (DtA) in Bonn wenden. Für den Bereich der gewerblichen Wirtschaft sind die Bürgschaftsbanken und Kredit-Garantiegemeinschaften der Länder zuständig.

Privatkredite

Für Privatkredite kommen FreundInnen, Verwandte und Bekannte in Frage, zu denen ein tragfähiges Vertrauensverhältnis besteht. Private Kredite bieten beiden Seiten Vorteile: Die Geldgeberin bekommt einen Zinssatz, der über den üblichen Sparzinsen liegt, und die Existenzgründerin zahlt weniger, als die Banken als Zinssatz von ihr fordern.

Zinsen, Laufzeit und Tilgung müssen unbedingt in einem Kreditvertrag festgehalten werden. Das sichert die Geschäftsbeziehung, wenn die Freundschaft wackelt und ist notwendig, damit das Finanzamt den Kredit als Firmenkosten anerkennt.

TIP

Gründungsberatung

Auch wenn Sie sich bereits bei Beratungsstellen kundig gemacht haben, ist es in jedem Fall ratsam, eine individuelle Unternehmens- und Finanzberatung in Anspruch zu nehmen. Sie hilft bei der Konkretisierung Ihres Projekts, bei der Kostenberechnung und informiert über öffentliche Fördermittel (▷ Förderprogramme, Seite 290). Es beraten:

- die regionalen Gleichstellungsstellen
- die Industrie- und Handelskammern sowie die Handwerkskammern (meist kostenlos)
- die Fachverbände der Wirtschaft, zum Beispiel die betrieblichen Beratungsstellen für den Einzelhandel
- Verbände wie der Bundesverband Unternehmerfrauen im Handwerk e.V. (▷ Frauennetzwerke und Verbände, Seite 286)
- freie Unternehmensberatungsbüros, darunter viele speziell für Frauen. Die Adressen können bei den Verbänden erfragt werden.

Existenzgründungsberatungen fördert das Bundesministerium für Wirtschaft mit Zuschüssen von 60 Prozent der Beratungskosten, höchstens jedoch mit 3.000 DM. Der Zuschuß muß *vor* der Beratung beantragt werden, je nach Bundesland über eine branchenspezifische Leitstelle wie zum Beispiel die IHK. Viele Länder bieten zudem Beratungskostenzuschüsse, die günstiger sind als die Bundeszuschüsse.

Bankkredite

Bevor eine Bank oder Sparkasse als »Hausbank« gewählt wird, sollten die Leistungen und Konditionen verschiedener Institute verglichen werden (▷ Kredite: Teures Geld, Seite 422). Die meisten Banken bieten einen speziellen Service für ExistenzgründerInnen, doch Achtung: Am liebsten verkaufen Banken ihre eigenen Produkte, und diese müssen nicht unbedingt die preisgünstigsten und besten sein. Beim Vergleichen unterschiedlicher Banken und Kreditinstitute helfen die Verbraucherzentralen.

Es kann von Vorteil sein, die in der gewählten Branche und bei den zukünftigen GeschäftspartnerInnen übliche Bankverbindung zu nutzen. Über die Hausbank werden auch öffentliche Kredite beantragt und abgewickelt (▷ Förderprogramme).

Ein Kontokorrentkredit, so der Fachausdruck für den Überziehungskredit für das Geschäftskonto, sichert die Liquidität. Er sollte immer nur kurzfristig genutzt werden, da die dafür verlangten Zinsen sehr hoch sind. Investitionskredite ermöglichen bestimmte Anschaffungen und werden individuell mit der Bank verhandelt.

Förderprogramme

- Eigenkapitalhilfeprogramme (EKH): Zinsgünstige Kredite zur Gründung einer selbständigen gewerblichen oder freiberuflichen Existenz oder für direkt mit dem Unternehmen verbundene Investitionen.
- European Recovery Program (ERP)-Darlehen: Existenzgründungsdarlehen für den Bereich der gewerblichen Wirtschaft.
- KfW-Mittelstandsprogramm: Kreditprogramm der Kreditanstalt für Wiederaufbau, für kleine und mittlere Unternehmen im gewerblichen und freiberuflichen Bereich.
- DtA-Existenzgründungsprogramm der Deutschen Ausgleichsbank: für Gewerbe und freiberufliche Unternehmen.
- Landesprogramme: Die Bundesländer bieten verschiedene Förderprogramme und Zuschüsse für GründerInnen an, teilweise zielgruppenorientiert, zum Beispiel für Frauen nach einer Familienpause oder für Betriebe mit innovativem Charakter. Ansprechpartner sind die jeweiligen Ministerien für Wirtschaft.
- Die EU-Frauenförderprogramme »NOW« und »IRIS«: Sie geben Zuschüsse an Projekte, die sich für die berufliche Wiedereingliederung und Ausbildung von Frauen engagieren.

Umgang mit Banken

Auf die Gespräche mit der Bank sollte sich jede Gründerin bestens vorbereiten. Sie muß ihre Projektidee kompetent und überzeugend vertreten können. Dafür braucht sie ein sorgfältig ausgearbeitetes Betriebskonzept mit einer genauen Aufstellung von Investitionen, Betriebskosten, Umsätzen und Finanzierungsplan (▷ Im Reich des Geldes, Seite 416).

Sehr wirkungsvoll kann es sein, bei der Verhandlung um einen günstigen Kredit eine Vertreterin oder einen Vertreter des »eigenen« Steuerberatungsbüros an der Seite zu haben. Wer sich unsicher fühlt, sollte sich auf die Situation im Rollenspiel mit einer Freundin oder einem Freund vorbereiten.

Kredite werden selten auf Anhieb gewährt. Niemand sollte sich daher entmutigen lassen, wenn es bei der ersten Verhandlung nicht klappt.

Hilfen vom Arbeits- und Sozialamt

Wer Arbeitslosengeld oder Sozialhilfe bezieht, kann von den Ämtern Finanzierungshilfen zum Start in die Selbständigkeit bekommen.

Unternehmensgründerinnen, die zunächst weniger als 18 Stunden in der Woche für ihre neue Existenz arbeiten, können auch weiter Arbeitslosengeld oder -hilfe erhalten. Wenn der Betrieb schon etwas Verdienst abwirft, wird dieser vorerst auf die Arbeitslosenunterstützung angerechnet – es sei denn, es kann nachgewiesen werden, daß die Ausgaben die Einnahmen überschreiten.

Ähnlich ist es bei der Sozialhilfe: Sie wird so lange gewährt, bis der Lebensunterhalt aus dem eigenen Unternehmen finanziert werden kann.

Überbrückungsgeld

Zur Sicherung des Lebensunterhalts in der Aufbauzeit zahlt das Arbeitsamt an arbeitslos gemeldete Gründerinnen ein Überbrückungsgeld. Voraussetzung ist, daß sie mindestens vier Wochen lang Arbeitslosengeld oder -hilfe bezogen haben. Außerdem muß eine fachkundige Stelle, zum Beispiel die IHK, ein Steuer- oder ein Unternehmensberatungsbüro bescheinigen, daß sie die Unternehmenspläne als tragfähig genug einschätzt, um die Existenz der Antragstellerin dauerhaft zu sichern.

Das Überbrückungsgeld wird längstens für ein halbes Jahr und maximal in Höhe der zuletzt bezogenen Arbeitslosenbezüge ausgezahlt. Es können auch Zuschüsse zur Krankenversicherung und Altersversorgung beantragt werden. Diese Anträge müssen *vor* der Aufnahme der selbständigen Tätigkeit gestellt werden.

Hilfe zur Selbsthilfe vom Sozialamt

Sozialhilfeempfängerinnen können nach § 30 BSHG eine finanzielle Unterstützung für ihre Unternehmensgründung beantragen – zum Beispiel in Form eines zinslosen Darlehens oder eines Zuschusses.

Ob die Hilfe gewährt wird, liegt im Ermessen des Sozialamtes. Die Gespräche mit der zuständigen Sachbearbeiterin oder dem Sachbearbeiter sollten daher ähnlich gut wie die mit der Bank vorbereitet werden (▷ Umgang mit Banken, Seite 290).

Der Einstieg

Gerade zu Anfang sind die richtige Marketingstrategie und gezielte Werbung grundlegende Voraussetzungen für den Erfolg. Die künftigen KundInnen müssen wissen, was das neue Unternehmen zu bieten hat. Viele Frauen haben jedoch ein gebrochenes Verhältnis zur Selbstdarstellung. Es fällt ihnen schwer, die eigene Leistung anzupreisen, oft meinen sie auch, wenn sich das Angebot erst einmal bewährt hat, würde es sich schon herumsprechen – leider ist das oft ein verhängnisvoller Irrtum.

Werbung und Außendarstellung

Professionelle Unternehmerinnen planen je nach Branche drei bis fünf Prozent ihres Umsatzes für Werbung ein. Die Gründung des Betriebs muß bekannt werden, zum Beispiel durch Anzeigen, Handzettel, Plakate, originelle Eröffnungsaktionen oder -angebote.

Das Firmenschild, das Logo, die Visitenkarten und der Briefkopf sind ebenfalls Werbung und repräsentieren das Unternehmen genauso wie die Einrichtung und das Schaufenster eines Ladengeschäfts, die Produktgestaltung und -verpackung oder der Werbeprospekt. Die Werbung muß sich in Inhalt und Stil an der Zielgruppe orientieren. Professioneller Beistand von Werbefachleuten und -grafikerInnen zahlt sich bei der Entwicklung des passenden Konzepts aus.

Versicherungen

Neben den persönlichen gilt es, auch die betrieblichen Risiken einzuschätzen und abzusichern. Wer MitarbeiterInnen beschäftigt, hat die Pflicht, für ihre Sozialversicherung zu sorgen. Bei all diesen Fragen ist eine kompetente Beratung unerläßlich.

Selbständige haben keinen grundsätzlichen Anspruch auf eine gesetzliche Absicherung bei Krankheit oder Alter. Wer schon vor der Selbständigkeit in einer gesetzlichen Krankenkasse oder Ersatzkasse versichert war, kann dort freiwillig weiter Beiträge bezahlen und sich seine Mitgliedschaft so erhalten. Andernfalls sollte unbedingt eine private Krankenversicherung abgeschlossen werden (▷ Seite 431).

Auch die Anwartschaft in der gesetzlichen Altersversicherung und die Berufsunfähigkeitsversicherung läßt sich mit freiwilligen Beiträgen erhalten. Es ist auch möglich, sich in die gesetzliche Rentenversicherung einzukaufen. Informationen geben die Landesversicherungsanstalt für Arbeiter oder die Bundesversicherungsanstalt für Angestellte. Für Freiberuflerinnen gibt es meist eigene Versorgungswerke. Auskunft darüber geben die Berufsverbände.

Eine Selbständige erhält – anders als eine Angestellte – nicht mehr automatisch Geld aus Versicherungen, wenn sie krank ist, erwerbs- oder berufsunfähig ist. Wie diese Zeiten überbrückt werden sollen, wird sich für jede anders darstellen – je nach persönlicher Situation, Branche und Betriebsverhältnissen (▷ Krankengeldversicherung Seite 431; ▷ Private Berufsunfähigkeitsversicherung, Seite 434). Vor den Fragen »Wie finanziere ich mein Leben, wie läuft der Betrieb weiter, wenn ich nicht anwesend bin?« darf keine Selbständige die Augen verschließen.

Versicherungskosten kalkulieren

Die persönlichen und betrieblichen Versicherungskosten – zum Beispiel auch die für den Betrieb selbst, für das Lager und die Haftpflicht – belasten ein junges Unternehmen sehr. Viele Selbständige sind versucht, sich in den ersten Jahren besonders die Beiträge für die Altersversorgung, die Krankentagegeldversicherung und die Berufsunfähigkeitsversicherung zu ersparen. Bei längerer Krankheit oder Berufsunfähigkeit kann diese Sparsamkeit jedoch sehr schnell zur existentiellen Bedrohung werden. Unternehmerinnen von Kleinstbetrieben geraten durch den Verlust an Beitragszeiten im Alter häufig in Armut.

Die Interessengemeinschaft für Frauenbetriebe und -projekte e.V. hat sich der Altersversorgung von Unternehmerinnen angenommen und zwei Vereine gegründet: Einen für gewerbliche Betriebe, die von Frauen gegründet werden, und einen für freiberuflich tätige Frauen. Die beiden Versorgungswerke bieten ihren Mitgliedern einen günstigen Rabatt auf eine private Rentenversicherung an. Günstigen Versicherungsschutz bietet außerdem das Netzwerk Selbsthilfe e.V. in Verbindung mit den Fairsicherungsläden (▷ Kontakt, Seite 285).

Darüber hinaus sollten Alternativangebote von anderen Versicherungsgesellschaften eingeholt werden. Ein Leistungsvergleich lohnt sich immer (▷ Versicherungen, Seite 427).

KONTAKT

Frauen-Versorgungswerke
c/o Frauenfinanzdienst
Gereonshof 36, 50670 Köln, Tel.: 0221/91 28 07 80

Künstlersozialkasse
Langeoogstr. 12, 26384 Wilhelmshaven
Tel.: 04421/30 80

Kooperationen

Wenn der Betrieb, das Büro oder der Laden erfolgreich läuft und wächst, ist jede Unternehmerin auf die Hilfe von MitarbeiterInnen angewiesen. Das können Angestellte oder PartnerInnen sein, je nach dem Konzept der Zusammenarbeit (▷ Rechtsformen, Seite 287).

In einer hierarchischen Betriebsstruktur gibt es ganz klar eine Chefin, die MitarbeiterInnen für bestimmte Tätigkeiten einstellt, die Arbeiten vorgibt und unterschiedliche Verträge abschließt: normale Arbeitsverträge, Aushilfsverträge, Werkverträge oder Honorarvereinbarungen. Soll hingegen ein/e PartnerIn in die Unternehmensleitung einbezogen werden, stellt sich die Frage nach den Mitspracherechten und Entscheidungsbefugnissen (▷ Die Wahl der Rechtsform, Seite 288).

Klären Sie die Kompetenzen und gegenseitigen Erwartungen so eindeutig wie möglich:

- Haben Sie als PartnerInnen die gleichen Arbeitsvorstellungen? Welche Vorstellungen lassen sich wahrscheinlich nicht miteinander vereinbaren?
- Sollen alle Arbeitsbereiche gleich gewichtet und gleich bezahlt werden?
- Wenn Sie Ihren Lebenspartner oder Ihre -partnerin für eine Berufspartnerschaft gewinnen, müssen ebenso klare und eindeutige Verträge wie mit »Fremden« abgeschlossen werden.
- Je stabiler und eindeutiger der rechtliche Rahmen, um so eher beugen Sie Streitigkeiten um Kompetenz, Geld und Aufgabenverteilung vor (▷ Der Partnervertrag, Seite 89; Rechtliches in der Ehe, Seite 92).
- Das gleiche gilt für den eher losen Zusammenschluß, zum Beispiel in einem gemeinsamen Büro. Auch hier müssen sich alle Beteiligten gemeinsam über ihre Ziele, Talente, Arbeitszeitvorstellungen und Kooperationsfähigkeiten ein möglichst umfassendes Bild machen.

Personalführung

Viele weibliche Vorgesetzte bekommen Probleme, weil sie das hierarchische Gefälle in ihrem Unternehmen harmonisch ausgleichen wollen. Die meisten MitarbeiterInnen wehren sich jedoch gegen eine »Wir-sitzen-alle-in-einem-Boot«-Mentalität. Solche Gleichmachungsbemühungen verwirren eher, als daß sie produktiv wirken, weil sich die Grenzen von Zuständigkeiten und Verantwortung verwischen.

Die hierarchische Betriebsstruktur muß sich an den Fakten orientieren: Die Unternehmerin selbst ist die Chefin, sie fällt letztlich die Entscheidungen, sie trägt das Risiko und die Mehrarbeit – und sie ist es auch, die den Gewinn mit nach Hause nimmt. Genau diese klare Haltung fällt aber vielen Frauen schwer. Wer hier Probleme spürt, sollte sich in Personalführungsfragen unbedingt beraten lassen (▷ Führungskonflikte, Seite 242).

LITERATUR

Ulla Dick
Netzwerke und Berufsverbände für Frauen
Rowohlt, Reinbek, 1994. DM 16,90

Claudia Kirsch
Meine Chefin bin ich selbst.
Strategien und berufliche Tips für die Selbständigkeit
PAL, Mannheim,1993. DM 24

Barbara und Marie Sichtermann, Brigitte Siegel
Den Laden schmeißen – Ein Handbuch für Frauen
die sich selbständig machen wollen
Fischer, Frankfurt a.M., 1994. DM 18,90

Karin Vogel (Hrg.)
FrauenBranchenBuch '97
Ullstein, Berlin, 1996. DM 25

Chris Dietsche, Jutta v. Westernhagen,
Anne-Katrin Steinborn
Frauen machen Geschäfte.
Der Weg zur beruflichen Selbständigkeit
dtv, München, 1996, DM 19,90.

Paula Lotmar u.a. (Hrg.)
Führen in sozialen Organisationen
Paul Haupt, Bern, 1994, DM 69

Claudia Koppert
Glück, Alltag und Desaster.
Über die Zusammenarbeit von Frauen
Orlanda, Berlin, 1993. DM 32

Kommunalstelle Frau & Wirtschaft Köln (Hrg.)
Wegweiser für Existenzgründerinnen in Köln
Köln 1995

KINDER

Halt! Stopp!! Du Kannst dich wieder anzieh'n! Ich hab mich verpendelt. Heute würde es doch nur n' Junge werden!...
DIE IDEALE BEFRUCHTUNG
F.B.

Entscheidung

Die Möglichkeiten zur Empfängnisverhütung und die Hoffnung auf ein befriedigendes Erwerbsleben konfrontieren Frauen mit einer Frage, die sich keinem Mann je stellt: Beruf oder Kinder? Dieses »Entweder-oder« kennen Männer nicht, denn für sie ist die Gleichzeitigkeit von Beruf und Kindern selbstverständlich. Ihr Wunsch nach Familie kollidiert nicht mit ihrer Berufsperspektive, weil sie ganz selbstverständlich davon ausgehen, daß ihre Partnerin ihre Lebensplanung darauf ausrichtet, letztlich für die Familie verantwortlich zu sein (▷ Familie, Seite 333).

Wie frei sich Frauen bei ihrer Entscheidung für oder gegen Kinder auch wähnen: Jede Wahl bedeutet Glück und Bereicherung, aber auch Einschränkungen und Verluste. Frauen, die Kinder haben wollen, müssen mit Nachteilen im Berufsleben rechnen. Diejenigen, die sich dagegen entscheiden, verzichten darauf, Schwangerschaft und Mutterschaft als eine Dimension ihres Frauseins zu erleben. Im Zwiespalt gefangen, versuchen viele Frauen, die »Entweder-oder«-Frage zu modifizieren. Sie lautet nun: Wenn Kinder – wie dann?

An diesem »Wie« orientiert sich die Zukunftplanung: Passen die Kinder besser früh oder spät in die Berufslaufbahn? In welchen Beruf kann ich nach der Kindererziehungszeit relativ leicht wieder einsteigen? Wieviel Beteiligung kann ich vom Partner erwarten? Wie kann ich das Fehlen von Krippen und Kindergärten ausgleichen? Kann ich das Kind auch ohne Partner großziehen?

Allerdings müssen Frauen diese lebensbestimmenden Entscheidungen zu einem Zeitpunkt treffen, an dem sie bestenfalls einige wenige individuelle Fakten und die allgemeinen Rahmenbedingungen ihrer Zukunft kennen. Leben als Mutter ist nicht vorhersehbar.

Kinderwunsch

Mehr als zwei Drittel der Deutschen meinten zu Beginn der 90er Jahre, daß Kinder Sinn, Glück und Verantwortlichkeit ins Leben bringen. Ein Kind macht aus dem Paar eine Familie. Und all das Positive, was man selbst in seiner Familie erlebt oder was man sich von ihr erhofft hat, soll nun die eigene Zukunft ausmachen.

TIP

Fragen zur Entscheidung

Wie sich das Leben mit Kind gestalten wird, ist nicht vorhersehbar. Doch um seine Zukunft nicht auf unrealistischen Vorstellungen zu bauen, kann es hilfreich sein, sich Rechenschaft darüber abzulegen, was Sie von sich, Ihrem Leben, Ihrem Partner und möglichen Kindern erwarten.

- Wie sehen Sie sich, wenn Sie 30, 40, 50, 60 Jahre alt sind? Was soll Ihr Leben dann ausmachen?
- Können Sie sich eine mehrjährige Phase vorstellen, in der beruflicher Erfolg völlig nebensächlich ist? Oder soll Ihr Leben möglichst durchgängig und geradlinig auf Berufstätigkeit abgestellt sein?
- Wie steht Ihr Partner zu einer paritätischen Teilung von Berufstätigkeit und Elternschaft?
- Können Sie sich Ihren Partner vorstellen, wie er mehrere Tage bei dem kranken Kind bleibt, regelmäßig bei den Schularbeiten hilft oder ersten Liebeskummer auffängt?
- Welche Ansprüche haben Sie an sich als Mutter?
- Worin wird Ihre Freude bestehen, wenn Sie Mutter sind? Was wird Sie belasten?
- Was erwarten Sie von Ihren Kindern? Warum wünschen Sie sich Kinder?
- Was befürchten Sie, wenn Sie sich gegen Kinder entscheiden? Welche Konsequenzen würden Sie belasten, welche wären Ihnen gleichgültig?

Liebesbeweis

In einer festen Beziehung dokumentieren gemeinsame Kinder, daß hier zwei Menschen ihre Zukunft gemeinsam gestalten, Verantwortung füreinander und für ihre Kinder tragen wollen.

Manche Paare sehen sich so stark voneinander durchdrungen, daß sie ihr Einssein nun auch in Form eines Kindes ausdrücken wollen. Das Kind wird zur »Frucht der Liebe«, das die guten Eigenschaften beider in sich vereinen soll.

Weiterleben

In den eigenen Kindern hoffen viele Menschen, einen Teil des eigenen Lebens bewahren zu können. Gelingt das, mildern die Kinder ein wenig die Endgültigkeit des Todes und gewähren die Illusion von einem Stück »ewigen« Lebens.

Ein konkreter Teil dieses Fortlebens besteht auch darin, daß die Kinder den Namen weiterführen – was nun auch für Töchter gelten kann, weil sie nach einer Heirat ihren eigenen Namen behalten können. Zudem werden die Kinder das erben, worum sich die Eltern ein Leben lang bemüht haben.

Kindheit wiederholen oder wiedergutmachen

Die einen erinnern sich an eine sorglose Kinderzeit voll Wärme und familiärer Geborgenheit und wollen diese Unbeschwertheit auch ihrem Nachwuchs schenken. Die anderen möchten dem eigenen Kind das geben, was sie selbst vergeblich ersehnt haben: Familie, Schutz und Nähe.

Für viele heißt Elternschaft jedoch, eine neue Mutter- und Vaterrolle zu wagen, denn für vieles, was unser Leben heute ausmacht, haben uns unsere Eltern kein Vorbild mitgeben können (▷ Familie, Seite 333).

Lust aufs Schwangersein

Der Gedanke, schwanger werden zu können, verlockt. Eine Schwangerschaft eröffnet eine zusätzliche Dimension des Frauseins. Das Wissen, etwas in sich erschaffen zu können, erfüllt mit einem nie gekannten Gefühl von Macht – besonders in dem Bewußtsein, daß die Frau hier etwas vollbringt, was keinem Mann je möglich ist.

Die körperliche Wandlung kann große Lust schenken und eine Zeit der Befreiung gewähren: Endlich kann die Frau dem Schönheitsideal »schmal und schlank« Paroli bieten. Sie darf dick und rund werden und sich dabei unendlich wertvoll fühlen. Dieses sichere Wohlgefühl strahlen viele schwangere Frauen nach außen ab.

Lust auf Kinder

Ein Kind – daran knüpft sich die Vorstellung von einem kleinen, weichen, hilflosen Wesen, die Freude, von jemandem gebraucht zu werden, fast unentbehrlich zu sein. Kinder lassen sich bedingungslos auf Erwachsene ein und akzeptieren lange Zeit widerspruchs- und kritiklos alles, was die Großen tun. So geben sie dem Leben der Eltern eine Bedeutung, die diese durch andere Aufgaben kaum erlangen können.

Mittel zum Zweck

Gar nicht so selten sollen Kinder einen Zweck erfüllen: eine sinnentleerte Partnerschaft wiederbeleben, einen seitenspringenden Partner zurückholen, ein bedeutungslos scheinendes Leben anreichern. Die Kinder jedoch, die aufgrund solcher Motive geboren werden, beginnen ihr Dasein mit einer schweren Bürde. Die Aufgabe, die ihnen zugedacht ist, überfordert sie heillos. Sie können die Ansprüche der Erwachsenen nicht erfüllen, weil es sich um Probleme von Erwachsenen handelt.

Sorgen und Ängste

Wer mit wachem Verstand das Weltgeschehen verfolgt, wagt kaum noch, sich Kinder zu wünschen. Die Sorge, ob die Erde in fünfzig Jahren noch bewohnbar sein wird, ob es genügend Arbeit und Wohnraum geben wird, erstickt manchen persönlichen Wunsch. Auch ein gesellschaftliches Umfeld, in dem Kleine und Schwache hinderlich sind, ermutigt nicht. Der Gedanke, ein behindertes Sorgenkind betreuen zu müssen, macht angst.

Unabhängig von diesen Problemen weiß jede Frau, daß sich ihre Chancen am Arbeitsmarkt verringern, wenn sie Kinder bekommt, und daß es sich dabei um ein lebenslanges Handicap handelt.

Selbst durchsetzungsgewohnte Frauen ahnen, welche Kraft es sie kosten wird, eine Tagesmutter zu organisieren, einen Hort- oder Kindergartenplatz zu ergattern, und welche finanziellen Anstrengungen nötig sind, um Kinder bis zum Berufsabschluß zu führen. Und fast jede muß sich mit einer Phase finanzieller Abhängigkeit arrangieren.

Wie sehr diese Umgebungsbedingungen die Entscheidung von Frauen, ihren Kinderwunsch lebendig werden zu lassen, beeinflussen, zeigt das Beispiel anderer Staaten (▷ Seite 340).

LITERATUR

Elisabeth Beck-Gernsheim
Die Kinderfrage. Frauen zwischen Kinderwunsch und Unabhängigkeit
Beck, München, 1989. DM 17,90

Regine Schneider, Bettina Stülpnagel
Will ich wirklich ein Kind? Entscheidungshilfen für nachdenkliche Paare
Herder, Freiburg, 1995. DM 28

Mutterschaft macht angst

Keine Frau bleibt von dem Wunsch, eine »gute Mutter« zu sein, unberührt. Ein Anspruch, der mit vielen Ängsten durchsetzt ist, denn jede Frau ahnt ihre Begrenztheit. Die Anforderungen, die die Gesellschaft an Mütter stellt, sind hoch, und jede Frau weiß um die »Strafen«, die ihr drohen, wenn sie sich diesen Ansprüchen widersetzt (▷ Mutter sein, Seite 305).

Hinzu kommt die Angst, wie das Kind als Dritter im Bunde die Partnerschaft beeinflussen wird (▷ Familie, Seite 333). Fast alle Frauen wünschen sich, daß ihr Partner zu einem »richtigen« Vater für das Kind reift. Doch was, wenn das nicht geschieht? Im Leben des Kindes bleibt auch ein »ungenügender« Vater eine prägende Person. Und selbst, wenn sich die Eltern trennen, bleiben sie über die gemeinsamen Kinder ewig miteinander verbunden.

Anforderungen an ihn

Frauen hoffen, daß sich ihr Partner auf das gemeinsame Kind freut, daß er sie während der Schwangerschaft unterstützt und umsorgt. Später soll er dem Kind ein liebender, vor allem aber anwesender Vater sein, der seine finanzielle Verantwortung trägt und sich emotional und organisatorisch engagiert.

RECHT

Kinderwunsch

Früher galten Kinder in der Rechtsprechung als »vornehmster Zweck der Ehe«. Heute dürfen die Partner Absprachen über Kinderwunsch oder Verhütung treffen und jederzeit widerrufen. Sie müssen jedoch den anderen über die Meinungsänderung informieren. Handelt einer von beiden gegen den ausdrücklichen Wunsch des Partners, kann das ein Scheidungsgrund sein.

Diese Wünsche kollidieren offenbar heftig mit der Realität: 1993 nahmen 4.736 Väter in Deutschland Erziehungsurlaub. Nur zwei von hundert unselbständig arbeitenden Männern waren teilzeitbeschäftigt.

Erziehungszeit teilen

Väter schmettern die Forderung, sie sollten sich intensiver an der Kinderbetreuung beteiligen, gerne mit dem Argument ab, die Familie könne unmöglich auf ihren Verdienst verzichten. Doch nicht alle Frauen sind Geringverdienerinnen, und in manchen Bereichen haben sich die Verdienste von Frauen und Männern schon recht weit angenähert. Allerdings bedeuten Jobunterbrechung und Teilzeitarbeit einen Karriereknick – in einer egalitären Partnerschaft für beide ein wenig, statt für einen deutlich, für den anderen gar nicht.

Dazu ist es notwendig, sich unterschiedliche Konzepte für drei bis vier Jahre auszurechnen (▷ Erziehungsurlaub, Seite 338):

- Welche Arbeitszeitmodelle lassen sich an den jeweiligen Arbeitsplätzen des Paares realisieren? Wie sieht das Familienbudget bei den jeweiligen Modellen aus? Berücksichtigen Sie auch Steuern und Versicherungen!
- Wie lassen sich die verschiedenen Betreuungs- und Arbeitszeitmodelle so verschränken, daß die Aufgaben zwischen den Eltern sinnvoll verteilt sind? (▷ Beruf und Kinder, Seite 266)

Gemeinsam entscheiden

Im Idealfall wünschen sich beide Partner ein Kind, der Wohnraum reicht für alle Familienmitglieder, das Einkommen ist gesichert. Ist die Konstellation besonders günstig, weiß das Paar sogar, wer es bei der Kinderbetreuung unterstützen wird.

Paare, die sich zusammengetan haben, ohne die Kinderfrage zu klären, geraten oft in eine tiefe Krise, wenn sich offenbart, daß die Kinderwünsche der

Der Vater

Vorher klären

Untersuchungen zeigen, daß sich selbst zu Beginn der neunziger Jahre nur wenig Paare über ihre Kinderwunsch-Gedanken verständigen, ehe eine Schwangerschaft eingetreten ist. Stillschweigend gehen sie vom Gleichklang der Wünsche und Erwartungen aus und werden oft herb enttäuscht. Folgende Punkte können wichtig sein:

- Wie stellt sich Ihr Mann sein Leben als Vater vor? Solange ihre Frau schwanger ist, lehnen 90 Prozent der Männer die traditionelle Rolle des abwesenden oder autoritären Vaters für sich ab. Wie sie das »neue Vatersein« aber gestalten wollen, kann kaum einer beschreiben.
- Wie sieht für Ihren Partner eine gelungene Kindererziehung aus? Welche Eigenschaften hat das Kind, auf das er stolz sein will? Auf welchem Wege meint er, das erreichen zu können?
- Wie sieht Ihr Mann die Verteilung von Arbeit und Kompetenzen zwischen Ihnen beiden? Ist bisher ein partnerschaftliches Miteinander gelungen?
- Wer nimmt wann und wie lange Erziehungsurlaub? Wer wird für welche Bereiche der Kinderversorgung zuständig sein?

Vater werden

Viele Männer fühlen sich während der Schwangerschaft ihrer Frau hilflos und ausgeschlossen. Die körperlichen Veränderungen faszinieren und irritieren sie zugleich. Auf Schwangerschaftsbeschwerden oder gar Komplikationen reagieren manche mit Schuldgefühlen, aber auch Unsicherheit. Hinzu kommen Überforderungsängste: vor der verpflichtenden Bindung und der finanziellen Belastung. Diejenigen, die eine intensive Beziehung zu ihrem Kind anstreben, fürchten, daß die Partnerschaft in die Brüche gehen könnte und sie dann von dem Kind getrennt werden könnten.

In einer Umfrage bekannte jeder zehnte Mann, durch die Schwangerschaft seiner Partnerin in eine psychische Krise geraten zu sein.

Vater sein

An der Entwicklung von Kindern aktiv teilzunehmen, sie im Alltag zu begleiten und ihre Entwicklung zu gestalten, ist eine unglaubliche Bereicherung. Männer, die sich auf ihre Kinder einlassen, können davon mehr profitieren als von so manchem Selbsterfahrungsseminar oder Lehrgang für Führungskräfte. Die Herausforderung besteht darin, sich auf einen Rollenwechsel einzulassen.

- Ganz besonders in den Anfangsmonaten mit dem Säugling braucht die Frau so viel Zuwendung, Wärme und Geborgenheit wie nur möglich – ohne ihrem Mann dafür Nennenswertes zurückgeben zu können. Er muß sich in der zweiten Reihe einordnen und zurückstecken – besonders schwierig für Männer, die der »Prinz« der Mutter waren.
- In der Organisation des beruflichen Alltags bedeutet das für ihn: Für die ersten Monate nach der Entbindung keine Wochenendarbeit, keine Überstunden übernehmen; keine Kongresse besuchen, keine Vorträge, keine Veranstaltungen planen; den Beginn großer Projekte zurückstellen.
- KollegInnen und Vorgesetzte sollten darauf vorbereitet sein, daß er für sechs Monate nicht mehr jederzeit zur Verfügung steht.

Adoption

Wer ohne eigene Kinder ist, aber trotzdem nicht kinderlos bleiben möchte, kann ein Kind adoptieren. Diese Möglichkeit steht mittlerweile nicht nur Ehepaaren, sondern auch unverheirateten Frauen offen. Lesbisch lebende Paare werden allerdings auf Schwierigkeiten stoßen. Für das Verfahren ist das Jugendamt zuständig.

Vor der Adoption eines Kindes stehen zahlreiche Gespräche und Kontakte mit BeraterInnen und Amtspersonen. Die zukünftigen Eltern müssen offenlegen, was an anderen Eltern niemand prüfen würde: ihre Persönlichkeit, ihren Gesundheitszustand, ihre finanzielle Situation, die Gründe für ihren Wunsch nach einem Kind und ihre Fähigkeit, Problemsituationen zu bewältigen.

Die meisten Paare wünschen sich, ein Baby zu adoptieren. Dieses Glück wird aber nur etwa zwölf von hundert Adoptivfamilien zuteil. Meist sind die Kinder älter, haben einige Zeit in Heimen oder bei Ersatzeltern verbracht und sind durch ihren Lebensbeginn mit erheblichen sozialen Hypotheken belastet. Solche Adoptivkinder können durch Verhaltensauffälligkeiten lange Zeit Sorgen machen.

Bei einer durch das Jugendamt vermittelten Adoption bleiben die leiblichen und die neuen Eltern des Kindes füreinander anonym. Trotzdem brauchen alle Kinder Klarheit über ihre Herkunft.

Adoptierte Kinder sollten von Anfang an wissen, daß sie zwei Elternpaare haben: diejenigen, die es gezeugt und geboren haben, und diejenigen, bei denen es aufwächst. Nachforschungen über die Identität der biologischen Eltern dürfen die Kinder erst anstellen, wenn sie volljährig sind. Vorher brauchen sie die Zustimmung der Adoptiveltern.

KONTAKT

Bundesverband der Pflege- und Adoptiveltern
Roggenmarkt 9, 48143 Münster

Partner einander ausschließen. Die Hoffnung »Das wird schon werden, wenn das Kind erst einmal da ist« erfüllt sich nur selten. Die Beratung solcher Paare zeigt, daß weder die Schwangerschaft noch das Kind solche Gegensätze ausräumen können. Oft zerbricht die Beziehung an dieser Frage.

Frauen müssen sich darüber im klaren sein, daß es in der Kinderfrage keinen Kompromiß gibt. Haben sie einmal ein Kind geboren, liegt in einer Gesellschaft wie der unsrigen die Verantwortung vornehmlich bei ihnen. Damit wird ein Kind für die Frau zum lebensbestimmenden Faktor.

Kinderfrei

Der Bericht der Bundesregierung über die Lage der Familie geht davon aus, daß von den Frauen, die 1994 35 Jahre alt waren, 23 Prozent kinderlos bleiben werden. Ein Drittel der Frauen lebt gewollt ohne eigene Kinder, zwei Drittel ungewollt. Dabei ist der Anteil derer schwer zu bestimmen, die sich bewußt weder dafür noch dagegen entschieden haben, sondern bei denen sich die Kinderlosigkeit »irgendwie ergeben« hat – eine Tatsache, die manche erst in den Wechseljahren als endgültig erkennen und betrauern. Schmerzhaft ist es auch für jene, die aus biologischen oder medizinischen Gründen kinderlos blieben. Sie müssen oft Phasen der Niedergeschlagenheit und der Verzweiflung überstehen, wenn sie von ihrem Gedanken an eine eigene Familie Abschied nehmen. Wenig Trauer empfinden hingegen jene Frauen, die sich nach gründlichen Überlegungen und bewußt für ein kinderfreies Leben entschieden haben.

Dementsprechend verschieden sind auch die Hilfen, derer sich Frauen bedienen, um ihre Kinderlosigkeit zu bewältigen. Den einen genügt der kontinuierliche Austausch mit dem Partner oder mit FreundInnen, die anderen brauchen professionelle Hilfe. Wenn das kinderfreie Leben akzeptiert ist, setzt das häufig erstaunliche Kräfte frei.

Etwa jede zehnte deutsche Frau will keine eigenen Kinder. Die Gründe dafür sind ähnlich vielschichtig wie die, eine Familie zu gründen. An erster Stelle der Begründungen steht »Freiheit«. Für die eine kann das bedeuten, daß sie nicht die Pflichten einer Mutterschaft auf sich nehmen will, weil sie diese ausschließlich mit dem »Aufopfern für andere« verbindet. Die andere will ihre gesamte Energie für berufliche Ziele einsetzen. Viele Frauen sehen auch voraus, daß sie sich mit ihrem Anspruch ans Muttersein überfordern würden. Und eine weitere Gruppe hat schlicht keinen Wunsch nach Kindern.

Viele müssen sich irgendwann mit einer Kinderlosigkeit abfinden, die sie so nicht geplant hatten, die sich aber aus einer Kette von Entscheidungen ergab. Zunächst hatten sie zwar Partner, aber keinen potentiellen Vater für ihr Kind. Bei anderen durchkreuzte die Realität die Planung: Sie waren sich mit ihrem Partner einig, zuerst den Beruf und die finanzielle Situation zu stabilisieren, doch als die Bedingungen für ein Kind so waren wie gewünscht, ging die Verbindung in die Brüche. Bis die Beziehung zu einem neuen Partner für eine Elternschaft tragfähig war, war es auf der biologischen Uhr vielleicht schon sehr spät.

Frauen ohne Kind sehen sich noch immer damit konfrontiert, daß in der allgemeinen Vorstellung eine »richtige« Frau auch Mutter zu sein hat. Selbst die Karrierefrau ist erst perfekt mit Kindern an der Hand. Der häufigste Vorwurf, der kinderfreien Frauen entgegenschlägt, ist Egoismus. Doch manchmal kann eine Entscheidung gegen Kinder von mehr Verantwortungsgefühl und Respekt gegenüber der nächsten Generation zeugen als die dafür. Dennoch muß sich jede kinderfrei lebende Frau auf die Frage einstellen: »Wieviele Kinder haben Sie?« Abhängig von der Nähe und dem Vertrauen zur fragenden Person kann die Antwort dann in einem Abstand gebietenden »Keine« bestehen, oder auch in einer längeren Erklärung. Rechtfertigungen oder Entschuldigungen sind unnötig.

Kinder planen

Viele Paare verhüten, weil sie zur »richtigen« Zeit Eltern werden wollen. Dennoch kommen zwei Drittel aller Kinder ungeplant, wenn auch nicht ungewollt zur Welt. Viele sind sogar »ungeplante Wunschkinder«.

Aber auch das Umgekehrte geschieht: Die Schwangerschaft kommt im »richtigen Moment« zustande, aber kurz darauf bricht eine nicht zu bewältigende Partnerschaftskrise aus, der Traumjob winkt, oder gesundheitliche Gründe verbieten das Kinderkriegen.

Biologisch gesehen sind Frauen Anfang 20 im günstigsten Schwangerschaftsalter. Zu diesem Zeitpunkt haben sie aber kaum ihre Ausbildung beendet. Widmen sie sich jetzt der Kindererziehung, können sie im Beruf keinen Tritt fassen. Etwa Mitte 30 haben sie sich etabliert. Meist ist dann auch die Partnerschaft gefestigter, und die beiden können ihren Kindern reifere Eltern sein. Bedenken gegen »späte Erstgebärende« – wie sie die MedizinerInnen bezeichnen – sind unbegründet. 35jährige bringen ebenso gesunde Kinder zur Welt wie 25jährige.

Ein anderes Risiko kann hingegen die ganze gut durchdachte Planung zunichte machen: Ab etwa 30 nimmt die Fruchtbarkeit der Frau deutlich ab. Möglicherweise erfüllt sich ihr aufgeschobener Wunsch also nicht mehr. Die Statistik zeigt, daß die meisten Frauen den Mittelweg zwischen biologischem und gesellschaftlichem Optimum gehen: Zwei Drittel bekommen ihr erstes Kind zwischen 25 und 30.

LITERATUR

Susan Lang
Wir Frauen ohne Kinder.
Was Männer nie begründen müssen
Eichborn, Frankfurt, 1992. DM 29,80

F.B.

Mutter sein

Am Anfang steht das unfaßbare Glück, ein lebendiges Menschenwesen in Armen zu halten, das aus ihr, der Frau, entstanden ist. Das Staunen über das Wunder, daß dieses Kind größer wird, daß es lacht, sprechen und laufen lernt. Welch eine Genugtuung später, die eigenen Gedanken fortgetragen zu sehen: Wenn das größere Geschwisterkind dem kleineren die Welt so erklärt, wie man es selbst auch getan hätte. Und wenn sich die eigenen Überzeugungen und Einstellungen später in den Argumenten der erwachsenen Kinder wiederfinden, hat sich das Leben in die Zukunft hinein verlängert (▷ Entscheidung, Seite 297).

Wie holprig der Weg zu diesem Ziel ist, ahnen nur wenige Schwangere. Die meisten wissen wohl, daß in den nächsten Jahren mehr Arbeit und weniger Freizeit zum Leben gehören werden, doch nur wenige Frauen sind darauf vorbereitet, daß mit einem Kind alles, aber auch restlos alles eine neue Bedeutung bekommt. Die Zeit, die man für sich selbst nutzt oder ganz bewußt einem anderen schenkt, wird kostbarer, Tageseinteilung und Jahresplanung bekommen ein anderes Gewicht. Die Partnerschaft, die nun einen dritten Menschen miteinbeziehen muß, verändert sich gravierend (▷ Familie formen, Seite 334). Alle Entscheidungen werden nun immer auch mit Blick auf das Kind abgewogen. Auf wundersame Weise wird die eigene Existenz verbindlicher.

Auf diese Veränderungen kann sich kaum eine Frau vorbereiten, wenn sie das erste Kind erwartet, denn in welcher Weise das Muttersein tatsächlich ihr Wollen und Können verändert, ist erst viel später zu erkennen. Am besten sind jene Frauen gerüstet, die sich innerlich darauf einstellen, daß nach der Entbindung kaum mehr etwas so sein wird, wie es vordem war (▷ Selbst-Bewußt, Seite 23).

HISTORIE

Mutterliebe

Im Laufe der Geschichte hat sich das Bild der »guten Mutter« immer wieder gewandelt. Lange Zeit war es für Frauen unmöglich, ihr Herz an jedes einzelne Kind zu hängen. Die große Kinderzahl und die hohe Säuglingssterblichkeit verlangten, das Kommen und Gehen der Kinder als gegeben hinzunehmen. Hätten die Mütter Krankheit und Tod eines jeden Wesens durchlitten und betrauert, wären sie selbst zugrunde gegangen.

Lange Zeit blieb das Bild der »guten Mutter« auch zweigeteilt: Die »gute Mutter« aus den besseren Schichten beschäftigte eine Amme. Diese Frau war jedoch selbst Mutter eines Neugeborenen, das sie vernachlässigen mußte, um ihren Beruf als Amme erfüllen zu können.

Der Begriff der »Mutterliebe«, wie wir ihn heute verstehen, stammt aus dem 19. Jahrhundert, als die Industrialisierung die Väter in die Fabriken holte und die Frauen verpflichtet wurden, zu Hause für den Ausgleich der entstehenden Härten »draußen« zu sorgen. So entstand die »häusliche Frau«, deren Glück die Mutterschaft sein sollte. Ab nun galt es als unmoralisch, wenn sich eine Frau weigerte, ihr Kind selbst zu versorgen – und ganz geschwind wurden alle Frauen zu »Rabenmüttern«, die erwerbstätig waren, egal, aus welchem Grund.

Seit dem Ende des 19. Jahrhunderts prägt die Psychoanalyse unser Denken mit. Kenntnisse über die seelische Entwicklung des Kindes gehören zur Allgemeinbildung. Doch die vereinfachende Anwendung der komplizierten Sachverhalte durch jedermann stempelte die Mütter für alles verantwortlich, was aus den Kindern wurde.

LITERATUR

Elisabeth Badinter
Die Mutterliebe. Geschichte eines Gefühls vom 17. Jahrhundert bis heute
dtv, München, 1985. DM 9,80

Bindung und Abstand

Mütter schöpfen Kraft aus dem wundervollen Gefühl, für jemanden existentiell wichtig zu sein. Für das Kind sind sie der Mittelpunkt, das Zentrum seiner Zufriedenheit und Lust, das erste Wesen, das es mit anderen Menschen, Sprache und Kultur in Kontakt bringt. Obwohl die Mutter dem Kind auch seine ersten negativen Erfahrungen – Enttäuschung, Mißerfolg, Schmerz oder Beschämung – vermittelt, erscheint sie ihm als makelloses Wesen mit allumfassenden Eigenschaften.

Je größer die Kinder werden, desto realistischer sehen sie ihre Eltern. Diese »Demontage« überstehen Mütter um so leichter, je besser sie mit sich selbst vertraut sind (▷ Selbst-Bewußt, Seite 23) und auch widerstreitende Gefühle bewußt wahrnehmen können. Die Kinder erfahren auf diese Weise schon früh, daß es zwischen Freude und Verzweiflung, Zuwendung und Abwehr viele Schattierungen gibt – und daß ihre Mutter kein Idealwesen, sondern ein Mensch mit Stärken und Schwächen ist.

Frauen, die ihre Unsicherheiten nicht verstecken und die tolerieren können, daß die Kinder selbst unentschlossen, wechselhaft und uneindeutig sind, öffnen ihnen damit einen leichteren Weg ins Leben: Jeder Mensch hat mindestens zwei Gesichter; manchmal haßt man gerade den, den man liebt; und genau wie die anderen darf man auch selbst zwiespältige, widerstreitende Gefühle haben.

Entwicklungschance

Jeder Mann, jede Frau kann durch Kinder gänzlich neue Perspektiven gewinnen. Kinder sehen Dinge, die dem Blick der Erwachsenen längst entglitten sind, sie lassen sich von Ereignissen und Geschichten fesseln, die in der Erwachsenenwelt keinen Platz mehr haben, und sie zwingen, klare Prioritäten zu setzen: Was ist wichtig, und was ist weniger wichtig? Was will ich als Mutter bei meinem Kind erreichen? Was brauche ich als Frau? (▷ Kinderbetreuung teilen, Seite 309). Die Flexibilität, die Kinder ihren Eltern abverlangen, halten Geist und Körper in Bewegung.

Gleichzeitig gewähren Tochter und Sohn den Eltern, Kontakt zur eigenen Kindheit aufzunehmen. Wer im Zusammensein mit dem Nachwuchs öfter einen Moment innehält, zum Beispiel, um sich in das schreiende Kleinkind hineinzufühlen, statt das Gebrüll möglichst rasch abzustellen, wird unwillkürlich in die eigene Vergangenheit zurückgeführt. In dem Versuch zu ergründen, was in dem Kind vorgeht, begegnet jede Mutter noch einmal dem, was die eigene Kindheit ausmachte: Wie hatte sie gelitten, als man sie zur Strafe ohne Umarmung ins Bett schickte! Wie hatte sie getobt, weil die Eltern nicht begriffen, wieviel wichtiger es war, dem Freund zu helfen als die Großmutter zu besuchen!

Fast jede Mutter versucht auch zu begreifen, welche Botschaft ihr Verhalten der nächsten Generation vermittelt. Besonders den Müttern von Töchtern wird oft erst im Spiegel der nächsten Frauengeneration deutlich, wie viele Bereiche des eigenen Lebens sie zu eng angelegt haben, wie viele Fähigkeiten sie brach liegen ließen. Oft geben dann die halbwüchsigen Töchter den Kick zur Weiterentwicklung oder Neuorientierung (▷ Seite 182).

Alles, was Kinder in das Leben eines Erwachsenen hineintragen, kann Anlaß sein, die eigenen Vorstellungen und Ideen weiterzuentwickeln. Im besten Fall sind die Erwachsenen dem Kind dann ein paar Schritte voraus, so daß sie Verständnis für seine Mühsal und Fehltritte haben, es aber dennoch zum Weitergehen anspornen können.

Tochter-Mutter

Viele Frauen wünschen sich ausdrücklich eine Tochter. Sie glauben zu wissen, wie Mädchen sind und empfinden, was in der Zeit des Heranwachsens anders ablaufen muß, damit aus der Tochter jene Frau

Wie die Mutter

Sie haben es so gut gemeint, Sie haben es ganz anders gemacht – und trotzdem beschleicht Sie plötzlich das lähmende Gefühl des »déjà vu«: Diese Situation haben Sie schon einmal erlebt. So wie Sie hat schon einmal jemand reagiert. »Genau wie meine Mutter« – diese Erkenntnis trifft manche Frau, die alles besser machen wollte, wie ein Keulenschlag.

Das, was Frauen von der eigenen Mutter an Kränkungen und Verletzungen erfahren haben, gräbt sich tief ein und mündet bei vielen in den dringenden Wunsch, es als Erwachsene anders zu machen. Viele Frauen bleiben auf diese Weise über einen permanenten inneren Vergleich an ihre Mutter gebunden; sie leben in einer Art negativer Abhängigkeit zu ihr. Im Bestreben, nicht so zu sein oder zu werden wie sie, lähmen sie ihre Entfaltungsmöglichkeiten. Das Bemühen, »nicht so zu sein, wie...« behindert sie, die eigenen Fähigkeiten auszuloten.

Eine solche Mutterbindung zu überwinden verlangt, das Verhalten der eigenen Mutter mit etwas mehr Distanz zu betrachten. Mancher Frau gelingt das leichter, wenn sie selbst im Laufe ihrer Frauengeschichte erlebt hat, wie vielen Einschränkungen und Behinderungen eine Mutter gegenübersteht. Wenn sich beide, Mutter und Tochter, der jeweils anderen als verletzliches, unvollkommenes Wesen mit beschränkten Möglichkeiten öffnen können, haben sie die Chance, ihre langjährigen Verstrickungen und Verknotungen zu lösen.

LITERATUR

Nancy Friday
Wie meine Mutter
Fischer, Frankfurt/M., 1982. DM 18,90

Christiane Olivier
Jokastes Kinder.
Die Psyche der Frau im Schatten der Mutter
dtv, München, 1989. DM 12,90

wird, die sie selbst so gerne von Anfang an gewesen wären. Zuviel angestrebte Solidarität und Gleichheit kann die Beziehung der beiden zueinander jedoch erheblich belasten. Die Mutter setzt sich unter den Erfolgsdruck des »Vorbild-seins«, während der Tochter kaum Spielraum bleibt, sich anders zu entwickeln, als es der Mutter vorschwebt.

Grenzen wahren

Manche Mütter, die in einer unglücklichen Partnerschaft leben oder herb enttäuscht und bitter verletzt wurden, können der Versuchung nicht widerstehen, ihre Kinder in eine Art Leidensgemeinschaft einzubinden. Kontinuierlich vermitteln sie der Tochter: »Frauen haben es schwer«, »Auf Männer ist kein Verlaß«, »Diese Typen bringen nur Unglück«. Die Mütter begründen ihr Verhalten mit der Sorge um das Wohl der Tochter: Sie soll gewappnet sein für das, was auf sie zukommt. Doch das Mädchen spürt, daß die Mutter sie braucht, um ihr eigenes Los erträglicher zu gestalten. Unbeabsichtigt erhält das Mädchen die Botschaft: »Meine Aufgabe ist es, das Leid von anderen auszugleichen.« In diesem Fall das der Mutter, später vielleicht das des Partners.

Und vor noch einer weiteren Falle müssen sich heutige Mütter hüten. Die Töchter brauchen die unverbrüchliche Solidarität der Mutter, um zu lernen sich in ihrem Leben als Frau durchzusetzen – und dennoch ist die Mutter nicht die »große Schwester«. Natürlich schmeichelt es Frauen, die die gleiche Figur haben wie ihre Tochter, die sich ähnlich kleiden und genauso aktiv sind, wenn sie für die Schwester oder Freundin ihrer Tochter gehalten werden. Es mildert ein wenig das Älterwerden. Dennoch haben die Jungen das Recht auf ihr eigenes Profil.

> **Was so alles wirkt ...**
>
> • Mütter, die sich angestrengt bemühen, ein geschlechtsspezifisches Verhalten zu vermeiden, unterstützen eher die Stereotypien, die sie auflösen wollen. Wenn Sie Ihren Sohn drängen, mit Puppen zu spielen, erfährt er, daß Puppenspiele für Jungen wohl etwas Besonderes sind. Mädchen, die an die Spielzeugeisenbahn gelockt werden, erleben, daß nun offenbar etwas ganz Außergewöhnliches stattfindet.
>
> • Autoritäten wirken unsichtbar: Wenn Sie mit den Kindern alleine essen, lassen Sie schon mal fünfe gerade sein. Wenn Sie jedoch dann, wenn der Vater erwartet wird, Händewaschen und Servietten verordnen, machen Sie ihn ohne sein Zutun zur Autorität. Ähnlich wirkt es, wenn Sie mit dem Vater als letzter Entscheidungsinstanz drohen. Gleichzeitig werten Sie sich dabei als Frau und Mutter ab.
>
> • Weibliche Bescheidenheit zeigt sich in kleinen Gesten: Wenn Sie bei Tisch die besseren Stücke den anderen geben und als Letzte zum kläglichen Rest des Desserts greifen, provozieren Sie Ungleichheit.
>
> • Viele Mütter nehmen sich keine Zeit für sich selbst. Ihre eigene Erholung und die eigenen Interessen bekommen erst dann Raum, wenn alles andere getan ist. Für die Kinder heißt das: »Mütter haben nicht dieselben Bedürfnisse wie andere Erwachsene«.

Sohn-Mutter

Mütter von Söhnen bewegen sich zwischen zwei Gefühlswelten: dem Stolz, einen zukünftigen Mann geboren zu haben, und der Angst und Unsicherheit gegenüber dem anderen Geschlecht. Jungen-Mütter können versucht sein, in den Sohn all die Eigenschaften hineinzuträumen, die sie sich von Männern immer gewünscht haben: Kraft, Unabhängigkeit, Stolz, Furchtlosigkeit. Er soll zum Mann werden, den alle Frauen lieben, dessen einzig wahre Zuneigung aber nur einer Frau gilt: ihr. Das Handeln eines Großteils von Müttern erklärt sich aus dieser Sehnsucht und kettet den Sohn lebenslang an sie (▷ Der Prinz, Seite 329).

Gemäß einer bundesdeutschen Studie erlebt ein Viertel der Männer die Mutter als einengend und besitzergreifend. Meist kommt es dazu, wenn Frauen nicht von der Macht lassen können, die sie über den Sohn als einen Menschen anderen Geschlechts haben. Sie versuchen, ihn möglichst lange in Abhängigkeit von sich zu halten: Sie binden dem Schuljungen noch die Schuhe zu, erinnern den Heranwachsenden, wann es Zeit ist, aus dem Haus zu gehen, und machen noch für den Studenten die Wäsche. Mütter, die erreichen wollen, daß ihr Sohn sie nie wirklich verläßt, tun alles für ihn und lassen ihm viel Freiheit. Sie wissen, daß die lange Leine die stabilste Form der Bindung ist.

Gleichzeitig zeigen Untersuchungen, daß für die Mehrheit der Söhne das Verhältnis zur Mutter entspannter und liebevoller ist als das zwischen Mutter und Tochter. Zwischen Mutter und Sohn gibt es keine Konkurrenz; keine unbewußte Eifersucht, wenn er zum Vater eine innige Beziehung aufbaut. Um den Sohn, der sich selbständig in die Welt hinausbewegt, hat die Frau weniger Angst als um die Tochter. Daß die Mutter den Sohn während seines ganzes Werdegangs so ungebrochen akzeptiert, stärkt seine Liebe zu ihr. Dementsprechend fühlen sich drei Viertel aller Männer von ihrer Mutter geliebt, akzeptiert und angenommen.

Das Multitalent

Die meisten Frauen gehen bis an die Grenze ihrer Kräfte, um ihre Autonomie zu erhalten und Familien- und Erwerbsarbeit zu vereinen. Dabei müssen sie einerseits außerordentliche organisatorische Kunststücke vollbringen, um die fehlende kommunale Kinderbetreuung (▷ Seite 343) auszugleichen, andererseits gilt es, die eigenen Ansprüche zu bewältigen. Schließlich wirkt in jeder Frau das Ideal der »guten Mutter«, die selbstlos und aufopfernd für ihre Lieben sorgt. Zusätzlich lastet auf ihnen der Anspruch, die Erkenntnisse der modernen Pädagogik und Psychologie möglichst optimal umzusetzen: die Mutter als psychologisch versierte Erzieherin und aktive Förderin der Kinder.

Weite Bereiche des gesellschaftlichen Umfeldes verstärken diese Ansprüche durch subtile Schuldzuweisungen. Wenn das Kleinkind seine Ekzemhaut aufkratzt, das Schulkind stottert oder sich der Heranwachsende in Alkoholexzessen verliert, schauen die meisten vorwurfsvoll auf die Mutter: Hat sie dem Kind genug Zuwendung geschenkt? Hätte sie sich nicht zurücknehmen und ausschließlich auf das Kind konzentrieren sollen?

Der Blick richtet sich auf die Mutter, als könnte sie mit einem Zauberstab über die kindliche Entwicklung bestimmen. Was der Vater bewirkt, indem er manches tut und vieles unterläßt, was die mediale Durchsetzung des Alltags, die lärmende Arbeitswelt und kinderfeindliche Umwelt anrichten, bleibt unberücksichtigt. Für die meisten Frauen bedeutet es daher mühevolle Arbeit, gelassen zu werden und sich an den Satz zu halten »Was gut ist für die Mutter, ist auch gut für das Kind«. Eine Mutter, die mit sich selbst zufrieden ist und ihre Beziehungen zu anderen Menschen als befriedigend erlebt, wird diese Zufriedenheit auch dem Kind vermitteln (▷ SelbstBewußt, Seite 23). Wer sich selbst vertraut, traut auch dem Kind zu, daß es aus dem, was seinen Werdegang ausmacht, das mitnimmt, was es für seinen Lebensweg braucht.

Kinderbetreuung teilen

Frauen mit kleinen Kindern, die in der 24-Stunden-Aufgabe »Mutter« nicht untergehen wollen, müssen sich Freiräume erhalten oder schaffen, in denen sie ihre inneren Ressourcen wieder stärken können.

- Zeiten der Arbeit müssen mit Zeiten der Ruhe abwechseln (▷ Entspannung, Seite 569).
- Zeiten des Daseins für andere müssen durch Zeiten für sich allein ausgeglichen werden (▷ Bewegung und Sport, Seite 555; ▷ Weiterbildung, Seite 175).
- Menschen, die nichts mit der engeren Familie zu

Eine Chance für Männer

Die Fähigkeit zu trösten, zu kosen und zu pflegen, Bauklötze aufzuräumen und Wadenwickel zu machen, ist nicht genetisch angelegt. Männer, die sich tatsächlich auf das Abenteuer des Vaterseins einlassen, werden reich belohnt, vor allem durch die Zuwendung des Kindes. Am Anfang stehen dem Engagement allerdings oft Unsicherheit und das unbestimmte Gefühl, »überflüssig« zu sein, im Wege.

- Die langsame Reduktion beruflicher Verpflichtungen sollte schon einige Zeit vor dem Entbindungstermin beginnen.
- In den ersten Monaten entstehen beim Baden und Wickeln die ersten innigen Bindungen zum Kind. Sie sind noch leichter zu knüpfen, wenn die anfängliche Mutter-Kind-Symbiose nachläßt. Immer wieder zeigt sich, daß die beste Zeit für den Vater, den Erziehungsurlaub (▷ Seite 338) zu übernehmen, etwa acht bis zwölf Monate nach der Geburt ist.
- Um seine Partnerin kontinuierlich zu unterstützen und für das Kind zur verläßlichen Bezugsperson zu werden, ist es sehr hilfreich, in den ersten Monaten das Arbeitspensum zu reduzieren. Schon fünf bis zehn Stunden Reduktion pro Woche, die der Familie zugute kommen, wirken Wunder, noch besser wäre Teilzeitarbeit – trotz der damit verbundenen finanziellen Einbußen (▷ Finanzielle Veränderungen, Seite 339). Väter, die nach einer solchen Vorbereitungszeit dann im Erziehungsurlaub die volle Verantwortung übernehmen, fühlen sich auf sicherem Boden.
- Die Beziehung zu einem Kind kontinuierlich zu pflegen, heißt, sich auf dessen Alltag einzustellen. Dazu gehören, neben dem Bauen von Türmen, sich um Zahnklammern zu sorgen, Vokabeln abzuhören, Elternabende zu besuchen oder Gummistiefel zu kaufen. Der Alltag mit Kindern setzt sich aus unzähligen kleinen Aufgaben zusammen. Gleichberechtigte Elternschaft bedeutet, diese Verantwortlichkeiten zu teilen.

tun haben, müssen einen festen Platz im Leben haben: FreundInnen, Bekannte, KollegInnen (▷ Initiativen, Seite 373; ▷ Freundinnen, Seite 127).

Fast immer ist die erste Ansprechadresse für das Teilen von Arbeit der Vater des Kindes. Wenn er bereit ist, mit Mut und Fantasie ein »anderes« Leben zu wagen, kann die Mutter darauf bauen, daß sie tatsächlich entlastet wird. In welchem Umfang, an welchen Tagen und wie viele Stunden dies geschieht, muß jedes Elternpaar selbst aushandeln. Je verbindlicher, desto besser. Vage Absichtserklärungen des Vaters können zwar dem echt empfundenen Wunsch entspringen, sich des Kindes anzunehmen, die Umsetzung ist jedoch extrem störanfällig. Schon der nächste Anruf, der nächste Auftrag oder die nächste Beförderung machen aus guten Absichten leere Versprechungen. Darauf kann jedoch niemand einen eigenständigen Teil des Lebens aufbauen.

Neben der kontinuierlichen Beteiligung des Vaters brauchen Mütter immer auch Unterstützung von »außen«. Doch gut ausgestattete und bezahlbare Kinderbetreuungseinrichtungen (▷ Seite 343) sind in Deutschland selten. Fast alle Frauen helfen sich daher, indem sie sich BabysitterInnen, NachbarInnen und Kinderfrauen (▷ Seite 348) suchen. Manche gründen selbst eine Kindertagesstätte (▷ Elterninitiativen, Seite 351). Die Lösung kann auch in der Gründung einer Wohngemeinschaft bestehen.

In Ansprüchen gefangen

Mütter scheinen alles bewirken zu können, wenn sie sich nur genügend anstrengen. Von dieser Idee des Mutterseins lebt die Werbung mit glückstrahlenden Familienbildern. Auch die eigene Herkunftsfamilie fordert, daß die Frau dieses Ideal erfüllt; und letztlich haben viele Mütter selbst den Wunsch, den Kindern ein Paradies auf Erden zu bereiten: Sie sollen in einer Atmosphäre von Liebe und Verständnis großwerden, umhüllt von allgegenwärtiger Aufmerksamkeit und Fürsorge. Ein gefährlicher Wunsch! Denn sehr rasch stößt die »perfekte« Mutter an die Grenzen der Zeit und ihrer Kraft.

Um dem Dilemma zwischen Ideal und Realität zu entkommen, wählt sie die naheliegendste Lösung: Sie reduziert die Zeit für sich und ihre Teilnahme am Leben »draußen«. Eine Lösung, die in den ersten Lebensmonaten des Kindes noch zu ertragen ist, die sich aber mit der Zeit verselbständigt und sich schließlich gegen die Frau wendet. Am Ende kann sie das eigene Leben nur noch unter dem Blickwinkel der Mutterschaft beschreiben. Dann ist es kaum noch möglich, Aufgaben, die mit den Kindern zusammenhängen, an andere zu delegieren. Sogar der Partner kann, wenn er sich für seinen Nachwuchs Zeit nimmt, nichts mehr recht machen und zieht sich zurück. Die »perfekte« Mutter läßt niemanden mehr in ihr Territorium, obwohl sie völlig überlastet ist, weil ihr niemand (mehr) etwas abnimmt.

Die Kinder lernen von einer Mutter, die ihre Ansprüche auf diese Weise zu erfüllen versucht, vornehmlich Selbstausbeutung, weniger, wie es gelingt, das Leben zwischen allen Bereichen auszubalancieren und sich selbst dabei nicht zu vernachlässigen.

Mütter, die den Wunsch nach Perfektion nicht aufgeben können, knüpfen den Strick der Überforderung, mit dem sie sich selbst fesseln. Die Befreiung daraus gelingt am ehesten, wenn sie sich wieder anderen Bereichen als dem Muttersein öffnen, in denen sie anerkannt und geschätzt werden (▷ Wiedereinstieg in den Beruf, Seite 182; ▷ Weiterbildung, Seite 175; ▷ Initiativen, Seite 373).

Schuldgefühle

Vieles kann in Müttern die Frage provozieren, wie »schuldig« sie denn an dem sind, wie ihre Kinder sind, wie sie sich verhalten. Das schlechte Gewissen zieht auf, wenn die Zeitung wieder mal von einer Untersuchung über den Zusammenhang zwischen der Berufstätigkeit von Frauen und der Drogenabhängigkeit Jugendlicher berichtet. Angst kommt hoch, wenn das Kind der Alleinerziehenden eine Schulklasse wiederholt. Und selbst wenn alles prima läuft, plagt manche Frauen die Sorge, ob sie vielleicht zu unaufmerksam seien, um das zu bemerken, was nicht in Ordnung ist.

Die Kontrollinstanz »Gewissen« bildet sich langsam über Jahre entsprechend gesellschaftlicher Regeln und verinnerlichter elterlicher Gebote aus. Mit Schuldgefühlen kommentiert das Gewissen unser Verhalten – nicht nur bei Frauen, aber bei ihnen besonders streng. Daß sie für Schuldgefühle anfällig sind, hat Tradition. Die meisten haben sehr früh gelernt, daß es vorwiegend an ihren ganz persönlichen

LITERATUR

Elisabeth Beck-Gernsheim
Mutterwerden: Der Sprung in ein anderes Leben
Fischer, Frankfurt, 1989. DM 12,90

Herrad Schenk
Wieviel Mutter braucht der Mensch? Der Mythos von der guten Mutter
Kiepenheuer & Witsch, Köln, 1996. DM 34

Shari L. Thurer
Mythos Mutterschaft. Wie der Zeitgeist das Bild der guten Mutter immer wieder neu erfindet
Droemer, München, 1995. DM 45

Sheila Kitzinger
Mütter sind das Salz der Erde. Ein weltweiter Report
Econ, Düsseldorf, 1993. DM 44

Jo Ann Larsen
Alle wollen was von mir – na und? Ein Wegweiser durch den täglichen Wahnsinn einer Frau
Goldmann, München, 1993. DM 29,80

Anstrengungen liegt, ob es einem anderen Menschen gutgeht oder schlecht. Darüber, welchen Einfluß die »heimlichen Miterzieher« auf Kinder haben, was die politischen und gesellschaftlichen Rahmenbedingungen bewirken, haben sie wenig erfahren (▷ Familie, Seite 333; ▷ Initiativen, Seite 373).

Erst wenn es gelingt, autonom zu entscheiden, welchen Normen und Werten man zustimmt, welche man ablehnt und wie man sich dementsprechend verhalten kann, sind Frauen davor gefeit, sich in der »Schuldfalle« zu verfangen (▷ Selbst-Bewußt, Seite 23).

- Dem Zwang, sich unreflektierten Ansprüchen entsprechend zu verhalten, entgehen Sie am ehesten, wenn Sie versuchen, den Motiven Ihres Handelns auf die Spur zu kommen.
- Machen Sie sich klar, warum Sie als Mutter bestimmte Dinge tun oder lassen: Welche Gedanken und Ideen leiten Sie? Woher kommt Ihr Mutterbild? Von welchen Grundsätzen ist es bestimmt?
- Viele Mütter verhalten sich in einer festgelegten Weise, weil sie sich aus überlieferten moralischen Gründen dazu verpflichtet fühlen, ohne diese Gründe für das eigene Leben überprüft zu haben. – Spüren Sie Ihrem Empfinden nach: Fühlen Sie sich gut und zufrieden, nachdem Sie getan haben, was Ihr Pflichtgefühl von Ihnen verlangte? Oder sind Sie mürrisch, ausgelaugt und überfordert? Ein negatives Befinden deutet darauf hin, daß Sie Ihre wirklichen Bedürfnisse vernachlässigt haben.

Einsatz für andere – oder für sich selbst?

- Sie sind überlastet, weil Sie das meiste alleine tun müssen. Die anderen sind zu ungeschickt, nachlässig und ungenau. Doch wer versucht, Ihnen zu helfen, klagt, daß es fast unmöglich ist, Ihnen etwas recht zu machen. – Es scheint, als seien Sie eine Perfektionistin, die gegen das Wissen anarbeitet, daß vieles auch ohne Ihr Zutun gelingt. Was macht es Ihnen so schwer, zu spüren, daß Sie für die Menschen in Ihrer Umgebung wichtig sind? Warum glauben Sie, Ihre Bedeutung durch ständige Arbeit und perfekte Leistung bestätigen zu müssen?
- Lassen Sie sich leicht auf die Konkurrenz mit anderen Müttern ein: Welches Baby ist weiter entwickelt, welche Tochter ist intelligenter, welcher Sohn sportlicher? Die Verführung, die Leistungen als Mutter an den Kindern zu messen, ist groß, doch die Befriedigung des Sieges im »Wettkampf der Mütter« wirkt nur kurz. Lob und Anerkennung stützen nur dann wirklich, wenn sie sich auf Ihre eigenen persönlichen Leistungen beziehen. Seinen Wert über die Kinder zu definieren, ist gefährlich.
- Wollen Sie möglichst alles von den Kindern, ihrem Umgang und ihren Erlebnissen wissen? Was Ihnen wie Anteilnahme erscheint, ist möglicherweise der Versuch, am Leben der Kinder mitzuwirken. Frauen, die ihr Leben nicht befriedigend ausgestalten können (oder dies nicht lernen durften), können versucht sein, das Leben der Kinder an Stelle ihres eigenen zu setzen. Sie werden den Kindern zur Last und sind selbst unzufrieden.

Überforderung

Zwei große Linien führen zur totalen Erschöpfung. Das eine ist die effektive Überforderung, weil zwei Hände mehr tun sollen, als der Mensch auf Dauer tun kann (▷ Hausarbeit teilen, Seite 84). Die andere basiert auf dem Gefühl, allein gelassen zu sein. Frauen, die in ohnmächtigem Neid ihren Partner jeden Morgen die Wohnung verlassen sehen, können sich von Aufgaben überfordert fühlen, die sie eigentlich durchaus schaffen würden. Damit trifft ihn manchmal ein Teil an Aggression, der an anderer Adresse richtiger plaziert wäre: Ebensowenig wie die Frau selbst kann der Partner alle Hürden eines Berufslebens überspringen, das so strukturiert ist, als gäbe es keine Elternschaft (▷ Initiativen, Seite 373).

Intensive Zuwendung und Aufmerksamkeit des Partners sind vor allem in der ersten Zeit nach der Entbindung unverzichtbar. Da viele Männer jedoch mit der Vaterrolle nur schlecht zurechtkommen, ziehen sie sich voller Abwehr und Verunsicherung gerade in der ersten Zeit der Familiengründung (▷ Seite 336) von ihrer Partnerin zurück. Sie absolvieren noch mehr Überstunden als üblich, verkriechen sich in Hobbies oder verschwinden nächtelang mit Freunden. Die meisten Frauen fühlen sich dann komplett im Stich gelassen. Nur wenig ist kräftezehrender als das Gefühl, für all das allein zuständig zu sein, dem der andere entflieht (▷ Familienvater, Seite 336; ▷ Partnerschaft, Seite 69).

Ausgebrannt

Mütter erleben Glück und Wonne durch ihre Kinder. Niemals würden sie sie hergeben – außer in den Momenten, in denen sie sich vollkommen ausgebrannt, ohnmächtig und gefangen fühlen. Und die sind gar nicht so selten.

Die Intensität dieser Momente ist allerdings an das Alter der Kinder gebunden. Säuglinge und Kleinkinder benötigen die meiste Aufmerksamkeit und Zuwendung. Sie fordern die Erfüllung ihrer Bedürfnisse so bedingungslos, daß einer Mutter oft nicht einmal mehr Zeit bleibt, die eigenen Grundbedürfnisse zu stillen. Wird das Kleine älter, sucht es sich schließlich auch andere helfende Hände (▷ Kindergarten, Seite 352) und gewährt den Eltern mehr Freiraum. Doch auch der alle familiäre Spielregeln ignorierende Jugendliche kann in einer Mutter noch Zorn, Wut und den intensiven Wunsch auslösen, das alles hinter sich zu lassen, einfach zu flüchten.

Dieses sind ganz normale Regungen. Erst der Anspruch einer allzeit ungetrübten Mutterliebe macht daraus Gefühle, die tiefe Scham auslösen, und die man meint, verbergen zu müssen (▷ Mutterliebe, Seite 306). Dabei haßt keine Frau ihr Kind, sondern die Situation, in der sie sich befindet. Wer diesen Unterschied erkennt, hat auch den Schlüssel zur Bewältigung in der Hand: Es muß alles getan werden, um die enge Verflechtung zu beenden. Je isolierter Frauen mit ihrem Kind leben, desto eher können Situationen entstehen, in denen sie sich überfordert und hilflos mit Aggressionen gegen das Kind wenden (▷ Miteinander leben, Seite 81; ▷ Betreuung, Seite 343).

Verbittert

Alles läuft wie am Schnürchen, aber für niemanden ist das Anlaß zu Lob. Kommt jedoch ein ganz gewöhnliches Hemd verfärbt aus der Waschmaschine, hat die Mutter garantiert das Lieblingsstück verhunzt. Kinder haben grundsätzlich keinen Appetit, wenn das Essen auf den Tisch kommt, und wenn die Mutter ihr Leibgericht kocht, ist das schon längst wieder out.

Daß der alltägliche Balanceakt zwischen Beruf, Familie, Haushalt und Kindern gelingt und das System nicht zusammenbricht, ist so selbstverständlich, daß darüber keiner ein Wort verliert, erst recht nicht eines der Anerkennung. Für ein Management, wie Mütter es durchziehen, werden andere hoch bezahlt – Frauen werden dafür mit dem Muttertag belohnt.

Wer solche Frustrationen ausgleichen will, damit sie nicht zur Verbitterung führen, muß sich Kraftquellen erschließen, die außerhalb der Familie und auch außerhalb des Lebens mit dem Partner liegen. Mütter brauchen Bereiche, in denen sie auftanken können, von wo sie vielleicht sogar mit dem Vorsatz zurückkommen: Ich setze nicht alles Gewonnene wieder für die anderen ein. Besonders intensiv wirken Kraftquellen, die mit der Anerkennung und Wertschätzung für die Frau als Person, nicht als Mutter, verbunden sind: ein befriedigender Beruf, liebevolle Freundschaften oder ein herausforderndes Engagement (▷ Freundinnen, Seite 127; ▷ Initiativen, Seite 373).

METALLICA
GET SPASS
F.B.

Mädchenzeit

Selbstbewußt, unerschrocken, durchsetzungsfähig – so wünschen sich Mütter ihre Töchter. Und so zu werden, ist für junge Mädchen heute selbstverständlich. Für die Zwänge traditionellen Geschlechterverhaltens haben sie nur ein Kopfschütteln übrig. Ihnen ist der Tumult unvorstellbar, den es auslöste, als vor 25 Jahren die erste Frau in Hosen den Bundestag betrat.

Genauso selbstverständlich wollen die jungen Frauen Kinder haben und Familie gestalten. Sie orientieren sich an beiden Bildern: an der traditionellen Frauenarbeit in Haus und Familie und an der aushäusigen Erwerbsarbeit. Diese beiden Felder miteinander zu vereinbaren, fordert ihnen Höchstleistungen ab, Unterstützung ist kaum in Sicht.

Deutlich mehr Mädchen als Jungen verlassen die Schule mit der Hochschulreife, und nur selten noch schmettern Eltern den Berufswunsch ihrer Tochter mit dem Satz ab: »Du heiratest ja doch!« Trotzdem gelingt es bei weitem nicht allen jungen Frauen, ihre Qualifikation in eine angemessene Berufslaufbahn zu überführen. Allemal wenn es um einflußreiche Positionen geht, rütteln sie vergeblich an verschlossenen Türen. Dort wo politische und gesellschaftliche Steuerungsinstrumente geschmiedet werden, blockieren Männer die Karriereleiter.

Diese Erfahrung prägt unser aller Denken und Verhalten. Selbst junge Mädchen und Jungen beschreiben daher die »typisch« weiblichen oder männlichen Eigenschaften noch so, wie ihre Großeltern es getan haben. Auch wenn ihre Mutter ihr eigenes Leben anders gestaltet, ändert das daran nur wenig. Die alltägliche Realität zeigt ihnen, daß die Politik und mit ihr alle gesellschaftlich wichtigen Bereiche nach der traditionellen Vorstellung von männlich/weiblich funktionieren. Und deren Wandlung vollzieht sich denkbar schwerfällig.

Alle formen mit

Einige »typisch weibliche« Eigenschaften und Verhaltensweisen sind im Wirtschaftsleben hochgeschätzt: Kooperations- und Kompromißbereitschaft, Sensibilität, Einfühlsamkeit. Trotzdem haftet der Einschätzung »typisch weiblich« ein gewisser Makel an – Ausdruck der Geringschätzung alles Weiblichen.

Unterschwellig, ohne es zu wissen oder zu wollen, wird diese Abwertung des Weiblichen den Mädchen auf den Weg gegeben; beteiligt sind daran alle Menschen, die sie begleiten: die Mutter, die gar nicht merkt, daß ihr Sohn mehr Spielzeug bekommt als die Tochter und daß dieses zudem einen breiteren Interessenraum abdeckt; der Vater, der dem Mädchen zwar zeigt, wie faszinierend die Welt ist, der es aber nicht durch Worte und Taten auffordert, ihm dorthin zu folgen; die LehrerInnen, die Mädchen eher für ihr Verhalten loben als für ihr Können.

Jeder Fernsehspot erzieht mit, in dem eine Frau von einem Mann erklärt bekommt, wie etwas funktioniert, jede Plakatwand verdeutlicht, daß die Stärke einer Frau ihr Aussehen und nicht ihr Können ist. Wesentlichen Anteil hat auch das Vorbild der Eltern. Viel zu selten gehen Mutter und Vater von gleich zu gleich miteinander um. In den meisten Familien signalisieren die Arbeits- und Kompetenzverteilung, daß Frauen für die häusliche Sphäre zuständig sind und Männer bestimmen, was »wirklich« wichtig ist (▷ Familie, Seite 333; ▷ Geld, Seite 413).

Mädchen und Jungen weisen in ihrem Verhalten und in ihren Leistungen Unterschiede auf, die an das Geschlecht gebunden zu sein scheinen. Doch nur wenig ist angeboren, wie alle Forschungen zeigen. Zumindest bis zur Pubertät unterscheiden sich »die Mädchen« als Gruppe und die Gesamtheit »der Jungen« wenig voneinander (▷ Selbstwertgefühl, Seite 317; ▷ Fähigkeiten und Leistung, Seite 318). Das schließt aber nicht aus, daß die individuellen Differenzen groß sein können: Es gibt wilde und brave Mädchen, stille und burschikose Jungen.

Selbst wenn sich Mädchen und Jungen gleich verhalten und gleiches können – es wird, abhängig von ihrem Geschlecht, verschieden gedeutet. Diese Interpretation ist das Ergebnis unserer Sicht auf die Welt, die auf Zweigeschlechtlichkeit aufgebaut ist. Das Verhalten, das man von anderen erwartet, und das, welches man selbst an den Tag legt, und wie beides bewertet wird, ist untrennbar mit dem verbunden, was man als »typisch weiblich« und »typisch männlich« kennengelernt hat. Ohne sich dessen bewußt zu sein, orientiert man jedes Befinden einem anderen gegenüber an dessen Geschlecht.

Zudem werden bestimmte Verhaltensweisen für Mädchen oder Jungen in Abhängigkeit vom Alter als »normal« oder »nicht mehr normal« eingestuft. Mädchen hält man für ausgeprägt soziale Wesen; es gilt als »normal«, daß sie von der Kinder- bis in die Erwachsenenzeit mit Jungen Kontakt halten. Als ebenso »normal« wird angesehen, daß Jungen im Grundschulalter lieber unter ihresgleichen bleiben. Wenn sich allerdings ein 18jähriger immer noch von Mädchen fernhält, runzelt man fragend die Stirn.

Gleiches Verhalten, unterschiedliche Bedeutung

In aller Regel wird das Verhalten von Mädchen und Jungen unterschiedlich gedeutet und bewertet.

- Widerspruch gilt bei Jungen als Zeichen von Willen und Stärke. Bei Mädchen wird er oft als Trotz gebrandmarkt, den es zu beugen oder zu brechen gilt.
- Ein unerschrockener Junge gilt als mutig. Bei Mädchen meint man, Draufgängertum zähmen zu müssen.
- Aggressivität ist eine Voraussetzung, um sich durchzusetzen. Bei Jungen akzeptiert man sie als Durchsetzungskraft, aggressive Mädchen gelten als »böse«.
- Willensstärke äußert sich bei kleinen Kindern oft stimmgewaltig. Brüllende Jungen »wissen, was sie wollen«, laut schreiende Mädchen sind »ungezogen«.

Ich-Gefühl

So wie unsere Gesellschaft gestaltet ist, werden fast alle Kinder in den ersten Jahren von Frauen versorgt und betreut: die Mutter, fast alle Betreuerinnen in Krippe, Kindergarten und Hort, die meisten Grundschullehrerinnen sind Frauen. Spätestens zum Ende des dritten Lebensjahres »weiß« jedes Mädchen, welchem Geschlecht es angehört: Es ist so wie die Mutter. Diese Erfahrung umhüllt es mit Sicherheit. Weil es weiß, daß es werden wird wie die Mutter, kann es sich auf seinem Entwicklungsweg Zeit lassen. Es bleibt mit dem verbunden, was es kennt, und fügt Eigenes hinzu.

Zugleich provoziert dieses Gleichsein Widerspruch. Schließlich will niemand dauerhaft nur »sein wie«. Das Mädchen will sich auch unterscheiden, anders sein. Mit dem Gebrauch des Wörtchens »Ich« beginnt der allmähliche Ablöseprozeß.

Selbstwertgefühl

Ein Mädchen, das sich von anderen angenommen fühlt und spürt, daß es so, wie es ist, richtig ist, kann Selbstvertrauen entwickeln: Es merkt, daß die anderen Menschen an seiner Entwicklung Anteil nehmen, seine Freuden und Sorgen mit Verständnis begleiten.

Besonders gut fühlen sich jugendliche Mädchen, wenn sie sich mit einer Reihe von Eigenschaften beschreiben können, die eigentlich als »männlich« gelten, wie zum Beispiel durchsetzungsfähig, stark, erfolgreich, und die zusätzlich noch typisch weibliche Eigenschaften aufweisen, die Männer und Frauen gleichermaßen an Frauen schätzen.

Vom Vater bestätigt

Eine wichtige Rolle bei der Entwicklung des Selbstwertgefühls spielt der Vater oder eine andere verläßliche männliche Bezugsperson. Dieser »erste Mann« im Leben eines Mädchens kann ihm das Gefühl geben, als weibliches Wesen angenommen und respektiert zu sein. Wenn er ihr zeigt, wie glücklich er ist, daß es dieses kleine Wesen gibt, kann sich das Mädchen wertvoll und anerkannt fühlen. Wenn er durch seine Zuwendung bestätigt, daß sie etwas Besonderes ist (▷ Weibliche Wirkung proben, Seite 320), hat das überragende Bedeutung – schließlich gehört er dem Geschlecht an, das in dieser Welt bestimmt, was wertvoll ist.

Die meisten Väter sind aber nur selten zu Zeiten anwesend, in denen ihre kleine Tochter wach ist, und sie haben, wenn sie denn da sind, vermeintlich Wichtigeres zu tun, als sich um sie zu kümmern. Zudem sind viele Männer arg behindert, Empfindungen wie Glück, Freude und Anerkennung nach außen sichtbar zu machen (▷ Das Schweigen der Männer, Seite 47). Auch ein Mann, der sich in seinem Leben mit einer ungleich stärkeren Partnerin arrangiert hat, kann sich meist nicht offen zur Liebe zu seiner Tochter bekennen.

Die meisten kleinen Mädchen erleben dieses Verhalten als Ablehnung, Desinteresse, Ignoranz und Verrat. Sie fühlen sich innerlich allein, gedemütigt und gekränkt. Für sie, die dieses Verhalten des Vaters nicht wie Erwachsene »verstehen« können, bedeutet es, daß sie offenbar die Aufmerksamkeit des Vaters nicht genügend fesseln können. Und dafür hat das Kind nur eine Erklärung: »Es muß an mir selbst liegen.« So wächst der Keim des Selbstzweifels, der in vielen Frauen ein Leben lang nachwirkt.

Diese Kindheitserfahrung, irgendwie mangelhaft zu sein, ist einer von vielen Erklärungsschlüsseln dafür, daß sich viele Frauen mit unbefriedigenden Lebensumständen arrangieren, weil sie meinen, Besseres sei für sie ohnehin nicht erreichbar (▷ Selbst-Bewußt, Seite 23). Noch als erwachsene Frauen suchen sie in ihrem Partner den Mann, den sie in ihren Kinderjahren so schmerzlich entbehrt haben: den Mann, der sie als Mädchen, als Frau anerkennt, respektiert und liebt, der sie als Person begehrt und nicht um ihrer Funktion willen.

Selbständigkeit

Bis zum Alter von sechs, acht Jahren sind die meisten Mädchen relativ selbständig, mutig, auch draufgängerisch. Erst dann beginnt sich langsam eine Ängstlichkeit zu entwickeln, die für Frauen als typisch gilt.

Damit ein Mädchen selbständig werden kann, muß es sich zumindest zu Teilen von seiner Mutter lösen. Doch nicht jede Frau schätzt es, wenn die auf die Pubertät zusteuernde Tochter den engen emotionalen Kokon der Zweisamkeit verläßt und sich der mütterlichen Kontrolle entzieht. Und auch nicht jeder Vater sieht es gern, wenn sich »sein kleines Mädchen« zur selbständigen Jugendlichen mausert.

Handfeste Gründe führen die Eltern ins Feld, wenn sie von der Tochter fordern, in der Nähe von Vertrauten zu bleiben: Sie sorgen sich um ihre Unversehrtheit. Sie halten das Mädchen für weniger wehrhaft und stärker gefährdet als Jungen – auch wenn die konkreten Zahlen belegen, daß Jungen durch gewalttätige oder sexuelle Übergriffe ähnlich oft gefährdet sind wie Mädchen. Doch die Warnungen und die besondere Angst um die Tochter wirken: Mädchen spielen viel im Haus oder in seiner Nähe und damit unter Aufsicht. Das schränkt ihren Handlungsspielraum ein und damit auch ihre Erlebnis-, Lern- und Entfaltungsmöglichkeiten.

Mädchen verhalten sich meist weniger unternehmungslustig als Jungen. Als Reaktion darauf erfahren sie »Mädchen sind eben ängstlich«. Dieses Bild teilt sich dem Mädchen mit. Fortan meidet es Situationen, in denen es das Gegenteil beweisen könnte. So festigt sich das Bild der Furchtsamen.

Manche trauen sich dann auch als erwachsene Frauen noch nicht viel zu, sind von Meinungen und der Zustimmung anderer abhängig, wenn sie etwas entscheiden sollen. Andere gehen in den Widerstand. Mutige Mädchen, die erfahren haben, daß ihre Eltern und besonders der Vater auf Protest und Eigenständigkeit heftig reagieren, beginnen oft einen unablässigen Kampf. Sie stellen sich gegen alles, was er wünscht, wie er sich verhält und entwickeln über diese Verneinung zunächst einmal das Gegenteil dessen, was die Eltern vorgeben. In der Fortentwicklung kann daraus eine wirkliche Eigenständigkeit werden: unabhängig vom elterlichen Vorbild, aber auch unabhängig von der dauernden Verneinung und Ablehnung (▷ Selbst-Bewußt, Seite 23).

Spielzeugwerbung

Werbung bildet die gesellschaftlichen Verhältnisse exakt ab – schließlich will sie damit Geld verdienen. Dem gleichen Ziel folgt die Spielzeugindustrie, wenn sie in ihren Puppen und Figuren das Geschlechterverhältnis abbildet. So zeigt eine Studie über Spielzeugkataloge, daß Mädchen generell in weniger Berufen auftauchen als Jungen; wenn Mädchen arbeiten, dann als Ballerina, Bäuerin, Hausfrau, Model, Modistin, Mutter oder Verkäuferin; inzwischen gibt es auch das Vorbild des Pop-Stars und der Kranführerin. Jungen hingegen steht eine breite Palette an Berufen offen, 27 an der Zahl, oft in gehobener Position, vom Flugzeugpiloten bis zum Forscher und Entdecker. Nie taucht ein Junge als Interessent für Kinderbügeleisen auf.

Fähigkeiten und Leistung

Kleine Mädchen interessieren sich für alles, was diese Welt ausmacht. Doch schon früh erfahren sie, daß man von ihnen erwartet, daß sie sich von bestimmten Themen mehr angesprochen fühlen als von anderen (▷ Interesse und Begabungen, Seite 139); und sehr früh merken sie, daß man ihrem Verhalten eine größere Bedeutung beimißt als ihren intellektuellen Fähigkeiten. Analysen des Verhaltens von LehrerInnen zeigen, daß sie Mädchen wegen mangelnder Leistungen wohl tadeln, sie aber kaum für ihr Können loben. Gelobt werden Mädchen vor allem für ihr Verhalten, sie sind brav, ordentlich, fleißig.

Hinzu kommt, daß die Jungen durch ihr Verhalten so viel Aufmerksamkeit der Lehrkräfte binden, daß für die Mädchen relativ wenig Zuwendung und Förderung übrigbleibt. Im Gegenteil: Von ihnen wird sogar erwartet, daß sie durch ihr ausgleichendes Verhalten die Störungen der Knaben auffangen. So stabilisiert in manchen Klassen zwar die Anwesenheit der Mädchen den Schulunterricht, die Leistungen der Mädchen fördert das aber nicht (▷ Schule und Ausbildung, Seite 137).

In der Pubertät wird der Inhalt des Wortes »Erfolg« für Mädchen dann neu definiert: Erfolgreich ist, wer von den Jungs am meisten begehrt wird. Und daß Jung-Männer jene Mädchen am attraktivsten finden, die nicht mit ihnen konkurrieren, haben die jungen Frauen schnell begriffen. Also machen sie sich kleiner als sie sind.

Freiräume

Über ihre Intelligenz und geistigen Fähigkeiten können Mädchen am ehesten verfügen, wenn sie nicht durch Schönheit oder Attraktivität gefallen müssen. Sind Frauen unter sich, stellen auch die Mauerblümchen fest, wie witzig, pfiffig und klug sie sein können. Eine Studie des Berliner Max-Planck-Instituts für Bildungsforschung belegte 1995 wieder, daß Mädchen das breite Spektrum ihrer Interessen entschieden besser entwickeln können, wenn sie nicht gemeinsam mit Jungen unterrichtet werden.

Das Potential der Mädchen läßt sich fördern, indem sie eigene Räume bekommen, in denen sie unter sich bleiben, zum Beispiel Mädchengruppen im Jugendzentrum, in Ferienlagern oder im Computerkurs. Im Klassenzimmer bedeutet Mädchenförderung, daß die raumfüllende Dominanz der Jungen überwunden werden muß. Wenn die LehrerInnen den Mädchen Raum und Zeit geben, sich auszudrücken, sich durchzusetzen und ihre Neugierde auszuleben, können sie ihre Kräfte sinnvoll für sich selbst einsetzen (▷ Schule und Ausbildung, Seite 137).

Wege zum Erfolg

Den erfolgreichen Berufsweg ihrer Tochter unterstützen Eltern, wenn sie die Wünsche und Perspektiven des Mädchens ernst nehmen. Bundeskanzlerin zu werden ist zwar ein hochgestecktes Ziel, aber es muß nicht unmöglich bleiben (▷ Schule und Ausbildung, Seite 137).

Manche Mädchen finden den Weg zum Erfolg auch ohne Unterstützung. Sie erspüren, daß es möglich ist, durch Erfolg Anerkennung und Achtung zu erringen; den gleichen Weg gehen die »Trotzköpfe«, die ihre Berufswahl gegen den Widerstand von Mutter und Vater durchsetzen. Für sie bedeutet beruflicher Erfolg allerdings oft unablässige Mühsal. Sie verdanken ihren Erfolg eher dem eigenen Perfektionismus, als daß sie mühelose Überfliegerinnen wären.

Im Umgang mit andern

Mädchen gelten als lieb, folgsam, anpassungsbereit, einsichtig, ordentlich – jedenfalls mehr als die zum Vergleich herangezogenen Jungen. Doch sie sind nicht von vornherein so, vielmehr werden sie so. Weil die Eltern annehmen, daß Mädchen ordentlich sind, halten sie die Tochter zum Aufräumen an. Weil sie »wissen«, daß Mädchen zeitig sauber sind, setzen sie sie früh auf den Topf. Die innere Einstellung ist von der Erwartung getragen, daß Mädchen »so« sind. Den Töchtern teilt sich das in Worten und Gebärden, Mimik und Haltung mit, und sie bemühen sich – wie alle Kinder – die Vorstellungen ihrer Eltern zu erfüllen.

Auf ein freundliches Mädchen mit ausgeprägtem sozialem Verhalten reagieren die Mitmenschen anerkennend und lobend – also wird sich das Kind bemühen, sich so zu verhalten, daß die Erwachsenen es schätzen und mögen.

Ein liebes Mädchen ist ein artiges Mädchen, das keine Schwierigkeiten macht. Bleibt diese Eigenschaft ungebrochen, kennt die erwachsene Frau meist die Bedürfnisse anderer Menschen besser als ihre eigenen. Ihre vermeintliche Bedürfnislosigkeit mündet dann oft in eine Unzufriedenheit, an der die Frauen mehr oder minder offen leiden, gar nicht so selten auch in Form von Krankheiten (▷ Wohlbefinden, Seite 603).

Offener Widerstand fällt dann unendlich schwer. Viele Frauen tendieren eher zu lautlosen Formen des Protestes und versuchen mit subtilem Druck, das zu erreichen, was sie nicht einzufordern wagen (▷ Psychische Gewalt, Seite 443).

Ich als Frau

Schon in der wortlosen Kommunikation mit den Eltern, durch Blicke und Gesten, erfährt das kleine Mädchen, ob es als weibliches Wesen gemocht wird. Im Kontakt mit der Mutter ist diese Bestätigung als Geschlechtswesen aber schwach und undeutlich. Von gleich zu gleich entstehen nicht so viel ungläubiges Staunen und prickelnde Neugier.

Um sich seines eigenen Geschlechts bewußt zu werden, um das erotische Gefühl des »Der-ist-anders-als-ich« vorzubereiten, braucht das kleine Mädchen ein männliches Wesen, einen Vater.

Schon in der Vorschulzeit gestalten Vater und Tochter ihr Spiel gegenseitigen Begehrens. Mit unzähligen Blicken, Gesten und Kontakten von Haut zu Haut fragt das Kind: »Magst du in mir die Frau, die einmal aus mir werden wird?« Damit das Mädchen eine sichere Identität als sexuelles weibliches Wesen ausbilden kann, braucht es einen Vater, der klar und eindeutig »Ja« antwortet, und der zugleich die Grenze wahrt zwischen der Kinderfrage und der Antwort, die erwachsene Sexualität darauf gibt (▷ Sexueller Mißbrauch, Seite 457).

Weibliche Wirkung proben

In der Vorschulzeit bestehen viele Mädchen heftig auf allen Attributen von Weiblichkeit: langen Haaren, feinen Schuhen, Kleidern, Schmuck, gelackten Nägeln, geschminkten Lippen. Solange sie noch nicht sicher in dem Wissen ruhen, daß sie ein Mädchen sind, müssen sie es demonstrieren. Ab dem Schulalter etwa ist ihnen das zur Gewißheit geworden, und sie haben sich andere Formen angeeignet, sich als weibliches Wesen zu zeigen: ein gewisses Lächeln, freundliches Verhalten.

Manche Mädchen putzen sich auch aus Eifersucht heraus. Sie haben beobachtet, daß der Vater der Mutter anscheinend die Zuwendung schenkt, die sie sich selbst wünschen. Sie versuchen dann, ihn mit ähnlichem Verhalten zu »verführen«, wie sie es bei anderen Frauen beobachten: sie kokettieren und setzen manchmal sogar recht eindeutige, aber unbewußt vorgebrachte sexuelle Signale. Väter, die ihre Tochter nicht wirklich kennen und die nicht um diesen Entwicklungsschritt wissen, stehen dann meist verwirrt und hilflos da. Sätze, die das Drama auflösen könnten, fallen ihnen nicht ein, zum Beispiel: »Was habe ich für ein Glück: zwei so tolle Frauen, eine große und eine kleine. Und irgendwann wird ein Mann mit der kleinen, wenn sie groß ist, auch einmal so glücklich sein, wie ich es jetzt bin.«

Dieses Wechselspiel zwischen Vater und Tochter ist an sich schon schwierig genug. Ein Feierabend-, Wochenend- und Ferienvater, der für Stunden erscheint, den Kopf mit anderem voll hat und müde ist, der also keine kontinuierliche Beziehung zu seiner Tochter aufbaut, kann diese wortlosen Tochter-Fragen kaum hinreichend beantworten. In der ungenügenden Antwort auf die Fragen nach ihrer Weiblichkeit sehen PsychoanalytikerInnen denn auch einen Grund, daß Frauen sich oft als ungenügend und unvollständig empfinden.

Attraktivität

Ab der Pubertät sehen die Mädchen ihren Körper äußerst kritisch; sie parzellieren ihn, bewerten seine Einzelteile, und selbst die Schönsten kommen zu einem für sie ungünstigen Ergebnis: Den nagenden Selbstzweifeln des »Mangelhaften« und »Ungenügenden« sind auch die Attraktiven ausgesetzt.

So greifen die ersten schon in der Pubertät zu Schlankheitstropfen und Appetitzüglern, und die meisten nehmen ihre Fähigkeiten zurück, wie soziologische Untersuchungen zeigen: Ihnen erscheint die Länge der Haare wichtiger als die Zeit im Kurzstreckenlauf. Ihr Äußeres herzustellen bindet nun viel Kraft. Wenn es gelungen ist, bekommt die junge Frau dafür höchste Anerkennung.

Der große Wandel

Die vorliegenden Forschungsergebnisse zeigen deutlich: Zumindest bis zur Pubertät sind Mädchen – als Gruppe betrachtet – leistungsorientiert und neugierig, sind sich ihrer selbst sicher, fühlen sich unabhängig, frei, sind an Personen wie Sachen gleichermaßen interessiert, sind einfühlsam und hilfsbereit. Zwischen der Gruppe der Mädchen und der der Jungen gibt es keinen bemerkenswerten Unterschied.

Das ändert sich mit der Pubertät schlagartig. Von Mädchen, die eben noch wußten, was sie wollen, die zäh und stimmgewaltig auf ihrem »Nein« bestanden, hört man nun nervend oft den Satz: »Ich weiß nicht.« Er offenbart ihre innere Zerrissenheit und Unsicherheit. Was gestern noch galt, steht heute in Frage.

Als 12- und 13jährige wissen sie, daß sie in einer Welt leben, in der für sie die hinteren Ränge vorgesehen sind. Sie werden angehalten, sich dort unauffällig zu verhalten. Andere bestimmen, ob sie »richtig« sind oder nicht. Was sie empfinden, scheint bedeutungslos zu sein. Die tätlichen Übergriffe der Jungen verankern in ihnen die Vorstellung, wehrlos zu sein. All das behindert sie, sich die Welt intensiver anzueignen und die besseren Plätze zu erobern.

Die Mädchen sprechen nicht mehr über das, was sie spüren und denken. Indem sie schweigen, die Stimme nicht mehr »vorlaut« erheben, verhindern sie zumindest, lächerlich gemacht, abgewertet zu werden. Nicht nur viele Erwachsene lächeln milde über den Wunsch, Airbus-Pilotin, Physikerin oder Industriemanagerin zu werden; auch die Mitschülerinnen und die Jungs der Umgebung strafen hart, wenn eine von den herrschenden Weiblichkeitsvorstellungen abweicht.

Zehn, elf Jahre lang haben die Mädchen erlebt, daß die wunderbare Welt, an der sie teilhaben wollen, weitgehend die Welt der Männer ist. Dort werden die »großen« Taten vollbracht, die »wichtigen«

Zukunftswünsche

Die meisten Mädchen sagen zwar, daß sie gerne Mädchen bleiben wollen, aber sie entdecken schon früh, daß das Jungen-Dasein bessere Chancen bietet. Sie beobachten, daß Männer größere Entfaltungsmöglichkeiten haben. Sie sehen, wie die Alltagsbelastung zwischen Frauen und Männern verteilt ist, und es schreckt sie ab, zukünftig eindeutig mehr Pflichten und weniger Privilegien zu haben. Die Fähigkeiten einer Hausfrau-Mutter beeindrucken die Mädchen zwar, und eine geschickte Hausfrau und Mutter zu sein, ist für viele Zehnjährige durchaus ein erstrebenswertes Ideal. Dennoch möchte am Ende der Kindheit, kurz vor der Pubertät, kaum ein Mädchen so werden wie die Mutter: Sie wollen keine Kinder, sie wollen keine Familie, weil sie erlebt haben, was dies an Arbeit und Widersprüchen mit sich bringt.

Zum Ende der Pubertät wendet sich das Blatt. Dann tendieren die meisten Mädchen doch dazu, alle Möglichkeiten ihres Frauseins ausschöpfen zu wollen, das Erlebnis von Schwangerschaft und Mutterschaft und die Berufstätigkeit, wohl wissend, daß sie kaum Unterstützung finden werden, diese beiden Felder zu vereinbaren, weder vom Staat noch vom Partner. Denn für die Jungen, die zu den Partnern dieser Frauen herangewachsen sind, war es bisher nicht erforderlich, Familienarbeit in ihren Lebensentwurf zu integrieren.

In dem Wissen, daß sie weitgehend allein für ihre Kinder zuständig sein werden, schränken sie ihre Berufsplanung bereits jetzt ein und wählen Ausbildungen, in denen Beruf und Familie vereinbar scheinen (▷ Schule und Ausbildung, Seite 137).

Unternehmungen geplant und das öffentliche Leben organisiert. Den Frauen sind die »kleineren« Taten zugedacht, die Welt der Emotionen. Und die stehen offenbar bei dem, was die Welt am Laufen hält, nicht hoch im Kurs. Der Satz »Ich weiß nicht« drückt dann den typischen Konflikt der Mädchen in der Pubertät aus: »Eigentlich will ich, aber ich soll anders.«

In dieser Phase können sie nur zwei Richtungen erkennen: Entweder bescheiden sie sich mit der beschnittenen Perspektive, so wie sie es bei den meisten Frauen in ihrer Umgebung kennengelernt haben. Oder sie orientieren sich am männlichen Ideal und begeben sich auf den kräftezehrenden Weg des »Dennoch«. Oft gelingt es erst Jahre später, diese Polarität zu überwinden und etwas gänzlich Neues zu gestalten: ein Leben, in dem die Einschätzung »männlich« oder »weiblich« an Bedeutung verloren hat und in dem es möglich wird, Entscheidungen für sich und andere zu treffen, in denen die Bandbreite aller Qualitäten ihren Platz hat.

HISTORIE

Mütter der (Nach)Kriegszeit

Die deutschen Frauen, die in der Zeit von 1940 bis 1955 Mutter wurden, konnten sich auf so gut wie nichts stützen, was Frauen sonst bei der Kindererziehung hilft: Die meisten Familien- und Freundschaftsbande waren durch den Krieg zerrissen. Ihr Denken und Fühlen war geprägt von der jahrelangen Herrschaftspropaganda, mit der die Nazidiktatur Außen und Innen durchsetzte. Sie schrieb männliche und weibliche Verhaltensweisen unausweichlich fest und bedrohte jede Abweichung mit Strafen. Die Idee der universellen Gleichheit aller Menschen, auch die von Männern und Frauen, wurde in den Folterkammern des Regimes vernichtet. In vielen der (Nach)Kriegsmütter verfestigte sich die Vorstellung, daß die geschlechtsspezifischen Eigenschaften biologisch festgelegt und damit unveränderbares Schicksal seien – eine Vorstellung, die die Frauen auch dann noch beibehielten, als sie zur »Männerarbeit« in die Rüstungsproduktion mußten und schließlich als Trümmerfrauen den Schutt wegräumten.
Zudem hatten diese Frauen intensive Erfahrungen mit männlicher Gewalt gemacht: als Polizei- und Militärgewalt und in Form von Vergewaltigungen. Während der Besatzungszeit hatten sie ferner eine Art »vernünftiger Beinahe-Prostitution« kennengelernt: Sie retteten ihr Leben und das ihrer Lieben, indem sie sich männlichen Forderungen unterordneten. Vor dem Hintergrund dieser individuellen und allgemein-gesellschaftlichen Geschichte erzogen sie ihre Töchter, Töchter, die sich in den 70er Jahren schließlich auf den eigenen Weg machten: im Protest und Widerstand gegen die biologische Festschreibung weiblicher Unterordnung – die »neue« Frauenbewegung war entstanden (▷ Frauenwahlrecht, Seite 379).

Ein neuer Weg

Mädchen, die ihr Leben in Eigenständigkeit entwerfen wollen, üben sich an einem Kunststück: Um als Frau zu leben, müssen sie sich an ihrem eigenen Geschlecht orientieren; doch nur wenn sie sich von ihm abgrenzen, werden sie das, was sie wollen. Vorbilder für diesen Balanceakt sind rar.

Individuelle Vorstellungen zu entwickeln und durchzusetzen bedeutet zunächst einmal, das Gefühl der Kontinuität mit der Mutter aufzugeben, eventuell sogar, sich ihren Wünschen und Vorstellungen zu widersetzen. An die Stelle der Geborgenheit tritt die Angst vor Ablehnung und die Angst vor der Verantwortung für das eigene Leben. Diese Last zu tragen gelingt leichter, wenn dem Mädchen eine wichtige Bezugsperson unerschütterlich zur Seite steht: ein Vater, der sie im konstruktiven Widerstand stärkt, eine ältere Schwester, die den Weg vor ihr gegangen ist, oder eine ältere Bekannte oder Verwandte, deren Beispiel verdeutlicht, daß es trotz Mühe und Pein gelingen kann. Solange jemand an sie glaubt und sich sicher ist, daß aus diesem Mädchen eine starke Frau wird, wird das Mädchen seinen Weg gehen.

Vorbilder

Im Zusammensein mit der Mutter und anderen Frauen können heranwachsende Mädchen selbstbestimmte Vorbilder erleben. Motivierend wirkt, wenn das Mädchen feststellt:

- Meine Mutter hat zu den Dingen dieser Welt eine eigene Meinung, für die sie eintritt – selbst dann, wenn diese Meinung von der der Menschen in ihrer Umgebung abweicht (▷ Selbst-Bewußt, Seite 23).
- Sie formuliert Forderungen klar und deutlich, ebenso ihre Bedürfnisse. Sie setzt sich dafür ein, daß ihre Forderungen erfüllt werden, und sie scheut sich nicht, dafür auch Konflikte einzugehen (▷ Sich verständigen, Seite 58).
- Meine Mutter nimmt sich als Frau wichtig. Sie hat ein Leben außerhalb der Familie, außerhalb ihres Mutterseins (▷ Seite 305).
- Der Beruf bedeutet ihr viel. Das dabei verdiente Geld ist der Gegenwert für ihre Leistung. Sie arbeitet um ihretwillen, nicht vornehmlich, um sich Anschaffungen zu ermöglichen.
- Sie arbeitet außer Haus, weil sie mit Menschen in Kontakt kommen will und weil sie Interessen hat, die nichts mit der Familie zu tun haben.
- Manche Menschen kennen sie nur als berufliche Person oder nur als Frau – ohne Windeln in der Hand. Und den Kontakt mit ihnen zu pflegen ist ihr manchmal wichtiger, als Schmutzwäsche im Keller abzuarbeiten.
- Mit ihrem Mann verbindet sie noch etwas anderes, als das, was uns alle gemeinsam umschließt. Und manchmal muß sich die Familie für kurze Zeit voneinander lösen, damit die Frau und der Mann ihr »Anderes« leben können (▷ Sexualität, Seite 47).

Mütter, die sich ihrer selbst sicher sind, können die Heranwachsenden leichter ermutigen, für sich selbst ein ähnliches Leben zu wagen. Dennoch wird jede Tochter, die sich der Pubertät nähert, die Mutter provozieren. Sie übt ihr Frausein in der Gegnerschaft zu ihr. Der Familienmutter wirft die Tochter wahrscheinlich vor, daß sie sich von ihrer Dauersorge erdrückt fühlt und daß es ihr an Weltoffenheit fehlt. Der erwerbstätigen Mutter wirft sie vor, ihr sei eine mühsame Kindheit aufgebürdet worden: Wieviel schöner sei es doch bei der Freundin, bei der die Mutter immer daheim ist.

Eine höchst anstrengende Zeit, auch für die erwachsene Frau, die ihre inneren Zweifel niederringen muß: War ich eine hinreichend gute Mutter? Für die Tochter sind jetzt klare Botschaften wichtig, die sie anspornen, zu ihrem Leben als Frau zu stehen. Wichtig ist auch, daß die Mutter von ihrem eigenen Weg berichtet, von der Angst und Unsicherheit. Die Tochter darf wissen: Es ist anstrengend, eine eigene Haltung zu finden, es ist ein Weg, gesäumt von Aufbruchstimmung, Erfolgen und immer wieder von Rückschlägen. Doch der Weg lohnt sich. Auf diesem Fundament kann die Tochter nun ihr Leben aufbauen: ähnlich oder anders.

LITERATUR

Julia Onken
Vatermänner. Ein Bericht über die Vater-Tochter-Beziehung und ihren Einfluß auf die Partnerschaft
Beck, München, 1993. DM 16,80

Sigrid Steinbrecher
Die Vaterfalle. Die Macht der Väter über die Gefühle der Töchter
Rowohlt, Reinbek, 1991. DM 12,90

Nancy Chodorow
Das Erbe der Mütter. Psychoanalyse und Soziologie der Geschlechter
Frauenoffensive, München, 1985. DM 34

Marianne Grabrucker
Typisch Mädchen. Prägung in den ersten drei Lebensjahren. Ein Tagebuch
Fischer, Frankfurt/M., 1985. DM 14,90

Ist er nicht raffiniert, mein Sohn? Das hat er von seiner Mutti!
F. BEIKER

Jungenzeit

Für einen Großteil der Männer des nächsten Jahrtausends wird der Erfolg im Erwerbsleben weitgehend davon abhängen, wie ausgeprägt bei ihnen Eigenschaften sind, die bisher vornehmlich Frauen zugeschrieben wurden: die Fähigkeit zur Kommunikation und vernetzenden Zusammenarbeit, zur unterstützenden Einbindung anderer, zur Kreativität und Sensibilität. Diese Eigenschaften sollen das Konkurrenzprinzip des Größer, Schneller, Besser, Mehr auf Kosten anderer überwinden – im Wirtschafts- wie im Privatleben. Die Fähigkeit, kooperieren und kommunizieren zu können, wünschen sich auch Frauen von ihrem potentiellen Partner. Daß er außerdem selbst für sein leibliches und seelisches Wohlergehen sorgen kann, ist ohnedies eine Grundnotwendigkeit für den Mann der Zukunft.

Eltern, die die Erziehung ihrer Söhne weiter am Bild des abwehrenden, starken und durchhaltenden Mannes orientieren, machen den Söhnen das Leben schwer. Schon heute stehen viele junge Männer ratlos vor den jungen Frauen, die ein gleichwertiges, partnerschaftliches Gegenüber erwarten. Entspricht der Mann dieser Vorstellung nicht, kommt er für sie als dauerhafter Partner nicht in Frage. Da aber gerade traditionell geprägte Männer darauf angewiesen sind, daß eine Frau für ihr seelisches Wohlergehen sorgt, sind sie der inneren Vereinsamung mit all ihren Folgen, wie Suchtgefahr und Krankheit, ausgesetzt.

Eltern, die dazu beitragen wollen, daß die neue Männergeneration sensibel und konfliktfähig wird, quälen meist irgendwann Zweifel, ob ein solcher Sohn denn überhaupt lebenstüchtig ist. Sicherer scheint es, auf den Robusten, Starken und Überlegenen zu setzen, denn gesellschaftlich akzeptierte Vorbilder von Männern, die Stärke mit Sensibilität und Durchsetzungsfähigkeit mit Emotionalität verbinden, sind rar.

Stärke und Schwäche

Fast alle Eltern versichern glaubhaft, es sei ihnen egal, ob am Ende der Schwangerschaft ein Junge oder ein Mädchen geboren wird. Doch alle Untersuchungen zeigen, daß sie Söhne anders behandeln als Töchter, obwohl sie selbst diese Differenz weder merken noch bewußt gestalten. Im elterlichen Empfinden wirkt eine jahrhundertelange Geschichte nach, die alles Männliche höher bewertet als das Weibliche. Was Männer ausmacht, was sie können und wie sie sich verhalten, formt die Norm, an der alles andere gemessen wird. Kaum jemand käme auf die Idee, Männer als Wesen zu definieren, die weder Scheide noch Brust haben. Aus der Definition der Frau als Mensch ohne Penis jedoch entwickelte sich ein wesentlicher Teil der Psychoanalyse.

Fast jedes Kind »weiß« durch Beobachtung und Erfahrung, daß sich ein »richtiger Junge« durchsetzen kann, daß er keine Angst zeigt und daß sein Körper fast allen Belastungen standhält – heute wie zu Großvaters Zeiten. Schon die Wickelkinder sind mit diesem Männlichkeitsbild konfrontiert, das Stärke über die Maßen betont. Bei einem brüllenden männlichen Säugling beurteilt die Verwandtschaft die kräftige Stimme, seine Ausdauer und den unbeugsamen Willen. Die Not, die das hilflose Bündel ausdrückt, ist kaum der Rede wert. Auch später geht kaum jemand lobend auf das Zarte, Empfindsame bei einem Knaben ein. Eher wird er aufgefordert, sich zu wehren und inneren Erschütterungen standzuhalten. Um sich in der erwarteten Weise männlich zu verhalten, muß der Junge das andere, als weiblich angesehene, in sich verleugnen. Am besten, er spürt es gar nicht mehr.

Der Mythos männlicher Überlegenheit liegt über kleinen Jungen wie ein viel zu großer Mantel. Auffällig sind die, die sich aufplustern, um die Hülle zu füllen, und auf überzogene Weise demonstrieren, wie sehr sie das sind, was man allgemein unter »männlich« versteht. Viele von ihnen unterdrücken körperliche Empfindungen, verleugnen Schmerzen und werden krank: im Kleinkindalter deutlich häufiger als Mädchen. Sie bemerken ihre Angst nicht mehr und werden großspurig: überheblich statt sicher. So liegt zum Beispiel das Risko der Jungen, bei einem Verkehrsunfall verletzt zu werden, um 40 Prozent über dem von Mädchen. Draufgängerisches Verhalten läßt die Realität weitgehend außer acht und gefährdet das eigene und fremdes Leben – »typisch männliche« Verhaltensweisen, die so manche Mutter durch ein Leuchten in ihren Augen noch bestärkt, wenn ihr Sohn tut, was ihr Mann nicht zuwege bringt. Gefördert werden diese Prägungen aber auch von so manchem Vater, der einen sensiblen Sohn als Kränkung empfindet und mit Mutproben versucht, aus ihm »einen Mann« zu machen. Eine sehr ausgeprägte Form solch sozial unangepaßten und gesundheitsgefährdenden Verhaltens belegt die Medizin mit dem Krankheitsbegriff »Hyperkinetisches Syndrom« (Zappelphilipp), bei dem die Jungen den weitaus größten Anteil stellen.

Das traditionelle Bild von Männlichkeit auszufüllen, überfordert Jungen bei weitem, doch dürfen sie sich das nicht eingestehen. Damit der Junge als Mann gelten kann, muß er immer mehr Stärke und

Der Stammhalter

Um Stämme zu halten, bedarf es heute keines Stammhalters mehr. Auch Königshäuser sind dazu übergegangen, die Krone dem erstgeborenen Kind zu übergeben, selbst wenn es eine Tochter ist. In England und den Niederlanden ist das schon lange so, in Schweden wurde die Thronfolge 1995 entsprechend geändert.
In Deutschland gelten männliche Kinder zwar nicht als Stamm-, aber doch als Namenshalter der Familie. Erst seit der Änderung des Namensrechtes 1991 können nun Söhne und Töchter trotz Heirat gleichermaßen den Familiennamen weitertragen und an ihre Kinder weitergeben.

Härte aufbauen, um Schwäche und Weichheit zurückzuhalten. Am Ende stehen da Männer, die verbissen durchhalten, bis ein Herzinfarkt sie niederstreckt, und deren Frauen sich nach der Zeit der Bewunderung abwenden, weil ihnen die Lebendigkeit fehlt, die aus dem Wechselspiel zwischen Angst und Sieg, Trauer und Freude, Verlieren und Gewinnen entsteht (▷ Seitensprung, Seite 52).

Aggressivität

Mit der Mutter zu schmusen, mag bei kleinen Jungen noch durchgehen. Daß große Jungs so etwas nicht tun, zeigen ihnen die erwachsenen Männer. Also balgen, boxen und schlagen sie sich, wenn ihre Körper Nähe suchen. Mädchen werden an den Haaren gezogen, angerempelt und gestoßen. So kann man Annäherung versuchen, ohne sich als weich und bedürftig zu erkennen zu geben.

Viel zu viele Jungen haben offenbar Probleme, ihre Vorstellung von männlichem Verhalten in sozial akzeptable Bahnen zu lenken. Sie wollen Stärke ausdrücken und poltern aggressiv und zerstörerisch durch die Reihen. Kaum etwas beklagen LehrerInnen mehr als das »auffällige« Verhalten der Buben. Wenn der Damm dem Druck ihrer erstickten weichen Gefühle nicht mehr standhält, bricht aus manchen die Aggression wie eine Flutwelle heraus.

Jungen erleben tagtäglich, daß die Art von Männlichkeit, die sie umgibt, weite Teile ihrer Entfaltung beschränkt. Doch kein männliches Vorbild zeigt ihnen, wie sie Mann sein und trotzdem weibliche Anteile haben können. Also verdrängen sie, was sie an ihrer Überlegenheit zweifeln läßt und wehren ab.

Sie spüren die Stärke der Mädchen, glauben ihre Vormacht gefährdet und deuten die Realität um: Viele Untersuchungen bestätigen, daß sich Jungen den Mädchen gegenüber benachteiligt und ungerecht behandelt fühlen. Diese Interpretation, gegenüber dem anderen Geschlecht benachteiligt zu werden, erlaubt es ihnen, auf die Mädchen wütend zu sein. Und Wut ist im traditionellen Männerverhalten eine Regung, aus der heraus man »verständlicherweise« aggressiv reagiert.

Eltern unterstützen dieses Verhalten noch, wenn in ihren Sätzen, mit denen sie den Sohn zurechtweisen, oft ungewollt ein Unterton der Bewunderung über seine Wehrhaftigkeit mitschwingt.

Die Folgen der »Gewalt aus Hilflosigkeit« (▷ Ganz gewöhnliche Männer, Seite 446) macht die Arbeit der Männerberatungsstellen aus.

Ich-Gefühl

Damit sich ein Junge Männlichkeit auf positive Weise aneignen kann, müßte es einen verläßlich anwesenden Mann geben, der ihm deutlich sichtbar und spürbar zeigt, was es ist und wie es sich anfühlt, ein Mann zu sein. Statt dessen erleben die meisten Jungen ihren Vater in der prägenden Zeit, etwa bis zum Schulalter, als Mann, der manchmal am Abend und einige Stunden am Wochenende für die Familie da ist, ansonsten aber müde ist und anderes im Kopf hat. Nicht mal eine Stunde pro Tag widmen sich Väter ihren unter-sechsjährigen Kindern – als Durchschnitt berechnet aus der Zeit, die sie das ganze Jahr über für sie aufbringen.

Der größte Teil des Männerlebens findet an Orten statt, zu denen Kinder keinen Zutritt haben: Büros, Fabriken, Praxen, Clubs, Vereine. Die täglichen Probleme des Vaters, sein Denken und Fühlen, sein Umgang mit anderen Menschen, seine Art, den Alltag zu bewältigen und Konflikte zu lösen, bleiben dem Knaben weitgehend verborgen. Er hat kaum eine Idee von seinem Vater »als Mann«; es fehlt der lebendige Spiegel mit Ambivalenzen, Stärken und Schwächen. So müssen Bilder aus Filmen und Fernsehen helfen, eine Vorstellung vom Mann-Sein zu entwickeln. Daraus entstehen zwangsläufig Stereotypien, denn differenzierte, männliche Charaktere haben die Medien kaum zu bieten.

Bis weit über das Schulalter hinaus sind die Jungen vornehmlich von Frauen umgeben und lernen ihr Mannsein an der Hilfskonstruktion eines Negativbildes: Männlichkeit ist das, was nicht weiblich ist. Damit müssen sie vieles von dem, was Frauen auszeichnet – Einfühlungsvermögen, Weichheit, Emotionalität –, mit ihrem eigenen Geschlecht für unvereinbar halten. Aus dem durchschnittlichen Erscheinungsbild von Männern leitet der Junge ab, daß männlich »hart« bedeutet, dominant und bestimmend. Als Erwachsener kann er dann kaum anteilnehmend auf andere eingehen.

Der Kumpel-Vater

Früher waren die Kompetenzen in der Familie klar verteilt: Mutter nährte, vermittelte und tröstete, Vater kontrollierte und strafte. Sie war die Verstehende, er die ehrfurchtgebietende Autorität.

Solche Vaterfunktionen lehnen die meisten Männer heute ab. Doch die Lücke, die das im Männerbild hinterläßt, haben sie nicht gefüllt. Den Schritt, in die Alltagsarbeit von Beziehung und Familie einzusteigen, haben sie noch nicht vollzogen. Der »moderne« Mann zweifelt an sich und seinen Aufgaben, er ist selbst auf der Suche. Bei seinem Sohn gebärdet er sich als großer Bruder, toller Kumpel oder Spielkamerad. Die Verantwortung, Grenzen zu setzen und Standpunkte zu definieren, an denen sich der Sohn erproben könnte, übernimmt er kaum. Diese Väter lassen ihre Söhne mit einer Vielzahl widersprüchlicher Botschaften allein. Auf der einen Seite wirkt das Bild des »modernen« Mannes, der autoritäres Verhalten und Leistungsdrill ablehnt; auf der anderen Seite wirkt die subtile Botschaft »Du sollst durchsetzungsgewandt und erfolgreich werden«. Für den Sohn sind diese Widersprüche eine böse Falle, denn gegen Verborgenes, Unklares kann er nur schwer rebellieren. Gegen einen strafenden, autoritären Vater kann er aufbegehren; gegen einen »Kumpel«, der mit ihm säuft und ihm zeigt, wie man Frauen beeindruckt, hat der Junge keine Chancen.

Ich bin anders

Der kleine Junge spürt sehr früh im Umgang mit der Mutter: Ich bin nicht so wie sie. Niemals kann er sich mit seiner Mutter so eins fühlen wie seine Schwester. Das Gefühl des Anders-Seins verunsichert und prägt das Lebensgefühl in der frühen Lebensphase. Später müssen sich alle Kinder von der Mutter abgrenzen, um sich als »ich«, als eigenständige Person wahrzunehmen. Den Jungen fällt das relativ leicht, weil sie sich von Anfang an als anders als die Mutter empfunden haben. Die Pubertät läßt sie dann noch weiter von ihr wegstreben, denn die wichtigste Frage in dieser Zeit »Wie ist ein richtiger Mann?« kann sie nicht beantworten. Da der Vater, der Antwort geben könnte, meist abwesend ist, haben die Jungen kaum jemanden, der sie auffängt. Andere Leitfiguren, wie Lehrer, Jugendbetreuer oder Erzieher, sind kaum auszumachen. Bleiben die Jungen in ihrer Identitätssuche allein, versuchen sich viele mit oft seltsam anmutenden Kraftakten über ihre Unsicherheit hinwegzutäuschen und Stärke zu demonstrieren: Sie üben sich an Alkohol und Drogen, randalieren oder finden Gleichgesinnte in radikalen oder obskuren Gruppen.

Die frühe Erfahrung des Anders-Seins als die Mutter und das Ringen um sein eigenes Selbst durchzieht das männliche Selbstgefühl ein Leben lang. Möglicherweise beruht darauf die Unfähigkeit vieler erwachsener Männer, weich zu werden und sich fallen zu lassen: Unbewußt fürchten sie abzustürzen und das mühsam aufgebaute Selbst wieder zu verlieren.

Selbstwertgefühl

Der mütterliche Blick hat, ohne es zu wissen oder zu wollen, schon dem Wickelkind bestätigt: Du gehörst zu der Gruppe von Menschen, die die Welt beherrschen; ich freue mich über dich, aber ich fürchte mich auch ein wenig vor dir.

Im Alter etwa zwischen drei und fünf Jahren erproben die Kleinen dann ihre Macht: Sie toben, schreien und verletzen sämtliche Regeln. Viele Mütter begrenzen die Allmachtsfantasien ihres Sohnes nur halbherzig: Sie sind sich nicht sicher, ob sie sich ausreichend in ihn hineinversetzen können. Sie reagieren selbst dann nachsichtig, wenn der Junge sie verletzt, wenn er seine vermeintliche Überlegenheit demonstriert.

Etwa mit dem Beginn der Pubertät, um das zwölfte Jahr herum, hält er sich immer stärker für »stark« und »männlich«. Er wendet sein Bild von Männlichkeit nun auch auf sich selbst an.

Überheblichkeit

Soziologische Untersuchungen zeigen immer wieder: Vom ersten Tag an lebt der Junge mit unvereinbaren Gegensätzen. Die Mutter ist der wichtigste Mensch in seinem Leben. Gleichzeitig spürt das Kind, daß diese Mutter als Frau wenig geachtet wird. Als Geschlechtswesen gilt er als bedeutender, doch als Kind ist er völlig von ihr abhängig. Immer wieder wird ihm vermittelt, er sei »einmalig«, doch im direkten Vergleich erfährt er, daß manche andere Jungen besser sind und auch Mädchen Besseres leisten. Wie oft fühlt er sich klein, hilflos und minderwertig, und wird doch von anderen als »Großer« und »Starker« angesprochen!

Um sich aus diesem Widerspruch zu befreien, wählt er das Verhalten, das ihm die Gesellschaft anbietet: den Gestus der Überheblichkeit, die fast unerträgliche Haltung mancher Jugendlicher, die keinen Ausweg wissen. Sie werten die Mutter und mit ihr alle Frauen ab, ironisieren und entwerten alles Weibliche, sie machen Menschen lächerlich, kränken und verletzen.

Anders verhalten sich Jungen, in deren Wahrnehmung ein Vater präsent ist, der mit seiner Frau in gleichberechtigter Partnerschaft lebt. An ihm können sie sehen, wie man Frauen respektiert und wertschätzt.

Selbständigkeit

Zu einem Jungen gehört, daß er robust ist, außenorientiert und Blessuren unbeschadet übersteht. Also dürfen Knaben relativ früh außer Haus gehen und von Erwachsenen weitgehend unkontrolliert die Gegend erobern. Groß zu werden bedeutet automatisch, noch mehr Freiheiten und Gestaltungsmög-

Der Prinz

Viele Mütter küren ihren Sohn zum Prinzen, fantasieren ihn – niemals eingestanden – als Liebhaber. Fast immer zeichnet sich ihr erwachsener Partner durch Abwesenheit aus, oft genug erfüllt er ihre emotionalen Bedürfnisse nicht. Mit dem kleinen Sohn kann die Frau zum ersten und wohl einzigen Mal die beständige Nähe, Wärme und Zuneigung eines männlichen Wesens erleben. Es ist eine verführerische Verlockung, mit dem »kleinen Mann« jene Sehnsucht nach Emotionalität zu leben, die der »große« verwehrt.

Über Kinder zu bestimmen ist für viele Frauen die einzige Macht, über die sie verfügen. Wenn die Mutter über den Sohn gebietet, übt sie Macht über ein männliches Wesen aus – nicht selten steht der Sohn stellvertretend für den Mann, dessen Vormachtstellung sie nicht angreifen darf. Nicht alle Mütter können der Versuchung widerstehen, sich daran emotional zu nähren; nicht alle können den Sohn aus ihrer Gefühlswelt entlassen und ihn selbständig werden lassen.

Vordergründig fühlen sich die Jungen in einer solch innigen Beziehung pudelwohl. Langfristig werden sie damit aber nicht glücklich, weil sie immer um die Abgrenzung zur »ersten Frau im Leben« ringen. Sie halten zwar das Bild der »guten« Mutter hoch, doch ihre aufgestaute Aggression entlädt sich an anderen Frauen: Ihnen gegenüber sind sie lieblos, desinteressiert und unverbindlich. Mit dieser unbewußten Rache an der Mutter, vollzogen an anderen Frauen, machen diese Männer sich und ihre Partnerinnen unglücklich.

lichkeiten zu bekommen. Mit Gleichaltrigen in Gruppen oder Cliquen zusammengeschlossen, helfen sich die kleinen Helden gegenseitig, die Einflußsphäre der Frauen, die Zeit ihrer Kindheit hinter sich zu lassen.

Können

In ihren Schulleistungen stehen die Jungen hinter den Mädchen zurück. Sie haben schlechtere Zensuren und erreichen seltener das Abitur. Jungen mit Sprech- und Lernstörungen stellen den Hauptteil der Sonderschulkinder. Dennoch empfinden sich Jungen in der Schule als die Besseren, weil sie mehr Wertschätzung erfahren. Gefördert wird das auch dadurch, daß sich der Unterricht an den Bedingungen orientiert, die die Jungen mitbringen. Sie gelten als unruhig und wenig anpassungsfähig. Man erwartet, daß sie Schwierigkeiten machen. Also konzentriert man sich auf sie und stellt sie so ins Zentrum der Aufmerksamkeit (▷ Schule und Ausbildung, Seite 137).

Bloß nicht schwul sein

Homosexualität bevölkert noch immer als Schreckgespenst das Bild von Männlichkeit. Viele Behinderungen von Jungen, ihre weichen Seiten in die Persönlichkeit zu integrieren, beruhen auf der Angst der Eltern, besonders des Vaters, der Sohn könnte schwul sein.

Nur wenige Männer gehen sorgsam und zärtlich mit ihrem Körper um. Wer ihn zu bekämpfen gelernt hat, indem er seine Gefühle unterdrückt, ihn abhärtet und unter dem Blickwinkel der Männlichkeit stählt, kann ihn bestenfalls noch als funktionierendes Werkzeug betrachten.

Innige, anteilnehmende Beziehungen zwischen Jungen werden so argwöhnisch auf ihren homosexuellen Anteil hin geprüft, daß jeder »vernünftige« Junge sie abwerten und abwehren wird. Damit wird nachhaltig verhindert, daß Männer untereinander emotionale Beziehungen eingehen. Geschieht dies dennoch, entsteht automatisch das Bild: Wenn sie nicht gegeneinander konkurrieren, dann haben sie wohl etwas miteinander.

Konkurrenz gehört zur Grundstruktur von Männlichkeit und Macht. Nicht-Konkurrenz, und damit Homosexualität, bergen die Gefahr, daß sich Machtstrukturen auflösen.

Der Junge als Mann

Wenn sich Mutter und Sohn umarmen, begegnen sich immer auch Frau und Mann. Der Junge genießt es zu spüren, daß er ein anderes sexuelles Wesen ist als sie. Der Funken Erotik zwischen den beiden versichert ihn seiner sexuellen Identität.

Zu jeder Jungenentwicklung gehört im dritten, vierten Lebensjahr eine Phase, in der der Kleine seine Mutter heiraten möchte. Wenn sie ihm auf die Frage »Magst du mich als Mann?« kindgerecht antwortet, ohne als sexuell erwachsene Frau zu reagieren, stärkt das sein inneres Vertrauen (▷ Von der Mutter mißbraucht, Seite 459). Verlacht sie seine Verehrung jedoch, verunsichert ihn das. Das gleiche geschieht, wenn der Vater eifersüchtig reagiert. Er ist zwar ein Konkurrent um die Gunst der Mutter, dennoch muß sich das Kind der Zuneigung des Vaters sicher sein.

Alles unverändert

Noch ist es für Jung-Männer schwierig, sich »neu« zu gestalten. Daß Veränderungen notwendig sind, können sie kaum erkennen, solange »typisch männliches« Verhalten durch Privilegien abgesichert bleibt und sehr erfolgreich ist. Schmerzhaft ist es für jene Jungen, die nach einem eigenen Weg suchen und merken, daß unsere Gesellschaft heranwachsenden Männern eine noch rigidere Anpassung abverlangt als jungen Frauen. Die haben sich inzwischen deutlich mehr Spielräume angeeignet: Eine Jugendliche, die sich als Azubi in der Maschinenschlosserei wohlfühlt und gerne Moped fährt, mag zwar belächelt werden – dennoch gilt sie als Mädchen. Ein Junge, der Ballettunterricht nimmt und Kinderpfleger werden will, hat es da viel schwerer. Männer, die sich abseits üblicher Gleise bewegen, sind noch so rar, daß jeder von ihnen mit dem Flair des Exoten bedacht wird.

TIP

Übungen für den »neuen Mann«

- **Mit Konflikten konstruktiv umgehen**

Dem anderen zuhören. Das Gehörte in eigenen Worten wiedergeben, um sicher zu sein, daß man ihn richtig verstanden hat. Den eigenen Standpunkt erklären. Keine Schuldzuweisungen oder Abwertungen formulieren, Perspektiven wechseln.

- **Doppelstandards bewußtmachen**

Darauf aufmerksam machen, wie anders dasselbe Verhalten bei einem Jungen und bei einem Mädchen empfunden, dargestellt und bewertet wird.

- **Mitfühlen, sich in andere hineinversetzen**

Nur wer nachvollziehen kann, wie sich der andere fühlt, kann Solidarität und Gerechtigkeitssinn entwickeln. Wer spüren darf, wie seine eigenen Bedürfnisse brennen, wird den Bedürfnissen anderer nicht dauerhaft gleichgültig gegenüberstehen.

- **Unsinnige Verknüpfungen aufheben**

Jungen, die zwischen Stärke und Schwäche pendeln dürfen, und Mädchen, die sich zwischen beiden Polen bewegen, widerlegen das Stereotyp, daß männlich und stark, weiblich und schwach zusammengehören.

- **Emotional selbständig werden**

In einer Atmosphäre, in der Fürsorglichkeit und körperliche Nähe geschätzt werden, können Jungen ihren eigenen Weg finden, ohne sich selbst oder andere zu unterwerfen. Sie brauchen nicht mehr länger Frauen zu verpflichten, stellvertretend für sie Gefühle zu bewältigen. Sie können Emotionalität zulassen.

Vorbilder

Befragt man kleine Jungen, so will keiner jemals so werden wie seine Mutter. So gut wie keiner möchte lieber ein Mädchen sein. Ab der Pubertät sind sich alle einig: Sie wollen Männer bleiben.

Allerdings will kaum einer so werden, wie der Vater ist. Zumindest als Vater wollen sie es besser machen. Und doch bleibt der Vater für sie alle die Vorlage zur eigenen Männlichkeit: Männer sind »draußen«, in der Öffentlichkeit, keinesfalls »innen«, im Privaten, im Haushalt oder in der Familie. Wenn diese Söhne nun versuchen, ihre Persönlichkeit anders zu formen als ihr Vater, sie aber der traditionell männlichen Lebensplanung verhaftet bleiben, kann der angestrebte Wandel kaum gelingen.

Erst wenn Jungen im Alltag erleben, daß sich auch Väter kontinuierlich um ihre Kinder kümmern, für sie sorgen, auf ihre Bedürfnisse eingehen, können sich neue Verhaltensweisen entwickeln. Jene Kinder, die in einem gleichberechtigten Familienkonzept großwerden, in dem die Eltern bei der Erziehung und in der Hausarbeit kooperieren und gleichzeitig ihren Beruf schätzen, haben die besten Chancen, vorgegebene Stereotypien zu verlassen und neue, eigene Lebensentwürfe zu proben (▷ Familie, Seite 333; ▷ Hausarbeit teilen, Seite 84).

LITERATUR

Dieter Schnack, Rainer Neutzling
Kleine Helden in Not.
Jungen auf der Suche nach Männlichkeit
Rowohlt, Reinbek, 1990. DM 16,90

Tim Rohrmann
Junge, Junge. Mann o Mann.
Die Entwicklung zur Männlichkeit
Rowohlt, Reinbek, 1994. DM 16,90

Familie

Familie – das ist Erinnerung an die heimeligen Abende, an denen alle beim Mensch-ärgere-dich-nicht-Spiel zusammensaßen, aber auch an die explosive Stimmung am Heiligen Abend. Familie ist da, wo man weiß, wie es im Keller riecht. Familie ist, ungeschminkt und unrasiert sein zu können.

Für die Erwachsenen bildet die Familie den Rahmen ihrer Kindheitserinnerungen. Die Orte, an denen die Familie längere Zeit gelebt hat, umschreiben den ersten Kreis des Begriffs »Heimat«. Was sich damit an Farben, Formen und Gerüchen verbindet, an Landschaften, Sprache und Denkweisen, ist der Mutterboden, auf dem die Persönlichkeit heranwächst. Wer später an fremden Orten wieder auf diese Zeichen trifft, kommt in Kontakt mit seinen Wurzeln. Viele Menschen, die diese Erdung entbehren, machen sich irgendwann im Laufe ihres Lebens auf den Weg, um ihre Herkunft aufzuspüren.

SoziologInnen beschreiben Familie als den Ort, an dem Kinder unbeschadet heranwachsen können, wo sie erfahren, wie man mit Menschen umgeht und Konflikte löst, wo sie Wissen erwerben und mit ihren Emotionen umgehen lernen.

Wenn man allerdings Erwachsene befragt, was sie mit dem Begriff »Familie« verbinden, dann stehen bei ihren Antworten nicht die Kinder im Mittelpunkt, denen sie zur Zeit den Ort Familie schaffen, sondern sie denken an ihre eigenen aktuellen Wünsche. Vom Leben in einer Familie erhoffen sich Frauen und Männer gleichermaßen Geborgenheit, Glück und Sinngebung. Zu Hause – das ist ein Ort mit Menschen, auf die man sich verlassen kann und die liebevoll miteinander umgehen. 80 Prozent der Bevölkerung wünscht sich, daß sich Eltern und Kinder sehr gut verstehen und viel gemeinsam unternehmen. Die eine Hälfte erlebt die Realität des Familienlebens auch so, die andere nicht.

Hohe Erwartungen

In den Medien tobt der blutige Krieg mit Panzern und Raketen. Im Büro fliegen die Fetzen. Auf der Karriereleiter schubst jeder jeden. Soweit das Außen-Szenario. Drinnen, in den Familien, sollen Kinder zu sensiblen Menschen heranwachsen, die ihre Konflikte sprechend lösen. Die Partner sollen einfühlend aufeinander eingehen, Rücksichten nehmen und Kompromisse schließen. »Draußen« fliegt die Welt auseinander, und »drinnen« sollen Geborgenheit, Schutz und Verläßlichkeit den Menschen ein friedliches Leben sichern.

Und das Wunder geschieht: Immer wieder gelingt es, im Rückzugsort Familie aufzutanken, sich gegenseitig Kraft zu geben und die Kinder mit wärmender Nähe zu umgeben. Oft stehen aber die Widrigkeiten draußen und die Ausgleichsmöglichkeiten drinnen in einem eklatanten Mißverhältnis zueinander. In vielen Partnerschaften beginnt dann ein zähes Ringen: Wer müßte mehr zum Gelingen beitragen (▷ Familienorganisation, Seite 335)?

Bei diesen Auseinandersetzungen vergessen die Beteiligten jedoch allzu leicht, daß die Trennung in »böse Welt draußen« und »heile Welt drinnen« nicht der Realität entspricht. Daß Familie funktioniert, ist nicht allein die Aufgabe der in ihr lebenden Personen. Zum Gelingen oder zu Problemen tragen die gesellschaftlichen Rahmenbedingungen ein Gutteil bei (▷ Familienpolitik, Seite 336).

Zahlen und Fakten

- In Deutschland gab es 1991 35,3 Millionen private Haushalte.
- 12,95 Millionen von ihnen waren Familien mit Kindern.
- 2,2 Millionen dieser Familien stellten Alleinerziehende mit unverheirateten Kindern.
- Nahezu 90 Prozent aller Kinder verbringen die gesamte Jugendzeit mit zwei Eltern. Das können allerdings auch ein »neuer Vater« oder eine »neue Mutter« nach Trennung und neuer Bindung der biologischen Eltern sein.
- Zwei Drittel der Kinder wachsen mit Geschwistern auf.
- Nur in etwa einem von 100 Haushalten wohnen und wirtschaften drei Generationen zusammen.

Kleinste Zelle

Als »kleinste Zelle des Staates« ist die Familie ein Abbild der Gesellschaft. Was sich in der Gesellschaft abspielt, dringt auch in die Familie ein. »Außen« und »innen« bedingen einander, sind miteinander verwoben und beeinflussen sich gegenseitig. Viele Probleme von Familien gäbe es nicht, oder sie wären zumindest leichter lösbar, wenn Politik und Gesellschaft ihre Verantwortung für das Gelingen von Familien tatkräftig übernähmen (▷ Familienpolitik, Seite 336). Derzeit wird Familie jedoch als Privatraum betrachtet, den jeder gefälligst selbst in Ordnung zu halten hat. Dementsprechend überfordert ist die Familie.

Familie formen

Jedes Paar findet nach einiger Zeit eine Form des Zusammenlebens, die zu ihm paßt. Werden die beiden dann aber zum Elternpaar, wird alles neu. Der Dritte im Bunde verändert die Konstellation derart, daß praktisch alles, was die Partner verbunden hat, eine neue Bedeutung bekommt.

Doch diese Neuerungen verlaufen nicht unbedingt bei beiden Partnern gleich, nicht immer bedeuten sie für die beiden dasselbe, und sie erleben sie unterschiedlich in Intensität und Ausprägung. Während für ihn in aller Regel die Anforderungen im Berufsleben gleichbleiben, steht für sie der Säugling im Mittelpunkt. Die Frau wünscht sich vornehmlich, ihr Kind in Ruhe aufziehen zu können, ihr Partner kommt sich vernachlässigt vor. Sie ist erschöpft und ausgebrannt, ihm fehlt die verständnisvolle Zuhörerin. Der Alltag hat die Kraft der Frau, zu verstehen und zu verzeihen, aufgefressen. Dadurch verstärkt sich ihre Kritikbereitschaft. Wenn er sie nicht in dem Gefühl bestärkt, daß beide am selben Strang ziehen, setzt sich in vielen Frauen der Gedanke fest, daß sie allein mit dem Kind wohl besser zurechtkommen, als wenn sie sich auch noch mit den Auseinandersetzungen mit ihm beschweren.

In diesen ersten ein, zwei Jahren mit dem Baby sind der kontinuierliche Austausch über Erlebtes und Empfundenes und gemeinsames Tun wichtig, damit sich die Partner nicht aus den Augen verlieren. Kappen sie diese Verbindungslinien, stellen sie meist nach ein paar Jahren verwundert fest, daß sie mit einem völlig anderen Menschen am Tisch sitzen als dem, dem sie sich verbunden haben. Beide haben sich fortentwickelt, aber ohne den anderen daran teilhaben zu lassen. Viele Paare, denen es nicht gelingt, die neue Gemeinsamkeit zusammenzufügen, trennen sich in dieser Umbruchphase.

Familienorganisation

Eine berufsorientierte Frau mit Kindern braucht jemanden, der das Familienleben verantwortlich mitorganisiert. Meist ist dieser »jemand« jedoch sie selbst. Untersuchungen belegen, daß sich die Arbeitsteilung in den deutschen Familien von 1995 von der zur Zeit des Biedermeiers kaum unterscheidet. Wenn beide erwebstätig sind und Kinder haben, arbeitet er im Durchschnitt täglich eineinhalb Stunden im Haushalt, sie jedoch vier Stunden.

Die meisten Männer versichern, daß sie mehr Zeit für ihre Kinder haben möchten. In der Realität steigern sie jedoch die Intensität ihrer Berufsarbeit mit der Geburt des ersten Kindes. Je mehr Kinder sie haben, desto länger arbeiten sie.

Die partnerschaftliche Teilung der Kindererziehung gibt es in Deutschland wohl als Möglichkeit; wer sie jedoch in die Tat umsetzen will, stößt rasch an die Grenzen, die die Realität setzt (▷ Erziehungsurlaub, Seite 338).

Solange die strukturellen Bedingungen so sind, bleibt den Frauen nichts anderes, als den Wandel, den sie sich wünschen, in ihren eigenen Wänden selbst zu initiieren. Dazu gehört, daß sie die Beteiligung ihres Partners nicht mehr als Hilfe begreifen, sondern sich trauen, sie als eigenverantwortliche Leistung für seine Kinder und seinen Haushalt abzufordern.

HISTORIE

Familienidylle

Im 17., 18. oder 19. Jahrhundert waren Familien vornehmlich Haus- und Hofgemeinschaften, die gemeinsam wirtschafteten, um den Lebensunterhalt zu sichern und die Güter zu mehren. Die geringe Lebenserwartung führte dazu, daß etwa gleichviele Kinder wie heute in Ein-Eltern-Familien aufwuchsen.

Die bürgerliche Kleinfamilie, die sich als private Einheit von der Öffentlichkeit abschottete, entstand Mitte des 19. Jahrhunderts. Allerdings gab es sie nur in den wohlhabenden Schichten.

Wenn unter anderem konservative PolitikerInnen das Verschwinden der »richtigen« Familie beklagen, trauern sie einer Idylle nach, die es so niemals gegeben hat. Am nächsten kam diesem vermeintlichen Ideal noch die deutsche Familie der 50er Jahre. Die Aufbruchstimmung nach dem Krieg und ein relativer Wohlstand für viele führte so viele junge Leute wie nie vor den Traualtar, ließ so viele Kinder wie selten zuvor das Licht der Welt erblicken. Und dennoch war es keine Zeit weitgehend glücklicher Familien. Ein Indiz steht für vieles: Immer mehr Frauen krankten an dem, was das traditionelle Frauenbild ihnen abverlangte; die in diesen Jahren neu entdeckten Tranquilizer wurden zur Überlebenshilfe für Millionen.

Familienvater

Ein anwesender Vater kann selbst erfahren, wie es ist, einem Kind Wärme und Nähe, Befriedigung und Freude zu schenken. Damit macht er Erfahrungen mit sich selbst und seiner Umwelt, die ihm kein Managementtraining vermittelt. Genauso wie die Frau kann er mit Seiten von sich in Kontakt kommen, die ihm bisher verschlossen waren (▷ Entwicklungschance, Seite 306).

Männer, die tätige Väter sein wollen, brauchen ein ausgeprägtes Selbstbewußtsein. Schließlich stellt es das traditionelle Männerbild in Frage, wenn sie sich verbindlich und ernsthaft um Haus und Kinder kümmern. Diejenigen, die das Wagnis eingehen, rütteln an den Grundfesten der Macht. Wer zu Hause partnerschaftlich lebt, ist eher bereit, Hierarchien auch im öffentlichen Leben in Frage zu stellen. Und geradezu revolutionär würde es wirken, wenn Manager eine Sitzung mit der Begründung beenden, daß nun ihre »Dienstzeit« in der Familie beginnt, wie es skandinavische Ministerinnen bereits getan haben.

Vor Männern, die die gesellschaftlichen Barrieren aus dem Weg räumen wollen, liegt eine immense Aufgabe, für die es praktisch keine Anleitungen gibt, keine hochgelobten Vorbilder. Zudem wäre es ein Unterfangen, für das derzeit erst wenige Verständnis haben: Ein solcher Mann verzichtet auf viele Bequemlichkeiten und Privilegien, die diese Gesellschaft berufstätigen Männern heute gewährt, ohne daß damit der Gegenwert – das Leben in einer zufriedenen Partnerschaft und eine beglückende Elternschaft – garantiert wäre.

Familienpolitik

In den Jahren nach dem zweiten Weltkrieg war es so gut wie selbstverständlich, daß zwei Menschen, wenn sie sich zusammentaten, über kurz oder lang durch gemeinsame Kinder zu einer Familie wurden. Es galt die Gleichung Paar = Ehepaar = Eltern = Familie mit Kindern. Daran orientiert der Gesetzgeber in Deutschland bis heute alle Gesetze zum Schutz und zur Förderung der Familie. Sie lassen außer acht, daß es heute eine große Zahl von »Lebenseinheiten« gibt, die anders gestaltet sind als die traditionelle Ehe und die dennoch die Versorgung, Erziehung und Ausbildung von Kindern verantworten: Alleinerziehende, nicht-eheliche Partnerschaften, gleichgeschlechtliche Gemeinschaften.

Bei der Steuergesetzgebung wird dies besonders deutlich: Verheiratete genießen alle Vorteile, die für Familien gedacht sind. Es lohnt sich zu heiraten; noch vorteilhafter ist es, wenn die Frau ihre Berufstätigkeit aufgibt. Familien jedoch, und allemal die, die nicht dem traditionellen Bild entsprechen und weitaus mehr Finanzhilfe brauchten als ein erwerbstätiges Paar, stehen vergleichsweise schlecht da.

Mit Steuern steuern

Die deutsche Bundesregierung gebraucht die Finanzen als machtvolles Steuerungsinstrument, um konservative Familienstrukturen so lange wie möglich zu erhalten. Solange das Erziehungsgeld relativ niedrig ist, es keine flächendeckende Kinderbetreuung gibt und zugleich die Frauen deutlich weniger verdienen als Männer, werden weiterhin die Frauen für mehrere Jahre ihre Berufstätigkeit aufgeben und zur Kinderbetreuung zu Hause bleiben. Eine durchschnittliche Familie kommt anders kaum über die Runden. Anders ist die Situation, wenn die Frau gut verdient. Die Erfahrung zeigt, daß Männer in einem solchen Fall eher bereit sind, Erziehungsurlaub in Anspruch zu nehmen. Allerdings waren das 1993 in Deutschland gerade mal 4.736 Männer (= 1,3 Prozent). In Schweden waren es fünf Jahre vorher schon 24,5 Prozent (▷ Seite 340).

Dementsprechend besteht der Großteil der bundesdeutschen »Kernfamilien« noch immer aus einem außerhalb der Familie arbeitenden Vater, einer Mut-

Den Vätern eine Chance

Die meisten Frauen, die wollen, daß der Vater seinen Anteil an Familienarbeit verantwortlich mitträgt, müssen zunächst einmal ihre eigenen Ambivalenzen gegenüber ihrem Muttersein niederringen (▷ Das Multitalent, Seite 309). Ihr hoher Anspruch an sich selbst macht es ihnen schwer, ihren Partner teilhaben zu lassen bzw. ihm Arbeit alleinverantwortlich zu übertragen. Sie grenzen sich, »ihren« Arbeitsbereich im Haushalt und das Kind gewollt oder unbewußt ab.

Reibereien ergeben sich meist, weil dem Vater anderes wichtig ist als der Frau, weil er mit den Kindern anders umgeht. Dabei unterschätzen sie ihre Kinder bei weitem: Die kommen nämlich mit unterschiedlichen Verhaltensweisen sehr gut zurecht. Sie begreifen sehr schnell, daß bei Oma und Opa manches anders ist als im Kindergarten, beim Vater anders als bei der Mutter. Durch die verschiedenen Einflüsse lernt das Kind, daß nicht alle Menschen gleich sind. Es richtet sich darauf ein und nimmt für seinen Werdegang mit, was ihm entspricht. Zudem nivelliert die Alltags-Kontinuität die Wirkung von Kurzzeit-Begegnungen.

Beispiele für typische Streitpunkte:

- Er hat kein Gespür dafür, welche Farben und Muster zusammenpassen. – Das Kind spielt in rot-blau-kariertem Hemd und grün-gelber Ringelstrumpfhose genauso selbstvergessen wie Ton-in-Ton gekleidet. Was als zusammenpassend, was als ästhetisch gilt, lernt es durch das Vorbild der Eltern, aber auch durch andere und durch die Medien (▷ Mode, Seite 397).
- Er ermuntert den Vierjährigen zu waghalsigen Spielen, läßt ihn Bäume erklettern und von der hohen Rutsche sausen. – Die Zuversicht des Vaters gibt dem Kind Selbstvertrauen. Die Gewißheit, in Notsituationen auf seine Hilfe zählen zu können, sichert es zusätzlich. Umgekehrt könnte sich Ihre Angst, wenn sie das Kind alltäglich umgibt, langsam auf das Kind übertragen.
- Er achtet nicht auf eine ausgewogene Ernährung des Kindes. – Im Wochen- und Monatsdurchschnitt gleicht sich das wieder aus. Menschenkörper sind darauf eingerichtet, wechselvolle Abschnitte aufzufangen.
- Er hinterläßt am Ende »seines« Kindertages ein Schlachtfeld. – Wahrscheinlich vertraut er auf Ihre ordnende Hand, die sich letztlich doch immer wieder rührt. Nur konsequente Verweigerung wird ihn dazu bringen, seine Verantwortlichkeit einzulösen.

Streit um Beteiligungen

Nach der Geburt des ersten Kindes ist die tätige Anwesenheit des Mannes dringend notwendig, andernfalls übersteigt die Belastung der Frau über kurz oder lang ihre Kräfte. Viele Väter sehen das allerdings anders: Sie fühlen sich überfordert, wenn sich an ihren Arbeitstag im Beruf verpflichtende Familienarbeit anschließen soll. Gar nicht so selten mündet das in Aufrechnungen: Wer verbringt wieviel Stunden womit? Kann man im Haushalt nicht effektiver wirtschaften? Diese Diskussionen kreisen jedoch in Wahrheit nicht um das Ziel, die anstehenden Aufgaben gemeinsam zu bewältigen. Es ist vielmehr eine Steigerung ungelöster Partnerschaftskonflikte; der Machtkampf hat sich auf den Schauplatz »Quantität und Qualität der Arbeit« ausgeweitet (▷ Machtkampf, Seite 72).

ter, die in den ersten sechs Lebensjahren der Kinder zu Hause arbeitet, und ein bis zwei Kindern.

An dieser Durchschnittsfamilie orientiert sich dann auch die gesamte staatliche Planung: Wohnungsbauprogramme, Sozialleistungen, Arbeitsmarktpolitik, Pläne zur Schaffung von Kinderbetreuungseinrichtungen usw.

Teure Privatangelegenheit

WirtschaftswissenschaftlerInnen haben ausgerechnet, daß es ein Elternpaar ca. 450.000 DM kostet, ein Kind bis zum 18. Lebensjahr zu bringen. Mit etwa 130.000 DM in Form von Erziehungsgeld, Kindergeld und Kinderfreibeträgen unterstützte der Staat bis 1995 diese Leistung. Doch im Grunde genommen finanzieren die Familien den staatlichen Beitrag selbst ganz erheblich mit: Unter anderem, indem sie ihm bei allem, was sie einkaufen, Mehrwertsteuer zahlen. Letztlich ist der Entschluß, Kinder zu haben, die teuerste Entscheidung, die Privatleute treffen. Und diese Investition in die Gesellschaft, für die Allgemeinheit, finanzieren sie privat.

Kindergeld oder Freibetrag

Bis 1995 bekamen Eltern Kindergeld; zusätzlich konnten sie bei der Steuererklärung einen Kinderfreibetrag einsetzen. Seit 1996 müssen sie zwischen diesen beiden Möglichkeiten wählen. Wer das Kindergeld wählt, verzichtet auf den Steuerfreibetrag von DM 6.912 und zahlt dadurch mehr Steuern. Für schätzungsweise 95 Prozent aller Eltern wird es finanziell günstiger sein, das Kindergeld zu wählen. Der steuerliche Kinderfreibetrag ist erst attraktiv für

- Ehepaare mit einem oder zwei Kindern, wenn sie mehr als DM 140.000 versteuern müssen.
- Ehepaare mit drei Kindern, wenn sie mehr als DM 180.000 versteuern müssen.
- Ehepaare mit vier Kindern, wenn sie mehr als DM 220.000 versteuern müssen.

Ausgezahlt wird das Kindergeld vom Arbeitgeber, der die monatliche Lohnsteuer um diesen Betrag mindert. Wer keinen Arbeitgeber hat, bekommt das Kindergeld weiterhin vom Arbeitsamt. Dessen »Kindergeldkassen« heißen nun »Familienkassen«.

Dieses Steuergesetz begünstigt, wie schon die alte Regelung, Paare mit üppigem Einkommen: Wer 25,9 Prozent Steuern zahlt, spart durch den Kinderfreibetrag deutlich weniger Steuern als jemand, der zum Höchstsatz von 53 Prozent veranlagt wird.

Steuerliche Vergünstigungen

Paare, die so betucht sind, daß sie ihren Haushalt von Angestellten besorgen lassen können, können maximal DM 24.000 jährlich für eine Haushaltshilfe steuerlich geltend machen, wenn sie diese Hilfe rentenversichert beschäftigen. Bis 1996 galt diese Regelung nur für Eltern mit mindestens zwei Kindern; nun können auch Kinderlose davon profitieren.

Für Kinder, die älter sind als 18 Jahre und sich in der Ausbildung befinden, erhalten die Eltern zusätzlich zu allem anderen einen jährlichen Ausbildungsfreibetrag in Höhe von DM 2.400, wenn die Kinder zu Hause wohnen, oder DM 4.200, wenn sie in einem anderen Ort wohnen. Für diese Beträge brauchen sie keine Steuern zu zahlen.

Erziehungsurlaub

Alle sozialversicherungspflichtig beschäftigten Männer und Frauen haben Anspruch auf Erziehungsurlaub, wenn sie ein Kind bekommen. Drei Jahre lang dürfen sich Mutter oder Vater dann vornehmlich um das Kind kümmern. Ihnen kann in dieser Zeit nicht gekündigt werden, und sie haben Anspruch darauf, anschließend in ihr bisheriges Arbeitsverhältnis zurückzukehren. Auch unverheiratete Väter können sich und ihrem Kind diese »Auszeit« geben, wenn die Mutter des Kindes damit einverstanden ist und das Elternpaar zusammenlebt.

Dreimal können sich Frau und Mann beim Erziehungsurlaub abwechseln. Wer ihn wann wie lange in Anspruch nehmen will, müssen die beiden ihrem

Arbeitgeber mindestens vier Wochen vorher verbindlich mitteilen.

Während des Erziehungsurlaubs ist eine Teilzeitarbeit bis zu neunzehn Stunden möglich: entweder im bisherigen Unternehmen oder – wenn dort keine reduzierte Arbeitszeit vereinbart ist –, mit Zustimmung der Geschäftsleitung auch in einem anderen Unternehmen.

Beim Vertrag mit der eigenen Firma muß darauf geachtet werden, daß das Anrecht auf einen Vollzeitarbeitsplatz nicht angetastet wird. Womöglich wird sonst aus dem Ganztagsjob nach dem Ende des Erziehungsurlaubs eine nicht beabsichtigte Teilzeitbeschäftigung.

Erziehungsgeld

RegierungspolitikerInnen bezeichnen das Erziehungsgeld als »finanzielle Anerkennung der Erziehungsleistung«. KritikerInnen sprechen von »Gebärprämie«. In jedem Fall ist es kein Ersatz für das Gehalt, auf das die Erziehenden in dieser Zeit verzichten müssen.

In den ersten zwei Lebensjahren des Kindes haben die Frau oder der Mann, die das Kind betreuen, prinzipiell Anspruch auf die Zahlung des Erziehungsgeldes. Es wird auch gewährt, wenn die oder der Betreffende vor der Geburt des Kindes nicht berufstätig war. Erziehungsgeld ist steuerfrei, kann nicht gepfändet werden und wird nicht auf die Sozialhilfe angerechnet.

In den ersten sechs Lebensmonaten des Kindes bekommen die Eltern DM 600 Erziehungsgeld – vorausgesetzt, als Verheiratete liegt ihr jährlicher Nettoverdienst unter DM 100.000, bei Alleinerziehenden dürfen es nicht mehr als DM 75.000 sein. In den folgenden eineinhalb Jahren richtet sich das Erziehungsgeld nach dem Familieneinkommen. Es wird gestaffelt reduziert: Je höher der Verdienst, desto geringer der Auszahlungsbetrag. Das Ergebnis dieser Familienpolitik konstatiert die Statistik: Vom siebten Lebensmonat des Kindes an bezieht jeder dritte Erziehungsgeldberechtigte kein oder nur ein gekürztes Erziehungsgeld.

Erziehungsgeld muß alljährlich neu beantragt werden. Zuständig sind – nach Bundesländern unterschiedlich – die Versorgungs-, Jugend- oder Bezirksämter. Auch die Krankenkassen erteilen Auskunft.

Finanzielle Veränderungen während des Erziehungsurlaubs

Paar ohne Kind Frau DM 3.000/Mann DM 5.000		**Paar mit Kind – Frau im Erziehungsurlaub Mann DM 5.000**		**Paar mit Kind – Mann im Erziehungsurlaub Frau DM 3.000**	
Jahresverdienst	**DM 96.000**	Jahresverdienst	**DM 60.000**	Jahresverdienst	**DM 36.000**
Sozialversicherung	– **DM 21.120** = **DM 74.880**	Sozialversicherung	– **DM 13.200** = **DM 46.800**	Sozialversicherung	– **DM 7.920** = **DM 28.080**
		Erziehungsgeld DM 600 x 6	+ **DM 3.600**	Erziehungsgeld DM 600 x 6 + 460 x 6	+ **DM 6.360**
		Kindergeld DM 200 x 12	+ **DM 2.400**	Kindergeld DM 200 x 12	+ **DM 2.400**
Einkommenssteuer lt. Splittingtabelle	– **DM 17.292**	Einkommenssteuer lt. Splittingtabelle	– **DM 7.640**	Einkommenssteuer lt. Splittingtabelle	– **DM 1.608**
Nettojahreseinkommen	= **DM 57.588**	**Nettojahreseinkommen**	= **DM 45.160**	**Nettojahreseinkommen**	= **DM 35.232**

Bekommt das Paar ein Kind, für dessen Betreuung die Frau ihre Berufstätigkeit aufgibt, hat die Familie im Jahr etwa DM 12.000 weniger als vorher zur Verfügung. Ist die Frau statt des Mannes Alleinverdienerin, verringert sich das Familieneinkommen noch einmal um etwa DM 10.000. Diesen Betrag könnte das Paar in den Jahren vor der Geburt des Kindes ansparen, als Überbrückungshilfe für die Zeit, in der der Vater das Kind betreut.

Anrechnung auf die Rente

Eltern, die Erziehungsurlaub in Anspruch nehmen, sind bei der gesetzlichen Krankenkasse beitragsfrei versichert (▷ Versicherung, Seite 427).

> **Familienpolitik im Vergleich**
>
> Die Kombination dreier Faktoren dokumentiert, wie unterschiedlich die Staaten zur Erwerbstätigkeit von Müttern und zur partnerschaftlichen Elternschaft stehen: Elternurlaub, Finanzierung dieser Ausfallzeit, Kinderbetreuungseinrichtungen. Das Angebot zur Kinderbetreuung verdeutlicht noch zusätzlich, ob die Staaten der individuellen Kindererziehung Vorrang einräumen oder auf das soziale Lernen in Gruppen setzen. Die Geburtenrate zeigt dann bald, ob der Staat den Bedürfnissen seiner BürgerInnen Rechnung trägt.
>
> In kaum einem europäischen Land gelten die Menschen als so kinderfreundlich wie in Italien. Und dennoch ist dort die Geburtenrate extrem niedrig. Fehlende Kinderbetreuungseinrichtungen (▷ Tageseinrichtungen für Kinder, Seite 351) und mangelnde finanzielle Beiträge des Staates zum Erhalt seiner Bevölkerung veranlassen immer mehr italienische Familien, auf Kinder zu verzichten.
>
> Ganz anders sind die Verhältnisse in Skandinavien. In Schweden zum Beispiel ist das Elterngeld als Lohnersatz konzipiert. Trotz der Kürzungen im Jahr 1996 beträgt es noch 75 Prozent des sogenannten krankengeldbegünstigenden Einkommens bis maximal 23.000 Kronen (ca. DM 5.000). Es wird aber nur dann in voller Höhe ausgezahlt, wenn beide Eltern einen Krankengeldanspruch in einer Höhe nachweisen können, der dokumentiert, daß beide fest im Erwerbsleben verankert sind. Ein hoher Prozentsatz der Schwedinnen ist erwerbstätig. Etwa ein Drittel der schwedischen Väter nutzt den Erziehungsurlaub.
>
> Die EU hat ihre Mitgliedsländer aufgefordert, bis 1995 die Maßnahmen auszubauen, die es beiden Eltern ermöglichen, ihre beruflichen und familiären Verpflichtungen besser in Einklang zu bringen. Die Umsetzung allerdings läßt auf sich warten.

In der Rentenversicherung werden ihnen drei Erziehungsjahre angerechnet. Für jedes Kind sind das zur Zeit etwa DM 31, um die sich die Altersrente monatlich erhöht. Dieser Betrag gleicht jedoch nicht annähernd das aus, was sich die oder der Erziehende an Rente erarbeiten könnte, wenn sie berufstätig blieben.

»Bunte« Familien

Für die Kinder, aber auch für die Erwachsenen, sind »Familie« die Menschen, die zu ihrem näheren Umkreis gehören. Man muß sie nicht suchen, sie »gehören einfach dazu«. Noch vor hundert Jahren hatten die Mitglieder einer Familie keine Wahl: Sie mußten aufgrund wirtschaftlicher Gegebenheiten und gesellschaftlich-moralischer Zwänge zusammenbleiben. Heute können die Verwandten untereinander enge Bindungen eingehen, sie können sich aber auch separieren. Die einzelne Familie ist zwar meist kleiner als früher, doch weil sie sich öfter neu formiert, können zu dem Kreis, dem man sich verwandtschaftlich verbunden fühlt, recht viele Personen gehören.

Familie entsteht immer, wenn mindestens ein Erwachsener dafür sorgen will, daß Kinder behütet, beschützt und geliebt aufwachsen können. Durch Trennung und neue Verbindung, Wohnortwechsel, Tagesmütter und Wohngemeinschaften können immer wieder neue Formationen entstehen, die, wenn sie denn für längere Zeit verbindlich und verläßlich ein Kind umgeben, durchaus für dieses Kind »Familie« sind.

Aus der historischen Betrachtung von Familienformen und der Analyse der heutigen Bedingungen ziehen FamilienforscherInnen den Schluß: Es kommt nicht darauf an, daß Kinder in traditionellen Familien aufwachsen. Ausschlaggebend ist, daß sie die Beziehung, in die sie eingebunden sind, als befriedigend erleben.

Neue Liebe, neue Familie

Jede neue Verbindung, die Kinder einschließt, ist eine riesige Herausforderung. Der neu gemischte Familienbetrieb fordert von allen Beteiligten eine hohe Anpassungsleistung. Wer in der Familie vornehmlich den Rückzugsort sucht, an dem alles ist, wie es immer war, und wo er von der Notwendigkeit zur ständigen Neugestaltung befreit ist, wird scheitern.

Die bunt zusammengewürfelten Personen zu einer Familie zu machen, erfordert von allen Beteiligten in erster Linie gegenseitiges Verständnis und Zeit, aber auch Fantasie und Offenheit – vor allem im Eingeständnis eigener Schwächen und Unfähigkeiten. Überhöhte und idealisierende Vorstellungen machen allen das Leben schwer. Erfahrungen aus der Familientherapie belegen, daß das Zusammenleben um so günstiger verläuft, je bescheidener die Ansprüche sind, die die neugegründete Familie erfüllen soll. Doch die Statistik weist aus, daß das nicht vielen gelingt: Zwei Drittel der Zweitehen mit Kindern werden wieder geschieden.

Folgemütter

Besonders schwer haben es Frauen, die, ohne selbst Mutter zu sein, sich einem Mann mit Kindern verbinden. Die »unverbindliche« Zeit, in der sie als Geliebte mit seinen Kindern »üben«, ist mit einer Schwangerschaft nicht zu vergleichen.

Mit einer schweren Bürde beginnen auch »Nachfolgemütter« ihr neues Familienleben. Unterstützung haben sie von der Umwelt noch am ehesten zu erwarten, wenn sie den Platz einer verstorbenen Frau einnehmen, kaum, wenn sie der »Scheidungsgrund« waren. Wie es zur Trennung von der Mutter kam, beeinflußt das Verhalten der Kinder jedoch wenig: Deren Gefühle für ihre erste Mutter bleiben immer von besonderer Zuneigung geprägt.

Verlockend ist die Vorstellung, den Kindern zukünftig eine wunderbare Mutter zu sein, vielleicht sogar die Fantasie, die »bessere« Mutter zu sein. Ein Partner, der noch in Schuldzuweisungen und Enttäuschung an seine frühere Partnerin gebunden ist, unterstützt das noch. Frauen, die der Illusion erliegen, nun allen Beteiligten endlich eine »richtige« Familie bereiten zu können, werden über kurz oder lang herb enttäuscht. Die Kinder nutzen sie als Köchin, Waschfrau und Trösterin, doch es bleibt spürbar, daß ihre Liebe immer ihrer ersten Mutter gehören wird. Wenn die Kinder zur Mutter ein kontinuierliches Verhältnis aufrechterhalten können, reduziert sie das auf eine Art »Teilzeitmutter«, die die Verantwortung mit einer anderen Frau teilen muß, zu der sie womöglich kein nahes Verhältnis anstrebt.

Eifersucht läßt die Probleme dann nochmals eskalieren, wenn der Partner seinen Kindern so viel Zeit und Aufmerksamkeit schenkt, daß sich die Frau vernachlässigt fühlt.

Diese schwierige Zeit überstehen die Frauen am besten, die sich ihrer selbst und der Solidarität ihres Partners sehr sicher sind. Sie können dann verletzendes Verhalten der Kinder besser verkraften, weil ihr Selbstwertgefühl dadurch nicht beschädigt wird. Eine kluge Stiefmutter versucht, mit ihren »neuen« Kindern eine Beziehung aufzubauen, die nicht von der Konkurrenz zur ersten Mutter geprägt ist.

LITERATUR

A. Ernst, V. Herbst, K. Langbein, C. Skalnik
Kursbuch Kinder
Kiepenheuer & Witsch, Köln, 1993. DM 68

Anne C. Bernstein
Deine, meine und unsere Kinder.
Die Patchworkfamilie als gelingendes Miteinander
Herder, Freiburg, 1994. DM 19,80

Ulrike Millhahn
Von der Schwierigkeit, eine gute Stiefmutter zu sein
Fischer, Frankfurt/M., 1992. DM 12,80

F. BEIVER

Kinder-betreuung

Großeltern und FreundInnen in Reichweite, einen Spielplatz um die Ecke und eine gut ausgestattete, ganztägige Kindereinrichtung in der Nähe – so könnte die optimale Betreuung für den Nachwuchs aussehen, mit flexiblen Wahlmöglichkeiten für die Familie und einem breiten Angebot an Tagesplätzen. Doch der Weg dorthin ist weit. Schätzungen zufolge fehlen in den alten Bundesländern noch immer über eine halbe Million Kindergartenplätze. Auf dem Land findet nur jedes tausendste Kind unter drei Jahren einen Krippenplatz, in den Städten jedes zwanzigste. Dabei zeigen Beispiele aus den Nachbarländern wie Dänemark und Frankreich, daß Kinderbetreuung besser und flexibler organisiert werden kann.

Die meisten Mütter, vor allem im alten Bundesgebiet, sind auf sich gestellt, wenn sie ihren Kindern das geben wollen, was sie brauchen: andere Kinder zum Spielen und Voneinander-Lernen. Etwa sechzig Prozent aller Kinder in Deutschland wachsen als Einzelkinder auf, viele von ihnen finden in der näheren Umgebung kaum SpielgefährtInnen. Zwischen elterlichen Vereinbarungen, Spielplatz, Tagesmutter, BabysitterInnen und Spielgruppe mühen sich vor allem die Mütter damit ab, die Bedürfnisse der Kinder und die der Eltern zu erfüllen. Ein Balanceakt, der neben Geduld und Ausdauer viel Fantasie und Engagement verlangt. Wer erwerbstätig ist, fühlt sich doppelt zerrissen. Dann nagt das schlechte Gewissen, ob die Kindergruppe tatsächlich allen Bedürfnissen gerecht wird, ob die Kinderfrau die Vorlieben der Tochter berücksichtigt und ob der Vater der Kinder nicht vergißt, den Sohn vom Sport abzuholen.

Je zufriedener die Mütter selbst mit der Betreuung sind, die sie für ihre Kinder organisiert haben, und je optimaler es gelingt, zusammen mit den Vätern das Betreuungsnetz zu spannen, um so besser für die Kleinen. Alle seriösen Studien zeigen, daß weniger die Form der Betreuung über die Entwicklung des Kindes entscheidet als vielmehr die Zufriedenheit der Beteiligten. Für den Nachwuchs ist es wichtig, innigen Kontakt zu mindestens einer Bezugsperson aufbauen zu können. Ob es sich dabei, neben den Eltern, um die Tagesmutter oder die Erzieherin in der Krippe handelt, ist für Tochter und Sohn unerheblich, solange sie sich angenommen und geliebt fühlen. Dabei haben Kinder ein besonderes Gefühl für Atmosphärisches. Eine Mutter, die ihren Beruf ebenso liebt wie die Zeit, die sie mit ihren Kindern verbringt, überträgt diese Zufriedenheit auch auf das Kind (▷ Familie, Seite 333).

Betreuung in fremder Hand

In der Frage der Kinderbetreuung kreisen die Sorgen der Eltern fast immer darum, ob Kinder unter drei Jahren von »fremder« Hand betreut werden können, ohne seelichen Schaden zu nehmen. In ihrer Antwort sind sich die EntwicklungspsychologInnen einig: Wichtig ist, daß die Kleinen die Chance haben, in einer Eingewöhnungszeit im Beisein von Mutter oder Vater ihre eigene Bindung zur Tagesmutter oder zur Erzieherin aufzubauen. Gelingt diese erste Kontaktphase und gestaltet sich die Beziehung zwischen Kind und BetreuerIn kontinuierlich und verläßlich, fehlt ihm nichts.

Eingewöhnungszeit

In der Anfangszeit lernen sich das Kind und die neue Betreuungsperson in Anwesenheit der Mutter oder des Vaters kennen. Sie erzählen von den Gewohnheiten und Eigenarten des Kindes, und die Betreuerin übernimmt von Tag zu Tag mehr »intime« Aufgaben und Tätigkeiten, wie Füttern, Wickeln, An- und Ausziehen und Spielen, während die Eltern danebenstehen. Nach einigen Kontakten entwickelt sich dann zwischen den beiden ganz langsam ein Basisvertrauen. Schon das ganz Kleine zeigt, ob es sich in der fremden Umgebung wohlfühlt. Das erste Lächeln, das es seiner Tagesmutter oder dem Erzieher schenkt, ist sicheres Zeichen der Bindung.

Je kleiner das Kind und je fremder die Umgebung, um so länger die Phase der Eingewöhnung im Beisein der Eltern: sie sind der Anker in den ersten Wochen in einer Krippe, aber auch für die erste Zeit in einer anderen Familie, sei es bei Verwandten, sei es bei der Tagesmutter. Bis sich das Kind in Gegenwart seiner Betreuerin wohl und sicher fühlt, den Ort freudig begrüßt und sich angstfrei von den Eltern löst, können zwei, aber auch vier bis sechs Wochen vergehen. Eine Zeit, in der auch das Vertrauen der Eltern in die »andere« Mutter wachsen kann. Wenn die Beziehung zu der neuen Betreuungsperson gefestigt und gesichert ist, können sie sich schrittweise zurückziehen, ohne sich sorgen zu müssen, daß ihr Kind darunter leidet.

Privat organisiert

Private Vereinbarungen mit Tagesmüttern, Verwandten oder FreundInnen sind oft die einzige Möglichkeit, die Wartezeit auf einen Kindergartenplatz zu überbrücken. Wer eine oder gar mehrere Personen in seiner Nähe hat, die eine solche Aufgabe übernehmen, kann sich glücklich schätzen, denn vor allem Verwandte akzeptieren das Kleine meist vorbehaltlos und schenken ihm fast immer eine Extraportion Zuneigung und Zuwendung – schließlich gehört das Kind ja zur Familie. Diese Vertrautheit muß in einer institutionellen Betreuung bei einer Erzieherin oder einem Erzieher erst aufgebaut und stabilisiert werden. Gleichzeitig können familiäre Arrangements mit Großeltern oder Verwandten aber auch schwierig und konfliktanfällig sein. Eben weil sich Familienmitglieder so nah sind, machen sie im Umgang miteinander nicht immer vor den Schranken der Privatsphäre halt. So können Unstimmigkeiten bei der Erziehung leicht eskalieren, gehen Verletzungen besonders tief und treffen Kränkungen besonders hart (▷ Konflikte; ▷ Kontrolle und Einmischung, Seite 346).

Großeltern und Verwandte

Immer seltener können Eltern auf eine familienorientierte Großmutter, einen freundlichen Opa oder eine ebensolche Tante hoffen. Man lebt kilometerweit voneinander entfernt, die meisten Verwandten sind selbst erwerbstätig und viel unterwegs. Auch wenn sie dem Nachwuchs hilfsbereit gegenüberstehen, ergibt sich ihr Engagement für die Kindeskinder nicht automatisch und setzt sehr genaue Absprachen voraus. Je regelmäßiger die Betreuung, um so dringlicher müssen auch finanzielle Fragen geklärt werden (▷ Betreuung in privater Hand, Seite 347).

Wenn überhaupt, kümmern sich meist Großmütter um Enkelkinder. Manche reduzieren dafür sogar ihre Anwesenheit am Arbeitsplatz oder schränken ihre Freizeitbeschäftigungen ein. Familien, die sich regelmäßig und monatelang auf die Arbeit einer Großmutter stützen, sollten daher auch die finanzielle Seite klären: Am besten mit einem fest vereinbarten Betrag, der sich zum Beispiel an der ortsüblichen Bezahlung von Tagesmüttern (▷ Seite 346) orientieren kann. Zu klären ist auch, wie die Aufwendungen für Ernährung, Ausflüge oder kleine Einkäufe erstattet werden.

Konflikte

Viele Frauen, die mit ihren Eltern und der Kindheit, die sie ihnen bereitet haben, noch keinen Frieden geschlossen haben, registrieren im großelterlichen Haushalt argwöhnisch jene Verhaltensweisen, unter denen sie selbst als Kind gelitten haben. Der Gedanke, daß diese nun auch die Zukunft ihrer eigenen Kinder bestimmen wird, schafft viele Möglichkeiten, familiäre Reibereien fortzusetzen. Quälend kann die Sorge sein, die ausgeprägte Ordnungsliebe des Opas könnte auch dem eigenen Kind den Raum zum Atmen nehmen, oder die Ansprüche der Oma an Sauberkeit könnten dem Kind die Fähigkeit zu Lust und Genuß rauben. Doch meist ist die Angst unbegründet, denn Enkel und Großeltern finden fast immer ihre eigene, unverwechselbare Beziehung. Was sich in die Erinnerung der Mutter oder des Vaters als schlechte Erfahrung eingegraben hat, berührt den Nachwuchs meist weniger tief oder auch gar nicht.

Grundsätzlich gilt: Je genauer die Vereinbarungen zwischen Eltern und Großeltern und je strikter sich alle Beteiligten daran halten, um so leichter findet sich das Kind in beiden Welten zurecht. Am einfachsten wirkt dieses Prinzip, wenn die Weltanschauungen der beiden Familien nicht allzu weit auseinanderliegen. Doch selbst bei größeren Differenzen

RECHT

Aufsichtspflicht

Zur elterlichen Sorge gehört die Pflicht, die Kinder zu beaufsichtigen. Das bedeutet nicht, seine Kinder rund um die Uhr an der Hand zu halten, doch die Sorgeberechtigten sollten wissen, wo sich ihr Kind wann aufhält. Wie eng diese Aufsichtspflicht ausgelegt wird, bestimmt das Alter: Dreijährige können kaum allein zu Hause bleiben, Zwölfjährige hingegen schon. Je nach Familiensituation kann der Begriff »Aufsichtspflicht« jedoch auch als Druckmittel dienen, zum Beispiel dann, wenn der Ehemann versucht, seine Frau am Ausgehen zu hindern. Doch die Aufsichtspflicht kettet keine Frau an die Wohnung. Sie kann gehen, wenn das Kind ausreichend geschützt ist und die Möglichkeit hat, auf sich aufmerksam zu machen: über einen Babysitter, eine Gegensprechanlage, eine informierte Nachbarin oder per Telefon. Wer kleine Kinder allerdings sehr oft unbeaufsichtigt läßt, muß sich unter Umständen eine amtliche Einmischung gefallen lassen.

kann man sich darauf verständigen, daß bei den Großeltern andere Regeln herrschen als zu Hause. Die Kinder machen so die wichtige Erfahrung, daß die Welt und ihre Menschen viele verschiedene Facetten haben. So können sie vielfältige Verhaltensmöglichkeiten erproben und ausdifferenzieren.

Kontrolle und Einmischung

Im Kontakt mit Oma und Opa erzählt das Kind von Zuhause, berichtet von Gesprächen und Ereignissen, die nicht für die Ohren der Großeltern gedacht sind: vom nächtlichen Streit, den Schulden für das neue Auto, wieder einmal überreichlichem Alkoholkonsum. Die Kinder »petzen« dabei nicht, und sie »schwärzen« auch niemanden an. Sie reden vielmehr von dem, was ihre Seele bewegt. Dennoch können sich die Eltern dadurch beobachtet und kontrolliert fühlen. Sich gegenüber der eigenen Mutter oder Schwiegermutter abzugrenzen ist ungleich schwerer als gegenüber einer weniger vertrauten Person. Hilfreich ist es, sich möglichst frühzeitig darauf zu verständigen, daß es im gemeinsamen Arrangement ausschließlich um die Betreuung der Enkelkinder geht: Das Privat- und Intimleben der Familie ist tabu.

FreundInnen und NachbarInnen

Modelle, bei denen sich FreundInnen oder NachbarInnen wechselweise bei der Kinderbetreuung unterstützen, können außerordentlich erfolgreich sein. Je nach Wohnverhältnissen und Bedarf halten sich die Kinder ausschließlich in einer Wohnung auf, oder die Betreuungsorte wechseln. Auch die Zeiten können individuell geregelt werden: vom wöchentlichen über den täglichen Wechsel bis zu vormittags oder nachmittags. Allerdings funktioniert diese Lösung nur, wenn sich alle Beteiligten tatsächlich an die Vereinbarungen halten und den Regeln vertrauen können (▷ Betreuung in privater Hand, Seite 347).

Die Kinder lernen dabei, ähnlich wie bei einer Tagesmutter, sich in den Ablauf eines anderen Haushalts einzufügen und andere Kinder im eigenen Zuhause zu akzeptieren. Sie teilen und kooperieren, wobei Einzelkinder die Chance bekommen, »geschwisterliche« Erfahrungen zu sammeln. Meist müssen die Eltern dabei selbst viel dazulernen: Ausgleich und Toleranz, um das eigene Kind gegenüber dem fremden nicht zu bevorzugen oder parteiisch zu begünstigen; Vertrauen, daß sie das eigene Kind nicht »verlieren«, wenn es ihm in einer anderen Familie gut gefällt.

Tagesmutter

Noch gibt es kaum Tagesväter, Schätzungen zufolge aber etwa 120.000 Tagesmütter, die ihren Haushalt fremden Kindern öffnen und ihre Betreuungsarbeit stundenweise bis ganztags anbieten. In den Worten

EUROPA

Tagesmütter in EU-Ländern

- In Finnland und Frankreich sind fast alle Tagespflegepersonen über eine öffentliche oder private Einrichtung angestellt und somit sozial abgesichert. Sie bekommen Urlaubs- und Krankheitstage bezahlt.
- In Schweden sind alle Tagesmütter angestellt und sozial abgesichert. Sie sind an ein Tagespflegezentrum mit einer festen Beraterin angeschlossen.
- Die Stadt Helsinki schickt einen Teil ihrer KindergärtnerInnen in die Familien. Die Eltern zahlen die übliche Kindergartengebühr und stellen im wöchentlichen Wechsel Räumlichkeiten und Essen.
- Für die Hälfte aller dänischen Kinder unter drei Jahren stehen Tagesmütter zur Verfügung.
- In Dänemark und Belgien sind Tagesmütter bei der Gemeinde angestellt, mit Ausbildung, festem Gehalt und festen Arbeitszeiten. Bei Bedarf können sie von 7.00 bis 18.00 Uhr in Anspruch genommen werden.

Betreuung in privater Hand

Privatbetreuung organisieren

Wenn Ihre Kinder regelmäßig und über längere Zeit von Privatpersonen (mit-)versorgt werden, sollten Sie sich mit ihnen verbindlich auf den äußeren Rahmen der Betreuung einigen.

• Klären Sie möglichst ausführlich: Welche Erziehungsvorstellungen haben Sie, welche die neue Betreuerin? Was will sie mit den Kindern unternehmen? Was ist ihr wichtig? Was wird erlaubt, was verboten? Versuchen Sie, sich in den Vorstellungen anzunähern. Zeigen sich unüberbrückbare Gegensätze, sollten Sie nach einer anderen Betreuung suchen.

• Beobachten Sie während der Anfangszeit immer wieder das Verhalten des Kindes: Fühlt es sich wohl, freundet es sich mit der Situation an? (▷ Eingewöhnungszeit, Seite 344).

• Legen Sie die Tages- und Wochenzeiten präzise fest, an denen Tochter oder Sohn gebracht und geholt werden. Kommt die Betreuungsperson ins Haus, sollten Sie die Arbeitszeiten für beide Seiten verbindlich fixieren.

• Formulieren Sie möglichst klar, was aus Ihrer Sicht für die individuelle Betreuung des Kindes wichtig ist: Welche Eß- und Schlafgewohnheiten hat das Kind, welche Vorlieben und Abneigungen, Besonderheiten im Verhalten, Krankheiten, Allergien? Was kann es besonders gut? Wobei braucht es Unterstützung? Muß das Kind spezielle Erfahrungen bewältigen, zum Beispiel familiäre Trennungen oder Scheidung der Eltern?

• Fixieren Sie eine monatliche Spesenpauschale, die die Kosten für das Kind großzügig abdeckt. Zu berücksichtigen sind zum Beispiel Fahrkarten, Eintrittskarten für Zoo, Schwimmbad, Theater, kleinere Spielsachen, Essen, Windeln, spezielle Tees oder Säfte, Flaschen, Schnuller oder Lieblingsspeisen. Bei älteren Kindern kommen der Schulbedarf, Bastelmaterial und ähnliche Aufwendungen hinzu.

• Sie brauchen eine Privathaftpflichtversicherung. Sie deckt Schäden ab, die Ihre Kinder eventuell anrichten (▷ Versicherungen, Seite 427).

• Planen Sie frühzeitig eine Alternativbetreuung, wenn die Betreuungsperson Urlaub macht, krank oder verhindert ist (▷ Im Notfall, Seite 354).

• Versuchen Sie, sich an Konflikten zwischen Kind und BetreuerIn so wenig wie möglich zu beteiligen. Fast immer ist es besser, wenn die Streithähne ihren Konflikt ohne Beteiligung der Kindeseltern schlichten.

• Kinder haben ein feines Gespür für Spannungen und leiden, wenn BetreuerIn und Eltern um die Zuneigung des Kindes konkurrieren. Spürt das Kind Eifersucht zwischen Eltern und BetreuerIn, ist es verunsichert und »klammert«. Umgekehrt gelingt die fremde Betreuung am besten, wenn das Kind merkt, daß die Eltern die BetreuerInnen anerkennen und daß sie ihre Arbeit schätzen.

• Die Angst, die andere Person, ErzieherIn oder Tagesmutter, könnte Sie bei Ihrem Kind ersetzen, ist unbegründet. Kinder wissen sehr wohl zu unterscheiden und setzen – vor die Wahl gestellt – eindeutige Prioritäten: für ihre Eltern.

• Ähnliches gilt für die Sorge, der intensive Kontakt zur Tagesmutter oder zum Erzieher könnte das Kind den Eltern entfremden. Auch hier unterscheiden Kinder sehr fein: Wo gehöre ich hin? Was ist meine Familie? Vor die Wahl gestellt, entscheiden sie sich für die Eltern.

des Gesetzes handelt es sich dabei um eine »Tagespflegestelle« für ein Kind. Das Arbeitsverhältnis wird entweder auf Honorar- oder Angestelltenbasis organisiert. Eltern mit schmalem Portemonnaie können für eine Tagespflegestelle beim Jugendamt Zuschüsse beantragen. Der zeitliche Rahmen kann nach den Bedürfnissen der Kleinen, der Eltern und der aufnehmenden Familie festgelegt werden.

Vor allem Einzelkinder unter drei Jahren und Kleinstkinder profitieren von dieser Betreuungsform. Sie können eine innige, intensive Beziehung zu ihrer Tagesmutter knüpfen, sie verbringen den Tag in einer familiären Atmosphäre und sie bekommen gleichzeitig »Geschwister«.

Bundesverband der Tagesmütter

Von den etwa 120.000 Frauen in Deutschland, die Betreuungsdienste für fremde Kinder im eigenen Haushalt anbieten, sind nur etwa 25.000 im Bundesverband der Tagesmütter organisiert. Sie versuchen, nicht nur ihre Qualifikation verbindlich festzulegen, sondern auch Weiterbildungen zu organisieren und auf die allgemeinen Standards der Betreuung zu achten.

Über den Bundesverband können Sie Adressen der Mitgliedsorganisationen in den Bundesländern erfahren, Informationen über die gesetzlichen Grundlagen der Tagespflege anfordern und Musterformulare für den Betreuungsvertrag zwischen Ihnen und der Tagesmutter erhalten. Inhalt: Entgelt, genaue Betreuungszeiten, Kündigungsfristen, Urlaubsanspruch und eventuelle Zusatzvereinbarungen. Solche Musterformulare gibt es auch für die Beschäftigung einer Kinderfrau.

KONTAKT

Bundesverband für Kinderbetreuung in Tagespflege e.V.

Breite Straße 2, 40670 Meerbusch

Tel.: 02159/1377, Fax: 2020

Tagesmutter finden

Tagesmütter lassen sich privat finden, zum Beispiel über Zeitungsinserate, über einen Tagesmutterverein in der Umgebung oder mit Unterstützung des Jugendamtes. Die beiden letzten Varianten haben den Vorteil, daß sie über alle Rahmenbedingungen informieren, zum Beispiel über Versicherungen und die ortsüblichen monatlichen Kosten für eine Tagesmutter.

Solange Tagesmütter nicht mehr als drei Kinder betreuen, brauchen sie keine Genehmigung für ihre Arbeit. Erst wenn sie ein viertes Kind aufnehmen, ist eine offizielle Pflegeerlaubnis vom Jugendamt notwendig; meist werden auch erst dann die pädagogische Eignung, die Wohnverhältnisse und das Umfeld der Tagesmutter überprüft. Nur wenn das Jugendamt einen Zuschuß zu den Betreuungskosten zahlen soll, nimmt es die Tagespflegestelle des Kindes automatisch unter die behördliche Lupe. Eltern, die eine Tagesmutter selbst suchen und privat bezahlen, müssen selbst auf die Rahmenbedingungen achten.

- Bevor Sie sich für eine Frau entscheiden, sollten Sie mit Ihrer Kandidatin ausführlich sprechen (▷ Bewerberin finden, Seite 349). Dabei erkundigen Sie sich auch nach den anderen Kindern, die sie betreut: Wie sie den Alltag gestaltet und welche Erziehungsziele sie anstrebt.
- Schnupperstunden und eine Eingewöhnungszeit von mindestens acht bis vierzehn Tagen schützen vor unangenehmen Überraschungen.

Kinderfrau

Kinderfrau (oder -mann) kann jede und jeder werden, die oder der Kinder mag und im Umgang mit ihnen erfahren ist. Entscheidend sind menschliche Qualitäten, wie Wärme, Zuwendung, Geduld, Zuverlässigkeit und Ausdauer. Wichtig ist auch, daß der Nachwuchs »seine« Kinderfrau zur Bezugsperson machen kann und daß sie als solche in den Familienkreis aufgenommen wird.

Bewerberin finden

Schon das Inserat sollte präzise angeben, was die Kinderfrau erwartet: Arbeitszeit und -dauer, Anzahl der Kinder in welchem Alter. Wird Hilfe bei den Hausaufgaben und/oder im Haushalt gewünscht? Soll sie in der Familie wohnen? Wie sehen Bezahlung und Freizeitregelungen aus?

Im Vorgespräch wird die Bewerberin dann präzise befragt: Wofür interessiert sie sich? Was stellt sie sich unter ihrer Arbeit konkret vor? Wie will sie den Alltag mit den Kindern gestalten? Welche Erfahrungen hat sie mit Kindern? Welche Perspektiven verbindet sie mit der Arbeit? Je glaubwürdiger eine Bewerberin vermitteln kann, daß sie nach einem langfristigen Arbeitsverhältnis sucht, um so besser für die Kinder: sie schätzen Bezugspersonen, die ihnen Kontinuität vermitteln. Schnuppertage, an denen Kind und Kinderfrau einander näher kennenlernen, erleichtern die Entscheidung.

Arbeitsrechtliches

Eine Kinderfrau einzustellen heißt, ein Arbeitsverhältnis zu begründen. Es müssen Lohn gezahlt und Steuern und Versicherungsbeiträge abgeführt werden. Bis maximal DM 24.000 pro Jahr sind diese Ausgaben ab 1996 ohne Auflagen steuerlich absetzbar. Dies gilt auch, wenn eine Kinderfrau mit anderen Müttern »geteilt« wird.

Über den rechtlichen Rahmen informieren SteuerberaterInnen, Arbeitsämter und Arbeitgeberverbände. Informationen sind auch über den Bundesverband für Kinderbetreuung in Tagespflege zu erhalten (Adresse ▷ Seite 348).

BabysitterIn

An den schwarzen Brettern der Kindergärten, in Einkaufsläden und in den Stadtzeitungen bieten Jugendliche ihre stundenweisen Dienste als KinderbetreuerInnen an. Gut ist es, wenn sie sich bereit erklären, möglichst regelmäßig in die Familie zu kommen und wenn ihnen anzumerken ist, daß sie ihren stundenweisen Job mit Herz und Hingabe betreiben.

Das Kennzeichen dafür ist untrüglich: Nach den ersten Kontakten freuen sich die Tochter oder der Sohn auf den Babysitter. Wenn das Kind auch nach mehrmaligem Zusammensein mit seinem Babysitter das gemeinsame Spielen abwehrt, sich nicht füttern, nicht an- oder ausziehen läßt, fehlt der richtige

TIP

Stundenweise Betreuung

- Wie immer muß es eine Kontakt- und Eingewöhnungszeit geben, in der sich Kind und BetreuerIn im Beisein der Eltern kennenlernen. Dabei kann sich der Babysitter mit den Regeln und Gewohnheiten des Kindes und des Haushalts vertraut machen.
- Babysitting ist für jene drei bis vier Stunden gedacht, in denen Sie ausgehen wollen oder aus anderen Gründen kinderfrei sein wollen. Dehnen Sie die Betreuungszeit erheblich länger aus, kann das Babysitter und Kind überfordern, denn:
- BabysitterInnen sind oft noch sehr jung und unterschätzen leicht, was es bedeutet, für ein Kleinkind verantwortlich zu sein. Beobachten Sie in der Eingewöhnungszeit das Verhalten der BetreuerInnen: Wie geduldig und ruhig spielen das Mädchen oder der Junge mit dem Kind? Zeigen sie sich auch dann nervenstark, wenn das Kleine brüllt und unzufrieden ist?
- BabysitterInnen brauchen eine Notruf-Telefonliste: Wo sind die Eltern zu erreichen, wo Verwandte oder hilfsbereite NachbarInnen, die das Kind ebenfalls gut und mit all seinen Gewohnheiten kennen?
- BabysitterInnen müssen immer bezahlt werden, wenn sie bestellt wurden – auch wenn Sie unerwartet zu Hause bleiben. 1995 schwankten die Beträge, die BabysitterInnen für ihre Dienste bekamen, zwischen fünf und zehn Mark pro Stunde.

Draht zwischen den beiden. Dann empfiehlt es sich, nach neuen BewerberInnen zu suchen.

Für jugendliche BabysitterInnen müssen Sie selbst einen Teil der Verantwortung tragen: Der Kontakt mit den Eltern der Jugendlichen ist wichtig, es sollte geklärt sein, ob sie überhaupt zur Betreuung kommen dürfen, und es muß dafür gesorgt werden, daß sie pünktlich und unbeschadet wieder nach Hause kommen. Weiter entfernt wohnende, jugendliche BabysitterInnen müssen spät nachts meist nach Hause gefahren werden.

Inzwischen wollen auch Leih-Omas und Leih-Opas fremde Kinder betreuen. Als Ältere sind sie im Umgang mit Kindern meist sehr erfahren; sie können sich vielfach auch zu anderen Tageszeiten frei nehmen als Jugendliche, die regelmäßig zur Schule gehen müssen.

RECHT

Pflichten und Rechte von Au-pairs

- Fünf Stunden täglich oder dreißig Stunden in der Woche hilft das Au-pair-Mädchen bei der Betreuung der Kinder und bei kleineren Hausarbeiten. Sie ersetzt keine Putzfrau!
- Zwei- bis dreimal wöchentlich können Sie erwarten, daß sie abends zu Hause bleibt, wenn die Kinder im Bett sind.
- 1995 erhielten Au-pair-Mädchen etwa ein monatliches Taschengeld von DM 350 plus einer Monatskarte für die öffentlichen Verkehrsmittel.
- Bei einem Aufenthalt von mehr als sechs Monaten sind etwa zwei Wochen Ferien mit einzuplanen, in denen das Taschengeld weitergezahlt wird.
- Jedes Au-pair-Mädchen hat Anspruch darauf, einen Sprachkurs zu besuchen, den es allerdings selbst bezahlen muß. Das heißt, es muß für den Kurs zusätzlich zu ihrem üblichen freien Tag einen weiteren Wochentag frei bekommen.
- Sie müssen dem Au-pair-Mädchen ein eigenes Zimmer zur Verfügung stellen und sie kostenlos verpflegen, auch wenn das Mädchen allein zu Hause ist.
- Sie müssen eine Kranken- und Unfallversicherung abschließen. Andernfalls müssen Sie eventuelle Arzt-, Krankenhaus- und Folgekosten übernehmen.
- Bei Unstimmigkeiten kann das Au-pair-Verhältnis innerhalb von ein bis zwei Wochen aufgelöst werden. Die Kosten für die An- und Abreise trägt das Au-pair-Mädchen selbst.
- Genauere Auskünfte geben die Au-pair-Vermittlungsstellen, die es in jeder größeren Stadt gibt. Weitere Informationen sind über das Jugendamt zu erhalten.

Au-pair-Mädchen

Die meisten Au-pair-Mädchen sind zwischen siebzehn und zwanzig Jahre alt, kommen aus einem anderssprachigen Land und möchten während ihres Aufenthalts mehr kennenlernen als das eigene Zimmer, das Zimmer des Kindes und den Supermarkt an der Ecke. Vor allem sollte sie niemand mit einer billigen Haushaltshilfe verwechseln.

Au-pair-Mädchen müssen in die Familie integriert werden, brauchen Hilfe, um das Gastland kennenzulernen, und Unterstützung, um die Sprache zu lernen. Am besten gelingt das, wenn das Mädchen für die Zeit seines Aufenthalts tatsächlich in der Familie heimisch wird.

Erfahrungsgemäß verläuft der Au-pair-Aufenthalt dann positiv, wenn die zu betreuenden Kinder noch sehr klein sind. Drei- bis Vierjährige protestieren hingegen schon, wenn ihre Betreuerin sie nicht versteht; sie sind noch nicht in der Lage, auf den Sprachlehrling Rücksicht zu nehmen.

Am besten ist es, das Mädchen ein paar Tage probeweise einzuladen; dann kann man feststellen, ob die jeweiligen Erwartungen übereinstimmen, und ob große Sprachschwierigkeiten zu erwarten sind. Schließlich möchte man etwa ein Jahr miteinander unter einem Dach zusammenleben.

Tageseinrichtungen für Kinder

Beim europaweiten Vergleich der Tageseinrichtungen für Kinder belegt das alte Bundesgebiet die hinteren Ränge. Vor allem für die Ein- bis Dreijährigen ist dort kaum eine öffentliche Einrichtung zu finden. Nur etwa zwei von hundert Kindern im Krippenalter haben die Chance auf einen Platz. Besser sieht es in den fünf neuen Ländern aus, wo immerhin 44 Prozent der Unter-Dreijährigen institutionelle Betreuung finden.

Dieses Problem setzt sich bis ins Kindergartenalter fort. Nur fünfzehn Prozent aller Kindergärten in den alten Ländern bieten eine ganztägige Betreuung an. Fast alle anderen schließen zu Mittag oder haben eine Mittagspause und öffnen ihre Pforten erst wieder um vierzehn Uhr. Wer dabei Beruf und Familie vereinbaren will, muß bis an die Grenzen seiner organisatorischen Fähigkeiten gehen.

Krippe

In gut ausgestatteten Krippen mit kleinen, altersgemischten Gruppen wachsen die Kinder ebenso gut heran wie in herkömmlichen Familien. Studien aus skandinavischen Ländern bestätigen dies seit Jahren. Entscheidend sind die Qualität der Krippe, Größe und Ausstattung der Räumlichkeiten und der Personalschlüssel (▷Kennzeichen einer guten Krippe, Seite 352).

Krabbelgruppe

In Krabbelgruppen treffen Kleinstkinder auf andere Kleine und probieren im Beisein ihrer Eltern erstes gemeinsames Spielen. Diese Gruppen, oft organisiert von Kirchengemeinden, Wohlfahrtsverbänden oder privaten Vereinen, gelten nicht als Kinderbetreuungseinrichtungen im eigentlichen Sinn, weil vorausgesetzt wird, daß ein Elternteil anwesend ist. Nur wenn Tochter oder Sohn die Situation dort gut kennen und mehrmals wöchentlich in »ihrer« Krabbelgruppe spielen, können Mutter oder Vater ausnahmsweise auch mehrere Stunden abwesend sein.

Elterninitiative

Aufgrund des großen Mangels an Tageseinrichtungen haben sich immer mehr Eltern in Vereinen zusammengeschlossen und sind selbst Träger einer Kindereinrichtung geworden. Damit können sie das pädagogische Konzept selbst festlegen und die BetreuerInnen selbst auswählen. Gleichzeitig verlangt eine Initiative aber auch Arbeit – während der Gründung ebenso wie im Alltag. Dieser sollte so genau wie möglich geregelt werden, von der Verwaltung über den Küchendienst bis zum wöchentlichen Großeinkauf. Wer eine Initiative gründen will, sollte diese Aufgaben bereits im voraus mitbedenken.

Um öffentliche Gelder zu bekommen, muß man sich in einem Verein (e.V.) organisieren und sich beim örtlichen Jugendamt als »Träger der Jugendhilfe« anerkennen lassen. Gleichzeitig empfiehlt es sich, Mitglied in einem anerkannten Wohlfahrtsverband zu werden, wie zum Beispiel in der Arbeiterwohlfahrt (AWO) oder im Deutschen Paritätischen

Versorgung mit öffentlich finanzierten Kinderbetreuungseinrichtungen

	Kinder unter 3 Jahren	Kinder zwischen 3 Jahren und Schulalter	Dauer des Schultages im Grundschulalter
Dänemark	48%	85%	7 Std.
Neue Länder (D)	44%	95%	4-5 Std.
Belgien	25%	95%	8 Std.
Frankreich	20%	95%	8 Std.
Italien	5-6%	75%	4 Std.
Portugal	6%	40%	6 Std.
Spanien	2-3%	68%	8 Std.
Alte Länder (D)	2%	69%	4-5 Std.

TIP

Kennzeichen einer guten Krippe

- Kinder brauchen Platz zum Spielen, aber auch Rückzugsmöglichkeiten: Die Kleinen brauchen Ruheinseln, Babies benötigen einen eigenen Raum. Garten oder Hof sollten selbstverständlich vorhanden sein.
- In einer warmen Atmosphäre, die an den Charakter einer Wohnung erinnert, werden sich auch Kleinkinder heimelig fühlen.
- Krippen mit wenig Reglements, in denen die Kinder nach ihrem individuellen Rhythmus gewickelt, gewaschen und gefüttert werden, bieten Freiraum zur Entwicklung. Wenn die Kinder zum kollektiven Topfsitzen oder Schlafen angehalten werden, ist anzunehmen, daß auch die anderen Teile des Tagesablaufs stark reglementiert sind.
- Die strikte Trennung der Kinder nach ihrem Alter, wie in der »klassischen« Krippe nach Krabbelkindern, Ein- und Zweijährigen, wirkt sich eher negativ aus. Besteht die Gruppe aus Ein- bis Dreijährigen, können die Kinder voneinander lernen. Das entlastet die ErzieherInnen, die die gewonnene Zeit in Form vermehrter individueller Zuwendung an die Kinder weitergeben können.
- Ist das Alter der Kinder einer Gruppe breiter gestreut, wie es einer Familie entsprechen kann, sollten nicht mehr als zwei Krabbelkinder dabei sein. Die Bedürfnisse der Kleinsten gehen sonst leicht unter.
- Je mehr ältere Kinder es gibt, um so leichter haben es die Kleinen und umgekehrt. Fünf- bis Sechsjährige kommen besser zurecht, wenn sie Gleichaltrige um sich haben und nicht nur von Krabbelkindern umringt sind. Eine solche Familiengruppe mit bis zu 15 Mitgliedern braucht mindestens drei BetreuerInnen, um auch den Kleinsten eine kontinuierliche Beziehung zu ermöglichen.
- Wenn Sie Zweifel an der Qualität der Krippe haben, sollten Sie für das Kind eine Tagesmutter oder eine andere Krippe suchen (▷ Tagesmutter, Seite 346).

Wohlfahrtsverband. Die Wohlfahrtsverbände können bei den nötigen Behördenwegen beraten und unterstützen.

Um als Tageseinrichtung für Kinder anerkannt zu werden, braucht es einen langen Atem und viel Geduld: Nur dann gibt es Zuschüsse und Fördergelder, die von Land zu Land, von Kommune zu Kommune unterschiedlich sind. Mit entsprechender Ausdauer kann es auch gelingen, der Stadt Räume oder ein Haus zu entlocken. Die besten Auskünfte über den langen Verhandlungsweg geben die jeweiligen Bundesverbände der Elterninitiativen.

Kindergarten

Auf einen Kindergartenplatz hat jedes drei- bis sechsjährige Kind Anspruch. Dieses seit dem 1.1.1996 garantierte Recht ist ähnlich bedeutsam wie das Recht auf Schule und Bildung.

Die Erfahrungen in einem Kindergarten lassen sich kaum durch anderes ersetzen. Dort können sich die Kleinen frühzeitig auf eine größere Gemeinschaft vorbereiten; sie lernen, sich einzugliedern und sich durchzusetzen. Im Kindergarten erproben sie ihre Stärken und lernen ihre Schwächen kennen, sie erweitern ihre Fertigkeiten im handwerklichen Bereich und festigen unterschiedliche Kulturtechniken. Wer allerdings hofft, Tochter oder Sohn bereits ab dem dritten Lebensjahr in einer geeigneten Tageseinrichtung unterzubringen, wird auf erhebliche Probleme stoßen.

KONTAKT

Bundesarbeitsgemeinschaft Elterninitiativen (BAGE) e.V.
Einsteinstraße 111, 81675 München, Tel.: 089/4 70 65 03

Bundesdachverband Österreichischer Elterninitiativen
Hermanngasse 5, A-1070 Wien, Tel.: 0222/5 23 39 25

Kindergarten auswählen

Die meisten Länder im alten Teil der Republik kaschieren den Mangel an Betreuungsplätzen durch einen Stichtag. So werden zum Beispiel Kinder, die erst nach dem 1. August drei Jahre alt werden, erst zum kommenden Stichtag im Februar berücksichtigt – obwohl sie dann bereits im vierten Lebensjahr sind. Wenn überhaupt, haben nur die Kinder von Alleinerziehenden etwas früher Chancen auf einen Platz. Ganztagseinrichtungen, in denen die Kleinen mittags essen können, gibt es fast nur in den fünf neuen Ländern; im alten Bundesgebiet finden sich bestenfalls Kindergärten mit sogenannten flexiblen oder verlängerten Öffnungszeiten: zum Beispiel von acht bis vierzehn Uhr.

Die Qualität der Einrichtungen ist quer durch die Republik gut, die pädagogische Ausbildung der ErzieherInnen weitgehend vereinheitlicht. Nur selten noch werden die Kinder allzu strengen Regeln unterworfen, wie zum Beispiel dem verpflichtenden gemeinsamen Mittagsschlaf oder dem einheitlichen Pausenbrot. Auf die Qualität der Einrichtung weisen nicht nur andere Eltern hin, sie läßt sich auch selbst, gemeinsam mit dem Kind entdecken. Fast überall gibt es Schnupperstunden, und kaum jemand hat etwas gegen einen zweiten oder dritten Besuch der Eltern, um die Einrichtung wirklich kennenzulernen.

Qualitätskriterien

LeiterIn und Atmosphäre sollten den Eltern und dem Kind auf Anhieb sympathisch sein; ein Haus mit großzügigen, freundlichen Räumen, Ruhebereichen, Garten oder Hof erleichtert das Heimischwerden.

Eine Kindergruppe von 18 bis 20 Kindern braucht mindestens drei BetreuerInnen. Wird am qualifizierten Personal gespart, leiden fast immer die Kinder.

Je nach Träger kann das pädagogische Konzept weltanschaulich geprägt sein, wobei allerdings die konfessionelle Ausrichtung heute keine allzu große Rolle mehr spielt. Die Kinder sind in einem protestantischen Kindergarten ebenso gut aufgehoben wie in einem katholischen oder in einer Einrichtung der Arbeiterwohlfahrt.

Kosten

Kindergärten sind Ländersache. Je nach sozialpolitischem Engagement der Landesregierungen und der finanziellen Kraft der Kommunen werden die Eltern daher zur Kasse gebeten. Fast überall staffeln sich die Kindergartenbeiträge nach ihrem Einkommen. In einigen Kommunen müssen gut Verdienende mit bis zu 400 Mark pro Kind und Monat rechnen. Alleinerziehende und Wenigverdienende können über das Sozialamt finanzielle Unterstützung beantragen. Alle Informationen über die Kindergärten der Umgebung sind beim Jugendamt, beim Sozial- oder Schulreferat der Stadt zu bekommen.

Betreuung von Schulkindern

Eltern, die sich auf die kinderfreie Zeit eingestellt haben, die ihnen der Kindergarten ermöglichte, kann die Einschulung des Kindes schwer treffen. Es kann nun vorkommen, daß Tochter oder Sohn plötzlich vormittags um zehn oder halb elf Uhr vor der Haustür stehen. Ganztagsschulen, wie es sie in den USA, in Belgien, Frankreich, Schweden, Norwegen oder Finnland gibt, sind in Deutschland kaum zu finden; und auch außerschulische Einrichtungen, wie zum Beispiel Horte, haben nur für insgesamt vier Prozent der Grundschulkinder Plätze. So ist jede Familie, in der beide Eltern erwerbstätig sind, auf die Hilfe von Verwandten, NachbarInnen oder Tagesmüttern angewiesen. Wer sich darauf nicht stützen kann, muß versuchen, sich mit den Eltern anderer Schulkinder zusammenzuschließen (▷ Elterninitiative, Seite 351).

Sechs- bis Zehnjährige müssen nicht rund um die Uhr beobachtend betreut werden, aber sie brauchen ihren festen Platz, an dem sie sich mit einem vertrauten Menschen austauschen können, wo sie spielen, essen und Hausaufgaben machen können. Wenn eine andere Familie im Bekanntenkreis diese Betreuungsaufgaben regelmäßig mit übernimmt, sollten Sie auch die finanzielle Seite des Arrangements klären (▷ FreundInnen und NachbarInnen, Seite 346; ▷ Tagesmutter, Seite 346; ▷ Betreuung in privater Hand, Seite 347).

Im Notfall

Die Liste mit den Namen jener FreundInnen, die im Notfall bereit sind, das Kind zu betreuen, sollte immer auf dem aktuellen Stand sein: mit Telefonnummer und Zeitangabe, wann und wie lange die betreffende Person einspringen könnte. Je vertrauter diese Menschen dem Kind sind, um so besser, denn sie werden nur in Ausnahmesituationen gebraucht, die für das Kind meist recht belastend sind.

Notmütter und Haushaltshilfen

Mütter, die krank werden, einen längeren stationären Aufenthalt vor sich haben oder zur Kur fahren, können sich, wenn es in der Familie niemanden gibt, der Kinder und Haushalt versorgen kann, an einen Notmütterdienst wenden. Die Kosten für eine solche »Notmutter«, die 1995 etwa 150 Mark pro Tag bekam, übernehmen in besonderen Fällen und nach vorheriger Prüfung die Krankenkasse und/oder das Sozialamt. Die Bedingungen für eine solche Kostenübernahme sind von Kasse zu Kasse und von Kommune zu Kommune unterschiedlich; am besten weiß der örtliche Notmütterdienst oder das Sozialamt Bescheid (▷ Kontakt, Seite 355).

Internat

Kaum eine Einrichtung wird mit so unterschiedlichen Assoziationen belegt wie das Internat. Die einen kritisieren es als elitäre Institution, zu der nur die Kinder einer dünnen Schicht gutbetuchter Eltern Zugang haben. Andere loben es als alternativ-pädagogischen Entfaltungsraum für die Kinder, die schulisch unterstützt oder sozial besonders gefördert werden müssen, zum Beispiel wenn sie als Einzelkinder das Zusammenleben mit Gleichaltrigen erlernen sollen. Und wieder andere verbinden mit dem Wort »Internat« den Gedanken an eine Art Erziehungsheim für Kinder, mit denen niemand mehr klarkommt.

Internate sind die kostenintensivste Variante der Kinderbetreuung. Die monatlichen Beiträge liegen nie unter 1.000 Mark pro Kind. Staatliche Zuschüsse sind kaum zu bekommen, und für Stipendien muß der Nachwuchs einen außerordentlich hellen Kopf haben. Nur in ganz speziellen Einzelfällen übernehmen Jugend- oder Sozialämter die Kosten.

Adressen und Empfehlungen hält das jeweils zuständige Schulamt bereit.

Konfliktzeiten

Kaum jemandem fällt es leicht, sich und anderen einzugestehen, daß er mit dem eigenen Kind nicht mehr zurechtkommt. Wenn die Kinder nicht mehr auf die Eltern reagieren, wächst bei den Eltern das Gefühl, daß sie ihnen entgleiten. Die Situation wächst ihnen spürbar über den Kopf, selbst alltägliche Dinge laufen anscheinend aus dem Ruder. Viele Eltern sehen keinen Ausweg mehr, wenn das Bewältigen der familiären Dauerkrise zum Alltagsprogramm wird.

Konfliktanfällig sind alle Familien vor allem in der Zeit der Pubertät, in der sich Sohn und Tochter von den Eltern ablösen. Es gibt Streitereien, laute Auseinandersetzungen oder auch Tätlichkeiten. Wenn diese Krisenphasen immer wieder eskalieren, kann eine vorübergehende Trennung für beide Seiten, Eltern und Kinder, erholsam sein (▷ Beratung, Seite 575; ▷ Familien-(Systemische) Therapie, Seite 586; ▷ Internat).

Wohnheim

Minderjährige Kinder können in einem Schülerwohnheim, einem Heim oder einer pädagogisch betreuten Wohngemeinschaft untergebracht werden. Das bedeutet, daß Sohn oder Tochter nicht zu Hause wohnen, aber eine öffentliche Schule in der Umgebung besuchen. Diese Lösung streben vor allem Familien an, in denen der Haussegen – aus welchem Grund auch immer – dauerhaft völlig schief hängt. Bei der Suche und Auswahl der Wohnmöglichkeit stehen die Jugendämter und Institutionen für Erziehungshilfe beratend zur Verfügung. Dabei kann es außerordentlich befreiend sein, die innerfamiliäre Situation offen zu schildern und mit den Fachleuten gemeinsam eine Lösung der Probleme zu suchen.

Tagespflegestelle

Das Sozialamt hilft auch bei der Vermittlung von Tagespflegestellen, wobei die Kinder tagsüber in einer anderen Familie untergebracht sind, aber zu Hause nächtigen. So bleibt der Kontakt zum Kind kontinuierlich erhalten. Zusätzlich werden häufig eine Sozialarbeiterin oder ein Sozialarbeiter eingeschaltet, die in besonders konfliktgeladenen Situationen sowohl die Jugendlichen als auch die Eltern und die Erwachsenen in der Tagespflegestelle beraten und betreuen.

Dauerpflegestelle

Wenn Kinder in einer Dauerpflegestelle leben, bedeutet das eine längere Zeit der Trennung von Kind und Eltern. Das kann hilfreich sein, wenn deutlich ist, daß sich das Verhältnis der beiden Konfliktparteien anders kaum entspannen läßt. Eine solche Trennung ist für Kind und Eltern wahrscheinlich die schmerzhafteste Form der Konfliktlösung, oft aber die einzige Chance, weitere seelische und körperliche Verletzungen zu vermeiden. Die SozialarbeiterInnen der Jugendämter helfen in dieser überaus schwierigen Situation des Familienwechsels.

Dauerpflegestellen vermittelt das Jugendamt. Bei der Suche nach einem geeigneten Platz wird darauf geachtet, daß die zukünftigen Pflegeeltern über alle Eigenschaften und möglichen Eigenarten des Kindes informiert sind. Wer etwaige unangenehme Dinge verschweigt, läuft Gefahr, daß die Pflegeeltern nach kurzer Zeit ihre Aufgabe nicht mehr wahrnehmen können. Darunter leidet vor allem das Kind.

An den Kosten für eine Pflegestelle müssen sich die Eltern ihrem Einkommen entsprechend beteiligen. Gegebenenfalls bekommen sie aber vom Jugendamt einen Zuschuß.

TIP

Notfälle

- Wenn Sie nicht wissen, wo Sie innerhalb kürzester Zeit eine Betreuung für Ihr Kind finden können, lohnt sich ein Anruf beim Jugendamt: Fragen Sie, welcher Träger für den plötzlich auftretenden Pflegebedarf in Frage kommt.
- Hilfreich kann auch der Studentenschnelldienst sein, wenn Sie in einer Stadt mit Hochschule oder Universität wohnen.
- Die Zentrale des Notmütterdienstes vermittelt die entsprechenden Hilfen in alle Landesteile.

KONTAKT

Notmütterdienst, Familien- und Altenhilfe e. V.
Sophienstraße 28, 60487 Frankfurt
Tel.: 069/77 66 11, Fax: 77 90 83

F. BEIKER

Mit dem Kind allein

In Deutschland erziehen heute etwa 2,7 Millionen Erwachsene ihre Kinder alleine, davon sind etwa 2,3 Millionen Frauen! Obwohl diese alleinerziehenden Mütter der Normalfall sind, wird auf sie noch immer zwiespältig reagiert – zwischen Anerkennung und Bedauern, Bewunderung und Mitleid. Gegen dieses Image des »Besonderen« wehren sich die meisten alleinerziehenden Frauen. Sie lehnen den Status der Außenseiterin ab und wollen zusammen mit ihren Kindern als das gesehen werden, was sie sind: eine Familie, nicht besser und nicht schlechter als andere auch (▷ Bunte Familien, Seite 340).

Dennoch gibt es Unterschiede zu einer Familie mit beiden Elternteilen, auf die sich alle alleinerziehenden Mütter einstellen müssen. Sie brauchen ein hohes Maß an innerer Stabilität und Gelassenheit neben einem ausgeprägten Organisationstalent, um beim Jonglieren zwischen Kindern und Beruf auch noch ein wenig Leben »für sich« leben zu können. Zusätzlich trifft Alleinerzieherinnen jedes finanzielle und soziale Problem, das auch für eine Familie mit Vater schwierig zu lösen ist, besonders hart. Der Mangel an gut ausgestatteten Kinder-Tageseinrichtungen und das Fehlen kinderfreundlicher Arbeitsplätze sind dabei die größten Lasten. Wer kann, wählt den Verbund mit Großeltern oder Geschwistern, lebt in einer Wohngemeinschaft oder mit einem Partner in nächster Nähe.

Nur sehr selten entscheidet sich eine Frau freiwillig dazu, ein Kind gänzlich ohne Vater – manchmal auch ohne sein Wissen – großzuziehen. Oft sind es die noch jungen, ledigen Mütter, bei denen bereits während der Schwangerschaft der Kontakt zum Kindesvater abbricht (▷ Vater unbekannt, Seite 358).

»Vater unbekannt«

Gibt die Frau bei der Geburt ihres Kindes den Namen des Vaters nicht an, ist das Standesamt verpflichtet, den Vermerk »Vater unbekannt« dem zuständigen Jugendamt zu melden. Die MitarbeiterInnen des Jugendamtes versuchen dann, die Frau zur Bekanntgabe des Namens zu bewegen, denn jede Kommune hat ein vitales Interesse daran, den unterhaltspflichtigen Elternteil zu finden. Nur dann können die Ansprüche der Mutter an ihn übertragen werden; andernfalls muß sie der Staat tragen.

- Nur wenn der Vater nicht auffindbar oder tatsächlich »unbekannt« ist – weil er vielleicht eine Urlaubsbekanntschaft oder kurze Affäre war –, übernimmt das Amt den Unterhaltsanspruch.
- Frauen, die den Vater des Kindes aus persönlichen Gründen nicht nennen wollen und dies auch mit persönlichen Motiven begründen (zum Beispiel, weil es sich um einen bereits verheirateten Mann handelt), müssen damit rechnen, daß das Jugendamt die Unterhaltsansprüche ablehnt.

Suche nach Identität

So unterschiedlich die Motive sein mögen, die eine Frau dazu bringen, den Namen des Kindesvaters nicht zu nennen – das Kind wird irgendwann nach seiner Herkunft fragen. Um sich als Person mit eigener Identität definieren zu können, will jeder Mensch den eigenen Ursprung kennen oder zumindest eine gewisse Vorstellung vom mütterlichen bzw. väterlichen Anteil haben. Dies gilt auch für Kinder, die einen »nur zahlenden« Vater haben, der jeden Kontakt mit seinem Kind verweigert.

Für die Kinder sind beide Formen der väterlichen »Abwesenheit« schwer zu verstehen und führen meist dazu, daß sich ein idealisiertes Vaterbild aufbaut (▷ Den Vater erhalten, Seite 364). Um sich auf die Fragen der Kinder nach dem Vater vorzubereiten, kann daher die Beratung in einer psychosozialen Einrichtung hilfreich sein (▷ Beratung, Seite 576).

Die weitaus größte Gruppe von Alleinerzieherinnen sind jene Frauen, die nach einer Trennung die Hauptverantwortung für die Erziehung der Kinder übernommen haben. Relativ groß ist auch die Gruppe derer, die den Partner und Vater durch Unfall oder Krankheit verloren haben (▷ Trennung durch Tod, Seite 366).

Nach der Trennung

Sich vom Vater gemeinsamer Kinder zu trennen, fällt schwer, selbst dann, wenn beide Elternteile diese Trennung wünschen. Kinder haben für die Entscheidung der Eltern meist kein Verständnis und erleben die familiäre Veränderung als Bedrohung. Eine Situation, die am ehesten aufgefangen werden kann, wenn es beiden Teilen gelingt, dem Kind glaubhaft zu zeigen: Wir trennen uns als Paar, aber wir bleiben deine Eltern (▷ Den Vater erhalten, Seite 364).

Dennoch gelingt es nur wenigen Alleinerzieherinnen, den anfänglichen Gefühlen von Hilflosigkeit, Angst und Selbstvorwürfen zu entkommen. Es quälen Zweifel, ob die Entscheidung richtig war und ob es gelingen wird, den Anforderungen »allein« standzuhalten. Gleichzeitig melden sich Gewissensbisse, ob man auch kindgerecht gehandelt hat. Viele Mütter geraten auf diese Weise kurz nach der Trennung in einen Zustand völliger Überlastung: Sie versuchen verzweifelt, die Trennungswunden bei den Kindern möglichst klein zu halten, während sie selbst Hilfe und Unterstützung brauchen. (▷ Trennungs- und Scheidungshilfen, Seite 106).

Veränderungen im sozialen Leben

Nach einer Trennung bewegt sich das Familienleben zwischen Abschied und Neuanfang, ein Zustand, der Wochen, auch Monate andauern kann. Fast alles muß radikal umgestellt werden: der Tagesrhythmus, die Organisation des Familienlebens und das finanzielle Umfeld. Wenn die Kinder an diesem Prozeß teilhaben dürfen, gewinnen sie Sicherheit:

• Versuchen Sie, alltägliche Aufgaben und Kompetenzen neu zu verteilen: Wer steht wann auf? Welches Kind ist für das Tischdecken zuständig, welches für das Frühstück? Wie gestaltet man die gemeinsamen Abende? Wann wird gemeinsam gekocht? Die Abwesenheit des Vaters wird besonders dann schmerzlich bewußt, wenn alles so bleiben soll, wie es vor der Trennung war.

• Versuchen Sie gemeinsam mit dem Vater, möglichst genaue Wochen- oder Monatspläne festzulegen: Wann sind die Kinder bei Ihnen, wann bei ihm? Wie werden die Ferien gestaltet? Je genauer und konkreter die Struktur, um so leichter für Sie und die Kinder. Sie wissen dann genau, wann sie ihren Vater wiedersehen (▷ Den Vater erhalten, Seite 364; ▷ Umgangsrecht, Seite 369).

• Sprechen Sie mit den Kindern über die Trennung, ohne sie zu Schiedsrichtern der Beziehung zu machen. Ganz wichtig ist, daß sie verstehen lernen, daß die Trennung von Mann und Frau nichts mit der Liebe der Eltern zu ihren Kindern zu tun hat. Passende Kinderbücher können dabei helfen (▷ Literatur, Seite 359).

• Sprechen Sie mit den Kindern auch über finanzielle Veränderungen: Daß nun für alle weniger Geld vorhanden ist und daß man die vorhandenen Mittel sparsam einteilen muß (▷ Finanzielles, Seite 362).

• Informieren Sie ErzieherInnen und LehrerInnen über die Situation. Es entlastet das Kind, wenn die BetreuerInnen wissen, daß die Familie in Trennung lebt.

• Der Freundeskreis ändert sich nach der Trennung. Manche Bekannte ziehen sich zurück, weil sie eher zum Mann halten; anderen ist das Zusammensein mit einer Alleinerzieherin zu anstrengend. Bevor neue Freundschaften entstehen, kann es lange dauern. Sie sollten sich anfangs auf eine Zeit mit weniger Kontakten einstellen (▷ Kontakte nach außen, Seite 364).

Mutter und Vater zugleich sein?

Viele Frauen meinen nach einer Trennung, nun müßten sie den Kindern Mutter und Vater zugleich sein. Für die Kinder ist es jedoch zunächst wichtiger, sich auf eine Mutter stützen zu können, die sich ihrer selbst sicher ist.

• Versuchen Sie herauszufinden: Wo liegen Ihre Vorlieben, Schwächen und Stärken bei der Kindererziehung? Damit grenzen Sie sich vom Vater ab. Sie müssen seine Verhaltensweisen nicht ersetzen und auch nicht ergänzen (▷ Selbst-Bewußt, Seite 23).

• Stehen Sie bewußt zu dem, was Sie als Alleinerzieherin können und was Sie nicht leisten wollen. Kinder verstehen sehr gut, warum Sie dieses oder jenes besser oder schlechter können, lieber oder weniger gern tun. Eine »unvollkommene Mutter unvollkommener Kinder« zu sein, genügt vollauf.

Die Wohnungsfrage

Bei der Entscheidung für oder gegen die bisherige Familienwohnung sollte die Einschätzung der Mutter ausschlaggebend sein: Den Kindern die Wohnumgebung zu erhalten wird zur Qual, wenn dafür

LITERATUR

Verena Ballhaus, Nele Maar
Papa wohnt jetzt in der Heinrichstraße
Modus Vivendi, Lohr am Main. DM 25

Antoinette Becker, Marlies Scharff-Kniemeyer
Und was wird aus uns?
Ravensburger, Ravensburg, 1991. DM 24

Laurene und Marc Brown
Die Scheidung auf Dinosaurisch. Ratgeber für Kinder und Eltern
Carlsen, Hamburg, 2. Auflage 1994. DM 22

die letzte Mark ausgegeben werden muß. Das gleiche gilt, wenn Räume und Einrichtung unerträglich mit unangenehmen Erinnerungen behaftet sind.

Familienwohnung erhalten

Meist fördern die Kinder den Entschluß, die Familienwohnung zu erhalten. Sie kennen die Umgebung, haben FreundInnen, Kindergarten und Schule in der Nähe. Diese Bedingungen sichern den Kindern den Lebensrahmen und entlasten die Mutter. Manche organisatorische Sorge entfällt, wenn im Notfall (▷ Seite 355) wohlwollende, vertraute NachbarInnen den Kindern die Tür öffnen. Die Größe der Wohnung und die Miete können dem Wunsch zu bleiben allerdings entschieden entgegenstehen.

Prüfen Sie den Mietvertrag genau: Welche Laufzeit hat er? Enthält er eine Staffelmiete, die sich von Jahr zu Jahr automatisch erhöht? Muß beim Auszug renoviert werden? Erst wenn Sie die langfristigen Kosten überschauen, können Sie kompetent entscheiden, ob es finanziell besser ist, (noch) zu bleiben oder sich etwas Neues zu suchen. Mietervereinigungen helfen bei der Entscheidung.

Die Sozialwohnung

Sozialwohnungen unterliegen für eine bestimmte Zeit einer Mietbindung, sind also relativ preisgünstig. Sie dürfen nur an »Berechtigte« vergeben werden. Bis zu einer bestimmten Einkommensgrenze gehören schwangere Frauen und alleinerziehende Eltern fast automatisch zum Kreis dieser Berechtigten; Schwangere und alleinerziehende Frauen werden außerdem in den meisten Ländern bei der Wohnungssuche »vordringlich gefördert«.

- Wenn Ihre Wohnungssuche an den finanziellen Bedingungen scheitert, sollten Sie sich auf jeden Fall an eines der zuständigen Ämter – meist das Wohnungs- oder das Gemeindeamt – wenden.
- Die Wohnungen werden nach verschiedenen Dringlichkeitsstufen vergeben. Eine »besondere Dringlichkeit« wird Alleinerzieherinnen meist auf den Jugend- und Sozialämtern bescheinigt.
- Eine Sozialwohnung muß nicht unbedingt winzig sein. So hat zum Beispiel Hessen festgelegt, daß für eine/n Alleinerziehende/n mit einem Kind zwei Wohnräume *nicht* ausreichen. Angemessen sind bis zu drei Wohnräume, zuzüglich Küche und Nebenräume.
- Auch Wohn- und Hausgemeinschaften sind im Rahmen der gesetzlichen Regelungen zum sozialen Wohnungsbau möglich. Die Wohnungsämter geben Auskunft.
- In Sozialwohnungen wohnen etwa viermal mehr Familien mit alleinerziehenden Müttern als andere Familien. Der Grund sind die niedrigen Nettoeinkommen von Alleinerzieherinnen.

Neue Wohnung suchen

- Dem Ansinnen, ihre Wohnumgebung zu wechseln, setzen so ziemlich alle Kinder – gleich welchen Alters – massiven Widerstand entgegen. Am ehesten sind sie zu überzeugen, wenn sie in die Suche eingebunden werden, wenn sie gemeinsam mit Ihnen Stadtteile, Straßenzüge und Einrichtungen erkunden können und ein Mitspracherecht bei den Beratungen über Größe und Lage bekommen. Je länger sich die Kinder mit dem bevorstehenden Umzug auseinandersetzen können, desto leichter fällt der Schritt.
- Wählen Sie eine Wohnung, die allen Raum bietet. Auch Sie selbst brauchen einen eigenen Bereich oder ein eigenes Zimmer, das von dem der Kinder deutlich abgegrenzt ist.
- Eine geschickte Wohnungswahl minimiert den organisatorischen Aufwand im Alltag. Nur wenn der Ort vernünftig an das Netz öffentlicher Verkehrsmittel angebunden ist, können sich die Kinder selbständig bewegen.
- Wer nicht »allein« mit den Kindern wohnen will, kann eine Wohngemeinschaft mit einer anderen alleinerziehenden Mutter gründen. Voraussetzungen für das Gelingen sind ein sehr gutes gegenseitiges Einvernehmen und Raum für alle: für die Kinder *und* die Mütter.

Alltag ohne Partner

Den Alleinerzieherinnen, die ohne Tages- und Wochenplan zurechtzukommen versuchen, gerät der Alltag unweigerlich zum Dauerlauf. Ihnen fehlen Ruheinseln und Freiräume, und so verlieren sie schnell die Fähigkeit, ihre eigenen Bedürfnisse zu erkennen (Seite 29).

Ein relativ strenges Zeitkorsett hilft, die Stunden einzuteilen. In den Zeitplan gehören die Abstimmung mit der Tagesmutter, dem Babysitter oder der Babysitterin, die Abstimmung mit dem Vater und die Koordinierung diverser Fixtermine: Schulbeginn und Schulende, Feste, Elternabende, Behördengänge, Arztbesuche, Einkäufe, Sport- und Nachmittagstermine der Kinder. Die eigenen Auszeiten werden ebenfalls festgelegt. Auch kleine Kinder lernen, das Bedürfnis nach Pause und Ausgleich zu akzeptieren (▷ Entspannung, Seite 569).

Dieses alles soll sich nun in die Koordinaten des Berufslebens möglichst reibungslos einfügen. Dabei kommt es jedoch unweigerlich zu Pannen. Fast jede alleinerziehende Mutter kennt Tage, an denen sich Katastrophe an Katastrophe reiht: Das Kind ist krank, die Tagesmutter im Urlaub, der Kindergarten macht einen Betriebsausflug, die Schule endet früher als geplant, der Vater ist auf Dienstreise – und die Vorgesetzten fordern zusätzliche Überstunden. Am besten sind jene Frauen dran, deren Gelassenheit im Angesicht des drohenden Untergangs wächst. Manche Situationen sind so ausweglos, daß man schließlich auch das tut, was »eigentlich« unmöglich ist. Einige nehmen »ausnahmsweise« ihre Kinder mit zur Arbeit, sie versuchen, Arbeiten mit anderen KollegInnen zu tauschen, oder sie engagieren StudentInnendienste. Trotz bester Planung bleibt vieles improvisiert und muß immer wieder von Fall zu Fall neu entschieden werden. Wer in der Not FreundInnen, andere Eltern oder Nachbarschaftshilfe organisieren kann, zählt in diesen Momenten zu den Glücklichen.

Im Beruf

Kinder und Beruf zu vereinbaren gleicht dem Jonglieren mit vielen Bällen. Schwierig zu lösen sind nicht nur die Fragen der Kinderbetreuung (▷ Seite 343), sondern auch die inneren Widersprüche. In keiner anderen Situation werden die Gewissensbisse alleinerziehender Mütter deutlicher. Sie leiden unter dem Gefühl, keiner der ihnen gestellten Anforderungen tatsächlich ausreichend gerecht zu werden. Im Büro denken sie an die Kinder, sobald sie zu Hause sind, quält sie der Gedanke an die liegengebliebene Arbeit am Schreibtisch.

Das Bemühen, das Unmögliche zu schaffen und an zwei Orten zugleich zu sein, fesselt jede einzelne in eine Tretmühle. Wer daraus aussteigen will, muß Berufs- und Familiensphäre klar und eindeutig voneinander abgrenzen.

- Überlassen Sie die Kinderbetreuung nur Menschen, denen Sie vertrauen (▷ Qualitätskriterien, Seite 353). Tun Sie das dann aber mit allen Konsequenzen: Wenn die Kinder dort sind, richten Sie keinen Gedanken mehr an ihr Wohlergehen, distanzieren Sie sich innerlich – bis zur Rückkehr.
- Vertrauen Sie Ihren Kindern. Wenn sie zu ErzieherIn oder Tagesmutter einen guten »Draht« aufbauen, haben die Kinder eine Bindung, die sie trägt. Anrufe, ob Sohn oder Tochter auch wirklich wohlauf sind, stören und irritieren.
- Vertrauen Sie Ihren Stärken als Mutter. Wichtig ist die Qualität der Zeit, die Sie gemeinsam mit den Kindern verbringen, nicht die Dauer! Die Kinder selbst sind mit ihrer Mutter und den gemeinsamen Momenten, in denen man füreinander da ist, meist durchaus zufrieden (▷ Zufriedene Mütter – Zufriedene Kinder, Seite 362).

Am Arbeitsplatz

Je besser es gelingt, gegenüber Vorgesetzten und KollegInnen Komplikationen offen zu vertreten, um so besser für das Arbeitsklima:

• Stellen Sie Tochter oder Sohn im Betrieb vor. Die KollegInnen und Vorgesetzten reagieren meist verständnisvoll auf familiäre Probleme, wenn sie sich ein Bild von Ihren Kindern machen können.
• Lassen Sie sich immer wieder mal von Ihren Kindern abholen. Es tut der Entwicklung der Kinder gut und gibt ihnen Sicherheit, wenn sie den Arbeitsplatz und die KollegInnen der Mutter kennen.

Zufriedene Mütter – Zufriedene Kinder

Studien zeigen immer wieder, daß alleinerziehende Mütter ihren Kindern ebensoviel Zeit widmen wie Frauen, die mit einem Partner bzw. dem Vater der Kinder zusammenleben. Nennenswerte Zeitunterschiede gibt es nur zwischen erwerbstätigen und nicht erwerbstätigen Frauen, ob alleinerziehend oder nicht.

Auch die Kinder scheinen mit ihren alleinerziehenden Müttern recht zufrieden zu sein. Bei einer 1993 durchgeführten Befragung unter österreichischen Kindern von Alleinerzieherinnen antworteten 44 Prozent, die Mutter hätte auch wochentags oft Muße und Zeit für sie; 74 Prozent bekräftigten dies zusätzlich für das Wochenende.

Doch die Frauen scheinen das anders zu empfinden. Sie plagt das schlechte Gewissen: Nur 28 Prozent gaben in derselben Umfrage an, sie hätten das Gefühl, für ihre Kinder an Wochentagen genügend Zeit aufzuwenden (▷ In Ansprüchen gefangen, Seite 310).

Chance für die Kinder

Aus der Notwendigkeit, daß alle gemeinsam und jeder entsprechend seinen Möglichkeiten dafür sorgen muß, daß der Alltag funktioniert, entsteht sehr oft ein demokratischer Lebensstil. Beide Teile, Mutter und Kinder, achten auf ihre eigenen Bedürfnisse und die der jeweils anderen. Vieles wird gemeinsam entschieden: von der Zeit des Abendessens bis zum gemeinsamen Urlaub. Es herrscht ein legerer Umgang, der allen Beteiligten Freiräume und auch Freiheiten gewährt. Dieser in Kleinstfamilien übliche partnerschaftliche Umgang eröffnet den Kindern große Chancen.

So stellte das Deutsche Jugendinstitut fest, daß die Kinder aus Alleinerzieherfamilien oft selbständiger, eigenverantwortlicher und selbstbewußter sind als andere. Sie laufen seltener Gefahr, sich von den traditionellen Verhaltensweisen des »typischen« Mädchens oder Jungens einschränken zu lassen. Sie lernen für sich ein größeres Spektrum an Kompetenzen kennen als Kinder aus traditionell zusammengesetzten Familien, und sie sind gegenüber geschlechtsspezifischen Diskriminierungen sensibler als andere Menschen.

Sich wehren

Nicht immer behandeln LehrerInnen oder ErzieherInnen Kinder einer alleinerziehenden Mutter genauso wie Kinder, die in einer Familie mit Mutter und Vater leben. Gegen Vorurteile oder Diskriminierungen sollte sehr schnell eingeschritten werden, zum Beispiel dann, wenn ein Betreuer oder eine Betreuerin – und sei es beiläufig – dem Kind suggeriert, ihm fehle etwas, weil es »nur« bei einem Elternteil aufwächst. Wenn klärende Gespräche erfolglos bleiben, hilft gegen die Diskrimierung des Kindes nur die Beschwerde bei den zuständigen Vorgesetzten. Dies gilt auch für Kommentare wie: »Kein Wunder, daß Ihr Kind Schwierigkeiten in der Schule hat. Es ist ja auch ein Scheidungskind.«

Finanzielles

Die finanzielle Situation der meisten Alleinerzieherinnen ist schlecht. Nur etwa die Hälfte von ihnen hat einen Arbeitsplatz, zwei Drittel davon sind Teilzeitjobs. Das wirkt sich auf das Einkommen aus: Etwas vierzig Prozent der alleinerziehenden Mütter gehen mit nicht mehr als 1.500 DM netto im Monat nach Hause. Viele brauchen die Hilfe des Sozialamtes, um den Lebensunterhalt aufzustocken. Zudem zeigen sich die Väter oft höchst zahlungsunwillig. Jeder fünfte ist nur in unregelmäßigen Abständen bereit, Geld für sein Kind zu überweisen, und nur selten erfolgt dies in der festgesetzten Höhe. Fast jeder sechste Vater »erspart« sich jegliche Zahlungen für sein nichteheliches Kind.

Unterhalt für die Kinder

Zu Unterhaltszahlungen wird immer der Elternteil verpflichtet, bei dem das Kind *nicht* lebt, in der weit überwiegenden Zahl der Fälle ist das der Vater. Die Höhe der Zahlungen richtet sich nach seiner Lebensstellung und nach seinem Einkommen. Um die Berechnung zu vereinfachen, gibt es sogenannte Regelbedarfssätze. Sie legen die Mindesthöhe der Zahlungen fest. Entsprechend dem Einkommen des Vaters werden diese Mindestsätze dann prozentual erhöht. Wer mehr verdient, muß also mehr zahlen. Außerdem sind die Regelbedarfssätze nach Altersgruppen der Kinder gestaffelt und werden alle zwei Jahre den Lebenshaltungskosten neu angepaßt. Die Jugendämter sind die wichtigsten Ansprechpartner, wenn es um die Höhe und Festlegung der Zahlungen geht.

Wenn der Vater seiner Unterhaltspflicht nicht regelmäßig oder nicht in entsprechender Höhe nachkommt oder nachkommen kann, hilft das Jugendamt weiter. Dort kann die Mutter im Namen des Kindes einen Antrag auf Unterhaltsvorschuß stellen und erhält dann das Geld von der öffentlichen Hand. Diese holt sich – soweit möglich – die Leistungen wieder vom Vater zurück. Anspruch auf einen Unterhaltsvorschuß haben aber nur Kinder, die das zwölfte Lebensjahr noch nicht vollendet haben. Die Vorschußzahlungen werden auch nicht länger als 72 Monate gewährt. Später haben die Mütter älterer Kinder nur die Möglichkeit, den Vater zu verklagen, wenn er nicht zahlt oder nicht zahlen kann. Bei der Frage gerichtlicher Schritte helfen auch die Jugendämter weiter.

Der Gang zum Sozialamt

Laufende Hilfe zum Lebensunterhalt

Sie wird nach Regelsätzen monatlich ausbezahlt. Die Höhe dieses Satzes ist in den einzelnen Ländern verschieden. Der Betrag orientiert sich am durchschnittlichen Verbraucherverhalten unterer Einkommensgruppen und ist nach Haushaltsvorstand und Lebensalter der Haushaltsangehörigen gestaffelt. Alleinstehende, die ein Kind unter sieben Jahren oder mehrere Kinder unter 16 Jahren versorgen müssen, haben zusätzlich Anspruch auf einen sogenannten »Mehrbedarfszuschlag«. Er kann zwanzig Prozent des Regelsatzes betragen, oft auch mehr. Außerdem übernimmt das Sozialamt die Kosten der Miete – sie darf allerdings eine vertretbare Höhe nicht übersteigen – und gibt einen Heizkostenzuschuß.

Einmalige Beihilfen

Sie werden zum Beispiel für Bekleidung oder Hausrat gewährt. Möglich sind auch Renovierungszuschüsse oder die Kostenübernahme von Versicherungen, zum Beispiel für die Haftpflichtversicherung. Nach diesen einmaligen Beihilfen muß aber immer mit Nachdruck und Ausdauer gefragt werden – es gibt Unterschiede von Kommune zu Kommune, manchmal auch unter den SachbearbeiterInnen. Zudem ist es möglich, sich von der Zahlung der Rundfunkgebühren befreien zu lassen, einen kostenermäßigten Telefonanschluß zu bekommen oder Berechtigungsscheine zu erhalten, um zum Beispiel Schwimmbäder oder andere öffentliche Einrichtungen verbilligt besuchen zu können.

Hilfe in besonderen Lebenslagen

Sie umfaßt unter anderem die Hilfe für werdende Mütter, Krankenhilfe, Kostenerstattung für empfängnisverhütende Mittel oder auch Hilfe zur Pflege. Geben Sie Einkünfte, Vermögen oder Rücklagen korrekt an, denn die Angaben werden überprüft. Wenn festgestellt wird, daß Sie Gelder verschwiegen haben, müssen Sie Hilfsleistungen zurückzahlen.

Sozialhilfe

Anspruch auf Sozialhilfe haben in Deutschland alle, deren Lebensunterhalt nicht gesichert ist. Zu dieser Gruppe zählen seit langem die alleinerziehenden Mütter und ihre Kinder, ältere Frauen mit einer zu geringen Rente und in stetig steigender Zahl Arbeitslose mit ihren Familien.

Einen grundsätzlichen Anspruch auf Sozialhilfe haben alleinstehende Mütter immer dann, wenn sie wegen der Erziehung ihrer Kinder für längere Zeit auf eine Erwerbstätigkeit verzichten oder verzichten müssen.

In der Sozialhilfe gilt der Grundsatz: Alle Leistungen sind *nachrangig*. Das heißt, bevor die öffentliche Hand zu Zahlungen bereit ist, wird geprüft, ob nicht noch eigenes Vermögen besteht und ob nicht nahe Angehörige unterhaltspflichtig sind. Nach bürgerlichem Recht haben Eheleute und Verwandte in gerader Linie, also Eltern und Kinder, die Pflicht, einander gegenseitig Unterhalt zu leisten.

Viele alleinerziehende Mütter mit zu geringem Einkommen scheuen daher den Weg zum Sozialamt. Sie fürchten, daß ihre Eltern zur Kasse gebeten werden könnten. Seit 1992 ist diese Zurückhaltung jedoch unbegründet, weil die Eltern der Mutter nicht mehr zum Unterhalt der Alleinerzieherin herangezogen werden dürfen. Dies gilt auf jeden Fall bis zum sechsten Lebensjahr der Kinder.

Kontakte nach außen

Jede Mutter läuft Gefahr, sich von der außerhäuslichen Lebenswelt abzusondern und zu isolieren. Für Alleinerziehende ist diese Gefahr besonders groß. Vor allem kurz nach der Trennung konzentriert sich fast alles auf die Kinder und den Beruf. Doch je besser der Alltag ohne Partner funktioniert, um so leichter gelingt es, sich wieder von FreundInnen und Bekannten anregen zu lassen. Weil das gesellige Leben aber fast ausschließlich auf Paare ausgerichtet ist, treffen AlleinerzieherInnen auf ähnliche Schwierigkeiten wie Singles (▷ Krisentage – Krisenzeiten, Seite 122; ▷ Kontakte knüpfen, Seite 123).

Den Vater erhalten

Manchen Paaren gelingt es, ihre Elternschaft auch nach der Trennung noch gemeinsam wahrzunehmen. Das entlastet die alleinerziehende Mutter spürbar. Ein Vater, der Schulsorgen teilt, der weiß, welchen Interessen die Tochter nachgeht und der regelmäßig und kontinuierlich am Leben seines Sohnes teilnimmt, bleibt den Kindern ein aufmerksamer Vater. Zudem vermitteln beide Elternteile ihren Kindern in einer solchen Situation eine wichtige Erfahrung: Sie lernen, wie Menschen, die einander einmal etwas bedeutet haben, auch nach einer Trennung verantwortungsbewußt miteinander umgehen. Gleichzeitig verhindert der regelmäßige Kontakt mit dem Vater, daß die Kinder ihn überhöhen und idea-

KONTAKT

Verband alleinstehender Mütter und Väter (VAMV)
Von-Groote-Platz 20, 53173 Bonn
Tel.: 0228/35 29 95, Fax: 35 83 50

Bundesministerium für Umwelt, Jugend und Familie
Radetzkystraße 2, 1030 Wien
Tel.: 0222/53 47 50, Fax: 5 35 48 03

Schweizerischer Verband alleinerziehender Mütter und Väter. Zentralsekretariat
Postfach 4213, 8022 Zürich
Tel.: 01/2 12 25 11, Fax: 2 12 24 45

LITERATUR

Gunhild Gutschmidt, Helga Häsing
Handbuch Allein Erziehen
Rowohlt, Reinbek, 1992. DM 14,80

Von wegen Privatvergnügen

Er löste sich von seiner Biografie mit 800 Mark im Monat (...) Nehmen wir an, ich machte nun von meinem »Recht« Gebrauch, nicht zu arbeiten, bis mein Jüngster neun Jahre alt ist, und kassierte einstweilen Sozialhilfe – steht mir ja schließlich zu (...) Die Folge wäre, daß ich auf einen Großteil meiner Rente verzichten müßte und vermutlich keine Chance auf einen qualifizierten Job mehr hätte. Warum habe ich jahrelang einen Studienplatz beansprucht und meinen Verstand ausgebildet?

Ich hatte die Wahl, werden Sie sagen, Kinder oder Karriere. Wenn dem so ist, können Sie mir einen Grund sagen, warum wir uns für Kinder entscheiden sollten?

Verstehen Sie mich nicht falsch, es gibt unendlich viele Gründe Kinder zu haben. Es gibt keinen Tag, an dem ich nicht dankbar bin, die Mutter dieser beiden Prachtkerle zu sein. Aber kein Betriebsrat und vermutlich auch kein Arbeitnehmer wäre bereit, mit dem Argument, »Sei froh, daß Du überhaupt Arbeit hast« auf Lohnanpassungen zu verzichten (...)

Hätte ich aufgehört zu »arbeiten«, hätte ich keinen Anspruch auf Rente und Arbeitsplatz. Weil ich aber weitergearbeitet habe, habe ich keinen Anspruch auf angemessenen Unterhalt. Aber der eigentliche Schrei ist ein anderer (...) Kinderaufzucht und -erziehung muß endlich als gesellschaftlich notwendige Arbeit anerkannt und entsprechend entlohnt werden.

Gehen Sie (auch) davon aus, daß der sogenannte Generationenvertrag erfüllt wird, daß also eine Generation nach Ihnen bereit und in der Lage ist, Ihren Ruhestand zu finanzieren? Um das zu garantieren, müssen neue Menschen geboren und erzogen werden. Eine höchst anstrengende, zeit- und nervenraubende Arbeit.

Bevor ich morgens aus dem Haus gehe, »um zu arbeiten«, erwarten zwei Kinder saubere Kleidung, Frühstück und ein Pausenbrot, wollen zwei Schulranzen kontrolliert sein. Es besteht Schulpflicht. Theoretisch könnte ich zumindest diese Arbeit – zwei kleine Staatsbürger rechtzeitig um acht Uhr in einem öffentlichen Gebäude erscheinen zu lassen – der Polizei überlassen. Ich hab' es noch nicht ausprobiert. Vielleicht würde ich mich sogar strafbar machen? Weil ich meinem Privatvergnügen nicht nachkomme! (...)

Glauben Sie, daß Frauen auch in Zukunft bereit sein werden, diese Arbeit (...) umsonst und ohne soziale Absicherung zu leisten? Nur weil es so schön ist, wenn ihre Kinder ihnen strahlend einen Gutenachtkuß geben? Sind Sie sich dessen sicher?

Und was, wenn sie streiken? Wenn sie entweder keine Kinder mehr kriegen oder sie nicht mehr erziehen wollen? Wenn sie über Waschen, Kochen, Wäschestopfen, Esseneinkaufen und Wohnungaufräumen hinaus keine Lust und Kraft mehr haben, aus Wilden zivilisierte Menschen zu machen? Wessen Problem sind die Kinder dann? Es ist keine biologische Selbstverständlichkeit, daß aus Frauen Mütter werden, aber es ist eine soziale Notwendigkeit.

Helga Strasser:
Kinder erziehen ist schön, mühsam, nervtötend – und unterbezahlt.
Ein zorniger Schrei einer alleinerziehenden Mutter,
aus: Die Zeit, Nr. 5, 1996, in gekürzter Fassung.

lisieren. Er wird sichtbar in seinen Stärken und Schwächen, die Kinder können ihre eigenen Erfahrungen mit ihm machen und sind nicht auf die Erzählungen der Mutter angewiesen.

Vor allem kleine Kinder sollten beide Elternteile immer regelmäßig sehen. Sie haben ein anderes Existenzempfinden als Erwachsene: Nur wer bei ihnen ist, gehört zu ihnen. Wer lange abwesend ist, wird kaum als zugehörig betrachtet. Außerdem entwickeln sich Kleinkinder außerordentlich schnell, so daß es nach längerer Abwesenheit oft kaum noch möglich ist, diese Entwicklung nachzuvollziehen.

Innere Widerstände

Kaum eine alleinerziehende Mutter ist frei von ambivalenten Gefühlen, wenn der Vater kommt, um das Kind abzuholen. Schließlich hat sie sich von diesem Mann getrennt oder wurde von ihm verlassen – in jedem Fall gibt es eine gemeinsame Geschichte mit zahlreichen Wunden. Jeder Kontakt mit ihm und jede Einflußnahme von ihm auf das Kind kann schmerzen. Oft ahmen Tochter und Sohn Verhaltensweisen, Mimik oder Gestik des Vaters nach. All das kann an den früheren Partner erinnern und tiefe Ablehnung hervorrufen. So verlangt das Bemühen, Eltern zu bleiben, von beiden Partnern ein hohes Maß an Toleranz, innerer Stärke und Einsicht.

Es ist das Recht der Kinder, den Vater zu sehen. Nur wenn er bewußt versucht, Zwietracht zwischen Mutter und Kinder zu säen, wenn er sich absichtlich nicht an Absprachen hält oder die gemeinsame Planung willkürlich ändert, ist zu überlegen, ob der Kontakt unter Umständen eingeschränkt werden muß.

> **Ferien vom Kind**
>
> Alleinerzieherinnen tendieren dazu, nur dann Ferien zu machen, wenn auch die Kinder frei haben. Doch jede Frau braucht auch Urlaub vom Kind. Am einfachsten gelingt dies, wenn der Vater seinen Ferienpart übernimmt. Vielleicht lassen sich aber auch andere Familien finden, mit denen die Kinder während der Ferien im Wechsel betreut werden.
>
> Je nach Alter der Kinder und Geldbeutel der Familie können Kinder für ein, zwei oder sogar mehr Wochen »alleine« verreisen. Das beginnt beim Besuch der Großeltern und endet bei längeren Sprachreisen. Reisebüros und das Jugendamt informieren unverbindlich auch für schmale Geldbeutel.

Wunsch und Wirklichkeit

Fast die Hälfte aller Kinder aus getrennten oder geschiedenen Ehen haben schon nach etwa einem Jahr keinen Kontakt mehr zum Vater. Nach zwei Jahren hat sich die Gruppe auf drei Viertel vergrößert. Der geschiedene oder getrennt lebende Vater, der tatsächlich regelmäßigen Kontakt zu seinem Kind hält, ist also selten.

Väter, die die emotionale Beziehung zu ihrem Kind abbrechen und nur noch Unterhalt zahlen, kann niemand mit einer wie auch immer gearteten Maßnahme zur Fortsetzung der Beziehung zwingen. Für die Kinder ist das außerordentlich schmerzhaft. Sie fühlen sich nicht nur vom Vater verlassen, sondern auch verstoßen und in ihrem Selbstbewußtsein verletzt.

Trennung durch Tod

Den Partner durch Krankheit oder Unfall zu verlieren, während die Kinder noch unselbständig sind, trifft doppelt. Während man selbst verlassen ist und trauert, brauchen die Kinder für ihren Abschied vom Vater Begleitung und Unterstützung. Ohne helfende FreundInnen und Verwandte ist diese Zeit kaum zu überstehen – allein ist damit jede Mutter überfordert.

Jede ungewollte Trennung stellt das Leben radikal in Frage; nichts scheint mehr so, wie es war. Besonders schmerzhaft ist diese Situation, wenn der Partner plötzlich und völlig unerwartet stirbt, so daß sich niemand auf den Abschied vorbereiten konnte.

Durch den Tod des Vaters merken Kinder plötzlich, daß die Existenz der Eltern nicht selbstverständlich ist. Sie entwickeln Ängste; oft fürchten sie, nun auch die Mutter zu verlieren. Sie klammern sich an sie und weichen vertrauten Personen kaum noch von der Seite. Diese Angst, die verbliebenen Liebsten zu verlieren oder sie allein zurücklassen zu müssen, quält auch die Frauen.

Den Verlust verarbeiten

Während der sogenannten Trauerarbeit heißt es, sich von gewohnten Zusammenhängen zu verabschieden. Die Ablösung besteht aus einzelnen Phasen, die durchlebt werden müssen, bis der geliebte Mensch jenen Platz in der Erinnerung gefunden hat, mit dem Mutter und Kinder einen normalen Alltag weiterleben können (▷ Alltag ohne Partner, Seite 361).

Trauerarbeit verlangt Phasen der Ruhe, des Rückzugs, des Nachdenkens und der Besinnung. Es wird ja nicht nur das Nie-mehr-Wiederkehren des Partners beweint, sondern auch der Verlust vieler kleiner Gewohnheiten, das Entbehren von Vertrautem.

Müttern wie Kindern hilft es, über den verlorenen Menschen sprechen zu dürfen, sich Fotos anzusehen, in Erinnerungen an ihn einzutauchen. Auch wenn die Gespräche zunächst weh tun und Kummer machen – der Frau gelingt auf diese Weise der Abschied vom Partner, den Kindern der Abschied vom Vater.

Im Austausch miteinander können Mutter, Kinder und alle, die den Verstorbenen gekannt haben, die Erinnerung an einen Menschen mit Stärken und Schwächen lebendig halten. So wird verhindert, daß der Verstorbene als unfehlbare Person auf Dauer glorifiziert wird. Andernfalls kann in den Kindern das Bild eines idealisierten Übervaters entstehen; in der Frau der Eindruck, mit einem Mann gelebt zu haben, an den kein anderer mehr je heranreicht.

Rechtliches

So gut wie jede Konstellation zwischen Müttern, Vätern und Kindern ist gesetzlich geregelt. Für detaillierte Auskünfte zu speziellen Fragen ist immer das jeweilige Jugendamt zuständig.

Sorgerecht

Für ein Kind das Sorgerecht zu haben, bedeutet, es bis zu seiner Volljährigkeit gesetzlich zu vertreten. Die oder der Sorgeberechtigte beschließen zum Beispiel, welche Art von schulischer Erziehung dem Wohl des Kindes am besten dient, sie können für das Kind Lehr- und Arbeitsverträge abschließen und entscheiden, wie es im Krankheitsfall behandelt werden soll. Sorgeberechtigte können jederzeit verlangen, daß jemand, dem sie das Kind in Obhut gegeben haben, es wieder daraus entläßt – sie können den Aufenthaltsort des Kindes bestimmen.

Der Elternteil, dem das Sorgerecht zugesprochen wurde, behält es in der Regel auch, bis das Kind volljährig ist. Nur wer die Sorgerechtspflichten grob fahrlässig vernachlässigt, das Kind verwahrlosen läßt, sich nicht um die Ernährung kümmert, körperlich gewalttätig ist oder psychische Schäden verursacht, muß damit rechnen, daß ihr oder ihm das Sorgerecht entzogen wird.

Sorgerecht bei nichtehelichen Kindern

Nach den bis 1996 geltenden Gesetzen haben die Mütter nichtehelicher Kinder fast immer das alleinige Sorgerecht – unabhängig davon, ob sich der Vater für das Kind engagiert oder nicht, ob er für Tochter oder Sohn mitsorgt oder nicht. Bis zur Jahrtausendwende soll dieses Gesetz allerdings verändert werden und den Eltern nichtehelicher Kinder die gleichen Möglichkeiten gewähren wie den Eltern ehelicher Kinder: Das heißt, es soll auch ein gemeinsames Sorgerecht möglich werden.

Sorgerecht bei ehelichen Kindern

Grundsätzlich gibt es zwei Möglichkeiten: gemeinsame Sorge und Sorgerecht bei nur einem Elternteil.

Wenn sich die Eltern nach einer Trennung oder Scheidung in Fragen der Kindererziehung einig sind und ein gemeinsames Sorgerecht wünschen, steht dem nichts im Wege. Wenn es allerdings schon im Vorfeld der richterlichen Entscheidung zu Streitigkeiten gekommen ist, überträgt das Familiengericht die elterliche Sorge meist nur auf einen der beiden Partner. In der Regel ist das – vor allem bei kleinen Kindern – noch immer die Mutter. Sind die Kinder etwa 12 bis 14 Jahre alt, geht die Rechtsprechung davon aus, daß sich die Jugendlichen selbst ein Bild von den unterschiedlichen Lebensverhältnissen bei Vater und Mutter machen können. Das heißt, die Kinder werden gefragt, wo sie leben wollen, und meist entspricht dann das Familiengericht den jeweiligen Wünschen der Kinder.

Grundprinzip der richterlichen Entscheidung über das Sorgerecht ist immer das Wohl des Kindes, nicht, welcher Elternteil es am heftigsten einfordert. Entscheidendes Kriterium ist die persönliche Bindung des Kindes an den zukünftigen Sorgeberechtigten. Dabei zählen Fragen wie: Wer hat bisher den Hauptteil der Betreuungsarbeit geleistet? Bleiben die Kinder in der gewohnten Umgebung, zum Beispiel in der bisherigen Schule?

Wenn ein Elternteil dem ehemaligen Partner die Kinder für längere Zeit überläßt – zum Beispiel für ein Jahr Auslandsaufenthalt –, muß er oder sie Schwierigkeiten einkalkulieren, danach das Sorgerecht zu behalten.

Reformdiskussion

Seit 1995 wird immer wieder eine Veränderung des Sorgerechts diskutiert. Die Bestimmungen sollen dahingehend abgeändert werden, daß nach einer Trennung oder Scheidung zunächst grundsätzlich beide Elternteile das Sorgerecht behalten. Nur wenn beide Eltern es ausdrücklich wünschen oder wenn es absolut notwendig ist, soll die elterliche Sorge einem Elternteil allein übertragen werden. Dieser Ansatz stößt allerdings auf heftige Kritik von vielen Frauen, fürchten sie doch, daß die Väter dann zwar nach Belieben auf ihre väterlichen Rechte pochen, aber keine Pflichten übernehmen werden, so wie sich bereits heute drei Viertel aller Väter nach einer Scheidung von ihren Pflichten distanzieren (▷ Wunsch und Wirklichkeit, Seite 366).

Namensrecht

Wer den Namen der Kinder nach einer Scheidung ändern lassen will, wird auf Probleme stoßen: Meist lehnen es die Behörden ab, den Namen von ehelichen Kindern zu ändern. Heiratet die Mutter erneut und nimmt den Namen des zweiten Mannes an, behalten die Kinder dennoch ihren ursprünglichen Familiennamen. Auf diese Weise gibt es heute bereits viele Familien, deren Mitglieder drei oder vier unterschiedliche Familiennamen haben (▷ Bunte Familien, Seite 340).

Nichteheliche Kinder erhalten zunächst den Namen ihrer Mutter. Wenn die Mutter nach der Geburt heiratet und wünscht, daß das Kind nun den Namen des Mannes tragen soll, kann dies mittels einer Einbenennung geschehen. Das Jugendamt beglaubigt den Wunsch beider Erwachsener nach Einbenennung des Kindes, die dann auf dem Standesamt beurkundet wird.

Anerkennung der Vaterschaft

Etwa zwei Drittel aller nichtehelichen Väter erkennen ihre Vaterschaft freiwillig an. Das örtliche Jugendamt nimmt darüber eine öffentliche Urkunde auf und regelt in dieser normalerweise auch die Unterhaltsverpflichtung des Vaters gegenüber dem Kind (▷ Unterhalt für die Kinder, Seite 363).

Wird die Vaterschaft nicht freiwillig anerkannt, so kann sie auf Klage des Kindes – vertreten durch die Mutter oder MitarbeiterInnen des Jugendamtes –

festgestellt werden. Mutter und/oder Staat prozessieren dann als Vertreter des minderjährigen Kindes gegen den Vater und versuchen, ihn mit Hilfe von Bluttests zu ermitteln (▷ Unterhalt für die Kinder, Seite 363).

Umgangsrecht

Grundsätzlich steht jedem Vater eines ehelichen Kindes ein Umgangsrecht mit seinem Kind zu. Wie das konkret aussieht, wird bei der Scheidung festgelegt: die Zahl der Nachmittage, Tage und Wochenenden sowie der zeitliche Anteil an den Ferien, den der Vater mit seinen Kindern »offiziell« verbringen darf beziehungsweise soll.

Eine Mutter, die den Vater vom Umgangsrecht ausschließen lassen möchte, muß vor Gericht nachweisen, daß es dem Wohl des Kindes schadet, wenn Vater und Kind Zeit zusammen verbringen. Ein solcher Ausschluß vom Umgangsrecht ist allerdings nicht ohne weiteres zu erwirken. Agitationen und verbale Attacken des Vaters gegen die Mutter akzeptiert das Gericht nicht als Beleg dafür, daß das Wohl des Kindes in Frage gestellt sei. Anders ist es, wenn der Vater gegenüber dem Kind gewalttätig wird oder es sexuell mißbraucht. Wenn das Kind persönlichen Schaden nimmt, wird der Vater per Gerichtsbeschluß vom Umgangsrecht ausgeschlossen. Damit verliert er das Recht auf Kontakt zu seinem Kind.

Nichtehelichen Vätern steht gesetzlich bis heute kein Umgangsrecht zu (▷ Sorgerecht bei nichtehelichen Kindern, Seite 367). Wie oft und in welcher Weise sich Vater und Kinder begegnen, liegt allein im Ermessen der Mutter (▷ Den Vater erhalten, Seite 364). Auch hier werden Reformen diskutiert. Nichteheliche Väter sollen zumindest beim Umgangsrecht den ehelichen gleichgestellt werden.

Die Freigabe eines Kindes zur Adoption

Etwa 70 Prozent der Kinder, die zur Adoption freigegeben werden, werden von ledigen Müttern geboren. Allerdings können sich nur wenige Frauen sofort nach der Entbindung zu diesem gravierenden Schritt entschließen. Unabhängig von den Gründen, die die Frauen bewegen, ihr Kind wegzugeben, bedenken die meisten die Entscheidung sehr lange und gründlich – fast jede quält sich mit dem Gefühl, als Mutter versagt zu haben. So leben die Kinder oft lange in Pflegefamilien oder Heimen. Dem Wohl des Kindes dient dieser Wartezustand auf eine Rückkehr »nach Hause« allerdings nicht. Dieses vor allem dann nicht, wenn sich das Kind in einer Pflegefamilie wohlfühlt und eine enge Bindung zu Pflegeeltern und Geschwistern aufbaut.

Allerdings macht es die derzeitige Adoptionsregelung den Frauen auch schwer, ihr Kind freizugeben. Bisher kennt das Gesetz nur die Inkognito-Adoption, bei der sich leibliche und Adoptiveltern nicht kennenlernen. Wenn eine Frau also ihr Kind zur Adoption freigibt, verliert sie meist jeden Kontakt zu Tochter oder Sohn. Für alle Beteiligten hilfreicher wären Modelle einer »Offenen Adoption«, wie sie in einigen Kommunen erprobt werden.

Bei einer solchen »Offenen Adoption« gehen zwar alle Rechte auf die neuen Eltern über, aber die leibliche Mutter darf weiterhin Kontakt zum Kind halten. Oft geschieht dies über die Vermittlung der Jugendämter, manchmal aber auch zwischen den Eltern direkt: Nach genau vereinbarten Regeln und zu festgelegten Zeiten kann die leibliche Mutter mit ihrem Kind sprechen, Kontakt pflegen und ein wenig an seiner Entwicklung teilnehmen.

Diese Konstellation verlangt von den Adoptiveltern, ihre Angst zu überwinden, sie könnten das Kind emotional verlieren. Ihre Befürchtung ist allerdings fast immer unbegründet. In einem offenen Verhältnis gewinnen meist alle Beteiligten: das Kind, weil es seine leibliche Mutter kennt, die Adoptiveltern, weil sie dem Kind von Beginn an einen leichten Zugang zur eigenen Herkunftsgeschichte ermöglichen, und die leibliche Mutter, die sich mit weniger Schuldgefühlen quält, wenn sie sieht, daß eine gute Lösung für alle Beteiligten gefunden wurde.

ALLTAG

F.B.

Initiativen

Sprachlos bis abwehrend reagieren viele Menschen auf politische Entscheidungen. In ihnen hat sich der Eindruck verfestigt, das »große« Weltgeschehen sei kaum zu beeinflussen. Funk und Fernsehen verbreiten vornehmlich Schrecken. Eine unbestimmte Angst steigt auf und das Gefühl, bedroht zu sein. Aber auch die »kleine« Politik der Kommunen kann das Fürchten lehren: Bibliotheken und städtische Bühnen schließen, weil die Gemeindekassen leer sind, das nahe Ausfluggebiet wird zur Gewerbefläche.

Gegen die Ohnmacht und die diffuse Zukunftsangst sind zwei Strategien vorherrschend: Rückzug ins Private oder Engagement. Für manche Frauen beginnt der Weg in »die große Politik«, indem sie eine Elterninitiative ins Leben rufen oder soziale Aufgaben übernehmen. Sie haben einmal die Luft einer »Bewegung« geschnuppert und können kaum noch davon lassen.

Ähnlich ist es mit dem bewußten Genuß von Kultur. Weil Kultur aber zugleich die Gesellschaft spiegelt, können ein Konzert oder das Betrachten eines Bildes auch dazu anregen, »das große Ganze« zu überdenken. Im besten Fall legt Kunst Gefühle bloß und Gedanken frei, löst Vorurteile auf und weckt das Verständnis für Lebenszusammenhänge. So führt sie auf fremde Pfade und eröffnet bislang verschlossene Perspektiven.

In allen kulturellen Bereichen veranstalten Frauen Programme, die bewußt aus der weiblichen Lebenserfahrung entstehen. Wo was läuft, steht in den Lokalzeitungen und in den Szeneblättern; auch die Mitarbeiterinnen im Frauenbuchladen oder im Frauenbüro wissen Bescheid. Manchmal gibt es dort auch Tips für Alleinausgeherinnen; zum Beispiel einen Begleiterinnen-Service, bei dem sich Frauen mit ähnlichen Interessen kennenlernen und über die Generationen hinweg Kontakte knüpfen können.

Sich einmischen

Wenn in der Nachbarschaft gebaut wird, ohne daß ein Spielplatz eingeplant ist, wenn die Stadt Gelder für die Frauenberatung kürzt und der Bundestag die Frauenarbeitslosigkeit kleinrechnet, wird schmerzhaft spürbar, daß wichtige Entscheidungen an den Frauen vorbei oder gegen sie getroffen werden. Am deutlichsten wird das in den Bereichen Wirtschaft, Finanzen und Soziales.

Das beste Mittel gegen das Gefühl der Ohnmacht ist Engagement. Das bedeutet jedoch nicht unbedingt, in einer Partei aktiv zu werden. Auch Zivilcourage im Alltag ist politisches Handeln: den Mann zurechtweisen, der im Bus einen Farbigen anpöbelt; sich schützend vor das Kind stellen, das ein Erwachsener schlagen will; den Autofahrer anzeigen, der seinen Sperrmüll im Wald ablädt.

Frauen greifen ein

In den meisten Bürgerinitiativen sind Frauen in der Mehrheit. Sie reagieren auf die Probleme, die ihnen in ihrer nächsten Umgebung auf den Nägeln brennen. Zum politischen Leben tragen Frauen weniger durch Diskussionen oder taktisch-strategisches Handeln bei als vielmehr durch konkretes Tun und greifbaren Protest.

So trugen zum Beispiel die Frauen einen großen Teil der Bürgerrechtsbewegung in der ehemaligen DDR. Der Zähigkeit prominenter Oppositioneller, wie Bärbel Bohley, ist es zu verdanken, daß die offizielle Politik unter Druck geriet. Ähnlich agieren Frauen in der Ökologie- und Friedensbewegung, wenn sie unbeirrbar Aktionen vor Ort organisieren. Die Solidarität und die gemeinsamen Erfahrungen stärken nach innen und außen; die Gruppe gibt vor allem dann zusätzlichen Rückhalt, wenn heftige Widerstände überwunden werden müssen, und sie erzeugt Druck von der sogenannten Basis.

TIP

Treffpunkte, Einrichtungen

Ob Sie im Chor singen oder in einer Theatergruppe mitwirken möchten, Ihren eigenen Videofilm machen, tanzen oder eine Sprache lernen möchten: Eine Fülle von Vereinen, Initiativen, Volkshochschulen und Bildungseinrichtungen bieten sich für spezielle Interessen an. Diese Freizeit- und Bildungsangebote gibt es für Frauen und Männer, aber überall haben sich auch spezielle Angebote für Frauen etabliert: Frauensportvereine und -gesangvereine, Frauenwandergruppen und -theatergruppen.

Frauen, die ausdrücklich unter sich bleiben wollen, treffen sich an speziellen »Frauenorten«. Solche Frauenräume schufen die Gruppen der Frauenbewegung in den 70er Jahren, damit sich Frauen ungestört treffen und selbstverwaltet arbeiten können (▷ Politik in vernetzten Projekten, Seite 383). Diese Einrichtungen vereinen verschiedene Aspekte: miteinander Freizeit verbringen, gemeinsam lernen, sich unterstützen, politisch und kulturell arbeiten. Inzwischen sind Kultur-, Ferien- und Bildungshäuser für Frauen ebenso selbstverständlicher Bestandteil der Kulturszene wie Frauenmuseen und -galerien und Frauenkulturbüros.

Wer zum ersten Mal solche Frauenräume betritt, registriert die entspannte Atmosphäre: Die Stimmung ist offen und ungezwungen. Die Diskussionen konzentrieren sich auf die Themen und Inhalte der Veranstaltung.

LITERATUR

Regina Cugat Schoch, Gerhard Theato
Frauen-Adreßbuch Deutschland
Heyne, München, 1994. DM 12

Luise Pusch
Ladies first. Ein Gespräch über Feminismus, Sprache und Sexualität
Palette, Bamberg, 1993. DM 20

Lust an politischer Macht

»Lust an der Macht« erscheint vielen Frauen noch immer anrüchig und ihrem Selbstverständnis widersprechend. Diese Zurückhaltung hat Tradition, denn in früheren Zeiten konnten bestenfalls die Kurtisanen der Lust an der Macht frönen. Doch das war geliehene Macht – abhängig von anderen. Einen eigenständigen Einfluß auf die Politik erhielten Frauen erst mit der Einführung des allgemeinen Wahlrechts (▷ Seite 379).

Politisch erfolgreiche Frauen lassen sich von Kompetenz beflügeln und der Lust, Entscheidungen nach eigenen Ideen realisiert zu sehen. 1996 bewiesen unter vielen anderen die Bundesverfassungsrichterin Jutta Limbach, Bundestagspräsidentin Rita Süßmuth, die Grünen-Politkerin Antje Vollmer und die Ministerpräsidentin von Schleswig-Holstein, Heide Simonis, tagtäglich, wie gut Frauen mit politischer Macht umgehen können. Ihre Kommunikationsfähigkeit ist ausgeprägt, sie können gut zuhören und sich auf andere einstellen. Damit beeinflussen sie die politische Kultur.

Angst vor der Macht?

Bedeutende Positionen erfordern Auseinandersetzungen mit der Konkurrenz. Vor allem um politische Positionen werden Schlachten geschlagen. Eine Voraussetzung, um zu bestehen, ist Selbstbewußtsein (▷ Seite 23). Eine andere ist die solidarische Unterstützung durch Gleichgesinnte und Verbündete (▷ Lobbyarbeit, Seite 385). Gleichzeitig muß jede Frau, die sich auf den Weg nach oben macht, ihr eigenes, ganz persönliches Verhältnis zur Macht und ihre Angst davor klären.

- Sie müssen sich darauf einstellen, bei vielen unbeliebt zu sein, ja, sogar Feinde zu bekommen.
- Sie müssen üben, Pläne gegen den Willen anderer zu formulieren und durchzusetzen.
- Sie müssen ein klares Ziel festlegen und auf dem Weg dorthin kontinuierlich mit Verbündeten zusammenarbeiten.

Das Ehrenamt

In Wohlfahrtsverbänden, Kirchengemeinden, Parteien und Gewerkschaften arbeiten Frauen ehrenamtlich-unsichtbar. Sie erbringen freiwillig und unentgeltlich ohne Arbeitsvertrag Dienstleistungen. Eine berufliche Qualifikation ist dafür meist nicht erforderlich. Die Arbeiterwohlfahrt gibt an, daß in den unmittelbaren Hilfsdiensten 80 Prozent Frauen und 20 Prozent Männer ehrenamtlich engagiert sind. Insgesamt gehen die Statistiken in Deutschland davon aus, daß etwa fünf Millionen Menschen ehrenamtlich tätig sind und dabei rund 240 Mio. Stunden Arbeit pro Monat leisten.Weite Bereiche der sozialen Versorgung würden zusammenbrechen, wenn diese Arbeit bezahlt werden müßte. Doch nur wenige Frauen sind sich der sozialpolitischen Bedeutung ihrer Leistungen bewußt. Sie, deren unentgeltliche Arbeit als Hausfrau als selbstverständlich angesehen wird, sind vielfach froh, eine Aufgabe zu haben, wenn die Kinder aus dem Haus sind oder sie aus einem wenig befriedigenden Arbeitsleben entlassen werden. Das »Ehrenamt« gibt dem Leben Sinn und Anerkennung. Doch kaum je gewährt es Einfluß auf wichtige Entscheidungen oder Organisationsstrukturen. Im Gegenteil: Die unbezahlte Arbeit verfestigt finanzielle Abhängigkeiten, zum Beispiel vom Partner oder von staatlicher Unterstützung. Und weil Ehrenamtliche Arbeit verrichten, für die sonst feste MitarbeiterInnen eingestellt werden müßten, helfen sie – ungewollt – dem Staat, Arbeitsplätze zu sparen. Oft genug handelt es sich dabei um potentielle Frauenarbeitsplätze.

Die machtvollen und wirklich mit Ehre bedachten Ämter in den Aufsichtsräten und Beratungsgremien der Industrie oder in den oberen Etagen der Parteien und Verbände werden mit üppigen »Aufwandsentschädigungen« dotiert. Dort sieht man nur selten eine Frau.

Anders ist das in den Frauenorganisationen, die eigenständig und weitgehend unabhängig neben Männerorganisationen bestehen, wie zum Beispiel im Sozialdienst katholischer Frauen.

Planen und mitentscheiden

Seit Mitte der achtziger Jahre beteiligen sich Frauen sehr aktiv an der Stadtplanung und der Gestaltung ihres Wohnumfeldes. Ein Beispiel: Die Neubausiedlung Kirchdorf in Hamburg sollte umgebaut und wohnlicher gemacht werden. Ein Kollektiv von Bewohnerinnen, Architektinnen und Stadtplanerinnen erstellte eine Liste mit den konkreten Bedürfnissen der Menschen in der Siedlung. Gemeinsam mit den MieterInnen suchten sie in monatelangen Gesprächen nach Lösungsmöglichkeiten. Der Verein »Frauen bauen um« wurde gegründet, die Verbesserungsvorschläge wurden veröffentlich, ein Erneuerungskonzept beim Bundesministerium für Bauen und Wohnen eingereicht. Die Stadt Hamburg beantragte Fördermittel für den Umbau beim Bundesministerium. Das Ministerium stellte Mittel in Aussicht, wenn der Verein »Frauen bauen um« mit der Planungsberatung beauftragt würde. Die Frauen konnten nun ein Beratungsbüro vor Ort einrichten. Ihr Einsatz lohnte sich: Die Innenhöfe wurden umgestaltet, nutzbare Spielplätze eingerichtet und mehr Bäume gepflanzt, man sorgte für ausreichende Beleuchtung, legte Gemeinschaftseinrichtungen und Gärten mit großen Terrassen an und schuf einen Kinder-Bauernhof und eine Mofa-Werkstatt.

KONTAKT

FOPA e.V.
(Feministische Organisation von Planerinnen und Architektinnen)
Adlerstraße 81, 44137 Dortmund

LITERATUR

Antje-Susan Pukke
Mehr Erfolg für Frauen. Netzwerke, Interessengruppen, Vereine, Bürgerinitiativen, Selbsthilfegruppen, soziale Einrichtungen, Verbände und Parteien
Goldmann, München, 1993. DM 12,90

Frauen in der Politik

»Offiziell« können sich Frauen in Deutschland erst seit 1918 an der Politik beteiligen, nachdem sie sich das Wahlrecht erkämpft hatten (▷ Frauenwahlrecht, Seite 379). Diese relativ kurze Zeit politischer Präsenz ist mit ein Grund dafür, daß sie sich in der traditionellen Politik oft wie auf einem anderen Stern fühlen. Schließlich haben sich dort, von Männern für Männer, formelle Regeln und Verfahren und informelle Formen der Anerkennung und Unterstützung herausgebildet, die den Frauen fremd sind. In diesen »männerbündisch« geprägten Ritualen und der Sprache des politischen Alltags müssen sich politisch aktive Frauen zunächst mühsam zurechtfinden.

Die Parteien

In den Parteien finden sich mittlerweile erfahrene Frauen, die wissen, was sie wollen, aber immer noch an den Hürden zur Macht scheitern. 1996 wurde keine der im Bundestag vertretenen Parteien von einer Frau geführt, obwohl in den letzten Jahren in allen Parteien die Zahl der weiblichen Mitglieder gestiegen ist. Abgesehen von Bündnis 90/Die Grünen sind Frauen in allen Parteien unterrepräsentiert. Das wirkt bis tief ins politische Alltagsgeschäft zurück, denn überall, wo politische Entscheidungen getroffen werden, spielen die Parteien die entscheidende Rolle.

Eine SPD-Studie hat ermittelt, daß die jüngeren Mitgliedsfrauen überdurchschnittlich aktiv und hoch qualifiziert sind. 70 Prozent sind hochmotiviert, Verantwortung zu übernehmen. Es ist anzunehmen, daß dies für alle Parteien gilt. Wie engagiert die Frauen versuchen, Fuß zu fassen, zeigt ihre Arbeit auf der Ebene der Ortsvereine. Auf den nächst höheren Ebenen, wird der Anteil der Frauen jeweils geringer. Je nach Partei wird dann sichtbar, ob und wie weit eine Quotenregelung (▷ Seite 377) den Frauenanteil dann steigert.

Hindernisse in den Parteien

Parteiarbeit ist mühsam, weil in ihr die gleichen Regeln wirken wie in anderen politischen Organisationen: Die Inhalte, der Diskussionsstil, die Sprache, die Formen der Anerkennung sind von Männern geprägt und auf sie zugeschnitten. Weil die Entscheidungsabläufe in Initiativen kaum formalisiert sind, fühlen sich Frauen dort meist wohler (▷ Politik in vernetzten Projekten, Seite 383).

Für Frauen ist auch hinderlich, daß Parteiarbeit vorzugsweise am Abend stattfindet, wenn sie sich meist der Familienarbeit widmen. Wut und Resignation erfüllen engagierte Frauen, deren Geduld in jahrelangen Zerreißproben verschlissen wird (▷ Frauenpartei DIE FRAUEN, Seite 378).

Quotenmacht?

In den Parteien, die eine Quotenregelung eingeführt haben, ist der Anteil der Frauen erheblich gestiegen. Die SPD hat sich verpflichtet, die Vorstände der Parteigremien mit mindestens 40 Prozent Frauen zu besetzen; im Bundestag hat sie die 33 Prozent-Quote bereits erfüllt. Im Parteivorstand hat sich der Frauenanteil seit 1984 mehr als verdoppelt. Bei Bündnis 90/Die Grünen sind alle führenden Ämter zu 50 Prozent quotiert. Mit über 59 Prozent hat die Fraktion von Bündnis 90/Die Grünen den höchsten Frauenanteil im Bundestag, gefolgt von der PDS mit 43 Prozent und der SPD mit 34 Prozent Frauen.

Die wenigsten Frauen fanden sich 1996 in den Bundestagsfraktionen, die sich nicht zu einer Quote verpflichteten: Die FDP zählt nur 17 Prozent und die CDU/CSU nur 13 Prozent Frauen in ihren Reihen.

Wie Frauen an Macht kommen

- Bei Angeboten: sofort »Ja« sagen. Wer zögert und lange abwägt, läuft Gefahr, daß die Zweifel siegen, daß die unvermeidlichen Angriffe auf die Kompetenz mürbe machen, daß der dann mehr belastete Partner oder die vermeintlich vernachlässigte Familie ein schlechtes Gewissen machen.
- Kultivieren Sie die klassischen Fähigkeiten von Überlebenskünstlerinnen: Aufmerksamkeit, Klugheit, Vorsicht. Vertrauen Sie Ihrer Ahnung, Ihrem Fingerspitzengefühl, der Witterung für Krisen, lauernde Gefahren und drohende Angriffe.
- Schwächen und Unsicherheiten begleiten jede Karriere. Wenn Sie Ihre Grenzen kennen, können Sie Strategien entwickeln, sie zu erweitern. Sie können konsequentes Argumentieren trainieren und den Umgang mit Feinden. Wichtig ist, daß Sie VerbündeteundloyaleMitstreiterInnenfindenundin einem Netzwerk stabil eingebunden sind.
- Wer nach oben will, muß kämpfen. Seine Kräfte klug einzuteilen bedeutet, lieber *eine* Auseinandersetzung zu Ende zu führen, als fünf auf halbem Wege aufzugeben.

Frauen zur »Wendezeit«

Beim Aufbruch aus 40 Jahren Realsozialismus waren die Frauen in erster Reihe dabei. Innerhalb weniger Wochen formierte sich aus unorganisierten Frauengruppen der »Unabhängige Frauenverband« (UFV), der sich einen eigenen Platz am Runden Tisch erstritt. Die Frauen beteiligten sich entscheidend an den Diskussionen.

Unter dem Slogan »Ohne Frauen ist kein Staat zu machen« versuchten Frauen, wie Ina Merkel, Christina Schenk und Tatjana Böhm, die Verhandlungen um die neue, gesamtdeutsche Verfassung mitzugestalten. So sollte zum Beispiel im Grundgesetz das Recht der Frauen auf Arbeit besonders geschützt werden. Die Frauen formulierten Anträge, die ihnen das Recht auf eine eigenständige ökonomische Existenz sichern und ungeschützte Arbeitsverhältnisse verhindern sollten.

Die Hoffnungen aller, Westdeutscher wie Ostdeutscher auf eine Wende der deutschen Frauenpolitik wurden jedoch enttäuscht. Das Modell »West« wurde zur Leitidee – die Frauen »Ost« wurden die Verliererinnen der Einheit (▷ Arbeitslos, Seite 269; ▷ Kinderbetreuung, Seite 343).

Frauenpartei DIE FRAUEN

Am 11. Juni 1995 gründete sich die Feministische Partei DIE FRAUEN mit Sitz in Bonn. Die 270 Gründungsfrauen, viele davon erfahren in der Parteiarbeit, verabschiedeten ein Parteiprogramm, das einen radikalen Wertewandel in der Wirtschaft, in der Entwicklungspolitik und in Bildungsfragen fordert:

- Die nationale und internationale Wirtschaft darf weder auf Kosten der Frauen noch auf Kosten der Natur arbeiten. Es müssen regionale, sozial kontollierbare Wirtschaftsräume geschaffen werden, in denen im Einklang mit der Natur und in demokratischer, kreativer Weise das produziert wird, was die Grundbedürfnisse der Menschen in der Region abdeckt.
- Die Konsum- und Produktionsgewohnheiten in den Industrieländern müssen in Richtung auf einen sparsameren Umgang mit der Natur und die gezielte Entwicklung eines sozialen und ökologischen Bewußtseins verändert werden.
- Alle Lebensweisen sollen gleichberechtigt existieren. Der Staat muß Alleinlebende und Paare, Verheiratete oder Unverheiratete, Heterosexuelle oder Homosexuelle gleich behandeln. Jede Person soll individuell sozial abgesichert und besteuert werden.
- Jedes Kind soll ab dem vollendeten ersten Lebensjahr in einer öffentlichen Einrichtung in Kleinstgruppen mit ausgebildetem pädagogischem Fachpersonal angemessen betreut werden können.
- Alle Menschen, die ihren Lebensmittelpunkt in Deutschland haben, sollen politisch gleichgestellt sein. Das bedeutet insbesondere, daß ausländische Ehefrauen ab dem Tage ihrer Einreise ein eigenständiges Aufenthaltsrecht haben. Angehörige anderer Nationalitäten sollen nach zwei Jahren das aktive und nach fünf Jahren das passive Wahlrecht erhalten.

Nach einer Umfrage des Fernsehsenders »n-tv« befürworten 48 Prozent der Bundesbürgerinnen die Gründung der Partei DIE FRAUEN. Am ehesten wird die Frauenpartei von den 18- bis 29jährigen bejaht.

Der Bundestag

Bei allen Bundestagsparteien besetzen Männer den Partei- und Fraktionsvorsitz, die Zentren der Macht, in denen bedeutende Entscheidungen fallen. Politikerinnen, die sich bis 1995 um diese Ämter bewarben, scheiterten schlicht deshalb, weil sie Frauen waren – auch wenn das nicht offen so begründet wurde, sondern unter Sachargumenten versteckt wurde.

Die Regierung

Ganze zwei Ministerinnen wies die deutsche Regierung zu Beginn des Jahres 1996 auf, und sie bekleideten typische Frauenressorts: Das Umweltministerium hatte Angela Merkel inne, das Bundesministerium für Jugend, Familie und Senioren bekleidete Claudia Nolte. Nennenswerte Reformen der politischen Landschaft wird es jedoch erst dann geben, wenn Frauen auch in »harten« Ressorts Politik machen: Finanzen, Außenpolitik, Innere Sicherheit, Wirtschaft, Verteidigung (▷ Frauenpolitik, Seite 380). Kompetente Anwärterinnen für diese Posten sind durchaus vorhanden.

Blick nach Norden

Fast überall in der Welt sitzen dort, wo »große« Politik betrieben wird, Männer. Rühmliche Ausnahme ist Nordeuropa. So saß zum Beispiel 1995 in Schweden auf jedem zweiten Kabinettsplatz eine Frau. Die Frauen hatten Schlüsselpositionen, wie das Außen- und Justizministerium, inne. In Dänemarks Kabinettsrunde saßen acht Ministerinnen, davon eine Wirtschafts- und eine Gewerbeministerin, zwölf Ministern gegenüber.

1990 wählten die NorwegerInnen Gro Harlem Brundtland zum dritten Mal zur Ministerpräsidentin. Mit neun Ministerinnen von 19 Kabinettsmitgliedern war die halbe Regierung weiblich. Das Familienministerium, in anderen Ländern klassisches Frauenressort, besetzte ein Mann.

Frauenwahlrecht

Bis ins 20. Jahrhundert waren Frauen faktisch von der Politik ausgeschlossen: Sie durften nicht wählen und konnten nicht gewählt werden. Das »Preußische Vereinsgesetz«, das von 1850 bis 1908 galt, verbot es Frauen sogar, politische Vereine zu gründen oder an politischen Veranstaltungen teilzunehmen. Mit diesem Gesetz reagierte die Regierung auf die erste organisierte Frauenbewegung in Deutschland, aus der um die Jahrhundertwende die Stimmrechtsbewegung hervorging.

Trotz polizeistaatlicher Repression organisierten die Frauen weiterhin Vereine unter immer neuen Namen, an immer wieder anderen Orten. Vor allem die Arbeiterinnenvereine gerieten häufig mit dem Gesetz in Konflikt. Sie hatten sich aus verschiedenen Manufaktur- und Industriebereichen zusammengeschlossen und kämpften aus blanker Existenznot dafür, daß die Fabriken soziale Mindeststandards einhielten.

Die Forderung der Frauen nach dem Wahlrecht und damit nach einer Beteiligung an der Staatsmacht stieß auf heftigen Widerstand. Die Gegner schlossen sich sogar zu einem »Antifrauenstimmrechtsbund« zusammen. Sie begründeten ihre Haltung damit, daß Frauen keinen Militärdienst leisteten.

Bereits 1873 hatte die Schriftstellerin Hedwig Dohm als erste Frau in Deutschland öffentlich das Stimmrecht gefordert. Die Frauen der bürgerlichen Frauenbewegung verhielten sich jedoch überwiegend abwartend. Sie glaubten, daß die Männer ihnen das Stimmrecht freiwillig zugestehen würden, wenn sie sich dessen als würdig erwiesen hätten, indem sie etwa in Kommunal- und Sozialarbeit ihre staatsbürgerliche Pflicht erfüllten. Die radikalen Feministinnen hingegen sahen im aktiven und passiven Wahlrecht die Voraussetzung dafür, daß sich die Lage der Frauen grundsätzlich änderte.

Trotz des preußischen Vereinsverbots gründeten zur Jahrhundertwende die bekanntesten Vertreterinnen des radikalen Flügels der Frauenbewegung, Anita Augspurg und Lida Gustava Heymann, den ersten »Deutschen Verein für Frauenstimmrecht«. In der Folge entstanden zahlreiche weitere Frauenstimmrechtsvereine, die sich zu immer größeren Verbänden zusammenschlossen. Die bedeutendste Organisation dieser Art wurde 1916 der »Reichsverband für Frauenstimmrecht«.

Am 12. November wurde die Weimarer Republik ausgerufen. Zugleich führte der Rat der Volksbeauftragten das gleiche, geheime, direkte und allgemeine Wahlrecht für alle männlichen und weiblichen BürgerInnen über zwanzig Jahren ein.

Bei den ersten Wahlen im Januar 1919 kandidierten 310 Frauen für die Nationalversammlung. 37 wurden gewählt – weltweit die größte Anzahl weiblicher Abgeordneter, nachdem sie als Frauen das Wahlrecht zum ersten Mal wahrnehmen durften.

Zwei berühmte weibliche Abgeordnete im Deutschen Reichstag waren 1920 Clara Zetkin, die wichtigste Vertreterin der proletarischen Frauenbewegung, und Marie Juchacz, die Gründerin der Arbeiterwohlfahrt.

Lange Zeit wählten Frauen eher konservativ und meist wie ihre Männer. Das hat sich in den letzten Jahren geändert. Heute wählen vor allem junge Frauen unabhängig von dem, was der Partner ankreuzt. Den größten Wählerinnenanteil können SPD und Bündnis 90/Die Grünen verbuchen.

Platz der Frauen?

Im Bundestag

Der 13. Deutsche Bundestag hat den höchsten Frauenanteil seit seinem Bestehen: 178 weibliche Abgeordnete wurden gewählt. Das entspricht einem Anteil von 26,4 Prozent gegenüber 20,4 Prozent bei der vorangegangen Bundestagswahl.

Den niedrigsten Frauenanteil hat die CSU mit 12 Prozent (6 Frauen), gefolgt von der CDU mit 15,1 Prozent (37 Frauen) und der FDP mit 17 Prozent (8 Frauen). Die SPD hat ihre beschlossene Drittelquote mit 34,1 Prozent (86 Frauen) erreicht. Die PDS kommt auf 43 Prozent (13 Frauen). An der Spitze stehen Bündnis 90/DieGrünen mit 59,1 Prozent (29 Frauen).

In der Bundesregierung und in den Landesregierungen

In den Landesregierungen lag der Frauenanteil 1995 zwischen 45,5 Prozent in Schleswig-Holstein und 20 Prozent in Thüringen.

Die Bundesregierung präsentierte sich hingegen als traditionelle Männerriege. Nur zwei Frauen hatten einen Ministerinnensessel. Zusätzlich gab es im Kabinett fünf Parlamentarische Staatssekretärinnen.

Im europäischen Parlament

Seit dem Beitritt Finnlands, Schwedens und Österreichs zur EU am 1. Januar 1995 sind 171 der 626 Abgeordneten des europäischen Parlaments Frauen; das entspricht 27,3 Prozent und bedeutet einen Anstieg seit 1989 um 8,8 Prozent.

Nach der Analyse des Europäischen Netzwerks »Women in Decision-Making« werden nahezu alle Länder der Europäischen Union zukünftig mehr Frauen in das europäische Parlament entsenden. 1995 war Dänemark mit sieben weiblichen von insgesamt 16 Abgeordneten Spitzenreiter – das entspricht einem Frauenanteil von 43,7 Prozent. 35 der insgesamt 99 deutschen Abgeordneten waren Frauen.

Frauenpolitik

Vor allem auf der partei- und der regierungspolitischen Ebene wird Frauenpolitik gerne mit Familienpolitik gleichgesetzt. Politik, die wirklich das Leben der Frauen betrifft, erschöpft sich jedoch nicht in der Diskussion um das Recht auf einen Kindergartenplatz, denn die lebensbestimmenden Entscheidungen fallen nicht im Familienressort. Lebensnotwendige Geldmittel verteilt der Finanzminister, die Sozialleistungen regelt der Arbeits- und Sozialminister, die Arbeitsmarktchancen von Frauen beeinflußt der Wirtschaftsminister. Deshalb muß Frauenpolitik in allen politischen Feldern stattfinden.

In den Parteien, Verwaltungen und Betrieben heißt Frauenpolitik – sofern sie überhaupt verankert ist – meist Gleichstellungspolitik. Darunter ist, abhängig von der politischen Couleur, das Bestreben zu verstehen, mehr Frauen in Führungspositionen zu wählen und/oder es ihnen zu erleichtern, Beruf und Familie zu vereinbaren.

Außerhalb der Institutionen gibt es eine Vielfalt von Initiativen und Netzwerken mit klaren frauenpolitischen Zielen (▷ Politik in vernetzten Projekten, Seite 383).

Der Gleichheitsgrundsatz

»Männer und Frauen sind gleichberechtigt« – Artikel 3, Absatz 2 des Grundgesetzes. 1949 setzte Elisabeth Selbert, eine der vier Frauen im Parlamentarischen Rat, diese uns heute so geläufige Formulierung durch. Formal gesehen haben Frauen die gleichen Rechte wie Männer, faktisch bleiben ihnen aber wesentliche Mitwirkungsmöglichkeiten verschlossen: der Zugang zu den Schaltstellen in Wirtschaft, Verwaltung und Rechtssprechung. In den Führungspositionen sitzen 96,4 Prozent Männer und 3,6 Prozent Frauen. Diese Verteilung blieb über 40 Jahre lang weitgehend unangetastet.

1994 wurde die Verfassung geändert. Heute heißt es zusätzlich: »Der Staat fördert die tatsächliche Durchsetzung der Gleichberechtigung von Frauen und Männern und wirkt auf die Beseitigung bestehender Nachteile hin.« Damit wurde die Frauenförderung im Grundgesetz verankert. Mit welchen Mitteln das Ziel der Gleichberechtigung erreicht werden soll, wurde allerdings nur in einem laschen Bundesgesetz zur Frauenförderung definiert (▷ Seite 382).

In den Ländern

Die Länder legen den Auftrag des Grundgesetzes unterschiedlich aus. Seit Mitte der 90er Jahre gibt es fast überall landesspezifische Frauenförderpläne, wobei sich die jeweiligen Regelungen sehr deutlich entsprechend den politischen Farben der Regierungen unterscheiden. So gibt es in fast allen SPD- oder Rot-Grün-regierten Ländern ein verbindlich festgelegtes Gesetz zur Frauenförderung, in den CDU- und CSU-regierten Ländern hingegen meist nur wenig verbindliche Richtlinien. Am deutlichsten zeigt sich das bei den Regelungen zur Quote (▷ Seite 377).

Ressortübergreifend interpretieren die Landesgesetzgeber »ihre« Frauenförderung unterschiedlich; dazu eine Auswahl aus Nordrhein-Westfalen:

- Das Frauen- und Arbeitsministerium unterstützt Qualifizierungsangebote für Berufsrückkehrerinnen.
- Im Bildungsbereich wird versucht, durch Schulversuche die Mädchen für naturwissenschaftlich-technische Berufe zu motivieren.
- Aus dem Wissenschaftsressort kommen spezielle Stipendien für junge Wissenschaftlerinnen.
- Im Landwirtschaftsbereich sollen Bäuerinnen durch Weiterbildungen unterstützt werden.
- In der regionalen Wirtschaftsförderung gibt es höhere Finanzmittel, wenn neue Dauerarbeitsplätze für Frauen geschaffen werden.

Die Länge der Maßnahmenliste mit wohlklingenden Förderprogrammen sagt jedoch noch nichts über ihre Qualität. Wichtig ist, ob die angestrebten Förderungen die Frauen überhaupt erreichen und welche Wirkung sie schließlich entfalten (▷ Frauenförderung auf dem Prüfstand, Seite 382).

Damit Fördermaßnahmen erfolgreich in die Tat umgesetzt werden können, müssen sie von einem möglichst breiten Konsens getragen werden. Dazu gehören engagierte Mitarbeiterinnen, die ihre Interessen innerhalb der Betriebe, Verbände und Verwaltungen aktiv einfordern. Aber auch die Fraueninitiativen außerhalb der Bürokratien sind gefordert: Oft verfügen kleine Gruppen über mehr Durchsetzungskraft als Politikerinnen, die in der Parteidisziplin gefangen sind.

Über die Dauer, die Zielrichtung und Wirkung der Programme und Projekte auf Landesebene wissen die Frauenministerien am besten Bescheid. Dort sind auch die jeweiligen Gesetzestexte und Richtlinien zu erhalten und kritisch zu überprüfen.

In den Kommunen: die Frauenbeauftragten

In verschiedenen Bereichen der Bundes-, Landes- und der kommunalen Ebene gibt es Gleichstellungsstellen. Sie sind ein weiteres Instrument, um den Gleichheitsgrundsatz der Verfassung in die Realität umzusetzen.

LITERATUR

Barbara Schaeffer-Hegel u.a.
Frauen mit Macht. Zum Wandel der politischen Kultur durch die Präsenz von Frauen in Führungspositionen
Centaurus, Pfaffenweiler, 1995. DM 36

Sabine Asgodom, Monica Weber-Nau (Hrg.)
Frauen machen Politik: So engagieren Sie sich, so finden Sie Ihre Ziele, so setzen Sie sich durch
Econ, Düsseldorf, 1995. DM 19,90

Cathrin Kahlweit
Damenwahl. Politikerinnen in Deutschland
Beck, München, 1994. DM 17,80

Der Rat der Stadt bestimmt die Aufgaben der Gleichstellungs- oder Frauenbeauftragten. Meist geht es darum, bei Stellenbesetzungen innerhalb der Verwaltung darauf zu achten, daß die Bewerbungen von Frauen ausreichend berücksichtigt werden (▷ Quotenmacht? Seite 377). Die beauftragten Frauen organisieren Weiterbildungsangebote für die Beschäftigten innerhalb des öffentlichen Dienstes, und sie beraten Frauen bei der Karriereplanung. Sie beteiligen sich an der Personalpolitik innerhalb der Stadt und an der Entwicklung und Umsetzung von Frauenförderplänen. Oft ist ihr Einfluß jedoch auf eine beratende Funktion beschränkt. Das häufig geforderte Vetorecht für die Gleichstellungsbeauftragten bei allen Ratsentscheidungen ist noch lange nicht in Sicht.

Dennoch sind die Frauenbüros mit ihren Beauftragten inzwischen zu einer Lobby (▷ Seite 385) für die Fraueninteressen innerhalb des öffentlichen Dienstes geworden. Über eigene Netzwerke versuchen sie, ihren Einfluß bis in die Bundesregierung geltend zu machen.

Ein anderer Teil der Arbeit von Frauenbeauftragten ist nach außen gerichtet. Sie kümmern sich zum Beispiel um Arbeitsmarktfragen, die Förderung von Kinderbetreuungseinrichtungen, Frauenhäuser, Notrufgruppen, Schwangerschaftkonfliktberatung, Bildungsangebote, Wiedereingliederungsprogramme und die Berücksichtigung von Fraueninteressen bei der Stadtplanung. Jede Frau, die sich über frauenspezifische Fragen informieren möchte, kann sich an das Frauenbüro wenden. Sie kann dort auch individuelle Lösungen ihres Anliegens erwarten. Frauenbüros fungieren vor allem als Wegweiser; sie können an spezifische Beratungseinrichtungen verweisen. Oft sind sie eine Schaltstelle der Zusammenarbeit mit autonomen Fraueninitiativen, -verbänden und -vereinen und helfen daher, die Netzwerkarbeit zu verdichten.

TIP

Frauenförderung auf dem Prüfstand

• Wie lange wird die jeweilige Förderung laufen, und wieviele Frauen wird sie erreichen? »Modelle« über einen Zeitraum von zwei Jahren nützen wenig, weil sie die Strukturen kaum verändern. Je langfristiger eine Förderung, um so effizienter ist sie, und um so größer ist ihre Chance, sich im Landeshaushalt als selbstverständlich zu etablieren.

• Wieviel Geld wird den Frauen tatsächlich zur Verfügung gestellt, und in welchem Verhältnis steht diese Summe zu anderen Mitteln, zum Beispiel für Schützenvereine oder Vertriebenenverbände?

• Dienen die Maßnahmen tatsächlich dazu, die Frauen langfristig zu stärken, oder geraten sie durch die Förderung womöglich in stärkere Abhängigkeiten als zuvor zum Beispiel durch falsche Qualifizierungen?

• Wo wird der Rotstift angesetzt, wenn der Landeshaushalt Löcher aufweist? Das Sparen im Frauenbereich hat eine lange Tradition.

• Wirksame Maßnahmen müssen als Anspruch formuliert sein, der sich rechtlich einklagen läßt.

• Sind Sanktionen verankert für diejenigen, die sich über die vereinbarten Maßnahmen hinwegsetzen?

Frauenpolitik beurteilen

Keine Partei kann es sich leisten, die Hälfte seiner Wählerschaft zu mißachten. Keine lehnt in ihrem Programm das Ziel Gleichberechtigung ausdrücklich ab. Mit dem Thema Frauenpolitik versuchen sie sich ein fortschrittliches Image zu geben.

Wie weit Bild und Wirklichkeit auseinanderklaffen, können Frauen prüfen, indem sie verfolgen, welche Lösungen die jeweiligen Parteien für bestimmte frauenrelevante Themen vorschlagen und ob sie in die politischen Entscheidungen einfließen:

• Wie ernst es eine Partei mit ihren Versprechen gegenüber Frauen meint, können Sie zum Beispiel daran messen, wie viele Kandidatinnen die Partei im Vergleich zur Zahl der Männer für die nächste Wahl nominiert.

• Die Parteiprogramme verraten einiges: »Kann«- und »Sollte«-Formulierungen sind unbedeutende Absichtserklärungen. Bestenfalls »Muß«-Bestimmungen werden Veränderungen bewirken.

Politik in vernetzten Projekten

In den 70er Jahren durchliefen Wellen des Protestes große Teile Europas. Zu Hunderttausenden gingen Frauen auf die Straße, um gegen Abtreibungsverbot, eheliche Gewalt und für neue, unabhängige Lebensformen zu protestieren. Die autonome Frauenbewegung entstand mit zahlreichen Gruppen, aus denen sich unterschiedliche Projekte entwickelten.

Noch heute verfolgen Frauenprojekte immer zwei Ziele gleichzeitig: Sie helfen einzelnen Frauen in Notsituationen oder organisieren praktische Bildungsarbeit mit und für Frauen; andererseits unterstützen sie Frauen darin, die gesellschaftlichen Rahmenbedingungen ihres Lebens zu verändern und einer Frauenkultur Raum zu geben.

Aus diesen Frauenprojekten formte sich ein noch nie dagewesenes Netzwerk frauenspezifischer Fachzusammenschlüsse: Baufachfrauen, Frauen in den Medien, an Hochschulen, im Management usw. Zu diesen Netzwerken kommen Berufsverbände, wie der Deutsche Ärztinnen- oder Juristinnenbund, die Deutsche Hausfrauengewerkschaft oder der Deutsche Verband berufstätiger Frauen, hinzu. Außerdem gibt es Frauenfachgruppen in gemischten Berufsverbänden, wie der Arbeitskreis Elektroingenieurinnen im VDE. Es gibt Stiftungen und Frauenförderkreise.

Als Antwort auf die Männergesellschaft der Rotary Clubs, Lions Clubs usw. – eben das Old Boys Network – gründeten sich Clubs mit internationalen Föderationen, wie zum Beispiel Zonta International und Soroptimist International.

Die Vernetzungen zwischen Verbänden und Vereinen, Frauenfachgruppen und politischen Frauenorganisationen geben engagierten Frauen die Chance, eine Lobby für ihre jeweiligen Interessen zu bilden (▷ Seite 385).

Seilschaften

Der Begriff »Seilschaften« provoziert bei vielen Frauen erhebliche Abwehr. Fast alle Frauen, seien sie in den Parteien, der Wissenschaft oder in der Wirtschaft tätig, müssen erleben, wie sich männliche Konkurrenten beim Aufstieg helfen, indem sie sich gegenseitig den Steigbügel halten. Nach dem Prinzip »Eine Hand wäscht die andere« hilft einer dem anderen, unabhängig von Qualifikationen, Arbeitsplätze zu ergattern, Karriereleitern zu erklimmen usw. Man verbindet sich über wechselseitige Hilfsdienste, die zur Solidarität zwingen und Einflußbereiche sichern.

Diesen Männerbünden, zu denen zum Beispiel auch die Freimaurerlogen gehören, haftet intensiv der Geruch der Korruption an. Ihre Aktivitäten widersprechen demokratischen Spielregeln, die die Verteilung der Macht transparent und kontrollierbar halten wollen.

Eine solche »vertikale Förderung« unter Frauen wäre es zum Beispiel, wenn die Professorin einer Studentin zu einer Assistentinnenstelle verhilft oder

LITERATUR

Marianne Weg, Otti Stein (Hrg.)
Macht macht Frauen stark. Frauenpolitik für die 90er Jahre
VSA-Verlag, Hamburg, 1988. DM 19,80

E. Mohnen-Behlau, H.-E.- Meixner
Frauengleichstellungspolitik und Frauenförderung. Frauenförderung in Verwaltung und Wirtschaft
Walhalla und Praetoria, Regensburg, 1991. DM 15

Frauen messen Politik

	Wovon geht die jeweilige Partei aus?	Welche Lösungen bietet die jeweilige Partei an?
Beispiel: Arbeitsmarktpolitik	• Thematisiert sie Frauenerwerbsarbeit als Problem? • Beschreibt sie die Gleichstellung der Frauen in der Arbeitswelt als zentrale Aufgabe der Wirtschafts- und Strukturpolitik? • Versteht sie die Förderung der Erwerbstätigkeit von Frauen als Teil der Arbeitsmarktpolitik? • Setzt sie sich für eine konsequente Umverteilung von Arbeit, Einkommen und Macht zwischen Männern und Frauen ein?	• Fordert sie verbindliche Regelungen bzw. gesetzliche Bedingungen für Privatwirtschaft und öffentlichen Dienst, um mit konkreten Maßnahmen die Erwerbstätigkeit von Frauen zu fördern? • Fördert sie Frauenunternehmen bzw. -projekte? Gibt es Frauenförderpläne für Zukunftsbranchen, die Quotierung von Ausbildungsplätzen in Betrieben, Wiedereinstiegsprogramme? • Macht sie die Förderung von Frauen und die Vergabe von qualifizierten Arbeitsplätzen an Frauen zur Bedingung, wenn sie Unternehmen wirtschaftlich fördert?
Beispiel: Vereinbarkeit von Beruf und Familie	• Sieht sie die Vereinbarkeit von Beruf und Familie als gemeinsames Problem von Frauen und Männern? • Wo liegt der Schwerpunkt? Steht die Familie im Zentrum, mit der der Beruf vereinbart werden muß, oder ist der Beruf zentral, dem die Familienbedingungen angepaßt werden müssen?	• Was schlägt sie konkret vor, wie Männer stärker in die Familienarbeit einbezogen werden können? • Plädiert sie für verbindliche Regelungen, um die Benachteiligungen bei Teilzeitarbeit abzubauen? • Strebt sie unterschiedliche Formen von Einrichtungen zur Kinder- und SchülerInnenbetreuung an, die die Familien bedarfsgerecht und individuell nutzen können?
Beispiel: Gewalt gegen Frauen	• Macht sie das Thema öffentlich? • Sieht sie es als gesellschaftliches Problem und Ausdruck struktureller Gewalt, daß Frauen vergewaltigt und sexuell genötigt werden, oder meint sie, es sei ein individuelles Problem?	• Strebt sie Gesetzesänderungen an, zum Beispiel bezüglich sexueller Belästigung am Arbeitsplatz und Vergewaltigung in der Ehe? • Welche Konsequenzen, zum Beispiel im Hinblick auf Gesetzesvorhaben, zieht sie aus den Ergebnissen von Untersuchungen und Modellen über die Ursachen von Gewalt gegen Frauen? • Will sie Frauenhäuser finanziell absichern und flächendeckend einrichten? • Fördert sie Männerselbsthilfe-Initiativen gegen Gewalt?
Beispiel: Alterssicherung für Frauen	• An welchem Leitbild orientiert sie sich bei der Alterssicherung für Frauen: Sind Frauen vornehmlich Familienfrauen, oder sind sie gleichermaßen Berufs- und Familienfrauen?	• Sollen Familienfrauen einen eigenständigen Rentenanspruch haben? • Strebt sie an, daß die Zeiten von Kindererziehung und Alten- und Krankenpflege im Rentenrecht deutlich besser anerkannt werden? • Sieht sie eine soziale Grundsicherung vor, um Altersarmut zu vermeiden?

wenn die Abteilungsleiterin ihre Assistentin zur qualifizierenden Weiterbildung vorschlägt (▷ Seite 177). Zur Zeit sind in den »oberen Etagen« allerdings erst so wenig Frauen vertreten, daß sie ihren Aufstieg kaum fördern können (▷ Arbeitskonflikte, Seite 235).

Lobbyarbeit

Im Gegensatz zu den Seilschaften kann sich aus dem feinen Geflecht von Netzwerken eine höchst wirksame Lobbyarbeit entwickeln. In einer Lobby versammeln sich Menschen mit einer Idee oder einem Anliegen, die sie organisiert durchsetzen wollen.

Die Wirtschaft beherrscht das Instrument der Lobbyarbeit perfekt. Fast jeder Industrie- oder Handwerksverband hat eine Niederlassung in der Nähe des Bundestages, um möglichst nahe »an der Macht« zu sein. Um das Vorfeld von Gesetzesänderungen im Auge zu haben, pflegen die Interessenverbände einen intensiven Kontakt zu den Abgeordneten.

1993, als es darum ging, die Verfassung zu ändern, hat sich eine solche Netzwerkarbeit von Frauen für Frauen positiv ausgewirkt. Quer durch alle Parteien, Verbände, Initiativen, Gruppen und Weltanschauungen versammelten sich die Frauen hinter der Idee, die Frauenförderung im Grundgesetz zu verankern. Die Lobbyarbeit gegenüber den Männern in den eigenen Reihen hatte Erfolg: Über die Fraktionsgrenzen hinweg kam es zu einer Ergänzung des Grundgesetzes (▷ Der Gleichheitsgrundsatz, Seite 380).

Effektiv kann Netzwerkarbeit auch sein, wenn eine freie, ungebunde Gruppe von »außerhalb« mit den Frauen in einer Behörde oder Partei zusammenarbeitet. So entstanden die ersten Frauenhäuser und Beratungsstellen. Sie werden bis heute mit öffentlichen Mitteln gefördert, weil es in den Parteien vehemente Unterstützerinnen gibt. Solche Verbündete innerhalb einer Institution können die eigene Position als Gruppe von »außen« ungemein stärken. Sie verleihen sachlichen Argumenten ein ungeahntes Gewicht, bergen aber auch die Gefahr der Kumpanei in sich.

TIP

Vernetzung durch »WOMAN«

Seit Mai 1995 gibt es den Verein »WOMAN« (Woman Only Mail News), ein Netz von Computer-Mailboxen, der sich mit seinen Informationen ausschließlich an Frauen wendet. In über 80 Nachrichtenforen sind Informationen zur Frauenpolitik und Veranstaltungshinweise zu erhalten, werden Diskussionen mit anderen Frauengruppen geführt und internationale Kontakte gepflegt. Jede Frau im Netz hat ihr eigenes Postfach und ist weltweit über Internet unter ihrer email-Adresse erreichbar. Zur Ausstattung genügen ein Computer, ein Modem und ein Telefonanschluß.

Die Frauen von WOMAN betreiben Mailboxen in Köln (ADA), Düsseldorf (CONNECTA), Heidelberg (ELEKTRA), Frankfurt (FEMAIL), Hamburg (FENESTRA) und Berlin (SIRENE). Daneben werden Seminare zur Online-Praxis und Theorie organisiert und internationale Kooperationen gefestigt, zum Beispiel mit »Virtual Sisterhood« in den USA.

KONTAKT

email: **info@elektra.woman.de**
World Wide Web **http://www.woman.de**
Postadresse: **Wom@n e.V.** Klever Str. 67
40477 Düsseldorf

LITERATUR

Ulla Dick
Netzwerke und Berufsverbände für Frauen
Rowohlt, Reinbek, 1994. DM 16,90

Karin Büchner
Handbuch Frauennetzwerke. Wer sie sind, wie sie wirken, wo sie zu finden sind
Econ, Düsseldorf, 1993. DM 14,90

Urlaub

Urlaub – rettender Ausblick in hektischen Zeiten, der Traum, fremde Kulturen zu entdecken, Abenteuer zu bestehen und dem täglichen Einerlei zu entfliehen. Einerseits Prestigeobjekt, andererseits bitter notwendige Erholung, und für viele Frauen die einzige Zeit im Jahr, in der sie sich ganz sich selbst und ihren Bedürfnissen widmen könnten – wenn es nicht zugleich die einzige Zeit im Jahr wäre, in der man sich mit dem Partner endlich einmal wieder als Liebespaar fühlen könnte und in der man für die Kinder unbegrenzt Zeit haben sollte. Wenn »die schönsten Wochen des Jahres« all diese Bedürfnisse gleichermaßen erfüllen sollen, sind Enttäuschung und Unzufriedenheit vorprogrammiert.

Im Urlaub in der Fremde zu sein ist so selbstverständlich, daß diejenigen, die auf die Frage »Was machst du im Urlaub?« »Nichts« antworten, sich genötigt fühlen, ihre Entscheidung langatmig zu rechtfertigen. Wer nicht dem Prestigewert des Urlaubs erliegen möchte, muß seine Ziele genau definieren:

- Ziehen Sie wirklich Ihre Wünsche in dieses Land, oder lockt Sie das »In«-Ziel?
- Akzeptieren Sie das im Familienrat beschlossene Urlaubsziel wirklich, oder beugen Sie sich »um des lieben Friedens« willen?
- Wollen Sie sich wirklich am Palmenstrand aalen, Kultur genießen und extravagante Sportarten erlernen, oder redet Ihnen die Tourismusindustrie diese Bedürfnisse ein?
- Wollen Sie sich wirklich einer fremden Sprache, ungewohntem Klima und anderer Ernährung aussetzen, oder baumelt die Seele in vertrauter Umgebung nicht viel sanfter?
- Wünschen Sie ein aufregendes Nachtleben mit Flirts in Diskotheken, oder suchen Sie Ruhe?
- Gestattet die Reiseplanung, Land und Leute zu erleben und das Geschaute zu begreifen, oder kom-

men Sie mit einem Kopf voll unreflektierter Eindrücke zurück?
• Können Sie am Urlaubsort tun, was Sie sich vorgenommen haben, zum Beispiel das vergangene Jahr überdenken?
• Wollen Sie wirklich Neues lernen oder Wissen erweitern, oder folgen Sie selbst im Urlaub noch Ihrem Pflichtbewußtsein und Karrierestreben?

Bedürfnis definieren

Vieles von dem, was man im Alltag ersehnt, kann im Urlaub wahr werden: sich nur um die eigene Achse drehen, herumtrödeln, frühstücken, wenn andere zu Mittag essen, ausgehen und erst mit der ersten U-Bahn nach Hause kommen. »Lazy-days« mit Sauna, Massage und Schönheitspflege sind zwar auch zu Hause möglich, doch ein Tapetenwechsel erleichtert meist den Schlendrian.

»Verwöhntage« schmücken das Alltagsleben. Am Wochenende bieten sogar Nobelhotels ihre Dienste zu erheblich reduzierten Tarifen an. Dabei sind die Angebote über Reisebüros oft günstiger als die direkte Buchung.

TIP

Einkehr im Kloster

Tage der Besinnung und Erholung hinter Klostermauern werden als neuer Trend entdeckt. In der Abgeschiedenheit gibt es Gelegenheit zur Meditation, zu Gebeten und Gesprächen. Mitglieder von Ordensgemeinschaften bieten sich als WeggefährtInnen für die Menschen an, die auf der Suche nach ihrer inneren Mitte sind. Informationen geben:

Vereinigung der Ordensoberinnen Deutschlands
Bonner Talweg 135, 53129 Bonn
Tel.: 0228/21 21 15

Evangelisches Kirchenamt
Herrenhäuser Str. 12, 30419 Hannover
Tel.: 0511/7 11 10

Österreichische Fremdenverkehrswerbung
Roßmarkt 14, 60311 Frankfurt/M., Tel.: 069/2 06 90

Natur genießen

Wandern verbindet die Gelegenheit zum stillen Nachdenken mit Bewegung (▷ Seite 555) und der Begegnung mit der Natur. Spezialisierte Reiseveranstalter bieten Pauschal-Wanderferien an. Je nach Wahl müssen die Reisenden dann vom Zelt bis zum Kochgeschirr alles selbst tragen, können sich dafür aber abseits ausgetretener Wanderpfade bewegen, oder sie nutzen Komfortangebote, bei denen das Gepäck und müde WanderInnen per Bus transportiert werden. Mit Hilfe detaillierter Wanderkarten, die es von fast allen Gegenden Europas gibt, können Sie sich auch selbst eine Route zusammenstellen.

Sport treiben

Sportkurse gibt es für fast alles, in der Gruppe oder allein. Kontakte lassen sich dort leicht knüpfen, allerdings sind pauschal gebuchte Clubreisen oder der Urlaub in einem Sporthotel keine Garantie für angenehme Sportferien.Vorher sollten Sie klären, ob das Angebot dem entspricht, was Sie sich erhoffen:
• Welche Sportarten und welche Lehrkräfte gibt es?
• Wie groß sind die Gruppen?
• Wieviel Geräte oder Tiere stehen zur Verfügung?
• Kann man zum Beispiel Surfbretter auch außerhalb der Kurse benutzen?
• Kann man bei den Lehrkräften auch Einzelstunden buchen?
• Welche Vorkenntnisse, welche Kondition sind erforderlich?

Über seriöse Sportschulen informieren die Sportverbände. Hilfreich können auch die Fremdenverkehrsverbände vor Ort sein.

Auf dem Wasser

Segelfans können eine Yacht mieten, wenn ein oder zwei MitseglerInnen einen BR-Schein haben. Im Anzeigenteil von Seglerzeitschriften finden sich Mitsegelgelegenheiten. Frauen, die nicht mehr gegen besser wissende Seemänner um die Pinne ringen wollen, veranstalten inzwischen eigene Törns »ohne maulende Männer« (Adressen ▷ Seite 390).

Kanuwandern, Paddeln oder Surfen: Das Wassersportprogramm für Frauen ist inzwischen reichhaltig. Das Frauenbildungs- und Ferienhaus Zülpich zum Beispiel bietet Frauen Touren mit dem Kajak über den Zülpicher See und durch die Flußläufe der Eifel sowie Surfkurse an (Adressen ▷ Seite 390).

Lernen

Wer in den Ferien etwas lernen will, findet ein reichhaltiges Angebot in Reisebüros und in den Anzeigen der Frauen- und Stadtzeitungen. Zeichnen in der Toscana, Kochen, Töpfern, Restaurieren von Möbeln, Arbeiten mit Keramik und Stein – fast alles ist möglich. Bei den Sprachkursen ist das Angebot inzwischen unüberschaubar geworden. Der Fachverband Deutscher Sprachreiseveranstalter FDSV, Hauptstr. 25; 63811 Stockstadt, Tel.: 06027/2790 hat darum Richtlinien entwickelt, nach denen man die seriösen Anbieter ausfindig machen kann.

Kultur tanken

Frauen, die sich auf andere Kulturen einlassen wollen, können sich allein ins Abenteuer einer Weltreise stürzen, sie können Studienreisen aber auch organisiert unternehmen. Drei- bis siebentägige Reisen in Europas Hauptstädte bieten sich als erschwinglicher Ausstieg aus dem Alltagseinerlei an. Mehr berappen muß, wer Kunst und Kultur eines Landes an verschiedenen Orten kennenlernen oder zum Beispiel auf den Spuren von Spitzenköchen wandeln will. Je spezialisierter das Angebot, desto teurer. Kompetente Reisebegleitung, kulturhistorische Führung und reservierte Theater- oder Konzertkarten haben ihren Preis.

Reisebegleitung

Die meisten Frauen urlauben in bewährter Konstellation: mit den Kindern oder mit dem Partner allein. Irgendwann aber wünscht sich wohl jede, ohne Absprachen und Kompromisse eigenen Interessen folgen zu können. Manchmal genügt schon eine Woche für das Abenteuer, das bisher nur durch den Kopf geisterte.

KONTAKT

Wandern und Natur genießen

Baumeler Wanderreisen
Thomas-Wimmer-Ring 9, 80539 München
Tel.: 089/23 50 81 81

Alpinschule Innsbruck
In der Stille 1, A-6161 Natters, Tel.: 0043/512/54 60 00

Imbach Reisen
Grendel 19, CH-6000 Luzern, Tel.: 0041/41/50 11 44

Femö-Reisen
Seit einigen Jahren treffen sich jeden Sommer Frauen aus aller Welt auf der dänischen Insel Femö. Der Campus liegt direkt am Meer:
Internationale Woche auf Femö
Kvindelejren, DK-4930 Maribo

Femö-Gruppen
Kvindehuset Gothersgade 37, DK-1123 Kopenhagen
Tel.: 0045/33/91 15 57 (Di, Do 17-19 Uhr)

Gruppenreise

Jedes Reiseprogramm sollte Erholungsphasen vorsehen und großzügige Freiräume, in denen man das Land auf eigene Faust kennenlernen kann. Dann prägen sich die Reiseeindrücke kräftig aus. In kleinen Gruppen unterstützt man sich gegenseitig, Singles können Exkursionen wagen, die allein vielleicht zu riskant oder zu teuer wären.

Allerdings kommen Gruppenreisende nur selten mit LandesbewohnerInnen in Kontakt, weil sie nach außen als geschlossene Einheit wirken. Noch dazu meiden die TeilnehmerInnen meist die fremde Sprache und spinnen so weiter an ihrem Kokon. Wer will, kann mit der Gruppe so verreisen, als ob das eigene Zuhause in eine fremde Umgebung exportiert worden wäre: Alles bleibt gleich, nur die Kulisse ändert sich immer wieder.

KONTAKT

Reitschule für Frauen
Pflanzengasse 1, 34599 Römersberg

Pferd und Reiter, Ingeborg Wehner
Schulstr. 5, 22045 Hamburg/Braak, Tel.: 040/6 07 19 99

Pegasus Reiterreisen
Gründgensstr. 6, 22309 Hamburg, Tel.: 040/6 30 00 36

»Segeln ohne maulende Männer«
Fremdenverkehrsbetriebe
88690 Uhldingen-Mülhofen, Tel.: 07556/80 20

Frauenbildungsstätte
Königsbergerstr. 6, 34549 Edertal-Anraff, Tel.: 05621/32 18

Swan Charter
(Frauentörn vor den Kanarischen Inseln)
Hollerallee 26, 28209 Bremen, Tel.: 0421/3 46 96 60

Deutscher Seglerverband (MitseglerInnen)
Gründgensstr. 18, 22309 Hamburg, Tel.: 040/32 00 90

Feministischer Seglerinnen-Verein e.V.
c/o Ute Weidlich, Grünebergstr.1, 22763 Hamburg
Tel.: 040/83 80 48 68

Fairlines
Programme nur für Frauen (zum Beispiel Skiferien)
Kleiner Schäferkamp 32, 20357 Hamburg
Tel.: 040/44 14 56

Motorradtouren nur für Frauen
Schotter-Touren, Motorrad-Laden Spaett
Rüdesheimerstr. 9, 80686 München, Tel.: 089/7 57 93 70

Jugendherberge Eckernförde
Sehestedterstr. 27, 24340 Eckernförde, Tel.: 04351/21 54

Jugendherberge Tübingen
Gartenstr. 22, 72074 Tübingen, Tel.: 07071/2 30 02

Frauenbildungs- und Ferienhaus
Prälat-Franken-Str. 13, 53909 Zülpich-Lövenich
Tel.: 02252/65 77

Frauenlandhaus Charlottenberg
Holzappelerstr. 3, 56379 Charlottenberg, Tel.: 06439/75 31

Studienreisen

Dr. Koch Fachexkursionen
Postfach 1108, 76308 Malsch, Tel.: 07246/92 09-0

Lernidee-Reisen
Ebersstr. 56, 10827 Berlin, Tel.: 030/7 84 80 56

Talking Bridge GmbH
Jakobusstr. 6, 82131 Stockdorf, Tel.: 089/8 57 66 39

Studiosus, TUI, Studien-Kontakt-Reisen
Kurfürstenallee 5, 53177 Bonn, Tel.: 02280/35 70 13

Imbach Reisen
Grendel 19, CH-6000 Luzern, Tel.: 0041/41/50 11 44

Als Paar

Fast alle Paare machen zu Beginn des Urlaubs die gleiche Erfahrung: Erschöpft und ausgelaugt, beginnt der Urlaub mit kolossalem Streit. In der Folge sorgen das quietschende Bett oder das schlechte Essen für beziehungsgefährdende Krisen. Endlose Diskussionen vor der Entscheidung »Wandern oder Strand« töten die Urlaubsfreude. Wer die Ferien mit allzu hohen Ansprüchen an eine glückliche Gemeinsamkeit überfrachtet, kollidiert zwangsläufig in der ungewohnt intensiven Zweisamkeit. Hilfreich kann es sein, sich gemeinsam auf die Nähe einzustimmen und vor der Abfahrt ein paar Tage zu Hause zu vertrödeln.

Mit FreundInnen

Gemeinsames Reisen ist etwas höchst Intimes. Oft muß man Verfassungen teilen, die man dem anderen sonst tunlichst erspart: überanstrengt, verschwitzt, nervös, sonnenverbrannt oder gequält von der Ernährungsumstellung. Selbst gute Freundschaften geraten dabei unter Spannung. Da kann es schon knistern, wenn sich die eine auf ein Tête-à-tête einläßt und die andere ungewollt allein beim Abendessen sitzt. Wenn miteinander Unerfahrene gemeinsam verreisen wollen, sollten sie an einem Wochenende »Urlaub proben«, um die Eigenheiten und Ansprüche der anderen kennenzulernen. Bei dieser Gelegenheit können sie ihre Erwartungen, Interessen und finanziellen Möglichkeiten besprechen und sich darüber klar werden, ob sie mit dem kleinsten gemeinsamen Nenner auskommen können. Dies gilt auch, wenn mehrere Familien mit Kindern ein Haus oder Appartement mieten.

Mit Kindern

Um Kompromisse kommen Frauen, die mit Kindern in die Ferien fahren, kaum herum. Das Ambiente soll den Bedürfnissen von Kindern und Erwachsenen gleichermaßen gerecht werden, aber die Reise muß auch erschwinglich bleiben – ein Kunststück zu Ferienzeiten, die immer Hauptsaison sind.

Alleinerziehende können sich in Kinder- oder Familienhotels »kinderfreie« Zeiten schaffen. Auch Clubs bieten fast immer Kinderbetreuung an. Preiswerter ist eine Familienerholung, wie sie die Wohlfahrtsverbände oder Kirchen organisieren.

Wer für einen Urlaub mit Kindern, Zelt oder Wohnwagen wählt, oder sich in Ferienwohnung oder -haus selbst versorgt, entscheidet sich, seinen Haushalt an anderem Ort, aber unter erschwerten Bedingungen zu führen. Viele Frauen sind nach einem solchen Urlaub erschöpfter als zuvor.

Reisebörse

Reisebörsen bieten sich Menschen an, die nicht wissen, mit wem sie verreisen sollen. In einem Fragebogen, der Auskunft gibt über Alter, Beruf, Neigungen, bevorzugte Reiseziele und -zeiten, kulturelle Neigungen usw. charakterisieren sich die InteressentInnen. Die Börse stellt zunächst einen Telefonkontakt zwischen den potentiellen FerienpartnerInnen her, die dann jeder für sich entscheiden, ob sie zusammen planen wollen.

Bei dieser Einrichtung handelt es sich nicht um eine verkappte Partnerschaftsvermittlung. Wie die Erfahrung zeigt, suchen Frauen bis 40 vornehmlich weibliche Reisegefährtinnen, älteren Frauen ist das Geschlecht eher egal. Die meisten führt ein ganz praktisches Interesse zur Reisebörse: Sie wollen die üppigen Einzelzimmerzuschläge vermeiden.

KONTAKT

Frauen-Reisebörse, Hannelore Vierrath-Neef
Lütticherstr. 25, 50674 Köln, Tel.: 0221/51 52 54

Single-Reisebörse, Henriette Meuser
(Vermittlung zueinander »passender« Sternzeichen)
Postfach 170241, 40083 Düsseldorf, Tel.: 0211/67 85 62

Allein reisen

Jeden Schritt selbst bestimmen, nur reden, wenn einem danach ist, so lange verweilen, wie man Lust hat – ein Traum für diejenigen, in deren Urlaub immer andere den Ton angaben. Doch Frauen, die sich tatsächlich allein auf den Weg machen, kennen auch die andere Seite der Medaille. Allein reisen strengt an. Es heißt, Preise allein aushandeln, auffallend winken, damit ein Taxi anhält, sich im Restaurant gegen den Katzentisch wehren und den Blicken standhalten, die die ganze Palette von Bewunderung bis zu Ablehnung und Neid ausdrücken. Alleinreisende Frauen hält man für ebenso mutig wie leichtsinnig und unterstellt ihnen insgeheim, auf Männerfang zu sein. Sie brauchen Kraft, müssen Beklemmungen und Hemmungen abbauen und selbstbewußtes Auftreten üben. Doch mit jedem selbständigen Schritt erweitert sich der Bewegungsradius. Wer allein reist, wird offener für Land und Leute und aus der Frage nach dem Weg kann sich leicht ein Gespräch über gemütliche Restaurants und lohnende Exkursionen entwickeln.

Nur der Solourlaub, den man aus vollem Herzen bejaht, kann gelingen. Sonst stimmt schon die Gegenwart einer fröhlichen Familie wehmütig, und beim Anblick eines turtelnden Pärchen schnürt sich der Hals zu. Wer sich des Solourlaubs nicht ganz sicher ist, kann »Brücken« vorbereiten: zum Beispiel, indem er an einen Ort reist, in dessen Nähe man gute FreundInnen weiß.

Trampen oder Mitfahren?

So mancher deutsche Autofahrer meint, von Tramperinnen könne er sexuelles Entgegenkommen erwarten. Das gilt selbst dann, wenn die Frau an einer Bushaltestelle winkt. Fast alle Anhalterinnen haben unangenehme Erfahrungen gemacht.

1990 stellte das Bundeskriminalamt fest: Bei jeder hundertsten Fahrt werden Frauen sexuell belästigt; das Spektrum reicht von anzüglichen Sprüchen bis zur Onanie des Fahrers am Steuer. Zwei von tausend mitgenommenen Frauen können einen Vergewaltigungsversuch abwehren, eine von tausend wird vergewaltigt. Aufklärungskampagnen der Polizei haben die Zahl der TramperInnen verringert.

Eine Reisealternative für schmale Portemonnaies sind die etwa 120 Mitfahrzentralen. Hier suchen AutofahrerInnen zahlende Begleitung und die Reisenden eine sichere Mitfahrgelegenheit. Alljährlich werden auf diese Weise zwei Millionen Personen vermittelt. Die Kosten berechnen sich aus Betriebskosten geteilt durch die Zahl der Insassen. Die Mitfahrzentralen berechnen etwa sechs Pfennig pro Kilometer. Eine Reisende, die nur bei einer Frau einsteigen möchte, kann ihren Wunsch anmelden.

KONTAKT

Mitfahrzentralen

Arbeitsgemeinschaft Deutscher Mitfahrzentralen (ADM)
Lobuschstr. 22, 22765 Hamburg, Tel.: 040/39 17 26

Verband Deutscher Mitfahrzentralen

Antwerpener Str. 6-12, 50672 Köln, Tel.: 0221/56 19 74

Allein reisen vorbereiten

Über manches Abenteuer können Frauen erst im nachhinein lachen. Damit der Urlaub weder Selbsterfahrungskurs noch Überlebenstraining wird, ist es wichtig, vorher gut abzuschätzen, wieviel Alleinsein man sich zumuten kann, sich gut vorzubereiten und für ein Auffangnetz zu sorgen. Zur Vorbereitung gehört, sich über die Kultur des Landes und das Leben der Frauen zu informieren, ein paar Worte der Sprache zu lernen, genügend Geld für ein Taxi zu haben, wenn man den Bus verpaßt, und ein Hotel zu buchen, in dem man sich nicht zu fürchten braucht.

Die Landessitten zu berücksichtigen ist für alleinreisende Frauen unabdingbar: In einigen Ländern gilt schon ihre Reiseart als anstößig. Die Adresse der deutschen Botschaft dient für Notfälle; die von einem Frauenzentrum oder -café als Erholungsmöglichkeit.

Trampen im Ausland

In den weniger wohlhabenden südlichen Ländern sind weibliche Tramperinnen als Sexualobjekt und als Touristin aus einem reichen Land gefährdet. Da Busse und Bahnen in diesen Ländern meist sehr preiswert sind, erscheint Autofahrern nur ein Grund plausibel, warum Touristinnen per Anhalter fahren: Sie suchen ein sexuelles Abenteuer.

In arabischen Ländern ist alleinreisenden Frauen das Trampen verboten.

Frauenreiseprojekte

Viele autonome Frauenferienprojekte entstanden, um Frauen sichere Aufenthaltsorte und Reiserouten anzubieten und um neue Reiseformen zu finden. Das Reisebüro »Frauen unterwegs - Frauen Reisen« will beispielsweise motivieren, auf den Spuren der Frauengeschichte und -kultur des Urlaubslandes und im Kontakt mit den dort lebenden Frauen zu reisen. Sie bieten Gespräche mit Frauengruppen und -initiativen des Gastlandes an. Die Mitarbeiterinnen von »Frauen unterwegs« haben in dem Buch »Frauenorte überall« Adressen aus 20 Ländern veröffentlicht. So fördern sie die Idee einer europäischen Vernetzung in der Frauentouristik.

Die Veranstalterinnen berücksichtigen auch, ob ein Ort dem touristischen Ansturm gewachsen ist, ob umweltverträgliches Reisen möglich ist und was es für die einheimischen Frauen bedeutet, »bereist« zu werden. Sie laden Frauen aus Ländern des Südens und Ostens nach Deutschland ein.

Inzwischen gibt es eine Vielzahl von Veranstalterinnen: für Mädchen (*Mädchen in Fahrt*), für behinderte Frauen (*DISWEB*) oder Projekte, die zu matriarchalen Kultorten oder in Mythen- und Märchenkurse geleiten (*Nebenan*).

KONTAKT

Reisen mit Kindern

Paritätischer Arbeitskreis für Familienerholung
Heinrich Hoffmann-Str. 3, 60528 Frankfurt
Tel.: 069/6 70 60

Evangelischer Arbeitskreis für Familienerholung
Wagenburgstr. 28, 70184 Stuttgart
Tel.: 0711/2 15 94 82-4 84

Katholischer Arbeitskreis für Familienerholung
Adenauerallee134, 53113 Bonn, Tel.: 0228/21 30 19

Kinderhotels in Österreich über das Österr. Fremdenverkehrsamt
Roßmarkt 12, 60311 Frankfurt,
Tel.: 069/2 06 90

Klub kinderfreundlicher Schweizer Hotels
CH-8784 Braunwald, Tel.: 0043/58/84 38 44

Vamos: Eltern-Kind-Reisen GmbH
Flüggestr. 26, 30161 Hannover,
Tel.: 0511/3 48 19 17

Ferien auf dem Bauernhof über DLG-Urlaubsservice
Rüsterstr. 13, Frankfurt, Tel.: 069/7 16 83 26

Ferienclubs am Meer über die bekannten Reisebüros, u.a.: Familienclub »Calimera«/ITS mit ausgebildeten KinderanimateurInnen

Kultururlaub mit Bambino-Tours
Auf der Hebert 3, 35091 Cölbe, Tel.: 0642/8 20 43

Familienfreundliche Pensionen über: Deutscher Familiendienst
Rathausstr. 3, 53809 Ruppichteroth, Tel.: 02295/59 59

Eurocamp
Kempener Allee 9, 47803 Krefeld
Tel.: 02151/75009, Fax: 75 28 18

Fernreisen

Vor vielen Fernreisen sind Impfungen erforderlich, während des Aufenthalts ist eine Malariaprophylaxe ratsam. Das gilt auch für mitreisende Kleinkinder. Man muß sich an das unbekannte Land, die fremde Kultur, an Klima und Ernährung anpassen. Eine Fernreise sollte mindestens drei Wochen dauern und zu Hause noch zwei, drei Tage vorsehen, um sich wieder an das heimatliche Klima zu gewöhnen.

Wer sich vorher über Kultur und Religion des Reiselandes gut informiert, zeigt, daß er es achtet. Um Mißverständnisse zu vermeiden und den Sittenkodex des Gastlandes nicht zu verletzen, sollten Sie unbedingt die dortige Kleiderordnung einhalten. Damit bezeugen Sie zugleich den dort lebenden Frauen Ihren Respekt. In einigen Ländern ist es völlig undenkbar, ohne BH herumzulaufen. In anderen gilt die Partie von der Taille bis zur Wade als Tabuzone. Ein Kopftuch, ein langärmeliges T-Shirt und ein langer Rock für den Besuch von Kirchen, Klöstern und Moscheen haben in jedem Koffer Platz.

TIP

Hau ab!

Zaghafte Versuche, sich allein durch die Fremde zu schlagen, interpretieren manche Männer als Aufforderung, ihre Schultern zum Anlehnen zur Verfügung zu stellen. Wer dies nicht will, braucht abwehrende Worte. Ein »Hau ab« in der Landessprache kann Wunder wirken; zum Beispiel das Englische *Leave me alone!*, das Französische *Fous-moi la paix!* oder das Italienische *Va'via!* Wenn Ihnen aber im Moment der Belästigung die richtigen Worte fehlen, hilft auch die deutsche Sprache. Wut, kräftiges Fluchen und deutliches Schimpfen muß man nicht wortwörtlich verstehen. Ausdruck, Gestik und Ton signalisieren überall unmißverständlich: »Hau ab!«

Alleinreisende Frauen werden gerne zu einem Ausflug oder zum Essen eingeladen – eine einmalige Gelegenheit, das Familienleben des Gastlandes kennenzulernen. Allerdings ist es dann gut, die Hausbräuche zu kennen: Ob Sie beim Abräumen helfen sollen, oder ob das die Hausfrau beleidigt; ob Sie reichlich zugreifen dürfen, oder ob Sie der Köchin damit andeuten, daß nicht genug da ist; welche Fragen Sie an den Mann oder die Frau stellen dürfen, ohne die Moralvorstellungen und gesellschaftliche Normen zu verletzen.

Beliebte Reiseländer

Unter reisenden Frauen gibt es eine »Hitliste« der Länder, in denen sie sich relativ ungestört bewegen können. Ganz obenan stehen Holland, Dänemark und die skandinavischen Länder. Auch im streng katholischen Irland fühlen sich Frauen sicher. Ähnlich ist es bei Reisen in die USA und Kanada. Sie bewegen sich dabei immer im industrialisierten Gürtel dieser Erde, dessen Verhaltenskodex weitgehend einheitlich ist. Das gilt auch für Reisen nach Tschechien, Polen oder in die baltischen Republiken.

Anders ist es, wenn man gen Süden reist. Dann sind alleinreisende Frauen immer zugleich Reiche, die genug Geld haben, um in fremde Länder zu reisen, und angebettelt und bedrängt werden können; und sie werden als Frau, als Sexualwesen, betrachtet.

Verhaltensregeln

In den touristischen Hochburgen der Länder südlich des Mittelmeeres gibt es häufig unangenehme Berührungen, Belästigungen und anzügliche Angebote. Kleiden Sie sich möglichst langärmelig und mit bedeckten Beinen. Binden Sie langes Haar hoch. Für den Besuch von Märkten und Zentren sollten Sie einen Führer der staatlichen Fremdenverkehrsbehörde engagieren. Diese Tagesbegleitungen haben einen fixen Preis und sind erschwinglich. Unregistrierte Führer, die sich allerorten anbieten, meiden Sie besser.

Islamische Länder

Auch die islamischen Länder unterscheiden sich untereinander in Geschichte, Kultur und Auslegung der Religion. So geht man in vielen westafrikanisch-islamischen Ländern mit Sexualität recht freizügig um. Die Frauen sind gesellschaftlich geachtet und werden selten belästigt. In den Maghrebstaaten hingegen kann es kritisch werden, wenn eine Reisende den strikten Sittenkodex, der die Geschlechter voneinander trennt, verletzt. Je nach Region werden Frauen im öffentlichen Raum bestenfalls verschleiert geduldet.

Händchenhalten, Umarmungen und Küsse zwischen Frau und Mann sind in islamischen Ländern etwas sehr Intimes. Sich in der Öffentlichkeit zu berühren, verstößt gegen die guten Sitten. Wenn sich dagegen Männer an den Händen halten, symbolisiert das ihre Freundschaft.

Frauen untereinander empfinden sich häufig als eine starke solidarische Gemeinschaft, wie sie uns fremd ist. Gelingt es einer Reisenden, in eine solche Frauen-Familiengruppe aufgenommen zu werden, lernt sie das Land von allen Seiten ganz intensiv kennen.

LITERATUR

Christine Pollok
Zwischen Kuss und CousCous. Reise- und Verhaltenstips für Frauen, die islamische Länder besuchen
Peter Rump, Bielefeld, 1992. DM 24,80

Heidi Guilino
Frauen allein auf Reisen. Reisetips für Frauen
Falken, Niedernhausen, 1992. DM 19,80

Susanne Härtel, Magdalena Köster (Hrg.)
Die Reisen der Frauen. Lebensgeschichten von Frauen aus drei Jahrhunderten
Beltz und Gelberg, Weinheim, 1994. DM 24,80

Doris Jedamski u.a. (Hrg.)
Und tät' das Reisen wählen! Frauenreisen – Reisefrauen
eFeF Verlag, Zürich, 1994. DM 37

Lydia Potts (Hrg.)
Aufbruch und Abenteuer. Frauen-Reisen um die Welt ab 1785
Fischer, Stuttgart, 1995. DM 14,90

Reise und Kultur (Reihe):
China der Frauen, England der Frauen usw.
Frauenoffensive, München. DM 32

KONTAKT

Frauenprojekte

Frauen unterwegs – Frauen reisen
Potsdamerstr. 139, 10783 Berlin
Tel.: 030/2151022, Fax: 2 16 98 52

Mädchen in Fahrt e.V., Anke Wolters
Im Langen Strich 5, 35619 Braunfels
Tel. u. Fax: 06442/2 34 93

DISWEB, Johanna Krieger
Laufgraben 18, 20146 Hamburg

Nebenan
Berg 16, 1/2, 84307 Ekkenfelden, Tel.: 08721/67 95

Ffair-Reisen
Waldeyerstr. 10, 10247 Berlin, Tel.: 030/5 88 36 87

Ladies' Travel
Kurhessenstr. 22, 60431 Frankfurt

Ausführliche Adressenliste und Beschreibung von Unterkünften und Bildungsstätten:

Frauen unterwegs (Hrg.)
Frauenorte überall
Rotation Verlag, Berlin, 1993

Mode ist mir Wurst! Bequem muß es halt sein!
Genau!
F. BEKKER

Mode

Ob Frauen Mode ablehnen oder versuchen, als Vorreiterinnen einen Trend mitzugestalten: Die zweite Haut hat mit der am Körper gewachsenen viel gemein.

Kleidung ist Kommunikationsmittel. Trauerkleidung macht erklärende Worte überflüssig; Nobelmarken verraten, welcher gesellschaftlichen Gruppe man sich zugehörig fühlt, das Outfit unterstreicht das Geschlecht und verrät das Verhältnis zum eigenen Alter. Sachliche Kompetenz vermutet man eher bei einer Person im klassischen Blazer als bei einer Frau im romantischen Blümchenkleid. Wer als bunter Schmetterling durch den Arbeitsalltag flattert, erntet wahrscheinlich mehr bewundernde Blicke als Empfehlungen zur Beförderung.

Empfänger der Kleidersprache sind, wie bei Gestik und Mimik, die Augen. Menschen taxieren andere zuerst nach ihrem Äußeren – schon bevor sie das erste Wort sprechen. An der Bekleidung erkennen sie, ob die Trägerin heute harmonisch gestimmt ist oder innerlich zerrissen, ob sie sich sanft oder stark fühlt. Diese weitgehend unbewußt ausgesandten Signale nehmen andere wahr, und sie reagieren darauf.

Frauen drücken ihre Identität durch die Wahl der Farben aus und zum Beispiel durch die Art, wie sie einen Schal tragen. Trotz wechselnder Garderobe folgen alle einem persönlichen Stil: die eine eher streng, die andere verspielt; eine Frau liebt Hosenanzüge, eine andere kurze Röcke. Dieser Stil paßt sich der eigenen Entwicklung an. Manche Frauen verspüren nach Jahren der Disziplin in Beruf und Familie Lust, freier und fröhlicher zu leben und sich auch so zu kleiden. Manchmal kommt der Anstoß auch von außen: Erst die Anziehungskraft, die die Spitzenwäsche im Schaufenster ausübt, macht die Frau darauf aufmerksam, daß sie ihr Dasein als graue Maus gründlich leid ist. Nun braucht sie Mut, um überkommene Bekleidungsgewohnheiten abzuwerfen.

Frauen in der Werbung

Models sind schlank, groß und jung. Perfekt geschminkt und gut ausgeleuchtet posieren sie. Über die Persönlichkeit der Frau sagen diese Bilder fast nichts, aber eine Menge über den Blick des Betrachters. Und da noch immer die meisten Modemacher und Fotografen Männer sind, haben Frauen sich daran gewöhnt, sich mit männlichen Augen zu sehen, oftmals ohne es zu merken.

Im allgemeinen haben Frauen jedoch ganz andere Ansprüche an ihre zweite Haut, als die Fotos in den Zeitschriften suggerieren. Frauen leben mit einer anderen Figur als die Models. Sie brauchen ihre Hände für Kinder, Einkaufstaschen und PC und können nicht ständig das Tuch elegant drapiert halten. Sie haben nicht das Geld, sich jedes Jahr einen neuen Wintermantel zu kaufen, und niemanden, der ihnen täglich eine Spitzenbluse aufbügelt. Ihre alltägliche Kleidung muß bequem, strapazierfähig und preiswert sein.

Doch sich einem Modediktat zu widersetzen, an das sich anscheinend alle halten, erfordert Mut. Besonders schwer ist es, verinnerlichte Maßstäbe zu überwinden, die einem nahestehende Menschen, wie Eltern, Geschwister und FreundInnen, eingeimpft haben. Dafür muß sich jede Frau zunächst einmal klarmachen, woher ihre Einschätzung stammt: Schwärmte Vater nicht von Frauen mit Hut? Lehnte Onkel Willi nicht Frauen in Hosenanzügen ab?

Wie man tatsächlich auf andere wirkt, die Ausstrahlung, wird jedoch vor allem davon bestimmt, ob die äußere Hülle mit dem Wesen und der aktuellen Stimmung im Einklang stehen.

Kaschmir

Ein Kaschmirschal ist für die indische Dame das, was der Pelzmantel einer Europäerin bedeutete, bevor die großen Protestaktionen von TierschützerInnen und Greenpeace dieses Kleidungsstück abstürzen ließen. Er wärmt nicht nur, sondern symbolisiert Wohlstand. Die feine Wolle stammt von der Changra-Hausziege, die in 5.000 Meter Höhe weidet und unter ihrem Fell etwa 100 Gramm wärmenden Flaum trägt, die Pashmina-Wolle. Der Nerz unter den Kaschmirwollen ist der Shahtush: das weiche Haar unter dem Hals der Tibet-Antilopen, das diese beim Weiden an den Dornbüschen abstreifen. Ein Shahtush-Schal kostet in Indien 3.000 Dollar, in Europa dreimal soviel.

Früher sammelten die Nomaden der tibetischen Hochebene die Flaumbällchen - ein mühseliges Geschäft. Um sich die Arbeit zu erleichtern, gingen die Bauern immer häufiger dazu über, die Tiere zu töten, obwohl das Artenschutzabkommen diese Antilopenart als gefährdet aufführt. Nachdem TierschützerInnen die Nomaden bei der verbotenen Jagd ertappten, wurde der Verkauf von Shahtush in Indien, dem Hauptabnehmerland, verboten.

Der Stoff aus dem feinen, weichen Ziegenhaar ist das teuerste aller Gewebe. Schließlich müssen sich die Kaschmirfans weltweit nur 8.000 Tonnen Wolle jährlich teilen. Zudem verschleißt das Gewebe schneller als eines aus feinster Wolle. Da ist die Verlockung groß, die Edelfaser undeklariert mit anderem zu mischen. Dem Laien bleibt das verborgen. Eine Wollbeimischung bis zu 50 Prozent kann er weder am Griff noch am Aussehen erkennen.

Selbstinszenierung

Wer sich die Spielarten der Mode zu eigen machen will, muß sich selbst gut kennen. Welches Selbstbild habe ich von mir? Stimmt es? Stimmt es noch? Ein klassisches Beispiel: Der Vater wünschte sich einen Sohn, er bekam eine Tochter, und die wuchs in Hosen auf. Später kann sie sich nicht erklären, warum sie meist Männerkleidung trägt. Es fällt ihr schwer herauszufinden, ob sie sich in Hosen wohler fühlt als in Kleidern, oder ob es nur Gewohnheit ist. Ergründen Sie, wie Sie auf andere wirken:

- Sehen die anderen Sie so, wie Sie sich selbst sehen?

- Möchten Sie lieber anders behandelt werden?
- Meinen Sie, vieles von dem, was in Ihnen steckt, nicht »rüberbringen« zu können?

Der Stil darf getrost die Aspekte der Persönlichkeit betonen, die einem wichtig sind. Und er darf sich mit der Persönlichkeit immer wieder verändern.

Mittel zum Zweck

»Kleider machen Leute.« Diesen Satz hat man immer wieder überprüft: Stadtstreicher in seriöse Kleidung gesteckt, Deutsche als TürkInnen verkleidet auf Wohnungssuche geschickt. Die Ergebnisse waren eindeutig. Die Menschen, die sie ansprachen, reagierten zunächst nur auf die äußere Erscheinung.

Und so wählen Wohlhabende ihr Image, demonstrieren Stand und Besitz, indem sie teure Materialien oder Markenkleidung tragen. Menschen, die ebenfalls zu dieser Schicht gehören wollen – und sei es nur für kurze Momente –, hüllen sich in diese Symbole des Luxus. Die Schattenwirtschaft hat sich darauf eingestellt: Sie läßt die Kopien teurer Markenlabels in preiswerte Importwaren nähen oder verkauft die Labels lose zum beliebigen Gebrauch.

Verkleidung

Wie stark Kleidung wirkt, erfährt man, indem man sich bewußt in eine ungewohnte Rolle begibt. Eine »genehmigte« Gelegenheit ist der Fasching, aber auch beim Einkaufsbummel kann man etwas anprobieren, das aus dem Rahmen der sonstigen Garderobe fällt. Bei Freundinnen und Verwandten kann man sich eine Lederjacke, eine Spitzenbluse, Schmuckstücke ganz anderen Stils leihen. Oft verändern schon Details und ungewohnte Kombinationen das Bild grundlegend.

Dem »Wie siehst du denn aus!« von Freundin oder Partner entgeht wohl keine, die wirklich Bekleidungs-Neuland betritt. Ob das Ungewohnte tatsächlich »unmöglich« ist, zeigt sich in den Blicken Fremder.

Das Jackett der Managerin

Weite Teile der Geschäftswelt sind sehr konservativ. Folglich empfehlen ModeberaterInnen den Geschäftsfrauen ein konservatives Erscheinungsbild: Hosenanzug, Kostüm oder Kleid mit Jacke, in Grau, Braun, Blau oder Natur. Es soll die Seriosität unterstreichen und ihr Ansehen heben. Als gleichberechtigte und gleich fähige Kolleginnen werden sie eher akzeptiert, wenn sie sich den grauen Herren anpassen.

In den USA heißt diese klassische Garderobe »dress for success«. Frauen betonen durch ihre Kleidung, daß sie Karriere machen wollen. Dazu gehören eine klare Linie und gute Stoffqualität. Die Materialien dürfen wohl die Figur durch einen weichen Fall und verheißungsvolles Schimmern betonen, verpönt ist aber alles, was verspielt wirkt. Accessoires sollen schlicht und edel wirken. Die Haare sind kurz geschnitten oder hochgesteckt. Lange und offene Haare schaden dem Image der Kompetenz (▷ Haare, Seite 483).

Hier wird die Mode zum Diktat. Die verinnerlichten Wertmaßstäbe wirken wie ein Gesetz. Frauen, die dagegen aufmüpfen, werden bestraft, indem sie viel Mehrarbeit leisten müssen, bis man ihren Fähigkeiten ernsthafte Aufmerksamkeit schenkt, oder sie bekommen schlicht keine Aufträge.

Die Schocker

Manche Gruppen spiegeln die Widersprüche der Gesellschaft, in der sie leben, auf ihrer eigenen Haut wider. Es ist ihre Art, Widerstand zu leisten. Besonders spektakulär drücken das die Punks aus. Diese Null-Bock-, No-future-Leute versuchen mit allen Mitteln, Gewohntes zu verunstalten, auseinanderzunehmen, in einen neuen Kontext zu setzen und damit zu schockieren. Frauen und Männer tragen starkes Make-up, das gesehen werden will. Das Haar wird leuchtend orange gefärbt; die Machart der Kleidung wird offenbart, indem die Nähte nach außengekehrt oder mit übertrieben vielen Reißverschlüssen versehen werden. Sicherheitsnadeln und Rasierklingen ergänzen das Outfit.

Farben sind verpönt. Grau und Schwarz bilden die Schattierungen der Großstadt ab. Alles, was die Bürgerlichen als pervers verabscheuen, ist beliebt. Sexuelle Fetische und Sado-Maso-Zubehör werden aus dem Verborgenen gezerrt und damit thematisiert. Mode, Stil, Charme und Geschmack gelten als bürgerliche Marotten.

Der Mehrheit der Bevölkerung sind diese Verweigerer gesellschaftlicher Spielregeln zuwider. Trotzdem hat die Punk-Ästhetik in der Massenmode deutliche Spuren hinterlassen. Sogar die Geschäftsfrau kann sich heute eine leuchtend rote Strähne im Haar leisten, und schwarzes Leder gilt überall als todschick.

LITERATUR

Ingrid Loschek
Mode – Verführung und Notwendigkeit
Bruckmann, München, 1991. DM 69

Doris Pooser
Ihr persönlicher Stil – mit Color Me Beautiful. Erweitern Sie Ihre Farbpalette
Hallwag, Bern, 1989. DM 38

Mary Spillane
Kleider, Farben, Stil – Neues von Color Me Beautiful
Hallwag, Bern, 2. Auflage, 1993. DM 38

Christiane Schmerl (Hrg.)
Frauen-Zoo der Werbung – Aufklärung über Fabeltiere
Frauenoffensive, München, 1992. DM 44

Barbara Vinken
Mode nach der Mode. Kleid und Geist am Ende des 20. Jahrhunderts
Fischer, Frankfurt, 1993. DM 12,90

Für ModedesignerInnen ist die Straße ein Ideenpool. Sie greifen die Stilelemente auf, reinigen sie von dem, was der Bürgerschicht widerwärtig sein könnte, und werfen sie auf den Markt. Eine Zeitlang waren löchrige Jeans und zerfetzte Hemden »in« – eine Mode, mit der sich unsere Konsum- und Wegwerfgesellschaft selbst auf den Arm nimmt.

Grundausstattung

Was würden Sie einpacken, wenn Sie in nur einem Koffer all das mitnehmen müßten, was Sie für viele verschiedene Gelegenheiten passend kleidet? Dieses Problem läßt sich nur mit einer Auswahl von Kleidungsstücken lösen, die gut zusammenpassen und miteinander kombinierbar sind.

Erster Schritt zur Basisgarderobe ist die Farbwahl. Ein neutraler Grundton läßt sich vielseitig kombinieren: schwarz (▷ Bunte Färbung, Seite 406), grau, blau oder natur. Ausgefallene Drucke und leuchtende Farben bleiben einigen markanten Stücken vorbehalten.

Wie förmlich oder leger ein Kleidungsstück wirkt, hängt wesentlich vom Material und der Struktur ab. Glatte, glänzende Stoffe vermitteln eher den Eindruck »fein«, während eine grobe, gerippte Struktur an »sportlich« denken läßt.

Kernstück der Basisgarderobe ist ein Dreiteiler aus Jackett, Rock und Hose, aus denen dann jeweils Hosenanzug oder Kostüm wird – je nach Geschmack als schmaler Klassiker, modischer Zweireiher oder sportlich. Dem Anlaß entsprechend werden sie mit einer Seidenbluse zur eleganten oder mit einem T-Shirt zur sportlichen Garderobe.

Hosen sind mittlerweile überall akzeptiert, wenn sie in Stoff und Schnitt zum Anlaß passen. Jeans haben inzwischen so gut wie alle gesellschaftlichen Schranken überwunden. Außer beim Wiener Opernball sind sie – mit entsprechenden Zutaten – ein universelles Kleidungsstück.

Reizwäsche

Dessous reizen nicht nur ihn, auch Frauen fühlen sich angelockt. Doch der Geruch des Verderbten, der Reizwäsche anhaftet, hält viele Frauen davon ab, sich den Wunsch zu erfüllen. Und so wartet manche lange vergebens, daß ihr Partner ihr den verschwiegenen Wunsch von den Augen abliest und ihr just die Corsage zum Hochzeitstag schenkt, mit der beide ihre je eigenen Träume verknüpfen.

Wer sich jedoch traut und selbst einkaufen geht, registriert überrascht, daß in den Dessous-Regalen keine Prostituierten nach Satinslips mit zarter Spitze und golddurchwirkten Bustiers à la Madonna greifen, sondern Frauen wie sie selbst. Sie suchen nach etwas, das der Haut schmeichelt, mit dem die Fantasie spielen kann und das vielleicht auch ihn begeistert. Reizwäsche, vorzugsweise in rot oder schwarz, wirkt erotisierend, weil sie zugleich verhüllt und enthüllt. Sie bekleidet und hebt hervor, was sie unverhüllt läßt.

Heute kann jede Frau zwischen exklusiver Unterwäsche und Massenware wählen. Wer auf seinem Konto etwas übrig hat, kann für Dessous mehr Geld ausgeben als andere für ein Auto. 14.500 DM bezahlte Prinzessin Diana bei einer italienischen Nobelfirma für ihre »petits riens«, berichteten die Klatschspalten. In Deutschland haben sich die Ausgaben für Miederwäsche in den vergangenen zehn Jahren verdoppelt; auf 1,5 Mrd. DM sind sie 1993 angestiegen. Für Gebrauchsunterwäsche wurde nicht mehr ausgegeben als früher.

Das Korsett

Das 19. Jahrhundert verbannte die Frauen ins Haus, sie gerieten gesellschaftlich ins Abseits. Ihre Bedeutungslosigkeit wurde kompensiert durch üppige Kleidung, die zugleich demonstrierte, wie wohlhabend ihr Ehemann war. Die schützende Unterwäsche von einst wich dem Korsett, einem quälenden Zubehör von etwa 2,5 Kilogramm Gewicht.

Mitte des Jahrhunderts begannen Frauen, ihre Unterkleidung mit Stickerei und Spitzen zu verzieren. Sie zogen immer mehr Unterröcke übereinander, um dem Gewand die nötige Fülle zu verleihen und die Taille schlank erscheinen zu lassen. Später kamen Stangen auf, die den Kleidern ihre Form verliehen – sehr zur Freude der Frauen, denn sie waren erheblich leichter als die kiloschweren Unterkleider.

1870/80 trugen modebewußte Frauen enge, lange Wespentaillen, auch Küraßtaillen genannt, die vorn und hinten spitz auf dem Rock endeten. Sie waren mit Fischbeinstäbchen verstärkt und umspannten den Körper fest wie ein Harnisch.

1902 setzte sich noch einmal eine letzte atemberaubende Korsettkonstruktion durch, die S-Linie. Bauch und Hüften wurden weggeschnürt, die Brüste vornübergeneigt, betont durch die über die vordere Mitte geschoppte Taille.

Immer mehr Ärzte führten damals Schäden an Lunge, Leber, Magen, Rücken- und Bauchmuskulatur auf die »Schneidertaille« zurück. Die Stäbchen drückten auf die Lunge und führten Dienstbotinnen, Wäscherinnen und Feldarbeiterinnen zu Lungenschäden, und sie beeinträchtigten das Herz. Korsettträgerinnen erkannte man an den dunkel gefärbten Schnürfurchen an der Taille. Erst die Berufstätigkeit vieler Frauen im 20. Jahrhundert und das von ihnen erstrittene Recht, Fahrrad zu fahren, schafften schließlich das Korsett ab.

Eine Weste kann die Façon betonen: Sie schmückt Schlichtes, unterstreicht die sportliche Note von Jeans und T-Shirt oder verlockt auf bloßer Haut.

Bei einer bequemen Garderobe ist eine Strickjacke unverzichtbar. Strickensembles verbinden Klassisches mit Sportlichem.

Weite Blusen sind unentbehrlich. Durchsichtige Materialien über einem Seidentop werden zum eleganten Blickfang, weite Hemden mit breitem Gürtel zähmen wildgestreifte Pyjamahosen, ohne Gürtel verdecken sie Rundungen.

Zur Anschaffung eines »Kleinen Schwarzen«, wie Coco Chanel es in den zwanziger Jahren kreierte, raten noch heute alle Modefachleute. In jedem Fall sollte ein ganz schlichtes, einfarbiges Kleid die Grundausstattung ergänzen, denn dieses Kleid ist unbeschränkt variierbar. Ein klassischer Blazer begleitet es bei offiziellen Anlässen, Lederjacke und Boots zum Date am Nachmittag. Mit Perlenkette und Lackschuhen ergänzt, könnte man mit dem »Kleinen Schwarzen« unbesorgt einer Einladung zum Tee bei der Queen folgen und sich anschließend mit Blechkreuz, ledernem Nierengürtel und orangefarbenen Kniestrümpfen unter die Punks mischen.

Stilbruch

Erst wenn die Grundausstattung den Stempel seiner Trägerin aufgedrückt bekommen hat, wird sie zur persönlichen Mode. Als »Stempel« eignet sich zum Beispiel der Stilbruch, die unerwartete Zusammenstellung.

Allerdings hat sich der Effekt dieses Überraschungsmoments verringert, seit das Übertreten von traditionellen Kleidungsvorschriften selbst zur Mode geworden ist. Auf der einen Seite befreit es ungemein, daß jede Länge und jede Kombination erlaubt sind, doch andererseits kann der innere Anspruch an sich, den bisher noch nicht gesehenen Kick zu kreieren, auch zum Streß ausarten.

Accessoires

Anregungen für Accessoires finden sich überall: in den Straßen, im Fernsehen, am Arbeitsplatz. Stahl wird zu Schmuck verarbeitet, Frauen tragen zehn Ringe an einer Hand. Dekoratives muß nicht unbedingt edel und teuer sein: Ein gefärbter Holzarmreif, passend zur Farbe des Schals, kann der Kleidung eine individuelle Note verleihen. Eine Blume am Jackett, im Vorbeigehen gepflückt, unterstreicht die aktuelle Stimmung. Wird die Lust, sich mit frischen Blumen zu schmücken, zur täglichen Gewohnheit, prägt das den persönlichen Stil, der einen Menschen unverwechselbar macht. Zu solchen liebenswerten Marotten gehört zum Beispiel das Tragen von Hüten. Immer wieder machen Hutträgerinnen auf sich aufmerksam: Die Schriftstellerin Tanja Blixen, die sich mit Strohhüten vor der afrikanischen Sonne schützte; die englische Königin, der es die Konvention gebietet, Hüte zu tragen; die schleswig-holsteinische Ministerpräsidentin Heide Simonis, die einfach ein Faible für diese Kopfbedeckung hat.

Große Größen

Lange Zeit standen fülligere Frauen vor der Wahl, sich entweder figurgerecht, aber einfallslos zu kleiden oder sich dem Urteil »unmöglich« auszusetzen. Dieses Dilemma haben Geschäftsleute mittlerweile als Marktlücke erkannt. Unter dem Motto »Dick ist schick« oder »Junge Mode ab 42« bieten sie neben dem klassischen Hemdblusenkleid, Längsgestreiftem und Zweiteilern auch Modisches und ab und zu gewagte Modelle an. Kleider und Röcke sind nur weiter geschnitten als die Größen 36 bis 40, Hosen bequem mit Gummizug versehen. Die meisten dieser Spezialgeschäfte oder -abteilungen legen viel Wert auf individuelle Beratung. Trotzdem bewegen sich die Preise in akzeptablem Rahmen.

Die Freude, die die Kundinnen beim Einkauf in solchen Geschäften haben, kann weit über die Lust an der Neuerwerbung hinausreichen. Sie leben auf, wenn sie entdecken, daß es Kleidungsstücke gibt, die sogar ihnen zu groß sind. Endlich können sie sich im neuen Dress vor dem Spiegel drehen, ohne den kritischen, belustigten oder gar abfälligen Blick einer zierlichen Verkäuferin auf sich zu spüren.

Diesem Bedarf versuchen auch manche großen Modehäuser gerecht zu werden. Neu sind in den meisten Kaufhausketten die Marke »Samoon« von Größe 42 bis 54 und die italienischen Kollektionen »Marina Rinaldi« und »Persona«.

Für Frauen, die es vorziehen, ihre Kleidung in großen Größen in den eigenen vier Wänden auszusuchen, gibt es den Versandhandel.

Farbe

Die Farbe der Kleidung vermittelt Außenstehenden das momentane Lebensgefühl der Trägerin, kann sie selbst in Schwung bringen oder auch beruhigen. Die Vorstellung, welche Farbkombination als dezent gilt und welche Farben sich »beißen«, hat sich im Laufe der Geschichte oft geändert. Welches Gefühl wir mit einer bestimmten Farbe verbinden, ist jedoch gleichgeblieben.

Spiegel der Seele

Farben wirken sehr unterschiedlich auf Menschen. In der Heiltherapie heißt es, sie können Gesundheits- und Kraftquelle für den Organismus sein, ihn aber auch belasten. Demnach könnte man mit farbigen Kleidungsstücken die seelische und körperliche Verfassung beeinflussen. Die Farbtherapie (nach Heidrun Munsch) beschreibt ihre Effekte so:

• Rot hat die größte Wirkung. Es symbolisiert die glühende Sonne, das Feuer, die Lebenskraft. Es ist die Farbe des Herzens, des Blutes und der Muskeln. Rot macht heiter, manchmal erregt oder, je nach Gemütszustand, auch hastig und eifrig. Rot ist also die richtige Farbe sowohl für wärmende Socken wie für ein Négligé.

• Orange, eine Mischfarbe aus rot und gelb, wird besonders Morgenmuffeln und ängstlichen und depressiven Menschen empfohlen. Sie steht für Heiterkeit, Frohsinn und Herzenswärme.

• Gelb soll die Verdauung fördern, die Nerven stärken, den Magen und das Drüsensystem anregen. Es soll sich günstig auf den Intellekt auswirken. Wie die anderen warmen Farben soll Gelb munter, leicht und behaglich stimmen.

• Grün ist eine Mischfarbe aus gelb und blau. Es soll ausgleichen und entspannen, wie ein Spaziergang durch den Wald. Grün eignet sich also eher zur inneren Sammlung als für ein erotisches Abenteuer.

• Blau gilt als Farbe der Ruhe, bringt Erholung und tiefen Schlaf. Es vermittelt aber auch Kühle, Zurückhaltung, Schweigen. Blau soll seelische Erregung dämpfen, Blutungen zurückgehen lassen, Schmerzen mildern. Es soll bei Menschen ausgleichend wirken, die leicht ins Schwitzen geraten.

• Violett-Purpur ist die Farbe der geistigen Kraft und Erkenntnis. Es soll das Unterbewußtsein zur Inspiration anregen, Macht und Distanz repräsentieren. Aber Vorsicht: Violett gilt auch als das Morphium unter den Farben, weil es noch stärker dämpfend und entspannend wirkt als Blau.

Managerinnen müßten hiernach ihre Geschäftsinteressen schon im voraus genau kalkulieren. Ist coole Zurückhaltung geboten, sollten sie den blauen Blazer aus dem Schrank holen, müssen sie geistig fit sein und gute Nerven beweisen, sollten sie einem gelben Outfit den Vorzug geben – oder vielleicht dem Violetten?

Es empfiehlt sich, den Grundton der Basisgarderobe mit Farben zu ergänzen, die der Stimmungslage guttun. Der Hauttyp sollte dann entscheiden, ob der Farbton eher in Richtung warm oder kalt tendiert, also etwa saharagelb oder zitronengelb. Den Ungeübten den Blick für diese Nuancen zu schärfen, bieten sich FarbberaterInnen an.

Farbe als Symbolträger

Die rote Farbe, deren Herstellung aus Purpurschnecken, Cochenilleläusen oder Krappwurzel mühselig und teuer war, blieb den Reichen und Mächtigen vorbehalten. Rot war die Farbe des Luxus und der Standeszeichen: Krönungsornate waren rot und die Kleidung kirchlicher Würdenträger. In der Französischen Revolution wurde Rot zum Symbol der Freiheit. Während des Aufstandes der Lyoner Seidenweber 1834 erklärte die sozialistische Arbeiterbewegung Rot zu ihrer Farbe. Die rote Fahne, das rote Halstuch oder eine rote Blume im Knopfloch wurden Inbegriffe der sozialistischen Symbolsprache.

Im Gegensatz dazu war Blau immer die Farbe der ärmeren Schichten, der Dienstboten, Handwerker, Waisenkinder. »Blaumann« heißt heute noch die Arbeitskleidung der Monteure. Im 19. und 20. Jahrhundert trugen Handwerker und Bauern blaue Arbeitsschürzen, in Niederösterreich galten sie zugleich als bäuerliches Standesmerkmal. Bei den Bäuerinnen und den einfachen Frauen in der Stadt war der Blaudruck populär. Blue Jeans, die heute in nahezu jedem Kleiderschrank hängen, waren ursprünglich Arbeitshosen, preiswert und strapazierfähig, mit dem Auszug von Indigoblättern blau eingefärbt.

Im 15. Jahrhundert bestimmte eine Wiener Kleiderordnung, daß Dirnen zwecks leichterer Unterscheidung von den ehrbaren Frauen ein gelbes Tüchlein an der Achsel tragen sollten. Gelb galt bereits in der Antike als »galante Farbe« und wurde bis in die Neuzeit immer wieder auch anderen gesellschaftlichen Randgruppen zugeordnet wie KetzerInnen, Narren und Närrinnen oder den Hexen.

Gleichzeitig war Gelb in unserem Kulturkreis immer mit Negativem verbunden, mit Neid, Geiz, Eifersucht und Untreue. Das Wörterbuch der Gebrüder Grimm beschreibt die gelbe Farbe als auffallendste und lauteste, also besonders geeignet für die, die auffallen wollen oder sollen. Die Tiroler »Landts-Ordnung« von 1603 gebot den Juden das Tragen eines gelben Ringes. Während der Nazidiktatur wurden Juden gezwungen, den Davidstern in gelber Farbe zu tragen.

Farbberatung

Wenn eine Farbberaterin Tücher um die Schultern einer Frau drapiert und die Tuchfarbe den Ton des Teints überraschend verändert, kann das Experiment zum »Aha-Erlebnis« werden. Doch auch allein vorm Badezimmerspiegel gelingt der Test: Ungeschminkt, die Haare unter einem Tuch verborgen, hält man sich eine goldene oder silberne Folie unter das Gesicht. Was paßt besser zur Haut: Gold, also die warmen Töne? Oder Silber, also kühle Töne? Viele Modejournale unterscheiden Frühlings-, Sommer-, Herbst- und Wintertypen und beschreiben sie genau. Die Haut der Frühlings- und Herbsttypen hat eher einen goldenen Unterton, Sommer- und Wintertypen neigen zu einer kühlen Teintfarbe.

Diese Farbnuancen werden dann mit der Grundgarderobe abgestimmt. Klassische Begleitfarben für Grau sind Signalrot und Weiß. Pastelltöne passen ebenfalls gut zu Grau und dunklem Anthrazit. Frühlings- und Herbsttypen sollten sich eher für die Farben Pfirsich, Rehbraun, Melone und Rost entscheiden, die Sommer- und Wintertypen für Lavendel, Vanille, Rosa und Hellblau. Zur Grundfarbe Natur oder Beige passen die warmen Töne Korngelb, Mandarin, Rosenholz und Karamel, kühles Jeansblau und Steingrau.

Die Namen der Farbkreationen ändern sich mit jeder Saison. Eine Bluse oder ein T-Shirt in einer modischen Begleitfarbe aktualisiert die Basisgarderobe immer einfach und preiswert.

Qualität

Für die Gesundheit spielt die Bekleidung keine geringe Rolle, denn 90 Prozent der Haut sind ständig mit Stoff bedeckt. Gute Qualität bedeutet bei Kleidung zudem, daß sich das Material auf der Haut gut anfühlt, Feuchtigkeit aufnimmt, nicht kratzt, kaum knittert und luftdurchlässig ist. Das Teil darf beim

Waschen nicht einlaufen, nicht die Form verlieren und nicht färben. In Anbetracht der Chemisierung von Textilien und der erwachten Verantwortung gegenüber Mensch und Umwelt müssen diese Anforderungen mittlerweile jedoch ergänzt und verändert werden.

Kleidung muß hautverträglich sein. Sie darf keine Chemikalien enthalten, die Allergien auslösen. Der Produktionsprozeß sollte die Umwelt nicht belasten. Recycling oder eine schadlose Entsorgung müssen gewährleistet sein (▷ Seite 411). Um die Qualität eines Kleidungsstücks zu beurteilen, muß man heute also seinen gesamten Lebenslauf berücksichtigen, vom Anbau der Naturfasern oder der Herstellung von Chemiefasern, über die Verarbeitung, Veredelung, Färbung, Fertigung, den Vertrieb, die Verpackung, die Trageeigenschaft, die Pflege bis hin zur Entsorgung.

Hilfen für diese Beurteilung sind aber bislang noch rar. Wie sich der Einsatz von hunderttausenden Tonnen Textilveredelungsmitteln auf die Gesundheit auswirkt, weiß niemand. 1992 wurde im deutschen Bundesgesundheitsamt eine Arbeitsgruppe Textilien gegründet, die die verschiedenen Stoffe bewerten soll. Konkrete Ergebnisse sind aber bis jetzt nicht bekannt.

Veredelung

Veredelt werden Baumwolle, Schafwolle und Seide ebenso wie synthetische Fasern. Folgende Verfahren werden auf dem Etikett genannt:

Merzerisiert

Die Merzerisierung gibt Baumwolle ihren seidenen Glanz. Sie wird reißfester und bindet mehr Farbstoffe.

Pflegeleicht

Um mit Synthetics konkurrieren zu können, muß Baumwolle weitgehend pflegeleicht sein, darf nicht knittern und nicht einlaufen. Dafür wird sie mit

Baumwolle

Baumwolle ist hautfreundlich, weich und angenehm zu tragen, luftdurchlässig, saugfähig und gut waschbar.
Doch die Herstellung von Baumwollkleidung ist alles andere als naturfreundlich. Jedes Jahr werden etwa 2,2 Prozent mehr Baumwolle geerntet als im Jahr zuvor – obwohl die Anbaufläche gleich bleibt. Auf 2,4 Prozent der Äcker dieser Welt wächst Baumwolle; und auf ihnen werden rund zehn Prozent aller Pestizide verbraucht. Bereits das Saatgut wird mit Quecksilbersalzen gebeizt. Die Felder werden mit Insektiziden, Herbiziden, Fungiziden und zu guter Letzt mit einem Entlaubungsmittel gespritzt, ohne das eine hochtechnisierte Ernte nicht möglich wäre. Bei den ArbeiterInnen kommt es dadurch immer wieder zu Vergiftungen, von denen viele tödlich enden.
Der größte Teil der Pestizide wird beim Waschen, Bleichen und Merzerisieren entfernt. Gemäß Auskunft der BASF enthalten fertige Textilien allerdings ein bis zehn Prozent ihres Gewichts an Veredelungsmitteln, dazu kommen noch 2,5 Prozent Farbstoffe und zwei Prozent erlaubte andere Fasern, eventuell auch noch für den Transport durch tropisches Klima eingesetzte Schädlingsbekämpfungsmittel. Ein Baumwoll-T-Shirt besteht also möglicherweise nur zu 85 Prozent aus Naturfaser.

Es geht auch anders

Der ökologische Baumwollanbau kommt ohne Chemie aus, ist aber sehr aufwendig. Er umfaßt eine gute Bodenbearbeitung, Fruchtwechsel, geeignete Sorten, organische Düngung und Schädlingskontrolle ohne Pflanzenschutzmittel. »Handgepflückt« ist dabei nicht unbedingt ein Öko-Kriterium. In Texas wird zum Beispiel einfach der Frost abgewartet, der die Pflanzen entlaubt, so daß die Erntemaschinen eingesetzt werden können; in Kalifornien entlaubt man die Sträucher mit Salzlösungen, die nicht ganz so schädlich sind.
Einer amerikanischen Wissenschaftlerin ist es gelungen, Baumwolle zu züchten, deren Pflanzen hellbraune oder grüne und demnächst wohl auch violette Früchte tragen.

Kunstharzen »vernetzt«. Danach trocknet sie schneller, saugt aber deutlich weniger Schweiß auf. Sie wird eher schmutzig und riecht schneller. Sie kann sich elektrostatisch aufladen.

Das in den Kunstharzen enthaltene Umweltgift Formaldehyd kann Allergien auslösen. Doch nur wenige Firmen verzichten auf formaldehydhaltige Produkte, denn dann würde eine Veredelung dreimal so viel kosten.

Weich

Durch die ersten beiden Veredelungsschritte riecht die Baumwolle etwas nach Formaldehyd und Fisch, und sie ist auch nicht mehr so weich.

Diese Nebeneffekte müssen beseitigt werden. Fette, Öle und Wachse, die dafür eingesetzt werden, gelten als unproblematisch; nicht so die quarternären Ammoniumverbindungen (QAV, Quats). Sie sind Gift für die Personen, die an der Herstellung beteiligt sind, für die TrägerInnen der so behandelten Materialien und für die Fische, die in den Wässern schwimmen, in die die QAV-haltigen Abwässer eingeleitet werden.

In den letzten Jahren werden vermehrt Enzyme als Weichmacher eingesetzt. Diese natürlichen Proteine werden schnell biologisch abgebaut und belasten die Abwässer nicht.

Bunte Färbung

Als die deutschen Chemiker Graebe und Liebermann gegen Ende des letzten Jahrhunderts die chemische Struktur des Alizarin-Rots entschlüsselten, lösten sie eine kulturelle und wirtschaftliche Revolution aus. Die rote Farbe, die bis dahin in kostspieligen Verfahren hergestellt wurde und die zu tragen den unteren Schichten bei Strafe verboten war, wurde nun zur billigen Massenware. Als es BASF und Hoechst einige Jahre später gelang, Blau, den König der Farbstoffe, künstlich herzustellen, brach das Indigo-Monopol Englands zusammen, und die deutsche Farbchemie wuchs zu einem gigantischen Imperium.

Die synthetischen Farben, die seit der Jahrhundertwende nahezu alles einfärbten, einschließlich der Nahrungsmittel, trugen erheblich zur Chemisierung unseres Alltags bei. Aus Kohle und Erdöl wurden immer neue Substanzen gewonnen, über deren Wirkung auf den Menschen man sich keine Gedanken machte. Erst mit der Zeit offenbarte sich, daß viele Grundstoffe der Farbherstellung hochgiftig sind, besonders für die ArbeiterInnen in den Textilfabriken. Benzol zum Beispiel wurde als krebserregend erkannt und verboten. Viele Fixierhilfsmittel beim Färben und Drucken enthalten Formaldehyd, das häufig All-

Naturfasern		Chemiefasern	
Pflanzliche Fasern	**Tierische Fasern**	**Fasern aus nachwachsenden Rohstoffen***	**Synthetische Fasern**
Baumwolle	Seide	Viskose	Polyamid
Leinen/Flachs	Schafwolle	Modal	Polyester
Hanf	Angorawolle	Cupro	Polyacryl
Jute	Mohairwolle	Acetat/Triacetat	Polypropylen
Ramie	Kaschmir		Elasthan
Kapok	Lamawolle		Polychlorid
	Kamelhaar		
	Alpakawolle		
	Vikunjawolle	* (vor allem Zellulose, die aus Holz gewonnen wird)	

ergien auslöst. Insgesamt wird ein Drittel der Textilchemikalien als gesundheitsgefährlich eingestuft. Mittlerweile ist nachgewiesen, daß die Gifte aus der Kleidung in die obere Schicht der Haut eindringen.

Wer also sich selbst und die Umwelt schonen möchte, sollte für seine Basisgarderobe einen natürlichen Farbton wählen: Wollweiß, Grau, Braun, Pastellfarben. Vor allem für Bettwäsche, Unterwäsche und Babykleidung empfiehlt sich Naturweiß.

Schwarz sollte bei hautnahen Kleidungsstücken Ausnahmesituationen vorbehalten bleiben, denn die dunklen Töne enthalten erheblich mehr Farbstoffe als helle. Sie machen etwa 2,5 Prozent des Textilgewichts aus, gegenüber 0,1 Prozent bei Pastellfarben. Schwarz belastet die Umwelt besonders stark.

Anders ist das mit Kleidung, die mit Pflanzenfarbe eingefärbt ist. Doch noch gibt es nicht genug von diesen Pflanzen. Da der Farbstoff in Pflanzen nur gering konzentriert ist, wären riesige Anbauflächen erforderlich, wenn Naturfarben die synthetischen Farben weitgehend ablösen sollten. Ein zweites Problem ist die Fixierung der Farbstoffe. Dazu werden schwermetallhaltige Salze eingesetzt. Fixiermittel, die das Abwasser gar nicht belasten, kennt man noch nicht.

Höchst problematisch ist das Selbstfärben zu Hause. Die »Kalt-« oder »Echt«farben für die Waschmaschine enthalten allergene Reaktionsstoffe, und die Kläranlagen für häusliche Abwässer sind nicht darauf eingestellt, diese Substanzen abzubauen.

Nickelallergie

Auf den Jeansknopf auf bloßer Haut hat so mancher schon mit den juckenden Bläschen einer Nickelallergie reagiert. Eine solche Überempfindlichkeit erschwert den Alltag erheblich, denn viele metallische Gegenstände enthalten Nickel oder das ebenfalls allergieauslösende Chrom: Nirostaspüle, Besteck, Brillengestell usw. Die Metallteile an Reißverschlüssen oder Knöpfen werden durch Galvanisieren rostfrei gemacht. Dabei bekommen sie einen Überzug aus verschiedenen Metallen. Um zu verhindern, daß der Abrieb dieser Metalle die Haut beeinträchtigt, kann man einen Pflasterstreifen von innen über das Metall kleben.

Gesundheitsbewußte Firmen nähen Knöpfe aus Glas, Holz, Perlmutt oder Steinnüssen an.

TIP

- Waschen Sie jedes neue Kleidungsstück vor dem ersten Tragen, um Formaldehyd, überschüssige Farbstoffe und andere Chemikalien auszuschwemmen.
- Als Allergikerin schonen Sie Ihre Haut, wenn Sie weit geschnittene Textilien tragen, die nicht auf der Haut scheuern.
- Achten Sie auf den Hinweis »separat waschen« auf dem Etikett. Es kann sein, daß die Kleidung abfärbt und damit für empfindliche Menschen eher ungeeignet ist. Echt gefärbte Stücke vertragen eine 60 Grad Celsius-Wäsche.
- Wenden Sie sich an eine Hautärztin oder einen Hautarzt, wenn sich bei Ihnen beim Tragen neuer Textilien Juckreiz oder Hautausschlag einstellen. Um andere VerbraucherInnen vor ähnlichen Erfahrungen zu bewahren, sollten Ärztin oder Arzt die Informationen an das Bundesinstitut für gesundheitlichen Verbraucherschutz (Tel.: 030/84120) weitergeben.
- Verwenden Sie für selbstgenähte Kleidung keine Vorhang-, Deko- oder ähnliche Stoffe. Für sie gelten weniger strenge Bestimmungen als für Textilien zu Bekleidungszwecken.
- Besonders effektiv tragen Sie zum Umweltschutz bei, wenn Sie Ihren Kleiderkonsum reduzieren. Ein jährlicher Verbrauch von 23 Kilogramm Textilien pro Kopf kann nicht umweltfreundlich produziert werden.
- Second-hand-Kauf oder Kleidertausch frischt den Garderobenbestand auf, nutzt die Kapazität der Textilien besser aus und belastet den Geldbeutel nur wenig.

Unterwäsche

Mit der Unterwäsche lebt jeder in ständigem Hautkontakt. Man friert, wenn sie Feuchtigkeit nicht schnell aufnimmt und rasch verdunsten läßt, denn in feuchter Kleidung verliert man Körperwärme 25mal so schnell wie in trockener. Baumwolle und Seide besitzen diese regulierende Fähigkeit.

Wer seiner Haut die Belastung chemisch behandelter Bekleidung ersparen möchte, aus Kostengründen jedoch nicht gleich seine gesamte Kleidung auf »Öko« umstellen kann, investiert das zur Verfügung stehende Geld am besten zuerst in Unterwäsche.

Direkt auf der Haut tragen sich Baumwolle, Seide, Wolle, Leinen und Ramie besonders angenehm. Wolle und Seide wärmen gut. Sensible Menschen empfinden Seide als besonders schützend.

LITERATUR

Traude Strütt-Bringmann (Hrg.)
Der Stoff aus dem die Kleider sind.
Verbraucher Initiative, 1994
Zu bestellen bei: Verbraucher Initiative e.V.
Breitestr. 51, 53111 Bonn
DM 15 plus DM 2 Porto

Der Deutschen alte Kleider – Schaden Kleider-Spenden der Zweidrittel-Welt? Texte 3
Zu bestellen bei: Südwind e.B.,
Lindenstr. 58-50, 53721 Siegburg
DM 9 plus DM 5 Versandkostenpauschale

Meike Ried
Chemie im Kleiderschrank. Das Öko-Textil-Buch
Rowohlt, Reinbek, 1989. DM 32

Paulus Johannes Lehmann
Die Kleidung, unsere zweite Haut
Access Marketing, 3. Auflage, 1991. DM 39,80

Strümpfe

Die Perlonstrumpfhose ermöglicht seit den 50er Jahren allen Frauen, seidig bekleidete Beine zu zeigen. Doch einige Trägerinnen entwickelten an den Oberschenkeln Rötungen, Schwellungen und Juckreiz. Zunächst beschuldigte man die Polyamidfaser, diese Reaktionen auszulösen, es war aber vielmehr die Farbe. Sie haftet nur schlecht auf dem Kunststoff und kann sich schnell ablösen. Seit Bekanntwerden der »Nylon-Dermatitis« hat die Industrie die Haftfähigkeit der Farben zwar verbessert, aber kein grundsätzlich anderes Verfahren gewählt. So war es möglich, daß in letzter Zeit viele Allergien durch schwarze Samtleggings auftraten.

Problematisch sind die Kunstfasern, aus denen Strümpfe häufig bestehen, auch deshalb, weil sie nur bei 30 Grad Celsius gewaschen werden dürfen. Bakterien und Pilze werden aber erst bei ca. 60 Grad Celsius abgetötet. Also rüstete man Socken und Strümpfe chemisch antimikrobiell aus. Solche Behandlungen müssen nicht gekennzeichnet werden; sie verbergen sich unter Begriffen wie »sanitized«, »aktifresh«, »bioguard«, »desodorierend«, »fußpilzhemmend«. Wer zu allergischen Reaktionen neigt, sollte lieber Socken tragen, die eine 60-Grad-Wäsche vertragen.

Brandneu ist der Versuch mit Recycling-Socken. In manchen Biogeschäften kann man seine Socken aus naturbelassener Baumwolle abgeben und bekommt beim Neukauf zehn Prozent Rabatt.

»Öko«-Kleidung

Bis vor wenigen Jahren gab es Kleidung aus Naturstoffen und mit Pflanzenfarbe gefärbte Textilien nur in Naturwarenläden. Heute beschäftigen sich auch die ganz großen Textilketten damit.

Vorreiterin dieser Entwicklung war Britta Steilmann, Tochter eines der größten Textilfabrikanten Europas. Die Baumwolle ihrer Wäschekollektion in klassischer Form »It's one world« stammt aus kontrolliert-biologischem Anbau. Die der Strickartikel ist handgepflückt und wird auf Schadstoffe hin kontrolliert. Jeans werden ungebleicht weiterverarbeitet, Kunstharze, Formaldehyd und optische Aufheller werden nicht eingesetzt.

1992 stellte Esprit seine »ecollection« vor, e für ecology. T-Shirts und Sweatshirts wurden aus ökologisch angebauter Baumwolle produziert. Bis zum Jahr 2000 wollte Esprit die Hälfte aller Produkte umweltschonend herstellen, von der Rohfaser bis zum fertigen Produkt. T-Shirts wurden aus farbig gewachsener Baumwolle gefertigt. Knöpfe aus recyceltem Glas kamen aus Ghana, Seide wurde bei »Silk for Life« in Kolumbien eingekauft, wo die Seidenraupenzucht den Kokaanbau ersetzen soll. Wegen des ausbleibenden Verkaufserfolges wurde die Kollektion 1996 jedoch wieder eingestellt.

Die Green Cotton Kollektion aus Dänemark war die erste, die Strickwaren anbot, deren Baumwolle zum Teil aus biologischem Anbau stammte und handgepflückt war. Die Herstellerfirma berücksichtigt den gesamten Lebenszyklus einer Textilie, vom Anbau bis zu Verpackung, Versand, Recyling und Entsorgung, und nicht zuletzt die Gesundheit der ArbeitnehmerInnen.

Öko-Labels

Firmen, die eine ökologische Produktion auf ihre Fahnen schreiben, wollen ihre Bemühungen sichtbar machen. Sie haben Etiketten, sogenannte Öko-Labels, eingeführt, die die VerbraucherInnen über die Ware informieren sollen. Nur versteht jeder Hersteller darunter etwas anderes. Es gibt wenige firmenübergreifende Labels, aber auch sie stellen kein einheitliches Ökosiegel mit überprüfbaren Kriterien dar. Öko-Labels sollten drei Aspekte berücksichtigen:

- Umweltschonende Herstellung
- Gesundheitliche Folgen für die Trägerinnen der Kleidung
- Wiederverwertbarkeit und Entsorgung

Das bekannteste Label ist das »Öko-Tex Standard 100«. Es geht auf eine Initiative des Hohensteiner Textilforschungsinstituts zurück, wird inzwischen vom deutschen Gesamtverband der Textilindustrie unterstützt und steht für schadstofffreie Kleidung. Die Umweltverträglichkeit spielt dabei keine Rolle. Untersucht werden nur die Endprodukte: alle Teile der Kleidung bis hin zu Reißverschlüssen und Schulterpolstern. Unter anderem werden die Farbechtheit, Pestizid- und Schwermetallrückstände überprüft. Die Kriterien sind allerdings so weit gefaßt, daß kaum ein Hersteller sie nicht erfüllt.

Die strengsten Maßstäbe hat der »Arbeitskreis Naturtextil e.V.« für seine Mitglieder entwickelt. Wer ihm angehört, darf nur Naturfasern verwenden, bei deren Herstellung von vornherein keine Schadstoffe verwendet werden. Die Farbpalette ist eingeschränkt, weil die Nuancen aus den wenigen schwermetallfreien Farben gemixt werden. Viele Artikel sind gar nicht im Sortiment, wie z.B. Strumpfhosen, die ohne synthetische Elastikfäden nicht herzustellen sind.

Bis zum Jahr 2000 soll ein europäisches Siegel einheitliche Kriterien definieren. Ob bis dahin jedoch eine Einigung möglich ist, ist fraglich.

Schuhe

Viele Frauen beschließen irgendwann, daß sie Schuhgröße 39 haben, und empfinden alles, was größer ist, als unförmig und häßlich. Sie quälen sich in zu kleinen, zu engen, zu harten, zu hohen Schuhen durch den Tag und opfern die Gesundheit ihrer Füße ihrer Vorstellung von schönen Schuhen und Beinen.

Diese Verbiegung beginnt schon in Kindertagen. Die Stiftung Warentest stellte fest, daß 42 Prozent der Kinder zu kleine Schuhe tragen. Die daraus resultierenden Schäden machen sich oft erst Jahrzehnte später bemerkbar: Gelenk- und Rückenschmerzen, verformte Zehen, Überbein (Hallux).

Ein gut sitzender Schuh paßt seine Form dem Fuß an und nicht umgekehrt; in ihm hat die Ferse Halt, die Zehen haben genügend Bewegungsfreiheit, und das Körpergewicht lastet gleichmäßig auf dem ganzen Fuß, statt daß hohe Absätze die Last auf den Vorfuß schieben. Werden die Zehen fortwährend durch spitze Schuhe eingeengt, künden zunächst Druckstellen, genannt Hühneraugen, von der Zwangslage. Mit der Zeit können die Zehen dann steif und unbeweglich werden. Der Fuß wird schlecht durchblutet und ist kalt.

Jeder Fuß verlängert sich im Laufe des Tages ein wenig. Darum muß im Schuh vor dem großen Zeh auch dann noch etwa ein Zentimeter Platz sein, wenn man steht. Am ehesten läßt sich das berücksichtigen, wenn der Schuhkauf am späten Nachmittag stattfindet.

Absätze bis zwei Zentimeter Höhe stellen für die Füße keine meßbare Belastung dar. Bei höheren Absätzen jedoch wird der Ballen, der normalerweise leicht nach oben gewölbt ist, breit getreten; es kann sich ein Spreizfuß entwickeln. Außerdem hebt der Mensch bei jedem Schritt sein Körpergewicht kurzzeitig um etwa zwei Zentimeter an. Bei einem fünf Zentimeter hohen Absatz wären es dann entsprechend mehr – eine ziemliche Kraftanstrengung.

Wer ständig Schuhe mit hohen Absätzen trägt, veranlaßt Sehnen und Wadenmuskeln sich so zu verkürzen, daß die Frau auf flachen Absätzen nicht mehr laufen kann. Und da der aufrechte Gang in Stöckelschuhen nur möglich ist, wenn die Frau ihren Rücken zum Hohlkreuz biegt, belastet sie die unteren Bandscheiben stark. Chronische Kreuzschmerzen künden dann davon, daß die Wirbelsäule Schaden genommen hat.

All dieses heißt nun natürlich nicht, daß ein Discobesuch oder Tanzabend in Sandalen absolviert werden muß. Einige Stunden lang kann jede dem Körper die Strapazen eleganter Pumps zumuten. Es muß nur wieder einen Ausgleich geben.

TIP

Schuhkauf

- Jeder Schuh muß in Breite und Länge passen.
- Er sollte innen und außen aus Leder sein. Nur bei der äußeren Sohle ist stoßdämpfendes, wasserdichtes Gummi von Vorteil.
- Schuhe mit dem Aufkleber »sanitized« wurden vermutlich mit Mitteln gegen Bakterien und Pilze behandelt.
- Das Material sollte möglichst aus nachwachsenden Rohstoffen bestehen, wie Leder, Kork und Naturgummi.
- Empfehlenswerte Schuhpflegemittel sind Selbstglanzpflegemittel, Wachspasten aus der Dose, Bienenwachs, Öle und Lanolin.

Material und Qualität

Modische, preiswerte Schuhe tragen oft den Vermerk »Obermaterial Kunststoff«. Dessen Trageeigenschaft wird schnell spürbar, indem er heiße, feuchte Füße hervorruft. Tests ergaben, daß angeblich wasserdampfdurchlässige Kunststoffe nicht einmal die Feuchtigkeit durchließen, die die Haut bei sitzender Tätigkeit absondert.

Sohlen aus Gummi oder Polyurethan isolieren den Menschen vom Erdboden. Die elektrische Spannung, mit der sich jeder ständig auflädt, kann nicht abfließen. Sie entlädt sich dann unangenehm, wenn man etwas Metallenes berührt: Man bekommt einen leichten Schlag. Ledersohlen erhalten den Bodenkontakt, der Strom wird gleichmäßig abgeführt.

Schuhe weisen eine ähnliche Chemisierung auf wie Kleidungsstücke. Unter anderem werden sie fast alle mit lösungsmittelhaltigen Klebstoffen zusammengehalten. Diese enthalten häufig chlorierte Kohlenwasserstoffe, die das Nervensystem angreifen, sich in der Umwelt anreichern und unter dem Verdacht stehen, krebserregend zu sein.

Noch immer verkauft der Schuhhandel Ledersprays mit schädlichen Treibgasen und Imprägniermittel mit Silikonöl oder anderen Synthetika, die nach dem Einatmen Beschwerden hervorrufen können.

Leder wird mit giftigen Chemikalien gegerbt, gefärbt und konserviert, die häufig Allergien auslösen. Die Konservierung ist notwendig, weil Eiweiß und Reste von Fett im Leder für Pilze ein guter Nährboden sind. Besonders in der lederverarbeitenden Industrie Indiens, Bangladeshs und Mittelasiens wird zur Konservierung noch immer das in Europa verbotene Pentachlorphenol (PCP) verwendet.

Ein Siegel soll die VerbraucherInnen auf den Schadstoffgehalt von Leder, vor allem in Schuhen, aufmerksam machen. Mit »SG = schadstoffgeprüft« gekennzeichnete Waren enthalten weniger an krankmachenden Stoffe als der Grenzwert erlaubt.

Entsorgung

Was zunächst unter großem Einsatz produziert wird, muß, wenn es ausgedient hat, wieder entsorgt werden. Wie groß der Einsatz dafür ist, zeigt sich am Beispiel von Schuhen.

Schuhe bestehen aus einem Materialmix, 50 verschiedene Materialien pro Schuh sind nicht ungewöhnlich. Sie alle sind äußerst haltbar miteinander verleimt, so daß es fast unmöglich ist, sie zu recyceln. Eigentlich müßten Schuhe auf eine Sondermülldeponie. Statt dessen werden gut erhaltene Schuhe samt Bakterien und Pilzen in Entwicklungsländer exportiert, wo sie repariert und weiterverkauft werden. Häufig machen sie dort der heimischen Industrie Konkurrenz, die mit den billigen Importen nicht mithalten kann. Unbrauchbare Exemplare werden zermahlen und zu Dämmplatten gepreßt.

Recycling wäre bei Schuhen nur möglich, wenn sich die verwendeten Materialien voneinander trennen ließen. Das aber würde die modischen Gestaltungsmöglichkeiten einschränken. Daß sich ein solches Konzept aber verwirklichen läßt, bewies 1995 die Firma Gore. Sie setzt auf die Langlebigkeit ihrer Produkte durch gute Verarbeitung, bietet Reparatur-Sets an und hat damit Erfolg. Sie entwickelte die recyclingfähige Wetterjacke, die inklusive Reißverschluß und Knöpfen nur aus zwei Materialien besteht: Gore-Tex und Polyester. Sie sind mit vertretbarem Aufwand sortenrein trennbar und wiederverwertbar.

Altkleidersammlung

Sogenannte Altkleider sind keineswegs immer alt und abgetragen; was in den Sammlungen ankommt, ist manchmal nagelneu. Im Schnitt haben die Textilien nur ein Drittel ihrer Lebensdauer hinter sich. Dieses Faktum nutzen die großen karitativen Organisationen für ein gutes Geschäft. Bedürftige erreicht die Kleidung nur selten. Vielmehr verkaufen die Abholer die Altkleider in Entwicklungsländer, wo die Billigimporte den Textilmarkt runieren.

TIP

Second-hand für karitative Zwecke

- Karitative Einrichtungen und private Initiativen versorgen Bedürftige mit gebrauchter Kleidung. Flüchtlinge und Aussiedler kommen oft nur mit dem, was sie auf dem Leibe tragen, in unser Land. Zudem sind immer mehr Bedürftige, Wohnungslose und Langzeitarbeitslose auf preiswerte Second-Hand-Kleidung angewiesen.
- Eine Reihe von Projekten unterstützt gezielt zum Beispiel ein Waisenhaus in Rumänien oder ein Flüchtlingslager in Angola. Solche Aktionen helfen Menschen ohne jegliche Kaufkraft. Diese Spenden können den Märkten dieser Länder also nicht schaden.
- Organisationen, wie z.B. Oxfam, unterhalten hierzulande Second-Hand-Läden. Mit ihren Gewinnen unterstützen sie karitative Projekte und solche der Entwicklungshilfe.

30 Jahre ehrenamtliche Gemeindearbeit! Jetzt her mit der Kollekte, Sie mieser Ausbeuter!..
F. BECKER

Geld

Kein oder wenig eigenes Geld zu besitzen, ist für Frauen die Regel. 64,1 Prozent der Deutschen ohne eigenes Einkommen sind Frauen. In der Einkommensklasse bis 20.000 DM pro Jahr sind sie am häufigsten vertreten. Je höher der Jahresverdienst, desto geringer der Frauenanteil. Männern gehört das Vermögen fast aller großen Wirtschaftsunternehmen sowie fast das gesamte Vermögen an Grund und Boden. Diese Verhältnisse haben den Satz geprägt: Das Geschlecht des Reichtums ist männlich. Und die Erfahrung lehrt: das der Armut ist weiblich.

Dennoch sind Frauen ein wesentlicher Wirtschaftsfaktor: Sie kaufen ein, tätigen die alltäglichen Anschaffungen. Knapp drei Viertel der Konsumentscheidungen im privaten Bereich treffen Frauen. Von ihrer Fähigkeit, mit Geld zu wirtschaften, hängt ein gut Teil des Wohlergehens der Familie ab. Besitzer des Geldes bleiben aber in aller Regel die Männer. Sie entscheiden über das »große Geld«: ob ein Stadtauto genügt oder ob es die Limousine sein muß, ob sich das Familienvermögen in Papieren oder als Immobilie vermehren soll. Solange alles gut geht, fällt das niemandem auf. Erst wenn er bei Spekulationen Geld verloren hat oder die sichere Altersvorsorge ein Reinfall war, kommt für die Frau das böse Erwachen. Dann ist dahin, wofür auch sie ein Leben lang geschuftet hat.

Zunehmend mehr Frauen sorgen mit selbst verdientem Geld für ihre ökonomische Unabhängigkeit, die sie auch dann nicht aufgeben, wenn sie mit einem Partner zusammenleben. Ihr Verhalten läßt langsam das Klischee verblassen, Frauen könnten mit Geld nicht umgehen. Doch selbst diese Frauen müssen immer wieder alte Prägungen überwinden, sind doch die meisten mit der Moral des Märchens vom Aschenputtel aufgewachsen: Nur wer brav, bescheiden und fleißig lebt, bekommt einen Prinzen.

Frauen, die einflußreich, mächtig, erfolgreich und unabhängig sein wollen, sind nicht begehrenswert und werden mit dem Verlust von Liebe und Zuneigung bestraft – so die Botschaft der Überlieferungen. Dabei verzichten Frauen, die mit dem Satz »Von Gelddingen verstehe ich nichts« diesem vermeintlichen Risiko entkommen wollen, freiwillig auf die Möglichkeiten, die Geld in unserer Gesellschaft vermittelt. Denn nur auf der Basis finanzieller Sicherheit können sich Ehrgeiz, Kompetenz, Risiko- und Entscheidungsfreude gut entwickeln.

Der weibliche Umgang mit Geld

Frauen sparen, um in Notzeiten etwas zusetzen zu können; sie teilen knappe Ressourcen so ein, daß sie den Kindern mal einen Extrawunsch erfüllen können, und halten die Familie über Wasser, deren Ernährer arbeitslos wurde. Einen finanziellen Überschuß geben Frauen vorzugsweise für Wohnen, Kleidung und Reisen aus. Und wenn sie gut verdienen, haben meist alle Nahestehenden etwas davon.

Verhalten – Botschaften

- Sie scheuen sich, Gehaltsforderungen zu stellen oder von Ihrem Partner mehr Geld für den gemeinsamen Haushalt zu verlangen. Die Botschaft: Ich bin bescheiden, dafür müßt ihr mich alle lieb haben.
- Ihre Wünsche bleiben im Rahmen dessen, was erfüllbar ist. Die Botschaft: Ich bin folgsam und gut berechenbar. Lieber nehme ich mich zurück, als daß ich von anderen etwas fordere oder mich selbst zielorientiert durchbeiße.
- Sie beteuern, daß die teure Neuanschaffung ein »Sonderangebot« war, es ein uraltes Teil ersetzt oder nun viele Jahre halten muß. Die Botschaft: Ich bin dieses edle Stück eigentlich nicht wert.
- Sie rechtfertigen eine größere Geldausgabe damit, daß Sie lange dafür gespart haben. Die Botschaft: Ich bin sparsam, wie man es von Frauen erwartet.

Geld zu besitzen und zu horten ist für Frauen kaum je Selbstzweck. »Geld regiert die Welt« verlockt nur wenige. Auch für die Symbole von Macht und Ansehen, wie Auto, Büroausstattung und Golfspielen, geben Frauen ihr sauer Verdientes selten aus. Allerdings investieren immer mehr in ihre berufliche Zukunft: Ausbildung, Erweiterung des Geschäfts, Selbständigkeit (▷ Berufswege, Seite 153).

Finanziell unabhängig

Als Kind besaßen fast alle Frauen ein Sparschwein, als Verheiratete haben sie nicht mal ein eigenes Konto, und immer noch wissen viele nicht, wieviel ihr Mann verdient.

In der Zeit der großen Liebe gilt das gemeinsame Konto als Zeichen, gemeinsam das Leben zu verantworten. Viele Frauen stellen dann ihren Wunsch, finanziell eigenständig zu sein, zurück. Frauen ohne eigenes Einkommen glauben oft gar, sie hätten kein Recht auf ein Konto, über das nur sie allein verfügen. Daß ihre Arbeit als Hausfrau viel Geld wert ist, machen sie sich viel zu wenig bewußt, und so sehen sie sich eher als Verwalterin seines Geldes denn als Besitzerin des gemeinsamen Vermögens.

Die Frage »Gemeinsames oder getrenntes Konto« schränkt die finanzielle Unabhängigkeit von Frauen unnötig ein. Jede Frau kann das Gehalt ihres Mannes ebenso zur »ideellen Hälfte« auf zwei Konten aufteilen wie zwei Gehälter auf getrennte Konten überwiesen werden können. Dann müssen beide Partner festlegen, wie sie ihr Leben finanzieren (▷ Regeln gemeinsam festlegen, Seite 83): Wer übernimmt welche Fixkosten, wer bezahlt welche Extras? Einer könnte alles bezahlen, der andere überweist vom abgerechneten Monatsbetrag die Hälfte. Oder beide könnten zu gleichen Teilen ein gemeinsames Konto füllen und davon die anfallenden Kosten begleichen. Und selbst ein Konto für beide schließt nicht aus, daß zum Beispiel Geldgeschenke der Eltern auf ein Extra-Konto gehen.

Finanzplan

Eine private Bilanz zeigt, wie es um die finanzielle Situation bestellt ist. Zum Finanzplan gehören Einnahmen, Bestand, Zahlungsverpflichtungen und finanzabhängige Ziele:

- Einnahmen durch regelmäßiges Einkommen
- Geldbestand bei Banken (Sparanlagen, Papiere, Fondsanteile, Aktien)
- Geldanlage in Immobilien oder Gold
- Wert von Lebensversicherungen
- Zahlungsverpflichtungen für Versicherungen
- Langfristige Ziele, wie zum Beispiel Bau eines Hauses oder berufliche Selbständigkeit.

Diese Bedingungen werden zueinander ins Verhältnis gesetzt und überprüft, inwieweit sie (noch) zusammenpassen. Solch eine Überprüfung steht alle drei bis fünf Jahre an und immer dann, wenn sich Gravierendes geändert hat: wenn Kinder die Familie vergrößert haben, wenn die Frau wieder berufstätig wird oder wenn sich das Paar getrennt hat. Auf diese Weise wird man auf überholte und überflüssige Versicherungen aufmerksam, kann die mit hohen Prämien gegen bessere Angebote tauschen und feststellen, ob die Zinsen der mittel- und langfristigen Geldanlagen noch optimal sind.

Drei Bereiche gehören zum Umgang mit Geld: Steuern und Finanzamt, Geldanlage (▷ ab Seite 416), Versicherungen (▷ ab Seite 427).

Teilhaber: Finanzamt

Von denjenigen, die angestellt bis zu einem bestimmten Betrag im Jahr verdienen, behält der Arbeitgeber die Lohnsteuer gleich ein. Wer mehr verdient, selbständig oder freiberuflich arbeitet, muß eine Einkommensteuererklärung abgeben. Zu heiraten wirkt sich finanztechnisch erheblich aus. (▷ Rechtliches in der Ehe, Seite 92). Die Wahl der Steuerklasse hat gravierende Folgen. (▷ Lohnsteuer, Seite 94; ▷ Arbeitslos, Seite 269). Alleinlebenden

TIP

Das Konto

Vor der Kontoeröffnung überlegen:

- Wie sind unsere Bedürfnisse und Gewohnheiten, Geld auszugeben? Liegen wir auf gleicher Linie, oder weichen wir voneinander ab? Empfindet sich einer als eher sparsam, der andere eher als großzügig?
- Wieviel wenden Sie für Ihre jeweiligen Hobbies auf? Hat einer teure Vorlieben (Kleidung, Autos, Spielleidenschaft)? Muß einer zurückstecken, um die Investitionen des anderen zu finanzieren?
- Hätten Sie Hemmungen, Geld aus dem gemeinsamen Topf für Ihre persönlichen Bedürfnisse auszugeben? Können Sie »Ihren« FreundInnen etwas von »seinem« Geld leihen oder schenken?

Gemeinsames Konto

- Beide können unabhängig voneinander darüber verfügen. Keiner muß den anderen fragen, bevor er oder sie einen Scheck ausschreibt. Negativ kann sich das auswirken, wenn im Streitfall einer das Konto räumt.
- Jeder einzelne kann anordnen, daß fortan jede Kontobewegung der Unterschrift beider bedarf. Damit können beide verhindern, daß der jeweils andere das Konto plündert.
- Bei Pfändungen haben die GläubigerInnen Zugriff auf das Geld beider.

Getrenntes Konto

- Notwendig, wenn ein Partner notorisch den Kreditrahmen des gemeinsamen Kontos überzieht.
- Eine gegenseitige Kontovollmacht hilft in Zeiten längerer Abwesenheit.
- Es kann nur das Geld des Kontoinhabers gepfändet werden.

(▷ Rechtliches ohne Trauschein, Seite 87)

oder unverheiratet Zusammenlebenden bleiben diese Probleme erspart; dafür zahlen sie mehr Steuern (▷ Seite 91).

Die Steuerbestimmungen gleichen einem Dschungel, und sie ändern sich beinahe mit jeder Jahreszeit. Bei einer durchschnittlichen Steuerbelastung der Erwerbstätigen von etwa 50 Prozent lohnt sich die Ausgabe für eine Steuerberaterin oder einen Steuerberater auf jeden Fall.

DurchschnittsverdienerInnen können Mitglied in einem Lohnsteuerhilfeverein werden. Für einen durchschnittlichen Jahresbeitrag von DM 150 stehen sie das ganze Jahr über bei Steuerfragen mit Rat und Tat zur Seite, auch beim Lohnsteuerjahresausgleich.

Im Reich des Geldes

In jeder Bank hängen die Sätze der Guthaben- und Kreditzinsen aus. Die meisten Menschen nehmen diese Angaben als gegeben hin. Doch Banken sind keine Behörden. Innerhalb gewisser Grenzen können sie frei entscheiden. Ein Gespräch lohnt sich also.

Allerdings erzielen Frauen bei Bankverhandlungen meist schlechtere Ergebnisse als Männer; ihren Kreditwünschen gegenüber sind die Banker zurückhaltender. Das ist anders, wenn Frauen entschieden und selbstbewußt auftreten (▷ Seite 23). Wie entschlossen eine Frau ist, im ellenbogenbewehrten Geschäftsleben zu reüssieren, zeigt sie zum Beispiel, wenn sie sich bereits im Gründungsjahr ihrer selbständigen Existenz ein realistisches Gehalt zumißt und sich nicht mit einem Almosen bescheidet.

Es ist nützlich, sich vor dem Gespräch Sachkompetenz anzueignen; Vorbedingung für ein gutes Verhandlungsergebnis ist das jedoch nicht.

- Genieren Sie sich nicht, sich bis ins Detail erklären zu lassen, was Sie nicht verstehen.
- Geben Sie Ihrem Bedürfnis, sich umfassend zu informieren, abzuwägen und sich vielleicht noch mit Dritten zu beraten, auch dann statt, wenn Sie spüren, daß die Herren es als Unentschlossenheit und fehlende Kompetenz deuten. Es ist die einzig vernünftige Weise, aus mehreren Angeboten das vorteilhafteste herauszufiltern.

Sparen und vermehren

Viele Frauen sparen aus dem Bedürfnis nach Sicherheit. Langfristige Geldanlagen mögen sie weniger, weil sie ihr Polster dann nicht jederzeit nutzen können. Für die Altersvorsorge müssen sie diese Abneigung jedoch überwinden (▷ Seite 436).

Bisher galten Frauen in Gelddingen als risikoscheu. Mittlerweile verdienen aber zunehmend mehr Frauen mehr Geld, als sie zum Leben brauchen, und wollen es so anlegen, daß es seinen Wert behält oder besser noch sich vermehrt.

Frauen, die ihr Geld gerne »sauber« angelegt wissen wollen, zum Beispiel in ökologisch wirtschaftenden Unternehmen oder in besonderen Projekten, wählen ihre Bank danach aus. In dieser Hichsicht »saubere« Banken sind die GLS-Bank, Gemeinschaftsbank Geben, Leihen, Schenken, Oskar-Hoffmann-Str. 25, 44789 Bochum und die Ökobank, Bornheimer Landstr.22, 60316 Frankfurt.

Vorausschauend planen

Heute gilt bei Geldanlagen folgende Teilung als optimal: Bargeld, das für unterschiedliche Zeit befristet angelegt ist, Versicherungen, Immobilien. Mit dem Notgroschen auf dem Sparbuch in der Höhe von maximal einem Gehalt kann die Waschmaschine bezahlt werden, die von heute auf morgen ersetzt werden muß. Mittelfristige Anlagen sichern den Kauf eines neuen Autos oder die zu erwartende Zahlung an das Finanzamt. Langfristig soll sich das Geld vermehren, dessen Verwendungszweck noch nicht festliegt. Der Teil der langfristigen Geldanlagen, der für die Altersvorsorge gedacht ist, steht nur im äußersten Notfall zur Verfügung.

Anlageberatung

Von BeraterInnen erwartet man Kompetenz, Engagement und letztlich die Empfehlung des jeweils günstigsten Angebots. Doch diese Hoffnung erfüllen die AnlageberaterInnen der Banken nur selten. Als Angestellte der Bank sind sie deren Interessen verpflichtet. Sie versuchen, möglichst das an Frau und Mann zu bringen, woran die Bank verdient, primär also hauseigene Angebote.

Meist führt die lieblose Beratung zur Investition in konservative Werte: wenig Risiko, geringer Gewinn. Folgen unerfahrene SparerInnen jedoch Tips, über deren Risiko sie nicht aufgeklärt wurden, kann das böse enden. Im Prinzip können sie die Bank dann haftbar machen – doch läßt sich nur selten nachweisen, daß die ihre Sorgfaltspflicht verletzt hat. Wer dem vorbeugen will, läßt sich alle wichtigen Punkte, wie Rendite, Sicherheit und zu welchen Konditionen sie wieder verkauft werden kann, von den BeraterInnen schriftlich geben. Auch die Begleitung von Freundin oder Freund, die das Gespräch notfalls bezeugen können, kann eine wichtige Hilfe sein.

TIP

Bilanz machen

- Wieviel Geld habe ich im Monat zur Verfügung?
- Wofür gebe ich wieviel aus?
- Wie kann ich größere Ausgaben finanzieren?

Bei einer Geldanlage berücksichtigen

- Soll einmal ein größerer Betrag oder der monatliche Überschuß vom Gehalt angelegt werden?
- Wie lange kann ich das Geld entbehren?
- Ist die Altersvorsorge gewährleistet, oder soll das Geld auch dafür dienen?
- Wie ist die steuerliche Situation?
- Muß der Ertrag steuerlich berücksichtigt werden?

Besonders unzureichend ist die Beratung im Aktienbereich. Weil kleine AnlegerInnen hohe Kosten verursachen, redet man ihnen die Idee aus oder weigert sich, sie zu bedienen. Wer es dennoch probieren möchte, sollte sich eine qualifizierte Beratung suchen.

Eine andere Möglichkeit ist die Mitgliedschaft in einem Investment-Club. Gemeinsames Ziel seiner Mitglieder ist, mehr darüber zu erfahren, wie der Kapitalmarkt funktioniert und die Entwicklung der eigenen Finanzen besser steuern zu lernen. Als Mittel zum Üben dient der gemeinsame Topf, in den jedes Mitglied einen Betrag eingezahlt hat. Wo es den nächstgelegenen Club gibt bzw. wie man einen gründet, weiß die Deutsche Schutzvereinigung für Wertpapierbesitz (▷ Kontakt, Seite 423).

Sparbuch

Nach dem Strumpf unterm Kopfkissen ist das Sparbuch die ungünstigste Geldanlage; seine Zinsen decken nicht einmal die Geldentwertung. Wer dennoch Zehntausenderbeträge auf dem Sparbuch lassen will, kann durchaus individuelle Bedingungen aushandeln.

Festgeld (Termingeld)

Beim Festgeld wird mit der Bank vereinbart, Geld für 30, 60 oder 90 Tage zu einem erhöhten Zinssatz festzulegen. Für die gleiche Zeit und ähnliche Zinsen kann auch ein geldmarktnaher Fonds gekauft werden – das ist angelegtes Festgeld, das die Bank für Sie managt. So kann man das Geld für eine Anschaffung parken oder bis man eine gewinnträchtigere Anlage gefunden hat.

Die meisten Banken vereinbaren Festgeld erst ab 10.000 DM.

Ertrag

Die Zinsen liegen im Schnitt etwa drei Prozent über den Sparbuchzinsen.

TIP

BeraterInnen-Test

Fragen Sie die Beraterin oder den Berater

- Sind Sie VertreterIn, MaklerIn, AgentIn oder VermögensberaterIn? Wie lange arbeiten Sie schon in der Geldbranche? Welche Ausbildung befähigt Sie zu Ihrem Beruf?
- Für welche Anbieter arbeiten Sie? Wie groß ist die Produktpalette?
- Wie hoch ist Ihre Provision?
- Wer haftet für Ihre Empfehlungen?
- Sind Sie bereit, Ihre Angaben schriftlich zu bestätigen?

Klären Sie Ihre Bedingungen:

- Wieviel Geld steht zur Verfügung?
- Wie lange soll das Geld angelegt werden?
- Wie ist sonstiges Geld angelegt?
- Wie ist die steuerliche Situation?
- Wie risikobereit sind Sie?

Überprüfen Sie Ihre BeraterInnen an Hand ihres Verhaltens

- Fachchinesisch ist keine Umgangssprache, es gibt für alles allgemeinverständliche Begriffe.
- Erst mehrere Vorschläge machen eine vernünftige Auswahl möglich.
- Zur Information über Vor- und Nachteile gehören auch Nebenkosten, Depotgebühren und Bankprovision.
- Vorsicht, wenn hauseigene Produkte im Vordergrund stehen. Gibt es wirkliche Alternativangebote?
- Rasend schnelle Entscheidungen sind am Bankschalter nicht nötig. Wirklich einmalige Gelegenheiten werden selten weitergereicht.
- Hohe Gewinne verlocken. Für das, was seriöserweise erreichbar ist, sind die durchschnittlichen Zinsen für Bundesschatzbriefe eine Richtschnur. Je höher die versprochene Rendite demgegenüber ist, desto risikoreicher die Anlage.

Festverzinsliche Wertpapiere

Ein »Papier« bekommt, wer Bund, Ländern, Gemeinden, Banken oder Unternehmen Geld leiht. Es ist eine Art Schuldschein, der hier Sparbrief, Anleihe, Obligation oder Rentenpapier heißt. Das alles sind festverzinsliche Wertpapiere. Bei Bundeswertpapieren zum Beispiel (dazu gehören Finanzierungsschätze, Bundesschatzbriefe, Bundesobligationen, Bundesanleihen) leihen die KäuferInnen der Bundesrepublik Deutschland das Geld, das sie für das Papier bezahlen. Nach der vereinbarten Laufzeit – meist fünf bis zehn Jahre – bekommen die WertpapierbesitzerInnen ihr Geld zurück.

Die Zinszahlung unterscheidet sich nach Art des Papiers: Die einen zahlen die Zinsen jährlich aus; bei den anderen bleiben sie bis zum Ende der Laufzeit stehen und werden dann mit Zinseszins ausgeschüttet; wieder andere verrechnen die vereinbarten Zinsen mit dem Kaufpreis, so daß das Papier zu einem um den Zinsertrag verringerten Preis verkauft wird.

Die Rendite eines Papiers errechnet sich aus dem Zinsertrag, dem Disagio (Differenz zwischen dem Nennwert und dem darunterliegenden Kaufpreis) und den Gebühren, die die Bank berechnet, umgerechnet auf die Laufzeit. Nur an Hand der Renditen lassen sich verschiedene Papiere miteinander vergleichen.

Festverzinsliche Wertpapiere gibt es ab 100 DM.

Kosten

Die Bank berechnet Gebühren für Verkauf und Verwaltung. Für Leute, die keine Beratung wollen, halbieren manche Banken die Gebühren. Für die Aufbewahrung der Papiere im Bankdepot fallen jedes Jahr Gebühren an. Ein Papier zu Hause zu verwalten ist arbeitsintensiv, erfordert gute Kenntnisse und ist nicht immer möglich. Die Kosten fallen um so mehr ins Gewicht, je geringer der Wert des Papiers und je kürzer die Laufzeit ist.

Bundeswertpapiere kann man bei der Bundesschuldenverwaltung (▷ Adresse, Seite 423) kostenfrei erwerben und verwalten lassen. Banken und Sparkassen sind verpflichtet, Bundeswertpapiere kostenlos in das Bundesschuldbuch eintragen zu lassen – viele weigern sich dennoch so lange, bis man sie an ihre Verpflichtung erinnert.

Risiko

Festverzinsliche Papiere sind eine risikoarme Geldanlage. Papiere, die deutlich höhere Gewinne versprechen als die übrigen, sind dem gegenüber risikoreicher.

Bundesschatzbriefe kann man bereits nach einem Jahr ohne Verlust umtauschen, wenn die Zinsen deutlich gestiegen sind. Das Geld von Sparbriefen und Finanzierungsschätzen wird erst frei, wenn die Laufzeit um ist.

Ertrag

Sparbriefe bringen mehr ein als ein Sparkonto, aber weniger als Wertpapiere.

Bundeswertpapiere gelten als eine der am besten verzinslichen Anlagen bei relativ geringem Risiko. Voraussetzung für einen guten Ertrag ist, daß man das Ende der Laufzeit abwarten kann. Wer vorher verkauft, muß unter Umständen mit Kursverlust rechnen.

Hinweis

In Zeiten niedriger Zinsen nur Papiere mit kurzer Laufzeit kaufen. Vorzeitiger Verkauf bedeutet immer Verlust.

Nach Bundeswertpapieren muß man die BankerInnen gezielt fragen. Den meisten fallen nur hauseigene Angebote ein.

Aktien

Wenn ein Unternehmen »an die Börse geht«, teilt es sein Grund- oder Stammkapital in lauter kleine Stücke auf – Aktien zu meist 50 DM – und bietet sie zum Kauf an. Aus dem privaten Unternehmen ist eine Aktiengesellschaft, eine AG, geworden. Allen, die eine Aktie besitzen, gehört nun ein Stückchen der Firma, und sie haben dafür eine Stimme bei der Hauptversammlung der AktionärInnen. Großaktionäre, wie Banken oder Versicherungen, halten Tausende von Aktien und beeinflussen mit dem Gewicht ihrer Stimmen das Firmengeschehen.

Der Nennwert der Aktie steht nur auf dem Papier. Was sie und damit das Unternehmen wirklich wert ist, sagt der Kurswert. An florierenden Unternehmen möchten sich viele gern beteiligen: Der Aktienkurs steigt. Fehlinvestitionen, Umsatzrückgang oder gar

Was tun mit ...	wenn Sie flüssig bleiben wollen?	für zwei Jahre?	als Zukunftssicherung?	wenn Sie risikobereit sind und hohe Erträge wollen?
1.000 DM	Sparbuch	Finanzierungsschatz	Bundesschatzbriefe	zu geringe Summe
5.000 DM	geldmarktnaher Fonds	Finanzierungsschatz	Bundesschatzbriefe; Bankensparbriefe	Auslandsanleihen
10.000 DM	geldmarktnaher Fonds	Finanzierungsschatz	Investmentfonds	internationale Renten- oder Aktienfonds
200 DM monatlich	Sparbuch	Investmentfonds	private Rentenversicherung; Investmentfonds	inernationale Renten- oder Aktienfonds

die drohende Pleite lassen die Aktienkurse in den Keller fallen. Der Kurswert ergibt sich aus Angebot und Nachfrage an der Börse; im Wirtschaftsteil der Zeitungen ist er nachzulesen.

Wie sich die Kurse gestalten, hängt zum großen Teil von den Entwicklungen im Weltgeschehen ab. Interesse für Politik und Wirtschaft ist Voraussetzung, um am Aktienmarkt sinnvolle Entscheidungen treffen zu können.

Der Branchenzeitschrift »Bankkaufmann« verraten Finanzinstitute von internationalem Rang jeden Monat ihre Aktientips. Zweimal jährlich überprüft ein Fachmann, wie zutreffend diese Empfehlungen waren. Doch erst die Langzeitanalyse zeigt, welche Bankhäuser wirklich erfolgreich waren. An solchen Erfolgsbilanzen, veröffentlicht in den Fachzeitschriften (▷ Literatur, Seite 423), können sich Aktien-Interessierte orientieren.

Jeden Aktienhandel kann man über seine Bank abwickeln lassen. Die erstandenen Stücke bewahrt die Bank in ihrem Depot auf.

Kosten

Die Bank berechnet üppige Gebühren.

Risiko

Gute Erträge erzielt nur, wer seine Aktien gut mischt zwischen großen Gesellschaften, die sich in Wachstumsmärkten engagieren, und kleineren Firmen, und wer sie lange unangetastet liegenlassen kann. Investitionen nach dem Motto »Alles auf eine Karte« haben das Bild geprägt, Aktienkauf sei eine Art Glücksspiel.

KleinanlegerInnen mit Spaß am Aktiengeschäft haben dann gute Chancen, wenn sie kleine Unternehmen mit überproportionalen Wachstumschancen aufspüren und dort investieren. Wer damit auch sein gesellschaftliches Engagement ausdrücken will, indem er zum Beispiel in Umwelttechnologie, Wind- oder Sonnenkraft investiert, muß bedenken: Alle Aktiengesellschaften sind in das internationale Wirtschaftsgeschehen eingebunden, sie leihen sich Geld und legen welches gewinnbringend an. Bei diesem gewinnorientierten Geschehen spielen ökologische oder friedensbewegte Aspekte keine Rolle.

Ertrag

Von ihren Gewinnen schüttet die AG eine jährliche Dividende aus, je nach Ertragslage mal mehr, mal weniger. Insgesamt ist die Rendite, die sich für Aktien aus der Dividende ergibt, aber sehr mager. Die Hoffnung von AktionärInnen richtet sich eher auf den Kursgewinn. Beides gemeinsam zugrundegelegt, betrug die durchschnittliche Rendite von Aktien in den Jahren 1955 bis 1990 13,8 Prozent; die von festverzinslichen Wertpapieren im selben Zeitraum dagegen nur 7,1 Prozent. Solche üppigen Durchschnittsgewinne lassen sich allerdings nur auf lange Zeiträume gerechnet erzielen.

Hinweis

Kursgewinne sind steuerfrei, wenn die Aktien länger als ein halbes Jahr in einer Hand waren.

Investmentfonds

Das Prinzip dieser Geldanlage: Das Geld vieler kommt in einen Topf, aus dem die Fondsverwaltung Papiere, Aktien und/oder Immobilien kauft. Rentenfonds kaufen zum Beispiel festverzinsliche Wertpapiere; Aktienfonds handeln mit Aktien; Immobilienfonds legen das Geld in Gebäuden an; Mischfonds bedienen sich in allen Bereichen. Wer spezielle Anlagewünsche hat, findet traditionelle Rohstoff- und Chemiefonds, aber auch Ökofonds. Man kann in spezialisierten Branchen wie Gesundheitswesen oder Energieversorgung investieren oder das Geld in Länderfonds stecken, die in festgelegten Staaten oder Regionen investieren, wie zum Beispiel in Südostasien.

Wie Aktien nehmen auch die Fonds am Börsengeschehen teil. Um sich für den ertragreichsten zu entscheiden, ist viel Engagement erforderlich.

Kosten

Verkauf und Rücknahme lassen sich die Banken üppig bezahlen. An Investmentfonds verdienen sie so gut, daß sie oft sogar dann zum Kauf raten, wenn das Abraten eigentlich die bessere Kundenbetreuung wäre.

Risiko

Inländische Renten- und Immobilienfonds sind risikoarm. Auch bei Mischfonds ist das Risiko relativ gering. Ein mittleres Risiko nimmt man für internationale Rentenfonds an. Als risikoreicher gelten Aktien- und Spezialitätenfonds.

Ertrag

Der Ertrag hängt davon ab, wie gut oder schlecht, wie risikoscheu oder -bereit die Fondsverwaltung arbeitet. Von Zeit zu Zeit veröffentlichen die Wirtschaftszeitungen die Ergebnisse, wie die einzelnen Fonds gewirtschaftet haben. Diese sogenannten Performances gibt es für einen Monat, ein Jahr oder die gesamte Lebenszeit des Fonds. Sie geben Auskunft über die durchschnittliche Rendite in der Vergangenheit, sagen aber nichts über die zukünftige Entwicklung. Die hängt unter anderem von der Wirtschaftslage ab, aber auch davon, ob der Fondsmanager wie bisher weiterarbeitet oder durch jemand anderen ersetzt wird.

Geld in Fonds festzulegen rechnet sich erst ab etwa zehn Jahren. Als die Stiftung Warentest 1991 Investmentfonds nach zwei Jahren Laufzeit überprüfte, errechnete sie eine durchschnittliche Jahresrendite von mageren 0,21 Prozent. Erst im Mehr-Jahres-Schnitt bessert sich das.

Investmentfonds sind eine gute Geldanlage, wenn man große, renommierte Fonds wählt, die im internationalen Jahresvergleich immer an der Spitze liegen. Wer dezidiert risikoarme Fonds wählt, erzielt nur mittelmäßige Gewinne. Analysen ergaben, daß die deutschen Bundesanleihen entschieden besser abschnitten als risikoarme Investmentfonds.

Das Finanzamt behandelt die Erträge aus Investmentfonds verschieden und ändert auch die Bedingungen immer wieder; eine Beratung durch kompetente SteuerberaterInnen ist empfehlenswert.

Hinweis

Banken und Sparkassen raten beim Kauf gern zum hauseigenen Produkt. Lassen Sie sich Alternativen nennen.

Wenn Sie größere Beträge investieren wollen, sollten Sie unabhängige FondsberaterInnen konsultieren und auch Ihre Steuerberaterin oder den Steuerberater mitreden lassen.

Bausparen

Bausparkassen sind nur etwas für Menschen, die genau wissen, daß sie eines Tages in den eigenen vier Wänden leben wollen. BausparerInnen kalkulieren grob, wieviel das ins Auge gefaßte Eigenheim oder die Wohnung kosten wird, und schließen dann über diese Summe einen Bausparvertrag ab. Sie verpflichten sich damit, Monat für Monat einen festgelegten Betrag einzuzahlen, bis sie – mit Zinsen und Zinseszinsen – 40 Prozent der Bausumme angespart haben. Dann ist der Vertrag zuteilungsreif. Wirklich zugeteilt wird er jedoch erst, wenn die Bausparkasse dafür genug Geld hat. Das kann bis zu zwei Jahre dauern.
Die Rückzahlung eines Bausparkredits kann das Familienbudget für einige Jahre ziemlich belasten, weil die Unternehmen eine relativ hohe Tilgungsrate fordern. Danach ist man schuldenfrei.

Viele Institute bieten mittlerweile Bausparvarianten an, zum Beispiel solche, bei denen die InteressentInnen schnell zu ihrem Geld kommen und langsam abzahlen. Einer Untersuchung der Stiftung Warentest zufolge ist die Beratungsqualität der Bausparkassen aber denkbar schlecht.

Kosten

Die Gebühren für Abschluß, Bearbeitung und Kontoführung addieren sich zu einer hübschen Summe.

Da sie bei jeder Gesellschaft anders berechnet werden, lohnt sich der Vergleich.

Ertrag

Wer das Geld nicht zum Bau oder Kauf einer Immobilie verwendet, hat es schlecht angelegt, denn beim Bau»sparen« bekommt man nur wenig Zinsen. Bei den Kreditzinsen hingegen sind die Bausparkassen konkurrenzlos günstig, und sie verändern ihre Zinsen während der gesamten Laufzeit nicht.

Immobilien

Vor dem Kauf einer Immobilie muß klar sein: Soll sie eine reine Geldanlage sein, oder will die Käuferin, der Käufer selbst darin wohnen? Danach richten sich Ort, Lage, Größe und Beschaffenheit.

Die Rendite einer Immobilie ist meist bescheiden, wenn man die Kosten für Versicherungen, Instandhaltung, Steuern, Zinsen und Tilgung und die erzielbare bzw. eingesparte Miete zueinander ins Verhältnis setzt. Durch die Wertsteigerung auf lange Zeit gesehen, stellt sie aber eine passable Alterssicherung dar.

Gold

Früher machte in Zeiten wirtschaftlicher Krisen die »Flucht ins Gold« Sinn: Jeder Staat hatte seine Währung mit einem Goldschatz im Tresor abgesichert. Seit die Regierungen jedoch in den siebziger Jahren diese Golddeckung ihrer Währung aufgaben, ist das Edelmetall eine Geldanlage wie jede andere – und derzeit eine eher schlechte. Denn Gold zu bunkern, bringt keine Zinsen. Seit Jahren bewegen sich die Kurse aller Edelmetalle nach unten, so daß nicht einmal die Inflationsrate aufgefangen wird. Die Erklärungen, warum der Goldpreis steigt oder fällt, sind rational nicht nachvollziehbar. Politische Ereignisse und Entscheidungen beeinflussen den Preis, aber wie, ist nicht vorherzusagen.

Risiko

Über die Jahre betrachtet, sind Immobilien eine sichere Geldanlage. Aber das in sie gesteckte Geld ist nicht so schnell wieder flüssig zu machen. Ihr Wiederverkaufswert sollte bereits beim Kauf mitbedacht werden.

Ertrag

Eine vermietete Immobilie bringt Mieteinnahmen und spart Steuern; die selbst bewohnte spart Miete. Die Höhe des Ertrages hängt sehr von den individuellen Bedingungen ab. Auf lange Zeit gerechnet, brachten Immobilien eine jährliche Wertsteigerung von etwa drei Prozent.

Schulden

Sich Geld zu leihen ist Frauen nicht ganz geheuer. Die meisten versuchen, diesem Streß so lange wie möglich zu entgehen. Sogar bei Krediten, mit deren Geld sie ihre Zukunft gestalten, halten sie sich zurück. Oft tun sie das aber nicht deshalb, weil sie wissen, daß geliehenes Geld teuer ist, sondern vielmehr wegen des psychischen Drucks: Schulden machen abhängig und die Zukunft unsicher.

Für eine ganze Reihe von Frauen scheinen Schulden aber die einzige Möglichkeit zu sein, ihr Leben zu finanzieren. 37 Prozent der Menschen, die bei der Schuldnerberatung um Hilfe nachsuchten, waren Frauen. 17 Prozent dieser Frauen waren alleinerziehend. Der wichtigste Grund für Überschuldungen ist Arbeitslosigkeit, an zweiter Stelle stehen Trennungen.

Kredite: Teures Geld

Die Banken lassen sich ihre Bereitschaft, Menschen jetzt das Geld zur Verfügung zu stellen, das sie erst in der Zukunft verdienen wollen, teuer bezahlen. Weil sie aber gerne Geschäfte machen, locken sie ihre KundInnen auf vielfältige Weise.

• Beim Überziehungskredit zahlt die Bank bei Bedarf Geld in Höhe von zwei bis fünf Monatsgehältern aus. Die Zinsen dafür sind sehr hoch. Wer für längere Zeit Geld braucht, sollte lieber einen Kleinkredit vereinbaren.
• Der Kleinkredit – Obergrenze sind meist 50.000 DM – wird in monatlich festgelegten Raten zurückgezahlt und läßt sich daher relativ gut im Monatsbudget kalkulieren. Die Kosten – der effektive Jahreszins – errechnen sich aus den Gebühren, der Restschuldversicherung und den vereinbarten Zinsen.
• Der Kreditrahmen, auch Ideal-Kredit, Vario-Dispositionskredit oder Abruf-Kredit genannt, ist ein Mittelding aus beidem. Es wird ein Kreditrahmen vereinbart – meist in Höhe eines Kleinkredits; verzinst wird jedoch nur das Geld, das auch abgerufen wurde. Bei dieser Kreditform liegt der monatlich vereinbarte Rückzahlungsbetrag oft unter dem, was die Zinsen ausmachen. Da dann nichts getilgt wird und womöglich auch die Zinsen noch nicht einmal komplett bezahlt werden, wachsen die Schulden immer weiter an, obwohl regelmäßig etwas zurückgezahlt wurde.
• Langfristige Kredite über 50.000 DM werden zum Beispiel benötigt, um eine Wohnung zu kaufen oder um den Sprung in die Selbständigkeit zu finanzieren. Dafür sollten Sie mit verschiedenen Banken um die günstigsten Zinsen verhandeln. Wer das Risiko von Zinsschwankungen nicht tragen will, kann die Zinsen auf zwei, fünf oder zehn Jahre festschreiben lassen – allerdings zu einem höheren als dem gerade gültigen Zinssatz.

Überschuldet

Sind die SchuldnerInnen nicht mehr in der Lage, Geliehenes zurückzuzahlen, werden zunächst meist Raten gestundet und die Laufzeit des Kredits verlängert. Das verteuert das Geld weiter. Sind zwei Monatsraten ausgeblieben, kann die Bank Verzugszinsen berechnen, die noch weit über dem ohnehin schon hohen Zinssatz liegen. Letztlich kann sie eine

LITERATUR

Roswitha Königswieser, Ulrike Froschauer, Barbara Klippstein, Ursula Schaub, Monika Veith
Aschenputtels Portemonnaie. Frauen und Geld
Campus, Frankfurt, 2. Auflage, 1992. DM 24

Eva Dörpinghaus
Was Frauen über Geld wissen sollten. Ein Ratgeber
Mosaik, München, 1992. DM 24,90

Svea Kuschel, Heide Härtel-Hermann
Finanzberatung von Frau zu Frau
Econ, Düsseldorf, 1994. DM 14,90

Marianne Schwan
Steuertricks für Frauen
Eichborn, Frankfurt/M., 1996. DM 20

Zeitschrift:
Finanz-test, Stiftung Warentest, Berlin

KONTAKT

Arbeitskreis Versicherungs- und Finanzexpertinnen für Frauen – bundesweit
c/o Marion Weichert
Esplanade 6, 20354 Hamburg

Deutsche Schutzvereinigung für Wertpapierbesitz
Postfach 140243, 40072 Düsseldorf
Humboldtstraße 9, 40237 Düsseldorf

Informationsdienst für Bundeswertpapiere
Postfach 700562, Frankfurt, Tel.: 069/43 95 90

Finanzberatung von Frau zu Frau
Rudolfsplatz 9, 1010 Wien
Tel.: 0222/5 35 01 43, Fax: 5 35 01 42

L.v.Keutschachstraße 4-6, 5020 Salzburg
Tel.: 0662/43 46 61/13, Fax: 0663/43 81 08

Lohn- oder Gehaltspfändung erwirken oder den Kredit kündigen und ihr Geld auf einen Schlag zurückfordern. Auf dem Weg, den die Bank beschreiten kann, um ihr Geld zurückzuerhalten, kommen eine ganze Reihe von Kosten hinzu. So werden beispielsweise aus nicht zurückgezahlten 12.000 DM Kredit nach sechs Jahren leicht 30.000 DM Schulden. Hinzu kommt, daß die ArbeitgeberInnen eine drohende Pfändung von Lohn oder Gehalt meist mit der Kündigung quittieren. Damit ist dann die letzte Chance dahin, die Last wieder loszuwerden.

Die finanzielle Klemme nutzen viele Unternehmen. Versandhäuser bieten Ratenzahlungen oder den Einkauf per Kundenkreditkarte an. Nur kühle RechnerInnen tüfteln aus, wie teuer sich die Firmen das bezahlen lassen.

Private AnbieterInnen von Finanzdienstleistungen erscheinen oft als letzter Ausweg, wenn die offiziellen Stellen nichts mehr herausrücken. Das Risiko, dabei einem Kredithai in die Hände zu fallen, der horrende Zinsen nimmt, ist enorm.

Auch das Schlagwort »Hausfrauenkredit« soll – meist per Anzeige – die locken, die bei Banken kaum eine Chance auf Bares haben. Wie die Schuldnerberatungen immer wieder feststellen, stecken dahinter meist massiv überhöhte Zinsen und unseriöse Geschäftspraktiken bis hin zum Betrug.

Faustregel für solide Finanzierung

Ein Drittel des benötigten Betrags sollte man selbst mitbringen. Die Rückzahlung des aufgenommenen Geldes sollte dann in zwei Dritteln der Zeit möglich sein, die für das Angeschaffte als Lebensdauer angesetzt wird.
Beispiel: Für die Einrichtung einer Wohnung werden 30.000 DM gebraucht. 10.000 DM sollten vorhanden sein; der Kredit für die fehlenden 20.000 DM sollte in acht Jahren abbezahlt sein, wenn man davon ausgeht, daß die Möbel zwölf Jahre in Gebrauch sind.

Schuldnerberatung

Um KonsumentInnen vor Schaden zu bewahren, bieten die Verbraucherzentralen und die Schuldnerberatung (▷ Seite 425) ihre Dienste an - möglichst noch vor Vertragsabschluß. Stellt jemand hinterher fest, daß sie oder er einen Fehler gemacht haben, können sie in Deutschland Kreditverträge innerhalb einer Woche nach Vertragsabschluß schriftlich wieder kündigen.

Die Schuldnerberatung macht zunächst einmal eine Bestandsaufnahme der finanziellen Situation. Es wird versucht, die schlimmsten Bedrohungen abzuwenden, wie Kündigung von Wohnung und Arbeitsplatz. Dann wird ein langfristiger Plan erstellt, wie die SchuldnerInnen aus ihrer Misere herausfinden können. Dabei hat die Schuldnerberatung durch ihr Auftreten als behördenähnliche Autorität viel bessere Möglichkeiten als die SchuldnerInnen. Der Schuldnerberatung ist schon oft gelungen, daß die GläubigerInnen zumindest auf einen Teil des Geldes verzichteten, um nicht das Geld des ganzen Kredits zu verlieren.

Für den Partner haften

Grundsätzlich gilt: Jeder zahlt seine Schulden selbst. Kaufen jedoch Eheleute auf Pump, um den gemeinsamen Haushalt am Laufen zu halten – stehen sie also zum Beispiel beim Kaufmann in der Kreide –, müssen dafür beide geradestehen (▷ Rechtliches in der Ehe, Seite 92). Anders ist es bei der Anschaffung eines Autos oder der Buchung einer Reise. Da haftet, wer den Vertrag unterschrieben hat.

Dasselbe gilt, wenn jemand bei einer Bank einen Kredit aufnimmt. Um im Notfall jedoch ihre Forderungen an mehr als eine Person richten zu können, verlangen viele Banken bei einem Kredit zusätzlich die Unterschrift der Ehefrau bzw. des Partners. Nur wenn beide von dem geliehenen Geld profitieren – und das auch nach einer Trennung –, ist es gerechtfertigt, daß auch beide dafür eintreten. Wer unterschreibt, muß zahlen. Das gilt auch nach einer Scheidung.

Auch in einer Zugewinngemeinschaft (▷ Seite 93) bleibt ein geerbtes oder mit in die Ehe gebrachtes Haus oder Grundstück Eigentum desjenigen, der es mitgebracht hat. Darlehen für dieses Objekt müssen die bezahlen, die die Verpflichtung unterschrieben haben – auch wenn ihnen das Objekt nicht gehört.

Unterschrift »aus Liebe«

Immer wieder ruinieren sich Frauen bis an ihr Lebensende, indem sie Schecks und Bürgschaften »aus Liebe« unterschreiben. Sie vertrauen dem zärtlichen Geliebten oder fürsorglichen Familienvater blind. Die Unterschrift zu verweigern hieße, ihm zu mißtrauen und sich zur Besserwisserin zu machen – und das in Geldangelegenheiten! Selbst, wenn schon einmal eine Finanzaktion schief gegangen ist, verbieten sich viele Frauen jeden Zweifel und versuchen, sich in ihrer anscheinend heilen Welt wohl zu fühlen. Sie handeln wie Abhängige, die ihre Sucht so lange wie möglich ignorieren, manchmal bis zum bitteren Ende (▷ Süchte, Seite 591). Für Frauen, die mit ihrer Unterschrift die finanziellen Eskapaden ihres Mannes ermöglicht haben, heißt das meist: zusehen, wie der letzte Hausrat per Gerichtsbeschluß abtransportiert wird, bis über beide Ohren verschuldet zu sein und von keiner Bank mehr Geld zu bekommen. Das Resultat für sie und ihre Kinder ist dann oft ein Leben an der Pfändungsgrenze.

Wenn das geplante Insolvenzrecht einmal in Kraft tritt, können auch Privatleute Konkurs anmelden. Das Gesetz sieht vor, völlig Überschuldete von ihrer lebenslangen Zahlungspflicht zu befreien, wenn sie sieben Jahre lang mit dem ausgekommen sind, was der Staat als Pfändungsgrenze festgelegt hat. Derzeit sind das für Alleinstehende monatlich 1.220 DM, für die AlleinverdienerInnen einer vierköpfigen Familie 2.380 DM. Der Rest des Verdienstes geht an die GläubigerInnen.

TIP

Mit Geld haushalten

- Bilanz machen: Wofür gebe ich Geld aus? Monatliche Fixkosten aufschreiben, alle Ausgaben nach Sparten getrennt notieren: Ernährung, Kosmetik, Hygiene, Kleidung, Unterhaltung, Essen gehen, Einladungen.
- Schlußfolgerungen ziehen: Reicht das Einkommen definitiv nicht, oder sitzt der Geldbeutel zu locker?
- Sparmöglichkeiten überlegen: Restaurantbesuche, Kino, Theater eine Zeitlang streichen; Telefonieren einschränken; Garderobe auftragen; Bücher und Zeitschriften leihen statt kaufen; Sonderangebote nutzen.
- Bei fehlendem Überblick: monatliche Fixkosten zusammenrechnen; Beträge, deren Verwendungszweck festliegt (z.B. Urlaub, Anschaffungen), per Dauerauftrag auf Sparkonten überweisen; Restbetrag durch vier teilen: Diese Summe darf wöchentlich ausgegeben werden.
- Geld nur bar ausgeben; Scheck oder Kreditkarte eine Zeitlang zu Hause deponieren. Am Bankschalter das sichtbare Geld selbst in die Hand zu nehmen, verschafft einen direkteren Bezug als der unpersönliche Geldersatz.

Wer es allein nicht schafft:

- Mit der Bank vereinbaren, den Überziehungskredit zu kürzen oder nur einen bestimmten Geldbetrag wöchentlich auszuzahlen.
- Wer mehr Hilfe braucht, kann sich bei folgender Adresse die seinem Wohnort nächstgelegene Schuldnerberatungsstelle nennen lassen.

Bundesarbeitsgemeinschaft der Schuldnerberatungen
Motzstraße 1, 34117 Kassel

Verein für Kredit- und Wiedergutmachungshilfe
Wiedner Hauptstr. 60b/3/5, 1040 Wien
Tel.: 0222/5 86 08 19-0

Österreichischer Schuldnerschutz – ARGE Schuldnerhilfe
Bischofstraße 7, 4020 Linz, Tel.: 0732/79 34 20/24

Arbeitsunfähig-
Keitsversicherung?!
So'n Quatsch!
Ich war schon
immer topfit!
F. BEIKER

Versicherung

Geringe Rente, ungenügende Absicherung bei Invalidität oder Krankheit: Meist sind es Frauen, die durch die großen Maschen der gesetzlichen Sicherungsnetze fallen. Unbeirrt von Kritik orientiert sich die deutsche Sozialversicherung an den Voll-Erwerbstätigen: Wer wenig oder nichts verdient, wird »gering« versichert oder bestenfalls »mit«versichert. Eine staatliche Grundsicherung – unabhängig vom Verdienst – fehlt für jene, die Kinder betreuen, andere pflegen oder sich sozial engagieren.

FinanzexpertInnen setzen bei der Notwendigkeit von Versicherungen Prioritäten: Die Absicherung von Menschen kommt an erster Stelle, erst dann folgt die von Sachen. Existenzvernichtende Risiken müssen eher abgesichert werden als existenzbedrohende.

Für alle Frauen, auch für die ohne eigenes Einkommen, bedeutet das: Sie müssen sich für den Fall absichern, daß sie krank oder dauerhaft arbeitsunfähig werden. Es ist fahrlässig, darauf zu vertrauen, daß der Partner schon vorgesorgt haben wird. Nur wenige Männer überlegen sich, wie sie die alltägliche Versorgung der Familie finanzieren wollen, wenn ihre Frau dafür nicht mehr sorgen kann.

Die Antwort auf folgende vier Fragen kann existentiell bedeutsam werden. Wie und auf welchem Niveau wird das Leben finanziert, wenn Sie

- lange krank sind?
- pflegebedürftig sind?
- erwerbsunfähig (invalide) sind?
- alt sind?

ArbeitnehmerInnen sind bis zu einer bestimmten Verdienstgrenze gegen Krankheit, Pflegebedürftigkeit, Berufsunfähigkeit und Alter pflichtversichert. Allerdings sind die Auszahlungsbeträge meist gering, so daß zusätzliche private Sicherungen geboten sind.

Private Versicherungen sind auch für diejenigen erforderlich, die kein eigenes Einkommen haben, selbständig arbeiten oder mit ihrem Verdienst über der Pflichtversicherungsgrenze liegen – es sei denn, sie verfügten über sichere Kapitaleinkünfte, zum Beispiel aus Papieren oder Immobilien.

Neben dieser Absicherung der eigenen Person gibt es ein Risiko, an das ebenfalls vorsorgend gedacht werden muß: die Gefahr, einem anderen Menschen einen Schaden zuzufügen, der mit Geld wiedergutgemacht werden muß. Eine private Haftpflichtversicherung (▷ Seite 430) mit einer hohen Deckungssumme ist also eine Muß-Versicherung.

Welche Versicherungsart für sie richtig ist und welche Versicherung noch sinnvoll ist, sollte jede Frau mit Hilfe qualifizierter BeraterInnen entscheiden (▷ Beratung und Verkauf, Seite 429).

TIP

Vor Schaden bewahrt

- Nur schriftliche Angebote lassen sich vergleichen.
- Sorgsames Lesen schützt vor unliebsamen Überraschungen, wie sie sich im Kleingedruckten oder auf der Rückseite verstecken können.
- Lassen Sie sich alles Unverständliche so lange erklären, bis es klar ist.
- Vor der Vertragsunterschrift noch eine Nacht zu schlafen schwächt die Wirkung von Verkaufstalenten ab.
- Machen Sie einmal im Jahr Bilanz: Entspricht die Versicherung noch dem Bedarf? Sind alle zum Haushalt gehörenden Personen einbezogen, bzw. gehören die Begünstigten noch zum Haushalt? Gibt es mittlerweile preisgünstigere Angebote?
- Verträge mit mehr als einem Jahr Laufzeit können Sie innerhalb von zehn Tagen nach Abschluß ohne Angabe von Gründen widerrufen – es sei denn, die Gesellschaft bietet ihren Versicherungsschutz schon vom Zeitpunkt des Vertragsabschlusses an.
- Beantworten Sie Fragen nach Ihrem Gesundheitszustand immer genau. Falsche oder unvollständige Angaben können zur Folge haben, daß die Versicherung nicht zahlt. Die Lebensversicherer haben untereinander eine »Mitteilungsstelle für Sonderwagnisse«. Diese sammelt alle kundenrelevanten Daten und gibt sie bei Nachfrage weiter. Damit kann der eine erfahren, was der andere schon lange weiß.

Angebote prüfen

Prämienunterschiede von bis zu 300 Prozent sind in der Versicherungsbranche keine Seltenheit. Doch der Service, der dafür als Erklärung herhalten muß, rechtfertigt diese Preisunterschiede bei weitem nicht immer. Aus dieser Malaise gibt es nur einen Ausweg: unabhängige BeraterInnen zu konsultieren und sich von ihnen beraten lassen.

Viele Menschen verhalten sich, als seien sie mit ihrer Versicherungsgesellschaft den Bund fürs Leben eingegangen: Sie schließen immer wieder bei denen ab, mit denen sie schon zu tun haben. Dabei ist es keineswegs unanständig, zu anderen Anbietern zu wechseln. Wer allerdings seine Versicherungen auf mehrere Gesellschaften verteilt, muß sich im klaren sein, daß die Schadensregulierung bei »guten Kunden« meist schneller und zufriedenstellender verläuft.

Sogenannte Pakete, in denen mehrere Versicherungen gebündelt angeboten werden, sind in aller Regel unvorteilhaft. Sie enthalten meist das, was die KundInnen wirklich brauchen, neben dem, was der Firma möglichst viel einbringt. Außerdem lassen sich gebündelte Leistungen und Beiträge nur schwer mit denen anderer Anbieter vergleichen.

Seit 1994 dürfen alle Versicherungsgesellschaften mit Sitz in einem EU-Staat ihre Produkte auch in Deutschland anbieten. Für sie gilt zwar deutsches Recht, doch die Versicherungsbedingungen sind nun nicht mehr einheitlich. Kompetente Beratung ist vor dem Vertragsabschluß mit einer ausländischen Gesellschaft überaus wichtig.

Laufzeiten

Mit Prämiennachlässen locken die Gesellschaften ihre KundInnen, um sie lange Zeit an sich zu binden. Trotz Nachlaß können solche Verträge teurer sein als die jeweils günstigsten Kurzzeitverträge des Jahres. So empfehlen VersicherungsexpertInnen für den Sachbereich, zum Beispiel den Hausrat, nur Ein-Jahres-Verträge abzuschließen. Bei Personenversicherungen gilt die Empfehlung nicht, ausgenommen für die Unfallversicherung: Deren Prämien können so wechselhaft sein, daß auch dort Ein-Jahres-Verträge am kostengünstigsten sind.

TIP

Qualität von VermittlerInnen

- Eine unabhängige Beratung können Sie am ehesten bei VersicherungsmaklerInnen erwarten.
- Die qualifizierteste Ausbildung haben VersicherungsbetriebswirtInnen.
- VersicherungsfachwirtInnen sind gelernte Versicherungskaufleute mit mindestens drei Jahren Branchenerfahrung.
- Sie sollten hauptberuflich, nicht nur nebenbei vermitteln.

Bei der nachfolgenden Adresse können Sie

- sich VermittlerInnen nennen lassen, die in Ihrer Umgebung arbeiten,
- erfahren, ob Ihr Vermittler unabhängig berät bzw. in wessen Auftrag er arbeitet,
- sich über Ausbildung und Qualifikation der VermittlerInnen informieren.

Zentralregister für Finanzdienstleistungen
Zefi Registerservice
Postfach 16 62, 82245 Fürstenfeldbruck
Fax: 08141/9 02 48

Kündigungen

Läuft eine ab 1991 abgeschlossene Versicherung länger als drei Jahre, kann man sie ab dem dritten Jahr kündigen. Kündigungsfrist sind drei Monate vor Ablauf des Jahres. Dieses Recht gilt nur dann nicht, wenn das Unternehmen schriftlich auch Verträge mit ein, drei, fünf und zehn Jahren Laufzeit angeboten hat und wenn die Langzeitverträge zusätzlich auch noch einen Prämiennachlaß gewährten.

Verträge mit zehnjähriger Laufzeit, die vor 1991 geschlossen wurden, können jährlich gekündigt werden. Bei der vorzeitigen Kündigung kann die Versicherungsgesellschaft den gewährten Prämiennachlaß zurückfordern.

Beratung und Verkauf

Die Palette verlockender Versicherungsangebote ist groß und unübersichtlich. Ohne kompetente Führung ist dieser Dschungel nicht zu lichten. Doch genau an dieser Beratung mangelt es oft. Derzeit versuchen etwa 380.000 Menschen in Deutschland, Versicherungen zu verkaufen, 80.000 von ihnen sind hauptberuflich unterwegs. Als VersicherungsvermittlerIn kann jede und jeder auftreten; es gibt keine Berufszulassung, keine Haftung. Auch die grünen Ausweise, die manche vorweisen, garantieren keine Qualität.

VermittlerInnen bekommen für eine abgeschlossene Versicherungssumme bzw. für die zu zahlende Beitragssumme eine Provision. Viele arbeiten nur für eine Gesellschaft und können dementsprechend nur deren Produkte anbieten. MehrfachagentInnen vertreten mehrere Firmen, MaklerInnen können für alle Anbieter tätig werden. Professionelle MaklerInnen gibt es aber in Deutschland gerade mal 3.100. Und nur etwa 100 VersicherungsberaterInnen, die ihr Honorar von den KundInnen und nicht von den Versicherungsgesellschaften bekommen, sind zugelassen. Dabei ist von ihnen die beste kundenorientierte Beratung zu erwarten.

Spezielles für Frauen

Längst haben Marketingstrategen in Frauen die Klientel der Zukunft entdeckt. Sie hängen alten Angeboten mit schlechten Tarifen ein feminines Mäntelchen um und verkaufen sie als Frauenprodukte. Doch spezielle Versicherungen für Frauen sind nicht automatisch günstig. Selbst bei der Kfz-Versicherung sind Frauentarife nicht unbedingt günstiger als die Normaltarife einer anderen Assekuranz. Hier hilft nur: Angebote vergleichen, auch das Kleingedruckte beachten.

Privathaftpflicht

Die private Haftpflichtversicherung kommt für Schäden auf, die Sie anderen zufügen – sei es dem Menschen selbst, seinem Eigentum oder dem, was er gemietet hat.

Genutzt wird die private Haftpflichtversicherung meist, um Kleinigkeiten, zum Beispiel die bei FreundInnen beschädigte Stereoanlage, ersetzen zu lassen. Wirklich wichtig und unentbehrlich ist sie zur Absicherung eines Personenschadens. Nur so sind die Folgen eines schweren Unfalls oder eines Mißgeschicks bezahlbar: wenn zum Beispiel eine Radfahrerin ein Kind so schwer verletzt, daß es sein Leben lang pflegebedürftig bleibt. Die Deckungssumme der Haftpflichtversicherung sollte mindestens zwei Millionen DM betragen.

Kosten

Eine Deckungssumme von zwei Millionen DM kostete 1995 jährlich zwischen 81 DM und 186 DM. Für eine Familie oder ein Paar, auch ein nichtverheiratetes, genügt ein Vertrag. Zwei Frauen akzeptieren jedoch erst wenige Versicherungen als Paar.

Die Haftpflichtversicherung gilt weltweit, kann aber – je nach Vereinbarung – auch Risiken ausschließen.

Gesetzliche Krankenversicherung

Die gesetzliche Krankenversicherung deckt die Versorgung im Krankheitsfall ab, und sie zahlt Krankengeld. Die Palette der Leistungen legt der Gesetzgeber fest. In der gesetzlichen Krankenversicherung können der Partner bzw. die Partnerin und die Kinder unter bestimmten Voraussetzungen beitragsfrei mitversichert sein.

Nutzen

Die meisten Frauen sind in der gesetzlichen Krankenversicherung gut aufgehoben. Sie sichert Schwangerschaften und Erziehungszeiten ab und bleibt auch nach einer Scheidung oder im Alter und bei jeder Art von Krankheit bezahlbar. Die gesetzliche Krankenversicherung kann niemandem kündigen, wenn er durch eine Krankheit besonders »teuer« wird. Beim Ehemann mitversicherte Frauen können nach einer Scheidung mit ihren kleinen Kindern als Freiwillige in der Krankenversicherung bleiben. Die Beiträge richten sich nach dem Einkommen bzw. gehen vom Unterhalt ab.

Kosten

Pflichtversichert sind in der gesetzlichen Krankenversicherung alle abhängig Beschäftigten, die 1997 weniger als 6.150 DM (D-Ost 5.325 DM) verdienten. Wer im Laufe des Berufslebens mehr verdient, kann freiwillig in der Kasse bleiben. Auch Selbständige können unter bestimmten Voraussetzungen freiwillig in die gesetzliche Krankenversicherung gehen.

Bis zur Beitragsbemessungsgrenze richten sich die Beiträge nach dem Verdienst oder Einkommen. Nicht erwerbstätige Familienangehörige können beim beitragszahlenden Partner bzw. der Partnerin beitragsfrei mitversichert sein. Für Kinder gilt das auch, es sei denn, ein Elternteil mit einem Einkommen oberhalb der Beitragsbemessungsgrenze wäre privat versichert. Studierende zahlen ab dem 25. Geburtstag selbst Beitrag.

Hinweis

• Die gesetzliche Krankenversicherung bietet Frauen mit Kindern die größtmögliche Sicherheit. Das gilt auch für Selbständige.

Private Krankenversicherung

Privat können Sie sich versichern, wenn Ihr Verdienst über der Beitragsbemessungsgrenze liegt und wenn Sie freiberuflich oder selbständig arbeiten.

Jedes Mitglied, auch jedes Kind, zahlt in der PKV einen eigenen Beitrag, der sich nach dem Eintrittsalter, dem Gesundheitszustand, den vereinbarten Leistungen und dem Geschlecht richtet. So kann in jungen Jahren die PKV günstiger sein als die »Gesetzliche« – besonders dann, wenn man in jungen Jahren, wenn die Gesundheit meist stabil ist, eine hohe Selbstkostenbeteiligung vereinbart.

Die PKV fordert von Frauen höhere Beiträge als von Männern, weil sie frauenspezifische »Risiken« tragen: Sie können schwanger werden, und sie gelten als »krankheitsanfälliger«.

Risiken

Nur auf der Grundlage einer langfristigen Lebensplanung können Frauen eine sinnvolle Entscheidung über ihre private Krankenversicherung treffen: Ist eine lange, kontinuierliche Zeit der Erwerbstätigkeit mit hohem Einkommen zu erwarten? Wollen sie kinderlos bleiben? Wenn nein, ist »die Gesetzliche« die bessere Wahl.

Privat Versicherte und ihre Kinder müssen nach einer Scheidung weiterhin privat versichert bleiben. Einziger Ausweg: Sie arbeiten angestellt mit einem Gehalt unterhalb der Bemessungsgrenze und werden auf diesem Weg pflichtversichert.

In der privaten Krankenversicherung müssen Frauen während der Mutterschutzfrist und im Erziehungsurlaub den vollen Beitrag weiterbezahlen, und sie bekommen kein Krankengeld für die Tage der Freistellung zur Pflege kranker Kinder.

Kosten

Privatversicherte müssen die Kosten für Arztbesuche und Arzneimittel vorstrecken, bis die Gesellschaft das Geld zurückerstattet. Bei Krankenhausaufenthalten sichert die Klinik-Card, daß die Kasse die Kosten sofort übernimmt.

Im Alter zahlen Privatversicherte erheblich höhere Beiträge als Pflichtversicherte. Da sie aber nicht mehr in die gesetzliche Krankenversicherung zurückkönnen, sind sie Prämienerhöhungen nahezu hilflos ausgeliefert. Einziger Ausweg ist, mit 65 Jahren und nach zehn Mitgliedsjahren bei derselben Gesellschaft in den Standardtarif zu wechseln, den die privaten Krankenversicherer seit 1994 anbieten müssen. Dessen Leistungen entsprechen denen der gesetzlichen Krankenkassen.

Hinweis

• In der privaten Krankenversicherung kann man seinen Versicherungsschutz auf die persönlichen Bedingungen abstellen: den Wunsch nach einem Einzelzimmer im Krankenhaus ebenso wie den nach Heilpraktikerbehandlung oder einer hohen Selbstbeteiligung zugunsten eines niedrigeren Beitrags.

Krankengeldversicherung

Abhängig Beschäftigte bekommen sechs Wochen lang 80 Prozent ihres Gehaltes weiter, wenn sie krank werden und nicht mehr arbeiten können; ab der sechsten Woche zahlt die gesetzliche Krankenversicherung 70 Prozent des Bruttogehaltes. Dieses Krankengeld können ArbeiterInnen oder Angestellte innerhalb von drei Jahren für maximal 78 Wochen aufgrund derselben Krankheit bekommen. Privat Krankenversicherte und Personen, die netto mehr verdienen als das Krankengeld maximal ausmacht, müssen den Verdienstausfall selbst tragen oder sich zusätzlich versichern. Seit 1997 ist auch eine Verrechnung mit Urlaubstagen möglich.

Von der Krankentagegeldversicherung muß die Krankenhaustagegeldversicherung unterschieden werden. Erstere zahlt immer dann, wenn die Versicherten krankgeschrieben sind, letztere nur, wenn sie im Krankenhaus liegen.

Nutzen

Eine private Krankentagegeldversicherung ist für Selbständige wichtig: Woher kommt das Geld, wenn Sie über Wochen, vielleicht Monate krank sind, in dieser Zeit nichts verdienen und nicht über finanzielle Rücklagen verfügen?

Kosten

Die Beiträge hängen von der Leistung ab. Wenn die Versicherung bereits nach wenigen Tagen Krankheit Tagegeld bezahlen soll, ist die Prämie relativ hoch – je später die Tagegeldzahlungen einsetzen, um so günstiger der Beitrag.

Eine Krankengeldversicherung darf nicht in beliebiger Höhe abgeschlossen werden. Oberster Auszahlungsbetrag ist das monatliche Nettoeinkommen des Versicherten plus 900 DM.

Krankengeld, das jemand von der privaten Krankentagegeldversicherung bekommt, ist steuerfrei – anders als bei gesetzlich Versicherten. Ebenfalls anders ist, daß die private Krankentagegeldversicherung zeitlich unbefristet zahlen muß. Sie können also auch länger als 78 Wochen krankgeschrieben sein und das Tagegeld kassieren.

Hinweise

• In den Anfangsjahren der Selbständigkeit ist eine früh eintretende Krankentagegeldversicherung sinnvoll. Später sollten Sie überlegen, ob Sie tatsächlich schon die ersten Krankheitstage absichern wollen oder nicht den relativ hohen Beitrag zinsbringend zur Seite legen, um mit ihm die Vertretung in den ersten Wochen zu bezahlen. Dann haben Sie eine Kapitalanlage für den Fall, daß Sie gesund bleiben.

• Achten Sie als Privatversicherte genau auf die Versicherungsbedingungen: Viele PKV zahlen kein Krankengeld bei Erkrankungen, die mit einer Schwangerschaft im Zusammenhang stehen.

• In den ersten drei Jahren kann die Versicherung den Vertrag kündigen, wenn sie in Anspruch genommen wurde. Das überlegt sie sich eher, wenn Sie Kranken- und Krankentagegeldversicherung bei derselben Gesellschaft abgeschlossen haben.

Zusatzversicherungen

Private Krankenversicherer bieten eine Reihe von Zusatzversicherungen an, die die Kosten abdecken, die die gesetzlichen nicht oder nicht mehr übernehmen. Derartiges ist meist Luxus. Es lohnt sich auszu-

Stationäre Zusatzversicherung

• Sie bezahlt den Kranken-Rücktransport aus dem Ausland. – Eine Auslandsreise-Krankenversicherung leistet für wenige Mark dasselbe.

• Sie übernimmt die Kostendifferenz für die Unterbringung im Krankenhaus eigener Wahl und dem, in das KassenpatientInnen eingewiesen werden. – Wie wichtig ist es Ihnen, Ihr Krankenhaus wählen zu können?

• Sie übernimmt die Kostendifferenz zwischen Chefarztbehandlung und Normalbehandlung. – Wieviel Wert legen Sie auf die Betreuung durch den Chefarzt?

• Sie zahlt Ein- bzw. Zweibettzimmer. – In deutschen Krankenhäusern stehen selten mehr als drei Betten im Zimmer.

rechnen, was es bringt, die Versicherung nicht abzuschließen, den gesparten Betrag zinsbringend anzulegen und dann anstelle der Versicherung zu verwenden. Zum Beispiel, wenn eine Zusatzversicherung die Entbindung als Privatpatientin ermöglichen soll: Was kostet das? Wieviel davon zahlt die gesetzliche Krankenkasse? Wieviel Monatsbeiträgen der Privatversicherung entspricht die Differenz?

Pflegeversicherung

Jeder und jede kann schon in jungen Jahren durch Unfälle oder Krankheiten pflegebedürftig werden. Den Großteil der Pflegebedürftigen stellen jedoch SeniorInnen. Zehn Prozent der 70- bis 80jährigen und 20 Prozent der Überachtzigjährigen kommen mit den Erfordernissen des Alltags nicht mehr allein zurecht.

Seit 1995 müssen alle Krankenversicherten eine Pflegeversicherung haben. Deren Leistungen unterscheiden sich danach, wie hilfsbedürftig jemand ist, und man kann zwischen Pflegegeld und Sachleistung wählen. Das Pflegegeld wird bar ausgezahlt. Bei der Sachleistung übernehmen professionelle Kräfte die Pflege. Ihren Einsatz bezahlt die Versicherung bis zum festgelegten Höchstbetrag.

Frauen in der Pflege

- Frauen, die zu Hause jemanden pflegen, bekommen durch das Pflegegeld für ihre Leistung eine magere Bezahlung.
- Eine Vertretung für sie oder die Pflege außer Haus ist einmal im Jahr für höchstens vier Wochen vorgesehen. Dafür stehen maximal 2.800 DM zur Verfügung.

Pflegestufe 1995	Pflegegeld	Sachleistung
I	400 DM	bis 750 DM
II	800 DM	bis 1.800 DM
III	1.300 DM	bis 2.800 DM

- Wenn die Frau auf Grund der Pflege nicht oder nur halbtags erwerbstätig sein kann, bekommt sie von der Pflegeversicherung auf Antrag Beiträge zur gesetzlichen Rentenversicherung. In welchem Umfang die Beiträge übernommen werden, richtet sich nach dem Grad der Pflegebedürftigkeit des zu betreuenden Menschen.

Pflege im Heim

Die Leistungen der gesetzlichen Pflegeversicherung decken die effektiven Kosten kaum. Das gilt besonders dann, wenn jemand im Heim versorgt wird, denn die höchstens 2.800 DM gibt es nur für die Pflegearbeit. Unterkunft und Verpflegung müssen die Betroffenen selbst finanzieren. Derzeit liegen die Preise für einen Pflegeheimplatz – so er denn überhaupt zu bekommen ist – zwischen 3.000 und 6.000 DM. Die Lücke zwischen den realen Kosten und dem Geld aus der Pflegeversicherung müssen dann mit der Rente oder aus anderen Quellen gedeckt werden. Private Zusatz-Pflegeversicherungen sind möglich.

Kosten

In der gesetzlichen Pflegeversicherung richtet sich der Beitrag nach dem Verdienst; 1996 lag er bei höchstens 102 DM monatlich. Kinder und nicht-erwerbstätige EhepartnerInnen sind in der »Gesetzlichen« beitragsfrei mitversichert.

In der »Privaten« richtet sich der Beitrag nach dem Eintrittsalter; doch der Höchstbetrag darf nicht über dem der gesetzlichen Pflegeversicherung liegen.

In der »Privaten« sind die Kinder ebenfalls beitragsfrei mitversichert; nicht-erwerbstätige EhepartnerInnen zahlen den halben Beitrag.

Hinweise

- Der Gesetzgeber hat das Preis-Leistungs-Verhältnis für die Pflegeversicherung relativ strikt vorgegeben. Daher ist es gleich, ob Sie in der gesetzlichen oder in der privaten Pflegeversicherung sind. Wenn Sie allerdings Ihren nicht-erwerbstätigen Partner mitversichern müssen, ist die »Gesetzliche« günstiger.

• Kranken- und Pflegeversicherung bei derselben Organisation zu haben, kann vorteilhaft sein, wenn einmal darum gestritten werden muß, ob jemand noch krank oder schon pflegebedürftig ist.

Invalidität

Jeder fünfte Angestellte und jeder dritte Arbeiter bzw. Arbeiterin werden vor dem Rentenalter berufs- oder erwerbsunfähig.

• In den Sozialversicherungsabgaben sind die Beiträge zur Erwerbs- und Berufsunfähigkeitsversicherung enthalten.

• Fünf Jahre lang müssen Versicherte Beiträge eingezahlt haben, bevor sie einen Anspruch auf diese Rentenarten haben, davon mindestens drei Jahre als Pflichtbeiträge.

• Eine Erwerbsunfähigkeitsrente bekommen alle ArbeiterInnen und Angestellten, die wegen eines Unfalls oder einer Krankheit nicht mehr arbeiten können. Ab wann dieser Zustand eintritt, ist eine GutachterInnenfrage. Die Rente ist mit 45 Prozent des letzten Nettogehalts praktisch immer zu niedrig, um allein davon leben zu können.

• Das gleiche gilt für die Berufsunfähigkeitsrente. Sie erhält, wer zwar noch arbeiten kann, aber in seinem Beruf nicht einmal mehr zur Hälfte einsetzbar ist. Der Anspruch beläuft sich auf maximal 30 Prozent des letzten Nettoeinkommens. 1994 zahlte die Versicherung im Höchstfall 2.052 DM im westlichen Teil der Republik, in den östlichen Ländern waren es 1.593 DM.

• Bevor die Versicherung bereit ist, eine der beiden Renten auszuzahlen, versucht sie meist, Ihnen eine andere Tätigkeit, evt. auch nach einer Umschulung zuzuweisen. Aus Ihrem Widerspruch dagegen kann ein langjähriger Rechtsstreit resultieren.

• Eine Unfallversicherung sichert die Risiken einer Erwerbs- oder Berufsunfähigkeit kaum ab, denn bei 90 Prozent aller Invaliditäten ist eine Krankheit und kein Unfall die Ursache.

Private Berufsunfähigkeitsversicherung

Die private Berufsunfähigkeitsversicherung gibt es als eigenständige Versicherung oder als Zusatzvereinbarung zur Lebensversicherung. Weil Berufsunfähigkeitsrenten fast immer aufgrund von Krankheiten gezahlt werden, prüfen die Versicherungen vor Vertragsabschluß den Gesundheitszustand der AntragstellerInnen sehr genau. Richtige Angaben sind unbedingt erforderlich.

Nutzen

Die hohen Prämien einer privaten Berufsunfähigkeitsversicherung lohnen sich nur für diejenigen, die eine hochqualifizierte Ausbildung und ein hohes Einkommen haben. Sinnvoll ist die Versicherung auch für BerufseinsteigerInnen, deren Arbeit anspruchsvolle Kenntnisse und Fertigkeiten voraussetzt. Alle anderen Versicherten werden fast immer in andere Tätigkeiten verwiesen, wenn sie berufsunfähig werden.

Die Beiträge zu dieser Versicherung erhöhen sich mit steigendem Eintrittsalter enorm; zusätzlich verlangen die Versicherer für eine ganze Reihe von Berufen einen Risikozuschlag.

Unfallversicherung

Alle Erwerbstätigen sind über ihre ArbeitgeberInnen unfallversichert. Selbständige können sich freiwillig in der für sie zuständigen Berufsgenossenschaft versichern. Auf diese Weise sind Unfälle auf dem Weg zum, am und auf dem Weg vom Arbeitsplatz abgesichert. Dieser Schutz ist zwar sinnvoll, aber nur etwa 20 Prozent aller Unfälle geschehen im Zusammenhang mit der Erwerbsarbeit. Der viel größere Anteil an Unfällen zu anderer Zeit ist nicht abgedeckt.

Nutzen

Nur zehn Prozent aller Invaliditäten sind auf einen Unfall zurückzuführen. Das Risiko, den Lebensunterhalt nicht mehr verdienen zu können, geht also fast immer von Krankheiten aus.

Für Kinder kann eine Unfallversicherung bis zum Ende der Ausbildungszeit überlegenswert sein, da es für sie keine andere Möglichkeit gibt, Invalidität abzusichern. Auch Hausfrauen können Invalidität nur mit einer Unfallversicherung absichern.

Kosten

Weil Unfallversicherungen aus den oben genannten Gründen wenig in Anspruch genommen werden, sind sie relativ preiswert. Die klassische Versicherung zahlt eine größere Summe – anteilig nach dem Grad der Invalidität, die sich aus dem Unfall ergibt. Es gibt aber auch eine Unfallrentenversicherung, die monatlich feste Beträge zahlt. Eine Kombination aus beidem erscheint vorteilhaft: Mit dem größeren Geldbetrag kann man nach einem Unfall zum Beispiel Rehabilitationsmaßnahmen oder Umbauten in der Wohnung bezahlen. Die zusätzliche monatliche Rente sichert den Lebensunterhalt.

Hinweise

• Prüfen Sie, ob nicht schon andere Versicherungen Teile dessen abdecken, was die Unfallversicherung anbietet: die Krankenversicherung etwa das Kranken- und Krankenhaustagegeld.

• Die Kosten für ästhetisch-plastische Operationen zum Beispiel lassen sich vielleicht mit einer Krankenzusatzversicherung, die auch nach einer Krankheit zahlt, kostengünstiger abdecken.

• Bei Unfallpolicen, die mit einem Sparvertrag gekoppelt sind (Unfallversicherung mit Prämienrückgewähr), fließt der größte Teil der hohen Beiträge in den Sparvertrag. Die Zinsen liegen aber nur auf dem Niveau eines Sparbuchs. Kündigen Sie so einen Vertrag möglichst bald, und legen Sie das Geld lieber selbst lukrativ an.

Risikolebensversicherung

Eine Risikolebensversicherung schützt die Familienmitglieder vor einer finanziellen Katastrophe, wenn die einzige Verdienerin oder der Verdiener stirbt. Dann wird der vereinbarte Betrag ausgezahlt. Bleiben die Versicherten gesund und munter, sehen sie vom Eingezahlten nichts wieder. Eine solche Versicherung deckt für Menschen mit kleinem Portemonnaie ein großes Risiko ab. Die Alleinverdienerin sichert zum Beispiel so den Lebensunterhalt ihrer kleinen Kinder, wenn sie stirbt, oder ermöglicht ihren größeren Kindern, die Kredite für die Eigentumswohnung abzuzahlen. Wer sich höhere Beiträge leisten kann, schützt seine Lieben mit einer Kapitallebensversicherung ebensogut, erhält sich aber die angesparten Beiträge.

Kosten

Für eine Risikolebensversicherung, die zehn Jahre laufen soll und den Betrag von 100.000 DM abdeckt, zahlt eine Frau, die als 30jährige eintritt, zwischen 100 und 280 DM im Jahr.

Ermitteln Sie die Höhe der Versicherungssumme nach folgender Faustregel: Sind kleine Kinder abzusichern, das Fünffache des Jahresbruttoeinkommens; bei größeren Kindern das Drei- bis Vierfache.

Hinweis

• Eine Risikolebensversicherung können Sie, wenn das von vornherein vereinbart wurde und die Versicherungssumme nicht erhöht wird, bis zum zehnten Jahr in eine Kapitallebensversicherung umwandeln, ohne sich einer Gesundheitsprüfung unterziehen zu müssen. Die Gesellschaft muß Ihnen also eine Kapitallebensversicherung anbieten, egal, wie krank Sie sind. Die in die Risikolebensversicherung eingezahlten Beiträge aber bleiben verloren.

Altersvorsorge

Jede Frau weiß es: Die Zeit, da der Ehemann die beste und oft auch einzige Altersversorgung einer Frau war, ist vorbei. Heute wird jede dritte Ehe nicht vom Tod, sondern von RichterInnen geschieden. Eine sichere Vorsorge auf breiter Basis wäre daher wichtig, doch das hoffnungslos veraltete gesetzliche Rentensystem benachteiligt Frauen gravierend: Sie sind meist nicht kontinuierlich erwerbstätig, viele arbeiten in Teilzeitjobs oder verdienen sehr wenig. All dies zusammen führt zu einem erschreckenden Ergebnis: Die Altersversorgung der Frauen ist durchschnittlich um rund 35 Prozent geringer als die der Männer. 1994 hatten 78 Prozent der westdeutschen Rentnerinnen weniger als 1.200 DM monatlich zur Verfügung, bei den Männern waren es nur 23 Prozent. Oder anders: Das durchschnittliche Altersruhegeld der Frauen betrug 773 DM, das der Männer 1.847 DM.

Gesetzliche Altersversorgung

Bis zu einem Verdienst, der 1997 bei 8.200 DM im westlichen und bei 7.100 DM im östlichen Teil der Republik lag, sind alle nicht selbständig Arbeitenden Pflichtmitglied in der gesetzlichen Rentenversicherung. Andere Erwerbstätige gehören einem Versorgungswerk ihres Berufsverbandes an, wie es sie zum Beispiel für ÄrztInnen, ApothekerInnen und RechtsanwältInnen gibt. BeamtInnen haben ihre eigene Altersversorgung; manche Erwerbstätige können eine Betriebsrente erwarten.

Die gesetzlich festgelegten Rentenabgaben tragen ArbeitnehmerInnen und ArbeitgeberInnen je zur Hälfte. Sie richten sich nach dem Verdienst und machten 1996 19,2 Prozent des Bruttogehalts aus. Wer auf diese Weise bei der BfA oder LVA jahrelang einzahlt, hat Anspruch auf eine »volle« Rente aus diesem Topf. Vielerlei Bedingungen führen jedoch dazu, daß die Rente erheblich niedriger ausfällt. Ihre Höhe wird nach einer Formel aus den Jahreseinkommen, den Beitragsjahren, der Zeit des Renteneintritts und anderem errechnet.

Hier das Beispiel einer Frau mit so guten Voraussetzungen, wie nur wenige Frauen sie haben: Die Frau hat 40 Jahre lang ununterbrochen Höchstbeiträge zur Rentenversicherung entrichtet (1992 hätte das einem Bruttoeinkommen von 6.800 DM entsprochen). Sie bekommt, wenn sie mit 65 Jahren in Rente geht, etwa 2.800 DM ausgezahlt.

Ohne PartnerIn

Sterben der oder die Versicherte, bekommen die Witwe beziehungsweise der Witwer oder die Waisen eine Hinterbliebenenrente. Sie liegt bei maximal 60 Prozent der Rente, die die Verstorbenen bekamen oder bekommen hätten – meist zu wenig, um davon zu existieren.

Bei einer Scheidung werden die Anrechte auf die Invaliditäts- oder Altersversorgung ausgeglichen, das heißt, die Frau erhält die Hälfte des Rentenanspruchs, den ihr Mann während der Zeit der Ehe erworben hat, auf ihrem »Rentenkonto« als eigenständige Versorgung gutgeschrieben. Wenn beide erwerbstätig waren, werden die jeweiligen Anwartschaften zwischen den Partnern abgeglichen (▷ Trennung und Scheidung, Seite 112).

Hinweise

• Selbständige sind nicht versicherungspflichtig, ebensowenig wie Frauen, die ihre Berufstätigkeit unterbrechen. Trotzdem sollten sie in der gesetzlichen Rentenversicherung bleiben und mit Mindestbeiträgen ihren Anspruch auf eine Erwerbs- und Berufsunfähigkeitsrente erhalten.
• Die Höhe der Krankenversicherungsbeiträge richtet sich bei RentnerInnen nach ihrer Rente. Gesetzlich und privat versicherte RentnerInnen bekommen den gleichen staatlichen Zuschuß zur Krankenversicherung.
• Wer in den späten Jahren keine erhebliche Einbuße an Lebensqualität hinnehmen möchte, muß –

entsprechend seinen Möglichkeiten – mit einer Lebensversicherung, mit Wertpapieren oder Immobilien für zusätzliche Geldquellen sorgen.

- Auch steuerliche Aspekte und die Beiträge von ArbeitgeberInnen beeinflussen die Art der Vorsorge. Wichtig ist auch, wie weit Ihr Interesse reicht, sich regelmäßig um eine Anlage zu kümmern. Eine individuelle und unabhängige Beratung ist dringend notwendig.
- Rat und Hilfe für die Gestaltung der Altersversorgung geben die RentenberaterInnen der BfA bzw. der LVA. Sie errechnen auch den Rentenanspruch, wie er sich aus dem Versicherungsverlauf ergibt.

Kapitallebensversicherung

Die Kapitallebensversicherung bezahlt die vereinbarte Versicherungssumme, wenn die oder der Versicherte stirbt – selbst wenn sie erst einen einzigen Beitrag eingezahlt haben. Dieser Aspekt der Versicherung sorgt also vornehmlich für die Hinterbliebenen. Alleinerziehende können so etwa die Ausbildung ihrer Kinder sicherstellen. Bleiben die Versicherten gesund, dient das Angesparte als Alterssicherung. Auf diese Weise kann eine Lebensversicherung die Rente ergänzen. Inzwischen werden fast vierzig Prozent der Lebensversicherungsverträge von Frauen abgeschlossen. Für Paare, oder wenn Kinder abgesichert werden sollen, ist die Kapitallebensversicherung eine sichere Altersversorgung mit sehr guter Rendite.

Nutzen

Die eingezahlten Beiträge erwirtschaften Überschüsse, die ausgezahlt werden, wenn die Versicherung fällig wird. Dabei erbrachten die Lebensversicherungen in den letzten Jahren mit sieben Prozent eine relativ gute Rendite. Sie gelten als sichere und akzeptale Geldanlage.

Erfahrungsgemäß verdoppelt sich die Versicherungssumme innerhalb von 25 Jahren in etwa. Der Auszahlungsbetrag ist also höher als der abgeschlossene Versicherungsbetrag. In den Genuß dieses Ertrags kommt aber nur, wer auch bis zum Vertragsende durchhält. Wer das Geld eher braucht, zahlt immer drauf.

Kosten

Je jünger der Mensch ist, der die Versicherung abschließt, desto geringer die Beiträge. Viele Gesellschaften »dynamisieren« die Versicherung: Der Versicherungsbetrag steigt jährlich entsprechend den Lebenshaltungskosten. Damit steigen auch die Beiträge. Diese ständige Beitragsanpassung ist jedoch ungünstig, weil die Versicherungen die Zusatzprämie jedes Jahr neu nach dem aktuellen Alter der Versicherten berechnen. Das kann dazu führen, daß die Beitragsaufschläge am Ende höher sind als der Zuwachs der Versicherungssumme.

Wenn der Vertrag länger als zwölf Jahre gelaufen ist, sind die Zinserträge steuerfrei.

Hinweise

- Personen, deren Kinder mittlerweile auf eigenen Füßen stehen, sollten prüfen, ob es sich lohnt, die Lebensversicherung in eine private Rentenversicherung zu verwandeln.
- Statt Dynamisierung ist es ertragreicher, das gesparte Geld selbst in Papieren anzulegen.
- Vereinbaren Sie, daß die Versicherung beitragsfrei gestellt wird, wenn Sie berufsunfähig werden. Den Auszahlungsbetrag schmälert das nicht.

Private Rentenversicherung

Für eine festgelegte Zeit zahlen die Versicherten Beiträge ein, danach bekommen sie – je nach Vereinbarung – für den Rest des Lebens eine monatliche Rente oder einmal eine große Geldsumme ausbezahlt. Stirbt die oder der Versicherte vorher, zahlt die Gesellschaft das Angesparte samt Zinsen an die ErbInnen aus.

Nutzen

Für Alleinlebende, die nicht (mehr) für Kinder zu sorgen brauchen, ist eine private Rentenversicherung die ertragreichste Altersvorsorge. Sie ist günstiger als eine Lebensversicherung, weil die Gesellschaft nicht für den Fall kalkulieren muß, daß die Versicherten vor Ablauf der Zeit sterben und sie eine größere Summe an die Hinterbliebenen zahlen muß.

Hinweis

• Es kann sich lohnen, eine ausgezahlte Lebensversicherung in einer Rentenversicherung anzulegen und sich damit eine private Zusatzrente zu sichern.

TIP

Rentenansprüche sichern

• Von Zeit zu Zeit überprüfen, ob alle Rentenunterlagen vorhanden sind: Meldung der Ausbildungs- und Kindererziehungszeiten, Jahresmeldungen der ArbeitgeberInnen. Fehlendes anfordern!

• Auf Anforderung erstellen die Versicherungsanstalten den Versicherungsverlauf und errechnen die voraussichtliche Rente. Aus dem Verlauf gehen Ausfallzeiten und Versicherungslücken hervor. RentenberaterInnen können klären helfen, ob es sinnvoll ist, mit nachträglichen, freiwilligen Beiträgen die Lücken zu schließen.

• Für jedes nach 1992 geborene Kind bekommt die Mutter oder ggf. der Vater drei Jahre der gesetzlichen Rentenversicherung angerechnet, für davor geborene Kinder jeweils ein Jahr. Mann und Frau können sich diese Zeiten aufteilen; die Versicherung muß aber wissen, für wen welche Zeit zu berücksichtigen ist.

• Berücksichtigungszeiten für die regelmäßige Pflege anderer, wenn mehr als zehn Stunden Pflegedienst pro Woche anfällt. Den Antrag, um die Pflegetätigkeit angerechnet zu bekommen, müssen Sie bei der Krankenkasse stellen.

Rechtsschutzversicherung

»Streiten zum Nulltarif«, »Wir wollen, daß Sie Ihr Recht bekommen« – Werbeslogans der Rechtsschutzversicherer. Doch auch notorische Streithähne können sich mit dieser Versicherung nicht in jeden Prozeß stürzen, denn Bau-, Familien- oder Erbrechtsstreitigkeiten deckt sie nicht ab. Das gleiche gilt bei einem Streitwert unter 300 DM. Für Straftaten, die vorsetzlich begangen werden, fühlt sich die Rechtsschutzversicherung ebensowenig zuständig wie für Beleidigungen oder Diebstahl. Außerdem schließt sie die Leistung für Ereignisse aus, die schon vor Vertragsunterschrift stattfanden. Je nach Anbieter gibt es sehr unterschiedliche Tarife und sehr unterschiedliche Leistungen.

Nutzen

Diese Versicherung kommt dann zum Tragen, wenn man in seiner Eigenschaft als ArbeitnehmerIn, AutofahrerIn oder MieterIn prozessieren muß.

Sind in einem solchen Fall Anwältin bzw. Anwalt der Meinung, den Rechtsweg zu beschreiten verspreche Erfolg, muß die Gesellschaft zusagen, die Kosten zu decken. Die vollen Kosten übernimmt sie aber nur, wenn die oder der Versicherte vor Gericht verliert und die gesamten Kosten für Anwalt und Gericht übernehmen muß.

Hinweise

• Überlegen Sie eine Rechtsschutzversicherung frühestens, wenn Sie die notwendigen Personenversicherungen abgeschlossen haben (▷ Seite 427).

• Prüfen Sie, ob manches nicht bereits anders abgedeckt ist: Bei arbeitsrechtlichen Auseinandersetzungen helfen Gewerkschaft oder Kammer; bei Wohnungssachen gewähren Mieterschutzverein bzw. der Verein für Haus- und GrundbesitzerInnen Hilfe.

Kaskoversicherung

Alle FahrzeughalterInnen müssen – gesetzlich vorgeschrieben – eine Kfz-Haftpflichtversicherung abschließen. Sie sichert die Ansprüche von UnfallgegnerInnen, deren MitfahrerInnen und das Auto ab. Wer nach einem selbst verschuldeten Unfall Geld für beschädigtes eigenes Blech haben will, muß eine Kaskoversicherung abschließen:

• Die Teilkaskoversicherung zahlt beim Diebstahl des Autos oder seiner Teile, bei der Kollision mit einem Tier und allerlei Wetterungemach. Teilkaskoversicherungen verteuern sich durch die zunehmende Zahl an Autodiebstählen ständig.

• Die Vollkaskoversicherung zahlt zusätzlich dann, wenn man selbst oder ein Unfallgegner das Auto beschädigt. Vollkaskoversicherungen sind relativ teuer.

• Die Leistungen der einzelnen europaweit agierenden Anbieter sind höchst unterschiedlich. Es lohnt sich, genau zu vergleichen.

Nutzen

Eine Vollkaskoversicherung ist eigentlich nur im ersten Jahr des Autokaufs sinnvoll, im zweiten vielleicht noch bei einem teuren Auto; im dritten Jahr empfiehlt sich meist die Umwandlung in eine Teilkaskoversicherung.

Hinweise

• Bei der Vollkaskoversicherung gibt es einen Schadenfreiheitsrabatt. Wenn Sie dort in der niedrigsten Stufe rangieren, fahren Sie unter Umständen billiger, als wenn Sie in die Teilkasko-Versicherung wechseln würden.

• Für Reisende in südliche und östliche Länder kann eine Vollkaskoversicherung sinnvoll sein, weil Haftpflichtversicherungen dort nicht überall üblich sind und die Deckungssummen oft nicht den bei uns gewohnten entsprechen.

LITERATUR

Svea Kuschel
Frauen leben länger – aber wovon?
Renten- und Versicherungshandbuch
Econ, Düsseldorf, 2. Aufl., 1993. DM 14,80

Susanne Kazemieh
Versicherungs- und Rentenratgeber für Frauen
Konkret, Hamburg, 1992. DM 18

KONTAKT

Bundesamt für das Versicherungswesen
Postfach 150 280, 10664 Berlin

Bundesverband der Versicherungsnehmer
Amtsstraße 1, 37692 Marienmünster

Bund der Versicherten
Postfach 1153, 24547 Henstedt-Ulzburg

Fondsgebundene Lebensversicherung

• Die Versicherung investiert eingezahlte Beiträge in einen Fonds. In welchen, können Sie im Rahmen dessen, was die Versicherung anbietet, selbst bestimmen. Auch die Beitragssumme bestimmen Sie durch die von Ihnen gewählten Leistungen selbst.

• Verlockend sind die möglichen Gewinne, abschreckend der Gedanke, es könne auch alles verloren gehen. Das Anlagerisiko tragen die Versicherten; die Gesellschaft überweist nur den aktuellen Wert der Fondsanteile. Sie berechnet für ihre Arbeit sehr hohe Kosten.

• Im Vergleich zur Kapitallebensversicherung ist die fondsgebundene Versicherung teuer: Nur selten deckt die Rendite die hohen Kosten und das Anlagerisiko.

Reiseversicherungen

Für die schönsten Wochen des Jahres bieten die Assekuranzen ihre Dienste gleich paketweise an. Solche Versicherungspakete enthalten viel Unnützes und Überflüssiges neben Brauchbarem – zum Vorteil der Versicherung, aber meist zu Ihrem Nachreil.

• Reiserücktrittskostenversicherungen sind für einen Durchschnittsurlaub meist überflüssig. Fast immer lassen sich Bekannte oder per Zeitungsinserat andere Menschen finden, die die Buchung übernehmen – nur bei sehr teuren Reisen kann das anders sein, so daß Sie hier eine solche Versicherung überlegen könnten.

• Auch eine Auslandsreise-Krankenversicherung brauchte eigentlich niemand. Im Prinzip regeln Abkommen mit den EU-Ländern und der Schweiz, Tunesien, Rumänien und der Türkei, daß die Auslandskrankenscheine der heimischen Krankenkasse dort akzeptiert werden. Allerdings ist die Versorgung in den genannten Ländern oft schlecht, und gar nicht wenige ÄrztInnen weigern sich überhaupt, anders als gegen private Rechnung tätig zu werden. Eine solche Rechnung können die Versicherten in aller Regel bei ihrer gesetzlichen Krankenversicherung zu Hause nicht einreichen. Privatversicherte behalten ihren Versicherungsschutz auch im Ausland.

• Eine Reisegepäckversicherung ist überflüssig. Zum einen ist sie so konzipiert, daß man fast immer selbst an dem Mißgeschick schuld ist. Zum anderen sichert die meist bestehende Hausratversicherung den mitreisenden Teil des Hausrats mit zehn Prozent der Versicherungssumme ab. Wer sehr oft mit einer teuren Fotoausrüstung reist, kann überlegen, ob es sich lohnt, diese gesondert zu versichern.

• Reisespezifisches ist meist deswegen überflüssig, weil abgeschlossene Haftpflicht- und Unfallversicherungen, die das ganze Jahr über bestehen, die meisten Risiken abdecken (▷ Seite 430; ▷ Unfallversicherung, Seite 434).

Hausratversicherung

Wenn die Wohnung ausbrennt oder während des Urlaubs leergeräumt wird, finanziert die Hausratversicherung die Neuanschaffung der Möbel, Tapeten oder Teppiche, Schmuck und Wertsachen – allerdings nur, wenn die Höhe der Versicherungssumme wirklich dem Neuwert der Einrichtung entspricht. 1996 gingen die Versicherer davon aus, daß dies dann der Fall ist, wenn pro Quadratmeter Wohnfläche mindestens 1.200 DM abgesichert sind: Bei einer 70-Quadratmeterwohnung läge die Versicherungssumme dann bei etwa 84.000 DM.

Meist sind Hausratversicherungen relativ preiswert, doch die Preisdifferenzen zwischen den Anbietern können bis zu 100 Prozent reichen.

Nutzen

• Erst wenn alle wichtigen Personenversicherungen abgeschlossen sind und Sie noch Geld in eine Versicherung investieren können oder wollen, ist eine Hausratversicherung empfehlenswert: Die Zahl der Einbruchdiebstähle nimmt zu.

• Um den Versicherungsschutz nicht zu gefährden, sollten sich alle BewohnerInnen einprägen, welche Sicherheitsvorkehrungen sie mit der Vertragsunterschrift akzeptieren.

• Mit zehn Prozent der Versicherungssumme, maximal 20.000 DM, sind auch die Dinge versichert, die Sie auf Reisen mitnehmen – weltweit.

• Bei einem Wohnungswechsel sind beide Wohnungen zwei Monate lang versichert. Ab da ist es nur noch die neue Wohnung desjenigen, auf dessen Namen die Versicherung läuft.

• Von Zeit zu Zeit sollten Sie überprüfen, ob die Versicherungssumme noch dem Neuanschaffungspreis der Einrichtung entspricht.

• Fotos können helfen, die Existenz von Gegenständen zu beweisen, deren Wert Sie nicht belegen können; für Kunstgegenstände kann eine Expertise sinnvoll sein.

Frauen – Achtung!

Haftpflichtversicherung

- Nach der Scheidung eigene Versicherung abschließen.

Gesetzliche Krankenversicherung

- Spätestens drei Monate nach der rechtskräftigen Scheidung »Weiterversicherung« anmelden. Die Kinder sind bei dem Partner mit dem höheren Einkommen versichert.

Private Krankenversicherung

- Am ehesten empfehlenswert für sehr gut verdienende Frauen, möglichst kinderlos, die lebenslang berufstätig bleiben wollen.
- Mutterschafts- und Erziehungsurlaub sind nicht beitragsfrei.
- Volle Beiträge für Frau und Kinder; Wechsel zur Gesetzlichen nur schwer möglich.
- Hohe Kosten im Alter; Beitragserhöhung bei schweren Krankheiten möglich.

Private Krankentagegeldversicherung

Wichtig für Selbständige. Doch:

- Kein Krankentagegeld bei Pflegefreistellung.
- Kein Krankentagegeld bei schwangerschaftsbedingten Erkrankungen.

Gesetzliche Berufsunfähigkeitsversicherung

- Selbständige und Berufsunterbrecherinnen können freiwillig Mitglied bleiben.

Private Berufsunfähigkeitsversicherung

- Dringend für Frauen in hochqualifizierten Berufen und für BerufseinsteigerInnen.

Unfallversicherung

- Eventuell sinnvoll für Hausfrauen, weil es für sie keine Berufsunfähigkeitsversicherung gibt, und für Kinder bis zum Ende der Ausbildungszeit.

Risikolebensversicherung

- Sinnvoll für Alleinerzieherinnen und/oder bei erheblichen Schulden.

Gesetzliche Rentenversicherung

- Selbständige und Berufsunterbrecherinnen können freiwillig Mitglied bleiben.

Kapitallebensversicherung

- Für Alleinerzieherinnen sinnvolle Kombination von Altersvorsorge und Absicherung der Kinder im Todesfall.
- Unbedingt vereinbaren: Beitragsbefreiung bei Berufsunfähigkeit.
- Bei Scheidung eines Paares, dessen Lebensversicherung auf den Namen des Mannes läuft: Die Frau kann aus dem während der Ehezeit aufgelaufenen Zugewinn (errechnet aus dem derzeitigen Rückkaufswert minus Rückkaufswert zu Beginn der Ehe) ein »unwiderrufliches Bezugsrecht« bekommen. Dann erhält sie den Zugewinn bei Ablauf des Vertrages ausgezahlt. Vorteil: Sie muß keinen neuen Vertrag mit neuem Eintrittsalter abschließen.

Private Rentenversicherung

- Für Alleinlebende ohne Kinder die wohl ertragreichste Altersvorsorge.

Hausratversicherung

- Nach der Scheidung bleibt der Hausrat desjenigen versichert, auf dessen Namen die Police läuft.

F.B.

Gewalt

Niemand ist dagegen gefeit, Opfer von psychischer oder physischer Gewalt zu werden. Voraussetzung dafür, daß sich jemand traut, gegen einen anderen wiederholt gewalttätig zu werden, ist ein Machtgefälle: Ein Starker dominiert über einen Schwachen.

Der Alltag zeigt deutlich, wie die Macht zwischen Männern und Frauen in unserer Gesellschaft verteilt ist: Frauen verdienen deutlich weniger als Männer; als Familienfrau sind sie ökonomisch abhängig von einem Mann; als Entscheidungsträgerinnen in Politik und Wirtschaft kommen sie kaum vor. Das schafft eine Atmosphäre von Ungleichheit und Geringschätzung alles Weiblichen, die es Männern leicht macht, Frauen mit Gewalt zu bedrohen. Körperliche Gewalt erleiden vornehmlich Frauen; am meisten gefährdet sind sie in der Familie.

Bei manchen Auseinandersetzungen können Frau wie Mann gleichermaßen so von Aggression und Wut überschwemmt werden, daß der Streit zur Tätlichkeit ausufert (▷ Handgreiflichkeiten, Seite 77). Ein solcher extremer Gefühlsausbruch mißachtet zwar die Integrität des anderen, ist aber als einmaliger Verlust der Selbstbeherrschung vielleicht verzeihlich. Fortgesetzte psychische oder physische Gewalt, die demonstrieren soll, wer das Sagen hat, zerstört hingegen die Grundlagen des Zusammenlebens.

Psychische Gewalt

Immer wieder gibt es im Zusammenleben Momente, in denen einer seine Überlegenheit gegen den anderen wendet: Schnippische Bemerkungen, abfällige Gesten verletzen und demütigen. Wird das nicht rasch und dauerhaft durch liebevolle Zuwendung und Anerkennung wettgemacht, macht sich Verbitterung breit. Hält dieses Verhalten jedoch an und dient es sogar dazu, den anderen klein zu halten, ist die Grenze zur psychischen Gewalt schnell überschritten.

Dauernd kritisiert, heruntergemacht, ignoriert zu werden wirkt wie ein schleichendes Gift, das Selbstbewußtsein und Selbstachtung zerfrißt. Seine Kraft ist extrem zerstörerisch, weil sie unsichtbar ist. Wunden lassen sich vorweisen und behandeln, doch das vernichtende Gefühl, nichts zu taugen, kann man nicht vorzeigen.

Um eine solche Behandlung zu beenden, sind Mut und Kraft nötig. Doch wer von den Verletzungen genesen ist, kann wieder selbstbestimmt leben.

Mitmenschen psychisch anzugreifen ist kein dezidiert männertypisches Verhalten. Im Gegenteil: »Leiser«, unsichtbarer Gewaltformen haben sich Frauen schon immer bedient. Im folgenden soll jedoch die Anwendung psychischer Gewalt von Männern gegenüber Frauen als Vorstufe zu körperlicher Gewalt im Blickpunkt stehen.

Ablehnung

Permanente Ablehnung erfahren Frauen, wenn sie dem andern nichts mehr recht machen können. Was sie tun, wie sie sich verhalten, beurteilt er als ungenügend oder falsch. Sie können sich noch so große Mühe geben – er findet immer etwas, was er tadeln kann. Auf liebevolle Zuwendung, aufmunternde Worte, wärmende Umarmungen warten sie vergeblich. Eine so frostige Atmosphäre stellt sich auch ein, wenn zwar kein böses Wort fällt, aber auch kein liebes.

Nicht-Beachtung

Ignoriert zu werden ist die Tiefkühlform von Ablehnung. Der andere will nichts davon hören, wie man sich fühlt, was man erlebt und gedacht hat. Manche Menschen verweigern jeglichen Austausch mit Sätzen wie »Du hast gewonnen«, »Davon hast du keine Ahnung«. Andere mauern sich in beharrlichem Schweigen ein, indem sie sich stumm vor den Fernseher zurückziehen oder ins Bett gehen.

Demütigung

Manche Männer kritisieren und verunglimpfen alles, was die Frau tut. Sie kann angeblich weder kochen noch Kinder erziehen, ist häßlich und schlampig, der Sex mit ihr ist gähnende Langeweile. Die Frau bekommt zu hören, sie sei für alles zu ungeschickt. Irgendwann glaubt sie dann selbst, was er immer behauptet: »Ohne mich wärst du verloren.«

In Gegenwart anderer zieht er über sie her, macht sich über sie lustig. Schamrot und gelähmt vor Entsetzen muß manche Frau sogar erleben, daß ihr Mann sie einem Kollegen »anbietet«. Dessen erschrockene Ablehnung kommentiert er dann so: »Sei froh, daß du mich hast. Dich will ja ohnehin keiner.«

TIP

Achtung: Grenze!

- Sie trauen sich und Ihren Empfindungen nicht mehr, weil er alles als »falsch« abtut oder sich über ihre Gefühle lächerlich macht.
- Das Gefühl, nichts richtig zu machen, nichts zu taugen, nichts wert zu sein, dominiert die meisten Handlungen und das Befinden.
- Sie fragen sich oft: »Bin ich/Werde ich verrückt?«
- Sie fühlen sich machtlos, haben das Gefühl, Ihr Leben nicht mehr selbst bestimmen zu können.
- Bei dem Gedanken, daß er gleich nach Hause kommt, breitet sich in Ihnen Angst aus.
- Sie fühlen sich allein auf der Welt, haben schon seit Tagen außer mit ihm und den Kindern mit niemandem mehr gesprochen.

Isolierung

Der Drang eines Mannes, seine Frau zu kontrollieren, kleidet sich zunächst in das Gewand der Eifersucht. Andere Männer darf sie nicht anschauen, nicht sprechen, schon gar nicht treffen. Er kann es nicht einmal leiden, wenn sie ihre Eltern oder Geschwister besucht oder mit ArbeitskollegInnen oder FreundInnen ausgeht. Um Streit zu vermeiden, fügt sie sich seinen Wünschen, nimmt die eigenen Bedürfnisse immer weiter zurück und isoliert sich immer mehr. Ist sie jedoch erst einmal allein, ohne Kontakt und Hilfe auf sich gestellt, ist es nahezu unmöglich, aus einer unerträglichen Situation auszubrechen.

Terror

Bedingungssätze bedrohen ungemein: »Wenn du nicht tust, was ich sage, sperre ich dir das Haushaltsgeld. Gehe ich zu einer anderen.« Meist ist die Frau durch das Verhalten des Mannes so eingeschüchtert, daß sie nicht mehr abschätzen kann, was reines Druckmittel ist und wozu ihr Mann wirklich fähig ist. Die Drohungen versetzen sie in Angst und Schrecken und machen sie gefügig.

Gegenreaktionen

Ein Klima von Demütigung und Mißachtung ist unerträglich. Menschen, denen positive Erlebnisse dauerhaft versagt bleiben, verschaffen sich auf vielfältige Weise das Gefühl, die Situation doch noch beeinflussen zu können (▷ Streßabwehr, Seite 608). Sie teilen ihrerseits Bösartigkeiten aus und nutzen die Schwächen des anderen. Frauen ermahnen und kontrollieren zum Beispiel ihren Partner, strafen ihn mit Sexentzug, wenn er sich wieder danebenbenommen hat (▷ Voller Vertrauen, Seite 58), und berichten anderen von seinen Schandtaten im Suff. Sie äußern Wünsche, die er niemals erfüllen kann, und interpretieren die Nichterfüllung als Beweis seiner Lieblosigkeit. Manche bereiten ihm ein schlechtes Gewissen mit dem, was sie »aus Liebe« für ihn tun.

Dieses Verhalten bekehrt den anderen nicht, zwingt ihn nicht zum Nachdenken. Es führt niemals zu einer liebevollen Beziehung, sondern läßt vielmehr die gegenseitige Aggression eskalieren. Diese Verstrickung ist nur aufzulösen, wenn zumindest einer erkennt, was da abläuft, und die Konsequenz daraus zieht. Sind beide bereit, ihr Verhalten zu ändern, können sie mit therapeutischer Hilfe versuchen, ihre Beziehung neu zu gestalten (▷ Beratung und Psychotherapie, Seite 575). Sieht nur einer die Notwendigkeit zur Veränderung, führt nur die Trennung wieder zu einem selbstbestimmten Leben.

Manche Geduckte entwickeln selbstzerstörerische Überlebensstrategien. Sie betäuben sich mit Zigaretten, Alkohol oder Medikamenten oder ersetzen die fehlende Anerkennung durch den Kauf schöner Dinge und ruinieren sich finanziell (▷ Süchte, Seite 591). Wieder andere fliehen in ihr Inneres und spüren nicht mehr, wie sehr sie unter diesem Leben leiden. Dadurch zerstören sie wichtige Kraftquellen: ihre Lebendigkeit und ihre Empfindsamkeit. Ein zufriedenes Leben kann so nicht gelingen.

Körperliche Gewalt

In jeder dritten länger währenden Beziehung kommt es irgendwann zu Gewalttätigkeiten, stellt das deutsche Frauenministerium fest. Allein im Westen Deutschlands wurden 1989 schätzungsweise vier Millionen Frauen mißhandelt, geschlagen und verletzt.

Trotz dieser Zahlen herrscht in den Medien noch immer eine »Entschuldigungs-Mentalität«: »Sie hat ihn zur Weißglut gereizt« oder »Sie wollte ihn verlassen« titelt die Boulevardpresse und schiebt die Verantwortung der Frau zu; wohlwissend, daß jeder Mensch und jeder Mann für sein Handeln selbst verantwortlich ist. Weder Alkohol noch eine verzweifelte finanzielle Situation oder das Verhalten der Partnerin rechtfertigen Gewalttätigkeiten. Konflikte sind so nicht zu bewältigen. Wer zuschlägt, wählt den extremsten Weg, einem Problem zu begegnen, mit dem Ergebnis, daß er sich neue, oft noch größere Schwierigkeiten einhandelt.

Jeder Erwachsene hat die Möglichkeit, seine Situation zu überdenken, die Folgen seines Tuns zu ermessen und sich so oder anders zu entscheiden. In der Therapie zeigt sich immer wieder, daß gewalttätige Männer um den Moment wissen, an dem sie sich entschließen, zuzuschlagen.

Ganz gewöhnliche Männer

Analysen bestätigen: Gewalttätige Männer gibt es in allen Schichten und sozialen Verhältnissen. Beengte Wohnverhältnisse, Arbeitslosigkeit und Gewalterfahrungen in der Kindheit können die Tendenz zur Gewalttätigkeit verstärken. Voraussetzung sind sie nicht.

Viele Frauen neigen dazu, dem Alkohol die Gewalttätigkeit ihres Mannes anzulasten. Manche spalten dazu in ihrer Fantasie den Mann in zwei Personen: Der nüchterne Mann ist gut, mit ihm könnten sie in Frieden leben, wenn da nicht immer wieder der böse, betrunkene Mann wäre, der sie mißhandelt. Daran ist richtig, daß Alkohol die Hemmschwelle senkt, doch die ganze Wahrheit ist, daß auch der nüchterne Mann sie schlägt. Untersuchungen bestätigen, daß gewalttätige Männer ihre Frau auch nach einer Entziehungskur weiterhin mißhandeln. Bezeichnenderweise nennen Männer selbst viel seltener als ihre Frau den Alkohol als Mitschuldigen an ihrer Brutalität. Und ein Teil von ihnen gibt sogar zu, vorsätzlich zu trinken, weil sich ihr Verhalten dann leichter entschuldigen läßt.

Gewalttätige Männer haben fast immer ein brüchiges Selbstwertgefühl, das an einem seidenen Faden hängt. Sie sichern sich, indem sie die äußeren Bedingungen festzurren: Sie bestimmen, was richtig oder falsch, was gut und schlecht ist, schreiben den Tagesablauf genau vor, bestimmen, wann Frau und Kinder gehen dürfen und heimkommen müssen, setzen Ordnung und Pünktlichkeit rigoros durch. Scheint einer ihrer Grundpfeiler zu wanken, fühlen sie sich bedroht. Diese Angst paßt selbstverständlich nicht in das Bild vom »richtigen Mann«: Sie prügeln auf Gegenstände und Menschen ein, müßten aber die eigene Angst zerschlagen (▷ Seite 325).

Liebende Frauen

Grenzverletzungen säumten das Leben vieler Gewaltopfer: sie wurden geschlagen oder mißbraucht (▷ Seite 457), sie erlebten, wie die Mutter Gemeinheiten des Vaters erduldete. Sie lernten, daß Nähe auch Gewalt bedeutet. Trotzdem glauben diese Frauen, daß sie nur mit einem Mann an ihrer Seite sicher leben können. Sie können nicht erkennen, daß dieser vermeintliche Schutz sie vielmehr bedroht.

Bei Frauen, die in einer gewalttätigen Beziehung verharren, vermengt sich die Vorstellung, wie eine »liebende Frau« zu sein hat, mit den Auswirkungen der Gewalt. Sie geben ihre Wünsche und ihre Entwicklung auf und hoffen, den Mann dadurch friedlich zu stimmen. Zugleich haben sie aber infolge des ständigen Geducktwerdens schon so viel an Selbstwertgefühl verloren, daß sie kaum noch spüren, daß sie auch eigene Wünsche und Ziele hatten (▷ SelbstBewußt, Seite 23). Sie schweigen, weil sie ihn nicht bloßstellen wollen, und isolieren sich dadurch so, daß es niemanden mehr gibt, der ihnen den Rücken stärkt. Sie sind wütend auf ihn und auf sich selbst, die das mit sich machen läßt. Doch sie unterdrücken ihr Gefühl, und der Zorn zerfrißt ihr Inneres. Sie verlieren die Achtung vor sich selbst und werden immer unfähiger, sich zu befreien.

Viele Frauen meinen, sie seien verantwortlich für seine »Ausbrüche«, und fordern von sich, was niemals gelingen kann: ihn mit der Kraft der Liebe zu bessern. Die Frauen schwächen sich weiter, indem sie die Schuld für das Mißlingen sich selbst geben.

Befreiung

Frauen, die in anderen Situationen erlebt haben, daß Widerstand erfolgreich sein kann, bringen oft auch die Kraft auf, sich aus einer gewalttätigen Beziehung zu befreien (▷ Selbst-Bewußt, Seite 23). Die anderen ertragen Gewalttätigkeiten durchschnittlich sieben Jahre, bis sie endlich Hilfe in Anspruch nehmen.

Bei dem Gedanken an Trennung scheinen sich unüberwindliche Probleme aufzutürmen: die finanzielle Abhängigkeit vom Mann; die gemeinsame Wohnung, die sich nicht einfach zweiteilen läßt; die Kinder, die auch einen prügelnden Vater lieben. Zu Recht fürchten viele Frauen die Rache des Mannes und die Verurteilung durch die Verwandten, die meinen, sie zerstöre Ehe und Familie. Ihr soziales Netz hält nicht mehr.

Der erste Schlag

Nach der ersten Tätlichkeit sind beide, Mann und Frau, schockiert. Alles kam so unerwartet, scheint so unwirklich, daß es beide oft als nicht geschehen ansehen. Die Frau ist entsetzt, daß sie ein Opfer roher Gewalt wurde, und empfindet tiefe Scham, wie ein Kind gezüchtigt worden zu sein.

Ein Teil der Männer verharmlost das Geschehen oder leugnet es und zeigt damit, daß sie sich des Unrechts zwar bewußt sind, es aber ungeschehen machen wollen. Die andere Gruppe findet das, was geschehen ist, in Ordnung und illustriert damit, wem in dieser Gesellschaft die Macht zugesprochen wird.

Nach der ersten Tätlichkeit hat jedes Paar noch die Chance zu verhindern, sich in einer Gewaltbeziehung zu verstricken. Dazu muß beiden absolut klar sein, daß jede Wiederholung die Trennung bedeutet. Die wichtigste Lehre des ersten Mals muß für beide sein: Nach dem zweiten Mal ist die Beziehung zu Ende. Die Erfahrung lehrt: Wer einmal zugeschlagen hat, tut es immer wieder, wenn sich ihm niemand konsequent entgegenstellt!

Allerdings gelingt es nur wenigen Frauen, so konsequent zu handeln. Viele von ihnen durchleben leidvolle Jahre in der Hoffnung, irgendwann würde es besser werden.

Erste und letzte Hilfestellung einer Frau für ihren Mann, der mehr als einmal gewalttätig war, kann sein, ihm die Adresse einer Männerberatungsstelle zu besorgen (▷ unten). Dort finden Männer mit Gewaltproblemen Rat und Unterstützung. Alles weitere liegt dann allein bei ihm.

Vorbeugung

Nur eines hindert Männer wirklich daran, gegen Frauen gewalttätig zu werden: ihnen muß unmißverständlich klar sein, daß niemand ihr Verhalten »irgendwie« versteht oder toleriert und daß Gewaltanwendung herbe Konsequenzen haben wird. Dieses Bekenntnis müssen alle öffentlichen Institutionen - Polizei, Justiz und Politik - deutlich machen: Nur wenn ein prügelnder Mann keine augenzwinkernde Solidarität mehr erfährt und ihm sein Verhalten spürbare Nachteile bringt, wird er sich den nächsten Faustschlag verkneifen. Dabei hat sich in internationalen Modellprojekten die sofortige, kurzzeitige Inhaftierung als wirksamste Methode erwiesen, um eine Wiederholung zu vermeiden. Erst danach sind Beratungsgespräche sinnvoll, in denen die Männer verstehen lernen, was dahintersteckt, wenn sie immer wieder die Beherrschung verlieren.

KONTAKT

Kontakt- und Beratungsstelle für Männer
Männer gegen Männer-Gewalt
Mühlendamm 66, 22087 Hamburg
Tel.: 040/2 20 12 77

Männerberatung
Erlachgasse 95, 1100 Wien

Schritte hinaus

Je länger eine gewalttätige Beziehung gedauert hat, desto zäher ist der Weg hinaus. Doch ob nach dem zweiten Fußtritt oder nach acht Jahren Schrecken – die Schritte sind immer gleich. Zunächst gilt es für die Frau zu erkennen, daß sie nur etwas für sich und ihre Kinder tun kann, aber niemals den Mann »retten«. Dann muß sie sich die realen Bedingungen ihres Lebens vor Augen führen und anschließend alles daransetzen, Selbstbewußtsein und Handlungsfähigkeit wiederzuerlangen.

Bilanz machen

Machen Sie reinen Tisch mit sich selbst, am besten schriftlich.

• Wie fühlen Sie sich? Wann waren Sie das letzte Mal fröhlich, ausgelassen, glücklich? Welchen Anteil hatte Ihr Mann daran?

• Wann fingen die Gewalttätigkeiten an? In welchen Abständen haben sie sich wiederholt? Welcher Art waren Ihre Verletzungen?

• Was haben Sie getan, um Veränderungen zu bewirken? Was ist daraufhin wirklich anders geworden?

• Wie wollen *Sie* leben? Welche Bedürfnisse haben *Sie?* In der Antwort sollten Sie Ihre *eigenen* Wünsche beschreiben, ohne die Person des Partners einzubeziehen.

Sich selbst wichtig nehmen

Wer diese klar erkannten Lebensbedingungen nicht mehr länger hinnehmen will, muß seine eigene Person in den Mittelpunkt stellen: Sie hören auf, seinen Wünschen zu folgen, Sie fühlen sich nicht mehr für das verantwortlich, was er tut.

Dieses »neue« Verhalten steht im Gegensatz zu dem, was der Mann bisher von der Frau kannte. Sie erscheint ihm aufmüpfig und widerspenstig. Solche Verhaltensänderungen verunsichern gewalttätige Männer ganz erheblich. Sehr oft resultieren daraus neue Gewaltausbrüche, die die Frau ernsthaft gefährden. Sie muß sich unbedingt darauf einstellen, die Wohnung, evt. mit den Kindern, schnellstmöglich zu verlassen (▷ Akute Gefährdung, Seite 449).

Bekanntmachen

Gewalt spielt sich fast immer innerhalb der Familie ab, und jede Frau meint, sie sei die einzige, der »so etwas« zustößt. Das Schweigen aller verhindert, daß die Frauen Hilfe bekommen.

Überwinden Sie Ihr Gefühl von Scham und Schuld, durchbrechen Sie die Privatheit, und vertrauen Sie sich Mutter, Schwester oder Freundin an. Erzählen Sie seinen Verwandten und Freunden, was vorgefallen ist, zeigen Sie ihnen die blauen Flecken, die Verletzungen. MitwisserInnen bestärken Sie darin, daß Sie sich »so etwas« nicht gefallen lassen müssen. Die Solidarität der anderen unterstützt Sie bei den kleinen, aber festen Schritten zur Befreiung.

Trennung

Eine Frau, die sich von ihrem gewalttätigen Mann trennen will, muß ganz besonders auf ihren Schutz bedacht sein. Immer wieder zeigt sich, daß Männer in solchen Situationen gefährlich werden können. Einige scheuen weder Mühe noch Kosten, um die neue Adresse der Frau ausfindig zu machen und sie erneut zu bedrohen.

Ein großes Problem für alle trennungswilligen Frauen ist, eine geeignete, bezahlbare Bleibe zu finden. Meist lebt der Mann weiterhin in der gemeinsamen Wohnung, und es ist schwierig und langwierig, ihn per Gerichtsbeschluß hinausweisen zu lassen.

Frauenhaus

Das erste Frauenhaus wurde 1976 in Berlin gegründet. Mittlerweile gibt es in Deutschland 320, davon 92 in den östlichen Bundesländern. Jährlich suchen in diesen Einrichtungen 40.000 Frauen Zuflucht.

In den meisten Frauenhäusern leben und arbeiten nur Frauen. Um sie vor Angriffen zu schützen, versuchen die Häuser, ihre Adresse geheim zu halten und nur die Telefonnummern weiterzugeben. Mittlerweile bieten einige Häuser aber auch Paarberatungen an, so daß der Ort dann natürlich doch öffentlich gemacht werden muß.

Im Frauenhaus finden Frauen und ihre Kinder zu jeder Tages- und Nachtzeit Aufnahme, wenn sie Gewalt von Männern erlitten haben. Sie können eine Stunde bleiben oder so lange, bis sie eine sichere Wohnmöglichkeit gefunden haben. Sie wohnen im Haus und gehen von dort aus ihrer Arbeit nach, die Kinder gehen von dort zur Schule.

Die Frauen können sich beraten und informieren lassen, wie sie ihre Situation zukünftig gestalten wollen. Die Mitarbeiterinnen helfen bei Behördengängen und bei der Organisation des Alltags. Im Schutz des Frauenhauses probieren die Bewohnerinnen neue Verhaltens- und Lebensweisen. Sie werden bei dem unterstützt, was sie stark und selbstbewußt macht. Die Geschädigten entdecken ihre längst verloren geglaubten Handlungsspielräume wieder und lernen neue hinzu.

Die beengten Wohnverhältnisse machen ein Frauenhaus nicht gerade zu einem angenehmen Aufenthaltsort. Viele Frauen würden es gerne so schnell wie möglich verlassen, nachdem sie die Phase der akuten Gefährdung überstanden haben. Etwa die Hälfte von ihnen kehrt dann zu ihrem Mann zurück.

Die hohen Mieten und die Weigerung vieler Hausbesitzer, an Alleinerziehende zu vermieten, führen dazu, daß viele Frauen ein Jahr oder länger im Frauenhaus bleiben müssen.

Frauen, die ein Frauenhaus verlassen (müssen), haben ein bevorzugtes Anrecht auf eine Wohnung aus dem sozialen Wohnungsbau. Wohnberechtigungsscheine können auch Wohngemeinschaften alleinerziehender Frauen aus Frauenhäusern erhalten.

Doch auch die neue Wohnung bereitet nicht nur Freude. Die Frau muß verarbeiten, daß sie nun allein lebt und allein für die Kinder sorgen wird. Manchen erscheinen die leere Wohnung und der einsame Alltag schlimmer als der Schrecken, den der prügelnde Mann verbreitet hat. Um das besser überstehen zu können, bieten die Frauenhäuser Beratung und Hilfe auch für die Zeit danach an.

TIP

Akute Gefährdung

Wenn Sie akut bedroht sind, sollten Sie NachbarInnen eindringlich auf sich aufmerksam machen oder auch die Polizei rufen; langfristig verändert das die Situation aber nicht. Es kann im Gegenteil die Gefahr verschärfen, weil sich der Mann bedroht fühlt. Bereiten Sie Ihre Flucht für den Notfall vor:

- Packen Sie für sich und die Kinder eine Tasche mit dem Nötigsten für zwei, drei Tage.
- Nehmen Sie alle wichtigen Papiere oder Kopien davon mit: Pässe, Geburts- und Heiratsurkunden; Unterlagen der Krankenkasse; Nachweise über Sozial- und Lebensversicherung; Unterlagen und Vollmachten für Konten und Sparbücher.
- Stecken Sie persönliches Eigentum, wie Schmuck oder Wertgegenstände, ein.
- Wenn Sie sich zu einer Vertrauten flüchten: Besprechen Sie, ob Sie zu jeder Tages- und Nachtzeit erscheinen können und wie Sie in die Wohnung gelangen.
- Wenn das Frauenhaus Ihr Zufluchtsort ist: Halten Sie die Telefonnummer in Griffnähe.

Sexuelle Gewalt

Jede Frau kennt das: Männer starren sie an, pfeifen hinter ihr her, kommentieren Aussehen und Figur. Alle Frauen fühlen sich bei diesen sogenannten »Gunstbezeugungen« unbehaglich, auch wenn viele bemüht sind, es zu ignorieren. Irritiert stellen sie fest, daß sie willkürlich und öffentlich von Fremden zum Sexualobjekt gemacht werden. Sie sind verunsichert, denn keine Frau kann sich sicher sein, ob der Mann ihre Grenzen nicht gewaltsam überschreiten wird. Es wirkt bedrohlich, im Büro ein eindeutig sexuelles Angebot zu erhalten, ohne Interesse an dem Kollegen bekundet zu haben, oder in der U-Bahn fremde Hände am Hinterteil zu spüren. Da wächst die Furcht vor einer Vergewaltigung, denn das Verhalten des Mannes zeigt deutlich, daß er die Persönlichkeitsrechte von Frauen mißachtet.

Dieses Recht der Frauen auf sexuelle Selbstbestimmung ist seit 1995 per UN-Beschluß als Menschenrecht gesondert anerkannt.

Anmache

Mit Blicken, Lächeln und Gesten, die hin und her wandern, nehmen Menschen Kontakt zueinander auf. Es beginnt ein Dialog, ein Flirt, bei dem der eine die Signale des anderen verstärkt und sich beide wohl fühlen. Ganz anders bei der Anmache. Bei diesem Monolog plustert er sich immer mehr auf und wird drängend, während sie immer kleiner wird und Angst bekommt.

Da entkleiden Blicke, Worte treffen unterhalb der Gürtellinie. Manche Männer freuen sich am teuflischen Spiel, Frauen die Schamröte ins Gesicht zu treiben, sie mundtot zu machen oder hilflos fliehen zu sehen. Da fliegt eine Büroklammer in den Blusenausschnitt, und ein Retter bietet seine Dienste an; die Länge des Rocks wird ebenso kommentiert wie die Art, eine Banane oder ein Eis zu essen. Nur wenige Frauen wissen, wie sie sich aus solch einer Situation herauswinden sollen. Schließlich wollen sie keine »Spielverderberin« sein, nicht als »zickig« oder »prüde« gelten. Und dennoch: Nichts, weder Kleidung noch Verhalten, berechtigt Kollegen oder Vorgesetzte, anzüglich zu werden (▷ Sexuelle Belästigung am Arbeitsplatz, Seite 244).

Frauen, die hierzu keine gute Miene machen wollen, müssen den Mann mit dem, was er tut, bloßstellen. Je deutlicher, klarer und bestimmter die Zurückweisung ausfällt, um so entmutigender ist das für den Mann (▷ Selbst-Bewußt, Seite 23).

Polizei und Justiz

Nach einem Hilferuf bei der Polizei erscheinen in der Regel männliche Beamte. Sie betrachten die Gewalttätigkeit meist als eine aus den Fugen geratene Auseinandersetzung, deren Wogen sich bald wieder glätten werden. Manchmal stürzen sie sich auch in den fruchtlosen Versuch, den »Streit« zu schlichten. Fast immer macht ihnen ihr eigenes Männlichkeitsbild es dabei schwer, sich mit der Frau zu identifizieren. So glauben sie den Aussagen des Mannes mehr, und unversehens muß sich die Frau rechtfertigen, statt daß sie ihr Recht einfordern kann.

Der § 86 RiStBV verpflichtet die deutsche Polizei seit 1988, bei »Familienstreitigkeiten« Beweise aufzunehmen und den Vorgang der Staatsanwaltschaft vorzulegen. Doch dieser Paragraph ist kaum bekannt und wird kaum befolgt.

LITERATUR

Robin Norwood
Wenn Frauen zu sehr lieben.
Die heimliche Sucht, gebraucht zu werden
Rowohlt, Reinbek, 1991. DM 14,90

Judith Lewis
Die Narben der Gewalt. Traumatische Erfahrungen verstehen und überwinden
Kindler, München, 1994. DM 44

Alberto Godenzi
Bieder, brutal.
Frauen und Männer sprechen über Gewalt
Unionsverlag, Zürich, 1989. DM 24

Abwehren

Wer einen lästigen Typen abwimmeln will, kann es zunächst einmal mit Schweigen versuchen. Vielleicht trollt er sich, wenn seine Anmache nicht ankommt. Die nächste Möglichkeit ist, ihm ruhig, aber energisch zu sagen, daß kein Interesse an einem Gespräch besteht. Die wirksamste Abwehrstrategie sowohl bei Bekannten als auch bei Fremden ist die Konfrontation:

- Sagen Sie ihm ins Gesicht, was er tut: »Alles, was ich sage oder tue, deuten Sie in etwas Sexuelles um.«
- Kritisieren Sie ihn als unerträglich: »Sie belästigen mich.«
- Weisen Sie ihn an, was er zukünftig unterlassen und wie er sich statt dessen verhalten soll. Bei Fremden: »Lassen Sie mich in Ruhe, und gehen Sie Ihrer Wege.« Bei Bekannten: »Ich erwarte, daß diese Art von Gespräch ein für allemal beendet ist und Sie sich sachlich mit mir unterhalten.«
- Wechseln Sie anschließend sofort zu einem unverfänglichen Thema.

Voraussetzung für eine durchschlagende Wirkung ist, daß Sie ruhig und mit fester Stimme sprechen, so laut und klar, daß es die Umstehenden hören. Die Sätze müssen kurz und knapp sein, und Sie dürfen dem Mann keine Zeit für Gegenreden oder Rechtfertigungen geben. Lassen Sie sich auf keine Diskussionen, Erklärungen oder Begründungen ein. Gespräche fruchten nichts. Schlagen Sie sofort, ohne Luft zu holen, ein neues Thema an.

Vergewaltigung

Nachts durch dunkle Straßen zu gehen ist Frauen unheimlich. Sie meiden einsame Plätze, radeln Umwege und wechseln die Straßenseite, wenn ihnen jemand folgt: Sie haben Angst vor einer Vergewaltigung.

Dabei werden Frauen nur selten von Fremden an einsamen Plätzen vergewaltigt. Fast immer ist der Täter ein flüchtiger Bekannter aus Nachbarschaft, Disco oder U-Bahn, ein Arbeitskollege, alter Freund oder Verwandter. Er hat die Tat geplant und ist sehr wahrscheinlich bereit, Gewalt anzuwenden. Häufigster Tatort ist die Wohnung, etwa ein Viertel findet im Freien statt, an dritter Stelle steht das Auto. Die meisten Vergewaltigungen jedoch geschehen in der Ehe. Jede siebte Ehefrau erleidet dieses Schicksal, wie eine Untersuchung des Kriminologischen Forschungsinstituts Niedersachsen feststellt.

Daß Männer das Recht von Frauen auf sexuelle Integrität und Selbstbestimmung gewaltsam brechen, ist grausamer Alltag. 1995 wurden in Deutschland 6.175 Vergewaltigungen angezeigt, doch Schätzungen zufolge sind das nur zehn bis zwanzig Prozent der wirklich begangenen Taten. Etwa 70 Prozent davon werden aufgeklärt; davon wieder kommen knapp 40 Prozent vor Gericht; ein Drittel der Verfahren endet mit Freispruch oder Bewährungsstrafen. Das heißt konkret: Von 1.000 Vergewaltigern landen achtzehn im Gefängnis.

Mit Sexualität im eigentlichen Sinn hat eine Vergewaltigung nichts zu tun. Vergewaltiger wollen auch nicht »ihren Trieb befriedigen«. Sie wollen sich vielmehr ihrer Macht und Kontrolle über Frauen versichern. Das ist auch der Grund, warum alle Frauen Opfer von Vergewaltigungen werden können: attraktive und unscheinbare, junge und alte, gesunde und behinderte.

Wie sehr es bei Vergewaltigungen um Macht geht, zeigt sich besonders verabscheuungswürdig im Krieg. Das Vergewaltigen der Frauen des Gegners wird gezielt als Kampfmittel eingesetzt.

Sich wehren

Fast alle Menschen erleiden bei einem gewalttätigen Übergriff einen Schock. Bei einer Vergewaltigung sind viele Frauen so gelähmt, daß sie sich kaum noch bewegen können. Andere fürchten, den Täter durch Abwehr zu mehr Gewalt zu reizen. Untersuchungen belegen jedoch, daß deutlicher Widerstand die meisten Männer von der Tat abhält.

Wieviel Gegenwehr sie sich zutraut, muß jede Frau in der jeweiligen Situation selbst entscheiden, doch wenn sie sich wehrt, dann richtig. Sie muß bereit sein, alle Register zu ziehen.

Zwei Arten von Abwehrstrategie haben sich bewährt.

Massive Gegenwehr

- Schreien.
- Lärm machen: Musik aufdrehen, ans Heizungsrohr schlagen, etwas aus dem geschlossenen Fenster werfen, im Auto hupen.
- Schlagen (mit Schlüsselbund, Schirm). Am empfindlichsten sind Nase, Ohren, Kinn, Kehlkopf, Genick, die Wirbelsäule zwischen den Schulterblättern, Nieren, Genitalien, Knie, Achillessehne.
- Beißen.
- Treten.

Leise Gegenwehr

- Reden, reden, reden. Aber nicht auf den Täter einreden, sondern mit ihm sprechen, ihm etwas erzählen, ihn selbst zum Reden bringen. Mögliche Themen: Familie, Geschwister, Religion, Zukunftspläne.

Frauen, die versucht haben, sich einer Vergewaltigung zu widersetzen, können das Geschehen leichter bewältigen. Sie quälen sich weniger mit Fragen nach einer wie auch immer gearteten Mitschuld; das Gefühl, ohnmächtig ausgeliefert gewesen zu sein, überwinden sie schneller.

Nach der Tat

Ekel, Abscheu, Wut, Scham, Angst, Hilflosigkeit – nach der Vergewaltigung tobt im Inneren der Frau ein wilder Sturm von Gefühlen. Sie hat einen Akt gemeinster Willkür erlebt, war einer lebensbedrohlichen Situation ohnmächtig ausgeliefert. Manche Frauen sind völlig aufgelöst und weinen, andere wirken ruhig, fast wie versteinert. Alle durchleben Angst, Ohnmacht und Demütigung, das Gefühl, zerstört worden zu sein. Ganz besonders schlimm trifft es jene, die in ihrer eigenen Wohnung vergewaltigt wurden.

Aus Scham und Angst verschweigen viele Frauen das Erlebte. Doch so schmerzhaft es ist, über das Unaussprechliche zu reden – es ist der einzige Weg, darüber hinwegzukommen. Geschieht das nicht, wird die unterschwellige Angst vor einer Wiederholung die Frau weiterhin behindern, das Leben frei zu gestalten. Jede Begegnung mit einem Mann kann dann unter dem Vorzeichen dieser Erinnerung stehen.

Strafanzeige

Die Beweise für die Tat sollten Sie in jedem Fall sichern lassen, zum Beispiel durch ein ärztliches Attest. Ob Sie den Täter anzeigen, können Sie sich drei Monate lang überlegen. Auch die Menschen, an die Sie sich um Hilfe wenden, dürfen Stillschweigen bewahren, es sei denn, es wären »offizielle Personen«, wie PolizistInnen, AmtsärztInnen oder ÄrztInnen im Krankenhaus. Niedergelassene ÄrztInnen gehören nicht zum Kreis der »Offiziellen«. Eine einmal gemachte Anzeige können Sie nicht wieder zurückziehen. Vergewaltigung ist ein Offizialdelikt, das die Behörden weiter verfolgen müssen.

Strafverfahren

Betroffene Frauen beschreiben das Strafverfahren vielfach als »zweite Vergewaltigung«. Sie begegnen erneut dem Mann, den sie zur Hölle wünschen, und müssen das detailliert schildern, was sie am liebsten schon für immer vergessen hätten. Sie stehen einer Justiz gegenüber, die häufig die Glaubwürdigkeit der Frau, nicht die des Vergewaltigers in den Mittelpunkt stellt.

Doch langsam bahnt sich in deutschen Gerichtssälen ein Wandel an. Zunehmend mehr Staatsanwaltschaften richten Sonderdezernate ein, in denen ausschließlich weibliche Juristinnen damit befaßt sind, Delikte gegen die sexuelle Selbstbestimmung von Frauen zu ahnden. Sie arbeiten schneller und effektiver, und die Richterinnen verhängen – im Gegensatz zur bisherigen Praxis – teilweise hohe Freiheitsstrafen.

Im sonst üblichen Prozeß sind viele Fragen nur vor dem Hintergrund männlichen Denkens verständlich. War die Gegenwehr deutlich genug? (Wenn Frauen »nein« sagen, meinen sie eigentlich »ja«.) Sind Sie verletzt? (Insgeheim wollen Frauen vergewaltigt werden.) Wie waren Sie gekleidet, wie haben Sie sich verhalten? (Anständigen Frauen passiert so etwas nicht.)

Gegen ehrverletzende Befragungen und Schuldzuweisungen darf sich die Frau wehren. Auch Fragen nach ihrem sexuellen Vorleben darf sie zurückweisen, es sei denn, sie wären im Einzelfall notwendig, weil sie ganz erheblich zur Klärung der Umstände beitragen. Die Entscheidung darüber obliegt dem Gericht.

Bei einem Strafprozeß ist die vergewaltigte Frau Zeugin, nicht Klägerin. Ein Unterschied mit großen Folgen: Sie ist nicht automatisch anwaltlich vertreten; sie muß – im Gegensatz zum Angeklagten – alle Fragen wahrheitsgemäß beantworten, es sei denn, sie verweigert die Aussage, weil sie mit dem Täter verwandt ist. Dann wird das Verfahren aber meist vorzeitig eingestellt oder der Täter wegen unzureichender Beweise freigesprochen.

Wichtig ist es, sich vor einer Anzeige mit den Frauen des Notrufs bzw. mit einer Rechtsanwältin oder einem Anwalt ihres Vertrauens zu beraten. Sie stehen der Frau bei der polizeilichen Vernehmung, bei der Vorbereitung des Prozesses und bei der Verhandlung zur Seite.

Zivilrechtliche Klage

Jede vergewaltigte Frau hat das Recht auf eine sogenannte Nebenklage, zum Beispiel wegen Körperverletzung oder Freiheitsberaubung. Das bringt Vorteile: Sie kann sich anwaltlich vertreten lassen, bekommt dadurch mehr Informationen über das Prozeßgeschehen und kann es beeinflussen. Wird der Täter verurteilt, kann sie Schmerzensgeld und Schadenersatz einklagen. Bei einem Freispruch geht sie allerdings leer aus und muß obendrein Anwältin oder Anwalt selbst bezahlen. Frauen, die sich keinen Anwalt leisten können, haben Anspruch auf Prozeßkostenhilfe. Um die Vorteile einer Nebenklage schon von Beginn an nutzen zu können, sollten Sie sie bereits mit der Anzeige schriftlich hinterlegen.

TIP

Wege danach

Alle Vertrauten können Gesprächspartner sein: FreundInnen, Verwandte, die Frauen vom Notruf, TherapeutInnen. Jemand von ihnen sollte Sie auf allen Wege begleiten, die in den Stunden nach der Tat notwendig sind.

- So bald wie möglich sollten Sie zu einer Gynäkologin Ihres Vertrauens gehen, die Ihnen alle, auch die geringsten Verletzungen und den Schock attestiert.
- Amtsärztlich werden die äußeren Verletzungen nur untersucht, wenn Sie Anzeige erstattet haben. Ob Sie das tun wollen, können Sie in Ruhe überlegen, am besten vorher auch mit den Frauen des Notrufs oder der Anwältin besprechen (▷ Strafanzeige, Seite 452).
- Sperma kann im Scheidensekret sicher acht, eventuell auch 36 Stunden lang nachgewiesen werden; von Kleidungsstücken gelingt der Nachweis noch nach Wochen bis Monaten. Sicherheitshalber sollten Sie die verschmutzte Kleidung aufbewahren. Mit Hilfe des Spermas läßt sich der Täter identifizieren.
- Sie sollten ein Gedächtnisprotokoll anfertigen, das alle, auch nebensächliche Kleinigkeiten, vermerkt. Es dient als Erinnerungsstütze bei einer eventuellen Vernehmung durch die Polizei und bei einem Prozeß, der meist erst viele Monate später stattfindet.
- Wenn Sie eine Schwangerschaft befürchten, sollten Sie sich über die Bedingungen für einen Schwangerschaftsabbruch informieren (▷ Pille danach, Seite 636; ▷ Ungewollt schwanger, Seite 637).
- Eine Untersuchung auf sexuell übertragbare Krankheiten ist ratsam (▷ Seite 674).

Selbstschutz

Jede Frau spürt ihre Grenzen. Den Signalen dieses Gefühls kann jede bedingungslos vertrauen. Sie »melden« sich als Unbehagen oder Verunsicherung, wenn jemand zu nahe kommt, wenn er Ablehnung ignoriert oder sie zu etwas zu überreden versucht, was sie nicht will.

Mit dem Gespür dieser Grenze können Frauen versuchen, sich vor sexueller Gewalt durch Bekannte zu schützen: Folgen Sie Ihrem Gefühl, und beenden Sie sofort und energisch jede Situation, in der Sie sich irgendwie »komisch«, unbehaglich oder eigenartig fühlen. Lassen Sie sich dabei auf keine Diskussion, keine Begründung oder Erklärung ein.

- Niemand, in dessen Gegenwart Sie sich unwohl fühlen, bekommt Zutritt zu Ihrer Wohnung.
- Wenn ein im Auto mitfahrender Kollege anzüglich wird, halten Sie sofort an und veranlassen ihn zum Aussteigen.
- Alle Menschen, die Ihre Wohnung betreten wollen, melden sich vorher an, auch Handwerker oder Versicherungsvertreter. Unangemeldete Besucher bleiben draußen.

RECHT

Vergewaltigung in der Ehe

Das österreichische Gesetz kennt die »Vergewaltigung in der Ehe«. Dieses Delikt kann nur die Frau selbst anzeigen, und sie kann die Anzeige wieder zurückziehen, wenn sie weiterhin mit dem Mann zusammenleben will. In der Praxis ist noch kein Ehemann, den seine Frau der Vergewaltigung bezichtigt hat, verurteilt worden.

Seit Mai 1996 wird in Deutschland ein Gesetzentwurf diskutiert, der das Strafmaß für eine Vergewaltigung in der Ehe einer anderen Vergewaltigung gleichstellt. Allerdings soll die Frau, anders als bei anderen Delikten, ihre Anzeige wieder zurückziehen können. Damit wären der Einflußnahme und Willkür des Ehemannes Tür und Tor geöffnet.

Alles, was Frauen sonst zum Schutz vor einer Vergewaltigung empfohlen wird, läuft darauf hinaus, die eigene Bewegungsfreiheit und das eigene Verhalten zu reglementieren oder zu beschränken, und vergrößert letztlich die Angst.

Selbstverteidigung

Alle Frauenberatungsstellen, viele Volkshochschulen, teilweise auch die Polizei bieten Selbstverteidigungskurse an. Sie unterscheiden sich zwar in Name, Aufbau und Durchführung, ähneln sich jedoch in ihrem Inhalt. Sie stärken das Bewußtsein der eigenen Kräfte. Frauen lernen hier, sehr laut und deutlich »Nein!« zu schreien, den Mann anzubrüllen, sich ihm mit beiden Füßen fest auf dem Boden entgegenzustemmen, ihn zu schlagen, wo er am empfindlichsten ist. Dazu werden Atmung und Stimme trainiert. Außerdem lernen sie in den Kursen, Faust, Knie und Füße als Waffen zu gebrauchen, und wie sie sich zum Beispiel aus einem Würgegriff befreien können.

Viele Kurse kombinieren Elemente fernöstlicher Kampf- und Entspannungstechniken, wie Wen-do, Judo und Karate miteinander (▷ Selbstverteidigung, Seite 454).

Pornografie

Sexualität ist etwas Intimes (▷ Seite 47). Pornografisch dargestellt springt sie uns jedoch allerorten in die Augen, und keine Frau läßt das kalt. Die meisten fühlen sich unwohl, wenn sie in einer Alltagssituation unvermittelt zur Schau gestellten Geschlechtsorganen gegenüberstehen.

Viele Frauen mögen erotische Literatur, die ohne eindeutige Bilder auskommt. An ihr kann sich die Fantasie entzünden. Doch das bedeutet nicht, daß sie all das, was auf dem Papier steht, in der Realität erleben wollen. Fantasien können etwas vollkommen Eigenes sein, das niemals Wirklichkeit werden soll (▷ Fantasien, Seite 61).

Manche Frauen können auch Pornografie in Bildern etwas abgewinnen. Sie nutzen sie für sich allein oder gemeinsam mit anderen, um sich inspirieren zu lassen (▷ Seite 60). Pornos zu mögen ist kein Grund für ein schlechtes Gewissen. Und wer sie ablehnt, ist ebensowenig prüde.

Frauen, die es jedoch unangenehm berührt, wenn sich ihr Partner Pornos bedient, müssen ihm das deutlich machen. Jede Frau hat das Recht auf ihre eigene Scham und ihre eigenen Grenzen, ohne dies begründen zu müssen. Und jede kann verlangen, daß der andere diese Grenzen respektiert.

Abgelehnte Darstellung

Viele Frauen verabscheuen Pornografie, können aber nicht benennen, was sie daran abstößt. Ihr Unbehagen drückt aus, daß sie spüren: Diese Bilder sind für Männer gemacht. In ihnen ist die Frau Objekt, das immer und genau das wünscht, was Männer wollen.

Frauen verbinden mit Sexualität vornehmlich sinnliche Annäherung und Zärtlichkeit. All das gibt es im Porno nicht. Er reduziert Sex auf den bloßen Akt. In ihm ist Leidenschaft zur ausgeklügelten Technik in akrobatischen Stellungen verkommen. Die Frauen fürchten, daß der Mann ihre sexuellen Wünsche und Bedürfnisse, die sie ohnehin nur so schwer ansprechen kann, vollends ignorieren wird, wenn Hefte und Filme ihm bestätigen, daß Frauen es ja »so« haben wollen. Nicht wenige Frauen zweifeln nach solcher Lektüre lange, ob sie denn überhaupt »richtig« sind, wenn doch offensichtlich allen anderen Lust macht, was ihnen absolut nicht gefällt.

Viele Frauen fühlen sich gedemütigt, wenn sie merken, daß sich ihr Mann an Pornos erfreut. Die einen versuchen, die Verletzung nicht so schwer zu nehmen, sie zu ignorieren, darüber hinwegzusehen. Andere quälen sich mit dem Anspruch, ihr Verhalten dem der Pornodarstellerinnen anzunähern. In dem Wunsch, ihrem Mann eine gute Frau zu sein, schauen sie sich so lange mit ihm die Machwerke an, bis sie zum »freiwilligen« Publikum geworden sind.

Die meisten Frauen empfinden das, was mit den Porno-Darstellerinnen geschieht, als Gewaltanwendung. Mimik, Haltung und Ambiente vermitteln den Eindruck, daß Männer über Frauen verfügen. In Hard-core-Pornos steigert sich dieses noch, indem »willenlose« Frauen gedemütigt, vergewaltigt, geschunden, gequält, ja sogar getötet werden. Diese Formen von Sex will keine Frau real erleben, sie will sie auch nicht in bildlicher Darstellung akzeptieren. Ihre Angst, daß Pornos Männer zu sexuell inspirierten Grausamkeiten anregen könnte, ist berechtigt: Viele Männer bestätigen, wenn sie befragt werden, nachdem sie eine Gewalttat begangen haben, daß sie sich vorher mit Pornos angeturnt hätten.

▷ Perversion? Seite 61, ▷ Gar nicht lieb, Seite 61

KONTAKT

Notruf

Deutschland und Österreich: Telefonnummern des Notrufs für vergewaltigte Frauen im örtlichen Telefonbuch. Diese sind jedoch oft nur zeitlich begrenzt besetzt. Wenden Sie sich dann an ein Frauenhaus oder die Frauenberatungsstelle.

LITERATUR

Mario Anke, Klaus Seißelberg
Wehr dich! Das Sicherheitsbuch für Frauen
Trias, Stuttgart, 1993. DM 39,80

Sunny Graff
Mit mir nicht.
Selbstbehauptung und Selbstverteidigung im Alltag
Orlanda, Berlin, 1995. DM 34

Evelyn Tampe
Frauen, wehrt Euch endlich! Die Opferrolle verlassen und sich vor Gewalt schützen
Herder, Freiburg, 1995. DM 14,80

Na, Komm Mausi, hilf Deinem Onkel die Seife suchen ...
F. BEIKER

Sexueller Mißbrauch

Erzieher oder ältere Mitschüler, Bekannte, Verwandte, Stiefväter oder Väter, aber auch Frauen – sie alle können sich mit Bitten, Drohungen und körperlicher Gewalt Kinder und Jugendliche gefügig machen. Jedes vierte bis fünfte Mädchen und jeder zwölfte Junge werden in Deutschland sexuell mißbraucht.

Das bedeutet nicht, daß Geschlechtsverkehr stattfindet oder versucht wird. Sexuell mißbraucht werden Kinder immer dann, wenn ein Erwachsener an ihnen seine Bedürfnisse nach Nähe und Macht mit sexuellen Handlungen befriedigt. Das können lüsterne Blicke sein, die das Kind abtasten, um zu sehen »wie weit es schon entwickelt ist«. Es können heimliche Berührungen sein, die das Kind über sich ergehen lassen oder selbst vornehmen muß; es kann der Versuch sein, den kindlichen Körper so an sich zu drücken, daß es der sexuellen Befriedigung dient. Es kann sein, daß das Kind gezwungen wird, die entblößten Genitalien eines Erwachsenen zu stimulieren, daß es genötigt wird, ihn oral zu befriedigen oder für pornografische Aufnahmen zu posieren.

Kinder vertrauen den Großen, den Älteren. Dieses Vertrauen zerstören Erwachsene, wenn sie die Beziehung zu einem Kind sexualisieren. Was passiert, beginnt meist ganz harmlos: beim Kuscheln auf dem Sofa, beim Ins-Bett-bringen, beim Toben im Badezimmer. Nur langsam verändern Vater, Mutter, Onkel, Freund oder Bruder die Art und Intensität ihrer Berührungen, sie werden intimer und schaffen immer öfter Situationen, in denen sie mit dem Kind allein sind. Geschenke und Versprechungen sind meist nicht notwendig, um das Kind gefügig zu machen. Der Erwachsene kennt und nutzt die Wünsche und Schwächen des Kindes, vor allem seine Angst vor den Folgen einer »Entdeckung«. Diese Angst des Kindes provozieren und schüren die Täter fortwährend, um sicherzustellen, daß die Kinder schweigen. Fortgesetzter sexueller Mißbrauch ist nur möglich, wenn beide das Geschehen strikt geheimhalten oder wenn das Verhalten der Umwelt signalisiert, daß nicht sein kann, was nicht sein darf – wie zum Beispiel das Schweigen der Gemeinde gegenüber einem mißbrauchenden Pfarrer.

Auch das Trugbild der »anständigen« Familie kann das Kind in die Sprachlosigkeit zwingen, denn wer vermutet schon hinter dem liebevollen Vater oder dem fürsorglichen Arzt einen Mann, der ein Kind sexuell bedrängt? Für das Opfer wird die Verwirrung so perfekt: Wenn doch alle anderen die eigene Familie als heil und »gesund« loben, dann kann wohl nicht wahr sein, was es erlebt.

RECHT

So sieht es das Gesetz

- Sexueller Kontakt mit Kindern unter 14 Jahren ist strafbar – dazu gehören körperliche Berührungen mit sexueller Absicht, das Zeigen von Pornos oder auch anzügliche Worte, die das Kind animieren sollen.
- Verboten sind sexuelle Kontakte zwischen Erwachsenen und Jugendlichen unter 18 Jahren, die den Erwachsenen zur Betreuung oder Ausbildung anvertraut wurden, also etwa der sexuelle Kontakt zwischen LehrerInnen und SchülerInnen.
- Inzest (Blutschande) ist nach dem Gesetzbuch der Geschlechtsverkehr zwischen nahen Verwandten: Vater - Tochter; unter Geschwistern; Mutter - Sohn; Großeltern - Enkel. Diese Regelung orientiert sich daran, zu verhindern, daß aus einer solchen Beziehung Kinder erwachsen, die physisch und psychisch beeinträchtigt sein könnten.
- Sexueller Mißbrauch verjährt nach zehn Jahren. Diese Frist beginnt erst zu zählen, wenn die Frau volljährig ist.

Täter

80 Prozent der Täter sind Männer, 20 Prozent Frauen (▷ Von der Mutter mißbraucht, Seite 459). Der folgende Text bezieht sich vornehmlich auf Männer, die Mädchen oder Jungen mißbrauchen, denen sie im Rahmen der Familie begegnen. Dort sind die inneren Verflechtungen und Abhängigkeiten so groß, daß es die Kinder besonders schwer haben, sich daraus zu befreien. Außerdem kann innerfamilialer Mißbrauch Frauen doppelt treffen: Als Mädchen können sie mißbraucht worden sein; sie können Partnerin, Verwandte oder enge Vertraute des Täters sein.

Die Täter sind keine Fremden, keine Verführer auf dunkler Straße. Mißbraucher sind fast immer Vertraute des Kindes, Menschen, die es beschützen, betreuen, pflegen oder ausbilden sollen. Bei fast der Hälfte ist der Täter ein Bekannter: Erzieher, Lehrer, Pfarrer oder Trainer. Bei 21 Prozent der mißbrauchten Mädchen haben sich Vater, Stiefvater oder der neue Partner der Mutter an ihnen vergangen. Nur bei 6,2 Prozent der Verurteilten waren sich Opfer und Täter völlig fremd.

Viele Täter beginnen bereits als Jugendliche, andere sexuell auszubeuten. Ihren Lebensweg säumt eine Reihe von Opfern; oft werden Freundin, Schwester, Bruder parallel mißbraucht, ohne daß die Betroffenen voneinander wissen. Zwei Drittel der Väter, die sich ihren Kindern sexuell nähern, tun dasselbe mit Kindern von außerhalb der Familie.

Abwehr

Werden Männer aufgefordert, ihre Tat zu erklären, flüchten sie sich meist in Schuldzuweisungen. Doch was der Erwachsene als »Initiative« oder »Mitmachen« des Kindes, als »Verführung« durch das Kind bezeichnet, sind immer seine eigenen Wünsche, die er in das Verhalten des Kindes hineinprojiziert. Das kindliche Bedürfnis nach Liebe und Intimität ist unendlich weit von dem entfernt, was die sexuelle Phantasie eines Erwachsenen daraus machen kann.

Auch mit Rechtfertigungen versuchen die Männer, sich zu entlasten: Das Kind merke nicht, was da geschieht, oder es müsse »in die Liebe eingeführt werden«. Dabei verwischen die Männer eine wichtige Grenze: Kinder sind in der Tat sexuelle Wesen, sie wollen ihre Sexualität entdecken und leben; doch nicht mit den Ansprüchen von Erwachsenen.

Angst, Angst, Angst

Was der Mann tut, macht dem Kind angst; was er sagt, schürt die Furcht; was er androht, stürzt es in Verzweiflung. Von dem, was sie miteinander tun, darf niemand etwas wissen. Sie haben ein »gemeinsames Geheimnis«. Wenn das Mädchen das verrät, so wird ihm eingebleut, geschieht all das, wovor es sich so fürchtet:

- Es wird bestraft, geschlagen, zu Tode geprügelt.
- Es ist eine Verräterin, niemand wird es jemals mehr mögen.
- Es liefert den Mann ins Gefängnis. Er wird bei Wasser und Brot schmachten, niemand wird ihn je wiedersehen.
- Die Mutter wird sterben. Er wird die Mutter umbringen.
- Die Mutter hat das Mädchen nicht mehr lieb, sie wird es verstoßen, weil es »so etwas« getan hat, weil es den Mann verraten hat, weil es die Familie zerstört hat.
- Die Mutter wird enttäuscht sein, weil das Mädchen für den Vater nicht das tun will, was die Mutter zum Beispiel wegen einer Krankheit nicht mehr tun kann.
- Es wird in ein Heim eingewiesen, weil es so verdorben ist, oder weil – wenn der Vater ins Gefängnis kommt – niemand mehr für die Familie sorgen kann.
- Es ist verrückt. Daß solche Erlebnisse nicht normal sind, spürt jedes Kind; also liegt es an ihm, wenn ihm etwas passiert, das nicht normal ist.
- Das Mädchen ist selbst schuld an dem, was geschieht. Es hat ihn gereizt und verführt. Seine Gegenwehr war schwach, also hat es es gewollt. Es wird bestraft, weil es das mit ihm gemacht hat.

Die schwachen Starken

Männer, die sich Kindern sexuell nähern, sind auf Schwächere angewiesen, um sich selbst als stark und erwachsen zu erleben. Ein Teil von ihnen ist ganz offen bereit, Macht über Abhängige, Jüngere oder Schwächere auszuüben und auszunutzen. Ihre Überzeugung, daß sie das Recht haben, ihre Bedürfnisse an anderen zu befriedigen, ist nicht zu erschüttern.

Von der Mutter mißbraucht

Noch länger als bei Mädchen deckt der Mantel des Schweigens das Leiden eines Jungen, der von einer Frau mißbraucht wurde. Schließlich haben dem allgemeinen Bild zufolge Männer bei Sexuellem zu dominieren. Von einer Frau mißbraucht zu werden, ist demnach für den Jungen eine zusätzliche Schande: Egal, wie klein er ist, er hat »als Mann« versagt; er hätte abwehren, verweigern müssen. Geschieht es dennoch, hat er es wohl gewollt. Außerdem läßt unser Bild einer »richtigen« Frau es nahezu unmöglich erscheinen, daß sie so etwas tut. Damit hat der Knabe offenbar etwas erlebt, was es gar nicht geben kann. Ist der Junge bereits alt genug, um Geschlechtsverkehr zu vollziehen, darf er sich noch weniger mißbraucht fühlen. Im Gegenteil: Er soll sich als besonders begehrenswert empfinden und froh sein, solch einen »Erfolg« gehabt, so ins Mannesalter »eingeführt« worden zu sein. Zwar konnte von sexueller Selbstbestimmung und Freiwilligkeit keine Rede sein – dennoch darf er nicht klagen. Er befindet sich vielmehr in einem unauflöslichen Dilemma: Hat er bei dem Kontakt angenehme Empfindungen gehabt, kann es wohl kein Mißbrauch gewesen sein; fand er es unangenehm, ist er wohl schwul.

Für die Mädchen, die von einer Frau mißbraucht werden, ist es besonders schwer, sich aus der Verstrickung zu befreien, weil sie mit dem gleichen Körper leben wie die Mißbraucherin. Ihnen gelingt es kaum, eine Grenze zu ziehen zwischen sich, dem Opfer, und der anderen, der Täterin.

Daß sie mit ihrem Verhalten das Leben des Kindes beeinträchtigen, leugnen sie strikt. Die Verantwortung dafür können sie nicht erkennen.

Der andere Teil der Täter handelt vor demselben Hintergrund, doch ihr Verhalten ist nicht plump fordernd, sondern eher subtil. Diese Männer spüren, daß sie die männlichen Tugenden – Stärke, Macht, Erfolg – nur unvollkommen erfüllen (▷ Jungenzeit, Seite 325). Um sich dennoch als Mann empfinden zu können, brauchen sie die Bewunderung anderer, zumindest aber die ungeteilte Aufmerksamkeit ihrer Partnerin. Wenn das grandiose Bild ihrer selbst Risse bekommt, sehen sie die einzige Möglichkeit, sich noch »als Mann« zu betätigen, darin, sich einem Schwächeren zuzuwenden. Intimität und Sexualität mit einer selbständigen, erwachsenen Frau würde sie überfordern.

Auswirkungen

Sexuell mißbrauchte Kinder erleben, daß die Menschen, die sie beschützen, lieben und achten sollen, genau das nicht tun. Alle Folgen, an denen sie jetzt leiden und die ihnen später zu schaffen machen werden, lassen sich darauf zurückführen, daß sie von den Menschen, denen sie vertrauten, entwertet, gedemütigt und zum Objekt gemacht wurden. Die Tat zieht alles in Zweifel, was ihr Leben bisher ausgemacht hat: ihre Wahrnehmungen, ihre Gefühle, ihre Empfindungen, ihre Liebe, ihr Vertrauen. Sie scheinen jedes Recht auf eigene Bedürfnisse, Wünsche, Grenzen und die eigene Identität verloren zu haben. Viele Opfer sexueller Übergriffe geraten in tiefe Unsicherheit darüber, ob sie als Person »richtig« sind, ob sie sich »richtig« verhalten, ob sie überhaupt in diesem Leben »richtig« sind. Sie verlieren jegliches Vertrauen, weil Vertrauen zu für sie wichtigen Menschen Gefahr bedeutet.

Kinder, die sexuellen Mißbrauch erleben mußten, sind gefangen in einem Netz aus Widersprüchen: Sie zweifeln an den Menschen, die sie lieben, und an sich selbst; sie fühlen das Unrecht, dürfen es aber nicht als solches bemerken; sie suchen Liebe und bekommen erwachsene Sexualität; sie brauchen Schutz und Hilfe, sind aber nur dann sicher, wenn sie allein sind. Hinzu kommt, daß Kinder die Heftigkeit erwachsener Sexualität weder verstehen noch unbeschadet ertragen können. Das Kind spürt, daß es das, was geschieht, nicht will, spürt, daß es nicht in Ordnung ist, und fühlt in sich Haß auf den eigentlich geliebten Menschen aufsteigen. Und auch dieses Gefühl überrascht und erschreckt das Kind.

Lebt es in einer nach außen intakt erscheinenden Familie, trägt es zusätzlich noch die Last eines Geheimnisses, das so ungeheuerlich ist, so widersprüchlich gegenüber allem, was von der Familie nach außen dringt, daß es nur verwundern kann, wie es dem Kind gelingt, dennoch zu überleben.

Gegenwehr

Je nach ihren Fähigkeiten und äußeren Bedingungen wehren sich die Kinder. Sie entwickeln ein »auffälliges Verhalten« oder einen »eigenartigen Charakter«. Nur schwer sind die Signale zu erkennen, mit denen das Kind auf seine Lage hinweist. Zudem gleicht das Verhalten mißbrauchter Kinder den »Auffälligkeiten«, die sich in Kindheit und Pubertät immer einstellen und ganz andere Ursachen haben können.

Meist bleibt der verkappte Widerstand der Kinder wirkungslos. Erfolgreich kann ein Kind sein, das von jemandem unterstützt wird, von einem Familienmitglied, von Bekannten oder von NachbarInnen. Wichtig ist, daß der andere das Kind ernst nimmt und ihm zeigt, daß es ein wertvoller Mensch mit guten Eigenschaften ist. Erhält das Kind die Botschaft, daß auch andere wissen, daß es so etwas gibt, wie es ihm widerfährt, stärkt dies sein Selbstvertrauen. Das Kind muß spüren, daß man ihm glaubt und es unterstützt. Manche finden dann sogar selbst die Kraft, den Mißbrauch zu beenden.

Späte Folgen

In der Zeit der sexuellen Übergriffe sind die Verhaltensweisen, mit denen das Kind versucht, sich zu wehren, eine Überlebensstrategie. Doch in irgendeiner Form bleibt dieses Verhalten auch noch erhalten, wenn der Mißbrauch aufgehört hat. Das stört und behindert das zwischenmenschliche Miteinander im Erwachsenenleben.

Für manche Frauen erwächst daraus ein unglückliches Leben: ihre Beziehungen gelingen nicht; ihre Berufswege versanden, noch ehe sie recht begonnen haben; psychische Störungen und psychosomatische Krankheiten begründen langjährige »Patientinnenkarrieren«.

Sexualisierte Beziehungen

Wenn ein Kind lernt, daß Nähe und Fürsorge in Sexualität münden, lernt es umgekehrt auch: Ich muß Sexualität geben, wenn ich Nähe und Wärme haben will.

In der Frau formt sich die unbewußte Überzeugung: Entweder bin ich als Sexualobjekt interessant, oder ich bin wertlos. Begegnet der erwachsenen Frau dann ein Mann freundlich-freundschaftlich, verunsichert sie das sehr. Sie fühlt sich zurückgestoßen, wenn er auf ihre Sexualität, diesen – wie ihr scheint einzigen – Wert, nicht reagiert.

Gleichzeitig kann es sein, daß sich die Erwachsene gerade bei jenen Männern auf Sexualität einläßt, von denen sie sich eigentlich nur Nähe, Wärme und einen Platz zum Ausruhen wünscht. Dementsprechend schwierig können sich die sexuellen Beziehungen in einer längeren Partnerschaft gestalten.

Ausbeuterische Beziehungen

Mädchen, die erfahren haben, daß sie recht- und wertlos sind, die spüren mußten, daß man sich mit ihnen alles erlauben darf, und die merkten, daß sie auch mit kargen emotionalen Brosamen überleben können, leben oft auch als Erwachsene in zerstöreri-

Hilfloser Widerstand

Rückzug: Mißbrauchte Kinder fühlen sich nur sicher, wenn sie allein sind. Sie schließen sich ein, lassen sich nicht mehr anfassen. Weil sie über das zentrale Thema ihres Lebens nicht sprechen dürfen, meiden sie den Kontakt mit anderen Menschen.

Auffälliges Verhalten: Einige mißbrauchte Kinder machen wieder ins Bett und verstecken darin Botschaften an den Täter: »Ich bin doch noch so klein.« »Hier ist es naß und stinkig, hier magst du gar nicht sein.« Sie wollen nicht mehr schlafen gehen, sie träumen schlecht. Ihre schulischen Leistungen fallen plötzlich dramatisch ab, oder sie verlegen sich ganz aufs Lernen und werden unerwartet Musterschülerinnen. Viele werden mißtrauisch, aggressiv und distanzlos kokett. Kinder mit solchen Verhaltensweisen sind unbeliebt, wirken abstoßend und erhalten dementsprechend noch weniger Hilfe.

Unattraktiv werden: Die einen essen kaum noch und werden magersüchtig; die anderen legen Kilo um Kilo zu und polstern ihr Inneres gegen Angriffe von außen - beides in der unbewußten Hoffnung, so unattraktiv zu werden, daß der Erwachsene von ihnen abläßt. Dem gleichen Zweck können Nägelbeißen und Haareausreißen dienen.

Solche Verhaltensweisen können aber auch als nach innen gerichtete Aggression verstanden werden. Den Haß, den Zorn und die Verachtung, die das Kind dem Erwachsenen gegenüber empfindet, richtet es gegen sich selbst. Oft spürt das Kind die Wut und Verzweiflung auch gar nicht mehr, weil es sie nicht spüren »darf«. Daraus können Krankheiten resultieren, die PsychosomatikerInnen als Selbstverletzung deuten und die bis zum unbewußt herbeigesehnten Tod führen können. Hierzu gehört auch der zerstörerische Dauergebrauch von Alkohol, Medikamenten und Drogen (▷ Süchte, Seite 591).

Entkommen: Wo so Schreckliches geschieht, will niemand gerne sein. Manche Kinder halten sich möglichst viel bei FreundInnen auf, sind von Ferienlagern und langdauernden Besuchen bei Verwandten begeistert; einige reißen von zu Hause aus, manche gehen auf Trebe.

schen Partnerschaften. Sie ziehen mit Männern zusammen, die gewalttätig sind, die sie physisch ausbeuten, die als Alkoholiker das gemeinsame Geld vertrinken oder ihre Sexualität ausbeuten: Sieben von zehn Prostituierten und vier von fünf weiblichen Drogenabhängigen sind von einem Familienangehörigen mißbraucht worden.

Im Strudel der Gefühle

Es ist ein grauenhafter Schock, erkennen zu müssen, daß ein nahestehender Mann die eigene Tochter sexuell mißbraucht. Die Intensität der aufsteigenden Gefühle ist enorm, wenn sie auch nicht immer sofort sichtbar sind: Verwirrung, Enttäuschung, Ekel, Wut, Haß, Trauer steigen in der Frau auf. Es sind die gleichen Gefühle, wie sie das Opfer hat.

Das Geschehen wirkt auch auf das eigene Selbst zurück: Viele Frauen fühlen sich als Frau und Mutter entwertet, sind ratlos und zornig auf das Kind, das sich ihnen nicht sofort anvertraut hat.

Ist der eigene Partner der Täter, quälen Selbstzweifel: »Reichte ihm unsere Sexualität nicht? War ich nicht gut genug, so daß er sich an das Kind wenden mußte? Hätte ich es verhindern können?«

Entsetzlich auch, wenn das Geschehen die Tochter zur Nebenbuhlerin macht. Dann wird das eben noch hilfsbedürftige Kind unversehens zur Konkurrentin. Die Frau versteht die Welt nicht mehr: Ist die Tochter nun ein Kind, dem Gewalt angetan wurde, oder ist sie eine Frau, die ihr den Mann abspenstig macht?

Die seelische Erschütterung einer Frau, die erfahren hat, daß ihrer Tochter sexuelle Gewalt angetan wird, kann so groß sein, daß sie als »zweites Opfer« des Täters gelten kann.

Relativ häufig entwickelt sie seelische Störungen oder psychosomatische Krankheiten. Untersuchungen zufolge sind diese um so stärker, je länger und gewaltsamer die Tochter mißbraucht worden ist. Um das Geschehen zu verarbeiten, brauchen beide psychotherapeutische Hilfe – Mutter und Tochter (▷ Beratung und Psychotherapie, Seite 575).

Isolation

Wer sich schon als Mädchen in die Sicherheit der Einsamkeit geflüchtet hat, wird auch als erwachsene Frau die gewohnte Isolation nur schwer durchbrechen.

Die Überlebensregel mißbrauchter Mädchen heißt: Ich darf nichts wahrnehmen. Damit ist auch der erwachsenen Frau der Zugang zu ihren Gefühlen und zu ihrer Lebendigkeit versperrt. Stabile intime Beziehungen lassen sich unter solchen Voraussetzungen nur schwer knüpfen und noch schwerer dauerhaft aufrecht erhalten.

Der verinnerlichte Gedanke »Ich bin durch und durch verdorben« führt leicht zu der Überzeugung, niemals einen anständigen Partner zu verdienen und zu bekommen. Das eigene Verhalten sorgt dann dafür, daß sich die eigene Prophezeiung anscheinend von selbst erfüllt.

Wenn für das Mädchen körperliche Nähe mit Widerwillen und Ekel verbunden war, kann die Frau zwar versuchen, ihr Bedürfnis nach Sexualität zu befriedigen, gleichzeitig wird sie aber bestrebt sein, Nähe und Intimität zu vermeiden: Daraus kann ein Lebensstil mit wahllosen Sexualbeziehungen zu ständig wechselnden Partnern entstehen, oder es kann daraus auch der Weg in die Prostitution gebahnt werden.

Psychische Störungen

Aus den schwierigen und extremen Anpassungsleistungen, die das mißbrauchte Kind im Laufe seiner ersten Lebensjahre vollbringen muß, können im Laufe der Zeit psychische Störungen werden: Niedriges Selbstwertgefühl, Ängste, Phobien, Depressionen, Zwangshandlungen oder andere seelische Krankheiten können sich entwickeln, die sich bei vielen Frauen erst nach einer psychotherapeutischen Intervention bessern.

Das Verhalten der Mütter

Vielen Menschen kommt es unwahrscheinlich vor, daß die Mutter des Kindes, die meist im selben Haushalt lebt, in dem der Mißbrauch stattfindet, nichts von dem Geschehen merkt. Im Spiegel der öffentlichen Meinung haben die Mütter kaum eine Chance, sich in einer solchen Situation »richtig« zu verhalten: Nehmen sie die sexuellen Kontakte und Anzüglichkeiten nicht wahr, werden sie für mitschuldig erklärt; stellen sie sich schützend vor die Tochter oder den Sohn und beschuldigen den Mann, geraten sie in den Verdacht, rachsüchtig zu sein.

Den sexuellen Mißbrauch hat in jedem Fall allein der Täter zu verantworten. Doch die inneren Verstrickungen mancher Familien begünstigen die Tat, dies vor allem dann, wenn die Frau Untaten des Mannes immer wieder beschönigt, um eine »normale« Familie aufrecht zu erhalten.

Solche Frauen erscheinen oft als »ideale« Partnerinnen. Sie sind für ihren Mann unentbehrlich, sie tun nahezu alles, um sein psychisches Gleichgewicht zu erhalten. Ohne ihre Unterstützung würde sein Selbstbild vom überlegenen und treusorgenden Mann zusammenbrechen. Irgendwann richten die Frauen das eigene Leben und das der Kinder dann nur noch an seinen Bedürfnissen aus und ordnen ihm alles unter. Sensibel registrieren sie, was er wünscht und braucht, doch zu sich selbst haben sie den Kontakt weitgehend verloren.

Für die Bedürfnisse der Tochter ist die Mutter blind geworden, die subtilen Signale des Kindes kann sie nicht wahrnehmen, weil das unweigerlich die Auseinandersetzung mit sich selbst nach sich ziehen würde.

Das zu erkennen ist ein schmerzhafter Prozeß. Er setzt voraus, daß die Frau genügend innere Kraft hat, die Verdrängung zu beenden und sich der Wahrheit zu stellen. Es ist die mühsame Suche, den Zugang zu sich selbst zu finden – selbst auf die Gefahr hin, am Ende ohne Partner, in finanzieller Unsicherheit und ausgestoßen, ohne FreundInnen und Verwandte dazustehen (▷ Trennung und Scheidung, Seite 99; ▷ Frauen - Achtung! Seite 441).

Nicht-Wissen

Der Großteil der Frauen weiß tatsächlich nichts von den Heimlichkeiten ihres Mannes. Und auch die Frauen, die etwas ahnen, sind in ihrer Möglichkeit, sich mitzuteilen, wie gelähmt: Der eigene Mann darf nicht der Vergewaltiger der Tochter sein; der Mißbrauch darf nicht öffentlich gemacht werden; mit der Tochter dürfen sie nicht offen über die ungeheuerliche Ahnung sprechen. Solche Tabus führen dazu, daß manche Frauen »blind« bleiben und so weiterleben wie bisher. Genauso ergeht es den KollegInnen der Lehrer, Erzieher oder Trainer, die Kinder sexuell mißbrauchen. Sie alle schweigen, um das Tabu nicht zu verletzen.

Manchen Frauen verschwimmt die Ahnung dessen, was sie gehört, bemerkt oder gesehen haben, auch sofort wieder im Nebel. Wenn sie über das Erlebte nachdenken wollen, es verstehen wollen, scheint das Gehirn blockiert. Möglicherweise hat eine solche Frau eigene Erfahrungen mit sexuellem Mißbrauch. Solange diese jedoch verdrängt bleiben, kann sie auch ihre Tochter nicht ausreichend schützen. Ein Mensch, der vor allem mit dem eigenen Überleben beschäftigt ist, kann sich kaum für andere effektiv einsetzen.

Immer wieder aber gibt es auch Frauen, die versuchen, ihr Kind indirekt zu schützen. Sie wissen von der Qual des Kindes, glauben aber, sie nicht verhindern zu können. Manche erdulden selbst schon jahrelang Gewalt, Schläge, psychischen Terror und leben in Dauerangst.

Doch die Not macht sie erfinderisch: Sie sagen der Tochter Bescheid, wenn sie das Haus verlassen, damit sich das Kind in Sicherheit bringen kann; sie stören die Nachtruhe, indem sie durchs Haus geistern, an Rohre klopfen usw.; sie verlegen ihr Schlafzimmer in die Nähe von dem des Kindes; sie schicken das Kind ins Internat.

Nach der Entdeckung

Es kann sehr lange dauern, bis Kinder ihre Not jemandem offenbaren. Bei kleineren Kindern sind die Andeutungen oft nur sehr vage, da sie selbst nicht recht wissen, was mit ihnen geschieht. Einige brechen das Schweigen, wenn sie die Geschwister vor dem bewahren wollen, was ihnen selbst widerfahren ist. Für viele bleibt das Erlebte aber lebenslang unaussprechlich.

Wenn jemand den Verdacht hat, daß ein Kind sexuell mißbraucht wird, ist Vorsicht das oberste Gebot. Solange nicht wirklich sicher und klar ist, was geschehen ist, richtet jede Überreaktion bei allen Beteiligten großen Schaden an. Die Kinder selbst zu befragen, kann ihnen schaden, es kann ihnen aber auch etwas suggerieren, was so vielleicht gar nicht stattgefunden hat. Die Frage, ob der Täter juristisch zur Veranwortung gezogen werden soll oder nicht, muß in jedem Fall gründlich überlegt werden.

Erste Kontakt- und Anlaufstelle sollte darum immer eine Beratungsstelle für mißbrauchte Mädchen und Jungen sein, deren MitarbeiterInnen im Umgang mit dieser Thematik erfahren sind (▷ Kontakt, Seite 465). Hier erfahren Hilfesuchende, wie sie vorgehen und an wen sie sich wenden können, wer ihnen medizinische, juristische oder soziale Hilfe anbietet.

Als Wichtigstes muß verhindert werden, daß sich der Vorfall wiederholt. Dazu müssen Täter und Opfer definitiv voneinander getrennt werden. Ist der Partner der Mutter der Täter, bedeutet das, daß dieser Mann die Familie verlassen muß. Auf Antrag der Mutter kann er gerichtlich gezwungen werden, die Wohnung zu verlassen. In der Realität geht allerdings meist die Frau mit der Tochter, was das Opfer zusätzlich mit den Unsicherheiten eines Neuanfangs beschwert.

Wenn die Räumlichkeiten nicht unerträglich mit Erinnerungen getränkt sind, wäre es besser, wenn dem Kind die Sicherheit seiner vertrauten Umgebung erhalten bliebe.

LITERATUR

Ursula Enders
Zart war ich, bitter war's. Handbuch gegen sexuelle Gewalt an Mädchen und Jungen
Kiepenheuer & Witsch, Köln, 1995. DM 24,80

Florence Rush
Das bestgehütete Geheimnis. Sexueller Kindesmißbrauch
Orlanda, München, 1991. DM 28

Dirk Bange, Ursula Enders
Auch Indianer kennen Schmerz. Sexuelle Gewalt gegen Jungen
Kiepenheuer & Witsch, Köln, 1995. DM 19,80

Wieder heil werden

Bezeichnend für sexuelle Gewalt, die der Frau vor langer Zeit als Kind angetan wurde, ist das »schwarze Loch« im Gedächtnis. Manche wundern sich, welch tiefe Emotionen sie erschüttern, wenn sie dem Thema »sexueller Mißbrauch« begegnen: Sie müssen unentwegt weinen, ihnen wird übel. Bei anderen setzt die Erinnerung an bestimmte Zeiten der Kindheit oder zu bestimmten Themen oder Personen auf unerklärliche Weise abrupt aus. So entsteht in ihnen die Vermutung, daß dort etwas Bedrohliches abgeblockt wird.

Der erste Schritt zur Genesung ist Reden. Sexuellen Mißbrauch zu verarbeiten führt aber praktisch immer über eine Psychotherapie. Allerdings ist es für erwachsene Frauen weitaus wichtiger, dabei die eigenen Kräfte und Stärken zu erfahren, um fortan aktuelle Probleme besser bewältigen zu können, als in analytischer Kleinarbeit Details der Kindergeschichte auszugraben. Allein das Wissen um das, was geschehen ist, heilt noch nicht. In dem geschützten Raum der Therapie kann die Frau wieder Vertrauen zu sich fassen und ihre Selbstachtung wiedergewinnen (▷ Seite 575).

KONTAKT

Das können Sie in der Beratungsstelle erwarten: Sie treffen dort auf Frauen, die sich teilweise jahrelang mit sexuellem Mißbrauch beschäftigt haben. Sie beraten Sie,

- ob die Beobachtungen auf einen Mißbrauch hinweisen.
- ob und wie Sie mit dem Kind sprechen sollen; ob und wie Sie andere Vertraute befragen sollen.
- ob und wie Sie den Mann zu dem Geschehen ansprechen sollen.
- wie Sie erreichen können, daß Täter und Opfer so schnell wie möglich getrennt werden.
- Die Beratungsstelle hält Kontakt zu JuristInnen, die in diesem Thema versiert sind.
- Sie kann weiterleiten an soziale Hilfseinrichtungen, von denen Sie zum Beispiel finanzielle Hilfe bekommen können.

Deutschland

Wildwasser
Friesenstraße 6, 10965 Berlin
Tel.: 030/7 86 50 19

Zartbitter
Stadtwaldgürtel 89, 50935 Köln
Tel.: 0221/40 57 80

Für junge Mädchen, die aus eigenem Antrieb eine vom Mißbrauch geprägte Familiensituation verlassen wollen, gibt es in mehreren Städten Deutschlands Mädchenhäuser, bzw. die Beratungsstellen unterhalten eine angeschlossene Krisenwohnung.

Österreich

Beratungsstelle für sexuell mißbrauchte Mädchen und junge Frauen
Postfach 531, 1040 Wien
Tel.: 0222/5 23 69 90 und 5 26 49 94
(Mo-Fr 9-13; Mi 19-20 Uhr)

Verein Tamar
Beratungsstelle für mißhandelte und sexuell mißbrauchte Frauen und Mädchen
Tel.: 0222/425415 (Mo-Fr 8.30-11.30, Do 15-18 Uhr)

Die Möwe
Verein für psychisch, physisch und sexuell mißhandelte Kinder
Meidlinger Hauptstr. 7-9/6E und 7E, 1120 Wien
Tel.: 0222/8 17 15 15

Verein Wendepunkt – Frauenberatungsstelle
Neunkirchner Straße 12, 2700 Wiener Neustadt
Tel.: 02622/8 25 96 (Mo-Fr 9-11; Mo+Di 18-20 Uhr)

Frauenberatungsstelle Steyr
Wehrgrabenstraße 83, 4400 Steyr
Tel.: 07252/6 57 49 (Mo-Fr 8-12 Uhr)

KÖRPER UND SEELE

Fünf Mark, und ich verrats nicht, daß du Papis teures Rasierzeug benutzt hast!
Beauty Mask
Balm
F. Becker

Schönsein

Schön und attraktiv zu sein bringt Vorteile. Die meisten Menschen sind überzeugt, daß ein angenehmes Äußeres ein freundliches Wesen umhüllt. Psychologische Untersuchungen bestätigen, daß gut aussehende Menschen für warmherzig, ausgeglichen, sensibel, freundlich, ehrlich und erfolgreich gehalten werden. Hübsche Babys werden häufiger liebkost, gut aussehende SchülerInnen mit mehr Aufmerksamkeit bedacht als unattraktive Kinder, und wer gut aussieht, kommt beruflich schneller voran. Attraktive Menschen haben viel Zutrauen zu sich, weil sie so oft auf wohlwollende Freundlichkeit stoßen und so selten zurückgewiesen werden. Umgekehrt läßt die gute Behandlung, die sie erfahren, ihre Fähigkeiten und guten Eigenschaften erblühen.

Wer weniger anziehend ist, hat es schwerer. Schon das Kleinkind spürt, daß hübschere Kinder »irgendwie anders« behandelt werden. Sein Körpergefühl wird auf »nicht schön genug« programmiert, das Selbstbewußtsein auf »nicht gut genug«. Für jemanden, der auf diese Weise gelernt hat, sein Aussehen und seinen Körper abzulehnen, wird es sehr schwer, sich als »ganzen« Menschen zu mögen. Bei manchen leidet das Selbstwertgefühl so sehr, daß sie eigene Vorzüge nicht mehr wahrnehmen, Komplimente von anderen nicht mehr akzeptieren können. Der ganze Körper wird als mangelhaft, reparaturbedürftig oder ungenügend empfunden. Ein Gefühl, unter dem vor allem Frauen leiden.

Ein ganzes Leben lang bleibt das Verhalten der anderen unser Spiegel, wobei eine besondere Projektionsfläche die Augen der Männer sind. 93 Prozent der Männer sagen, daß ein attraktives Aussehen unabdingbare Voraussetzung für ihre Idealfrau sei. Dieser Wertung können sich Frauen kaum entziehen. Auf diese Weise lernt jede Frau, sich selbst und andere mit Männerblick zu betrachten und zu begutachten. So bekommen Eigenheiten des Körpers, die für Frauen untereinander völlig belanglos sind, wie zum Beispiel die Größe des Busens, mit einem Mal eine besondere Bedeutung (▷ Brust, Seite 663).

Noch irritierender wirkt die Flut der Bilder, denen Frauen tagtäglich ausgesetzt sind. Erbarmungslos konfrontieren Film, Fernsehen und Zeitungen sie mit den Makellosen, den ewig Jungen und ewig Schönen. Über kurz oder lang gerät fast jede Frau in Gefahr, sich mit diesen Bildern zu vergleichen, sich ihnen so weit wie möglich anzupassen und dabei das Gefühl für den eigenen Körper zu verlieren. Für einige Zeit mag es dann möglich sein, seine Stimmung mit einem perfekten Make-up, einem neuen Kleid oder einer neuen Frisur zu heben. Doch so richtig attraktiv wirken die meisten erst, wenn sie diese Äußerlichkeiten mit dem entsprechenden Selbstbewußtsein tragen können. Beständiger Selbstzweifel trübt den Glanz des Aussehens (▷ Selbst-Bewußt, Seite 23).

Verzerrte Selbstwahrnehmung

Die meisten Frauen haben zweierlei Maßstäbe im Kopf: 95 von 100 Frauen können zwar Länge und Breite einer Kiste ziemlich genau schätzen, ihre eigenen Körpermaße überschätzen sie jedoch erheblich. Das Bild, das sie sich von sich selbst machen, weicht von dem ab, was andere sehen. So kann es passieren, daß man sich zum Beispiel in einer Schaufen-

Frauen: So sehen sie aus

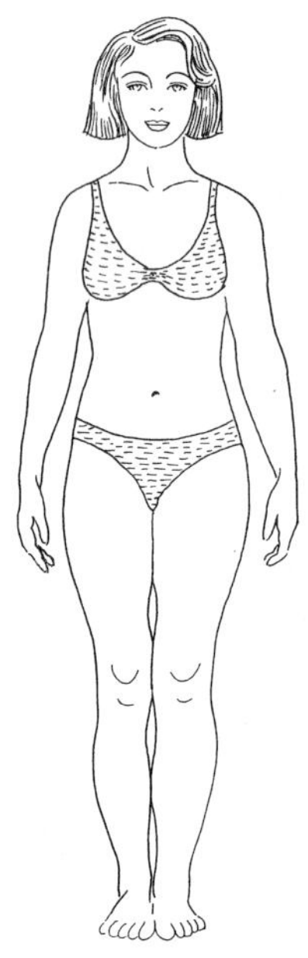

Kleidergröße: 40-42
Gewicht: 60,7 kg
Größe: 160 cm
Brust: durchschnittlich
Haare: kurz, dunkel

So möchten sie aussehen

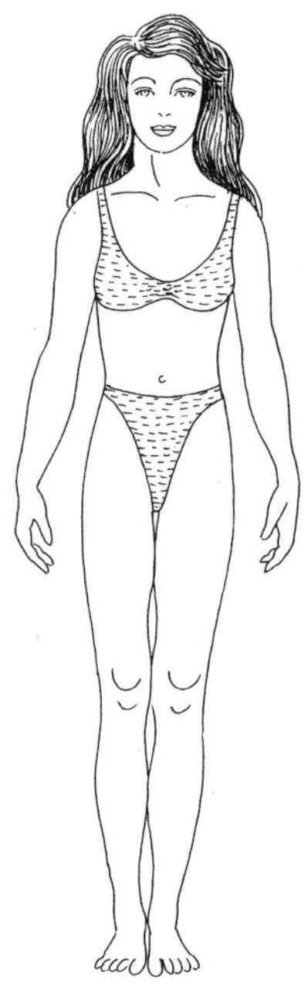

Kleidergröße: 36
Gewicht: 55,7 kg
Größe: 164 cm
Brust: durchschnittlich
Haare: dunkel

So meinen sie, daß die Männer sie wollten

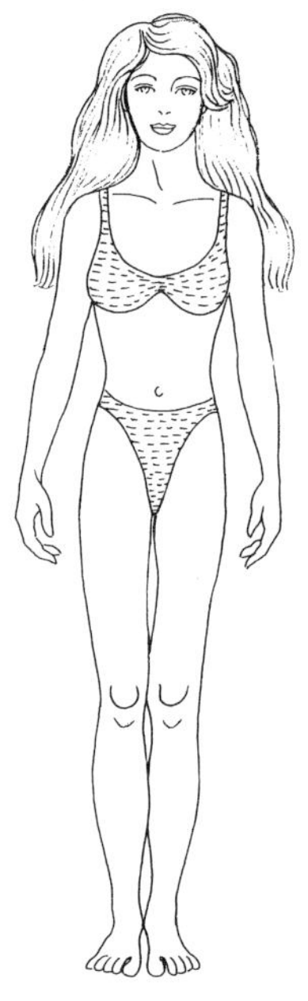

Kleidergröße: 36
Gewicht: 53,5 kg
Größe: 162 cm
Brust: groß
Haare: blond, lang
Augen: blau

So wünschen sich die Männer die Frauen

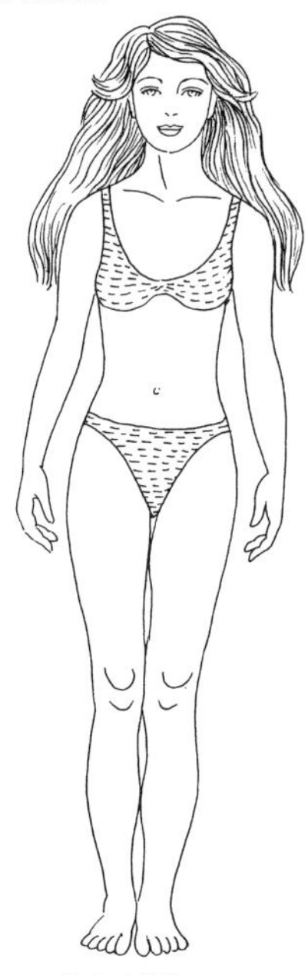

ausgeprägte Hüften, schmale Taille
Gewicht: 54,8 kg
Größe: 162 cm
Brust: durchschnittlich
Haare: lang
Augen: blau

sterscheibe als Kurzbeinige mit Bauch und Doppelkinn gespiegelt sieht, während PassantInnen an einer mittelgroßen Frau mit normaler Figur vorbeigehen. Das Ideal, an dem sich viele unablässig messen, verzerrt die Wahrnehmung.

Ansprüche und Widersprüche

Schon immer haben Gesellschaften und Kulturen definiert, was »schön« ist, vor allem für das »schöne Geschlecht«, die Frauen. Man setzte sie so grundlegend mit ihrem Körper und ihrem Erscheinungsbild gleich, daß das Sich-Herrichten zu einer wesentlichen Aufgabe des Frauseins wurde. Weiblichkeit definierte sich ausschließlich über das Aussehen, während Männer unvorteilhaftes Aussehen mühelos durch berufliche Erfolge, handwerkliches Können oder materiellen Wohlstand ausgleichen konnten. Inzwischen geraten zwar auch Männer unter den Druck, attraktiv sein zu »müssen«, die Anforderungen an Frauen sinken aber keineswegs.

Investitionen

Die Anpassung ans Schönheitsideal kann teuer werden. Das Aussehen zu pflegen und den Körper mit Training auch nur annähernd in die Form zu bringen, die dem jeweiligen Zeitgeist entspricht, kostet Geld. So lagen 1993 die Aufwendungen für das eigene Aussehen bei durchschnittlich 193 DM pro Kopf und Jahr. Insgesamt wird der Jahresumsatz der sieben größten Kosmetikhersteller auf weltweit 28,6 Milliarden Dollar veranschlagt.

Schönheit kostet auch Zeit, und darin liegt eine besondere Fessel: Wer Stunden ins eigene Aussehen investiert, kann diese Zeit nicht in Kreativität oder Bildung stecken (▷ Weiterbildung, Seite 175). Zusätzlich verlangt das Ringen ums Schönsein ein hohes Maß an Kasteiung und Disziplin. Lust und Genuß müssen sich Schönheitswillige vielfach versagen. Das darf allerdings niemand merken, im Gegenteil: Spaß soll das Sich-Herrichten machen, die Anpassung muß mühelos aussehen und ist erst dann wirklich gelungen, wenn niemand merkt, wieviel Mühe es gemacht hat.

Seiltanz

Die Gleichung schön = erfolgreich geht keineswegs immer auf. Zu stark sind die Widersprüche, die sich mit weiblicher Schönheit verbinden. Es gibt die gute Schöne, die jungfräuliche Lichtgestalt, den Engel, aber auch die Böse, die Hexe, die schöne, leidenschaftliche Verführerin. Vorurteile und Ambivalenzen, die sich mit einem guten Aussehen verbinden, nötigen vielen Frauen einen ständigen Seiltanz ab.

Das Vorurteil weiß: Ist eine Frau besonders attraktiv, kann es mit ihrer Intelligenz nicht weit her sein. Macht sie sich jedoch zur grauen Maus, übersieht man sie leicht. Gelingt es ihr, Klugheit und gutes

Gegen den Schönheitsterror

- Was Frauenzeitschriften »Problemzonen« nennen, sind jene Körperbereiche, an denen die Natur für Frauen Fettpolster als notwendig ansah, damit sie den Fortbestand der Art sichern können: Das Fettgewebe im Busen schützt die Milchgänge; an Bauch, Hüften und Po bildet es die Reserve für nahrungsarme Zeiten und für das heranwachsende Kind.
- Die vererbten Gene unserer Eltern und Vorfahren formen die Grundsubstanz unseres Aussehens und Körpers. Alle Verschönerungsbemühungen stoßen daher relativ schnell an die Grenze, die die Natur auf diese Weise gesetzt hat (▷ Gewicht, Seite 513).
- Alle »verschönernden« Effekte, erzielt zum Beispiel durch Training oder Diäten, sind vergänglich, wenn sie nicht kontinuierlich beibehalten werden. Auch der Verjüngungseffekt, den chirurgische Eingriffe bewirken, ist vergänglich (▷ Schönheitsoperationen, Seite 489).
- Veränderungen, die wir außen erzielen, verändern nicht das Körperbild im Kopf.

Aussehen zu verbinden, wird sie zur Konkurrentin im Kampf um Aufstieg und Ansehen. Dieses gefährliche Image kann sie nur mildern, indem sie besonders freundlich, zugewandt und wenig fordernd auftritt (▷ Fähigkeiten und Leistung, Seite 318). Solcher Zwickmühlen gibt es unzählige.

Was ist Attraktivität?

Das Geheimnis ungewöhnlicher Attraktivität liegt meist in der Anziehungskraft, die Frauen ausüben, wenn sie sich in ihrer Haut wohlfühlen, wenn auch für Außenstehende spürbar wird, daß sie sich mögen. Die Zufriedenheit und innere Sicherheit, die sie dabei ausstrahlen, zeigt, daß sie ihre Bedürfnisse ernst nehmen. Ihr Blick ist neugierig und offen, ohne ständigen Selbstzweifel. Die gute Figur ersteht aus der aufrechten, inneren Haltung, unabhängig von Gewicht oder Fitneß.

Manche vollziehen diese Wandlung zum eigenen Schönsein erst, wenn sie älter sind. Nun können sie zu ihren Bedürfnissen stehen und für ihre Erfüllung sorgen, viele werfen ihre »Korsetts« ab, beginnen einen neuen Beruf, oder befreien sich endlich aus einer belastenden Partnerschaft. Dann glätten sich die Züge, das Gesicht entspannt sich, die Haltung strafft sich. Ähnlich attraktiv fühlen sich Frauen, wenn sie verliebt sind und für jemanden zur »Schönsten« werden.

LITERATUR

Naomi Wolf
Der Mythos Schönheit
Rowohlt, Reinbek, 1991. DM 39,80

Rita Freedman
Die Opfer der Venus. Vom Zwang, schön zu sein
Heyne, München, 1993. DM 14,80

Hautpflege

»Du siehst gut aus« hören Frauen, wenn ihnen das Glück aus allen Poren quillt. Gutes Aussehen entsteht auch nach einer »Auszeit«, denn Schlaf, Ruhe und Entspannung machen schön (▷ Seite 569). Gut ausgeruht, glätten sich die Falten, die die tägliche Anspannung zieht. Wenn die Muskelfasern locker sind, werden die Gewebe gut mit Sauerstoff versorgt, Stoffwechselprodukte werden abtransportiert. Wichtig ist auch, viel zu trinken.

Ob die Haut zart oder uneben, matt oder straff ist, wird in ihren tiefen Schichten bestimmt. Eine gut durchblutete Haut ist rosig und frisch. Dazu tragen reichlich Bewegung (▷ Seite 555) und eine ausgewogene Ernährung bei, die alle Organe mit den Nährstoffen versorgt, die sie für ein optimales Funktionieren brauchen.

Streß setzt der Haut hingegen sehr zu. Unter großer Belastung schüttet der Körper reichlich Hormone aus, allen voran Kortisol (▷ Das Körper-Seele-Band, Seite 606). Dieses bremst die Zellerneuerung und macht die Haut dünn und empfindlich. Wird die Anspannung tagsüber nicht abgebaut, behindert das Hormon auch die nächtliche Hauterneuerung.

Waschen und duschen

Beim Waschen und Duschen werden Fett, Schweiß, Schmutz und die Reste der Ausscheidungen, die sich tagsüber besonders in der Genital- und Analregion ansammeln, entfernt. Am sinnvollsten findet diese Reinigung abends statt.

Die Bakterienflora, die auf jeder gesunden Haut siedelt und krankmachende Keime abwehrt, bleibt beim Waschen normalerweise erhalten. Sie wird erst angegriffen, wenn man sich immer wieder mehr als einmal täglich gründlich abseift. Dann können bei Empfindlichen Hautreizungen bis zur Ekzembildung auftreten.

Verwandlungskünstlerinnen

Welche Figur, welches Aussehen einer Frau als »schön« empfunden wird, hat sich im Laufe der Geschichte immer wieder verändert. Im Barock des 17. Jahrhunderts konnten sie in Kalorien schwelgen: Runde Formen, ein üppiger Busen, ein weicher Bauch und ausladende Schenkel galten als verlockend.

200 Jahre später war die »schöne« Frau dann eine »femme fragile«: Ein blasses, zerbrechliches Persönchen, schwächlich, mit leicht angegriffener Gesundheit, die Taille so schmal, daß zwei Männerhände sie umspannen konnten, die Haut durch Schleier und Schirm vor Licht bewahrt.

Ab 1930 dann galten solch ätherische Wesen als dekadent. Deutsche Mütter waren gefragt, mit breiten Hüften und vollem Busen. Diese Attribute schienen der Garant für gesunde Kinder, robuste Burschen und kraftvolle Mädchen.

Nach dem Grauen des Krieges brach sich das Bedürfnis nach Lust und Genuß, Erotik und Luxus Bahn. Schlank war die dazu passende Frau, aber mit weiblichen Rundungen, die sie sexy zur Schau stellte.

Wenig später bestimmte das superdünne Model Twiggy den Geschmack der Zeit, und die »Schöne« kümmerte vor Salatblättern und Mineralwasser dahin. Die erfolgreiche Frau stand nun beruflich wie privat ihren Mann, und dementsprechend sah sie aus: Langbeinig, schmalhüftig, flachbrüstig wurde ihr Körper der männlichen Silhouette ähnlicher.

Das vorläufig letzte Schönheitsideal, das der 90er, zeigt eine Frau mit stromlinienförmigem Körper, durchtrainiert straff, ohne Bauch, aber mit nicht zu kleinem Busen, ohne Hüften, aber mit wohlgerundetem Po. So signalisiert sie: Ich bin die Frau, die alles kann, Kinderkriegen und im Beruf bestehen, verführen und unabhängig bleiben. Ich erfülle die traditionell weiblichen Aufgaben und die männlichen dazu. Zwei schwer vereinbare Welten: Sie versprechen persönliche Erweiterung und Freiheit – unter dem Einsatz enormer Kraft und großer Mühe.

Leiden für die Schönheit

Der Satz »Wer schön sein will, muß leiden« galt damals wie heute, und er gilt in Europa, Afrika, Asien und Amerika. Quer über die Kontinente und durch die Kulturen quälen, kontrollieren oder verstümmeln sich Frauen. Wie unterschiedlich die Kasteiungen auch sein mögen, sie haben alle das gleiche Ziel: in den Genuß der Vorteile zu kommen, die man den Schönen gewährt.

- Den Chinesinnen wurden die Füße so eingebunden, daß sie verkrüppelten. Der »Lotosfuß« war der Inbegriff der Schönheit, um den Preis, daß die Frauen auf diesen Füßen bestenfalls einige Schritte trippeln konnten, meist aber saßen oder lagen, in jedem Fall aber das Haus nicht verlassen konnten.
- Ein langer Hals macht die Bantu-Frauen begehrenswert. Ring um Ring legen sie sich um den Hals und dehnen die Halswirbel. Nähme man ihnen die Ringe ab, bräche ihr Genick, denn die verkümmerte Muskulatur könnte das Gewicht des Kopfes nicht tragen.
- Ihre Wespentaillen formten sich die Frauen des 19. Jahrhunderts mit einem eng geschnürten Korsett. Brustkorb und innere Organe wurden dabei so gequetscht, daß diese Frauen häufig in Ohnmacht fielen.
- An dem verinnerlichten Schlankheitsgebot der heutigen Zeit leiden die Magersüchtigen und Eß-Brech-Süchtigen – für manche ein tödliches Leiden.

Seife, Syndet

Generell sollten nur parfum- oder deofreie Produkte verwendet werden. Für normale oder trockene Haut eignet sich am besten eine Seife mit rückfettenden Zusätzen, wie zum Beispiel Babyseife.

Syndets eignen sich eher für fettige Haut, weil die Tenside, die den Schaum bilden, die Haut stark entfetten. Belasteter, überempfindlicher Haut sollten schäumende Seifen oder Syndets erspart bleiben: Meist genügt warmes Wasser zum Reinigen. Welchen pH-Wert die jeweiligen Produkte haben, ist eigentlich unwichtig: Gesunde Haut hat ihren Säureschutzmantel nach zwei bis drei Stunden von selbst wieder aufgebaut.

Allzu häufiges Baden in heißem Wasser mit duftendem Schaum ist der Haut wenig zuträglich. Wärme und Seife lassen sie aufquellen und entziehen ihr sehr viel Fett. Zudem gelangen die Zusätze in Vagina und Harnröhre, verändern dort die Beschaffenheit der Hautoberfläche und der Bakterienbesiedelung und können so Infektionen begünstigen (▷ Scheidenentzündungen vorbeugen, Seite 675; ▷ Monatshygiene, Seite 625).

Schutz durch Fett

Talgdrüsen kommen besonders reichlich im Bereich von Kopf und Oberkörper vor. Sie produzieren Fett, das sich im Ausgang der Drüsen zur Haut sammelt. Durch Darüberwischen verteilt sich dieses Fett auf der Hautoberfläche. Dort hindert es die Feuchtigkeit, rasch zu verdunsten. Ist das Gleichgewicht von Fett und Feuchtigkeit gestört, wird die Haut spröde und trocken.

Waschen löst den Fettfilm der Haut ab, doch gesunde Haut baut ihn bald wieder auf. Nur an den Seitenpartien der Wangen, am Hals und an den Händen, wo wenig Talgdrüsen sitzen, kann die körpereigene Produktion den Fettentzug durch Waschen nicht ausgleichen. Ein Tupfer Creme hilft der Haut dann, bis ihr Fettfilm wieder intakt ist.

Aufbau der Haut

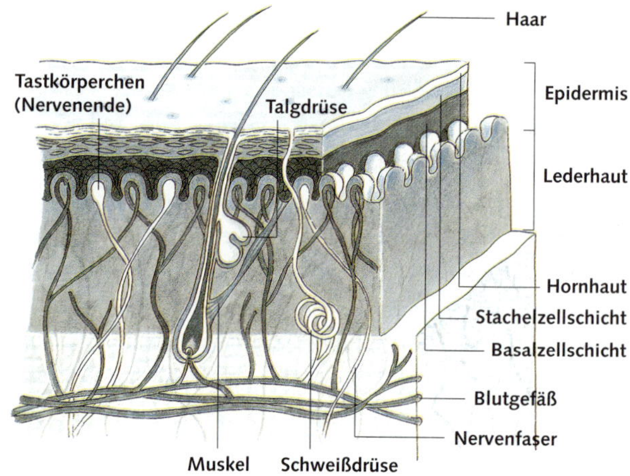

Oberhaut (Epidermis). Schutzschild gegen Keime, Chemikalien, UV-Strahlung. Hornschicht aus abgestorbenen Hornzellen, die nach und nach abschilfern. Darauf liegt ein Film aus Fett und Wasser, der das Austrocknen verhindert. Durch die Salze des Schweißes reagiert er sauer: Dieser Säureschutzmantel bewahrt die Haut vor Schäden durch Alkalien und verhindert das massive Wachstum von krankmachenden Bakterien und Pilzen.

Basalzellschicht. Hier entstehen neue Hautzellen, die langsam zur Hornschicht wandern. Dabei verändern sie kontinuierlich Form und Funktion. Aus speziellen Zellen, den Melanozyten, bekommen die Hautzellen den Farbstoff Melanin mit.

Lederhaut (Corium, Dermis, Cutis). Enthält Zellen, Nerven, Gefäße und versorgt die Epidermis. Sie beherbergt Sensoren für Kälte, Wärme und Druck (Tastsinn). Ihr entspringen Schweiß- und Talgdrüsen. Durch ihre Faserstrukturen aus Kollagen und Elastin fungiert sie als Stoßdämpfer. Hyaluronsäure im Bindegewebe bindet viel Wasser.
Schwangerschaftsstreifen entstehen hier, wenn sich die elastischen Fasern durch Hormoneinfluß verdünnen und dann überdehnen.
Falten entstehen hier, wenn die elastischen Fasern erschlaffen und wenn sich die Menge an Hyaluronsäure verringert, so daß weniger Wasser gespeichert werden kann.

Körperlotion

Frisch geduschte Haut fühlt sich meist an, als sei sie »zu klein«. Eine Körperlotion kann dem abhelfen. Dabei gibt es drei Produktvarianten:

• Lotionen, bei denen das Fett in eine wässrige Phase eingebettet ist, ziehen schnell ein, die Haut fühlt sich glatt an, weil die wässrige Phase die Hornschicht kurzfristig aufquellen läßt. Ist das Wasser allerdings verdunstet, hinterläßt es die Haut trockener als zuvor.

• Hautfreundlicher ist das umgekehrte System, eine Wasser-in-Öl-Emulsion. Die Feuchtigkeit durchdringt die Hornschicht, und der aufliegende Fettfilm verhindert, daß die Haut ihre Feuchtigkeit schnell wieder abdunstet.

• Pflanzenöle, wie Avocado-, Jojoba-, Sonnenblumen- oder Olivenöl, fetten und pflegen die Haut ebenfalls. Es gibt sie als Kosmetika oder in der Apotheke »pur« zu kaufen. Preisvergleiche lohnen sich!

Weniger geeignet sind Mineralöle, wie das Erdölprodukt Paraffin, das die Basis vieler Körperöle und -lotionen bildet und auf der Haut einen Film wie eine Plastikplane hinterläßt. Darunter staut sich die Feuchtigkeit, Bakterien können sich munter vermehren.

Schutz durch Feuchtigkeit

Auf der Hautoberfläche sorgt eine als »natürlicher Feuchthaltefaktor« (natural moisturizing factor, NMF) bezeichnete Mischung von Substanzen dafür, daß das Wasser auf der Haut gebunden bleibt. Diese Mischung aus Fett und Wasser bestimmt, wie glatt und geschmeidig sich die Haut anfühlt.

Diese Feuchtigkeitsbinder finden sich auch in Cremes und Kosmetika. Sie sind auf der Zutatenliste an der Bezeichnung NMF erkennbar und verleihen der Haut für einige Stunden ein glatteres Aussehen. Sie verhindern jedoch nicht die Faltenbildung, und sie glätten auch nicht dauerhaft (▷ Gesichtspflege, Seite 550).

Make-up

Getönte oder deckende Cremes lassen die Haut ebenmäßig aussehen. Zusätzlich erhält Make-up der zarten Gesichtshaut Feuchtigkeit und Fett. In klimatisierten Räumen mit ihrer viel zu trockenen Luft kann es sinnvoll sein, mittags die Auflage noch einmal zu erneuern. Ein sehr pigmenthaltiges und damit deckendes Make-up schützt vor UV-Licht.

Lippenstifte

Lippenstifte bestehen aus Wachsen und Ölen, gefärbt mit Pigmenten. Sie sollten nach dem Auftragen möglichst lange an den Lippen haften und nur wenig Farbe an den Wangen geküßter FreundInnen sowie an Glas- oder Tassenrändern hinterlassen. Wie gut die Kosmetikfirmen dieses Qualitätsmerkmal erreichen, läßt sich nur im Selbstversuch ermitteln. Der Preis für den Stift gibt darüber keine Auskunft.

Giftige Farben sind in den Stiften nicht enthalten. Doch bei 90 Prozent von ihnen fanden Untersuchungen des Magazins Öko-Test bedenkliche Brom- und Chlorverbindungen, die die Gesundheit belasten können.

Auch ohne UV-Filter-Substanzen schützt ein farbiger, gut deckender Lippenstift die Lippen vor aggressivem Sonnenlicht und damit vor Hautkrebs an der Unterlippe. Dieser tritt bei ungeschminkten Frauen häufiger auf als bei geschminkten.

Fettstifte

Fettstifte überziehen die Lippenhaut mit einem Fettfilm. Das tut ihr jedoch nur dann gut, wenn die Stiftmasse kein Glyzerin enthält. Es entzieht der Haut Wasser, die Lippen trocknen noch mehr aus, und letztlich scheinen die Fettstifte unentbehrlich. Eine reine Fettcreme schützt die Lippen besser.

Augen-Make-up

Lidschatten bestehen aus Farbstoffen, Puder, Fetten, Filmbildnern, Bindemitteln und Konservierungsstoffen. Besonders die grünen Farbtöne rufen bei empfindlichen Frauen leicht Allergien hervor. Anzeichen dafür sind gerötete, geschwollene und juckende Augenlider. Auch das Konservierungsmittel kann für Allergien verantwortlich sein. Das gleiche gilt für Konservierungsstoffe in der Wimperntusche.

Unreine Haut

Mit mangelnder Reinlichkeit hat »unreine« Haut nichts zu tun. Die Veränderungen kommen von innen, meist ausgelöst durch hormonelle Umstellungen, zum Beispiel in der Pubertät. Die Fettproduktion verstärkt sich, das Fett verstopft die Ausgänge der Poren und wird durch Schmutz und chemische Prozesse dunkel: Ein Mitesser ist entstanden. Ist die Pore geschlossen, so daß kein Sauerstoff das Fett erreicht, bleibt das Knötchen weiß (Milie). Wenn Bakterien den Talg zersetzen, entzündet sich das Ganze, es entsteht ein Pickel, eine Pustel. Greift die Entzündung auf tiefere Hautschichten über und hinterläßt sie nach dem Abheilen Narben, spricht man von Akne.

Cellulite

Die Haut mancher Frauen wirft Hügel und Dellen, wenn man sie an Hüften, Schenkeln oder Po zusammendrückt. »Orangenhaut« oder Zellulitis heißt das Phänomen. Weil es sich dabei aber nicht um eine Entzündung handelt – und nur das würde die Endung -itis rechtfertigen –, wurde der Name in Cellulite verwandelt.

Frauen haben relativ große Fettzellen und in den sogenannten »Problemzonen« ziemlich viele. Sie sind nur locker miteinander verbunden und liegen dicht unter der Oberhaut. Je praller diese Zellen gefüllt sind, je lockerer das Bindegewebe und je dünner die darüberliegende Haut ist, desto stärker drücken sich die Fettzellen bis in die Haut durch und werden als Dellen sichtbar. Diese frauentypische Hautbeschaffenheit ist angeboren. Beseitigen läßt sie sich nicht, nur mildern, indem Frauen von Jugend an fettreiche Ernährung meiden und durch reichlich Bewegung dafür sorgen, daß Muskeln statt Fett ihre Figur polstern.

Cremes, Massageroller, Lymphdrainage, Softlaser, Infrarot-Bestrahlungen, Tiefenwärme, Slenderton-Behandlungen – sie alle können die Cellulite nicht dauerhaft beseitigen. Die Idee, das Fett in der Tiefe des Gewebes mit Wärme wegzuschmelzen, ist undurchführbar.

Ob die Elektrolipolyse, bei der Strom den Stoffwechsel der Fettzellen anregt, die Cellulite besiegt, ist in Fachkreisen umstritten. Fettzellen absaugen zu lassen, ist ein aufwendiger und riskanter operativer Eingriff (▷ Fettzellen entfernen, Seite 509).

Behandlung

Bisher gibt es keinen wissenschaftlichen Nachweis dafür, daß eine veränderte Ernährung die Pickel eindämmt. Der übliche Ratschlag, nichts Fettes oder Scharfes zu essen, keine Schokolade, Nüsse, Chips oder Gewürze, geht also ins Leere. Viel wichtiger ist die Pflege. Wer will, kann dazu ein Spezialmittel gegen Mitesser und Pickel benutzen; wirksam bekämpfen können diese Mittel »unreine Haut« allerdings nicht.

Zum Waschen empfehlen sich Syndets (▷ Seite 474). Fetthaltige Cremes und Make-up sind ungeeignet, weil sie die Ausführungsgänge der Talgdrüsen noch mehr verstopfen. Besser sind getönte, fettfreie Aknemittel. UV-Licht in Maßen desinfiziert und bessert die Entzündungen.

Die Pickel selbst auszudrücken, verschlimmert das Problem meist noch: Das Gewebe wird gequetscht, die Bakterien weiter hinein- statt herausgedrückt. Wer es dennoch nicht lassen kann, sollte sich zumindest um die richtige Technik bemühen oder eine Kosmetikerin mit der Aufgabe betrauen. Sie hat diese Technik gelernt.

- Die Haut zehn Minuten lang mit einer heißen Kompresse aufweichen.
- Vor und nach dem Drücken mit 70%igem Isopropanol desinfizieren.
- Finger mit einem sauberen Tuch umwickeln.
- Die Haut um den Pickel herum auseinanderziehen, dann aus der Tiefe herausdrücken.
- Eiterpickel mit einer Einmal-Injektionsnadel aufstechen.
- Keine Komedonenquetscher verwenden. Sie zerstören zu viel gesundes Gewebe.

• Anschließend eine Packung aus Heilerde und Kamillenextrakt auflegen.

Akne

Akne ist eine typische Erscheinung der Jugend, die bei Frauen mit hormonellen Schwankungen auch länger anhalten kann. Eine Akne-Ursache ist, daß im Blut dieser Frauen im Verhältnis zu dem weiblichen Hormon Östrogen relativ viel männliches Sexualhormon kreist und die Produktion der Talgdrüsen anregt. Auch Streß schafft eine hormonelle Situation, bei der die Haut aufblühen kann: unruhige Zeit, unruhige Haut (▷ Das Körper-Seele Band, Seite 606). Nach der Pubertät verschwinden die Pickel meist von selbst.

Behandlung

In der Selbstbehandlung lassen sich Eiterpickel zum Beispiel mit einem Benzoylperoxid-haltigen Schälmittel bekämpfen (Präparate u.a.: *Aknefug oxid, Akneroxid, Cordes BPO Gel, Klinoxid, Oxy-Fissan, Panoxyl, Sanoxit, Scherogel*). Es erweicht die verhornte Haut, verringert die Talgproduktion und hemmt das Bakterienwachstum.

Eine ausgeprägte Akne bedarf ärztlicher Behandlung. Die kann zwar erfolgreich sein, ist aber sehr aggressiv und mit erheblichen Nebenwirkungen belastet. Nach dem Auftragen von Tretinoin-haltigen Produkten (Präparate u.a.: *Airol, Cordes-VAS, Epi-Aberel, Eudyna*) schält sich das Äußere der Haut ab. Dabei kann sie brennen, jucken und sich schuppen. Meist blühen die Pusteln zu Beginn der Behandlung besonders stark auf, bevor sie dann endlich abklingen.

Die Bakterienbesiedlung in den Talgdrüsen dämmt das Antibiotikum Tetrazyklin ein. Es kann äußerlich angewandt oder als Tabletten geschluckt werden.

Wenn beides regelmäßig kombiniert angewandt wird, bessert sich die Akne nach zwei Monaten bei 40 Prozent der Betroffenen, nach vier Monaten bei 60 Prozent und nach einem halben Jahr bei 80 Prozent.

Bei einer extrem ausgeprägten Akne haben sich Isotretinoin (*Roaccutan*) und Etretinat (*Tigason*) bewährt. Sie haben allerdings beträchtliche Nebenwirkungen und bleiben Ausnahmefällen vorbehalten.

Frauen, die mit der »Pille« verhüten, können sich ein Präparat verordnen lassen, dessen Gestagenanteil den männlichen Hormonen entgegenwirkt (Präparate u.a.: *Gestamestrol N, Neo-Eunomin*).

Haut bräunen

Sonnenlicht tut Körper und Seele gut. Es regt Kreislauf, Durchblutung und Immunsystem an, fördert die Vitamin D-Synthese und die Produktion von Überträgersubstanzen im Nervensystem (▷ Kuriere zwischen Körper und Seele, Seite 606). Doch der Grat zwischen Maß und Übermaß ist schmal. Sonnenlicht kann Sonnenbrand verursachen, damit steigt das Hautkrebsrisiko. Das sogenannte Melanom ist bei Frauen unter 30 bereits zur häufigsten Krebsart avanciert, bei Frauen bis 35 liegt es auf Platz zwei.

Gut geschützt

Ihre positive Wirkung entfaltet die Sonne auch im Halbschatten. Das gebrochene Licht bräunt langsam und schadet kaum. Erst wenn sich Lichtschwiele und Tönung ausgebildet haben, kann man der Haut langsam mehr Sonne zumuten.
Sonnenschutzmittel ersparen der Haut einen Großteil der Strahlenbelastung. Eine Tagespflege mit UV-Filter schützt das Gesicht vor beschleunigter Alterung durch die Strahlenwirkung.

Der Lichtschutzfaktor (LSF) ist das Maß für die Zeit, um die man ein Sonnenbad ausdehnen darf: Lichtschutzfaktor multipliziert mit der für den Hauttyp spezifischen Zeit bis zum Sonnenbrand (▷ Tabelle, Seite 478) entspricht der Zeit, die man in der Sonne bleiben kann, ohne zu verbrennen.

Wirkungen von Licht

Zwei Anteile des Sonnenlichts haben für Schönheit und Gesundheit besondere Bedeutung.

- Die mittelwelligen Ultraviolett-B-Strahlen (= UVB) veranlassen die Zellen der Oberhaut, vermehrt Melanin zu bilden. Dieses Pigment tönt die Haut und schützt den Körper vor Sonnenlicht. Auch das zweite Schutzelement der Haut, die sogenannte »Lichtschwiele«, bildet sich durch UVB-Licht aus: Dabei verdickt sich die äußerste Hautschicht, so daß nur wenig Strahlung die darunterliegenden Zellen erreicht. Alle positiven gesundheitlichen Effekte des Sonnenlichts beruhen auf der UVB-Strahlung. Ein zuviel an UVB-Licht verursacht allerdings Sonnenbrand – und Sonnenbrand erhöht das Hautkrebsrisiko.
- Der im Sonnenlicht auch enthaltene Anteil langwelligerer UVA-Strahlen dringt zwar tiefer in die Haut ein als UVB-Licht, ist aber weniger aggressiv. UVA-Licht bräunt weniger stark und verursacht kaum Sonnenbrand. Ob es das Hautkrebsrisiko wirklich nicht vergrößert, ist noch nicht sicher. Positive gesundheitliche Effekte hat UVA-Licht nicht – im Gegenteil: Durch UVA-Strahlen, wie sie in Solarien angewendet werden, lagern sich bei langfristiger Anwendung Kollagenmoleküle zusammen. Dadurch verdickt sich die Haut, sie entwickelt Falten und Pigmentflecken. Es entsteht eine Haut, wie sie für ältere Menschen typisch ist.

Badende sollten nur wasserfeste Sonnenschutzmittel verwenden, um die Teich- und Seenbelastung mit fettigen Cremes zu reduzieren.

Vorsicht ist bei Produkten mit Bräunungsverstärkern geboten. Sie versprechen eine intensive Tönung in kurzer Zeit. Diese verstärkte Bräunung beruht auf einer toxischen Reaktion der Substanz Methoxypsoralen mit der Haut. Bei Mäusen war diese Substanz eindeutig krebsauslösend. Was sie bei Menschen bewirkt, ist nicht sicher bekannt.

Solarien

In der röhrenbestückten Kunststoffbox, die den Körper sargartig umschließt, kann man unabhängig vom Wetter braun werden. Um die mit dem UVB-Licht verbundenen Risiken (▷ Wirkung von Licht, links) weitgehend auszuschließen, setzen die Solarienhersteller Röhren ein, die vornehmlich UVA-Licht aussenden. Damit entfallen aber auch die an das UVB-Licht gekoppelten positiven Gesundheitsaspekte. Auch die Lichtschwiele bildet sich unter diesen Strahlern kaum aus. Auf einen Strandurlaub bereitet der Solariumbesuch die Schutzeinrichtungen der Haut also nur unzureichend vor.

Bei entsprechender Empfindlichkeit kann auch das Bräunen im Solarium Sonnenbrand, Hautreizungen und Augenentzündungen nach sich ziehen.

Hauttyp und Sonne

Hautfarbe	auffallend hell	hell	leicht getönt	bräunlich, oliv
Sommersprossen	stark	wenig	keine	keine
Haarfarbe	rötlich	blond, braun	dunkelblond, braun	braun, schwarz
Augenfarbe	grün	grau, blau, grün	grau, braun	dunkel
Brustwarzen	sehr hell	hell	dunkler	dunkel
Bräunung	keine	schwach	deutlich	stark, tief
Sonnenbrand	rasch, immer schmerzhaft	oft, immer schmerzhaft	seltener, mäßig	kaum
Zeit bis Sonnenbrand	**5-10 Minuten**	**10-20 Minuten**	**20-30 Minuten**	**30-45 Minuten**
Schwelle für irreparable Zellschäden	**2-7 Minuten**	**7-14 Minuten**	**14-20 Minuten**	**20-30 Minuten**

Auch das erhoffte geringere Hautkrebsrisiko scheint sich nicht zu bewahrheiten: Im Tierversuch zeigten sich UVA-Strahlen eindeutig als krebserregend. Allerdings ist nicht bekannt, was das für den Menschen bedeutet. Ziemlich sicher beschleunigen regelmäßige Solariumbesuche die Hautalterung (▷ Seite 549) – so wie es natürliche Sonnenbäder auch tun.

Selbstbräuner

Mit einem Selbstbräuner läßt sich Bräune auf die Haut cremen. Der synthetische Wirkstoff Dihydroxyaceton verbindet sich mit Substanzen in der Hornschicht der Haut zu einem gelblich-braunen Farbstoff. Dihydroxyaceton ist ungiftig und ruft kaum Allergien hervor.

Eine gleichmäßige, fleckenfreie Bräunung erfordert großes Geschick und hängt auch davon ab, wie die reagierenden Verbindungen in der Haut verteilt sind. Mit einem Selbstbräuner gefärbte Haut ist meist recht gelbstichig. Dickere oder behaarte Haut – zum Beispiel am Knie oder nahe der Augenbrauen –, wird unangenehm dunkel.

Selbstbräuner trocknen die Haut aus. Nach dem Auftragen dauert es etwa sechs Stunden, bis sich die Hautfärbung eingestellt hat; nach drei bis fünf Tagen ist sie wieder verblaßt.

Kosmetikprodukte

Lange Zeit war es streng gehütetes Geheimnis der Hersteller, aus welchen Substanzen sie ihre Produkte mixten. Doch nun schreibt die neue EU-Kosmetik-Verordnung eine komplette Deklaration der Inhaltsstoffe von Kosmetika vor.

Ab 1997 soll diese Pflicht auch in Deutschland gelten. Alle Bestandteile müssen dann mit ihrem international gebräuchlichen Namen verzeichnet sein. Auf der Packung heißt das dann: Deklaration gemäß CTFA oder laut INCI.

TIP

Vertrauenswürdiges Sonnenstudio

- Bestimmung des Hauttyps und Angabe der zuträglichen Bestrahlungszeit. Auskunft über Risiken.
- Fragen nach Krankheiten oder der Einnahme von Medikamenten, die die Benutzung eines Solariums verbieten.

Außerdem sollten Sie auf folgendes achten:

- Nach jeder Benutzung wird die Liege mit einem Desinfektionsmittel abgerieben.
- Schutzbrillen stehen unaufgefordert bereit.
- Die Strahler werden richtig gewartet: Neue Strahler müssen ordnungsgemäß »eingebrannt« werden, sonst bekommen die ersten KundInnen einen heftigen Sonnenbrand. Nach einer bestimmten Zahl an Betriebsstunden müssen sie ausgetauscht werden, weil sie sonst nicht mehr ausreichend bräunen.
- Auf jedem Gerät klebt eine »Risikobewertung«: Die maximale Dauer, die empfindliche Haut mit diesem Apparat bestrahlt werden darf, bevor es zum Sonnenbrand kommt.
- Die Schutzhinweise der Strahlenschutzkommission sind deutlich lesbar aufgehängt.

Tips für Solarium-BenutzerInnen

- Vorher, eventuell mit ärztlicher Hilfe, abklären: Nehmen Sie Medikamente ein, die sich mit UV-Bestrahlung nicht vertragen (z.B. Arzneimittel mit Tetrazyklin, Psoralen, Johanniskraut)?
- Alle Kosmetika sollten einige Zeit vor dem Sonnenbad entfernt werden. Keine Sonnenschutzmittel verwenden.
- Schutzbrille aufsetzen. Sie bewahrt vor Augenentzündungen und vorzeitiger Linsentrübung.
- Nicht am selben Tag Natur- und Kunstsonne.
- Maximal 50 Sonnenbäder pro Jahr – Solarium und »echte« Sonnenbäder zusammengerechnet.
- Münzstudios sind bei Kontrollen durch mangelnde Hygiene und fehlende Beratung aufgefallen.

Zusatzstoffe

Fast alle Kosmetika enthalten Wasser, und wo Wasser ist, gedeihen Bakterien. Konservierungsmittel sollen verhindern, daß Kosmetika verderben. Am häufigsten werden die Produkte mit sogenannten Parabenen (PHB-Estern) konserviert. Immer wieder findet sich auch die Substanz Kathon.

Fast alle Konservierungsmittel sind sehr potente Allergieauslöser – allen voran Kathon und PHB-Ester –, und sie reizen Haut und Schleimhaut. Die Verordnung zulässiger Höchstkonzentrationen soll dieses Risiko begrenzen. Wer allerdings für eine dieser Substanzen überempfindlich ist, reagiert bereits auf Spuren. Wer Konservierungsstoffe meiden will, sollte eher zu Naturkosmetika greifen (▷ unten).

Vorsicht ist geboten, wenn Kosmetika aus Dritte-Welt-Ländern mitgebracht werden. Sie können Giftstoffe enthalten.

TIP

Vertrauenswürdige Produkte

Sie geben sich durch Folgendes zu erkennen:

- Komplette Deklaration der Inhaltsstoffe.
- Nachfüllbare, zumindest aber recyclierbare Behältnisse.
- Keine Umkartons oder gar Mogelpackungen.
- Zusammensetzung nach dermatologischen Gesichtspunkten, zum Beispiel keine Konservierungsmittel, dafür Abfüllung in Tuben, geringe Menge, Angabe eines Ablaufdatums.
- Zusammensetzung nach ökologischen Gesichtspunkten, zum Beispiel ohne Substanzen, bei deren Herstellung krebserregende Dioxane entstehen (▷ Seite 481).
- Keine Tierversuche. Firmenverzeichnis:

Kosmetik-Positiv-Liste
Deutscher Tierschutzbund
Baumschulallee 15, 53115 Bonn

Tierversuche

Verklagt jemand einen Hersteller, weil er meint, durch dessen Produkt zu Schaden gekommen zu sein, kann die Firma ihre Umsicht und Sorgfalt am ehesten beweisen, wenn sie Ergebnisse von Tierversuchen vorlegt, denn der Gesetzgeber verlangt, daß Kosmetika gesundheitlich unbedenklich sind. Also lassen viele Hersteller testen, wie ihre Produkte bei Tieren wirken. Eine oft sinnlose, qualvolle Tortur, gegen die schon lange protestiert wird. Dennoch gilt bis heute: Neu synthetisierte Grundstoffe müssen ihre Unbedenklichkeit grundsätzlich in Tierversuchen nachweisen.

Tierversuchsfreie Kosmetika bestehen aus Rohstoffen, die nach 1979 nicht mehr an Tieren getestet wurden. In einer Broschüre hat der Deutsche Tierschutzbund die wenigen Kosmetikhersteller aufgelistet, die dieses Kriterium erfüllen. Ihre Produkte dürfen sie mit dem Emblem eines Kaninchens unter einer schützenden Hand kenntlich machen.

Der »Body-shop« findet sich in der Tierschutzbund-Liste nicht. Diese englische Firma, die das Label »tierversuchsfrei« fast zu ihrem Markenzeichen stilisierte, sichert nur zu, daß die von ihr verwendeten Rohstoffe in den vergangenen fünf Jahren nicht an Tieren getestet wurden.

Naturkosmetik

»Natur pur« enthalten auch die Produkte der Bio-, Kräuter-, Pflanzen-, Naturkosmetik-Reihen nicht unbedingt. Naturstoffe müssen von allergisierenden Beigaben oder Schadstoffrückständen befreit werden; früher übliche Rezepturbestandteile, wie Walrat oder Moschus, entstammen der synthetischen Produktion, weil »der Lieferant Tier« geschützt ist. Lichtschutzfilter gibt es nicht als Naturprodukt, Körperlotionen sind ohne Lösungsvermittler nicht stabil, und Lippenstifte bleiben nur mit chemischen Zusätzen in der für einen Drehstift erforderlichen Form.

Problemstoffe

Formaldehyd

Dieses Konservierungsmittel ist billig und wirkt schon in geringer Dosierung zuverlässig gegen Bakterien, Viren und Pilze. Es ist allerdings auch ein potenter Allergieauslöser und steht im begründeten Verdacht, Krebs auszulösen. Ab einer Konzentration von 0,05 Prozent müssen die Produkte deutlich sichtbar mit dem Hinweis »Enthält Formaldehyd« warnen. Mehr als 0,2 Prozent Formaldehyd dürfen Kosmetika nicht enthalten.

Formaldehyd hat auf die Eiweißverbindungen der Haut ähnliche chemische Wirkungen wie der Alterungsprozeß. Eine formaldehydhaltige Creme macht also eher alt als frisch. Weil die Frau dadurch aber den Eindruck bekommt, die Creme wirke nicht so recht, greift sie womöglich noch tiefer in den Tiegel. Haarshampoos mit Formaldehydzusatz machen die Haarspitzen hart und brüchig.

Um ihre Produkte nicht mit dem schlechten Ruf des Formaldehyds zu belasten, setzen die Hersteller vermehrt »Formaldehydabspalter« ein, Substanzen, für die die 0,05 %-Warnhinweis-Grenze nicht gilt, die aber dennoch kontinuierlich Formaldehyd freisetzen – mit allen negativen Begleiterscheinungen. Wer diese Wirkungen vermeiden will, muß auf Bezeichnungen wie Hexamethylentetramin (3,5,7Triaza-1-azonia-adamantanchlorid), Imidazolidinylharnstoff, Bronopol und Bronidox achten.

Natriumlaurylsulfat (NLS)

Diese stark schäumende, waschaktive Substanz ist in Syndets und Zahnpasten enthalten; in geringer Dosierung findet sie sich auch in Körperlotionen. NLS reizt Haut und Schleimhäute und kann allergieauslösende Stoffe wie Nickel oder Chrom tief in die Haut einschleusen. Die hautreizende Wirkung verringert sich, wenn NLS mit anderen waschaktiven Substanzen gemischt wird. Achten Sie bei allen Zahnpflegemitteln auf NLS: Es soll das Zahnfleisch schädigen und Karies fördern.

Dioxan

Diese krebserregende Substanz – nicht zu verwechseln mit dem Seveso-Gift Dioxin – entsteht als Nebenprodukt bei der Produktion von waschaktiven Substanzen. Mittlerweile enthalten Shampoos und Waschmittel davon nicht mehr als der Grenzwert erlaubt. Doch Naturkosmetik-Hersteller wie Logona, Lavera, I & M und andere zeigen, daß es auch ganz ohne geht. Ihr Qualitätssiegel dokumentiert, daß die Produkte frei sind von Rohstoffen, bei deren Herstellung Dioxan entstehen könnte.

LITERATUR

Hilfe bei der Übersetzung des Chemie-Englischs und der Bewertung der Stoffe geben folgende Broschüren:

Kosmetik-Zutatenliste (DM 4,50)
Verbraucher-Zentrale Hamburg
Große Bleichen 23, 20354 Hamburg, Tel.: 040/35 00 14 85

Dieter Wundram
Kosmetik von A-Z
Öko-Test-Verlag

Viele Hersteller von Naturkosmetika bemühen sich, ohne synthetische Konservierungsmittel auszukommen. Statt dessen verwenden sie ätherische Öle, füllen ihre Produkte in Tuben ab und bieten nur Kleinpackungen an. Doch die ätherischen Öle verhindern den Verderb nicht sicher. Außerdem müssen sie, um konservierend zu wirken, so hoch dosiert sein, daß Hautreizungen entstehen können. Darum bedienen sich einige Hersteller dennoch der Chemie.

Werden synthetische Zutaten verwendet, dürfen sich die Produkte nicht mehr als »Bio«- oder »Natur«kosmetik empfehlen. So gibt es Cremes »auf der Basis von Naturstoffen«, deren chemische Beigaben angegeben sind. In ihrer kosmetischen Wirkung unterscheiden sich Naturprodukte nicht von anderen Kosmetika.

Körpergeruch

Jeder erwachsene Mensch hat seinen unverwechselbaren Körpergeruch. Ihn produzieren die Duftdrüsen, eine spezielle Sorte von Schweißdrüsen, auf Anregung der Geschlechtshormone. Ingesamt beherbergt die Haut pro Quadratzentimeter 150 bis 300 Schweißdrüsen; am ganzen Körper sind es etwa zwei Millionen. Besonders viele finden sich an Stirn, Handballen und Fußsohlen.

Schweißdrüsen regulieren die Körpertemperatur; in geringem Maß scheiden sie auch Stoffwechselprodukte aus. Den Impuls für ihre Aktivität bekommen sie vom Nervensystem. Da dieses eng mit jenen Bereichen des Gehirns verbunden ist, die das Gefühlsleben steuern, schwitzt man in emotional belastenden Zeiten besonders stark, zum Beispiel bei Angst oder Streß (▷ Das Körper-Seele-Band, Seite 606).

Der oft unangenehme Geruch des Schweißes entsteht erst, wenn Bakterien ihn zersetzen. Doch nicht erst der Geruch, schon das Schwitzen selbst gilt in unserer Gesellschaft – vor allem für Frauen – als unfein. Sie setzen vieles daran, die Schweißproduktion zu verhindern. Aber bereits die Sorge um den »peinlichen Schwitzfleck« kann der Streß sein, der die Schweißproduktion so recht anwirft (▷ Hitzewallungen, Seite 540).

Deodorantien

Deodorants sollen die Geruchsbildung verhindern. Dazu enthalten sie Alkohol, Parfum und Substanzen, die die Bakterien an der Vermehrung hindern.

Eine in Deos lange gebräuchliche, aber problematische Substanz ist Triclosan. Es tötet erwünschte und unerwünschte Bakterien gleichermaßen ab und kann mit krebserregenden Dioxinen und Furanen verunreinigt sein. Was Triclosan bei jahrelanger Anwendung im Körper bewirkt, ist nicht abzusehen. Viele, aber noch längst nicht alle Firmen haben diese Substanz darum durch Farnesol (Dodecatrienol) ersetzt. Es ist milder, wirkt aber nur für sechs Stunden relativ verläßlich.

Antitranspirantien

Antitranspirantien können sich unter folgenden Bezeichnungen verbergen: Anti-Perspirans, Regulans, »reguliert/kontrolliert die Transpiration«, »langanhaltend«. Sie sollen ebenso wie Deo-Steine das Schwitzen rigoros verhindern. Diese Mittel wirken durch Aluminiumsalze, die die Zellen am Ausführungsgang der Schweißdrüsen schädigen, den Gang verstopfen und Bakterien abtöten. Anfänglich wird das Mittel alle zwei Tage aufgetragen, dann genügt es etwa alle zehn Tage. Nach sehr langer Anwendungszeit stellt ein Teil der Schweißdrüsen ihre Funktion ein. Auf die Gesundheit hat das keine negativen Auswirkungen.

Haare

Wildes, wehendes Haar signalisiert seit altersher die Macht der Frauen. Die Sirenen, die Odysseus verführten, und die Loreley, die alle Vorbeifahrenden verdarb, trugen langes, offenes Haar. Der düstere Mythos vom Schlangenhaar der Medusa kündet ebenfalls von der Gefahr, die Frauen bedeuten: Wer die Medusa anblickte, wurde zu Stein. Fast immer ging es in der Mythologie um weibliche Sinnlichkeit. Wenn Nadeln und Bänder gelöst wurden und die Pracht herabfiel, offenbarte sich in diesem Symbol die Kraft sexueller Verlockung.

Die Gefahr, die von Hexen und GesetzesbrecherInnen ausging, wurde gebannt, indem man ihnen die Haare abschnitt – eine Demonstration der Unterwerfung und Entwürdigung.

Mit der Jahrhundertwende eigneten sich die Frauen diesen Mythos selbst an und kehrten ihn um: Sie lösten sich mit radikalem Schnitt von ihren Knoten und Flechten. Die Kurzhaarfrisur verdeutlichte, daß die »verzopfte« Zeit vorbei war und daß die Frauen nun Rechte forderten, wie sie bis dahin den Männern vorbehalten waren (▷ Frauenwahlrecht, Seite 379).

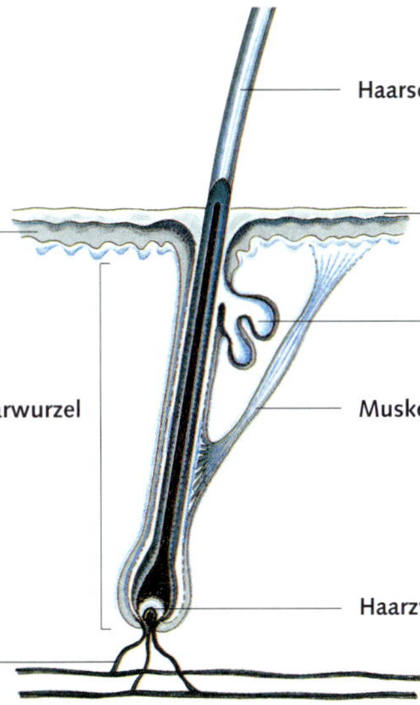

Haarwurzel. Im Innern der Kopfhaut, versehen mit Blutgefäßen und Nerven. Pigmentzellen geben den Haaren ihre Farbe. Die Zellen teilen sich schnell, verhornen und schieben sich als Haar jeden Tag etwa 0,35 Millimeter nach oben.
Talgdrüse. Sondert das Fett ab, das die Oberfläches des Haares umhüllt.
Muskel. Durch seinen Zug richtet sich das Haar auf, es entsteht eine »Gänsehaut«.

Wachstum

Ein Haar ist ein elastischer Faden, gebildet aus Keratinmolekülen, umgeben von schuppenartig angeordnetem Hornmaterial. Liegen diese Schuppen dicht und eng aufeinander, wirkt das Haar glatt und geschmeidig. Sind sie aufgerissen, zum Beispiel durch alkoholhaltige Pflegemittel oder zu heißes Fönen, erscheint es stumpf und spröde.

Etwa 100.000 Haare zieren unseren Kopf. Um die hundert bleiben davon üblicherweise täglich in Kamm oder Bürste hängen.

Das Haar Erwachsener lebt etwa drei bis sieben Jahre und durchläuft drei Stadien. Die Wachstumsphase, in der die Haarwurzel fest in der Tiefe der Kopfhaut sitzt, dauert je nach Veranlagung zwei bis sechs Jahre. Ihr folgt eine Übergangsphase, in der das Haar aufhört zu wachsen und sich zur Hautoberfläche schiebt. Daran schließt sich eine halbjährige Ruhephase an, an deren Ende das Haar ausfällt. Erst dann beginnt in derselben Wurzel ein neues Haar zu wachsen. Etwa 85 Prozent der Haare befinden sich in der Wachstumsphase, nur wenige im Übergang und der Rest in der Ruhephase.

Pflege

Kein Pflegeprodukt kann Haare »regenerieren«. Bestenfalls glätten diese Mittel für kurze Zeit die Haaroberfläche, indem sie diese mit einem Film überziehen. Die Struktur des Haares läßt sich nur von innen, an der Haarwurzel, beeinflussen.

Viele Frauen kämpfen täglich erbittert gegen fettiges Haar. Dieses Fett stammt aus der Talgdrüse an der Austrittsstelle der Haare aus der Kopfhaut und hält das Haar geschmeidig. Wieviel Fett die Drüsen produzieren, wird vorwiegend von dem Hormon Testosteron gesteuert. Schnell fettendes Haar hat also nichts damit zu tun, wie häufig man es wäscht.

Im Laufe von Tagen verteilt sich das Fett vom Haarboden bis zur Haarspitze. Je länger das Haar, desto weniger Fett gelangt in die Spitzen, desto schneller trocknen sie aus und werden splissig. Je dichter die Haare frisiert werden, desto leichter breitet sich das Fett von Haar zu Haar aus. Jede Haarwäsche entfernt dieses Fett weitgehend, doch die Arbeit der Talgdrüsen sorgt schnell für Nachschub.

Tönen

Innerhalb der Palette naturgegebener Haarfarben zu wechseln, Grau zu kaschieren, eine grüne Tolle oder eine violette Strähne hineinzuzaubern – alles ist möglich, vorübergehend oder auch länger. Farbfestiger, Sprays oder Gele heften ihre Farbpartikel an die äußere Schuppenschicht der Haare. Von dort spülen die nächste Wäsche oder ein kräftiger Regenguß sie wieder fort.

Bei einer Tönung dringt die Farbe tiefer in die Schuppenschicht ein, so daß sie sechs bis acht Wäschen übersteht. Eine Tönung kann die eigene Farbe um Nuancen dunkler und intensiver machen. Vorsichtig ist bei Tönungen geboten, die mit dem Zusatz »Intensiv« verkauft werden. Sie haben oft die Grenze zu einem echten Färbemittel bereits überschritten. Erkennbar ist das an Hand der Zutatenliste, auf der Namen von Oxidationsmitteln auftauchen, wie para-Phenylendiamin (PDA) oder p-Toluylendiamin (TDA).

Färben

Mit Färbemitteln ist jede Farbveränderung möglich – allerdings um den Preis, daß sie in die Struktur des Haares massiv eingreifen. Eine alkalische Komponente des Mittels, meist Ammoniak, macht die äußere Haarschicht durchlässig. Nun können die Farbstoffvorprodukte aus der zweiten Färbekomponente in das Haarinnere gelangen. Mit ihnen erreicht auch das Oxidationsmittel, Wasserstoffperoxid, seinen Wirkort. Es zerstört teilweise das natürliche Farbpigment und verbindet sich mit den Farbstoffvorprodukten zur neuen Haarfarbe.

Da die Haare in der ursprünglichen Farbe nachwachsen, muß nachgefärbt werden, wenn sich der Nachwuchs unschön vom übrigen Haar abhebt. Mehrere derart aggressive Behandlungen quittieren die Haare jedoch damit, daß sie rauh, spröde, stumpf und glanzlos werden und abbrechen.

Sowohl die Farbstoffe als auch die Oxidationsmittel lösen häufig Hautreizungen oder Allergien aus. Ob sich mit ihnen auch ein erhöhtes Krebsrisiko verbindet, ist noch nicht endgültig nachgewiesen.

Eine Alternative zum aggressiven Haarefärben ist das Färben mit Naturstoffen. Mit ihnen läßt sich das Haar allerdings nur von hell zu dunkel verändern.

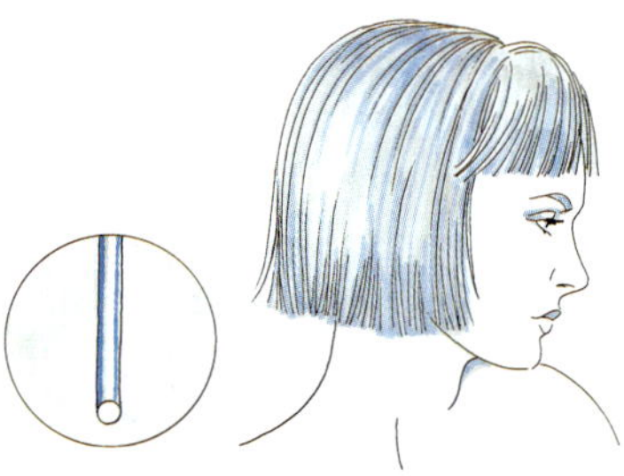

Aus einem runden Haarfollikel wächst ein gerades Haar

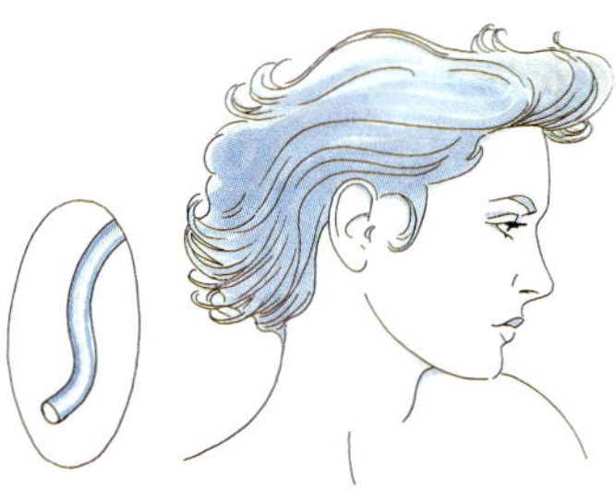

Aus einem ovalen Haarfollikel wächst ein welliges Haar

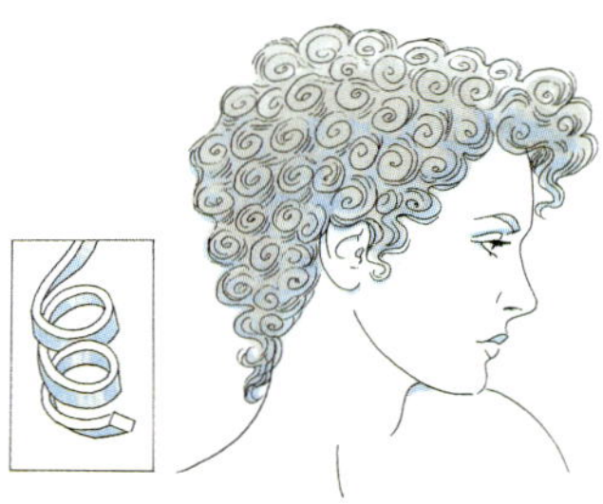

Aus einem rechteckigen Haarfollikel wächst ein gelocktes Haar

Die Farbe hält nicht ewig, dafür gehen die Naturstoffe schonender mit dem Haar um. Weil sich die Farbintensität durch Waschen und Lichteinwirkung verliert, ist der Übergang zu den nachwachsenden Haaren weniger kraß.

Fertigmischungen basieren meist auf Henna und verleihen dem Haar einen Rot-Ton. Der »Naturfriseur« kann aus Henna, Sandelholz, Walnuß- oder Haselnußschalen, Heidelbeeren und Teeblättern eine individuelle Farbmischung zusammenstellen. Helle Haare lassen sich mit Kamille, Zimt, Hopfen, Kurkuma und Zitrone aufpeppen.

Dauerwellen

Dauerwellen sind immer eine Tortur fürs Haar. Öfter als drei- bis viermal jährlich sollte man ihm diese Behandlung nicht zumuten. Doch selbst dann quittiert das Haar den Eingriff meist mit einem Verlust an Elastizität, Glanz und Glätte.

Egal, ob man glattes Haar locken oder gelocktes Haar glätten will – der Vorgang ist immer der gleiche.

Märchen vom Haar

- Haare wachsen nicht schneller, wenn man sie oft schneidet. Doch je kürzer sie sind, desto stärker fällt ihr Wachstum auf.
- Sie fetten nicht schneller, je öfter man sie wäscht. Es scheint sich vielmehr ein Gleichgewicht einzupendeln: Bei häufigem Waschen bleibt mehr Fett im Haar zurück, als wenn man sie weniger oft wäscht.
- Haare haben keinen Säureschutzmantel, der zum Beispiel mit Essigspülungen wieder aufgebaut werden müßte. Früher sollten Essig- oder Zitronensaftspülungen die Salze von den Haaren ablösen, die sich beim Waschen mit Seife bildeten. Mit den heutigen Shampoos entstehen solche Ablagerungen nicht.
- Gesteigerte Durchblutung der Kopfhaut läßt das Haar nicht schneller wachsen. Bürstenmassagen sind angenehm, fördern aber nicht das Wachstum des Haares.

TIP

Pflegehinweise

- Wer das Haar nur neu stylen will, aber kein Fett herauswaschen muß, kann es beim Duschen durchnässen, ohne Shampoo zu verwenden.
- Nicht zu heiß waschen.
- Wenig Shampoo verwenden und das noch mit Wasser verdünnen. Einmal einschäumen genügt.
- Etwa fünfmal so lange spülen wie shampoonieren.
- Haare möglichst an der Luft trocknen lassen.
- Gespaltene Haare regelmäßig abschneiden (lassen). Es ist die einzig sinnvolle Methode, sie zu entfernen.
- Das Haar täglich heiß zu fönen, häufig zu färben und Dauerwellen machen zu lassen, strapaziert es übermäßig. Das Ergebnis sind abgebrochene, gesplißte Haare.

Pflegeprodukte

- Shampoos gegen fettes Haar enthalten – im Gegensatz zu anderen Haarwaschmitteln – keine rückfettenden Zusätze. Die Fettproduktion selbst beeinflussen sie jedoch nicht: Das gilt auch für teure Apothekenprodukte.
- Antischuppen-Shampoos helfen tatsächlich. Meist müssen Sie aber mehrere Produkte einige Wochen lang ausprobieren, um das geeignete herauszufinden.
- Kombinierte Mittel aus Shampoo und Spülung »verleimen« die Schuppenschicht der Haare, so daß sie sich weich anfühlen. Diese Mittel sollten Sie sparsam und selten verwenden, da das Haar sonst zusammenfällt.
- Schaumfestiger lagern ihre winzigen Partikel am Haar ab, rauhen es dadurch auf und täuschen so mehr Volumen vor. Kämmen oder Bürsten entfernt die Teilchen wieder. Besonders effektiv sind diese Mittel bei Haaren, die nur mit den Fingern frisiert werden.
- Alle Haarpflegemittel sind konserviert. AllergikerInnen sollten die Zutatenliste beachten. Tests der Stiftung Warentest ergaben, daß es bei all diesen Produkten kaum Qualitäts-, aber große Preisunterschiede gibt.

Dauerwellflüssigkeiten brechen zunächst die Molekülstruktur der Haarsubstanz auf, um sie später wieder zu schließen. Je nach den Mitteln, die bei dieser chemischen Umformung eingesetzt werden, spricht man von alkalischer oder saurer Dauerwelle.

• Bei der alkalischen Dauerwelle geschieht der Lösungsvorgang mit Ammoniak, die Fixierung mit einem Oxidationsmittel wie Wasserperoxid. Diese Welle ist relativ »scharf« und eignet sich nur für intaktes, sehr festes Haar. Die alkalische Welle kann Haut und Augen reizen.

• Die saure Welle arbeitet beim Lösungsvorgang mit Thioglykolsäure-Glycerinester und fixiert mit Natrium-Bromat-Lösung. Sie ist etwas weniger aggressiv als die alkalische Dauerwelle, kraust dafür aber auch nicht so sehr und hält nicht so lange. So ist die saure Welle zwar schonender, aber auch nicht gerade sanft, und ihre Wirkstoffe rufen erheblich öfter Allergien hervor.

Schönheitsprobleme

Besenreiser: Erweiterte Äderchen, die wie ein Zweig mit feinen Verästelungen an der Haut, zum Beispiel an den Oberschenkeln, sichtbar werden. Diese oberflächlichen Krampfadern entstehen, weil die Venen nicht mehr alles Blut zum Herzen zurücktransportieren. Der gestaute Rest Blut weitet sie zu jenen sichtbaren Besenreisern. ÄrztInnen können sie wie Krampfadern durch Veröden stillegen (▷ Seite 622).

Pigmentflecken: Auch Leberflecken oder – wenn sie an der richtigen Stelle sitzen – Schönheitsflecken genannt. Solche Pigmentansammlungen bilden sich verstärkt durch Lichteinstrahlung und im Alter. Flecken, die sich in Form und Farbe verändern, können auf einen sich entwickelnden Hautkrebs hinweisen. Diese sollten Sie möglichst bald von Ärztin oder Arzt kontrollieren lassen.

Leberflecken mit Bleichcremes aufzuhellen, ist wenig erfolgreich. Wirklich störende Flecken können ÄrztInnen mittels Kältetherapie entfernen (Kryotherapie).

Narben: Sehr störende Narben lassen sich durch Abschleifen mildern (▷ Abschleifen, Peeling, Seite 502).

Couperose: Auf Wange und Nase scheinen feine Äderchen blaurot durch die Haut; in ihnen hat sich Blut gestaut.

Körperhaare

Feine Haare überziehen nahezu den gesamten Körper. Doch an einigen Stellen gelten sie als für Frauen unpassend: ganz besonders im Gesicht und an den Beinen; unter den Achseln dürfen sie nicht hervorlugen, und modische Badekleidung ist meist nur für schamhaarlose Frauen tragbar.

Mit den Haaren wird entfernt, was »schmutzig« sein könnte, auch der deutliche Hinweis auf die »schmutzige« Sexualität. Schließlich wachsen die Körperhaare erst mit der Geschlechtsreife. Eine Haut, glatt wie bei einem Kind, suggeriert, daß die Sexualität dieses Wesens ungefährlich ist. Zugleich entfernen Frauen Haare, weil sie ein Attribut der Männlichkeit sind. Der stärkere Haarwuchs mancher Frauen beruht denn auch darauf, daß bei ihnen der Anteil an männlichen Sexualhormonen etwas größer ist als bei anderen Frauen.

Haarentfernung

Daß Haare schneller nachwachsen, wenn man sie regelmäßig entfernt, stimmt nicht. Doch Enthaarungsverfahren sind mühsam, oft sogar qualvoll.

• Enthaarungsmittel funktionieren wie Dauerwellmittel (▷ Seite 485), nur umgekehrt: Sie sollen die Haare möglichst schnell möglichst stark schädigen, so daß sie ca. zehn Minuten nach dem Auftragen von der Haut abgewischt werden können. Diese Mittel wirken im stark alkalischen Bereich. Der Haut fällt es leichter, in ihren leicht sauren Normalzustand zurückzukehren, wenn Sie nach der Enthaarung verdünnten Zitronensaft auftragen. Nach ein paar Tagen werden die ersten Haare wieder sichtbar.

• Beim Rasieren werden die Haare an der Oberfläche gekappt. Das geschieht mit einer Naßrasur mit reichlich Schaum. Nach zwei bis drei Tagen sind – wie bei den Enthaarungsmitteln – die ersten Stoppeln wieder sicht- und fühlbar.

• Beim Epilieren wird das Haar mitsamt der Wurzel herausgerissen. Zwei bis drei Wochen dauert es, bis man das nachwachsende Haar wieder sieht. Je nach Empfindlichkeit kann das Epilieren als sehr schmerzhaft empfunden werden, egal, ob Sie einen elektrischen Epilierer dafür verwenden oder mit Wachs arbeiten. Dieses wird warm aufgetragen und mitsamt den Haaren abgerissen. Jedes herausgerissene Haar hinterläßt für ein bis zwei Tage einen kleinen roten Punkt auf der Haut.

• Am nachhaltigsten wirkt das elektrische Veröden. Weil dabei aber bestenfalls 75 Prozent der Haarwurzeln zerstört werden, muß auch diese Prozedur mehrfach wiederholt werden. Trifft die Nadel beim Veröden am Haar vorbei die Haut, entsteht eine kleine Narbe.

Nägel

Wie die Nägel beschaffen sind, hängt weitgehend vom eigenen Gesundheitszustand ab. Sind sie weich, brüchig, gesplittert, deutet das auf eine mangelhafte Versorgung mit Vitaminen, Mineralstoffen und Spurenelementen, besonders Eisen, hin. Aber auch den häufigen Kontakt mit Wasser, Seife, Spülmitteln und Chemikalien quittieren sie oft, indem sie sich spalten. Nur selten weisen eigenartige Nagelformen und -färbungen auf Krankheiten hin.

Die Nägel regelmäßig rund zu feilen verhindert, daß sie einreißen. Nach dem Händewaschen läßt sich die feuchte Nagelhaut gut mit dem Handtuch zurückschieben. Wenn sie den Nagel allzu lang überzieht, reißt sie meist am Rand ein und verursacht eine kleine, blutende Wunde.

Handschuhe schützen die Nägel vor aggressiven Außeneinflüssen. Wer häufig behandschuht arbeitet,

Fingernagel

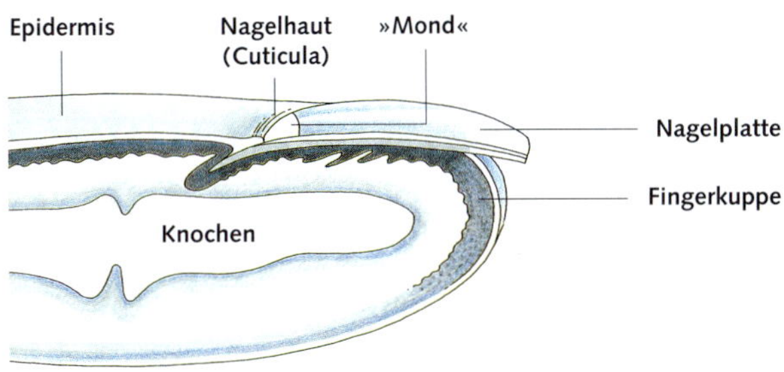

Nagel. Er besteht aus verhornten Zellen.
Nagelwurzel. Von hier aus wachsen die Nägel. Der vordere Teil der Nagelwurzel ist als weißer Halbmond unten am Nagel sichtbar. Ein Teil der Haut wächst als feines Häutchen mit dem Nagel nach vorne.
Nagelbett. Hier haftet die Unterseite des Nagels auf dem Finger.

erhöht allerdings sein Risiko, eine Pilzerkrankung zu bekommen.

Ebensowenig wie die Haare lassen sich die Nägel von außen »ernähren«. »Nagelhärter« festigen zwar weiche Nägel, doch der Effekt beruht auf der Einwirkung von Formaldehyd (▷ Seite 481). Diese Chemikalie härtet die Eiweiße des Nagels, macht ihn aber auch spröder, so daß er schließlich leicht bricht.

Ach, papperlapapp!
Das verwächst
sich wieder!
F. BEHER

Schönheits-operationen

Früher selbst unter Freundinnen gutgehütetes Geheimnis, heute Gesprächsthema: Viele berichten stolz, manchmal auch verschämt vom Tribut, den sie der Schönheit gezollt haben. Und seit Zeitschriften verbreiten, welches Model seinen attraktiven Busen chirurgischem Bemühen verdankt, sind Schönheitsoperationen salonfähig.

Seit Jahrhunderten verändern ÄrztInnen das Aussehen operativ, um zu heilen und zu lindern – oft auch psychische Leiden: sie korrigieren Fehlbildungen, wie Hasenscharte und Wolfsrachen; machen durch Verbrennungen oder Unfälle entstellte und zerstörte Körperpartien wieder ansehnlich; bauen eine bei einer Krebsoperation entfernte Brust wieder auf. Damit geben sie jenen den Lebensmut wieder zurück, die durch das psychische Leid, das ihre Entstellung verursachte, in ihren Entfaltungsmöglichkeiten eingeschränkt und dauerhaft niedergedrückt wurden.

Immer öfter nutzen ÄrztInnen die wiederherstellende Chirurgie allerdings gewinnbringend, indem sie das Aussehen von Menschen ausschließlich aus ästhetisch-kosmetischen Gründen verändern.

MedizinerInnen wie KlientInnen folgen dabei dem Irrglauben, alles sei machbar. Doch für die »neue Wirklichkeit« muß zunächst die real existierende verschwinden. Das Neue basiert auf Zerstörung. Zudem zieht die Freiheit, sein Äußeres nach eigenem Gutdünken zu gestalten, nicht automatisch die innere Freiheit nach sich, sein Leben weitgehend unabhängig von den Urteilen anderer zu führen.

Gleichzeitig berichten immer wieder Menschen von neuem Lebensmut und ungeahnter Energie nach einer solchen Operation. Für sie mag der Eingriff der Schritt gewesen sein, endlich die Veränderungen zuzulassen, die sich in ihrem Inneren schon lange angebahnt hatten. Ihr angenehmes neues Spiegelbild bestärkt sie, auch anderen Neuerungen Platz einzuräumen.

Motive

Alle, die sich an SchönheitschirurgInnen wenden, haben mindestens zwei Motive: Eines, das sie angeben, und eines, das dahintersteckt und oft verborgen bleibt. Es aufzudecken ist jedoch wichtig, damit der Eingriff nicht zur Enttäuschung wird. Wenn das Äußere operiert wird, der Mensch aber eigentlich an sich selbst leidet, ist eine Operation kaum die richtige Maßnahme (▷ Alternativen, Seite 493).

Schwierig ist, zu akzeptieren, daß hinterher alles anders sein kann, als man es sich wünscht. So unschön operationswilligen Frauen ihr Spiegelbild scheinen mag – mit genau diesem Bild sind sie nun viele Jahre vertraut. Wenn sie ihr Äußeres umformen lassen, stimmen das innere Bild, das sie von sich haben, und das, welches der Spiegel zeigt, nicht mehr überein. Diese Divergenz kann schwerwiegende psychische Folgen haben.

Enttäuscht sind auch jene Frauen, die erwarten, ihre Investition in Angst, Schmerz, Zeit und Geld würde nun durch das »Ah« und »Oh« der anderen wettgemacht. Da denen der »Makel« aber kaum je ins Auge gestochen ist, reagieren sie auch nicht mit Glückwünschen. Was gedacht war, um anderen als »nun viel schöner« zu imponieren, scheint überflüssig gewesen zu sein.

Attraktivität erhöhen

Wer eine Schönheitsoperation in Betracht zieht, orientiert sich mehr oder minder bewußt am gängigen Schönheitsideal (▷ Schönsein, Seite 469). Vielfach erscheint das vermeintlich Unschöne jedoch nur den eigenen Augen. Diese Menschen empfinden sich trotz der positiven Signale von Freunden oder Freundinnen als unattraktiv. Doch hinter ihrem erklärten Wunsch, attraktiver zu werden, steckt meist die Hoffnung, mit dem neuen Aussehen auch mehr Beliebtheit, Achtung und Anerkennung auf sich zu ziehen.

Andere führt tatsächliches Leid, das auf diskriminierenden Reaktionen der Umgebung beruht, zu ChirurgInnen: Endlich soll der Blick in den Spiegel Freude machen.

Spuren beseitigen

Ein jahrzehntelanges beschwerliches Leben hinterläßt seine Spuren. Manche Frauen wünschen sich dann für einen Neuanfang ein Gesicht, das frei ist von den Zeichen der alten Existenz.

Nicht immer ist es nur Eitelkeit, die Frauen wünschen läßt, die Zeichen des Alterns zu mildern. Sie wollen sich ihre Chancen im Beruf und in der Liebe auch bei denjenigen erhalten, die Äußerlichkeiten über alles stellen. Weil aber die Operation das Altern nicht stoppt, gewähren die glattgezogenen Falten bestenfalls Aufschub; die Aufgabe, sich auf das Alter einzustellen, bleibt (▷ Altern, Seite 525).

Seinetwegen

Wenn der Partner Frauen mit üppiger Oberweite bewundert oder der alternde Mann nach jungen Frauen schaut, ist so manche Frau versucht, sich ihm zuliebe operativ verändern zu lassen. Auch wenn sie damit eine Weile mehr Aufmerksamkeit bekommt – von Dauer ist das nicht. Vielleicht lehnt er morgen ab, was ihm heute gefällt. Ganz sicher hat er nicht nur an einem Körperteil etwas auszusetzen, sondern an der ganzen Frau. Und jedes Facelifting ist machtlos gegen die Illusion, die der alternde Mann bei einer jungen Frau nährt: er könne dem eigenen Älterwerden entkommen.

Selbstprüfung

Fundament dieses entscheidenden Schrittes sollte sein, die eigenen psychischen Voraussetzungen zu klären. Nur die Frau, die ihre wirklichen Wünsche kennt, kann beurteilen, ob sie auf dem Weg, den sie einschlagen will, zu erfüllen sind.

In zweiter Linie sprechen rationale Argumente gegen eine Schönheitsoperation: die Gefahr von Komplikationen und die Möglichkeit des Mißlingens, die Frage, wie lange die Verschönerung erhalten bleibt, und nicht zuletzt auch noch die Kosten. Die individuelle Gefährdung muß jede Operationswillige gemeinsam mit Chirurg oder Chirurgin ermitteln.

Klärende Fragen

- Wollen Sie die Veränderung wirklich für sich, oder wollen Sie jemand anderem mit dem Ergebnis gefallen?
- Können Sie frei entscheiden? Drängt Sie jemand? Gibt es äußeren Zwang?
- Was bedeutet Ihnen dieses Organ, dieser Körperteil?
- Warum ist gerade dieses Organ, dieser Körperteil so wichtig für Sie? Der Rest des Körpers ist doch auch nicht makellos.
- Warum tritt der Gedanke, sich operieren zu lassen, gerade jetzt so in den Vordergrund?
- Was bedeuten dieses Organ, dieser Körperteil für Ihr Berufs- und Beziehungsleben?
- Wie haben sich dieses Organ, dieser Körperteil früher verhalten? Waren sie eine Schwachstelle, oft krank?
- Wenn der Körperteil wie gewünscht aussieht – passen er und der Rest des Körpers dann noch zusammen?
- Was meinen Sie, was sich ändern wird, wenn der »Makel« behoben ist?
- Wie fühlen Sie sich bei dem Gedanken, Ihren heilen Körper verletzen zu lassen ohne daß dazu eine medizinische Notwendigkeit besteht?
-

Bei alterskorrigierenden Operationen

- Wofür wollen Sie die gewonnene Zeit nutzen?
- Können Sie das, was Ihnen vorschwebt, nur operativ verjüngt verwirklichen?
- Wie kam es zu dem, was Sie jetzt stört? Wer zum Beispiel über das Verhalten anderer die Nase rümpft, kritisch die Stirn runzelt oder den Mund verzieht, wird an den entsprechenden Stellen faltenreicher sein als andere. Was die Kunst der ChirurgInnen mildert, wird die innere Haltung in kürzester Zeit wieder erstehen lassen.

Die Meinung der anderen

Lassen Sie andere Menschen Ihr Aussehen beurteilen und das, was Ihnen als Makel erscheint. Wie Sie die Antworten aufnehmen, zeigt, wie sicher Sie sich Ihres Vorhabens sind.

- »Das paßt zu dir.« – Andere erleben Sie als eigenständige Persönlichkeit mit Eigenschaften, Aussehen und Verhalten, nicht bloß als Ansammlung von hübschen oder häßlichen Körperteilen.
- »Das gehört zu dir.« – Sie sind durch gute und schlechte Zeiten gegangen, die Spuren zeugen von einem bewegten Leben.
- »Gerade das wirkt interessant.« – Erst ihre individuellen Besonderheiten machen Menschen unterschiedlich und attraktiv. Vielleicht findet jemand anders das, was Sie als Ihren »Schönheitsfehler« ansehen, gerade besonders beneidenswert.

Unauffällig werden

Manche Menschen leiden schon seit Kindertagen an einer Eigenart ihres Körpers, zum Beispiel an einer großen Nase oder stark abstehenden Ohren, derentwegen sie im Laufe der Zeit ein ganzes Repertoire von Spitznamen bekommen haben. Alle Bemühungen, die Besonderheit der Natur zu kaschieren, waren letztlich erfolglos. Die abstehenden Ohren beispielsweise lugten über kurz oder lang unter jeder Frisur wieder hervor. Spott und Hänseleien können auf Dauer das psychische Gleichgewicht gefährden. Für diejenigen, die dadurch immer mehr an Selbstbewußtsein verlieren, kann eine gelungene Operation der Beginn eines neuen, unbeschwerteren Lebens sein. Doch solche psychischen Indikationen für eine Schönheitsoperation sind sehr selten.

Die meisten Menschen leiden vielmehr an dem Bild, das sie von sich haben. Sie lehnen sich als Person ab oder verurteilen Teile ihres So-Seins. Sie empfinden sich selbst als nicht liebenswert und meinen, das läge an dem einen Körperteil. Doch nur selten werden sie nach der Umformung dieses Körperteils tatsächlich zufriedener.

TIP

Enttäuschung statt Überraschung

Sie nehmen drei Wochen »Urlaub allein«, lassen sich operativ verschönern und erwarten, daß Ihr Partner seine »neue« Frau glückselig in die Arme schließt. Doch was als Überraschung gedacht war, kann für ihn die bittere Enttäuschung sein, daß Sie ihm nicht wirklich vertraut haben.

Möglicherweise ist dem Skalpell auch etwas zum Opfer gefallen, was er besonders gern hatte. Wer glaubt, mit seinem Partner über sein Vorhaben nicht reden zu können, sollte sich eher Gedanken über die Partnerschaft machen als nach kompetenten ChirurgInnen zu suchen. Und wenn Sie sich nach einer Gemeinschaft mit intensiverem Austausch sehnen, werden Sie dieses Ziel kaum erreichen, indem Sie zum Messer greifen lassen.

Berufschancen verbessern

Nur Models müssen das gerade gültige Schönheitsideal möglichst perfekt erfüllen, um erfolgreich in ihrem Job zu bestehen. Äußerliche Attraktivität erhöht jedoch das berufliche Fortkommen generell, im Dienstleistungsbereich ebenso wie in den Assistenzberufen, als Sekretärin, Schreibkraft oder Verkaufsberaterin, in denen Frauen männlichen Vorgesetzten zur Seite stehen. Ob sich das in eine Aussehenskorrektur investierte Geld allerdings langfristig amortisiert, ist mehr als fraglich. Fehlende Aufstiegschancen für Frauen sind weniger eine Frage fehlender Attraktivität als vielmehr die Folge fortdauernder Diskriminierung.

Anpassen oder verändern?

Weltweit werden die Menschen als attraktiv und erfolgreich empfunden, die weiß, jung, westlich und wohlhabend aussehen. Um diesem Bild zu entsprechen, lassen sich JapanerInnen die typisch asiatische Lidfalte entfernen; Michael Jacksons Erfolg begann, als er kein Schwarzer mehr war. Menschen mit bestimmten rassischen Merkmalen hoffen, daß sich ihr Leben durch die Operation, die diese Zeichen beseitigt, erleichtert.

Der Ausruf von Verwandten »Die sieht ja aus wie ihre Oma oder wie Tante soundso« kann zur lebenslangen Hypothek werden, wenn man sich mit der »ähnlichen« Person überhaupt nicht identifizieren mag. Das Skalpell der ChirurgInnen könnte da ein wenig Distanz schaffen. Allerdings bedeutet anders auszusehen nicht automatisch, sich anders zu verhalten, zu denken und zu empfinden. Innerliche Ähnlichkeiten bleiben erhalten.

Alternativen

Eine ganze Reihe von Maßnahmen tragen zur Verschönerung bei: gesunde Ernährung, reichlich Bewegung an frischer Luft, kräftigender Sport, ausreichend Schlaf, Entspannung. Sie haben zudem den Vorteil, die Gesundheit des Körpers im allgemeinen zu stärken und nicht einen Teil ruckartig zu verändern. Von dieser Verbesserung profitieren Frauen in gesunden und in kranken Tagen gleichermaßen (▷ Bewegung und Sport, Seite 555).

Manche Frauen mit ausgeprägtem Selbstbewußtsein gestalten ihren »Makel« zum besonderen Pfiff ihrer Persönlichkeit um: Sie behängen ihre abstehenden Ohren mit extravaganten Ohrringen, klemmen sich einen Brillanten in den Flügel der großen Nase oder dokumentieren mit einer violetten Tolle, daß Herz und Verstand jünger geblieben sind, als die Falten im Gesicht vermuten lassen.

Seelische Unterstützung

Eine psychische Beratung empfiehlt sich für alle, die sich ans Messer liefern wollen. Mit professioneller Unterstützung gelingt es eher, zu bestimmen, welchen Anteil das Aussehen daran hat, daß sich jemand abgelehnt fühlt. Von TherapeutInnen ist auch am ehesten zu erwarten, daß sie die Seelenqual erleichtern, die die Reaktion anderer auf den Schönheitsfehler angerichtet hat.

Eine Kurzzeittherapie geht nicht in die Urgründe der Lebensgeschichte zurück. Sie will helfen, das akute Problem – das Leiden an einer bestimmten Form von Äußerlichkeit – zu verstehen: seine Bedeutung für die Betroffene, seine Auswirkungen und was sich vermutlich ändern würde, wenn der »Makel« behoben wäre. Möglicherweise fühlen sich Operationswillige durch diese Klärung bereits so befreit, daß sie aktiv ihre Lebensumstände ändern können, ohne in den Körper einzugreifen.

Haltung ändern

Frauen, die sich aufmerksam beobachten, werden merken, wie oft sie die Stirn runzeln, die Nase rümpfen oder die Oberlippe kräuseln, und so Protest, Ablehnung oder Wut ausdrücken. Wer zum Beispiel mit einer körperorientierten Therapie (▷ Seite 587) diese Sprache des Körpers verstehen lernt, kann nach einiger Zeit die Strenge und Starre lockern. Damit werden die Linien im Gesicht weicher, die Bewegungen harmonischer, und die Haltung des Körpers wird straffer.

Suche nach Qualität

Im Prinzip dürfen alle approbierten ÄrztInnen und sogar HeilpraktikerInnen operieren. Speziell ausgebildet sind für diese Tätigkeit jedoch nur ÄrztInnen, die sich nach ihrer Facharztausbildung auf plastische Chirurgie spezialisiert haben. In aller Regel sind die Qualifiziertesten in den jeweiligen Fachdisziplinen zu erwarten: die für Lidkorrekturen bei den plastisch chirurgisch tätigen AugenärztInnen, die für die Nase bei den HNO-Leuten. Generell gelten diejenigen als besonders kompetent, die über Jahre hinweg täglich operieren und spezielle Operationen schon sehr oft durchgeführt haben, aber auch Zeit in ihre theoretische Fortbildung investieren.

Wahl der Einrichtung

Kompetente ChirurgInnen kann es in großen Kliniken ebenso geben wie in privaten Krankenhäusern. Eine Reihe von ÄrztInnen hat sich eigene Institute aufgebaut, in denen sie von Beratung über Operation und Nachbetreuung alles in Eigenregie anbieten. Die Einrichtung als solche sagt aber nichts über die Qualität der dort geleisteten Arbeit. In großen Kliniken sind zwar hervorragende technische Bedingungen zu erwarten, doch an der Kompetenz könnte es hapern, weil die ChirurgInnen kosmetische Opera-

TIP

Qualitätskriterien

• Es sollte sich um eine Fachärztin bzw. einen Facharzt handeln mit Weiterbildung in plastischer Chirurgie oder um FachärztInnen für plastische Chirurgie, die überwiegend diese Tätigkeit ausüben.

• Je öfter der Operateur ein bestimmtes Organ oder Körperteil operiert hat, desto routinierter ist er oder sie.

• Skepsis ist angebracht, wenn MedizinerInnen vorgeben, alles gleichermaßen gut operieren zu können und keinerlei Komplikationen je gesehen zu haben.

• Die Aufklärung vor der Operation findet in ruhiger Atmosphäre, ohne Zeitdruck statt. Es wird alles so besprochen, daß Sie hinterher das Gefühl haben, wirklich zu wissen, was machbar ist, was Unangenehmes geschehen kann und auf was Sie sich einlassen.

• Zwischen Beratung und Operation liegt mindestens eine Woche, besser ein halbes Jahr Bedenkzeit.

• Bei jedem Eingriff in Vollnarkose müssen eine Anästhesistin bzw. ein Anästhesist zugegen oder sofort erreichbar sein.

• Die AssistentInnen sollten zumindest qualifizierte Fachkräfte (OP-Schwester) sein.

• Ob der Eingriff ambulant oder stationär durchgeführt wird, darf bei den Operationsbedingungen keinen Unterschied machen. Er muß in einem OP-Raum stattfinden, es müssen alle Rettungseinrichtungen für Notfälle und unerwartete Komplikationen vorhanden sein; es muß eine Aufwach(Intensiv-)station mit den notwendigen Überwachungsinstrumenten geben.

• Bei »kleinen« Eingriffen in der Praxis: Jeder Eingriff kann in eine unerwartete Komplikation münden; es muß möglich sein, die Behandlung unverzüglich in einer Klinik fortzusetzen.

• Wo welche Fachleute zu finden sind, teilen die Ärztegesellschaften mit (▷ Seite 511). Die Qualität der Arbeit der KollegInnen dürfen sie allerdings nicht beurteilen.

tionen nur nebenbei einschieben. Bei privaten Instituten stellt sich die Frage, ob aus finanziellem Interesse nicht viel zuviel operiert wird, und ob nicht manches medizinisch Notwendige unterbleibt, weil an den nötigen Investitionen gespart wird. Erst wenn alles zusammenpaßt: die räumlichen, personellen und technischen Gegebenheiten und das handwerkliche Geschick der Operierenden, ist das Urteil »empfehlenswert« gerechtfertigt. Eine Untersuchung von privaten Schönheitsinstituten durch die Stiftung Warentest förderte dazu 1995 katastrophale Ergebnisse zutage. Besonders die Beratungen vor der Operation waren unseriös, irreführend und oft weit entfernt von dem, was das Standesrecht von ÄrztInnen verlangt.

Professionelle Beratung

Bevor eine Frau ihr Aussehen operativ verändern läßt, sollte sie unbedingt die Meinung eines zweiten Fachmenschen einholen, dessen Adresse sie nicht von dem zuerst Konsultierten bekommen hat. Im Zweifelsfall ist selbst das Geld für den Besuch bei einem dritten gut angelegt.

Die Beratung vor jedem Eingriff muß mehr umfassen als die Aufklärung über Operations- und Narkoserisiken, über Heilungschancen und die Möglichkeit eines Mißerfolgs. Die ChirurgInnen sollten sich vergewissern, ob sich ihre KlientInnen einer kritischen Selbstprüfung unterzogen haben (▷ Seite 491). Nur wenn das wirklich angestrebte Ziel mit einer Operation zu erreichen ist, kann das Ergebnis des Eingriffs zufriedenstellen. Doch auch dafür gibt es keine Garantie. Der Chirurgin, dem Chirurg gebühren Hochachtung, die ihren PatientInnen statt des gewünschten Eingriffs eine psychotherapeutische Beratung empfehlen, weil sie den Eindruck haben, Ziel und Maßnahme passen nicht zusammen.

Die Rechtsprechung fordert, daß ÄrztInnen ihre KlientInnen vor einer Schönheitsoperation noch sorgfältiger als vor anderen Eingriffen auf Erfolgsaussichten, Risiken und Komplikationen hinweisen. Eine unterschriebene »Einwilligungserklärung« beweist, daß sie dem nachgekommen sind. Es gibt auch standardisierte Aufklärungsbögen, mit denen sich die ÄrztInnen gegenüber unzufriedenen KundInnen absichern, denn spätere Schadenersatzansprüche werden meist damit begründet, daß unzureichend aufgeklärt wurde. Ein derartiges Papier sollte daher nur unterschreiben, wer wirklich dem gesamten Inhalt zustimmt.

Für jede Operation gibt es ein Nachsorgeprogramm, dessen sorgfältige Beachtung den Operationserfolg mitbestimmt. Auch darüber sollten Operationswillige gründlich informiert werden. Die notwendige Zeit zur Heilung sollten sie sich unbedingt nehmen.

Erwartungen definieren

Im Beratungsgespräch beschreiben die Operationswilligen möglichst exakt, was sie stört und wie sie sich ihr Aussehen nach dem Eingriff wünschen. »Vorher-Nachher-Fotos« gelungener Eingriffe können helfen, daß ÄrztIn und KlientIn einander richtig verstehen. Besonders gut ausgerüstete Institute verfügen über ein mit einem Computer gekoppeltes Videogerät, mit dem man die geplanten Veränderungen am aufgenommenen Gesicht der InteressentInnen simulieren kann. Diese Geräte sind jedoch teuer, und es ist zu bedenken, daß sich die Anschaffung für die Klinik wieder amortisieren muß.

Möglichkeiten eingrenzen

Die MedizinerInnen sind gefordert, die Erwartungen der InteressentInnen den tatsächlichen Möglichkeiten gegenüberzustellen. So müssen die ChirurgInnen zum Beispiel klarmachen, daß der Effekt alterskorrigierender Maßnahmen zeitlich begrenzt ist, auch wenn ein gewisser »Vorsprung« für einige Zeit erhalten bleibt. Selbst wenn es den ÄrztInnen schwerfällt – sie können konkrete Aussagen über die Erfolgsaussichten des Eingriffs machen. Die InteressentInnen sollten diese mit denen vergleichen, die ein anderer ihnen nennt. Wer von sich behauptet, nur Erfolge einzufahren und nie Mißerfolge gesehen zu haben, verdient Mißtrauen. Objektive Zahlen sind allerdings schwer zu bekommen. Auch die FachkollegInnen urteilen über die Erfolgsquoten der anderen: »Die lügen alle.« Und es scheint etwas daran zu sein, denn bei der Deutschen Gesellschaft für Plastische und Wiederherstellungschirurgie gehen jährlich 6.000 bis 7.000 Anfragen von unzufriedenen PatientInnen ein.

Narben

Bei jeder Operation wird die Haut durchtrennt, und sie muß wieder zusammenheilen. Sie repariert den Defekt mit Ersatzgewebe. Narbengewebe ist faserreich und wenig elastisch. Wie ein Schnitt vernarbt, hängt auch vom Können der ChirurgInnen ab. Allerdings heilen bei manchen Menschen Wunden meist so, daß daraus wulstige Narben entstehen.

Allgemein gilt für die Narbenbildung:

- Hellhäutige Menschen bilden weniger auffällige Narben als dunkelhäutige.
- Bei älteren Menschen entwickeln sich Narben sanfter als bei jungen.
- Mit eher auffälligen Narben verheilt die Haut an der Schulter, den Oberarmen, an Nacken und Rücken.
- Kompetente ChirurgInnen erklären, wie die von ihnen geplante Schnittführung und die Hautspannungslinien zueinander liegen. Entlang dieser Linien ist die Spannung der Haut relativ gering, und Narben fallen dort eher zart aus. Die Narben von Schnitten, die die Spannungslinien kreuzen, führen oft zu Funktionsstörungen und sind auffälliger.
- UV-Licht regt die Haut zu überschießender Narbenbildung an.
- Tägliches leichtes Massieren mit Creme oder Öl macht Narben weicher.

Risiken berücksichtigen

Voruntersuchungen bei Hausarzt oder -ärztin und eine internistische Grunduntersuchung sollen abklären, ob der Körper der Belastung einer Operation gewachsen ist. Zu den allgemeinen Risiken einer Schönheitsoperation gehören Thrombosen, Embolien, Nervenverletzungen, Sensibilitätsstörungen, auffällige Narben, Entzündungen, das Absterben von Hautregionen. Bei drei bis vier von hundert Operationen ist das der Fall – allerdings in unterschiedlicher Ausprägung. Zudem hat jeder Eingriff sein spezielles Risikoprofil (▷ ab Seite 497).

> ### Vor der Operation
>
> **Frageliste**
>
> • Name der Operation und Art der Durchführung
>
> • Voraussichtliche Aussicht auf Erfolg, voraussichtliche »Haltbarkeit« der Veränderung
>
> • Art der Betäubung
>
> • Unangenehme Folgen des Eingriffs und ihre durchschnittliche Dauer: Schmerzen, Schwellungen, Verfärbungen
>
> • Art und Häufigkeit von Risiken und Komplikationen
>
> • Besonderheiten aufgrund individueller Bedingungen
>
> • Dauer des Klinikaufenthaltes
>
> • Dauer der Schonzeit
>
> • Vorsichtsmaßnahmen nach der Operation
>
> • Vorbereitende Maßnahmen vor der Operation (z.B. Absetzen von Medikamenten)
>
> • Kosten bzw. Kostenübernahme durch die Krankenkasse
>
> • Zusatzkosten, die andere Beteiligte verrechnen (AnästhesistIn, Krankenhaus)
>
> **Organisatorisches**
>
> • Wenn Kinder oder andere Personen zu versorgen sind: Haushaltshilfe für die Zeit der Abwesenheit.
>
> • Hilfe bei Alltagsdingen, wenn der Eingriff ambulant erfolgt, aber noch eine Schonzeit folgt.
>
> • Genügend Erholungszeit einplanen, in der unvermeidliche Folgen, wie Schwellungen und Verfärbungen, abklingen können.
>
> • Ein entsprechend gewählter Operationszeitpunkt erleichtert es, kurzzeitige Einschränkungen wie »kein Sonnenlicht« einzuhalten.

Ambulant oder stationär?

Anerkannte SchönheitschirurgInnen sind sich einig, daß folgendes ambulant operiert werden kann: Lidkorrektur, Minilifting, Anlegen der Ohren, Abschleifen der Haut (Dermabrasion), Absaugen kleiner Mengen Fettgewebe bis höchstens 250 ml bzw. größere Mengen mit der »nassen« Methode, sowie Eingriffe an der Hautoberfläche.

Ambulante Operation bedeutet jedoch nicht: schneiden, nähen, ab nach Hause. Zunächst muß immer abgewartet werden, wie sich der Zustand der PatientInnen nach dem Eingriff entwickelt. Verläuft diese Phase problemlos, können sie den Heimweg antreten. Allerdings muß sichergestellt sein, daß von dort aus innerhalb von zwanzig Minuten eine Klinik erreichbar ist, denn in den ersten ein bis zwei Tagen nach einer Operation können immer unvorhergesehene Blutungen auftreten.

Narkose

• Vollnarkose: Dabei hält ein Gerät die Atmung aufrecht. Eine Narkose ist heute nicht mehr mit solchen Risiken verbunden wie früher; dennoch versucht man, dem Körper die Belastung so weit wie möglich zu ersparen. So wird eine Vollnarkose fast ausschließlich bei den »großen« Operationen durchgeführt, zum Beispiel bei einer Brustverkleinerung.

• Örtliche Betäubung und Dämmerschlaf: Meist ist eine örtliche Betäubung ausreichend, die durch ein Beruhigungsmittel zum sogenannten Dämmerschlaf erweitert wird. Dabei bekommen die PatientInnen nicht mehr so genau mit, was um sie herum geschieht, können aber noch auf Aufforderungen reagieren. Die körperliche Belastung ist nicht so groß wie bei einer Vollnarkose, und die seelische Belastung ist geringer, als wenn nur lokal betäubt würde.

• Lokale Betäubung: Unter einer örtlichen Betäubung nehmen die PatientInnen alle Handgriffe und Geräusche wahr. Das ist eine enorme Streßbelastung, die sich in Kreislaufproblemen äußern kann.

Kosten

Operationen zur »Verschönerung« müssen aus eigener Tasche bezahlt werden. Für Beratung, Narkose, Operation, Klinikaufenthalt und Nachbehandlung kann da einiges zusammenkommen. Dabei gilt: Ein hohes Honorar bedeutet nicht unbedingt auch hohe Qualität.

In der Schönheitsbranche ist es üblich, das Honorar im voraus zu kassieren. Damit verhindern die MedizinerInnen, daß sie Zeit, Geld und Mühe aufwenden müssen, um ihr Honorar auch von unzufriedenen PatientInnen einzutreiben.

Die Krankenkassen beteiligen sich an den Kosten für eine ästhetisch-plastische Operation nur unter besonderen Bedingungen. Dazu müssen die ÄrztInnen bescheinigen, daß der Leidensdruck durch den Makel zu einer seelischen Störung geführt hat, die sich weder medikamentös noch psychotherapeutisch beseitigen ließ. Erst wenn nur noch die Operation Erfolg verspricht, sind die Krankenkassen bereit, über die Kostenübernahme nachzudenken.

Nachoperationen

Fällt ein Operationsergebnis nicht so aus wie erwartet, bleibt meist nichts anderes, als sich damit abzufinden. Manchmal mißlingt der Eingriff aber so sehr, daß noch einmal operiert werden muß. Wer das tun soll, ist schwer zu entscheiden. Einerseits kann das Vertrauen in den Erstoperateur so erschüttert sein, daß man sich ihm kein zweites Mal in die Hand geben möchte. Andererseits liegt der Gedanke nahe, daß sich die erste Ärztin, der erste Arzt besonders bemühen werden, das Ergebnis zu korrigieren.

Wer meint, daß Ärztin oder Arzt fehlerhaft gehandelt haben, und sie zur Rechenschaft ziehen möchte, braucht ein Gutachten. Das können PatientInnen bei der Schlichtungsstelle der Landesärztekammern kostenlos erwirken. Manchmal ist so ein außergerichtlicher Vergleich möglich. Der juristische Weg über Gutachten und Gegengutachten ist immer langwierig und kostspielig.

Nase verändern

Die Nase bestimmt das Aussehen eines Menschen wesentlich. Nasenkorrekturen (Rhinoplastik) werden heute ebensooft durchgeführt wie Faceliftings.

Nasenoperationen sind sehr heikel und schwierig. Es lohnt sich, dafür routinierte NasenspezialistInnen ausfindig zu machen.

Durchführung

Das Gerüst aus Knorpel und Knochen gibt der Nase ihr Profil. Diese Gewebe müssen bei einer Nasenkorrektur verändert werden. Am leichtesten geschieht das in Vollnarkose.

Von wenigen Ausnahmen abgesehen können Nasenkorrekturen immer vom Naseninneren her durchgeführt werden, so daß hinterher keine Narben sichtbar sind. Die Operation beginnt mit einem Schnitt in der Nase, von wo aus die Innenhaut abgelöst und ein Zugang zu Knorpel und Knochen geschaffen wird. Dann wird geschabt, gemeißelt, gehämmert und gefeilt. Schief stehende Nasenrücken werden gebrochen, um später – gerade gerückt – in der gewünschten Position wieder zusammenheilen zu können. Alle Späne müssen beseitigt werden, sie können sonst zu Entzündungen und Verwachsungen führen.

Bei einem Nasenumbau müssen oft Knorpel- und Knochenteile eingesetzt werden. Knorpel können aus dem Ohr oder den Rippen, Knochen aus dem Becken entnommen werden. Das bedeutet einen zweiten Eingriff, und der hinterläßt eine Narbe.

Ist die Arbeit an den harten Geweben beendet, wird die Innenhaut mit einem Gewebekleber befestigt. Eine Tamponade im Naseninnern stützt das neue Gebäude und nimmt das nachsickernde Blut auf. Ein Gipsverband oder ein Kunststoffkorsett fixieren die operierte Nase vier bis fünf Tage lang. Eispackungen halten die Schwellungen in Grenzen.

Wegen recht häufig auftretender Nachblutungen empfiehlt sich ein Klinikaufenthalt von zwei bis drei Tagen. Operative Veränderungen der Nasenspitze sind auch ambulant möglich.

Nachsorge

Um das nachsickernde Blut aufzufangen, wird die Nase zwei bis drei Tage lang immer wieder neu tamponiert. Es empfiehlt sich, die ersten Tage halb sitzend zu »schlafen«. In der Zeit, wenn die Operierten aus der Klinik entlassen werden, sieht das Gesicht ziemlich schlimm aus. Besonders die Augenlider sind dick geschwollen. Nach drei bis vier Tagen verlagern sich die Schwellungen weiter nach unten; nach acht bis zehn Tagen ist das weitgehend abgeklungen.

Nach zirka fünf Tagen werden Gips- oder Kunststoffverband durch einen Pflasterverband ersetzt.

In der zweiten Woche nach der Operation sind ein bis zwei Nachbehandlungen notwendig; eine erneute Kontrolle empfiehlt sich nach drei Monaten.

Nach zwei Wochen können Sie sich wieder unter Menschen wagen und arbeiten gehen. Schwere körperliche Arbeit sollten Sie vermeiden, solange die Nase beim Bücken oder Heben noch wehtut. Etwa ein halbes Jahr lang sollten dem operierten Organ extreme Kälte-Wärme-Schwankungen erspart bleiben.

Risiken und Komplikationen

Die besten Operationsergebnisse und geringsten Komplikationsraten weisen Menschen auf, die sich zwischen dem 20. und 40. Lebensjahr operieren lassen. Die allgemeinen Risiken sind bei einer Nasenoperation gering. Nachblutungen, bei denen die Nase erneut austamponiert werden muß, sind etwa zwölf Tage lang möglich.

Die Schmerzen nach dem Eingriff sind gering und lassen sich mit einem einfachen Schmerzmittel lindern. Unangenehm kann der »Operationsschnupfen« sein, den die geschwollene Schleimhaut bedingt.

Besonders nach Korrekturen an der Nasenspitze kann ein vorübergehendes Taubheitsgefühl zurückbleiben. Schwellungen der Oberlippe, die die Mimik behindern, vergehen nach einiger Zeit wieder.

Zurückgebliebene Splitter und Späne können wandern und Entzündungen auslösen. Bei zwei bis drei von hundert Operierten beginnen Knochen, Knorpel, Haut oder Schleimhaut zu wuchern. Dann muß ein weiterer Eingriff erfolgen.

Hat die oder der Operierende die Schnitte in der Nase falsch geführt oder war die Nachbehandlung mangelhaft, können Verwachsungen entstehen, die die Nasenfunktion massiv stören. Dann wird die Atmungsluft nicht mehr optimal gereinigt und angefeuchtet; häufige Infektionen sind die Folge. Riechen und Schmecken können beeinträchtigt sein. Größere Narben in der Nase können ein gutes Operationsergebnis zunichte machen, weil ihr Zug von innen die Nasenform später wieder verändert.

Dauer und Wirkung

Sechs bis zwölf Monate kann es dauern, bis die Nase ihre definitive Form angenommen hat.

Routinierten ChirurgInnen gelingt es mit einer Nasenkorrektur meist, das Aussehen ihrer PatientInnen entscheidend zu verbessern. Normalerweise bleibt das erzielte Ergebnis ein Leben lang erhalten.

Kosten

3.000 bis 8.000 DM – je nach dem Grad der Veränderung. An Nebenkosten für stationäre Versorgung, Narkose, Nachbehandlung usw. fallen zusätzlich 1.000 bis 4.000 DM an.

Ohren anlegen

Bei abstehenden Ohren verläuft das Spannungsgefüge im Knorpelgerüst des Ohrs anders als bei anliegenden Ohren. Die einzelnen Bereiche des Ohrknorpels sind unterschiedlich stark ausgebildet. Die Anlage, solche Ohren auszubilden, ist ererbt. Eltern, die versuchen, die Ohrform ihres Kindes von außen zu verändern, werden scheitern.

Bereits mit dem Schulalter sind die Ohren »erwachsen« und können operativ angelegt werden.

Durchführung

Vor dem Eingriff sollten HNO-FachärztInnen Zustand und Funktionstüchtigkeit der Hörorgane dokumentieren.

Die Ohren können bei örtlicher Betäubung operiert werden. Die Spritzen dazu rund um das Ohr sind allerdings schmerzhaft.

Für das operative Anlegen von Ohren existieren viele verschiedene Techniken. Bei allen wird die Ohrmuschel an ihrer Hinterfläche aufgeschnitten. Meist wird dort ein Knorpelstreifen entnommen; manchmal wird auch der Knorpel auf der Vorderseite der Ohrmuschel geschwächt, so daß er sich von selbst nach hinten biegt. Die neu modellierte Ohrmuschel wird mit belastbaren Nähten möglichst dicht am Kopf wieder befestigt. Zum Abschluß wird das Ganze mit einem abgepolsterten Kopfverband fixiert.

Der Eingriff kann ambulant erfolgen.

Nachsorge

Die ersten Nächte verbringen Operierte am besten halb sitzend. Etwa acht Tage lang müssen die Ohren Tag und Nacht mit einem gut sitzenden Verband vor Infektionen geschützt und vor eigenwilliger Umformung bewahrt werden. Den ersten Verbandwechsel, meist zwei bis drei Tage nach der Operation, sollten Ärztin oder Arzt immer eigenhändig durchführen.

Nach einer Woche werden die Fäden gezogen.

Zehn Tage nach dem Eingriff können die Haare wieder gewaschen werden; nach drei Wochen ist der übliche Sport wieder erlaubt.

Einen Monat lang gehen die Operierten noch mit einem Verband oder einem festsitzenden Stirnband schlafen. Das soll verhindern, daß sie die Ohren während des Schlafs versehentlich abknicken.

Eine Woche ohne Berufstätigkeit ist immer erforderlich. Besonders das Telefonieren kann in der ersten Zeit nach der Operation sehr anstrengend sein.

Risiken und Komplikationen

Der Wundschmerz hält ein bis zwei Tage an und wird zwischen erträglich bis höllisch beurteilt.

Behandlungsbedürftige Nachblutungen kann es in den ersten 36 Stunden nach der Operation geben. Wenn die üblichen Wundschmerzen abgeklungen sind und danach erneut deutliche Schmerzen auftreten, sollten Ärztin oder Arzt zu Rate gezogen werden.

Manchmal entwickelt sich die Knorpelspannung anders als erwartet. Dann entstehen eigenartig gebogene Ohrmuscheln. Auch deutliche Asymmetrien zwischen dem linken und dem rechten Ohr sind nicht ungewöhnlich.

Mehrere Monate lang können die Ohren extrem berührungsempfindlich sein. Die Kälteempfindlichkeit kann eine Zeitlang vermindert sein. Bei kaltem Wetter empfiehlt es sich also, die Ohren zu schützen.

Dauer und Wirkung

Die Literatur sagt, 96 bis 97 von hundert Ohren bleiben in der gewünschten Form, die Praxis weiß: Es sind erheblich weniger. Eine Zweitoperation ist möglich.

Kosten

Zwischen 2.000 und 3.000 DM. Zusätzliche Kosten fallen bei einer Vollnarkose an bzw. wenn jemand nach dem Eingriff in der Klinik bleibt.

Bei Kindern mit ungewöhnlich großen, abstehenden Ohren übernehmen die Krankenkassen die Kosten für eine Operation noch vor dem Schuleintritt.

Lider straffen

Augenlider, die bis an den oberen Wimpernrand oder sogar darüber hinaus hängen, nennt man Schlupflider. Durch sie wirkt der Mensch übernächtigt, müde und traurig. Sie entstehen, wenn Muskulatur und Bindegewebe der Oberlider nicht genügend Spannung haben, um das Fettgewebe an seinem Platz in der Augenhöhle zu halten. Es drückt dann die Lider nach unten. Geschieht das im Bereich der Unterlider, spricht man von Tränensäcken.

Beides sind anatomische Besonderheiten, die schon in jungen Jahren vorliegen können, sich aber mit dem Alter immer mehr ausprägen. Bei manchen alten Menschen beeinträchtigen sie sogar das Sehen.

Die Lidstraffung ist in Deutschland die zweithäufigste schönheitschirurgische Maßnahme.

Durchführung

Vor der Operation muß eine augenärztliche Untersuchung den Zustand der Augen dokumentieren.

Ab zwei Tage vor dem Eingriff sollten die Operationswilligen auf Augen-Make-up verzichten. Winzige zurückgebliebene Farbpartikel könnten sonst später eine Entzündung auslösen.

Für den Eingriff genügt eine Lokalanästhesie. Allerdings flößen Injektionen in der Nähe der Augen Angst ein, und sie sind schmerzhaft. Darum kann ein zusätzliches Beruhigungsmittel sehr empfehlenswert sein.

Bei der Straffung des Oberlids wird der Schnitt so gelegt, daß die spätere Narbe weitgehend in der Lidfalte verläuft. Am Ende läuft sie jedoch etwa einen Zentimeter lang zur Augenbraue hin aus, damit die Narbe später das Auge nicht nach unten zieht. Bei der Unterlidkorrektur verläuft der Schnitt entlang der Wimpernlinie.

Bei einer Lidkorrektur wird überschüssige Haut entfernt, zusätzlich müssen Muskulatur, Binde- und Fettgewebe angeglichen werden.

Der Eingriff kann ambulant durchgeführt werden. Unerwartete Blutungen müssen aber sofort fachärztlich behandelt werden.

Werden Ober- und Unterlider beider Augen in einer Sitzung operiert, ist ein zwei- bis dreitägiger Klinikaufenthalt angebracht.

Nachsorge

Nach einer solchen Operation ist ein blaues Auge normal. Zwei Tage lang können sich Verfärbungen und Schwellungen noch verschlimmern, dann klingen sie wieder ab. Kalte Umschläge beschleunigen diesen Vorgang. Die erste Nacht sitzend zu verbringen, soll die Schwellungen mindern. Wenn alles gut geht, ist nach einer Woche von dem Eingriff nichts mehr zu sehen. Geht es weniger gut, bleiben die Schwellungen bis zu einem Monat lang bestehen.

Nach drei bis fünf Tagen können die Fäden gezogen werden. Die Narben bleiben zwar noch wochenlang sichtbar, heilen aber irgendwann zu einem Strich aus.

Nach etwa einer Woche können die Operierten ihr Aussehen einigermaßen sicher beurteilen. Nach zehn Tagen können sie wieder ihr gewohntes Make-up tragen.

Anstrengende Arbeit und Bücken sollten die Operierten in den ersten Tagen nach der Operation vermeiden. Mindestens ein Vierteljahr lang sollten sie ihre Augen vor Sonnenlicht schützen, damit das Narbengewebe nicht unerwünscht zu wuchern beginnt.

Risiken und Komplikationen

In den Tagen nach der Operation können die Oberlider als zu kurz geraten erscheinen, weil die Schwellungen sie verkürzen. In diesem Zustand trocknen die Augen während des Schlafs aus. Das führt zu schmerzhaften Reizungen und Entzündungen.

Entfernen die ChirurgInnen zu viel Unterlidgewebe, stülpt sich der Augenrand später nach außen um. Es entsteht ein »Triefauge«, das ununterbrochen tränt. Es muß erneut operiert werden.

Gelingt es den ChirurgInnen nicht, vollkommen symmetrisch zu arbeiten, stehen die Augen unterschiedlich schräg.

Was nicht vorkommen darf, kann dennoch geschehen: Wird der Lidhebemuskel verletzt, können die PatientInnen die Augen nicht mehr öffnen. Dieses ist relativ schwierig zu korrigieren.

Nicht häufig, aber möglich sind Infektionen nach der Operation, die sich durch Schmerzen und Eiterabsonderungen bemerkbar machen.

Seltene, aber böse Komplikationen treten auf, wenn Blutungen das Auge schädigen oder beim Schneiden Hornhaut oder Bindehaut verletzt werden. Im schlimmsten Fall kann dann Blindheit die Folge sein.

Dauer und Wirkung

Die Straffung von Ober- und/oder Unterlid verjüngt sichtbar. Der veränderte Zustand bleibt etwa acht bis zehn Jahre lang erhalten. Einmal entfernte Fettvorwölbungen kehren nicht wieder, aber schlaffes Gewebe macht sich nach dieser Zeit wieder bemerkbar. Lidkorrekturen lassen sich zwei- bis dreimal wiederholen.

Kosten

Beide Augenlider straffen zu lassen, kostet zwischen 2.000 und 3.000 DM. Wenn hängende Oberlider das Sehvermögen erheblich beeinträchtigen, übernehmen die Krankenkassen die Operationskosten.

Glätten und polstern

Manche Menschen wünschen sich vollere Lippen, andere stören die Furchen, die sich links und rechts der Mundwinkel ziehen, oder die senkrechten Falten zwischen den Augenbrauen. All das läßt sich vorübergehend ändern, indem man dorthin körpereigene Fettzellen transplantiert oder das Gewebe mit Kollagen (▷ Seite 474) unterspritzt. Mit dieser Technik lassen sich auch Narben glätten.

Das Vorgespräch mit Ärztin oder Arzt sollte klarmachen, daß das Ergebnis nicht von Dauer ist und eine anhaltende optische Verbesserung so nicht zu erreichen ist. Da die Spritztechnik das Ergebnis wesentlich beeinflußt, ist es wichtig, ÄrztInnen zu finden, die mit dem Unterspritzen sehr erfahren sind.

Durchführung

- Kollagenspritzen: Vor der Behandlung wird in einer dreimonatigen Testphase das Allergierisiko ermittelt. Dazu wird eine kleine Menge Kollagen in den Unterarm gespritzt, nach vier Wochen wird der Vorgang wiederholt. Treten im Verlauf von drei Monaten keine allergischen Reaktionen auf, kann die Behandlung beginnen.

  Die Ärztin, der Arzt spritzen das Kollagen unter das Hautareal, das angehoben werden soll. Das dauert kaum länger als eine Viertelstunde. Zwei bis drei Sitzungen sind für ein optimales Ergebnis notwendig.
- Einspritzen von Fettzellen: An einer örtlich betäubten Stelle werden die Zellen unter sterilen Bedingungen entnommen (▷ Seite 509). Sie werden aufbereitet und in die Falten eingespritzt.

Nachsorge

Zwei Tage lang kann das Gesicht an den Einstichstellen ein wenig geschwollen sein.

Einen Tag lang sollten die behandelten Hautstellen völlig in Ruhe gelassen werden; dann können sie wie gewohnt gewaschen und geschminkt werden.

Was die Durchblutung des Gesichts erhöht, sollten Sie zwei bis drei Wochen lang meiden: Alkohol, Kaffee, Sport, Sauna, UV-Licht.

Risiken und Komplikationen

Beim Implantieren der Fettzellen können Blutgefäße angestochen werden, was Blutergüsse und Schwellungen hervorruft.

Verläuft der Abbauvorgang der eingespritzten Materialien uneinheitlich, entstehen Beulen und Dellen, bis der Ausgangszustand wieder erreicht ist.

Zur Kollageninjektion dient aufbereitetes, tierisches Kollagen. Darauf kann der Körper allergisch reagieren. Menschen, die zu Allergien neigen oder eine Störung des Immunsystems haben, dürfen kein Kollagen gespritzt bekommen. Doch auch Gesunde entwickeln nach der Injektion von Kollagen drei- bis fünfmal häufiger Immunkrankheiten als unbehandelte Menschen.

Obwohl verpflanzte Fettzellen körpereigenes Gewebe sind, kann der Körper auf sie mit einem chronischem Reizzustand reagieren. Wurden sie unter nicht-sterilen Bedingungen abgesaugt und transplantiert, können Infektionen die Folge sein.

Dauer und Wirkung

Der Erfolg ist sofort sichtbar, aber nicht von Dauer. Der Körper baut injiziertes Kollagen mit unterschiedlicher Geschwindigkeit ab. Durchschnittlich hält das angestrebte Ergebnis ein dreiviertel bis ein Jahr. Erneute Behandlungen sind möglich.

Nur Fettgewebe, in das nach der Transplantation Blutgefäße einsprießen, würde erhalten bleiben. Das ist jedoch so gut wie nie der Fall. Transplantierte Fettzellen löst der Körper im Laufe von drei bis vier Monaten wieder auf.

Kosten

• Kollagenspritzen: 1.500 bis 2.000 DM. Die Kosten sind höher, wenn mehrere Falten unterspritzt werden bzw. wenn relativ viel Kollagen gebraucht wird.
• Einspritzen von Fettzellen: Entnehmen und Einspritzen kosten etwa 800 bis 1.200 DM.

Abschleifen, Peeling

Neue Haut sieht hell, glatt und gleichmäßig aus. Dieser Erfahrung folgt die Idee der Dermabrasion, bei der die oberste Hautschicht mechanisch oder chemisch entfernt wird. Die nachgewachsene, neue Haut läßt das behandelte Areal dann jünger erscheinen. Narben oder Falten wirken aber nur flacher, wenn die Haut bis zu einer gewissen Tiefe abgetragen wurde; aber auch nicht zu tief, denn sonst heilt sie nur unter erneuter Narbenbildung.

Durchführung

Werden einzelne Hautpartien behandelt, genügt eine örtliche Betäubung, und der Eingriff kann ambulant durchgeführt werden. Soll das ganze Gesicht gehäutet werden, empfehlen sich Dämmerschlaf und zwei bis drei Tage Klinikaufenthalt.

Ein Chemo-Peeling birgt erhebliche Risiken. Deshalb muß eine internistische Untersuchung vorher den Zustand von Nieren, Leber und Herz abklären.
• Abschleifen: Die ChirurgInnen führen rotierende Stahlbürsten oder Diamantköpfe über die Haut und entfernen sie so bis zur vorher festgelegten Tiefe.
• Peeling: Die ÄrztInnen ätzen die Haut mit Säuren (Phenol, Trichloressigsäure, Brenztraubensäure, Vitamin A-Säure). Die Haut schwillt an, wirft Blasen, schrumpft ein und wird letztlich abgestoßen.

Bei einer Laserbehandlung wird die Hautoberfläche verdampft. Mit diesem Gerät läßt sich maßgerecht arbeiten, die Schmerzen nach der Behandlung sind gering, die Narbenbildung ist gut.

Nachsorge

Nach etwa vierzehn Tagen löst sich der Schorf ab, wenn sich darunter neue Haut gebildet hat.

Zwei Wochen lang sollte das Gesicht mit Wund- und Heilsalbe gepflegt werden. Sonnenlicht ist mindestens ein halbes Jahr lang absolut tabu. Sonst sind Pigmentveränderungen so gut wie sicher.

Risiken, Komplikationen

Nach allen Behandlungsarten ist das Gesicht eine große, infektionsgefährdete Wundfläche. Erst nach etwa zwei Wochen schützt die neue, zarte Haut es wieder ein wenig. Oft quittiert die Haut das brutale Vorgehen mit einer überschießenden Produktion von Melanin. Dann erscheinen dunkle Flecken neben hellen Stellen; bis sich das angeglichen hat, können zwei Jahre vergehen. Sonnenlicht und Hormonpräparate wie die »Pille« fördern diese Pigmentveränderungen. Es ist nicht auszuschließen, daß statt zarter Haut Narben und dunkle Flecken zutage treten.

Peeling: Wie tief die Substanzen in die Haut eindringen, ist nicht immer exakt festzulegen und nach dem Auftragen auch nicht mehr zu steuern. Es können also tiefere Hautschichten verätzt werden, die nur unter Narbenbildung abheilen.

Die Peeling-Substanzen gelangen durch die verletzte Haut ins Blut; Leber und Nieren müssen die Chemikalien abbauen. Auch Herz und Kreislauf belasten sie sehr. Ein komplettes Gesichts-Peeling erfordert eine permanente Herzkontrolle mittels EKG.

Manche Gesichter wirken nach einer Schälkur eigenartig durchsichtig. Bei empfindlichen Menschen kann die Behandlung allergische Reaktionen auslösen.

Wird für die Schälkur die Substanz Isotretinoin verwendet, muß sichergestellt sein, daß die Frau nicht schwanger ist. Die Substanz kann zu schwersten Mißbildungen führen.

Dauer und Wirkung

Der Grat zwischen Erfolg und Mißerfolg ist sehr schmal. Wie lange ein zufriedenstellendes Ergebnis anhält, ist nicht vorherzusagen.

Facelifting

Die meisten Operationswilligen sind zwischen 45 und 55 Jahre alt. Ihre Haut ist noch elastisch genug, um sich den neuen Verhältnissen anzupassen. Das große Facelifting beseitigt tiefe Falten zwischen Nase und Mund, strafft die Haut von Wangen und Hals – daher auch »lifting«, also »anheben« – und entfernt Fettpolster in der unteren Wangenhälfte und am Kinn. Stirnfalten verschwinden nur durch ein gesondertes Stirnlifting (▷ Seite 504).

Für einen dauerhaften Effekt des Liftings müssen auch Unterhautgewebe und Bindegewebe gestrafft werden. Wenn das geschieht, ist die Gefahr eines maskenhaften Gesichts, an dem in der Anfangszeit des Liftings Operierte zu erkennen waren, relativ gering.

Das Facelifting ist ein großer chirurgischer Eingriff, der weite Bereiche des Gesichts betrifft. Ob jemand daraus verjüngt oder entstellt hervorgeht, hängt weitgehend vom Können der OperateurInnen ab.

Beim Minilifting sind die Schnitte kleiner als beim großen Lifting, es wird nicht so viel Haut abgehoben, nicht so viel entfernt und auch nicht am Unterhautgewebe gearbeitet wie beim großen Lifting. Dafür hält der Effekt höchstens drei bis vier Jahre.

Durchführung

Die Operation ist ebenso in örtlicher Betäubung plus Dämmerschlaf möglich wie in Vollnarkose. Es ist sinnvoll, vor der Operation in der Klinik einige Eigenblutkonserven anzulegen.

Die Haut wird an der Schläfe, der Wange, um das Ohr herum und in der seitlichen Halsregion eingeschnitten. Die Haut wird bis zur Wangenmitte, zum Kinn hin und am Hals vom Unterhautgewebe abgelöst. Dann wird zunächst der Untergrund gestrafft. Der Halsmuskel wird zur Halsmitte hin und seitlich hinter die Ohren gespannt. Unerwünschte Fettpolster am Kinn und im unteren Wangenbereich werden abgesaugt. Über den so vorbereiteten Untergrund wird die Haut gespannt – nicht zu wenig, damit sie nicht schlaff wirkt, nicht zu viel, sonst wirkt sie starr. Das Zuviel wird abgeschnitten, das Ganze schließlich mit Gewebekleber fixiert und mit festen Nähten zusammengefügt. Der Gewebekleber verringert die Gefahr von Nachblutungen: Schwellungen und Blutergüsse prägen sich weniger stark aus.

Die beiden Gesichtshälften werden nacheinander gerichtet. Den Abschluß bildet ein Kompressionsverband. Er wird etwa eine Woche lang täglich gewechselt.

Ein Minilifting kann ambulant durchgeführt werden, beim großen Lifting empfehlen sich vier bis fünf Tage Klinikaufenthalt.

Nachsorge

Die Operation verursacht Schwellungen und Blutergüsse. Am schlimmsten sieht das Gesicht nach zwei Tagen aus. Einige Tage lang plagen die Operierten noch Wundschmerzen. Sie sind übermüdet, weil sie nur in halb sitzender Position schlafen können.

Nach fünf bis sechs Tagen werden die ersten Fäden gezogen; nach zehn bis zwölf Tagen sollten alle entfernt sein. So lange dauert es auch mindestens, bis die Blutergüsse abgebaut sind. Zwei Wochen zu Hause einzuplanen, ist realistisch, noch besser wären drei bis vier Wochen Pause.

Nach einer Woche kann das Haar wieder gewaschen werden. Haarefärben ist frühestens nach sechs Wochen erlaubt. Ein Vierteljahr Sonnenlichtabstinenz ist erforderlich, damit sich die Narben nicht unangenehm wulstig entwickeln.

Nach vier bis sechs Monaten haben die Narben ihren definitiven Zustand erreicht. Erst dann ist also das Resultat endgültig zu beurteilen.

Risiken und Komplikationen

Spannungsgefühle hinter den Ohren und Sensibilitätsstörungen im Wangenbereich treten häufig auf, gehen aber nach einiger Zeit vorbei.

Verdickungen unter der Haut lassen sich mit Massagen beseitigen. Daß die Wunden etwas bluten, ist normal. Starke oder gar massive Nachblutungen in den ersten 24 Stunden nach dem Eingriff müssen operativ gestillt werden. Das ist meist nur in einer Klinik kompetent möglich. Alles, was die Wundheilung stört – und dazu gehören auch Blutungen –, kann zu unschönen Narben führen. Infektionen sind selten, aber möglich.

Eine schlimme Komplikation ist die Verletzung von Gesichtsnerven, die die Mimik beeinträchtigt; wurden Nerven durchtrennt, treten Lähmungen auf. Solche Schäden sind auch mit einer zweiten Operation nicht zu reparieren.

Von den Operateuren gefürchtet sind auch Durchblutungsstörungen, in deren Folge die Haare ausfallen können.

Die bekannteste unangenehme Folge eines Faceliftings ist das »Maskengesicht«, das in der Anfangszeit dieser Operationsmethode relativ häufig auftrat. Kompetenten ChirurgInnen darf es heute nicht mehr passieren, daß sie die Haut so spannen, daß kaum noch Mimik möglich ist. Das Risiko, daß das Gesicht starr wird, vergrößert sich jedoch bei wiederholtem Lifting.

Dauer und Wirkung

Ein gut durchgeführtes Facelifting vermittelt dauerhaft den Eindruck, die Person sei frisch und erholt. Etwa zehn Jahre lang behält das Gesicht seine verjüngte Façon. Dann werden die Lebensjahre wieder sichtbarer.

Kosten

Ein Minilifting kostet 4.000 bis 6.000 DM plus Nebenkosten. Das Arzthonorar für ein großes Facelifting kann 8.000 bis 12.000 DM ausmachen; die Kosten für Narkose, Klinikaufenthalt, Nachbehandlung usw. kommen noch hinzu.

Stirn straffen

Stirnfalten sind das Ergebnis ausgeprägter Mimik und nicht – wie Falten im Wangenbereich – das Zeichen nachlassender Gewebespannung. Manchmal durchzieht schon bei Schulkindern eine »Denkerfalte« die Stirn. Diese Zeichen eines bewegten Gemüts- und Geisteslebens lassen sich nur beseitigen, indem ÄrztInnen die Muskeln durch Einschnitte schwächen oder ganz durchtrennen. Der Preis für diese faltenfreie Stirn ist, daß sich auf ihr nur wenig bis gar nichts mehr regt.

Die Operation zieht die Augenbrauen weiter hinauf, möglicherweise heben sich die Augenlider etwas an. Falten um die Augen herum mildert ein Stirnlifting meist effektiver als ein großes Facelifting.

Durchführung

Der Eingriff kann bei örtlicher Betäubung und zusätzlichem Dämmerschlaf durchgeführt werden. Er dauert zwei bis drei Stunden.

Die ÄrztInnen schneiden die Kopfhaut etwa fünf Zentimeter vom Haaransatz entfernt von einer Schläfe bis zur anderen auf, oder sie begnügen sich mit einem kleineren Schnitt und arbeiten noch zusätzlich mit einem Endoskop, das sie durch kleine Hautöffnungen unter die Stirnhaut führen. Sie heben die Stirnhaut bis zu den Augenbrauen ab und bearbeiten die Muskeln. Später klappen sie sie wieder zurück, trennen den Hautüberschuß ab und schließen die Naht. Die Operation endet mit einem Druckverband rund um den Kopf.

Für ein Stirnlifting empfehlen sich zwei bis drei Tage Klinikaufenthalt, um Nachblutungen rechtzeitig erkennen und behandeln zu können.

Nachsorge

Sofort nach dem Eingriff wird das Gesicht mit Kältepackungen gekühlt, um die Schwellungen und Verfärbungen in Grenzen zu halten. Durch sie entsteht ein starkes Spannungsgefühl. Möglicherweise sind die Augen zugeschwollen. Heftige Wundschmerzen plagen die Operierten für einige Zeit.

Nach zehn Tagen können die Fäden gezogen werden; frühestens nach zwei Wochen können die Gelifteten sich wieder in der Öffentlichkeit sehen lassen.

Zwei Monate lang müssen sie jede Sonnenbestrahlung meiden.

Risiken und Komplikationen

Die gravierendste Konsequenz eines Stirnliftings ist, daß sich die Stirn fortan am Gesichtsausdruck kaum noch beteiligen kann; nach einem Stirnliftung kann man die Stirn nicht mehr runzeln, die Augenbrauen nicht mehr zusammenziehen. Damit geht ein wesentliches Element des Gesichtsausdrucks verloren, der an der Kommunikation ohne Worte und damit am Zusammenleben großen Anteil hat.

Beim Stirnstraffen verschiebt sich der Haaransatz um den entfernten Hautanteil nach oben. Wer eine niedrige Stirn hatte, bekommt nun eine »Denkerstirn«. Menschen mit hoher Stirn müssen mit einer Stirnglatze rechnen.

Wenn die Narbe auf dem Kopf auch nur sehr schmal ausfällt – auf ihr wächst kein Haar mehr. Die Operation zerstört Haarfollikel; je mehr es sind, desto größere kahle Stellen bleiben zurück.

Vorübergehend kann sich auf der Stirn ein Taubheitsgefühl einstellen.

Beim Entfernen der Stirnmuskeln kann versehentlich der Muskel durchtrennt werden, der die Brauen anhebt. Dann hängen eine oder beide Brauen schlaff über das Oberlid.

Dauer und Wirkung

Eine geliftete Stirn erscheint weitgehend faltenfrei. Da die durchtrennten Stirnmuskeln keine Bewegung auf der Stirn mehr zulassen, gibt es auch keine Mimikfalten mehr.

Kosten

Ein Stirnlifting kostet 4.000 bis 6.000 DM plus Nebenkosten für Narkose, Klinikaufenthalt und Nachbehandlung.

Brust vergrößern

Mit keinem anderen Organ verbindet sich der Begriff Weiblichkeit so sehr wie mit der Brust (▷ Seite 663). 1993 ließen sich 11.550 Frauen in Deutschland ihre Brust vergrößern und/oder straffen.

Manche Frauen haben anlagebedingt eine kleine Brust, deren Drüsen- und Fettgewebe nur gering ausgeprägt ist. Eine solche Brust behält ihre Form bis ins Alter.

Eine Brustvergrößerung sollten Sie in jedem Fall auch mit einer Gynäkologin oder einem Frauenarzt besprechen. Dieser Eingriff verletzt große Gewebebereiche; er kann die Stillfunktionen beeinträchtigen; wie die Brust fünfzehn, zwanzig Jahre nach der Operation aussehen wird, ist nicht vorherzusagen.

Die bisherigen Erfahrungen mit den als Prothesen eingelegten Silikonkissen haben die amerikanische Gesundheitsbehörde FDA und kritische ChirurgInnen in Deutschland veranlaßt, allen Frauen zu raten, nach spätestens zehn Jahren die Kissen entfernen zu lassen. Das bedeutet alle zehn Jahre eine erneute Operation, wenn die Brust künstlich vergrößert bleiben soll. Wenn nicht, kann aus körpereigenem Gewebe noch eine verkleinerte Brust geformt werden.

Operationswillige Frauen sollten zudem dem Gefühl nachspüren, das in ihnen entsteht, wenn sie daran denken, daß sie ohne Not jenes Organ operieren lassen, das bei Frauen am häufigsten von Krebs betroffen ist. In jedem Fall sollte vorher eine Mammografie zeigen, daß es in der Brustdrüse keine bösartigen Veränderungen gibt.

Bei der Frage »um wieviel vergrößern« ist zu bedenken, daß die Körperproportionen anschließend noch zusammenpassen müssen.

Durchführung

Die Operation kann bei örtlicher Betäubung plus Dämmerschlaf durchgeführt werden oder in Vollnarkose. Wird das Implantat unter dem Brustmuskel eingesetzt, empfiehlt sich eine Vollnarkose, weil das Ablösen des Muskels oft schmerzhaft ist.

Der drei bis vier Zentimeter lange Schnitt, mit dem sich Ärztin oder Arzt Zugang zur Brust verschaffen, kann am Rand der Achselhöhle liegen, unterhalb der Brustwarze oder am unteren Rand der Brust. Von dort aus wird eine »Tasche« für das Implantat geformt, das zwischen Drüsenkörper und Brustmuskel oder zwischen Brustmuskel und knöcherner Brustwand eingesetzt werden kann. Bei letzterer Methode scheint das Risiko, daß sich eine »Kapselfibrose« (▷ Risiken und Komplikationen, Seite 508) bildet, geringer zu sein.

Das Implantatkissen ist mit gelartigem Silikon gefüllt, oder es wird leer in die Brust eingelegt und von außen mit Kochsalzlösung aufgefüllt. Die Füllmenge variiert nach der gewünschten Brustgröße.

Die ÄrztInnen fixieren das Implantatkissen, legen eine Drainage, vernähen das Gewebe und verschließen die Haut wieder. Dann geschieht das Ganze auf der anderen Seite noch einmal. Dabei müssen die ÄrztInnen ihre Kunstfertigkeit durch ein symmetrisches Operationergebnis beweisen.

Der Eingriff ist beendet, nachdem ein festsitzender Verband angelegt wurde, der die Kissen am Verrutschen hindert.

Solche Operationen werden mittlerweile auch ambulant angeboten; dennoch ist ein Klinikaufenthalt von zwei bis drei Tagen wegen der Gefahr von Nachblutungen die bessere Entscheidung.

Nachsorge

Nach zwei Tagen wird die Drainage entfernt; nach fünf bis sechs Tagen kann der Verband durch einen gut sitzenden baumwollenen BH ersetzt werden. Zwischen dem fünften bis zehnten Tag werden die Fäden gezogen.

Anstrengende Arbeit und Sport werden die Operierten etwa vier Wochen lang freiwillig meiden, weil der Brustmuskel, der sich bei Armbewegungen mitbewegt, dann schmerzt.

Silikon

Silikone sind organische Verbindungen, die es in jedem Zustand von flüssig bis hart gibt, die kaum chemisch reagieren und die der Körper weitgehend toleriert.
Dennoch sind silikongefüllte Implantate in Verruf gekommen. Eine Reihe von Frauen, die sich damit ihre Brust vergrößern ließen, klagen über schmerzende Gelenke, geschwollene Lymphknoten und Hautreaktionen. Andere entwickelten Sklerodermie, eine sonst seltene Autoimmunkrankheit, bei der sich das Bindegewebe an verschiedenen Stellen des Körpers verhärtet. Außerdem könnte sich an den Implantatstellen häufiger ein Gewebekrebs (Sarkom) entwickeln.
Verursacht werden die Probleme durch Silikon, aus dem die elastische Implantathülle besteht und das in geleeartigem Zustand die Kissen füllt. Aus diesen tritt es unvermeidlich in unterschiedlicher Menge ins Gewebe aus. Alle Silikonprothesen sollten spätestens nach zehn Jahren ausgetauscht oder ganz entfernt werden.

Bei der Frage nach Schadenersatz zeigt jeder Hersteller auf den anderen. Die einen argumentieren: Die Gefahr, daß Silikon aus den Kissen austritt, besteht nur bei Billigprodukten. Die anderen vermuten, daß vornehmlich die Implantate aus den 60er und 70er Jahren Schaden anrichten könnten. Die derzeit letzte Meldung: Die Krankheiten, die man dem Silikon zugeschrieben hat, träten bei Frauen mit Brustimplantaten gar nicht häufiger auf als bei Frauen ohne solche Einlagen. Vorsichtshalber sollten Silikone aber nicht angewandt werden bei Personen, in deren Familie häufiger Krebserkrankungen vorkamen, und bei solchen mit rheumatologischen Erkrankungen oder Autoimmunerkrankungen.
Dennoch stellten die Herstellerfirmen 4,3 Milliarden Dollar Schadenersatz für die Frauen bereit, die bis 1995 Ansprüche geltend gemacht haben. Weltweit bekamen schätzungsweise drei Millionen Frauen solche Kissen implantiert.

Nach den Schreckensmeldungen haben die Gesundheitsbehörden Empfehlungen ausgesprochen: Silikonimplantate keinesfalls aus kosmetischen Gründen einsetzen. Als akzeptabel gelten sie lediglich beim Wiederaufbau nach einer Brustamputation. Vor jeder Implantation ist eine ausführliche mündliche Information durch Ärztin oder Arzt und eine schriftliche durch die Packungsbeilage Pflicht. Hinterher muß sich die Frau regelmäßigen Kontrolluntersuchungen unterziehen (▷ Nachsorge).
Polyurethanbeschichtete Kissen, die in den USA wegen möglicher Krebsgefahr verboten sind, wurden 1995 in Deutschland immer noch implantiert.
Inzwischen haben die Implantatkissen doppelwandige Hüllen, manche sind mit Kochsalzlösung gefüllt. Doch die Kochsalzmodelle fühlen sich anders an als eine natürliche Brust, können leichter auslaufen, und ihre Hülle besteht immer noch aus Silikon. In den USA sind sie zur kosmetischen Chirurgie nicht zugelassen. Mit Silikon Falten zu unterspritzen oder Lippen oder Kinn aufzupolstern, gilt heute als unverantwortlich.

KONTAKT

Selbsthilfegruppe silikongeschädigter Frauen
Sieglinde Esders
Weißdornweg 39, 63225 Langen, Tel.: 06103/7 16 20

Um das Verhalten des Implantats zu kontrollieren, raten die Gesundheitsbehörden den operierten Frauen, sich im ersten Jahr alle drei Monate, im zweiten Jahr halbjährlich und dann jährlich von FachärztInnen untersuchen zu lassen.

Auch mit einer vergrößerten Brust kann die Frau stillen. Allerdings kann das während der Schwangerschaft vergrößerte Drüsengewebe erheblich auf die Einlage drücken und Schmerzen verursachen.

Da die Implantate das Röntgenbild der Brust verändern, sollte nach dem Abheilen der Wunden eine Mammografie den neuen Zustand dokumentieren; so gibt es einen Vergleich für spätere Aufnahmen.

Risiken und Komplikationen

Stärkere Schmerzen und Spannungsgefühle deuten auf Nachblutungen hin, die operativ behandelt werden müssen.

Probleme können die Kapselfibrose und Silikon (▷ Seite 507) bereiten. Als Kapselfibrose bezeichnen MedizinerInnen eine bindegewebige Verhärtung rund um das Implantat. Jede Brust umhüllt den eingesetzten Fremdkörper mit einer dünnen Schicht Bindegewebe. Aus nicht sicher bekannten Gründen wird die Schicht in manchem Körper besonders dick und fest, zieht sich zusammen und drückt das Kissen letztlich nach oben. Dieser Vorgang ist als Verhärtung in der Brust zu tasten und später auch zu sehen, wenn das abgekapselte Implantat wie ein Tennisball in der Brust liegt. Wie wahrscheinlich eine solche Kapselfibrose ist, wird sehr unterschiedlich beziffert: die einen meinen drei, die anderen sagen zwanzig Prozent.

Die Verhärtungen müssen unbedingt komplett – Silikonkissen und Kapsel – operativ entfernt werden. Das Risiko, daß sich an der Stelle ein Krebs entwickelt, ist sehr groß.

Ein Implantatmodell mit aufgerauhter Oberfläche soll das Risiko der Kapselbildung verringern. Mit ihm liegen allerdings noch keine Langzeit-Ergebnisse vor. Sicher ist jedoch, daß aus jedem Kissen Silikonmoleküle austreten, nur die Menge kann unterschiedlich sein.

Dauer und Wirkung

Das optische Ergebnis einer gelungenen Operation ist in der ersten Zeit sehr gut; ob es jedoch so bleibt, hängt davon ab, wie gut sich Implantat und Trägerin vertragen. Wenn die Frau 50, 60 Jahre alt geworden ist, ist der Unterschied zwischen dem prallen Silikonkissen und dem altersbedingt weicher werdenden Körpergewebe darum herum nicht mehr zu kaschieren.

Kosten

Arzthonorar und Nebenkosten können sich leicht auf DM 8.000 bis DM 18.000 addieren.

Brust straffen

Nach einer Schwangerschaft ist die Brust meist kleiner als vorher, weil sich der Drüsenkörper zurückgebildet hat. Ab etwa Mitte 30 beginnt der Umbau von Drüsengewebe in Fettgewebe, der jede Brust weicher werden läßt.

Eine operative Straffung der Brust erfaßt drei Bereiche: Der Hautmantel muß verkleinert werden; die Brustwarze muß der neuen Busenform entsprechend nach oben verlagert werden; der obere, flache Brustbereich muß aufgepolstert werden. Ist genügend eigenes Drüsengewebe vorhanden, können die oberen Partien damit aufgefüllt werden; wenn nicht, muß ein Implantatkissen eingelegt werden (▷ Silikon Seite 507).

Durchführung

Für eine Straffungsoperation der Brust ist eine Vollnarkose notwendig.

Für den »Abnäher«, mit dem die Haut entfernt wird, wird die Brust von der Warze senkrecht nach unten aufgeschnitten, manchmal auch noch weiter zur Seite. Die Warze wird ringförmig umschnitten, damit sie geliftet werden kann. Dann wird entweder das körpereigene Brustgewebe nach oben verschoben, oder es wird das Implantatkissen eingelegt. Immer resultiert aus einer solchen Operation eine ringförmige Narbe um den Warzenhof, meist zusätzlich noch eine L-förmige Narbe von der Warze bis unter die Brust. Ein festsitzender Verband sorgt in den ersten Tagen nach der Operation dafür, daß die Brust ihre Form nicht verliert. Drei bis vier Tage Klinikaufenthalt sind notwendig.

Die sonstige Vorgangsweise und die Nachsorge ähneln denen einer Brustvergrößerung (▷ Seite 506).

Risiken und Komplikationen

Es sind die gleichen wie bei der Brustvergrößerung (▷ Seite 506).

Die relativ großen Narben sind mehrere Monate lang verdickt und gerötet. Innerhalb des nächsten Jahres verblassen sie meist.

Das Versetzen der Brustwarzen führt bei mehr als der Hälfte der Frauen zum Verlust der Stillfähigkeit, sehr viele verlieren ihre Reizempfindlichkeit. Manche berichten in der Folge auch davon, daß sie keinen Orgasmus mehr haben.

Dauer und Wirkung

Die Narben, die sich als Naht von der Brustwarze über den unteren Teil der Brust hinziehen, bleiben immer sichtbar.

Je weniger Haut weggenommen wird, desto geringer der Straffungseffekt, desto geringer die Haltbarkeit. Schwangerschaften und drastische Gewichtsschwankungen lassen auch eine umgeformte Brust bald wieder erschlaffen.

Kosten

4.000 bis 7.000 DM. Nebenkosten fallen an für Narkose, Klinikaufenthalt, Nachbehandlung, evt. für die Implantatkissen.

Brust verkleinern

Manche Frauen entwickeln eine ungewöhnlich große, schwere Brust. Als junge Mädchen können sie dann darunter leiden, von Männern angestarrt zu werden und sich zu einer Zeit sexueller Wünsche erwehren zu müssen, zu der Sexualität für sie noch keine wesentliche Rolle spielt. Aber auch später verzweifeln manche dieser Frauen daran, immer wieder sexuelle Anzüglichkeiten abwehren zu müssen. Sie alle leiden auch unter dem Gefühl, nicht »normal« zu sein.

Extrem große Brüste können Haltungsschäden hervorrufen. Dann schmerzen Rücken und Hals, Bewegungen oder die Striemen auf den Schultern durch BH-Träger tun weh.

Bei einigen Frauen prägen sich linke und rechte Brust so unterschiedlich aus, daß sie gar nicht zu derselben Frau zu gehören scheinen. Wenn dieses Körperproblem zur unerträglichen seelischen Last wird, kann eine gelungene Operation davon befreien.

Durchführung, Nachsorge und so weiter: ▷ Brust straffen, Seite 508. Es ist sinnvoll, vor der Operation in der Klinik einige Eigenblutkonserven anzulegen.

Fettzellen entfernen

Über eine Fettabsaugung denken meist Personen nach, die sich schon seit Jahren immer wieder mit Diäten quälen und bei denen einige Körperpartien anlagebedingt allen Abnehmebemühungen trotzen. Fast 12.000 Menschen ließen sich 1993 auf diese Weise verschlanken.

Doch längst nicht alle Rundungen sind »tote« Fettspeicher. Mancher Bauch entsteht, weil die durch Schwangerschaften, mangelndes Training oder fortwährende Gewichtzu- und -abnahmen müde gewordenen Bauchdecken den inneren Organen nur noch wenig Widerstand entgegensetzen. Dem ist nur durch kontinuierliches Training beizukommen.

Mit einer Kanüle lassen sich kein Bauch und kein Po »glattsaugen«. Bestenfalls entfernt man damit einen Fettüberschuß an genau umschriebenen Bezirken, also zum Beispiel Doppelkinn oder »Reithosenspeck«.

Für ein zufriedenstellendes Ergebnis muß die Haut noch so elastisch sein, daß sie sich nach der Operation faltenfrei zusammenziehen kann. Dies ist meist nur vor dem 40. Lebensjahr der Fall. Später muß individuell beurteilt werden, was die Hautspannung noch vermag.

»Fett absaugen« klingt recht harmlos, und so wird der Eingriff auch meist dargestellt. Dennoch handelt es sich um eine operative Maßnahme, vor der unbedingt eine Untersuchung durch AnästhesistIn oder InternistIn erforderlich ist.

Durchführung

Drei Methoden gibt es, um Fett abzusaugen: die »trockene«, die mittels Ultraschall und die »nasse«.

Bei den beiden ersten erfolgt der Eingriff bei örtlicher Betäubung plus Dämmerschlaf (▷ Seite 496). Sollen größere Areale abgesaugt werden, ist eine Vollnarkose notwendig. In diesem Fall ist es sinnvoll, vorher in der Klinik einige Eigenblutkonserven anzulegen.

Um Fettgewebe an Bauch und Hüften zu entnehmen, genügt ein Einschnitt in der Nähe des Nabels. Durch ihn schieben Ärztin oder Arzt die Saugkanüle vor. Fächerförmig arbeiten sie sich von der Einschnittstelle durch das Gewebe. »Etagenweise« lassen sie die an die Kanüle angeschlossene Vakuumpumpe Tunnel durch die Fettschichten saugen, zunächst tief innen, dann Schicht für Schicht weiter zur Hautoberfläche hin. Wie gleichmäßig Ärztin oder Arzt diese Hohlräume anlegen, bestimmt mit, wie glatt die Oberfläche später aussieht.

Die Saugkanüle durch das Gewebe hindurchzutreiben, kostet sehr viel Kraft. Gleichzeitig müssen die OperateurInnen mit der Hand von außen tastend kontrollieren, wie und in welcher Tiefe sie arbeiten. Vom geschickten Zusammenspiel beider Hände und dem symmetrischen Arbeiten hängt das optische Ergebnis der Operation ab.

Nach dem Absaugen massieren die ÄrztInnen die Körperpartie kräftig und verteilen so eventuelle Ungleichmäßigkeiten. Sie vernähen die Schnitte und legen einen festen Druckverband an.

Bei der »nassen« Fettabsaugung werden große Mengen einer Lösung verschiedener Medikamente in das Gewebe gespritzt. Dadurch weicht es auf und läßt sich mit kleineren Kanülen und geringerem Kraftaufwand absaugen. Dabei wird weniger Gewebe verletzt, es gibt weniger Blutergüsse, das Gewebe heilt schneller.

Geringe Mengen Fettgewebe lassen sich ambulant absaugen. Werden jedoch 250 ml deutlich überschritten – und bei Bauch und Hüften können es leicht erheblich mehr sein –, sollten ein bis zwei Tage Klinikaufenthalt eingeplant werden. Der Verlust an Gewebe und Körperflüssigkeit kann Herz und Kreislauf so sehr belasten, daß es zum Kollaps kommt. Solche lebensbedrohlichen Zwischenfälle sind nur in einer Klinik mit entsprechend geschultem Fachpersonal kompetent aufzufangen.

Mit der »nassen« Methode können auch größere Mengen Fett ambulant abgesaugt werden.

Nachsorge

Das verletzte Gewebe in der Tiefe schwillt nach der Operation stark an. Es braucht eine Heilungszeit von drei bis sechs Monaten. Bei der »nassen« Methode sind die Operationsfolgen moderater.

Wurde das Fett an der Außenseite der Oberschenkel, am Gesäß oder am Kinn entfernt, halten sich die Schmerzen nach der Operation in Grenzen. Eine Fettabsaugung am Bauch kann erheblich mehr und länger wehtun.

Damit die Haut mit dem Unterhautgewebe einwandfrei verwachsen kann, muß, nachdem der Verband abgenommen wurde, zwei Monate lang Tag und Nacht und noch einmal einen Monat lang tagsüber eine festsitzende Miederhose getragen werden; bei einer Oberschenkeloperation das Modell mit angeschnittenen Beinen.

Obwohl der abgesaugte Bereich noch eine Zeitlang sehr berührungsempfindlich ist, müssen Sie zwei Wochen nach der Operation mit Massagen beginnen. Diese sollen Verhärtungen mildern, die Schwellungen abklingen lassen und die Durchblutung verbessern, so daß die Heilung schneller vonstatten geht.

Zwei Monate lang sind Sonnenbäder, Gymnastik und Sport tabu. Bereits nach wenigen Tagen können Sie wieder arbeitsfähig sein.

Risiken und Komplikationen

Beim Absaugen in der Tiefe des Gewebes können innere Organe verletzt, dicht unter der Haut können Blutgefäße angerissen werden. Die Blutungen kommen zwar zum Stillstand, die daraus resultierenden Dellen bleiben jedoch bestehen.

Wenn die ChirurgInnen nicht mit großem Fingerspitzengefühl vorgehen, bekommt die bis dahin meist gleichmäßig gewellte Haut ein unregelmäßiges Relief.

3000 ml Fettgewebe abzusaugen gilt als oberste Grenze. Was darüber hinausgeht, kann Herz und Kreislauf unvorhersehbar stark belasten. Kreislaufzusammenbrüche und Herzversagen hat es bereits sowohl während des Absaugens als auch noch Stunden danach gegeben. Als weitere Komplikationen sind gefürchtet: Herzinfarkt, Hirnschlag, Embolie, tiefe Thrombose.

Versprengte Fettzellen können sich an anderen Körperstellen unerwünscht ansiedeln, Schmerzen und Taubheitsgefühle können in dem abgesaugten Bereich noch eine Zeitlang bestehen bleiben.

Dauer und Wirkung

Wie die Figur nach einer Fettabsaugung ausfällt, läßt sich erst nach etwa einem halben Jahr abschließend beurteilen. Dann ist auch frühestens ein Nachbessern möglich. Bei der »nassen« Methode ist das Ergebnis schon nach wenigen Tagen deutlich. Das Ergebnis hängt auch davon ab, wie gewissenhaft sich die Operierten der Nachsorge unterzogen haben: Massagen durchführen lassen, Miederhose tragen. Eine wellige Hautoberfläche wird nach dem Eingriff oft beklagt.

Abgesaugte Fettzellen garantieren keine schlanke Figur für alle Zeiten. Wer sich wenig bewegt und überreichlich ernährt, wird wieder dick.

Kosten

Je nach abgesaugter Menge Fett und der Kunstfertigkeit der ChirurgInnen liegen die Preise zwischen 3.000 und 6.000 DM. Kosten für Narkose, Klinikaufenthalt und Nachbehandlung kommen hinzu.

KONTAKT

Deutsche Gesellschaft für Ästhetische Medizin
Bodenseeklinik, Lindau
Tel.: 08382/5094, Fax: 29832

Vereinigung der Deutschen Plastischen Chirurgen
Plastische Chirurgie der Chirurgischen Universitätsklinik
Josef-Schneider-Straße 2, 97080 Würzburg
Tel.: 0931/201-3318, Fax: -2241

Deutsche Gesellschaft für Plastische und Wiederherstellungschirurgie
Diakoniekrankenhaus
Elise-Averdieck-Str. 17, 27342 Rotenburg/Wümme
Tel.: 04261/772377/76, Fax: 772020

LITERATUR

Margaret Minker, Renate Scholz
Alles über Schönheitsoperationen
Humboldt, München, 1992. DM 14,80

Diät-
Kalender
F. B.

Gewicht

Eßgelüste – welche Frau kennt sie nicht? Von Zeit zu Zeit gieren fast alle nach Süßem und Fettem, wie sie zum Beispiel in Form von Schokolade oder Eiskrem eine verführerische Verbindung eingegangen sind. Wenn die Zeit für gar nichts mehr reicht, ersetzt ein Stück Sahnetorte die entspannende Pause; wenn Aufmunterung, Lob und Zärtlichkeit fehlen, helfen Champagnertrüffel. Diese »kleinen Sünden des Alltags« verschaffen das befreiende Gefühl, auch über die Stränge schlagen zu können; sie entlasten ein wenig vom psychischen Druck, und sie schenken einen kurzen Augenblick lang Genuß und Lust.

Solche Glücksmomente sind ein probates Mittel gegen Streß. Und da Streßabbau gleichbedeutend ist mit dem Aufbau von Widerstandskraft, können die kleinen »Dickmacher« sogar zum Gesundbleiben beitragen. Manche ErnährungsideologInnen verteufeln allerdings die »Wohlfühlhilfen« dieser Art, weil sie – wie alle Alltagsdrogen – auch schaden können, wenn sie dem Körper lange und übermäßig zugeführt werden (▷ Süchte, Seite 591).

Daß manche Frauen in der Zeit vor der Periode ein Heißhunger auf Süßigkeiten überfällt, ist eine durchaus »vernünftige« Erscheinung, für die es sogar eine biologische Begründung gibt. Gegen Ende des Zyklus ist der Serotoninspiegel deutlich niedriger als zu anderen Zeiten. Serotonin ist ein Botenstoff in den Gehirnzellen. Zu wenig Serotonin macht Menschen niedergeschlagen und reizbar. Mit dem Appetit auf Kohlenhydrate, wie Zucker, Nudeln oder Brot, signalisiert der Körper, daß er seinen Serotoninspiegel anheben möchte. Wird dieser Drang befriedigt, klingt die depressive Verstimmung leichter ab.

Ähnlich wirken die Endorphine, körpereigene »Wohlfühlsubstanzen«, die mit dem Lustzentrum des Gehirns in Verbindung stehen. Zur Zeit des Eisprungs kursieren üppige Endorphinmengen im Gehirn. Ebbt die Woge ab, fühlen sich die Frauen matt und ausgelaugt, wie sonst auch, wenn der Endorphinspiegel niedrig ist. Wer dann das Verlangen nach Fettem oder Süßem stillt, verschafft sich einen kleinen Endorphin-Kick (▷ Das Körper-Seele-Band, Seite 606).

Seelennahrung

In ihren Speisen unterscheiden sich Völker und Regionen, und sie verbinden sie, wenn Erlebnishungrige probieren, was fremde Küchen servieren. Beim Essen kommt die Familie zusammen und stärkt ihr Gefühl, zusammenzugehören. Wer andere an seinen Tisch bittet, lädt ein zu Kontakt und Austausch, will die Gedanken des anderen kennenlernen und Frieden schließen.

Für Frauen hat das Essen eine noch weitergehendere Bedeutung. Sie, die von Natur aus Nährerinnen ihrer Kinder sind, nähren auch alle anderen, für die sie das Essen bereiten. Indem sie den körperlichen Hunger anderer Menschen stillen, trösten sie auch. So können sie aus Lebensmitteln Mittel zum Leben machen – oder genau das auch verweigern.

Der BMI – Das Normalgewicht

Das Normalgewicht orientiert sich mittlerweile am »Body-Mass-Index« (BMI). Er errechnet sich nach folgender Formel: Körpergewicht in Kilogramm geteilt durch das Quadrat der Körpergröße in Metern. Bei drei Personen gleicher Größe, aber unterschiedlichen Gewichts lautet die Berechnung:

68 (kg Gewicht) ÷ 1,68 (m Körpergröße)^2 = 24,11 BMI
75 (kg Gewicht) ÷ 1,68 (m Körpergröße)^2 = 26,59 BMI
78 (kg Gewicht) ÷ 1,68 (m Körpergröße)^2 = 27,65 BMI

Liegt der BMI zwischen 20 und 27 gilt das Gewicht als normal. Ab einem BMI von unter 18 spricht man von deutlichem Untergewicht (▷ Magersucht, Seite 520), liegt er über 30, besteht deutliches Übergewicht (▷ Eßsucht, Seite 522).

Dick und Dünn

Das Gewicht eines Menschen und die Figur, die er damit macht, entstehen als Konglomerat aus einer Vielzahl von Einflußfaktoren des körperlichen, psychischen und sozialen Befindens. All diese Einzelaspekte auszubalancieren gelingt offenbar nicht allen gleich gut. Kummerspeck und Magersucht sind die extremen Ausprägungen eines solchen Ungleichgewichts. (▷ Eßstörungen, Seite 520).

Körperformen

Die vor Jahren geltende Definition des Idealgewichts entstand aus den Statistiken amerikanischer Versicherungsgesellschaften, die suggerierten, daß Menschen diesen Gewichts das geringste Krankheitsrisiko hätten. Diese Sichtweise war jedoch irreführend. Heute bestimmen ÄrztInnen das Normalgewicht nach dem BMI (▷ siehe Kasten) und berücksichtigen unter anderem die Art der Fettverteilung am Körper als weiteres Indiz für das Risiko, bestimmte Krankheiten zu erleiden.

Der weibliche Körper hat einen relativ großen Anteil an Fettgewebe, in dem er die Energiereserven anlegt, mit denen er auch in Notzeiten Schwangerschaft und Stillzeit überstehen kann. Bevorzugte Regionen sind vor allem Brüste, Bauch, Hüften, Po und Oberschenkel. Das prägt die typisch weibliche Figur in Form einer Birne: oben schmaler, unten breiter. Männern wachsen hingegen »Rettungsringe« um die Taille und am Oberbauch; es entsteht die Apfelform, die als Indiz für ein erhöhtes Herzinfarktrisiko gilt.

Individuelles Normalgewicht

Manche Menschen essen Kuchen, Sahne und Paniertes so oft sie mögen und bleiben schlank, andere essen sich kaum je satt und können doch nur mit Mühe ihr Gewicht halten. Das Rätsel dieser Unterschiede ist noch nicht restlos gelöst, sicher ist jedoch, daß daran genetische Anlagen beteiligt sind und daß Ernährung und Bewegung einen entscheidenden Anteil haben.

Jeder Mensch hat offenbar sein ganz individuelles Normalgewicht, das der Körper ein Leben lang zäh verteidigt. Während zweier Lebensphasen wird diese »innere Waage« offenbar »geeicht«: Ist das Nahrungsangebot für das noch ungeborene Kind während der Schwangerschaft besonders knapp, scheint sein Körper später sehr auf überlebenssichernde Fettpolster bedacht zu sein. Das Gewicht am Ende der Pubertät scheint einen weiteren »set-point« zu markieren.

Dieses individuell »richtige« Gewicht erkennen Menschen, die mit ihrem Körper in innigem Kontakt stehen, als »Wohlfühlgewicht«: Es gibt ihnen ein angenehm rundes Gefühl der Zufriedenheit und des Wohl-Seins, obwohl die Waage meist ein paar Pfund mehr zeigt, als die Schönheitsindustrie nahelegt. Wer sich das Rauchen abgewöhnt, schiebt das Wohlfühlgewicht meist noch einmal etwas hoch; das Gleiche kann mit den Jahren des Älterwerdens geschehen. Wer versucht, dieses persönliche Normalgewicht zu korrigieren, beginnt einen Kampf, der unnötig viel Energie und Lebensfreude bindet und doch fast immer aussichtslos bleibt (▷ Dick durch Diäten, Seite 516).

Starkes Übergewicht

Bei einem BMI von über 30 sprechen die MedizinerInnen von einem deutlichen Übergewicht, das die Gesundheit schädigen kann: Bluthochdruck, Herz-Kreislauf-Erkrankungen, ein erhöhtes Risiko für Herzinfarkt und Schlaganfall, Durchblutungsstörungen der Beine, Gallensteine, Zuckerkrankheit (Diabetes), Rücken- und Gelenkbeschwerden sind die häufigsten Risiken. Allerdings haben höchstens sieben Prozent der Bevölkerung so viele Kilos zuviel, daß sie aus gesundheitlichen Gründen abnehmen sollten (▷ Umstellung braucht Zeit, Seite 517).

Das Fett-Gen

Bei deutlich übergewichtigen Menschen scheint der Regulationsmechanismus gestört zu sein, der bei anderen dafür sorgt, daß sich sowohl nach Schlankheitskuren als auch nach Kalorienexzessen das Gewicht im Prinzip immer wieder auf etwa derselben Höhe einpendelt. Als Ursache haben ForscherInnen das »ob-Gen« ausgemacht (»ob« nach »obese«, engl. »fett«) – bisher allerdings nur bei Mäusen.

Dieses Gen steuert die Produktion eines Hormons, das im Nervensystem in die Regulationsmechanismen von Eßverhalten, Fettumsatz und Energieverbrauch eingreift. Eine Veränderung dieses Gens kann demnach die Gewichtsregulation entscheidend beeinflussen. Alleinige Ursache für runde Formen ist es dennoch nicht.

Der Kampf ums Gewicht

Viele Frauen sind getrieben von der Sorge um Figur und Gewicht, dem Ringen um das Ideal vom Schlank- und Schönsein. Alle Jahre wieder, vorzugsweise im Frühling, sagen sie den Pfunden mit Diäten

Achtung: Schilddrüse

Die Hormone der Schilddrüse beeinflussen die Geschwindigkeit, mit der der Stoffwechsel Nahrungsbestandteile verarbeitet. Eine Unterfunktion der Schilddrüse äußert sich unter anderem oft in einer Gewichtszunahme, eine Überfunktion in einer Gewichtsabnahme. Menschen mit einer Schilddrüsenüberfunktion verbrauchen selbst in Ruhe mehr Kalorien, als ihrer Körperarbeit entsprechend zu erwarten wäre. Sie können vergleichsweise viel essen, ohne zuzunehmen; manche nehmen sogar deutlich ab. Wenn Sie diese Symptome an sich bemerken, dabei zittrig, schnell gereizt und nervös sind, sollten Sie die Schilddrüsenhormone untersuchen lassen.
Solche hormonell bedingten Schwankungen können es unmöglich machen, sein Wohlfühlgewicht zu erkennen.

und Appetitzüglern den Krieg an. Etwa drei Milliarden Mark lassen die Deutschen jedes Jahr in Apotheken und Kurkliniken, um dem Körper ungeliebte Kilos abzuringen. Sie unterwerfen sich Disziplin und Kontrolle und opfern meist das Wohlbefinden, denn wer sich kasteit, verliert die Freude am Essen. Irgendwann ist auch die Motivation zum Abnehmen dahin, und der Kampf des Kopfes gegen den Rest des Körpers geht verloren.

Dick durch Diäten

Der Erfolg von Diäten ist nicht von Dauer. Etwa 90 Prozent aller Übergewichtigen scheitert beim Abnehmen: Sie bleiben nicht dünn, sondern die Fettpolster wachsen im Gegenteil von Versuch zu Versuch.

Diäten sind im biologischen Programm des Körpers nicht vorgesehen. Seine jahrtausendelange Erfahrung ist: Eine verminderte Nahrungszufuhr ist eine akute Notlage, die ihn das Leben kosten kann. Also schaltet er bei einem längeren Kaloriendefizit auf ein Notprogramm um und drosselt seinen Energieverbrauch deutlich. Abnehmwillige erkennen das daran, daß sich der Zeiger der Waage keinen Millimeter mehr zurückbewegt, nachdem sie in den ersten Tagen so erfolgreich abgenommen hatten.

KONTAKT

Selbsthilfegruppe für Mollige
c/o Barbara Bahr
Carlo-Mierendorf-Straße 21 a, 34132 Kassel
Tel.: 0561/40 28 27

Selbsthilfegruppe für Eßgestörte
Nachbarschaftszentrum
Kardinal-Rauscher-Platz 4, A-1150 Wien
Tel.: 0222/23 98 98

Team Selbsthilfe
Dolderstraße 18, CH-8032 Zürich, Tel.: 01/2 52 30 36

Ist die Zeit der schmalen Kost vorbei, schaltet der Stoffwechsel wieder um. Nach dem Motto »Für die nächste Hungersnot brauchen wir einen Vorrat« füllen sich die Fettzellen nun so schnell wie möglich wieder auf: Das Gewicht schnellt nach oben.

Wer den Körper immer wieder Diäten unterwirft, veranlaßt ihn, neue Fettdepots anzulegen, um für die offenbar immer wiederkehrenden Notzeiten gerüstet zu sein. Irgendwann verwertet er die Speisen dann besser als je zuvor und nimmt schon mit der bislang normalen Ernährung zu. Auf diese Weise hungern sich viele Frauen zu »dicken« Energiesparerinnen – mit wenig Kalorien rauf und mit vielen Qualen wieder herunter: Der sogenannte Jo-Jo-Effekt ist eingetreten (▷ Umstellung braucht Zeit, Seite 517; ▷ Maß halten, Seite 517).

Lustvoll essen

Essen ist eine Sinnesfreude besonderer Art. Das Auge ißt mit, Geschmacks- und Geruchsempfinden erinnern sich daran, welche Freuden und Leiden mit bestimmten Gerichten verbunden waren. Besonders die Erinnerungen aus der Kinderzeit wirken deutlich nach. Ungesunde Ernährungsgewohnheiten zu verändern bedeutet meist, Essen wieder genießen zu lernen und es nicht mehr in sich hineinzufüllen, um das Hungergefühl zu beseitigen.

- Eine Mahlzeit in Ruhe und entspannter Atmosphäre kommt dem Begriff des »Speisens« nahe und ist auch möglich, wenn Sie mittags nur eine halbe Stunde Zeit haben. Wenn Sie im Stehen gierig einen Snack verschlungen haben, knurrt zwar der Magen nicht mehr, doch das Gefühl der Leere ist geblieben.
- Zum Essen gehören das Erlebnis, der Genuß, die Lust. Die angenehme Gesellschaft von FreundInnen und Bekannten intensiviert das.
- Das Auge ißt immer mit. Ein attraktiv belegtes Brot, ein liebevoll arrangierter Teller oder sorgfältig gedeckter Tisch steigern den Genuß.

• Essen Sie bewußt, und meiden Sie Situationen wie beim Fernsehen oder Zeitunglesen, in denen so manches völlig gedankenverloren und achtlos in den Mund wandert, was nach Jahren noch auf den Hüften liegt.

Umstellung braucht Zeit

Auf eine ausgewogene Ernährung umzustellen ist ein langfristiges Programm. Es besteht aus vielen aneinandergereihten Zielen, die mit kleinen Schritten angesteuert werden. Eine wichtige Voraussetzung für den Erfolg ist, sich darüber klar zu werden, welche Bedeutung das Essen für einen selbst hat.

Im Vordergrund jeder Ernährungsumstellung steht nicht das Abnehmen, sondern das Finden und Stabilisieren des Wohlfühlgewichts und das langsame Festigen neuer Gewohnheiten und Geschmacksrichtungen.

Der Wandel beginnt schon beim Einkaufen: Wer frischer Kost den Vorzug geben will, sucht Obst und Gemüse eher auf dem Wochen- als im Supermarkt; wer Zusatzstoffe und Schadstoffrückstände vermeiden will, kauft Lebensmittel aus kontrolliert ökologischem Anbau, und wer Umweltfragen berücksichtigt, achtet darauf, daß seine Lebensmittel aus der näheren Umgebung kommen und nicht Tausende von Kilometern quer über die Kontinente transportiert wurden.

Maß halten

Kalorienzählen ist out. Das Geheimnis einer maßvollen Ernährung folgt einer relativ einfachen Formel: Sparen Sie an Fett und Zucker, auch wenn sie sich in Zubereitungen verstecken, und essen Sie statt dessen mehr Kartoffeln, Gemüse, Obst, Nudeln oder Brot.

Fett macht eher dick als Eiweiße oder Kohlenhydrate, weil sich die Fettverbrennung nur schleppend an eine erhöhte Zufuhr anpaßt. Während der Stoffwechsel die anderen Nährstoffe beschleunigt verarbeitet, wenn sie reichlich vorhanden sind, wandert das Fett weitgehend in die Depots.

• Vermeiden Sie Verbote, wie zum Beispiel: »Ich esse keine Schokolade mehr.« Solche Vorsätze lassen sich nur selten durchhalten. Die Erfahrung, »versagt« zu haben, führt dazu, daß nun alle guten Vorsätze fallen gelassen werden. Und weil sowieso schon alles egal ist, wird die Schokolade nun nicht mehr stückchenweise genossen, sondern tafelweise verschlungen.

• Fast alles läßt sich fettärmer zubereiten als gewohnt. In beschichteten Pfannen brennt auch ohne Fett nichts an; Pommes frites werden auch in der Bratröhre braun.

• Warten Sie nicht, bis Sie hungrig sind wie eine Wölfin und sich auf alles Eßbare stürzen. Mehrere kleine Mahlzeiten anstelle weniger großer verhindern Blutzuckertiefs und Heißhungeranfälle. Ein Vollkornbrot, einen Apfel, eine Karotte am Arbeits-

TIP

Lebens-Mittel

• Alle Nahrungsmittel sollten so naturbelassen sein wie möglich: also wenig Fertigprodukte, wenig Konserviertes, wie zum Beispiel aus Dosen.

• Alle Nahrungsmittel sollten so frisch wie möglich verzehrt werden, damit nicht durch Lagerung, Kochen oder Aufwärmen wichtige und wertvolle Inhaltsstoffe verlorengehen.

• Schonend zubereiten, also dünsten, dämpfen oder grillen.

• Als Fett kalt gepreßte, pflanzliche Öle bevorzugen.

• Ausgemahlene Weißmehlprodukte reduzieren, Vollkornprodukte vorziehen.

• Zucker, ob weiß oder braun, sparsam verwenden.

• Kräuter und Gewürze helfen Salz zu sparen.

• Durst läßt sich am besten mit Wasser, Säften oder Tees stillen. Alkohol ist als Durstlöscher ungeeignet.

platz zwischendurch zu kauen, verringert den Appetit auf das Essen in der Kantine.

• Gehen Sie nicht hungrig einkaufen, und kochen Sie nicht mit leerem Magen. Wenn Sie etwas im Magen haben, kaufen Sie weniger ein, und das Naschen am Herd wird nicht zur zusätzlichen Mahlzeit.

• Essen Sie vor der Hauptmahlzeit einen kleinen Salat. Er sättigt und verhindert, daß Sie sich anschließend allzuviel auf den Teller laden.

• Stellen Sie keine gefüllten Schüsseln und Töpfe auf den Tisch. Sie verführen dazu, so lange zu essen, bis nichts mehr da ist. Wer sich eine Tellerportion anrichtet, ißt meist weniger.

• Wenn Sie unter Streß zu Eßanfällen neigen, legen Sie sich kalorienarme Lebensmittel in Griffnähe: frisches Obst, rohes Gemüse, trockenes Brot.

• Ausrutscher passieren immer wieder, doch: Es zählt nicht der einzelne Tag mit dem riesigen Sahneeis, sondern die Bilanz von Wochen und Monaten.

Was der Körper braucht

Die Grundbestandteile der Ernährung sind Kohlenhydrate, Eiweiß und Fette: Alle drei sind Energielieferanten. Dazu kommen lebenswichtige Vitamine, Mineralien und Spurenelemente. Sie sind in einer ausgewogenen, frischen Ernährung immer reichlich vorhanden und müssen nicht extra zugesetzt werden, auch wenn die Lebensmittelindustrie damit wirbt: Kakao mit extra Vitaminen, Müsli-Riegel mit extra Ballaststoffen oder Joghurt mit extra Kalzium. Die jeweiligen Lebensmittel werden durch die entsprechenden Zusätze nicht wertvoller. Oft kaschieren die Werbesprüche nur einen extrem hohen Zuckergehalt oder einen völlig denaturierten Zustand: ein Produkt, das aus den Labors der Lebensmittelindustrie stammt, wie zum Beispiel Corn-Flakes.

Light-Produkte?

Den Begriff »light« kann jedes Unternehmen verwenden, er ist nicht geschützt. Aussagekräftig ist er nur, wenn »light« kalorienreduziert bedeuten soll. Dann enthält das Produkt mindestens 40 Prozent weniger Kalorien als die übliche Ware. Wenn eine Wurst zum Beispiel üblichweise 40 Prozent Fettanteil hat, kann sie als kalorienreduzierte Wurst 24 Prozent Fett enthalten: deutlich weniger, aber noch immer relativ viel.

Um ein Lebensmittel »light« zu machen, werden meist billige Trägerstoffe, zum Beispiel Luft und Wasser, für teures Geld hineingeschmuggelt. Vorher muß allerdings noch das Ausgangsmaterial, zum Beispiel Maisstärke als Fett-Ersatz, verschiedenen chemischen Prozeduren unterworfen werden, um schließlich den cremig-fettigen Geschmack des Produktes zu erreichen, das angeblich nicht dick macht.

Viele hochindustriell zubereitete Speisen füllen zwar den Magen, sättigen aber nicht. Das Sättigungszentrum im Gehirn wird durch sie eher angeregt, und die KonsumentInnen geben ihrem Appetit nach, weil es ja »light«-Produkte sind. Da diese aber immer noch Kalorien enthalten, kann die Energie-

Bedeutung des Essens

• Wie fühlen Sie sich in Ihrer Haut, in Ihrem Körper? Eigentlich ganz in Ordnung und recht wohl, oder häßlich, dick und plump? Wer seine eigenen Formen heftig ablehnt, nimmt sich vielleicht verzerrt wahr (▷ Seite 470).

• Welche Motive außer Hunger verleiten Sie noch zum Essen? Essen Sie aus Freude und genießen Sie jeden Bissen, oder essen Sie oft aus Langeweile, Enttäuschung, Kränkung oder Ärger? Wenn das Essen etwas anderes ersetzen soll, können sich Eßstörungen einschleichen (▷ Seite 520).

• Welche Bedeutung hatte das Essen in Ihrer Kindheit? Gehörten Essen, Geselligkeit und Vergnügen zusammen, oder herrschte bei Tisch eher ein kühles oder gar aggressionsgeladenes Klima? Mußten Sie essen, was auf den Tisch kam und den Teller leermachen, wenn Sie ein liebes und braves Kind sein wollten?

Energielieferanten

Kohlenhydrate

Sie stecken in allem, was süß schmeckt und was Stärke enthält: vor allem in Getreide und seinen Produkten Brot und Nudeln, aber auch in Obst und Gemüse. Dabei sind für den Organismus nicht alle Kohlenhydrate gleich. Die konzentriert süß schmeckenden, wie Zucker, Honig und damit hergestellte Produkte, verarbeitet der Stoffwechsel sehr schnell. Sie machen nur für kurze Zeit satt.

Komplexe Kohlenhydrate, wie sie in Gemüse, Kartoffeln, Hülsenfrüchten, Vollkorngetreide, Reis oder Nudeln stecken, bewältigt der Körper sehr viel langsamer. Von ihnen können sogar Abnehmwillige essen, so viel sie mögen – wenn sie nicht mit Fett zubereitet oder angemacht werden.

Auch die vorwiegend unverdaulichen Ballaststoffe gehören zu den komplexen Kohlenhydraten. Sie beschleunigen die Darmpassage und verringern die Aufnahme von Cholesterin im Körper.

Tip für Abnehmwillige:

• Essen Sie sich an gut gewürzten, aber fettfrei zubereiteten stärkereichen Lebensmitteln richtig satt, zum Beispiel an Nudeln, Reis, Vollkornbrot, Kartoffeln oder Hülsenfrüchten. Sie sättigen lange Zeit.

Eiweiß

Vor allem tierische Nahrungsmittel enthalten Eiweiß: Fisch, Fleisch, Milch und Milchprodukte. Aber auch in Hülsenfrüchten, Getreide und Kartoffeln steckt Eiweiß. Da zu unserer üblichen Alltagskost fast immer viel Fleisch und Wurst gehören, ist der Eiweißbedarf überreichlich gedeckt. Weniger wäre sicher besser.

Tips für Abnehmwillige:

• Mehr Fisch, dafür weniger Fleisch und Wurst.

• Hülsenfrüchte, Kartoffeln, Sojaprodukte und Getreide als Eiweißlieferanten bevorzugen.

Fett

Daß der Schinken so saftig schmeckt, der Camembert so cremig, die Nüsse so nussig und das Dessert auf der Zunge zergeht – all das beruht auf ihrem Anteil an Fett, der oft genug auch noch unsichtbar ist. Nahezu das Doppelte des Erforderlichen nehmen deutsche DurchschnittsbürgerInnen an Fett zu sich. Und es ist nicht nur zuviel, es ist oft auch noch das falsche.

Pflanzliche Öle enthalten ungesättigte Fettsäuren, die der Gesundheit zuträglicher sind als tierische Fette. Wer Salate mit Olivenöl anrichtet und zum Braten Maiskeimöl verwendet, beugt Gesundheitsrisiken besser vor als jene, die sich auf Joghurtdressing und Butter eingeschworen haben.

Tips zur Fettreduktion:

• Gewöhnen Sie Ihren Geschmack langsam an fettärmere Kost.

• Dünsten Sie Gemüse bei geschlossenem Deckel in gewürzter Gemüsebrühe. Geben Sie den Stich Butter, wenn Sie meinen, daß er unvermeidlich ist, erst danach zu.

• Verwenden Sie das Kochwasser des Gemüses für die Sauce. Helle Saucen mit Milch statt mit Sahne zubereiten.

• Verwenden Sie beschichtete Pfannen zum Braten von Fleisch oder Fisch.

Verwenden Sie Streichfette wie Butter oder Margarine sparsamer. Vielleicht können Sie auch ganz darauf verzichten: Wurst oder Käse als Belag enthalten schon genügend Fett.

aufnahme sogar größer sein, als wenn sie sich wie gewohnt ernährten. An eine Ernährungsumstellung ist kaum noch zu denken, in weite Ferne rückt auch die Gewöhnung an eine generell fettärmere Ernährung (▷ Umstellung braucht Zeit, Seite 517).

Eßstörungen

Eßstörungen haben mit falschem, ungesundem oder übermäßigem Essen wenig zu tun. Oft sieht man einem Menschen gar nicht an, daß er unter einer Eßstörung leidet: Er muß weder extrem dünn noch ungewöhnlich dick sein; auch Normalgewichtige können in einer verzweifelten, suchtartigen Verstrickung mit dem Essen gefangen sein und mit ihrer Art des Essens seelische Probleme und tiefe innere Konflikte ausdrücken. Daher zählen Eßstörungen zu den psychosomatischen Krankheiten.

Noch immer sind Mädchen und Frauen häufiger von Eßstörungen betroffen als Männer. Das gesellschaftliche Dogma, daß nur der makellos schlanke Körper Anerkennung verdient, kann bis in die letzte Faser des Bewußtseins wirken. Diese zerstörerische Kraft des geltenden Schönheitsideals bedrängt allerdings immer mehr auch Männer. Sie schädigen sich meist durch einseitige Ernährung, um den Aufbau von Muskeln zu fördern. Dabei kann es zu Stoffwechselproblemen kommen.

Magersucht (Anorexie)

Fast alle Mädchen experimentieren in der Pubertät damit, ihre Formen zu beeinflussen, und versuchen mindestens einmal eine Diät. Meist brechen sie diese Kur aber nach kurzer Zeit wieder ab und kehren zu einem mehr oder weniger normalen Eßverhalten zurück. Etwa zwei von hundert Mädchen gelingt das jedoch nicht. Sie machen ihren Körper zum Experimentierfeld auf der verzweifelten Suche nach einer eigenen Identität.

Signale

Alle Gedanken kreisen ums Essen, sind im Essen gefangen: Magersüchtige kennen alle Kalorienwerte, sie wälzen Kochbücher, sättigen sich quasi durch Anblick und Geruch der Speisen und bekochen andere. Sie zählen wie besessen immer wieder die Kalorien von einem Joghurt und einem halben Apfel, die ihre gesamte Tagesration ausmachen.

Den Familien fällt auf, daß die Mädchen vermeiden, mit den anderen am Tisch zu sitzen. Fast immer geben sie vor, keinen Appetit oder schon gegessen zu haben. Entweder sie decken den Tisch und servieren, essen selbst aber nicht, oder sie sind zu den Tischzeiten nicht zu Hause. Manche fördern die Gewichtsabnahme noch durch Abführmittel, Appetitzügler, Entschlackungstees, wasserausschwemmende Tabletten oder übermäßigen Sport.

Magersüchtige können nicht mehr davon lassen, nichts oder fast nichts zu essen: Sie magern extrem ab, die Knochen der Schulterblätter, Gelenke und Hüften werden deutlich sichtbar. Alle weiblichen Formen, wie Busen, runde Hüften und Po, verschwinden. Oft bleibt auch die Periodenblutung aus (▷ Seite 629). Aufmunterndes Zureden, doch endlich wieder richtig in die vollen Töpfe und Pfannen zu langen, stößt auf taube Ohren. Nicht selten verlieren die Jugendlichen in wenigen Monaten bis zu 25 Prozent ihres Körpergewichtes. Und dennoch ist kaum eine in der Lage, ihre Körperformen wahrheitsgemäß einzuschätzen: Sie empfinden sich oft auch dann noch als dick, wenn sie bereits deutlich untergewichtig sind. Das Verhältnis zum eigenen Körper ist empfindlich gestört.

Anders als die andern

Viele magersüchtige Mädchen sind interessant und faszinierend: intelligent, fleißig, kontrolliert, perfekt, ehrgeizig, klug, zielstrebig und erfolgreich in Schule und Beruf. Sie sind etwas Besonderes, und die Magersucht hebt sie noch mehr aus dem Kreis der Mitmenschen hervor.

Ihr paradoxer persönlicher Gewinn aus dieser Sucht erwächst aus dem euphorisierenden Gefühl, sich selbst, den Körper und die Umwelt mit absoluter Disziplin zu kontrollieren. Sie erleben den Sieg über den Hunger als Triumph über die Erdenschwere, als Sieg über die Weiblichkeit, die sie erschreckt und abstößt. Sie versuchen, ihre eigenen drängenden Gefühle zu überwinden, indem sie den Hunger bezwingen. Magersüchtige Frauen ringen vor allem um ihre Identität, indem sie sich von anderen abgrenzen. Für eine von zehn Frauen endet diese Suche nach Autonomie mit dem Hungertod.

Behandlung

Je weniger Magersüchtige wiegen, desto schwieriger wird es für sie, sich im Alltag, im Beruf oder in der Schule zurechtzufinden. Sie sind durch den Hunger erschöpft und geschwächt; ihre Gedanken sind ans Essen und Nicht-Essen gebunden. Sie sind müde, können sich nicht konzentrieren, sie frieren und schlafen schlecht. Viele verlieren den Kontakt zu FreundInnen und zur Familie und vereinsamen.

Dennoch erkennt kaum eine Magersüchtige ihre Krankheit. Fast immer leugnen und verkennen sie ihr Aussehen. Sie finden sich und ihre Familie ganz normal und meinen, die besorgten Eltern und FreundInnen machten sich unnötig Sorgen. Ausdauernd widersetzen sie sich jeder Therapieempfehlung. Im Extremfall kommt der entscheidende Anstoß zur Psychotherapie erst, wenn sie im Krankenhaus zwangsernährt werden müssen. Eine professionelle Psychotherapie kann lebensrettend sein. Als Verfahren kommen solche in Frage, die Psychoanalytische Methoden (▷ Seite 585), Verhaltenstherapie (▷ Seite 585), Familientherapie (▷ Seite 586), Körpertherapien (▷ Seite 587) und Gestaltungstherapien (▷ Seite 589) kombinieren. Bei einer stationären Behandlung gelingt das besonders wirkungsvoll. Die meisten Magersüchtigen brauchen einige Monate stationärer Behandlung und anschließend noch ein bis zwei Jahre ambulanter Therapie.

Eß-Brechsucht (Bulimie)

Eine Bulimie beginnt meist schleichend: Die jugendlichen Mädchen versuchen sich an einer Diät, nehmen danach wieder zu und probieren das ganze noch einmal. Wenn der Hunger allzu groß wird, verlieren sie die Beherrschung und schlingen heimlich Unmengen von Essen in sich hinein. Irgendwann beginnen sich die Eßattacken zu häufen: Von ein- oder zweimal in der Woche bis zu fünf- oder sechsmal am Tag kann sich eine bulimische Frau gezwungen fühlen, Essen herunterzuschlingen. Nach der Attacke fühlen sich die Betroffenen meist elend, verzweifelt und beschmutzt, weil sie die Kontrolle über sich verloren haben. Der Verlust an Beherrschung zwingt sie, alles wieder zu erbrechen. Danach fühlen sie sich zwar erleichtert, aber dennoch erfüllt von Ekel gegen sich selbst.

TIP

Selbsthilfe bei Eßstörungen

Eßstörungen führen fast immer in eine tiefe Isolation. Um so hilfreicher ist es, sich in einer Selbsthilfegruppe mit anderen zusammenzufinden, die mit ähnlichen Problemen kämpfen. Besondere Kenntnisse sind dafür nicht erforderlich. Es müssen allerdings zwei Prinzipien eingehalten werden:

- Alles, was an Persönlichem zur Sprache kommt, bleibt strikt innerhalb der Gruppe. Es gibt kein Weiterplaudern.
- Jede spricht über sich selbst und die eigenen, ganz persönlichen Erfahrungen. Die anderen brauchen keine Ratschläge. Man unterstützt einander vor allem durch Zuhören.

Die Adressen der Selbsthilfegruppen sind in den Frauengesundheitszentren oder über die Gesundheitsämter zu erfragen. Die Treffen der Gruppen werden häufig von TherapeutInnen begleitet.

Signale
Bis zu 30.000 Kalorien können Bulimikerinnen in einer Eßattacke in sich hineinschlingen: unglaubliche Mengen von Lebensmitteln, Broten, Keksen, Schokoladen oder Eispackungen. Wenn der Anfall einmal begonnen hat, ist es ihnen nicht mehr möglich aufzuhören. Sie spüren oder schmecken die Speisen nicht mehr. Das Hineinschlingen dient allein dazu, sich innerlich zu füllen, Ängste zu besänftigen und sich etwas zu betäuben. Dennoch empfinden sie jeden Eßanfall als schreckliche Niederlage des eigenen Willens. Sie spüren, wie sich der Teufelskreis aus zwanghaftem Essen und zwanghaftem Erbrechen immer enger um sie schließt. Bulimikerinnen kämpfen einen verzweifelten Kampf gegen sich selbst, indem sie immer wieder versuchen, sich selbst und ihren Körper unter Kontrolle zu bekommen.

So wie die andern
Bulimische Frauen und Mädchen sind meist freundlich, angepaßt und gepflegt. Viele haben ein ganz normales Gewicht, scheinen sich über Kontakte zu anderen zu freuen und wirken nach außen selbstbewußt. In der Schule und im Beruf sind sie meist erfolgreich, aber unauffällig.

Doch in ihnen brodelt es. Die meisten Bulimikerinnen haben ein extrem widersprüchliches Verhältnis zu ihrem Körper. Sie lehnen ihn ab, weil sie ihn nicht als schön und wertvoll empfinden können, gleichzeitig sehnen sie sich nach Liebe, Anerkennung und Bewunderung als Frau. Im Zwiespalt gefangen, versuchen sie immer wieder, das »leere Loch« in sich zu stopfen.

Behandlung
Eine Bulimie bleibt oft lange unsichtbar, weil die Frauen so gut wie möglich versuchen, ihre Sucht zu verbergen. Manchmal wird die Umgebung auf die Krankheit aufmerksam, weil die bei den Eßanfällen verschlungenen Lebensmittel sehr viel Geld kosten und sich die Betroffenen verschulden.

Auch der Körper der Bulimikerinnen leidet: ihr Hormonhaushalt gerät durcheinander, es kommt zu Störungen im Mineralhaushalt, die sich in Konzentrationsschwäche und Kreislaufstörungen äußern. Das fortwährende Erbrechen kann Halsschmerzen und Heiserkeit durch Entzündungen der Speiseröhre verursachen.

Die meisten Frauen gestehen sich irgendwann selbst ein, daß sie professionelle Hilfe brauchen, um aus dem Teufelskreis auszusteigen. Der Weg in die Therapie kann dann zur Befreiung werden. In speziellen Kliniken, die mit Gesamtbehandlungskonzepten aus psychoanalytischen (▷ Seite 585), verhaltenstherapeutischen (▷ Seite 585), körpertherapeutischen (▷ Seite 587) und kreativen Verfahren (▷ Seite 589) arbeiten, finden sie den Einstieg in den Ausstieg. Hilfreich ist es, nach dem stationären Aufenthalt, der meist einige Monate in Anspruch nimmt, mit einer ambulanten Therapie fortzusetzen. Diese kann ein bis zwei Jahre weiterer Behandlungszeit beanspruchen (▷ Selbsthilfe bei Eßstörungen, Seite 521).

Eßsucht (Adipositas)

Bei den meisten eßsüchtigen Frauen beginnt die Krankheit mit einer Diät. Die Betroffenen empfinden sich als zu dick, sie beginnen zu hungern. Heißhungeranfälle zwingen sie dann, ihre Diät zu unterbrechen: Sie wollen endlich wieder einmal satt sein. Dabei verlieren sie jedoch die Kontrolle und Übersicht – sie essen zu viel und nehmen wieder zu. Es beginnt ein Auf und Ab der Pfunde, das den Stoffwechsel völlig verwirrt (▷ Dick durch Diäten, Seite 516) und die Frauen in tiefer Scham zurückläßt. Sie verzweifeln an ihrer »Willenlosigkeit«, und dafür gibt es nur einen Trost: Essen.

Signale
Die Frauen verlieren ihr Gefühl für Hungrig- und Sattsein, weil das wahllose Essen die Appetit- und

Sättigungszentren im Gehirn irritiert. Das verstärkt die Störung des Körpergefühls, unter dem eßsüchtige Frauen extrem leiden. Sie spüren sich selbst nicht mehr und haben kaum Kontakt zu ihrem Körper und ihren Gefühlen. Gegen intensive Gefühle, wie Liebe, Sehnsucht, Angst, Trauer oder Wut, schirmen die Fettschichten ab. Alles, was sie bedrückt, schlucken sie hinunter. Die unverarbeiteten, widerstreitenden Gefühle lagern sich in Ringen um ihren Körper. Dennoch bleibt eine innere Leere, die zwanghaft und süchtig immer wieder mit Essen gefüllt werden muß.

Niemals satt

Für Eßsüchtige bedeutet Essen »lebendig zu sein«. Gleichzeitig macht das Essen sie jedoch niemals wirklich satt, denn sie suchen eigentlich Wärme, Nähe und Zuneigung. Weil das Essen diese Gefühle aber kaum befriedigen kann, versuchen die Frauen, mit mehr und immer mehr Essen ihrem Ziel nahezukommen.

Eßsüchtige sind meist besonders »liebe«, gefügige und angepaßte Frauen. Oft kümmern sie sich besonders aufmerksam um andere Menschen, um Geschwister oder Eltern. Doch von der Liebe und Zuneigung, die sie geben, bleibt ihnen selbst meist nichts. Süßigkeiten entschädigen für diese Bitternis.

Behandlung

Eßsüchtige Frauen leiden unter ihrer Krankheit und müssen dennoch immer wieder erleben, daß sie nicht wirklich ernst genommen werden. Selbst in der ärztlichen Praxis erhalten sie oft nur den Rat, doch weniger zu essen. Manche ÄrztInnen treiben die Frauen sogar in zusätzliche Diäten und drehen weiter an der Schraube »Dick durch Diäten« (▷ Seite 516).

Eine Psychotherapie kann zu mehr Selbstbewußtsein und Sicherheit im Umgang mit anderen Menschen verhelfen. Eßsüchtige spüren meist genau, daß sich unter ihrem Übergewicht viele Probleme verbergen: Daher macht es ihnen auch angst, abzunehmen und sich bewußt mit dem eigenen Körper auseinanderzusetzen. Vor allem in Gruppen durchgeführte Therapien, wie Psychoanalytische Verfahren (▷ Seite 585) oder Gestalttherapien (▷ Seite 586) sind hilfreich bei der Bearbeitung der Probleme, die zur Eßsucht führen. Körpertherapien (▷ Seite 587) können helfen, wieder zum eigenen Körper in Kontakt zu treten und mehr Zuneigung zu sich selbst zu entwickeln (▷ Selbsthilfe bei Eßstörungen, Seite 521).

KONTAKT

Deutsche Hauptstelle gegen die Suchtgefahren e.V. (DHS)
Westring 2, 59065 Hamm

Aktionskreis Eß- und Magersucht Cinderella e.V.
Westendstraße 35, 80339 München
Tel.: 089/5 02 12 12

ANAD Selbsthilfe Anorexie – Bulimia Nervosa e.V.
Ungererstraße 32, 80802 München, Tel.: 089/33 38 77

Dick & Dünn – Beratung bei Eßstörungen e.V.
Innsbrucker Straße 25, 10825 Berlin, Tel.: 030/8 54 49 94

Overeaters Anonymous (OA) – Anonyme Eßsüchtige
Postfach 106206, 28062 Bremen

Selbsthilfegruppe für Eßgestörte
Nachbarschaftszentrum
Kardinal-Rauscher-Platz 4, A-1150 Wien
Tel.: 0222/23 98 98

Bulimie Selbsthilfegruppe
Stiftgasse 8, A-1070 Wien

Overeaters Anonymous (EA)
Postfach 680, CH-8021 Zürich, Tel.: 01/3 61 12 43

Bulimie Selbsthilfegruppe
Dolderstraße 18, CH-8032 Zürich, Tel.: 01/2 52 30 36

Zuhause sag ich immer, ich muß zur Senioren-tanzgruppe. Sonst darf ich die ganze Zeit Enkel hüten, und schöner Ruhestand adé!...
F. BESSER

Altern

Zwischen Geburt und Tod spannt sich ein Bogen aus Rhythmen. In schneller Folge pulsiert das Herz, im Tagesrhythmus wiederholt sich das An- und Abschwellen bestimmter Hormone, der monatliche Zyklus begleitet Frauen etwa während der Hälfte ihres Lebens.

Zu wachsen, die Persönlichkeit zu entfalten und Teile der Welt zu erobern, gehört zu den Aufgaben der Jugend. Mit den Jahren verringert sich diese Kraft allmählich. Es kommt die Zeit, in der Äußerlichkeiten losgelassen und Liebgewordenes hergegeben werden müssen. Weder der Takt weltumspannender Wirtschaftsaktionen noch die Uhren alltagsgestreßter Menschen geben diese Rhythmen vor, sondern allein der Körper, das Leben selbst. Wer diesen Rhythmus erkennt und ihm folgt, gewinnt ein Stück Lebensqualität.

Wann auch immer man den Beginn des Alters ansetzt – es ist ein langes Stück Leben, viel zu wertvoll, um es unvorbereitet über sich ergehen zu lassen oder es gar schon vor dem Ende abzuschreiben. Auch wenn die letzten dreißig, vierzig Lebensjahre vom Standpunkt der Jugendlichkeit aus gesehen nicht gerade erstrebenswert erscheinen, so sind wir ihrem Ablauf doch nicht hilflos ausgeliefert. Das Leben ist veränderbar, indem wir es gestalten, und es ändert sich mit der Art, wie wir es anschauen, auslegen und bewerten.

Psychologische Untersuchungen zeigen, daß Männer ihr Leben so ausrichten, als sei der Höhepunkt um den 40. Geburtstag herum. Blickt ein 30jähriger in die Zukunft, sieht er noch etwa zehn gute Jahre vor sich, dann verschwimmt sein Leben im Dunkel. Psychologisch gesehen ist er eigentlich ein Greis, und unter diesem Aspekt ist ein 50jähriger bereits tot, denn ohne Perspektive hat er sich innerlich bereits aufgegeben.

Neuanfang

Das Leben von Frauen ist meist widersprüchlicher, kurvenreicher und gebrochener als das von Männern. Durch die vielen »Karrieren«, die sie durchlaufen – Berufsanfängerin, Wiedereinsteigerin, Umsteigerin, Mutter, Familienmanagerin, Altenbetreuerin –, strebt ihr Leben nicht so geradlinig auf einen Punkt hin. Die meisten sind daher recht geübt, immer wieder neu zu beginnen und auch im Alter den Sinn ihres Daseins neu zu definieren. Daß sie nach dem Abschluß der ihnen traditionell zugestandenen Aufgaben noch etwa dreißig Lebensjahre aktiv gestalten können, ist so neu, daß unsere Gesellschaft dafür allerdings noch kaum Vorbilder hat.

Zeitenwandel

Das Leben der heute 60-, 70-, 80jährigen war im allgemeinen der Pflicht unterstellt: Sie verrichteten ihre Arbeit, taten, was Familie und Gesellschaft von ihnen erwartete. Für diejenigen jedoch, die heute aufs Altwerden zusteuern, hat sich dies geändert. Sie können ihre Lebensform weitgehend selbst wählen, unterschiedliche Chancen ergreifen. Jede einzelne ist dabei gefordert, aus den vielfältigen Möglichkeiten das Passende herauszufinden und festzuhalten. Dazu müssen sie aber sich selbst kennengelernt haben: Was brauche ich, was will ich, was weiß ich, was kann ich? Ein lebenslanger Prozeß, der auch jenen schwerfällt, die im Verändern geübt sind, denn immer wieder gilt es, Erfahrungen neu zu bewerten, für sich selbst zu beurteilen, neue Ziele zu formulieren und Entscheidungen zu treffen. Als Alternde kann es noch einmal besonders schwierig werden, den eigenen Platz, das eigene Selbst zu definieren. In einer Welt, in der nur noch der Wandel Bestand hat, ist ein wirklicher »Ruhestand« kaum möglich.

Irgendwann stehen alle vor der Aufgabe, ihre Zeit nach eigenem Gutdünken zu strukturieren, ohne den vorgegebenen Rhythmus aus Beruf, Freizeit und Sorge um die Kinder und ohne den Takt, der das Jahr in Arbeit und Urlaub teilt.

Chancen des Alters

Ein typisches Charakteristikum der Jugendzeit ist die Unsicherheit. Egal, ob wir als Mädchen brav oder schnoddrig, angepaßt oder flippig sind – das Selbstbewußtsein ist noch gering. Irgendwann später zeigt sich dann, wie sehr Wissen, Kompetenz und Selbstsicherheit wachsen konnten. Und wieder Jahre später werden wir gewahr, daß uns manche der Ansprüche, unter denen wir jahrelang litten, nicht mehr quälen.

Liebenswürdigkeit, Verantwortungsbewußtsein, Ordentlichkeit, Sicherheitsdenken, Durchsetzungswille – Tugenden und Eigenschaften, von denen wir früher annahmen, daß wir sie haben müßten, können nun neu akzeptiert oder auch abgelehnt werden. Auch der Zwang, so und nicht anders handeln zu müssen, sich nicht anders verhalten zu können, ist einem »möglich, vielleicht aber auch anders« gewichen.

Die Erfahrung, die der ältere Mensch gegen die Unbeschwertheit der Jugend eintauscht, befähigt die meisten, eher als früher »Nein« zu sagen. Jede Frau hat nun schon so viele Konsequenzen falscher Entscheidungen und Handlungen gegen die eigenen Bedürfnisse durchgestanden, daß manches »Nein« leichter fällt. Im Gegenzug bekommt das »Ja« mehr Freiraum. Die Neugier wird wiederentdeckt, spielerische Leichtigkeit darf wieder sein. Im Alter sollte es leichter fallen als früher, Risiken einzugehen. Abenteuer, die man schon vor langer Zeit abgeschrieben hatte, können nun verwirklicht werden.

Freiheiten

Altsein befreit von vielerlei Zwängen: Rasende Hast und grenzenlose Belastung müssen nicht mehr sein, die Freiheit zur Muße, Stille und Langsamkeit kehrt ein. Innehalten und sich besinnen gelten zwar »offiziell« kaum als produktive Tätigkeiten. Und doch können diese typischen Leistungen des Alters der besinnungslosen Hektik des Größer, Schneller, Neuer und Mehr eine andere Qualität entgegensetzen.

Befreiend ist auch, nicht mehr alles und das sofort haben zu müssen, und das nicht als Verzicht zu erleben, sondern in Ruhe abwarten zu können, wie sich Situationen entwickeln, die man selbst mitgestaltet. Mit fortschreitendem Alter verschwinden bei den meisten auch allmählich die Zeichen einer kämpferischen Natur. Mit der Einsicht, daß die Kräfte schwinden, kann sich eine gewisse Demut einstellen, ein Rückzug in sich selbst. Daß all dies positive Werte des Altseins sind, können diejenigen nicht erkennen, die das Älterwerden nur im Vergleich zu den Qualitäten und Fähigkeiten der Jugend sehen. Wer Altwerden ausschließlich als den Verlust seiner Jugendlichkeit empfindet, tut sich schwer mit dem Altern. Oft resultiert daraus ein unablässiger Kampf gegen das Unvermeidliche (▷ Schönheitsoperationen, Seite 489). Solche Menschen, die sich in ihre vergangene Jugend verkrallen, werden zur Karikatur ihrer selbst: kleinlich, komisch, kauzig.

Jung bleiben

Für jünger gehalten zu werden, als es dem Geburtsdatum entspricht, gilt noch immer als Kompliment. Eine wichtige Voraussetzung dafür, die ganz oben auf der Wunschliste ans Alter steht, ist Gesundheit. Einer Untersuchung aus dem Jahre 1994 zufolge rangiert die Angst, im Alter arm und krank zu sein, bei den BundesbürgerInnen an erster Stelle der Sorgenskala. Jeder fürchtet sich, von der Versorgung durch andere abhängig zu werden, die Kontrolle über den Körper und die Lebensgestaltung zu verlieren. Die Bereitschaft ist groß, diesen Prozeß möglichst lange hinauszuzögern oder am besten ganz zu vermeiden.

Wie man in Gesundheit altert, zeigen Untersuchungen an Über-Hundertjährigen: Es liegt nicht allein an der Ernährung, der Bewegung, dem Rauchen oder dem Trinken. Trotz einer oft weniger gesund erscheinenden Lebensweise sind diese Menschen so alt geworden, weil sie nicht resignierten, immer eine Aufgabe in der Zukunft sahen. Tolerant und aufgeschlossen, glaubten sie mit unerschütterlichem Optimismus an das Leben, waren ohne Todesfurcht und neugierig auf das Kommende.

Wann ist eine Frau alt?

- Beruflich: als Stewardeß ab 28; als Tennisspielerin ab 30; als Fernsehmoderatorin ab 40; wenn sie Arbeit sucht, spätestens mit 42; allgemein, wenn sie aufhört, berufstätig zu sein.
- Gesellschaftlich: spätestens ab 50.
- Individuell: Wenn das letzte Kind ausgezogen oder sie Großmutter geworden ist, also manchmal schon um 40. Wenn sie vergessen hat, wo der Zettel klebt, der sie an das erinnern sollte, was sie keinesfalls vergessen wollte.
- WHO-Definition:

60 bis 75 Jahre:	ältere Menschen
75 bis 90 Jahre:	alte Menschen
Älter als 90:	Hochbetagte
Älter als 100:	Langlebige

Zahlenspiegel

- Die durchschnittliche Lebenserwartung von Frauen in Deutschland beträgt 78,7 Jahre; die von Männern 72,6 Jahre.
- 1994 waren 22 Prozent der Deutschen älter als 60.
- 1990 betrug das Verhältnis bei den Über-60jährigen 375 Männer : 627 Frauen; für das Jahr 2000 wird prognostiziert: 425 Männer : 575 Frauen.
- Zwei Drittel der Frauen über 65 leben allein.
- Regelmäßig pflegebedürftig sind:

1,2	Prozent	der 65- bis 70jährigen Menschen.
3,2	Prozent	der 70- bis 75jährigen Menschen.
6,2	Prozent	der 75- bis 80jährigen Menschen.
10,7	Prozent	der 80- bis 85jährigen Menschen.
26,3	Prozent	der über 85jährigen Menschen.

Menschen, die heute trotz fortgeschrittenen Alters heiter und jugendlich erscheinen, sind das nicht deshalb, weil sie keine Krisen kennen, sondern weil sie sich immer wieder den Entwicklungsaufgaben stellen, die ihnen abverlangt werden, weil sie Krisen akzeptieren und Veränderungen annehmen.

Die körperliche Gesundheit hängt mit solch einer Lebenseinstellung eng zusammen. Wer seinen eigenen Wert immer hintanstellt oder ihn womöglich gar nicht kennt, leidet meist erheblich unter den vielen kleinen Ärgerlichkeiten des täglichen Lebens. Vor allem Frauen sind gefährdet, wenn sie sich immer wieder oder sogar fortwährend entmutigt oder entwertet fühlen: Die Seele wird geknebelt, die Gesundheit nimmt Schaden.

Alte Menschen sind und bleiben attraktiv, solange sie eine spürbare Persönlichkeit haben. Sie locken durch ihre innere Sicherheit und Lebensfreude, die sie ausstrahlen. Mit genau diesem Zauber nimmt auch die fast achtzigjährige Maude den Jüngling Harold in dem Film »Harold and Maude« für sich ein, befördert ihn vom gewünschten Tod zum lebendigen Leben, und beide erleben eine kurze Zeit des Glücks.

Elixiere des Jungbrunnens

In der Abfolge von oben nach unten bestimmen die nachfolgenden Faktoren, wie jung bzw. wie alt ein Mensch wirkt – unabhängig vom biografischen Alter.

- Zukunftsperspektive
- Optimismus
- Geselligkeit und Kommunikationsfreudigkeit, aus denen Freundschaften resultieren.
- Interesse an der Jugend. Damit ist nicht gemeint, vornehmlich das Wohlergehen der Kinder und EnkelInnen im Auge zu haben, sondern sich für das zu interessieren, was »die Jugend« denkt und tut.
- Erotisch gefärbte Kontakte. Wer für sich Erotik und Sexualität im weitesten Sinne abschreibt, verrät seine Gefühle; und das geht nicht ohne innere Verarmung ab.

Sich begeistern

Das Geheimnis der Jugendlichkeit liegt immer in der Leidenschaft: Wer sich für etwas begeistern kann und es ganz und mit ungeteilter Aufmerksamkeit verfolgt, hat sich eine Quelle der Lebenskraft erschlossen. Diese Leidenschaft kann sich auf soziale, politische oder wissenschaftliche Aufgaben beziehen, sie kann ihre Kraft aus der Erziehung der EnkelInnen schöpfen, aus der Mitarbeit in einer Selbsthilfegruppe oder aus der Erforschung der heimischen Flora beziehen. Zusätzlich gewähren gesundheitsfördernde Maßnahmen Ausdauer und Elan.

Großmutter werden

Wenn die eigenen Kinder Kinder bekommen, teilt sich für die Frau das Leben in zwei Hälften: Eine Vergangenheit, in der sie zu den aufbauenden, formenden Kräften gehörte, und eine Zukunft, die sich vielen perspektivelos und düster darstellt. Was Wunder, daß manche Frau tunlichst zu verbergen sucht, daß sie jemand »Oma« ruft! Andere gehen mit ihrem neuen Status offensiver um. Und dennoch: Wenn sich eine 50jährige – fit, kompetent und selbstbewußt – als Großmutter »outet«, fühlen sich viele Leute bemüßigt zu erklären, daß man ihr »das« aber nicht ansehe. Was als Kompliment gedacht ist, dokumentiert die traditionelle Wertung. Daß engagierte Berufsfrau und Großmutter sein zusammengeht, hat erst in wenigen Köpfen Platz gegriffen.

Zukunftsorientierte Frauen vermitteln ihren EnkelInnen denn auch ein neues Großmutterbild. Von ihnen kann die nachwachsende Generation lernen, daß ein Frauenleben viele Facetten hat. Wenn sie da ist, hat sie Zeit zum Vorlesen und Spielen – zwischendurch ist sie am Arbeitsplatz und auf Reisen. Sie strickt der Puppe einen Pulli, aber sie fachsimpelt auch gern über die Geheimnisse des neuen Textverarbeitungsprogramms. Und wenn bei ihr sonntags nur der Anrufbeantworter zu hören ist, liegt das vielleicht an dem Mann, der neulich auf ihrem Sofa saß.

Enkelkinder

Enkelkinder halten ein wunderbares Jugendelixier bereit: Mit ihnen kann man sich »kindliche« Eigenschaften genehmigen, darf Träume verwirklichen und Abenteuer bestehen, ohne als »kindisch« abqualifiziert zu werden. Und wenn eine Großmutter offen bleibt für das, was »Jugend« ausmacht, bleibt sie fast immer eine gern gesehene Beraterin. Als altmodisch wird nicht diejenige ins Abseits gestellt, die 50 Jahre älter ist, sondern die, die darauf beharrt, daß früher alles besser war.

Für manche Frau, die in einem ungeliebten Beruf arbeitet, mag nun die Verlockung groß sein, den Kindern einen wesentlichen Teil der Familienorganisation abzunehmen. Das birgt die Gefahr, daß sich Generationen konfliktträchtig miteinander verstricken. Dem läßt sich nur durch klare Absprachen und Abgrenzungen vorbeugen bzw. abhelfen. Offene Aussprachen empfehlen sich auch, wenn jemand nur sporadisch für die eigenen Kinder tätig werden will. Nur wer weiß, was denen eine wirkliche Hilfe wäre, kann ihnen sinnvoll helfen. Wer kommt, »um endlich mal wieder den Dreck wegzuräumen«, wird alle vergrämen: die Kinder, weil sie sich bevormundet fühlen, und sich selbst, weil die erhoffte Dankbarkeit ausbleibt.

Doch auch wenn die Kinder die Oma gerne einspannen, sollte sich die alte Dame genau überlegen, wieviel ihrer Zeit sie in den Dienst der anderen stellen möchte. Für andere dazusein, ist eine Tugend, mit der so manche Frau ihr Ehe- und Familienleben hingebracht hat. Nun wäre es vielleicht an der Zeit, mehr an sich selbst zu denken.

Sich ablösen

Mit den Enkelkindern tritt der Prozeß der Ablösung von den Kindern in eine neue Phase: Die Ältere wird gefordert, den Drang zu überwinden, in die junge Familie hineinzuregieren. Selbst wenn sie aufgrund ihrer umfangreicheren Lebenserfahrung manches Unheil vorausahnt, bleibt den jungen Leuten das Recht, eigene Fehler zu machen und daraus zu lernen oder auch nicht. Sich zurückzuhalten, die eigene Kompetenz hintanzustellen, die familiären Entscheidungen den Kindern zu überlassen – all das sind Forderungen ans Älterwerden. Eine Krisenzeit, denn eigene Zurückhaltung bedeutet auch Verzicht, Ablösung und letztlich Trennung, und das fällt jedem Menschen schwer.

Die eigenen Eltern

Ablösung und Trennung werden auch in anderer Richtung zu einem wichtigen Thema: Das Verhältnis zu den eigenen Eltern, der eigenen Mutter muß noch einmal neu definiert werden. Während es in der Pubertät und Jugend vornehmlich darum ging, den eigenen Weg um jeden Preis durchzusetzen, fordert die Krisenzeit des Alters, Frieden zu schließen. Die eigenen Erfahrungen haben vielleicht manche Position gemildert, so daß im Angesicht des absehbar letzten Abschieds von den Eltern, der Mutter, eine Aussöhnung möglich wird.

Bilanzieren

Für jede Frau kann es vorteilhaft sein, einmal Bilanz zu ziehen. Für die Bestandsaufnahme eignen sich besonders runde Geburtstage, eine überstandene Krankheit oder einfach ein glücklicher Tag.

Auf der Seite der Aktiva listen Sie auf, was sie bisher geleistet haben, Ihre Fähigkeiten und die Kenntnisse, die Sie bisher erworben haben. Diese Positionen setzen die meisten Frauen erfahrungsgemäß viel zu gering an. Je größer das Selbstbewußtsein ist, mit dem Sie Ihr bisheriges Leben betrachten, um so länger wird die Reihe positiver Errungenschaften. Daß es sich dabei um anerkennenswerte Dinge handelt, bemerken viele Frauen erst relativ spät, weil sie ihre Fähigkeiten und Arbeiten meist als völlig normal und selbstverständlich ansehen.

Unter der Rubrik Passiva stehen die verkümmerten Talente, die zurückgenommenen Wünsche, die nicht realisierten Träume. Manche Frauen, die ihre Visionen jahrzehntelang eingesperrt haben, tun sich allerdings schwer, diese Rubrik zu füllen. Vielleicht gelingt es Ihnen leichter, die schlummernden Sehnsüchte in sich zu spüren, wenn Sie sich wie in Kindertagen auf eine Traumreise begeben, bei der Ihnen die Erfüllung von drei Wünschen sicher ist.

Die Bilanz unter dem Strich weist aus, was das Leben bisher ausgemacht hat: Welches waren die Hauptaufgaben und Lebensinhalte? Worin bestand das Glück? Ist es gut so, wie es ist, oder könnte manches besser sein?

TIP

Übungen fürs Altsein

- Freie Einteilung des Tagesablaufs, dessen Struktur nicht mehr vorgegeben ist. Ein System von Gewohnheiten kann helfen, nicht das Gefühl aufkommen zu lassen, es sei egal, ob man nun aufsteht oder im Bett bleibt.
- Sich helfen lassen. Das kann für diejenigen eine schwere Kunst sein, denen Unabhängigkeit das höchste Gut war. Zur Kunst, Hilfe annehmen zu können, gehört auch, regelmäßig ärztliche Vorsorgeuntersuchungen zu nutzen.
- Stabile soziale Kontakte außerhalb des beruflichen Umfeldes aufbauen.
- Freundschaftliche Verbindungen außerhalb der Familie festigen.
- Liebesbeziehungen stabilisieren.
- Wohnformen wählen, die der Vereinzelung entgegenwirken.
- Interessen pflegen, die die körperliche und geistige Beweglichkeit erhalten. Besonders gut wäre es, wenn darunter auch etwas ist, was noch bei eingeschränkter Beweglichkeit oder nachlassender Sehkraft praktiziert werden kann.
- Finanzielle Beweglichkeit schaffen und beibehalten (▷ Altersvorsorge, Seite 436).

Aus dieser Übersicht lassen sich die Wege und Ziele für die Zukunft bestimmen. Es folgen Gedanken, welcher Weg dorthin führen könnte. Um bittere Enttäuschungen zu vermeiden, ist es allerdings ratsam, sich zuvor zu fragen: Welcher Wunsch läßt sich realistischerweise noch erfüllen? Der ersehnte Spitzentanz läßt sich kaum noch erlernen, wohl aber die erträumte Reise nach Katmandu antreten. Bei diesen Antworten sollten Sie allerdings nicht zu klein denken und sich nicht bescheiden. Selbst Grenzen, die unabänderlich wirken, lassen sich erweitern, wenn Sie den Mut dazu aufbringen.

Vorausplanen

In der Unzufriedenheit mit dem eigenen Älterwerden spiegelt sich meist weniger die Last der Jahre als vielmehr die Trauer um Versäumtes, das Leiden daran, sich selbst zu wenig wichtig genommen zu haben. Dieses trifft besonders jene Frauen, die immer für andere, Familie und Kinder, gearbeitet haben, ohne auf sich selbst zu blicken.

Wer schon mit 40 und 50 hin und wieder an die Zeit denkt, in der er 70 oder 80 Jahre alt sein wird, ist anderen ein gutes Stück voraus. Denn eines zeigen alle Untersuchungen: Zu wirklich neuen Ufern brechen im Alter nur wenige auf. Verhalten und Lebensstil, die nicht schon eingeübt sind, bevor das Alter spürbar wird, werden auch nicht mehr neu entwickelt. Selbst neue Freizeitaktivitäten kommen kaum hinzu. Die für Neuerungen notwendige Energie bringen nur wenige auf.

Interessen verfeinern

Einen »Pensionsschock« gab es bisher anscheinend nur bei Männern. Doch mittlerweile scheiden immer mehr Frauen aus einem jahrelangen Berufsleben aus, und es trifft sie besonders hart, wenn das vor dem Erreichen des Rentenalters geschieht und womöglich noch mit dem Auszug der Kinder und dem Beginn der Wechseljahre zusammenfällt. Selten erscheinen dann die Haushaltsarbeiten so attraktiv, daß sie tatsächlich den Beruf ersetzen könnten. So gilt es also, frühzeitig jene sachlichen und persönlichen Kompetenzen zu verfeinern, mit denen sinnvolle und befriedigende Aufgaben außerhalb des Berufs übernommen werden können. Manche greifen dabei auf das zurück, was sie im Berufsleben gelernt haben, allen bieten Volkshochschulen, Frauenzentren, Frauengesprächskreise, -seminare, Frauenarbeitskreise der politischen Parteien oder ähnliches reichliche Möglichkeiten, Neues zu lernen (▷ Initiativen, Seite 373).

Partnerschaft

»... und sie lebten glücklich bis an ihr seliges Ende« verhießen die Märchen der Kinderzeit. Doch die Realität ist meist weniger märchenhaft. Hat eine Ehe Bestand, kann sie durch die gestiegene Lebenserwartung heute mehr als dreimal so lange dauern wie zu der Zeit, als die Geschichten entstanden. Dann müssen die Partner eine lange Zeit ohne vorgegebene Aufgaben und Pflichten bestehen. Am besten gelingt dies, wenn jeder für sich und beide miteinander neue Aufgaben und Herausforderungen finden und gestalten.

Viele Paare beschäftigen die Probleme verstärkt, die zwischen 25 und 50 im Strudel der Kindererziehung, des Hausbaus und Berufsaufstiegs weitgehend untergingen.

Beide können in dieser Situation gewahr werden, wie gegensätzlich ihre Wünsche nach Veränderung oder Zugehörigkeit sind. Vielleicht entwickelt sich der eine in eine Richtung, in die der andere ihm nicht folgen kann, die er möglicherweise sogar ablehnt.

Wer jetzt immer noch schweigt, die Auseinandersetzung meidet oder auf andere Weise flieht, nimmt in Kauf, daß die Gemeinschaft von innen her abstirbt. Solche Paare formen dann das Bild der mehr oder minder gelangweilt nebeneinander herlebenden

TIP

Aktivitäten

Das Spektrum möglicher Aktivitäten umfaßt drei Bereiche, die in etwa zu gleichen Teilen befriedigt werden sollten:

- Etwas nur für sich tun.

Die Entscheidung sollte sich an Fragen orientieren, wie: Was will ich noch tun, erfahren, wissen, lernen? Wonach hat es mich immer schon gelüstet? Einige Beispiele:
Ich möchte so lange jeden Tag in der Bücherei sitzen, bis ich alle Regale durchgeschmökert habe.
Ich hätte so gerne mal ein Paar Schuhe durchgetanzt; jetzt habe ich mir einen Tanzlehrer gemietet.
Ich wollte immer schon einmal den Geschwindigkeitsrausch in einem Porsche genießen; jetzt hab ich mir für ein Wochenende einen gemietet.
Rügen und Venedig, Rothenburg und Hawaii – es gibt noch viel zu sehen.
Spanisch lernen und endlich Neruda im Original lesen.

- Etwas für politische Ziele tun.

Sich in Vereinen und Verbänden engagieren, Funktionen und Arbeiten übernehmen (▷ Initiativen, Seite 373).

- Etwas für andere tun.

Seine beruflichen Fähigkeiten und gesammelten Erfahrungen jungen KollegInnen zur Verfügung stellen, zum Beispiel im Rahmen der Wissensbörse, des Senioren-Experten-Service, in Selbsthilfeorganisationen.
Als Tagesmutter arbeiten, ausländischen Kindern bei den Schulaufgaben helfen, Tierbetreuung übernehmen.
Mitarbeit in der Telefonseelsorge, in der freiwilligen Krankenbetreuung.

KONTAKT

Bundesarbeitsgemeinschaft »Die Öffnung der Hochschulen für ältere Erwachsene«
Universität Dortmund – Zentralstelle für Weiterbildung
Postfach 500 500, 44221 Dortmund

Alten. Mit folgenden Fragen, die sich zu einer gemeinsamen Paarbilanz vertiefen lassen, können Sie sich selbst auf die Spur kommen:

• Hat mich die bisher gelebte Partnerschaft befriedigt? Welche meiner tiefen, unabdingbaren Bedürfnisse sind unerfüllt?
• Taugen die Fundamente, auf denen wir unsere Gemeinschaft damals gründeten, heute noch?
• Wie weit weichen deine und meine persönlichen Entwicklungsprozesse voneinander ab? Wie groß ist die Kluft?
• Gibt es Möglichkeiten, mit den Differenzen zu leben, ohne daß einer von uns darunter leidet?

Konstellationen

Bei einem Neuanfang liieren sich Männer »im besten Alter« meist mit einer um zehn bis fünfzehn Jahre jüngeren Frau. Für Frauen Anfang 50 bedeutet das, daß sich 60- bis 65jährige für sie interessieren. Auf längere Sicht gesehen kann das im gemeinsamen Leben schwierig werden: Er kann »im Ruhestand« unabhängig von äußeren Zwängen leben, sie möchte ihren Beruf weiterführen. Gibt sie diesen um seinetwillen auf, verliert sie ihre finanzielle Unabhängigkeit. Mit jedem Jahr wird es wahrscheinlicher, daß ihn körperliche Beschwernisse ereilen. Für sie heißt das, daß das Ende ihrer eigenen Berufstätigkeit zum Beginn der Zeit wird, in der sie einen hilfs- oder pflegebedürftigen Mann versorgt.

Frauen, die sich mit einem jüngeren Mann verbinden, müssen sich mit den Auswirkungen der Normen abplagen, die die Gesellschaft für eine Paarbindung festgelegt hat: dem Neid, dem Unverständnis und der Aggression gegen diejenige, die diese Grenzen überschreitet. Wenn dann beispielsweise eine Verbindung zwischen einer 50jährigen Frau und einem 35jährigen Mann auseinandergeht, weiß jeder, daß das ja nicht gutgehen konnte, weil ein solcher Altersunterschied ja eigentlich unanständig ist. Daß das Scheitern solcher Verbindungen andere Gründe hat, wird ausgeblendet.

• Gibt es Möglichkeiten, zu mehr Gemeinsamkeit zu kommen?
• Wollen wir beide gleichermaßen an der Beziehung arbeiten?
• Welche gemeinsamen Ziele streben wir noch an?

Vielen Paaren gelingt es nicht, diese »nachelterliche Gefährtenschaft« zu gestalten; sie trennen sich. Während sich die Männer meist mit einer anderen Frau zusammentun, heißt es für die Frauen oft, Abschied zu nehmen vom Traum des gemeinsamen Altwerdens Hand in Hand (▷ Allein leben, Seite 117).

Neue Bindung?

Nach einer jahrzehntelangen Partnerschaft eine neue Bindung einzugehen, ist ein schwieriges Unterfangen. Die frühere starke Bindung ist unbemerkt zu einem Teil der eigenen Persönlichkeit geworden. Verhalten, Gedanken und sogar die Fantasie sind an die Erlebnisse der Vergangenheit gebunden.

Eine neue Gemeinschaft hat dann gute Chancen, wenn beide Partner ihre alte Geschichte abschließen und miteinander eine neue schreiben können, dabei aber den gewesenen Teil ihres Lebens in die neue Verbindung integrieren können; wenn das Kommende weder die Wiederholung noch die »Verbesserung« des Alten sein soll, sondern etwas Neues und Anderes sein darf. Doch die dahin notwendige Entwicklung vollziehen nur wenige. Viele Liebesangebote werden aus Angst vor Verunsicherung abgelehnt, allzu verlockend ist das Verharren im Gewohnten (▷ Konstellationen, links).

Tatsächlich ist die Liebe auch in alten Tagen ein leidenschaftliches Ereignis. Sie wühlt auf und beunruhigt. Ein Abenteuer, das offen geführt werden, aber auch in eine Ehe münden kann. Allerdings ist für Ältere die Heirat keine gesellschaftliche »Pflicht« mehr, weil sonst die Frau ihre Rente verliert. Doch zunehmend mehr Frauen lehnen es heute überhaupt ab, erneut zu heiraten oder mit einem Mann im gemeinsamen Haushalt zu leben, weil sie ihre gerade gewonnene Unabhängigkeit nicht wieder aufgeben wollen.

Sexualität

Wärme und Nähe spüren, sich geborgen und gewollt, anerkannt und zugehörig fühlen, Zärtlichkeit geben und empfangen – der Dialog zweier Körper ist so vielfältig und muß auch im Alter nicht verstummen. Wer sich diese Zwiesprache versagt, verneint wesentliche Bedürfnisse des Menschseins. Frauen zwischen 45 und 60 wissen das: Nur eine von fünfen will Untersuchungen zufolge von körperlicher Liebe nichts mehr wissen. Mehr als die Hälfte meint, wenn weniger Sex stattfindet als früher, dann liegt das nicht an der mangelnden Lust, sondern am fehlenden oder unpassenden Partner.

Viele Frauen berichten sogar von einer gesteigerten Lust auf sexuelle Aktivitäten, nachdem die Angst vor Schwangerschaften ihr Begehren nicht mehr einschränkt. Allerdings hat keine der Frauen Lust auf die »eheliche Pflicht«. Jene, die schon in jungen Jahren Sex nicht genossen haben, erwarten davon auch in der Zukunft nichts – zumindest nicht mit dem bisherigen Partner. Sie entziehen sich der eher lästigen als lustvollen Übung. Vor allem jene, die dem »Ich will« in ihrem Leben bisher nur wenig Raum gegeben haben, haben meist auch das sexuelle Begehren anderen überlassen. Das in den späten Jahren noch zu entdecken, ist ein seltener Glücksfall.

Intimität

Liebe und Intimität stellen für die überwiegende Mehrheit der Frauen hohe Werte dar. Wenn sie in ihrem Leben fehlen, wächst die Sehnsucht. Dabei meint Intimität im allgemeinen mehr als Sexualität, so viel mehr, daß Frauen einer Sexualität ohne Liebe und Vertrautheit meist kritisch gegenüberstehen. Dementsprechend bestätigen Untersuchungen immer wieder, daß es Frauen wenig ausmacht, wenn die körperlichen Bettaktivitäten ausbleiben, zum Beispiel weil der Mann impotent geworden ist oder weil körperliche Gebrechen sie am Geschlechtsverkehr hindern – wenn nur Nähe, Vertrautheit, Verste-

Altersbedingte Veränderungen

Die sexuellen Reaktionen und Empfindungen unterscheiden sich bei alten und jungen Frauen nicht nennenswert. Im Labor lassen sich zwar zwischen Alt und Jung geringe Differenzen beobachten und messen, doch für das Erlebnis sexueller Lust spielen sie keine Rolle. Auch die Möglichkeit, Orgasmen zu erleben, ist unverändert.

Immer treten bei sexueller Erregung die Brustwarzen hervor, die Klitoris vergrößert sich. Diese kann auf Berührungen empfindlicher reagieren, weil das sie deckende Häutchen dünner wird. Einige Jahre nach der Menopause ist die Scheide etwas enger und kürzer und die Vaginalhaut dünner und leichter verletzlich geworden, sie produziert weniger Gleitsubstanz. All das muß dem Genuß keinen Abbruch tun, wenn – wie in den Jahren zuvor auch – der Partner die Frau solange stimuliert, bis sie bereit ist, ihn in sich aufzunehmen. Bei manchen älteren Frauen verkürzt sich die Zeit der Kontraktionen beim Orgasmus ein wenig; bei allen vollzieht sich die Rückbildung der Scheide in den unstimulierten Zustand relativ schnell.

Eine Reihe von Frauen empfindet es als Einschränkung, daß sie nicht die gewohnte Scheidenfeuchtigkeit entwickeln. Sie können sich mit Sonnenblumen- oder Olivenöl helfen oder mit einem Gleitmittel, das in Apotheken rezeptfrei erhältlich ist (z.B. *Femilind*). Ebenso kann eine ärztlich verordnete, östrogenhaltige Vaginalcreme die Haut mit dem Hormon versorgen, das die Produktion der Feuchtigkeit steuert. Mit der wöchentlichen Anwendung verringert sich zusätzlich eine zweite unangenehme Erscheinung: der starke Harndrang bei und nach sexueller Erregung, der manchmal sogar dazu führt, daß unbemerkt und ungewollt etwas Urin abgeht.

LITERATUR

Renate Daimler
Verschwiegene Lust. Frauen über 60 erzählen von Liebe und Sexualität
Kiepenheuer & Witsch, Köln, 1991. DM 16,80

hen, eben Intimität, spürbar sind und ihren Ausdruck auch in körperlichen Gesten finden.

Manchen Paaren, die sich im gegenseitigen Vertrauen geborgen fühlen, gelingt es im Alter, ihre Sexualität noch einmal neu zu entdecken, ihrem Erleben neue Facetten hinzuzufügen. Voraussetzung ist, daß sie innere Zwänge abschütteln und über die strafenden Blicke der Außenwelt hinwegsehen können, gelten doch alte Menschen, und allemal alte Eltern, als asexuelle Wesen. Wenn die rigiden, gesellschaftlichen Verhaltensvorschriften nicht mehr wirken, erweitert sich der eigene Spielraum im Kontakt von Haut zu Haut. So können Sturm und Drang der jugendlichen Sexualität in eine dem Alter angepaßte Sexualität übergehen, die nicht weniger lustvoll ist – wenn sie nur anders sein darf.

Verhütung

Erst wenn die Bestimmung der FSH-Konzentration (▷ Seite 541) im Blut zweimal deutlich jene Werte gezeigt hat, wie sie nach der Menopause üblich sind, können Sie das Thema Verhütung endgültig als erledigt betrachten.

Bis dahin sind die sogenannten »Barrieremethoden« Präservativ und Diaphragma (▷ Seite 632) die unproblematischsten Verhütungsmittel. Frauen, die die Spirale (▷ Seite 633) bis dahin gut vertragen haben, können dabei bleiben. Sie sollten jedoch beachten, daß ein IUP häufig heftige Blutungen verursacht, und manche ÄrztInnen älteren Frauen dann relativ schnell zu einer Gebärmutterentfernung raten. Die »Pille« gilt wegen des mit steigendem Alter größeren Risikos von Thrombosen und Schlaganfällen als problematisch (▷ Seite 635). Natürliche Methoden der Empfängnisverhütung (▷ Seite 631) eignen sich aufgrund der immer unsicherer einzuschätzenden Zyklen nur schlecht. Ob eine Frau den operativen Eingriff einer Sterilisation (▷ Seite 637) auf sich nimmt, um während der letzten zehn, fünfzehn Jahre ihrer Fruchtbarkeit geschützt zu sein, ist eine individuelle Entscheidung.

Gebrochene Norm

Die Möglichkeiten allein lebender älterer Frauen, ihr Bedürfnis nach Sexualität auszuleben, sind schmal. Sie erweitern sich jedoch, wenn es gelingt, innere Grundsätze, wie »Das gehört sich nicht« oder »Das ist unanständig« hinter sich zu lassen, wenn man Sexualität nicht nur als Kontakt zweier verschiedengeschlechtlicher Menschen versteht, sondern sich gestattet, auch die Lust der Selbstbefriedigung (▷ Seite 60) und die Erotik mit Frauen zu entdecken (▷ Seite 64).

Herausfordernd ist es auch, sich mit einem um Jahre jüngeren Liebhaber zusammenzutun. Dessen erotische Anziehungskraft verstärkt sich oft noch dadurch, daß die Frau Verhaltensweisen an sich entdecken darf, die bisher undenkbar schienen. Bislang nahm sie hin, nun ist sie die erfahrene Verführerin; vordem war sie eine selbstverständliche Figur im Alltag, jetzt erstrahlt sie als Angebetete. Gut wäre es nur, wenn sie vor solch einem Höhenflug ein Netz sozialer Bindungen aufspannte, in das sie weich fällt, wenn die Liebe nicht von Dauer ist. Denn leider zeigt die Erfahrung, daß solche Verbindungen nur selten glücklich fortdauern. Dieses aber nicht deshalb, weil sie von vornherein »unanständig« waren, sondern weil uns bestimmte Lebensphasen bestimmte Aufgaben abverlangen. Wer in einer völlig anderen Entwicklungsphase steckt als der Partner – und große Altersunterschiede und abweichende Lebenserfahrungen ziehen das nach sich –, kann die Probleme des anderen zwar verstehen, aber nur schwer nachfühlen und begleiten. Damit sind Krisen, die zu einer Trennung führen können, vorauszusehen.

Freundeskreis

Mit zunehmendem Alter verengt sich der Kreis der nahestehenden Bezugspersonen immer mehr. Doch so isoliert und verlassen, daß sie stark darunter leiden, fühlen sich nur etwa 15 Prozent der über 70jährigen, die 1993 in einer Berliner Altersstudie befragt wurden – genausoviele wie bei den Jüngeren. Wer schon in jungen Jahren gelernt hat, allein oder mit nur wenigen Menschen glücklich zu sein, verstärkt die Intensität der verbliebenen Kontakte und vermißt kaum etwas. Und wer früher stets neue Kontakte geknüpft hat, tut dieses auch im Alter.

Frauen haben oft ihre FreundInnen und Bekannten zugunsten der Familienarbeit aufgegeben oder die Kontakte eingeschränkt. Sich einen eigenen Freundeskreis zu erschließen, neue Menschen kennenzulernen, müssen diese Frauen oft erst wieder lernen. Und dazu müssen sie selbst aktiv werden: zum Telefon greifen, Briefe schreiben, auch entferntere Bekannte ansprechen und einladen. Klagen wie »Der könnte sich auch mal wieder melden« führen nicht weiter. Initiative und Selbstbewußtsein beleben den Terminkalender. Wer eine Einladung zu einem Fest ablehnt, aus Furcht, sich unter Fremden überflüssig vorzukommen, vergibt die Chance, sich zu präsentieren. Wer sich unsichtbar gibt, kann kaum entdeckt werden.

Meist bestimmt die Auswahl der Gruppe, wie intensiv sich der Kontakt gestalten kann.

• Menschen mit gleichen Neigungen, zum Beispiel für Sport, Musik, Literatur oder Sprache, treffen sich, um gemeinsam zu tun, was allein fade wäre.
• In sozial oder politisch engagierten Gruppen wie Nachbarschaftshilfe oder in ehrenamtlichen Tätigkeiten verbindet das gemeinsame Anliegen.
• In einem Volkshochschulkurs zum Beispiel mit dem Titel »Kontakttraining« treffen sich Menschen mit ähnlichen Problemen, die lernen wollen, damit umzugehen.
• In einem Gesprächskreis, in dem problemorientiert und themenzentriert diskutiert wird, zum Beispiel bei einer Gruppentherapie, müssen Sie viel von sich zeigen und können anderen näherkommen.
• Zu ehemals Vertrauten, wie KlassenkameradInnen, StudienkollegInnen oder Uralt-FreundInnen (▷ Seite 127), stellt sich meist schon nach kurzer Anwärmphase wieder eine erstaunliche Nähe ein.

Wohnen

Alle wollen es anders machen, als sie es bei den Angehörigen erlebt haben: Sie wollen möglichst lange selbständig leben, sich von Putz- und Einkaufshilfen, »Essen auf Rädern« oder sonstigen Diensten helfen lassen und aus eigenem Entschluß rechtzeitig in eine betreute Einrichtung wechseln. Doch nur wenige setzen diese guten Vorsätze in die Tat um. Einmal in die Jahre gekommen, können wir den Zeitpunkt nicht mehr richtig erkennen, an dem es angemessen wäre, in eine neue, dem Grad der Selbständigkeit angemessenere Wohnform zu wechseln. Dem entkommt nur, wer nach dem Motto lebt: Zu früh ist es nie, aber fast immer zu spät.

Wer geistig und körperlich agil ist, kann sich in einer neuen Wohnung oder in einem Appartement noch problemlos einleben, kann neue, stabile Kontakte zu anderen Menschen knüpfen und sich dabei einen Kreis erschließen, der bis zum Ende trägt.

Die eigene Wohnung

Die Familienwohnung oder das Haus, die jahrelang vier und mehr Personen beherbergt haben, schützen und belasten zugleich. Eine so vertraute Umgebung fordert kaum heraus, Neues zu erproben, Gewohntes zu verändern. Eine Reihe von Fragen kann die Wohnsituation klären helfen:

• Womit fülle ich die leeren Räume? Kann ich mich endlich so ausbreiten, wie ich es schon immer wollte? Halte ich sie für den Tag bereit, an dem die Enkel sie hoffentlich bewohnen? Sind sie fortwährende Last, sie zu pflegen und zu putzen?
• Kann ich die große Wohnung auch mit einer kleinen Rente finanzieren: Miete, Heizung, Strom, Versicherungen?
• Gibt es Wünsche, die ich mir erfüllen könnte, wenn der Wechsel von der großen in eine kleinere Wohnung Geld freisetzt?

• Hat die Wohnung alle Voraussetzungen, um in ihr möglichst sorgenfrei alt zu werden, oder lassen sie sich installieren?
Ist sie mit öffentlichen Verkehrsmitteln bequem erreichbar?
Sind Einkaufsmöglichkeiten in der Nähe?
Gibt es ÄrztInnen und ein Krankenhaus in der Nähe?
Liegt die Wohnung im Parterre, oder ist ein Lift im Haus?
Sind Bad, Dusche und WC problemlos zu benutzen?
Sind Heizung und Warmwasserversorgung leicht zu bedienen?
Sind die Räume, Flure und Treppenhäuser überall hell ausgeleuchtet?
Hat die Wohnung einen rutschfesten, pflegeleichten Fußboden, möglichst ohne Schwellen?
Sind die Türen breit genug für einen Rollstuhl?
• Die finanziellen Möglichkeiten bestimmen ganz entscheidend die Wahl der Wohnform mit. Verkleinern Sie lieber Ihr Erbe und kaufen Sie sich in eine Wohnmöglichkeit ein, die Ihnen ein betreutes Wohnen im Alter garantiert.

HISTORIE

Vom Mythos der glücklichen Großfamilie

Da sitzt sie, die zufriedene Alte, den Handarbeitskorb neben sich und liest den Enkeln vor – ein Bild aus besonnter Vergangenheit, die es so nur selten gegeben hat. Bis ins hohe Alter und so lange wie möglich mußten die Frauen der ärmeren Schichten – wenn sie im Haushalt der Kinder lebten – arbeiten, um zum Lebensunterhalt beizutragen. Wer Besitz oder Vermögen hatte, wurde aufs Altenteil gedrängt, sobald die Kraft nachließ. Schwerste Konflikte ergaben sich immer und überall, wenn Angehörige mehrerer Generationen zusammenlebten. Um dem zu entkommen, behielten die alten Frauen, solange es eben ging, ihren eigenen Haushalt – selbst wenn sie mit den Kindern unter einem Dach lebten. Damit bestanden zwar die Familienbande fort, doch die Haushalte blieben weitgehend getrennt.

Wohnung teilen

Für Frauen, denen die Familienwohnung zu groß ist, kann das Wohnung-Teilen eine Lösung sein. Dann reduzieren Sie Ihre Einrichtung so weit, wie Sie es für ein angenehmes Leben brauchen: Der frei werdende Teil der Wohnung läßt sich an eine Vertraute in ähnlicher Situation vermieten oder vielleicht an eine alleinerziehende Mutter. Deren Kind bringt wahrscheinlich Unruhe, aber auch Leben und vielleicht neue Aufgaben in die Wohnung. Wer an StudentInnen vermietet, holt sich aktuelle Trends und unkonventionelle Perspektiven ins Haus und erhält im Gegenzug vielleicht Unterstützung bei schweren oder komplizierten Arbeiten. Genaue Absprachen und korrekte Untermietverträge reduzieren die Konfliktmöglichkeiten. Wenn alle einverstanden sind, kann man abwechselnd füreinander einkaufen oder kochen. Dann entsteht eine familienähnliche Wohngemeinschaft, ohne jene Ansprüche, mit denen eine »richtige« Familie belastet ist. Voraussetzung dafür ist, daß die individuellen Grenzen gewahrt bleiben.

Wohnanlage

Immer häufiger werden Wohnanlagen gebaut, in denen man allein oder als Paar wohnen kann. Sie können eine Wohnung der Größe ihrer Wahl mieten oder auch kaufen. In der Anlage gibt es alle Hilfsleistungen, sie werden aber nur bei Bedarf abgerufen und auch nur dann bezahlt. So kann man zum Beispiel selber kochen, sich das Essen bringen lassen oder im Lokal essen gehen. Das gleiche gilt für die Wohnungs- und Körperpflege; pflegerische und ärztliche Hilfe sind jederzeit verfügbar. Hier kann man sogar dann in seinen eigenen Wänden bleiben, wenn dauernde Pflege notwendig wird.

Altenwohnheim

In einem Altenwohnheim können Einzelpersonen oder Ehepaare in sich abgeschlossene Ein- oder Zweizimmerwohnungen mit Küche und Bad mieten, die sie mit eigenem Mobiliar einrichten. Die Wohnungen sind bautechnisch so angelegt, wie es für Altenwohnungen sinnvoll ist. Soziale Hilfsdienste und ärztliche Betreuung stehen zur Verfügung, wenn es bei leichteren Erkrankungen notwendig ist. Auf dauernde Hilfe und Pflege sind Altenwohnheime jedoch nicht eingerichtet. Sind die MieterInnen darauf angewiesen, müssen sie in ein Pflegeheim umziehen.

In den Gemeinschaftsräumen der Altenheime können die BewohnerInnen zueinander Kontakt aufnehmen; es können sich Hausgemeinschaften entwickeln, deren Mitglieder einander im Rahmen der Nachbarschaftshilfe zur Seite stehen. Da die meisten Menschen aber erst sehr spät in ein Altenheim umziehen, empfinden sie sich dann doch als zu alt, um sich noch zu so neuen Ufern aufzuschwingen.

Ein Planungsfehler der meisten Altenheime ist, daß sie häufig »im Grünen« liegen und damit von den kulturellen und sozialen Angeboten der nächstgelegenen Stadt relativ weit entfernt sind.

Altersheim

Im Altersheim leben die Menschen in fertig hergerichteten Zimmern, häufig sogar wie im Krankenhaus zu zweit oder dritt in einem Zimmer. Damit werden fremde Menschen auf Gedeih und Verderb zusammengewürfelt. Ihr Bedürfnis nach einem Raum für sich allein und nach Wahrung der Intimsphäre wird dort nicht befriedigt. Dafür ist in einem Altersheim die medizinische und pflegerische Versorgung gewährleistet – wenn auch in sehr unterschiedlicher Qualität.

Modell: Wohnprojekt

Immer mehr Menschen erproben neue Formen des Wohnens im Alter. In vielen deutschen Städten sind innovative Projekte entstanden, die sich die Erfahrungen ähnlicher Ideen aus Holland, Dänemark oder den USA zunutze machen.

In solchen Projekten werden Jung und Alt zusammengeführt. Es wird auf die unterschiedlichen Bedürfnisse nach Nähe und Distanz geachtet, nach Ruhe und Betrieb, nach Selbständigkeit und Kontakt.

In Hamburg haben zum Beispiel Frauen mehrere unterschiedliche Modelle realisiert: Frauen, die berechtigt waren, den §-5-Schein zum Bezug einer Sozialwohnung zu beantragen, gründeten ein Mietprojekt im Rahmen des sozialen Wohnungsbaus. Andere legten als Gruppe ihr Geld zusammen, Renten, Erspartes, Erbschaften, und kauften oder bauten ein

LITERATUR

Michael Preute
Wenn Du alt wirst in Deutschland...
Der Ratgeber für Wohnen und Leben im Alter
Piper, München, 1994. DM 29,80

Barbara Brasse, Michael Klindeisen, Ulla Schirmer (Hrg.)
Alt sein, aber nicht allein.
Neue Wohnkultur für Jung und Alt
Votum, Münster, 1993. DM 38

KONTAKT

Arbeitsgemeinschaft Wohnberatung
Heilsbachstraße 20, 53123 Bonn

Kuratorium Deutsche Altershilfe
Wilhelmine-Lübke-Stiftung. Institut für Altenwohnbau
An der Pauluskirche 3, 50677 Köln

Prof. Margret Wens
FH Hamburg, FB Sozialpädagogik
Saarlandstraße 30, 22303 Hamburg

eigenes Objekt. Wieder andere wohnen zur Miete bei einer finanzkräftigen Hausbesitzerin. Ein Stiftungsmodell sieht vor, daß alle gemeinsam ein Wohnprojekt finanzieren und es mit öffentlichen Mitteln fördern lassen. Im Gegenzug stiftet die Gruppe das Haus der Stadt oder Gemeinde unter der Bedingung, daß hier ältere Menschen preiswert wohnen können.

Wechseljahre

Irgendwann fällt der Blick jeder Frau einmal auf einen ihrer Körperteile, und sie erkennt ihn nicht als den ihren: Falten, welke Haut. Der Anblick währt nur einen Moment. Eine Bewegung verändert die Körperhaltung, die Haut zieht sich wieder straff, das gewohnte Bild kehrt zurück. Doch der Schock sitzt tief: So könnte es einmal sein, wenn das Alter naht.

Im fünften Lebensjahrzehnt wird der Prozeß des Alterns äußerlich sichtbar. Das trifft jene Frauen besonders hart, die ihr Selbst vor allem an ihrer Attraktivität orientierten. Andere empfinden die Zeit des Wechsels als gemeine Kränkung, weil sie, beruflich erfolgreich, mitten im Leben stehen und sich nun mit altersabhängigen Veränderungen auseinandersetzen sollen.

Fast alle fürchten sich vor dem, was an Schreckensgeschichten über die Wechseljahre kursiert. Doch die veränderte Biochemie sagt nichts über das eigene Befinden. Der Tanz der Moleküle ist ein Faktor. Daneben stehen andere, und erst die Kombination vieler, sich immer wieder ändernder Bedingungen läßt uns sagen: »Es geht mir gut« oder »Ich bin in einem schrecklichen Tief«.

Krisenzeit bei Männern

Die Hormonzusammensetzung des Blutes ändert sich bei Männern ab etwa 50 nicht gravierend. Dennoch gaben Männer bei einer Untersuchung des Frankfurter Instituts für Psychologie an, daß sie ab 55 vermehrt unter Hitzewallungen, Unwohlsein, Herzrasen, Schlaf- und Potenzstörungen litten. Auch die Frage nach dem Sinn des Lebens stellte sich ihnen in ähnlicher Weise wie Frauen. Doch im allgemeinen Sprachgebrauch heißt das, was ihnen Schlafstörungen und innere Unruhe verursacht, nicht Wechseljahre, sondern »Krise der Lebensmitte«. Sie wird nicht – wie bei den Frauen – einfach auf Hormone zurückgeführt, sondern auf komplexe psychische und soziale Einflüsse. Eben diese sind es aber, die auch Frauen um den Schlaf bringen und verunsichern. Den neuen Lebensabschnitt müssen beide definieren (▷ Neuanfang, Seite 526).

Wandel in der Seele

Damit innere Veränderungen Raum bekommen, muß Altes losgelassen werden. Es gilt, Abschied zu nehmen vom jugendlichen Körper und von den Fantasien, die sich mit der eigenen Fruchtbarkeit verbinden. Manche empfinden diese Zeit wie eine Häutung, in der sie ihr Wohlbefinden neu gestalten.

Zunächst aber tun Trennungen einmal weh. Sie machen traurig und ziehen sich als holpriger Weg durch grauverhangenes Land. Trauer und Melancholie brauchen Zeit, bis sie sich lichten und die Zukunft klarer wird. Doch je weniger verlockend und erstrebenswert die Zukunft nun erscheint, um so stärker scheinen die Belastungen des Wechsels. Je intensiver die Belastungen empfunden werden, desto wahrscheinlicher sind körperliche Reaktionen (▷ Wohlbefinden, Seite 603).

Durch den Partner oder die Gesellschaft erfahren die Frauen kaum eine nennenswerte Unterstützung. Meist fehlt Außenstehenden die Einsicht, daß der körperliche Wechsel mit inneren Veränderungen verbunden ist. Hilfreicher können in dieser Zeit Kontakte zu Freundinnen in ähnlicher Situation sein oder Gesprächskreise, wie sie Volkshochschulen oder Frauenzentren zu Fragen der Wechseljahre anbieten.

Depressive Verstimmung

In den 70er und 80er Jahren bürgerte sich der Begriff »Klimakterische Depression« so ein, daß ÄrztInnen meinten, eine Depression gehöre zu den Wechseljahren einfach immer dazu, weil die Hormone dafür verantwortlich seien. Diese Sicht der Dinge ist überholt.

Zehrend und aufreibend sind die sozialen Bedingungen, denen sich Frauen um das 50. Lebensjahr herum gegenübersehen. Zu diesem Zeitpunkt ist es kaum mehr möglich, einen Arbeitsplatz zu finden; gleichzeitig ist das Risiko, die Arbeit zu verlieren, außerordentlich hoch. Materielle und finanzielle Unsicherheiten höhlen die innere Stabilität aus (▷ Arbeitslos, Seite 269).

Zudem leiden Frauen um 50 oft sehr an dem, was ihnen das Leben mit Männern beschert hat. Alleinlebende, deren Scheidung und Zeit des Allein-Erziehens schon etwas zurückliegt, müssen sich innerlich nun endgültig von ihren erwachsenen Kindern trennen, während ihr ehemaliger Partner vielleicht eine neue Familie mit einer Jüngeren gegründet hat. Andere verwinden es kaum, daß ihr Partner sie just in dieser Lebensphase verläßt, und Langzeit-Ehefrauen spüren oft schmerzhaft, daß die Verbindung zu ihrem Mann im Kern schon lange abgestorben ist. Enttäuschung, Kränkung und das Verlassen-Sein zehren am Selbstbewußtsein. Die Schwankungen im Hormonhaushalt machen die Frauen nochmals empfindsamer und verletzlicher (▷ Neuanfang, Seite 526; ▷ Depression, Seite 614).

Wandel im Körper

Die immer wieder schwankenden Verhältnisse zwischen mehr und weniger Östrogen, zwischen Östrogenen und Gestagenen, zwischen den Mengen der unterschiedlichen Steuerungshormone aus dem Gehirn sowie dem Anteil weiblicher und dem Anteil männlicher Hormone können eine Reihe körperlicher Erscheinungen hervorrufen:

- Schneller Wechsel zwischen Hitzegefühl und Kälteschauer. Grund ist die irritierte Wärmeregulation im Gehirn (▷ Hitzewallungen, Seite 540).
- »Ameisenlaufen«, Kribbeln in Fingern und Zehen, »eingeschlafene« Arme und Beine.
- Schlafstörungen als Zeichen der sich verringernden Gestagenmenge (▷ Veränderter Schlaf, Seite 552).
- Blutdruckschwankungen, Schwindelanfälle und Herzklopfen als Zeichen dafür, daß der anregende Teil des vegetativen Nervensystems, der sogenannte Sympathikus, besonders aktiv ist.

Doch von diesen Beschwerden fühlen sich bei weitem nicht alle Frauen in gleicher Intensität belastet. Ein Teil der Frauen hat überhaupt keine Probleme. Eine recht große Gruppe hat erträgliche körperliche Beschwerden; eine andere leidet zwar unter einer Reihe von Beschwerden, hat aber gelernt, damit zu leben. Nur eine relativ kleine Gruppe von Frauen empfindet sehr intensive unangenehme Beschwerden.

Medizinersprache

»Substitution« heißt es, wenn eine Frau in den Wechseljahren mit Hormonen behandelt wird. Als fehle ihr etwas, als sei sie unvollkommen, ein Mangelwesen, eine Kranke. Selbst jene, die sich unbeschwert, gesund und zufrieden fühlen, bekommen im Verhalten ihrer ÄrztInnen den Leitsatz des Amerikaners Wilson, Begründer der »Hormonersatztherapie«, zu spüren: »Wechseljahre sind eine Krankheit, die ohne Medikamente unheilbar ist.« Ein medizinisches Fehlurteil, das die Veränderungsprozesse des Alterns mißachtet, aber die subtile Botschaft hinterläßt: »Ihr seid der Allgemeinheit die Östrogeneinnahme schuldig.« Frauen, die sich dem widersetzen und genau abwägen wollen, was sie wann und wie lange schlucken, brauchen ein solides Stehvermögen und kritische ÄrztInnen: Fragen Sie – wenn nötig auch bei verschiedenen FrauenärztInnen –, nach welchen Kriterien und auf Grund welcher Diagnose sie die Hormone empfehlen und welche Alternativen es gibt. Nehmen Sie sich für Ihre Entscheidung so viel Zeit, wie Sie brauchen.

Jede Frau kann sich die Zeit, in der ein Teil ihres Hormonhaushalts Kapriolen schlägt, erleichtern.

• Hilfreich ist es, die Lebenssituation den neuen körperlichen Bedingungen anzupassen (▷ Veränderter Schlaf, Seite 552; ▷ Entspannung, Seite 569; ▷ Bewegung und Sport, Seite 555).

• Sie können sich von der Natur durch Tees, Pflanzenextrakte oder Bäder helfen lassen (▷ Alternative Medikamente, rechts).

• Sie können sich für Hormone entscheiden. Was individuell am besten geeignet und der Lebenssituation angemessen ist, sollten Sie mit der Gynäkologin oder dem Frauenarzt Ihres Vertrauens besprechen (▷ ÄrztInnen, Seite 655; ▷ Hormone – ja oder nein? Seite 543; ▷ Hormone, Seite 546).

Hitzewallungen

Die »fliegende Hitze« ist eine typische Erscheinung der Wechseljahre, die unmittelbar mit den hormonellen Veränderungen in Verbindung steht. Ohne erkennbaren Anlaß überzieht ein Hitzeschauer den Körper, Schweißperlen stehen auf der Stirn, die Achseln werden naß. In Gesellschaft läßt sich das kaum verbergen. Genau das würden die meisten Frauen aber gerne tun. Sie steigern ihren Streß, indem sie verstecken wollen, was offensichtlich ist, und das macht die Angelegenheit erst wirklich unerträglich.

Die Schweißausbrüche dauern meist nur einige Minuten, können sich aber für etwa zwei Jahre mehrmals täglich und leider auch in der Nacht wiederholen. Dann sind sie häufig ein Grund für Schlafstörungen.

Wer sich nach dem Zwiebelprinzip kleidet, kann Schichten ablegen, wenn die Temperatur steigt. Lockere Kleidung läßt kühlende Luft kursieren, saugfähige verteilt die Feuchtigkeit. Am Arbeitsplatz können eine Extra-Bluse oder ein T-Shirt in Reserve wichtig werden. Kalt-heiße Wechselbäder oder Sauna trainieren die Gefäße und härten ab (▷ Alternative Medikamente, rechts; ▷ Hormone – ja oder nein? Seite 543; ▷ Hormone, Seite 546).

Figur und Gewicht

Etwa fünf Kilogramm nehmen Frauen im Verlauf der Wechseljahre zu – das berichten GynäkologInnen. Tatsächlich begünstigt das verschobene hormonelle Gleichgewicht eine Gewichtszunahme. Dennoch ist das höhere Gewicht keine unabdingbare Folge der hormonellen Umstellungen.

Untersuchungen zeigen, daß die meisten der im Alter schwergewichtigen Frauen auch schon in jungen Jahren gegen die Waage angekämpft haben. Es ist also denkbar, daß sich diese Frauen nun endlich vom Diätdruck befreit und aufgehört haben, Kalorien zu zählen. Oft ändern sich auch die Lebensbedingungen, so daß sich die Frauen weniger bewegen. Eine bewußte Ernährung und reichlich Bewegung sind aber am wichtigsten, um das Gewicht stabil zu halten (▷ Seite 513).

Ein wenig an Gewicht zuzunehmen kann für die Phase nach den Wechseljahren allerdings auch vorteilhaft sein. In dieser Zeit produzieren die Eierstöcke und die Nebennierenrinde Östrogen-Vorstufen, die im Fettgewebe zu den »richtigen« Östrogenen umgebaut werden.

Alternative Medikamente

Seit alters her erleichtert eine Reihe von Pflanzenmitteln die Zeit der Umstellungen. Dazu gehören das Wanzenkraut, auch Traubensilberkerze (Cimicifuga; z.B. *Remifemin*) genannt und der Mönchspfeffer, auch unter dem Namen Keuschlammfrüchte (Agnus castus; z.B. *Agnolyt, Strotan*) bekannt. Cimicifuga zeigt östrogenartige Wirkungen, der Mönchspfeffer regt einen Teil des hormonellen Kreislaufs an. Das kann die Erfahrungen der Frauen erklären, die nach der Einnahme dieser Mittel eine deutliche Linderung ihrer Beschwerden verspüren.

Selten können nach der Einnahme von Cimicifuga Blutungsstörungen auftreten, ähnlich, wie sie nach der Anwendung von Östrogenen manchmal auftreten.

Medizinische Begriffe

Klimakterium und Wechseljahre

Beides meint das gleiche: die Zeit, in der die Eierstöcke langsam ihre Aktivität einstellen und an deren Ende es keinen Zyklus mehr gibt. Diese Entwicklung findet etwa zwischen dem 40. und 55. Lebensjahr statt. Ursache ist, daß die bei der Geburt angelegten Eibläschen in den Eierstöcken aufgebraucht sind bzw. sich zurückgebildet haben und daß immer weniger Östrogen produziert wird.

Menopause

Die letzte Menstruationsblutung. Dieses Ereignis läßt sich erst im nachhinein ermitteln, wenn ein Jahr lang keine Blutung mehr aufgetreten ist.

Das Durchschnittsalter, in dem Frauen dauerhaft keinen Eisprung mehr haben, liegt heute bei 52 bis 54 Jahren. 1915 fand dieses Ereignis durchschnittlich zehn Jahre früher statt.

Frühe Menopause

Frauen, deren Gebärmutter entfernt wurde oder die sterilisiert wurden, kommen etwa zwei Jahre früher als andere in die Wechseljahre. Bei diesen Operationen werden immer auch Blutgefäße durchtrennt. Die Blutversorgung der Eierstöcke ändert sich daraufhin so, daß sie die Hormonproduktion früher als sonst verringern. Raucherinnen kommen im Vergleich zu Nichtraucherinnen vier bis sechs Jahre früher in die Wechseljahre.

Prämenopause

Die Blutungen treten noch regelmäßig auf, aber die Eierstöcke produzieren allmählich weniger Gelbkörperhormone (▷ Seite 626). Dadurch schwankt die Balance zwischen Östrogenen und Gestagenen, die Östrogene bekommen die Oberhand. Die Phase beginnt rund um das 40. Lebensjahr und dauert bis zum ersten Auftreten unregelmäßiger Blutungen.

Perimenopause

Die ein bis zwei Jahre vor der letzten zyklischen Regelblutung und die ein bis zwei Jahre danach. In dieser Zeit versucht die Hirnanhangdrüse mit relativ großen Mengen ihres Hormons FSH die Eierstöcke dazu zu bringen, wie bisher ein Eibläschen heranreifen zu lassen und Östrogene zu produzieren. Dort sind aber kaum noch Eibläschen: Die Gestagen- und Östrogenproduktion verringert sich immer mehr. Irgendwann bleibt der Eisprung aus, aber die aufgebaute Gebärmutterschleimhaut wird trotzdem noch im Rahmen einer Blutung abgestoßen. Diese »anovulatorischen« Zyklen sind meist unregelmäßig und stark. Irgendwann bleibt die Regel dann ganz aus.

Postmenopause

Sie beginnt ein bis zwei Jahre nach der letzten Monatsblutung. Der Körper reguliert nun sein Leben mit einer geringeren Menge Östrogen als früher. Das verändert ihn:

- Haut und Schleimhaut werden dünner und verlieren Feuchtigkeit. Die Vaginalhaut sondert nicht mehr so viel Feuchtigkeit ab.
- Bei ihrem fortwährenden Umbau geht den Knochen mehr Kalzium verloren als sie einlagern. Die Knochen werden poröser (▷ Osteoporose, Seite 542).
- Der Fettstoffwechsel verändert sich so, daß Ablagerungen in den Gefäßwänden wahrscheinlicher werden. Damit kann das Risiko eines Herzinfarkts ansteigen (▷ Seite 656).

Gegen depressive Verstimmungen können Pflanzenmittel mit Johanniskrautextrakt (z.B. *Hyperforat, Psychotonin, Jarsin, Esbericum*) hilfreich sein; Baldrian und Hopfen helfen gegen Schlafstörungen (▷ Seite 611).

Die Homöopathie hält für klimakterische Beschwerden einige Fertigmischungen bereit (*Klimaktoplant, Feminon, Cefakliman*). Einer homöopathischen Behandlung im klassischen Sinne, die auf die individuellen Besonderheiten der Person eingeht, entspricht die Einnahme dieser Mittel nicht. Trotzdem können betroffene Frauen ausprobieren, ob ihnen diese Mittel Erleichterung bringen.

Vorsicht ist hingegen beim Präparat *Solcosplen* geboten. Es enthält Extrakt aus Kälbermilz. Sein Beipackzettel suggeriert den Käuferinnen, es helfe unter anderem gegen Osteoporose und Fettstoffwechselstörungen. Doch dafür fehlt jeder seriöse Nachweis. *Solcosplen* ist unverhältnismäßig teuer, ohne jede nachgewiesene Wirksamkeit und birgt – in der injizierten Form – ein erhebliches Risiko allergischer Reaktionen.

Osteoporose

Alle Menschen werden mit dem Alter kleiner, später vielleicht gebrechlich. Wie andere Gewebe auch werden die Knochen ständig auf- und abgebaut. Bei Frauen sind sie mit etwa 35 Jahren am stabilsten. Wie stark die Knochenmasse ist, hängt wesentlich von der Ernährung und von der Bewegung ab. Etwa um 40 herum beginnt die knochenabbauende Aktivität, die aufbauende zu überwiegen. Die Knochen verlieren an Dichte, sie werden poröser. Zwischen dem 40. und 70. Lebensjahr verringert sich die Knochenmasse etwa um ein Drittel, ohne daß das Skelett gefährdet wäre.

Etwa einem Drittel der Frauen über 65 setzt dieser Alterungsprozeß jedoch böse zu: Sie leiden unter heftigen Rückenschmerzen, weil die Wirbelkörper dem Körpergewicht nicht mehr standhalten und zusammengesunken sind. Manchmal kann schon ein harmloser Sturz oder eine abrupte Bewegung zu Brüchen führen, von denen Bewegungseinschränkungen zurückbleiben. Diese Menschen leiden an den Folgen der Knochenentkalkung, der Krankheit Osteoporose.

Östrogene beeinflussen den Knochen positiv. Sie fördern die Aktivität von Kalzitonin, einem Hormon mit knochenaufbauender Wirkung. Verringert sich die Östrogenkonzentration, wird auch der knochenaufbauende Effekt geringer.

Ob Sie ein Osteoporoserisiko haben, können Sie vorerst ohne Untersuchung an Hand der Osteoporosefaktoren abschätzen (▷ Seite 544). Ob Sie jedoch wirklich zu dem Anteil von Frauen gehören, die als über 50jährige Osteoporose-gefährdet sind, zeigt sich am deutlichsten in den ersten fünf bis sechs Jahren nach der Menopause. Wer in dieser Phase in relativ kurzer Zeit ungewöhnlich viel Knorpel- und Knochenmasse verliert (▷ Früherkennung, Seite 544), hat ein besonders hohes Osteoporoserisiko.

Vorbeugung

Die Osteoporose-Vorbeugung beginnt eigentlich zu einem Zeitpunkt, an dem noch kaum eine Frau an das eigene Alter denkt. Je mehr Kalzium die Knochen bis 30, 35 einlagern, je mehr Bewegung sie stärkt, desto mehr Masse können sie einsetzen, wenn der Abbauprozeß beginnt (▷ Bewegung und Sport, Seite 555).

Von einer kalziumreichen Ernährung profitieren Frauen zu jeder Zeit. Wer sich bei Milchprodukten, Käse und grünen Gemüsen reichlich bedient, möglichst auch noch ein kalziumreiches Mineralwasser wählt, bekommt genügend Kalzium, um einer Osteoporose vorzubeugen. Zusätzliche Kalziumtabletten sind nicht notwendig.

Regelmäßiges körperliches Training durch Laufen, flottes Gehen oder Radfahren (▷ Seite 562) drei- bis

Hormone – ja oder nein?

Eher nein in der Zeit des Wechsels, unter der Voraussetzung, daß Sie kein erkennbares Osteoporoserisiko (▷ Seite 544) haben:

- Wenn Sie sich gesund fühlen, sich relativ viel bewegen und bewußt ernähren. Wenn Ihr Herz-Kreislauf-System nichts Besorgniserregendes vermeldet.
- Wenn Sie kaum oder nur leichte Beschwerden verspüren oder mit auftretenden Beschwerden gut fertigwerden.
- Wenn Sie der Kraft Ihres Körpers vertrauen und Beschwerden im Selbsthilfeverfahren lindern wollen.
- Wenn Sie psychische Probleme, depressive Verstimmungen oder Phasen der Traurigkeit in Gesprächen mit FreundInnen lösen, oder sich auch mit pflanzlichen Präparaten über Unruhegefühle hinweghelfen können.
- Wenn Sie selbst oder mehrere weibliche Verwandte Brustkrebs haben oder hatten (▷ Seite 669).

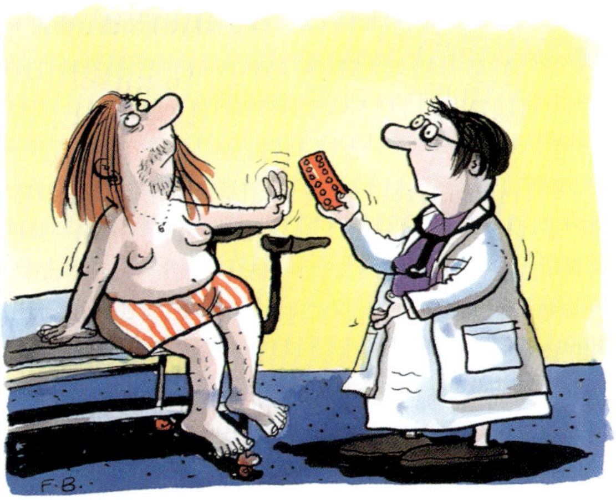

Eher ja in der Zeit des Wechsels als kurzzeitige Einnahme – von einigen Monaten bis zu zwei Jahren –, um akute Beschwerden zu lindern. Oder bei relativ hohem Osteoporoserisiko als langfristige Vorbeugung bzw. als Therapie (▷ Osteoporosefaktoren, Seite 544):

- Wenn Sie sehr stark unter Hitzewallungen oder Schlafstörungen leiden und sich für kurze Zeit eine möglichst effektive Hilfe wünschen.
- Wenn Sie eine möglichst rasche Hilfe gegen Ihre Beschwerden wollen, weil Ihnen Beruf oder Familie nicht erlauben, sich auf langsam wirkende Mittel oder alternative Verfahren einzustellen.
- Wenn Sie ein relativ großes Osteoporoserisiko haben (▷ Seite 544). Der längerfristige, knochenschützende Effekt kommt jedoch erst zum Tragen, wenn Sie die Präparate mehrere Jahre lang einnehmen.

Eher nein in den Jahren nach dem Wechsel, in der Zeit der sogenannten Postmenopause, unter der Voraussetzung, daß Sie kein erkennbares Osteoporoserisiko haben:

- Wenn Sie sich gesund fühlen und mit Bewegung und bewußter Ernährung Ihr Herz und den Kreislauf in Schwung halten.
- Wenn Sie mit den körperlichen Veränderungen des Älterwerdens recht gut zurechtkommen, sich zum Beispiel mit Gleitmitteln helfen, wenn Ihnen die trockenere Vaginalhaut Probleme macht.
- Wenn Sie selbst oder mehrere weibliche Verwandte Brustkrebs haben oder hatten (▷ Seite 669).

Eher ja in den Jahren nach dem Wechsel, der sogenannten Postmenopause:

- Wenn Ihnen die trockene Vaginalhaut sehr zu schaffen macht und Sie kein Gleitmittel verwenden wollen, können Hormone in Creme- oder Zäpfchenform helfen.
- Wenn Ihr Osteoporoserisiko relativ groß erscheint, wird meist die Einnahme der Hormone vom Wechsel bis in die Zeit danach über mehrere Jahre hinweg empfohlen (▷ Osteoporosefaktoren, Seite 544; ▷ Früherkennung, Seite 544).
- Wenn Sie eine nachgewiesene Osteoporose behandeln müssen.
- Wenn Sie ein sehr hohes Risiko einer Herz-Kreislauf-Erkrankung haben.

TIP

Osteoporosefaktoren

Frauen, die folgende Merkmale oder Verhaltensweisen aufweisen, sind stärker Osteoporose-gefährdet als andere Frauen:

- Die Knochen von Frauen mit einem grazilen Körperbau entkalken aus bisher nicht geklärten Gründen relativ schnell.
- Osteoporosekranke weibliche Verwandte deuten auf ein höheres Risiko hin – für die Krankheit gibt es eine erbliche Veranlagung.
- Wenig Bewegung. Knochen brauchen Belastung, um ihren aufbauenden Stoffwechsel anzuregen und viel Kalzium einzulagern.
- Viel rauchen. Es kann die Menopause früher eintreten lassen.
- Reichlicher und regelmäßiger Alkoholkonsum. Dann kann der Darm Kalzium nur schlecht aufnehmen, außerdem schädigt Alkohol die Knochenzellen.
- Einseitige und damit oft kalziumarme Ernährung.
- Kinderlosigkeit. Der hohe Östrogengehalt des Blutes während der Schwangerschaft sorgt dafür, daß die Knochen reichlich Kalzium einlagern, wenn genügend angeboten wird.
- Die erste Regelblutung trat spät ein, die Blutungen waren sehr unregelmäßig oder blieben für lange Zeit ganz aus, die Wechseljahre begannen früh. Dies deutet auf eine niedrige Östrogenproduktion hin. Damit stand den Knochen in jungen Jahren das Hormon nicht ausreichend und nicht sehr lange zur Verfügung, das die Knochendichte vergrößert.
- Einnahme einer größeren Menge des Medikaments Kortison oder bestimmter anderer Hormone.
- Generell gehört zu den Gefährdeten, wer in den ersten fünf bis sechs Jahren nach der Menopause in relativ kurzer Zeit ungewöhnlich viel Knorpel- und Knochenmasse verliert.

fünfmal pro Woche für 30 bis 60 Minuten regt den Stoffwechsel so an, daß die Wirkungen denen einer Hormonbehandlung gleichen können.

Die Knochen benötigen Vitamin D, um Kalzium einzubauen, und die Haut braucht UV-Licht, um Vitamin D zu synthetisieren. Dementsprechend dienen Sonnenlicht oder notfalls drei Minuten Solarium pro Woche ebenfalls der Vorbeugung.

Wem es außerdem gelingt, Nikotin und Alkohol weitgehend zu meiden und den Konsum der Kalziumräuber Koffein, Cola und süßer Snacks einzuschränken, tut einen weiteren Schritt in Richtung Vorbeugung.

Früherkennung

Drei Fragen sollten Sie mit »Ja« beantworten, bevor Sie sich den Untersuchungen zur Früherkennung einer Osteoporose unterziehen: Weise ich Faktoren auf, die mich der Risikogruppe zuordnen (▷ links)? Will ich einer eventuellen Osteoporose frühzeitig entgegentreten? Bin ich bereit, die Behandlung für lange Zeit durchzuführen?

Die MedizinerInnen sollten drei Faktoren ermitteln, um Sie bei der Sorge um eine eventuelle Osteoporose kompetent beraten zu können: den Hormonstatus, einen Zellabstrich aus der Vagina und den Kollagengehalt der Haut oder die Knochendichte.

Knochendichtemessung

Zur Knochendichtemessung wird meist das Handgelenk zweimal im Abstand von drei Monaten geröntgt. Das bedeutet eine nicht unerhebliche Strahlenbelastung. Ergibt die Berechnung aus beiden Messungen, daß Sie im Jahr mehr als 3,5 Prozent an Knochenmasse verlieren, und sprechen die Blut- und Urinuntersuchungen ebenfalls für eine beginnende Osteoporose, raten die meisten GynäkologInnen zur Einnahme von Hormonen. Ein Schwund der Knochenmasse von einem Prozent pro Jahr hingegen wird ab dem Wechsel als normal angesehen.

3,5 Prozent Knochenmasseverlust als Grenzwert anzusehen basiert auf einer Übereinkunft von WissenschaftlerInnen, und die wiederum beruht auf Erfahrung. Noch gibt es keine »Normkurven«, die eindeutig und sicher darüber Auskunft geben, ab wann eine vorsorgliche Behandlung mit Östrogenen sinnvoll ist oder nicht.

Knochendichtemessungen werden teilweise harsch kritisiert, weil die verschiedenen Verfahren Ergebnisse liefern, die sich nicht miteinander vergleichen lassen, und weil zu viele ÄrztInnen ohne ausreichende Qualifikation zu oft solche Messungen durchführen – zu Lasten ihrer Patientinnen, aber zur kostendeckenden Auslastung des teuren Geräts.

Am besten eignet sich die Knochendichtemessung, um den Zustand der Knochen oder den Erfolg einer Osteoporosebehandlung zu kontrollieren.

Behandlung mit Hormonen

Studien zeigen, daß eine siebenjährige Östrogeneinnahme nach der Menopause die Häufigkeit von Brüchen des Hüftgelenks und des Unterarms um etwa die Hälfte, die der Wirbelkörper um 90 Prozent reduzieren kann. Werden die Hormone danach abgesetzt, setzt sich der Knochenabbau zwar fort, doch ist das Skelett für die verbleibende Lebenszeit dann meist ausreichend tragfähig. Auch Frauen, die sich erst spät zur Einnahme von Östrogenen entschließen, können von der Hormonwirkung noch profitieren. Bis zum Alter von 70 Jahren können sie die Knochenmasse noch um fünf bis zehn Prozent anheben.

KritikerInnen dieser Studien bezeichnen hingegen die Belege für eine positive Wirkung der jahrelangen Hormonbehandlung als eher dürftig. Sie finden, daß die möglichen Risiken den nicht ausreichend nachgewiesenen Nutzen überwiegen (▷ Hormone, Seite 546).

Kollagenbestimmung

Die Kollagenmessung ist ein neues Verfahren, das erst wenige GynäkologInnen anwenden. Mittels Ultraschall wird am Oberarm die Dicke der Haut und damit indirekt ihr Kollagengehalt bestimmt. Kollagen ist ein Bestandteil des Stützgerüstes von Haut und Knochen. Wenn der altersbedingte Knochenabbau einsetzt, reduziert sich zunächst die Kollagenmenge, dann auch der Knochenanteil. Je geringer der Kollagenanteil der Haut, desto geringer wird er auch in den Knochen sein. Gefährdungen durch die Untersuchung sind nicht bekannt. Die Aussagekraft der Kollagenbestimmung ist jedoch noch nicht abzuschätzen. Auch Langzeitergebnisse über diese Methode liegen noch nicht vor.

Behandlung mit Kalzitonin oder Flouriden

Frauen, deren Knochenmasse sich in den Wechseljahren stark verringert, die aber kein Östrogen einnehmen wollen oder dürfen, können sich das Hormon Kalzitonin (Präparat: *Karil*) spritzen lassen oder

LITERATUR

Regine Schulte-Strathaus
Ratgeber Osteoporose – Knochen schützen und stützen. Ein Buch für Frauen
Germa-Press, Hamburg, 1990. DM 24,80

Otti Krempel
Hilfe bei Osteoporose. Fitneßprogramme und Bewegungstherapie zum Vorbeugen, Lindern, Heilen
BLV, München, 1992. DM 28

Kuratorium Knochengesundheit
Hettenbergring 5, 74889 Sinsheim
Tel.: 07261/6 31 74, Fax: 6 46 59
(Patientenratgeber Osteoporose DM 3,50. Probeexemplar der Zeitschrift »Mobiles Leben« DM 3,00 in Briefmarken)

als Nasenspray aufnehmen. Es vermindert den weiteren Knochenverlust, kann aber die Häufigkeit von Knochenbrüchen nicht reduzieren. In erster Linie dient es zur Schmerzlinderung nach Wirbelbrüchen.

Knochen, die so weit entkalt sind, daß sie leicht brechen, lassen sich nur schwer wieder aufbauen. Mit Fluoriden (Präparate: *Ossin, Tridin*), kombiniert mit Kalzium, wird das dennoch versucht. Weil die Festigkeit der durch Fluoride aufgebauten Knochen aber relativ gering ist, treten Brüche weiterhin oft auf. Aus unbekannten Gründen sprechen außerdem nicht alle PatientInnen auf diese Behandlung an. Vielen machen Nebenwirkungen an Magen und Darm und Schmerzen am Fußgelenk zu schaffen.

Hormone

Nicht alle Frauen mögen glauben, daß Frausein tägliche Hormoneinnahme bedeuten muß. Sie sind generell pillenmüde und durch die möglichen Nebenwirkungen erheblich beunruhigt. Andererseits verlocken die immer wieder propagierten Effekte einer Östrogenbehandlung, die Alterungserscheinungen hinauszuzögern scheint.

Die Entscheidung, ob Hormone oder nicht, kann für jede Frau anders ausfallen, und sie darf sich auch wieder ändern. Während beispielsweise eine Frau die Zeit der Hitzewallungen ohne Medikamente gelassen hinnimmt, will sich eine andere möglichst rasch davon befreien – und läßt sich Hormone verordnen. Die dritte beginnt eine langjährige Hormoneinnahme vielleicht erst nach dem eigentlichen Wechsel, wenn sich herausstellt, daß sie stark Osteoporose-gefährdet ist (▷ Hormone – ja oder nein? Seite 543).

Verschiedene Östrogene

Es gibt verschiedene Arten von Östrogenen, und sie wirken unterschiedlich. Mit dem schwachen Estriol (Präparate: *Ovestin, Synapause*) können beispielsweise unangenehme Hauterscheinungen, auch die der Scheide, behandelt und der Fett- und Gehirnstoffwechsel günstig beeinflußt werden. Zur Osteoporose-Vorbeugung werden hingegen Östrogene wie Estradiol (Präparate: *Estraderm TTS, Progynova*) verschrieben. Diese naturidentischen Östrogene wirken weniger stark als die synthetischen, die in der »Pille« enthalten sind. Sie unterscheiden sich auch in Art und Stärke der Nebenwirkungen (▷ unten). So bergen die natürlichen Östrogene beispielsweise kein Thromboserisiko.

Erwünschte Wirkungen

Bis zu einem gewissen Grad verlangsamen Östrogene das Tempo des Alterungsprozesses, was sich äußerlich vor allem am Zustand der Haut zeigt, innerlich an den Knochen und Blutgefäßen.

Allerdings gibt es gegenüber diesen von HormonbefürworterInnen immer wieder ins Feld geführten Schutzfaktoren und dem verminderten Risiko, an einer Arteriosklerose zu erkranken oder einem Herzinfarkt zu erliegen, selbst in schulmedizinischen Fachkreisen Widerspruch: Regelmäßiges körperliches Training kurbelt den Stoffwechsel so an, daß die Effekte auf Haut, Knochen und Psyche denen der Östrogene ähneln. Die Östrogene beeinflussen das Herzinfarktrisiko weniger als andere Risikofaktoren, wie Rauchen und der Streß aufreibender Arbeits- und Familienbedingungen.

Unerwünschte Wirkungen

Einem besonders gefährlichen Östrogenrisiko, dem Krebs der Gebärmutterschleimhaut, versucht man durch die zusätzliche Verordnung von Gestagenen entgegenzuwirken. Viele Präparate enthalten darum beide Hormone (z.B. *Kliogest, Trisequens*). Frauen, die ein Östrogenpflaster verwenden, müssen zusätzlich Gestagen-Tabletten schlucken (Präparate: *Primolut-Nor, Clinofem*). Diese Gestagengabe entfällt nur bei jenen, die keine Gebärmutter mehr haben. Bei allen anderen gilt die alleinige Verordnung von Östrogen – ohne Gestagen – als ärztlicher Kunstfehler.

Das Brustkrebsrisiko kann durch eine jahrelange Östrogeneinnahme ansteigen. Vor allem Frauen, die brustkrebsgefährdet sind oder brustkrebskranke Verwandte haben, sollten eine langdauerde Östrogeneinnahme meiden.

Während der Östrogeneinnahme baut sich – individuell unterschiedlich – die Schleimhaut der Gebärmutter auf. Das Gestagen sorgt dafür, daß – wenn die Einnahme dann von einem Tag auf den anderen beendet wird – die Schleimhaut möglichst komplett abgestoßen wird. Geschieht das nicht oder bekommt die Schleimhaut keinen Anreiz, sich abzulösen, weil die Frau nur Östrogene und kein Gestagen einnimmt, baut sich die Schleimhaut immer dicker auf. Dann können sich von ihr einzelne Teile lösen und als »Zwischenblutung« ausgestoßen werden. Wenn solche Zwischenblutungen immer wieder auftreten und damit anzeigen, daß eine dick aufgebaute Gebärmutterschleimhaut nicht komplett abgestoßen wird, wird meist eine Ausschabung nötig.

Wenn die Hormone zyklisch genommen werden, also zwei Wochen lang Östrogene und eine Woche lang zusätzlich Gestagene (z.B. *Trisequens*), dann kann es in der darauf folgenden, einwöchigen Einnahmepause zu Blutungen kommen. Während der langjährigen Anwendung hören diese Entzugsblutungen meist irgendwann von selbst auf.

Spritzen, mit denen Östrogene und Gestagene kombiniert in vierwöchigen Abständen verabreicht werden, sind nur in Ausnahmefällen sinnvoll. Fachleute kritisieren, daß sich die verabreichte Hormonmenge nicht steuern läßt.

LITERATUR

Julia Onken
Feuerzeichenfrau. Ein Bericht über die Wechseljahre
Beck, München, 1993. DM 16,80

Sylvia Schneider
Wechseljahre. Die andere Fruchtbarkeit
Goldmann, München, 1994. DM 14,90

Elisabeth Steinmann
Ich bin so gerne alt. Lust und Last der späten Jahre
Campus, Frankfurt, 1993. DM 26

Der Lauf der Zeit

Bis etwa zum 40. Geburtstag spielt das Alter für die Gesundheit kaum eine Rolle. Um die 50 haben die körperlichen Veränderungen bereits Spuren hinterlassen. Doch bis an die 60 fühlen sich die meisten Frauen so fit, daß es ihnen kaum denkbar erscheint, von jenen Krankheiten ereilt zu werden, über die Ältere berichten.

Vieles gehört zum Alterungsprozeß einfach dazu. Ein alter Körper braucht für alles, was er tut, länger als früher. Er braucht länger, bis er sich von einer ungewohnten Anstrengung erholt hat, Erkrankungen heilen erst nach längerer Zeit aus, und von mancher bleibt eine »schwache Stelle« zurück.

Das biologische Alter, das vom kalendarischen erheblich abweichen kann, beschreibt, wie alt Zellen, Gewebe und Organe sind. Doch wie dieser Zustand erlebt wird, kann individuell sehr variieren. Außerdem erfolgt Altern oftmals in Schüben. Nach dem Tod eines geliebten Angehörigen altern manche Menschen »über Nacht«. Das zeigt, wie eng körperliche und psychische Bedingungen zusammenhängen (▷ Seite 603).

Theorien des Alterns

Einzellige Lebewesen gelten als unsterblich: Sie vermehren sich, indem sie sich in zwei gleiche Teile teilen, und beide Teile leben immer so fort. Doch alle

Organismen, die aus vielen Zellen bestehen, altern irgendwann und sterben. Warum sie das tun, ist ein von der Wissenschaft bisher ungelöstes Rätsel.

Zwei Hauptstränge gibt es derzeit bei den Theorien zum Altern: Der eine geht davon aus, daß jede Art ein genetisch festgelegtes Maximalalter hat: Der Mensch etwa 110 bis 120 Jahre, die aufgrund äußerer Einflüsse aber praktisch nie erreicht werden. Die andere Richtung von Alternstheorien sieht das Ende als offen an, beschreibt aber Veränderungen, die in ihrer Gesamtheit das Bild des Alterns ergeben.

Beide Theorien meinen, Alterung vollziehe sich zuerst auf der Ebene der Zellen. Die eine geht davon aus, daß sich die DNA, der Informationsträger des Zellkerns, so verändert, daß die Synthese lebenswichtiger Eiweiße gestört wird. Als Störfaktoren kämen freie Radikale, das sind aggressive Produkte im Zellstoffwechsel, oder auch radioaktive Strahlung in Frage. Da die Zellen solche Veränderungen aber reparieren können, könnte Altern auch bedeuten, daß der Reparaturmechanismus immer häufiger versagt.

Wenn die Zelle wichtige aufbauende Eiweiße nicht mehr produziert und es ihr andererseits an den notwendigen Abbausubstanzen mangelt, sammeln sich Fehl- und Endprodukte des Stoffwechsels an. Kann die Zelle das nicht mehr reparieren, verschleißt sie. Ereilt dieses Schicksal eine Vielzahl von Zellen, schränkt das die Funktionsfähigkeit des ganzen Organs ein. Das führt zum auffälligsten Kennzeichen des Alterns: Alle Organe und damit der ganze Mensch haben einen stetig kleiner werdenden Spielraum, um sich Veränderungen anzupassen und Belastungen aufzufangen.

Doch läuft dieser Prozeß nicht an allen Organen gleichmäßig ab. Bei jedem alten Menschen finden sich Organe, die nahezu »jugendlich« erscheinen, und solche, die als »verbraucht« gelten können. Welches Organ in welchem Zustand ist, kann bei jedem Menschen anders sein – abhängig davon, wie groß die lebenslange Belastung war und wie hoch die Krankheitsbereitschaft ist.

Knochen, Gelenke und Muskeln

Jeder Schritt, jede Bewegung bedeuten, daß die Gelenke das reibungslose Verschieben der Knochen gegeneinander ermöglichen. Viele Millionen Male hat das bei einem 60jährigen bereits schon stattgefunden; besonders auf den Gelenken von Knie und Hüfte lastet dabei das ganze Gewicht des Körpers. Diese Nutzung hinterläßt Spuren, die viele ältere Menschen als Steifwerden der Gelenke, manche auch als Schmerzen erfahren. MedizinerInnen sprechen dann von einer Arthrose, einer »degenerativen Gelenkerkrankung«.

Diese Beschwerden lassen sich nicht heilen, aber das Fortschreiten der Erkrankung läßt sich verlangsamen. So kann ein dem Zustand angemessenes Training, zum Beispiel regelmäßige Gymnastik oder dosierter Sport (▷ Seite 555) verhindern, daß es schlimmer wird. Nur Bewegung kann den Knorpelabbau bremsen, indem sie alle Nährstoffe zu- und alle Abbaustoffe wegführt.

Mit dem Alter werden alle Menschen etwa drei Zentimeter kleiner, weil die Bandscheiben an Elastizität verlieren und stärker zusammengedrückt werden. Kommt eine Osteoporose hinzu (▷ Seite 542), kann der Größenverlust zwanzig Zentimeter und mehr betragen.

Körperbau und Gesichtszüge

Das Fettgewebe unter der Haut wird abgebaut, dadurch treten die Knochenstrukturen, die vorher gut abgepolstert waren, stärker zutage: Die Nase wird breiter, weil sich der Nasenknorpel senkt; die Ohrläppchen verlängern sich; das Kinn tritt stärker hervor. Der Gesichtsausdruck wandelt sich durch all diese anatomischen Veränderungen.

Einmal verlorengegangene Muskelzellen kann der Körper nicht mehr ersetzen. Doch ihre Kraft kann man jederzeit trainieren. Jede ernsthafte Beanspruchung setzt dem altersbedingten Muskelschwund etwas entgegen (▷ Seite 558).

Haut

Etwa mit 25 finden wir angedeutet, wo sich die Spuren der Mimik und des Alters in unserem Gesicht einmal besonders deutlich eingegraben haben werden. Ein Blick auf die Mutter sagt dann, wie wir wahrscheinlich in 25, 30 Jahren aussehen werden. Das genetische Programm und die am mütterlichen Vorbild erlernten Verhaltensweisen bezüglich Körperpflege, Bewegung und Ernährung bedingen diese Ähnlichkeit.

Falten

Falten entstehen, wenn die Kollagen- und Elastinfasern der Haut nur noch langsam auf- und abgebaut werden. Dadurch bilden sie mehr Quervernetzungen; das Bindegewebe verliert an Elastizität, seine Fähigkeit, Wasser zu speichern, läßt nach. Wo die Haut schrumpft, bilden sich Runzeln und Falten. UV-Licht beschleunigt diesen Alterungsprozeß, weil es die Vernetzung der Kollagenmoleküle fördert. Ein mit Fettzellen gut gepolstertes Unterhautgewebe wiederum steht einer frühen Faltenbildung entgegen.

Mit dem Alter verringert sich auch die Talgdrüsentätigkeit; durch den dünneren Fettfilm kann mehr Feuchtigkeit verdunsten. Geringe Durchfeuchtung und geringe Fettung begünstigen Juckreiz. Da sich mit all diesem auch die schützende Bakterienflora verändert, können Infektionen, zum Beispiel mit Pilzen, leichter Fuß fassen.

Veränderte Hautoberfläche

Mit dem Alter wird die Oberfläche der Haut ungleichmäßiger. Sie verhornt unregelmäßig, bildet warzige Auflagerungen und bekommt Pigmentflecken. Zudem ist sie dünner geworden, weil sich die Anzahl der Zellagen verringert hat. Die Zellwände hingegen haben sich verdickt; nun fällt die Durchblutung schwerer, die Zellerneuerung geht behäbiger vonstatten, die Reparaturmechanismen verlangsamen sich.

Am ganzen Körper nimmt die Dicke des Unterhautfettgewebes ab: Die Wangen wirken leicht eingefallen, Adern und Knochen scheinen stärker durch die Haut hindurch. Ehemals fettreiche Gewebe wie Brüste und Po verlieren ihre Stütze.

Äderchen

»Geplatzte Äderchen« sind erweiterte Blutgefäße, die im Alter häufiger auftreten, weil die feinsten Blutgefäße ihre Elastizität verlieren. Am häufigsten sind sie auf der Wange sichtbar. Wer will, kann sie mit Make-up kaschieren, oder von Hautärztin oder -arzt elektrisch veröden lassen.

Flecken

Dunkle Flecken bilden sich mit dem Alter auf der Haut so unvermeidlich, daß sie »Altersflecken« heißen. Ihre braune Substanz besteht aus Stoffwechselresten, die die Zellen nicht mehr wegschaffen können. Da UV-Strahlen die Fleckenbildung verstärken, finden sich die Flecken besonders am Handrücken und im Gesicht.

Wer sich gestört fühlt, kann die Flecken mit einem stark deckenden Make-up kaschieren. Radikaler rückt ihnen eine Laserbehandlung zu Leibe. Daraus können allerdings häßliche Narben entstehen, die überdies noch die Funktion der Hände beeinträchtigen können. Eine andere Möglichkeit, sie zu entfernen, ist die Dermabrasion (▷ Abschleifen, Peeling, Seite 502).

Warzen

Besonders an den Schläfen und auf dem Rücken breiten sich bei manchen Menschen viele kleine Warzen aus. Sie können hell sein, aber auch alle Farben bis zum Schwarz annehmen. Diese Hauterscheinung ist harmlos. Sie sollten sie dennoch im Auge behalten, um andere Veränderungen, die auf Hautkrebs hindeuten können, frühzeitig zu erkennen. Wenn die Warzen aber das ästhetische Empfinden stören, können HautärztInnen sie entfernen.

Gesichtspflege

Die dünne Oberhaut des Gesichts läßt einen länger währenden Mangel an Fett und Feuchtigkeit schnell sichtbar werden: Es bilden sich feine Knitterfalten. Zuerst werden sie um die Augen herum sichtbar, später überall, wo die Mimik das Gewebe belastet.

Alle Pflegeprodukte sollen Falten verhindern oder wieder ausgleichen. Doch was zu welchem Preis auch immer aufgetragen wird – nichts verändert wirklich etwas, wie Untersuchungen immer wieder belegen. Falten entstehen in der Lederhaut. Und dorthin kann selbst die beste Creme ihre Fracht nicht befördern, und keiner ihrer Inhaltsstoffe spielt für die Vermeidung von Falten eine Rolle (▷ Seite 472).

Manche Produkte glätten allerdings die Hautoberfläche – um einige hundertstel Millimeter. Das läßt sich wohl messen, mit den Augen aber nicht erfassen. Darum resümiert die Stiftung Warentest immer wieder: Alle Produkte sind gut, aber keines ist besser als die gute alte Nivea Creme in der blauen Dose. Das gilt für alle Mittel gleichermaßen.

Zaubermittel?

• Kollagen: Das Molekül ist viel zu groß, um in die Haut eindringen zu können. Bestenfalls lagert sich Kollagen auf die Haut auf und bindet dort Feuchtigkeit. Dann erscheint die Haut glatter und frischer – ein Effekt ohne Dauer.

• Fruchtsäuren: Sie sind auch unter dem Namen α-Hydroxysäuren (AHS, AHA) im Gespräch; zu ihnen gehören Äpfel-, Zitronen-, Glykol-, Milch- und Weinsäure. In hoher Konzentration aufgetragen, schält sich die Hornschicht der Haut ab; das glättet Unebenheiten, wie Falten und Aknepustel. Diese aggressive Behandlung ist jedoch HautärztInnen vorbehalten. In Kosmetika sind diese Säuren nur in sehr geringer Konzentration enthalten, bzw. sie sind so weit abgepuffert, daß Reizungen, aber auch Wirkungen selten sind.

• Vitamine: Nahrung braucht die Haut von innen, von außen Zugeführtes erreicht sie nicht. Daß Vitamin E die Hautalterung bremsen kann, ist nicht erwiesen. Eine Verwandte des Vitamin A, die Vitamin-A-Säure (Tretinoin), eignet sich zur Aknebehandlung. Dieses ist jedoch eine medizinische Behandlung, für die die Präparate wegen ihrer ausgeprägten Nebenwirkungen verschreibungspflichtig sind (▷ Akne, Seite 477).

• Liposomen sind hohle Kügelchen aus einer fettartigen Substanz, deren Inneres mit wässriger Flüssigkeit gefüllt ist. In der wässrigen Phase können Wirkstoffe gelöst sein. Liposomen sind erheblich kleiner als die Zellen, in die sie eindringen sollen.

Liposomen können in zwei verschiedenen Zuständen vorliegen. Bei der einen Art bildet sich beim Auftragen auf der Hautoberfläche ein Film, der die Wasserabgabe einschränkt. Die Haut wird vorübergehend gespannter, glatter und geschmeidiger. Bei der anderen Art von Liposomen dringen Bestandteile in die Hornschicht ein und lassen die Zellen aufquellen. Auch hiernach erscheint die Haut zunächst praller. Nach etwa sechs Stunden hat die Haut bei dem ersten Produkt ihren ursprünglichen Zustand wieder eingenommen; nach Anwendung des zweiten Produkts ist sie jedoch trockener als zuvor.

Die gleiche Aussage gilt auch für Sphingosome, Niosome und Nanopartikel (auch: Nanobodies, Nanofutures, Nanoparts, Nanosomes, Nanospheres, Ultraparts). Sie wirken ähnlich wie Liposome.

Haare

Ein Haar bleibt weiß, wenn sein Wachstumszyklus und die Pigmentbildung nicht mehr zeitgleich ablaufen. Dann werden die pigmentbildenden Zellen in das ausfallende Haar eingeschlossen und gehen mit diesem verloren. Der Eindruck »grau« kommt zustande, wenn sich weiße und pigmentierte Haare mischen.

Östrogene verlängern die Wachstums- und Ruhephase der Haare, so daß sie lang wachsen und dicht erscheinen können (▷ Haare, Seite 483). Sinkt der Östrogenspiegel, verliert sich dieser Effekt. Verschiebt sich die Hormonbalance stärker zugunsten der männlichen Anteile, kann das Muster der Behaarung dem des Mannes ähnlich werden; allerdings nur, wenn das Haar Rezeptoren hat, die darauf reagieren: Die Haare bleiben kürzer und dünnen aus. Im Gegenzug können Haare an Oberlippe und Kinn wachsen.

(Zur Entfernung von Körperhaaren, ▷ Seite 486)

Gehirn und Nerven

Anders als die meisten anderen Zellarten teilen sich Nervenzellen nicht. Was verlorengegangen ist, bleibt unersetzt. Bei den lebenden Zellen werden jedoch die inneren Strukturkomponenten immer wieder erneuert. Mit zunehmendem Alter wird dieser »Reparaturdienst« unzuverlässiger: Die Zellen sterben.

Am stärksten betrifft der Verlust die Regionen von Wahrnehmen und Denken. Weil aber andere Bereiche ihre Leistung erhöhen beziehungsweise Funktionen der verlorengegangenen übernehmen, bleiben wir dennoch bis ins hohe Alter denk- und urteilsfähig. Ermöglicht wird dies, weil sich die verschiedenen Areale untereinander neu vernetzen.

Das ältere Gehirn arbeitet langsamer, und es erholt sich von Schädigungen langsamer – all das sind Auswirkungen der abnehmenden Zahl von Nervenzellen beziehungsweise der sich verringernden Geschwindigkeit, mit der die Nerven Reize von der Peripherie ins Gehirn weiterleiten. Doch erst wenn Krankheiten oder schwerwiegende Funktionsstörungen hinzukommen, kann das die Kompensationsleistung des Gehirns überfordern. Dann kann auftreten, was als »typische Alterserscheinung« gilt: nachlassendes Gedächtnis, Konzentrationsstörungen, Schlafstörungen, Schwindel, psychische Störungen, Verwirrtheit bis zur Demenz (Altersschwachsinn).

Intelligenz

WissenschaftlerInnen unterscheiden verschiedene Formen von Intelligenz. Die »Kristalline Intelligenz« drückt sich im Wortschatz, in der Ausdrucksfähigkeit und im kulturellen Wissen aus; sie befähigt, die Struktur von Sprachen zu begreifen und sowohl Details wie das Ganze zu erfassen. Sie schafft den »Blick fürs Wesentliche«. Diese Intelligenz steht so lange unvermindert zur Verfügung, bis sich jemand entscheidet: »Das interessiert mich nicht (mehr).«

TIP

Lernen im Alter

- Es braucht mehr Zeit.
- Es geht je nach individuellem Lebensrhythmus zu manchen Tageszeiten besser oder schlechter.
- Es ist leichter durch äußere Einflüsse störbar.
- Es fällt leichter, je deutlicher der Sinnbezug ist. Wer weiß, warum er etwas lernen soll, schafft es auch.
- Sinnbezug heißt auch, daß sich Zusammenhänge eher einprägen als einzelne Vokabeln und daß das besser im Gedächtnis haften bleibt, was sich an Bekanntes anlagern läßt.
- Positive Verstärkungen erleichtern das Lernen. Viele ältere Menschen müssen erst einmal das Vorurteil überwinden, daß sie als Ältere eigentlich nichts mehr lernen können.

Die »Fluide (flüssige) Intelligenz« zeigt, wie gut jemand logische Zusammenhänge erfaßt und Lösungen findet; sie drückt sich in formal-mathematischen Leistungen aus und in der Geschwindigkeit, mit der jemand reagiert. Diese Form der Intelligenz baut sich mit dem Alter ab. Allerdings bleiben auch von ihr Teilbereiche bis ins hohe Alter erhalten, wenn sie ständig gefordert, trainiert werden.

»Praktische Intelligenz« haben sich alte Menschen durch die Übung vieler Jahrzehnte erworben. Sie haben gelernt, die an sie gestellten Anforderungen zu bewältigen. Im Alter wird daraus ihre Fähigkeit, »synthetisch« zu denken: Sie durchschauen komplexe Strukturen besser als junge Menschen, können ihre Fähigkeiten besser einschätzen als früher und erkennen die Strategien klarer, mit denen Situationen optimal bewältigt werden können.

Gedächtnis

Das Gedächtnis wird mit dem Alter wählerischer. Das Wesentliche wird verankert, das Unbedeutende kaum bemerkt und schon gar nicht behalten. Damit wird das Denken ökonomischer.

Neuen Tagesrhythmus finden

Manche Frauen erledigen die geräuscharmen Teile ihrer Hausarbeit morgens um vier, beginnen zu nächtlicher Stunde mit Schreibtischarbeit und gönnen sich zum Ausgleich eine ausführliche Mittagspause.

Schwieriger ist das bei jenen, die an von außen vorgegebene Zeiten gebunden sind. Sie müssen versuchen, zwischen inneren und äußeren Bedingungen einen lebbaren Kompromiß zu finden. Konkret heißt das, mit entspannenden Techniken (▷ Seite 569) dafür zu sorgen, daß das Grundbedürfnis an Erholung in der Nachtzeit gedeckt wird. Gleichzeitig können Sie versuchen, die Tagesarbeit so einzuteilen, daß die wichtigen Termine in der aktiven Zeit stattfinden und nicht gerade im zu erwartenden Tief (▷ Schlafstörungen, Seite 611).

Das Alltagsgeschehen belastet vor allem das unzuverlässige Kurzzeitgedächtnis. Zettel und Notizen können das überbrücken. Auch Informationen werden nicht mehr mit der gewohnten Geschwindigkeit verarbeitet, und es können nicht mehr unbegrenzt viele zugleich verarbeitet werden.

Doch Gehirn und Gedächtnis lassen sich trainieren. Das gelingt am besten, wenn man Gedächtnis- und Kompetenztraining mit sportlicher Betätigung kombiniert.

Veränderter Schlaf

Die Schlafstruktur ändert sich etwa mit dem 50. Lebensjahr. Die Phasen des Tiefschlafs werden seltener, der Schlaf wird oberflächlicher. Die SchläferInnen haben am nächsten Morgen den Eindruck, oft aufgewacht zu sein, und fühlen sich völlig zerschlagen.

Auch die Verteilung der Schlaf- und Wachzeiten über den Tag ändert sich im Lauf des Lebens. Die Zeit des Wachseins und die des Schlafens teilen sich nicht mehr so deutlich in zwei Blöcke. 60jährige etwa sind im Vergleich zu 20jährigen schon nach einer kürzeren Schlafenszeit ausgeruht, fühlen sich aber nach einigen Stunden der Aktivität wieder erholungsbedürftig.

Sinnesorgane

Die mentale Leistungsfähigkeit bei Älteren scheint entscheidend davon abzuhängen, wie gut oder schlecht sie hören und sehen. Diese und alle anderen Sinneswahrnehmungen verringern sich mit zunehmendem Alter. Das Geschmacksvermögen geht zurück, weil sich die Zahl der Geschmackspapillen auf der Zunge verringert. Auch das Riechvermögen verringert sich. Die Tiefensensibilität, besonders der Hände, nimmt ab. Man spürt nicht mehr recht, wie fest man zupackt; vieles rutscht aus der Hand.

Regelmäßige Früherkennungsuntersuchungen können die Reduktionen aufdecken, Brillen und Hörhilfen für einen Ausgleich sorgen.

Herz und Gefäße

Die Mühe des alternden Organismus, sich Veränderungen anzupassen, trifft auch das Herz. Es kann sich auf Streß nicht mehr so behende einstellen. Es kontrahiert und entspannt sich deutlich langsamer und pumpt weniger Blut durch die Adern, die Schlagfrequenz wird geringer. Um das auszugleichen, steigt meist der Blutdruck an. Zwischen dem 60. und 80. Lebensjahr nimmt er um 20 mm/Hg zu.

Wie andere Muskelzellen auch, regenerieren sich die Herzmuskelzellen nicht. Aber genau wie andere Muskelzellen kann man ihre Leistungsfähigkeit jederzeit durch Bewegung und Sport (▷ Seite 555) trainieren.

Die Muskelzellen der Blutgefäße verlieren an Elastizität, an den Gefäßwänden lagern sich Kalzium und Fett ab, die Gefäße versteifen. Diese Arteriosklerose entsteht im Alter unvermeidlich. Allerdings können eine cholesterinreiche Ernährung, Rauchen und Diabetes diesen Prozeß auch schon in jüngeren Jahren einsetzen lassen.

Lunge

Mit den Jahren nimmt die Elastizität des Lungengewebes ab. Dadurch kann das Blut nicht mehr so stark mit Sauerstoff beladen werden wie früher; die Versorgung der Körpergewebe mit Sauerstoff verschlechtert sich. Die reduzierte Atmung zieht es nach sich, daß Entzündungen der Bronchien und Lungenentzündungen typische Alterskrankheiten sind.

Nieren und Blase

Die alternden Nieren können ihre Aufgabe, Schlacken und Salze auszuscheiden, nicht mehr optimal erfüllen. Dadurch wird der Wasser- und Salzhaushalt unstabil. Das aus anderen Gründen ohnehin bestehende Risiko, daß der Körper austrocknet oder sich Wasser im Gewebe ansammelt, steigt.

Ältere Menschen müssen häufiger zur Toilette, weil die Blase an Elastizität verliert und sich ihr Fassungsvermögen verringert. Viele Frauen belastet das Problem der Inkontinenz erheblich. Schon wenn der Druck im Bauchraum nur gering steigt, wie beim Husten oder Niesen, verlieren sie Urin. Der Grund liegt darin, daß Muskulatur und Bindegewebe des Beckenbodens an Festigkeit verloren haben und die Blase tiefer in das kleine Becken eingetreten ist (▷ Seite 694). Ein anderer Grund kann sein, daß die Koordination zwischen der Blase und den Schließmuskeln nicht mehr richtig funktioniert.

Magen, Darm und Leber

Der sich verlangsamende Stoffwechsel macht die Verdauungstätigkeit behäbiger. Die Darmmuskulatur reagiert träger. Eine Verstopfung braucht daraus aber nicht zu entstehen, wenn eine ballaststoffreiche Ernährung für Ausgleich sorgt.

Vorsicht beim Alkohol: Er wirkt bei älteren Menschen schneller und länger als bei jungen, weil Leberzellen absterben und sich somit die »Arbeitseinheiten«, in denen Stoffwechsel, Atmung und Entgiftung stattfinden, verringern. Aus dem gleichen Grund müssen Medikamente altersgerecht ausgewählt und dosiert werden. Sie verweilen bei alten Menschen länger im Körper als bei jungen.

Immunsystem

Mit 60 etwa läßt auch bei den Widerstandsfähigsten die unerschütterlich stabile Gesundheit nach. Das Abwehrsystem bildet nicht mehr so viele weiße Blutkörperchen, es erkennt Antigene nicht mehr mit der früheren Sicherheit, die Informationsübermittlung im System ist beeinträchtigt – Krankheitserreger und ungewöhnliche Zelltypen können nicht mehr so effizient wie früher bekämpft werden. Gleichzeitig nehmen z.B. Autoimmunkrankheiten, wie zum Beispiel chronische Gelenkentzündungen, zu.

Franziska BECKER

Bewegung und Sport

Die Menschheit wird immer beweglicher, der einzelne immer lahmer. Die Technik entlastet uns so komplett von schweißtreibender Arbeit, daß wir den Körper gezielt mit Bewegung oder sogar Training beweglich und gesund erhalten müssen.

»Fitneß« ist zur Lebensphilosophie geworden, manchen auch zum Streß, wenn sie sich genötigt fühlen, dem Trend zu folgen. Man kann die Bewegungsmöglichkeiten in Sportzentren oder Vereinen aber auch als Angebot sehen. Bewegung im Alltag und Sport schaffen ein gutes Gefühl von Kopf bis Fuß, machen schön, gesund, stark und stellen – ganz nach Belieben – soziale Kontakte her. Wird der Körper allzu wenig gefordert, fühlen sich die meisten Menschen bald unwohl und grau, schnaufen schon bei kleinen Anstrengungen und werden anfällig für Krankheiten.

Schon kleine Veränderungen im Alltag zeitigen große gesundheitliche Wirkungen. Wer wöchentlich 2.000 Kalorien durch Bewegung verbraucht, verringert das Herzinfarktrisiko. Verbesserungen sind bereits bei einem wöchentlichen Verbrauch von 500 Kalorien spürbar, zur Vorbeugung eines Herzinfarkts sollten es aber mindestens 1.000 Kalorien sein.

Die dafür nötige Bewegung kann jede Frau ins Alltagsleben einbauen, auch ohne »richtig« Sport zu treiben. Bewegung im Alltag kann heißen, statt des Fahrstuhls die Treppe zu benutzen, einige Haltestellen vor dem Ziel auszusteigen und den Rest schnell zu gehen, mit dem Rad zu fahren oder Rasen zu mähen. Regelmäßige Bewegung trainiert das Herz, Ruhepuls und Blutdruck sinken. Wer sich gleichzeitig bewußt ernährt, hält sein Gewicht bzw. erleichtert sich das Abnehmen.

TIP

Lust am Laufen

Der Erfahrungsbericht von Frauen, die regelmäßig mehrere Kilometer laufen, klingt begeistert:

- Der Kontakt zur Natur gleicht den mechanisierten Alltag aus.
- Der Körper schaltet völlig ab, entspannt total.
- Emotionale Spannungen und Streß werden abgebaut. Die seelische Verfassung wird ausgeglichener.
- Das Bewußtsein »Ich schaffe das« stärkt das Selbstbewußtsein in allen Lebensbereichen.
- So gestärkt lassen sich sogar Lebenskrisen leichter bewältigen.
- Das Körpergewicht bleibt konstant bzw. wird langsam, aber beständig abgebaut.
- Die verstärkte Beweglichkeit beflügelt.

Längeres Laufen oder das Gehen mit schnellem Schritt, das sogenannte Walking, ist ein überwiegend aerobes Training (▷ Seite 559) und die wirkungsvollste aller Ausdauersportarten. Es festigt die Muskulatur, hilft, überschüssiges Fett abzubauen, strafft den Körper. Das fördert unter anderem das Selbstwertgefühl. Auch Depressionen und Angstzustände verringern sich. Die Ursache vermutet man in Stoffwechselveränderungen: Beim Laufen schüttet der Körper vermehrt Endorphine und Katecholamine (z.B. Adrenalin) aus (▷ Das Körper-Seele-Band, Seite 606). Doch allein schon der Entschluß zu laufen und das Erlebnis, es nun auch regelmäßig durchzuhalten, ist eine enorme Aufmunterung.

Wer zu Beginn des Lauftrainings noch keine längere Strecke durchhält, kann unbeschadet im Wechsel zwei Minuten laufen und drei Minuten gehen. Viel wichtiger, als ein hochgestecktes Ziel zu erreichen, ist die Lust an der Bewegung. Ohnehin lassen sich Verhaltensänderungen, zu denen auch regelmäßige körperliche Bewegung gehört, leichter umsetzen, wenn sie als »Erlaubnis« formuliert werden, als wenn es zum »Muß« wird.

Ausgleichende Bewegung heißt immer, das zu tun, was sonst zu kurz kommt. Fingerspreizen, wer sonst die Finger über der Tastatur zusammenhält; Brustkorb dehnen, wer meist zusammengesunken sitzt; Hüften strecken, wer viel sitzt; auf dem Bauch liegen, wer alltäglich sein Kreuz durchbiegt.

Schwieriger Anfang

Fast alle wissen, daß Sport gut tut. Dennoch finden Frauen viele »Wenn« und »Aber«, mit denen sie ihre Aktivität dann doch verhindern.

Wer sich nicht überwinden kann, sich einer Gruppe Gleichgesinnter anzuschließen, kann zu Hause mit Gymnastik, Trimmrad und Hanteln beginnen. Am ehesten gelingt der Einstieg den Frauen, die aufhören, sich zu Leistungen zu verpflichten, und sich statt dessen die Erlaubnis geben zu pausieren, wenn ihnen die Luft wegbleibt, und aufzuhören, wenn die Glieder schmerzen. Das Trainingsprogramm sollte ein Sich-Liebhabeprogramm sein: Sich herausfordern, um Gesundheit und Figur zu verbessern, aber nicht überfordern. Wer in kleinen Schritten fortschreitet, hat die Chance, dabei zu bleiben und sich zu großen Schritten zu steigern; wer von sich zu schnell und zu viel fordert, verliert die Lust und gibt auf.

Sport für Füllige

Mollige tun gut daran, ihr Herz-Kreislauf-System und den Bewegungsapparat langsam zu aktivieren, bevor sie sich größere Belastungen zumuten, am besten nach Rücksprache mit Ärztin oder Arzt. Geeignet ist besonders Schwimmen, weil es die Gelenke entlastet, viele Muskeln einbezieht und Wärme gut ableitet. Auch Radfahren und schnelles Gehen sind empfehlenswert. Ein schnelleres Lauftraining sollte erst versucht werden, wenn die Waage schon einige Pfunde weniger anzeigt und die Lust zu laufen wächst. Anfangs reicht ein dreißigminütiges Training mit Pausen, das nach und nach gesteigert werden kann.

Typisch weiblich

Gut ein Drittel der im Deutschen Sportbund organisierten Mitglieder sind Frauen. In Disziplinen wie Turnen und Gymnastik sind sie in der Überzahl. Auch im Reitsport sind mehr Frauen als Männer aktiv. Gleichgezogen haben sie bei Volleyball, Schwimmen, Badminton und Golf. Viele lange Zeit frauenfremde Disziplinen, wie Surfen oder Boxen, haben sich die Frauen mittlerweile erobert. Und im Fußball gewannen die deutschen Frauen 1995 die Vizeweltmeisterschaft.

Informationen über Frauensportzentren gibt es in Frauenbuchläden und bei Frauenbeauftragten. Clubs und Vereine lassen sich auch über die Sportämter der Kommunen finden. Viele Sportarten können Frauen aber auch allein ausüben – sei es, weil ihre Vorliebe dem Einzelkämpfertum gehört, sei es, weil sie sich zeitlich nicht festlegen können.

Weibliche Konstitution

Der Körper von Frauen hat andere Leistungsgrenzen als der von Männern. Verantwortlich für diesen Unterschied ist der Körperbau, der ab der Pubertät geschlechtsspezifische Formen annimmt.

Bedingt durch die Sexualhormone lagern Frauen mehr Fett unter der Haut ein als Männer; ihre Muskelmasse ist dagegen geringer. Der Körperschwerpunkt liegt bei Frauen ziemlich tief. Dadurch können sie gut das Gleichgewicht halten, Sprints und Sprungleistungen beeinträchtigt es jedoch. Die Kraftleistung von Frauen liegt deutlich unter der von Männern und läßt sich auch durch Training nicht auf denselben Stand bringen.

Menstruation

Medizinische Gründe, während der Blutung auf Sport zu verzichten, gibt es nicht, nur persönliches Unbehagen. Die individuellen Unterschiede sind sehr groß. Trainierende Frauen empfinden diese Schwankungen jedoch viel weniger, sie haben seltener Beschwerden.

Die Grenze des Leistungssports ist für Frauen erreicht, wenn ihre Menstruation trainingsbedingt ausbleibt. Das ist ein Zeichen dafür, daß das Training die hormonelle Balance gestört hat.

Schwangerschaft

Ihr gewohntes Bewegungstraining können Frauen auch während der Schwangerschaft fortsetzen, auf Höchstleistungen sollten sie allerdings verzichten. Schwangeren werden vor allem aerobe Sportarten (▷ Seite 559) empfohlen:

- Sie beugen Thrombosen, Krampfadern und Hämorrhoiden vor.
- Sie vergrößern das Plasma- und Blutvolumen und verbessern so die Sauerstoffversorgung von Mutter und Kind.
- Sie bauen psychischen Streß ab, so daß Schwangerschaft und Geburt geruhsamer verlaufen können.
- Sie erhöhen die körperliche Leistungsfähigkeit.

Während des Sports sollten Schwangere darauf achten, genügend Kohlenhydrate zu sich zu nehmen. Der Körper sollte nicht zu warm werden, extreme und ruckartige Bewegungsabläufe, einschließlich der Bauchpresse, sind zu vermeiden.

Kalorienverbrauch

Bei zehn Minuten Bewegung und bei dem angegebenen Körpergewicht verbrauchen Sie an Kalorien:

	60 kg	80 kg	110 kg
Sitzen	10	14	20
Treppen steigen	146	202	288
Gehen (3 km/h)	29	40	58
Joggen (10 km/h)	90	125	178
Radfahren (10 km/h)	42	58	83
Kegeln	56	78	111
Gesellschaftstanz	40	56	81
Schwimmen	40	56	80

Frauen, deren Schwangerschaft von ÄrztInnen als risikobelastet eingestuft wird, sollten mit Fachärztin oder -arzt eingehend beraten, ob sie ihren gewohnten Sport weiter betreiben können. Das gleiche gilt, wenn während des Trainings körperliche Beschwerden auftreten.

Etwa vier Wochen nach der Geburt können sportliche Frauen ihr Training wieder systematisch aufbauen. Bei Sportarten, die Bänder, Sehnen und Muskeln sehr stark belasten, ist es allerdings besser, drei Monate zu pausieren.

Seniorinnen

Für sportliche Betätigungen ist niemand je zu alt. Bewegung erhält die Anpassungsfähigkeit und Belastbarkeit – Eigenschaften, die mit dem Alter abnehmen, aber auch bei jüngeren Menschen nicht immer selbstverständlich sind. So kann eine gut trainierte 60jährige leistungsfähiger sein als eine bewegungsfaule 40jährige. Allerdings müssen ältere Menschen ihre Gelenke, Muskeln, Bänder und Sehnen pfleglich behandeln: keine plötzlichen Anstrengungen, keine abrupten Bewegungen. Schmerzen können das Signal dafür sein, daß die Grenze der Belastbarkeit erreicht ist.

Mit den meisten Ausdauersportarten, wie Dauerlauf, Radfahren, Skilanglauf, Schwimmen, Tanzen und Wandern, kann man – altersangepaßt und nach Rücksprache mit Ärztin oder Arzt – noch im Rentenalter beginnen. Auch Tai Chi oder Yoga bieten sich an. Handball, Volleyball oder Kampfsportarten eignen sich, wenn sie der Kondition entsprechend modifiziert werden. Isometrische Kraftübungen (▷ Seite 560) wirken der altersbedingten Rückbildung der Muskeln entgegen.

Schwimmen

Schwimmen beansprucht den ganzen Körper, trainiert Ausdauer und Koordinationsfähigkeit, wenn Sie immer wieder einige Längen mit regelmäßigen, kräftigen Zügen durchschwimmen. Wer auf Chlor empfindlich reagiert, kann sich mit einer Schwimmbrille helfen. Der Temperaturunterschied zwischen Körper und Wasser fördert die Durchblutung und stabilisiert das vegetative Nervensystem. Der Auftrieb im Wasser vermindert den Druck auf Wirbelsäule und Gelenke.

Neu und höchst effektiv ist »Aqua-Jogging«: Ohne Bodenberührung »hängen« Sie im Wasser mit einer Art Schwimmgürtel, der Ihnen Auftrieb verleiht. Beine und Arme bewegen sich wie beim Dauerlauf. Aqua-Jogging stärkt die Muskeln wie Joggen an Land, belastet jedoch die Gelenke kaum.

Sportkleidung

Moderne Sportkleidung schützt ihre TrägerInnen vor Wind und Regen. Sie hält warm, und der Schweiß staut sich nicht in ihr. Doch noch immer gilt: je wasserdichter das Gewebe, desto weniger atmungsaktiv ist es und umgekehrt. Viele synthetische Stoffe haben schlechtere Trageeigenschaften als Naturfasern. Mikrofasern kleben zum Beispiel eher auf schweißfeuchter Haut als Baumwolle. Für einen Spaziergang empfiehlt sich also ein herkömmlicher Trai-

Radfahren

Wer in die Pedale tritt, kurbelt den Kreislauf an und kräftigt die Muskeln von Ober- und Unterschenkeln, Rücken, Bauch, Becken, Armen und Füßen, ohne die Gelenke übermäßig zu belasten. Zugleich trainiert Radfahren den Gleichgewichtssinn. Radfahren können auch übergewichtige und ältere Menschen.

Personen, die meinen, für Sport eigentlich keine Zeit zu haben, nimmt das Fahrradfahren die Ausrede: Mit dem Rad sind sie in der Großstadt oft schneller am Ziel als mit Auto oder Bahn.

ningsanzug aus Baumwolle. Wenn der Schweiß allerdings in Strömen rinnt, wie beim Joggen, sind Kunstfasern empfehlenswert, weil sie schneller trocknen. Aus Baumwolle verdunstet die Feuchtigkeit nur langsam; sie macht das Kleidungsstück schwer und kalt.

Sportschuhe

Ob ein Schuh paßt, kann jeder selbst feststellen: Er sollte einen Zentimeter vor dem größten Zeh enden. Die Fersenkappe muß fest am Hacken anliegen, darf aber nicht scheuern. Und auch in der Breite muß der Fuß, ohne gequetscht zu werden, in den Schuh hineinpassen. Im Mittelfußbereich sollte der Schuh verstärkt sein. Die Sohlen sollten beim Laufen als Stoßdämpfer wirken. So wird die Zentnerlast abgefedert, die bei jedem Aufsetzen auf den Füßen lastet, die Gelenke werden weniger beansprucht.

Turnschuhe sollten außerdem Fehlstellungen oder Schwächen ausgleichen. Damit das Fußgelenk nicht nach innen kippt, gibt es Schuhe mit speziellen Seitenverstärkungen und Sohlenkonstruktionen.

Aerob – Anaerob

Bei allen Ausdauersportarten, wie Laufen, Schwimmen oder Radfahren, arbeiten die Muskeln aerob. Das heißt, sie gewinnen ihre Energie, indem sie Zucker mit Hilfe von Sauerstoff verbrennen. Die Bewegung verbraucht in etwa die Energiemenge, die die Muskeln fortwährend produzieren können. Wenn jedoch ganz schnell sehr hohe Leistungen erbracht werden, arbeitet die Muskulatur anaerob , d.h. der Zucker wird auf andere Art, und ohne Sauerstoff zu verbrauchen, abgebaut. So steht sehr schnell sehr viel Energie zur Verfügung; doch diese Art von Stoffwechsel kann der Körper nicht lange durchhalten. Zudem entsteht bei der anaeroben Muskelarbeit Milchsäure, die die Reaktionen im Muskel verlangsamt. Extreme Höchstleistungen kann der menschliche Körper also nur kurzfristig erbringen.

Trainingsarten

Sportliches Training soll die Kondition, also Kraft und Ausdauer, verbessern. Es soll die Koordination der Bewegungen schulen und die Technik, Taktik und Geschicklichkeit üben, die für die jeweilige Sportart spezifisch ist. Entsprechend diesen Trainingszielen unterscheidet man Ausdauer-, Kraft- und Koordinationstraining.

Beim Training soll – je nach Alter und Konstitution – der Puls für 10 bis 20 Minuten ansteigen, jedoch nicht auf mehr als 180 Schläge minus Lebensalter.

Ausdauertraining

Aerobes Ausdauertraining beansprucht große Muskelgruppen mit relativ geringer Intensität (Das Motto lautet: »Laufen ohne zu schnaufen«) und kurbelt das Herz-Kreislauf-System an. Es verbessert den Stoffwechsel und die Durchblutung der Muskeln und stärkt das Herz – spürbar ist dies an einem verlangsamten und kräftigen Ruhepuls. SportlerInnen können sich länger als Untrainierte kraftvoll bewegen, ohne zu ermüden.

Für eine ganze Reihe von Krankheiten, wie Herz-Kreislauf-Erkrankungen, Bluthochdruck, Diabetes, Fettstoffwechselstörungen, Arterienverkalkung und Übergewicht, verringert Ausdauertraining das Risiko. Damit beugt es auch dem Herzinfarkt vor, durch den Frauen ab 50 stärker gefährdet sind als Männer.

Laufen, Radfahren, Schwimmen, Skilanglauf und Wandern gelten als idealer Ausdauersport. Das Training sollte täglich mindestens zehn Minuten dauern, am besten sind 30 bis 40 Minuten zwei- bis dreimal in der Woche. Günstig ist es, mit halber Leistungskraft zu beginnen und sich dann langsam zu steigern. Die Pulsfrequenz sollte 180 minus Lebensalter nicht übersteigen; gegebenenfalls müssen Sie die Geschwindigkeit reduzieren.

Krafttraining

Haltung und Bewegung sind nur mit der Kraft der Muskeln möglich. Wenn mit der Bewegung ein Widerstand überwunden wird, wie beim Springen oder beim Werfen eines Balls, spricht man von dynamischer oder isotonischer Kraft. Drückt ein Muskel jedoch gegen einen Widerstand oder hält ihn fest, spricht man von statischer oder isometrischer Kraft. Dabei verstärkt sich die Muskelspannung, ohne daß sich der ganze Muskel verkürzt.

Kraftübungen stärken Muskeln, Sehnen und Bänder, wirken positiv bei Haltungsschwäche und -schäden. Gut entwickelte Muskeln schützen die Gelenke und die Wirbelsäule vor schädlichen Einwirkungen. Allerdings: Herz und Kreislauf werden durch Kraftübungen nicht trainiert.

Muskelarbeit können Sie auf dreierlei Weise durchführen:

• Maximalkrafttraining mit möglichst hoher Gewichtsbelastung – zum Beispiel mit schweren Hanteln – formt die Muskeln, kann aber der Körpergesundheit schaden, vor allem, wenn Sie gepreßt atmen und der Blutdruck erheblich ansteigt und wenn Sie Knochen und Sehnen übermäßig belasten.

• Schnellkrafttraining mit kleinen Gewichten und schnellen Bewegungen bestimmt bei den meisten leichtathletischen Disziplinen die Leistung. Intensive Aufwärmarbeit ist Vorbedingung, damit Sehnen, Bänder und Muskeln keinen Schaden nehmen.

• Kraftausdauertraining mit vielfach wiederholten Übungen bei niedriger Gewichtsbelastung stärkt den Stütz- und Bewegungsapparat. Ältere Menschen können damit einem Muskelabbau und einer Knochenentkalkung entgegenwirken.

Isometrisches Krafttraining

Isometrische Übungen, die die statische Kraft stärken, können Sie immer und überall und in jedem Alter durchführen. An größere Anstrengungen sollten Sie sich langsam herantasten, denn sie können Herz und Kreislauf erheblich belasten.

Ein Beispiel: Beim Telefonieren im Stehen stellen Sie sich in Schrittstellung. Mit der einen Hand halten Sie den Hörer, die andere drückt gegen die Tür oder die Wand vor Ihnen, als wollten Sie sie wegschieben. Nach vier Sekunden Druck wechseln Sie den Hörer in die andere Hand und trainieren die Muskeln des anderen Arms.

TIP

Fitneß-Studios

»Die Frau von heute braucht kein Korsett, weil sie Lady's Gym hat.« Mit diesem und ähnlichen Slogans werben die vielen Fitneß-Studios. Sie verschweigen, daß das Muskelkorsett nur durch enormen Drill zu haben ist.

In solchen Studios können Sie Ihre Muskeln gezielt stärken und Ihre Kondition aufbauen. Krafttraining kann bei Rückenproblemen oder Schmerzen im Schulter-Nacken-Bereich helfen.

Die Qualität des Studios zeigt sich an folgenden Merkmalen:

• Erfahrene TrainerInnen helfen Ihnen, ein persönliches Trainingsprogramm zusammenzustellen.

• Sie kontrollieren, ob Sie die Übungen korrekt durchführen. Wenn Sie beispielsweise Gewichte falsch heben, können Sie sich eine Rückenverletzung einhandeln.

• Es wird eine Probierstunde angeboten.

• Neben Jahresverträgen gibt es Zehner- oder Monatskarten.

• Langfristverträge dürfen bei Krankheit, Umzug usw. vorzeitig gekündigt werden.

• Die Geräte sind stabil, sicher und gut gewartet.

• Der Raum ist ausreichend belüftet.

• Es gibt Schließfächer für Wertsachen.

• Die Benutzung von Zusatzeinrichtungen, wie Sauna oder Schwimmbad, ist im Preis inbegriffen.

Koordinationstraining

Das Zusammenspiel von Nervensystem und Skelettmuskulatur heißt Koordination. Sie ist besonders wichtig bei Sportarten, bei denen es auf eine schnelle Reaktion ankommt. Gut koordinierte Bewegungen sind harmonisch, verbrauchen wenig Energie, ermüden kaum und bergen wenig Verletzungsgefahr. Sie wirken einfach, geradlinig, genau, ökonomisch und mühelos.

Die grundlegenden Fähigkeiten, sich so zu bewegen, entwickeln sich bei Kindern eigentlich von selbst. Doch der immer knapper werdende Spielraum behindert sie in der Entwicklung ihrer Koordinationsfähigkeit. Zur Förderung eignen sich besonders Gymnastik, Balance- und Geschicklichkeitsübungen, Tanzen, Tai Chi, Schwimmen, Seilspringen und Übungen mit dem Medizinball.

Eine gute Koordination ist eine wichtige Voraussetzung für Leistungs- und BreitensportlerInnen. Vier Schritte führen zu einem guten Training der Koordination:

- Sie stellen sich einen Bewegungsablauf bildhaft vor.
- Sie üben diesen Bewegungsablauf.
- Sie lassen nicht beanspruchte Muskelgruppen bewußt ruhen.
- Sie automatisieren die Bewegungen durch Üben.

Gymnastik

Die modernen Formen der Gymnastik, Aerobic, Jazzgymnastik und Callanetics, trainieren vor allem die Gelenkigkeit und die Koordination; zudem sind sie ein gutes Ausdauertraining. Sie sind aber kaum darauf ausgerichtet, die Muskelkraft zu stärken. Gymnastik bezieht den ganzen Körper ein; sie dehnt und kräftigt Muskeln, Sehnen und Gelenke. Das hilft bei Schulterverspannungen, Rückenbeschwerden und Haltungsfehlern. Gymnastik bedarf keiner teuren Ausrüstung und ist leicht zu erlernen. Mit anderen gemeinsam zu turnen schafft soziale Kontakte.

Stretchen

Regelmäßige Stretching-Übungen verbessern die Elastizität von Muskeln, Sehnen und Bändern. Schon nach drei bis vier Wochen regelmäßigen Stretchings nehmen Beweglichkeit und Geschmeidigkeit spürbar zu. Damit beugt man Muskelverspannungen, Müdigkeit und Verkrampfungen vor und steigert die Leistungsfähigkeit. Stretching verringert die Verletzungsgefahr beim Sport.

Beim Stretching werden Rücken, Arme, Beine, Hände und Zehen so lange langsam und konstant gedehnt, bis ein ganz leichtes Ziehen einsetzt. Diese Position soll 10 bis 30 Sekunden lang gehalten werden, bis das Ziehen nachläßt; anschließend wird weiter gedehnt, bis das Ziehen wieder einsetzt. Sofort abbrechen, wenn es zu schmerzen beginnt. Jede Übung wird zwei- bis fünfmal wiederholt. Anders als bei der Gymnastik wird beim Dehnen nicht gewippt oder gefedert.

LITERATUR

Horst Cotta
Der Mensch ist so jung wie seine Gelenke. Information und Ratschläge. Haltung, Bewegung, Sport, Ernährung, Behandlung
Piper, München, 1992. DM 19,80

Heinz Meusel
Sport ab 40. Aktiv für Fitness und Gesundheit
Rowohlt, Reinbek, 1992. DM 14,90

Hannelore Pilss-Samek
Fit durch isometrische Übungen
Humboldt, München, 1992. DM 11,80

Stiftung Warentest
Der neue Weg zur Fitness
Berlin, 1991. DM 14

Sportarten

Nur wer Freude an einer Sportart hat, wird sie beibehalten und davon gesundheitlich profitieren. Doch auch der Leistungszustand ist zu berücksichtigen, das Alter, gesundheitliche Beeinträchtigungen und die individuelle körperliche Belastbarkeit.

Auf den folgenden Seiten werden die einzelnen Sportarten graduell bewertet. Wie gut trainiert die Sportart die Ausdauer, die Kraft, die Koordination? Wie groß ist das Risiko einer Verletzung? Zusätzlich ist angegeben, in welchem Alter Frauen diese Sportarten üblicherweise ausüben können, und welche Ausstattung nötig ist.

Laufen (Joggen)

- Training der Ausdauer: Sehr groß
- Training der Kraft: Gering
- Training der Koordination: Mittel
- Risiko: Gering
- Alter: In jedem Alter
- Ausstattung: Gute Schuhe, atmungsaktive und wärmende Kleidung.

Zwei- bis dreimal wöchentlich zu laufen ist ein effektives Ausdauertraining und überall möglich. Es senkt hohen Blutdruck und verbessert Durchblutungsstörungen. Man kann mit kleinem Pensum und geringem Tempo beginnen und sich dann steigern. Auf Waldboden (Erde) statt auf Asphalt zu laufen schont die Gelenke. Einen ähnlichen Effekt vermitteln die luft- oder gelgepolsterten Sohlen von Laufschuhen. Wer nicht allein laufen mag, kann sich sogenannten Lauftreffs anschließen; Ort und Zeit sind über Sportvereine zu erfahren. Ein solches Lauftraining wird in der Regel von erfahrenen LäuferInnen begleitet.

Bei Überbelastung können Verletzungen der Sehnen und Sprunggelenke, Muskelkrämpfe und Ermüdungsbrüche auftreten.

Radfahren

- Training der Ausdauer: Groß
- Training der Kraft: Gering
- Training der Koordination: Mittel
- Risiko: Gering
- Alter: In jedem Alter
- Ausstattung: Das Rad muß gut beleuchtet sein, die Bremsen müssen funktionieren. Die Stabilität ist besonders wichtig, wenn ein Kindersitz angebracht werden soll. Ein Helm schützt bei Stürzen. Wie wichtig das ist, zeigen Unfallanalysen: Viele Schädel-Hirn-Verletzungen wären durch einen Sturzhelm vermeidbar gewesen.

Radfahren kräftigt Herz, Kreislauf und Atmung. Es wird empfohlen bei Herz-Kreislauf-Beschwerden und bei Problemen am Haltungs- und Bewegungsapparat, nach Operationen an Gelenken und Beinen und bei Übergewicht. Wer einen kleineren Gang einlegt und schneller tritt, entlastet die Gelenke. Mit größerem Gang oder auf ansteigender Bahn ist der Trainingseffekt größer.

Hat der Sitz die falsche Höhe, können Rückenschmerzen die Folge sein. Diese Beschwerden sind auch bei einem Rennrad häufig, auf dem man gekrümmt vornübergeneigt sitzt.

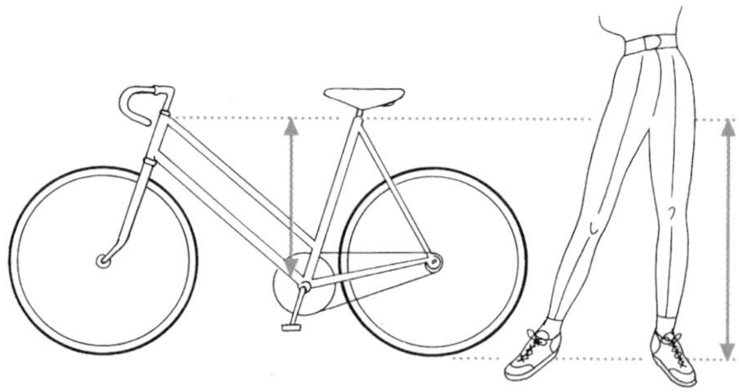

So berechnen Sie die richtige Höhe des Fahrradrahmens: Beinlänge, von der Ferse bis zum Schritt gemessen, minus 25 cm. Die Lenkergriffe sollten etwa brustbreit auseinanderliegen. Bremse und Gangschaltung müssen gut erreichbar sein.

Schwimmen

- Training der Ausdauer: Groß
- Training der Kraft: Mittel
- Training der Koordination: Groß
- Risiko: Gering
- Alter: In jedem Alter

Im Fitneßtraining rangiert Schwimmen unter den ersten Plätzen. Um dabei jedoch große Muskelgruppen zu beanspruchen und einen Trainingseffekt zu erzielen, muß man mehrere Bahnen ohne anzuhalten mit langen, kräftigen Zügen durchmessen, so daß man den erhöhten Puls spürt.

Beim Brust- und Rückenkraulen wird die Muskulatur der Wirbelsäule abwechselnd symmetrisch gestreckt; das wirkt entspannend. BrustschwimmerInnen begünstigen allerdings Verspannungen der Nacken- und Lendenmuskeln, wenn sie sich bemühen, beim Schwimmen das Kinn aus dem Wasser zu halten. Menschen mit Bandscheibenschäden sollten dem Rückenschwimmen den Vorzug geben.

TIP

Vor dem Sport und nachher

- Vor dem Sport nur wenig leichte Kost essen.
- Mit Stretching, Gymnastik und leichtem Laufen aufwärmen.
- Belastung allmählich steigern. Bänder und Sehnen nehmen schneller Schaden, als manche denken.
- Dehnübungen langsam steigern.
- Einen schnellen Lauf mit einigen Metern langsamen Gehens ausklingen lassen.
- Nach dem Sport – bei längeren Belastungen auch schon während der Ausübung – viel trinken.
- Heiß baden, duschen oder in die Sauna gehen regeneriert die Muskeln nach dem Sport.

Im Wasser gibt die Haut Wärme schneller ab als an der Luft. Wer das unterschätzt, unterkühlt seinen Körper. Riskant ist der Sprung mit erhitztem Körper ins kalte Wasser. Der plötzliche Kälteschock kann zum Herz-Kreislauf-Versagen führen.

Rudern, Kanufahren

- Training der Ausdauer: Gering
- Training der Kraft: Mittel
- Training der Koordination: Mittel
- Risiko: Gering
- Alter: In jedem Alter
- Ausstattung: Boote kann man sich beim Bootsverleih leihen.

Rudern oder Kanufahren können aufregende Naturerlebnisse bieten, aber auch ein anspruchsvolles Ausdauer-, Kraft- und Koordinationstraining sein.

70 bis 80 Prozent der Skelettmuskulatur kommen beim Rudern zum Einsatz. Rudern stärkt Herz, Kreislauf und Lungen.

Das Verletzungsrisiko ist gering, abgesehen von Blasen an den Händen. Häufiger sind Entzündungen an den Sehnen der Unterarme. Da die Wirbelsäule sehr belastet wird, können Rückenschmerzen auftreten.

Segeln

- Training der Ausdauer: Sehr gering
- Training der Kraft: Mittel
- Training der Koordination: Gering
- Risiko: Gering
- Alter: In jedem Alter
- Ausstattung: Boote kann man sich beim Bootsverleih leihen.

Segeln ist nicht mehr nur ein Sport für Reiche. An vielen Urlaubsorten und Seen im Naherholungsbereich werden Segelkurse und Turns angeboten. Ein gutes Boot bekommt allerdings nur geliehen, wer einen Segelschein hat, und der erfordert eine Menge theoretischer und praktischer Kenntnisse. SeglerInnen, die sich beim Ausbalancieren des Bootes lange weit hinauslehnen, beanspruchen ihre Bauch- und Beinmuskulatur kräftig. Wendemanöver fordern Schulter- und Armmuskeln.

Blasen und Schwielen bilden sich schnell. Prellungen, Schnitt- und Platzwunden kommen vor.

Eiskunstlauf / Eisschnellauf

- Training der Ausdauer: Mittel/Groß
- Training der Kraft: Gering/Groß
- Training der Koordination: Groß/Gering
- Risiko: Mittel/Gering
- Alter: In jedem Alter
- Ausstattung: Die Schlittschuhe sollten möglichst eng am Fuß sitzen, damit sich jede Bewegung direkt auf die Kufen überträgt. Für kraftvolles, schnelles Laufen eignen sich am besten Eishockeystiefel, wer lieber Figuren zieht, wählt Kunstlaufstiefel.

Eislauf kräftigt Herz, Kreislauf und Lungen und trainiert die Koordination der Bewegungen. Bei Gelenkbeschwerden ist Eislauf nur mit Einschränkung, bei Osteoporose gar nicht zu empfehlen. Ellenbogen- und Knieschützer sind ratsam. Nicht nur AnfängerInnen stürzen ab und zu. Der »typische Eislaufbruch« betrifft Handgelenk und Unterarm.

Skilanglauf

- Training der Ausdauer: Sehr groß
- Training der Kraft: Gering
- Training der Koordination: Mittel
- Risiko: Gering
- Alter: Bei entsprechender Technik bis ins hohe Alter.
- Ausstattung: Ski, Schuhe und Stöcke – gekauft oder preisgünstig geliehen. Atmungsaktive, warme Kleidung.

FreizeitsportlerInnen, die nicht oft durch den Schnee gleiten und sich dennoch eigene Ski kaufen wollen, sollten sich für ein pflegeleichtes no-wax-Modell entscheiden. Die Skier sollten die Körperlänge um 25 cm überragen. Wichtig ist die Abstoßzone im Mittelteil des Ski. Beim Vorwärtsgehen sollte diese Zone den Schnee kaum berühren. Beim Abstoß dagegen muß sich der Ski so durchbiegen, daß sich die Steighilfen in den Schnee graben können. Langlaufstöcke sollen bis unter die Achseln reichen.

Skilanglauf verbindet meist ein sehr wirkungsvolles Ausdauertraining mit einem wundervollen Naturerlebnis. Skilanglauf wird angeraten nach einem Infarkt und bei Herz-Kreislauf-Problemen, bei Bluthochdruck, bei Stoffwechselstörungen und eingeschränkt bei Rückenschmerzen. Skilanglauf fordert die Schnellkraft und das Koordinationsvermögen und unterstützt die Gewichtsabnahme.

Alpinski

- Training der Ausdauer: Gering
- Training der Kraft: Gering
- Training der Koordination: Mittel
- Risiko: Sehr groß
- Alter: Abhängig von der Kondition und technischer Vorerfahrung
- Ausstattung: Ski, Schuhe und Stöcke gekauft oder geliehen. Lift- und eventuell Skikursgebühren kommen hinzu.

Abfahrtski erfordert Mut und Geschicklichkeit. Ohne vorbereitende Skigymnastik endet das Vergnügen schnell mit überdehnten Gelenken, Bändern, Sehnen und Muskeln. Die Sturzgefahr ist bei falscher Selbsteinschätzung groß. Wie sich die Belastung für Herzkranke auswirkt, ist nicht voraussehbar, deshalb sollte man vorher mit Ärztin oder Arzt die Grenzen der Belastung abstecken. Skikurse sind zu empfehlen, um die Technik zu erlernen und zu verbessern. Das Verletzungsrisiko verringert sich dadurch.

Reiten

- Training der Ausdauer: Sehr gering
- Training der Kraft: Gering
- Training der Koordination: Mittel
- Risiko: Groß
- Alter: Erfahrene ReiterInnen bis ins hohe Alter
- Ausstattung: Helm, Stiefel, Gerte. Das Pferd bekommt man im Reitverein gestellt.

Beim Reiten wird die Muskulatur des Rumpfes, der Arme und Beine in gleichmäßiger Spannung gehalten. Das trainiert vor allem die statische Kraft. Reiten erfordert Konzentration, Balance und eine gute Koordination. Durch den Wechsel von Belastung und Entlastung der Wirbelsäule verbessert sich die Versorgung der Bandscheibe. Die aufrechte Haltung wirkt der Neigung zum Hohlkreuz entgegen. Reiten ist auch bei Arthrose in Hüft- und Kniegelenken möglich. Das Sturzrisiko beim Reiten ist nicht unerheblich; vor Kopfverletzungen schützt auch der Helm nicht immer ausreichend. Wer seit der Jugend reitet, kann dies auch im Alter tun; lernen sollte man diesen Sport dann allerdings nicht mehr. Die im Alter geringere Knochendichte begünstigt auch bei erfahrenen Reiterinnen Brüche.

Sprinten, Springen, Werfen

- Training der Ausdauer: Sehr gering
- Training der Kraft: Groß
- Training der Koordination: Groß
- Risiko: Mittel
- Alter: Abhängig von der Kondition
- Ausstattung: Gute Schuhe

Kurzstreckenlauf, Hoch- und Weitsprung und Wurfdisziplinen sind typische Schnellkraftsportarten. Mit der Kraft müssen gleichzeitig die Koordination und die Geschwindigkeit der Bewegung steigen. Leichtathletik stellt hohe Anforderungen an Konzentration und Raumgefühl. Sie ist etwas für EinzelkämpferInnen. Die Disziplinen der Leichtathletik sind wesentlicher Bestandteil des deutschen Sportabzeichens. Informationen darüber sind bei den Landessportbünden zu erhalten.

Muskelfasereinrisse, Bänder- und Sprunggelenkverletzungen sind bei Fehlbelastungen und schlechtem Aufwärmen häufig. Das Risiko steigt mit dem Grad der Erschöpfung.

Tennis

- Training der Ausdauer: Gering
- Training der Kraft: Gering
- Training der Koordination: Mittel
- Risiko: Mittel
- Alter: In jedem Alter
- Ausstattung: Tennisschläger, die in Griff, Gewicht und der Schlagfläche den eigenen Bedürfnissen entsprechen. Gute Schuhe.

Tennis erfordert technische Schulung, Geschicklichkeit und schnelle Reaktionen. Als Spiel zwischen mindestens zwei Personen kann es die Lust zu gewinnen reizen. Es beansprucht viele verschiedene Muskelpartien, fordert Herz und Kreislauf und ist so ein guter Ausgleichssport.

Die richtige Schlagtechnik lernt man nur von Profis. Geschieht das nicht, sind Verletzungen von Gelenken, Bändern und Sehnen so gut wie sicher. Die Gelenke sind durch die ruckartigen Bewegungen und Stops besonders gefährdet. Ältere SpielerInnen sollten darauf achten, sich im Wettkampfeifer nicht zu überfordern.

Tischtennis

- Training der Ausdauer: Gering
- Training der Kraft: Gering
- Training der Koordination: Groß
- Risiko: Gering

• Alter: In jedem Alter, abhängig von der Belastbarkeit der Gelenke
• Ausstattung: Tischtennisplatte, Schläger und Bälle. Für eine Tischtennisplatte (ab 200 DM) im Haus oder im Garten genügen 15 Quadratmeter Platz.

Tischtennis ist gut geeignet, um sich nach einem Streßtag im Büro abzureagieren. Der schnelle Flug des Balls erfordert rasche Reaktionen und volle Konzentration. Dabei werden fast alle Muskelpartien des Körpers beansprucht. Tischtennis wird auch nach Infarkten, bei Herz-Kreislauf-Beschwerden und bei zu hohem und zu niedrigem Blutdruck empfohlen.

Das Verletzungsrisiko ist gering, wenn man feste Schuhe trägt. Durch die gebückte Haltung kann der Rücken überlastet werden.

Squash

• Training der Ausdauer: Groß
• Training der Kraft: Gering
• Training der Koordination: Groß
• Risiko: Mittel
• Alter: Eher für Jüngere
• Ausstattung: Plätze werden angemietet, Hallenschuhe.

Beim Squash kann man jede Menge Aggression loswerden. Der Court, ein Raum von 9,75 mal 6,4 Metern, umgeben von hohen Wänden, hat etwas von einer Gefängniszelle. Dort soll sich das Spiel auch entwickelt haben. Zwei SpielerInnen versuchen abwechselnd, den Ball so an eine Wand zu schmettern, daß die Gegnerin oder der Gegner ihn nicht mehr bekommen. Das Tempo bestimmt der Ball mit, der je nach Gewicht und Elastizität unterschiedlich schnell von der Wand zurückkommt.

Noch extremer als beim Tennis kennzeichnen kurze Sprints und harte Stops den Bewegungsablauf. Muskeln und Bänder werden entsprechend gefordert. Wer nicht topfit ist, sollte Squash lassen.

Tanzen

• Training der Ausdauer: Mittel
• Training der Kraft: Gering
• Training der Koordination: Groß
• Risiko: Gering
• Alter: In jedem Alter
• Ausstattung: Tanzschuhe mit Chromledersohle. Für TurniertänzerInnen aufwendige Kleidung.

Techno-Dance, Ballett, oder Wiener Walzer lassen den Puls schneller schlagen und trainieren das Herz, die Bein- und Bauchmuskulatur. Wer viel tanzt, kann damit alle Kriterien eines Ausdauertrainings erfüllen. Die Party am Samstagabend genügt dafür allerdings nicht. Als tägliche Frühgymnastik kann aber jeder zum Beispiel nach flotten Rhythmen tanzen. Tanzen tut der Körperhaltung gut, etwas Übung läßt die Bewegungen eleganter erscheinen.

Mannschaftssport

• Training der Ausdauer: Groß
• Training der Kraft: Mittel
• Training der Koordination: Groß
• Risiko: Mittel bis groß
• Alter: Eher für Jüngere

Ob Fußball, Handball, Hockey oder Basketball – die Möglichkeit zu Mannschaftsspielen gibt es nicht nur in Vereinen, sondern auch in lose organisierten Gruppen: Größere Parkanlagen mit entsprechenden Plätzen sind dafür beliebte Treffpunkte. Frauen sind in diesen »freien« Gruppen noch deutlich in der Minderheit, außer beim Volleyball (▷ Seite 567).

Mannschaftsspiele sind spannend, sie fördern die Kraft und Geschicklichkeit, schulen den Teamgeist und schaffen Kontakte. Allerdings fordern sie eine sehr hohe Ausdauerleistung. Wegen dieser hohen Belastungsintensität sollten sich nur Jüngere Mannschaftswettkämpfe zumuten.

Volleyball

- Training der Ausdauer: Gering
- Training der Kraft: Mittel
- Training der Koordination: Groß
- Risiko: Mittel
- Alter: Bei modifizierten Regeln in jedem Alter.

Volleyball erfordert kurze Bewegungsphasen, eine hohe Sprungkraft, die Ausdauerkomponente ist gering. Das – korrekterweise 2,43 m – hohe Netz kann überall aufgespannt werden. Besonders am Strand finden sich schnell zwei Mannschaften mit je sechs SpielerInnen oder auch weniger. Die Regeln sind relativ einfach zu lernen, die Technik, mit der der leichte Ball aufgeschlagen und weitergegeben wird, erfordert allerdings Training.

Verletzungen am Daumengelenk sind relativ häufig, seltener am Sprunggelenk, am Knie oder an der Wirbelsäule. Die Körperstreckung beim Sprung ist gut für die Haltung.

Fechten

- Training der Ausdauer: Mittel
- Training der Kraft: Mittel
- Training der Koordination: Sehr groß
- Risiko: Mittel
- Alter: Sollte in jungen Jahren erlernt werden, kann dann aber beibehalten werden.
- Ausstattung: Eine Haube aus feinmaschigem Draht mit einem Halsschutzlappen am Kinn schützt das Gesicht. Fechthandschuhe mit Unterarmansatz an der bewaffneten Hand sind Pflicht. Fechtanzug mit einer im Brustteil stark gepolsterten Jacke. Als Waffe braucht es ein Florett.

Fechten gehört zu den ältesten Sportarten. Ein großer Teil des Trainings im Kampfsport widmet sich dem Schnellkraft- und Konditionstraining. Je schneller die Bewegung des Fechtens durchgeführt wird, desto weniger Muskelkraft ist nötig. Verteidigungs- und Angriffstaktiken und Bewegungstechniken erfordern höchste Konzentration und Reaktionsgeschwindigkeit, Körperbeherrschung, Gleichgewichtssinn und geistige Wendigkeit.

Frauen fechten mit dem Florett. Dabei gilt nur der Oberkörper als Angriffsfläche. Die Fechtkunst hat durch den olympischen Gold- und Silbersegen von Anja Fichtel und den Frauen aus Tauberbischofsheim viel Beachtung gefunden. Obwohl Fechten gefährlich aussieht, ist die Verletzungsgefahr gering. Am ehesten kommen Muskelzerrungen und Meniskusverletzungen vor.

Selbstverteidigung (Kampfsportarten)

- Training der Ausdauer: Gering
- Training der Kraft: Mittel
- Training der Koordination: Groß
- Risiko: Mittel
- Alter: In jedem Alter

Die Basis der Selbstverteidigung für Frauen ist in den meisten Kursen Jujutsu. Es vereinigt Techniken des Karate, Judo, Aikido, des Ringens und Boxens. Die vorbereitende Gymnastik soll aufwärmen, sowie Ausdauer und Schnelligkeit trainieren. Die Muskelkraft steht nicht im Vordergrund. Die Frauen beobachten und trainieren die bewußte Atmung über das Zwerchfell. Bevor sie Abwehr und Angriff üben, lernen sie, bei Stürzen richtig zu fallen und gefahrlos abzurollen.

Verletzungen – meist an der Schulter, an Finger- und Handgelenk – kommen dennoch vor. Ein Selbstverteidigungstraining läßt Frauen Stärke, Mut und Durchsetzungsvermögen erleben und führt nach einigen Monaten zu einem Auftreten, das signalisiert: »Ich bin nicht mehr wehrlos.« (▷ Gewalt, Seite 443)

Aber Chef, ein bißchen Entspannung hebt Konzentration und Effektivität!!
F. BEIER

Entspannung

Balance heißt das Zauberwort eines zufriedenen Alltags. Immer wieder sollte der Ausgleich gefunden werden zwischen den kleinen und großen Pendelschlägen, zwischen Streiten und Vertragen, Hektik und Ruhe, Völlerei und Fasten, Abwehr und Zuwendung. Nicht, um in einem Einheitsbrei ständiger Harmonie zu versinken, sondern um Höhen und Tiefen durchleben zu können, ohne sich dabei zu übernehmen.

Jeder Organismus braucht regelmäßig Auszeiten – im Laufe des Tages, von Woche zu Woche, innerhalb des Jahres. Selbst biologische Vorgänge erfordern den steten Wechsel zwischen Anspannung und Entspannung, um reibungslos abzulaufen (▷ Wohlbefinden, Seite 603). So regeneriert zum Beispiel das Immunsystem einen Teil seiner Kräfte im Schlaf (▷ Seite 611).

Ein im Gleichgewicht befindlicher Körper hat eine breite Basis, auf der er selbst extreme Belastungen abfedern kann. Ein Zustand, den fast jede Frau nach einem gelungenen Urlaub kennt: Gelassen bringt sie hinter sich, was sie vor dem Urlaub völlig aus der Bahn geworfen hätte. Menschen, die das Feld zwischen entgegengesetzten Polen, zu denen auch Anspannung und Entspannung gehören, immer wieder durchschreiten, sind für die wechselnden Anforderungen des Alltags gut gerüstet. Sie erweitern ständig ihre Fähigkeit, sich auf Veränderungen einzustellen. Diese Anpassungsleistung sichert seit Jahrtausenden das Überleben.

Eingezwängt in die Anforderungen des Lebens im 20. Jahrhundert scheinen wir jedoch für Entspannung keine Zeit zu haben. Ein Abwehren, das aus dem Gefühl resultiert, in ein Knäuel zäher und langwieriger Arbeit verstrickt zu sein. Doch mit einer entsprechenden Zeiteinteilung können anstrengende Arbeitsphasen gut und reibungslos ablaufen:

• Wer alles zugleich in seinem Kopf bewegt, kommt mit der Arbeit, die er gerade an der Hand hat, nur mühsam voran. Teilen Sie die Tätigkeiten, die Sie erledigen wollen, in überschaubare Abschnitte auf. Wenn Sie einen Abschnitt nach dem anderen bearbeiten, durchkreuzen die Gedanken an andere Aufgaben nicht immer wieder Ihre Konzentration.

TIP

Zeit für sich selbst

• Eigene Zeit ist Zeit, über deren Verwendung Sie selbst bestimmen. Ob Sie mit einer Freundin einige Stunden in der Sauna verbringen oder allein am Fenster sitzen – wichtig ist, daß Sie sich bewußt für das entschieden haben, was Sie tun, und daß Ihnen niemand diese Zeit abspenstig machen kann oder über Ihr Tun und Lassen richtet.

• Die selbstbestimmten Momente sind entscheidend für das Wohlbefinden. Spüren Sie in sich nach, ob Sie zufrieden sind mit dem, was Sie an Zeit für sich verwenden können. Wenn Sie einen Mangel verspüren, kann ein klärendes Gespräch helfen (▷ Regeln gemeinsam festlegen, Seite 83).

• Vor allem kleine Kinder können die Energie einer Mutter so sehr binden, daß viele Frauen kaum noch Zeit finden, um in Ruhe zu duschen. Dem entgeht, wer nicht – wie meist – den Haushalt erledigt, während das Kind schläft, sondern sich in dieser Zeit ebenfalls Ruhe gönnt.

• Wenn es Ihnen über längere Zeit nicht gelingt, für sich eigene Zeit zu reservieren, kann eine Zeitbilanz helfen: Notieren Sie eine Weile möglichst genau, was Sie zu welcher Stunde an welchem Tag der Woche getan haben. In der Bilanz wird Entbehrliches sichtbar – Zeit, die zum Freiraum für die »Eigen-Zeit« erklärt wird.

▷ Weiterbildung, Seite 175
▷ Bewegung und Sport, Seite 555
▷ Initiativen, Seite 373
▷ Entspannungstraining, Seite 569

• Ökonomisieren Sie Ihre Arbeitsleistung, indem Sie Ihr Pensum entsprechend Ihren individuellen Gegebenheiten einteilen. Ein wichtiger Taktgeber ist die »innere Uhr« (▷ Biorhythmen, Seite 605). Die meisten Menschen sind in den Vormittagsstunden besonders leistungsfähig; gegen Mittag nimmt die Wachheit ab. Wer dann Großes bewirken will, muß meist mehr Kraft aufwenden als sonst nötig wäre.

• Ihr Kopf signalisiert sehr eindringlich, wann ihm Arbeit und Anspannung zu viel werden: Die Konzentration läßt nach, Sie werden nervös und ungeduldig, Fehler schleichen sich ein. Konzentriertes Arbeiten ist kaum länger als eineinhalb Stunden möglich, dann sollten Sie die Anspannung lösen. Als Unterbrechung eignen sich: ein kurzer Spaziergang, ein Blick in die Zeitung, ein kurzes Gespräch.

• Planen Sie Pufferzeiten. Wer alles minutiös festlegt, kann eine überraschende Verzögerung nicht auffangen. Alle zwei Stunden 15 unverplante Minuten vorzusehen, entzerrt einen dichtgedrängten Terminkalender.

• Pufferzeiten, die nicht gebraucht werden, um Unerwartetes aufzufangen, können zur Energiequelle für zwischendurch werden. Sie ermöglichen Ihnen, vor einem Besprechungstermin die wärmende Sonne auf der Parkbank oder eine Espresso-Pause im Café an der Ecke zu genießen.

Ausgleich suchen

»Richtige« Entspannung ist weit mehr als nur körperliche Ruhe. Auch der Kopf muß loslassen können. Die Gedanken, die sich an bestimmten Punkten festkrallen, müssen wieder frei schwingen oder sich auch ganz auflösen können. Wer sich mit Arbeitskonflikten (▷ Seite 235) oder Familienproblemen quält, findet kaum innerliche Ruhe. Bleibt eine solche Anspannung über lange Zeit bestehen, schlägt sie sich meist auch körperlich nieder (▷ Kopfweh und Migräne, Seite 617; ▷ Rückenschmerzen, Seite 619).

Das Geheimnis innerer Ruhe liegt in der Fähigkeit, zwischen den Polen hin- und herzupendeln. Körper, Geist und alle Sinne brauchen immer wieder einen Ausgleich für das, was in der Zeit zuvor dominierend war. So kann für Frauen, die tagsüber mit Kindern beschäftigt sind, der abendliche Literaturkreis entspannender Ausgleich sein (▷ Allgemeine Weiterbildung, Seite 184). Wer während des Tages isoliert arbeitet, findet abends in der überfüllten Kneipe anregende Betriebsamkeit, wer überwiegend am Schreibtisch sitzt, braucht körperliche Bewegung.

Zum Ausgleich können auch das Erweitern und Ausdifferenzieren von Interessen und Kenntnissen gehören: das Verfeinern der Kochkünste, die Pflege des Gartens oder Handarbeiten, wie Stricken oder Nähen. Entscheidend ist, daß der bewußt und freiwillig gewählte Ausgleich Freude macht.

Die Kunst, nichts zu tun

Trödeln, herumhängen, faulenzen, vor sich hin träumen – in unseren Breiten gilt Nichtstun kaum als Wert. Das ganze Leben ist dem Grundsatz »Müßiggang ist aller Laster Anfang« unterworfen. Nur wer kontinuierlich arbeitet, darf sich als wertvolles Mitglied der Gesellschaft begreifen. Nichtstun scheint gleichbedeutend zu sein mit Egoismus, Stillstand oder gar Versagen. Frauen gehorchen diesem Leistungsprinzip meist zweifach: einerseits als Erwerbstätige, andererseits als Mutter oder Ehefrau, die sich »ohne Pause« um andere sorgt.

Dabei braucht auch der Geist jeden Tag Phasen, in denen der Kopf zweckfrei arbeiten darf. Damit die Seele baumeln kann, muß sich das Müssen verflüchtigen. Dann breitet sich das Gefühl aus, nichts planen, nichts wollen und keine Erwartungen erfüllen zu müssen.

- Beim ziellosen Bummeln, Schlendern oder Flanieren lassen innere Spannungen automatisch nach.
- Wenn Sie lange im Freien wandern, Ihren Blick in die Bewegung fließenden Wassers oder das Flackern eines Feuers versenken, läuft der Kopf leer. Der Gedankenstrom versiegt, das Gefühl innerer Ruhe breitet sich aus.
- Musik kann die Gedanken im Kopf durch Empfindungen ersetzen und das innere Loslassen beschleunigen.

Den Menschen, die sich bereits rettungslos im Hamsterrad verfangen haben, erscheinen Ruhepausen meist unmöglich. Sie können sich vielleicht dadurch überlisten, daß sie die Pause zum Termin machen und ihr die gleiche Bedeutung einräumen wie einer geschäftlichen Besprechung. So nimmt das Wissen Gestalt an, daß »Auszeiten« keine leeren Stunden sind, die man bei Bedarf der Arbeit widmen kann, sondern lebenswichtige Stunden der Regeneration.

Entspannungs-techniken

Wer große Probleme hat, in das Gefühl der inneren Leere hineinzuschwingen, kann mit Entspannungsübungen das innerliche Loslassen trainieren.

Alle Entspannungstechniken basieren darauf, den natürlichen Rhythmen des Lebens wieder Raum zu geben: Der Atem strömt regelmäßig ein und aus, das Herz schlägt gleichmäßig, aktive Tätigkeit und erholsamer Schlaf wechseln einander ab. Diese Rhythmen sind Grundlage aller Techniken und harmonisieren den aus dem Takt gekommenen Organismus. Alle Entspannungsübungen sollten zunächst in der Gruppe erlernt werden.

LITERATUR

Kurt Langbein, Manfred Mühlberger, Christian Skalnik
Kursbuch Lebensqualität
Kiepenheuer & Witsch, Köln, 1995. 68 DM

Autogenes Training

Das Autogene Training ist eine um 1920 herum entwickelte Methode der gezielten Selbstsuggestion, die in der Gruppe, unterstützt von einer Gruppenleiterin oder einem Leiter, erlernt werden kann. Es gibt sechs Standardübungen, bei denen sich die TeilnehmerInnen durch »innere Bilder« in einen immer tiefer gehenden Entspannungszustand versetzen.

Sie stellen sich vor, wie der Körper warm und schwer wird, wie die Atmung tief und gleichmäßig wird, wie der Puls regelmäßig schlägt, wie Wärme den Bauchraum erfüllt und der Kopf kühl und klar wird. Allmählich lernt man auf diese Weise, das vegetative Nervensystem zu beeinflussen und schließlich bewußt in Richtung Entspannung zu lenken.

Meist gelingt es schon nach wenigen Stunden regelmäßiger Übung, sich in einen bewußt herbeigeführten, tiefen Entspannungszustand zu versenken.

TIP

Bewußt atmen

Wer angestrengt und verspannt ist, atmet flach und dehnt den Brustkorb nicht so weit, wie es möglich wäre. Eine bewußte Atmung schöpft die Kapazitäten intensiver aus.

- Atmen Sie tief durch die Nase ein und durch den Mund aus. Lächeln Sie dabei.
- Lassen Sie die Luft durch die Brust bis in den Bauch strömen und in Gedanken bis in alle Körperporen hineinfließen.
- Lassen Sie beim Ausatmen den Unterkiefer ganz locker werden und hängen.
- Sie können die Übung verstärken, indem Sie beim Ausatmen einen Ton anstimmen: brummen, singen oder seufzen.
- Wiederholen Sie die Übung drei- bis fünfmal.

Die vegetativen Nervenfunktionen beruhigen und harmonisieren dabei die inneren Organe und die Muskulatur. Langfristig wird auch der Schlaf ruhiger, Nervosität geht zurück.

Autogenes Training kann man bei ÄrztInnen und PsychotherapeutInnen lernen, in Gesundheitszentren und Erwachsenenbildungsstätten (▷ Volkshochschule, Seite 187).

Ein Grundkurs in der Gruppe kostet etwa 50 DM. Wird das Training ärztlich verordnet, übernehmen die Krankenkassen die Kosten oder leisten Zuzahlungen.

Progressive Relaxation

Die Progressive Relaxation ist eine Form der gezielten Muskelentspannung, die zu Beginn des 19. Jahrhunderts entwickelt wurde und zumeist in der Gruppe erlernt wird.

Bequem sitzend oder liegend konzentrieren sich die Übenden zunächst auf einen bestimmten Körperbereich, beispielsweise den rechten Arm. Während sie einatmen, spannen sie nun mit aller Kraft die Muskeln dieses Armes an, halten die Kraft, solange sie können, und lassen beim Ausatmen dann bewußt den Arm ganz locker fallen. Das Prinzip dieser Technik beruht darauf, stets zwischen Anspannung und Lockerung zu wechseln und langsam alle willkürlichen Muskeln des Körpers an- und entspannend zu »durchwandern«. Durch die sehr intensive Muskelarbeit wird der angesprochene Körperbereich viel stärker durchblutet als zuvor, er fühlt sich warm an und schwer.

Progressive Relaxation kann man in Arztpraxen und Kliniken, bei KrankengymnastInnen und in Erwachsenenbildungsstätten (▷ Volkshochschule, Seite 187) lernen.

Ein Grundkurs in der Gruppe kostet zwischen 50 und 100 DM. Wird das Training ärztlich verordnet, übernehmen die Krankenkassen die Kosten oder leisten Zuzahlungen.

Yoga

Yoga ist eine jahrtausendealte Form der religiösen Selbstversenkung, die im asiatischen Raum durch Anwendung vieler Techniken erreicht wird. In Europa wird vor allem der sogenannte Hatha-Yoga praktiziert, der aus Körper- und Atemübungen besteht. Sein Prinzip ist: Muskeln entspannen und – in Übereinstimmung mit bewußtem Atmen – durch langsamen und fortgesetzten Zug dehnen. Es wird immer nur so weit gedehnt, wie es die individuellen körperlichen Möglichkeiten zulassen. Auch untrainierten und wenig sportbegeisterten Frauen gelingt es leicht, Yoga zu erlernen.

Der positive Effekt des Yoga wird schnell spürbar: Die langsamen Körperbewegungen und bewußt gleichmäßige Atmung führen zu tiefer Entspannung und Versenkung; gleichzeitig verbessert sich das Körpergefühl. Der Organismus wird intensiver durchblutet, er fühlt sich angenehm schwer und warm an. Die intensive Konzentration verhilft zu einer gelassenen und wachen inneren Einstellung und fördert die Harmonie zwischen Körper und Geist (▷ Wohlbefinden, Seite 603).

Yogakurse werden von interessierten ÄrztInnen, privaten Yogaschulen, Buddhistischen Zentren und Erwachsenenbildungsstätten angeboten. Sie kosten pro Stunde zwischen 30 und 80 DM.

Yoga gehört zu den »Wahlleistungen« der Krankenkassen, das heißt die Kosten werden nicht in jedem Fall übernommen. Einige Kassen bieten selbst Kurse an, andere bezahlen die Kurskosten komplett oder zu Teilen.

Meditation

Elemente der Meditation gibt es in allen Weltreligionen. In der jüdisch-christlichen und muslimischen Tradition führen monotones Beten und Singen in die innere Versenkung. TibeterInnen und Hindi versetzen sich beim Betrachten heiliger Zeichen und Bilder in einen Zustand innerer Losgelöstheit, im Buddhismus werden dafür verschiedene Klänge, Laute und Silben genutzt. Der religiöse Hintergrund der Gesänge, Rituale, Rhythmen oder Bewegungen ist, durch innere Einkehr in Verbindung mit Göttinnen und Göttern zu treten.

Beim Meditieren befindet sich das Bewußtsein in einem Zustand höchster Aufmerksamkeit und Konzentration, während der Kopf »leerläuft«. Es wird an nichts gedacht, sondern vielmehr versucht, sich möglichst konzentriert auf den »Weg nach innen« zu begeben. Tägliches Meditieren erhöht die innere Gelassenheit, schafft Gleichmut und Ruhe.

Meditieren lernt man am besten in einer Gruppe, angeleitet von LehrerInnen. Angeboten wird Meditation in Erwachsenenbildungsstätten oder religiösen Zentren, manchmal auch von Sekten (Vorsicht!). Gute LehrerInnen achten nicht nur auf den körperlich entspannenden Aspekt, sondern erklären auch die religiösen Dimensionen der Meditation.

Die Krankenkassen übernehmen die Kosten in der Regel nicht. Fragen Sie bei Ihrer Kasse nach der Möglichkeit einer Zuzahlung. An Volkshochschulen kostet ein Grundkurs zwischen 60 und 120 DM.

KONTAKT

Deutsche Gesellschaft für Ärztliche Hypnose und Autogenes Training (DGÄHAT)
Oberforstbacher Straße 416, 52076 Aachen
Tel.: 02408/43 54

Psychologischer Arbeitskreis für Autogenes Training & Progressive Relaxation
Koogstraße 96, 25541 Brunsbüttel
Tel.: 04852/22 24

Berufsverband Deutscher Yoga-Lehrer
Heinrich-Grob-Straße 48, 97250 Erlabrunn
Tel.: 09364/47 97

♀♀ KUNST-
THERAPIE
DIE 20^{00}–22^{00}
F. BEIKER.

Beratung und Psychotherapie

Gespräche befreien. Mit dem Partner, der Partnerin und FreundInnen lassen sich Probleme nicht nur teilen, durch Mitteilen werden sie auch einfacher lösbar. Alle wissen, was Offenheit bewirkt: Während man über etwas spricht, klären sich Gedanken und Geschehnisse, Gefühle und Sorgen lassen sich benennen, bisher undenkbare Lösungen tauchen auf. Was vorher übermächtig, aber wortlos im Kopf rumorte, erscheint nun klarer. Die meisten Frauen nutzen diese Möglichkeit, sich zu entlasten, indem sie »darüber« reden. Sie haben gelernt, Sprache intensiv zu nutzen, die verstehende Annäherung an den anderen und das aufmerksame Zuhören sind Teil der Erziehung (▷ Mädchenzeit, Seite 315; ▷ Sprache, Seite 32).

Trotz sprachlichen Möglichkeiten befinden sich in ambulanten Psychotherapien etwa doppelt so viele Frauen wie Männer, stationär werden sogar dreimal so viele Frauen wie Männer betreut. Die Fähigkeit des »Beredens« schützt sie nicht vor seelischen Konflikten, wenn sie im Alltag zur Selbstaufgabe und Anpassung gezwungen werden oder wenn soziale Kontakte und emotionale Unterstützung fehlen (▷ Depressionen, Seite 614; ▷ Psychische Gewalt, Seite 443).

So sehen die SozialmedizinerInnen im häufigeren Auftreten psychischer Probleme bei Frauen einen deutlichen Hinweis auf die Beschränkungen des »typisch« weiblichen Lebenszusammenhangs (▷ Feministische Therapie, Seite 580). Hinzu kommt, daß viele Frauen rascher als Männer auf Konflikte in der Partnerschaft und in der Familie reagieren – und eher bereit sind, diese Konflikte bei einem Arzt, einer Ärztin oder bei TherapeutInnen zu besprechen.

Beratung

Eine professionelle Beratung, wie sie städtische Einrichtungen und Wohlfahrtsverbände anbieten, hilft, die erste Phase seelischer Krisen aufzufangen: Zum Beispiel nach dem Tod eines geliebten Menschen, nach traumatisierenden Ereignissen (▷ Gewalt, Seite 443), Unfällen oder schwerwiegenden Krankheitsdiagnosen, bei Problemen in der Familie oder nach krisenhaften Lebensveränderungen, in der ersten Zeit nach einer Scheidung, nach der Geburt des ersten Kindes, während der Wechseljahre oder in der Ablösungsphase von den Kindern.

In diesen Einrichtungen arbeiten Fachleute mit Erfahrung im beratenden Gespräch: SozialarbeiterInnen und SozialpädagogInnen, PsychologInnen, ÄrztInnen, PsychotherapeutInnen, manchmal auch JuristInnen oder TheologInnen. Die meisten BeraterInnen haben eine psychotherapeutische Zusatzqualifikation. Sie versuchen zusammen mit der Ratsuchenden, das Positive einer Lebenskrise zu erkennen, und helfen ihr zu begreifen, daß sie die Veränderung, die die Krise mit sich bringt, auch als Chance nutzen kann.

Für eine Beratung kann eine Sitzung ausreichen, sie kann aber auch mit bis zu zehn Terminen über einen gewissen Zeitraum geplant werden. Meist gehen die BeraterInnen in drei Etappen vor:

- Im ersten Schritt versuchen sie zusammen mit den Ratsuchenden, das Problem so genau wie möglich zu erfassen und zu beschreiben.
- Im zweiten Schritt wird versucht, sich über die Umstände klarzuwerden, unter denen das Problem aufgetreten ist, wo seine Ursachen liegen und welche Folgen zu erwarten sind.
- Im dritten Schritt werden gemeinsam konkrete Lösungsmöglichkeiten erarbeitet. Diese werden zunächst in der Fantasie ausprobiert, dann versucht man jene Lösung ganz konkret im Alltag umzusetzen, die einem am meisten zusagt.

Psychosoziale Dienste und Einrichtungen

Beratungsstellen sind zuständig für allgemeine seelische Probleme und Familienfragen. Daneben gibt es eine Reihe spezialisierter Einrichtungen für sehr konkrete Fragen: Arbeitslosigkeit (▷ Seite 269), Suchtprobleme (▷ Süchte, Seite 591), finanzielle Not (▷ Sozialhilfe, Seite 364), Zahlungsschwierigkeiten (▷ Schuldnerberatung, Seite 424) oder ungewollte Kinderlosigkeit (▷ Unfreiwillig kinderlos, Seite 642). Auskunft darüber geben die kommunalen Gesundheits- und Sozialämter, Jugend- und Schulämter sowie die Arbeitsämter. Die Kommunen und Städte informieren auch über Hilfsdienste, wie die Versorgung mit Nahrung (»Essen auf Rädern«), die Unterstützung durch Gemeindeschwestern, sozialpsychia-

RECHT

Grundsätze der Beratung

- Alle BürgerInnen haben Anspruch auf Beratung und Hilfe, ungeachtet ihrer Religion, Nationalität, politischen Richtung, sozialen Stellung, sexuellen Orientierung oder Rasse.
- Schweigepflicht und Zeugnisverweigerungsrecht gelten für die BeraterInnen auch in Strafverfahren. Die Ratsuchenden können der Verschwiegenheit ihrer BeraterInnen also auch dann vertrauen, wenn es sich um sehr schwierige Lebensfragen handelt (▷ Ungewollt schwanger, Seite 637).
- Die MitarbeiterInnen von Beratungsstellen arbeiten unter Supervision, das heißt, sie besprechen ihre Arbeit regelmäßig mit einer Therapeutin oder einem Therapeuten im Team.
- Beratungen sind bis auf wenige Ausnahmen (▷ Ungewollt schwanger, Seite 637) freiwillig, auf Wunsch anonym und im allgemeinen kostenlos.

trische Dienste, die ihre Hilfe Menschen in seelischen Krisen anbieten, oder Kinder-, Jugend- und schulärztliche Dienste, die Familien bei Erziehungsfragen unterstützen.

Neben oder in enger Kooperation mit den Beratungsangeboten der Städte und Kommunen arbeiten die großen Wohlfahrtsverbände, wie die Caritas und die Diakonie, die Arbeiterwohlfahrt und der Paritätische Wohlfahrtsverband, aber auch das Rote Kreuz und private Initiativen wie zum Beispiel Frauenberatungsstellen. Meist sind die Wohlfahrtsverbände die »Träger« der kommunalen Einrichtungen.

Frauenberatungsstellen

Die meisten Frauenberatungsstellen sind aus Initiativen der autonomen Frauenbewegung entstanden und heute im Deutschen Paritätischen Wohlfahrtsverband verankert. Das Beratungsangebot ist ausschließlich auf Frauen ausgerichtet. Es ist breit gefächert und reicht von der Einzelberatung in Krisensituationen über Selbsthilfe- und Selbsterfahrungsgruppen (▷ Seite 578) bis hin zu unterschiedlichen Therapieangeboten oder Beratungen für spezielle Gruppen: zum Beispiel Ausländerinnen, Frauen mit Eßstörungen, mit Gewalt- und Mißbrauchserfahrungen (▷ Seite 443), für Mädchen oder für Frauen mit speziellen Gesundheitsproblemen wie zum Beispiel nach Brustkrebsoperationen (▷ Seite 670).

Die Strukturen der Frauenberatungsstellen unterscheiden sich in ihrer materiellen Ausstattung, in ihrer Zielsetzung sind sie jedoch alle gleich: Ratsuchende Frauen sollen in ihren Selbsthilfefähigkeiten gestärkt und darin unterstützt werden, über ihren Lebensalltag weitgehend selbst zu bestimmen (▷ Selbst-Bewußt, Seite 23; ▷ Feministische Therapie, Seite 580;

Selbsterfahrungsgruppen

Frauen-Selbsterfahrungsgruppen findet man in Erwachsenenbildungseinrichtungen (▷ Volkhochschu-

TIP

Wann zur Beratung?

- Wenn Sie sich hilflos, überfordert oder erschöpft fühlen oder immer in dieselben Probleme verwickelt sind.
- Wenn sich Streitigkeiten in Familie und Partnerschaft nicht beilegen lassen, aufschaukeln oder in Gewalttätigkeit eskalieren.
- Wenn aus jedem Versuch, die Schwierigkeiten zu bereinigen, immer die gleichen verfahrenen Situationen resultieren.
- Wenn einzelne Familienmitglieder, zum Beispiel die Kinder, ihr Verhalten auffallend verändern, dauernd kränkeln oder sich ihre Leistungen in Schule und Ausbildung kraß verschlechtern.
- Wenn »Fluchten« in Alkohol, Medikamente, Drogen, Glücksspiel oder ständig wechselnde Beziehungen zum Alltag gehören. (▷ Süchte, Seite 591)
- Wenn Sie eine Schwangerschaft abbrechen lassen wollen, sind Sie in Deutschland verpflichtet, sich beraten zu lassen (▷ Ungewollt schwanger, Seite 637).

KONTAKT

Die meisten Beratungsstellen sind im Telefonbuch unter dem Stichwort »Stadt« oder »Gemeinde« zu finden, vor allem unter Bürgerberatung, Gesundheitsamt, Frauenamt oder Jugendamt sowie unter den Stichworten Caritas, Diakonie, Arbeiterwohlfahrt oder Paritätischer Wohlfahrtsverband. Außerdem unter »Rat und Hilfe bei...«, »Beratung für...«, »Ehe-, Paar- und Familienberatung«, »Frauenberatung«, »Erziehungs-« und »Sozialberatung«. Adressensammlungen sind zu erhalten bei:

Deutsche Arbeitsgemeinschaft für Jugend- und Eheberatung e.V. (DAJEB)
Neumarkter Straße 84c, 81673 München
Tel.: 089/4 36 10 91

len, Seite 187) und Frauenberatungszentren. Dort werden – ausschließlich unter Frauen – Ideen und Erfahrungen ausgetauscht; zum Beispiel in Gesprächen zu Trennungserfahrungen oder im Umgang mit Ängsten und Schuldgefühlen. Dort erlebt man, daß Frauen mit dem, was so schwer erscheint, nicht allein dastehen. Anderen ist es ähnlich ergangen, sie verstehen auch scheinbar krause Gedanken und erschreckende Gefühle. Das stärkt das Selbstbewußtsein. Viele Beraterinnen unterstützen diesen Prozeß des Sich-Selbst-Kennenlernens mit Elementen aus Gesprächsorientierten (▷ Seite 584) oder Körperorientierten Verfahren (▷ Seite 587).

Selbsthilfegruppen

Frauenspezifische Therapieansätze (▷ Feministische Therapie, Seite 580) gründen auf dem Prinzip der Selbsthilfe. Sie gehen davon aus, daß in jeder Frau die Kompetenz schlummert, ihre Situation zu meistern. Die Frauen, die sich in einer Selbsthilfegruppe zusammengetan haben, werden je nach Bedarf von Fachfrauen darin unterstützt, ihre Fähigkeiten zu erkennen und ihre Möglichkeiten einzusetzen. Die größten Erfolge feiert das Selbsthilfekonzept im Gesundheitsbereich. Zu einer Vielzahl von Themen haben sich dort die Frauen zusammengeschlossen: Krebs, Aids, Eßstörungen (▷ Seite 520), Drogenprobleme (▷ Süchte, Seite 591); es gibt Schwangerschafts- und Stillgruppen, Gruppen für Frauen im Wechsel (▷ Seite 538) oder im Alter.

Selbsthilfegruppen treffen sich meist einmal wöchentlich für zwei bis drei Stunden. Manche arbeiten auch kontinuierlich mit einer qualifizierten Therapeutin oder Ärztin zusammen.

Angehörigengruppen

Auch für Angehörige ist Selbsthilfe wichtig. Wer ein Kind mit Suchtproblemen hat oder mit jemandem zusammenlebt, der psychisch krank ist, braucht Unterstützung. Angehörigengruppen sind ein Forum, um sich auszusprechen, sich gegenseitig zu beraten und zu stützen und um Überforderung und Isolation zu vermeiden. ExpertInnen können dabei Information, Rat und Hilfe gewähren. Bisher gibt es Angehörigengruppen vor allem in den Bereichen Alkohol- und Drogenabhängigkeit (▷ Süchte, Seite 591), Psychosen, Gewalttätigkeit, chronische Krankheiten und Kindesmißbrauch (▷ Seite 457).

Psychotherapien

Der Wunsch nach psychotherapeutischer Hilfe wird meist dann aktuell, wenn Menschen über längere Zeit intensiv an einem Problem, einem Verhalten oder an bestimmten Ereignissen leiden: Wenn ihnen auffällt, daß sie sich auch mit wechselnden Partnern immer wieder in den gleichen Auseinandersetzungen verfangen, wenn sie mit bestimmten Gefühlen, zum Beispiel in der Sexualität, nicht zurechtkommen, oder wenn sie spüren, daß unklare Kindheitserinnerungen sie behindern, ihre Kräfte frei zu entfalten.

Psychotherapie bedeutet immer, sich seinem Selbst zu stellen, so unangenehm, schmerzhaft, vielleicht auch abstoßend dieser Prozeß auch sein mag. Meist führen erst die ängstigenden, unliebsamen Erkenntnisse auf den richtigen Weg. In das Dickicht

KONTAKT

Nationale Kontakt- und Informationsstelle zur Unterstützung von Selbsthilfegruppen NAKOS
Albrecht-Achilles-Straße 65, 10709 Berlin
Tel.: 030/8 91 40 19

Deutsche Arbeitsgemeinschaft Selbsthilfegruppen e.V., Selbsthilfekontakt- und Informationszentrum SEKIS
Friedrichstraße 28, 35392 Gießen, Tel.: 0641/7 02-24 78

der eigenen Seele sollten sich Frauen nur begeben,
- wenn sie sich nach ausführlichen Beratungsgesprächen oder ärztlichen Konsultationen sicher sind, daß sie den psychotherapeutischen Weg zur Lösung ihrer Probleme gehen wollen (▷ Wann ist Psychotherapie sinnvoll?),
- wenn sie eine zugelassene, professionelle Therapeutin oder einen ebensolchen Therapeuten gefunden haben, mit der bzw. dem sie ein spürbar positives Arbeitsbündnis aufbauen können (▷ In der Therapie, Seite 583).

Chancen einer Therapie

Psychotherapien verändern. Die eigene Gedankenwelt und bisher vertraute Erklärungszusammenhänge bilden sich neu, die eigenen Gefühle erscheinen in anderem Licht, das Verhalten wandelt sich. Manche Frauen schildern ihre Therapieerfahrung wie einen Häutungsprozeß, andere bezeichnen sie als ein großes Abenteuer. Eine seriöse Therapie formt jedoch keinen »neuen« Menschen; sie erweitert vor allem die Selbsterkenntnis und die Handlungsmöglichkeiten. Dadurch können auch tiefgreifende Änderungen entstehen. Frauen, die jahrelang in einer unglücklichen Beziehung verharrten, gewinnen jene innere Kraft, die nötig ist, um sich zu trennen (▷ Scheidung, Seite 99). Andere erfahren erst im therapeutischen Prozeß, wie bedeutsam für sie der Partner ist, den sie sehr lange nur abwehren konnten. Welchen Effekt eine Psychotherapie genau haben wird, ist ungewiß. Klar ist nur das Ziel: Sie soll seelisches Leid lindern, den Betroffenen einen klaren Blick auf die eigene Persönlichkeit ermöglichen und die individuellen Fähigkeiten zur Problemlösung stärken.

Wann ist eine Psychotherapie sinnvoll?

Besprechen Sie mit ÄrztInnen oder mit den Fachleuten einer Beratungsstelle, ob für Sie eine Psychotherapie in Frage kommt, wenn einer oder mehrere der folgenden Punkte auf Sie zutreffen:
- Weder eigene Initiative, noch Selbsthilfe, noch Gespräche mit FreundInnen und Familie oder mit Professionellen haben Ihnen bei Ihrem Problem bisher geholfen.
- Die Schwierigkeiten häufen sich, lassen sich aber nicht lösen; immer wieder sind Sie mit denselben Miseren konfrontiert; Ihnen scheint, daß das Leben so nicht weitergehen kann.
- Ihr Alltagsleben ist dadurch beeinträchtigt, daß Sie bestimmten Situationen oder Personen ausweichen, weil Sie Konflikte fürchten.
- Sie leiden darunter, daß Ihre Mitmenschen Sie nicht verstehen, daß Sie ihnen anscheinend nicht klarmachen können, wie Sie »wirklich« sind.
- Sie sind unglücklich, daß Sie sich immer wieder in den gleichen, aufreibenden Beziehungsmustern mit ähnlichen Partnern verstricken.
- Ihre Beziehung zu FreundInnen und/oder innerhalb der Familie ist von fruchtlosen Auseinandersetzungen gezeichnet; Streit, Gewalt oder Gefühlskälte machen das Zusammenleben unerträglich.
- Es fällt Ihnen immer schwerer, den üblichen Alltagsanforderungen nachzukommen. Sie interessieren sich kaum noch für die Menschen und Dinge in Ihrer Umgebung.
- Sie haben das Gefühl, daß sich ein ungreifbares Unheil zusammenbraut; der Alltag und die gewohnte Umgebung erscheinen Ihnen eigentümlich verändert.
- Ihre Gefühlswelt gerät aus den Fugen, Angst oder Panik bedrängen Sie. Sie fühlen sich andauernd niedergeschlagen, bedrückt und/oder innerlich leer. Sie verlieren öfter die Kontrolle über Ihre Gefühle und werden von unangenehmen Empfindungen überschwemmt.
- Ihnen drängen sich Gedanken, Impulse und bestimmte Handlungen zwanghaft auf, oder es quälen Sie Ängste und Befürchtungen.
- Sie sind sehr oft krank, leiden ständig unter Befindlichkeitsstörungen (▷ Seite 608) oder wiederholten Infektionskrankheiten, und keine Behandlung

kuriert Sie dauerhaft (▷ Das Körper-Seele-Band, Seite 606).

• Sie flüchten sich in Alkohol, Tabletten, Zigaretten, Glücksspiel, Arbeit oder in immer wieder neue Beziehungen, können ohne diese »Drogen« nicht mehr sein, oder ohne sie erscheint Ihnen das Leben sinnlos.

Feministische Therapie

Jedes psychotherapeutische Verfahren (▷ Gesprächsorientierte Verfahren, Seite 584; ▷ Körperorientierte Verfahren, Seite 587; ▷ Suggestive Verfahren, Seite 588; ▷ Gestaltungstherapien, Seite 589) kann von einem frauenspezifischen Ansatz ausgehen. Entscheidend ist die Haltung, die die Therapeutin gegenüber ihrer Klientin einnimmt. Sie sollte wertschätzend und von dem Wissen getragen sein, daß die Gefühlslandschaften der Geschlechter nicht neutral betrachtet werden können. Bei jeder Frau weben die geschlechtsspezifischen Erfahrungen (▷ Mädchenzeit, Seite 315; ▷ Jungenzeit, Seite 325) am seelischen Empfinden mit. Nur wer diese Differenz bewußt sieht und weiß, daß die Probleme, die unsere Gesellschaft für Frauen und Männer bereithält, für Frau und Mann Unterschiedliches bedeuten, kann die jeweils Betroffenen therapeutisch sinnvoll unterstützen. Beispiele für solche spezifischen Verarbeitungen sind Angstgefühle, der Umgang mit Kinderlosigkeit, depressiven Verstimmungen, Trauer- oder Gewalterfahrungen.

Im Mittelpunkt des feministischen Ansatzes steht das Wissen um die patriarchale Prägung unserer Gesellschaft und darum, daß Gesundheit und Krankheit, Normalität und Störung für Frauen etwas anderes bedeuten als für Männer. So werden starke und unbeugsame Frauen aus psychologischer Sicht noch immer eher als aggressiv und gestört eingestuft als Männer mit ähnlichen Charakterzügen. Eigensinn, Wut und Zorn werden bei Frauen sozialpsychiatrisch häufig so therapiert, daß man ihr Verhalten in Richtung sanft und angepaßt lenkt (▷ Beruhigungsmittel, Seite 610). Diese Vorstellung von der »normalen« Frau lehnt das feministische Konzept ab.

Seelisches und körperliches Leiden deuten die TherapeutInnen als eine Bewältigungsstrategie, mit der die Frauen versuchen, sich in einem schwierigen Alltag zurechtzufinden oder mit einer belastenden Lebensgeschichte fertigzuwerden. Auch in der Verweigerung, in der Teilnahmslosigkeit, Depression oder im Verstummen von Frauen sehen sie eine Art Überlebensstrategie. Ein Ausgangspunkt feministischer Therapie ist es daher, diese vorhandene Kraft »positiv« zu wenden und die Frauen in ihrer persönlichen Autonomie zu fördern.

Feministische Therapeutinnen unterstützen Frauen dabei, ihre Opferhaltung aufzugeben, neue Wege in der Gestaltung des Alltags zu suchen und selbstbestimmte Ideen von der Zukunft zu entwickeln. Dazu wird das Selbstwertgefühl (▷ Seite 23) gestärkt, die Lust am Weiblichen und an der Sexualität, die Freude an der Auseinandersetzung mit überlieferten Normen, aber auch das Erproben neuer Partnerschaftsmodelle. Eine feministische Therapie ist immer auch Hilfe zur Selbsthilfe, parteilich auf Seite der Frauen, aber unabhängig vom gewählten Verfahren (▷ Gesprächsorientierte Verfahren, Seite 584; ▷ Körperorientierte Verfahren, Seite 587; ▷ Suggestive Verfahren, Seite 588; ▷ Gestaltungsverfahren, Seite 589).

LITERATUR

Krista Federspiel, Ingeborg Lackinger-Karger
Kursbuch Seele. Was tun bei psychischen Problemen?
Kiepenheuer & Witsch, Köln, 1996. DM 68

Die TherapeutInnen

In Deutschland ist die Berufsbezeichnung »PsychotherapeutIn« nicht gesetzlich geschützt. Jeder darf sich so nennen. Zwar dürfen nach dem »Gesetz über die Ausübung der Heilkunde« nur ÄrztInnen, PsychologInnen und HeilpraktikerInnen psychotherapieren, doch können jeder Mann und jede Frau auch ohne irgendeine Qualifikation »beraten«, »Lebenshilfe« leisten, »Selbstbewußtsein stützen« oder »Körpergefühl fördern« – allerdings ohne Kassenzulassung (▷ Absage an Gurus, Seite 583).

In Deutschland sollten Sie sich daher bei nicht kassenzugelassenen TherapeutInnen immer nach der Ausbildung erkundigen. Wer die Risiken überschaubar halten will, kann sich ganz strikt nach den Berufen orientieren und danach die Therapeutin oder den Therapeuten auswählen. Im Telefonbuch sind sie unter folgenden Bezeichnungen zu finden:

ÄrztInnen
für Psychotherapeutische Medizin
für Psychiatrie
für Kinder- und Jugendpsychiatrie mit Zusatztitel Psychoanalyse, Psychotherapie oder Kinder- und Jugendlichenpsychotherapie

Diplom-PsychologInnen
Klinische PsychologInnen mit Zusatztitel Psychoanalyse, Psychotherapie oder Kinder- und Jugendlichenpsychotherapie

In Österreich und in der Schweiz gibt es den Beruf des »Psychotherapeuten« mit geschützter Berufsbezeichnung. Die Ausbildung ist staatlich geregelt, sehr anspruchsvoll und langwierig.

Finanzielles

Die Krankenkassen übernehmen die Kosten für die Behandlung einer »Störung« oder Krankheit in Deutschland nur, wenn sie von zugelassenen TherapeutInnen durchgeführt wird, die eine mehrjährige Ausbildung durchlaufen haben und im Grundberuf ÄrztInnen oder PsychologInnen sind. Eine weitere Bedingung ist, daß die Methode, mit der die TherapeutInnen arbeiten, zu den wissenschaftlich nachweisbar wirksamen Verfahren zählen muß. Das sind:

- Analytische Psychotherapie
- Tiefenpsychologisch fundierte Psychotherapie (Kurz- und Langzeit)
- Verhaltenstherapie
- Katathymes Bilderleben
- Psychosomatische Grundversorgung, Autogenes Training und Hypnose

Alle anderen Therapieformen müssen in Deutschland selbst bezahlt werden.

KONTAKT

Auskunft über feministisch arbeitende Therapeutinnen geben die Frauenberatungsstellen.

Feministisches Frauengesundheitszentrum
Bambergerstraße 51, 10777 Berlin, Tel.: 030/2 13 95 97

Feministisches Frauengesundheitszentrum Trotula
Schwarzspanierstraße 10/20, A-1090 Wien
Tel.: 0222/43 93 97

Frauen beraten Frauen
Lehargasse 9/2/17, A-1060 Wien, Tel.: 0222/5 87 67 50

Institut für ganzheitliche feministische Pädagogik und Psychologie (Iff Forum)
Falkensteinstraße 9, CH-9000 St. Gallen
Tel.: 071/25 82 93

LITERATUR

Elisabeth Camenzind, Ulfa von den Steinen
Frauen verlassen die Couch. Feministische Psychotherapie
Kreuz, Zürich, 1989. DM 26

Helga Bilden (Hrg.)
Das Frauentherapie-Handbuch
Frauenoffensive, München, 1992. DM 39,80

Begrenzte Dauer

Die Gesetzlichen Krankenkassen übernehmen die Kosten für die Kurzzeit- und die Langzeittherapie.
• Eine Kurzzeittherapie umfaßt höchstens 25 Sitzungen, die als Einzelgespräch oder in der Gruppe durchgeführt werden können.
• Die Langzeittherapie umfaßt meist 50 Stunden. Sie kann auf besonderen Antrag bei der Krankenkasse um weitere 20 Stunden verlängert werden.
• Die Analytische Psychotherapie umfaßt 60 Stunden, die auf Antrag bei der Kasse auf 120 Stunden erweitert werden können.
• SelbstzahlerInnen müssen mit Kosten zwischen 100 und 170 DM für eine Sitzung von 50 Minuten Einzeltherapie rechnen; Gruppensitzungen von 90 Minuten kosten zwischen 40 und 90 DM.

KONTAKT

Informationen über Therapieverbände, Selbsthilfegruppen, Institutionen und Einzelpersonen erhalten Sie bei Ihrer Krankenkasse und bei:

Deutscher Psychosozialer Suchdienst
Riegelpfad 4, 35392 Gießen, Tel.: 0641/79 22 44

Auskunft über Psychotherapievereinigungen:

Berufsverband Deutscher Psychologen(BDP)
Heilsbachstraße 22, 53123 Bonn, Tel.: 0228/64 10 54-55

Bundesärztekammer
Herbert-Lewin-Straße 1, 50931 Köln, Tel.: 0221/40 04-1

Information über »alternative« Angebote:

Zentralstelle für Weltanschauungsfragen der evangelischen Kirche (EZW)
Hölderlinplatz 2a, 70174 Stuttgart, Tel.: 0711/2 26 22 81

Österreichischer Bundesverband für Psychotherapie (ÖBPV)
Rosenbursenstraße 8/3/7, A-1010 Wien
Tel.: 0222/51 27 09 15

Schweizer Psychotherapeutenverband
Weinbergstraße 31, CH-8006 Zürich, Tel.: 01/26 22 68

Risiken einer Psychotherapie

In einer Psychotherapie lernen die KlientInnen, auf ihre innere Stimme zu hören, die eigenen Gefühle zu respektieren und sich gegen Ungewolltes zu schützen und zu verteidigen. Der Weg dorthin ist jedoch zunächst von Unsicherheiten und Abhängigkeitsgefühlen der Therapeutin oder dem Therapeuten gegenüber begleitet. Beides macht verletzbar. Wird diese Verletzbarkeit und Offenheit der KlientInnen ausgenutzt, kann großer Schaden entstehen (▷ Mißbrauch in der Therapie, Seite 584).

Nichts bewegt sich

Wenn eine Therapie nicht weiterhilft, wenn sie keine Impulse zur Veränderung gibt und nichts kreativ in Bewegung setzt, dann hält sich der »Schaden« zu Therapiebeginn noch in Grenzen. Vielleicht passen KlientIn und TherapeutIn nicht zusammen, vielleicht sind die inneren Widerstände der Hilfesuchenden gegen Veränderungen zu groß, vielleicht ist auch das Verfahren falsch gewählt. Wenn die Therapie über sehr lange Zeit nicht vorwärtskommt, sollte dieses Stocken angesprochen und nach neuen Wegen gesucht werden. Wenn es auch dann nicht gelingt, eine lebendige Auseinandersetzung in Gang zu bringen, ist es meist besser, die Behandlung abzubrechen und nach einer ausführlichen Beratung (▷ Seite 576) eine neue Therapeutin oder einen neuen Therapeuten zu suchen.

Im Auf und Ab der Gefühle

Nach einer möglichen Hochstimmung am Anfang kann jede Psychotherapie in eine Phase kommen, in der alles dramatischer und unlösbarer erscheint als

In der Therapie

Ein Patentrezept, wie man eine passende Therapeutin oder einen geeigneten Therapeuten findet, gibt es nicht. Der »erste Eindruck« beim ersten Gespräch ist jedoch in vielem zuverlässig. Wenn schon beim Erstkontakt ein ungutes Gefühl entsteht, sollte man sich nach jemand anderem umsehen. Seriöse TherapeutInnen geben ungefragt Auskunft über ihre Ausbildung und das Verfahren, das sie anbieten. Sie erklären beim Erstkontakt den Ablauf und die erreichbaren Ziele der Behandlung.
Folgende Merkmale kennzeichnen ein positives Arbeitsbündnis mit der Therapeutin oder dem Therapeuten:

- Sie fühlen sich sicher, wenn Sie offen über sich sprechen und wenn Sie die Themen bestimmen, über die Sie reden wollen.
- Sie merken, daß Sie die ungeteilte Aufmerksamkeit und interessierte Zuwendung Ihrer Therapeutin bzw. Ihres Therapeuten bekommen.
- Sie können über sich sprechen; Ihre Therapeutin oder Ihr Therapeut nimmt sich selbst persönlich zurück.
- Sie spüren, daß Sie »gemeinsam« an der Lösung Ihrer Probleme arbeiten.
- Therapietermine und -zeiten sind zuverlässig geregelt, über die Finanzierung wurden bereits beim Erstgespräch klare Absprachen getroffen, die für beide Seiten akzeptabel und bindend sind.

Mann oder Frau

Gute TherapeutInnen haben gleichermaßen »weibliche« wie »männliche« Qualitäten, und sie sind sich dessen bewußt. Dennoch bevorzugen viele Frauen eine weibliche TherapeutIn (▷ ÄrztInnen, Seite 581), weil sie sich bei ihr »als Frau« besser verstanden fühlen. Frauen, deren innere Konflikte und Probleme vor allem durch Erlebnisse mit Männern ausgelöst wurden, zum Beispiel durch Gewalt oder sexuellen Mißbrauch, sind bei einer Therapeutin in jedem Fall besser aufgehoben als bei einem Mann. Zuerst müssen die seelischen Wunden heilen, bevor sich eine solche Frau wieder einem Mann öffnen oder einem männlichen Therapeuten vertrauen kann.
Auch wer seine Konflikte und Schwierigkeiten in der Beziehung zu Männern bearbeiten will, kann das mit einer Frau wahrscheinlich besser, weil Therapeutinnen im Umgang mit Geschlechtsrollen in der Regel reflektierter sind.

Absage an Gurus

Der Psycho-Markt ist groß und unübersichtlich. Wer dort ohne seriöse Beratung »einkauft« und an schlecht ausgebildete »HelferInnen« gerät, kann in eine schwere seelische Krise schlittern, aus der oft nur noch die Psychiatrie heraushilft. Besondere Vorsicht ist bei »Psycho-Workshops«, »Bewußtseinsberatungen« oder »Lebenshilfen« geboten und mit Gruppen, die mehr als 15 TeilnehmerInnen haben.

- Keinesfalls sollten Sie sich KursleiterInnen anvertrauen, die die Auskunft über ihre Ausbildung verweigern. Kurse, die nur auf eine leitende Person (»Guru«) zugeschnitten sind, und Methoden, die angeblich nur »Eingeweihte« verstehen können, sind dubios und abzulehnen.
- Unterschreiben Sie nicht, daß Sie sämtliche Verantwortung für Erlebnisse und Empfindungen während des Kurses und etwaige seelische oder körperliche Folgen übernehmen. Wenn Sie sich unsicher fühlen, brechen Sie den Kurs ab.
- Wenn Sie seelisch nicht stabil sind, lassen Sie sich vor einem Kurs von einer anerkannten Beratungsstelle beraten.

zuvor. Dann kann es schwer werden, auf die Behandlung zu vertrauen. Doch diese Zeit geht vorüber. Meist ist sie ein Zeichen dafür, daß das Kernproblem immer näher rückt und die Auseinandersetzung mit den inneren Fragen immer »heißer« wird. Wer sich durch diese Phase hindurcharbeitet, hat danach meist den Schlüssel zu einer Lösung in der Hand.

Dauert das Stadium zunehmender Schwierigkeiten sehr lange an und spitzt sich die Not immer weiter zu, ist es wichtig, sich in einer unabhängigen psychologischen Fachvereinigung (▷ Kasten) beraten zu lassen: Möglicherweise schlägt das Therapiekonzept fehl, weil die Therapeutin oder der Therapeut unzulänglich ausgebildet sind.

Mißbrauch in der Therapie

Wer sich mißbraucht fühlt, sollte sich unbedingt – unabhängig von dem, was die eigene Therapeutin oder der Therapeut dazu meinen – beraten lassen. Die Krankenkassen, die Psychotherapeutenvereinigungen, die Ärzte- und Psychologenkammern haben Schiedsstellen, an die sich Mißbrauchte um Rat und Hilfe wenden können. Ob eine Anzeige bei Polizei oder Staatsanwaltschaft sinnvoll ist, läßt sich mit spezialisierten AnwältInnen klären. Um die Erlebnisse aufzuarbeiten, kann eine zweite Therapie notwendig werden.

Was heißt Mißbrauch?

Seelischer, körperlicher, sexueller und finanzieller Mißbrauch können die Liebesfähigkeit und Lebensfreude der Betroffenen nachhaltig erschüttern. Daher sollten Sie sich auf jeden Fall über die Fachvereinigungen wehren. Mißbrauch liegt vor:

- wenn Therapeutin oder Therapeut Sie zu persönlichen Kontakten auffordern, mit Ihnen zum Beispiel Kaffee trinken, zum Essen oder ins Kino gehen wollen,
- wenn Therapeutin oder Therapeut verführerisch mit Ihnen umgehen oder eine sexuelle Beziehung beginnen wollen,
- wenn Sie die Nöte Ihrer Therapeutin oder Ihres Therapeuten verstehen oder lösen sollen, wenn Sie trösten sollen und sich aufgefordert fühlen, selbst zur Therapeutin zu werden,
- wenn Sie sich fortwährend mißachtet, bedrängt oder ausgenutzt fühlen, auch wenn Sie nicht so recht verstehen, wodurch,
- wenn Sie von anderer Seite erfahren, daß die Stunden ohne Ihr Wissen auf Tonband oder Video aufgezeichnet wurden oder die Schweigepflicht nicht eingehalten wurde.

KONTAKT

Die Kontaktadressen der Fachvereinigungen, Krankenkassen, Ärzte- und Psychologenkammern finden sich im Telefonbuch. Weitere Hilfe leisten:

Österreichischer Bundesverband für Psychotherapie
Rosenbursenstraße 8/37, A-1010 Wien
Tel.: 0222/51 27 09 15

Schweizerische Patientenorganisation
Zähringerstraße 32, CH-8025 Zürich, Tel.: 01/2 52 54 22

Standeskommission des Schweizer Psychotherapeuten-Verbandes
Weinbergstraße 31, CH-8006 Zürich, Tel.: 01/2 62 26 38

Gesprächsorientierte Verfahren

Der Austausch über das Gespräch ist in fast allen Therapien notwendig, weil wir uns in unserer Kultur hauptsächlich über Worte ausdrücken. So ist es zum Beispiel auch bei Körpertherapien (▷ Seite 587) Bestandteil einer seriösen Arbeit, die über den Körper gemachten Erfahrungen in einem Gespräch aufzuarbeiten. Bei gesprächsorientierten Verfahren steht das Sprechen im Zentrum der Arbeit.

Psychoanalytische Verfahren

Alle psychoanalytischen Schulen beschäftigen sich mit der Wirkung des »Unbewußten« auf unsere Empfindungen, Gefühle und auf das Alltagsverhalten. Dabei gehen alle Verfahren davon aus, daß die Kindheit einen wichtigen Einfluß auf die Art und Weise hat, wie Frauen und Männer ihr Leben führen.

In der Therapie versucht man, so frei wie möglich über alles zu sprechen, was einem durch den Sinn geht, ob es nun wichtig oder unwichtig erscheint. In diesen »ungefilterten« Gesprächen kann sich das Unbewußte mitteilen, verdrängte Erinnerungen werden frei. Sie wurden – so der therapeutische Ansatz – vor allem deshalb dorthin verdrängt, weil sie zu schmerzhaft, zu kränkend oder zu verletzend waren, um sich im späteren Leben »bewußt« zu zeigen. Dennoch versuchen die Betroffenen, ihre Probleme »unbewußt« zu bearbeiten und bringen sich dabei immer wieder in Lebenslagen, in denen sich die alten Verhältnisse wiederherstellen. Die Tiefenpsychologie nennt dieses den Wiederholungszwang.

In jeder erfolgreichen Psychoanalyse treten solche »Wiederholungen« auf. Die dazugehörenden Gefühle werden auf die TherapeutInnen übertragen. Im Schutz der Therapie wird es dann möglich, dem auf die Spur zu kommen, was das Leben im »Hier und Heute« so schwierig und belastend macht.

Tiefenpsychologische Behandlungen werden als Einzel- und als Gruppentherapie, als Kurz- und als Langzeittherapie angeboten.

- In der Kurzzeittherapie werden relativ klar umrissene Themen bearbeitet, wie zum Beispiel Probleme im sexuellen Erleben.
- In der Langzeittherapie geht es um die Analyse der gesamten Persönlichkeit in all ihren Facetten.

Tiefenpsychologische Verfahren können bei Beziehungsproblemen, Störungen der Persönlichkeit, Depressionen und psychosomatischen Beschwerden hilfreich sein. Die Sitzungen finden ein bis drei mal pro Woche über ein bis drei Jahre statt.

Verhaltenstherapie

Die Verhaltenstherapie geht davon aus, daß jeder Mensch im Laufe seines Lebens ein großes Repertoire an Verhaltensweisen erlernt, von denen viele sinnvoll, manche aber auf die Dauer störend oder hinderlich sind. Im Extremfall belasten sie sogar das Leben im »Hier und Heute«. Wer dann nicht flexibel genug ist, die eingeschliffenen Verhaltensweisen zu ändern, kann nicht mehr angemessen auf Personen und wechselnde Bedingungen reagieren.

In der Therapie versucht man nun auf verschiedene Weise, das starr gewordene Reaktionsschema aufzuschließen und den Betroffenen zu größerer Freiheit und Beweglichkeit zu verhelfen. Mit der sogenannten systematischen Desensibilisierung versucht man zum Beispiel, Menschen von ihrer Höhen-, Flug- oder Platzangst zu befreien: Sie müssen sich ihren Ängsten Schritt für Schritt in kleinen Dosierungen nähern.

Die Verhaltenstherapie ist besonders erfolgreich bei Ängsten (▷ Seite 609) und eignet sich zur Bewältigung chronischer Schmerzen (▷ Seite 616), als Selbstsicherheitstraining und zur Suchtbehandlung, zum Beispiel bei Eßstörungen. Meist findet eine Sitzung pro Woche über etwa ein Jahr statt; Intensivbehandlungen in spezialisierten Kliniken umfassen tägliche Übungen über mehrere Wochen.

Gesprächspsychotherapie (GT)

Die Gesprächspsychotherapie (=GT) setzt bewußt an den Selbstheilungskräften an. Die TherapeutInnen bauen auf die Aktivität der Betroffenen und versuchen, diese für eine bestimmte Wegstrecke durch ihr Problem hindurch stützend zu begleiten. Grundsätzlich gilt: Die KlientInnen behalten immer die Verantwortung für sich selbst.

Besonders erfolgversprechend ist die Therapie, wenn spürbar wird, daß sich die TherapeutInnen warmherzig interessieren, daß sie einfühlsam zu verstehen suchen und dabei selbst »echt« bleiben. Der heilende Effekt entsteht dadurch, daß die TherapeutInnen versuchen, Gefühle, Ängste, Bedürfnisse und Wünsche ihrer KlientInnen zu erspüren und sie in Worte zu fassen. Sie sprechen aus, was den KlientInnen aus Angst, innerer Not oder Scham nicht über die Lippen kommt. Das entlastet, macht das Problem faßbar und leichter lösbar.

GT ist besonders wirksam bei Problemen in Beziehungen, bei psychosomatischen Beschwerden (▷ Seite 606), bei Depressionen (▷ Seite 614) und als Teil der Therapie von Suchtproblemen. Sie findet meist einmal in der Woche über mehrere Monate bis Jahre statt.

Systemische Therapie (Paar- und Familientherapie)

Der Begriff zeigt, daß mit dieser Therapie »Systeme« behandelt werden, also Paare, Familien oder andere Lebensgemeinschaften. Man betrachtet dabei nicht nur die Einzelpersonen innerhalb des Systems, sondern auch die Beziehungen und Verflechtungen untereinander. Dadurch lassen sich Beziehungskonflikte, Streitursachen oder Familienprobleme besser erkennen.

Die meisten Auseinandersetzungen innerhalb einer Familie oder einer Partnerschaft entstehen, weil sich negative »Spielregeln« im Miteinander verfestigen und die Kommunikation immer mehr erschweren. Man schließt sich in Klein- und Kleinstgruppen zusammen, sperrt die Grenzen zu den anderen, verweigert den Austausch und wird innerlich starr.

So gerät das ganze System, zum Beispiel eine Familie, in Schwierigkeiten, weil sie nicht mehr flexibel auf die Anforderungen der Umwelt und der Mitmenschen reagieren kann. Bald sind alle überfordert, verstimmt oder niedergeschlagen.

Doch nur selten bricht bei solchen Störungen gleich das ganze System auseinander; vielmehr wird ein einzelnes Mitglied durch ein bestimmtes Verhalten oder eine Krankheit »auffällig«. In einer Familie ist es fast immer eines der Kinder. Dieses stabilisiert nun paradoxerweise mit seiner Störung das gesamte System und verhindert so, daß die Familie wirklich auseinanderbricht. So wird die »Krankheit« des einen zum Hilferuf aller.

In der Therapie erarbeiten die Betroffenen, wie die Grenzen innerhalb des Systems verlaufen, wo sie gestört sind, was die Krankheit des Betroffenen über die Familie und ihre inneren Konflikte aussagt. Die Sitzungen sollen das Selbstwertgefühl des einzelnen und den Zusammenhalt untereinander fördern. Sie finden meist einmal in der Woche, manchmal auch seltener statt, sie dauern 90 bis 120 Minuten und erstrecken sich über mehrere Wochen, manchmal auch über Jahre.

Gestalttherapie

Die Gestalttherapie geht im Grundsatz davon aus, daß alle Menschen gut und richtig, selbstverantwortlich, kreativ und frei sind. Erst wenn sie an der freien Entfaltung ihrer Kräfte gehindert werden, entstehen seelische Störungen und Krankheiten. Die Therapie setzt deshalb darauf, die Betroffenen anzuregen, sich ungehemmt zu entfalten. Gefühle sollen wieder spürbar gemacht, seelisches Wachstum angeregt und Beziehungen wieder möglich werden. Dazu braucht es Offenheit, Konfrontation und liebevolle Stütze durch TherapeutInnen, aber vor allem auch durch Mitmenschen und Mit-Betroffene. Die Gestalttherapie findet deshalb fast immer in Gruppen statt.

Entscheidend ist das »Hier und Jetzt«. Die aktuellen Gefühle, Erlebnisse, Bedürfnisse und Wünsche stehen im Zentrum der Therapie. Hemmungen und Widerstände sollen gelöst werden, damit ein neuer, innerer Prozeß in Fluß kommen kann. In den therapeutischen Sitzungen wird dieser Prozeß dadurch gefördert, daß sich die KlientInnen ganz ihren Gefühlen hingeben und die TherapeutInnen dieses immer mehr provozieren und damit intensivieren. So soll ein ehedem abgebrochener Prozeß in der Gegenwart abgeschlossen werden.

Integrative Therapie

Eine Fortentwicklung der Gestalttherapie ist die Integrative Therapie, die verschiedene Techniken und Ansätze fruchtbringend miteinander verknüpft: Körpertherapien (▷ Seite 587), Gestaltungstherapien (▷ Seite 589) und Psychodrama (▷ Seite 589). Deren Methoden erweitern das Spektrum der gesprächsorientierten Grundlagen. Dadurch können sich KlientInnen von verschiedenen Richtungen her – über den Körper und die Sprache – ihrem Problem nähern und ein tieferes Verständnis für sich sowie für die Ursachen und Auslöser ihrer Schwierigkeiten entwickeln.

Gestalt- und Integrative Therapie sind hilfreich zur Behandlung von Süchten (▷ Seite 591), Beziehungsstörungen, Depressionen (▷ Seite 614), psychosomatischen Störungen (▷ Seite 606) und zur Selbsterfahrung. Beide Therapien finden meist einmal pro Woche als Einzel- oder Gruppensitzung statt. Sie dauern meist 50 beziehungsweise 90 Minuten. Es gibt auch Intensiv- und Wochenendseminare, die eher für Therapieerfahrene zu empfehlen sind.

Körperorientierte Therapien

Der Alltag fordert von allen Menschen, sich vernunftgesteuert zu verhalten. Dadurch verkümmern das Ausdrucksvermögen und die kreative »Weisheit« des Körpers. Körperorientierte Therapien versuchen, den Körper »zum Sprechen« zu bringen. Bewegungstherapien sprechen Frauen sehr an: Es reizt sie, sich als Frau kennenzulernen, Weiblichkeit mit ihrem Leib zu erspüren und ihr Selbstbewußtsein durch den Körper auszudrücken.

Konzentrative Bewegungstherapie (KBT)

Die Konzentrative Bewegungstherapie basiert auf der Tiefenpsychologie. Sie geht davon aus, daß sich Lebenserfahrungen nicht nur in die Seele, sondern ebenso in den Körper »einschreiben«. Gute Erlebnisse lassen ein harmonisches und lebendig-sinnliches Körpererleben wachsen. Verletzungen, Kränkungen und Mißachtung verzerren und »verkrüppeln«. Sie schränken die Sensibilität des Körpers und sein Bewegungsspektrum ein.

Die KBT regt dazu an, sich seines Körpers bewußt zu werden und so Gefühle, Erinnerungen, Schmerz und Freude zu erforschen. Die Therapiestunde enthält Übungen, die die Sensibilität der Haut und der Muskulatur erhöhen und die eigene Beweglichkeit spüren lassen. Alle Gefühle und Erinnerungen, die während der Übungen auftauchen, werden besprochen, um die Wurzeln der Schwierigkeiten freizulegen. Neue Bewegungsmuster werden probiert und deren Wirkung erspürt. Wenn eine depressive Frau beispielsweise immer besonders vorsichtig und zögerlich »um den heißen Brei herum« geht, kann sie in einer Übung zum Beispiel das Aufstampfen üben und dabei das Gefühl kennenlernen, selbstbewußt und stabil »aufzutreten« (▷ Selbst-Bewußt, Seite 23).

Die KBT wird in Einzelstunden, aber auch in der Gruppe durchgeführt, in der Beziehungsmuster, Kontakt-, Nähe- und Distanzfähigkeit, aber auch das eigene Trennungsverhalten erlebbar werden.

Die Konzentrative Bewegungstherapie ist bei psychosomatischen Beschwerden hilfreich, sie kann Kontakt- und Beziehungsstörungen bessern, und sie ist bei Ängsten (▷ Seite 609), Zwängen und Depressionen (▷ Seite 614) wirksam. Sie findet meist einmal in der Woche für 90 Minuten statt. In Kliniken wird sie oft auch begleitend neben einer gesprächsorientierten Therapie angeboten.

Tanztherapie

Tanz ist ein uraltes Medium, um Freude, Belastung, Sehnsucht und Qual mitzuteilen. Die Sprache des Tanzes ist zwar universell, doch individuell geprägt. Die Bewegung drückt die innere Bewegtheit aus.

In der Tanztherapie sollen die inneren Gefühle und Antriebe frei gestaltet werden. Sie findet meistens in der Gruppe statt, mit oder ohne Musik. Getanzt wird nicht nur mit dem ganzen Körper, auch mit den Händen oder Füßen allein lassen sich Gefühle, Stimmungen und Wünsche ausdrücken.

Nach dem Tanz wird miteinander besprochen, was geschehen ist, was sich innerlich und äußerlich bewegt hat, welche Gefühle aufgewallt sind, welche Gedanken angestoßen wurden.

Tanztherapien finden meist in Workshops und Intensivkursen zur Selbsterfahrung statt. Oft gehören sie zum Angebot spezialisierter Kliniken. Hilfreich ist therapeutisches Tanzen bei psychosomatischen Beschwerden (▷ Seite 606), Kontakt- und Beziehungsstörungen, Ängsten (▷ Seite 609) und Depressionen (▷ Seite 614). Bei Gesunden kann eine Tanztherapie der Selbsterfahrung dienen.

Bioenergetik

Die Grundidee der Bioenergetik ist, daß jede Verdrängung eine körperliche Verspannung nach sich zieht. Diese blockiert dann die beim Gesunden frei fließende Lebensenergie. In der Therapie gilt es, die körperlichen Hemmungen zu lockern und damit auch die Blockaden der Seele zu befreien.

Der körperliche Ausdruck eines Menschen gibt die ersten Hinweise auf sein seelisches Befinden. In der Therapie werden körperliche Verspannungen mit bestimmten Körperhaltungen, Massagegriffen und zarten Schüttelbewegungen behandelt. Meist löst sich dadurch auch die seelische Spannung, Tränen brechen hervor und befreien vom Druck zurückgehaltener verletzender und kränkender Erinnerungen, Wut und Zorn. Die gelockerte Bewegung zieht größere seelische Beweglichkeit nach sich, die KlientInnen werden geistig flexibler und lernen, ihr Leben aktiv zu meistern.

Im Anschluß an die Übungen werden die gemachten Erfahrungen ausführlich besprochen. Es ist ein Kunstfehler, wenn bei einer Sitzung Gefühle »aufgewühlt« werden und die KlientInnen danach ohne therapeutisches Gespräch alleine bleiben.

Die Bioenergetik wird als Einzel-, meist aber als Gruppentherapie zur Selbsterfahrung eingesetzt. Bei der Behandlung von Depressionen (▷ Seite 614) und psychosomatischen Beschwerden (▷ Seite 606) kann sie eine gesprächsorientierte Therapie begleiten. Bioenergetik findet sehr oft in Wochenendseminaren statt.

Suggestive Therapien

Suggestive Therapien, wie die Hypnose, waren schon im antiken Griechenland bekannt. Suggestion bedeutet, jemandem etwas »einzureden« und mittels steter Wiederholung in sein Bewußtsein »einzupflanzen«. Das kann allerdings nur gelingen, wenn die behandelte Person für die Botschaft aufnahmebereit ist. Einem Menschen einen »Auftrag« zu vermitteln, den die oder der Betreffende nicht annehmen will, ist nicht möglich.

Hypnose

Die Hypnose ist die bekannteste suggestive Technik. Sie baut darauf auf, daß Menschen in einen tiefen Entspannungszustand (Trance) versetzt werden können, in dem sie für heilsame Botschaften empfänglich sind. Nach einem ausführlichen, klärenden Gespräch, leiten die TherapeutInnen die Trance durch rhythmisch sich wiederholende, in gleichmäßig ruhigem Ton gesprochene Sätze ein: »Sie sind ganz ruhig, atmen ruhig und gleichmäßig ein und aus. Sie merken, wie Sie sich tiefer und tiefer in die Entspannung gleiten lassen.« Ist die Trance erreicht, suggerieren die TherapeutInnen ihren KlientInnen heilsame Formeln – zum Beispiel zur Suchtentwöhnung – und Sätze zu dem zuvor besprochenen Thema. Ein abschließendes Gespräch beendet die Therapiesitzung.

Hypnosen werden erfolgreich bei chronischen Schmerzen (▷ Seite 616), Schlafstörungen (▷ Seite 611), psychosomatischen Beschwerden (▷ Seite 606) und Ängsten (▷ Seite 609) eingesetzt. Die Behandlung findet meist über etwa 20 Wochen lang einmal wöchentlich für 50 Minuten statt.

Katathymes Bilderleben (KB)

Das Katathyme Bilderleben geht davon aus, daß Tagträume Wichtiges über die Befindlichkeit von Menschen aussagen und Gefühle sowie unbewußte Konflikte spiegeln. Beim KB überlassen sich die KlientInnen den in ihnen auftauchenden Bildern, oder sie »tagträumen« zu Themen, die die TherapeutInnen vorgeben. Anschließend werden die »Erscheinungen« in einem ausführlichen Gespräch besprochen und gedeutet. Meist zeigen die inneren Bilder nicht nur Konflikte und Fantasien auf, sondern auch einen Weg aus den Schwierigkeiten heraus zu neuen Verhaltensmöglichkeiten. In der Fantasie werden diese Lösungen erprobt und schließlich im Alltag umgesetzt.

Das Katathyme Bilderleben kann bei Depressionen (▷ Seite 614), psychosomatischen Beschwerden (▷ Seite 606), Beziehungs- und Familienproblemen hilfreich sein. Meist wird es einmal pro Woche über einen Zeitraum von etwa 25 Sitzungen angewendet.

Psychodrama

Das Psychodrama geht davon aus, daß jede Frau und jeder Mann in der Gesellschaft bestimmte Rollen spielt: solche, die erwartet werden, und solche, die sie selbst wählen. In der Therapie sollen die Rollenmuster überprüft und neu gestaltet werden. Im »Spiel« mit anderen läßt sich überprüfen, ob die neue Rolle paßt und »trägt«. Dieses Verfahren will den Betroffenen zu einem größeren Repertoire an Rollen verhelfen, die Kreativität anregen und eine Bühne dafür bieten, belastende frühere Erlebnisse, die unabgeschlossen im Unbewußten ruhen, im »Hier und Jetzt« aufzuarbeiten.

Die Therapie findet meistens in der Gruppe statt. Es kann miteinander das Thema eines einzelnen Gruppenmitgliedes »gespielt« werden, oder die Gruppe einigt sich auf ein gemeinsames, für alle wichtiges Thema. Die TherapeutInnen machen auch Vorgaben oder Vorschläge. Nach dem Spiel wird ausführlich über das Geschehene und Erlebte gesprochen, verborgene Wünsche und Ängste werden aufgedeckt.

Psychodrama hilft bei Depressionen (▷ Seite 614), psychosomatischen Beschwerden (▷ Seite 606) und Süchten (▷ Seite 591). Es wird meist ergänzend zur gesprächsorientierten Behandlung und in Kliniken angeboten.

Gestaltungstherapie

Im kreativen Ausdruck gewinnt Gestalt, was mit Worten kaum zu sagen ist. Der freie Ausdruck von Gefühlen, Fantasien, Sehnsucht, Ängsten und Freuden wird angeregt. Meist geschieht das in Kunst- und Musiktherapien. In ihnen ruht das uralte Wissen, daß kreatives Tun und das schöpferische Umsetzen eigener Ideen an sich schon harmonisierend, beglückend und heilsam wirkt. Im Gestalten und durch Töne lassen sich schließlich auch jene Erinnerungen und Gefühle ausdrücken, die aus Angst oder Scham nicht in Worte zu fassen sind.

Kreatives Tun führt jeden Menschen auf sich und seine inneren Kräfte zurück, beeinflußt das Selbstwertgefühl und die Beziehung zum eigenen Ich (▷ Allgemeine Weiterbildung, Seite 184; ▷ Ausgleich suchen, Seite 570; ▷ Selbst-Bewußt, Seite 23).

Du, ich hab echt radikal aufgehört mit dem Rauchen! Ich muß nur immer mal testen, ob's mir noch was ausmacht...
F. BECKER

Süchte

Entspannen, loslassen, vergessen, abheben: Einige greifen zu Bier oder Wein, andere nach dem Schokoladeneis im Kühlschrank. Die erste Zigarette des Tages bringt den ersehnten Kick, zwei, drei Cognac am Abend den erhofften Schlaf. Nach ein paar Gläsern Rotwein oder der sanften Beruhigung durch einen Tranquilizer erscheinen die Lasten des Tages milder. Jede Kultur offeriert ein breites Angebot von Fluchtmöglichkeiten. Manche »Zufluchten«, wie die in Arbeit oder die in Konsum, genießen höchste gesellschaftliche Anerkennung. Einige, wie der Alkohol, sind bestens integriert, andere, wie Haschisch, werden mit juristischen Mitteln verfolgt.

Sich die Sehnsucht nach dem entscheidenden Kick, nach Entspannung oder Glück zu erfüllen, führt keineswegs bei allen Menschen in die Abhängigkeit. Die meisten finden einen gangbaren Weg zwischen den Polen von Übermaß und Askese und erhalten sich die Freiheit zu genießen oder zu verzichten, ohne zu entbehren.

Suchtgefährdet sind jene, die diese Wahlmöglichkeit verlieren, wobei der Übergang in die Abhängigkeit fließend ist und nicht prognostiziert werden kann. Wer auf seine abendliche Zigarette nicht mehr verzichten kann und die Dosis zunehmend steigert, hat damit vorläufig die Freiheit verloren, nicht zu rauchen. Das gleiche gilt für jene, die nur noch mit einem Schlafmittel Ruhe finden, oder deren Gedanken unablässig ums Essen kreisen (▷ Eßstörungen, Seite 520).

Süchtiges Verhalten muß nicht unbedingt an einen Stoff, wie Nikotin, Alkohol oder Medikamente, gebunden sein. Man kann auch von besonders intensiven Empfindungen abhängig werden, wie der Faszination des Wettens, der Euphorie des Hungerns (▷ Magersucht, Seite 520) oder dem Hochgefühl beim Arbeiten (▷ Endorphine, Seite 607).

Sehn-Süchte

Der Begriff »Sucht« kommt von »Siechen« – Kranksein – gleichzeitig gilt: wer süchtig ist, der »sucht« auch nach etwas. Diese Suche verdeutlicht die seelische Dimension süchtigen Verlangens nach einem Gefühl oder einem inneren Zustand. Gemeint ist das intensive Sehnen nach Entspannung, Gelöstheit, Anregung, Erfüllung, Glück, Sicherheit, Schutz oder Trost. Einen Hauch dieses Verlangens streift Frauen, die bei Liebeskummer in Boutiquen ihr Monatsgehalt lassen, oder die Torten verschlingen, weil das die Verzweiflung einer unglücklichen Ehe besänftigt (▷ Gewicht, Seite 513). Doch der Trost dieser Ersatzhandlungen oder -stoffe ist immer nur von kurzer Dauer. Wenn in Krisenzeiten die Zukunft düster und der Weg dorthin trostlos erscheint, kann sich die Spirale in die Abhängigkeit in Gang setzen. »Süchtiges« Einkaufen, Essen, Trinken, Tablettenschlucken oder Spritzen helfen nur kurz, das immer wiederkehrende Verlangen nach »Trost« oder »Abstand« zu stillen. Irgendwann ist das Bedürfnis nach dem jeweiligen Verhalten dann so stark, daß es alle anderen Bedürfnisse überlagert.

Das Weibliche an der Sucht

Frauen zeigen ein deutlich anderes Suchtverhalten als Männer. Sie konsumieren ihre Suchtmittel meist alleine und heimlich. Selbst guten FreundInnen bleibt verborgen, mit welchen Handlungen sich die andere quält.

Ferner wählen Frauen andere Mittel als Männer, um ihre Gefühlslandschaft zu verändern oder zu befrieden. Oft wird ihr Körper zum Schauplatz der Probleme und der untauglichen Versuche, sie zu lösen: Sie werden mager- und eß-brechsüchtig (▷ Seite 520), entwickeln Befindlichkeitsstörungen (▷ Seite 608), Ängste, Unsicherheiten und Überlastungsgefühle. Schmerz-, Beruhigungs- und Schlafmittel bieten sich dann als anscheinend ideale Helfer an: 70 Prozent der 1,2 Millionen Arzneimittelabhängigen in Deutschland sind Frauen.

Flucht

Am Beginn einer Sucht steht meist eine Lebenskrise, die das eigene Wollen und Können völlig überfordert. Viele junge Frauen durchleben eine solche Phase in der Pubertät (▷ Mädchenzeit, Seite 315), manche überrascht ein Gefühl tiefer Verzweiflung nach der Geburt des ersten Kindes (▷ Die ersten Tage mit dem Baby, Seite 653). Der Verlust eines geliebten Menschen, Konflikte am Arbeitsplatz (▷ Mobbing, Seite 239) oder Gewalt (▷ Seite 443) in der Partnerschaft sind ebenfalls häufige Krisenauslöser.

In einer Krise können sich selbst alltägliche Anforderungen als Katastrophen darstellen. Alkohol oder Beruhigungsmittel – Drogen, die gesellschaftlich akzeptiert und lange Zeit ganz unauffällig konsumierbar sind – gewähren dazu einen Abstand. Erleichterung stellt sich ein. Ein Gefühl von Sicherheit und Selbständigkeit breitet sich wohlig aus, das Gefühl, »es schaffen« zu können. Doch die Konflikte bleiben ungelöst. Also wird das Suchtmittel so oft und so lange benutzt, bis es unentbehrlich geworden ist.

Gefühl des Mangels überdecken

Wer ohne die Zuwendung anderer sein Leben gestalten muß, leidet schmerzhaft darunter, den eigenen Wert nicht bestätigt zu bekommen (▷ Selbst-Bewußt, Seite 23). Dieses Gefühl fehlender Anerkennung und Wertschätzung kann in der Kindheit wurzeln, aber auch aus der aktuellen Lebenssituation entstehen. Viele Familienfrauen entbehren jahrelang die soziale Anerkennung anderer Menschen, oder sie leiden unter der fehlenden Zuwendung des Partners (▷ Psychische Gewalt, Seite 443).

Das Sehnen nach Wärme, nach individuellen Entfaltungsmöglichkeiten und innerer Zufriedenheit kann in eine aussichtslose Suche nach Ersatz, in die

Sucht münden. Dabei wird das Mißverhältnis zwischen dem unbefriedigenden Alltag und dem Wunsch nach einem erfüllten Leben immer größer. Medikamente und Alkohol helfen, die Kluft weniger zu spüren; die subjektive Wahrnehmung der Realität verliert an Schärfe. Die zentrale Frage: Ist das (noch) das Leben, das ich wollte, oder will ich etwas anderes? ist kaum noch zu beantworten. Schließlich bezieht sich das Gefühl »mir fehlt etwas« nur noch auf das Suchtmittel.

Die Stoffe

Die Drogen, zu denen Frauen – neben Nikotin – am häufigsten greifen, sind Arzneimittel. Obwohl sie im Körper unterschiedliche Wirkungen entfalten, haben alle Medikamente eines gemeinsam: Sie werden zu Beginn als Heilmittel eingenommen, oft ärztlich verordnet oder in der Apotheke empfohlen (▷ Schmerzmittel, Seite 617; ▷ Abführmittel, Seite 621; ▷ Schlafmittel, Seite 612; ▷ Beruhigungsmittel, Seite 610, ▷ Zeichen von Medikamentenabhängigkeit, Seite 596).

Tabak

Schätzungen gehen davon aus, daß mehr als sechs Millionen Frauen in Deutschland regelmäßig zur Zigarette greifen. Den Kick verdanken sie dem Nikotin: Es dämpft innere Erregung und regt bei Ermüdung gleichzeitig an. In diesem Doppeleffekt liegt die hauptsächliche Faszination der Zigarette.

Gefahren von Teer und Nikotin

Tabakteer kann die Zellen der oberen Luftwege und des Lungengewebes so stark reizen und angreifen, daß sie ihre Struktur ändern. Damit steigt die Gefahr, daß sich ein Lungenkrebs entwickelt. Nikotin ist ein starkes Gift, das auf das Nerven- und Gefäßsystem wirkt, die Blutgefäße verengt und zusammen mit dem Kohlenmonoxid des Rauchs zu Durchblutungsstörungen führt. Dadurch werden Gewebe und Organe unzureichend mit Sauerstoff und Nährstoffen versorgt. Diese Schädigung kann alle inneren Organe treffen, zum Beispiel das Herz, dessen Infarktrisiko sich erhöht, aber auch Eierstöcke, Eileiter und die Gebärmutter leiden unter den Auswirkungen des Rauchens. Bei starken Raucherinnen können die Wechseljahre um bis zu sechs Jahre früher einsetzen als bei Nichtraucherinnen.

Bei manchen Frauen steht auch die Unfruchtbarkeit in direktem Zusammenhang mit dem Rauchen (▷ Unfreiwillig kinderlos, Seite 642). Rauchende Schwangere beeinträchtigen die Versorgung des Embryos, weil das Rauchen die Durchblutung mindert. Babies von Raucherinnen wiegen bei der Geburt im Durchschnitt 100 bis 300 Gramm weniger als die Kinder nichtrauchender Frauen.

Achtung bei Pilleneinnahme

Frauen, die über 35 Jahre alt sind, rauchen und gleichzeitig mit der Pille verhüten (▷ Seite 635), leben gefährlich. Die Kombination von Nikotin und Pille erhöht das Risiko, einen Schlaganfall, einen Herzinfarkt oder Thrombosen zu erleiden, nochmals deutlich.

Mit dem Rauchen aufhören

- Sie können den Zigarettenkonsum schrittweise reduzieren. Definieren Sie dazu genau die Etappen, und markieren Sie präzise den Endpunkt: In drei Wochen rauche ich nicht mehr, bis dahin reduziere ich den Konsum jeden Tag um xx Stück. Nach diesem Prinzip funktionieren auch die Nikotinpflaster, die den Körper eine Weile mit dem begehrten Stoff – in abnehmender Menge – versorgen.
- Vielen fällt es leichter, von einem Tag zum anderen aufzuhören. In den ersten Tagen ist der Entzug dann allerdings mit innerer Unruhe, Nervosität, Reizbarkeit, Schwitzen und Schlafstörungen beson-

ders unangenehm zu spüren. Die Symptome vergehen nach ein paar Tagen.

- Meiden Sie in den ersten zwei bis drei Wochen Orte oder Situationen, die mit Zigaretten »besetzt« sind: Kneipen, Partys, Discobesuche, oder auch das Treffen mit der Freundin im Café. Wenn Sie zusätzlich auf Alkohol und Kaffee verzichten, reduzieren Sie Ihr Rückfallrisiko.
- Vermeiden Sie in den ersten Tagen Streß, aber auch Langeweile. Am besten ist die Umstellung auf ein nikotinfreies Leben mit Bewegung zu meistern. Halten Sie sich viel im Freien auf: Sport, Wanderungen oder Spaziergänge.
- Saure Drops und zuckerfreie Kaugummis mildern den Nikotinhunger.
- Stellen Sie sich bewußt darauf ein, daß Sie ein wenig zunehmen werden. Der jahrelange Nikotinkonsum hat Ihrem Stoffwechsel erhöhte Leistungen abgefordert. Wenn Sie nicht mehr rauchen, arbeitet der Organismus etwas gemächlicher, und Sie setzen automatisch etwas mehr an. Dieses »Mehr« läßt sich mit einer ausgewogenen, fettreduzierten Ernährung wieder regulieren (▷ Gewicht, Seite 513). Sport oder Entspannungsübungen helfen zusätzlich.

KONTAKT

Bundeszentrale für gesundheitliche Aufklärung (BZgA)
Postfach 91 01 52, 51071 Köln
Tel.: 0221/8 99 21, Fax: 8 99 23 00

Deutsche Hauptstelle gegen die Suchtgefahren (DHS)
Westring 2, 59065 Hamm, Tel.: 02381/9 01 50

Deutscher Caritasverband e.V.
Karlstr. 40, 79104 Freiburg, Tel.: 0761/20 03 69

BAG der Freundeskreise für Suchtkrankenhilfe in Deutschland e.V. – Selbsthilfe
Kurt-Schumacher-Straße 2, 34117 Kassel
Tel.: 0561/78 04 13

Alkohol

Die Deutsche Hauptstelle gegen Suchtgefahren geht von etwa 800.000 alkoholabhängigen, behandlungsbedürftigen Frauen aus. Genaue Zahlen fehlen jedoch, denn Frauen trinken »leiser« als Männer. Statt im Freundeskreis oder in der Kneipe beginnt ihr Weg in die Abhängigkeit eher unauffällig zu Hause. Viele können ihr Verlangen nach Alkohol relativ lange verbergen. Sie trinken nur während des Tages oder in den Stunden, in denen die Familie außer Haus ist.

Alkohol verschafft die Illusion eines stärkeren Selbstbewußtseins. Unter seinem Einfluß fühlt man sich mutig, kompetent und selbstsicher. Im Zustand der Nüchternheit jedoch sind die Angst und die Scham vor einer Entdeckung riesengroß – widerspricht das Saufen doch dem gängigen Frauenideal.

Während ein Mann als Trinker noch auf relativ viel gesellschaftliches Verständnis hoffen kann, verlieren trinkende Frauen sehr schnell jegliche gesellschaftliche Akzeptanz. Hinzu kommt, daß die Trunkenheit alles verstärkt, was nach geltenden Normen als »unweiblich« gilt: Die Stimme wird laut und unangepaßt, die Bewegungen werden unkontrolliert. Um so verständlicher ist es, daß die Betroffenen so lange wie möglich versuchen, ihre Abhängigkeit zu verbergen.

Gefahren von Alkohol

Alkohol ist der einzige Stoff, der eine starke körperliche Abhängigkeit erzeugen kann und trotzdem nicht unter staatlicher Kontrolle steht. Bei Dauerkonsum schädigt er den gesamten Organismus, besonders aber Leber, Bauchspeicheldrüse und Magen. Hinzu kommen krankhafte Veränderungen am Herzen und an den Gefäßen. Fortgesetzter Konsum schädigt die peripheren Nerven und die Gehirnzellen, die individuellen Denk- und Gedächtnisleistungen nehmen ab. Frauen vertragen generell weniger Alkohol als Männer. Der Grund sind unterschiedliche Stoffwechselprozesse. So kann bei Männern der jahrelange Konsum von 80 Gramm Alkohol täglich, das entspricht etwa einer 0,75 Liter-Flasche Wein (ein Glas Wein entspricht etwa 10 g Alkohol), die Leber nachhaltig schädigen. Frauen müssen sich schon bei 35 bis 40 Gramm pro Tag – also mit der Hälfte – auf ähnliche Langzeitwirkungen einstellen.

Während der Schwangerschaft sollten Frauen auf Alkohol ganz verzichten. Der Stoff und seine Abbauprodukte gelangen ungehindert durch den Mutterkuchen zum Embryo. Wenn die Schwangere fortgesetzt trinkt, ist das Risiko erhöht, daß das Kind untergewichtig geboren wird und/oder an Entwicklungsverzögerungen oder Mißbildungen leidet.

Illegale Drogen

Nach Schätzungen sind in Deutschland etwa 100.000 bis 120.000 Menschen von Drogen wie LSD, Heroin oder Kokain abhängig, etwa 40 Prozent davon sind Frauen. Illegale Drogen spielen im Leben von Frauen meist nur in den Jugendjahren eine Rolle; viele sind schon nach den ersten ein oder zwei Opiatversuchen abhängig. Die hohen Schwarzmarktpreise der Drogen und die Kriminalisierung garantieren außerdem, daß die Frauen innerhalb weniger Monate ins soziale Abseits, oft in die Prostitution geraten.

Spezialisierte Beratungseinrichtungen für Frauen, die »an der Nadel hängen«, gibt es kaum. Sie wären für die Abhängigen aber überlebenswichtig, weil sie in einem Milieu extremster Gewalt (▷ Seite 443) und Ausbeutung leben. Hinzu kommen die gesundheitliche Gefährdung durch schlechte hygienische Verhältnisse und das Risiko ungewollter Schwangerschaften.

Haschisch

Die weibliche Pflanze des indischen Hanfes, Cannabis, ist nach dem Alkohol die im deutschen Sprachraum am weitesten verbreitete Rauschdroge. Rund drei bis vier Millionen Menschen konsumie-

Zeichen von Alkoholabhängigkeit

- Sie trinken gerne, auch wenn Sie alleine sind.
- Sie sind morgens nervös, fühlen sich aber besser, wenn Sie etwas Alkohol trinken.
- Sie greifen zum Alkohol, um herannahende Streßsituationen oder unangenehme Ereignisse besser zu bewältigen.
- Sie fühlen sich unter dem Einfluß von Alkohol selbstbewußter, stärker und durchsetzungsfähiger als sonst.
- Sie merken, daß Sie in letzter Zeit immer mehr vertragen.
- Sie merken, daß Sie häufig Fehler bei der Arbeit machen, und spüren, daß Sie an Tüchtigkeit verlieren, obwohl Sie sich sicher fühlen.
- Sie haben nach den ersten Gläsern ein großes Verlangen, weiter zu trinken.
- Sie brauchen eine bestimmte Menge Alkohol, um sich wohl zu fühlen.
- Sie empfinden beim Trinken immer wieder Gewissensbisse und Schuldgefühle.
- Sie trinken regelmäßig, um Ärger, Sorgen, Kummer oder Streit zu vergessen.
- Sie haben schon einmal versucht, sich an ein System von Abstinenzregeln zu halten, zum Beispiel an den Vorsatz, nur jeden zweiten Tag zu trinken oder erst nach sieben Uhr abends, und sind daran gescheitert.
- Sie lassen die Familie und FreundInnen über die genaue Menge des Konsums im unklaren, machen ungenaue Angaben oder beschwindeln sich selbst bei den Mengenangaben.
- Sie haben sich einen kleinen, versteckten Vorrat an alkoholischen Getränken angelegt.

KONTAKT

Anonyme Alkoholiker (AA)
Interessengemeinschaft e.V.
Ingolstädter Straße 68a, 80939 München
Tel.: 089/3 16 43 43

Zeichen von Medikamentenabhängigkeit

Die Anzeichen für eine Abhängigkeit von Medikamenten ähneln sich immer, egal, welches Mittel Sie einnehmen. Wenn zwei der nachfolgenden Feststellungen auf Sie zutreffen, sollten Sie eine Beratungsstelle aufsuchen (▷ Wege aus dem Teufelskreis, Seite 598; ▷ Suchtberatung, Seite 598; ▷ Kliniken, Seite 599).

- Sie brauchen täglich eine bestimmte Menge Ihres Arzneimittels, um sich wohlzufühlen.
- In Streß- und Belastungssituationen packt Sie ein kaum stillbares Verlangen nach Ihrem Mittel.
- Sie legen sich einen Vorrat Ihres Mittels an und nehmen diesen auch auf Reisen mit.
- Sie verstecken Ihre Vorräte, um das Ausmaß des Konsums zu verschleiern.
- Sie versuchen, mit ungenauen Angaben und Ausreden ÄrztInnen, FreundInnen oder Angehörige dazu zu bringen, Ihnen das Medikament zu beschaffen.
- Sie beschaffen sich Ihr Mittel aus verschiedenen Quellen, um ÄrztInnen und/oder ApothekerInnen über die tatsächlich konsumierte Menge zu täuschen.
- Sie beschwindeln andere oder sich selbst, indem Sie die konsumierte Menge niedriger oder die Dauer des Konsums kürzer angeben als es der Realität entspricht.
- Sie merken, daß sich Ihre Wahrnehmung und Ihr Verhalten verändern. Sie sind zittrig oder werden teilnahmslos, haben Blackouts oder Halluzinationen. Die Beziehungen zu anderen Menschen werden Ihnen immer gleichgültiger.
- Sie spüren deutlich, daß Sie den Konsum Ihrer Arzneimittel nicht mehr aus eigener Kraft aufgeben können, bzw. daß Sie bei den Versuchen dazu immer wieder scheitern.

LITERATUR

Andrea Ernst, Ingrid Füller
Schlucken und Schweigen. Wie Arzneimittel Frauen zerstören können
Knaur, München, 1990. DM 9,80

ren sie regelmäßig – etwa gleich viele Frauen wie Männer.

Haschisch wirkt auf das vegetative Nervensystem; es erzeugt ein Gefühl der Entspannung und des Abrückens vom Alltag, begleitet von einer milden Euphorie. Im Gegensatz zum Alkohol entsteht bei Haschisch keine körperliche Abhängigkeit. Allerdings wird Haschisch der Psyche gefährlich, wenn tägliche Joints zum Fluchtmittel werden. Desinteresse und Motivationslosigkeit können die Folge sein.

Ecstasy

Ecstasy, die Droge der Technoszene, wurde als Appetitzügler auf der Basis von Amphetaminen entwickelt.

Wie alle Appetithemmer unterdrückt die Substanz Müdigkeit und wirkt leistungssteigernd. Unter dem Einfluß der Droge gelingt es leichter, offene, unverkrampfte Gespräche zu führen. Die meisten KonsumentInnen verspüren angenehme, euphorische und zärtliche Gefühle.

Wer Ecstasy als reine Substanz konsumiert, hat nach dem Absetzen keine körperlichen Entzugssymptome. Oft kommen die Kapseln jedoch mit Substanzmischungen, zum Beispiel mit LSD, auf den Markt. Dann ist die Gefahr einer körperlichen Abhängigkeit groß. Hinzu kommt die psychische Gefährdung, wenn sich das starke Bedürfnis nach dem Gefühl innerer Gelöstheit nicht mehr kontrollieren läßt und Ecstasy diese Sehnsucht aufrechterhält (▷ Wege aus dem Teufelskreis, Seite 598).

Veränderungen

Bei den meisten Frauen stand am Anfang der Sucht das Bemühen, die eigenen Schwierigkeiten besser in den Griff zu bekommen. Sie wollten ihr Selbstwertgefühl bewahren und Versagen verhindern. Süchtiges Verhalten ist immer auch der vergebliche Versuch, Probleme zu lösen. Um so niederschmettern-

Sucht in der Familie – Helfen durch Nichthelfen

Frauen, die mit einem süchtigen Partner zusammenleben, verstricken sich oft selbst in den Kreislauf der Abhängigkeit. Sie werden zu »Mitbetroffenen«. Ständig kreisen ihre Gedanken um ihn, um sein Verhalten, ob er trinkt oder nicht, ob er auffällig geworden ist oder nicht, ob er betrunken am Arbeitsplatz erscheint oder nicht. Trinkt er viel, ist sie unglücklich; läßt er die Finger von der Flasche, ist sie glücklich. Es entsteht eine Co-Abhängigkeit, die die Sucht des Partners unterstützt.

Die Frauen versuchen, ihren Männern zu helfen: Sie gießen Flaschen aus oder verstecken sie, sie sperren Konten; sie drohen mit Liebesentzug oder stellen Sex als Belohnung in Aussicht. Ist der Partner besonders unerträglich (▷ Gewalt, Seite 443), reagiert sie besonders lieb, ist er milde gestimmt, versucht sie distanzierte Strenge zu zeigen. Auf Streiterei folgt Versöhnung, auf Versprechen Enttäuschung, jedes Hoffnungshoch hat ein Verzweiflungstief im Schlepptau. Welche der geschilderten Situationen sich in einer Beziehung auch abspielt – keine ist geeignet, den süchtigen Partner zu ändern.

Frauen, die aus diesem Kreislauf aussteigen wollen, müssen zunächst mühsam lernen, daß die beste Unterstützung darin liegt, nicht zu helfen. Das bedeutet, »loslassen« und sich abgrenzen zu lernen, und stellt das gesamte »typisch weibliche« Selbst- und Weltbild auf den Kopf, denn nun geht es darum, den »helfenden« Impuls zu unterdrücken: ihn nicht mehr beim Chef zu entschuldigen, keine Ausreden mehr für ihn zu finden. Erst wenn die Frau dem Mann ihre kontinuierliche und seine Sucht letztlich stabilisierende Unterstützung bei der Lösung seiner Probleme konsequent entzieht, ist er gezwungen, die Folgen seines Verhaltens selbst zu tragen. Dann muß er seine Abwesenheit am Arbeitsplatz selbst begründen, die verschmutzte Kleidung waschen, das Erbrochene aufwischen oder mit der Bank verhandeln.

Erst wenn die co-abhängige Partnerin ihre Unterstützung verweigert und eigene Perspektiven entwickelt, wird dem Süchtigen deutlich, daß sie einen Weg gefunden hat, wie sie zufriedener leben kann, notfalls auch ohne ihn. Viele alkoholabhängige Männer versuchen in dieser Situation, die Partnerin in das alte Verhalten zurückzudrängen, indem sie besondere Schwierigkeiten produzieren, erneut Besserung geloben oder mit Selbsttötung oder Eigenverletzung drohen. Erleichternd ist es in solchen Situationen, in einer Beratungsstelle (▷ Seite 598) Hilfe zu suchen und in einer Angehörigengruppe (▷ Selbsthilfe, Seite 578) regelmäßig die Probleme zu besprechen.

KONTAKT

Kreuzbund e.V. – Selbsthilfe- und Helfergemeinschaft für Suchtkranke und deren Angehörige
Jägerallee 5, 59071 Hamm
Tel.: 02381/67 27 20, Fax: 6 72 72 33

Al-Anon Familiengruppen
Selbsthilfe für Angehörige von Alkoholikern
Emilienstraße 4, 45128 Essen, Tel.: 0201/77 30 07

Beratung

In Deutschland gibt es etwa 1.200 psychosoziale Beratungsstellen für Suchtkranke und Suchtgefährdete.

- Welche Einrichtung Ihrem Wohnort am nächsten liegt, ist über das Gesundheitsamt der Stadt zu erfahren.
- In Einrichtungen informieren Sie BeraterInnen über ambulante und stationäre Behandlungsmöglichkeiten.
- Über die Beratungsstelle erhalten Sie Kontakt zu Selbsthilfegruppen und können alle Informationen der medizinischen Betreuung noch vor dem Arztbesuch erfahren. Zum Beispiel: Welche Maßnahmen werden erforderlich sein? Wer übernimmt die Kosten? Was bedeutet der Aufenthalt in einer Klinik? (▷ Beratung und Psychotherapie, Seite 575).
- Vereinzelt gibt es in den großen Städten eigene Suchtberatungsstellen für Frauen. Sie informieren über Selbsthilfegruppen und Spezialkliniken, die ihre Behandlungskonzepte auf Frauen ausgerichtet haben, zum Beispiel auf die Behandlung von Eßstörungen (▷ Seite 520), Medikamenten- und/oder Alkoholabhängigkeit.

KONTAKT

Frauenladen der Frauen-Sucht-Hilfe Berlin e.V.
Nazarethkirchstraße 42, 13347 Berlin,
Tel.: 030/4 55 20 93

Frauenperspektiven e.V., Beratungsstelle für Frauen mit Drogenproblemen jeder Art
Holstenstraße 115, 22767 Hamburg, Tel.: 040/4 30 33 53

Drogenberatungsstelle für Mädchen und Frauen Essen
Kopstadtplatz 24-25, 45127 Essen, Tel.: 0201/2 08 20

Lagaya, Frauen-Sucht-Beratungsstelle
Hohenstaufenstraße 17 B, 70178 Stuttgart
Tel.: 0711/6 40 54 90, 6 40 30 27

Frauenberatung für drogenabhängige und drogengefährdete Frauen und Mädchen – daytop
Tal 19, 80331 München, Tel.: 089/29 70 70

der ist die Erkenntnis, daß die Kontrolle über das eigene Verhalten verloren gegangen ist – sie trifft die meisten Frauen wie ein Keulenschlag.

Nun gilt es, jene immer wiederkehrenden Selbstverurteilungen zu überwinden, die jede Sucht begleiten. Die Suchtberatung (▷ Seite 598) hilft dabei. Ganz langsam kann sich die Einstellung zum Selbst verändern, die eigene Person kann neu wahrgenommen werden.

Wege aus dem Teufelskreis

Vielen Frauen ist nach Jahren der Abhängigkeit nicht mehr bewußt, wie wenig sie sich bisher für sich selbst interessiert haben, manchen ist es völlig unmöglich, die eigenen Wünsche und Bedürfnisse auch nur schemenhaft zu erkennen. Noch steht das Leben vollkommen im Schatten der Sucht. Mit ihr hat der Alltag ein Muster, das zwar beengend ist, aber eine Form der Lebensbewältigung darstellt. Wer sein süchtiges Verhalten aufgibt, muß nicht nur auf den Stoff verzichten, sondern tatsächlich »neu« leben lernen. So steht am Anfang meist das vorsichtige Erkunden der eigenen Wünsche, die sich langsam zu einem Ziel formen. Erst das Ziel, für das es sich lohnt, die Sucht aufzugeben, kann jene Energien freisetzen, die es braucht, um neu anzufangen. Bei der Formulierung dieses Ziels helfen FreundInnen, ÄrztInnen, TherapeutInnen (▷ Seite 580), Beratungsstellen (▷ Seite 577) und Selbsthilfegruppen (▷ Seite 578).

Sucht ist eine Krankheit

Sucht ist immer eine behandlungsbedürftige Krankheit, unabhängig davon, ob jemand stoffgebunden abhängig ist oder nach einem bestimmten Verhalten oder Gefühl süchtig ist, wie es zum Beispiel bei SpielerInnen im Casino entsteht. Das heißt, die Betroffenen brauchen fachliche Hilfe und haben, wie alle Kranken, auch ein Recht auf diese Hilfe. Die Einsicht, daß es lebenswichtig ist, den Weg aus der Abhängigkeit professionell begleiten zu lassen, erleichtert meist den ohnehin schwierigen Entschluß aufzuhören (▷ Psychotherapie, Seite 578). Ärztliche Unterstützung ist unerläßlich, wenn Entzugssymptome zu erwarten sind, wie bei der Abhängigkeit von Medikamenten (▷ Beruhigungsmittel, Seite 610), von Alkohol (▷ Seite 594) oder von Heroin (▷ Illegale Drogen, Seite 595).

Die Entgiftung

Um sich von einer körperlichen Abhängigkeit zu lösen, ist immer eine Entgiftung, meist in einer Klinik, nötig. Der gesamte Organismus muß sich umstellen. Die Entzugssymptome können – je nach Dauer und Intensität des Konsums – schmerzhaft sein, teilweise sogar gefährlich. Abhängig vom Stoff reichen sie von Schlaflosigkeit, innerer Unruhe, Zittern, Schweißausbrüchen, Angstzuständen, Krämpfen, Herzjagen, Wahnvorstellungen und Erbrechen bis zu Sehstörungen und quälenden Kopfschmerzen. Ärztliche Hilfe und eine Betreuung rund um die Uhr können die Symptome zwar nicht vermeiden, aber doch etwas erträglicher gestalten. Nach etwa zwei bis drei Wochen klingen die stoffabhängigen Begleiterscheinungen des Entzugs ab.

Der Klinikaufenthalt

Zur psychischen Entwöhnung ist entweder eine ambulante Psychotherapie oder ein Klinik-aufenthalt in einer spezialisierten Fachklinik notwendig. In diesen Einrichtungen werden mit Einzel- und Gruppentherapien, Gestaltungstherapien, Sport, Musik, begleitet von ÄrztInnen, PsychotherapeutInnen und SozialpädagogInnen, die ersten Schritte in ein »neues« Leben erprobt. Um tatsächlich aus alten Verhaltensmustern herausfinden zu können, sollte der Aufenthalt mindestens sechs Monate dauern.

Der Tagesablauf in einer Fachklinik ist relativ streng reglementiert. Diese feste äußere Struktur hilft, jenes innere Gleichgewicht wiederzufinden, das verlorengegangen ist. Im Laufe der Zeit erfahren die meisten, daß der geregelte Ablauf nicht nur einengt, sondern auch stützt. Viele Frauen gewinnen auf diese Weise erstmals wieder Zeit, über sich selbst nachzudenken und den Spuren eigener Wünsche zu folgen. Manche können hier zum allerersten Mal ausschließlich über die eigenen Gefühle und Bedürfnisse nachdenken, ohne Familie, Kinder oder Partner einzubeziehen. Diese ausschließliche Konzentration auf sich selbst strengt an und belastet. Im Fortgang der Therapie befreit sie jedoch. Wer Zeit zum Nachdenken hat, kann Widersprüche, Hemmnisse, Stärken und Schwächen in der eigenen Lebensgestaltung entdecken, neue Perspektiven werden denkbar.

Besonders hilfreich sind Spezialkliniken, die ihr Angebot ausschließlich auf Frauen mit Suchtproblemen ausgerichtet haben, oder die zumindest Abteilungen haben, in denen sie ausschließlich Frauen therapeutisch betreuen. Vielen Frauen fällt es dort leichter, an die Ursachen der Sucht heranzukommen und sich auf die eigenen Bedürfnisse zu konzentrieren (▷ Feministische Therapie, Seite 580).

Leben ohne Stoff

Wer ein Leben frei von Sucht führen will, muß die in der Klinik erarbeiteten Perspektiven im alltäglichen Leben umsetzen. Das kann lange dauern und angst machen, denn zwangsläufig entstehen Zweifel, ob man den Anforderungen gewachsen ist. Um die Verunsicherung in Grenzen zu halten, hilft es, sich weiter professionell beraten und begleiten zu lassen: bei der Arbeitssuche (▷ Arbeitslos, Seite 269), bei Umschulungsmaßnahmen (▷ Seite 276), in der Kinderbetreuung (▷ Seite 343), in Trennungs- oder Scheidungsfragen (▷ Seite 99). Es gilt, Abschied zu nehmen von alten Lebenszusammenhängen und gleichzeitig neue zu knüpfen. Eine Anstrengung, die gemildert werden kann, indem man an einer Selbsthilfegruppe teilnimmt oder eine solche gründet (▷ Seite 578).

GESUNDHEIT

Das Leben ist gegen mich!
F. BEIKER.

Wohlbefinden

Die meisten Frauen spüren recht genau, was ihnen guttut und was schadet. Sie sind gewohnt, mit wiederkehrenden körperlich-seelischen Veränderungen zu leben (▷ Rhythmen des Lebens, Seite 625). Zeiten des Wohlfühlens und der Krankheit gehören ebenso dazu wie Anspannung und Ausgleich, Hektik und Ruhe.

Die meisten Frauen kennen ihre Stärken und Schwächen gut; sie wissen, was sie sich zumuten können und wann der Körper rebelliert: So folgt auf feucht-fröhliche Nächte nüchterne Zurückhaltung, auf Tage der Schlemmerei folgen karge. Die meisten spüren, was es für ihre Gesundheit bedeutet, wenn sich Angst im Bauch festsetzt oder übergroße Last auf die Schultern drückt. Und sie haben auch erfahren, daß die Zuneigung anderer oder die Solidarität Gleichgesinnter Ängste schwinden und Probleme leichter erscheinen läßt. Für die meisten steht außer Frage, daß Seele und Körper eine Einheit bilden.

Dennoch mißachtet wohl jede Frau irgendwann jene inneren Stimmen, die sich warnend melden, wenn die Grenzen der Belastbarkeit, des Durchhaltens und der Ausdauer erreicht sind. Der Körper zeigt dies durch kleine Signale – zunächst moderat, indem sich im Stoffwechsel etwas verändert, später entwickeln sich dann Funktionsstörungen, am Ende dann manifeste Krankheiten.

Wer für die »kleinen« Zeichen des Körpers aufmerksam bleibt, kann diese Situationen abfangen und für gesundheitlichen Ausgleich sorgen. Vielen gelingt es auch, Störungen so in den Alltag zu integrieren, daß sie sich mit einem Leben als Nicht-immer-ganz-Gesunde arrangieren. Oft werden die Signale des Körpers aber auch so lange mißachtet, bis ein gravierendes Ereignis dazu zwingt, innezuhalten.

Manche Menschen rauchen, treiben keinen Sport, sind ziemlich rund und werden steinalt. An-

TIP

Faktoren zur Gesundheit

- Immer wieder Zeiten der Entspannung (▷ Seite 569)
- Ausgewogene Ernährung (▷ Gewicht, Seite 513)
- Regelmäßige Bewegung (▷ Seite 555)
- Mäßiger Alkoholkonsum (▷ Süchte, Seite 594)
- Nicht rauchen
- Entlastende Gespräche mit Vertrauten
- Regelmäßige Untersuchungen zur Früherkennung von Krankheiten

Krankmacher

Nicht alle werden krank, die die bekannten Risikofaktoren in sich vereinen. Für die krankmachende Wirkung ist entscheidend, wie die Wechselwirkungen aus körperlichen und psychischen Faktoren beschaffen sind. Dabei gibt es verstärkende Faktoren, die zusammengenommen weitaus intensiver wirken als es die Addition der Einzelfaktoren erwarten läßt; gleichzeitig gibt es aber auch ausgleichende Faktoren.

Folgende Verhaltensweisen verstärken die Wirkung anderer Risikofaktoren:

- Wenn Menschen unfähig sind, Bedürfnisse, die ihnen emotional sehr wichtig sind, wahrzunehmen und zu befriedigen, macht sie das unzufrieden und »aufgeregt«. Um die innere Erregung zu besänftigen, passen sich die Betroffenen entweder den Verhältnissen so an, daß sie ihr Defizit nicht mehr wahrnehmen, oder sie sind »vernünftig« und lassen keine Gefühlsregung mehr erkennen.
- Andere Menschen wissen sehr wohl um ihre unbefriedigten Bedürfnisse. Sie spüren ihre innere Erregung und meinen, daß »die anderen«, »die Umstände« daran schuld seien. Sie empfinden ihr Lebensumfeld gewissermaßen als Bedrohung, sind verärgert und aufgeregt. Gleichzeitig sind sie fest davon überzeugt, nichts an alledem ändern zu können.

dere tun alles, was ihnen medizinische Erkenntnisse nahelegen, um sich und ihren Körper gesund zu erhalten, und sitzen immer wieder in der Arztpraxis.

Vollwertkost und Rauchverzicht nutzen eben wenig, wenn sich die Seele quält oder Unzufriedenheit und Pessimismus dominieren. Umgekehrt kann der Organismus »Sünden« verzeihen, wenn sonst alles im Lot ist.

Anlagen und Einflüsse

Die Arbeiten der Gentechnologie fördern beinahe täglich neue Ergebnisse zutage, die darauf hindeuten, daß viele Erkrankungen nur entstehen können, wenn die genetische Anlage eine Basis dafür schafft. Jeder Mensch trägt demnach die Voraussetzungen für bestimmte Krankheiten latent in sich, doch niemand weiß, ob sie sich entwickeln werden, und wenn ja, wann und in welcher Form. Die Anlage kann erst dann zur Krankheit führen, wenn äußere Faktoren, wie Strahlung, Viren, Schadstoffe, und innere Faktoren, wie anhaltender Streß und das Leiden an einem unbefriedigenden Leben, hinzukommen.

Zufriedenheit

Frauen, die ihr Leben selbstbewußt gestalten, sind oft beneidenswert gesund. Sie kennen ihre Fähigkeiten und Bedürfnisse und setzen sie um. Sie erleben sich als aktiv Handelnde, die etwas bewirken und bewegen können, mit einer Arbeit, in der sie einen Sinn sehen. Sie sind neugierig auf Fremdes und Kommendes und erfahren Veränderungen nicht als Bedrohung, sondern als Bereicherung. Aus dieser inneren Zufriedenheit erwächst ihnen Energie; sie setzt Kräfte frei statt ständig welche aufzuzehren.

Manche Frauen erlangen diese Zufriedenheit erst, wenn ihr Sessel in der Chefetage eines Betriebes steht und sie zugleich einen Fünf-Personen-Haushalt managen; andere sind wunschlos glücklich mit einem Vater-Mutter-Kind-Leben. Die einen entbehren nichts, wenn sich der ganze Familienclan darauf verläßt, daß sie es schon richten werden, anderen wird das Leben eng, wenn sie für alles zuständig und verantwortlich sein sollen.

Gesundheitsbedrohender Streß entsteht erst dann, wenn man sich in einer Situation gefangen fühlt, von der man glaubt, sie nicht mehr ändern, ihr nicht entkommen zu können. Bei manchen Frauen kann sich dieses Gefühl, ausgeliefert zu sein, bereits einstellen, wenn die Familienmitglieder die Wohnung so mit ihren Sachen durchsetzen, daß kein eigener Raum mehr bleibt. Andere empfinden sich als hilflos, wenn Chef, Partner und Kinder, alle zugleich und alle unausgesetzt, etwas von ihnen wollen. Und wieder andere stehen unter gesundheitsbedrohendem Streß, weil sie ohnmächtig in einer Atmosphäre von Kälte, Angst und Schrecken verharren (▷ Gewalt, Seite 443).

Oft führen schon kleine Schritte aus der Unzufriedenheit hinaus: Sie quartieren sich für einen Tag bei einer Freundin ein, Sie reservieren jeden Tag mindestens eine Stunde ausschließlich für sich selbst, oder Sie teilen sich eine Wohnungsecke ab, die niemand ohne Ihre Erlaubnis betreten darf. Indem Sie selbst aktiv werden, überwinden Sie die innere Ohnmacht, die Erleichterung ist oft direkt körperlich spürbar.

Nachgeben statt durchhalten

Die anscheinend unendliche Belastbarkeit von Frauen (▷ Zeitphasen, Seite 207) spiegelt sich auch darin wider, wie sie mit Gesundheitsstörungen umgehen. Sehr viele versuchen, so lange wie möglich durchzuhalten. So wie sie sich bemühen, partnerschaftliche Konflikte und Schwierigkeiten – koste es, was es wolle – durchzustehen, tun sie es auch, wenn sie sich körperlich angeschlagen fühlen. Schmerzen und andere Beschwerden werden ignoriert, oder man unterdrückt sie mit Medikamenten nach der Devise: »Reiß dich zusammen« oder »Das schaffst du

Biorhythmen

Eine Reihe von Körperfunktionen verläuft in Rhythmen, die für alle Menschen gleichermaßen gelten. Es ist sinnvoll, Aktivitäten im Tages- und Jahresablauf nach diesen Biorhythmen auszurichten, also zum Beispiel schwierige Verhandlungen am Vormittag zu planen, in der Phase, in der der Körper Leistung signalisiert, oder: kräftezehrende Projekte eher in die Zeit zwischen Mai und September zu legen, wenn man durch langes Tageslicht auf Aktivität gepolt wird.

Von Tag zu Tag

- In den frühen Morgenstunden produziert der Körper das meiste Kortisol, das »Streßhormon« der Nebennierenrinde, als Energieschub für den Tag; so entsteht meist am Vormittag eine Hochleistungszeit. Am späten Abend ist die Produktion von Kortisol praktisch null; entsprechend gering ist die Leistungsbereitschaft.
- Die Körpertemperatur ist in den späten Nachmittagsstunden am höchsten; sie liegt dann etwa knapp ein Grad über der tiefsten Temperatur in der Nacht.
- Wenn das Tageslicht schwächer wird, bildet die Zirbeldrüse im Gehirn das Hormon Melatonin. Es fördert die Schlafbereitschaft. Gegen dieses Gefühl der Mattigkeit müssen Nacht- und SchichtarbeiterInnen stetig ankämpfen.

Von Monat zu Monat

- Wenn die monatliche Blutung ausbleibt, weil die Steuerungsdrüse im Gehirn nicht richtig arbeitet, müssen deren Hormone dem Biorhythmus angepaßt injiziert werden.

Im Jahresablauf

- Die Melatoninproduktion reagiert auch auf die jahreszeitlichen Hell-Dunkel-Verschiebungen. In den trüben Herbst- und Wintertagen stimmt viel Melatonin eher auf »moll« ein. Sonnenlicht drosselt die Produktion und hellt die Stimmung auf. Diesen Effekt nutzt die Lichttherapie, die mit 10.000-Lux-Lampen das Sonnenlicht imitiert.

schon«. Viele Frauen bringen sich mit einer gnadenlosen Selbstausbeutung bis an den Rand des Zusammenbruchs. Sie beginnen erst dann über diesen Lebensstil nachzudenken, wenn eine schwere Krankheit sie ins Bett zwingt. Vorausgegangen sind meist viele leise Signale des Körpers, die sie jedoch geflissentlich überhört haben.

Wer sich diesen Umgang mit dem eigenen Körper bewußt macht, kann versuchen, sich langsam umzustellen:

- Was bricht tatsächlich zusammen, wenn Sie sich jetzt für vier Stunden aus dem Tagesgeschehen ausklinken?
- Welche Katastrophe breitet sich aus, wenn Sie krank sind?
- Warum müssen Sie und nur Sie allein alles tun?
- Wem nützt Ihre scheinbare Unversehrbarkeit?
- Wem schadet sie?

Das Körper-Seele-Band

Daß Körper und Seele einander gegenseitig beeinflussen, ist unstrittig. Anhaltende körperliche Belastungen, Unzufriedenheit oder Schicksalsschläge beispielsweise können Krankheiten fördern. Eine ausgeglichene Seelenlage kann hingegen dazu beitragen, rasch gesund zu werden. Andererseits können Körperkrankheiten, wie zum Beispiel die der Schilddrüse oder der Geschlechtsdrüsen, durch die veränderte Hormonlage das Befinden modulieren. Offenbar greift beides ineinander: Das stofflich nicht Faßbare, die Seele, beeinflußt körperliche Vorgänge, die mit naturwissenschaftlichen Methoden erkennbar sind, und Erscheinungen des Körpers verändern die Seelenlandschaft.

Zwei noch recht junge Forschungszweige, die »Psycho-Neuro-Endokrinologie« und die »Psycho-Neuro-Immunologie«, bemühen sich, diese Zusammenhänge aufzudecken. In diesen medizinisch-psychologischen Teilgebieten wird untersucht, wie sich Empfinden, Erleben und Verhalten als Äußerungen des Nervensystems dem Gehirn mitteilen, welche Auswirkungen das im Hormon- und/oder Immunsystem hat und wie andererseits Reaktionen dieser Körpersysteme wieder auf das Befinden zurückwirken.

Kuriere zwischen Körper und Seele

Über ein kompliziertes Netz von Nervenverbindungen und Schaltstellen tauschen Gehirn, Nerven, Immunsystem, Organe und Muskeln Informationen aus, die sowohl das Wohlbefinden beeinflussen als auch körperliche Reaktionen auslösen, wie Herzklopfen, erhöhten Blutdruck oder Muskelanspannung.

Signalstoffe vermitteln die Kommunikation zwischen Seele und Körper. Die meisten dieser Überträgerstoffe sind Hormone oder hormonähnliche Substanzen. Sie werden vornehmlich in speziellen Gehirnabschnitten – dem Hypothalamus und der Hirnanhangdrüse (Hypophyse) – und in den Hormondrüsen gebildet. Die zweite große Gruppe sind die Neuro-Stoffe (▷ unten). Deren Haupt-Wirkort sind Gehirn und Nerven.

Neurotransmitter

Eine Verletzung an der Fingerkuppe wird als Schmerz spürbar, weil sogenannte Neurotransmitter die Botschaft ans Gehirn weiterleiten. Aber auch Seelenschmerz, wie Liebeskummer oder Heimweh, löst biochemisch ähnliche Prozesse aus wie körperlicher Schmerz. Auf der Ebene der Moleküle ist es also gleichgültig, ob der Mensch körperlichen oder seelischen Schmerz empfindet. Allerdings läßt sich durch die Menge der Neuro-Stoffe und den Ort, an dem sie konzentriert sind, nachweisen, ob der Schmerz durch ein körperliches oder ein psychisches Empfinden ausgelöst wurde.

Neuropeptide

Eine weitere Gruppe von Nerven-Signalstoffen sind die Neuropeptide. In den weitverzweigten Randbereichen der Nerven scheinen sie das Gleichgewicht verschiedener Vorgänge zu regulieren. In den zentralen Nervenbahnen übertragen sie die Signale von Verhaltensmustern. Damit sind sie eine wichtige Verbindungsstelle zwischen Körper und Seele.

Neuropeptide sind die Botenstoffe, die zum Beispiel das Gefühl von Angst im zentralen Teil des Nervensystems in Reaktionen in den »Randbezirken« des Körpers umsetzen. Das Ergebnis sind dann beispielsweise feuchte Hände oder Durchfall, vielleicht entstanden durch Prüfungsangst.

Im Gehirn steuern die Neuropeptide unter anderem Schlaf, Lust, Schmerzempfinden und Hunger. Außerdem regen sie die Hirnanhangdrüse an, Hormone zu produzieren. Über diesen Weg beeinflussen alle Substanzen, die in den Stoffwechsel der Nerven-Signalstoffe eingreifen, auch den Hormonkreislauf. Damit erklärt sich zum Beispiel, warum die Einnahme von Psychopharmaka Menstruationsstörungen auslösen kann.

Hormone

Manche Hormone, die in Körperorganen gebildet werden, wirken auch im zentralen Nervensystem. So können Erkrankungen, die die Konzentration dieser Hormone verändern, das Verhalten der Kranken charakteristisch verwandeln.

Umgekehrt wird aber auch die Menge der ausgeschütteten Hormone durch Körperreize oder durch den »psychischen Apparat« moduliert.

Wirkort Immunsystem

Über Nervenfasern sind die Organe des Immunsystems – Milz, Knochenmark, Thymusdrüse, Lymphknoten und Lymphbahnen – direkt mit dem Gehirn verbunden. Viele Zellen des Immunsystems liegen in unmittelbarer Nachbarschaft zu Nervenzellen und haben an ihrer Oberfläche Bindungsstellen für Signalstoffe. Wird an den Nervenzellen ein Signalstoff freigesetzt, nimmt das auch die Immunzelle wahr und reagiert darauf. Eine größere Menge des Nebennierenrindenhormons Kortisol beispielsweise, das bei Streß vermehrt freigesetzt wird, hemmt die Bildung von Antikörpern oder Killerzellen: Das schwächt das Immunsystem.

Hierin liegt eine Erklärung, warum Menschen bei großen Belastungen eher krank werden als in streßfreien Zeiten.

Streß

Für den Körper ist Streß viel mehr als ständiger Arbeitsdruck oder Hetze. Auch Lärm, Schmerzen, Operationen, zu wenig Schlaf, Unbeweglichkeit und psychisch belastende Ereignisse sind für ihn Streß. Genauso reagiert der Körper aber auch auf positive Anspannung: Die Freude auf ein Rendezvous beschäftigt seine Biochemie auf die gleiche Art und Weise wie negative Ereignisse.

Streß ist eine Alarmreaktion, mit der der Körper Kraftreserven mobilisiert, um Herausforderungen bestehen zu können. An der Streßreaktion sind eine Reihe von Hormonen beteiligt: Adrenalin und Noradrenalin aus dem Nebennierenmark, Kortisol aus

Endorphine

»Die ganze Welt ist himmelblau.« »... und dann sind mir Flügel gewachsen.« Überschwengliche Freude und ungewöhnliche Herausforderungen provozieren solche euphorischen Sätze. Selbst das Glück hat eine Biochemie: Es sind die Endorphine, die das Gefühl von Seligkeit hervorrufen oder für kurze Zeit schmerzunempfindlich machen. Als Antwort auf einen Schmerzreiz schüttet das Gehirn Endorphine aus, Neuropeptide, die den berauschenden Substanzen des Opiums ähnlich sind. Sie schalten in besonderen Streßsituationen das Schmerzempfinden aus. So dämpfen zum Beispiel die Endorphine bei MarathonläuferInnen die Muskelschmerzen. LäuferInnen können so lange joggen, bis sie sich »high« fühlen.

der Nebennierenrinde und diverse Hormone aus der Hirnanhangdrüse. Durch ihre Wirkung erweitern sich die Bronchien, das Herz schlägt rascher, der Blutdruck steigt. Alles ist darauf ausgerichtet, Organe und Muskulatur mit so viel Sauerstoff und Energie zu versorgen, daß sie Höchstleistungen erbringen können.

Eine solche Hochspannung kann der Körper nur kurze Zeit durchhalten. Addiert sich wiederholte, starke Spannung zur Dauerbelastung, pendeln sich die Körperfunktionen auf einem höheren Anspannungsniveau ein. Das gilt auch für die Tätigkeit der Hormondrüsen und des Nervensystems. Die Folgen sind Befindlichkeitsstörungen, Funktionsstörungen oder psychosomatische Krankheiten, wie Rückenschmerzen, Asthma, Bluthochdruck oder Zwölffingerdarmgeschwüre. Weil die Streßhormone die Funktion des Immunsystems beeinträchtigen, steigt die Bereitschaft zu Infektionskrankheiten. Ob sich dadurch auch Autoimmunkrankheiten, wie Arthritis, Diabetes oder Schilddrüsenüberfunktion, oder auch Krebserkrankungen eher entwickeln, ist noch nicht erwiesen. Allerdings gibt es Hinweise darauf.

Streßabwehr

Streß schickt zwar bei allen Menschen die gleichen Moleküle durch den Körper, doch wie stark dieser darauf reagiert und wie lange die Reaktion anhält, ist individuell sehr unterschiedlich. Abwehrmechanismen, wie sie jeder entwickelt hat, modulieren das Geschehen. So zeigt sich zum Beispiel bei Krebskranken, daß diejenigen, die ihre Angst zu verleugnen versuchen, relativ früh sterben. Am besten kommen die mit der Krankheit zurecht, die sich ihr offensiv entgegenstellen, die handelnd eingreifen. Diese Menschen haben im Vergleich zu den anderen die besseren Überlebenschancen. Kaum etwas lähmt die Abwehrkräfte mehr als das Gefühl, ohnmächtig ausgeliefert zu sein.

LITERATUR

Gaby Miketta
Netzwerk Mensch. Psychoneuroimmunologie: Den Verbindungen von Körper und Seele auf der Spur
Trias, Stuttgart, 1991. DM 39,80

Thure von Uexküll
Psychosomatische Medizin
Urban und Schwarzenberg, München, 5. Auflage 1995. DM 198

Regulierend eingreifen

Alle Maßnahmen, die das gestörte Gleichgewicht wiederherstellen, sind »Gesundmacher«. Dabei greift jede Frau auf ihre Weise in das Geflecht von Nervensystem, Muskeln und Organen, Hormon- und Immunsystem und psychischem Befinden ein. Jede Veränderung an einer Stelle zieht wie in einem Räderwerk unweigerlich Bewegung in anderen Bereichen nach sich.

Entspannungsmethoden, wie Meditation oder Yoga (▷ Seite 573), mildern den Streßdruck; Atemübungen entspannen die Muskeln und beruhigen (▷ Seite 572); im Streßmanagement wird trainiert, wie ausgleichende Verhaltensweisen in Alltagssituationen eingebaut werden können. Psychotherapeutische Interventionen (▷ Seite 575) helfen, Bedürfnisse zu erkennen; außerdem entschleiern sie, wie man sich selbst an ihrer Erfüllung hindert.

Befindlichkeitsstörungen

Wer sich seiner eigenen Kräfte unsicher ist, wagt den Gedanken an eine Lebensveränderung kaum. Viele Frauen ertragen darum belastende Situationen ohne offenes Aufbegehren und Widerstand. Sie stellen die eigenen Bedürfnisse hintan, und ihre Unzufriedenheit wächst.

Auf diesem Boden können sich »Befindlichkeitsstörungen« entwickeln: Angst, Unruhe, Nervosität, Niedergeschlagenheit, depressive Verstimmungen, Kreislaufstörungen, Müdigkeit, Magen- und Verdauungsbeschwerden, Kopf- und Rückenschmerzen. Befindlichkeitsstörungen sind ein Sammelbegriff für körperliches Mißbefinden, für das sich keine organische Ursache finden läßt. Der Körper reagiert auf die ständige innere Anspannung. An welchem Körperteil die Beschwerden spürbar werden, hängt von den individuellen »Schwachpunkten« ab.

Viele der üblichen Behandlungswege führen in eine Sackgasse, weil ÄrztInnen vornehmlich den Körper im Blick haben und die Störung durch Medikamente beheben wollen. Besonders häufig werden Psychopharmaka verordnet (▷ Seite 610).

Angst und Unruhe

Über innere Unruhe klagen viele Frauen: Sie fühlen sich fahrig, unkonzentriert, umtriebig; das Herz scheint zu hämmern, ihr Inneres ist zittrig, sie atmen flach (▷ Streß, Seite 607). Fast immer vergehen solche Zustände nach einiger Zeit, bei vielen kommen sie jedoch wieder, bei manchen steigern sie sich sogar zu anhaltender Angst. Ihnen ist es dann nicht mehr möglich, die alltäglichen Anforderungen zu erfüllen; manche kapseln sich innerlich ab, andere trauen sich nicht mehr auf die Straße.

Manchmal liegen die Ursachen dieses Befindens in der Kindheit verborgen. Sehr oft aber sind Angst und Unruhe die Zeichen kontinuierlicher Überforderung, wenn das Leben dem Dauerjonglieren mit mindestens vier Bällen gleicht: Beruf, Kinder, Partner und Haushalt. Die Furcht, daß einem dies alles irgendwann entgleitet, kann zur Angst werden, dem Alltag generell nicht mehr gewachsen zu sein.

Mit Angst und Unruhe reagieren manche Menschen auch, wenn sie sich einsam fühlen oder unzufrieden sind. Bei Frauen resultieren diese Gefühle oft aus dem, was sie im Laufe ihres Lebens erfahren haben: Man traut ihnen nichts Rechtes zu; für das, was sie interessiert, gelten sie als unbegabt; ohne die Hilfe anderer – meist eines Mannes – sind sie angeblich verloren.

TIP

Mit Krankheit leben

Selbst ein achtsamer Umgang mit sich kann Erkrankungen nicht ganz verhindern. Manche chronischen Krankheiten, wie Multiple Sklerose, Polyarthritis oder Diabetes, oder lebensbedrohliche wie Krebs, können einen dicken Strich durch die Lebensplanung machen, Zukunftspläne grundlegend in Frage stellen und zu radikalem Umdenken und Neugestalten zwingen. Dieses Schicksal anzunehmen und nicht daran zu verzweifeln, ist schwierig, aber möglich. Fragen wie »Was zeigt mir die Krankheit über mich? Welches Licht wirft sie auf mein Leben? Welche Aufgabe stellt sie mir?« weisen in die Zukunft. Krankheiten können ein Fingerzeig sein, den Lebensweg in eine andere Richtung zu lenken als den in Wunschträumen fantasierten.

Wer sich jedoch damit abplagt zu ergründen »Warum trifft es gerade mich?« hadert mit seiner Geschichte. Gar nicht so selten, wenn auch kaum bewußt, können Krankheiten dann als Strafe für vergangene Fehler angesehen werden.

Eine positive Grundeinstellung ermöglicht vielen chronisch Kranken ein zufriedenes Dasein, selbst wenn Schmerzen ihr ständiger Wegbegleiter sind. Sie schöpfen Mut und Zuversicht aus dem, was sie noch können, statt an dem zu verzweifeln, wozu sie nicht mehr in der Lage sind oder was ihnen durch die Krankheit verlorengegangen ist.

Sich selbst helfen

Viele Ängste verlieren ihren bedrohlichen Charakter, wenn man sie und die Situationen, in denen die Angst aufsteigt, mit anderen bespricht. Selbst für anscheinend ausweglose Situationen gibt es Lösungen, die von dem Gefühl der Ohnmacht befreien. Beratungsstellen gewähren Hilfe und Unterstützung (▷ Psychotherapien, Seite 578; ▷ Frauenberatungsstellen, Seite 577).

Die Angst vor dem Versagen, die aus einer permanenten Überforderung entsteht, vergeht, wenn man akzeptieren kann, daß die Grenzen der eigenen Fähigkeiten enger sind, als man bisher zugab. Frauen, die ihre Stärken und Schwächen kennen, wissen auch meist, wann sie »nein« sagen müssen.

Beruhigungsmittel einnehmen

Von den Beruhigungsmitteln, die nur in Ausnahmesituationen eingenommen werden sollen, wurden 1993 im Westteil Deutschlands rund 35 Millionen Packungen im Wert von 400 Millionen DM verkauft. Obwohl benzodiazepinhaltige Medikamente nur kurzzeitig verwendet werden sollen, wanderte gut ein Drittel dieser Tranquilizer in Packungen über den Apothekentisch, deren Inhalt für mehr als drei Monate reicht.

- Testen Sie die geringste Menge aus, mit der der gewünschte Effekt eben noch zu erzielen ist.
- Versuchen Sie nach einer Woche, die Tabletten abzusetzen oder die Dosis deutlich zu verringern.
- Nehmen Sie das Mittel keinesfalls länger als drei Wochen ein.

Von den ÄrztInnen ist zu erwarten, daß sie

- ein Mittel mit einem Wirkstoff verordnen, der relativ schnell abgebaut wird (z.B. Oxazepam).
- unmißverständlich auf die Suchtgefahr bei langdauernder Einnahme hinweisen.
- maximal den Bedarf für eine Woche verordnen.
- nur in seltenen Ausnahmefällen, die sie deutlich begründen, das Mittel länger als für drei Wochen verschreiben.

LITERATUR

Andrea Ernst, Ingrid Füller
Schlucken und schweigen. Wie Arzneimittel Frauen zerstören können
Knaur, München, 1990. DM 9,80

Therapeutische Hilfe

PsychotherapeutInnen sind darin geschult, Menschen zu helfen, die den Weg aus dem Tal der Angst allein nicht finden und sich mit Selbstzweifeln quälen. Welche Form der Therapie am ehesten Erfolg verspricht, entscheidet sich in den ersten Gesprächen. Die Kostenübernahme für die Therapie kann bei der Krankenkasse beantragt werden (▷ Finanzielles, Seite 581).

Beruhigungsmittel

Im Moment der ärgsten Bedrängnis können Beruhigungsmittel helfen, den Vorgängen um sich herum gleichgültiger gegenüberzustehen. Auf Dauer lösen die Medikamente jedoch keine Probleme, sie zementieren vielmehr die alten und fügen neue hinzu. Ein Leben in »Pharma-Watte« ist zwar seiner Tiefen ledig, aber auch seiner Höhen beraubt. Es gibt keine Tränen mehr, aber auch kein Lachen. Aufmerksamkeit und Konzentrationsfähigkeit lassen nach.

Gewöhnlich verordnen ÄrztInnen gegen Unruhe und Angst Beruhigungsmittel aus der Reihe der Benzodiazepine (Tranquilizer). Deren Vertreter Diazepam wurde unter dem Handelsnamen *Valium* weltweit bekannt. Häufig verordnet werden heute auch die Wirkstoffe Bromazepam (z.B.: *Lexotanil, Normoc*), Oxazepam (z.B.: *Adumbran, Praxiten*) und Lorazepam (z.B.: *Tavor, Tolid*).

Diese Mittel dämpfen die Wahrnehmung, beruhigen Gefühle und Verhalten, lösen Angst und haben einen entspannenden Effekt. Sie anzuwenden ist jedoch nur für höchstens drei Wochen vertretbar, um besonders schlimme Phasen zu überstehen. Typisch ist beispielsweise die Verordnung nach dem Tod eines geliebten Menschen oder zur Reizabschirmung in den ersten Tagen nach einem Herzinfarkt.

Zwei Drittel der Beruhigungsmittel-KonsumentInnen sind Frauen – zum einen deshalb, weil viele ÄrztInnen relativ schnell zum Rezeptblock greifen, wenn eine Frau über Angst, Unruhe und Nervosität (▷ Seite 614) klagt. Zum anderen konsultieren Frauen ÄrztInnen häufig, um bei ihnen Hilfe für ihre Lebensprobleme zu finden. Da die ÄrztInnen jedoch nur selten die richtigen AnsprechpartnerInnen für nicht-medizinische Probleme sind, retten sie sich mit einem Rezept aus der Bredouille.

Suchtgefahr

»Benzos« machen süchtig – aber anders als Opiate. Wer von Benzodiazepinen abhängig ist, muß nicht unbedingt die Dosis steigern, kann sie aber auch nicht reduzieren: So leben viele Frauen jahrelang mit immer der gleichen Dosis, mit den deutlichen Zügen einer Sucht (▷ Seite 596).

Bereits nach vier bis sechs Wochen beginnt der Teufelskreis der Abhängigkeit. Sobald die Tabletten nicht mehr genommen werden, setzen Angst und Unruhe erneut oder sogar verstärkt ein. Viele greifen schon aus Angst vor der Angst zur Pille.

Die Abhängigkeit kann sich bei Beruhigungsmitteln, die relativ lange im Körper verweilen, beschleunigt entwickeln. Nach 24 Stunden ist oft noch mehr als die Hälfte des Wirkstoffs im Organismus vorhanden. Da die meisten Menschen dann aber bereits die nächste Tablette schlucken, wird der Körper praktisch gar nicht mehr Benzo-frei.

Der Entzug nach jahrelanger Einnahme ist qualvoll und sollte unbedingt unter ärztlicher Kontrolle erfolgen. Symptome sind: Herzklopfen, Schweißausbrüche, Wahnvorstellungen, Schlaflosigkeit, Krampfzustände (▷ Wege aus dem Teufelskreis, Seite 598).

Schlafstörungen

Manche Frauen können schlecht einschlafen, andere haben Schwierigkeiten durchzuschlafen, wachen häufig auf und finden danach schlecht wieder in den Schlaf.

Manchmal rauben äußere Bedingungen den Schlaf: zuviel Kaffee, Zigaretten und Alkohol, ein Magenfüller zu später Stunde und eine laute Geräuschkulisse. Viele meinen zwar, sie hörten die Geräusche der Straße oder einer Bahnlinie nicht, doch der Lärm stört unbemerkt den Schlaf, seine Struktur, seine Tiefe und damit seine Erholungsqualität. Der Unterschied wird nach einer Nacht in einem völlig ruhigen Zimmer spürbar: Die SchläferInnen stehen erfrischt, erholt und tatendurstig auf.

Sehr oft wirken aber die Belastungen des Tages in die Nacht hinein. Sie krallen sich als rasende Gedanken im Kopf fest und machen Entspannung unmög-

Beruhigung gespritzt

Allwöchentlich ein Stich, und das Glück ist garantiert. Zumindest sollen Angstzustände und Unruhe verschwunden sein. Fluspirilen heißt das Zaubermittel und wird von den ÄrztInnen unter dem Namen *Imap* injiziert.

Eigentlich ist Fluspirilen ein Mittel gegen Schizophrenie und Psychosen; doch niedriger dosiert als zur Behandlung dieser psychiatrischen Krankheiten dient es als »Seelentröster«. Und diesen Trost spenden ÄrztInnen vornehmlich Frauen, wie die Rezepte zeigen, die weit dringlicher Zuwendung, Rat und tatkräftige Hilfe bräuchten als ein Medikament.

Die »Glücksspritze« kann erhebliche Nebenwirkungen haben, zum Beispiel kann sie die Bewegungen am ganzen Körper oder die Mimik im Gesicht stören. Das ist um so problematischer, als das Mittel – einmal in den Körper gespritzt – dort ein Depot bildet, das den Wirkstoff mindestens eine Woche lang in den Körper abgibt.

lich. Wer dann mehrmals erlebt hat, wie mühsam es ist, nach einer viel zu kurzen Nacht den nächsten Tag zu überstehen, ärgert sich schon beim Einschlafen oder beim Aufwachen in der Nacht darüber, daß auch dieses Mal der erquickende Schlummer ausbleibt. Die Angst, daß sich schlaflose Nächte und bleierne Tage wiederholen, unterhält den Teufelskreis.

Schlafmittel

In der Bundesrepublik werden jährlich 30 Millionen Packungen Schlafmittel verkauft; viele der etwa 170 Präparate enthalten bedenkliche Wirkstoffe.

Der Großteil wird von Frauen konsumiert. Mit Arzneimitteln – seien sie nun pflanzlicher oder chemischer Herkunft – wird versucht, sich die Ruhe zu verschaffen, die der Körper alleine nicht mehr findet. Dieses Bemühen ist jedoch nur kurzfristig erfolgreich. Ein durch Medikamente herbeigezwungener Schlaf kann die Schlafstruktur verändern, langfristig nimmt der Körper Schaden: Wenn Schlaflosigkeit sein Signal für übergroße Belastung ist und sein Bedürfnis nach Erholung ignoriert wird, verschärfen sich die Probleme nur. Außerdem besteht bei vielen Mitteln die Gefahr der Abhängigkeit.

Rezeptfreie Schlafmittel

Als pflanzliche Schlafhilfen eignen sich Baldrian und Hopfen. Im Unterschied zu chemischen Mitteln stören sie die »Schlafarchitektur« nicht, sondern wirken schlafanstoßend.

Bei Baldrian gilt eine Tages-Dosis von 400 bis 450 Milligramm Pflanzenextrakt als schlaffördernd. Da in den Fertigarzneimitteln aber oft erheblich weniger enthalten ist, müssen meist mehrere Dragées geschluckt werden. Ausreichend konzentriert sind ein bis zwei Teelöffel Baldriantinktur oder ein Tee aus zwei bis drei Gramm Baldrianwurzel pro Tasse. Eine Tasse Hopfentee sollte aus 0,5 Gramm Hopfenzapfen gebrüht werden.

Pflanzliche Schlafmittel gelten zwar als harmlos, sollten aber dennoch nicht über längere Zeit eingenommen werden, weil von den meisten nicht bekannt ist, was eine Langzeitanwendung bewirkt.

Ungeeignet sind Mischpräparate, die zusätzlich zu Baldrian- oder Hopfenextrakt noch andere Pflanzenextrakte enthalten oder sogar Zusätze von chemischen Wirkstoffen.

Die chemischen Wirkstoffe frei verkäuflicher Schlafmittel sind Diphenhydramin oder Doxylamin (z.B.: *Dolestan, Gittalun*). Diese Substanzen werden eigentlich bei Allergien verwendet. In den Schlafmitteln wurde die Nebenwirkung dieser Stoffe – Müdigkeit – zur Hauptwirkung für ein anderes Anwendungsgebiet umdefiniert.

Rezeptpflichtige Schlafmittel

Benzodiazepine mit deutlich müde machender Wirkung werden als Schlafmittel eingesetzt: Lormetazepam (*Noctamid*), Flunitrazepam (*Rohypnol*), Flurazepam (*Dalmadorm*), Nitrazepam (*Mogadan, Novanox*), Midazolam (*Dormicum*), Temazepam (*Remestan*) und Triazolam (*Halcion*). Die Nebenwirkungen und das Suchtpotential dieser Mittel entsprechen denen der Beruhigungsmittel (▷ Seite 610).

Mit Hilfe dieser Mittel bleibt die Nachtruhe zwar meist ungestört, doch am Morgen quälen sich die VerwenderInnen mit bleierner Müdigkeit, weil die Mittel den natürlichen Aufbau des Schlafes stören. Sie stören und verkürzen die Traumphasen ebenso wie die Tiefschlafphasen. So kann der Körper weder neue Kraft tanken noch die Ereignisse des Tages seelisch verarbeiten. Das Gefühl, erfrischt und erholt aufzuwachen, bleibt aus.

Viele versuchen dann, sich mit Kaffee oder Tee auf die Beine zu helfen, fühlen sich aber trotz der Aufputschmittel noch stundenlang wie zerschlagen. Sehr leicht startet so eine Wippe zwischen dämpfenden und anregenden Maßnahmen.

Während einer längeren Einnahmezeit verändern diese Schlafmittel ganz allmählich und kaum merk-

Schlafstruktur

Der Schlaf einer Nacht gliedert sich in vier bis sechs rund 90minütige Zyklen, in denen sich Tief- und Leichtschlafphasen abwechseln. Während der Leichtschlafphase bewegen sich die Augen unter den Lidern rasch hin und her, was ihr den Namen REM-Phase eingetragen hat (REM: »rapid eye movement«, rasche Augenbewegung). Die Tiefschlafphasen dienen der körperlichen Erholung, während in den REM-Phasen vor allem seelische Erlebnisse verarbeitet werden.

Schlaflabor

In einem Schlaflabor können die verschiedenen Phasen des Schlafes in ihrer Dauer, ihrer Abfolge und ihrer Intensität analysiert werden. Dazu werden die elektrischen Ströme gemessen, die die Traum- und Tiefschlafphasen als charakteristisches Muster erscheinen lassen. Erfaßt werden auch die Bewegungen der Augen, des Kiefers, der Arme und Beine, ebenso Herzschlag und Atemfrequenz.
Menschen, die unter ihrem schlechten Schlaf ernsthaft leiden, finden bei den FachärztInnen eines solchen Schlaflabors oft qualifizierte Hilfe, um in einem geeigneten Verhaltenstraining »richtig schlafen zu lernen«. 1995 gab es in Deutschland 36 Schlaflabors, überwiegend an Universitätskliniken.

Wege zu einer erholsamen Nachtruhe

• Sorgen Sie für einen rhythmischen Tagesablauf: Abends in etwa immer zur gleichen Zeit ins Bett gehen, morgens immer zur selben Zeit aufstehen. Menschen mit gestörtem Schlaf sollten diesen Rhythmus auch am Wochenende beibehalten.
• Wer sich einmal am Tag richtig verausgabt, zum Beispiel in der Sauna, durch Joggen oder die Liebe, schläft nachts meist gut.
• Wenn ein schnarchender oder zähneknirschender Partner die Nachtruhe dauerhaft stört, hilft nur ein zweites Schlafzimmer.
• Erholsamer Schlaf braucht eine feste, aber elastische Matratze.
• Nur wer seinen Tag bei Sonnenaufgang beginnen möchte, sollte im unverdunkelten Zimmer schlafen.
• Vor dem Schlafengehen gründlich lüften, wenn möglich, bei offenem Fenster schlafen.
• Feste Gewohnheiten erleichtern die Entspannung, z.B. vor dem Einschlafen noch ein wenig lesen, eine Maske auftragen, etwas trinken.
• Weitere entspannende Maßnahmen: Ein ausgedehnter Abendspaziergang, ein warmes Bad eine Stunde vor dem Zubettgehen, eventuell mit Zusätzen von Lavendel- oder Melissenöl.
• Nach 17 Uhr nichts Koffeinhaltiges mehr trinken.
• Nach 19 Uhr nichts Belastendes mehr essen.
• Vor dem Zähneputzen ein Glas Milch trinken – Milch enthält die schlaffördernde Substanz Tryptophan.
• Warmer Kräutertee, zubereitet aus einer Tasse kochenden Wassers mit einem Eßlöffel folgender Mischung: 40 Gramm Baldrianwurzeln, 10 Gramm Pomeranzenschale, 20 Gramm Hopfenzapfen, je 15 Gramm Melissen- und Pfefferminzblätter.
• Aus einem Kissen, gefüllt mit den getrockneten Blüten von Hopfen oder Lavendel, steigen beruhigende und schlaffördernde ätherische Öle auf.
• Gleiches geschieht beim Verdampfen der Öle aus einer Aromalampe.
• Entspannungstechniken fördern das Einschlafen (▷ Seite 571).
• Wenn das Durchschlafen schwerfällt: keinen Mittagsschlaf halten; evtl. im Bett ein wenig lesen. Meist fallen die Augen nach einiger Zeit wieder zu.
• Bei zu frühem Aufwachen: dösend liegenbleiben und an etwas Angenehmes denken; vielleicht schlafen Sie von selbst wieder ein, wenn nicht, erholen Sie sich auch im entspannten Halbschlaf.

lich die Persönlichkeit der VerwenderInnen. Sie werden zunehmend gleichgültiger und stumpfen ab. Die Langzeitanwendung endet immer mit einer Abhängigkeit (▷ Süchte, Seite 591).

Depressive Verstimmung

Als »depressiv« bezeichnen sich Menschen, wenn sie sich unzufrieden, niedergeschlagen, mut- und antriebslos fühlen. Ihnen gelingt wenig, das Leben scheint ihnen durch die Finger zu rinnen. Das Modewort »depressiv« hat andere Bezeichnungen für solche Stimmungslagen ersetzt: enttäuscht, hoffnungslos, traurig, schwermütig.

Der psychiatrische Fachbegriff Depression weckt die Hoffnung auf eine effiziente, rasche Heilung durch Medikamente. Gleichzeitig verschleiert er aber die Mahnung der Seele, das Lebensgefüge neu zu ordnen. Traurige Verstimmungen sind nicht unbedingt ein Fall für die Ärztin oder den Arzt. Oft sind es Signale des Inneren, die nur richtig gedeutet werden müssen. Dazu braucht es oftmals die Hilfe von fachkundigen BeraterInnen.

Bei deutlichen Anzeichen einer Depression (▷ rechts) ist jedoch ärztliche Hilfe unabdingbar.

LITERATUR

Boris Luban-Plozza, Hans H. Dickhaut
Schlaf Dich gesund!
Trias, Stuttgart, 1990. DM 24,80

Stiftung Warentest
Fit durch gesunden Schlaf
Berlin, 1994. DM 16,80

Wege aus dem Tief

Depressive Verstimmungen in unglücklichen, belastenden Lebensphasen brauchen fast nie eine medikamentöse Therapie. Oft bessert sich die Stimmung, wenn man Zuwendung und Mitgefühl erfährt, wenn man ernst genommen wird. Gespräche mit Vertrauten oder mit BeraterInnen (▷ Seite 575) können dazu beitragen, aus der Talsohle herauszukommen.

Auch ein Ortswechsel, wie der Aufenthalt in einer psychosomatischen Klinik, kann die Selbstheilungskräfte aktivieren. Dort kann man Abstand gewinnen von einer häuslichen Situation, die unerträglich belastet.

Medikamente

Rezeptfreie Pflanzenmittel mit Johanniskrautextrakt können helfen, eine leichte depressive Verstimmung zu überwinden (z.B.: *Hyperforat, Psychotonin, Jarsin, Esbericum*).

Depression

Von Depression im Sinne einer medizinischen Diagnose zu sprechen, ist erst dann berechtigt, wenn die tiefe Niedergeschlagenheit über lange Zeit anhält und es nicht mehr gelingt, aus eigener Kraft aus dem Tief herauszufinden. Wesentliche Merkmale sind:

- Ständige Müdigkeit, ein permanentes Gefühl von Überforderung und Kraftlosigkeit.
- Anhaltende Appetitlosigkeit; auch die Leib- und Magengerichte schmecken nicht mehr.
- Schlechter Schlaf. Depressive wachen oft schon im Morgengrauen auf und können nicht mehr einschlafen. Die Betroffenen fühlen sich ihren Gedanken und Gefühlen, die in diesen Stunden Karussell fahren, hilflos ausgeliefert.
- Im Innern bohren ständige Unruhe und Anspannung.
- Die Entscheidungsfähigkeit wird geringer, das

Selbstwertgefühl sinkt immer mehr, statt dessen wachsen starke Schuldgefühle. Die Betroffenen quälen sich mit Selbstanklagen.

- Die Stimmung liegt fortwährend darnieder; nichts macht mehr Freude, nichts interessiert mehr oder macht Lust.
- Die Betroffenen ziehen sich von gesellschaftlichen und persönlichen Kontakten zurück und füllen ihre Zeit mit fruchtlosen Grübeleien. Die besonnte Vergangenheit ist in unendliche Ferne entschwunden, eine Zukunft nicht in Sicht. Meist fühlen sich Depressive morgens schlechter als im weiteren Tagesverlauf.

Fachkundige Hilfe

Depressiv Kranke können sich aus eigener Kraft nicht mehr aus der Verzweiflung befreien. Aufforderungen oder Willensanstrengungen nach dem Motto »Nun reiß dich aber mal zusammen« verstärken die Verstrickung eher noch.

Hier ist fachkundige Hilfe notwendig. Sie besteht vor allem in einer auf längere Zeit angelegten psychotherapeutischen Behandlung (▷ Seite 575).

»Happy pill«

Seit 1990 ist auch in Deutschland ein Präparat auf dem Markt, das in den USA als »happy pill« Furore gemacht hat. Sein Wirkstoff Fluoxetin (*Fluctin*) wirkt stimmungsaufhellend und antriebsfördernd, und zwar offenbar schneller als die bisher üblichen Mittel. Allerdings sind die Nebenwirkungen, vor allem bei längerer Einnahme, völlig ungeklärt. Die Liste der Nebenwirkungen führt bisher auf: Hautausschläge, die möglicherweise mit Gefäßentzündungen in Zusammenhang stehen; diese Entzündungen können lebenswichtige Organe, wie Leber, Nieren und Lunge, in Mitleidenschaft ziehen.

Ein Problemlöser ist *Fluctin* ebensowenig wie andere Medikamente.

Die Depression verliert ihren Schrecken als Gemütskrankheit, wenn man sie als Chance begreifen kann, als Aufforderung der Seele, »Ich will« sagen zu lernen statt »Ich sollte« oder »Ich muß«.

Schlafentzug oder eine Lichttherapie können wirksame Behandlungen sein. Ob derartiges in Frage kommt, sollten Sie mit einer Fachärztin oder einem Facharzt besprechen (▷ ÄrztInnen, Seite 655).

Antidepressiva

Antidepressiva tragen dazu bei, die Symptome einer Depression zu mildern oder die depressive Phase zu verkürzen. Sie heilen jedoch nicht. Das muß aus eigener Kraft, unterstützt von einer Psychotherapie, gelingen. So können Medikamente eine Therapie zwar begleiten, aber nicht ersetzen.

Zwei Gruppen von Antidepressiva sind gebräuchlich:

- Mittel mit beruhigender Wirkung, die Angst und Antrieb dämpfen (z.B.: *Aponal, Equilibrin, Laroxyl, Saroten, Stangyl*).

TIP

Nicht zu empfehlen

Das Präparat *Dogmatil* enthält den Wirkstoff Sulpirid und ist ein Mittel gegen Schizophrenie und Psychosen. Dennoch verordnen ÄrztInnen es oft auch gegen Depressionen. Sulpirid kann Menstruationsstörungen verursachen und zu Veränderungen der Milchdrüsen führen; auch der Verdacht auf eine tumorfördernde Wirkung ist nicht widerlegt. ArzneimittelexpertInnen raten von diesem Mittel ab.

Ungeeignet sind auch Präparate, in denen ein Antidepressivum mit einem Beruhigungsmittel kombiniert ist (z.B.: *Limbatril*). Die Benzodiazepin-Komponente kann rasch abhängig machen und die depressiven Phasen verlängern.

• Mittel, die anregend und aktivierend wirken, die Hemmungen lösen und die Stimmung aufhellen (z.B.: *Anafranil, Noveril, Pertofran, Tofranil, Tolvin, Trausabun*). Vor allem die Arzneimittel aus der zweiten Gruppe wirken erst nach längerer Zeit, wobei dann unklar ist, ob eingetretene positive Veränderungen tatsächlich auf das Medikament zurückzuführen sind oder auf eine gleichzeitig stattfindende psychotherapeutische Behandlung.

Überhaupt bezweifelt eine Reihe kritischer MedizinerInnen die Wirksamkeit von Antidepressiva. In mehreren Studien waren wirkstofffreie Tabletten ebenso wirkungsvoll wie solche mit Wirkstoff.

Nebenwirkungen

Antidepressiva haben vielfältige und individuell sehr unterschiedliche Nebenwirkungen, die zudem häufig entgegengesetzt sind: Sehr häufig senken sie deutlich den Blutdruck, was bis zum Kreislaufkollaps gehen kann. Aber auch Bluthochdruck kann auftreten. Herzrasen, aber auch verlangsamter Herzschlag; Muskelzittern; Mundtrockenheit, aber auch erhöhte Speichelsekretion; Schweißausbrüche; Durchfall, aber auch Verstopfung; Fieber, aber auch Untertemperatur; Hitzewallungen, aber auch Frösteln; vermehrte Müdigkeit, aber auch Schlafstörungen und Unruhe; häufiger Harndrang, aber auch Harnverhaltung; Halluzinationen, Verwirrtheit, Wahnvorstellungen.

Teilweise entsprechen die Nebenwirkungen den Symptomen der Depression, so daß die ÄrztInnen in der Folge die Dosis fälschlicherweise erhöhen.

Schmerzen

Mit Schmerzen meldet der Körper: »Hier stimmt etwas nicht.« »Du mutest dir zuviel zu.« Und meist ist schnell klar, woher der Schmerz kommt: Eine lange Nacht mit zu viel Alkohol und zu vielen Zigaretten läßt den Kopf dröhnen; nach zehn Stunden Bildschirmarbeit tränen die Augen und schmerzt der Rücken.

Bei manchen Schmerzen erschließt sich die Ursache jedoch nicht so leicht. Dazu müßten die Betroffenen genauer in sich hineinhören. Unter Umständen zeigt sich dann, daß die Beschwerden nicht Signale einer Krankheit, sondern die Zeichen andauernder Überforderung sind.

Schmerzen behindern den Alltag, sie quälen und bremsen jede Aktivität. Viele nehmen in einer solchen Situation dem Körper übel, daß er sie nicht mehr so läßt, wie sie wollen, und manche versuchen, ihn zu zwingen: Sie greifen zur Tablette. Doch Schmerzmittel taugen nur als Hilfe für kurze Zeit. Wer sie häufig und über längere Zeit gebraucht, läuft Gefahr, ernsthaft krank zu werden.

Schmerzempfinden

Schmerzen können stechen, pochen, bohren, schneiden, ziehen, dröhnen oder hämmern, sie sind spitz, dumpf oder grell. Sie betreffen Kopf, Rücken, Bauch, Beine, Arme oder auch den ganzen Körper. Wenn jemand sagt »Mir tut alles weh«, deutet das häufig auf chronische Muskelverspannungen hin.

Wie stark jemand Schmerzen empfindet, hängt von der individuellen Schmerzschwelle ab. Sie wird unter anderem davon bestimmt, welche Menge der körpereigenen Schmerzhemmer Endorphine (▷ Seite 607) und Enkephaline der Körper produziert. Im akuten Streß, wenn man zum Beispiel vor einem Angreifer davonrennt, spürt man den Tritt in einen Glassplitter kaum. Bei chronischem Streß kann das Schmerzhemmsystem so erschöpft sein, daß bereits geringfügige Zusatzbelastungen höllische Qualen hervorrufen. Bei Menschen, deren chronische Schmerzen nicht ausreichend gedämpft werden, entwickelt das Nervensystem zudem eine Art Erinnerung an den Schmerz. Bei ihnen wird der Schmerz zur eigenständigen Krankheit (▷ SchmerzspezialistInnen, Seite 618).

Zuwendung, Mitgefühl und Beistand heben die Schmerzschwelle an. Wer sich von anderen umsorgt fühlt, hält mehr aus; wer im Schmerz getröstet wird, spürt, daß sich die Schmerzintensität verringert. Umgekehrt können Angst, Niedergeschlagenheit und Hoffnungslosigkeit das Schmerzempfinden um ein Vielfaches verstärken.

BEHANDLUNG Schmerzen lassen oft schon nach, wenn man sich Ruhe gönnt. Als Selbstbehandlung, besonders von Spannungsschmerzen, ist sportliche Betätigung sehr erfolgreich (▷ Bewegung und Sport, Seite 555).

Entspannungstechniken helfen, Schmerzen abklingen zu lassen (▷ Entspannung, Seite 569).

Bei tagelang anhaltenden oder immer wiederkehrenden unerklärlichen Schmerzen ist ärztliche Hilfe notwendig. Wenn es weder Haus- noch FachärztInnen gelingt, die Ursache auszumachen und eine geeignete Behandlung zu finden, empfiehlt sich der Kontakt zu SchmerzspezialistInnen (▷ Seite 618).

▷ Kopfweh und Migräne, Seite 617
▷ Rückenschmerzen, Seite 619

Schmerzmittel

ExpertInnen haben sich zur Behandlung von Schmerzen auf ein Stufenschema geeinigt. Es soll Menschen helfen, ihren Schmerz zu lindern, aber die Gefahr möglichst gering halten, sie durch die Nebenwirkungen der Medikamente oder durch eine Gewöhnung bei Dauergebrauch zu gefährden.

- Bei Kopf-, Muskel-, Gelenk- und Zahnschmerzen genügen Präparate mit einem Wirkstoff. Geeignet sind Azetylsalizylsäure (z.B.: *Aspirin, ASS-ratiopharm, Melabon, Spalt 600*), Paracetamol (z.B.: *ben-u-ron, Captin, Sinpro N*) oder Ibuprofen (z.B.: *Aktren, Ibu-Vivimed, Seclodin, Togal N*). Sie stoppen die Weiterleitung des Schmerzes.
- Wenn diese Mittel nicht zufriedenstellend wirken, können ÄrztInnen eine sinnvolle Schmerzmittelkombination verschreiben: Azetylsalizylsäure oder Paracetamol mit Kodein (z.B.: *Dolarist comp, Dolviran, Lonarid, Treupel*). Sie veranlassen das zentrale Nervensystem, mehr körpereigene Schmerzhemmstoffe auszuschütten.
- Bei extremen Schmerzzuständen, wie sie z.B. bei einer Krebserkrankung auftreten können, werden oft morphinhaltige Mittel notwendig. Wenn sie in solchen zeitlichen Abständen gegeben werden, daß der Schmerz gar nicht erst ins Bewußtsein dringt, besteht keine Suchtgefahr.

Kopfweh und Migräne

29 Millionen Menschen in Deutschland quälen sich mit Spannungskopfschmerzen, weitere 21 Millionen mit Migräne; überdurchschnittlich viele von ihnen sind Frauen.

Kopfschmerzen können die Quittung für eine durchzechte Nacht sein oder Vorbote einer Erkältung. Sie begleiten diverse Krankheiten und können die Folge von Muskelverspannungen im Halsbereich oder Rücken, an Schultern, Kiefer oder Nacken sein.

Umsatzrenner Schmerzmittel

In Deutschland gibt es mehr als 600 Schmerzmittel. 1994 verkaufte das Apothekenpersonal 168 Millionen Packungen rezeptfreie und 26 Millionen Packungen verschreibungspflichtige Schmerzmittel. Die ÄrztInnen stellen für Frauen zwischen 40 und 55 Jahren nahezu ein Drittel mehr Schmerzmittel-Rezepte aus als für Männer.

Die meisten dieser Medikamente können bei Dauergebrauch abhängig machen und zu schweren Nierenschäden führen, die im schlimmsten Fall ein Nierenversagen nach sich ziehen. Und das bedeutet lebenslange Blutwäsche (Dialyse) oder Nierentransplantation. Etwa ein Viertel der DialysepatientInnen ist aufgrund jahrelangen Schmerztablettenkonsums von der Maschine abhängig geworden.

Gar nicht so selten sind Kopfschmerzen eine Nebenwirkung von Medikamenten, die gegen Kopfschmerzen eingenommen werden. Chronischer Schmerzmittelmißbrauch macht bei rund zwei Millionen Menschen in Deutschland Kopfweh zum Dauerzustand (▷ Vorsicht vor Tabletten mit Koffein, Seite 619).

KONTAKT

SchmerzspezialistInnen

Eine Liste von ÄrztInnen, die auf die Behandlung von Schmerzen spezialisiert sind, verschicken:

Deutsche Gesellschaft zum Studium des Schmerzes
Universität Heidelberg, II. Physiologisches Institut
Im Neuenheimer Feld 326, 69120 Heidelberg
(frankierten Rückumschlag beilegen)

Deutsche Schmerzhilfe e.V.
Woldsenweg 3, 20249 Hamburg, Tel.: 040/46 56 46
(täglich 10 bis 13 Uhr), DM 20 Gebühr

In Österreich gibt es Schmerzambulanzen an den größeren Krankenhäusern in Wien, Innsbruck und Linz.

LITERATUR

Hartmut Göbel
Kopfschmerzen. Leiden, die man nicht hinnehmen muß
Springer, Berlin, 1994. DM 29,80

Stiftung Warentest
Kopfschmerzen, Migräne
Berlin, 1993. DM 16,80

Hans-Christoph Diener
Migräne. Information und Ratschläge
Piper, München, 1993. DM 14,90

Annette Bopp, Gerd Glaeske
Was hilft? Ein Medikamentenführer für Frauen
Rowohlt, Reinbek, 1997. DM 19,90

Auch bei der Migräne sitzt der Schmerz im Kopf. Doch anders als beim üblichen Kopfweh ist Migräne eine eigenständige Schmerzkrankheit. Bei ihr kommt es zu einer Entzündungsreaktion im Gehirn.

Migräne tritt anfallsweise auf und ist meist mit Durchfall, Übelkeit und Erbrechen sowie mit extremer Licht- und Geruchsempfindlichkeit verbunden. Sie beginnt oft mit dem Gefühl, als stecke der Kopf in einem Schraubstock, der immer weiter zugedreht wird; viele spüren in sich eine sirrende Unruhe.

Migräneauslöser können hormonelle Einflüsse sein, Gerüche, Licht oder Lärm, Nahrungsmittel, Wetterumschwünge sowie Spannungszustände, Streß und chronische Überlastung. Mit dem Migräneanfall und der unvermeidlichen Ruhe verschafft sich der Körper die nötige Pause von der ständigen Überbeanspruchung. Bei manchen Menschen ist Migräne erblich angelegt. Rund zwei Drittel der MigränikerInnen sind Frauen.

BEHANDLUNG Eine Reihe nicht-medikamentöser Behandlungsarten zeigen bei anhaltenden Kopfschmerzen und teilweise auch bei Migräne gute Wirkung. Ebenso hilfreich kann eine homöopathische Behandlung sein. Folgende Verfahren können helfen:

- Entspannungsmethoden (▷ Seite 569)
- Akupunktur und Akupressur
- Biofeedback. Bei diesem Verfahren lernt man, körperliche Reaktionen, wie z.B. das Engstellen von Blutgefäßen, willentlich zu steuern.
- Schmerzbewältigungstraining. Es wird vor allem an spezialisierten Schmerzkliniken vermittelt.
- Transkutane elektrische Nervenstimulation (TENS). Ein schwacher elektrischer Strom erregt die Nervenbahnen so, daß der Schmerz nicht ins Rückenmark weitergeleitet wird.
- Therapeutische Lokalanästhesie (Neuraltherapie). Ein örtlich wirkendes Betäubungsmittel wird an spezielle Stellen des Körpers gespritzt; dadurch verändert sich die Schmerzleitung in den Nervenbahnen.

Rückenschmerzen

Rückenschmerzen sind ähnlich weit verbreitet wie Kopfweh – jeder zweite hat sie hin und wieder, jeder dritte sogar chronisch, und Frauen sind besonders oft betroffen. Meist sind Rückenschmerzen Ausdruck von Überlastung jeglicher Art.

Die Wirbelsäule ist die Stütze des Körpers, die jede Bewegung mitmachen muß. Ihre Beweglichkeit beruht auf einem System aus Knochen, Knorpeln, Bändern und Bandscheiben, die dafür sorgen, daß man sich drehen und beugen kann. Am besten gelingt dieses mit einer gut entwickelten Rücken- und Bauchmuskulatur, die die Wirbelsäule aktiv aufrichtet. Diese Muskulatur ist die wichtigste Voraussetzung für einen schmerzfreien Rücken. »Bewegung ist alles«, heißt daher auch das Credo der Vorbeugung.

Seelische Ursachen

Die Körperhaltung beschreibt die Gefühlslandschaft: Nicht unterkriegen lassen – Der Rücken wird steif. Ich fürchte mich! – Der Kopf wird eingezogen, die Schultern gehen nach oben. Sorgen und Kummer drücken – Der Rücken rundet sich. Bleiben solche Muskelanspannungen lange Zeit bestehen, verkürzen sich die Muskeln. Diese ziehen an den Sehnenansatzpunkten, reizen sie und lösen Schmerzen aus.

TIP

Vorsicht vor Tabletten mit Koffein

Manche Schmerzmittel enthalten Koffein (z.B.: *Thomapyrin, Spalt N, Doppelspalt, Neuralgin*). Damit wirken sie leicht anregend und aufputschend. Das verführt dazu, die Mittel in höherer Dosierung und häufiger als eigentlich nötig einzunehmen. Viele Menschen werden aus diesem Grund von diesen Tabletten abhängig. Werden die Mittel nach längerer Einnahmezeit abgesetzt, können als Folge des Entzugs wieder Kopfschmerzen auftreten. Also greifen die Schmerzgeplagten erneut zur Tablette, der Teufelskreis schließt sich.

Organische Ursachen

Ab dem 30. Lebensjahr altert die Wirbelsäule – in welchem Ausmaß und wie schnell, ist individuell verschieden (▷ Altern, Seite 525; ▷ Osteoporose, Seite 542). Fehlhaltungen können die Wirbelsäule und die sie umgebenden Muskeln, Bänder, Gewebe und Gelenke zusätzlich beanspruchen. Viele Frauen haben auch durch einseitige Arbeitsbelastungen geschwächte und verspannte Rückenmuskeln.

Diagnose und Behandlung

Die korrekte Diagnose anhaltender Rückenschmerzen erfordert meist eine Reihe medizintechnischer Untersuchungen: Röntgen, Computer- oder Kernspintomografie. Sie machen Knochen, Gelenke und gegebenenfalls die weichen Gewebe sichtbar. Doch oft genug läßt sich zwischen dem Bild und den Beschwerden kein klarer Zusammenhang herstellen: Zwei von drei Menschen haben einen im Kernspintomogramm sichtbaren Bandscheibenvorfall, aber keinerlei Beschwerden, bei anderen führen winzige

LITERATUR

Stiftung Warentest
Gesunder Rücken
Berlin, 1996. DM 16,80

William H.M. Castro, Markus Schilgen
Kreuzschmerzen
Springer, Berlin, 1995. DM 29,80

Abweichungen zu großen Schmerzen. OrthopädInnen, die um die seelischen Zusammenhänge von Rückenschmerzen wissen, können diese Besonderheiten einschätzen.

Bandscheibenoperationen werden aus diesem Grund heute sehr viel seltener durchgeführt als früher. Die meisten Betroffenen können durch gezielte Gymnastik, eine veränderte Lebensführung oder eine Psychotherapie (▷ Seite 578) schmerzfrei werden.

• *Achtung:* Wenn Rückenschmerzen gleichzeitig mit Lähmungserscheinungen im Bein auftreten, sollten Sie sich schnell in ärztliche Behandlung begeben. Es muß festgestellt werden, ob zum Beispiel durch eine vorgefallene Bandscheibe so viel Druck auf den Nerven lastet, daß dauerhafte Schäden entstehen können.

Physiotherapie

Bewegung und Gymnastik sind die Königswege der Behandlung von Verspannungen im Rücken. Wichtig ist, sich von professionellen PhysiotherapeutInnen ein individuelles Behandlungsprogramm schneidern zu lassen. Zusätzlich können Massagen helfen, Muskelpartien zu lockern. Daneben sind alle thera-

Die richtige Haltung

Stehen

Zu einem guten Körpergefühl gehört eine dynamische Haltung, das heißt, Sie sollten immer in Bewegung bleiben. Im Stehen beduetet das den häufigen Wechsel von Standbein und Spielbein. Diese dynamische Haltung nehmen Sie ein, wenn Sie sich beim Warten die Füße »vertreten«: Dann geht man auf und ab, oder man wippt von einem Fuß auf den anderen. Besonders schädlich ist es für den Rücken, still zu stehen.

Sehr anstrengend wird Stehen, wenn man sich gleichzeitig beugt. Daher sollten Arbeitsflächen immer so hoch sein, daß man mit möglichst geradem Rücken daran hantieren kann. Wer zusätzlich einen Fuß auf einen niedrigen Schemel stellt, entlastet den Rücken noch mehr.

Sitzen

Menschenkörper sind zum Sitzen nicht geschaffen. Um so wichtiger ist es, auch beim Sitzen dynamisch zu bleiben: Ein breiter Arbeitsstuhl bietet viel Platz, um hin- und herzurutschen. Wer seine Arbeit weniger ökonomisch, dafür mehr ergonomisch organisiert, sorgt für zusätzliche Bewegung, indem er häufig aufstehen muß. Schreibpapier oder wichtige Akten liegen in einem entfernten Regal; auch zum Telefonieren müssen Sie aufstehen.

Den Arbeitsstuhl sollten Sie so einstellen, daß beim Sitzen alle abgeknickten Gelenke einen rechten Winkel bilden. Ausnahme: die Hüfte. Sie sollte eine Spur höher gelagert sein als die Knie.

Beugen und Heben

Beim Beugen schonen Sie Ihren Rücken, wenn Sie mit möglichst geradem Rücken in die Knie gehen. Diese Übung läßt sich beim Zähneputzen gut trainieren. Heben Sie Schweres nach dem gleichen Prinzip: Zuerst in die Knie gehen und dann – möglichst nah am Körper – mit geradem Rücken hochheben. Alles andere ist Schwerstarbeit für den Rücken.

Tragen Sie Lasten immer vor dem Bauch, auch Ihr kleines Kind, und dieses auch dann, wenn es in einer Tragehalterung sitzt. Alles, was tiefer liegt als der Nabel, zieht den Rücken krumm.

Liegen

Zum entspannten Schlafen brauchen Sie eine Matratze mit körperunterstützenden Eigenschaften: einteilig und elastisch, nicht weich. Bei jedem Lagewechsel gibt sie den Körperwölbungen, den Schultern, der Hüfte und dem Becken nach und stützt zugleich die Hohlstellen im Kreuz und an den Seiten. Ein flaches Kopfkissen oder eine kleine Nackenrolle füllen den Hohlraum im Nacken aus.

peutischen Möglichkeiten der Natur hilfreich: Ein warmes Vollbad, eine dampfende Fangopackung oder ein Saunabesuch können den Schmerz verfliegen lassen. Wärme weitet die Gefäße und entspannt. Manchmal reicht es schon aus, sich zwei Tage Bettruhe zu gönnen.

Chiropraktische und Manuelle Therapie

Manchmal genügt ein kleiner Ruck, um die nur minimal gegeneinander verschobenen Gelenke wieder einzurenken. Aber dieser Ruck muß sehr präzise sitzen. Am ehesten gelingt das ChirotherapeutInnen mit viel Erfahrung. Das Einrenken darf nicht wehtun, selbst wenn es hörbar in den Gelenken »knackt«.

Zur Manuellen Therapie gehören Verfahren, bei denen Gelenke behutsam beweglicher gemacht werden.

Rückenschulen

Den Rücken richtig zu halten und zu stärken, läßt sich lernen. An vielen Orten bieten Krankenkassen, Volkshochschulen oder Arztpraxen eine »Rückenschule« an. Dort lernen Interessierte, wie sie ihren Rücken im Alltag entlasten können, was sie beim Heben, Sitzen, Gehen, Tragen, beim Sport, am Arbeitsplatz und im Haushalt beachten sollen. Die Kurse finden in Gruppen statt und sind auch innerhalb von Betrieben möglich. Seit 1993 schreibt die Berufskrankenverordnung den Unfallversicherungsträgern vor, vorbeugende Maßnahmen gegen Wirbelsäulenerkrankungen zu initiieren. Neben der rückenfreundlichen Arbeitsplatzgestaltung geschieht dies am häufigsten in Form von Rückenschulen.

Verstopfung

Zweimal täglich oder zweimal pro Woche – das eine ist so »normal« wie das andere. Wie oft jemand Stuhlgang hat, hängt von vielen Faktoren ab. Eine ballaststoffreiche Kost mit reichlich Vollkornprodukten, Gemüse, Obst und viel Flüssigkeit regt den Darm an, sich häufig zu entleeren. Auch körperliche Bewegung hält ihn in Schwung.

Auf eine Ernährungsumstellung, zum Beispiel auf Reisen, oder auf eine längere Bettlägerigkeit reagiert der Darm mit Trägheit. Eine Verstopfung liegt jedoch erst dann vor, wenn jemand fünf Tage lang keinen Stuhlgang hatte.

BEHANDLUNG Eine ballaststoffreiche Ernährung, viel Flüssigkeit und regelmäßige Bewegung bringen einen trägen Darm auf Trab. Das gleiche bewirkt ein Glas Fruchtsaft oder verdünnter Obstessig (1 Eßlöffel Essig auf ein Glas Mineralwasser), morgens auf nüchternen Magen getrunken. Eine gewisse Regelmäßigkeit beim täglichen Gang zur Toilette gewöhnt den Darm an regelmäßige Entleerung.

Abführmittel

Jährlich verkaufen deutsche Apotheken 36 Millionen Packungen Abführmittel. Diese Menge kommt nur zusammen, wenn die VerbraucherInnen die Mittel über lange Zeit einnehmen. Je nach Zusammensetzung können sich mit Abführmitteln aber erhebliche Probleme verbinden.

Durch sie verliert der Organismus lebenswichtige Salze und Mineralstoffe, vor allem Kalium und Magnesium. Das wiederum lähmt den Darm, die Verdauung verschlechtert sich noch mehr. Schließlich gibt es ohne Abführmittel gar keinen Stuhlgang mehr.

Im Extremfall kann der Verlust an Mineralien zu Stoffwechsel- und Herzrhythmusstörungen sowie zu Müdigkeit, Konzentrationsstörungen und Muskelschwäche führen.

Verdauungshilfen

»Verdauungshilfen« kann man – wenn es denn notwendig ist – unbesorgt über längere Zeit einnehmen. Sie vergrößern das Volumen des Darminhalts und sorgen für dessen zügigen Transport. Verdauungshilfen enthalten Ballaststoffe wie Weizenkleie oder zusätzlich Quellstoffe, wie Leinsamen und Flohsamen (z.B. *Linusit, Agiocur, Metamucil*). Auch Produkte mit Milchzucker oder Lactulose gehören in diese Gruppe (z.B. *Bifiteral, Laevilac S*).

Zusätzlich ist es wichtig, täglich mindestens zwei Liter Flüssigkeit zu trinken.

Nur für kurze Zeit: Abführhilfen

Auf Reisen ist es manchmal notwendig, eine vorübergehende Verstopfung zu beheben, nach einer Operation muß das Pressen vermieden werden. Für solche Ausnahmesituationen eignen sich darmreizende Mittel (z.B. *Laxoberal, Dulcolax*), Glyzerinzäpfchen (*Glycilax*) oder Klistiere für den einmaligen Gebrauch (*Microklist*).

Ungeeignete Abführmittel

Medikamente, die sogenannte Anthranoide enthalten, sollten möglichst nicht verwendet werden. Inhaltsstoffe aus dieser Gruppe finden sich beispielsweise in Sennesblättern, Faulbaumrinde und Aloe (z.B. *Darmol, Drisi-Lax, Kneipp Abführwürfel N, Liquidepur*), aber auch in den Tees aus diesen Drogen. Anthranoide stehen im Verdacht, krebserregend zu wirken.

Bitter- oder Glaubersalz können den Blutdruck erhöhen und die Reflexe vermindern.

Krampfadern

Meist beginnt es mit »Besenreisern«: bläulichen, verästelten Adern unter der Haut an Waden oder Oberschenkeln. Bei der Hälfte der Frauen ziehen sich dann etwa ab 40 dunkelblaue Linien vom Knie die Oberschenkel hinauf, oder es treten blaugraue, knotige Wülste hervor. Solche Krampfadern lassen sich nur schwer mit unseren Vorstellungen von Attraktivität und Ästhetik vereinbaren. Viele Frauen verbergen sie darum unter langen Röcken und Hosen.

Krampfadern bilden sich, wenn die Wände der Venen schwach sind. Normalerweise verhindern die Venenklappen, daß das zum Herzen hinaufströmende Blut in die Beine zurückfließt. Schließen diese Klappen jedoch nicht mehr ganz richtig, staut sich das Blut in den Venen. Meist sind zuerst die Venenabschnitte in der Leiste betroffen, so daß die Krampfadern anfangs nur an den Oberschenkeln erkennbar sind. Erst nach und nach verlieren auch die unteren Venenabschnitte an Elastizität und können das Blut nicht mehr vollständig zum Herzen befördern.

Die Folge sind geschwollene, schwere Beine, die leicht schmerzen. Manchmal sammelt sich auch Gewebewasser an den Knöcheln. Ein solches Ödem zeigt sich daran, daß eine erkennbare Delle zurückbleibt, wenn man mit dem Finger fest auf den Knöchel drückt, die sich nur langsam glättet.

Das schwache Bindegewebe und damit die Veranlagung zu Krampfadern sind meist ererbt. Zusätzlich fördert ein bewegungsarmer Lebensstil mit ständigem Stehen oder langem Sitzen das Entstehen von Krampfadern. Fördernd sind außerdem: Das tägliche Tragen von Schuhen mit hohem Absatz, starkes Übergewicht und das jahrelange Verhüten mit der Pille. Manche Frauen bekommen während der Schwangerschaft Krampfadern. Diese werden nach der Geburt des Kindes von selbst wieder kleiner, verschwinden aber nicht mehr ganz.

Krampfadern machen oft jahrelang keine Beschwerden. Sie können aber auch recht schmerzhaft sein. In den gestauten, nachgiebigen Venensträngen können sich leicht Blutgerinnsel festsetzen, so daß eine Thrombose entsteht. Außerdem entzünden sich Krampfadern leicht; solche Venenentzündungen sind sehr schmerzhaft und müssen ärztlich behandelt werden.

Um Lage und Ausmaß der Krampfadern festzustellen, messen ÄrztInnen mit Ultraschall den Blutfluß und prüfen den Zustand der Venenwände (Doppler- und Duplexsonografie).

Krampfadern

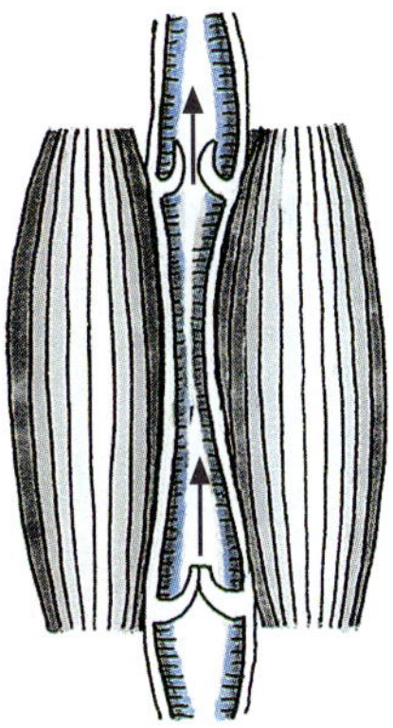

Die Muskeln drücken die Vene zusammen. Das Blut wird von unten durch die Venenklappe nach oben gedrückt.

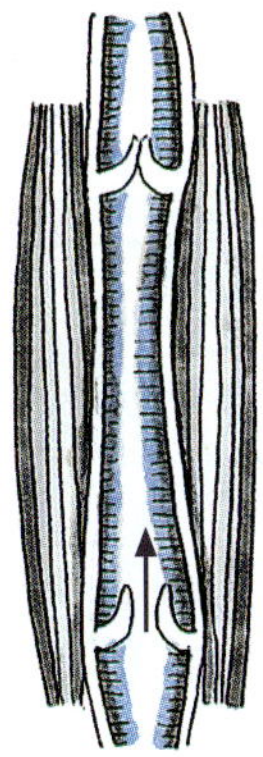

Die Muskeln erschlaffen. Es strömt von unten Blut nach oben.

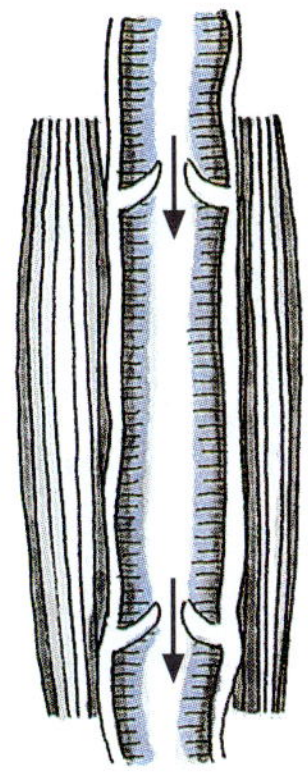

Bei dauerhaft schlaffen Muskeln erweitern sich die Venen. Die Klappen schließen nicht mehr dicht. Das Blut kann nach unten sacken.

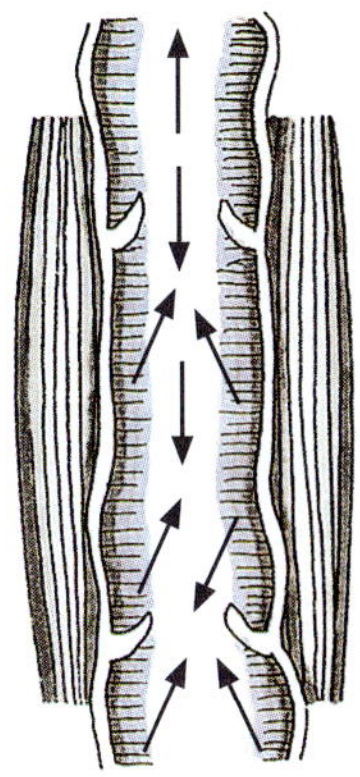

In der erweiterten Vene einer Krampfader pendelt das Blut nach oben und unten. Die Klappen haben ihre Transportfunktion verloren.

BEHANDLUNG Krampfadern verschwinden nicht. Doch kann man dazu beitragen, ihr Fortschreiten zu bremsen und Beschwerden zu lindern.

Die wichtigste Maßnahme ist, exakt angemessene Kompressionsstrümpfe täglich zu tragen. Diese Strümpfe liegen dem Bein sehr eng an, sind im Sommer recht warm, und ihr optischer Eindruck kann es mit glänzenden Seidenstrümpfen nicht aufnehmen. Dafür unterstützen sie die Venen effektiv bei ihrer Arbeit, das Blut zum Herzen zurückzutransportieren. Stützstrümpfe, wie sie viele Fabrikanten in modischen Farben und relativ dünner Qualität anbieten, haben diese Wirkung nicht.

Ebenso wichtig ist Bewegung. Bei jedem Schritt drückt die Wadenmuskulatur auf die in ihr verlaufenden Venen. Dadurch werden die Adern rhythmisch »massiert«, so daß innerhalb der Venen ein Sog nach oben – zum Herzen hin – entsteht. Er beschleunigt den Blutfluß erheblich. Ein Lauftraining (▷ Seite 562) stärkt also schwache Venen; nach einer Krampfader-Operation ist es unerläßlich.

Medikamente können eine Krampfader-Behandlung höchstens unterstützen, keinesfalls ersetzen. Die Mittel sind in ihrer Wirksamkeit umstritten. Sie wirken nicht direkt auf die Krampfadern, sondern sollen die Stabilität der Venenwand verbessern und so die Ödembildung im Gewebe verhindern. Krampfader-Salben oder Gelees schreiben ÄrztInnen eine wohltuende Wirkung durch den Massageeffekt beim Einreiben zu. Die Inhaltsstoffe scheinen eine untergeordnete Rolle zu spielen.

Entfernen lassen sich Krampfadern nur durch eine Operation oder durch Veröden. Bei der Operation werden die Krampfadern möglichst komplett herausgezogen, beim Veröden bleiben sie im Bein, werden aber gezielt stillgelegt. Das Blut sucht sich dann über andere Venen, die nach und nach die Aufgaben der funktionsuntüchtigen übernehmen, einen neuen Weg. Ein solcher Eingriff sollte immer in einer Spezialklinik oder in der Spezialabteilung eines größeren Krankenhauses und möglichst von GefäßspezialistInnen vorgenommen werden. Die kranken Venen müssen so komplett, aber auch so schonend wie möglich entfernt werden, um Komplikationen, wie Entzündungen und Thrombosen, zu vermeiden.

... Ich will ein Kind, ich will Kein Kind, ich will eins, will Keins .....
F. BECKER

Rhythmen des Lebens

In rhythmische Abläufe eingebunden zu sein, empfindet jede Frau anders. Was für die eine Sicherheit bedeutet, empfindet die andere als beengend. Die eine freut sich, monatlich an ihre Weiblichkeit erinnert zu werden, der anderen zeigt die Blutung, daß sie wieder nicht schwanger geworden ist. Manch eine begrüßt ihre Regel, während andere sie als Einschränkung oder abstoßendes Zeichen ihrer Körperlichkeit empfinden. Manche verzichten während der Blutung auf Sex, andere leben ihre gesteigerte Lust aus.

Nicht nur körperlich, auch symbolisch ist der Zyklus ein immer wiederkehrender Prozeß des Aufbaus, des Wachsens und der Fruchtbarkeit, der sich mit Zerfall, Loslassen und Unfruchtbarkeit abwechselt. Der Menstruationszyklus verbindet Frauen eng mit diesen natürlichen Prozessen.

Die meisten Frauen erwarten so sehr, daß ihre Regel regelmäßig und pünktlich ist, daß bereits geringfügige Verschiebungen im Rhythmus, Änderungen der Blutungsstärke oder leichte Schmerzen sie beunruhigen. Doch kein Zyklus muß immer starr demselben Schema folgen. Streßhormone, die der Körper bei schönen wie belastenden Erlebnissen ausschüttet, beeinflussen den Haushalt der Geschlechtshormone (▷ Das Körper-Seele-Band, Seite 606).

Monatshygiene

Die Artikel zur Monatshygiene sind inzwischen so praktisch und komfortabel, daß Frauen trotz der Blutung unbehindert ihren gewohnten Tätigkeiten nachgehen können.

Bei manchen Frauen verstärkt sich in dieser Zeit der Körpergeruch; sie waschen sich darum öfter als sonst. Weil Seifen und Waschlotionen aber oft die Haut der Venuslippen reizen, den Säurehaushalt der Scheide stören (▷ Seite 673) und so Infektionen begünstigen, ist es günstiger, sich mit Babyöl zu reinigen.

Zyklusablauf

Ein Zyklus beginnt mit dem ersten Tag der Blutung und reicht bis zum ersten Tag der nächsten Blutung. Dazwischen können 21 bis 35 Tage liegen: Jede Frau hat ihren eigenen Rhythmus, nur wenige haben tatsächlich alle 28 Tage ihre Periode.

Die erste Phase des Zyklus, vom ersten Blutungstag bis zum Eisprung, heißt Follikelreifungsphase. Sie kann eine bis drei Wochen dauern. In dieser Zeit reifen ein oder mehrere Eier in den Eierstöcken in ihren Eibläschen, den Follikeln, heran. Etwa in der Mitte des Zyklus springt das Eibläschen auf. Die Eileiter fangen das reife Ei auf und leiten es in die Gebärmutter (▷ Eileiter und Eierstöcke, Seite 689). Wird das Ei befruchtet, setzt es sich in der Schleimhaut der Gebärmutter fest, wenn nicht, löst es sich auf und geht mit der Periodenblutung ab. Diese Phase nach dem Eisprung heißt Gelbkörperphase, weil sich der Follikel nach dem Eisprung durch Blutreste gelb verfärbt und zum sogenannten Gelbkörper wird. Diese Phase dauert etwa 14 Tage. Der Gelbkörper bildet das Hormon Progesteron. Nach etwa zwei Wochen hat sich der Gelbkörper aufgelöst, und ein neuer Zyklus beginnt.

Bei der Menstruation gehen etwa 50 Milliliter Blut ab. Gerinnungshemmende Stoffe halten das Blut flüssig, so daß es nicht in der Gebärmutter stocken kann. Nur bei heftiger Blutung, wenn die Frau eine Spirale trägt (▷ Seite 633) oder wenn sich die Gebärmutterschleimhaut durch Hormonschwankungen besonders dick aufgebaut hat, treten kleine Stücke geronnenen Blutes aus.

TIP

Die Periode verschieben

- Wenn Sie mit der Pille verhüten, beginnen Sie mit der nächsten Packung Pillen, ohne zwischen der ersten und der zweiten eine Pause einzulegen. Die Periode kommt, wenn Sie nach der zweiten Packung keine Pillen mehr einnehmen.
- Wenn Sie sonst keine Hormone einnehmen, können Sie Ihre Blutung nur wie oben beschrieben mit der Pille verschieben, wenn Sie rechtzeitig, also mit dem ersten Tag der Periode vor dem wichtigen Ereignis, mit der Pilleneinnahme beginnen.

Hormonelle Steuerung

Hormone steuern und regeln den Zyklusablauf. Die Hirnanhangdrüse (Hypophyse) bildet zwei Steuerungshormone, die das Blut im Körper verteilt: das follikelstimulierende Hormon FSH und das luteinisierende Hormon LH. Sie veranlassen die Eierstöcke, die Hormone Östrogen und Progesteron zu produzieren, die dann die Geschlechtsorgane beeinflussen. Der Blutspiegel der jeweiligen Hormone wirkt auf die Hirnanhangdrüse zurück: Enthält das Blut ausreichend Hormone, werden weniger Steuerungshormone gebildet und umgekehrt.

In der Follikelreifungsphase steigt die Östrogenmenge und unterstützt die Eireifung. Die Schleimhaut der Gebärmutter wird dicker und stärker durchblutet. Der Muttermund wird zur Zyklusmitte hin weicher und weiter und sondert mehr Schleim ab.

In der Zyklusmitte steigt der LH-Gehalt im Blut plötzlich an. Dadurch »springt« das Ei. Die Hormonverschiebungen lassen die Körpertemperatur um ein halbes Grad ansteigen, der Schleim im Muttermund wird flüssiger. Das erleichtert den Samenfäden, in die Gebärmutter aufzusteigen. In der nun folgenden zweiten Zyklusphase sinkt der Östrogengehalt des Blutes stark ab, der Progesterongehalt steigt an.

Artikel zur Monatshygiene

Binden

Binden und Slipeinlagen bestehen aus Watte und Zellstoff oder Kunstfasergeweben. Sie sollten nach dem Gebrauch im Hausmüll entsorgt werden.

Binden aus synthetischem Material und solche mit einem »Wäscheschutz« aus Kunststoff lassen die Hautfeuchtigkeit kaum passieren. Dadurch können sich leicht Pilze ansiedeln. Viele Frauen reagieren zudem auf diese Materialien allergisch. Binden aus Naturstoffen, wie Watte und Zellstoff, sind für Frau und Umwelt verträglicher.

Bioläden und der Öko-Versandhandel bieten wiederverwendbare Binden aus Baumwolle oder Bouretteseide an. Eine 60-Grad-Wäsche in der Maschine macht sie verläßlich keimfrei.

Das von Binden aufgesaugte Blut kann nach einigen Stunden zu riechen beginnen, weil es sich an der Luft zersetzt. Häufiges Wechseln der Binden vermeidet diese Geruchsbildung.

Tampons

Tampons bestehen aus gepreßter Watte und einem damit fest verbundenen Faden. Es gibt sie in verschiedenen Größen, so daß jede Frau die Sorte finden kann, die ihrer Scheidenweite und der momentanen Blutungsstärke angepaßt ist. Die Sorge von Frauen, die mit einer Spirale verhüten (▷ Seite 633), daß sie beim Herausziehen des Tampons versehentlich den Rückholfaden der Spirale erwischen könnten, ist unbegründet.

Ein Tampon läßt sich leicht einführen, wenn Sie sich hinhocken oder im Stehen ein Bein aufstellen. An ihrem Rückholfaden können Sie ihn aus der Scheide herausziehen.

Spätestens nach sechs Stunden sollten Sie den Tampon wechseln. Bleibt er länger liegen, steigt die Infektionsgefahr, denn das Blut und die Temperatur im Körperinneren bieten optimale Bedingungen für ein rasches Keimwachstum. Daher auch der Rat, nachts lieber eine Binde zu verwenden. Ist die Blutung nur schwach, haben Tampons den Nachteil, daß sie die Feuchtigkeit der Scheidenschleimhaut aufsaugen und sie austrocknen. Ein in der Scheide vergessener Tampon kann Hautreizungen und Infektionen auslösen und macht sich meist durch einen übelriechenden Ausfluß bemerkbar.

Wenn Sie mit einem Tampon ins Wasser gehen, sollten Sie ihn danach möglichst bald wechseln. Das durch die Dochtwirkung des Fadens in die Scheide gesaugte Wasser kann Infektionen hervorrufen.

Schwämme

Naturschwämme gibt es in verschiedenen Größen zu kaufen; wer will, kann sie sich passend zurechtschneiden. Ein Schwamm wird wie ein Tampon eingeführt – allerdings ohne Faden –, nach dem Herausnehmen ausgewaschen und anschließend wieder eingesetzt. Frauen, die während der ganzen Regel ihr Blut so auffangen möchten, brauchen mehrere Schwämme, damit sie die gebrauchten zwischendurch immer wieder auskochen können. Auf die gleiche Weise werden die Schwämme nach der Periode keimfrei gemacht. Das Einlegen in ein Essigbad genügt dafür nicht.

»Aufgearbeitete« Schwämme, die vom Hersteller gebleicht, entkalkt und entrostet wurden, sind einer Untersuchung des Hygiene-Instituts Bremen zufolge hygienisch einwandfrei – im Gegensatz zu unbehandelten Schwämmen.

Nach dem Eisprung erhöht sich die Progesteronmenge zunächst noch weiter und läßt die Schleimhaut der Gebärmutter noch dicker werden. Da der Gelbkörper aber nur zwei Wochen lebensfähig ist und schon nach einer Woche zu schrumpfen beginnt, bildet er immer weniger Hormon. Ohne Progesteron kann sich aber die Gebärmutterschleimhaut nicht mehr stabil halten: Sie löst sich von der Innenhaut der Gebärmutter und geht als Blutung ab.

Die Blutung am Ende des Zyklus entsteht ausschließlich durch das Zusammenspiel der Hormone. Ein Eisprung ist dazu nicht notwendig. Vor allem junge Frauen und Frauen in den Wechseljahren haben häufig Zyklen ohne Eisprung (anovulatorische Zyklen), bluten aber trotzdem regelmäßig.

Schmerzhafte Blutung

Die meisten Frauen spüren an einem schmerzhaften Ziehen im Unterbauch oder im Steißbereich, daß ihre Periode beginnt. Für einige sind das die einzigen Schmerzen, die die Blutung mit sich bringt. Andere leiden mehr. Vor allem Mädchen und junge Frauen müssen sich oft wegen intensiver Krämpfe (Dysmenorrhoe) hinlegen und schonen. Bei manchen Frauen schwächen sich die Periodenschmerzen mit dem Älterwerden ab.

Regelschmerzen sind sehr häufig ein Signal des Körpers, mit dem er auf eine nicht mehr aufzufangende seelische Belastung hinweist. Wenn sich die Periodenschmerzen über mehrere Tage hinziehen oder Jahre nach der ersten Blutung überraschend verstärken, sollten Frauen immer ärztlichen Rat suchen. Es könnte sein, daß sich in der Gebärmutter Myome gebildet haben (▷ Seite 680) oder daß sich eine Endometriose entwickelt hat (▷ Seite 682).

Ziehen und Schmerzen zwischen den Blutungen (Mittelschmerz) sind Folge des Eisprungs, können aber auch durch Hormonschwankungen ausgelöst sein.

Die Schmerzen entstehen vor allem durch Prostaglandine. Diese Gewebehormone wirken auf die Muskulatur, unter anderem auf die des Uterus, und sie verstärken die Empfindlichkeit der Schmerzrezeptoren. Die bei Regelschmerzen gebräuchlichen Arzneimittel, wie Azetylsalizylsäure (z.B. *Aspirin*) oder Ibuprofen (z.B. *Dismenol*), hemmen die Bildung von Prostaglandinen. Besonders effizient wirken sie, wenn man sie einnimmt, bevor die ersten Schmerzen spürbar werden.

Die meisten Frauen kommen jedoch ohne Medikamente aus, wenn sie sich Ruhe und Muße, Schlaf und Entspannung gönnen. Feuchte Wärme, in Form eines warmen Bades oder als Bauchwickel, entkrampft besonders gut.

Überstarke Blutung

Bei manchen Frauen reichen sechs oder mehr Vorlagen täglich nicht aus, um das Blut aufzufangen (Menorrhagie), oder die Blutungen dauern ungewöhnlich lange. Tritt das mehrfach auf, sollte eine frauenärztliche Untersuchung die Ursache dafür klären.

Bei jungen Frauen und Frauen, die auf die Wechseljahre zusteuern, sind solche Blutungen nicht ungewöhnlich. Sie sind Zeichen für einen Zyklus, in dem es keinen Eisprung gegeben hat. Frauen, die mit der Spirale verhüten, haben fast immer relativ starke Blutungen (▷ Seite 633).

Die häufigste Ursache für überstarke Blutungen sind Myome (▷ Seite 680) und Endometriose (▷ Seite 682).

Unregelmäßige Blutung

Solange die Blutungen einigermaßen regelmäßig auftreten, ist es unerheblich, ob das im Abstand von 21, 28 oder 35 Tagen geschieht.

Jede Form von Streß, körperliche oder seelische Krankheiten können die Menstruation früher oder später als erwartet kommen lassen (Metrorrhagie). Haben sich die Wogen im Alltag geglättet, wird auch die Periode wieder regelmäßig. Allerdings sollten

Frauen immer abklären, ob die Regel nicht deshalb ausbleibt, weil sie schwanger sind.

Hormonstörungen, die die Periode unregelmäßig werden lassen, bedürfen keiner Behandlung. Wenn Frauen allerdings vergeblich versuchen, schwanger zu werden, und ihr Zyklus kürzer ist als 21 Tage, sollten sie klären lassen, ob eine Hormonstörung der Grund dafür ist.

Frauen in den Wechseljahren, die Hormone einnehmen, können dadurch unregelmäßig bluten (▷ Seite 546). Damit verschleiert das Medikament das deutlichste Warnsignal eines Gebärmutterkrebses: unregelmäßige Blutungen. Um eine solche Erkrankung frühzeitig erkennen zu können, sollten Frauen sich regelmäßig jedes Jahr gynäkologisch untersuchen lassen.

Zwischenblutung

Einen bräunlich-blutigen Ausfluß zwischen den regulären Blutungen bezeichnet man als Zwischenblutung. Derartiges deutet auf leichte Hormonschwankungen hin und ist ungefährlich. Manche Pillen sind so niedrig dosiert, daß Zwischenblutungen auftreten können (▷ Pille, Nebenwirkungen, Seite 635). Auch Scheidenentzündungen können leichte Blutungen verursachen (▷ Seite 673). Blutungen nach dem Sex sind häufig auf Schleimhautveränderungen oder Polypen am Muttermund zurückzuführen (▷ Seite 679).

Ausbleiben der Blutung

Der häufigste Grund, daß die Regel ausbleibt, ist eine Schwangerschaft. Ob das der Fall ist, zeigt ein Test (▷ Seite 645) frühestens zwei Tage nach dem Ausbleiben der Blutung.

Mädchen, die mit 16 noch nicht menstruiert haben, sollten sich untersuchen lassen. Die Amenorrhoe beruht meist auf einer psychischen Störung, die das hormonelle Geschehen stört. Sexueller Mißbrauch beispielsweise kann ein Mädchen so belasten, daß er ihre Periode verhindert. Auch magersüchtige Mädchen (▷ Seite 520) bekommen ihre Periode nicht, oder sie bleibt lange Zeit aus.

Mit Hormontabletten oder der Pille läßt sich die erste Blutung künstlich hervorrufen. Wenn der seelische Grundkonflikt behoben ist, stellt sich nach dem Absetzen des Medikaments meist ein normaler Zyklus ein.

Das erste Mal

Die erste Periode (Menarche) fällt mitten in eine ohnehin schon schwierige Lebensphase voll wechselhafter Gefühle und körperlicher Veränderungen. »Auch das noch!« denkt da so manche trotz aller liebevollen Vorbereitung. Irritiert und etwas peinlich berührt sind die meisten Mädchen, wenn sie die ersten Blutstropfen im Slip sehen, gleichgültig ist es wohl keiner.

- Im Gespräch kann die Mutter ihrer Tochter über Verlegenheit und Unsicherheit hinweghelfen. Doch liegt es bei dem Mädchen, ob es dieses Angebot annehmen möchte.
- Wenn schon das Kind Binden und Tampons kennengelernt hat und weiß, wofür die Mutter sie gebraucht, kann das Mädchen sie bei der ersten eigenen Blutung unbefangen verwenden.
- Was mancher erwachsenen Frau gefällt, beispielsweise die erste Periode der Tochter festlich zu feiern oder das Ereignis dem Vater mitzuteilen, kann der Tochter sehr peinlich sein und sie beschämen.
- Die erste Blutung kann Anlaß sein, die frühere Verhütungsaufklärung noch einmal zu vertiefen. Ein gemeinsamer Besuch von Mutter und Tochter bei der Frauenärztin oder dem Frauenarzt kann helfen, Fragen zu klären.

LITERATUR

Angelika Blume
PMS – Das prämenstruelle Syndrom
rororo, Reinbek, 1992. DM 9,80

Hat eine Frau über längere Zeit ihre Periode gehabt und bleibt diese dann länger als drei Monate aus, sprechen ÄrztInnen von sekundärer Amenorrhoe. Sie ist allermeistens durch seelische Ausnahmesituationen begründet. Freudige Aufregungen, wie eine Hochzeit, können sie ebenso hervorrufen, wie schreckliche Katastrophen, Trennungen oder der Tod eines geliebten Menschen. In körperliche Ausnahmesituationen bringen sich Frauen, indem sie sich extremen Diäten unterwerfen oder Hochleistungssport betreiben.

Manche Frauen, die längere Zeit mit der Pille verhütet haben, warten nach dem Absetzen oft monatelang vergeblich auf ihre Periode (post-pill-Amenorrhoe). Bei ihnen haben die künstlichen Hormone die eigene Hormonproduktion zu stark gedrosselt. Erst wenn sich das ausgeglichen hat, treten die Blutungen wieder von selbst auf.

Selten kommt es vor, daß hormonbildende Tumore, beispielsweise an der Hirnanhangdrüse (Hypophyse), die Menstruation unterdrücken.

Wenn die Periode unerklärlicherweise zweimal ausgeblieben ist, sollte eine ärztliche Untersuchung klären, ob es dafür organische Gründe gibt. Hormonuntersuchungen und Behandlungen sind nur notwendig, wenn Frauen einen regelmäßigen Zyklus mit Eisprung haben wollen, zum Beispiel weil sie schwanger werden wollen.

Nicht nur Frauensache

»Verhütung ist Frauensache.« Nach diesem bequemen Motto leben immer noch viele Männer, solange Frauen sie nicht in die Pflicht nehmen. Und diese Pflicht der Männer kann darin bestehen, daß sie nicht nur das Kondom selbst korrekt überstreifen, sondern auch dafür sorgen, daß immer genügend Präservative zur Hand sind. Wenn in einer auf Dauer angelegten Partnerschaft die Familienplanung abgeschlossen ist, ist es dem Mann durchaus zuzumuten, sich für die Möglichkeit seiner Sterilisation zu interessieren. Und auch der Single, der sich ganz sicher ist: »Kinder kommen für mich nicht (mehr) in Frage«, darf sich fragen lassen: »Wann hast du dich sterilisieren lassen?«

Empfängnisverhütung

Seit Menschengedenken entwickelten Frauen Methoden, mit denen sie eine Empfängnis zu verhüten trachteten. Zumeist waren es Barrieremethoden, die verhindern sollten, daß die Spermien in die Gebärmutter aufsteigen. Doch auf das optimale Verhütungsmittel warten Frauen immer noch. Es müßte vollkommen sicher sein, nebenwirkungsfrei und preiswert, einfach anzuwenden und seine Wirkung müßte sich auf Wunsch sofort wieder aufheben lassen. Allerdings ermöglicht die Vielfalt der Methoden heute, daß jede Frau das für sie in ihrer individuellen Situation und jeweiligen Lebensphase geeignetste Verhütungsmittel auswählen und – wenn nötig – auch wechseln kann. Entscheidend sind: die persönlichen Lebensumstände, das Alter, die Gesundheit, die Partnerbeziehung, die Familienplanung.

Dabei kann nur das Verhütungsmittel erfolgreich angewendet werden, mit dem sich die Frau wirklich wohlfühlt. Wenn sich das Innere gegen die praktizierte Methode sträubt, passieren »Pannen«: Dann wird die Pille »vergessen«, das Diaphragma nicht richtig eingelegt, das Kondom nicht richtig angelegt – oder die Frau verspürt starke Nebenwirkungen der gewählten Mittel.

Verhütungsmittel müssen die Paare selbst bezahlen. Nur bei jungen Frauen bis 20 übernehmen die Krankenkassen die Kosten für Pille oder Spirale.

Sicherheit

Die Sicherheit eines Verhütungsmittels wird mit dem »Pearl-Index« angegeben, benannt nach dem amerikanischen Frauenarzt Raymond Pearl. Dieser Index besagt, wieviele von 100 Frauen während eines Jahres schwanger werden, wenn sie die jeweilige Methode anwenden. Wenn also bei einer Verhütungsweise 40 von 100 Frauen während eines Jahres schwanger werden, ist der Pearl-Index 40. Je niedriger der Index, desto sicherer die Methode.

Natürliche Familienplanung

Die Natürliche Familienplanung (NFP) basiert darauf, die fruchtbaren Tage festzustellen und in dieser Zeit entweder auf Sex zu verzichten oder Kondome zu benutzen. Zur Feststellung der fruchtbaren Tage dienen Temperaturmessung und Selbstuntersuchung. Die NFP greift weder chemisch noch mechanisch in den Körper ein, verlangt aber Aufmerksamkeit und Disziplin von beiden Partnern. Wenn eine Frau so verhüten will, muß sie sich intensiv mit sich beschäftigen und ihren Körper gut kennenlernen. Empfehlenswert kann diese Methode für Paare sein, die gut miteinander vertraut sind.

Nach dem Eisprung ist das Ei etwa acht Stunden lang befruchtungsbereit. Weil die Samenfäden aber etwa 48 Stunden leben, kann die Frau auch dann schwanger werden, wenn der Verkehr zwei Tage vor dem Eisprung stattfand. Da der Zeitpunkt des Eisprungs nie genau bekannt ist, betrachtet man sicherheitshalber die fünf Tage vor der üblichen Zeit des Eisprungs bis drei Tage danach als fruchtbare Zeit.

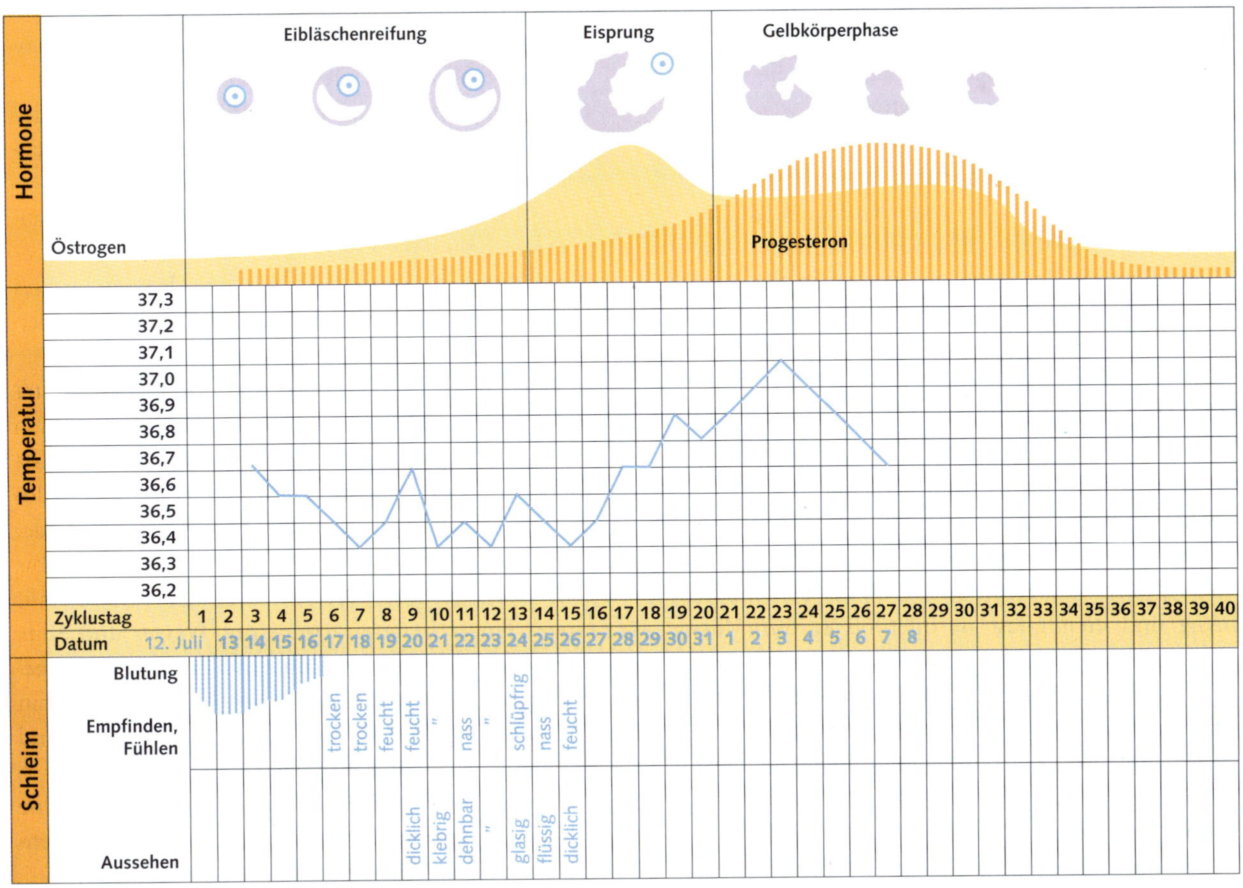

In der übrigen Zeit braucht das Paar kein Verhütungsmittel. Sicher können sich die Partner aber erst dann auf die NFP verlassen, wenn man aus der Temperaturkurve über sechs Monate ersehen kann, wann der Eisprung üblicherweise stattfindet. Frauen mit unregelmäßigen Zyklen können sich auf die NFP nicht verlassen. Das gleiche gilt, wenn sie einen sehr unruhigen Lebensstil mit langen Nächten, Schichtarbeit oder anstrengender Arbeit haben.

Bei korrekter Anwendung wird die Sicherheit mit einem Pearl-Index von eins bis zwei angegeben.

Temperatur messen

Mit dem Eisprung erhöht sich die Körpertemperatur um 0,5 Grad (▷ Seite 631). Mittels Temperaturmessung können Frauen also nachträglich feststellen, ob und wann der Eisprung stattfand.

Allerdings beeinflussen viele Faktoren die Körpertemperatur: Aufregung, Belastungen, weniger als sechs Stunden Schlaf, Erkältungen, Fieber, Alkohol. Da die Temperatur auch durch Bewegung ansteigt, sollten Frauen sie morgens vor dem Aufstehen messen, und zwar mit einem Fieberthermometer immer an derselben Stelle: unter der Zunge, in der Vagina oder im Darm. Die Temperatur wird auf einem vorgedruckten Kurvenblatt eingetragen.

Schleim prüfen

Als Ergänzung zur Temperaturmessung sollten Frauen jeden Tag den Muttermundschleim prüfen. Dafür tupfen sie mit dem Finger vom Muttermund tief hinten in der Scheide etwas Schleim ab. Mit den Fingerspitzen können sie testen, ob der Schleim zähflüssig und cremig-fest ist oder ob er dünnflüssig und »spinnbar« wie rohes Eiweiß ist, das heißt, ob er sich zwischen den Fingerkuppen zu einem dünnen Faden ziehen läßt. Während der unfruchtbarenTage ist der Schleim zäh, spinnbarer Schleim deutet auf die fruchtbaren Tage hin.

Auf dem gleichen Prinzip beruht die »Billings-Methode«. Hierbei beurteilen Frauen, wie die Schleimabsonderung am Scheideneingang beschaffen ist. Etwa fünf Tage vor dem Eisprung bis einen Tag danach ist der Schleim flüssig und reichlich, an den anderen Tagen ist er eher cremig oder gar nicht vorhanden.

Diaphragma

Der Name kommt aus dem Griechischen und bedeutet »Quermauer«: Das Diaphragma sperrt die Samenfäden aus der Gebärmutter aus. Es besteht aus einem weichen Gummiring, über den eine kuppelartig gewölbte Latexhaut gespannt ist. Vor dem Einlegen wird es mit einer samenabtötenden Creme bestrichen, ein wenig zusammengedrückt und dann in die Scheide vor den Muttermund geschoben. Nach einiger Übung gelingt das relativ leicht.

Ein Diaphragma können Frauen immer dann anwenden, wenn sie – für diese Stunde oder Nacht – einen Empfängnisschutz brauchen. Es hat, bis auf die selten auftretende Gummiallergie, keine Nebenwirkungen.

Ein Diaphragma sollte immer von einer Frauenärztin oder einem -arzt angepaßt werden, damit es die individuell richtige Größe hat. Ein zu großes Diaphragma stört beim Sex und drückt, ein zu kleines läßt Samenflüssigkeit am Rand vorbei.

Nach einer Entbindung kann die Scheide weiter sein als zuvor: Dann muß das Diaphragma auf jeden Fall neu angepaßt werden. Das gilt auch für eine Gewichtszu- oder -abnahme um mehr als fünf Kilogramm: Sie verändert ebenfalls die Weite der Scheide.

Nach dem Sex muß das Diaphragma sechs bis acht Stunden liegenbleiben. Danach wird es mit einem Finger herausgezogen, mit Wasser und Seife abgewaschen, getrocknet und mit etwas Talkum gepudert, damit das Gummi nicht brüchig wird. Ein Diaphragma hält etwa zwei Jahre. In diesem Abstand empfehlen sich auch ärztliche Kontrollen.

Wenn das Diaphragma abgerutscht und in eine falsche Lage geraten ist, reicht meist die samentötende Creme zur Verhütung aus.

Bei richtiger Anwendung gilt das Diaphragma als relativ sicheres Verhütungsmittel mit einem Pearl-Index von vier bis sieben.

Kondom

Kondome bestehen aus sehr dünnem Latex und sind das einzige Verhütungsmittel, das Männer anwenden können. Sie wirken als Barrieremethode und halten die Samenflüssigkeit zurück. An ihrer Spitze haben sie einen kleinen Hohlraum (Reservoir), in dem sich die Samenflüssigkeit sammeln kann. Nur in einer heilen Verpackung kann man ein unbeschädigtes Kondom erwarten.

Die richtige Anwendung entscheidet mit über die Sicherheit. Ein Kondom kauft man aufgerollt und rollt es über den vollkommen erigierten Penis weit hinunter bis zum Schaft ab. Es sollte perfekt, wie angegossen, passen. Erst so umhüllt wird das Glied in die Scheide eingeführt, denn auch die Flüssigkeit, die vor dem Erguß aus dem Penis austritt, kann schon befruchtungsfähige Samenfäden enthalten. Nach der Ejakulation muß das Kondom festgehalten werden, damit es nicht vom abschwellenden Glied rutscht. Jeder neue Verkehr erfordert ein neues Kondom.

Das Naturprodukt Latex kann im Biomüll entsorgt werden. In die Toilette geworfen, bereitet es der Kanalisation erhebliche Probleme.

Kondome schützen nicht nur vor ungewollter Schwangerschaft, sondern auch vor Infektionen mit Geschlechtskrankheiten und HIV. Frauen, die ein bewegtes Liebesleben führen, sollten diesen Schutz auch dann immer bei sich haben, wenn sie mit der Pille oder dem Diaphragma verhüten.

Bei richtiger Anwendung ist das Kondom ein sicheres Verhütungs- und Schutzmittel. Der Pearl-Index liegt bei drei.

Spirale

Das Intrauterinpessar (IUP) bekam seinen Namen nach seiner Form: Die ersten Modelle waren ring- oder spiralförmig. Die heutigen Kunststoffspiralen ähneln einem »T« und sind mit feinem Kupferdraht umwickelt. Einige Produkte enthalten zusätzlich noch Hormone. Alle Spiralen haben Rückholfäden aus weichem Kunststoff, an denen Ärztin oder Arzt sie wieder aus der Gebärmutter herausziehen können.

Bei der Spirale addieren sich mehrere verhütende Wirkungen. Sie ist für die Gebärmutter ein Fremd-

Einlegen des Diaphragmas

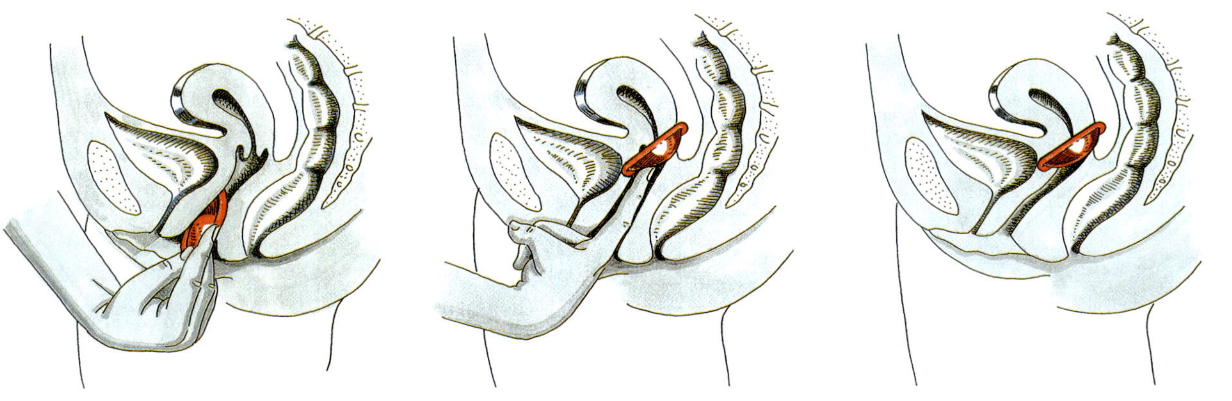

Zusammendrücken und tief in die Scheide einführen

Mit dem Finger das Diaphragma vor den Muttermund schieben

Ein richtig sitzendes Diaphragma umschließt den Muttermund komplett körper, der durch Druck und Reiz in der Schleimhaut eine leichte Entzündung hervorruft. Dadurch werden Gewebehormone freigesetzt, die die Einnistung eines befruchteten Eis verhindern. Nach dem Eisprung transportieren die Eileiter das Ei in die Gebärmutter und saugen dabei gleichzeitig die Samenfäden an. Der Fremdkörperreiz der Spirale hemmt die Beweglichkeit der Eileiter: Ei und Samenfäden treffen verzögert aufeinander. Zusätzlich verändert das Kupfer die biochemischen Abläufe der Befruchtung und hindert die Samenfäden in ihrer Beweglichkeit, so daß sie noch vor der Befruchtung absterben.

Eine Spirale muß immer von einer Frauenärztin oder einem -arzt eingelegt werden. Im Monat vor dem geplanten Einlegen müssen Abstriche bestätigen, daß am Muttermund weder Infektionen noch Krebsveränderungen bestehen.

Am leichtesten gelingt das Einlegen des IUP in den ersten Tagen der Periodenblutung, weil dann der Muttermund leicht geöffnet ist. Nach dem Einlegen wird der Rückholfaden so abgeschnitten, daß er etwa zwei bis drei Zentimeter aus der Gebärmutter heraushängt. Die Fäden stören nicht beim Sex.

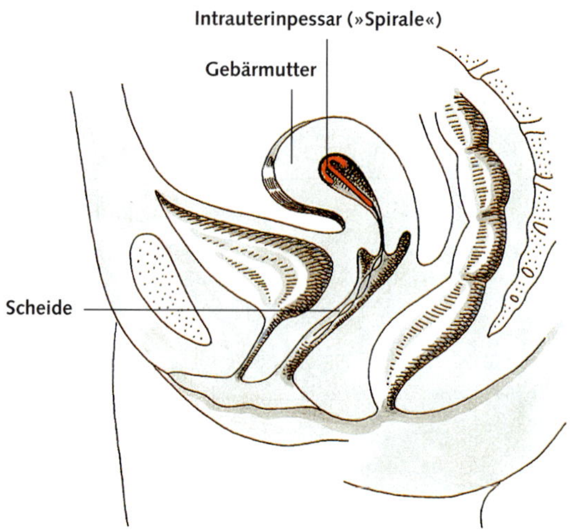

Die Spirale liegt in der Gebärmutterhöhle. Ihre Fäden ragen in die Scheide hinein.

Eine Spirale kann drei bis fünf Jahre liegenbleiben, ohne an Wirksamkeit zu verlieren. Sie greift nicht in den Hormonhaushalt ein, und die Frau ist kontinuierlich geschützt.

Die Spirale ist besonders geeignet für Frauen über 25 Jahren und für Frauen, die schon Kinder geboren haben. Mit einem Pearl-Index von eins bis zwei ist sie ein sehr sicheres Verhütungsmittel.

Nebenwirkungen

Die Spirale verstärkt die Periodenblutung und verlängert sie um ein bis zwei Tage. Leichte Zwischenblutungen können auftreten. Manche Frauen haben auch stärkere Periodenschmerzen.

Bei etwa zwei bis drei von hundert Frauen mit Spirale entzünden sich Eileiter oder Eierstöcke (▷ Seite 689), meist aufgrund unerkannter Infektionen, die beim Einlegen der Spirale in die Gebärmutter verschleppt werden. Manchmal flammen auch alte Infektionen wieder auf. Nicht immer muß das IUP entfernt werden; oft genügt eine Antibiotika-Behandlung. Wenn die Infektion aber chronisch wird, muß sich die Frau die Spirale ziehen lassen: Es drohen Eileiterverklebungen, in deren Folge sie unfruchtbar werden könnte.

Selten kann die Spirale eine Eileiterschwangerschaft auslösen (▷ Seite 690). Da sich die Eileiter weniger bewegen, wenn die Frau ein IUP trägt, kann ein befruchtetes Ei im Eileiter hängenbleiben und sich dort einnisten. Wenn Frauen eine Spirale tragen und vergeblich auf ihre Periode warten, sollten sie also unbedingt einen Schwangerschaftstest machen.

Manchmal stößt die Gebärmutter die Spirale aus. Meist geschieht das in den ersten drei Monaten nach dem Einlegen, häufig während der Periode. Dabei verliert die Frau aber nur selten die Spirale ganz, das IUP rutscht vielmehr in den Muttermundkanal hinein. Eine sichere Verhütung ist dann nicht mehr möglich. Wie die Spirale liegt, kann sie leicht selbst kontrollieren: Bei richtigem Sitz sind am Muttermund die Rückholfäden, und nur sie, zu tasten.

Wenn eine Frau trotz Spirale schwanger wird, ist es meist nicht notwendig, das IUP zu ziehen. Es kann beim Kind keine Mißbildungen verursachen. Vielmehr besteht die Gefahr einer Fehlgeburt, wenn das IUP in der Frühschwangerschaft gezogen wird.

Samentötende Mittel

Samentötende Verhütungsmittel gibt es als Zäpfchen, Salbe, Creme, Schaum oder Tabletten. Sie wirken alle gleich: Ihr Inhaltsstoff Nonoxinol-9 hemmt die Beweglichkeit der Spermien und löst sie auf. Die Mittel wirken nur für jeweils einen Verkehr.

Die Mittel müssen zehn bis fünfzehn Minuten vor dem Verkehr in die Scheide eingeführt werden; danach haben sie sich vollständig aufgelöst und den Muttermund mit einem Flüssigkeitsfilm überzogen. Außerdem kann Nonoxinol manche Bakterien und Viren – nicht aber HIV – unschädlich machen.

Samentötende Mittel können das Gummi von Kondomen porös machen, deshalb sollte man nicht beides gleichzeitig anwenden.

Generell gilt diese Verhütungsmethode als recht unsicher. Der Pearl-Index liegt bei sechs bis zehn.

Nebenwirkungen

Manche Menschen reagieren allergisch auf samentötende Mittel. Zeichen dafür ist ein Juckreiz an der Haut von Scheide oder Penis. Dann sollten sie diese Mittel nicht weiter verwenden. Störend können auch der Geruch oder der Geschmack sein.

Frauen, die häufig samentötende Mittel anwenden, verändern damit die Bakterienflora ihrer Scheide und werden anfälliger für Infektionen.

Pille

Ende der 50er Jahre kam das erste hormonelle Verhütungsmittel auf den Markt: »die Pille«, erfunden von dem Amerikaner Gregory Pincus, künstlich hergestellt aus weiblichen Hormonen.

• Kombinationspräparate: Die Hormone – Gestagene und Östrogene – werden aus dem Darm ins Blut aufgenommen, gelangen ins Gehirn und hemmen dort über einen Rückkopplungsmechanismus die Bildung körpereigener Hormone. Auf diese Weise wird der Eisprung verhindert, eine Schwangerschaft ist nicht mehr möglich. Je nach Zusammensetzung unterscheidet man bei den Kombinationsmitteln Ein-, Zwei- und Dreiphasenpräparate.

• »Minipillen«: Diese rein gestagenhaltigen Pillen beeinflussen nicht den Eisprung, machen aber den Schleim am Muttermund für die Spermien undurchlässig. Sie müssen auf vier Stunden pünktlich jeden Tag eingenommen werden.

• Dreimonatsspritzen: Gestagen ist auch in der sogenannten Dreimonatsspritze enthalten. Sie verhindert für drei Monate die Empfängnis, hemmt aber auch die Periode und kann wegen ihrer hohen Dosierung stärkere Nebenwirkungen haben als die Präparate in Tablettenform.

Die Pille ist einfach anzuwenden, muß aber jeden Tag und möglichst zur gleichen Zeit genommen werden. Die Periodenblutung wird schwächer und verkürzt sich auf ein bis drei Tage, auch Periodenschmerzen oder unreine Haut können sich verringern.

Die Pille ist das sicherste Verhütungsmittel überhaupt. Der Pearl-Index liegt bei 0,2 bis 0,3.

Nebenwirkungen

Die meisten Nebenwirkungen der Pille beruhen darauf, daß sie den Hormonhaushalt verändert: Zwischenblutungen, Veränderungen der Scheidenflora und deshalb häufiger Infektionen mit Bakterien und Pilzen, Brustspannen, Wassereinlagerungen, verstärkter Appetit und Gewichtszunahme, Übelkeit. Außerdem können der Blutdruck und der Cholesteringehalt des Blutes ansteigen, der Blutzuckerspiegel und die Leberfunktion können sich verändern, das Thromboserisiko kann steigen. Weil am Ende der monatlichen Pilleneinnahme der Östrogengehalt im Blut rapide sinkt, bekommen manche Frauen sogenannte Entzugskopfschmerzen. Sie müssen entweder auf eine Gestagenpille umsteigen oder hormonfreie Verhütungsmittel benutzen.

Nach den bisherigen Forschungsergebnissen löst die Pille keinen Krebs aus. Krebskranke Frauen sollten aber dennoch besser keine Pille schlucken, weil ihre Hormone manche Krebsarten, vor allem den Brustkrebs, zum Wachstum anregen können.

Frauen, die mehr als zehn Zigaretten am Tag rauchen, haben ein großes Thromboserisiko und dürfen keine Pille einnehmen. Auch Frauen, die älter sind als 35, Übergewicht und Krampfadern haben, sollten wegen der erhöhten Thrombosegefahr auf die Pille verzichten.

TIP

Pille vergessen – und nun?

- Innerhalb der ersten zwölf Stunden nach der üblichen Einnahmezeit können Sie die Pille noch nachträglich einnehmen. Der Empfängnisschutz ist gewährleistet.
- Sind mehr als zwölf Stunden vergangen, brauchen Sie die Packung wie üblich auf, um den Zyklus nicht durcheinanderzubringen. Für einen sicheren Empfängnisschutz brauchen Sie in diesem Monat aber zusätzliche Verhütungsmittel.
- Wenn Sie in der letzten Einnahmewoche eine oder mehrere Pillen vergessen haben, sollten Sie keine Einnahmepause machen, sondern gleich anschließend mit der nächsten Packung beginnen. Für einen sicheren Empfängnisschutz brauchen Sie in diesem Monat zusätzliche Verhütungsmittel.
- Wenn Sie in der ersten Einnahmewoche eine oder mehrere Pillen vergessen haben, sollten Sie eine Pause von sieben Tagen machen und dann mit einer neuen Packung von vorn beginnen. Für einen sicheren Empfängnisschutz brauchen Sie in diesem Monat zusätzliche Verhütungsmittel.

Manche Frauen werden durch die Pille niedergeschlagen, lustlos, müde oder reizbar. Das ist meist auf die Veränderungen im Hormonhaushalt zurückzuführen. Bei einigen kann dafür auch eine unbewußte Abneigung gegen die Pille verantwortlich sein, etwa weil sie nicht ständig sexuell »verfügbar« sein möchten oder weil sie sich – eigentlich – eine Schwangerschaft und ein Kind wünschen.

Verminderte Wirkung

Zahlreiche Medikamente verringern die Schutzwirkung der Pille oder heben sie auf. Dazu gehören Antibiotika, Schmerz- und Migränemittel, Beruhigungsmittel, Mittel gegen Allergien, Bluthochdruck und Epilepsie und Psychopharmaka. Frauen, die solche Mittel einnehmen, müssen entweder auf andere Verhütungsmittel umsteigen oder vorübergehend zusätzlich Kondome benutzen.

Wer sich kurz nach der Pilleneinnahme übergibt oder starken Durchfall bekommt, scheidet die Pillenwirkstoffe verfrüht aus. Um sich den Schutz zu erhalten, muß die Frau an diesem Tag eine weitere Pille einnehmen.

Eine längere Pillenpause zu machen ist nicht sinnvoll. Das Risiko, in dieser Zeit schwanger zu werden, ist sehr hoch, und es tut dem Körper nicht gut, ihm Hormone zuzuführen, sie dann eine Zeitlang zu entziehen und dann doch wieder zu verabreichen.

Pille danach

Die »Pille danach« ist ein Rettungsanker für Paare, deren Verhütung mißlungen ist. Wegen ihrer Nebenwirkungen soll sie immer nur dem Notfall vorbehalten bleiben.

Das Präparat (*Tetragynon*) besteht aus vier Tabletten, die insgesamt 0,2 Milligramm Östrogen und 2 Milligramm Gestagen enthalten. Spätestens 72 Stunden nach dem Verkehr müssen die ersten zwei Tabletten, nach einer Pause von zwölf Stunden die anderen zwei eingenommen werden. Manchen Frauen wird danach übel; die Periode verschiebt sich um ein bis zwei Wochen. Wenn die Periode zwei Wochen nach der Pilleneinnahme nicht eingetreten ist, muß die Frau klären, ob sie schwanger ist.

Frauen, die zukünftig mit der Spirale verhüten möchten, können sich – statt die »Pille danach« einzunehmen –, ein IUP einlegen lassen. Innerhalb 24 Stunden nach dem Verkehr verhindert es die Einnistung eines eventuell befruchteten Eis.

Sterilisation

Die Sterilisation ist als endgültige Verhütung gedacht. Zwar können die durchtrennten Samenleiter des Mannes oder Eileiter der Frau mikrochirurgisch wieder verbunden werden, doch läßt sich die Fruchtbarkeit nicht in jedem Fall wiederherstellen.

Ausführliche Informationen über den Ablauf des Eingriffs, seine Risiken und Folgen geben die Beratungsstellen von »pro-familia« (▷ Seite 639), FrauenärztInnen und UrologInnen.

Beim Mann

Die Sterilisation wird in örtlicher Betäubung durchgeführt. Durch zwei kleine Hautschnitte oberhalb der Hoden werden die beiden Samenleiter durchtrennt und ein kleines Stück herausgeschnitten. Die beiden Enden der Samenleiter werden verschlossen und die Hautschnitte vernäht. In den ersten Wochen nach der Sterilisation bilden die Hoden zwar noch Samenfäden, doch das Hodengewebe löst sie auf. Später stellt der Hoden die Samenbildung ein. Trotzdem wird bei der Ejakulation kaum weniger Flüssigkeit ausgestoßen, denn sie wird in der Prostata und im intakten Teil des Samenleiters gebildet.

An der Hormonproduktion der Hoden ändert sich durch die Sterilisation nichts. Darum bleiben die Lust auf Sex, der Orgasmus, die Potenz und alle Geschlechtszeichen, wie Bart oder tiefe Stimme, unbeeinträchtigt gleich. Wenn es nach einer Sterilisation Probleme gibt, haben sie seelische Gründe.

Bei der Frau

Im Vergleich zur Sterilisation des Mannes ist die der Frau ein wesentlich größerer Eingriff. Er wird in Vollnarkose oder nach Betäubung der unteren Körperhälfte im Rahmen einer Bauchspiegelung (Laparoskopie) durchgeführt. Dabei werden die Eileiter durchtrennt. Nun kann kein Ei mehr bis in die Gebärmutter gelangen, und die Samenfäden können nicht in die Eileiter aufsteigen. Es reifen zwar weiterhin Eier heran, doch lösen sie sich im Eileiter auf.

Als Baucheingriff ist die Sterilisation der Frau – abgesehen vom Narkoserisiko – insgesamt erheblich risikoreicher als die Sterilisation des Mannes.

Auch bei der Frau wirkt sich die Sterilisation nicht auf den Hormonhaushalt und die Lust aus, es sei denn, seelische Gründe stören das Liebesleben. Frauen, die sich nach gründlicher Überlegung und »ganzen Herzens« zur Sterilisation entschlossen haben, können die Liebe unbeschwert genießen.

Die gesetzlichen Krankenkassen übernehmen die Kosten für eine Sterilisation. Die Privatversicherer hingegen zahlen nur bei besonderen Indikationen, wie bei Krankheiten oder Erbleiden.

Ungewollt schwanger

Die Periode ist ausgeblieben, banges Warten bis der Test zeigt: ungewollt schwanger. Die meisten Frauen sind schockiert, viele wollen es nicht wahrhaben, verdrängen, verzögern den jetzt wichtigsten Schritt: den schnellen Weg in eine Beratungsstelle für Schwangerschaftskonflikte. Diese Stellen werden konfessionell, städtisch, staatlich oder von freien Wohlfahrtsverbänden geführt. Ihre MitarbeiterInnen haben die Aufgabe, Frauen im Schwangerschaftskonflikt beizustehen und mit ihnen zusammen Lösungen zu finden. Dort erfahren sie und ihr Partner, mit welchen Hilfen sie rechnen können, wenn sie das Kind bekommen möchten, und welche Schritte sie gehen müssen, wenn sie einen Abbruch wünschen.

Wege zur Entscheidung

Der Schock, die Angst, die Panik über eine ungewollte Schwangerschaft wühlen jede Frau innerlich auf, denn es geht um die Entscheidung, wie das zukünftige Leben verlaufen soll. Ganz vornan steht die Überlegung, wie weit sie dabei auf den Vater des Kindes zählen kann. Was tun, wenn die Verbindung bereits gelöst wurde, wenn die Schwangerschaft einer flüchtigen Beziehung entstammt, wenn der Mann die Schwangerschaft und Kinder ausschließlich als Angelegenheit der Frau betrachtet? Viele Verbindungen zerbrechen anläßlich einer Schwangerschaft. Manch eine Frau wird aber auch genau dann schwanger, wenn die Beziehung in einer tiefen Krise steckt: Ohne daß sich die beiden Partner bewußt dazu entschließen oder entscheiden, soll ein Kind die Liebe retten. Die Schwangerschaft wird im Widerstreit der Gefühle »innerlich zugelassen«.

Um sich klar zu werden, ob die Frau das Kind in sein Leben führen will – notfalls auch ohne männliche Unterstützung – sollte sie so viele Gespräche mit Vertrauenspersonen führen wie möglich. Das können Eltern oder FreundInnen sein, aber auch außenstehende professionelle BeraterInnen.

Auch mit dem Partner ist Einigkeit nötig, wenn beide zusammenbleiben wollen. Auf lange Sicht gesehen hält und trägt nur die Entscheidung, bei der beide ehrlich vor sich selbst und dem anderen alle Konsequenzen angesprochen haben. Allzu häufig gehen Beziehungen nach der Geburt des Kindes auseinander, weil sich die Partner schließlich vorwerfen, sie seien »nur wegen des Kindes« zusammengeblieben.

Schlecht steht es auch um Beziehungen, in denen der Mann das Kind partout nicht will und sie sich diesem Wunsch beugt. Viele Frauen, die auf Drängen ihres Partners eine Schwangerschaft abgebrochen haben, verkraften diesen Eingriff seelisch nicht. Oft quälen sie sich und den Mann jahrelang mit Problemen, ohne zu erkennen, daß diese der ungewollt abgebrochenen Schwangerschaft entspringen. Andererseits beginnen Kinder, die geboren werden, weil ein Elternteil seinen Willen gegen den des anderen durchgesetzt hat, einen Lebensweg mit erheblichen Bürden (▷ Die Entscheidung, Seite 297).

Beratungsstellen

Die MitarbeiterInnen deutscher Beratungsstellen stehen vor einem unlösbaren Konflikt: Sie dürfen die Ratsuchenden nicht beeinflussen, sie dürfen ihnen keine Konfliktlösungen vorschlagen. Weil das Gesetz sie aber verpflichtet, die Beratung an dem Ziel zu orientieren, ungeborenes Leben zu schützen, können ratsuchende Frauen oder Paare den Eindruck bekommen, zum Austragen des Kindes gedrängt zu werden – was aber eigentlich nicht geschehen darf.

Deshalb informieren die BeraterInnen vor allem über Rechtsansprüche, wie Sozialhilfe, Wohnberechtigungsschein, Wohngeld, Kostenbeteiligungen von Krankenkasse oder Sozialamt, und Hilfen, wie Gelder der Stiftung »Mutter und Kind«, die in jedem Einzelfall sehr unterschiedlich sein können. Diese Informationen beleuchten den Hintergrund für ganz praktische Fragen, beispielsweise wie das Leben mit einem oder einem weiteren Kind finanzierbar ist. Die Entscheidung trägt aber immer die Frau selbst, ob mit oder ohne Partner.

Der Weg zum Abbruch

Die Änderung des §218 des deutschen Strafgesetzbuches im Juni 1995 hat den Weg zum Abbruch im Vergleich zu früher verändert. Und Mitte 1996 änderte sich für die Frauen in Bayern – und nur für sie – erneut etwas, indem sie ihre Gründe für den Abbruch angeben müssen.

Rechtliches

Ein Abbruch vor der zwölften Schwangerschaftswoche wird nicht mehr bestraft, wenn die Frau den gesetzlich vorgesehenen Weg dafür einhält. Das bedeutet, sie ist verpflichtet, sich einer Beratung zu unter-

Beratungsstellen

In einer öffentlichen Beratungsstelle arbeiten ÄrztInnen, SozialarbeiterInnen, SozialpädagogInnen und PsychologInnen zusammen. Diese Stellen können ein besonders breites und fundiertes Angebot an Hilfen unterbreiten, vor allem in sozialen Bereichen.

Das Beratungssgespräch

• Sie müssen Ihr Alter, Ihren Familienstand und Ihre Staatsangehörigkeit mitteilen. Ihr Name darf ungenannt bleiben. Den müssen Sie erst preisgeben, wenn Sie den Beratungsschein brauchen, um die Schwangerschaft abbrechen lassen zu können.

• Sie müssen die Zahl Ihrer Kinder, Ihrer früheren Schwangerschaften und Ihrer Abbrüche nennen.

• Die BeraterInnen sind verpflichtet zu fragen, warum Sie den Abbruch wünschen. Sie müssen Ihre Gründe jedoch nicht nennen – es sei denn, Sie wären in Bayern: Dort verpflichtet das Gesetz von 1996 die Frauen, ihre Gründe für den Abbruch bekanntzugeben.

• Wenn Sie wollen, können Sie Ihre Gründe mit den BeraterInnen überdenken und besprechen. Zu diesem intensiven Gespräch sind Sie aber nicht verpflichtet.

• Sie müssen über die Rechtslage informiert werden und darüber, daß Sie den Abbruch nur machen lassen dürfen, wenn die Schwangerschaft und das Kind eine unzumutbare Belastung darstellen würden.

• In einem ausführlichen Protokoll müssen die BeraterInnen festhalten, wie lange die Beratung gedauert hat, welche Informationen und Hilfsangebote sie gegeben haben, welche Gründe Sie für den Abbruch genannt haben und wer an der Beratung sonst noch teilgenommen hat. Das Protokoll dient dem Staat dazu, die Beratungsstellen überprüfen zu können.

• Die BeraterInnen stehen unter Schweigepflicht. Sie dürfen keine Auskünfte geben, nicht einmal darüber, ob die Frau je in der Beratungsstelle gewesen ist.

Abbruch in Österreich und der Schweiz

• In Österreich gibt es die Fristenlösung: Der Abbruch ist in den ersten zwölf Wochen einer Schwangerschaft ohne Einschränkung straffrei. Wenn bei Mutter oder Kind besondere Bedingungen vorliegen, ist ein Abbruch auch nach der zwölften Woche erlaubt.

• In der Schweiz ist ein Abbruch nur aus medizinischer Indikation erlaubt. Das Gesetz wird regional unterschiedlich ausgelegt. Die Kantone vergeben die Erlaubnis, wer die notwendigen Gutachten erstellen darf. In den Kantonen Nidwalden, Obwalden und Uri gibt es kaum Möglichkeiten, eine Schwangerschaft legal abzubrechen.

KONTAKT

Pro Familia – Deutsche Gesellschaft für Sexualberatung und Familienplanung e.V.
Cronstettenstraße 30, 60322 Frankfurt, Tel.: 069/63 90 02

Amt für Jugend und Familie (MA 11)
Partner-, Familien- und Sexualberatung
Freytaggasse 32, A-1210 Wien, Tel.: 0222/38 62 05

»Durchblick«
Postfach, CH-8029 Zürich, Tel.: 01/48 62 09

ziehen, und sie muß den Abbruch von Ärztin oder Arzt durchführen lassen. Das ist frühestens drei Tage nach der Beratung möglich.

Gleichzeitig bleibt der Abbruch aber rechtswidrig, weil schon das eingenistete befruchtete Ei als »schützenswertes Leben« gilt. Diese Regelung ist juristisch völlig neuartig und den meisten Menschen unverständlich, denn bisher kannte das Gesetz bestenfalls Gründe, weshalb eine strafbare Handlung nicht geahndet wurde. Daß eine Tat rechtswidrig ist und nicht bestraft wird, ist einzigartig.

Der Abbruch

Das Gesetz sieht vor, daß die Schwangerschaft frühestens drei Tage nach dem Beratungsgespräch abgebrochen werden darf. In dieser Zeit kann die Frau den Entschluß noch einmal überdenken.

Ein Teil der Frauen ist froh, daß die Zeit bangen Wartens nun endlich vorbei ist; für andere ist es ein schwerer Tag, an dem das Endgültige stattfindet. Manche erleichtern sich die Belastung, indem sie eine Vertraute mitnehmen. Nur wenige Männer übernehmen ihren Teil der Verantwortung an der ungewollten Schwangerschaft, begleiten die Frau zum Abbruch und sind auch hinterher bei ihr.

Absaugmethode

Bis zur zwölften Woche wird eine Schwangerschaft fast immer durch Absaugen beendet. In örtlicher Betäubung oder unter Vollnarkose wird der Muttermund gedehnt und ein Kunststoffröhrchen in die Gebärmutter eingeführt. Das Röhrchen ist mit einer Saugpumpe verbunden, die den Embryo und die Plazenta mit Unterdruck aus der Gebärmutter heraussaugt. Meistens folgt dann noch eine Ausschabung, um alle Schleimhautreste zu entfernen.

Der Eingriff dauert wenige Minuten, der Blutverlust ist gering. Anschließend bekommt die Frau eine Spritze mit einem Mittel, das die Gebärmutter sich fest zusammenziehen läßt. Das stillt die Blutung und beugt Infektionen vor. Nach dem Eingriff sollte sich die Frau noch etwa eine Stunde im Liegen ausruhen, dann kann sie nach Hause gehen. Für kurze Zeit können hinterher noch leichte Nachblutungen auftreten, die sie besser mit Binden als mit Tampons auffängt. Einige Tage lang sollte sie ihr Arbeitspensum reduzieren und sich Muße gönnen.

Prostaglandine

Wird die Schwangerschaft nach der zwölften Woche abgebrochen (▷ Nicht-rechtswidriger Abbruch, unten), ist der Embryo meist schon zu groß, um ihn

RECHT

Nicht-rechtswidriger Abbruch

Bei bestimmten Indikationen gilt ein Abbruch nicht als rechtswidrig – sogar noch nach der zwölften Schwangerschaftswoche. Für einen nicht-rechtswidrigen Abbruch übernimmt die Krankenkasse die Kosten.

- Wenn Sie körperlich oder seelisch schwer krank sind, Gefahr für Ihren Leib und Ihr Leben besteht und Ihnen die Schwangerschaft darum nicht zuzumuten ist, können Sie sie jederzeit abbrechen lassen (medizinische Indikation).
- Eine Erbkrankheit des Kindes oder eine Schädigung, beispielsweise durch Infektionskrankheiten (Röteln, Toxoplasmose), Vergiftungen, Chemikalien, Medikamente oder Strahlen, sind kein anerkannter Grund, um eine Schwangerschaft abbrechen zu lassen (eugenische Indikation). Für einen Abbruch müssen Sie glaubhaft machen, daß die Belastung, mit einem solchen Kind zu leben, für Sie so unerträglich sein würde, daß Sie körperlich oder seelisch Schaden nähmen (mütterlich medizinische Indikation).
- Wenn Sie infolge einer Vergewaltigung schwanger wurden, kann die Schwangerschaft bis zur zwölften Woche nach vorheriger Beratung abgebrochen werden. Die Indikation dazu dürfen nur AmtsärztInnen stellen (kriminologische Indikation).

abzusaugen. Es muß eine Fehlgeburt eingeleitet werden. Das geschieht im Krankenhaus.

Die Frau bekommt das Hormon Prostaglandin infundiert. Häufig wird auch etwas Prostaglandin in den Muttermund gespritzt, oder es wird als Gel davor gestrichen. Dieses Hormon löst Wehen aus, durch die der Fötus und die Plazenta abgehen. Weil Prostaglandin nur langsam wirkt, kann sich der Eingriff ein bis zwei Tage hinziehen. Meist ist er sehr schmerzhaft, so daß die Frau starke Schmerzmittel braucht.

Nachdem der Fötus abgegangen ist, wird eine Ausschabung gemacht, um Schleimhaut- und Plazentareste vollständig aus der Gebärmutter zu entfernen. Das beugt Infektionen vor. Einen Tag später kann die Frau nach Hause gehen, wenn keine Komplikationen, wie Fieber oder Blutungen, aufgetreten sind.

Kosten

Mit der Gesetzesänderung hat sich auch die Kostenübernahme geändert. Die Krankenkassen bezahlen nur einen Schwangerschaftsabbruch mit Indikation (▷ Nicht-rechtswidriger Abbruch, Seite 640). Da alles andere rechtswidrig ist, müssen die Frauen den Eingriff selbst bezahlen. Den Mann verpflichtet der Gesetzgeber nicht zur Zahlung.

Allerdings bezahlt die Kasse das Beratungsgespräch, die notwendige Voruntersuchung einschließlich Ultraschall und Blutuntersuchungen, die Voraussetzung für eine Narkose sind. Auch die Behandlung von Komplikationen, die sich aus dem Schwangerschaftsabbruch ergeben können, geht zu Lasten der Krankenkasse.

1995 kamen die Länder bei Frauen, die weniger als 1700 DM verdienten, für die Kosten jeden Abbruchs auf. Bei solchen Frauen übernehmen zunächst die Krankenkassen die Kosten, holen sich das Geld aber später vom Land zurück.

Der Eingriff kann ambulant oder stationär durchgeführt werden. Ambulant mit örtlicher Betäubung kostete er 1995 mindestens 400 DM, ambulant mit Vollnarkose mindestens 500 DM, stationär kommen Kosten von 200 bis 500 DM pro Tag zusammen. Anders als bei Privatrechnungen sonst üblich, dürfen die ÄrztInnen für ihre Tätigkeiten für einen Schwangerschaftsabbruch nicht mehr als das 1,8fache des Gebührensatzes verlangen.

Nach dem Abbruch

Nach einem Schwangerschaftsabbruch braucht jede Frau Ruhe, um wieder zu sich zu finden. Die Gründe für den Abbruch und die sich daraus ergebenden Konsequenzen wollen reflektiert sein. Frauen, die die Schwangerschaft abbrechen ließen, weil sie zu diesem Zeitpunkt die Veränderungen nicht tragen konnten, die ein Kind in ihrem Leben bedeutet hätte, stellen Überlegungen über sich, ihre Partnerschaft und ihre Lebensumstände an. So kann der Abbruch zu einem Wendepunkt werden, an dem sie die Frage nach Kindern endlich bewußt entscheiden

RU 486

In Frankreich, England und Schweden ist der Schwangerschaftsabbruch mit der »Abtreibungspille« schon seit Jahren erlaubt. In der Schweiz wird RU 486 wahrscheinlich 1996 zur Verwendung in Kliniken zugelassen. In anderen Staaten ist das Medikament nicht zugelassen, weil befürchtet wird, die Frauen würden mit RU 486 bedenkenlos und ohne staatliche Kontrolle abbrechen. Die Erfahrungen zeigen jedoch, daß dies nicht der Fall ist. Nach wie vor fällt keiner Frau der Entschluß zum Schwangerschaftsabbruch leicht. Da RU 486 verschreibungspflichtig ist, können ÄrztInnen die Verwendung kontrollieren.

RU 486 ist ein Antiprogesteron. Es macht das Gelbkörperhormon Progesteron (▷ Hormonelle Steuerung, Seite 626) unwirksam, das notwendig ist, um die Schwangerschaft zu erhalten. Der Embryo wird ausgestoßen. Wird zusätzlich das Wehenhormon Prostaglandin eingenommen, stößt sich die Gebärmutterschleimhaut in Form einer Periodenblutung restlos ab. Damit entfällt die Ausschabung.

(▷ Entscheidung, Seite 297). Für diejenigen, die keine weiteren Kinder mehr wollen, steht die Frage einer wirksamen Empfängnisverhütung im Vordergrund.

Gefühle der Trauer empfinden wohl alle Frauen nach einem Abbruch. Bei denjenigen, die vollkommen überzeugt sind, sich richtig entschieden zu haben, gehen sie meist schnell vorüber. Manche Frauen plagen sich jedoch längere Zeit mit Selbstvorwürfen und Schuldgefühlen. Besonders langwierig kann der Trauerprozeß auch sein, wenn die Schwangerschaft wegen einer möglichen Behinderung des Kindes abgebrochen wurde. Dann kann es sinnvoll sein, sich an eine Schwangerschaftskonfliktberaterin, eine Psychotherapeutin oder einen -therapeuten zu wenden. In manchen Städten gibt es Selbsthilfegruppen, deren Adressen die Frauenberatungsstellen (▷ Seite 577) vermitteln.

Unfreiwillig kinderlos

Nicht bei allen erfüllt sich der Wunsch nach einem Kind problemlos. Seit etwa 20 Jahren bleiben doppelt so viele Paare ungewollt kinderlos wie früher; 15 Prozent warten vergeblich auf Nachwuchs. Von Unfruchtbarkeit wird allerdings erst dann gesprochen, wenn ein Paar zwei Jahre lang ohne Verhütungsmittel häufig Sex miteinander hatte und die Frau trotzdem nicht schwanger wurde.

Die Gründe dafür sind vielfältig. Körperliche Ursachen machen 75 bis 80 Prozent aus. Bei 20 bis 25 Prozent der Paare liegen ungeklärte oder seelische Gründe für die Kinderlosigkeit vor. Doch auch mancher körperliche Grund, wie etwa Hormonstörungen, hat häufig seelische Wurzeln.

Warum sie sich ein Kind wünschen, sollten sich jede Frau und beide Partner gemeinsam ehrlich beantworten (▷ Entscheidung, Seite 297). Manchmal soll ein Baby Ansprüche der Eltern erfüllen, denen es kaum gerecht werden kann. Dieses zu erkennen, kann das Paar erheblich entlasten. Viele Paare scheinen in der Zeit der vergeblichen Versuche auch zu vergessen, daß die Basis ihrer Beziehung die Zuneigung zueinander war, nicht der Wunsch nach einem Kind.

Sehr oft verhindern unbewußte innere Barrieren eine Schwangerschaft. Häufig helfen Gespräche mit anderen Betroffenen, zum Beispiel in einer Selbsthilfegruppe (▷ Seite 578), sich über die Motivationen zum Kind, die Abwehr und die unausgesprochenen Ambivalenzen klarzuwerden.

Paare mit unerfülltem Kinderwunsch können sich auch fragen, ob denn nur ein leibliches Kind das erfüllen kann, was sie sich mit dem »Kinderhaben« wünschen. Ein Kind zu adoptieren ist eine zwar nicht gerade einfache, aber denkbare Möglichkeit. Zudem gibt es viele Kinder in Heimen, denen es guttäte, in eine Pflegefamilie aufgenommen zu werden. Auch befreundete Eltern oder NachbarInnen freuen sich über zuverlässige PatInnen für ihre Kinder. Wenn also das Gefühl, ohne Kinder nicht leben zu können, sehr groß ist, finden sich immer Kinder, mit denen sich ein Teil des Lebens verbringen läßt.

Diagnose und Behandlung der Kinderlosigkeit führen vornehmlich spezialisierte Zentren für Reproduktionsmedizin oder die Ambulanzen der Universitäts-Frauenkliniken durch, in denen SpezialistInnen verschiedener Fachgebiete zusammenarbeiten.

Störungen beim Mann

Meist vermuten kinderlose Paare, daß die Frau nicht empfängnisfähig ist. Sie irren: Bei 35 bis 40 Prozent der Paare ist der Mann zeugungsunfähig: Seine Samenfäden sind deformiert, schwimmen zu langsam, es sind zu wenige. Bei 70 von 100 zeugungsunfähigen Männern ist die Reifung der Samenfäden gestört. Meist hat dies mit Krampfadern im Hoden zu tun. Durch sie verstärkt sich die Durchblutung im Hoden, die Temperatur erhöht sich, und das verhindert, daß die Spermien vollständig ausreifen. Auch

Krankheiten, wie Mumps, Hodenhochstand oder ein Leistenbruch, können die Hoden schädigen.

Umweltfaktoren, Streß und Rauchen beeinträchtigen ebenfalls die Hoden: Sie bilden weniger Samenfäden. Männer, die zu rauchen aufhören, haben sechs Monate später meist normale Spermienzahlen.

Reifungsstörungen der Spermien werden fast immer erfolgreich mit Hormonen behandelt.

Störungen bei der Frau

Viele Ursachen kommen in Frage: Hormon- und Zyklusstörungen, Diabetes, erhebliches Über- oder Untergewicht, Schilddrüsenstörungen, Streß und seelische Belastungen, Verklebungen der Eileiter nach Entzündungen, Störungen und Krankheiten im Gebärmutterhalskanal und in der Scheide, Unverträglichkeit mit dem Samen des Mannes, Veränderungen der Gebärmutter durch Myome. Auch äußere Faktoren können verantwortlich sein: Belastung mit Schwermetallen, Rauchen, Alkohol, Medikamente, wie Kortison und blutdrucksenkende Mittel. Weil die Störungsmöglichkeiten so vielfältig sind, ist eine genaue Untersuchung unerläßlich.

Die Behandlung richtet sich nach der festgestellten Störung und kann von Entspannungsübungen bis hin zu komplizierten Operationen gehen.

Unverträglichkeit

Bei manchen Frauen tötet der Muttermundschleim die Spermien ab. Beim sogenannten Postkoital-Test wird kurz nach dem Verkehr ein Tropfen Muttermundschleim unter dem Mikroskop untersucht. Wenn die Samenfäden schon eine Stunde nach dem Sex gelähmt sind, liegt wahrscheinlich eine Unverträglichkeit vor. Diese Barriere ist durch künstliche Befruchtung (Insemination) zu umgehen. Dazu onaniert der Mann in ein Gefäß. Der Samen wird in eine Spritze aufgezogen und mit einem weichen Röhrchen durch den Muttermund direkt in die Gebärmutter gespritzt.

Gestörter Eisprung

Die Temperaturkurve (▷ Seite 631) zeigt, ob die Frau die wichtigste Voraussetzung fürs Schwangerwerden erfüllt: Wenn sich die Temperatur in der Zyklusmitte erhöht, hat ein Eisprung stattgefunden. Wenn nicht, können Hormonuntersuchungen des Bluts klären, warum der Eisprung ausbleibt. Manchmal ist der Hormonhaushalt durch Streß vorübergehend aus dem Gleichgewicht, und Entspannungsübungen, Langsamer-Treten oder ein Urlaub bringen die Balance zurück. Führen diese Maßnahmen nicht weiter, können Medikamente den Eisprung provozieren.

Der Wirkstoff Clomifen fördert die Reifung der Eibläschen. Er kann sie allerdings überstimulieren, so daß mehrere zugleich reifen. Wenn sie befruchtet werden, kommt es zur Mehrlingsschwangerschaft. Um eine Überstimulation rechtzeitig zu erkennen, werden die Eierstöcke ab dem zehnten Zyklustag alle zwei Tage mit Ultraschall untersucht. Sind mehrere Eibläschen erkennbar, wird die Behandlung abgebrochen. Nach einem Zyklus Pause kann ein neuer Versuch mit einer niedrigeren Dosis Clomifen unternommen werden.

Aus überstimulierten Eibläschen können sich Zysten bilden, die mehrere Monate lang bestehen bleiben. Solange sie sich nicht zurückgebildet haben, dürfen die Eierstöcke nicht erneut stimuliert werden. Manche Frauen werden trotz Eisprungs nicht schwanger, weil sich ihr Muttermundschleim durch das Clomifen verdickt und die Samenfäden nicht mehr durchläßt. Dann muß die Behandlung abgesetzt oder eine künstliche Befruchtung versucht werden.

Die Eireifung kann auch mit Gonadotropinen, den Steuerungshormonen der Hirnanhangdrüse, FSH und LH, oder ihren chemischen Verwandten HCG oder HMG angeregt werden. Diese Stoffe müssen injiziert werden. Auch sie können die Eierstöcke übermäßig stimulieren und zur Zystenbildung anregen. Das Risiko für eine Mehrlingsschwangerschaft ist bei Gonadotropin besonders hoch.

Gestörter Eitransport

Bei manchen Frauen sind die Eileiter besonders dünn und geschlängelt oder in ihrer Beweglichkeit eingeschränkt. Nach Infektionen können Verklebungen oder Verengungen der Eileiter den Transport der Eizelle vom Eierstock in die Gebärmutter unmöglich machen. Eine mikrochirurgische Operation kann dem abhelfen. Allerdings gelingt der freie Eitransport nur nach etwa einem Viertel dieser Operationen.

Wenn die Muskelschicht der Eileiter zu schwach ist, können sie das Ei nicht in die Gebärmutter schieben. Eine Behandlung gibt es dafür nicht. Um zu einem eigenen Kind zu kommen, bleibt dann nur die Befruchtung im Reagenzglas, die In-Vitro-Fertilisation (IVF).

Hierfür werden mit Gonadotropinen in den Eierstöcken möglichst mehrere Eizellen zur Reifung gebracht. Durch eine Bauchspiegelung oder eine Punktion der Eierstöcke von der Scheide aus werden – unter Ultraschallsicht – die Eizellen am Tag vor dem erwarteten Eisprung aus den Eibläschen entnommen. Sie werden in einem Reagenzglas mit dem Samen des Mannes zusammengebracht und bebrütet. Unter dem Mikroskop kann man erkennen, ob ein Ei befruchtet wurde und sich die Zellen zu teilen beginnen. Ist das der Fall, werden die befruchteten Eizellen durch den Muttermund in die Gebärmutter gespritzt. Für die Frau kommt dann die bange Zeit des Wartens, ob sich die Eizellen einnisten oder mit der nächsten Periode abgehen. Letzteres geschieht bei 75 bis 80 von hundert Frauen. Nur ein Fünftel bis ein Viertel der IVF-Schwangerschaften bleibt bestehen.

Die Reproduktionsmedizin hat noch eine ganze Reihe weiterer Methoden entwickelt. Ihnen allen ist aber relativ wenig Erfolg beschieden. Sie sind mit den Risiken der Überstimulation der Eierstöcke und Nebenwirkungen der Bauchspiegelung, wie Blutungsgefahr durch Verletzen innerer Organe, verbunden. Und nicht zuletzt verhindern auch der enorme Streß durch immer neue Manipulationen, das Warten und Hoffen und oft genug die große Enttäuschung, wenn es nicht geklappt hat, eine Schwangerschaft.

LITERATUR

Ute Auhagen-Stephanos
Wenn die Seele nein sagt. Vom Mythos der Unfruchtbarkeit
Rowohlt, Reinbek, 1991. DM 29,80

Ulrike Straeter
Ungewollt kinderlos
Verlag für Medizin Dr. Ewald Fischer, Heidelberg, 1990. DM 15

Wenn das Wunschkind auf sich warten läßt
Broschüre, zu bestellen bei:
Ministerium für Arbeit, Gesundheit und Soziales
Referat für Öffentlichkeitsarbeit
Horionplatz 1, 40123 Düsseldorf

Ein Kind bekommen

Bei Frauen, die sich ein Kind wünschen, ist die Spannung jeden Monat groß: Kommt die Periode oder nicht? Wenn die Menstruation ausbleibt, ist der Embryo schon ein bis zwei Wochen alt und hat sich in der Gebärmutterschleimhaut eingenistet. Aus den sich teilenden Zellen wächst einerseits der Embryo heran, also das spätere Kind, andererseits der Mutterkuchen, die Plazenta. Eihüllen umschließen die beiden, und im Inneren der Hülle bildet sich das Fruchtwasser, in dem später das Baby schwimmt.

Erste Anzeichen

In der frühen Schwangerschaft spannen die Brüste oft, ähnlich wie kurz vor der Periode. Manche spüren Spannungsgefühle in den Beinen und im Bauch. Auch die Stimmung kann verändert sein:

aufmerksamer, dünnhäutiger, manchmal reizbarer als sonst. Manchen Frauen fällt das Aufstehen schwer, müde geht es durch den Tag, und ihnen kann bei intensiven Gerüchen oder vor dem Frühstück leicht übel sein.

Schwangerschaftstest

Bereits ein bis zwei Tage nach dem Ausbleiben der Regel kann ein Test die Schwangerschaft bestätigen. Dazu wird im Harn das Hormon ß-HCG nachgewiesen, das es nur während einer Schwangerschaft gibt.

Alle Schwangerschaftstests funktionieren gleich: Man hält ein Teststäbchen in den Urin. Dieses zeigt nach fünf Minuten durch ein Farbsignal an, ob ein Baby unterwegs ist. Fällt der Test negativ aus, kann es sein, daß man ihn zu früh gemacht hat. Zeigt ein zweiter Test eine Woche später noch immer nicht »schwanger«, ist eine Schwangerschaft sehr unwahrscheinlich. Nur sehr selten zeigen die Tests fälschlicherweise an, daß die Frau schwanger ist, bzw. zeigen sie eine bestehende Schwangerschaft nicht. Frauen, die sich nicht sicher sind, sollten immer eine Ärztin oder einen Arzt aufsuchen.

Die erste Untersuchung

Bald nach dem Ausbleiben der Periode sollte sich die Frau ärztlich untersuchen lassen, um die Schwangerschaft bestätigen zu lassen und um prüfen zu lassen, ob es sich nicht um eine Eileiterschwangerschaft (▷ Seite 690) handelt.

Nach der ersten Untersuchung bekommt die Frau ihren Mutterpaß ausgestellt. In ihn werden die Daten eingetragen, die ÄrztInnen für notwendig halten, um beurteilen zu können, ob die Schwangerschaft ungestört verläuft. Ein Teil der Daten wird im Laufe der Schwangerschaft kontrolliert.

Einige Schwangerenuntersuchungen sind gesetzlich vorgeschrieben, wie die Bestimmung von Blutgruppe und Rhesusfaktor, der Suchtest auf Blutgruppenunverträglichkeiten, der Test auf Syphilis und die Röteln-Titer-Testung. In Österreich gehört auch die Toxoplasmose-Untersuchung dazu. Nur wenn die Frau es wünscht, wird ein HIV-Test gemacht. Einen Abstrich, der Chlamydien (▷ Seite 676), andere Bakterien und Pilze nachweist, haben die Krankenkassen mittlerweile ins Untersuchungsprogramm aufgenommen. Besonders Chlamydien können chronische Entzündungen und vorzeitige Wehen auslösen. Sie sind aber erfolgreich zu behandeln.

Erstes Schwangerschaftsdrittel

Im ersten Drittel der Schwangerschaft wächst der Embryo, der ab der zwölften Woche Fötus genannt wird, schnell heran: in den ersten zwölf Wochen jede Woche um rund einen Zentimeter. Die Organe bilden sich ab der dritten Lebenswoche. Schon in der achten Woche hat der Embryo Arme und Beine mit Fingern und Zehen, die inneren Organe sind angelegt. Ab der 16. Woche muß er nur noch reifen und wachsen; die inneren Organe, die Körperkonturen und Gliedmaßen sind komplett ausgebildet.

Die ersten Veränderungen

Die Brust vergrößert sich und wird praller, der Bauch beginnt sich zu runden. Manche Frauen nehmen zu Beginn der Schwangerschaft ein bis zwei Kilo zu, weil ihr Körper vermehrt Wasser einlagert. Bei einigen steigt der Appetit mit den Veränderungen im Hormonhaushalt; viele lassen sich durch besondere »Gelüste« zu üppiger Kalorienzufuhr verleiten; und manch eine, die sich sehr um ihre schlanke Linie bemüht hat, läßt nun die Zügel etwas schleifen. ÄrztInnen empfehlen, während der Schwangerschaft insgesamt nicht mehr als zehn Kilogramm zuzunehmen. Doch auch 16, 17 Kilogramm sind kein Grund zur Sorge, solange sich die Frau wohlfühlt. Noch mehr Gewicht kann allerdings die Gesundheit beeinträchtigen und die Geburt erschweren.

Brechreiz am Morgen kann den Start in den Tag belasten. Eine Tasse Tee und ein Stück Brot, noch im Bett genossen, können die Übelkeit bremsen. Die

Verdauungstätigkeit stellt sich um: Für die meisten Frauen bedeutet das Verstopfung; reichlich trinken und ballaststoffreiche Ernährung beugen dem vor.

Da der wachsende kindliche Organismus viel Kalzium braucht, sollte die Ernährung mit reichlich Milchprodukten viel Kalzium zuführen. Notfalls müssen Kalktabletten das Defizit ausgleichen.

Zwischen Freude und Angst

Am Anfang einer Schwangerschaft gleicht die Gefühlslandschaft vieler Frauen einer Achterbahn (▷ Entscheidung, Seite 297). Sie haben sich das Kind gewünscht und sich in der Fantasie mit ihm beschäftigt: Wie wird es aussehen? Wie wird es sein? Freude, Glück und Erwartung formen das Hoch. Das Tief entsteht aus der Angst vor der Verantwortung und aus der Furcht, was sein wird, wenn der Traum eine andere Gestalt annimmt als die gewünschte. Manche Frauen wollen flüchten und das Kinderkriegen doch noch »auf später« verschieben. So oder ähnlich ambivalent sind alle schwangeren Frauen, nur geben es nicht alle zu. Und den werdenden Vätern geht es ähnlich (▷ Der Vater, Seite 301).

Wer diese negativen Gefühle verdrängt, kann sich erhebliches Ungemach bereiten. Psychosomatisch orientierte FrauenärztInnen haben festgestellt, daß eine Reihe von Schwangerschaftsproblemen damit zusammenhängen kann. Für alle Beteiligten ist es also ratsam, sich intensiv mit den eigenen widerstreitenden Gefühlen zu beschäftigen, sie mit dem Partner zu teilen oder sich in einer Selbsthilfegruppe und im Geburtsvorbereitungskurs untereinander auszutauschen.

Ultraschall

Die Diskussion, ob Ultraschalluntersuchungen in der Schwangerschaft das heranwachsende Kind nicht auf noch unbekannte Weise schädigen können, ist bisher nicht verstummt. Dennoch ist es üblich, während einer Schwangerschaft mindestens dreimal, häufig aber auch mehrmals zu »schallen«.

Ultraschalluntersuchungen helfen, Fehlbildungen beim Kind frühzeitig zu erkennen. So kann ein geschädigtes Kind vor dem Termin geholt werden, um operiert zu werden, oder das Ultraschallbild weist auf Schädigungen des Kindes hin, und weitere Untersuchungen können den Verdacht dann zerstreuen oder bestätigen. Zeigt sich, daß das Kind unheilbar krank ist, können die Eltern die Schwangerschaft abbrechen lassen.

Andererseits werden aber viele Eltern in unnötige Angst gestürzt, weil die ÄrztInnen im Ultraschallbild beim Kind Fehlbildungen zu erkennen glauben, was sich bei einer Kontrolle dann als falsch erweist.

Ultraschall gilt den meisten MedizinerInnen als unschädliche Untersuchungsmethode. Dennoch sollte nicht ohne zwingenden Grund öfter als drei- bis fünfmal pro Schwangerschaft »geschallt« werden. Es handelt sich dabei um eine medizinische Untersuchung, die nicht als »Baby-Fernsehen« mißbraucht werden sollte. Auch das routinemäßige Schallen, um die Schwangerschaft zu bestätigen, ist überflüssig.

Vorgeburtliche Untersuchungen

Den Paaren, die ein behindertes Kind haben oder in deren Familie es eine erbliche Krankheit gibt, und denjenigen, die sich aus anderen Gründen sehr darum sorgen, ob sie ein gesundes Kind bekommen werden, können vorgeburtliche Untersuchungen eine große Last nehmen. Wer sich jedoch ohne zwingenden Grund diesen Tests unterzieht, kann sich damit sehr belasten: den Körper, weil manche dieser Untersuchungen eine Fehlgeburt auslösen können, und die Seele, weil das Ergebnis oft nur in die Frage mündet: Abbruch oder nicht? Paare, die sicher wissen, daß für sie ein Schwangerschaftsabbruch nicht in Frage kommt, belasten solche Tests unnötig (▷ Wege zur Entscheidung, Seite 636).

Die größte Angst werdender Eltern ist, ein Kind mit einem Down-Syndrom (Trisomie 21, Mongolismus) zu bekommen. Diese Erscheinung beruht auf

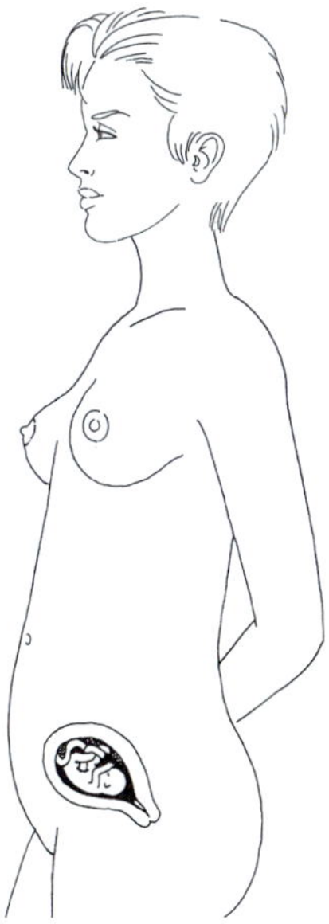

Erstes Schwangerschaftsdrittel

einer Fehlanlage der Chromosomen, den Trägern der Erbanlagen. Eine solche Veränderung ist mit pränataler Diagnostik ebenso festzustellen wie die, die der Bluterkrankheit, verschiedenen Muskelkrankheiten und einer Reihe anderer Krankheiten zugrundeliegt. Fehlbildungen, wie die eines »offenen Rückens« (Spina bifida), geben sich durch andere Zeichen zu erkennen.

Zu den vorgeburtlichen Untersuchungen gehört neben dem Ultraschall die Bestimmung einiger Hormone und Eiweißstoffe im Blut. Mit folgenden Methoden dringen die ÄrztInnen bis in die Gebärmutter vor:

• Chorionzottenbiopsie. Ab der achten Schwangerschaftswoche werden aus dem Bereich, der sich zum Mutterkuchen entwickelt, Zellen entnommen. Sie weisen dasselbe Erbgutmuster auf wie das Kind. Das Testergebnis liegt nach wenigen Tagen vor, so daß ein Schwangerschaftsabbruch – wenn sich das Paar dafür entscheidet – relativ früh möglich ist. Bei fünf bis acht von hundert Frauen löst die Zellentnahme eine Fehlgeburt aus. Es ist nicht ausgeschlossen, daß der Eingriff selbst Fehlbildungen verursacht. Der Test erfaßt nur Veränderungen des Erbguts. Fehlbildungen, die andere Ursachen haben, bleiben unerkannt.

• Fruchtwasserpunktion (Amniozentese). Ab der 16. Schwangerschaftswoche wird durch den Bauch hindurch etwas Fruchtwasser aus der Gebärmutter abgesaugt. Aus der Flüssigkeit und den darin schwimmenden Zellen lassen sich verschiedene Krankheiten und Fehlbildungen diagnostizieren. Das Ergebnis liegt erst in der 18. bis 21. Schwangerschaftswoche vor. Entscheidet sich das Paar dann für einen Abbruch, bedeutet das für die Frau eine eingeleitete Frühgeburt. Das Risiko, das Kind durch den Eingriff zu verlieren oder zu schädigen, ist gering.

Selbst wenn diese Untersuchungen den Verdacht auf eine Krankheit oder Fehlbildung bestätigen, sagt das nichts darüber, wie sehr das Leben des Kindes behindert sein wird. Aus nicht vorhersagbaren Gründen entwickeln sich manche Kinder so gut, daß sie trotz einer Erbkrankheit nahezu unbehindert leben.

Ein erfreuliches Untersuchungsergebnis suggeriert den Eltern, daß sie mit einem gesunden Kind leben werden. Doch noch lange sind nicht alle der nahezu 5.000 bekannten Erbkrankheiten zu entschlüsseln, und viele Behinderungen entstehen erst während der Geburt oder in den Jahren danach.

Vorgeburtliche Diagnostik

Paare, die in der Frühschwangerschaft Zweifel und Sorgen um die Gesundheit ihres Kindes plagen, sollten sich – bevor sie irgendwelche Schritte unternehmen – entweder an die humangenetische Beratungsstelle der nächstgelegenen Universitätsklinik wenden oder an folgende Adresse:

CARA,
Beratungsstelle für vorgeburtliche Diagnostik
Große Johannisstraße 110, 28199 Bremen
Tel.: 0421/59 11 54

Zweites Schwangerschaftsdrittel

Das mittlere Schwangerschaftsdrittel ist für die meisten Frauen eine Zeit relativer Ruhe und Ausgeglichenheit. Der Körper hat sich an die neuen Bedingungen angepaßt, der Geburtstermin ist aber noch weit.

Wohlfühlzeit

Die meisten Frauen fühlen sich in der Schwangerschaftsmitte ausgeglichen und rundum wohl. Gemeinsam mit dem Partner können sie sich einer gewissen Ruhe erfreuen. Viele genießen den Sex jetzt besonders; der Bauch braucht sie noch nicht zu behindern. Für Reisen ist jetzt die richtige Zeit.

Die ersten Bewegungen des Kindes spürt die Frau um die 20. Woche herum. Noch wechselt das Baby häufig seine Lage. Erst ab der 36. Woche nehmen die meisten Kinder die Position ein, aus der sie dann geboren werden: 96 von hundert liegen mit dem Kopf zur Scheide.

Gegen verschiedene Beschwerden dieser Zeit helfen Hausmittel: Kleine Mahlzeiten verhindern Sodbrennen; eine ballaststoffreiche Ernährung hält den Darm rege; Entspannungsübungen mildern Rückenschmerzen und Ziehen im Bauch. Wer zu Krampfadern neigt, sollte speziell angemessene Kompressionsstrumpfhosen tragen. Wadenkrämpfe können durch Magnesiummangel verursacht sein, gegen den Frauenärztin oder -arzt Magnesiumtabletten verordnen können.

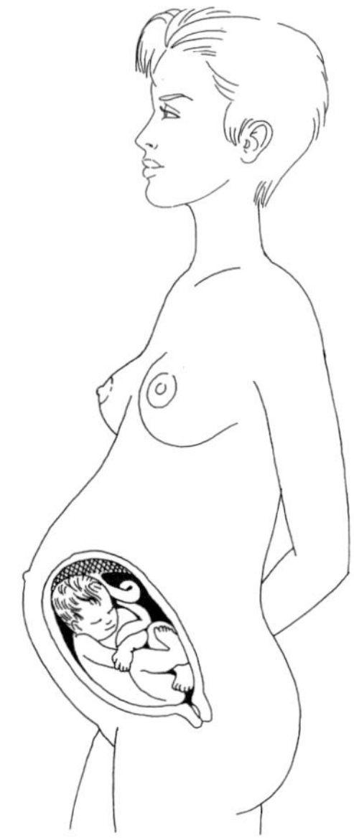

Zweites Schwangerschaftsdrittel

Schwangerschaftsprobleme

Eine Reihe von Schwangerschaftskomplikationen macht in charakteristischer Weise auf sich aufmerksam. Wenden Sie sich in solch einem Fall möglichst bald an Ihre Gynäkologin oder Ihren Frauenarzt.

Anzeichen einer Fehlgeburt (vor der 29. Woche)

- Schmierblutungen und regelmäßige Kontraktionen

Eine spontane Fehlgeburt während der ersten drei Monate hat ihren Grund fast immer in einem kranken oder geschädigten Kind.

Anzeichen einer drohenden Frühgeburt

- Leichte Blutungen und
- anhaltende Kreuzschmerzen
- Druckgefühl oder Ziehen in der Gebärmutter

Anzeichen eines Schwangerschaftshochdrucks

- Zu hoher Blutdruck und
- deutlich geschwollene Knöchel und Beine durch Wasseransammlung im Gewebe und
- deutlich erhöhte Eiweißausscheidung im Harn (Nachweis bei der ärztlichen Untersuchung)

Vorzeitiger Blasensprung

- Sie verlieren tropfenweise oder im Schwall Wasser, ohne es, wie Urin, zurückhalten zu können.

Vorbereitungskurse

Familienzentren, Familienbildungsstätten, Schwangerenberatungsstellen, Krankenhäuser und engagierte GynäkologInnen bieten Kurse an, in denen sich Frauen und Männer allein und/oder gemeinsam auf die Geburt und die Zeit mit dem Säugling vorbereiten können. Sinnvoll ist die Teilnahme ab dem siebten Schwangerschaftsmonat.

Die Erfahrung zeigt, daß Frauen, die sich bewußt auf das Kommende vorbereitet haben, Schwangerschaft und Geburt problemloser überstehen als andere. Die Methode, nach der sie sich auf die Geburt vorbereiten, ist dabei weniger wichtig als die Intensität, die sie im Kurs miteinander erfahren. In kleinen Gruppen können die den Kurs leitenden Hebammen ein Vertrauensklima schaffen, in dem auch Schwieriges und Intimes mitteilbar wird. Damit erhält das Paar eine Ansprechstelle, wenn ihm all das Neue über den Kopf zu wachsen droht.

Gymnastische Übungen helfen der Frau, das Gewebe zu dehnen und zu lockern. Sie lernt Atemtechniken und Entspannungsübungen, mit denen sie sich die Geburtsarbeit erleichtern kann. Der Mann erfährt, wie er seine Frau während der Entbindung mit Massage und Zuspruch unterstützen kann. Selbst tätig zu sein, gibt ihm das gute Gefühl, aktiv teilnehmen und mitgestalten zu können. Damit kann er die Unsicherheit und das Gefühl, dem Geschehen hilflos ausgeliefert zu sein, überwinden, und die Geburt kann zu einem beide wirklich einigenden Erlebnis werden.

Das vermittelte medizinische Wissen wirkt der Angst entgegen, die auf Unsicherheit basiert. Die werdenden Eltern lernen, mit Babybad, Windel und Kinderkleidung kunstgerecht umzugehen.

Letztes Schwangerschaftsdrittel

In dieser Zeit müssen weitreichende Entscheidungen getroffen und organisatorisch umgesetzt werden.

• Abschied vom Arbeitsplatz

Spätestens jetzt müssen die Frau und ihr Partner entscheiden: Wer nimmt den Erziehungsurlaub (▷ Seite 338)? In aller Regel wird die Frau sechs Wochen vor

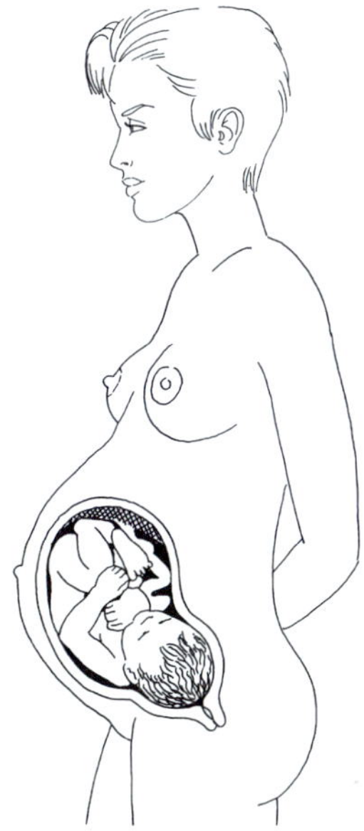

Drittes Schwangerschaftsdrittel

dem voraussichtlichen Geburtstermin und acht Wochen danach nicht an ihrem Arbeitsplatz sein. Noch länger dauert die Berufsabstinenz, wenn sie die erste Zeit ganz ihrem Baby schenken will. Um sich den regelmäßigen Kontakt zu den KollegInnen zu sichern und die Neuerungen im Arbeitsbereich zu erfahren, organisieren sich manche Frauen ein Netz von Verbindungen.

• Haushaltsorganisation während der Entbindung und der ersten Wochen danach

Wer versorgt die anderen Kinder, die Katze, den Haushalt? Wenn der Partner das verläßlich besorgt, kann sich die Frau unbeschwert dem Kind widmen. Mutter, Schwiegermutter, andere Verwandte oder FreundInnen vermitteln dieselbe Ruhe, wenn sie ihrem Tun vertraut. Die Hoffnung, »Das regelt sich schon irgendwie«, führt fast immer dazu, daß sich die Frau überfordert.

• Platz für das neue Familienmitglied

Ein eigenes Zimmer für das Kind wäre schön, doch die abgeteilte Ecke eines Raumes tut es auch. Säuglinge schlafen zwar überall, keine Geräusch- oder Lichtkulisse scheint sie zu stören, doch für alle Beteiligten ist es leichter, ein Leben auch als Einzelpersonen zu gestalten, wenn ihre Räumlichkeiten voneinander getrennt definiert sind.

Beschwert zum Ziel

In den letzten Monaten wächst das Baby noch einmal kräftig. Die Gebärmutter steigt bis unter den Rippenbogen, der Atem wird knapp. Wassereinlagerungen in Händen und Füßen sind lästig, aber unbedenklich, solange der Blutdruck nicht ansteigt. Die Beine können, vor allem im Sommer, recht schwer werden. Kneipp'sche Güsse und häufiges Hochlegen bringen Erleichterung.

Die Brüste werden bei den meisten Frauen jetzt noch fülliger, die ersten Milchtropfen können austreten. Ein gut sitzender Büstenhalter hält die Brüste und verhindert Ziehen und Spannen. Die Brustwarzen werden empfindlich und können wehtun. Mit täglicher Zupfmassage und Abreiben mit einer weichen Bürste kann sich die Frau auf die Beanspruchung durch das Stillen vorbereiten.

Die Gebärmutter bereitet sich nun auf die Wehenarbeit vor: Bis zu sechs Wehen pro Stunde können den Bauch hart werden lassen, eröffnen aber den Muttermund noch nicht.

Gespannte Erwartung

Die meisten Schwangeren kennen die Vorlieben und Abneigungen ihres Kindes nun gut: Es schläft bei leiser Musik, »tanzt« zu Techno oder Pop, zappelt unruhig, wenn die Mutter in Hektik gerät, schaukelt im Bauch hin und her, wenn sie sich in Liegestuhl oder Hängematte entspannt.

Allmählich wird das Baby so groß, daß es seine Mutter beschwert. Viele Frauen werden zum Geburtstermin hin unruhig und umtriebig. Sie sind schnell verärgert und möchten das Kind nun »lossein«. Diese Gereiztheit hilft, das Kind für seinen Weg ins Leben loszulassen.

Viele widerstreitende Gefühle können die Schwangere beunruhigen: Sie wollen ihr Kind endlich bekommen, es als eigenen Menschen kennenlernen; gleichzeitig aber fürchten sie sich vor der lebenslangen Verantwortung. Fragen tauchen auf: Wie werde ich die Schmerzen der Geburt aushalten? Werde ich stillen können? Wird das Baby gesund sein? Werde ich das Kind lieben können? Wenn die Spannung allzu groß wird, können Gespräche mit dem Partner, mit FreundInnen oder Frauen aus der Geburtsvorbereitungsgruppe helfen. Hebamme und Ärztin oder Arzt geben ebenfalls Unterstützung.

Den Ort der Entbindung wählen

Die Grundfragen lauten: stationär oder ambulant, in der Klinik oder zu Hause? Bei der Entbindung in einer Klinik stehen im Notfall alle Möglichkeiten der modernen Geburtsmedizin parat. Nach der Geburt kann die Mutter Kraft schöpfen, während das Kind in der Obhut des Personals ist. Doch die Organisation des großen Hauses hat auch Nachteile: nach Dienstplan wechselndes Personal mit vielleicht unterschiedlichen Ansichten über das sinnvolle Vorgehen, unpersönliche Atmosphäre, Mitspracherecht und Gestaltungsmöglichkeiten nur für streitbare Geister.

Mit der überlegten Wahl der Klinik kann man die Vorteile nutzen und die Nachteile minimieren.

Bei einer ambulanten Entbindung nutzt man die medizinisch-technischen Möglichkeiten einer Klinik, eines Geburtshauses oder einer darauf eingerichteten Praxis, verläßt die Einrichtung aber wenige Stunden nach der Geburt. Voraussetzung ist, daß es eine Hebamme gibt, die Mutter und Kind zu Hause betreut.

Hausgeburt

Ohne Hebamme keine Hausgeburt. Wo man sie findet, erfährt man bei der die Schwangerschaft betreuenden Ärztin oder dem Arzt bzw. beim Gesundheitsamt.

Wenn die Bedingungen von Mutter und Kind nicht gegen eine Hausgeburt sprechen, wenn ÄrztIn und Hebamme zusammenarbeiten und wenn die nächste Klinik mit dem Auto in zwanzig Minuten erreichbar ist, gibt es keine Einwände, das Kind zu Hause zu bekommen.

Weitere Voraussetzungen sind, daß die Hebamme die Frau auch nach der Entbindung betreut, daß eine Kinderärztin oder -arzt ins Haus kommt, um das Neugeborene zu untersuchen, und daß der Haushaltsablauf organisiert ist.

Eine deutsche Studie von 1994 hat allerdings ergeben, daß das Risiko, daß das Kind zu Schaden kommt, bei Hausgeburten größer ist als bei Klinikentbindungen. Auch die Niederlande, wo Hausgeburten schon lange Usus sind, haben eine höhere Säuglings-Sterberate als Deutschland.

Geburt

Die ersten kräftigen Wehen etwa alle zehn Minuten zeigen an, daß die Geburt beginnt. Die Eröffnungswehen sind wie kräftige Periodenschmerzen tief im Kreuz oder im Unterbauch zu spüren. Sie ziehen langsam den Muttermund auf. Meist fließen zunächst ein wenig Schleim und Blut aus der Scheide und zeigen an, daß der Schleimpfropf abgegangen ist, der in der Schwangerschaft den Muttermund verschließt. Die Fruchtblase platzt meist erst, wenn der Muttermund nach stundenlangen Wehen fast vollständig eröffnet ist. Geht jedoch plötzlich ohne Wehen ein Schwall Flüssigkeit ab, ist die Fruchtblase gesprungen. Dann sollte sich die Frau umgehend in die Klinik fahren lassen oder die Hebamme zu sich nach Hause rufen.

Eine Geburt ist Schwerstarbeit. Selbst wenn die Entbindung relativ schnell verläuft und die Frau mit den Schmerzen gut zurechtkommt, braucht sie viel Energie und Kraft, um das Kind zur Welt zu bringen.

Zu Beginn der Entbindung gibt es zwischen den Wehen immer noch einige Minuten Pause, in denen sich die Frau mit Unterstützung ihres Partners oder der Hebamme entspannen kann. Tiefes Atmen, bewußtes Locker-Lassen und Sich-Fallen-Lassen helfen, neue Kräfte zu schöpfen.

TIP

Die Wahl der Klinik

Die folgende Liste von Fragen, die Sie in der Klinik durchsprechen sollten, kann Ihnen helfen, eine Klinik zu finden, die Ihren Bedürfnissen entspricht.

- Können Sie eine Hebamme Ihrer Wahl zur Entbindung mitbringen?
- Darf Sie statt Ihres Partners oder zusätzlich zu ihm noch eine andere Person begleiten?
- Dürfen Sie sich so lange frei bewegen, wie Sie es wünschen?
- Dürfen Sie alle Ihnen geeignet erscheinenden Geburtspositionen einnehmen?
- Welche Hilfsgeräte gibt es für die Geburt: Badewanne, Gebärhocker, -stuhl, -rad, Sprossenwand usw.?
- Verzichtet die Klinik auf das routinemäßige Rasieren der Schamhaare und den Einlauf? Beides ist normalerweise unnötig.
- Wie verfährt man mit dem Anlegen des Herztonwehenschreibers (Echokardiotokograf)? Eine kontinuierliche Kontrolle, die Sie zum Liegen zwingt, ist nur selten erforderlich.
- Verzichtet die Klinik auf das routinemäßige Einschneiden des Damms (Episiotomie)? Als Routineeingriff ist er unnötig.
- Wieviele Geburten werden in dieser Klinik mittels Saugglocke, Zange oder per Kaiserschnitt beendet? Mehr als 15 Prozent gelten als bedenklich.
- Können Sie bei der Frage der Schmerzstillung mitreden?
- Wird das Neugeborene sofort zum Stillen angelegt?
- Haben Eltern und Kind nach der Geburt ausreichend Zeit füreinander?

Viele Frauen nehmen sich vor, die Geburt »ohne Chemie« zu schaffen. Mit dieser Einstellung bringen sie sich jedoch unnötig in einen belastenden Konflikt, wenn sich die Entbindung schwieriger gestaltet, als anzunehmen und vorauszusehen war. Leichter ist es, mit der Hebamme den Wunsch nach einer möglichst natürlichen Geburt abzusprechen, sich aber innerlich die Erlaubnis zu geben, jede Art von Hilfe anzunehmen, wenn sie notwendig wird: zum Beispiel krampflösende Mittel, eine rückenmarknahe örtliche Betäubung (Periduralanästhesie) oder eine örtliche Beckenbodenbetäubung (Pudendusanalgesie).

Während der Geburt stützt die Hebamme den Damm der Frau mit kräftigem Gegendruck. So dehnt er sich langsam und schonend, und das Baby kann vorsichtig aus der Scheide herausgleiten.

Ein Dammschnitt (Episiotomie) ist nur notwendig, wenn die Scheide einzureißen droht. Für eine Saugglocken- oder Zangenentbindung ist er allerdings Voraussetzung, damit die Scheide nicht überdehnt wird und einreißt. Ebenfalls notwendig ist der Schnitt bei einer Frühgeburt, um den weichen Kopf des Kindes zu schonen.

Mit Hilfe einer Saugglocke oder einer Zange beenden ÄrztInnen die Geburt, wenn der Geburtsvorgang stoppt, der Kopf des Babies aber schon knapp über dem Scheidenausgang steht.

Die Hebamme

Für die Gebärende ist eine Frau mit viel Erfahrung in diesem uralten Frauenberuf Gold wert – mehr als mancher junge Klinikarzt. Sie kann den Fortgang der Geburt sicher beurteilen, Kinder wenden, die sich in einer ungünstigen Geburtsposition befinden und einschätzen, ob die Frau und sie allein die Geburt beenden können oder ob ärztliche Hilfe notwendig ist. Sie kann einen Dammschnitt machen, darf ihn allerdings nicht nähen. Die Hebamme versorgt das Neugeborene und weiß so gut wie alles, was das Stillen betrifft.

Wenn Sie eine Klinik wählen, die mit freien Hebammen arbeitet, können Sie sich mit Ihrer Geburtshelferin schon frühzeitig vertraut machen. Sie rufen sie, wenn es bei Ihnen so weit ist; sie bleibt während der gesamten Geburt bei Ihnen und betreut Sie auch im Wochenbett. Sie zeigt Ihnen die richtige Rückbildungsgymnastik und hilft Ihnen, die ersten Hürden mit dem Säugling zu überwinden.

Damit tut die Hebamme das, was Frauen schon jahrtausendelang getan haben: einander in Zeiten von Angst, Schmerzen und Not beistehen.

Kaiserschnitt

Ein geplanter Kaiserschnitt kann entweder in Vollnarkose oder in örtlicher Betäubung von der Taille an abwärts (Periduralanästhesie) erfolgen. Obwohl die Entbindung an sich schmerzfrei ist, kann sie Mutter und Kind sehr belasten.

Die Frau kommt mit einer Schnittentbindung leichter zurecht, wenn sie vorher eine Zeitlang mit den Wehen mitarbeiten konnte. Dann kann sie die Operation als Erleichterung für das Kind sehen; das Gefühl, versagt zu haben, tritt zurück.

Für das Kind liegt ein gewisses Risiko in den Medikamenten, von denen es unweigerlich einen Teil abbekommt. Und trotz moderner Medizintechnik bleibt die Operation für die Frau immer noch mit einem Risiko verbunden. Vor diesem Hintergrund sind 15 Kaiserschnitte auf 100 Geburten, wie die Durchschnittszahl für Deutschland lautet, oder gar 20 bis 37 Prozent, wie eine Untersuchung für einzelne Kliniken aufzeigte, nicht tolerabel. Die Weltgesundheitsorganisation kommt zu dem Schluß, daß ein Drittel davon unnötig sei.

Frauen, die einmal per Kaiserschnitt entbunden haben, können die nächste Geburt durchaus auf natürlichem Wege angehen. Nur wenn die Gründe für die erste Schnittentbindung fortbestehen oder sich auch bei der zweiten Schwangerschaft Komplikationen ergeben, ist eine Wiederholung unumgänglich.

Nach der Geburt

Wenn das Baby gleich nach der Geburt zum Saugen an die Brust gelegt wird, regt das den Körper der Mutter an, das Wehen- und Milchbildungshormon Oxytozin auszuschütten. Dadurch zieht sich die Gebärmutter in Nachwehen kräftig zusammen und stößt spätestens nach einer Stunde die Nachgeburt aus Plazenta und Eihäuten ab. Meist unterstützen ÄrztInnen die Nachgeburt und beugen unnötigem Blutverlust vor, indem sie Oxytozin spritzen.

Für alle Paare ist eine Entbindung ein überwältigendes Ereignis, eine mit Spannung, Anstrengung, Angst und Freude geladene Zeit. Die meisten Frauen sind zunächst einmal fassungslos vor Rührung und Erleichterung, sind erschöpft und wünschen sich Ruhe. Das gibt dem Vater Gelegenheit, sein Kind näher kennenzulernen; er kann mit ihm schmusen, es baden, wickeln und anziehen. Nachdem die erste Anspannung gewichen ist, können sich meist auch die Frauen ihrem Nachwuchs widmen.

Die ersten Tage mit dem Baby

Die meisten Frauen durchleben zwischen dem dritten und fünften Tag nach der Entbindung ein seelisches Tief. Ihnen ist alles zuviel, sie zweifeln an sich und ihrer Liebe zum Kind und möchten nicht selten am liebsten alles wieder rückgängig machen. Diese Verzweiflung ist Folge der hormonellen Umstellung nach der Entbindung, der Erschöpfung, aber auch der totalen Lebensveränderung, die das Baby gebracht hat. Wenn die Frau geduldig mit sich ist und sich Zeit gibt, klingt diese Stimmung bald von selbst ab.

Von einer Wochenbettdepression kann erst dann die Rede sein, wenn die Niedergeschlagenheit nicht weichen will, wenn die Frau beginnt, ihr Kind in tiefer Verunsicherung abzulehnen, oder sogar Selbsttötungsgedanken hat. Dann allerdings bedarf sie psychotherapeutischer Hilfe (▷ Seite 575).

Rückbildungsvorgänge

Daß sich die Gebärmutter schon einen Tag nach der Entbindung um über die Hälfte verkleinert hat, merkt man der Figur nicht an. Erst etwa sechs bis acht Wochen nach der Geburt sind alle Rückbildungsvorgänge abgeschlossen: Der Wochenfluß aus Blut und Schleim von der Ablösungsstelle der Plazenta hat aufgehört, der Bauch ist flacher und das Gewebe fester geworden.

Die Muskulatur von Beckenboden und Bauchdecken wird während der Schwangerschaft extrem gedehnt. Mit Übungen, die die Muskeln kräftigen und straffen, kommt sie wieder so in Form wie vor der Entbindung. Diese Rückbildungsgymnastik beugt einer späteren Gebärmuttersenkung (▷ Seite 679) und Harnverlust vor (▷ Inkontinenz, Seite 694).

Stillen

Die Muttermilch versorgt den Säugling mit Flüssigkeit, Nährstoffen, Vitaminen und Immunstoffen. Doch die acht Stunden, die dieser innige Kontakt von Mutter und Kind in den ersten Lebenswochen des Babies täglich etwa dauert, bewirkt weitaus mehr. Das Baby riecht und fühlt die Haut der Mutter, und es hört den Herzschlag, der es schon in der Zeit vor der Geburt beruhigte. Wärme, Zuneigung und Hinwendung nimmt es mit allen Sinnen auf.

Mit Auge, Nase und großen Flächen der Haut tritt die Frau selbst zu ihrem Kind in sinnlichen Kontakt. Zudem löst das Stillen Kontraktionen der Gebärmutter aus, die manche Frauen ebenso befriedigend erleben wie einen Orgasmus.

Solange die Frau stillt, bildet die Brust Milch. Das Saugen reizt die Hirnanhangdrüse, das Hormon Prolaktin auszuschütten, das den Milchfluß erhält. Stillschwierigkeiten, vor allem in den ersten Wochen nach der Entbindung, beruhen fast immer auf der enormen Belastung und Unruhe. Legt sich der Streß, fließt meist auch die Milch wieder ungestört.

Frauen, die nicht stillen können oder wollen, können diesen innigen Kontakt zwischen sich und ihrem Kind auch mit der Flasche in der Hand gestalten.

Auch in der Stillzeit ist eine Empfängnis möglich. Wer also nicht gleich wieder schwanger werden möchte, muß eine Verhütungsmethode finden, die die Milchbildung nicht beeinträchtigt. Die Pille ist dafür nicht geeignet (▷ Seite 635).

Nichts Besonderes! Sie leiden an Lieblosigkeit! Ich verschreib' Ihnen mal einen neuen Mann!...
REZMKL
F. BECKER

ÄrztInnen

Die meisten Frauen bewältigen Krankheiten aus eigener Kraft. Wenn sie sich an eine Ärztin oder einen Arzt wenden, erwarten sie medizinisch-fachliche Hilfe, weil sie alleine nicht mehr weiterwissen.

In den meisten Arztpraxen stehen die Ratsuchenden jedoch einem Menschen gegenüber, der, von Zeitnot getrieben, kaum auf sie eingeht und viel zu wenig erklärt. Das Gefühl, das Frauen vom Kontakt mit Banken und Behörden kennen, beschleicht sie auch im Gesundheitswesen: Sie stören mit ihrer Anwesenheit und ihren Fragen. Viele machen sich daraufhin klein und nehmen sich zurück, manche werden rebellisch, und manche verhalten sich wie Kinder ihrem Vater gegenüber.

Kein Wunder – basiert doch das Medizinsystem, von Männern dominiert, auf denselben Prinzipien wie die partriarchale Familie. Das traditionelle Mann-/Frau- Verhalten spiegelt sich im Arzt-Patientinnenverhältnis wider. Welche Auswirkungen das hat, belegt die Forschung:

- Frauen müssen öfter als Männer zum Arzt gehen, bevor ihre Beschwerden ernst genommen werden.
- Sie sollen öfter »noch mal wiederkommen«; Männer werden bald zu FachärztInnen überwiesen.
- Frauen bekommen Informationen eher bildlich, umschreibend dargestellt, Männern wird klar und prägnant Wissen vermittelt.
- Die Beschwerden von Frauen werden eher als psychisch bedingt betrachtet, weniger oft als organisch; dies geschieht um so häufiger, je mehr die Beschwerden im Zusammenhang mit der Geschlechtlichkeit stehen. Diese Beurteilung resultiert jedoch nicht aus einer psychosomatisch orientierten Sichtweise, die eine entsprechende Therapie nach sich ziehen würde, vielmehr verbinden die meisten ÄrztInnen mit dem Begriff »psychisch bedingt« bei Frauen »nicht ganz ernstzunehmende Beschwerden«.

Schwierige Wahl

Jeder Mensch, der krank wird, ist verunsichert, die meisten suchen Hilfe. Wer sich in dieser Situation an ÄrztInnen wendet, muß darauf vertrauen können, einem Menschen zu begegnen, der einfühlsam reagiert und kompetent berät. Solche AnsprechpartnerInnen zu finden, fällt leichter, wenn man sich klarmacht, was man von der Ärztin oder dem Arzt erwartet.

- Wollen Sie möglichst rasche Hilfe, ohne selbst viel dazutun zu müssen? Die bekommen Sie am ehesten bei naturwissenschaftlich orientierten SchulmedizinerInnen.
- Suchen Sie eine kontinuierliche »weiche« Betreuung, zum Beispiel mit Naturheilmitteln oder Homöopathie? Dann wählen Sie jemanden mit der Zusatzbezeichnung »Naturheilverfahren« bzw. »Homöopathie«.
- Wollen Sie sich lieber einer Frau oder einem Mann anvertrauen? Mit wem können Sie besser über Intimes oder Familienprobleme sprechen?
- Vertrauen Sie eher jungen MedizinerInnen, von denen Sie annehmen, daß sie »auf dem neuesten Stand des Wissens« sind, oder empfinden Sie die Jungen als »noch recht unerfahren«?

Ebenso wichtig wie diese äußeren Bedingungen ist das eigene Gefühl diesem Menschen gegenüber. Geben Sie sich Zeit, nach dem ersten Gespräch mit Ärztin oder Arzt in sich hineinzuhorchen: Hörten sie zu? Waren sie aufmerksam, korrekt, respektvoll? ÄrztInnen, die eine Frau über längere Zeit begleiten

Die Frau – in der Medizin ein unbekanntes Wesen

Nur selten werden Ursachen oder gar Behandlungen von Krankheiten an Frauen in groß angelegten Studien erforscht. Als Gründe werden angegeben: In einer Studie zur Erprobung eines Medikaments könnten Frauen schwanger werden; das noch nicht ausreichend erforschte Medikament könnte ihr Kind schädigen; die hormonellen Veränderungen während des Zyklus könnten das Studiendesign stören. Studien über Krankheitsursachen, die auf die gesamte Lebenszeit angelegt sind, kommen bei Frauen teurer als bei Männern, weil Frauen länger leben.

Diese vermeintlich fürsorglichen Begründungen offenbaren ein Denken, das ganz selbstverständlich und bedenklich vereinfachend davon ausgeht, daß Befunde, die für Männer erhoben werden, gleichermaßen für Frauen gelten. Daß die anderen Körperbedingungen von Frauen, ihre gänzlich andere Lebensgestaltung und ihr völlig anderer Lebenszusammenhang auch in gesundheitlicher Hinsicht besondere Bedingungen schafft, wurde lange Zeit ignoriert. In den USA begann sich das zu ändern, als eine Frau zum Vorstand der Gesundheitsbehörde berufen wurde. Sie hat eine Reihe von Studien zu verschiedenen Krankheitsbildern und deren Therapiemöglichkeiten an Zigtausenden von Frauen auf den Weg gebracht.

Frauenherzen schlagen anders

Herzkrankheiten äußern sich bei Frauen oft anders als bei Männern. ÄrztInnen behandeln Frauen deutlich zurückhaltender. Die vorliegenden Studien zeigen deutlich den »kleinen Unterschied« mit großen Folgen:

- Frauen sind im Durchschnitt älter als Männer, wenn sie einen Herzinfarkt erleiden.
- Eine Herzkatheter-Untersuchung veranlassen KardiologInnen bei Frauen nur halb so oft wie bei Männern.
- Eine Ballon-Dilatation oder eine Bypass-Operation zur Verbesserung der Durchblutung des Herzens wird bei Frauen seltener durchgeführt als bei Männern.
- Von den Frauen, die mit einem Infarkt ins Krankenhaus kommen, sterben doppelt so viele wie von den Männern, die mit einem Infarkt eingeliefert werden.
- Frauen wird deutlich seltener als Männern im Anschluß an den Infarkt eine Heilbehandlung in einer Rehabilitationsklinik verordnet.

werden, wie ZahnärztIn und GynäkologIn, sollte sie sich möglichst aussuchen, bevor sie krank wird. Als Gesunde fällt es ihr leichter zu wechseln, wenn sie nicht zueinander passen.

HausärztInnen, FachärztInnen

Seit es die Chip-Karte gibt, können auch KassenpatientInnen – unabhängig vom Quartal – frei wählen, zu welchen ÄrztInnen sie gehen. Sie können ihren Doktor jederzeit wechseln und brauchen für den Besuch von SpezialistInnen keine Überweisung mehr. Doch vieles spricht für die Allgemeinärztin oder den Hausarzt als erste Anlaufadresse.

- Im Idealfall kennen sie die Lebens- und Arbeitsverhältnisse ihrer PatientInnen gut, so daß sie diese bei der Beurteilung der Beschwerden einbeziehen können.
- Sie haben den Überblick über die Krankengeschichte: Bei ihnen landen die Befunde der FachärztInnen und die Entlassungsberichte des Krankenhauses.
- Sie sind weniger versucht, bei jeder Beschwerde sofort die ganze Diagnostikmaschinerie ablaufen zu lassen.
- Oft haben sie Erfahrung mit einem ganzen Repertoire an Hausmitteln und können diese auch an ihre PatientInnen weitergeben.

Rechte und Pflichten

- Sie bestimmen über Ihre Behandlung. Damit Sie das kompetent können und auch die Folgen Ihrer Entscheidung absehen können, sind ÄrztInnen verpflichtet, Sie umfassend aufzuklären. Dazu gehört, daß sie sich vergewissern, daß Sie sich der Tragweite Ihres Entschlusses bewußt sind.
- ÄrztInnen unterliegen der Schweigepflicht. Ohne Ihr Einverständnis dürfen sie Informationen über Ihren Gesundheitszustand an niemanden weitergeben.
- Sie haben das Recht, bei ÄrztInnen oder im Krankenhaus Ihre Krankengeschichte einzusehen. Sie können – auf Ihre Kosten – Kopien verlangen.
- ÄrztInnen müssen Röntgenaufnahmen zehn Jahre lang aufbewahren. Sie dürfen sich diese Unterlagen ausleihen oder Kopien verlangen. Am sinnvollsten ist es, sie selbst zu Hause aufzubewahren.
- In einer »Patientenverfügung« können Sie im voraus festlegen, welche ärztlichen Behandlungen nicht mehr durchgeführt werden sollen, wenn Sie darüber selbst nicht mehr entscheiden können. Ein solches Schriftstück verpflichtet ÄrztInnen jedoch zu nichts. Am ehesten richten sie sich noch danach, wenn es notariell beglaubigt ist.
- Bei Kritik und Beschwerden über die Tätigkeit einer Ärztin oder eines Arztes, die Sie alleine nicht regeln können, empfiehlt sich der Weg zur Krankenkasse, zur Verbraucherzentrale oder zur Selbsthilfegruppe. Die Ärztekammern unterhalten Schlichtungsstellen. Im Extremfall, zum Beispiel bei Kunstfehlern, können ein Rechtsanwalt oder eine Anwältin beraten.

KONTAKT

Patientenberatung der Verbraucherzentralen:
Verbraucherzentrale Berlin
Bayreuther Straße 40, 10787 Berlin, Tel.: 030/2 19 07-232
Verbraucherzentrale Hamburg
Große Bleichen 23, 20354 Hamburg, Tel.: 040/35 00 14-68

Arbeitsgemeinschaft Rechtsanwälte im Medizinrecht
Erftstr. 78, 41460 Neuss, Tel.: 02131/9 20 50

Arbeitskreis Frauenselbsthilfe bei gynäkologischen Problemen
Nernstweg 32, 22765 Hamburg, Tel.: 040/3 90 21 90

Arbeitskreis Kunstfehler in der Geburtshilfe
Rosental 23-25, 44135 Dortmund
Tel.: 0231/52 58 72, 57 48 46

Zweite Meinung

Manche Entscheidungen sind so schwerwiegend, daß es gerechtfertigt ist, für sie noch eine zweite oder dritte ärztliche Meinung einzuholen. Besonders sinnvoll erscheint das vor

- risikoreichen Diagnosetechniken, wie dem Legen eines Herzkatheters,
- einer eingreifenden Behandlung mit Medikamenten (z.B. Chemotherapie),
- Operationen. Ist der Eingriff wirklich notwendig? Ist die empfohlene Methode am besten geeignet?

Normalerweise übernehmen die Krankenkassen die Kosten für diese zusätzlichen Arzt-Konsultationen.

Im Kontakt

Nur die Frau, die exakt sagt, was sie von ihrer Ärztin oder ihrem Arzt will, hat eine Chance, es auch zu bekommen. Wenn sie sich sorgt, daß hinter ihren anhaltenden Beschwerden eine ernsthafte Erkrankung stecken könnte, muß sie das ansprechen. Der Satz: »Ich brauche was gegen meine Bauchschmerzen« vermittelt nichts von ihrer Angst. Wenn sie ihre Halsentzündung mit der Bemerkung präsentiert »Ich muß am Wochenende wieder fit sein«, braucht sie sich über ein Rezept für Antibiotika nicht zu wundern. Eine sanfte Behandlung wird sie nach dieser Einleitung kaum bekommen.

Grenzen setzen

Mit modernen Diagnosemethoden läßt sich vieles feststellen, für manche Krankheiten gibt es bewährte Behandlungsverfahren. Wie sinnvoll es ist, etwas abklären zu lassen, muß jede Frau selbst bestimmen. Am Anfang sollte immer die Frage stehen: Was ergibt sich daraus? Bin ich bereit, die Konsequenzen zu ziehen? Nur wenn Sie bereit sind, entsprechend dem gewonnenen Wissen zu handeln, ist es sinnvoll, ein bestimmtes Verfahren durchführen zu lassen. Wenn Sie beispielsweise einen Schwangerschaftsabbruch grundsätzlich ablehnen, brauchen Sie keine Fruchtwasserpunktion machen zu lassen, um herauszufinden, ob das Baby gesund ist (▷ Seite 646; ▷ Bedenken, Seite 665).

Behandlungsarten

Die meisten Erkrankungen vergehen, wenn sich die Kranke schonen kann: Der Körper kuriert sich selbst. Ist aber doch ärztliches Eingreifen notwendig, sollte das Gespräch mit Ärztin oder Arzt klären:

- Wie beseitige ich die Ursachen der Krankheit? Wie verschaffe ich mir schnelle Erleichterung?
- Welche Behandlung schlagen Sie vor?
- Welches Risiko birgt die Behandlung?
- Welche anderen Möglichkeiten gibt es? Warum empfehlen Sie gerade diese Therapie?

Der Beipackzettel

Jeder Arzneimittelpackung liegt ein »Waschzettel« bei, der oft derart unverständlich geschrieben ist, daß Laien damit kaum etwas anfangen können.

Insbesondere die Schilderung von Risiken und Nebenwirkungen trägt zur Verwirrung bei. Das Gesetz schreibt vor, daß alle Nebenwirkungen, die von dem Mittel bekannt sind, aufgezählt werden müssen. Doch nur selten wird dabei unterschieden in solche, die häufig, und solche, die selten auftreten.

Besprechen Sie deshalb den Inhalt des Beipackzettels mit Ihrer Ärztin oder Ihrem Arzt. Lassen Sie sich sagen, welche Nebenwirkungen harmlos sind und welche wieder verschwinden, sobald Sie das Medikament nicht mehr einnehmen, und bei welchen Symptomen Sie das Mittel sofort absetzen müssen. Wenn Ihre Ärztin oder Ihr Arzt Ihnen eine andere Anwendung verordnen, als der Beipackzettel angibt, sollten sie das begründen.

• Was bewirkt die vorgeschlagene Therapie?
• Was ist zu erwarten, wenn ich die Behandlung nicht durchführe?

Nicht jede angeratene Behandlung ist auch wirklich unabdingbar notwendig. Das zeigt sich unter anderem daran, daß besonders gut informierte PatientInnen, wie zum Beispiel ÄrztInnen, oder solche, von denen gegebenenfalls rechtliche Schritte zu erwarten sind, wie zum Beispiel RechtsanwältInnen, seltener operiert werden als andere PatientInnengruppen.

Medikamente

Manchmal ist die Verordnung von Arzneimitteln unumgänglich, zum Beispiel bei einer Blasenentzündung (▷ Seite 692). Doch bevor Medikamente verordnet werden, sollten die ÄrztInnen wissen:
• Nehmen Sie zur Zeit Medikamente, und wenn ja, welche (z.B. die Pille, Vitamine usw.)?
• Sind Sie allergisch gegenüber bestimmten Medikamenten (z.B. Penizillin) oder Stoffen (z.B. Konservierungsmitteln)?
• Sind Sie bereit, die Geduld und Disziplin aufzubringen, die die Behandlung mit pflanzlichen oder homöopathischen Mitteln erfordert?

Umgekehrt sollten Sie wissen:
• Wie lange müssen Sie das Mittel einnehmen?
• Zu welcher Tageszeit, vor oder nach dem Essen?
• Welche Nebenwirkungen hat es?
• Wann müssen Sie es absetzen?
• Was sollen Sie tun, wenn es nicht wirkt?
• Sind Kontrolluntersuchungen notwendig (z.B. Leberwerte)?

Kuren

Eine Kur kann als Erholungspause dienen, um die inneren Batterien wieder aufzuladen. Frauen, die merken, daß sie einen Ausstieg aus dem Alltag nötig haben, sollten die Gelegenheit zur Kur ergreifen, bevor sie zusammenbrechen oder ihr Leben nur noch mit Hilfe von Tabletten oder Alkohol durchstehen. Für Menschen, die nach einer schweren Krankheit wieder zu Kräften kommen müssen, ist sie unbedingt notwendig. Solch eine »Anschlußheilbehandlung« ist z.B. nach einer Gebärmutterentfernung (▷ Seite 685) oder einer Krebserkrankung üblich und wird bei Erwerbstätigen von den Rentenversicherungsträgern bezahlt. Die Kuren für Jugendliche, RentnerInnen und Frauen ohne eigenes Einkommen finanzieren die Krankenkassen.

Eine Vorsorge-Kur können ÄrztInnen verordnen, wenn sie meinen, damit eine Krankheit verhindern zu können. Ein ärztliches Attest genügt; die Kasse kann aber auch eine Begutachtung durch Vertrauensärztin oder -arzt anordnen.

Müttergenesungswerk

Über zwei Millionen Frauen haben sich seit der Gründung des Müttergenesungswerks 1950 bei Kuren in etwa 123 Häusern erholt. Heute nehmen überwiegend junge Mütter an solchen Kuren teil. Fast die Hälfte ist berufstätig, fast ein Drittel sind Alleinerzieherinnen, die aufgrund ihrer Doppelbelastung als Mutter und Erwerbstätige psychosomatische Krankheiten entwickelt haben.
Das Werk finanziert sich hauptsächlich aus Spenden und wird von christlichen und karitativen Wohlfahrtsverbänden getragen.
Die Müttergenesungsheime bieten auch therapeutische Hilfe an. 90 Häuser nehmen inzwischen Frauen mit kleinen Kindern auf.
Die Kur muß ärztlich verordnet werden. Wenn die Krankenkasse die Kosten nur teilweise übernimmt, zahlen Sozialamt oder Müttergenesungswerk unter bestimmten Voraussetzungen den Rest.
Interessentinnen können sich wenden an:

Müttergenesungswerk, Elly-Heuss-Knapp-Stiftung
Postfach 1260, 90547 Stein/Mittelfranken

Wenn für die Zeit des Kuraufenthaltes Kinder bis zu zwölf Jahren im Haushalt zu versorgen sind (bei behinderten Kindern gibt es keine Altersgrenze), finanziert die Krankenkasse auch eine Haushaltshilfe (▷ Kinderbetreuung, Seite 354).

Eine Kur kann man alle vier Jahre beantragen, in besonderen Fällen auch häufiger. Bei Krebserkrankungen wird zumindest in den ersten Jahren nach der Diagnose jedes Jahr eine Kur gewährt. Sie dauert mindestens drei, höchstens vier Wochen, kann aber bei Bedarf verlängert werden.

Vorbeugung, Früherkennung

Vorbeugend wirkt alles, was Gesundheitsstörungen verhütet, also zum Beispiel wenig Nikotin, regelmäßige Bewegung, gesunde Ernährung, genügend Schlaf. Damit sorgt man dafür, daß die Abwehrkräfte des Körpers möglichst aktiv und wirksam bleiben (▷ Wohlbefinden, Seite 603; ▷ Entspannung, Seite 569).

Bei der Früherkennung oder Vorsorge hingegen sollen ärztliche Untersuchungen helfen, Krankheiten in einem so frühen Stadium zu erkennen, daß sie mit relativ geringem Aufwand und erfolgreich behandelt werden können. Wenn eine Frau beispielsweise einmal jährlich bei Frauenärztin oder -arzt einen Abstrich vom Muttermund machen läßt, kann ein eventueller Gebärmutterhalskrebs so früh erkannt werden, daß meist eine minimale Operation genügt, um sie mit großer Wahrscheinlichkeit zu heilen (▷ Gebärmutterhalskrebs, Seite 684). Auf diese Weise kann man einer Krankheit zwar nicht vorbeugen, wohl aber dafür sorgen, daß sie möglichst früh behandelt wird.

Früherkennungsuntersuchungen

Für Frauen ab 20 bezahlen die Krankenkassen eine jährliche Untersuchung bei GynäkologInnen auf Gebärmutterhalskrebs. Ab 30 gehören auch das Abtasten der Brüste und der Lymphknoten in der Achsel sowie die Anleitung zur Selbstuntersuchung (▷ Seite 666) dazu. Ab 45 kommt ein Test auf verstecktes Blut im Stuhl hinzu, als Früherkennungsmaßnahme für Darmkrebs.

Darüber hinaus bezahlen die Krankenkassen ihren Mitgliedern ab dem 35. Lebensjahr alle zwei Jahre einen Gesundheits-Check-up, bei dem ÄrztInnen die Körperfunktionen überprüfen: Blutwerte, EKG, körperliche Untersuchung, Blutdruck, Urin. Ziel ist es, Herz-, Kreislauf- und Nierenerkrankungen möglichst früh zu erkennen.

GynäkologInnen

Zu ihren GynäkologInnen gehen Frauen häufiger im Zustand der Gesundheit denn als Kranke. Meist brauchen sie ein Verhütungsmittel, wollen wissen, ob sie schwanger sind, oder lassen sich untersuchen, um eine eventuelle Krebserkrankung möglichst früh erkennen zu lassen. Viele GynäkologInnen begleiten »ihre« Frauen jahrezehntelang, kennen ihre Kinder, manchmal auch den Partner und den Werdegang. Sie sind »HausärztInnen« für Frauen.

Die kontrollierte Frau

Egal, ob sich Frauen über Verhütungsmethoden informieren wollen, ob sie schwanger sind oder die Umstellung in den Wechseljahren besprechen wollen – es hat den Anschein, als sei Frausein eine lebenslange Krankheit, die nur mit ärztlicher Hilfe zu überstehen ist.

Frauen, die in der Lage sind, die Signale ihres Körpers wahrzunehmen, holen sich ärztliche Hilfe, wenn sie merken, daß die Selbstheilungskräfte Unterstützung brauchen. In regelmäßigen Abständen »zur Kontrolle« bei der Frauenärztin oder dem -arzt zu erscheinen, ist überflüssig – es sei denn, die Frau entscheidet sich bewußt, eine Früherkennungsuntersuchung vornehmen zu lassen (▷ oben).

Ein besonderes Verhältnis

GynäkologInnen sind für die intimste Körperregion und einen besonders schwierig anzusprechenden Themenbereich zuständig: Partnerschaft und Sexualität. Daraus entsteht zwischen Patientinnen und ÄrztInnen ein besonderes Verhältnis, bei dem das Geschlecht des Gegenübers eine große Rolle spielt.

Normalerweise öffnen wir unseren Schoß nur unseren Geliebten. Doch aufgrund ihres Berufs gewähren wir auch FrauenärztInnen Zugang zu den best gehüteten und empfindsamsten Zonen des Körpers. Damit das gelingt, müssen die persönlichen Empfindungen und der Körper voneinander getrennt werden: Das Zentrum der Lust ist dann nur noch eine anatomische Struktur, wie Arme oder Füße; sich auszuziehen und die Beine zu öffnen, wird zu einem sachlichen Vorgang.

Diese intime Situation, besonders mit einem männlichen Gynäkologen, gestalten nicht alle Frauen gleich. Manche können an sich beobachten, daß sie sich auf den Besuch beim Frauenarzt anders vorbereiten als auf den bei anderen ÄrztInnen: ein sorgfältigeres Make-up, die attraktivere Wäsche, ein zusätzlicher Tupfer Parfum. Andere signalisieren durch ihr Äußeres und ihr Auftreten, daß sie in ihm eher ein väterliches Gegenüber sehen.

Ähnliches gilt für die andere Seite: Der Arzt tritt als Mann einer Frau gegenüber und muß dieses Verhältnis gestalten. Allerdings sind sich nur die wenigsten dessen bewußt, wie sie es gestalten.

Verfängliche Situationen lassen sich am ehesten vermeiden, wenn sich beide ihrer jeweiligen Regungen bewußt sind. Wichtigster Gradmesser für die Frau ist ihr Empfinden:

- Fühlen Sie sich unwohl, wenn Sie mit dem Arzt allein sind?
- Erscheinen Ihnen seine Berührungen womöglich sogar zudringlich?

Bejahen Sie diese Fragen, ist es Zeit, den Kontakt abzubrechen.

Frauenärztinnen

Zu ihrer Frauenärztin entwickeln Frauen häufig ein mütterliches, freundinnenhaftes oder schwesterliches Verhältnis. Sie gehen davon aus, daß die Ärztin das, was sie fühlen oder erleben, aus eigener Erfahrung kennt – gleichgültig, ob es darum geht, eine Pilzinfektion zu kurieren oder eine Geburt durchzustehen. Außerdem ist der Kontakt unter gleichen weniger belastet von dem »oben« und »unten«, wie es sich mit männlichen Gynäkologen meist einstellt (▷ Ein besonderes Verhältnis, links).

Für viele Frauen kommt darum nur eine Gynäkologin in Frage. Andere sperren sich gegen eine weibliche Untersucherin, weil es für sie schwierig ist, eine Frau für ebenso kompetent zu erachten wie einen Mann. Zudem ist nicht jede Frauenärztin schon allein deshalb einfühlsam, weil sie eine Frau ist. Viele Gynäkologinnen haben sich während ihrer Ausbildung gegen eine übermächtige Phalanx von männlichen Kollegen behaupten müssen und irgendwann das gleiche Verhalten übernommen.

TIP

Die gynäkologische Untersuchung

- Das Begrüßungsgespräch findet vor der Untersuchung im Sprechzimmer und nicht auf dem Untersuchungsstuhl statt.
- Ein Wandschirm oder ein Vorhang wahrt Ihre Intimsphäre, wenn Sie sich ausziehen.
- Ärztin oder Arzt erklären vor jedem Handgriff, was sie tun und warum.
- Angewärmte Untersuchungsinstrumente ersparen Schrecksekunden.
- Nach der Untersuchung bekommen Sie Zeit, sich anzuziehen. Erst dann werden die Untersuchungsergebnisse besprochen.

F.B

Brust

Die Brust gilt als Symbol der Weiblichkeit schlechthin. Nur Frauen können ein Kind an ihrer Brust nähren und symbolisch den Busen als Ort des Trostes anbieten. Mit den eigenen oder von fremden Händen erregt, können die Brüste höchste Lust bescheren. Ob der männliche Blick auf ihre Rundungen Frauen freut oder nicht, hängt von der Stimmung ab und von den Gefühlen, die sie mit der Brust verbinden: Lehnen sie sie ab, sind sie darauf stolz?

Wenn sich in der Pubertät der Busen zu entwickeln beginnt, sind die meisten Mädchen zunächst überrascht, manche sogar erschrocken; nur wenige sind stolz auf dieses Zeichen von Weiblichkeit. Freude entwickelt sich meist erst im Laufe der Zeit, wenn Selbstsicherheit und Selbstbewußtsein zunehmen (▷ Seite 23). Dann treten die Zweifel in den Hintergrund, die bis dahin den prüfenden Blick in den Spiegel ausmachten. Oft ist es erst im späteren Erwachsenenalter möglich zu akzeptieren, daß Größe, Form und Gestalt der Brüste jeder Frau in die Wiege gelegt sind – ebenso wie die Form der Nase oder Hände (▷ Schönheitsoperationen, Seite 489).

Bei allen Frauen sind rechte und linke Brust mehr oder weniger unterschiedlich groß und verschieden geformt. Die Brustdrüse ist schon bei neugeborenen Mädchen angelegt, sie entwickelt sich aber erst mit Beginn der Pubertät unter dem Einfluß des in den Eierstöcken produzierten Östrogens.

Bei jungen Mädchen sind die Brüste meist ziemlich fest. Am Brustansatz läßt sich eine scheibenartige Struktur tasten, die sich in der Schwangerschaft verändert, wenn sich die Bläschen der Brustdrüse stark vergrößern und beginnen, Milch zu produzieren. Bei allen Frauen ist der Busen nach Schwangerschaft und Stillzeit etwas weicher, aber meist sieht er nach dem Abstillen wieder weitgehend aus wie früher (▷ Stillen, Seite 653).

Unter dem Einfluß der Geschlechtshormone verändern sich die Brüste während des Zyklus. Kurz nach der Menstruation sind sie meist weich und etwas kleiner als zuvor. Nach dem Eisprung (▷ Hormonelle Steuerung, Seite 626) lagern sie vermehrt Wasser ein. Das kann ein leichtes, manchmal schmerzhaftes Spannungsgefühl hervorrufen. Mit Beginn der Menstruation sinkt der Gelbkörperhormonspiegel wieder, und die Flüssigkeit wird aus dem Gewebe abtransportiert. Mit Beginn der Wechseljahre, wenn die Eierstöcke weniger Hormone produzieren, wird ein großer Teil des Brustdrüsengewebes durch Fettgewebe ersetzt. Das verändert Form, Konsistenz und Elastizität der Brust.

Der BH

Er kann dem Schutz dienen, dem Halt oder auch dazu, die Aufmerksamkeit auf sich zu ziehen: der Büstenhalter. Er verleiht der Brust das Aussehen, das nach der jeweils geltenden Mode als attraktiv gilt. Seit Mitte der neunziger Jahre gilt: fest, relativ hoch sitzend und eventuell mit einer Einlage, die zur Illusion von mehr Fülle verhilft.

In den Sechzigern verbrannten die Frauen den BH als Symbol der Einengung von Körper und Geist. Sie feierten seine Vernichtung als Zeichen ihrer Befreiung und leiteten die »no-bra«-Bewegung ein. Mit Erfolg, denn heute ist es möglich, sich ohne BH zu bewegen, ohne Anstoß zu erregen. Der Büstenhalter hat seinen Charakter als Zeichen weiblicher Unterdrückung verloren. Frauen tragen ihn an einem Tag, weil sie es nicht mögen, daß die Brüste bei jeder Bewegung mitschwingen; am nächsten Tag lassen sie ihn fort, weil sie den sinnlichen Reiz auskosten möchten, wenn sich die Haut an der Bluse reibt. Egal, ob er als eng sitzender Sport-BH, als erotisierender Luxusartikel oder als »wonder-bra« mit formender Einlage getragen wird: Der Büstenhalter ist heute ein Kleidungsstück wie jedes andere. Frauen mit großen Brüsten, die vor der Menstruation spannen, entlastet der Halt eines straffen BHs.

Untersuchungen

Die wichtigste Untersuchung der Brust ist die, die Frauen selbst an sich vornehmen. Vielen ist der unbemerkte Griff an die Brust eine alltägliche Gewohnheit, ohne daß sie es als »Untersuchung« registrieren. Dennoch entwickelt sich durch dieses regelmäßige Abtasten eine Art »innerer Landkarte«, die es ermöglicht, Veränderungen sehr früh zu bemerken. Drei Viertel aller Verhärtungen des Brustgewebes erkennen Frauen selbst.

Das Brustgewebe reagiert auf Angst und Kummer ebenso wie auf den Streß von Prüfungssituationen

Nahrungsquelle, Schutzsymbol

Deutlich sichtbar verkündet die Brust: Dieses ist eine Frau, kein Kind, kein Mädchen mehr. Die Brust vereint immer den Hinweis auf Sexualität und – als Quelle der Nahrung – das Zeichen für Mütterlichkeit. An die Mutterbrust flüchten sich Kinder ebenso wie Männer und Frauen, wenn sie anlehnungs- und schutzbedürftig sind.

Von der Nahrung, den die Mutter- oder Ammenbrust bot, und dem Schutz, den die erwachsene Frau damit dem Kind gewährte, waren lange Zeit alle Menschen zu Beginn ihres Lebens abhängig. Wurde die Befriedigung dieser Bedürfnisse verweigert oder versiegte die Quelle, war das Leben gefährdet. In diesem Sinne symbolisiert die Brust auch heute noch die Macht der Frauen.

LITERATUR

Ingrid Olbricht
Verborgene Quellen der Weiblichkeit. Die Brust, das enteignete Organ
Kreuz, Stuttgart, 1985. DM 22,80

Gabi Kannamüller
Die weibliche Brust
Kunstmann, München, 1991. DM 15

oder auf einen Ortswechsel. Frauen, die mit ihrem Körper in intensiver Zwiesprache stehen, spüren das deutlich (▷ Das Körper-Seele-Band, Seite 606).

Frauen sollten es sich zur Routine werden lassen, allmonatlich am zweiten oder dritten Zyklustag ihre Brust abzutasten (▷ Seite 666). Frauen, die keinen Zyklus mehr haben, können sich für diese Untersuchung einen bestimmten Tag im Monat festlegen.

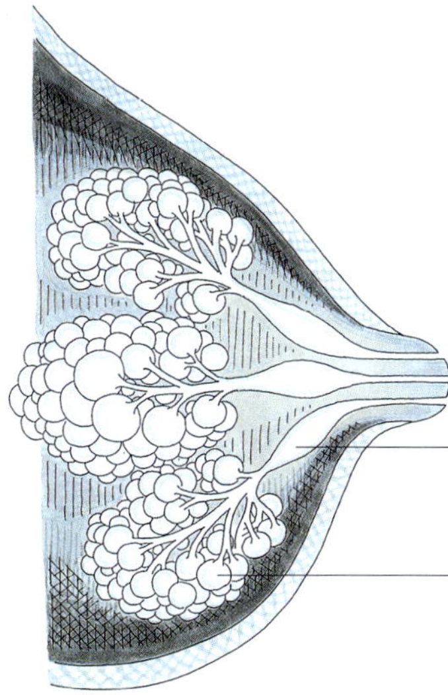

Das Innere der Brust besteht aus vielen Drüsengängen und -läppchen, die sich zu größeren »Gefäßen« vereinigen und in die Brustwarze (Mamille) münden. In der Schwangerschaft vergrößern sie sich stark, weil sich in ihnen die Milch bildet. Die Drüsenläppchen werden durch Bindegewebe zusammengehalten. Außerdem durchzieht die Brust ein feines Netz aus Nerven, Blut- und Lymphgefäßen.
An der Oberfläche der Brustwarze sitzen meist viele kleine Knötchen – Talgdrüsen, die in der Stillzeit eine fetthaltige Flüssigkeit absondern, die die Brustwarze vor dem Wundwerden schützt.

Mammografie

Bei einer Mammografie wird das Brustgewebe mit Hilfe von Röntgenstrahlen dargestellt. Die Strahlen sollen bösartige Gewebeveränderungen in einem möglichst frühen Stadium sichtbar machen, bevor sie sich zu einer tödlichen Erkrankung entwickeln.

Bei der Mammografie wird die Brust zwischen zwei Platten möglichst flachgepreßt – für viele Frauen eine recht schmerzhafte Prozedur, die in der ersten Zyklushälfte, wenn die Brüste etwas weicher sind, noch eher erträglich ist. Um das Gewebe von verschiedenen Seiten betrachten zu können, werden mehrere Aufnahmen gemacht.

Bedenken

Mammografieaufnahmen belasten die Brustdrüse mit einer relativ großen Strahlenmenge. Diese Röntgenstrahlen, auf die die Brustdrüse sehr empfindlich reagiert, können Zellveränderungen verursachen. Das Risiko, das mehrfache Röntgenaufnahmen der Brust darstellen, muß sorgfältig dem Nutzen einer frühen Karzinomerkennung gegenübergestellt werden.

Gar nicht so selten entdecken ÄrztInnen auf den Aufnahmen Tumore, die das Leben der Frau nicht gefährden, weil sie sehr langsam wachsen. Da sie aber von den gefährlichen nicht zu unterscheiden sind, gehen die Betroffenen – überflüssigerweise – durch alle Stadien des Leids, die die Diagnose »Brustkrebs« und die Behandlung mit sich bringen.

Zudem kann kein Frau davon ausgehen, daß die Technik all die Hoffnungen rechtfertigt, die in sie gesetzt werden. 1994 zeigte die Deutsche Mammografiestudie, daß mehr als die Hälfte der eingesetzten Röntgengeräte veraltet waren. Dementsprechend schlecht waren die Untersuchungsergebnisse.

Wenn Ärztin oder Arzt bei der Mammografie Hinweise für eine bösartige Veränderung finden, sollte vor jeder weiteren Maßnahme unbedingt noch eine zweite Ärztin oder ein Arzt die Aufnahme begutachten.

Folgende Maßnahmen sollen dem dringenden Anliegen dienen, die Möglichkeiten der Mammografie zu nutzen, aber die Strahlenbelastung für die Frau so gering wie möglich zu halten:

- Erkundigen Sie sich nach der »Organdosis«. Beträgt sie mehr als 6 bis 7 Millisievert, läßt das darauf schließen, daß es sich um ein technisch veraltetes Gerät handelt.

Selbstuntersuchung

Am günstigsten untersuchen Sie Ihre Brust am zweiten oder dritten Tag nach Einsetzen der Menstruation; dann ist das Gewebe besonders locker und gut zu tasten.

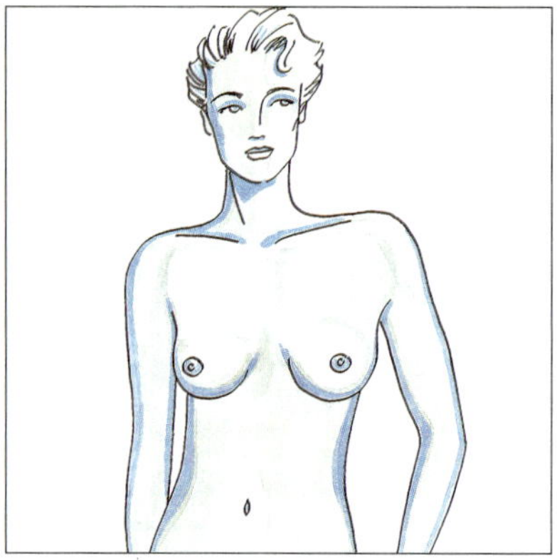

Sie stellen sich mit bloßem Oberkörper vor einen Spiegel und betrachten die Brüste genau: Ist die Haut glatt, oder sind Unregelmäßigkeiten zu erkennen, zum Beispiel Dellen, Erhebungen oder Runzeln? Wenn ja: Termin bei Frauenärztin oder -arzt vereinbaren.

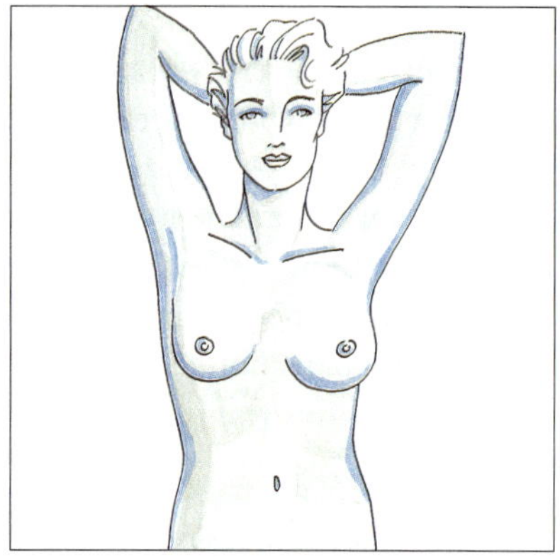

Heben Sie langsam die Arme über den Kopf, und beobachten Sie die Brust dabei: Entstehen Hautveränderungen, wie die oben beschriebenen? Wenn ja: Termin bei Frauenärztin oder -arzt vereinbaren.

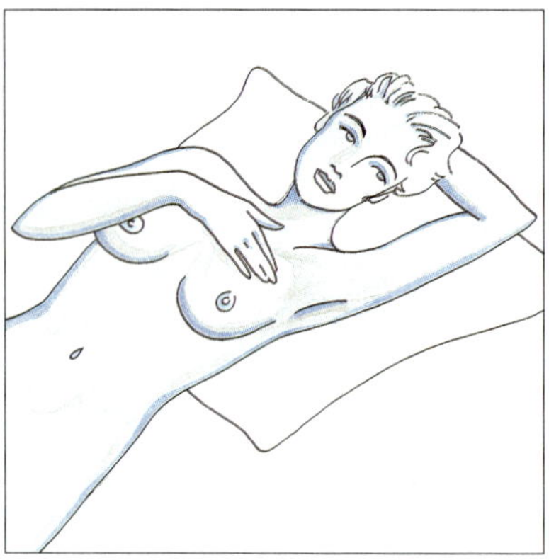

Legen Sie sich entspannt flach auf den Rücken. Schieben Sie den linken Arm unter den Kopf, fassen Sie mit der rechten Hand die linke Brust: Ist das Gewebe weich, läßt es sich gut verschieben? Oder sind Knötchen oder Knubbel fühlbar? Wenn ja (am 2. oder 3. Zyklustag): Termin bei Frauenärztin oder -arzt vereinbaren.
An anderen Tages des Zyklus: Nach Einsetzen der nächsten Blutung Untersuchung wiederholen. Sind die Knötchen immer noch deutlich zu tasten: Termin bei Frauenärztin oder -arzt vereinbaren. Sehr häufig weisen solche Knötchen auf eine Mastopathie hin (▷ Seite 668).

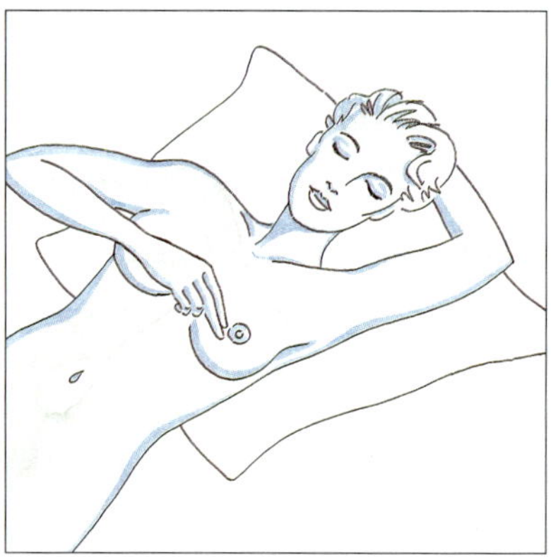

Drücken Sie die Brustwarze vorsichtig etwas beiseite: Wie fühlt sich das Gewebe darunter an? Tut etwas weh? Wenn ja: Beim nächsten Besuch Frauenärztin oder -arzt darauf aufmerksam machen.
Tasten Sie langsam und genau die ganze Brust ab. Tasten Sie anschließend noch an der Brustaußenseite entlang nach oben in die Achselhöhlen hinein. Spüren Sie knötchenartige Strukturen? Wenn ja: Frauenärztin oder -arzt beim nächsten Besuch darauf aufmerksam machen. Nun wiederholen Sie das Ganze mit der linken Hand an der rechten Brust.

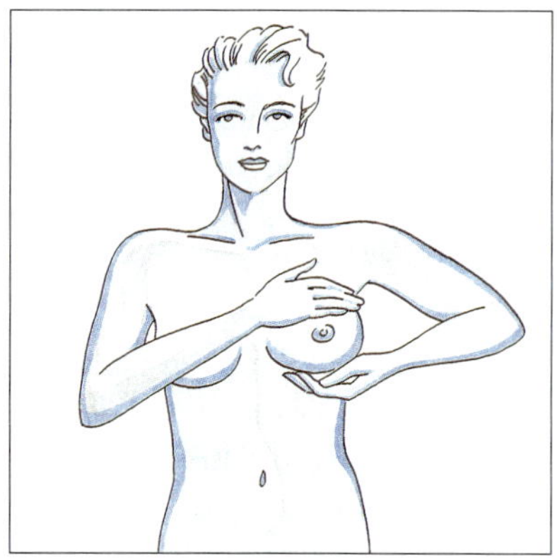

Fassen Sie im Stehen oder Sitzen mit einer Hand unter die Brust, so daß sie gut aufliegt. Mit der anderen Hand streichen Sie vorsichtig, aber doch mit Druck über die Brust: von außen nach innen, von oben nach unten, von hinten nach vorne. Drücken Sie dabei auch vorsichtig in Richtung Brustwarze: Sondert sie Sekret ab? Ist es blutig, milchig oder wässrig? Wenn ja: Termin bei Frauenärztin oder -arzt vereinbaren.

• Lassen Sie Datum, Strahlendosis, Untersuchungsergebnis und Name von Ärztin oder Arzt in Ihren Röntgenpaß eintragen (bei den Krankenkassen).
• Bewahren Sie alle Ihre Röntgenaufnahmen auf.

Ultraschall

An Hand einer Ultraschallaufnahme (Sonografie) läßt sich gut unterscheiden, ob es sich bei einem Knoten um eine Zyste oder um eine andere Gewebeveränderung handelt (▷ Schwellungen und Knoten, Seite 668). Diese Untersuchung belastet die Frau nicht mit Strahlen. Die Schallwellen, die das Bild liefern, haben nach dem bisherigen Wissensstand keine schädlichen Wirkungen.

Um Ultraschallaufnahmen der Brust richtig deuten zu können, müssen die MedizinerInnen besonders ausgebildet und in der Methode sehr erfahren sein. Solche SpezialistInnen können auf qualitativ hochwertigen Aufnahmen auch bösartige von gutartigen Tumoren unterscheiden. Diese Aufnahmen können sogar die Milchgänge sehr genau darstellen. Doch Geräte, die solche Aufnahmen liefern, gab es 1995 nur in wenigen großen Kliniken oder hochspezialisierten Praxen.

Als alleiniges Routineverfahren zur Früherkennung von Brustkrebs für alle Frauen eignet sich Ultraschall nicht.

Kernspintomografie

Die Kernspintomografie – auch Magnetresonanztomografie oder abgekürzt NMR genannt – macht Gewebe mit Hilfe von starken magnetischen Feldern sichtbar. Mit dieser Untersuchungsmethode verbindet sich kein Strahlenrisiko. Die Frau bekommt ein Kontrastmittel gespritzt und muß etwa eine halbe Stunde lang in der tunnelartigen Röhre des Geräts ruhig liegen. Manchen macht das angst, unangenehm können auch die lauten Klopfgeräusche während der Untersuchung sein.

TIP

Entscheidunghilfen zur Mammografie

Für die Entscheidung, ob Sie sich einer Mammografie unterziehen oder nicht, sollten Sie mit Hilfe von ÄrztInnen, denen Sie vertrauen, Nutzen und Risiko sehr sorgfältig gegeneinander abwägen. Die allgemeinen Empfehlungen lauten:

• **Frauen über 50, die keine Hormone einnehmen – eher ja**
Nach den Wechseljahren verringert sich der Anteil an Drüsengewebe in der Brust, und es wird hormonell kaum noch beeinflußt. Dadurch wird in den Röntgenbildern die Gewebestruktur recht deutlich. Internationale Studien zeigen, daß Frauen dieser Altersgruppe deutlich seltener an Brustkrebs sterben, wenn sie sich alle zwei Jahre einer Mammografie unterziehen, als wenn sie es nicht tun. Die frühzeitige Behandlung rettet vielen das Leben.

• **Frauen über 50, die Hormone einnehmen – eher nein**
Aufgrund der Hormonwirkung verändert sich die Brustdrüse kaum. Sie ist so zu beurteilen wie die von Frauen vor den Wechseljahren.

• **Frauen zwischen 40 und 50 – eher nein**
In ihrer relativ dichten Brustdrüse lassen sich bösartige Veränderungen nicht so oft so frühzeitig feststellen, daß wirklich weniger Frauen an Brustkrebs sterben, wenn sie sich regelmäßig mammografieren lassen.

• **Frauen unter 40 – nein**
Eine Mammografie ist nur sinnvoll, wenn Frau und Ärztin oder Arzt einen Knoten getastet haben, dessen Struktur im Ultraschallbild nicht deutlich zu erkennen ist.

• **Frauen mit besonders hohem Brustkrebsrisiko**
(▷ Risikofaktoren, Seite 669)
Wenn die Brust sehr dicht ist, so daß die Mammografie kein klares Bild zeigt – eher nein. Statt dessen sollte lieber eine Ultraschalluntersuchung (▷ links) oder Kernspintomografie (▷ links) durchgeführt werden.
Wenn die Mammografie ein klares Bild gibt, empfehlen die meisten ÄrztInnen eine jährliche Untersuchung.

Bedenken

Viele RadiologInnen stellen die Aussagekraft der Kernspintomografie in Frage. Immer wieder zeigen Aufnahmen verdächtige Bezirke, die sich bei einer Operation nicht wiederfinden lassen; umgekehrt zeigen sie manchmal fühlbare Knoten nicht.

Die Kernspintomografie eignet sich am ehesten für Frauen mit einem besonders großen Brustkrebsrisiko (▷ Risikofaktoren, Seite 669), bei denen Mammografie oder Ultraschall keine aussagekräftigen Aufnahmen liefern. Bei brustkrebskranken Frauen wird sie zur Kontrolluntersuchung eingesetzt.

Die Kernspintomografie ist aufwendig und teuer. Die gesetzlichen Krankenkassen bezahlen sie nur als Nachkontrolle nach einer Krebsoperation oder in begründeten Ausnahmefällen.

Thermografie

Entzündete Gewebe oder Tumore sind stark durchblutet und geben viel Wärme ab. Die Thermografie macht die Temperatur der Hautoberfläche sichtbar.

Eine Thermografie kann bestenfalls Hinweise geben, ob die Struktur des Brustdrüsengewebes einheitlich ist. Gutartige Veränderungen lassen sich mit ihr nicht von bösartigen unterscheiden.

Weil die Aussagekraft der Thermografie so beschränkt ist, wird sie nur selten eingesetzt.

Gewebepunktion

Wenn die Untersuchungen den Verdacht nahelegen, daß in der Brust ein Karzinom wächst, wird die Frau operiert. Lassen die Befunde darauf schließen, daß es sich bei dem Knoten um eine Bindegewebeverhärtung (Fibroadenom) handelt, wird punktiert (Biopsie). Dabei wird mit einer Nadel etwas Gewebe aus dem Knoten gesaugt. Bestätigt die mikroskopische Untersuchung, daß es sich um ein Fibroadenom handelt, braucht nicht operiert zu werden. Diese Zellen entarten nur äußerst selten zu Krebs.

Brustveränderungen

Mit dem Rhythmus der Hormone verändert sich auch das Brustdrüsengewebe. So fühlen einige Frauen zum Beispiel kurz vor der Periode eine »Knotenbrust«, andere empfinden sie als besonders prall.

Bei vielen Frauen entstehen in den Jahren vor dem Wechsel kleine Zysten in der Brust. Meist bleiben sie völlig unbemerkt.

Schwellungen und Knoten

Etwa die Hälfte aller Frauen zwischen 30 und 50 spüren beim Abtasten kleine Knubbel in ihrer Brust. Fast immer handelt es sich dabei um gutartige Verhärtungen der Milchgänge und/oder des Bindegewebes, die MedizinerInnen unter dem Begriff »Mastopathie« zusammenfassen. Am häufigsten sind es Zysten, flüssigkeitsgefüllte Hohlräume im Drüsengewebe. Sie können unbemerkt bestehen, aber auch druckempfindlich sein. Seltener sind »Fibroadenome«, die das Bindegewebe knotig verändern.

Eine Mastopathie beruht meist auf einem Ungleichgewicht zwischen Östrogenen und Gestagenen (▷ Hormonelle Steuerung, Seite 626). Dadurch verändern sich die Knötchen im Zyklusverlauf. Kurz vor Beginn der Periode sind sie besonders deutlich zu tasten, am zweiten oder dritten Tag der Menstruation fühlen sie sich weicher an. Nach den Wechseljahren bildet sich eine Mastopathie oft zurück.

BEHANDLUNG Pflanzliche Präparate, die Extrakt aus Mönchspfeffer (Agnus castus) enthalten (z.B.: *Agnolyt, Strotan, Mastodynon*), können das Spannungsgefühl in der Brust mildern. Reicht deren Wirkung nicht aus, können ÄrztInnen ein Progesteron-haltiges Gel (z.B.: *Progestogel*) verordnen, das auf die Brust aufgetragen wird.

Frauen mit starker Mastopathie sollten die Brust zweimal jährlich mit Ultraschall untersuchen lassen.

Brustkrebs

Brustkrebs ist die bei Frauen häufigste Tumorerkrankung. Etwa jede zehnte Frau muß damit rechnen. Jährlich erkranken mindestens 30.000 Frauen in Deutschland neu – immer häufiger auch Frauen zwischen 20 und 40 Jahren. 1994 starben 18.500 Frauen daran.

An der Erkrankung sind eine Reihe von Faktoren beteiligt. Eine Voraussetzung, daß sie sich entwickeln kann, ist offenbar erblich bedingt, denn es wurden »Brustkrebsgene« nachgewiesen. Bei Frauen, die dieses Gen aufweisen, ist es wahrscheinlicher, daß sie Brustkrebs bekommen werden. Die Anlage zeigt sich auch daran, daß oft mehrere nahe weibliche Verwandte – Großmutter, Tante, Mutter, Schwester – brustkrebskrank sind.

Frauen mit einer solchen »familiären Disposition« sollten ihre Brust besonders sorgfältig selbst untersuchen und einmal jährlich mit Ultraschall und Kernspintomografie kontrollieren lassen. Wenn sich Knoten finden, die sich anders nicht abklären lassen, kann auch eine Mammografie notwendig sein.

Ob eine Tumorzelle im Körper Fuß fassen, ob sie sich vermehren und verbreiten kann, hängt mit von der Aktivität des Immunsystems ab. Dessen Stärke wiederum ist damit verknüpft, wie zufrieden jemand seinem Leben gegenübersteht (▷ Wohlbefinden, Seite 603). Eine Voraussetzung für diese Zufriedenheit ist, daß Menschen ihre grundlegenden Bedürfnisse befriedigen (▷ Faktoren zur Gesundheit, Seite 604). Bei Brustkrebspatientinnen ist aufgefallen, daß sie häufig übermäßig rücksichtsvoll sind und bereit, sich für andere aufzuopfern; Durchsetzungskraft und die Fähigkeit, für die Erfüllung ihrer eigenen Bedürfnisse zu sorgen, finden sich bei ihnen eher selten.

BEHANDLUNG Eine Krebserkrankung ist eine Herausforderung, eine Aufforderung, das Leben neu zu gestalten. Zunächst helfen dabei ÄrztInnen,

Brustkrebs – Risikofaktoren

Hinweise auf ein mäßig erhöhtes Brustkrebsrisiko

- Ein oder zwei nahe verwandte Frauen sind an Brustkrebs erkrankt.
- Die Frauen hatten die Wechseljahre bereits hinter sich, als sie erkrankten.
- Die Frau bekam das erste Kind nach 32, bzw. sie hat keine Kinder.
- Ihre Menstruation setzte früh ein, die Wechseljahre sind spät eingetreten.

Hinweise auf ein deutlich erhöhtes Brustkrebsrisiko

- Mindestens drei nahe verwandte Frauen sind an Brustkrebs erkrankt.
- Ihre Erkrankung trat vor den Wechseljahren auf.
- Bei der Frau können Veränderungen bei den »Brustkrebsgenen« festgestellt werden.

Als krebshindernde oder -fördernde Faktoren wirken offenbar die Einflüsse von Umwelt und Ernährung. So gibt es Hinweise, daß eine fleisch- und fettreiche Kost Brustkrebs fördern kann, während eine gemüse- und fischbetonte Ernährung das Risiko dafür zu mindern scheint. Auch Alkohol, Rauchen und Umweltgifte scheinen krebsfördernd zu wirken.

Brustkrebs und Östrogen

Da Brustkrebszellen bei vielen Frauen unter dem Einfluß von Östrogenen schneller wachsen, ist die Angst groß, das Hormon könnte selbst Krebs verursachen.

Dieser Verdacht ist weder bewiesen noch widerlegt. Östrogene scheinen das Brustkrebsrisiko bei Frauen zu vergrößern, die

- vor dem 20. Lebensjahr mehrere Jahre lang die Pille eingenommen haben.
- vor dem 35. Lebensjahr mehr als zehn Jahre lang die Pille eingenommen haben.
- zwischen 60 und 64 Jahre alt sind und die nach den Wechseljahren mehr als fünf Jahre lang Hormone eingenommen haben.

indem sie die Brust operieren. Aus der Analyse des entfernten Gewebes ergibt sich die weitere Behandlung. Meist wird anschließend bestrahlt, oft muß eine Chemotherapie, manchmal auch eine Hormonbehandlung durchgeführt werden.

Operation

Bei den allermeisten Frauen sind heute nur noch einige Narben sichtbares Zeugnis einer Brustkrebsoperation. So lange wie medizinisch irgend vertretbar, operieren die ChirurgInnen »brusterhaltend«: Sie entfernen die Geschwulst so, daß die Brust ihre äußere Form weitgehend behält. Ist das nicht möglich, wird die Operationstechnik so gewählt, daß die Brust später wieder aufgebaut werden kann, wenn die Frau das wünscht (▷ Brust vergrößern, Seite 506).

Eine solche Operation greift massiv in das Bild ein, das eine Frau von sich und ihrer Brust hat. Vielleicht ist sie zornig auf die Krankheit, die ihren Körper so versehrt; vielleicht ist sie traurig, das Organ verletzt zu sehen, das für sie so sehr mit Attraktivität und Sexualität verbunden ist. Diese Gefühle brauchen Raum, und die Frau braucht Zeit, um sich mit dem nun veränderten Körper auszusöhnen. In diesem Prozeß können andere Menschen eine große Hilfe sein: die Frauen einer Selbsthilfegruppe, die bereits ein Stück dieses Weges gegangen sind, professionelle BeraterInnen und TherapeutInnen (▷ Seite 578).

Prognosefaktoren

MedizinerInnen haben eine Vielzahl von Faktoren ermittelt, deren Gesamtheit ihnen hilft, für jede Geschwulst, entsprechend ihrem Ausmaß und ihrem Charakter, die derzeit meistversprechende Behandlung festzulegen. Dazu gehören die Einteilung des Tumors nach Stadien gemäß seiner Ausdehnung (Staging), die biologischen Eigenschaften der Zellen (Grading) und spezielle Faktoren im Blut (Tumormarker).

Ob die Frau einer Bestrahlung oder einer Chemotherapie zustimmt, kann sie nur kompetent entscheiden, wenn sie sich von Ärztin oder Arzt genau erklären läßt, welche Faktoren für sie ermittelt wurden und was sie für sie bedeuten.

Bestrahlung, Chemotherapie, Hormone

Fast jeder Frau wird nach einer brusterhaltenden Operation geraten, das Gebiet bestrahlen zu lassen. Radioaktive Strahlen sollen die Krebszellen zerstören, die die Operation vielleicht doch nicht erfaßt hat. Die Auswirkung der Strahlenbehandlung spürt die Frau vornehmlich an der Haut der Brust: Sie rötet sich, wird trocken und berührungsempfindlich. Viele Frauen fühlen sich nach der Bestrahlung müde, schwach und schlapp.

Ob die ÄrztInnen der Frau zu einer Chemotherapie raten, hängt davon ab, ob und in wievielen der aus der Achselhöhle entfernten Lymphknoten sie Krebszellen gefunden haben. Auch die bei der Zelluntersuchung ermittelten Eigenschaften der Zellen können die Empfehlung beeinflussen (▷ links, Prognosefaktoren). Eine Chemotherapie belastet den Körper und mit ihm das Befinden der Frau ganz erheblich, wenn auch individuell unterschiedlich. Die eingesetzten Medikamente, Zytostatika, schädigen Zellen, die sich schnell teilen, allen voran die Krebszellen. Aber auch die für die Immunabwehr notwendigen weißen Blutkörperchen nehmen Schaden; desgleichen die Schleimhautzellen von Mund, Magen und Darm und die haarbildenden Zellen. Die Nebenwirkungen der Chemotherapie beruhen vornehmlich auf diesen Zellschädigungen. Ob und wie stark sie auftreten, hängt von der Anzahl der eingesetzten Zytostatika ab, ihrer Art und ihrer Dosierung, aber auch davon, wie gut die Frau diese Behandlungsform annehmen kann bzw. wie groß ihr Widerstand dagegen ist.

Hat die Untersuchung des Tumorgewebes ergeben, daß seine Zellen zu jener Art gehören, deren Wachstum durch Hormone beschleunigt wird, verordnen ÄrztInnen häufig Medikamente mit antiöstrogener

Wirkung (Tamoxifen; z.B. *Nolvadex*). Übelkeit, Spannungsgefühl in der Brust und Gewichtszunahme sind die häufigsten Nebenwirkungen.

Zusatztherapien

Sowohl an der Entstehung der Krankheit Krebs als auch an seiner Heilung hat das Immunsystem entscheidenden Anteil. Viele zusätzliche Maßnahmen bei der Brustkrebsbehandlung zielen darauf ab, das Immunsystem zu stärken.

Eine sehr gebräuchliche Zusatzbehandlung ist die Injektion von Mistelextrakt (z.B.: *Iscador, Helixor, Plenosol*). Inhaltsstoffe der Mistel sind nachweislich tumorwirksam. Ob sie jedoch das Tumorwachstum bremsen oder fördern, ist nicht sicher vorherzusagen. Mehrere Forschungsprojekte bemühen sich derzeit, die Wirksamkeit von Mistelextrakt zu klären. Für die Anwendung bei Brustkrebs gibt es Hinweise, daß sich die Krankheit eher überwinden läßt, wenn Mistelextrakt gespritzt wird. Viele Frauen fühlen sich damit wohler und leistungsfähiger.

Weitere Maßnahmen, die die Abwehrkräfte stärken, sind eine vollwertige, vegetarisch betonte Kost und regelmäßiges sportliches Training.

Lebenseinstellung ändern

Viele Frauen nutzen ihre Krankheit als Chance, sich Rechenschaft über ihr Leben abzulegen. Die Erfahrung, daß ihr Leben endlich ist, gibt vielen die Kraft, nun Veränderungen umzusetzen. Daraus resultiert die Zufriedenheit, endlich für sich selbst gesorgt, den eigenen Bedürfnissen Rechnung getragen zu haben. Die Befriedigung, mit sich selbst in Übereinstimmung zu leben, kann das Immunsystem so weit stabilisieren, daß es die Krebszellen künftig in Schach halten kann (▷ Wohlbefinden, Seite 603).

Die Fähigkeit, für sein Wohlbefinden zu sorgen, ist jedoch nicht einfach per Entschluß zu lernen und auch nicht von heute auf morgen umzusetzen. PsychotherapeutInnen können bei diesem Prozeß eine Hilfe sein (▷ Seite 575).

LITERATUR

Lilo Berg
Brustkrebs
Kunstmann, München, 1995. DM 39,80

Lawrence LeShan
Diagnose Krebs. Wendepunkt und Neubeginn
Klett Cotta, Stuttgart, 1993. DM 34

O. Carl Simonton, Stephanie Matthews Simonton
Wieder gesund werden. Eine Anleitung zur Aktivierung der Selbstheilungskräfte für Krebspatienten und ihre Angehörigen
Rowohlt, Reinbek, 1992. DM 14,90

KONTAKT

Frauenselbsthilfe nach Krebs, Bundesverband
B 6, 10/11, 68159 Mannheim
Tel.: 0621/2 44 34, Fax: 15 48 77

Krebsinformationsdienst KID
Tel.: 06221/41 01 21 (Mo-Fr 8-20 Uhr)

Gesellschaft für biologische Krebsabwehr
Postfach 102549, 69015 Heidelberg
Tel.: 06221/16 15 25, Fax: 18 33 22

Deutsche Arbeitsgemeinschaft für Psychoonkologie
Dr. Gerhard Strittmatter
Dorbaumstr. 300, 48157 Münster, Tel.: 0251/32 87-328

Österreichische Krebshilfe
Theresiengasse 46, 1180 Wien
Tel.: 0222/4 02 19 22, Fax: 4 08 22 41

Frauenselbsthilfe nach Krebs, Dachverband
Obere Augartenstr. 26/2, 1020 Wien
Tel.: 0222/3 32 23 48, Fax: 3 30 22 15

Schweizerische Krebsliga
Monbijoustr. 61, 3001 Bern
Tel.: 031/3 70 12 12, Fax: 3 70 12 25

Vulva und Scheide

Höchste Lust und größter Genuß konzentrieren sich für viele Frauen am intensivsten in jener Körperregion, die versteckt und »verboten« ist. Schon die Namen erinnern an das Tabu, »Scham«haare wachsen auf dem »Scham«hügel und »Scham«lippen verbergen das Organ, das Lust schenkt. Frauen, die sich dem Gebot der Schamhaftigkeit nicht mehr beugen wollten, fanden neue Namen: Venushügel und Venuslippen. Der Name der Göttin der Liebe, Venus, erschien ihnen für die weiblichen Lustorgane passender als eine Tugend aus der Biedermeierzeit.

Mit dem Ende der Schamhaftigkeit hielt der Spiegel Einzug in die Frauen-Zimmer. Mit gespreizten Beinen vor ihm sitzend, können Frauen betrachten, was ihrem Blick sonst kaum zugänglich ist: die Vulva, den Bereich zwischen Venushügel und Damm. Zieht man die Venuslippen auseinander, werden die kleinen Venuslippen sichtbar, die Klitoris, die Harnröhrenöffnung und der Scheidenausgang.

Bei einigen Frauen ist am Scheidenausgang das Jungfernhäutchen (Hymen) zu entdecken. Eine Hautfalte, sehr dünn und dehnbar. Manchmal umschließt sie die Öffnung wie ein Kranz. Bei Frauen, die ein Kind geboren haben, sind davon nur noch kleine Reste auszumachen, und oft ist der Hymen überhaupt nicht zu erkennen.

Die Venuslippen sind kurz vor der Menstruation meist besonders gut durchblutet. Das sind sie auch bei sexueller Erregung, ähnlich wie die Klitoris: Sie kann hart werden und sich etwas aufrichten; viele Frauen spüren ein pulsierendes Pochen (▷ Sexualität, Seite 56).

Die Scheide (Vagina) ist nur an ihrem äußeren Ende sehr sensibel. Im Inneren durchziehen nur wenige Nerven den 15 bis 17 Zentimeter langen Muskelschlauch, dessen dicke Faltung ihn enorm dehnbar macht. Daß die Scheide relativ derb und unempfindlich ist, verringert die Schmerzempfindlichkeit bei einer Geburt.

Die Scheide verläuft in einer leichten Kurve nach oben, so daß der untersuchende Finger ein wenig »um die Ecke« wandern muß. Kurz vor dem hinteren Scheidengewölbe ist eine glatte, feste, gerundete Region zu tasten – der Muttermund (Portio). Von dort aus führt der Gebärmutterhalskanal in die Gebärmutter. Die Scheide verbindet also die äußeren mit den inneren Geschlechtsorganen und damit mit der Bauchhöhle (▷ Gebärmutter, Seite 679).

Verschiedene »Barrieren« schützen den Zugang ins Körperinnere der Frau: der Schleimpfropf, der den Muttermund verschließt, aber zweimal im Monat ein wenig durchlässiger wird. Zum Zeitpunkt des Eisprungs verflüssigt er sich, um Samenfäden den Aufstieg in die Eileiter zu ermöglichen; während der Menstruation erleichtert der weniger hermetische Verschluß dem Blut das Abfließen. Eine weitere Barriere bildet die Scheide selbst, deren Innenmilieu es Keimen erschwert, sich einzunisten oder gar zu vermehren (▷ Zyklusablauf, Seite 626).

Äußere Geschlechtsorgane (Vulva)

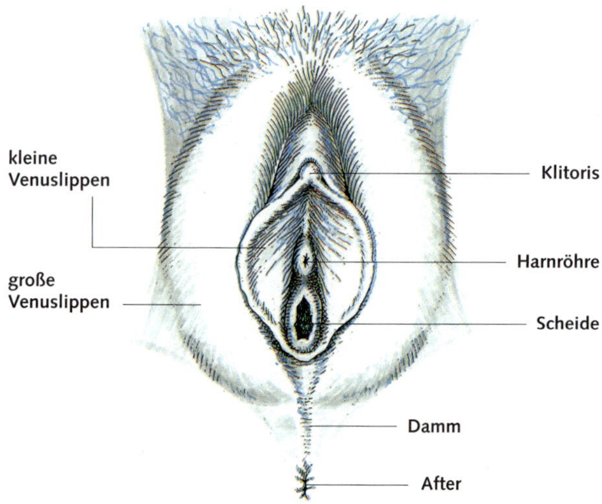

Die großen Venuslippen umschließen die kleinen, in deren oberem Zentrum als kleine runde Erhebung die Klitoris sitzt. Am unteren Ende der Venuslippen mündet die Scheide. Etwas oberhalb des Scheidenausgangs mündet die Harnröhrenöffnung. Der Damm trennt Scheide und After.

Ausfluß

Ein leichter Ausfluß ist Zeichen eines gesunden Scheidenmilieus, denn Gebärmutterhalskanal und Muttermund bilden Scheidenflüssigkeit. Durch die Tätigkeit der in einer gesunden Scheide lebenden Milchsäure-Bakterien (Döderlein-Flora) reagiert die Scheidenflüssigkeit leicht sauer. In diesem Milieu können sich Pilze und andere Krankheitskeime kaum vermehren.

Im Zyklusverlauf verändert sich der Muttermundschleim. Frauen, die »natürlich« verhüten (▷ Seite 631) oder eine Schwangerschaft bewußt planen, machen sich diese Veränderungen zunutze. Unmittelbar nach der Menstruation ist der Schleim durchsichtig und cremig, in den Tagen des Eisprungs wird er flüssiger und glasig-klar wie rohes Eiweiß, danach ist er bis zum Einsetzen der Blutung flockig-weiß und manchmal leicht krümelig. Gesunder Ausfluß riecht etwas aromatisch-säuerlich.

Infektionen

Wenn die Haut an den Venuslippen oder am Scheidenausgang juckt und brennt oder wenn der Ausfluß unangenehm riecht und grau oder gelblich-grün verfärbt ist, haben sich meist Bakterien oder Pilze in der Scheide eingenistet. Solch eine »unspezifische« oder »banale« Scheideninfektion (Kolpitis) gehört zu den häufigsten Frauenkrankheiten.

Bei einer Scheideninfektion haben Keime – Pilze oder Bakterien – die gesunde Scheidenflora überwuchert. Das ist relativ leicht möglich, wenn die Scheidenflora durch eine übertriebene Intimhygiene verändert ist oder die Immunabwehr durch Streß geschwächt ist. Auch Arzneimittel, vor allem Antibiotika, können dabei eine Rolle spielen.

Mit Krankheitskeimen kommen Frauen vor allem in Kontakt, wenn ihre IntimpartnerInnen es mit der Hygiene nicht besonders genau nehmen. Bei Männern kann sich unter der Vorhaut ein Belag (Smegma) bilden, der Bakterien und Pilzen einen hervorragenden Nährboden bietet. Keime werden aber auch in Whirl-Pools übertragen, ebenso im Schwimmbad, in der Sauna oder durch Spritzer aus der Wasserspülung von Toiletten.

Jeder Hinweis auf eine Entzündung sollte Anlaß sein, die Situation ärztlich abklären zu lassen und gegebenenfalls gezielt zu behandeln. Kurieren auf eigene Faust birgt die Gefahr, daß sich die Keime bis in die Gebärmutter, Eileiter und Eierstöcke ausbreiten. Eine chronische Infektion dieser Organe kann zur Unfruchtbarkeit führen, wenn die Entzündungssekrete die Eileiter verkleben. Damit behindern sie den Weg der Spermien oder versperren ihn sogar (▷ Unfreiwillig kinderlos, Seite 642).

BEHANDLUNG Wenn nur das Scheidenmilieu aus dem Gleichgewicht geraten ist, können Vaginaltabletten mit Milchsäure-Bakterien das wieder normalisieren. Gleiches gelingt mit einer einwöchigen Kur mit Bio-Joghurt (▷ rechts). Eine ausgeprägte Scheidenentzündung wird mit Antibiotika-haltigen Scheidenmitteln kuriert. Auch danach muß die »Döderlein-Flora« wieder aufgebaut werden.

Zinkoxidhaltige Salben (z.B. *Penaten-Creme, Desitin-Salbe*) beruhigen die Haut der entzündeten Venuslippen. Juckreizlindernd wirken Sitzbäder mit verdünntem Essig (ein bis zwei Eßlöffel pro Liter Wasser), Eichenrinden- oder Kamillenextrakt.

Pilze

Infektionen mit Hefepilzen machen vielen Frauen zu schaffen. An Venuslippen und Scheidenausgang juckt die Haut sehr, ist sehr empfindlich, gerötet

TIP

Scheidenentzündungen vorbeugen

- Verwenden Sie keine Seife, warmes Wasser genügt. Parfümierte Lotionen oder gar Deos zerstören den Säureschutzmantel der Haut und können Allergien auslösen.
- Waschen Sie sich mit der eigenen Hand. Sie ist meist hygienischer als ein Waschlappen.
- Vaginal-Spülungen sind überflüssig und schädlich. Sie waschen die nützlichen Milchsäure-Bakterien aus und schwächen die natürliche Krankheitsabwehr.
- Kein Wechsel zwischen Anal- und Vaginalverkehr ohne dazwischengeschaltete Reinigung. Eingeschleppte Darmkeime können zu Scheidenentzündungen führen.
- In Unterwäsche aus Synthetics staut sich die Wärme. In diesem »Treibhausklima« gedeihen Bakterien hervorragend. Durch Naturfasern, wie Baumwolle und Seide, kann die Feuchtigkeit hingegen abdunsten. »Unten ohne« ist die Luftzirkulation optimal.
- Strumpfhosen oder Leggings begünstigen das Bakterienwachstum durch Wärmestau. Weite Röcke oder Hosen lassen mehr Luft an die Intimregion. Slipeinlagen sind unnötig; wer sich durch den normalen Ausfluß belästigt fühlt, kann einen Slip zum Wechseln bei sich tragen.
- Keine Tampons bei schwacher Blutung oder am Ende der Menstruation. Sie trocknen die Scheide aus. Das reduziert die »Döderlein-Flora«, die Anfälligkeit für Krankheitskeime steigt.
- Nicht mit spermientötenden Zäpfchen oder Cremes verhüten (▷ Seite 635), wenn Sie zu Scheideninfektionen neigen. Sie schädigen die Milchsäure-Bakterien.
- Wenn Sie Antibiotika einnehmen müssen, sollten Sie während der Behandlung und eine Woche danach das Scheidenmilieu mit eingeführtem Bio-Joghurt im sauren Bereich halten. (Der übliche Joghurt ist pasteurisiert und enthält keine lebenden Milchsäure-Bakterien mehr). Joghurt können Sie leicht mit einer Einweg-Spritze (fünf Milliliter, ohne Kanüle, aus der Apotheke) applizieren.

und tut rasch weh. Der Ausfluß ist meist stark und krümelig-weiß wie Quark.

FrauenärztInnen erkennen die Pilzfäden aus einem Scheidenabstrich unter dem Mikroskop.

BEHANDLUNG Meist beendet eine drei- bis sechstägige Behandlung mit Scheidentabletten und einer Anti-Pilz-Salbe (Wirkstoffe: Clotrimazol, Miconazol, Nystatin) die Infektion. Tabletten, die so dosiert sind, daß eine Einmal-Portion für die Behandlung genügt, sollten wegen der stärkeren Nebenwirkungen nur verwendet werden, wenn die Pilze mit örtlich wirkenden Mitteln nicht vertrieben werden können.

Bis die Pilzinfektion ausgeheilt ist, ist es ratsam, auf Geschlechtsverkehr zu verzichten. Da anzunehmen ist, daß auch Ihr Sexualpartner etwas von den Pilzen abbekommen hat, sollte er sich zwei Tage lang die Eichel mit einer Anti-Pilz-Salbe eincremen, um die Frau nicht erneut anzustecken. Wenn die Eichel juckt oder an ihr rote Pünktchen zu sehen sind, muß er vier bis sechs Tage lang cremen.

Wenn eine Pilzinfektion ständig wieder aufflackert, liegt es meist daran, daß die Scheide nicht »sauer« genug ist. Deshalb ist es ratsam, im Anschluß an die Anti-Pilz-Behandlung eine Woche lang das Scheidenmilieu mit Milchsäure-Präparaten oder Bio-Joghurt wieder zu stabilisieren. Falls die Pilzinfektion trotzdem wiederkommt, sollten Ärztin oder Arzt untersuchen, ob der Darm von Pilzen besiedelt ist. Vom After her werden sie leicht immer wieder in die Scheide gewischt. Dann müßte die Frau ihren Darm sanieren, indem Sie ein Anti-Pilz-Mittel einnimmt (Wirkstoff: Nystatin). Eine möglichst zuckerfreie Ernährung unterstützt die Behandlung.

Chlamydien

Mit Chlamydien können Frauen infiziert sein, ohne davon zu wissen. Wenn Beschwerden auftreten – heller, vermehrter Ausfluß, Schmerzen und Brennen beim Wasserlassen, eventuell beim Stuhlgang und beim Geschlechtsverkehr – werden sie höchstens als vorübergehende Störung empfunden. Vermehren sich die Chlamydien jedoch wochenlang ungehindert, können sie Blase, Gebärmutter, Eileiter und Eierstöcke infizieren. Unbehandelte Chlamydieninfektionen sind oft der Grund für Unfruchtbarkeit: Das Entzündungssekret hat die Eileiter verklebt. Auch immer wiederkehrende Blasenentzündungen sind oft durch Chlamydien verursacht.

Mit Chlamydien stecken sich Frauen meist beim Geschlechtsverkehr an, oder sie infizieren sich im Whirl-Pool oder im Schwimmbad, in der Sauna oder durch Spritzwasser in Toiletten. Die Erreger haben sich in den vergangenen Jahren enorm verbreitet.

Wenn bei Frauen eine Chlamydieninfektion festgestellt wurde, sollten sie darauf dringen, daß sich auch ihr Partner auf die Erreger untersuchen läßt. Männer übertragen Chlamydien häufig unwissentlich; die Keime rufen bei ihnen nur selten auffällige Beschwerden hervor.

BEHANDLUNG Antibiotika mit den Wirkstoffen Doxyzyklin oder Tetrazyklin beenden die Infektion zuverlässig. So es einen Partner gibt, muß er unbedingt auch behandelt werden.

Da die Medikamente die Milchsäure-Bakterien der Scheide angreifen, ist es sinnvoll, die Scheidenhaut mit entsprechenden Präparaten oder Bio-Joghurt zu stabilisieren (▷ Seite 675).

Herpes

Die Auswirkungen einer Infektion mit Herpes simplex-Viren am Mund kennen fast alle Menschen; an den Venuslippen macht sie sich auf die gleiche unangenehme Weise bemerkbar: anfangs starker Juckreiz und ein ziehender Druckschmerz an der Stelle, wo sich die Bläschen bilden werden – am Scheidenausgang, am Damm, neben dem After oder an den Venuslippen. Die Stelle ist leicht gerötet und oft sehr berührungsempfindlich. Nach ein oder zwei Tagen entstehen flüssigkeitsgefüllte Bläschen; sie platzen auf und bilden kleine »Krater«. Die Stellen schmerzen, wenn sie mit Seife, Urin oder Stuhl in Berührung kommen. Wenige Tage später sind sie verheilt. Die Infektion dauert meist etwa eine Woche.

Herpesinfektionen wiederholen sich fast immer in unregelmäßigen Abständen. Die Viren können monatelang ruhen, bevor sie wieder die typischen Beschwerden verursachen. Wann sie das tun, hängt wahrscheinlich von der Stabilität des Immunsystems ab. Wärme und UV-Licht können den Ausbruch der Infektion provozieren. Viele Frauen beobachten, daß sich die Herpesbläschen immer dann bilden, wenn sie seelisch oder arbeitsmäßig überlastet sind.

Herpesviren sind übertragbar und ansteckend. Daher sollten in der Zeit der Infektion intime Kontakte unterbleiben. Unklar ist, ob die Herpesviren am Mund bei Oralverkehr auf den Genitalbereich übertragen werden können und umgekehrt. Allerdings entstehen fast nie an beiden Stellen gleichzeitig Bläschen: Wer Lippen-Herpes hat, hat meist keinen Genital-Herpes und umgekehrt.

BEHANDLUNG Von den Berber-Frauen aus der Sahara stammt ein Hausmittel gegen Herpes. Bei den ersten Anzeichen einer Herpesinfektion wird die Stelle so oft wie möglich mit Myrrhentinktur betupft. Die Tinktur brennt auf den sensiblen Hautstellen sehr. Sobald die Bläschen aufgeplatzt sind, werden sie nur noch einmal betupft. Bis zum Abheilen pflegt dann eine Zinksalbe die kranke Region. Um die offenen Bläschen vor Urin oder Kot zu schützen, können sie mit Mandelöl eingepinselt werden.

Ein pharmazeutischer Wirkstoff gegen Viren ist Aciclovir (z.B.: *Zovirax*). Wird die Creme bei den ersten Anzeichen aufgetragen, kann sie die Bläschenbildung häufig verhindern. Dennoch sollte das Mittel nur verwendet werden, wenn die Entzündung wirklich belastet. Es wird befürchtet, daß bei zu häufigem oder sorglosem Gebrauch die Viren gegen das Mittel resistent werden könnten. Außerdem sind die Langzeitwirkungen noch nicht ausreichend bekannt.

Trichomonaden

Frauen, die sich mit Trichomonaden angesteckt haben, spüren einen quälenden Juckreiz, die Haut an Venuslippen und Scheidenausgang ist gerötet. Der Ausfluß riecht unangenehm, ist etwas schaumig und grau oder gelblich. Oft haben sich außer den Trichomonaden noch andere Krankheitskeime in der Scheide festgesetzt.

Trichomonaden werden beim Geschlechtsverkehr und durch feuchte Textilien, wie Handtücher oder Waschlappen, übertragen. Bei Männern besiedeln sie häufig die Harnröhre, ohne Beschwerden zu machen.

ÄrztInnen erkennen die Krankheitserreger, wenn sie einen Abstrich unter dem Mikroskop betrachten.

BEHANDLUNG Eine Trichomonadenbehandlung besteht aus Tabletten zum Schlucken und Vaginalzäpfchen zum Einführen mit dem Wirkstoff Metronidazol (z. B.: *Arilin, Clont, Flagyl*) oder Tinidazol (z. B.: *Simplotan*). Alle Sexualpartner müssen mitbehandelt werden.

Vulva- und Scheidenkrebs

Ein Karzinom tritt in diesem Bereich nur sehr selten auf. Erstes, meist unbemerktes Zeichen sind kleine, nässende Wunden, die nicht heilen. Sie können schmerzen und eine Schwellung hervorrufen.

Ein Vulvakarzinom wächst langsam und ist, früh erkannt, recht gut zu heilen. Scheidenkrebs metastasiert früh, seine Heilungschancen sind schlechter.

Alle unerklärlichen Hautveränderungen im Bereich von Vulva und Scheide sollten Sie sofort in die ärztliche Praxis führen. Regelmäßige Früherkennungsuntersuchungen begrenzen die Gefahr (▷ Seite 660).

MEDIZINISCHE FACHBÜCHER
Ich glaub, das mit dem Kinder-Kriegen überleg ich mir doch noch mal ...
DER UTERUS
GEBURTS-Heilkunde
Endoskopie
Zahn-Heilkunde
Hals Nasen Ohren Heilkunde
DR. BECKER
Franziska BECKER

Gebärmutter

Der weibliche Lebensrhythmus ist über Menstruation und Schwangerschaft eng mit der Gebärmutter verbunden. Ihre Sprache sind Blutungen. Problemlos scheint die Verständigung, wenn die Periode wie gewohnt auftritt und wie üblich dauert. Schmerzhafte, heftige, langwährende oder ständig wiederkehrende Blutungen signalisieren hingegen, daß irgend etwas nicht stimmt. Dabei lohnt es sich, nach den Ursachen zu forschen, denn vielfach erkrankt die Gebärmutter als Organ der Weiblichkeit, wenn es nicht gelingt, das eigene Frausein zu bejahen oder wenn die eigene Identität mit widerstreitenden Gefühlen verbunden ist, die keinen anderen Ausdruck finden.

Gebärmuttersenkung

Eine Senkung spüren Frauen vor allem an dem nach unten schiebenden Druck im Unterbauch, oft begleitet von Harninkontinenz (▷ Seite 694). Sie können sie selbst fühlen, indem sie mit dem Finger in der Scheide nach Muttermund und Gebärmutter tasten. Ragt die Gebärmutter fühlbar in das Scheidengewölbe hinein und liegt der Muttermund nah am Scheidenausgang, liegt eine Senkung vor.

Eine Senkung entsteht vornehmlich bei Frauen, die ein Kind oder mehrere Kinder geboren haben. Sie ist meist in einer Beckenbodenschwäche begründet (▷ Beckenboden, Seite 694).

BEHANDLUNG Ein Beckenbodentraining kräftigt die Muskulatur langsam, gezielt und dauerhaft (▷ Seite 694). Häufig gelingt es damit, die Gebärmutter wieder aufzurichten. Doch selbst wenn das Training die Senkung nicht vollständig behebt, ist oft keine weitere Behandlung nötig. Eine leicht abgesenkte Gebärmutter, die von einem kraftvollen Beckenboden getragen wird, macht kaum Beschwerden.

Bei einem operativen Eingriff wird der Beckenboden angehoben und gestrafft. Die Wirkung hält jedoch nicht lange vor, wenn nicht gleichzeitig die stützenden Beckenbodenmuskeln gekräftigt werden.

Myome

Myome sind gutartige Verdickungen aus Bindegewebe und Muskelfasern. Sie können Fett oder Kalk einlagern, Hohlräume einschließen, steinhart oder von gallertig-weicher Konsistenz sein. Meist liegen sie kugelig abgekapselt innerhalb der Gebärmutterwand, manchmal sitzen sie ihr auch auf und ragen in den Bauchraum hinein, oder sie wachsen nach innen in die Gebärmutterhöhle.

Viele Frauen werden auf Myome erst aufmerksam, wenn Frauenärztin oder -arzt die Gebärmutter mit Ultraschall untersuchen und die Knoten sehen. Solange Myome keine Beschwerden machen, sind sie bedeutungslos.

Manche Gewächse sind nur wenige Zentimeter groß; andere wachsen zur Größe eines Kinderkopfes heran und können – wenn sie nach innen wachsen – die Regelblutungen massiv verstärken, verlängern und schmerzhaft machen. Nach außen wachsende Myome können die Funktion der Eierstöcke und die von Blase oder Darm beeinträchtigen.

Myome bilden sich aus ungeklärter Ursache. Viele wachsen unter Östrogeneinfluß und verschwinden meist mit Beginn der Wechseljahre.

Myome können auch Ausdruck einer chronischen körperlichen Überlastung oder einer extremen und anhaltenden seelischen Spannung sein. Es scheint, als verfestige und »verknote« sich die Gebärmuttermuskulatur und verdeutliche damit die Kraftanstrengung, die Seele und Körper erbringen.

BEHANDLUNG Myome, die keine Beschwerden machen, brauchen nicht behandelt zu werden. Nur wenn eine Frau schwanger werden möchte und Myome verhindern, daß sich eine befruchtete Eizelle in der Gebärmutter einnistet, kann es sinnvoll sein, die Knoten medikamentös zu verkleinern oder herauszuoperieren. Selbst wenn die Myome während der Schwangerschaft wieder wachsen, gefährdet das Mutter und Kind nur selten. Viele Frauen mit einem oder mehreren Myomen haben ihr Baby normal zur Welt gebracht. Ein Kaiserschnitt ist selten gerechtfertigt.

Frauen, die in absehbarer Zeit in die Wechseljahre kommen, können versuchen, sich mit den Beschwerden, die ihre Myome verursachen, so lange zu arrangieren, bis sich das Problem mit den Wechseljahren von selbst löst.

Innere Geschlechtsorgane

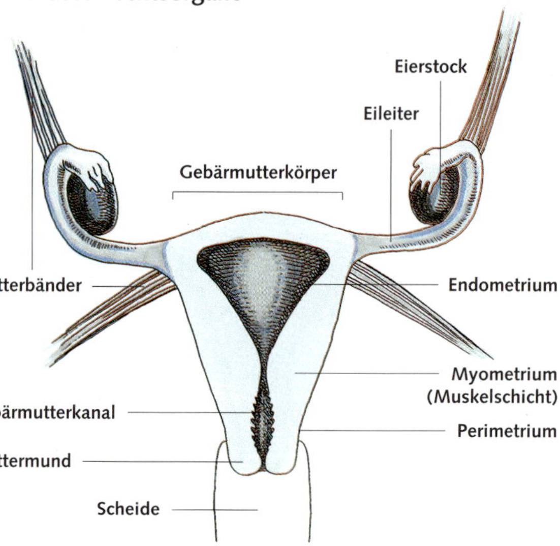

Die Gebärmutter (Uterus) ist ein etwa birnengroßer und auch so geformter Hohlmuskel. Der Gebärmutterhalskanal mündet mit dem Muttermund in die Scheide. Der Gebärmutterkörper ist normalerweise leicht nach vorne in Richtung Blase gekippt und liegt etwa eine Handbreit über dem Schambein.
Innen ist die Gebärmutter von einer gut durchbluteten Schleimhaut (Endometrium) ausgekleidet. Sie verdickt sich unter dem Einfluß der Hormone (▷ Zyklusablauf, Seite 626) und wird mit der Menstruation abgestoßen. Bei einer Schwangerschaft nistet sich der Embryo in der Gebärmutterschleimhaut ein und verbindet sich von dort über den Mutterkuchen mit dem mütterlichen Kreislauf.
Die mittlere Schicht ist die Muskelschicht (Myometrium). Die äußere Schicht (Perimetrium) schließt das Organ zum Bauchraum hin ab.

Starke und schmerzhafte Blutungen können sich durch Mönchspfefferextrakt (Agnus castus; z.B.: *Agnolyt, Strotan*) bessern. Er wirkt ausgleichend auf Regelstärke und -dauer.

Gestagenhaltige Medikamente können einen östrogenbetonten Zyklus ausgleichen, so daß östrogenabhängig wachsende Myome schrumpfen. Diese Therapie wirkt besonders gut bei Frauen, die in der zweiten Zyklusphase sehr wenig Progesteron bilden.

Eine Gesprächs- oder Psychotherapie (▷ Seite 575) ist angebracht, wenn anzunehmen ist, daß die Myome infolge starker seelischer Spannungen und chronischer Überlastung gewachsen sind.

Medikamentöse Behandlung

Wenn Myome vor den Wechseljahren behandelt werden sollen, spritzen ÄrztInnen Hormone der Hirnanhangdrüse, sogenannte GnRH-Analoga. Diese setzen die Eierstöcke außer Funktion, so daß den Muskelknoten einer ihrer »Nährstoffe«, das Östrogen, entzogen wird. Die hormonelle Situation der Frau ähnelt dadurch vorübergehend der in den Wechseljahren. Entsprechend sind die Nebenwirkungen: Hitzewallungen, Schlafstörungen, Herzklopfen, trockene Haut.

Durch die Behandlung verkleinern sich die Myome, die Beschwerden werden geringer. Bei manchen Frauen ist das Behandlungsziel erreicht, wenn die Myome so stark geschrumpft sind, daß sie in einer Operation einzeln herausgeschält werden können.

Wird kein GnRH mehr gespritzt, produzieren die Eierstöcke ihre Hormone wieder wie vorher. Allerdings beginnen dann oft auch die Myome wieder zu wachsen, so daß eine geplante Operation sofort nach Therapieende erfolgen sollte.

Sind die Myome nach sechs Zyklen nicht deutlich kleiner geworden, sollte die Behandlung abgebrochen werden. Ein länger anhaltender Östrogenmangel kann Knochen, Kreislauf und Blutgefäßen schaden.

Hochleistungsorgan

In der Schwangerschaft dehnt sich die Gebärmutter auf das Hundertfache ihrer Größe aus; kurz vor der Geburt wiegt sie (ohne Kind) mehr als das Zehnfache ihres sonstigen Gewichts. Ihre Muskelfasern reichen vom Muttermund ausgehend einmal über die ganze Gebärmutter herum bis auf die andere Seite des Muttermunds. Dies sind die längsten Muskelfasern, die im menschlichen Körper wachsen. Bei der Geburt arbeitet die Gebärmuttermuskulatur mit dem größten Kraftaufwand, den ein menschlicher Muskel je aufbringen kann.

Nach der Geburt bildet sich die Muskulatur im Rekordtempo zurück. Unmittelbar nach der Entbindung ist die Gebärmutter etwa so groß wie der Kopf eines Erwachsenen. Nach einer Woche hat sie sich bereits um mehr als die Hälfte verkleinert. Etwa sechs Wochen nach der Geburt hat der Uterus wieder seine normale Größe.

Die erstaunliche Fähigkeit der Gebärmutter hat die Fantasie vieler Männer beschäftigt. Der griechische Philosoph Aristoteles betrachtete sie als Gefäß für den Samen, der nach damaliger Vorstellung bereits alle Anlagen für das Kind in sich trug. Die Gebärmutter diene ihm lediglich als »Gewächshaus«, in dem es heranreife.

Der Philosoph Plato glaubte, die Gebärmutter sei ein selbständiges Lebewesen, das unabhängig von der Frau ein Kind gebären könne. Er nahm an, sie könne im Körper umherwandern, sich an die Eingeweide klammern und vielfältige Beschwerden hervorrufen: Angst, Kopfschmerzen, Krämpfe, Luftnot. Die Bezeichnung »Hysterie« für solche Beschwerden geht auf diese Vorstellung zurück, abgeleitet von dem Wort »Hystera«, das der altgriechische Arzt Hippokrates der Gebärmutter gab. Lange Zeit wurden ausschließlich Frauen »hysterisch«. Mittlerweile hat die Psychiatrie den Begriff jedoch für ein Krankheitsbild definiert, an dem auch Männer leiden.

Im 19. Jahrhundert meinte man, die Gebärmutter werde durch Bildung kleiner, und zog daraus den Schluß, daß man Frauen am Lesen und Schreiben hindern müsse, um ihre Fruchtbarkeit zu erhalten.

Operation

Ein Myom oder mehrere kleinere Knoten können ÄrztInnen einzeln aus der Gebärmutter herausschälen. Diese Operationsmethode erhält der Frau ihr Organ.

Die Gebärmutter wegen der Myome zu entfernen, ist nur selten erforderlich. Ein Grund wäre, daß sie das Organ so stark durchsetzt haben, daß nach dem Ausschälen kaum noch Uterusgewebe übrigbliebe. Ein anderer wären starke und lang anhaltende Blutungen, deren Folge – massive Blutarmut – nicht durch andere Maßnahmen, wie beispielsweise Eisenpräparate, zu beheben ist.

Endometriose

Eine Endometriose trifft überwiegend Frauen zwischen 25 und 30 Jahren. Bei dieser Krankheit sind Stücke gebärmutterschleimhautähnlichen Gewebes im Bauchraum versprengt. Sie wachsen auf Eierstöcken, Eileitern, Blase, Darmschlingen oder Bindegewebe. Manche Endometrioseherde sind sehr dünn, andere einige Millimeter dick, einige sitzen sehr oberflächlich, andere wachsen in das Gewebe hinein, auf dem sie sich angesiedelt haben. Sie können so klein sein wie ein Stecknadelkopf, aber auch so groß wie ein Fünfmarkstück, verschieden aussehen und sich ebenso unterschiedlich verhalten. An den Eierstöcken können sie große, blutgefüllte Zysten bilden.

Einige Endometrioseherde verdicken sich im gleichen Rhythmus wie die Gebärmutterschleimhaut und bluten zur Zeit der Menstruation, andere nicht. Im Laufe der Jahre, in denen sich eine Endometriose ungehindert ausbreitet, entzünden sich die Herde oft. In der Folge bilden sich um das Gewebe herum Verwachsungen.

Warum eine Endometriose entsteht, ist immer noch unklar. Möglicherweise geraten die Zellen der Gebärmutterschleimhaut während der Entwicklung eines Embryos an die falsche Stelle; vielleicht gelingt es einer geschwächten Immunabwehr nicht, »auswandernde« Zellen aufzuhalten; möglich auch, daß während der Menstruation winzige Stücke Gebärmutterschleimhaut in die Eileiter und von dort in den Bauchraum gelangen. Ziemlich sicher geraten bei medizinischen Eingriffen, wie Bauchspiegelung, Ausschabung, Schwangerschaftsabbruch oder Kaiserschnitt, Schleimhautzellen leicht in den Kreislauf und die Lymphbahnen.

Immer wieder Schmerzen

Entzündungen und Verwachsungen, manchmal auch die dadurch bedingten Funktionseinschränkungen von Organen und das hormonabhängige An- und Abschwellen der Endometrioseherde kann unerträgliche Schmerzen verursachen: während der Menstruation, in der zweiten Hälfte des Zyklus, beim Geschlechtsverkehr, bei Tastuntersuchungen. Viele Frauen beschreiben diese Schmerzen als brennend, kneifend, dumpf – ein »wundes Gefühl« im Bauch. Weitere Anzeichen sind Schmierblutungen oder unregelmäßige und starke Regelblutungen.

BEHANDLUNG Im Durchschnitt vergehen fünf Jahre, bis ÄrztInnen eine Endometriose diagnostizieren. Die Symptome sind zu unspezifisch und können zu leicht als »starke Regelbeschwerden« angesehen werden. Um eine Endometriose sicher feststellen zu können, ist eine Bauchspiegelung (Laparoskopie) notwendig.

Bei den meisten Frauen verschwindet die Endometriose mit Beginn der Wechseljahre, weil die Produktion von Östrogen und Progesteron zurückgeht. Frauen, die sich mit den Beschwerden arrangieren können, sollten versuchen, die Zeit bis zu den Wechseljahren ohne Behandlung zu überstehen.

Bei milden Formen von Endometriose genügen oft nicht-medikamentöse Maßnahmen, wie Massagen, Bäder, Akupunktur, transkutane elektrische Nervenstimulation und Biofeedback oder bewährte

Schmerzmittel (▷ Kopfweh und Migräne, Seite 617), um über die Runden zu kommen.

Medikamente

Manche Endometrioseherde reagieren auf Hormone. Eine Behandlung mit ihnen kann dann die körpereigene Produktion von Östrogen und Progesteron deutlich reduzieren. Dabei setzt gleichzeitig die Menstruation aus. In dieser Zeit »ruhen« die Herde. Das mildert die Beschwerden erheblich. Nach Absetzen der Medikamente nehmen die Eierstöcke ihre Funktion wieder auf.

Als Medikamente kommen die Pille (▷ Seite 635), GnRH-Analoga (▷ Myome, Seite 680), Progestagene, Danazol oder Gestrinone in Frage. Mit Ausnahme der Pille sollte eine Behandlung mit diesen Mitteln nicht länger als maximal ein Jahr dauern. Durch das Östrogendefizit könnte sonst die Gefahr steigen, daß eine Osteoporose entsteht (▷ Seite 542). Als Nebenwirkungen der Behandlung können auftreten: Gewichtszunahme, Akne, verstärkte Körperbehaarung, Müdigkeit, Migräne, Schwitzen und geringere Lust auf Sex.

Operationen

Oft versuchen ÄrztInnen gleich bei der Bauchspiegelung (Laparoskopie), mit der sie die Endometriose diagnostizieren, die Herde zu beseitigen. Sie zieht weniger oft Verwachsungen nach sich als eine »offene Operation« – besonders wichtig für Frauen, die bereits unter den Folgen von Verwachsungen durch die Endometriose leiden.

Halten die ÄrztInnen eine Operation dennoch für unumgänglich, sollten die Frauen darauf bestehen, daß die Herde mikrochirurgisch entfernt werden. So verbessern sich die Chancen, sie möglichst komplett zu beseitigen. Kompetente MedizinerInnen dafür sind am ehesten in Universitätsklinken zu finden.

Meist gelingt es jedoch nicht, alle Endometrioseherde zu beseitigen, weil sich die Schleimhautstücke oft kaum von gesundem Gewebe unterscheiden. Mit den zurückbleibenden Resten bleiben dann auch die Beschwerden.

Bei einer sehr ausgeprägten Endometriose, die anders nicht zu beeinflussen ist, raten FrauenärztInnen oft, die Gebärmutter zu entfernen (▷ Seite 685). Eine Heilung garantiert dieses radikale Vorgehen jedoch nicht, denn der Zyklus, den die Eierstöcke steuern, bleibt erhalten. Würden jedoch die Eierstöcke entfernt, käme die Betroffene vorzeitig in die Wechseljahre. Sie müßte Östrogene einnehmen, um die späten Folgen der frühzeitigen Östrogenreduktion zu verhindern (▷ Seite 546). Diese Medikation wiederum kann die Endometrioseherde zu verstärkter Tätigkeit anregen. Untersuchungen zeigen, daß bei einem Drittel der Frauen die Beschwerden der Endometriose auch nach einer Gebärmutterentfernung fortbestehen.

Endometriose und Schwangerschaft

Bei manchen Frauen verschwindet eine Endometriose während der Schwangerschaft. In den neun – bei stillenden Frauen meist noch mehr – blutungsfreien Monaten trocknen viele Endometrioseherde aus und bilden sich danach nicht neu. Aber oft verhindert gerade die Endometriose selbst eine Schwangerschaft. Gebärmutterschleimhautstücke, die an den Eierstöcken haften oder sich innerhalb der Eileiter angesiedelt haben, können beispielsweise den Eisprung oder den Transport der Eizelle in den Eileitern und damit auch die Befruchtung blockieren. Schätzungsweise bei jeder dritten ungewollt kinderlosen Frau ist eine Endometriose der Grund.

Eine hormonelle Behandlung unterbindet die Funktion der Eierstöcke, damit kommen auch die Endometrioseherde zur Ruhe. Nach dem Absetzen der Medikamente beginnen die Eierstöcke wieder ihren normalen Zyklus; die Herde brauchen jedoch einige Monate, bis sie sich neu bilden. In dieser Zeit ist es relativ leicht möglich, schwanger zu werden.

Früherkennung eines Gebärmutterhals-Karzinoms

Bei Frauen, die jährlich einen Abstrich von Muttermund und Gebärmutterhals machen lassen, wird ein Zervixkarzinom meist in einem ganz frühen Stadium erkannt. Der Krebs ist noch auf diese Region begrenzt, hat sich noch nicht ausgebreitet und kann so behandelt werden, daß die Gebärmutter erhalten bleibt. Nach der Operation sind die meisten Frauen dauerhaft von der Krankheit geheilt.

Die Veränderungen, die sich bei den Abstrich-Zellen unter dem Mikroskop feststellen lassen, teilen ÄrztInnen nach einem Stufenschema ein, das nach seinem Erfinder, dem amerikanischen Arzt Papanicolaou, »Pap-Test« heißt:

- Pap-I: Der Ausstrich besteht nur aus gesunden Zellen.
- Pap II: Die Zellen sind gesund, weisen aber Zeichen einer Entzündung auf. Eine Kontrolle nach Behandlung der Entzündung ist ratsam.
- Pap III und IIId: Es gibt veränderte Zellen, die aber nicht bösartig sein müssen. Es könnte eine Infektion mit Viren oder Bakterien vorangegangen sein. Wenn diese auskuriert ist, muß der Abstrich einige Zeit später wiederholt werden.
- Pap IVa und IVb: Es gibt bösartige Zellveränderungen. Sie sind aber geringfügig und begrenzt. Die Krebszellen haben nur die oberflächlichen Schichten des Gebärmutterhalsgewebes erfaßt; es können noch keine Metastasen entstanden sein. ÄrztInnen nennen dieses Stadium »Null-Krebs« oder »Carcinoma in situ«.
- Pap V: Es gibt deutliche Zeichen für einen schon seit längerem bestehenden Krebs. Möglicherweise hat er bereits andere Organe in Mitleidenschaft gezogen.

Jeder verdächtige Befund muß durch einen zweiten Abstrich überprüft werden. Ein Zervixkarzinom im Stadium »Pap IVa« oder »IVb« kann durch eine schnelle und angemessene Behandlung fast immer geheilt werden. Aber auch über drei Viertel der Frauen, denen ein »Pap V« bestätigt wurde, werden wieder gesund.

Gebärmutterhalskrebs

Unerwartete Blutungen sollten jede Frau zu Frauenärztin oder -arzt führen, um einen Abstrich vornehmen zu lassen. Solche Blutungen können die ersten Anzeichen eines Krebses am Gebärmutterhals (Zervixkarzinom) sein.

Gebärmutterhalskrebs ist eine der wenigen Krebsarten, die nachweislich durch Viren gefördert werden, und zwar durch Papillomviren (Warzenviren). Frauen stecken sich damit unbemerkt beim Geschlechtsverkehr an, die Viren dringen in Zellen im Genitalbereich ein und ruhen dort. Erst wenn andere Faktoren hinzukommen, können manche Unterarten dieser Viren die Schutzmechanismen des Körpers überwinden und die Zellen zu unkontrolliertem Wachstum anregen. Wann sie jedoch aktiv werden, ist nicht vorherzusagen. Da das Wissen um eine mögliche Infektion also keine Konsequenzen nach sich zieht, ist es nicht sinnvoll, sich auf Papillomviren untersuchen zu lassen.

BEHANDLUNG Zur Behandlung eines »Carcinoma in situ« wird meist ein etwa zwei Zentimeter langes Stück Gewebe kegelfömig aus Muttermund und Gebärmutterhals herausgeschnitten (Konisation). Befinden sich die Tumorzellen wirklich nur an der Oberfläche, können sie auch durch Kälte beseitigt oder mit dem Laser verdampft werden.

Eine Schwangerschaft ist nach diesem Eingriff weiterhin möglich. Allerdings schließt der Muttermund nicht mehr ganz so dicht wie früher. Um die Gefahr einer Fehl- oder Frühgeburt zu verringern, wird dann meist der Muttermund mit einem Band verschlossen (Cerclage).

Wenn nicht sicher ist, daß die Konisation alle Krebszellen erfaßt hat, wird der Gebärmutterhals zusätzlich bestrahlt. Das geschieht durch die Bauchdecke hindurch, oder es werden für einige Zeit radioaktiv strahlende Stäbchen in den Gebärmutterhals eingelegt.

Ist die Krankheit bereits fortgeschritten (Pap V), müssen die Gebärmutter und oft auch die Eierstöcke und die Lymphknoten im Becken entfernt werden, weil sich dort Krebszellen abgesiedelt haben könnten. Meist wird zusätzlich noch der Unterleib bestrahlt.

Gebärmutterkörperkrebs

Ein Gebärmutterkörperkrebs (Endometriumkrebs, Korpuskarzinom) kommt fast nur bei Frauen in und nach den Wechseljahren vor. Es handelt sich um eine langsam wachsende bösartige Veränderung der Schleimhautzellen. Das erste Anzeichen dafür sind Blutungen. Frauen, die den Wechsel bereits hinter sich haben und wieder Blutungen bekommen, sollten sich deshalb rasch untersuchen lassen.

Ob sich die Schleimhaut in der Gebärmutterhöhle verändert hat, kann eine Ultraschalluntersuchung klären, die von der Scheide aus durchgeführt wird. Wenn sich dabei ein verdächtiger Befund ergeben hat, wird immer eine Ausschabung gemacht. In dem entfernten Schleimhautgewebe läßt sich ein Korpuskarzinom gut erkennen. Ultraschall, Computertomografie oder Kernspintomografie zeigen dann, wie weit sich der Tumor ausgedehnt hat. Dabei unterscheiden ÄrztInnen vier Stadien:

- Stadium I: Der Krebs ist auf den Gebärmutterkörper beschränkt.
- Stadium II: Auch der Gebärmutterhals ist betroffen.
- Stadium III: Es sind weitere Organe betroffen, wie Eierstöcke, Eileiter, Scheide, Lymphknoten des Beckens.
- Stadium IV: Es sind auch Blase, Enddarm oder andere, entfernter liegende Organe erkrankt.

BEHANDLUNG Bei einem Korpuskarzinom muß die Gebärmutter entfernt werden. Oft operieren ÄrztInnen auch die Eierstöcke mit heraus, damit Krebszellen, die bereits dorthin gewandert sind, nicht weiterwachsen können. Ist der Krebs weiter fortgeschritten, wird nach der Operation der Unterleib bestrahlt. Manchmal sollen auch Medikamente, die die Wirkung der Östrogene aufheben, das Krebswachstum hemmen (z.B. *Nolvadex*).

Gebärmutterentfernung

Jedes Jahr entfernen ÄrztInnen in Deutschland bei etwa 200.000 Frauen die Gebärmutter (Hysterektomie). Schätzungsweise jede dritte bis fünfte Frau über 50 Jahren lebt ohne dieses Organ.

Der Eingriff wird oft als »Totaloperation« bezeichnet. Die Bezeichnung wäre jedoch nur gerechtfertigt, wenn außer der Gebärmutter auch Eierstöcke und Eileiter entfernt würden. Ein so radikales Vorgehen ist aber nur angebracht, wenn angenommen werden muß, daß in diesen Organen Krebszellen wachsen.

Die Gebärmutter kann durch einen Bauchschnitt entfernt werden (abdominal) oder durch die Scheide (vaginal). Bei einem Bauchschnitt müssen alle Gewebeschichten einschließlich der Bauchmuskeln durchtrennt werden. Die Wunde ist verhältnismäßig groß und heilt relativ langsam.

Die vaginale Operation ist »sanfter«, setzt aber voraus, daß die Gebärmutter nicht sehr groß und die Scheide weit ist. Bei ÄrztInnen, die mit dieser Technik nicht sehr erfahren sind, ist das Risiko erhöht, daß sie Blase oder Harnleiter verletzen.

Ein wertvolles Organ

Die Gebärmutter ist ein Organ der Weiblichkeit. Fantasien, die Frauen über ihre Fruchtbarkeit spinnen, können sich an ihm festmachen – gleichgültig, ob die einzelne Frau jemals Kinder bekommen möchte oder nicht. Das gilt auch für sehr alte Frauen, deren Fruchtbarkeitsphase lange zurückliegt. Zur körperlichen Unversehrtheit, zur vollständigen Identität gehört bei vielen Frauen die Gebärmutter dazu.

Manche ÄrztInnen sehen dieses Organ aber nur unter dem Nutzungsaspekt. Für sie ist die Gebärmutter das Organ, um eine Schwangerschaft auszu-

Gebärmutterentfernung
Gründe dafür, Argumente dagegen

• Myome. Nur selten sind sie so groß oder so zahlreich, daß die Gebärmutter entfernt werden müßte. Viele Myome lassen sich medikamentös verkleinern oder einzeln herausschälen (▷ Seite 680).

• Gebärmuttersenkung oder -vorfall. Eine gezielte Beckenbodengymnastik kräftigt das tragende Gewebe oft hinreichend. Genügt das nicht, ist eine Straffungsoperation die nächst sinnvolle Maßnahme (▷ Seite 694).

• Menstruationsstörungen. Wenn sie überaus belastend sind, ist eine eingehende körperliche Untersuchung angebracht, die die Ursachen aufdeckt (▷ Endometriose, Seite 682), und eine psychotherapeutische Beratung.

• Krebs. Ein Gebärmutterhalskrebs im Frühstadium ist mit einer Konisation ausreichend zu behandeln (▷ Seite 684).

• Endometriose. Sie ist mit anderen Mitteln oft erfolgreicher und gezielter zu bekämpfen (▷ Seite 682).

• Endgültige Verhütung. Dieser Wunsch ist mit einer Sterilisation zu erfüllen (▷ Seite 637).

Fragen vor der Operation

• Warum ist diese Operation unumgänglich notwendig? Gibt es wirklich keine Alternativen?

• Wie wahrscheinlich ist es, daß sich durch den Eingriff die Erwartungen erfüllen, die ich habe?

• Soll von der Scheide aus operiert werden oder durch einen Bauchschnitt und warum?

• Sollen die Eierstöcke mit herausgenommen werden und warum? Frauen nach oder kurz vor dem Wechsel wird häufig geraten, die Eierstöcke entfernen zu lassen, um die Möglichkeit auszuschließen, daß sich in ihnen einmal ein Krebs entwickelt. Ein zukünftiges Ereignis, von dem niemand weiß, ob es je eintreten wird, rechtfertigt jedoch keine so eingreifende Operation.

• Bestehen Sie darauf, daß die Scheide so vernäht wird, daß die Operationsfolgen später den Geschlechtsverkehr nicht behindern. Viele ÄrztInnen gehen davon aus, daß ältere Frauen sexuell nicht mehr aktiv sind.

tragen, und Frauen, die keine Kinder (mehr) bekommen wollen oder die Zeit der Fruchtbarkeit hinter sich haben, »brauchen« dementsprechend keine Gebärmutter. Sie kann entfernt werden.

Ein Organ und allemal eines wie die Gebärmutter ist jedoch niemals »überflüssig« oder »nutzlos«. Selbst jene Frauen, die sich bewußt zum operativen Eingriff entschlossen haben, müssen das Geschehen seelisch verarbeiten. Manchen wird die Versehrtheit erst Monate nach der Operation bewußt, und viele empfinden noch lange ohnmächtige Wut, wenn deutlich wird, daß das medizinische Problem auch ohne Operation hätte gelöst werden können.

Den Verlust verschmerzen

Frauen, die sich nach intensiver Beratung bewußt zu einer Gebärmutterentfernung entschlossen haben, können nach einer gewissen Erholungszeit sehr zufrieden damit leben. Jene, die jahrelang unter heftigen und schmerzhaften Blutungen gelitten haben, fühlen sich nun befreit und genießen ihr Leben unbeschwert. Auch die Frauen, die ihre Gebärmutter geopfert haben, um weiterzuleben, zum Beispiel bei einer Krebsdiagnose, können den Verlust meist gut verarbeiten. Für sie gleicht der Gewinn des gesunden Lebens den Verlust des Organs aus.

Frauen, bei denen die Operation allerdings hätte vermieden werden können, brauchen oft wesentlich länger, bis sie Frieden damit schließen, künftig ohne Gebärmutter leben zu müssen. Sie sind um einen Teil ihrer selbst beraubt worden, und das tut weh.

Von Außenstehenden und oft auch vom Partner zu erfahren, daß die Gebärmutter nur als Organ zum Kinderkriegen angesehen wird, ist eine böse Kränkung, denn es ist äußerst verletzend, Teile seines Körpers nur unter dem Aspekt der Nützlichkeit betrachtet zu wissen.

Um diese Gefühle zu verarbeiten, können die Mitglieder einer Selbsthilfegruppe helfen oder die Fachleute, die an einer der Spezialkliniken für gynäkologische Rehabilitation zu finden sind (▷ Seite 687).

Sex ohne Gebärmutter

ÄrztInnen raten den Frauen, nach der Operation für etwa sechs Wochen auf Geschlechtsverkehr zu verzichten. Viele Frauen dehnen diese Abstinenz jedoch sehr viel länger aus. Sie haben Angst. Weniger vor eventuellen Schmerzen als vielmehr davor, ihr Partner könne sie nun weniger begehren, weil sie keine »vollständige« Frau mehr seien. Sie fürchten, für ihn könne sich ihr Inneres anders anfühlen als vorher. Doch kein Mann kann beim Verkehr spüren, ob die Frau eine Gebärmutter hat oder nicht.

Für sich selbst befürchten die Frauen, daß sich der Orgasmus nicht mehr so anfühlt wie früher. Viele operierte Frauen bestätigen, daß ihnen der »letzte Kick« nun fehle. Dem Gefühl tiefer Befriedigung tut das aber keinen Abbruch, wenn sich die Frau von ihrem Partner so geliebt fühlt, wie sie es sich wünscht.

Sehr wichtig ist, daß die Frau in dieser Zeit wirklich nur dann mit ihrem Partner schläft, wenn sie Lust dazu hat und sich frei fühlt, sich dieser Lust hinzugeben. Jeder Zwang verstärkt die Verspannung und begünstigt Schmerzen. Wer in der ersten Zeit sehr besorgt ist, daß die Wunden wehtun könnten, kann andere Methoden für eine sinnliche und lustvolle Sexualität finden als Vaginalverkehr: Von jedem Partner ist zu verlangen, daß er Rücksicht nimmt und sich einfühlsam und zärtlich verhält.

KONTAKT

Arbeitskreis Frauenselbsthilfe bei gynäkologischen Operationen
Nernstweg 32, 22765 Hamburg, Tel.: 040/3 90 21 90

Selbsthilfegruppe Frauen nach gynäkologischen Operationen
Grünauer Allee 49 (Ärztehaus), 04209 Leipzig
Tel.: 0341/4 22 55 47

Selbsthilfegruppe Frauen nach gynäkologischen Operationen, c/o Helga Nather
Neißestraße 4, 78052 Villingen, Tel.: 07721/6 25 15

Kliniken

Es gibt an diversen Kurkliniken in Deutschland Rehabilitationseinrichtungen für Frauen, die eine Hysterektomie erlitten haben. Eine Behandlung dort kann unmittelbar im Anschluß an das Krankenhaus oder auch später erfolgen und dauert drei Wochen. Das Kurprogramm umfaßt Körper und Seele gleichermaßen.

Hat eine Frau Kinder unter zwölf Jahren zu betreuen, zahlen die gesetzlichen Krankenkassen für die Dauer des Aufenthalts eine Haushaltshilfe.

Klinik am Kurpark
Am Kurpark 6-10, 23611 Bad Schwartau, Tel.: 0451/20 04-0

Klinik »Der Fürstenhof«
Am Hylligen Born 7, 31812 Bad Pyrmont
Tel.: 05281/15 03

Klinikum für Rehabilitation, Kliniken am Burggraben
Alte Vlothoer Straße 47-49, 32105 Bad Salzuflen
Tel.: 05222/3 70

Kurklinik Paracelsus
Merianstraße 9-11, 65307 Bad Schwalbach
Tel.: 06124/5 08-0

Klinik Maximiliansbad
Maximilianstraße 13, 88339 Bad Waldsee
Tel.: 07524/94-0

Paracelsus-Klinik
Forststraße 5, 08645 Bad Elster,
Tel.: 037437/7 21 44

Vogtland-Klinik
Forststraße 3, 08645 Bad Elster,
Tel.: 037437/31 41

Besser ist besser! Ich be-
Komm's so schnell an den Eier-
stöcken!...
F. BEIKER

Eileiter und Eierstöcke

Die Eierstöcke (Ovarien) sind etwa pflaumengroß und liegen rechts und links von der Gebärmutter. Neben oder unter jedem Eierstock mündet ein schlauchförmiger Eileiter (Tube) mit seinem fransigen Trichter, der die Eizelle nach dem Eisprung aufnimmt und mit wellenförmigen Bewegungen in die Gebärmutter schiebt.

Von den 200.000 Eibläschen, die von Geburt an in jedem Eierstock angelegt sind, reifen etwa 400 im Laufe eines fruchtbaren Frauenlebens zu einem »Follikel« heran. Mit der Pubertät beginnen die Eierstöcke, in den Follikeln die weiblichen Geschlechtshormone Östrogen und Progesteron zu produzieren (▷ Hormonelle Steuerung, Seite 626). Durch ihre Wirkung beginnt die Brust zu wachsen, die Scham- und Achselhaare sprießen, die Körperform verändert sich: Die Taille wird schmaler, die Hüften prägen sich stärker aus. Bis zu den Wechseljahren beeinflußt nun das Auf und Ab des monatlichen Zyklus das Leben (▷ Zyklusablauf, Seite 626).

Während der Wechseljahre verringert sich die Hormonproduktion allmählich. Daraus resultieren äußerlich sichtbare und im Inneren unsichtbar verlaufende Veränderungen (▷ Wechseljahre, Seite 538).

Die Eileiter

Sie verbinden die Eierstöcke mit der Gebärmutter. Diese sehr zarten Schläuche sind nur wenige Millimeter dünn und etwa acht bis zwölf Zentimeter lang. In der Zeit des Eisprungs schiebt sich der Eileiter mit seinem fransigen Trichter eng an den Eierstock heran. Das Innere des Eileiters ist dicht mit feinen Härchen besetzt. Diese Flimmerhärchen bewegen sich ständig und verursachen einen Sog, dem die aus dem Eibläschen ausgestoßene Eizelle nicht entkommt. Sie rutscht direkt in den Eileiter hinein. Rhythmische Kontraktionen der Muskelzellen in der Eileiterwand schieben sie langsam weiter. An einer bestimmten Engstelle (Isthmus) bleibt sie ein bis zwei Tage liegen. In dieser Zeit ist sie etwa acht Stunden lang besonders befruchtungsbereit. Findet keine Befruchtung statt, stirbt die Eizelle rasch ab und wird vom Körper wieder aufgenommen.

Entzündung von Eierstock und Eileiter

Ein Eierstock entzündet sich nur selten. Bei einer »Eierstockentzündung« ist meist der Eileiter infiziert (Salpingitis). Eine solche Infektion ist fast immer »aufgestiegen«: Viren oder Bakterien haben den Schleimpfropf am Muttermund überwunden und sind in Gebärmutter und Eileiter vorgedrungen. Im Rahmen eines gynäkologischen Eingriffs, wie dem Legen oder Ziehen der Spirale, einer Gebärmutterspiegelung, einer Ausschabung oder bei einem Schwangerschaftsabbruch, gelingt ihnen das besonders leicht.

Solch eine »Unterleibsentzündung« macht sich durch heftige Bauchschmerzen bemerkbar, vor allem beim Geschlechtsverkehr oder während der Menstruation. Im Slip finden sich Zeichen eines eitrigen Ausflusses, der unangenehm riechen kann. Die Körpertemperatur steigt, manchmal treten Schmierblutungen auf. Der Bauch ist sehr druckempfindlich, Gehen oder Stehen fallen schwer. Die Frau fühlt sich krank, schlapp, müde und abgeschlagen.

Behandlung der Infektion

Eine Eileiterentzündung muß immer ärztlich behandelt werden. Meist ist es unvermeidlich, Antibiotika einzunehmen, denn die Sekrete, die bei einer lang andauernden Entzündung abgesondert werden, können die Eileiter verkleben. Einen so verschlossenen Eileiter können die Samenzellen nicht mehr passieren – die Frau ist unfruchtbar geworden.

Neben Antibiotika helfen Eisbeutel, den Entzündungsprozeß einzudämmen. Später lindert Wärme in Form von feuchtwarmen Umschlägen und Moorpackungen die Beschwerden. Einige Tage Bettruhe und eine Woche Schonung sollen verhindern, daß die Entzündung chronisch wird. Zwei Wochen lang sollten kranke Frauen keinen Geschlechtsverkehr haben, damit das Gewebe in Ruhe heilen kann und nicht etwa weitere Krankheitserreger eindringen.

Eileiterschwangerschaft

Bei einer Eileiterschwangerschaft beginnt das befruchtete Ei, im Eileiter zu wachsen. Davon ist anfänglich nichts zu spüren. Wie bei einer normalen Schwangerschaft bleibt die Regel aus, der Test ist positiv, die Brüste können spannen, der Magen kann sich morgens mit Übelkeit melden. Erst nach zwei bis drei Wochen, wenn der wachsende Keim allen Raum in dem dünnen Eileiter einnimmt, treten akute Alarmzeichen auf: heftiges, wehenartiges Ziehen oder starke Krämpfe im Unterbauch, Übelkeit, Schwäche, eine stark gespannte Bauchdecke. Dann ist höchste Eile geboten. Wer solche Symptome hat, muß immer und so schnell wie möglich ins Krankenhaus. Der Eileiter kann platzen; die daraus folgenden inneren Blutungen sind lebensbedrohlich.

Eine sich entwickelnde Eileiterschwangerschaft kann nur entdeckt werden, wenn sich die Frau eine Schwangerschaft so früh wie möglich von einer Frauenärztin oder einem -arzt bestätigen läßt. Im Ultraschallbild zeigt sich dann in der Gebärmutter keine Fruchtblase. Mit einer vaginalen Sonografie kommen präzise Bilder von den Eileitern zustande, die dann zeigen, daß der Embryo am falschen Ort wächst.

Ein erhöhtes Risiko für eine Eileiterschwangerschaft besteht bei Frauen,

- die bereits eine Eileiterschwangerschaft hatten.

• die eine Eileiterentzündung hatten.
• die trotz Spirale schwanger geworden sind.
• die älter als 30 Jahre sind. Bei ihnen sind die Eileiter häufiger als bei jüngeren Frauen vernarbt. Außerdem scheinen sich die Eileiter nicht mehr so kräftig zu bewegen, so daß die Eizelle langsamer transportiert wird.
• deren Eizelle im Rahmen einer Unfruchtbarkeitsbehandlung außerhalb des Körpers befruchtet und anschließend bei einer Bauchspiegelung in den Eileiter gespritzt wird (intratubaler Gameten-Transfer).

Der Eingriff

Eine Eileiterschwangerschaft muß immer in Vollnarkose operativ beendet werden. Das kann im Rahmen einer Bauchspiegelung geschehen, bei der die ÄrztInnen das Medikament Prostaglandin in den Eileiter spritzen. Durch dieses Mittel zieht sich der Eileiter zusammen und schiebt das Schwangerschaftsgewebe in die Gebärmutter. Anschließend wird eine Ausschabung vorgenommen. Diese Methode kann allerdings nur eingesetzt werden, wenn die Schwangerschaft nicht älter ist als acht Wochen und der Eileiter unverletzt ist (▷ Prostaglandine, Seite 640).

Bei der sonst gebräuchlichen Methode wird das Schwangerschaftsgewebe mit dem Eileiterstück, in dem es gewachsen ist, herausgeschnitten. Anschließend nähen die ÄrztInnen die beiden freien Enden des Eileiters wieder zusammen. Damit wird er zwar etwas kürzer, bleibt aber erhalten. Die Frauen können danach weiterhin schwanger werden, allerdings ist die Wahrscheinlichkeit dafür etwas geringer.

Eierstockzysten

Eine Zyste bildet sich am Eierstock, wenn ein Eibläschen zwar reift, aber nicht platzt. Zysten können hühnereigroß werden und füllen sich häufig mit Flüssigkeit. Die meisten Frauen spüren davon höchstens ein leichtes Ziehen oder Druckgefühl im Bauch, vor allem um die Zeit des Eisprungs. Manchmal sind Eierstockzysten der Grund für Unregelmäßigkeiten im Zyklus. Die meisten Frauen erfahren von ihren Zysten aber erst, wenn Frauenärztin oder -arzt sie bei einer Untersuchung tasten oder sie auf dem Ultraschallbild entdecken. Die meisten dieser mit Flüssigkeit gefüllten Zysten verschwinden von selbst oder platzen im Laufe der folgenden Zyklen. Ihren Inhalt baut der Körper ab.

Problematisch können jene selteneren Zysten werden, die feste Gewebeteile enthalten; sie können sich zu Eierstockkrebs wandeln. Solche Gewebe erkennen geschulte FrauenärztInnen mittels Ultraschall. Damit überwachen sie auch die weitere Entwicklung der Zyste. Tastuntersuchungen und gegebenenfalls eine Bauchspiegelung geben weitere Informationen, ob Gefahr im Verzug ist.

Eierstockkrebs

Im Vergleich zu anderen bei Frauen vorkommenden Tumorarten ist der Eierstockkrebs (Ovarialkarzinom) relativ selten; er tritt vorwiegend in und nach den Wechseljahren auf. Weil dieser Krebs lange Zeit keine Beschwerden macht, wird er meist erst sehr spät entdeckt und ist dann schon weit fortgeschritten. Auf einen Eierstockkrebs im Frühstadium werden nur sehr erfahrene GynäkologInnen aufmerksam, und auch sie brauchen dafür das Glück des Zufalls.

Frauen, an deren Eierstöcken sich immer wieder Zysten bilden, sollten sich vierteljährlich von ihrer Frauenärztin oder ihrem Frauenarzt untersuchen lassen. Mit Tastuntersuchungen, ergänzt durch vaginale Ultraschallaufnahmen, lassen sich Strukturveränderungen der Zysten frühzeitig erkennen. Sie könnten ein erster Hinweis für einen Eierstockkrebs sein.

Tumor-Behandlung

Bei einem Eierstockkrebs werden immer beide Eierstöcke entfernt – auch wenn nur einer erkrankt ist und der andere noch gesund erscheint; zusätzlich werden Eileiter, Gebärmutter und das »große Netz«

herausoperiert. Das Netz ist eine Art Bindegewebeschürze, die sich vom Magen über den Darm bis zu den Geschlechtsorganen erstreckt. Da es den Eierstöcken direkt aufliegt, kann der Tumor leicht Zellen dorthinein absiedeln, die von da aus in alle Bauchorgane wandern können.

Je nach Ausdehnung und Schwere der Krebserkrankung folgen auf die Operation Chemotherapie und Bestrahlungen.

Blase und Nieren

Harnröhre und Blase liegen in unmittelbarer Nachbarschaft von Scheide und Gebärmutter. Die Harnröhre mündet direkt am Scheidenausgang.

Blasenerkrankungen machen vielen Frauen zu schaffen, weil Keime relativ leicht in die Harnröhre eindringen und den nur drei bis fünf Zentimeter kurzen Weg in die Blase schnell überwinden können. Dauern Blasenentzündungen an, steigen die Keime oft über die Harnleiter bis in die Nieren auf und rufen dort Entzündungen hervor.

Weil Blase und Gebärmutter so eng beieinanderliegen, beeinflußt jede Lageveränderung der Gebärmutter die Funktion der Blase. Harntröpfeln beim Husten, Niesen oder schnellen Laufen entsteht häufig infolge einer Gebärmuttersenkung (▷ Inkontinenz, Seite 694).

Entzündung von Blase und Nieren

Viele Frauen kennen die typischen Anzeichen einer Blasenentzündung (Zystitis): der Drang, fortwährend zur Toilette zu müssen, Schmerzen und Brennen beim Wasserlassen, blutiger Urin, wenn die Innenwände der Blase sehr stark entzündet sind. Oft krampft sich die Blase schmerzhaft zusammen.

Eine Nierenentzündung (Nephritis) entsteht häufig infolge eines chronischen oder nicht ausgeheilten Blaseninfekts. Typische Symptome sind – oft zusätzlich zu den Anzeichen einer Blasenentzündung – Rücken- oder Bauchschmerzen, Fieber und Schwäche.

BEHANDLUNG Bei einer Blasenentzündung tut Wärme jeder Art wohl: Decke, Wärmflasche, Heizkissen, heißes Bad. Viel Flüssigkeit, am besten warmer Nieren-Blasen-Tee, spült die Entzündungsprodukte hinaus. Harntreibend wirken Orthosiphonblätter, Birkenblätter, Goldrute, Hauhechel, Schachtelhalm und weiße Taubnessel. Zwei Liter Tee am Tag sollten es sein, mehr ist erlaubt.

Pflanzliche Arzneimittel sind allenfalls bei milden Blasenreizungen hilfreich.

Wenn sich die Beschwerden nach zwei Tagen nicht deutlich gebessert haben, sollte die Frau auf jeden Fall Ärztin oder Arzt aufsuchen. Die Gefahr ist groß, daß die Bakterien über die Harnleiter in die Nieren aufsteigen und sie infizieren. Um das unbedingt zu verhindern ist eine Behandlung mit Antibiotika oder einer Sulfonamid-Kombination fast immer unvermeidlich.

Bewährte Substanzen zur Behandlung von Harnweginfektionen sind Cotrimoxazol (z.B. *Bactrim, Cotrim, Eusaprim*) und Amoxicillin (z.B. *Clamoxyl*). Eine unkomplizierte Blasenentzündung ist vor allem bei jungen Frauen oft bereits mit der Einnahme einer Ein- oder Drei-Tage-Dosis zu beenden. Wenn die Beschwerden nach Absetzen der Medikamente innerhalb von zwei bis drei Tagen erneut auftreten, sind wahrscheinlich nicht alle Bakterien beseitigt worden. Dann ist es ratsam, die Mittel zehn Tage lang einzunehmen.

Antibiotika mit den Wirkstoffen Norfloxazin, Ciprofloxazin oder Ofloxazin (z.B. *Barazan, Ciprobay, Tarivid*) wirken ebenfalls bei Blasen- und Nierenentzündungen. Ihre Anwendung kann jedoch mit so erheblichen Nebenwirkungen verbunden sein, daß sie erst dann verordnet werden sollten, wenn Amoxicillin oder Cotrimoxazol nicht in Frage kommen.

Den Erfolg der Behandlung sollten Ärztin oder Arzt überprüfen. Erst wenn im Urin kaum noch Bakterien nachweisbar sind oder wenn der Test auf weiße Blutkörperchen – als Zeichen einer Entzündung – negativ ausfällt, ist die Entzündung vollständig abgeklungen.

Eine bereits in die Nieren aufgestiegene Entzündung muß immer mit Antibiotika oder Cotrimoxazol behandelt werden.

Enger Durchfluß

Bei manchen Frauen ist die Harnröhre anlagebedingt verengt. Das macht meist erst dann Beschwerden, wenn beim Geschlechtsverkehr körperfremde

TIP

Keine Chance den Keimen

Eine Blasenentzündung wird immer von Keimen hervorgerufen. Ob sie dort hingelangen und ob sie Fuß fassen können, können Sie beeinflussen.

- Richtige Toilettenhygiene bedeutet, sich von vorne nach hinten abzuwischen, statt die Darmkeime über den Ausgang von Scheide und Harnröhre zu reiben.
- Um Intimbereich und After zu reinigen, genügt warmes Wasser. Die Bestandteile von Intimprodukten und parfümierter Seife schwächen den natürlichen Schutz der Haut. Dann können Keime leichter Fuß fassen.
- Viel trinken: Nieren und Blase sollten mit täglich mindestens zwei Liter Flüssigkeit durchgespült werden.
- Halten Sie nicht »zurück«. Wer seine Blase häufig entleert, verhindert, daß in der stundenlang gut gefüllten Blase Bakterien prächtig gedeihen.
- Ein warm eingehüllter Bauch und warme Füße verhindern, daß Kälte die Blase infektionsanfällig macht.
- Manche Blase reagiert auf Streß und seelische Belastungen, indem sie sich verkrampft. Es bleibt in ihr Urin zurück, in dem sich Bakterien vermehren können.
- Chemische Verhütungsmittel verändern das Scheidenmilieu. Keime, die sich dort ansiedeln, können leicht in die Harnröhre gelangen.
- Wenn Sie kurz nach dem Geschlechtsverkehr zur Toilette gehen, werden Keime schnell wieder fortgespült, die während des Sex in die Harnröhre »hineingerieben« worden sind.
- Die Schleimhaut von Harnröhre und Blase verändert sich mit den Wechseljahren so, daß sich Keime leichter ansiedeln können.

Bakterien in die Scheide und Harnröhre gelangen. Diese Frauen leiden oft jahrelang unter wiederkehrenden Blasenentzündungen, bis endlich jemand die Verengung feststellt.

Beim Wasserlassen verwirbelt Urin an der engen Stelle und zieht den Urin wieder in die Blase hinein. Trotz Antibiotika-Behandlung bleibt die Blasenentzündung bestehen. Medikamente helfen hier nicht dauerhaft. Mit einem operativen Eingriff muß die Engstelle beseitigt werden, so daß der Urin ungehindert abfließen kann.

Inkontinenz

Viele Tabus sind mittlerweile entschleiert worden, doch wenn Frauen spüren, daß ihnen beim Husten, Niesen, Laufen, Springen oder Tragen schwerer Lasten etwas Urin in den Slip läuft, ohne daß sie das verhindern können, verschließen Pein und Scham vielen den Mund. Sie helfen sich mit Slipeinlagen oder Binden und nehmen den unfreiwilligen Urinverlust mit der Zeit als unvermeidlich hin. Dabei könnte ihnen das Gespräch mit einer kompetenten Ärztin oder einem Arzt effektive Hilfe bringen.

Inkontinenz beruht auf einem anlagebedingt schwachen Bindegewebe oder einer geschwächten Beckenbodenmuskulatur. Meist entwickelt sie sich nach einer Geburt. Dabei dehnen sich die Muskeln des Beckenbodens extrem. Damit sie ihre Aufgabe als natürlicher Verschlußmechanismus von Harnröhre und After wieder erfüllen können, muß die Frau sie im Wochenbett und in der Zeit danach mit einer richtig durchgeführten Rückbildungsgymnastik kräftigen.

Bleiben die Muskeln schwach, gibt der Beckenboden dem hohen Druck, den der Bauchraum beim Niesen, Husten, Laufen oder Tragen auf ihn ausübt, nach. Dadurch hält der Schließmuskel der Harnröhre und manchmal auch der des Afters nicht mehr dicht: Die Blase tröpfelt, ein Pups verläßt den Darm ungewollt, manchmal geht sogar ein wenig Kot mit ab. ÄrztInnen sprechen von »Streßinkontinenz«.

Andere Arten von Inkontinenz treten weitaus seltener auf. Nervenstörungen können die Funktion des Schließmuskels der Harnröhre beeinträchtigen (Drang- oder Reflexinkontinenz), oder die Blase »meldet« zu spät, daß sie voll ist (Überlaufinkontinenz). An beidem ist der Beckenboden nicht beteiligt. Diese Inkontinenzformen müssen UrologInnen mit Medikamenten behandeln.

Beckenbodentraining

Mit einem gut gelernten und dann mindestens ein viertel bis ein halbes Jahr lang täglich konsequent ausgeführten Beckenbodentraining können Frauen eine Streßinkontinenz erheblich bessern, wenn nicht gar ganz beheben. Das kann auch ihr Erscheinungsbild positiv verändern, denn die Stellung des Beckens, das vom Beckenboden gehalten wird, prägt das Körpergefühl und die Haltung. Die Lust beim Sex kann sich intensivieren, weil sich kräftige Beckenbodenmuskeln beim Orgasmus stark zusammenziehen können.

Auf eigene Faust gelingt ein effektives Beckenbodentraining kaum. Meist kneifen die Frauen dabei nur ihre Körperöffnungen zu. Das gleiche geschieht, wenn sie Kegel (Konen) in die Scheide einführen und dort möglichst lange festzuhalten versuchen. Erst unter fachkundiger Anleitung lernen Frauen, die richtigen Muskeln anzuspannen. Spezielle Beckenboden-Kurse bieten Krankengymnastinnen oder Hebammen an, in manchen Großstädten auch die Frauengesundheitszentren.

Wenn die Schwäche des Beckenbodens mit den hormonbedingten Veränderungen während der Wechseljahre zusammenhängt, helfen manchmal lokal anzuwendende Östrogenpräparate (▷ Seite 546).

Frauen, bei denen ein gezieltes Beckenbodentraining erfolglos geblieben ist, hilft nur noch eine Operation. Dabei wird die Scheidenwand angehoben und die Lage von Blase und Harnröhre verändert. Allerdings ist der Erfolg solch einer Operation oft fraglich oder nicht von Dauer.

Den Beckenboden spüren lernen

Die unterste Beckenbodenschicht besteht aus zwei sich kreuzenden Muskelbändern, einem U-förmigen Muskel, der um die Scheide herum nach vorne zum Schambein verläuft, und dem ringförmigen Afterschließmuskel. Diese Beckenbodenschicht fühlen Sie nur, wenn Sie sie gezielt »ansprechen« und sehr genau in sich hineinhorchen. Dazu setzen Sie sich aufrecht auf einen harten Stuhl, die Hände liegen auf den Oberschenkeln. Nun spannen Sie ganz zart die direkt unter der Hautoberfläche der Venuslippen verlaufenden Muskelfasern an und lassen sie ebenso behutsam wieder los. Dabei sollen weder Oberschenkel-, noch Bauch- oder Pomuskeln mitarbeiten. Es fühlt sich an, als würden Sie mit den Venuslippen »blinzeln«. Wenn Sie etwas stärker anspannen, arbeitet unwillkürlich auch der Afterschließmuskel mit. Auf diese Weise können Sie den U-förmigen Muskel und den Afterschließmuskel voneinander unterscheiden.

Die mittlere Beckenbodenschicht ist eine Muskelplatte, deren Fasern innerhalb des knöchernen Beckens quer verlaufen und von Bindegewebe umgeben sind. Sie federt den meisten Druck ab, der vom Bauchraum nach unten schiebt. Ist diese Muskelplatte zum Beispiel nach einer Geburt nachgiebig und weich, kommt es leicht zur Inkontinenz.

Diese Beckenbodenpartie können Sie sich so bewußt machen: Sie sitzen aufrecht auf einem Stuhl und stellen sich vor, Sie müßten ein dreijähriges Kind, das vor Ihnen steht, auf den Schoß nehmen. Dafür fassen Sie es unter den Achseln und heben es hoch. Im selben Moment schieben Sie unwillkürlich die Sitzbeinhöcker zusammen und spannen damit auch die mittlere Beckenbodenschicht mit der Muskelplatte an. Wenn Sie dabei spüren, daß der Beckenboden dem Bauchraumdruck nach unten ausweicht, ist es Zeit für ein Beckenbodentraining.

Die innerste Beckenbodenschicht besteht aus zwei paarigen Muskeln und einer fächerförmigen Muskelplatte und läßt sich kaum bewußt spüren. Allerdings macht sie sich nach außen bemerkbar. Sie steuert die Stellung des Beckens und beeinflußt damit auch die Haltung. Ein aufrechter, stolzer Gang oder eine spannungsgeladene Drohgebärde kommen nur mit einer straffen innersten Beckenbodenschicht zustande, umgekehrt sind weiche, runde Bewegungen und Haltungen nur möglich, wenn diese Schicht locker ist. Auf dieser Beckenbodenschicht ruhen auch Blase und Gebärmutter. Ist sie nicht kräftig genug, kommt es leicht zu einer Senkung (▷ Seite 679).

Beckenbodenmuskulatur prüfen

Frauen wird oft geraten, ihre Beckenbodenmuskeln zu testen, indem sie beim Wasserlassen den Urinstrahl unterbrechen. Damit zeigen sie jedoch nur, daß der Harnröhren-Schließmuskel kräftig ist, nicht, ob die Beckenbodenmuskulatur insgesamt kraftvoll ist. Für diesen Test legen Sie sich mit gespreizten Beinen entspannt hin und schieben Zeige- oder Mittelfinger in die Scheide. Sie versuchen, den Finger mit den Scheidenmuskeln weiter in sich hineinzuziehen. Spüren Sie den Sog beim Hineinziehen kaum, deutet das auf einen eher schwachen Beckenboden hin. Danach versuchen Sie bei angespannter Beckenbodenmuskulatur, den Finger wieder herauszuziehen. Bei einem schwachen Beckenboden gelingt das sehr leicht. Ist Ihr Beckenboden elastisch und kräftig, werden Sie den Finger gut festhalten können.

LITERATUR

Annette Bopp, Susanne Kitchenham-Pec
Beckenbodentraining.
Die weibliche Basis erspüren, schützen, kräftigen
Trias, Stuttgart, 1995. DM 29,80
Zusätzlich:
Video mit Anleitung für die
Beckenbodengymnastik zu Hause
DM 49,80

REGISTER

A

B

F

G

L

M

N

T

AUTORINNEN UND MITARBEITERINNEN

Andrea Ernst (Jg. 1957)
Studium der Sozialwissenschaften in Wien (Mag.phil.). Herausgeberin und Autorin zahlreicher Sachbücher, seit 1985 Wissenschaftsjournalistin mit Dokumentationen für das Fernsehen, vor allem für den WDR in Köln; Schwerpunkte: Medizin, Arbeit, Gesundheit und Soziales. Publikationen (u.a. als Mitautorin): Gift-Grün – Chemie in der Landwirtschaft! (1986); In der Regel. Wenn die Menstruation Probleme macht (1987); Sozialstaat Österreich – Bei Bedarf geschlossen (1987); Schlucken und Schweigen. Wie Arzneimittel Frauen zerstören können (1988); Kursbuch Gesundheit (1990); Kinderreport. Wie Kinder in Deutschland leben (1991); Kursbuch Kinder (1993); Gesunder Rücken (1996).

Vera Herbst (Jg. 1949)
Studium der Pharmazie in Braunschweig. Langjährige Tätigkeit als Apothekerin. Seit 1986 freie Journalistin und Sachbuchautorin in Wien, ab 1995 in Deutschland. Schwerpunkte: Pharmazie, Medizin, Gesundheit. Publikationen (u.a. als Mitautorin): Mit anderen Augen. Vom Umgang mit Augenproblemen (1987); Kontaktlinsen-Fibel (1988); Beweglich bleiben. Eine Stütze für Rheumakranke (1989); Zuckerkrank. Leben mit Diabetes (1989); Kursbuch Gesundheit (1990); Unsern Kindern helfen. Was tun, wenn Kinder krank werden? (1991); Kursbuch Kinder (1993); Botanik und Drogenkunde (1996); Handbuch: Die andere Medizin (1996).

◆

Annette Bopp. Studium der Biologie in Hamburg (Dipl. Biol.); Medizinjournalistin seit 1983. Seit 1988 in Hamburg und Frankfurt freiberuflich tätig für Zeitschriften und als Sachbuchautorin, Schwerpunkte: Medizin, Ernährung, Kultur (Tanz).

Dr. Katja Doubek. Studium der Germanistik, Geschichte und Philosophie in München und Frankfurt; Psychotherapeutin; von 1988 bis 1993 freie Redakteurin im ZDF, HR, danach freie Autorin und Moderatorin, Konzeptentwicklung für Fernseh- und Hörfunksender.

Annette Elbe. Studium in Hamburg und Marburg (Dipl. Sozialwirtin, Dipl. Politologin), langjährige Tätigkeit in den Bereichen Fortbildung und Öffentlichkeitsarbeit, Journalistin, Produzentin und Autorin von Video-Reportagen. Schwerpunkte: Gestaltung von Arbeitssystemen.

Ruth Großmaß. Studium der Germanistik, Philosophie und Pädagogik in Bochum und Marburg; seit 1976 Mitarbeiterin der Beratungsstelle der Universität Bielefeld; 1986-1994 Redaktionsmitglied der Zeitschrift »Psychologie und Gesellschaftskritik«.

Katharina Herzig. Lehramtsstudium (Sek. II) der Fächer Deutsch und Musik in Dortmund; 1994/95 studentische Frauenbeauftragte, Redaktionsmitglied der Zeitschrift »ausgekocht«; 1996 studentische Landessprecherin der Hochschulfrauenbeauftragten NRW.

Margit Höh. Studium der Journalistik, Politikwissenschaft und Anglistik an der Universität Dortmund (Dipl. Jour.), 1984 bis 1985 Zeitungsvolontariat, seit 1989 freie Fernsehjournalistin und Autorin mit den Schwerpunkten: Arbeit, Wirtschaft und Soziales.

Sabine Keller. Studium der Sozialwissenschaften in Hamburg und Bremen (Dipl. Soz.), Journalistin mit den Schwerpunkten Medizin, Gesundheit und Reisen. Von 1985 bis 1991 Redakteurin der Zeitschrift im Gesundheitswesen »Dr. med. Mabuse«, danach freie Mitarbeiterin verschiedener Fachverlage.

Dr. Maria Anna Kreienbaum. Studium: Deutsch und Englisch in Bochum, von 1986 bis 1996 Schulforscherin am Hochschuldidaktischen Zentrum der Universität Dortmund, 1996/97 Vertretungsprofessur für Schulpädagogik an der Universität Frankfurt.

Dr. Ingeborg Lackinger Karger. Studium der Medizin und Kunstgeschichte in Münster und München; seit 1993 Frauenärztin und seit 1996 Ärztin für Psychotherapeutische Medizin in freier Praxis; Fachhochschul-Dozentin für Sozialmedizin in Köln und Düsseldorf.

Andrea Reischies. Studium der Sozialwissenschaften in Bielefeld (Dipl. Soz.), Sachbuchautorin, seit 1974 Hörfunk- und Fernsehjournalistin, TV-Dokumentationen in Afrika und Asien. Schwerpunkte: Sozial-, Wirtschafts- und Entwicklungspolitik.

Dr. Ursula Rütten. Studium der Politikwissenschaften in Aachen, Rundfunkredakteurin; seit 1981 freie Journalistin und Autorin; Schwerpunkte: Politik und Kultur in Südosteuropa.

Sabine Stadtmueller. Studium der Kunst und Erwachsenenbildung in Essen (Dipl. Päd.), Designerin, langjährige Bildungsarbeit in freien Medienprojekten, seit 1985 freie Fernsehjournalistin. Schwerpunkte: Kultur, Geschichte, Frauenpolitik.

Sina A. Vogt. Studium der Germanistik, der Theater-, Film- und Fernsehwissenschaft in Köln und Bochum (M.A.) Von 1992-1995 Redakteurin der Zeitschrift IHRSINN. Seit 1995 freie Journalistin, Autorin für das Fernsehen und verschiedene Printmedien, Schwerpunkte: Frauen- und Lesbenpolitik.

CARTOONS

Franziska Becker. Studium der Kunst in Karlsruhe, seit 1976 Cartoonistin. Veröffentlichungen in vielen Printmedien, von Anfang an in »Emma«. 1995 erschien ihr 13. Buch, »Tierisch«. Sie erhielt 1988 den »Max und Moritz Preis« als beste deutschsprachige Cartoonistin.

ILLUSTRATIONEN

Silvia Gudehus. Studium der Freien Grafik, Malerei und Bildhauerei an der Folkwang-Schule in Essen, anschließend einige Semester Biologie; selbständig als Illustratorin und Art director für Werbung und Verlage; Schwerpunkte Mode und Medizin; ferner tätig als freischaffende Künstlerin.